Sascha Kersken

IT-Handbuch für Fachinformatiker*innen

Der Ausbildungsbegleiter

Rheinwerk
Computing

Liebe Leserin, lieber Leser,

Sie haben sich für eine Ausbildung als Fachinformatiker*in entschieden? Dann benötigen Sie dieses praxisorientierte Lehr- und Nachschlagewerk, das Sie von Anfang an begleitet und unterstützt. Es ist genau auf die Bedürfnisse der Ausbildung ausgerichtet. Der Autor, Sascha Kersken, ist nicht nur mit den verschiedenen Ausbildungsmöglichkeiten vertraut, sondern kennt auch alle relevanten Inhalte aus eigener Anschauung. Seine jahrelange Ausbildungserfahrung garantiert, dass theoretische Grundlagen sowie praktische Beispiele optimal ausgewählt und erklärt sind. Er hat die faszinierende Gabe, auch komplizierte Sachverhalte einfach zu vermitteln: Auf jeder Zeile werden Sie ihm gerne und mit großem Vergnügen durch die Welt der modernen Informationstechnik folgen.

Diese zehnte Auflage wurde wieder gründlich aktualisiert und an die neuesten Entwicklungen im IT-Bereich angepasst. Auch die zahlreichen Rückmeldungen der Leserinnen und Leser sind in die Überarbeitung eingeflossen. Um Sie beim Lernen und bei der Prüfungsvorbereitung optimal zu unterstützen, enthält jedes Kapitel Übungsaufgaben. Die Lösungen finden Sie auf der Website zum Buch unter: *www.rheinwerk-verlag.de/5274*.

Das Buch ist der ideale Unterrichtsbegleiter – auch zum Selbststudium oder im Informatikstudium. Ich bin mir sicher, dass Sie sich immer wieder »festlesen« werden. Es macht einfach Spaß, dieses Buch in die Hand zu nehmen.

Sollten nach der Lektüre noch Fragen offengeblieben sein, oder wenn Sie uns einfach Ihre kritischen Anmerkungen, Ihr Lob oder Ihre Verbesserungsvorschläge zukommen lassen möchten, dann freue ich mich, wenn Sie sich an mich wenden oder den Kontakt zum Autor unter *http://it-handbuch.eu* suchen.

Ihr Stephan Mattescheck
Lektorat Rheinwerk Computing

stephan.mattescheck@rheinwerk-verlag.de
www.rheinwerk-verlag.de
Rheinwerk Verlag · Rheinwerkallee 4 · 53227 Bonn

Auf einen Blick

Wir hoffen, dass Sie Freude an diesem Buch haben und sich Ihre Erwartungen erfüllen. Ihre Anregungen und Kommentare sind uns jederzeit willkommen. Bitte bewerten Sie doch das Buch auf unserer Website unter **www.rheinwerk-verlag.de/feedback**.

An diesem Buch haben viele mitgewirkt, insbesondere:

Lektorat Stephan Mattescheck, Patricia Schiewald
Korrektorat Sibylle Feldmann, Düsseldorf
Herstellung Norbert Englert
Typografie und Layout Vera Brauner
Einbandgestaltung Julia Schuster
Satz III-Satz, Husby
Druck C.H.Beck, Nördlingen

Dieses Buch wurde gesetzt aus der TheAntiquaB (9,35/13,7 pt) in FrameMaker.
Gedruckt wurde es auf chlorfrei gebleichtem Offsetpapier (80 g/m²).
Hergestellt in Deutschland.

Bibliografische Information der Deutschen Nationalbibliothek:
Die Deutsche Nationalbibliothek verzeichnet diese Publikation in der Deutschen Nationalbibliografie; detaillierte bibliografische Daten sind im Internet über *http://dnb.dnb.de* abrufbar.

ISBN 978-3-8362-8131-7

10., aktualisierte und überarbeitete Auflage 2021

Informationen zu unserem Verlag und Kontaktmöglichkeiten finden Sie auf unserer Verlagswebsite **www.rheinwerk-verlag.de**. Dort können Sie sich auch umfassend über unser aktuelles Programm informieren und unsere Bücher und E-Books bestellen.

Inhalt

Materialien zum Buch

Auf der Webseite zu diesem Buch stehen folgende Materialien für Sie zum Download bereit:

- **Lösungen zu den Aufgaben und Kontrollfragen**
- **Quellcode sämtlicher Programmierbeispiele aus dem Buch**

Gehen Sie auf *www.rheinwerk-verlag.de/5274/*. Klicken Sie auf den Reiter MATERIALIEN. Sie sehen die herunterladbaren Dateien samt einer Kurzbeschreibung des Dateiinhalts. Klicken Sie auf den Button HERUNTERLADEN, um den Download zu starten. Je nach Größe der Datei (und Ihrer Internetverbindung) kann es einige Zeit dauern, bis der Download abgeschlossen ist.

Vorwort

Zum zehnten Mal wiederholt, wird es gefallen.
– Horaz

Herzlich willkommen zur 10. Auflage des IT-Handbuchs, also einer Jubiläumsauflage. In dieser Auflage trägt das Buch seinen nunmehr vierten Titel. Die erste Auflage (2003) hieß »Kompendium der Informationstechnik« und war weniger ausbildungsspezifisch orientiert. Die zweite (2005) hieß »Handbuch für Fachinformatiker«; der Ausbildungsbezug wurde also recht bald intensiviert. Die Auflagen 3 bis 9 (2007–2019) hießen »IT-Handbuch für Fachinformatiker«; der Zusatz »IT« sollte klarmachen, dass sich das Buch auf die Fachkunde konzentriert. In der neuen Auflage wurde der Titel noch einmal leicht geändert: »IT-Handbuch für Fachinformatiker*innen« heißt es nun in gendergerechter Sprache. Diese Anpassung zieht sich durch das gesamte Buch, wenn ich nichts übersehen habe. Die IT ist bisher noch immer allzu männlich dominiert; eine inklusivere Sprache kann nach Meinung vieler Fachleute dazu beitragen, eine Branche attraktiver für diversere Bewerber*innen zu machen.

Diese aktualisierte Neuauflage ist vor allem von der im August 2020 in Kraft getretenen Neuordnung der IT-Berufe geprägt: Statt bisher zwei Fachinformatiker*innen-Ausbildungsgängen gibt es nun vier. Zu den seit fast 25 Jahren bewährten Fachrichtungen Anwendungsentwicklung und Systemintegration treten nun die beiden neuen Ausbildungsgänge Daten- und Prozessanalyse sowie Digitale Vernetzung. Auch die elektronisch und kaufmännisch orientierten Ausbildungen wurden leicht verändert; Details dazu erfahren Sie in Kapitel 1, »Einführung«.

Es ist erfreulich, dass Sie sich für eine Ausbildung im IT-Bereich entschieden haben oder sich zumindest für dieses Thema interessieren. Denn mehr Menschen, die sich in dieser Branche auskennen, sorgen vielleicht dafür, dass Deutschland seinen Status als »Entwicklungsland« in den Bereichen Digitalisierung und Vernetzung verliert. Dieses eigentlich wohlhabende Land hat oft langsame oder instabile Internetverbindungen, und viel zu viele Prozesse in Firmen, Institutionen und Behörden gehen noch immer den langen Dienstweg über Papierdokumente und -briefe.

Nicht zuletzt die COVID-19-Pandemie hat diese Probleme noch einmal besonders stark in den Fokus gerückt. Gerade in den Schulen, die aus Sicherheitsgründen viel häufiger Distanzunterricht hätten anbieten sollen, als das in der Praxis der Fall war, verfügen über zu wenig und stark veraltete Hardware, untaugliche Software und ebenfalls unzureichende Internetverbindungen. Ein weiteres aufschlussreiches Fallbeispiel: Bis einschließlich Januar 2021 haben die Gesundheitsämter der Kommunen die täglichen Corona-Fallzahlmeldungen *per Fax* ans Robert-Koch-Institut gesendet.

Kurz gesagt: Das alles sollte sich in den nächsten Jahren ändern, und Sie können vielleicht an einer spannenden Stelle daran mitarbeiten. Doch bei aller Fortschrittseuphorie sollten Sie auch stets bedenken, dass die IT-Branche große Verantwortung trägt. Datenschutz, Abwehr von Cyberangriffen, der Kampf gegen Fake News (ein Problem, das sich durch die Pandemie ebenfalls weiter verschlimmert hat) und Ähnliches bleiben wichtige Aufgaben. Zudem sollte eine Verbesserung der Digitalisierung und Vernetzung nicht ins Gegenteil umschlagen: Digitalisierung, wo sie sinnvoll ist, weil sie das Leben erleichtert, ist zu begrüßen. Die Neigung millionenschwerer Silicon-Valley-Start-ups dagegen, gesellschaftliche Probleme lösen zu wollen, indem man immer noch eine weitere Schicht Technik aufstapelt, ist kontraproduktiv.

Um meiner eigenen gesellschaftlichen Verantwortung wenigstens zum Teil gerecht zu werden, gehen wie schon bei der Vorauflage je 1 % meiner Nettoeinnahmen aus diesem Buch als Spenden an die Seenotrettung bei Mission Lifeline e. V. und die entschlossen gegen die Klimakatastrophe protestierenden Jugendlichen von Fridays for Future – oder vergleichbare Organisationen, falls die genannten nicht mehr aktiv sein sollten.

Worum geht es in diesem Buch?

Dieses Buch beschreibt die wesentlichen Ausbildungsinhalte im Fachkunde-Unterricht für Fachinformatiker*innen der vier Fachbereiche *Anwendungsentwicklung*, *Systemintegration*, *Digitale Vernetzung* sowie *Daten- und Prozessanalyse*. Für die kaufmännischen und elektronisch orientierten Ausbildungsgänge ist das Buch ebenfalls geeignet, muss dort jedoch stärker als bei der Fachinformatik um speziellere Lektüre ergänzt werden. Anders als in herkömmlichen Büchern handelt es sich bei dem vorliegenden Band nicht um eine Tabellensammlung zum Auswendiglernen, sondern um praxisorientierte Anleitungen, die Sie weit über Ihre Ausbildung hinaus bei Ihrer alltäglichen Arbeit mit Computersystemen einsetzen können.

Sie lernen in den folgenden Kapiteln zahlreiche Geräte, Betriebssysteme, Programmiersprachen und Anwendungsprogramme kennen und erfahren viel Wissenswertes über Netzwerke und das Internet. Bei allen Themen habe ich versucht, die Balance zwischen Theorie und Praxis zu wahren: Es werden weder die technischen und theoretischen Details verschwiegen, wie in zahlreichen Büchern für absolute Einsteiger*innen, noch kommen die praktischen Anwendungsbeispiele zu kurz, was in manchen akademischen Lehrwerken der Fall ist.

Soweit es möglich ist, habe ich versucht, konkrete Software aus dem Open-Source-Bereich auszuwählen. Zum einen, weil ich selbst seit vielen Jahren Open-Source-Software einsetze und entwickle, vor allem aber auch, weil Sie auf diese Weise fast jedes in diesem Buch behandelte Programm kostenlos und ohne jegliche Einschränkungen herunterladen, installieren und benutzen können.

Der Ausbildungsberuf Fachinformatiker*in sowie viele weitere IT-Berufe enthalten neben den fachspezifischen Inhalten auch Aspekte wie Wirtschafts- und Sozialwissenschaften, Rechtskunde oder Betriebsorganisation. Solche Themen können in diesem Buch nicht berücksichtigt werden. Für das Fach »Technisches Englisch« finden Sie in Anhang B, »Zweisprachige Wortliste«, immerhin eine Stichwortliste in beide Richtungen.

Jedes Kapitel enthält am Ende eine Reihe von Übungsaufgaben und/oder Multiple-Choice-Fragen. Die Lösungen dazu finden Sie auf der Webseite des Verlags unter *https://www.rheinwerk-verlag.de/5274/*. Dort können Sie auch alle Codebeispiele aus dem Buch herunterladen. Jeweils aktualisierte Fassungen der Listings und Lösungen finden Sie auch in meinen GitHub-Repository zum Buch unter *https://github.com/SaschaKersken/ITHandbuch10/*.

Neu in dieser Auflage

Vieles Bewährte aus früheren Auflagen ist natürlich auch in dieser erhalten geblieben, aber einige Dinge haben sich – zum Besseren, wie ich hoffe – geändert oder sind hinzugekommen. In der vorliegenden Auflage ist dies insbesondere der Neuordnung der IT-Berufe und ihren neuen Inhalten geschuldet. Neue Themen sind insbesondere:

- Aufteilung des ehemaligen zweiten Kapitels in die beiden Kapitel 2, »Mathematische Grundlagen«, und 3, »Elektronische und technische Grundlagen«, weil in der aktuellen Auflage viel mehr Mathematik besprochen wird als früher. Der neu hinzugekommene Bereich Datenanalyse und Machine Learning basiert auf Aspekten der Stochastik, der linearen Algebra und der Analysis, die erstmals in möglichst kurzer und praktischer Form in diesem Buch behandelt werden.
- Ausführliches neues Kapitel zu Algorithmen und Datenstrukturen. Diese Auflage enthält mehr und interessantere Beispiele für Algorithmen, zum Beispiel werden mit verschiedenen Methoden Wege durch ein Labyrinth gesucht, und ein Sudoku wird als Bedingungserfüllungsproblem gelöst.
- Ein völlig neues Kapitel zu Datenanalyse, Machine Learning und KI. Diese Themen gehören seit einigen Jahren zu den wichtigsten der Softwareentwicklung. Da auch die Neuordnung der IT-Ausbildung sie in Form des neuen Ausbildungsgangs Fachinformatiker*in Daten- und Prozessanalyse berücksichtigt, wurde es Zeit, sie ins Buch aufzunehmen.
- Außerdem neu ist ein vornehmlich für denselben Ausbildungsgang geeignetes kurzes Kapitel zum Thema Geschäftsprozessanalyse.
- Für den ebenfalls neuen Ausbildungsgang Digitale Vernetzung wurden Themen wie Virtualisierung, Container-Orchestrierung und Cloud Computing ausgeweitet.

Kapitelübersicht

Die einzelnen Kapitel dieses Buchs widmen sich den folgenden Themen:

- Kapitel 1, »Einführung«, behandelt die Geschichte und die grundlegende Funktionsweise des Computers. Außerdem werden einige wichtige Grundlagen der Informationstechnik erläutert; sie bilden die Voraussetzung für das Verständnis späterer Kapitel. Abgerundet wird das Kapitel durch einen Überblick über die verschiedenen IT-Ausbildungsgänge und die Relevanz der verschiedenen Teile dieses Buchs für jeden von ihnen.

- In Kapitel 2, »Mathematische Grundlagen«, erhalten Sie eine solide Einführung in verschiedene Aspekte der Mathematik, die in der Informatik wichtig sind. Die behandelten Themen sind Grundlagen in Logik und Mengenlehre, Stochastik, linearer Algebra und Analysis.
- Anschließend lernen Sie in Kapitel 3, »Elektronische und technische Grundlagen«, die wichtigsten elektrotechnischen Grundbausteine eines Computers kennen. Hinzu kommen die Themen Berechenbarkeit und Komplexität sowie Automatentheorien und Rechnersimulationen.
- Kapitel 4, »Hardware«, beschäftigt sich mit den diversen Bauteilen, aus denen ein Computer besteht, sowie mit zahlreichen wichtigen Peripheriegeräten. Sie erfahren die wichtigsten technischen Details über Elemente wie den Mikroprozessor, verschiedene Laufwerke und Datenträger sowie andere Ein- und Ausgabegeräte.
- In Kapitel 5, »Netzwerkgrundlagen«, wird die Entwicklung der Netzwerke und des Internets beschrieben, und Sie erhalten eine Einführung in die Begriffswelt der Netzwerke. Beispielsweise werden Schichtenmodelle und Netzwerkarchitekturen vorgestellt. Danach wird die genaue Funktionsweise verschiedener Arten von Netzwerkkarten und -anschlüssen erläutert; außerdem werden diverse Netzwerkprotokolle beschrieben. Den Schwerpunkt bildet die TCP/IP-Protokollfamilie, die für das Internet entwickelt wurde und inzwischen der wichtigste Kommunikationsstandard für alle Arten von Netzwerken ist.
- In Kapitel 6, »Betriebssysteme«, werden zunächst allgemeine Konzepte des Betriebssystemaufbaus erklärt, zum Beispiel die Verwaltung von Prozessen, das Speichermanagement und die Dateiverwaltung. Anschließend werden einige wichtige Aspekte der konkreten Systeme Windows und Linux/Unix besprochen, etwa die Arbeit mit Windows-Kommandozeile und -PowerShell sowie mit der Linux-Shell *bash*.
- In Kapitel 7, »Grundlagen der Programmierung«, werden zwei verschiedene wichtige Programmiersprachen eingeführt, die unterschiedliche Entwicklungsstufen und Aspekte des Programmierens abdecken: Python und Java. Als Ersatz für die (aus Platz- und Konzeptgründen) gegenüber früheren Auflagen weggefallene Sprache C wurden die Abschnitte über die beiden verbleibenden stark erweitert.
- Kapitel 8, »Algorithmen und Datenstrukturen«, erläutert zunächst, wie Algorithmen geplant und vor der eigentlichen Programmierung notiert werden. Anschließend werden auf anschauliche Weise einige Klassiker der Informatik präsentiert: Sortieralgorithmen, Suche nicht nur in linearen Listen, sondern auch in komplexeren Strukturen wie Labyrinthen, Graphen und Bäumen sowie Bedingungserfüllungsprobleme.
- Kapitel 9, »Weitere Konzepte der Programmierung«, erläutert noch einige Aspekte, die die Programmierung in der Praxis ausmachen: reguläre Ausdrücke (mächtige Suchmuster), Elemente der systemnahen Programmierung und der Netzwerkprogrammierung, den Import externer Python-Module, die Verwendung des Moduls NumPy für lineare Algebra und die Verwaltung von Java-Projekten und ihren externen Abhängigkeiten mit Maven.

- Kapitel 10, »Datenanalyse, Machine Learning, künstliche Intelligenz«, erläutert zunächst die Grundbegriffe und bietet einen Überblick über Software und Tools. Anschließend wird die Auswahl, Beurteilung und Vorbereitung von Daten beschrieben, und schließlich werden diverse bekannte Machine-Learning-Algorithmen in Python programmiert, wobei unter anderem das praxiserprobte Modul `scikit-learn` zum Einsatz kommt.
- Das in Kapitel 11 behandelte »Software-Engineering« geht weit über reine Programmiertechniken hinaus: Sie lernen viele unterschiedliche Methoden zur Bearbeitung und Verwaltung von Softwareprojekten kennen. Unter anderem werden die Anwendungsmodellierung mit der UML, Grundlagen des Projektmanagements und verschiedene Ansätze des Software-Engineerings wie Extreme Programming oder Scrum vorgestellt. Auch konkrete Tools wie Bugtracker, Repositories und Continuous-Integration-Software werden besprochen. Für die in den IT-Ausbildungsberufen fällige Projektarbeit sind diese Themen überlebenswichtig.
- In Kapitel 12, »Geschäftsprozessanalyse«, wird zunächst beschrieben, was es überhaupt damit auf sich hat und welche Teilgebiete die Prozessanalyse beinhaltet. Anschließend erhalten Sie einen Überblick über die Diagrammsprache BPMN.
- Kapitel 13, »Datenbanken«, befasst sich mit einer der wichtigsten Funktionsgrundlagen vieler Programmierprojekte und Anwendungen. Nach der üblichen Erläuterung von Begriffen und Konzepten wird als konkretes Datenbanksystem der weitverbreitete Open-Source-Datenbankserver MySQL eingeführt. Am Ende des Kapitels findet sich noch ein kurzer praktischer Einstieg in die NoSQL-Datenbank CouchDB.
- In Kapitel 14, »Server für Webanwendungen«, wird zunächst das Webprotokoll HTTP beschrieben. Danach geht es um die Installation und Konfiguration des verbreiteten Open-Source-Webservers Apache 2 mitsamt der Webprogrammiersprache PHP. Auch die Themen Virtualisierung und Softwarecontainer, die gerade für die Webentwicklung interessant sind, werden hier behandelt.
- Kapitel 15, »Weitere Internet-Serverdienste«, befasst sich mit diversen weiteren Servern für TCP/IP-basierte Netzwerke: dem Nameserver BIND, dem Verzeichnisdienstserver OpenLDAP und dem Universal- oder Metaserver `xinetd`.
- Kapitel 16, »XML«, stellt die eXtensible Markup Language vor, eine Sprache, die der Definition beliebiger hierarchisch gegliederter Dokumentformate dient. In zahlreichen Anwendungen wird XML inzwischen eingesetzt, sodass es nützlich ist, die Konzepte dieses Formats zu kennen. Sie erfahren das Wichtigste über wohlgeformte Dokumente, über Formatbeschreibungen mithilfe von DTDs und XML Schema, die Umwandlung von XML-Dokumenten mit XSLT sowie über die Programmierung XML-basierter Anwendungen.
- Kapitel 17, »Weitere Datei- und Datenformate«, widmet sich den wichtigsten Formaten für Text, Bild und Multimedia. Es geht zunächst um Text und Zeichensätze, anschließend werden verschiedene textbasierte und binäre Dateiformate konkret erläutert.
- In Kapitel 18, »Webseitenerstellung mit HTML und CSS«, wird zunächst HTML5 vorgestellt, die Sprache, in der Webseiten verfasst werden. Hier werden verschiedene konkrete

Aspekte der Webseitenerstellung erläutert, etwa die Textstrukturierung, der Listen- und Tabellensatz, das Einbetten von Bildern sowie der Einsatz von Hyperlinks und Webformularen. Der zweite Teil beschreibt das konsistente Layout von Webseiten mit Cascading Style Sheets (CSS3) inklusive einer Einführung in das Responsive Web Design.

- In Kapitel 19, »Webserveranwendungen«, erfahren Sie, wie Sie Websites erstellen, die nicht nur aus statischen HTML-Dokumenten, sondern auch aus dynamisch generierten Inhalten bestehen. Zuerst wird die Programmiersprache PHP 8 behandelt. Neben den allgemeinen Konzepten wird die Programmierung konkreter datenbankbasierter Anwendungen beschrieben. Anschließend wird – ebenfalls mit PHP – ein REST-Webservice implementiert.
- Kapitel 20, »JavaScript und Ajax«, stellt die wichtigste clientseitige Programmiersprache vor, mit der Sie die Inhalte einer Webseite »zum Leben erwecken« können. Zunächst werden die klassischen Anwendungen wie die Ausgabe ins Dokument selbst, die Verarbeitung von Formularen und der Austausch von Bildern behandelt, anschließend erfahren Sie das Wichtigste über DOM, die Standardtechnik, mit der Sie die Elemente eines Dokuments nachträglich modifizieren können, sowie Ajax und dessen moderne Alternative Fetch API, um die Inhalte für diese Änderungen ohne Neuaufbau der Seite vom Server nachzuladen. Anschließend wird React.js als Beispiel für die immer häufiger verwendeten komfortablen JavaScript-Ajax-Bibliotheken behandelt, und mithilfe dieses Frameworks wird ein Client für die REST-API aus Kapitel 19 entwickelt.
- Kapitel 21, »Computer- und Netzwerksicherheit«, befasst sich mit verschiedenen Themen der lebenswichtigen IT-Sicherheit: Der Schutz vor Viren, Würmern und Trojanern wird ebenso behandelt wie Kryptografie, Firewalls und Fragen der Datensicherheit.

Nach den Kapiteln folgen noch drei Anhänge:

- Anhang A, »Glossar«, enthält kurze Beschreibungen der wichtigsten IT-Stichwörter.
- In Anhang B, »Zweisprachige Wortliste«, finden Sie ein deutsch-englisches und ein englisch-deutsches Verzeichnis wichtiger Fachbegriffe.
- Anhang C, »Kommentiertes Literatur- und Linkverzeichnis«, empfiehlt weiterführende Bücher und Webressourcen zu den Themen der verschiedenen Kapitel.

Für wen ist dieses Buch geeignet?

In erster Linie können Sie mit diesem Handbuch etwas anfangen, wenn Sie eine Ausbildung im IT-Bereich oder in verwandten Berufen absolvieren. Es wurde insbesondere für den im Titel genannten Ausbildungsberuf Fachinformatiker*in in den vier Fachrichtungen Anwendungsentwicklung, Systemintegration, Digitale Vernetzung sowie Daten- und Prozessanalyse geschrieben, dürfte aber auch für die elektronisch und kaufmännisch orientierten IT-Berufe gut geeignet sein. Genau wie in Ihrer Ausbildung werden auch in diesem Buch viele verschiedene Themenbereiche behandelt: Da Computer sehr komplexe Maschinen sind, ist es erforderlich, sich ein großes Spektrum verschiedener Kenntnisse anzueignen, selbst dann, wenn Sie nur in einem bestimmten Fachbereich arbeiten möchten.

Auch für Studierende im Grundstudium der Informatik oder in den Informatikkursen anderer Studienrichtungen ist das Buch durchaus geeignet. Gerade der Mittelweg zwischen der Darstellung der theoretischen Grundlagen und praktischer Anleitung dürfte für Sie eine wichtige Lücke schließen.

Zu guter Letzt ist dieses Buch aber natürlich auch für alle anderen geeignet, die an Computern, Programmierung oder Netzwerken interessiert sind. Es eignet sich nicht nur als Unterrichtsbegleiter, sondern auch zum Selbststudium einzelner Themen. Die einzige Voraussetzung ist im Grunde genommen, dass Sie einen Computer zur Verfügung haben und grundsätzlich wissen, wie Sie damit umgehen.

Zum Komplexitätsniveau ist noch anzumerken, dass dies weder ein Buch für absolute Neueinsteiger*innen noch ein Begleiter für vollkommene Expert*innen ist. Wenn Sie noch nie mit einem Computer gearbeitet haben, benötigen Sie eine grundlegendere Anleitung; im vorliegenden Buch erfahren Sie nicht, wie Sie das Gerät in Betrieb nehmen, Ihre Arbeit als Datei speichern, einen Ordner anlegen oder einen Webbrowser bedienen. All diese Dinge (und noch einige mehr) müssen klar sein, bevor Sie etwas Sinnvolles mit diesem Handbuch anfangen können. Wenn Sie dagegen bereits Erfahrung haben, gibt es wahrscheinlich einige Themen, über die Sie noch nicht Bescheid wissen. In diesem Fall finden Sie möglicherweise hier genau das, was Sie suchen.

Danksagung

Zunächst einmal danke ich Ihnen, dass Sie sich für dieses Buch interessieren, es möglicherweise sogar gekauft haben oder noch kaufen werden. Wenn es Ihnen gefällt oder wenn Sie es nützlich finden, zögern Sie nicht, es anderen mitzuteilen. Ein paar Zeilen als Leserfeedback beim Rheinwerk Verlag oder als Kundenrezension bei Amazon sind manchmal wertvoller und erfreulicher als Geld. Falls Ihnen ein Fehler auffällt oder Sie Verbesserungsvorschläge haben, können Sie mir gern eine E-Mail an *it-handbuch@sascha-kersken.de* schicken – viele Fehler in früheren Auflagen sind durch Leserfeedback aufgefallen, für das ich ebenfalls herzlich danken möchte. An dieser Stelle sei für die aktuelle Auflage besonders der Mathematiker Jonas Rungenhagen hervorgehoben, der den Mathematik-Teil aus der vorigen Auflage gründlich und aufmerksam durchgearbeitet hat und zahlreiche konstruktive Verbesserungsvorschläge machen konnte.

Großer Dank gebührt auch Stefan Macke, einem sehr engagierten IT-Ausbilder. In seinem sehr empfehlenswerten Podcast hat er jedes einzelne Kapitel der siebten Auflage in Form eines Buchclubs behandelt, insbesondere im Hinblick auf die Relevanz der verschiedenen Themen für die IHK-Abschlussprüfung. Den Buchclub finden Sie unter *it-berufe-podcast.de/serie/buchclub/*, aber auch der Rest von Podcast und Blog ist eine wahre Fundgrube für IT-

Azubis. Für die vorliegende Auflage hat er zudem das Konzept im Hinblick auf die Neuausrichtung der IT-Berufe begutachtet.

Weiterhin wie immer mein Dank an das Team beim Rheinwerk Verlag, besonders an meinen langjährigen Lektor Stephan Mattescheck und seine Kollegin Patricia Schiewald, die beide mit der gewohnten Mischung aus Professionalität und Engagement an diesem Buch gearbeitet haben. Vielen Dank auch an die Korrektorin Sibylle Feldmann für die Beseitigung meiner Fehler und das Auffinden von Ungereimtheiten sowie an das Herstellungsteam für ein einfach wunderschönes Buch.

Zu guter Letzt wie immer vielen Dank an meine Familie, insbesondere meine Frau Tülay und meinen Sohn Leon, ohne deren Geduld ich auch diese Auflage nicht hätte vollenden können.

Sascha Kersken

Kapitel 1
Einführung

Der Anfang ist die Hälfte des Ganzen.
– Aristoteles

In diesem Kapitel erhalten Sie einen Überblick über die wichtigsten Grundlagen der Informationstechnik: eine Abgrenzung der verschiedenen Fachrichtungen und Ausbildungsgänge der Informatik, die Entwicklungsgeschichte der Computer und Programmiersprachen sowie eine allgemeine Übersicht über die digitale Speicherung verschiedener Arten von Informationen.

1.1 Informationstechnik, Informatik und EDV

Allgemein gesprochen, geht es in diesem Buch um *Informationstechnik* (englisch: *information technology* oder kurz IT). Der traditionelle Begriff für diese Art der Technik lautet *elektronische Datenverarbeitung* (EDV). *Daten* oder *Informationen* sind Werte, die im Zusammenhang mit beliebigen Sachverhalten angelegt werden oder die im Rahmen von Mess- oder Rechenvorgängen anfallen. *Datenverarbeitung* ist der Vorgang der Sammlung, Speicherung und Modifikation dieser Informationen. Im Laufe der Zeit haben sich unterschiedliche Verfahren der Datenverarbeitung entwickelt:

- Die *manuelle Datenverarbeitung* führt Berechnungen und Datenmanipulationen ohne jegliche Hilfsmittel durch; sie basiert auf Kopfrechnen und Auswendiglernen. Das äußerste erlaubte Hilfsmittel ist ein Schreibblock, um Daten oder Zwischenergebnisse zu notieren.
- Die *mechanische Datenverarbeitung* verwendet mechanische Hilfsmittel für die Verarbeitung von Informationen, beispielsweise eine mechanische Schreibmaschine oder einen Rechenschieber.
- Bei der *elektrischen Datenverarbeitung* werden elektrisch betriebene Geräte als Hilfsmittel eingesetzt, zum Beispiel elektrische Schreibmaschinen oder klassische Registrierkassen.
- Die *elektronische Datenverarbeitung* verwendet schließlich elektronisch gesteuerte Arbeitsmittel, also Elektronenrechner oder Computer.

1.1.1 Fachrichtungen der Informatik

Die wissenschaftliche Fachrichtung, die sich mit den verschiedenen Aspekten der Computertechnik auseinandersetzt, wird seit den 60er-Jahren des 20. Jahrhunderts als *Informatik* (englisch: *computer science*) bezeichnet; es handelt sich um ein Kunstwort aus Information und Mathematik. Die akademische Informatik wird üblicherweise in vier Fachrichtungen unterteilt:

- Die *theoretische Informatik* betrachtet insbesondere die mathematisch-logischen Grundlagen, die der Verwendung und Programmierung von Computern zugrunde liegen. Es geht beispielsweise um die *Berechenbarkeit* (Ist ein Problem überhaupt durch Berechnung lösbar?) und um *Automatentheorien* – die mathematisch-formalen Modelle, auf denen Rechner unabhängig von der elektronischen Machbarkeit aufbauen.
- Die *technische Informatik* beschreibt die elektronisch-technischen Eigenschaften der Bauteile, aus denen Computer zusammengesetzt sind. Ein wichtiges Teilgebiet der technischen Informatik ist die *Schaltalgebra*, die Umsetzung logischer Operationen durch elektronische Schaltungen.
- In der *praktischen Informatik* geht es im Großen und Ganzen um die *Programmierung* von Computern und die Mittel, die dazu erforderlich sind. Die Erforschung des Aufbaus von Betriebssystemen und Programmiersprachencompilern sowie deren Implementierung (praktische Umsetzung) sind die wichtigsten Teilgebiete.
- Die *angewandte Informatik* kümmert sich gewissermaßen um alles andere, nämlich um sämtliche Nutzanwendungen von Computern. Das reicht von Datenbanken über die Netzwerkkommunikation bis hin zu Grafik, Animation und Audio-/Videobearbeitung.

Da es sich bei diesem Buch um ein Praxisbuch handelt, das nicht für das trockene Auswendiglernen von Lehrsätzen geschrieben wurde, sondern für die alltägliche Nutzung von Computern, ist es kaum verwunderlich, dass sich fast alle Kapitel mit Aspekten der angewandten Informatik beschäftigen. Von Kapitel 6, »Betriebssysteme«, bis Kapitel 9, »Weitere Konzepte der Programmierung«, werden auch die wichtigsten Ansätze der praktischen Informatik, nämlich Betriebssysteme und diverse Themen der Programmierung, behandelt.

Einige grundlegende Aspekte der theoretischen Informatik lernen Sie in Kapitel 2, »Mathematische Grundlagen«, und Kapitel 3, »Elektronische und technische Grundlagen«, kennen: Dort werden die wichtigsten mathematischen und logischen Operationen besprochen, die Computer ausführen. Außerdem wird beispielhaft auf die Realisierung einiger dieser Funktionen durch elektronische Bauteile eingegangen, also auf einige Ansätze der technischen Informatik.

Im Übrigen gibt es noch ein eigenes Kapitel zum Thema Hardware, die ebenfalls dem Gebiet der technischen Informatik zugeordnet werden kann: das Kapitel 4, »Hardware«.

1.1.2 Überblick über die IT-Ausbildung

Das Berufsfeld der Informationstechnik ist vielfältig. Deshalb gibt es zahlreiche unterschiedliche Möglichkeiten einer Ausbildung in diesem Bereich. Sie lassen sich zum einen nach Fachgebieten wie Anwendungsentwicklung, Systemintegration und dem kaufmännischen EDV-Einsatz unterscheiden. Zum anderen gibt es zwei grundlegende Ausbildungsformen: Berufsausbildung und Studium.

Aus diesen beiden Unterteilungen ergeben sich unter anderem folgende konkrete Ausbildungsgänge:

- Ausbildungsberufe
  - Fachinformatiker*innen (mit vier verschiedenen Fachrichtungen)
  - IT-Systemelektroniker*innen
  - Kaufleute für IT-Systemmanagement
  - Kaufleute für Digitalisierungsmanagement
- Studiengänge
  - Informatik
  - Informatik (FH)
  - Wirtschaftsinformatik
  - Medieninformatik
  - Bioinformatik
  - medizinische Informatik

Ausbildungsberufe

Bis etwa Mitte der 90er-Jahre des 20. Jahrhunderts galt die Informationstechnik als zu komplex, um in einer praxisorientierten Berufsausbildung im klassischen dualen System (Ausbildungsbetrieb – Berufsschule) gelehrt zu werden. Die beiden angebotenen Ausbildungen für EDV-Kaufleute und Büromaschinenelektroniker*innen hatten andere Schwerpunkte, nämlich einen kaufmännischen beziehungsweise elektrotechnischen Fokus.

Erst 1996 wurden die IT-Berufe in der Bundesrepublik durch ein Übereinkommen von Arbeitgeberverbänden und Gewerkschaften unter Beratung des Bundesinstituts für Berufsbildung (BiBB) neu geordnet. Im August 2020 trat eine weitere Neuordnung in Kraft. Diese machte aus den bisher zwei Fachinformatikfachrichtungen vier, nannte die kaufmännischen Berufe um und organisierte sie etwas anders. Dennoch gibt es auch weiterhin vier verschiedene grundlegende IT-Ausbildungsberufe. Sie bereiten auf Tätigkeiten im Bereich der Informations- und Telekommunikationstechnik vor, die früher einen Studienabschluss erforderten oder in Einzelfällen an qualifizierte Quereinsteiger*innen vergeben wurden. Nach 25 Jahren Erfahrung hat sich das System im Wesentlichen bewährt (die Neuordnung reagiert auf neu entstandene und veränderte Anforderungen), sodass sich ein signifikanter Anteil der IT-Angestellten aus ehemaligen Auszubildenden dieser Berufe rekrutiert.

Im Einzelnen handelt es sich um folgende Ausbildungsgänge:

- Fachinformatiker*innen in vier verschiedenen Fachrichtungen:
  - Anwendungsentwicklung
  - Systemintegration
  - Daten- und Prozessanalyse
  - Digitale Vernetzung
- IT-Systemelektroniker*innen
- Kaufleute für IT-Systemmanagement
- Kaufleute für Digitalisierungsmanagement

Die Aufgabe der *Fachinformatiker*innen* ist es gemäß offizieller Definition, »fachspezifische Anforderungen in komplexe Hard- und Softwaresysteme« umzusetzen. Diese recht ungenaue Beschreibung läuft in der Praxis auf sehr vielfältige Anforderungen hinaus, da sich nicht nur die vier Fachrichtungen, sondern vor allem auch Ausbildungsbetriebe und Einsatzumgebungen oft stark voneinander unterscheiden. Gemeinsam ist ihnen allen lediglich der Umgang mit Computersystemen, mit Netzwerken, mit unterschiedlichster Software und dem komplexen Zusammenspiel dieser Komponenten. Etwas allgemein formuliert, ließ sich bisher sagen, dass der Ausbildungsgang Anwendungsentwicklung auf Berufe in den Bereichen Softwareentwicklung oder allgemein Programmierung vorbereitet, während sich aus der Systemintegration vor allem Systemadministrator*innen rekrutieren.

Mit den beiden neuen Fachrichtungen wird es komplizierter, wobei sich eine gewisse Verwandtschaft zwischen den Bereichen *Anwendungsentwicklung* und *Daten- und Prozessanalyse* auf der einen sowie *Systemintegration* und *Digitale Vernetzung* auf der anderen Seite feststellen lässt. Da noch niemand die beiden neuen Berufsausbildungen abgeschlossen hat, wird sich zeigen, in welchen konkreten Berufsbildern die jeweiligen Auszubildenden künftig eingesetzt werden.

Die vier Berufsbilder sollen sich im Laufe der drei Ausbildungsjahre allmählich auseinanderentwickeln. Bei Ausbildungsbeginn stehen gemeinsame Grundlagen im Vordergrund. Dazu gehören nicht nur fachspezifische Themen, wie sie in diesem Buch behandelt werden, sondern auch wichtige Informationen zum Arbeitsablauf und zum betrieblichen Umfeld. Dies sind insbesondere Grundlagen der Betriebswirtschaftslehre, der Projekt- und Betriebsorganisation, des Arbeits- und Ausbildungsrechts sowie der betrieblichen Buchführung. Diese Kenntnisse werden vor allem in der Berufsschule (60 Tage pro Ausbildungsjahr) vermittelt.

Der Schwerpunkt des Fachbereichs *Anwendungsentwicklung* ist die Erstellung von Software für den eigenen Betrieb oder für die Kundschaft. Der erste Schritt ist die Entwicklung neuer oder die Anpassung vorhandener Programme nach den Anforderungen der späteren

Anwender*innen. Es folgt die Einrichtung der Software auf den gewünschten Systemen, die gegebenenfalls dafür angepasst werden müssen. Anschließend sollen alle, die die neue Software benutzen, informiert oder gar geschult werden. In das Umfeld des Berufsbildes gehört demzufolge auch die Erstellung brauchbarer Dokumentationen für Entwicklung, Administration und Anwendung.

In der täglichen Praxis der modernen Softwareentwicklung kommt es übrigens immer seltener vor, dass eine einzelne Person allein ein Computerprogramm schreibt, und selbst wenn, geschieht dies häufig nicht mehr in Form von Quellcode, der in einer Programmiersprache ohne jegliche Zusätze in ein leeres Editorfenster getippt wird. Denn Software wird immer komplexer – sie besteht aus Komponenten, die beispielsweise verteilt auf verschiedene Rechner in Netzwerken oder im Internet ausgeführt werden, und verwendet Bibliotheken, Frameworks und vorgefertigte Komponenten. Es gehört zur Aufgabe der einzelnen Beteiligten, aber vor allem auch eines intelligenten technischen Projektmanagements, die Interoperabilität zwischen den verschiedenen Einzelelementen zu wahren – neben die reine Programmierung tritt so bereits seit Längerem die Disziplin des Software-Engineerings.

Im Fachbereich *Systemintegration* liegen die Hauptaufgaben im Bereich der Hardware-, Software- und Netzwerkeinrichtung; wer diesen Ausbildungsgang absolviert, arbeitet anschließend typischerweise in der System- oder Netzwerkadministration. Hier sind gute Kenntnisse der verschiedenen Hardwarekomponenten, Betriebssysteme sowie der Netzwerkgeräte, -dienste und -protokolle gefragt. Auch die Schnittstellen zwischen Informations- und Telekommunikationstechnik spielen in diesem Beruf eine wichtige Rolle. Die Fachinformatiker*innen im Fachbereich Systemintegration müssen das projektorientierte Arbeiten beherrschen und dabei alle Aufgaben planen, durchführen, testen und dokumentieren.

Ein weiteres, sehr wichtiges Arbeitsgebiet ist die Automatisierung administrativer Aufgaben. Dazu benötigen Sie in der Fachrichtung Systemintegration umfangreiche Kenntnisse der Shells (Kommandozeileninterpreter) der jeweiligen Betriebssysteme sowie in verschiedenen Skriptsprachen. Unter Windows beginnt dies mit DOS/Windows-Batch-Dateien und CMD-Dateien; für komplexere Aufgaben sind auch der Windows Scripting Host und die Windows PowerShell nützlich. Im Unix-Bereich ist die bash-Shell das grundlegende Werkzeug; größere Aufgaben werden dagegen mit Editor- und Skriptsprachen wie sed, awk oder Python (manchmal auch noch mit der seltener werdenden Sprache Perl) gelöst, wobei Python inzwischen die wichtigste von ihnen ist und bei fortgeschrittenen Kenntnissen alle anderen ersetzen kann. In Kapitel 6, »Betriebssysteme«, und Kapitel 7, »Grundlagen der Programmierung«, dieses Buchs werden die wichtigsten Kenntnisse zu den Shells und einer der Sprachen (Python) vermittelt.

In Bereichen, in denen die Aufgabengebiete der Anwendungsentwicklung und Systemintegration einander berühren, hat sich in etwas über zehn Jahren eine neue Arbeitsweise etabliert, die zusammengefasst als *DevOps* bezeichnet wird – eine Zusammensetzung aus *development* (Entwicklung) und *operations* (Operationen im Sinne des laufenden Betriebs von Servern und anderen Systemen). Es geht um die möglichst weitgehende Automatisierung von Serverwartung, Tests und *Deployment* (Verteilung der jeweiligen Entwicklungsstände auf Entwicklungs- und Live-Systeme); in diesem Bereich kommen unter anderem Code-Repositorys, zum Beispiel GitLab, Continuous-Integration-Software wie Jenkins und Softwarecontainer wie Docker zum Einsatz. Näheres zu diesen Themen erfahren Sie in Kapitel 11, »Software-Engineering«, und Kapitel 14, »Server für Webanwendungen«.

Im neuen Fachbereich *Daten- und Prozessanalyse* geht es schwerpunktmäßig um die Verarbeitung großer Datenmengen (Big Data) sowie um die Modellierung und Auswertung von Geschäftsprozessen. Zur Datenanalyse gehören Qualitätseinschätzung und -verbesserung von Daten sowie deren Auswertung, und zwar sowohl mithilfe von Mitteln der traditionellen Statistik als auch mit Algorithmen aus dem Bereich der künstlichen Intelligenz beziehungsweise des maschinellen Lernens. Die Prozessanalyse kümmert sich vor allem um die formale Beschreibung von Geschäftsprozessen, aus der sich Optimierungspotenzial ablesen lässt.

Der ebenfalls neu geschaffene Fachbereich *Digitale Vernetzung* grenzt sich von der Systemintegration durch einen stärkeren Fokus auf vernetzte Systeme ab – es geht weniger um Betrieb und eventuellen Netzwerkanschluss einzelner Computersysteme, sondern um Planung, Aufbau und Wartung des Netzwerks selbst. Die genaue Kenntnis von Netzwerkprotokollen sowie Netzwerkhard- und -softwarekomponenten ist die wichtigste Voraussetzung dafür.

Der Beruf *IT-Systemelektroniker*in* ist elektrotechnischer orientiert als die System- und Netzwerkvarianten der Fachinformatik. Der Schwerpunkt liegt hier im Bereich der Hardware. Zu den wichtigsten Aufgaben gehört die Verkabelung von Computern und Netzwerken, angefangen bei der Stromversorgung über den Anschluss von Peripheriegeräten bis hin zu Besonderheiten der Netzwerkinfrastruktur. Dazu benötigen IT-Systemelektroniker*innen ein umfangreiches Know-how über Hardwarekomponenten und Treiber sowie über deren Zusammenarbeit mit Betriebssystemen und Anwendungsprogrammen. Hinzu kommen Kenntnisse zu DSL, ISDN und anderen Telekommunikationstechniken. Zu den wichtigsten Arbeitgebern für dieses Berufsbild gehören große Telefongesellschaften, sodass deren spezifische Anforderungen es wesentlich geprägt haben.

Kaufleute für IT-Systemmanagement (vor August 2020 IT-Systemkaufleute mit sehr ähnlichem Berufsbild) beraten die Kundschaft bei der Realisierung von Hard- und Softwareprojekten. Sie verfügen über technisches Know-how, sodass sie die Einzelheiten von IT-Projekten verstehen und der Kundschaft erklären können, und benötigen umfangreiche betriebswirtschaftliche und kaufmännische Kenntnisse, um die Kalkulation für ein solches Projekt durchführen zu können. Sie sind für alle Phasen der Kundenbetreuung von IT-Lösungen zuständig: angefangen bei der Marktanalyse über Beratung und Marketing bis hin zum Vertrieb sowie zur Einarbeitung und Schulung.

Bei den *Kaufleuten für Digitalisierungsmanagement* (leicht erweitertes Berufsbild gegenüber den vor August 2020 ausgebildeten Informatikkaufleuten) stehen die kaufmännischen Aufgaben stärker im Vordergrund, während die technischen Aspekte etwas weniger ausgeprägt sind. Die neue Bezeichnung bezieht sich darauf, dass diese Kaufleute Digitalisierungsprozesse in Unternehmen mit betriebswirtschaftlichen Kenntnissen begleiten sollen; auch die kaufmännische Sicht auf die Daten- und Prozessanalyse gehört zu ihren Aufgaben.

Der Beruf bildet zudem das Bindeglied zwischen wirtschaftlichen und technischen Abteilungen. Typischerweise vermitteln sie zwischen der Kundschaft, die vor allem wirtschaftliche Fragen hat, und den Berater*innen der Hard- und Softwarefirmen (oft den zuvor genannten Kaufleuten für IT-Systemmanagement), die eine eher technische Sicht auf Vorgänge benötigen. Beispielsweise könnten Kaufleute für Digitalisierungsmanagement die technische Umsetzung von Geschäftsprozessen anleiten und entsprechende Pflichtenhefte erstellen. Eine weitere Aufgabe bestünde darin, die Unterschiede verschiedener IT-Lösungen in kaufmännisch kalkulierbaren Zahlen auszudrücken.

Die *Abschlussprüfung* in allen IT-Berufen ist seit der Neuordnung in zwei Termine unterteilt (*gestreckte Prüfung*). Der erste Teil ersetzt die bisherige Zwischenprüfung und findet entsprechend ungefähr zur Halbzeit der dreijährigen Ausbildung statt. Es handelt sich um eine 90 Minuten dauernde schriftliche Prüfung zum Thema »Einrichtung eines IT-gestützten Arbeitsplatzes«, die für alle IT-Berufe identisch ist. Die konkreten Fragen sind nicht nur technischer Natur (Hard- und Software), sondern berühren auch Aspekte von Wirtschaft, Betriebsorganisation, Ergonomie, IT-Sicherheit und Datenschutz. Dieser erste Teil macht 20 % der Gesamtnote aus.

Wichtigstes Element des zweiten Teils der Prüfung am Ende der Ausbildung ist mit 50 % Anteil an der Gesamtnote die selbst gewählte Projektarbeit, die von der jeweils zuständigen Industrie- und Handelskammer genehmigt werden muss. Ihre Dauer beträgt bei den Fachinformatiker*innen des Fachbereichs Anwendungsentwicklung 80 Stunden, wobei auch ein Pflichtenheft erstellt werden muss. Bei den anderen Ausbildungsgängen beträgt die Dauer lediglich 40 Stunden, und der Projektablauf beschränkt sich hier auf die vier Phasen Planung, Durchführung, Test und Abnahme.

Innerhalb der veranschlagten Zeit müssen sowohl das Projekt selbst als auch eine umfangreiche Dokumentation dazu erstellt werden; Letztere sollte etwa acht Stunden der Projektdauer ausmachen. Die Dokumentation wird bei der IHK eingereicht, zudem müssen die Auszubildenden ihre Projekte dort präsentieren und ein Fachgespräch dazu führen (insgesamt 30 Minuten, 50 % der Gesamtnote für den praktischen Prüfungsteil). Wichtige Hinweise zum projektorientierten Arbeiten erhalten Sie in Kapitel 11, »Software-Engineering«.

Die zweite Säule der Abschlussprüfung bildet die bundeseinheitliche schriftliche Prüfung. Sie besteht aus drei Teilen:

- Zwei Teile davon beinhalten *berufsspezifische Aufgaben* (vor der Neuordnung »ganzheitliche Aufgaben« genannt). In den verschiedenen Ausbildungsgängen haben sie folgende hier wörtlich aus den jeweiligen Ausbildungsordnungen zitierte Themen:

  - Fachinformatik Anwendungsentwicklung: »Planen eines Softwareproduktes«, »Entwicklung und Umsetzung von Algorithmen«
  - Fachinformatik Systemintegration: »Konzeption und Administration von IT-Systemen«, »Analyse und Entwicklung von Netzwerken«
  - Fachinformatik Daten- und Prozessanalyse: »Durchführung einer Prozessanalyse«, »Sicherstellen der Datenqualität«
  - Fachinformatik Digitale Vernetzung: »Diagnose und Störungsbeseitigung in vernetzten Systemen«, »Betrieb und Erweiterung von vernetzten Systemen«
  - IT-Systemelektronik: »Installation von und Service an IT-Geräten, IT-Systemen und IT-Infrastrukturen«, »Anbindung von Geräten, Systemen und Betriebsmitteln an die Stromversorgung«
  - Kaufleute für IT-Systemmanagement: »Einführen einer IT-Systemlösung«, »Kaufmännische Unterstützungsprozesse«
  - Kaufleute für Digitalisierungsmanagement: »Entwicklung eines digitalen Geschäftsmodells«, »Kaufmännische Unterstützungsprozesse«

  Für jede berufsspezifische Aufgabe sind 90 Minuten angesetzt; sie machen je 10 % der Gesamtbewertung aus.

- Der dritte Teil besteht aus einer 60 Minuten dauernden Prüfung zu den Themen Wirtschaft und Soziales einschließlich Arbeits- und Ausbildungsrecht; er ist für alle IT-Berufe identisch. Diese Prüfung beinhaltet isolierte Fragen, wobei einige offen, viele dagegen im Multiple-Choice-Verfahren zu beantworten sind. Auch hier beträgt der Anteil an der Gesamtnote 10 %.

Andere Aus- und Weiterbildungswege

Neben den IT-Ausbildungsberufen im dualen System gibt es übrigens auch noch rein staatlich-schulische Aus- und Weiterbildungswege: den Ausbildungsgang »Informationstechnische Assistent*innen« und die Weiterqualifikation »Staatlich geprüfte Techniker*innen (FS) für Informatik« mit den Fachrichtungen Netzwerktechnik, Softwaretechnologie und Datenbanktechnologie.

Diese Weiterqualifikation endet mit einem Staatsexamen, das der Meisterprüfung in Handwerksberufen gleichgestellt ist. Die genauen Regelungen für diese Bildungsgänge sind Ländersache, sodass es gewisse Abweichungen in Ablauf, Inhalten und Dauer zwischen verschiedenen Bundesländern gibt.

Dieses Buch in der Ausbildung

In Tabelle 1.1 sehen Sie, welche Kapitel dieses Buchs für die Auszubildenden der einzelnen Fachrichtungen besonders nützlich (×) und welche unerlässlich (+) sind. Wenn ein Kapitel für Ihren Beruf nicht angekreuzt wurde, bedeutet dies nicht, dass Sie sich gar nicht mit diesem

Thema beschäftigen sollten! Wie bereits im Vorwort erwähnt, ist ein möglichst gründliches Allgemeinwissen eine der wichtigsten Voraussetzungen für den beruflichen Erfolg. Zudem verstehen Sie Zusammenhänge der IT- und Medienwirtschaft umso besser, je umfassender Ihr Überblick ist.

Kapitel	Kurzname	FIAE	FISI	FIDP	FIDV	Kaufl.	Elektr.
1	Einführung	+	+	+	+	+	+
2	Mathematische Grundlagen	+	+	+	+	×	+
3	Techn. Grundlagen	+	+	+	+	×	+
4	Hardware	×	+	×	+	×	+
5	Netzwerk	+	+	+	+	×	+
6	Betriebssysteme	+	+	+	+	×	+
7	Grundlagen der Programmierung	+	+	+	+	×	+
8	Algorithmen und Datenstrukturen	+	×	+	×		
9	Weitere Prog.-Konzepte	+	×	+	×		×
10	Datenanalyse, ML, KI	+	×	+	×		
11	Software-Engineering	+	+	+	+	+	+
12	Prozessanalyse	×	×	+	×	+	×
13	Datenbanken	+	+	+	+	×	×
14	Webserver	×	+	×	+		×
15	Internet-Serverdienste	×	+	×	+		×
16	XML	+	+	+	+	×	×
17	Datei- und Datenformate	+	+	+	+	×	×
18	HTML/CSS	+	×	+	×	×	×

Tabelle 1.1 Die einzelnen Kapitel dieses Buchs und ihre Relevanz für die verschiedenen Ausbildungsberufe

Kapitel	Kurzname	FIAE	FISI	FIDP	FIDV	Kaufl.	Elektr.
19	Webserveranwendung	+	×	+	×		
20	JavaScript und Ajax	+	×	+	×		
21	Sicherheit	+	+	+	+	×	×

Tabelle 1.1 Die einzelnen Kapitel dieses Buchs und ihre Relevanz für die verschiedenen Ausbildungsberufe (Forts.)

Studiengänge

Die Studiengänge im Bereich der Informationstechnik sind wesentlich gründlicher, dafür aber auch viel theoretischer orientiert als die betrieblichen Ausbildungsgänge. Neben den hier behandelten Studienfächern der Informatik gibt es übrigens auch angrenzende Fachgebiete wie Telematik, Elektrotechnik, Mechatronik oder angewandte Mathematik.

Das allgemeinste Spektrum bietet das Studium der *Informatik*. Das Grundstudium umfasst Einführungen in alle vier Disziplinen des Fachs (theoretische, technische, praktische und angewandte Informatik). Im Hauptstudium ist dagegen eine Spezialisierung auf einen bestimmten Bereich innerhalb eines dieser Zweige vorgesehen. Denkbar wären etwa Betriebssysteme aus dem Gebiet der praktischen Informatik oder Datenbanken, die zur angewandten Informatik zählen.

Das Informatikstudium wird sowohl an Universitäten als auch an Fachhochschulen angeboten. Naturgemäß ist Letzteres etwas praktischer orientiert; das Lernen erfolgt besonders im Grundstudium schulähnlicher. In beiden Lehreinrichtungen werden anstelle des klassischen Diplomabschlusses seit einigen Jahren nur noch die internationalen Abschlüsse Bachelor und Master erworben.

Wie in jedem mathematisch-naturwissenschaftlichen Studium müssen auch bei der Informatik Nebenfächer belegt werden. Die Auswahl ist so vielfältig wie die der Anwendungsbereiche der Informationstechnik: Für theoretischer ausgerichtete Forschungen ist etwa die Mathematik interessant; ein Fach aus dem Bereich der Wirtschaftswissenschaften eröffnet den Zugang zur Entwicklung kaufmännischer Systeme und Anwendungen. In diversen Bereichen der angewandten Informatik könnten auch Fächer wie Biologie oder Physik von Interesse sein. Spannend ist ebenfalls die Kombination mit philologischen Fächern, besonders mit Sprachwissenschaften oder der Philosophie (in der die Logik eine gemeinsame Grundlage mit Mathematik und Informatik bildet).

Umgekehrt kann Informatik auch für Studiengänge in allen genannten Fächern als Nebenfach belegt werden.

Einen Schritt weiter als die Wahl eines bestimmten Nebenfachs gehen gezielte Kombinationsstudienfächer. Die wichtigsten von ihnen sind folgende:

- *Wirtschaftsinformatik*: eine gezielte Kombination aus Themen der (insbesondere angewandten) Informatik und der Betriebswirtschaftslehre. Der Studiengang ermöglicht das Arbeiten in allen Bereichen der kaufmännischen IT-Anwendung, vor allem in Banken, Versicherungen oder den Fachabteilungen großer Unternehmen, aber auch in der Entwicklung kaufmännischer Softwarelösungen.
- *Medieninformatik*: Dieser Studiengang stellt den Bereich der multimedialen IT-Anwendung in den Mittelpunkt. Neben den Grundlagen der Informatik lernen die Studierenden vor allem den praktischen IT-Einsatz kennen: Grafik- und Bildbearbeitung, Audio- und Videoschnitt und die Erstellung multimedialer Präsentationen. Von allen IT-Studiengängen erfordert dieser das größte kreative Potenzial.
- *Bioinformatik*: Die Forschungsergebnisse der modernen Biologie, besonders der Mikrobiologie und der Gentechnik, könnten ohne umfangreiche IT-Unterstützung nicht ausgewertet werden. Die Bioinformatik bildet die Schnittstelle zwischen Biologie und Informationstechnik; sie erstellt Anwendungen zur Analyse biologischer Forschungen, etwa der Sequenzanalyse von Genen. Die Bioinformatik ist einer der wachstumsstärksten Sektoren in der gesamten IT-Landschaft.
- *Medizinische Informatik*: Auch in der modernen Medizin spielt Computertechnik eine überaus wichtige Rolle – von der Verwaltung der Patient*innen- und Diagnosedaten über die automatisierte Analyse von Laborproben bis hin zum halb autonom arbeitenden OP-Roboter ist der Praxis- und Klinikalltag ohne IT nicht mehr denkbar. In der medizinischen Informatik erwerben die Studierenden sowohl fundierte medizinische als auch wichtige informationstechnische Fachkenntnisse, sodass sie in den verschiedensten Bereichen der Medizintechnik und -praxis arbeiten können.

Die Tiefe des für ein Studium erforderlichen Wissens geht weit über das hinaus, was ein einzelnes allgemeines Grundlagenbuch wie das vorliegende leisten kann. Dennoch kann dieses Buch auch im Studium ein unentbehrlicher Begleiter sein: Hier können Sie die Grundlagen der Theorie und Praxis der unterschiedlichen Themen schnell und übersichtlich nachschlagen – als letzte Absicherung vor der entscheidenden Fachklausur oder auch als Anleser für die Veranstaltungsplanung des kommenden Semesters.

1.2 Die Geschichte der Rechenmaschinen und Computer

In diesem Buch ist von Computern die Rede, und natürlich wissen Sie ganz genau, was das ist. Sollten Sie allerdings den Versuch machen wollen, einen Computer mit allen Dimensionen seiner heutigen Möglichkeiten griffig zu definieren – wie würde diese Definition lauten? Vergangene Generationen sprachen etwa von *programmgesteuerten Rechenautomaten*, und gerade Fachleute scheinen im Deutschen noch heute lieber *Rechner* als *Computer* zu dieser Maschine zu sagen.

Aber ist Rechnen heutzutage die wichtigste Aufgabe der Computer? Es scheinen schließlich mehr Menschen einen Webbrowser zu verwenden als die Tabellenkalkulation Excel, und das Bildbearbeitungsprogramm Photoshop ist erheblich populärer als spezielle Mathematiksoftware wie Mathematica oder Maple.

Trotzdem ist ein Computer ein Gerät, das Probleme durch Berechnungen löst: Er kann nur diejenigen Sachverhalte »verstehen«, die man in Form von Zahlen und mathematischen Formeln darstellen kann. Dass es sich dabei heute auch um Bilder, Töne, Animationen, 3D-Welten oder Filme handeln kann, liegt einfach an der enormen Rechengeschwindigkeit und Kapazität moderner Rechner.

Sehen Sie sich den Begriff *programmgesteuerter Rechenautomat* noch einmal genau an: Ein *Rechenautomat* ist ein Gerät, das automatisch etwas berechnet, sodass man dies nicht manuell erledigen muss. Das kann auch ein Taschenrechner oder sogar eine mechanische Rechenmaschine. Das Besondere, das ein Computer zu bieten hat, beschreibt der Begriff *programmgesteuert*. Ein Computerprogramm ist eine Abfolge von Rechenvorschriften, die aufeinander aufbauen können und Schritt für Schritt ausgeführt werden.

Die besondere Stärke dessen, was ein Computer leistet, besteht darin, dass diese Schritte nicht immer genau einmal in exakt derselben Reihenfolge ausgeführt werden müssen, sondern dass anhand von Bedingungen entschieden werden kann, ob sie einmal, mehrmals oder gegebenenfalls auch gar nicht stattfinden. So kann Software aufgrund von Vorbedingungen Entscheidungen treffen und damit flexibel auf unterschiedliche Gegebenheiten reagieren. Geschieht dies in einem komplexen und sehr schnell ausgeführten Ablauf häufig, erweckt das Programm den Eindruck, »intelligent« zu sein. Das zugrunde liegende Prinzip wird *Kontrollstruktur* (*control flow*) genannt.[1]

Mit anderen Worten, ein Computer ist nicht nur ein Rechenautomat, sondern ein Algorithmenautomat. Ein *Algorithmus* ist eine Schritt-für-Schritt-Anleitung zur Lösung mathematischer Probleme. Die Bezeichnung geht auf *Mohamed Ibn Musa Al-Chwarizmi* (latinisiert Algorismi) zurück, einen persisch-arabischen Mathematiker des 9. bis 10. Jahrhunderts, nach dessen berühmtestem Buch auch die Algebra benannt wurde. Jeder Computer versteht eine oder mehrere formale Sprachen, in denen man ihm Algorithmen einprogrammieren kann. Ist ein Algorithmus erst einmal im Computer gespeichert, kann er immer wieder mit anderen Daten ausgeführt werden. Betrachten Sie etwa den folgenden Algorithmus aus dem Alltagsleben, der die Internetnutzungskosten in zwei verschiedenen Tarifen eines Providers berechnet:

1. Eingabe Tarif: Flatrate oder minutenbasiert?
2. War es die Flatrate? Macht 19,99 €. Berechnung beendet.
3. Minutenbasiert: Eingabe der Minuten.

1 Die in Programmiersprachen verwendeten Elemente, um einzelne Fallentscheidungen (wird eine Anweisung ausgeführt oder nicht?) oder Schleifen (wiederholte Ausführungen) zu beschreiben, werden im Deutschen auch als Kontrollstrukturen (Plural) bezeichnet.

4. Multipliziere die Minuten mit 0,01 €.
5. Addiere die Grundgebühr von 2,49 € hinzu. Berechnung beendet.

Dieser einfache Algorithmus kann natürlich ohne Weiteres von einem Menschen abgearbeitet werden. Er wird zwar langsamer rechnen als ein heutiger Computer, aber durchaus innerhalb einer annehmbaren Zeit damit fertig werden. Andererseits kann der Computer Millionen solcher Berechnungen in der Sekunde ausführen. Zwar wird er gewisse Leistungen des menschlichen Geistes wahrscheinlich niemals erreichen, aber schneller rechnen kann er allemal.

Darüber hinaus gibt es Algorithmen, an denen wir Menschen schlichtweg verzweifeln würden – oder hätten Sie Lust, jedes einzelne Pixel eines 10 · 10 cm großen hochauflösenden Bildes anhand der Farben seiner acht umgebenden Pixel neu zu berechnen, um das Bild zu vergrößern oder zu verkleinern? Ohne Sie entmutigen zu wollen: Ein solches Bild besteht, wenn es für den Druck geeignet sein soll, aus etwa 1.392.400 Pixeln – viel Spaß beim Rechnen![2]

So macht der Computer sich selbst immer unentbehrlicher: Sobald Computersysteme eine gewisse Komplexität erreichen, wird eine Anwendung erfunden, die ohne sie nicht zu bearbeiten wäre. Um diese Anwendung dann schneller und effizienter ausführen zu können, entsteht die nächste Computergeneration, für die dann wieder neue Anwendungsgebiete gefunden werden. Auf diese Weise ist der Fortschritt in der Computerentwicklung nicht aufzuhalten, und was auch immer als unüberwindbare Grenze galt, wurde durch hartnäckiges Ausprobieren irgendwann überschritten. Der vorliegende Abschnitt versucht, diesen Weg ein wenig konkreter zu beschreiben.

1.2.1 Die Vorgeschichte

Seit Menschen überhaupt sesshaft in größeren Gemeinschaften zusammenleben, sind sie zum Rechnen gezwungen, um diese Gemeinschaften zu organisieren. Dazu wurden im Laufe der Zeit immer komplexere und ausgeklügeltere Geräte erfunden.

Das erste Rechenhilfsmittel in der Geschichte war die Rechentafel oder der Abakus. Ähnliche Geräte wurden unabhängig voneinander zum Beispiel in China und im alten Rom entwickelt. Es handelte sich um eine Tafel mit verschiebbaren Steinen, die in mehreren Spalten angeordnet waren. Das Ganze ähnelte den heutigen kugelbestückten Rechenhilfen, wie sie etwa in Grundschulen eingesetzt werden. Interessant ist, dass gar nicht erst versucht wurde, das recht umständliche römische Zahlensystem auf den Abakus zu übertragen, sondern dass intuitiv ein modernes Stellenwertsystem darauf verwendet wurde.

Überhaupt kann die Erfindung der *Stellenwertsysteme* zum Schreiben von Zahlen als eine der wichtigsten Errungenschaften auf dem Weg zum Computer betrachtet werden: Die brillante

2 Zugrunde gelegt wurde hier die gängige Druckauflösung von 300 Pixel/Inch, was etwa 118 Pixel/cm entspricht (1 Inch = 2,54 cm).

Idee, den Wert einer Ziffer von ihrer Position innerhalb der ganzen Zahl abhängig zu machen, stammt aus Indien; die heutigen »arabischen« Zahlen wurden in Indien erfunden und später in Arabien – erstmals durch den bereits genannten Al-Chwarizmi im 9. Jahrhundert – übernommen. Die wichtigste Erfindung überhaupt ist in diesem Zusammenhang die Null. In Indien wurde sie zunächst als Punkt und dann bis heute als Kreis notiert. Ohne die Null ist es nicht möglich, den Wert einer einzelnen Ziffer zu vervielfachen: Auch wenn sie für sich allein keinen mathematischen Wert besitzt, werden Sie zugeben, dass 2.000 etwas völlig anderes bedeutet als 2 oder 0,0002.

Die Erfindung der Stellenwertsysteme war der Ausgangspunkt für die Konstruktion immer ausgefeilterer mechanischer Rechenmaschinen: Im 17. Jahrhundert konstruierte der französische Mathematiker und Philosoph *Blaise Pascal* eine Addiermaschine, um 1690 erfand *Gottfried Wilhelm Leibniz* eine komplexere Maschine, die bereits sämtliche Grundrechenarten beherrschte. Solche mechanischen Rechenapparaturen arbeiteten mit einem komplexen Gefüge aus Zahnrädern, Walzen und ähnlichen Bauteilen, die aus der Uhrmacherei übernommen wurden.

Erst im 19. Jahrhundert entstand die Idee zu einer Apparatur, die mit heutigen Computern vergleichbar ist. Der britische Wissenschaftler *Charles Babbage* hatte bereits eine klassische mechanische Rechenmaschine namens *Differential Engine* gebaut und plante um 1850 den Bau eines weiteren mechanischen Geräts namens *Analytical Engine*. Es sollte der erste frei programmierbare Rechenautomat der Welt werden. Ohne es zu ahnen, nahm Babbage einige der wichtigsten Designprinzipien des Computers vorweg: Das Gerät sollte aus einem Rechenwerk namens *mill*, einem Programm- und Datenspeicher sowie einer Ein- und Ausgabeeinheit bestehen. Auch wenn spätere Rekonstruktionen auf der Basis von Babbages Aufzeichnungen ergaben, dass die Maschine funktioniert hätte, war Babbage selbst nicht in der Lage, sie fertigzustellen, weil die damalige Mechanik keine Bauteile in ausreichender Präzision liefern konnte.

Interessant ist dagegen, dass es Grundideen zu einer Programmiersprache für die Analytical Engine gab. Babbage engagierte *Ada Lovelace*, die Tochter des berühmten Dichters Lord Byron, für die Entwicklung einer solchen Sprache. Ihr zu Ehren wurde eine in den 70er-Jahren des 20. Jahrhunderts entwickelte Programmiersprache *Ada* genannt.

Während die Rechenmaschinen in der zweiten Hälfte des 19. Jahrhunderts immer leistungsfähiger und komplexer wurden, beachtete dennoch niemand den Gedanken der Programmierbarkeit. Alle Rechenmaschinen bis etwa 1940, auch die elektrischen, waren auf die Berechnung einzelner eingegebener Rechenaufgaben beschränkt. Erst um diese Zeit erfand der Bauingenieur *Konrad Zuse* in Berlin programmierbare elektromechanische Rechenautomaten. Sein dritter Versuch, die Z3, funktionierte tatsächlich. Die Maschine arbeitete mit Relais, elektromagnetischen Schaltern aus der Telefontechnik. Sie verwendete eine binäre Fließkommaarithmetik mit einer Wortbreite von 22 Bit: 1 Bit für das Vorzeichen, 14 Bit für die Mantisse und 7 Bit für den Exponenten. Der Hauptspeicher besaß eine Kapazität von 64

Maschinenwörtern, also 64 · 22 Bit. Programmiert wurde die Maschine (und einige ihrer Nachfolger) in einer von Zuse entwickelten Sprache namens *Plankalkül*.

Elektrizität, Elektromechanik und Elektronik

Bereits Anfang des 20. Jahrhunderts wurden die ersten elektrischen Rechenmaschinen konstruiert. Die Rechner, die Konrad Zuse ab den 30er-Jahren baute, waren elektromechanisch. In den 40er-Jahren begann man in den USA und Großbritannien mit der Entwicklung elektronischer Rechner.

In diesem Zusammenhang ist es wichtig, den Unterschied zwischen Elektrizität, Elektromechanik und Elektronik herauszustellen:

- Ein *elektrisches* Gerät ist jede Maschine, bei der mechanische Bauteile durch elektrischen Strom angetrieben werden.
- *Elektromechanisch* werden alle Schaltelemente genannt, die durch einen Elektromagneten gesteuert werden, beispielsweise die Relais, die Zuse für seine ersten Computer verwendete. Mit anderen Worten, die Steuerung des Geräts erfolgt durch elektrischen Strom, allerdings indirekt durch mechanische beziehungsweise magnetische Bauteile.
- *Elektronische Geräte* schließlich werden allein durch elektrischen Strom gesteuert – Bauteile wie die klassische Elektronenröhre oder der neuere Transistor dienen als elektrisch gesteuerte Schalter ohne mechanische Teile.

1.2.2 Die Entwicklung der elektronischen Rechner

Computer im heutigen Sinne sind programmierbare Rechner, die elektronisch arbeiten. Die elektronischen Computer lassen sich grob in vier Generationen einteilen:

- 1. Generation: *Röhrenrechner*
  Ab den 40er-Jahren wurden Rechner auf der Basis von *Elektronenröhren* entwickelt.
- 2. Generation: *Transistorrechner*
  Ab den 50er-Jahren wurden die teuren, stromhungrigen und störungsanfälligen Röhren durch *Transistoren* ersetzt.
- 3. Generation: *Rechner mit integrierten Schaltkreisen*
  In den 60er-Jahren gelang es, durch fotolithografische Verfahren große Mengen von Transistorschaltungen auf Halbleiterplatten unterzubringen – es begann die Entwicklung der *integrierten Schaltkreise* (englisch: *integrated circuits*, abgekürzt ICs, auch *Chips* genannt).
- 4. Generation: *Rechner mit Mikroprozessor*
  Die frühen ICs waren fest verdrahtet – sie konnten nur eine einzelne festgelegte Aufgabe erfüllen. Solche Chips für spezielle Anwendungszwecke gibt es noch heute. Anfang der 70er-Jahre wurden zusätzlich frei programmierbare ICs entwickelt, die man *Mikroprozessoren* nannte. Es dauerte allerdings noch über fünf Jahre, bis die ersten Computer mit diesen Prozessoren konstruiert wurden.

Röhrenrechner

Auf der Grundlage der Forschungen von *John von Neumann*, der das theoretische Modell eines Computers formulierte, wurden in den USA Geräte wie Harvard Mark I und Mark II oder der berühmte ENIAC gebaut. Diese erste Generation elektronischer Computer arbeitete mit *Elektronenröhren* als Schaltelementen. Diese mit den Glühlampen verwandten Vakuumbauteile wurden ab Ende des 19. Jahrhunderts entwickelt und dienten verschiedenen Zwecken – denken Sie beispielsweise an das Röhrenradio, in dem die Elektronenröhre als Verstärkerelement eingesetzt wird. Abbildung 1.1 zeigt eine Auswahl verschiedener Elektronenröhren, die zwischen 1927 und 1960 hergestellt wurden. Das Bild stammt übrigens aus dem virtuellen Physikmuseum der Universität Innsbruck (*http://physik.uibk.ac.at/museum/de/start.html*); Herr Professor Denoth stellte es mir freundlicherweise zur Verfügung. Auf der angegebenen Website finden Sie noch viele weitere interessante Bilder und Informationen zur Physikgeschichte, darunter auch weitere Röhren, die ab 1870 entwickelt wurden.

Das für die Computertechnik interessanteste Röhrenmodell ist die *Triode*, die mit ihren drei Anschlüssen die früheste Umsetzung eines rein elektronischen Schalters darstellt: Einer der drei Anschlüsse dient der Steuerung; wenn dort Spannung anliegt, fließt Strom durch die beiden anderen Anschlüsse.

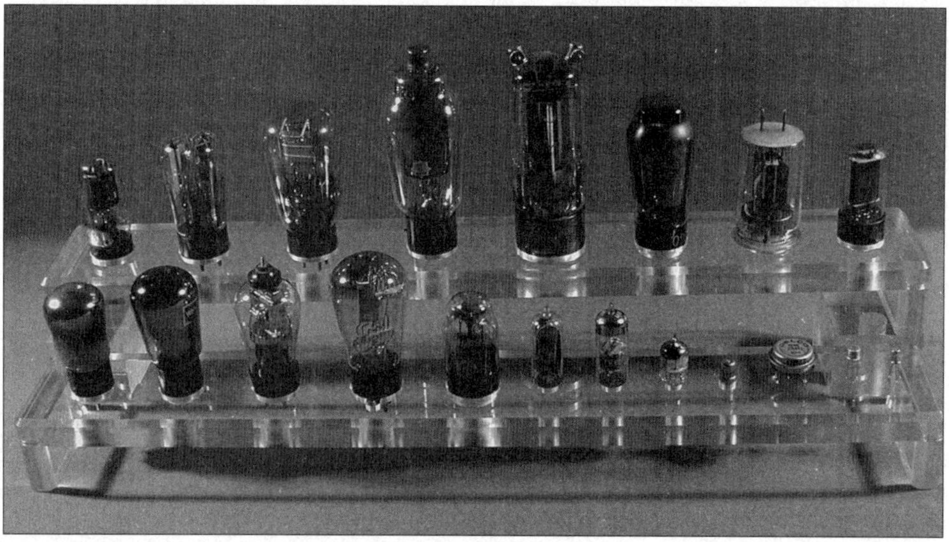

Abbildung 1.1 Eine kleine Auswahl verschiedener Elektronenröhren

Programmiert wurden die meisten Röhrenrechner durch Schalter und Steckverbindungen an großen Schalttafeln. Die einzige Möglichkeit, ein bestimmtes Programm für die spätere erneute Ausführung zu »speichern«, bestand darin, den Zustand der Schalttafel aufzumalen oder zu fotografieren. So dauerte es oft mehrere Stunden, den Computer in die Lage zu versetzen, komplexe Aufgaben zu erfüllen.

Erst allmählich begann man mit der Verwendung von *Lochkarten* zur Programm- und Dateneingabe. Die Lochkarte selbst wurde im 19. Jahrhundert erfunden, um mechanische Webstühle zu steuern. Der Ingenieur *Hermann Hollerith*, ein Mitbegründer der späteren IBM, setzte sie um 1900 zur Speicherung von Daten einer US-Volkszählung ein, was die Dauer der Ergebnisberechnung mithilfe von Rechenmaschinen von den erwarteten Jahren auf wenige Wochen reduzierte.

Transistorrechner

Röhrenrechner hatten einige gravierende Nachteile: Sie waren zu groß, zu stromhungrig und wegen der gewaltigen Hitzeentwicklung zu störanfällig. Aus diesen Gründen wurde bald der 1947 erfundene *Transistor* für die Computerentwicklung eingesetzt. Transistoren sind *Halbleiterbauteile*, die prinzipiell die gleichen Schaltaufgaben erledigen können wie die verschiedenen Arten von Röhren, aber kleiner, billiger und weniger stromhungrig sind. Der Begriff *Halbleiter*, der im Zusammenhang mit Computern immer wieder genannt wird, bezeichnet übrigens ein Material, dessen elektrische Leitfähigkeit etwa in der Mitte zwischen den Leitern (vielen Metallen) und den Isolatoren liegt. Das beliebteste chemische Element zur Fertigung von Halbleiterbauteilen ist Silizium, was der berühmten Gegend in Kalifornien, in der sich in den 60er-Jahren zahlreiche Elektronikfirmen ansiedelten, den Namen *Silicon Valley* eingebracht hat.

Erst durch die Einführung des Transistors gelangte die Elektronik zu ihrer vollen Blüte. Das zeigte sich vor allem an den Transistorradios, die ab den 50er-Jahren zuhauf verkauft wurden. Auch für die entstehende Computerindustrie ergaben sich neue Impulse: Durch die Transistortechnik ließen sich kleinere, leistungsfähigere und weniger störanfällige Rechner konstruieren. Natürlich ist »klein« und »leistungsfähig« relativ. Angesichts eines heutigen PCs oder gar Notebooks waren auch die Transistorrechner monströs, mindestens jedoch so groß wie eine ganze Reihe gewaltiger Kleiderschränke.

Auch die Transistorrechner wurden anfangs vor allem durch Lochkarten gesteuert. Mitte der 60er-Jahre begann man allerdings mit der Entwicklung von *Terminals* für den direkten Dialog mit dem Computer. Über eine Tastatur konnte man Befehle eingeben und ein unmittelbares Feedback erhalten, anfangs über einen Fernschreiber-Endlosdrucker, später über einen Monitor. Die Geschichte der Steuerung von Computern wird in Kapitel 6, »Betriebssysteme«, genauer behandelt.

Computer mit integrierten Schaltkreisen

Der Übergang von Transistorrechnern zu Computern mit ICs verlief unspektakulär und allmählich. Bereits in den frühen 70er-Jahren waren deshalb Computer in verschiedenen Größen verfügbar: Die Großrechner oder Mainframes – vor allem von IBM produziert – bildeten die Rechenzentren großer Behörden, Versicherungskonzerne und Universitäten. Daneben kamen die sogenannten *Kleincomputer* auf (noch immer größer als die meisten Kleiderschränke); einer der führenden Hersteller war die *Digital Equipment Corporation* (*DEC*). Die Kleincomputer waren zwar nicht ganz so leistungsfähig wie Mainframes, dafür aber flexibler und sogar – mit entsprechend großen Lkws – transportfähig. Besonders wichtige Beispiele für Kleincomputer sind die Geräte der DEC-PDP-Baureihe, die untrennbar mit der Geschichte des Betriebssystems Unix verknüpft ist.

Durch die Verwendung von ICs kam eine weitere Klasse von Geräten hinzu: die sogenannten *Minicomputer*. Sie waren etwa so groß wie eine größere Kommode und verhältnismäßig leicht, aber durch die fortschreitende Miniaturisierung nicht viel weniger leistungsfähig als Kleincomputer. Herausragende Beispiele für den Minicomputer sind spätere Ausgaben der ebenfalls von DEC stammenden VAX-Baureihe (ein älteres Modell sehen Sie in Abbildung 1.2).

Für Klein- und Minicomputer wurden übrigens die ersten standardisierten Betriebssysteme und Anwendungsprogramme entwickelt. Dies erforderte die Entwicklung leicht kopierbarer Speichermedien. Ein wichtiger Schritt in diese Richtung war die Verwendung von Magnetbandspulen als Datenspeicher; ihr Aussehen und ihre Funktionsweise entsprachen den etwa zur selben Zeit verbreiteten Tonbändern.

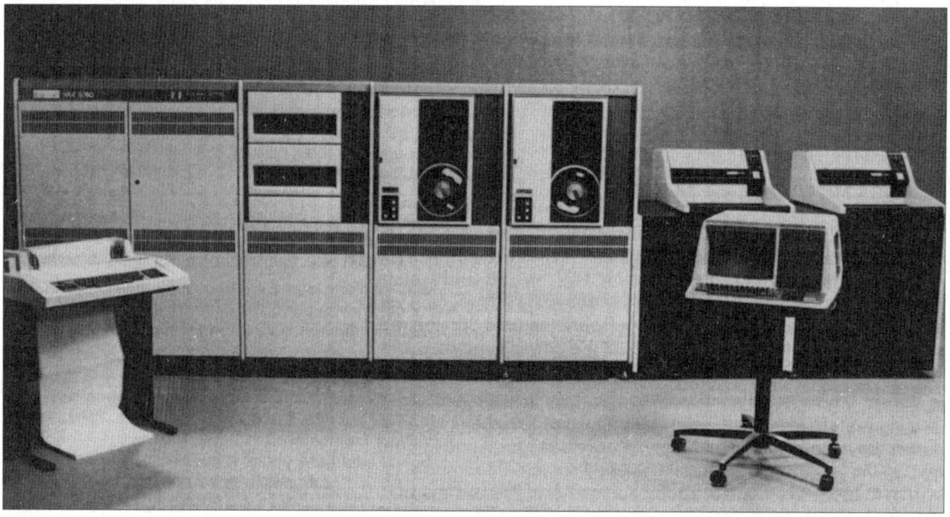

Abbildung 1.2 Eine VAX von Digital Equipment mit Terminals verschiedener Generationen (Quelle: Wikipedia)

Mikrocomputer

1971 wurde der erste programmierbare Mikrochip entwickelt, genannt *Mikroprozessor*. Allgemein wird der Intel 4004 als erster Prozessor betrachtet; später stellte sich aber heraus, dass ein anderes Unternehmen bereits einige Monate vor Intel einen ähnlichen Chip entwickelt hatte. Allerdings wusste das Intel-Entwicklungsteam nichts davon.

Der 4004 war ein 4-Bit-Mikroprozessor. Er konnte also Informationen verarbeiten, die aus einer Abfolge von vier Einsen oder Nullen bestanden. Mit dieser *Wortbreite* lassen sich 16 verschiedene Werte darstellen, zum Beispiel die Zahlen 0 bis 15. Der Prozessor verstand verschiedene Arten von grundlegenden Befehlen: Er beherrschte arithmetische Operationen, also Berechnungen in den Grundrechenarten, außerdem konnte er logische Verknüpfungen sowie Vergleiche durchführen und auf der Basis ihrer Ergebnisse die »Entscheidung« treffen, an einer anderen Stelle im Programm fortzufahren. Die mathematisch-logischen Prinzipien und ihre Umsetzung durch elektronische Bauteile werden in Kapitel 2, »Mathematische Grundlagen«, beziehungsweise Kapitel 3, »Elektronische und technische Grundlagen«, vorgestellt.

Intel unterschätzte zu Anfang die Möglichkeiten des Mikroprozessors; er wurde in Rechenmaschinen und Ampelanlagen eingebaut, aber nicht in einen Computer. Erst 1975 baute die Rechenmaschinenfirma MITS einen einfachen Mikrocomputer-Bausatz, den Altair 8800. Er war mit einer Reihe von DIP-Schaltern für die Eingabe der einzelnen Bits und einer Reihe von Leuchtdioden zur Anzeige der Ergebnisse ausgestattet. Der verwendete Mikroprozessor war der Intel 8080, der bereits 8 Bit verarbeiten konnte. Für dieses zunächst nicht besonders nützliche Gerät entwarfen tüftelfreudige Menschen Schnittstellen für Monitor und Tastatur, und ein junger Programmierenthusiast schrieb einen Interpreter (einen zeilenweisen Übersetzer) für die einfache Großrechner-Programmiersprache BASIC, der auf dem Gerät lief. Dieser Programmierer war *Bill Gates*. Die Entwicklung von Programmiersprachenpaketen für die beginnende Personal- und Homecomputer-Industrie war das erste Geschäftsfeld der 1975 zusammen mit seinem Schulfreund *Paul Allen* gegründeten Firma *Microsoft*.

Große Verdienste im Zusammenhang mit der PC-Entwicklung kommen übrigens den Forschenden des *Xerox PARC* zu (der Name PARC steht für *Palo Alto Research Center*). Diese Forschungseinrichtung in Kalifornien hat eine interessante Geschichte: Zu Beginn der 70er-Jahre bekam das Management der renommierten Papier-, Druckmaschinen- und Kopiererfirma Xerox langsam Angst, denn sie sahen angesichts der schnellen Weiterentwicklung der Computer das Schreckgespenst des »papierlosen Büros« auf sich zukommen. Natürlich weiß man es heute besser; der Papierverbrauch in den Büros hat sich seitdem vervielfacht, weil es einfach und billig ist, Dokumente mal eben auszudrucken und dann auf Papier zu kontrollieren – auch wenn aus Umweltschutzgründen zu Recht darauf hingewiesen wird, dass diese Praxis auf das Nötigste beschränkt werden sollte.

Aber damals konnte das natürlich niemand ahnen. Und so beschloss die Firma Xerox: Wenn die Menschen im Büro kein Papier mehr brauchen, dann müssen wir ihnen eben das liefern, was sie stattdessen dort benötigen. Dies war der Grundgedanke für die Einrichtung dieses Forscherparadieses. Einige der brillantesten Köpfe der Computertechnik und Informatik wurden eingeladen, jeweils fünf Jahre lang, mit fast unbegrenzten finanziellen Mitteln ausgestattet, zu erforschen, was immer sie wollten. So kam es, dass hier schon Mitte der 70er-Jahre Neuerungen wie eine grafische Benutzeroberfläche, die Dokumentenbearbeitung nach dem Prinzip *WYSIWYG* (*What You See Is What You Get*) sowie ein Laserdrucker entwickelt wurden.

Im Prinzip existierte dort ein marktreifes Personal-Computer-System, dessen technische Fähigkeiten erst über 15 Jahre später zum allgemeinen Standard wurden. Der einzige Nachteil dieses Systems, des *Alto*, war sein außerordentlich hoher Preis von ca. 100.000 US$. Jedenfalls wurde Xerox PARC auf diese Weise die Wiege des lokalen Netzwerks: Die Vision war, dass alle Angestellten eines Unternehmens solche Geräte auf ihren Schreibtischen stehen haben und der Austausch von Daten ganz einfach ist. So entstand *Ethernet*, diejenige Form des lokalen Netzes, die noch heute – neben dem drahtlosen WLAN – am häufigsten genutzt wird.

Sollten Sie sich jetzt wundern, warum keine dieser bahnbrechenden Entwicklungen heute den Namen *Xerox* trägt – das liegt daran, dass die Führungsetage des Unternehmens im fernen New York deren Brillanz und zukunftsweisende Eigenschaften nicht erkannte. So wurden die Entwicklungsergebnisse der meisten Forschenden von diesen mitgenommen, jahrelang in die Schublade gelegt und später oftmals zur Gründung anderer Firmen verwendet.

John Warnock etwa, eine Zeit lang Forschungsleiter von PARC, gründete die Firma *Adobe* und konzentrierte sich besonders auf die Bereiche WYSIWYG und die Softwareseite des Laserdruckers. Andere Ergebnisse wurden freimütig an Fremde weitergegeben, so etwa die Geheimnisse der grafischen Oberfläche an den *Apple*-Mitbegründer *Steve Jobs*, der darin die Grundlage für den Computer der Zukunft erkannte. Zusammen mit dem Bastelgenie *Steve Wozniak* entwarf er den ersten verbreiteten »richtigen« *Personal Computer* auf Mikroprozessorbasis: *Apple II* hieß das 1977 entstandene Gerät, das sich in seinen verschiedenen Versionen bis 1984 Millionen Male verkaufte. Dieser Computer definierte für fast zehn Jahre, was ein Homecomputer haben musste: einen eingebauten BASIC-Interpreter, eine fest in das Gerät integrierte Tastatur, gewöhnliche Audiokassetten und später Disketten als Datenspeicher sowie einen Anschluss für die Bildausgabe auf einem gewöhnlichen Fernseher (private Anwender oder kleine Unternehmen konnten sich nicht auch noch einen Monitor leisten, zumal es ihn zu diesem Zeitpunkt nur einfarbig gegeben hätte).

1981 stieg auch der Großrechner-Multi *IBM* in das Geschäft mit Personal Computern ein. Es war zwar untypisch für dieses Unternehmen, nicht alle Bauteile eines Computers selbst zu entwickeln, aber aufgrund des Zeitdrucks kauften sie sich die Bestandteile ihres Geräts auf dem freien Markt zusammen. Der IBM-PC war nicht unbedingt besser als seine Vorgänger, aber allein der gute Name der Herstellerfirma schuf das Vertrauen der Wirtschaft und der Industrie, dass PCs eine solide und zukunftsträchtige Technologie seien.

Einige Jahre war IBM Marktführer im Bereich der Personal Computer. Da jedoch immer mehr Hersteller kompatible Nachbauten auf den Markt brachten, die zunehmend billiger wurden, verlor der Konzern irgendwann den ersten Platz. Zudem zerstritten sie sich 1990 mit ihrem Betriebssystemlieferanten Microsoft. Seitdem wurde nicht mehr von IBM definiert, wie ein »richtiger PC« auszusehen hatte, sondern von Intel und Microsoft – wegen der Kombination aus Intel-Prozessoren und Microsoft-Windows-Betriebssystemen wurden PCs in den 90er-Jahren mitunter als *WinTel*-PCs bezeichnet.

Parallel blühte in der ersten Hälfte der 80er-Jahre der Markt mit reinen Homecomputern ohne professionelle Ambitionen. Interessant war auf diesem Gebiet zunächst der *ZX81* (siehe Abbildung 1.3, links), den der Brite *Clive Sinclair* entwickelt hatte. Trotz seiner bescheidenen Ausstattung mit 1 KByte Arbeitsspeicher, Schwarz-Weiß-Grafik und Folientastatur verkaufte sich das Gerät vorzüglich, weil es der erste Computer war, der weniger als 100 £ (damals etwa 400 DM, also ca. 200 €) kostete.

Der beliebteste Homecomputer der 8-Bit-Generation wurde allerdings der 1983 auf den Markt gebrachte *Commodore C64*. Eines der wichtigsten Verkaufsargumente war die reichhaltige Auswahl an Software, vor allem an Computerspielen. Abbildung 1.3 zeigt dieses Gerät. Ein nicht ganz so beliebtes, aber durchaus konkurrenzfähiges Gerät stellte der *Atari 800 XL* dar, für den es zwar weniger Spiele gab, der aber dafür besser programmierbar war. Die Unterschiede zwischen diesen beiden Geräten waren allerdings relativ gering. Beide waren mit dem 8-Bit-Prozessor 6502 von MosTek ausgestattet, verfügten über 64 KByte RAM, eine Grafik mit 320 · 240 Pixeln und 16 Farben (Atari bei einer geringeren Auflösung sogar 256) sowie mehrstimmigen Synthesizer-Sound, der an das angeschlossene Fernsehgerät übertragen wurde. Obwohl die beiden Rechner sich also technisch sehr ähnlich waren, tobten zu jener Zeit »Systemkriege«, die sich ohne Weiteres mit den späteren PC/Apple- oder Linux/Windows-»Glaubenskriegen« vergleichen lassen.[3]

Die nächste Generation von Homecomputern, die in der zweiten Hälfte der 80er-Jahre erschien, basierte auf dem 16-Bit-Prozessor 68000 von Motorola und seinen Nachfolgern und war mit »richtigen« Betriebssystemen mit grafischer Benutzeroberfläche ausgestattet. Wieder stritten sich Commodore und Atari um den ersten Platz; auch die verschiedenen Modelle von Commodore Amiga und Atari ST waren mit vergleichbaren Features ausgestattet. Schon früher, nämlich 1984, war der ähnlich gestaltete *Apple Macintosh* erschienen; allerdings war er nicht für Heimanwender*innen konzipiert.

Bemerkenswert ist, dass Standard-PCs erst viele Jahre später mit Multimedia-Fähigkeiten ausgestattet wurden, die auch nur ansatzweise mit Geräten wie Amiga oder ST vergleichbar waren. Noch heute sind diese Rechner bei manchen Künstlerinnen und Musikern beliebt, und zumindest im Fall des Amiga gibt es immer wieder Gerüchte um eine Wiederbelebung durch verschiedene Firmen.

3 Um mich selbst zu outen: Mein erster eigener Rechner war ein ZX81, dem ein Atari 800 XL folgte. Später hatte ich dann sehr lange nur noch IBM-kompatible PCs. Seit 2008 verwende ich überwiegend Apple-Rechner, genauer gesagt verschiedene Generationen von MacBooks, aber auch weiterhin PCs. Sämtliche in diesem Buch beschriebenen Betriebssysteme sind auf meinen Rechnern im Einsatz und kommen prima miteinander aus.

Abbildung 1.3 Links: der Sinclair ZX81, rechts: Commodore C64, der berühmte »Brotkasten« (Quelle: Wikipedia)

Zu Beginn der 90er-Jahre wurden die Home- und Personal Computer nach und nach mit 32-Bit-Prozessoren ausgestattet. Den Anfang machte der IBM-PC/AT mit dem 80386-Prozessor von Intel, dem wie bei den Vorgängermodellen wieder zahlreiche kompatible Nachbauten folgten. Apple ersetzte dagegen die Motorola-680xx-Prozessoren der frühen Macs durch PowerPC-Prozessoren mit anfangs 32 und später 64 Bit, was die Familie der PowerMacs einleitete. Bemerkenswerterweise wurde die Macintosh-Prozessorbasis danach noch zweimal gewechselt: Anstelle von PowerPC- wurden seit 2005 64-Bit-Intel-Multicore-Prozessoren[4] eingesetzt, und 2020 begann Apple damit, die ersten Macs mit dem in Kooperation mit der Firma ARM selbst entwickelten 64-Bit-Mehrkernprozessor M1 auszuliefern, einer leistungsfähigeren Variante der bereits seit Jahren in iPhones und iPads verwendeten Prozessoren.

Die Leistungssteigerung der PC- und Mac-Prozessoren sorgte dafür, dass diese Rechner – besonders die günstigeren IBM-kompatiblen PCs – die klassischen Homecomputer verdrängten und nach den Büros auch den Heimbereich eroberten. Dazu wurden insbesondere im Bereich der Multimedia-Fähigkeiten große Fortschritte erzielt. Ein gewisses Problem bestand allerdings darin, dass die Betriebssysteme der frühen 90er-Jahre nicht für die modernen 32-Bit-Architekturen ausgelegt waren. 1995 brachte Microsoft mit Windows 95 ein massentaugliches Kompromisssystem auf den Markt, das zwar noch immer einen MS-DOS-Unterbau besaß, aber innerhalb der grafischen Oberfläche echtes 32-Bit-Multitasking beherrschte. Erst im Jahr 2001 verabschiedete sich Microsoft mit Windows XP ganz von der MS-DOS-Vergangenheit im Heimsektor; im selben Jahr erschien die erste Version von Apples Neuentwicklung Mac OS X[5].

4 Ein Multicore- oder Mehrkernprozessor besitzt mehrere voneinander unabhängige Kerne aus Rechen- und Steuerwerk, kann also mehrere Programmteile parallel abarbeiten und beschleunigt so viele Vorgänge. Details dazu erfahren Sie in Kapitel 4, »Hardware«.

5 Die Geschichte der Umbenennungen dieses Betriebssystems, das zuerst Mac OS X, dann nur noch OS X und nun macOS heißt, wird in Kapitel 6, »Betriebssysteme«, genauer erzählt.

Beide Systemwelten hatten übrigens viel weniger Schwierigkeiten beim Wechsel von 32- auf die heute dominierenden 64-Bit-Architekturen, genauso wenig wie das freie, für viele Plattformen verfügbare Betriebssystem Linux. Näheres zur Geschichte der Betriebssysteme erfahren Sie übrigens in Kapitel 6, »Betriebssysteme«.

Ausblick in die nähere Zukunft

Offiziell zählen alle heutigen Computer zur vierten Generation, zu den Computern mit Mikroprozessoren. Selbst mächtige Servermaschinen und Großrechner werden durch zahlreiche parallel betriebene Prozessoren realisiert. Eine offizielle fünfte Generation ist niemals ausgerufen worden.

Dennoch zeichnen sich zurzeit verschiedene Entwicklungen ab, die in Zukunft zu einem Wandel auf dem Computermarkt führen könnten. Die wichtigsten sind folgende:

- Es entstehen immer mehr spezielle mobile Geräte, die Teile der Funktionen des universellen PCs übernehmen. Dazu gehören Mobiltelefone mit Internet- und Multimedia-Funktionen (*Smartphones*) wie Apples iPhone oder die zahlreichen Google-Android-Geräte, Tablets (iPad, Samsung Galaxy Tab & Co.), PDAs oder spezielle Geräte, die wie eine Armbanduhr oder ein Gürtel getragen werden können oder in Kleidungsstücke eingebaut sind (*Wearable Computers*). In gleichem Maße wird das Internet, besonders in seiner drahtlosen Form, immer wichtiger.
- Über die klassische binäre Elektronik hinaus entstehen neue Ansätze für den Bau von Computern. Dazu gehören beispielsweise DNA-basierte *Biorechner* oder Computer auf der Basis von *Lichtwellenleitern* – diese auch als *Glasfaserkabel* bezeichneten Leitungen transportieren Licht anstelle elektrischen Stroms und kommen bereits seit Langem bei der Datenübertragung zum Einsatz (Kabelfernsehen, Netzwerke etc.). Ein weiteres interessantes Projekt ist der *Quantencomputer*: Da die Quantenmechanik besagt, dass ein Teilchen mehrere Zustände zur selben Zeit aufweisen kann, können sogenannte *QBits* (*Quanten-Bits*) codiert werden, die »1 und 0 gleichzeitig« enthalten – das Durchprobieren zahlreicher verschiedener Fälle muss nicht mehr nacheinander geschehen, sondern kann gleichzeitig erfolgen.
- Nach einer Welle der Euphorie in den Kindertagen der Computer war es um die *künstliche Intelligenz* (kurz KI oder auch AI für das englische *artificial intelligence*) lange Zeit ruhig geworden, aber inzwischen ist das Thema wieder in aller Munde. Die Forschung hat sich erst einmal von dem Gedanken verabschiedet, das komplexe menschliche Gehirn nachzuahmen, und betreibt stattdessen Grundlagenforschung – sie simuliert beispielsweise das Zusammenspiel relativ weniger einzelner Nervenzellen in sogenannten *neuronalen Netzen*.

  Die meisten in der Praxis eingesetzten KI-Varianten werden genauer als *maschinelles Lernen* (englisch: *machine learning*) bezeichnet. Es handelt sich um einen Sammelnamen für Verfahren, in denen Computerprogramme nach erster Anleitung selbstständig den

Umgang mit bestimmten Daten erlernen; die Verfahren werden im Zusammenhang mit *Big Data* (sehr umfangreichen Datenmengen, die zum Beispiel im Umfeld viel benutzter Webanwendungen, der Onlinewerbung, aber auch im kaufmännischen oder wissenschaftlichen Bereich entstehen) verwendet. Näheres zu diesen interessanten Themen erfahren Sie in Kapitel 10, »Datenanalyse, Machine Learning, künstliche Intelligenz«.

1.2.3 Die Entwicklung der Programmiersprachen

Damit ein Computer nützliche Aufgaben erledigen kann, muss er programmiert werden. Da in der kurzen Übersicht über die Computergeschichte bereits von Programmiersprachen die Rede war, folgt hier ein kurzer Abriss über deren Entwicklung.

Die Maschinensprache des Prozessors

Die einzige Sprache, die ein Mikroprozessor wirklich versteht, ist seine *Maschinensprache*. Sie besteht aus nichts weiter als aus Zahlen: Jeder Befehl, den der Prozessor »versteht«, besitzt einen bestimmten numerischen Code. Je nach Art des Befehls folgen auf die Befehlsnummer ein oder mehrere Argumente verschiedener Länge.

Ein Maschinenprogramm ist für Menschen so gut wie unlesbar und schon gar nicht schreibbar. Wenn Sie eine binäre Programmdatei mit einem Texteditor öffnen, werden die gespeicherten Zahlen als Zeichen interpretiert; es erscheint merkwürdiger Zeichensalat, an manchen Stellen unterbrochen von kleinen Textblöcken, wenn das Programm normalen Text enthält.

Angenommen, ein Programm enthielte den folgenden (fiktiven) Befehl:

```
65 0 0 0 98
```

Bei dem Befehl `65` könnte es sich beispielsweise um die Anweisung handeln, einen bestimmten Wert auf einen Speicherstapel zu legen; der Wert wird als 32-Bit-Ganzzahl angegeben, hier `98`. Im Texteditor sähe das etwa so aus:

```
A   b
```

Das große A besitzt den Zeichencode 65, das kleine b den Code 98. Die drei Nullbytes werden in manchen Editoren als merkwürdige Sonderzeichen, in anderen als Leerzeichen angezeigt. Ein Rückschluss auf die tatsächlichen Befehle ist so gut wie unmöglich.

Wenn Sie überhaupt jemals gezwungen sein sollten, Maschinensprachdateien von Hand zu modifizieren (zum Beispiel um ein Computerspiel zu überlisten), verwenden Sie besser einen *Hex-Editor*, der die einzelnen Werte nicht nur als ASCII-Zeichen, sondern zusätzlich hexadezimal darstellt. Hier könnte das Ganze folgendermaßen aussehen:

```
41 00 00 00 62    A   b
```

Assembler – die »benutzerfreundliche« Maschinensprache

Um Maschinensprache halbwegs benutzbar zu machen, wurde der *Assembler* entwickelt. Anstatt die Befehle mit ihren tatsächlichen Zahlencodes zu schreiben, werden sie durch Kürzel dargestellt, die man sich mehr oder weniger gut merken kann – daher auch der Name *Mnemonics*. In der Regel werden diese Namen für die jeweiligen Assembler-Befehle unmittelbar vom Prozessorhersteller selbst festgelegt, um jegliches Chaos zu vermeiden.

Die Assembler-Sprache ist von Prozessor zu Prozessor völlig verschieden. Jede Prozessorarchitektur versteht ihre ganz eigenen Arten von Befehlen, die entsprechend unterschiedlich in Assembler umgesetzt werden.

Assembler ist sowohl der Name für diese vereinfachte Schreibweise der Maschinensprache als auch der Name für das Programm, das diese Sprache in die eigentliche Maschinensprache umsetzt (im Englischen wird die Sprache allerdings eher als *assembly language* bezeichnet).

Das Assembler-Programm führt gegenüber der eigentlichen Maschinensprache oft eine Reihe von Erleichterungen ein. Viele Assembler beherrschen etwa die Definition sogenannter *Makros*: Immer wiederkehrende Abfolgen von Befehlen erhalten einen eindeutigen Namen und können dann später unter diesem Namen aufgerufen werden.

Assembler wird heutzutage kaum noch zur Programmierung verwendet, zumindest nicht zur Erstellung vollständiger Programme. Wichtige Ausnahmen sind folgende:

1. In Betriebssystemen sind einige der besonders hardwarenahen Kernroutinen in Assembler des jeweiligen Prozessors geschrieben, und zwar vor allem damit der gesamte Rest des Systems so weit von der Hardware abstrahiert wird, dass er vollständig in einer höheren Sprache – meist C – geschrieben werden kann. Diese Vorgehensweise wurde in den 70er-Jahren bei der Implementierung von Unix entwickelt und gilt noch heute.
2. Auch Gerätetreiber, die zu den wichtigsten Bestandteilen der Betriebssysteme gehören, müssen manchmal überwiegend in Assembler geschrieben werden.
3. Bestimmte Teile von Computerspielen werden hin und wieder in Assembler geschrieben. In der Spieleprogrammierung, besonders von schnellen 3D-Spielen, kommt es vor allem auf Geschwindigkeit an.
4. Besonders systemnahe Computerviren (Bootsektorviren, die den Startbereich eines Datenträgers infizieren, und Programmviren, die ausführbare Programme befallen) sind meistens vollständig in Assembler geschrieben.

Die ersten höheren Programmiersprachen (Fortran, Cobol, BASIC)

Als praktischer Ersatz für die maschinenorientierten Sprachen wurden Mitte der 50er-Jahre die problem- oder benutzerorientierten Programmiersprachen eingeführt. Ihr Vorrat an möglichen Befehlen und ihre Syntax orientierten sich eher an den zu lösenden Problemen oder den Bedürfnissen der Programmierenden als an den Besonderheiten des Rechners.

Diese Programmiersprachen müssen in die Maschinensprache des konkreten Prozessors übersetzt werden. Dazu wurden zwei grundlegende Vorgehensweisen entwickelt:

- Der *Compiler* erzeugt ein dauerhaft lauffähiges Maschinensprachprogramm und speichert es als ausführbares Programm (*Binary Executable*) ab.
- Der *Interpreter* übersetzt den Quellcode dagegen Zeile für Zeile; der Code wird also während der Ausführung (zur Laufzeit) übersetzt. Interpretierte Sprachen werden häufig auch als *Skriptsprachen* bezeichnet.

Die erste Generation der höheren Programmiersprachen war sehr einfach. Beispielsweise gab es noch keine echte Programmstrukturierung. Das ursprüngliche BASIC etwa verwendete Zeilennummern, zu denen gesprungen werden konnte, Fortran benutzte spezielle Sprungmarken.

Compiler und Interpreter: moderne Mischformen

In der Praxis vermischen sich Compiler- und Interpreterverfahren heute immer häufiger. Einerseits übersetzen Compiler den Code oft nicht mehr in den Binärcode eines bestimmten Prozessors, sondern in Bytecode für eine virtuelle Maschine, die als Programm auf unterschiedlicher Hardware ausgeführt werden kann. Andererseits werden Skriptsprachen immer häufiger durch sogenannte *Just-in-Time-Compiler* komplett übersetzt, bevor das Programm ausgeführt wird, und der entstandene Bytecode wird oftmals in einem Cache zwischengespeichert.

Jede dieser frühen Sprachen hatte eine spezielle Ausrichtung oder einen besonderen Verwendungszweck:

- *Fortran*, entwickelt in den 50er-Jahren, ist die Abkürzung für *Formula Translator*. Es handelt sich um eine besonders im Hinblick auf mathematische Bedürfnisse geschriebene Sprache. In den Ingenieurswissenschaften oder der Mathematik wird sie zum Teil noch heute gern verwendet.
- *Cobol* wurde ebenfalls in den 50er-Jahren entwickelt. Der Name ist die Abkürzung für *Common Business-oriented Language*; es handelt sich also um eine Sprache, die vorwiegend für kaufmännische Anwendungszwecke, für Handel und Wirtschaft, geeignet ist. Cobol ist eine ziemlich »geschwätzige« Sprache. Es braucht relativ viele Wörter, um verhältnismäßig kurze Anweisungen auszudrücken. Beispielsweise können Sie in fast jeder Programmiersprache folgendermaßen den Wert der Variablen `b` durch 7 teilen und das Ergebnis in einer zweiten Variablen namens `a` speichern:

  ```
  a = b / 7
  ```

  In Cobol wird dagegen folgende Anweisung verwendet:

  ```
  DIVIDE B BY 7 GIVING A
  ```

- *BASIC* wurde 1960 am Dartmouth College entwickelt. Der Name steht für *Beginner's All-Purpose Symbolic Instruction Code*. Es handelt sich also um eine eher einfache Sprache für Anfänger*innen. Die Sprache fand ab der zweiten Hälfte der 70er-Jahre, als die neu gegründete Firma Microsoft sie zum ersten Mal für Personal Computer anpasste, eine gewaltige Verbreitung. Fast jeder Homecomputer in den 80er-Jahren hatte irgendeine BASIC-Variante im ROM eingebaut.

  Zur Verdeutlichung sehen Sie hier ein kleines Beispielprogramm in »allgemeinem« BASIC, das fast jeder klassische BASIC-Interpreter verstehen würde:

```
10 PRINT "Wie heißt du?"
20 INPUT A$
30 PRINT A$; " ist ein interessanter Name."
40 PRINT "Noch mal (j/n)?"
50 INPUT J$
60 IF J$ = "j" THEN GOTO 10
```

  Die einzelnen Programmzeilen bedeuten Folgendes:

  - (10) Ausgabe des Textes: »Wie heißt du?«
  - (20) Eingabe der Variablen `A$`, die durch das Dollarzeichen als String-Variable (Textinhalt) gekennzeichnet wird.
  - (30) Der eingegebene Name wird ausgegeben, gefolgt von »ist ein interessanter Name«.
  - (40) Das Programm fragt, ob ein weiterer Durchgang gewünscht wird.
  - (50) Eingabe der Variablen `J$`.
  - (60) Hat `J$` den Wert »j«, geht es weiter bei Zeile 10; das Programm wird erneut ausgeführt. Andernfalls endet das Programm, da keine weiteren Befehle mehr folgen.

Imperative oder prozedurale Programmiersprachen (Pascal, C)

Diese Programmiersprachen erlauben eine *Strukturierung* von Programmen, darüber hinaus ist eine gewisse *Modularisierung* möglich: Programme können in kleinere logische Einheiten eingeteilt werden, *Prozeduren* oder *Funktionen* genannt. Diese sind bis zu einem gewissen Grad wiederverwendbar.

Pascal wurde ab 1968 von dem Schweizer Mathematikprofessor *Niklaus Wirth* ausdrücklich als Lehrsprache entwickelt. Noch heute ist Pascal eine der beliebtesten Sprachen, um Schüler*innen oder Studierenden das Programmieren beizubringen, weil die Sprache zu einer klaren Programmstrukturierung zwingt.

Die Programmiersprache *C* wurde 1971 von *Dennis Ritchie* und *Brian Kernighan* bei AT&T entwickelt, insbesondere um eine portierbare (auf andere Rechnerplattformen übertragbare) Version des Betriebssystems Unix zu schreiben. Ursprünglich wurde C für einen ganz bestimmten Computer und dessen Besonderheiten entwickelt, den DEC PDP-7. Aus diesem

Grund ist C erstaunlich nah an den Fähigkeiten von Assembler, ohne so benutzerunfreundlich zu sein wie dieser.

Hier sehen Sie zunächst ein einfaches Pascal-Programm:

```
PROGRAM tagesgruss;
VAR name: STRING;
    zeit: INTEGER;

BEGIN
   writeln ('Hallo. Gib deinen Namen ein!');
   readln (name);
   writeln ('Gib die Uhrzeit ein - nur Stunde!');
   readln (zeit);
   IF zeit < 12 THEN
      writeln ('Guten Morgen ', name)
   ELSE
      IF zeit < 18 THEN
         writeln ('Guten Tag ', name)
      ELSE
         writeln ('Guten Abend ', name);
END.
```

Das Programm begrüßt den Benutzer freundlich mit »Hallo«, und dieser wird aufgefordert, seinen Namen einzugeben. Daraufhin wartet es auf die Eingabe, die in der Variablen `name` gespeichert wird. Als Nächstes fragt das Programm nach der Uhrzeit beziehungsweise – genauer – nach der Stunde.

In den verschachtelten `IF-ELSE`-Bedingungen wird dann je nach Tageszeit »Guten Morgen«, »Guten Tag« oder »Guten Abend« ausgegeben.

Als Kontrast zu Pascal hier auch ein kleines C-Beispielprogramm:

```
#include <stdio.h>

int main () {
   int a, b;
   printf ("Geben Sie die erste Zahl ein: ");
   scanf ("%d", &a);
   printf ("Geben Sie die zweite Zahl ein: ");
   scanf ("%d", &b);
   if (a < b)
      printf ("%d ist kleiner als %d.\n", a, b);
   else if (a > b)
      printf ("%d ist groesser als %d.\n", a, b);
```

```
  else
    printf ("Zweimal die Zahl %d.\n", a);
  return 0;
}
```

Es wird die Eingabe zweier Zahlen erwartet. Anschließend werden die beiden Zahlen verglichen; je nach Größe der beiden Zahlen wird eine entsprechende Meldung ausgegeben.

Die wichtigste Besonderheit ist, dass es kein *Hauptprogramm* gibt wie in Pascal, sondern nur die spezielle Funktion `main()`, die vom Betriebssystem aufgerufen wird. Falls Sie mehr über C wissen möchten: In allen bisherigen Auflagen dieses Buchs war eine Einführung in diese Programmiersprache enthalten, die aus Platzgründen aktuelleren Themen weichen musste. Unter *https://github.com/SaschaKersken/ITHandbuch10/blob/main/docs/programmiersprache_c.pdf* können Sie die letzte Fassung aus der 9. Auflage lesen.

Objektorientierte Programmiersprachen (Smalltalk, C++, Java, C#)

In einer *objektorientierten Sprache* wird in wiederverwendbaren Paketen programmiert, den sogenannten *Klassen*. Eine Klasse ist eine allgemeine Vorlage für die Konstruktion von Objekten. Ein *Objekt* ist eine Datenstruktur, die selbst Funktionen enthält, um sich auf die gewünschte Art und Weise zu »verhalten«.

Die wichtigsten Vorteile dieser Art der Programmierung sind die folgenden:

- *Kapselung*: Datenstrukturen außerhalb eines Objekts können nicht direkt dessen innere Daten manipulieren, sondern nur seine offiziellen Methoden (Schnittstellen nach außen) benutzen. Dies sorgt für ein klares Programmdesign und schützt vor vielen Fehlern.
- *Vererbung*: Klassen können ihre Eigenschaften und Methoden an »Kindklassen« weitergeben, in denen nur noch die Unterschiede programmiert werden müssen. Dies beschleunigt die Softwareentwicklung und macht Programme noch einmal erheblich übersichtlicher.

Zu den wichtigsten objektorientierten Programmiersprachen gehören folgende:

- *Smalltalk* war die erste vollständig objektorientierte Sprache überhaupt. Sie wurde in den 70er-Jahren zur Programmierung der ersten grafischen Benutzeroberfläche entwickelt.
- *C++* ist die objektorientierte Erweiterung der Programmiersprache C und wurde von *Bjarne Stroustrup* entwickelt. Da C++ abwärtskompatibel mit C ist, wurde die Sprache bald mit C gemischt eingesetzt; ihre besonderen Vorteile als objektorientierte Sprache wurden aber erst langsam angenommen.
- *Java* besitzt vor allem die Besonderheit, dass es sich um eine plattformunabhängige Sprache handelt. Sie brauchen ein Java-Programm nur einmal zu kompilieren, es läuft innerhalb eines speziellen Programms für die verschiedenen Plattformen, der virtuellen Java-Maschine (JVM).

- *C#* (C sharp) ist eine objektorientierte Sprache von Microsoft. Es handelt sich um eine der Sprachen, mit denen Anwendungen für das .NET Framework entwickelt werden können. Zwar betonte Microsoft bei der Einführung der Sprache aus Marketingerwägungen stets die Verwandtschaft mit C++, aber dennoch hat C# mehr mit Java gemeinsam als mit C++.

Logische und funktionale Programmiersprachen (LISP, Prolog, Logo)

Einen völlig anderen Ansatz als die bisher behandelten Sprachen versprechen die *logischen Programmiersprachen*: Die Grundidee besteht darin, nicht den fertigen Algorithmus einzutippen und mit wechselnden Wertbelegungen vom Computer berechnen zu lassen, sondern das Grundproblem selbst zu formulieren und die Erzeugung einer möglichst optimalen Lösung dem Compiler zu überlassen.

Die Idee der logischen Programmierung stammt bereits aus den 60er-Jahren. Wegweisend waren die Arbeiten des Linguisten *Noam Chomsky*, der als Erster eine Verbindung zwischen Sprachwissenschaft und Informationstechnik herstellte. Auf dieser Grundlage entwickelten sich sogenannte *Expertensysteme*, die Fragen durch logische Schlussfolgerungen aus bereits bekannten Informationen beantworten können. Die logischen Programmiersprachen erwiesen sich als ideales Hilfsmittel zur Implementierung solcher Systeme.

Logische Sprachen im engeren Sinne verwenden die *Prädikatenlogik* zur Formulierung von Ausdrücken oder Termen; der wichtigste Vertreter ist *Prolog*.

Sprachen mit ähnlichem Ansatz, aber anderer Syntax werden auch als *funktionale Sprachen* bezeichnet; dazu gehört vor allem *LISP*, aber auch die Sprache *Logo*, die hauptsächlich entworfen wurde, um Kindern die Denkweise der Computerprogrammierung beizubringen. Als gemeinsamen Oberbegriff verwendet man manchmal die Bezeichnung *deklarative Programmiersprachen*.

In den letzten Jahren kommen logische und funktionale Programmiersprachen allmählich wieder in Mode, weil sich der Ansatz besonders gut zur Programmierung moderner Mehrkernprozessoren eignet. So entstanden die moderneren funktionalen Sprachen *Erlang* (logische Sprache, von Prolog inspiriert), *Clojure* (funktionale Sprache, im Grunde ein moderner LISP-Dialekt) und *Scala* (eine sogenannte *Multiparadigmensprache*, die neben funktionalen auch objektorientierte und imperative Aspekte enthält).

Weitere Multiparadigmensprachen sind übrigens *Ruby* und das in Kapitel 7, »Grundlagen der Programmierung«, ausführlich behandelte *Python*. Anders als Scala entstammen diese jedoch ursprünglich der objektorientierten (Ruby) beziehungsweise imperativen Programmierung (Python). Auch Apples Programmiersprache *Swift* ist eine Multiparadigmensprache, ebenso wie die von Google entwickelte kompilierte Sprache *Go*, deren wichtigster Entwicklungszweck die *Nebenläufigkeit* ist (die parallele Ausführung mehrerer Aufgaben, nach Möglichkeit in Echtzeit).

In diesem Buch wird keine ausschließlich oder überwiegend funktionale Sprache vermittelt, aber Sie lernen in Kapitel 7, »Grundlagen der Programmierung«, einige funktionale Aspekte von Python und Java kennen.

1.3 Digitale Speicherung und Verarbeitung von Informationen

In diesem Abschnitt wird kurz erläutert, wie ein Computer Informationen speichert und verarbeitet. Es besteht dabei ein grundsätzlicher Unterschied zwischen *analogen* und *digitalen* Daten: Analoge Informationen lassen sich in einer kontinuierlichen Wellenform wie in Abbildung 1.4 darstellen, die in immer kleinere Einheiten unterteilt werden können.

In der Natur liegen alle Informationen zunächst in analoger Form vor: Das Bild, das Sie sehen, oder der Ton, den Sie hören, besitzt prinzipiell keine kleinste Informationseinheit oder Auflösung. Mit dieser Art von Informationen kann ein Computer heutiger Bauart nichts anfangen. Die besonderen Eigenschaften der Elektronik haben dazu geführt, dass Computer digital entworfen wurden. *Digital* stammt vom englischen Wort *digit* (Ziffer), dieses ist wiederum vom lateinischen *digitus* (Finger) abgeleitet, da die Finger von jeher zum Zählen eingesetzt wurden.

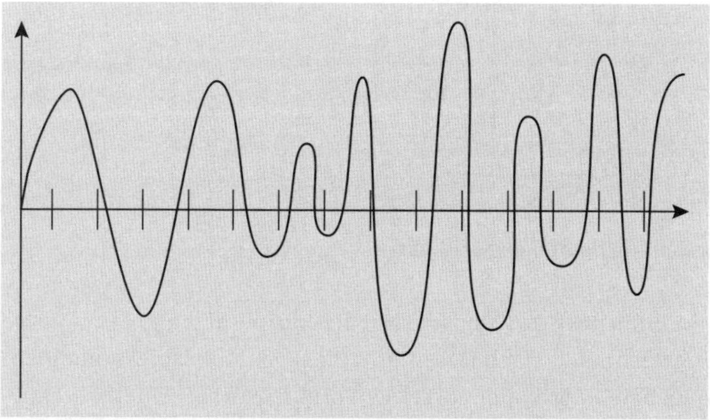

Abbildung 1.4 Schematische Darstellung von Analogdaten als Welle

Digital sind Informationen also immer dann, wenn sie in Form von Zahlen dargestellt werden können. Genauer gesagt, werden die Daten *binär* gespeichert, also als Abfolge von Einsen und Nullen. Das ist nicht genau dasselbe wie *dual*. Das Dualsystem ist das mathematische Zweiersystem, während binär allgemein die Speicherung beliebiger Daten durch zwei verschiedene Zustände bezeichnet.

Die Speicherung von Zahlen erfolgt übrigens in der Tat dual, solange es sich um ganze Zahlen handelt. Eine Besonderheit gilt dabei für vorzeichenbehaftete (positive oder negative) Zahlen, bei denen das vorderste Bit für das Vorzeichen steht. Noch komplizierter wird es bei Fließkommazahlen, die in Exponentialschreibweise gespeichert werden. Auf die Darstellung von Zahlen im Computer wird in Kapitel 2, »Mathematische Grundlagen«, näher eingegangen.

Charakteristisch für digitale Daten ist, dass es eine kleinste Informationseinheit gibt und dass die Information nicht mehr weiter aufgelöst werden kann. Während Analogdaten also durch die Wellenform gekennzeichnet sind, lassen sich Digitaldaten durch eine rechteckige Form darstellen (siehe Abbildung 1.5). In der Mathematik werden Objekte mit einem solchen »Mindestabstand« als *diskrete Mengen* bezeichnet, wobei es um einzelne, unterscheidbare Werte (Englisch *discrete*) und nicht um Verschwiegenheit (Englisch *discreet*) geht. Ein Alltagsbeispiel ist die Folge der ganzen Zahlen – im Unterschied zu den rationalen oder gar reellen Zahlen –, bei denen zwischen zwei beliebigen Elementen immer noch unendlich viele Zwischenwerte liegen.

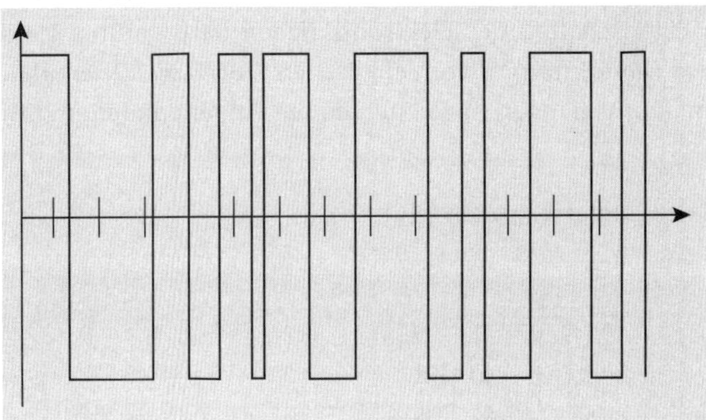

Abbildung 1.5 Schematische Darstellung binärer Digitaldaten

Die Umwandlung der analogen Eindrücke aus der Realität in computergeeignete digitale Daten wird als *Digitalisierung* bezeichnet. Je nach Datenart wird sie zum Beispiel von einem Scanner oder einer Digitalkamera bei Bildern oder von einer Soundkarte bei Tönen durchgeführt. Die folgenden Abschnitte sollen Ihnen einen groben Eindruck davon vermitteln, wie verschiedene Arten von Daten grundsätzlich gespeichert werden.

1.3.1 Digitale Bilddaten

Beachten Sie, dass es zwei grundlegende Arten von Computergrafik gibt: Die *Pixelgrafik* (auch *Bitmap-Grafik* genannt), von der hier die Rede ist, speichert ein Bild als rechteckiges Raster quadratischer Farbinformationen ab, den sogenannten *Pixeln*. Die *Vektorgrafik* speichert dagegen Umrisslinien und Kurven von Zeichnungen in Form mathematischer Formeln, die dann in praktisch beliebiger Auflösung als konkrete Pixel dargestellt werden können.

Die Qualität eines gespeicherten Pixelbildes lässt sich durch die folgenden Sachverhalte charakterisieren:

- Die *Auflösung* gibt die Größe der einzelnen Pixel an. Die Angabe besagt, wie viele Pixel pro Zentimeter oder Inch gespeichert werden. Beachten Sie, dass für den Druck erheblich höhere Auflösungen erforderlich sind (etwa 300 Pixel pro Inch) als für eine gleich große Bildschirmfläche (gerechnet wird hier – unabhängig von der tatsächlichen Monitorgröße – meist mit 72 Pixeln pro Inch).
- Die *Farbtiefe* gibt an, wie viele Bits zur Speicherung der Informationen eines einzelnen Pixels verwendet werden. Je nach Farbtiefe kann eine bestimmte Anzahl verschiedener Farben eingesetzt werden. Beispielsweise ermöglicht eine Farbtiefe von 8 Bit nur 256 verschiedene Farben, 16 Bit bieten 65.536 Farben und 24 Bit sogar mehr als 16,7 Millionen (genauer gesagt: 16.777.216).
- In der Regel werden die einzelnen Farben nicht stur durchnummeriert, sondern aus einzelnen Grundfarben zusammengesetzt. Ohne hier näher darauf einzugehen, gibt es die *additive Farbmischung* der Lichtfarben Rot, Grün und Blau (RGB) sowie die *subtraktive Mischung* der Druckfarben Cyan, Magenta, Gelb und Schwarz (CMYK). Normalerweise wird für die Intensität jeder einzelnen Grundfarbe ein *Farbkanal* gespeichert. Die Farbtiefe wird dann pro Kanal angegeben, bei einem RGB-Bild mit 24 Bit Farbtiefe also beispielsweise 8 Bit (oder 256 Intensitätsstufen) pro Kanal.

1.3.2 Digitale Audiodaten

Töne werden mithilfe eines Verfahrens digitalisiert, das man *Sampling* nennt. Das Audiosignal wird in bestimmten Zeitabständen immer wieder abgetastet, genauer gesagt, wird die Amplitude (das Volumen) zum jeweiligen Zeitpunkt gemessen. Die Frequenz (Tonhöhe) ergibt sich dabei aus der zeitlichen Verteilung der Amplituden. Jeder einzelne Abtastvorgang (*Sample*) wird als numerischer Wert abgespeichert.

In der Folge erweist sich die digitalisierte Tonabfolge als diskret in zweifacher Hinsicht: auf der x-Achse *zeitdiskret* durch das gleichbleibende Intervall zwischen den Messungen, auf der y-Achse *wertdiskret* durch die Beschränkung auf einzelne herausgegriffene (Mittel-)Werte.

Genau wie bei Bildern gibt es auch hier verschiedene Merkmale, die die Datenmenge und die Qualität der gespeicherten Daten betreffen:

- Die *Sampling-Rate* gibt die Anzahl der Messvorgänge pro Sekunde an. Je höher die Frequenz dieser Messungen, desto höher ist die Tonqualität. Audio-CDs haben beispielsweise eine Sampling-Rate von 44,1 kHz (Kilohertz), es wird also 44.100-mal pro Sekunde gemessen. Multimedia-Produktionen wie Computerspiele oder Infotainment-Titel verwenden dagegen häufig die halbe Sampling-Rate von 22,05 kHz.
- Die *Sampling-Tiefe* gibt die Datenbreite des einzelnen gespeicherten Tons an, legt also fest, wie viele verschiedene Amplituden unterschieden werden. Bei Audio-CDs sorgt eine

Sampling-Tiefe von 16 Bit (65.536 unterschiedliche Werte) für guten Ton; niedrigere Sampling-Tiefen klingen nicht besonders gut.

- Die Anzahl der *Tonkanäle* besagt, ob irgendeine Art von Raumklang gespeichert wird oder nicht. Wenn Audiodaten mono gespeichert werden, gibt es nur einen einzigen Kanal. Stereo verwendet zwei getrennte Kanäle, die über einen linken und einen rechten Lautsprecher ausgegeben werden können. Eine noch höhere Anzahl von Kanälen wie bei Quadrofonie, Dolby Surround oder 5.1-Sound bewirkt ein noch realistischeres Hörerlebnis.

Tabelle 1.2 stellt die verschiedenen Merkmale von Bilddaten den vergleichbaren Eigenschaften von Tondaten gegenüber, um die entsprechenden Beziehungen zwischen den verschiedenen Arten von Digitaldaten zu verdeutlichen.

Informationsart	Bilddaten	Audiodaten
Auflösung	Bildauflösung, in Pixeln pro Zentimeter oder Inch	Sampling-Rate, in Samples pro Sekunde (kHz)
Datenbreite	Farbtiefe	Sampling-Tiefe
Anzahl Kanäle	Farbkanäle	Tonkanäle

Tabelle 1.2 Vergleich der Merkmale von Bild- und Audiodaten

1.3.3 Digitale Speicherung von Text

Reiner Text (nicht der formatierte Text in Textverarbeitungsprogrammen!) wird als Abfolge nummerierter Zeichen eines *Zeichensatzes* gespeichert. Je nach Datenbreite des verwendeten Zeichensatzes können unterschiedlich viele verschiedene Zeichen verwendet werden. Der grundlegende Computerzeichensatz ist noch heute *ASCII*. Es handelt sich um einen 7 Bit breiten Zeichensatz, er enthält also 128 Zeichen. Es sind sämtliche Zeichen für die Darstellung englischsprachiger Texte verfügbar.

Um auch Texte mit den Sonderzeichen der diversen europäischen und internationalen Sprachen darstellen zu können, wurden traditionell verschiedene Erweiterungen des ASCII-Codes verwendet. Da die 7 Bit der ASCII-Zeichen gewöhnlich in 8 Bit breiten Feldern gespeichert werden, steht Platz für weitere 128 Zeichen zur Verfügung. Auf diese Weise lassen sich lateinisch geschriebene Sprachen mit Sonderzeichen wie deutschen Umlauten darstellen, aber auch andere Buchstabenalphabete wie Arabisch, Russisch oder Griechisch. Silbenschriften wie Chinesisch oder Japanisch lassen sich dagegen auf diese Weise nicht speichern.

Um viele verschiedene Zeichensätze »unter einen Hut zu bringen«, wurde der *Unicode*-Standard eingeführt. Es handelt sich um einen Zeichensatz mit 16 bis 32 Bit breiten Zeichen; es können also mindestens 65.536 verschiedene Zeichen gespeichert werden, in neueren Versionen sogar noch mehr. Auf diese Weise bietet Unicode genügend Platz für die Schriftzeichen der meisten Sprachen der Welt sowie für mathematische, technische und andere Sonderzeichen.

Die verschiedenen Zeichensätze werden in Kapitel 17, »Weitere Datei- und Datenformate«, genauer besprochen.

1.4 Übungsaufgaben

In einem theoretischen Kapitel wie diesem gibt es nur Multiple-Choice-Kontrollfragen; in späteren, praxisorientierteren Kapiteln finden Sie dagegen auch viele Übungen zum praktischen Rechnen, Konzipieren, Modellieren und Programmieren. In beiden Fällen finden Sie die Lösungen auf der Verlagswebseite zum Buch (*https://www.rheinwerk-verlag.de/5274*).

Im Folgenden ist jeweils genau eine Antwort richtig.

1. Welche der folgenden Teildisziplinen der reinen Informatik gibt es nicht?
   - Angewandte Informatik
   - Physikalische Informatik
   - Technische Informatik
   - Theoretische Informatik
2. Seit wann gibt es die Fachinformatik als dualen Ausbildungsberuf?
   - 1984
   - 1996
   - 2001
   - 2007
3. Welche der folgenden Fachrichtungen in der Fachinformatikausbildung gibt es nicht?
   - Systemintegration
   - Daten- und Prozessanalyse
   - IT-Sicherheit und Datenschutz
   - Anwendungsentwicklung
4. Was ist ein offizieller Bestandteil der Abschlussprüfung in den IT-Berufen?
   - Sprachprüfung technisches Englisch
   - mündliche Prüfung zum Datenschutz
   - schriftliche Prüfung Wirtschaft und Soziales
   - zweimonatiges Praktikum mit Abschlussklausur
5. Wie viel Prozent der Gesamtprüfungsnote macht die Präsentation des Abschlussprojekts inklusive Fachgespräch aus?
   - 10 %
   - 20 %
   - 25 %
   - 50 %

6. Welche der folgenden Aussagen über Algorithmen ist falsch?
   - Schritt-für-Schritt-Anleitung
   - mathematisches Lösungsverfahren
   - der Wortbestandteil Alg- steht für Algebra
   - kann auf unterschiedliche Arten formuliert werden
7. Welcher Aspekt führte zur Einführung der Stellenwertsysteme?
   - die Erfindung der Ziffernzeichen
   - die Weiterentwicklung der Keilschrift
   - die Einführung der Null
   - die Entdeckung der Arithmetik
8. Was baute Blaise Pascal?
   - eine Universalrechenmaschine
   - eine Addiermaschine
   - einen Sextanten
   - eine Digitaluhr
9. Welcher frühe Vorläufer des modernen Computers wurde nie fertiggestellt?
   - die Analytical Engine
   - die Differential Engine
   - die Z3
   - der ENIAC
10. Welches Bauelement wurde für die ersten elektronischen Rechner eingesetzt?
    - der Transistor
    - der integrierte Schaltkreis
    - der Kondensator
    - die Elektronenröhre
11. Wie viele Generationen elektronischer Rechner werden unterschieden?
    - drei
    - vier
    - fünf
    - sechs
12. Nach welchem Prinzip funktionierten die ersten Rechner von Konrad Zuse?
    - elektromagnetisch
    - elektrochemisch
    - elektromechanisch
    - elektrolytisch

13. Wie viele Werte lassen sich mit 4 Bit Wortbreite darstellen?
    - 4
    - 8
    - 16
    - 32
14. Welche der folgenden Programmiersprachen ist nicht objektorientiert?
    - C++
    - Smalltalk
    - Java
    - Cobol
15. Welcher der folgenden Namen steht in keiner Verbindung zur Entwicklung einer Programmiersprache?
    - Brian Kernighan
    - Kai Krause
    - Niklaus Wirth
    - Dennis Ritchie
16. Auf welcher Grundlage basiert die Arbeitsweise des Computers?
    - Dualsystem
    - Dezimalsystem
    - Analogelektronik
    - Binärlogik

Kapitel 2
Mathematische Grundlagen

Unser Dasein liegt zwischen zwei Ewigkeiten.
– Blaise Pascal

Dieses Kapitel bildet die Grundlage für das Verständnis von Computerprogrammen und vielen Algorithmen. Wer die Logik versteht, die den einzelnen Vorgängen in Computersystemen zugrunde liegt, und die mathematische Basis von Lösungsverfahren in der Informatik beherrscht, wird geringere Schwierigkeiten haben, mit Software umzugehen und welche zu schreiben.

Die grundlegenden Arbeitsschritte, die ein Computer ausführt, sind mathematische und logische Operationen: Der Mikroprozessor verknüpft Werte, die ihm ein Programm übergibt oder die er auf Anweisung aus dem Speicher oder von einem Eingabegerät liest, nach verschiedenen Vorschriften. Dazu gehören Grundrechenarten, Vergleiche und Wenn-dann-Beziehungen.

2.1 Einführung in die Logik

Der Begriff *Logik* ist von dem griechischen Wort λόγος (*logos*) abgeleitet. Die Bedeutung dieses Worts hat eine lange Geschichte und ist nicht ganz eindeutig. Die Wurzel des Worts stammt von dem altgriechischen Verb λεγειν (*legéin*), das zunächst für *sammeln* oder *auflesen* steht; es ist verwandt mit dem lateinischen *legere* und dem deutschen *lesen*.

Aus der Sicht der Informatik ist die wichtigste Form der Logik die *formale Logik*. Ihre klassische Form ist die *Aussagenlogik*, die Wissenschaft von der Verknüpfung und Wechselwirkung von Aussagen. Eine *Aussage* ist dabei ein beliebiger Satz, der *eindeutig wahr* oder *eindeutig falsch* ist, dessen Wahrheit also überprüft werden kann. Für die Mathematik wurde die Aussagenlogik erst nutzbar, als *Gottlob Frege* 1879 die *Prädikatenlogik* entwickelte, eine mathematisch-formale Schreibweise für Aussagen, auf der einige der im Folgenden verwendeten mathematischen Sätze basieren. Typische Formulierungen der Prädikatenlogik sind die bekannten Satzanfänge mit *Quantoren*: »Für alle x gilt: ...« ($\forall x$, *All-Quantor*) oder: »Es gibt (mindestens) ein x, für das gilt: ...« ($\exists x$, *Existenz-Quantor*).

2.1.1 Aussagen

Aussagen sind beispielsweise die folgenden Sätze:

- »Der Kölner Dom ist 157 Meter hoch.«
- »Der Kölner Dom ist 17 Meter hoch.«
- »Ich bin 17 Meter groß.«

Die folgenden Sätze sind dagegen aus verschiedenen Gründen *keine Aussagen*:

- »Der Kölner Dom ist schön.« – Dies ist eine subjektive Meinungsäußerung, die für manche wahr und andere falsch sein kann.
- »Ist heute Freitag?« – Eine Frage ist keine Aussage; in diesem Fall kann die Antwort eine Aussage sein.
- »Wie geht es dir?« – Das ist ebenfalls eine Frage, allerdings ist hier auch die Antwort keinesfalls eine Aussage (sie ergibt wieder eine subjektive Meinungsäußerung).

Die mathematischen Aussagen sind die Art von Aussagen, die im Zusammenhang mit Informatik und Computern besonders interessant sind. Eine *mathematische Aussage* ist ein System, das aus Termen (mathematischen Ausdrücken) besteht. Ein *Term* ist im einfachsten Fall eine numerische Konstante wie beispielsweise 100 oder –3,25, in komplexeren Fällen eine arithmetische Verknüpfung wie etwa 3 + 5, die sich in einen konkreten Wert auflösen lassen muss. Eine vollständige mathematische Aussage ist ein Vergleich zwischen Termen, der zwei mögliche Formen annehmen kann:

- Die *Gleichung* ist eine wahre Aussage, wenn die beiden verknüpften Terme den gleichen Wert haben.
- Die *Ungleichung* ist dagegen dann eine wahre Aussage, wenn die Werte der beiden verknüpften Terme auf eine vorgegebene Weise unterschiedlich sind.

Beispiele für mathematische Aussagen sind folgende:

- $5 + 6 = 6 + 5$ ist eine Gleichung.
- $5 + 6 < 6 + 5$ ist eine Ungleichung; die Beziehung lautet in diesem Fall »ist kleiner als«.

Sowohl sprachliche als auch mathematische Aussagen können, wie bereits erwähnt, wahr oder falsch sein. Hier sehen Sie einige Beispiele für wahre und falsche Aussagen:

- »Der Kölner Dom ist 17 Meter hoch.« – falsche sprachliche Aussage
- »Ein Tag hat 24 Stunden.« – wahre sprachliche Aussage
- $5 > 7$ – falsche mathematische Aussage (Ungleichung)
- $7 > 5$ – wahre mathematische Aussage (Ungleichung)
- $3 + 4 = 34$ – falsche mathematische Aussage (Gleichung)
- $3 + 4 = 7$ – wahre mathematische Aussage (Gleichung)

2.1.2 Aussageformen

Die in der Mathematik weitverbreiteten Formeln und verallgemeinerten Gleichungen mit Platzhaltern (Variablen oder Unbekannten) sind *keine* Aussagen. Schließlich gilt für sie die Bedingung nicht, dass sie eindeutig wahr oder falsch sein müssen. Beispielsweise lässt sich die allgemeine Gleichung $a + b = 3$ mit unendlich vielen Werten zu einer wahren oder auch zu einer falschen Aussage machen:

- $a = 2$; $b = 1$ oder $a = 3{,}5$; $b = -0{,}5$ ergeben eine wahre Aussage.
- $a = 3$; $b = 5$ oder $a = 0{,}75$; $b = 0{,}2$ ergeben eine falsche Aussage.

Ein Wert, der in eine *Aussageform* eingesetzt wird und diese zu einer wahren Aussage macht, wird als *Lösung* dieser Aussageform oder – genauer – als Teil ihrer *Lösungsmenge* bezeichnet.

Das folgende Beispiel zeigt, wie die Lösungsmenge einer linearen Gleichung mit einer Unbekannten bestimmt wird:

$$2x + 7 = 21 | -7$$
$$\Leftrightarrow 2x = 14 | :2$$
$$\Leftrightarrow x = 7$$

Lineare Gleichungen besitzen in der Regel genau eine Lösung. Komplexere Gleichungssysteme können dagegen auch Lösungsmengen besitzen, die aus keiner, aus mehreren oder aus unendlich vielen Lösungen bestehen.

Das Lösen von Ungleichungen ist der Versuch, eine Menge von Werten zu bestimmen, die in die Aussageform einer Ungleichung eingesetzt werden können, um eine wahre Aussage zu erhalten:

$$2x + 7 < 21 | -7$$
$$\Leftrightarrow 2x < 14 | :2$$
$$\Leftrightarrow x < 7$$

Die Lösungsmenge der Ungleichung ist die Menge aller x, für die gilt, dass x kleiner als 7 ist. Mathematisch wird dies folgendermaßen ausgedrückt:

$$L = \{x \mid x < 7\}$$

Es gibt eine wichtige Ausnahme von der Regel, dass Ausdrücke mit Platzhaltern Aussageformen sind. Sätze gemäß der Prädikatenlogik sind Aussagen, sofern alle vorkommenden Variablen quantifiziert werden, wie Sie an folgenden wahren Beispielen leicht erkennen:

- $\forall x: x < x + 1$ (für alle x gilt, dass x kleiner als $x + 1$ ist)
- $\exists x: x^2 = 4$ (es gibt mindestens ein x, dessen Quadrat 4 ist – genauer gesagt, gibt es natürlich zwei solche x, nämlich -2 und 2)

2.1.3 Logische Verknüpfungen

Nicht immer werden nur einzelne Aussagen betrachtet. Es ist üblich und oft notwendig, mehrere Aussagen mithilfe verschiedener logischer Verknüpfungen zu verbinden. Dazu gehören sowohl logische Schlussfolgerungen (Wenn-dann-Beziehungen) als auch einfache Und- sowie Oder-Verknüpfungen.

Das gesamte Fachgebiet der logischen Verknüpfungen wird auch als *boolesche Algebra* bezeichnet, benannt nach dem britischen Mathematiker *George Boole*, der bereits im 19. Jahrhundert eine Algebra der binären logischen Verknüpfungen entwickelte.

Logische Schlussfolgerungen

Die Schlussfolgerung, das Lieblingsspielzeug der philosophischen Logik, ist eine Wenn-dann-Beziehung zwischen Aussagen; sie wird auch als *Implikation* bezeichnet. Computerprogramme arbeiten ebenfalls mit dieser Art der Logik, weil sie oft anhand bestimmter Bedingungen Entscheidungen treffen müssen.

In der sprachlichen Aussagenlogik sieht eine Schlussfolgerung beispielsweise folgendermaßen aus:

1. Es regnet.
2. Die Straße wird nass.

Schlussfolgerung: Wenn es regnet, wird die Straße nass.

Oder in formaler Schreibweise: Es regnet. $\Rightarrow$ Die Straße wird nass.

Das Zeichen $\Rightarrow$ wird als »daraus folgt« aufgelöst. Es gibt übrigens noch weitere Zeichen für Wenn-dann-Beziehungen. In der philosophischen Logik wird beispielsweise häufig $\supset$ verwendet (das für die Mathematik eher ungünstig ist, da das Zeichen hier meist für die in einem späteren Abschnitt besprochene Obermenge steht). Auch $\vdash$ und $\rightarrow$ sind geläufig. Es gibt sehr spitzfindige Bedeutungsunterschiede zwischen diesen Zeichen, die jedoch für die Belange der Informatik in der Regel keine Rolle spielen.

Die direkte Umkehrung einer solchen Schlussfolgerung (genauer Begriff: *Kontraposition*) ist nicht automatisch zulässig: Eine Aussage wie

$A \Rightarrow B$ (aus A folgt B)

bedingt nicht den folgenden Schluss:

$B \Rightarrow A$ (aus B folgt A)

Sprachlich formuliert, gilt also nicht die folgende Schlussfolgerung: Wenn die Straße nass wird, regnet es. Schließlich kann es zahlreiche Gründe dafür geben, dass eine Straße nass wird.

Die korrekte Kontraposition bildet dagegen die verneinte Umkehrung:

$\neg B \Rightarrow \neg A$ (aus Nicht-B folgt Nicht-A)

Auf das Sprachbeispiel übertragen: Wenn die Straße nicht nass wird, dann regnet es nicht. Dieser Satz ist intuitiv einleuchtend und richtig.

Diese beiden Formen sind so wichtig, dass ihre tatsächliche Erfüllung in der (besonders philosophischen) Logik jeweils einen eigenen Namen hat:

- *Modus ponens* (lateinisch für »setzender Modus«):

  Gegeben: $A \Rightarrow B$.
  Feststellung: A ist wahr.
  Schluss: Also ist auch B wahr.

- *Modus tollens* (lateinisch für »wegnehmender Modus«):

  Gegeben: $A \Rightarrow B$.
  Feststellung: B ist nicht wahr.
  Schluss: Also ist auch A nicht wahr.

Zur weiteren Verdeutlichung sehen Sie hier alle erlaubten Kontrapositionen (Umkehrschlüsse) im Überblick:

1. $A \Rightarrow B$; Kontraposition: $\neg B \Rightarrow \neg A$

   Beispiel: Wenn es regnet, wird die Straße nass.
   Kontraposition: Wenn die Straße nicht nass wird, dann regnet es nicht.

2. $A \Rightarrow \neg B$; Kontraposition: $B \Rightarrow \neg A$

   Beispiel: Wenn die Sonne scheint, ist es nicht Nacht.
   Kontraposition: Wenn es Nacht ist, scheint nicht die Sonne.[1]

3. $\neg A \Rightarrow B$; Kontraposition: $\neg B \Rightarrow A$

   Beispiel: Wenn nicht Wochenende, Feiertag oder Urlaub ist, dann muss ich arbeiten.
   Kontraposition: Wenn ich nicht arbeiten muss, dann ist Wochenende, Feiertag oder Urlaub.

4. $\neg A \Rightarrow \neg B$; Kontraposition: $B \Rightarrow A$

   Beispiel: Wenn ich keinen Führerschein habe, darf ich nicht Auto fahren.
   Kontraposition: Wenn ich Auto fahren darf, habe ich den Führerschein.

Übrigens sind nicht alle Wenn-dann-Verknüpfungen gleich stark, also gleich zwingend. Um hier verschiedene Fälle zu unterscheiden, wird die jeweilige Wenn-Bedingung klassifiziert:

- Eine Bedingung heißt *hinreichend*, wenn ihr Auftreten allein immer dazu führt, dass die Wirkung eintritt, wobei nicht ausgeschlossen ist, dass auch andere Ursachen zur selben Wirkung führen können. Dass es regnet, ist eine hinreichende Bedingung dafür, dass die Straße nass wird. $A \Rightarrow B$ beschreibt genau diesen Fall.

---

1 Natürlich gibt es Gegenden auf der Welt, in denen dieser Bezug nicht zutrifft. Wie bei den meisten Aussagen gibt es Nebenbedingungen, die stillschweigend gelten – hier beispielsweise: »Wenn die Sonne *außerhalb des Polarsommers* scheint, dann ist nicht Nacht.« Entsprechend wird zum Beispiel eine durch einen langen Tunnel führende Straße nicht nass, wenn es regnet.

- Die Bedingung wird *notwendig* genannt, wenn die Wirkung ohne sie nicht eintreten kann. Das besagt jedoch noch nicht, dass die Bedingung allein ausreicht, um die Wirkung zu erzielen. Beispielsweise ist es eine notwendige Bedingung für das Leuchten einer Lampe, dass ein Stromkreis geschlossen wird – etwa durch Betätigen eines Schalters. Diese Bedingung ist jedoch nicht hinreichend, denn es muss zum Beispiel zusätzlich sichergestellt sein, dass die verwendete Lampe technisch intakt (nicht defekt) ist. Formal beschreibt eine notwendige Bedingung die Beziehung $\neg A \Rightarrow \neg B$, die – wie bereits abgeleitet – auch als $B \Rightarrow A$ geschrieben werden kann.
- Eine Bedingung ist *hinreichend und notwendig*, wenn diese eine Bedingung allein und keine andere dazu führt, dass eine bestimmte Wirkung eintritt. Diese Beziehung ist keine Schlussfolgerung im engeren Sinne, sondern wird auch *Äquivalenz* genannt und entweder durch den Äquivalenzpfeil $\Leftrightarrow$ oder – besonders in philosophischer und wissenschaftlicher Literatur – durch die Abkürzung *gdw* (*genau dann, wenn*) ausgedrückt. Eine natürliche Zahl ist beispielsweise gerade, gdw sie ohne Rest durch 2 teilbar ist. Anders ausgedrückt: n ist ohne Rest durch 2 teilbar $\Leftrightarrow$ n ist eine gerade Zahl. Wie die beiden Richtungen des Äquivalenzpfeils zeigen, ist die Beziehung jederzeit umkehrbar.

Etwas, das weder hinreichend noch notwendig ist, ist dagegen überhaupt keine Bedingung. Wenn ein Ereignis A statistisch relativ häufig vor oder zusammen mit einem Ereignis B auftritt, spricht man von einer *Korrelation*.

Und- und Oder-Verknüpfungen

Die beiden Verknüpfungen *Und* und *Oder* (*AND* und *OR*) sind die wichtigsten Mittel zur Verbindung mehrerer Aussagen oder Bedingungen. Werden mehrere Aussagen durch *Und* ($\wedge$) verknüpft (*Konjunktion*), ergibt sich nur dann eine wahre Aussage, wenn alle Teilaussagen wahr sind.

Die Verknüpfung $A \wedge B$ ist also nur dann wahr, wenn sowohl A als auch B wahre Aussagen sind.

Sprachlich kann dies sehr gut durch zusammengesetzte Wenn-Bedingungen bei der Schlussfolgerung gezeigt werden, zum Beispiel:

Wenn die Glühbirne funktioniert *und* der Lichtschalter eingeschaltet wird, dann leuchtet das Licht.

Oder als einzelne Aussagen:

1. Die Glühbirne funktioniert.
2. Der Lichtschalter ist eingeschaltet.
3. Das Licht leuchtet.

Die erste und die zweite Aussage werden hier durch *Und* verknüpft und ergeben so die dritte Aussage:

Die Glühbirne funktioniert. $\wedge$ Der Lichtschalter ist eingeschaltet. $\Rightarrow$ Das Licht leuchtet.

Schematisch lassen sich solche Verknüpfungen am einfachsten durch eine sogenannte *Wahrheitswertetabelle* darstellen. In einer solchen Tabelle (wie übrigens auch bei den Abläufen innerhalb eines Computers) wird eine wahre Aussage durch den Wert 1 und eine falsche Aussage durch die 0 dargestellt. Die Wahrheitswertetabelle für *Und* (∧) sieht also folgendermaßen aus:

∧	0	1
0	0	0
1	0	1

Tabelle 2.1 Wahrheitswertetabelle für die Und-Verknüpfung

Logische Operationen wie die Und-Verknüpfung können im Computer auf zweierlei Arten genutzt werden:

- Die *logische Und-Operation* dient tatsächlich, wie zuvor dargestellt, der Verkettung verschiedener Bedingungsprüfungen: Ein Programm soll einen bestimmten Schritt nur dann ausführen, wenn mehrere Teilbedingungen zutreffen.
- Demgegenüber verknüpft die *bitweise Und-Operation* die *einzelnen Bits* gespeicherter Werte, bevorzugt ganzer Zahlen. Dies wird beispielsweise genutzt, um aus einer Teilnetzmaske und einer IP-Adresse die Adresse des Netzwerks zu ermitteln (siehe Kapitel 5, »Netzwerkgrundlagen«).

In vielen Programmiersprachen – vor allem denjenigen, die ihre grundlegende Syntax von der Sprache C erben – wird das logische Und beispielsweise durch && dargestellt, bitweises Und dagegen durch &. Einzelheiten zur Verwendung bei der Programmierung erfahren Sie in Kapitel 7, »Grundlagen der Programmierung«.

Eine Und-Verknüpfung und die im Anschluss dargestellte Oder-Verknüpfung lassen sich hardwaretechnisch durch recht simple Schaltungen realisieren. Genaues erfahren Sie im nächsten Kapitel.

Werden dagegen mehrere Aussagen durch *Oder* (∨) verknüpft (*Disjunktion*), ist die Gesamtaussage wahr, wenn mindestens eine der Teilaussagen zutrifft.

Die Beziehung $A \lor B$ ist also wahr, wenn A wahr ist, wenn B wahr ist oder auch wenn A und B wahr sind. Hier sehen Sie zunächst wieder ein sprachliches Beispiel:

Wenn ich eine Million im Lotto *oder* bei einer Quizsendung gewinne, dann bin ich Millionär. Die einzelnen Aussagen sind folgende:

1. Ich gewinne eine Million im Lotto.
2. Ich gewinne eine Million bei einer Quizsendung.
3. Ich bin Millionär.

Formal sieht diese Oder-Verknüpfung der beiden ersten Aussagen so aus:

Ich gewinne eine Million im Lotto. ∨ Ich gewinne eine Million bei einer Quizsendung. ⇒ Ich bin Millionär.

Es ist egal, ob nur eine der beiden Voraussetzungen zutrifft oder ob beide wahr sind – in beiden Fällen stimmt die Schlussfolgerung.

Auch die Oder-Verknüpfung kann logisch oder bitweise eingesetzt werden; aus der C-Tradition stammende Sprachen verwenden für das logische Oder die Zeichen ||, für das bitweise Oder dagegen |.

In Tabelle 2.2 sehen Sie wieder die entsprechende schematische Darstellung als Wahrheitswertetabelle.

∨	**0**	**1**
0	0	1
1	1	1

Tabelle 2.2 Wahrheitswertetabelle für die Oder-Verknüpfung

Tabelle 2.3 zeigt eine Übersicht über die Und- und Oder-Verknüpfungen aller vier möglichen logischen Belegungen zweier Wahrheitswerte *A* und *B* sowie all ihrer Verneinungen.

Verknüpfung	A=0, B=0	A=0, B=1	A=1, B=0	A=1, B=1
A ∧ B	0	0	0	1
A ∨ B	0	1	1	1
¬A ∧ B	0	1	0	0
¬A ∨ B	1	1	0	1
A ∧ ¬B	0	0	1	0
A ∨ ¬B	1	0	1	1
¬A ∧ ¬B	1	0	0	0
¬A ∨ ¬B	1	1	1	0
¬(A ∧ B)	1	1	1	0
¬(A ∨ B)	1	0	0	0

Tabelle 2.3 Wahrheitswertetabelle aller normalen und verneinten Und- und Oder-Verknüpfungen

Aus den Verhältnissen in Tabelle 2.3 ergeben sich die beiden folgenden wichtigen Äquivalenzen, die nach dem britischen Mathematiker Augustus De Morgan als *De-Morgan-Theoreme* bezeichnet werden:

$$\neg A \land \neg B \Leftrightarrow \neg(A \lor B)$$
$$\neg A \lor \neg B \Leftrightarrow \neg(A \land B)$$

Diese Beziehungen müssen Sie beim Programmieren beachten, wenn Sie verknüpfte Wenn-dann-Bedingungen formulieren.

Die für die arithmetischen Operationen Addition (+) und Multiplikation (·) gültigen elementaren Rechengesetze gelten übrigens auch für die Operationen *Und* und *Oder*:

- Kommutativgesetz:

  $$A \land B = B \land A$$
  $$A \lor B = B \lor A$$

- Assoziativgesetz:

  $$(A \land B) \land C = A \land (B \land C)$$
  $$(A \lor B) \lor C = A \lor (B \lor C)$$

- Distributivgesetz:

  $$A \land (B \lor C) = (A \land B) \lor (A \land C)$$
  $$A \lor (B \land C) = (A \lor B) \land (A \lor C)$$

- Neutralitätsgesetz:

  $A \land 1 = A$ – neutrales Element 1 (hier im Sinne von wahr) wie bei der Multiplikation

  $A \lor 0 = A$ – neutrales Element 0 (falsch) wie bei der Addition

Als Übung können Sie alle denkbaren Werte für die Platzhalter einsetzen und werden so feststellen, dass die genannten Gesetze tatsächlich zutreffen.

Die Umformung logischer Sätze mithilfe der Rechengesetze wird als *logischer Kalkül* bezeichnet und sowohl in der Philosophie als auch in Mathematik und Informatik verwendet.

Weitere logische Verknüpfungen

Es gibt noch diverse andere logische Verknüpfungen. Eine von ihnen wird als *Exklusiv-Oder* bezeichnet. Da sie in der Mathematik nicht oft verwendet wird, besitzt sie kein einheitliches Zeichen, sondern wird in der Regel durch den abgekürzten englischen Namen *XOR* (*eXclusive OR*) bezeichnet. Sie wird auch als *Antivalenz* oder *Kontravalenz* bezeichnet, weil ihr Wahrheitswert wahr ist, wenn die Wahrheitswerte der Operanden unterschiedlich sind.

Eine *XOR-Verknüpfung* zweier Aussagen ist nur dann wahr, wenn genau eine Teilaussage wahr ist. Das XOR steht sprachlich für »Entweder ... oder«: Wenn ich entweder mit dem Bus oder mit dem Auto den richtigen Weg fahre, gelange ich zur Arbeit (ich kann auf keinen Fall mit Bus und Auto gleichzeitig fahren).

Tabelle 2.4 zeigt die möglichen Ergebnisse der XOR-Verknüpfung.

XOR	0	1
0	0	1
1	1	0

Tabelle 2.4 Wahrheitswertetabelle für die XOR-Verknüpfung

Viele Programmiersprachen besitzen keine eingebaute XOR-Operation. In diesen lässt sie sich durch den folgenden komplexeren Ausdruck simulieren:

$$A \text{ XOR } B = (\neg A \wedge B) \vee (A \wedge \neg B)$$

In Programmiersprachen aus der C-Tradition, also etwa auch Java, gibt es XOR nur als Bit-Operator, nicht aber als logischen Operator. Das Symbol dafür ist ^. Das bitweise XOR wird insbesondere für Verschlüsselungs- und Prüfsummenoperationen eingesetzt, denn eine interessante Besonderheit der XOR-Operation besteht darin, dass ihre Umkehrung wieder eine XOR-Operation ist – es gilt:

$$A \text{ XOR } B = C \Leftrightarrow (C \text{ XOR } A = B) \wedge (C \text{ XOR } B = A)$$

Eine wichtige Beispielanwendung ist die Berechnung der Prüfsumme (*Parity*) in bestimmten RAID-Arrays. Es handelt sich um eine Zusammenfassung mehrerer Festplatten, die einer Steigerung der Performance und/oder Datensicherheit insbesondere bei Serversystemen dient (siehe Kapitel 4, »Hardware«). RAID 3, 4 und 5 verknüpfen dabei zwei oder mehr gleich lange Bit-Folgen mit einer XOR-Operation. Wenn eine der beteiligten Festplatten versagt, lässt sich somit aus der umgekehrten XOR-Operation mit der intakten Folge beziehungsweise den intakten Folgen einerseits und der Prüfsumme andererseits die defekte Folge rekonstruieren.

Die bereits im Zusammenhang mit Wenn-dann-Beziehungen erwähnte *Äquivalenz* (⇔ oder gdw für *genau dann, wenn*) ist das Gegenstück zu XOR und wird daher auch als XNOR (Exklusiv-Nicht-Oder) bezeichnet: Sie ist wahr, wenn die Wahrheitswerte der beiden verglichenen Werte identisch sind, und ansonsten falsch, wie Tabelle 2.5 zeigt.

⇔	0	1
0	1	0
1	0	1

Tabelle 2.5 Wahrheitswertetabelle für die Äquivalenz

Implikationen, also Wenn-dann-Beziehungen wie die zu Anfang des Abschnitts besprochene einfache Schlussfolgerung, lassen sich auch als logische Verknüpfungen mit Wahrheitswerten auffassen, die Sie in Tabelle 2.6 sehen. Das Format der Tabelle wurde im Vergleich zu den anderen Verknüpfungen geändert, weil Wenn-dann-Beziehungen, wie bereits praktisch gezeigt, nicht kommutativ sind.

A	B	A ⇒ B
0	0	1
0	1	1
1	0	0
1	1	1

Tabelle 2.6 Wahrheitswertetabelle für Wenn-dann-Verknüpfungen

Warum ist ausschließlich die Aussage $1 \Rightarrow 0$, also »Aus einer wahren Aussage folgt eine falsche Aussage«, falsch? Auch dies lässt sich leicht an einem sprachlichen Beispiel zeigen: »Wenn die Lehrerin hereinkommt, beginnt die Unterrichtsstunde.« Kommt sie nicht herein, kann es sowohl passieren, dass die Stunde nicht beginnt ($0 \Rightarrow 0$) als auch, dass sie trotzdem beginnt ($0 \Rightarrow 1$), weil eine Vertretung den Unterricht übernimmt. Falls sie jedoch tatsächlich hereinkommt, kann es nicht sein, dass der Unterricht nicht beginnt ($1 \Rightarrow 0$ ist falsch), sondern er beginnt unweigerlich ($1 \Rightarrow 1$ ist wahr).

Auch anhand des ursprünglichen Beispiels »Wenn es regnet, wird die Straße nass« kann die Plausibilität dieser Wertetabelle gezeigt werden:

- Es regnet nicht ⇒ die Straße wird nicht nass: Kann der Fall sein ($0 \Rightarrow 0$ ist wahr).
- Es regnet nicht ⇒ die Straße wird nass: Kann in Einzelfällen auch vorkommen, weil es andere Gründe geben kann, warum eine Straße nass wird ($0 \Rightarrow 1$ ist wahr).
- Es regnet ⇒ die Straße wird nicht nass: Dieser Fall ist ausgeschlossen ($1 \Rightarrow 0$ ist falsch).
- Es regnet ⇒ die Straße wird nass: Dies ist der Regelfall der ursprünglich formulierten Wenn-dann-Beziehung ($1 \Rightarrow 1$ ist wahr).

Die Tatsache, dass nur die Kontraposition $A \Rightarrow B \Leftrightarrow \neg B \Rightarrow \neg A$ gilt, lässt sich ebenfalls aus dieser Werteverteilung herleiten: Nur das Vertauschen sowohl der Werte als auch der Reihenfolge von A und B in der obigen Tabelle liefert dieselbe Verteilung der Wahrheitswerte.

Vergleichsoperationen

Diese Art logischer Verknüpfungen erzeugt Aussagen durch die Überprüfung von Termen auf Gleichheit oder Ungleichheit. Die resultierenden Aussagen können also wahr oder falsch sein.

- Gleichheit:

  $A = B$ (A gleich B) ist wahr, wenn A den gleichen Wert hat wie B.

- Ungleichheit:

  $A \neq B$ (A ungleich B) ist wahr, wenn A einen anderen Wert hat als B.
- Ungleichheit mit Richtungsangabe:
  - $A < B$ (A ist kleiner als B) ist wahr, wenn A einen geringeren Wert hat als B.
  - $A > B$ (A ist größer als B) ist wahr, wenn A einen höheren Wert hat als B.
  - $A \leq B$ (A ist kleiner oder gleich B) ist wahr, wenn A entweder einen geringeren Wert als B oder den gleichen Wert wie B hat.
  - $A \geq B$ (A ist größer oder gleich B) ist wahr, wenn A entweder einen höheren Wert als B oder den gleichen Wert wie B hat.

$A \leq B$ ist eine Kurzfassung für: $A < B \vee A = B$. $A \geq B$ ist entsprechend eine Kurzfassung für: $A > B \vee A = B$.

Die Umkehrungen (die gegenteiligen Aussagen) der Vergleichsoperationen sollten Sie sich merken:

- Die Umkehraussage von $A = B$ ist $A \neq B$.
- $A < B$ besitzt die Umkehraussage $A \geq B$.
- $A > B$ hat schließlich die Umkehraussage $A \leq B$.

Tabelle 2.7 verdeutlicht dies an Beispielen für den Vergleich verschiedener ganzzahliger Werte. Beachten Sie, dass die verknüpften Werte ganze Zahlen, die Ergebnisse (1 oder 0) aber Wahrheitswerte sind.

Verknüpfung	A = 2, B = 2	A = 2, B = 3	A = 3, B = 2
A = B	1	0	0
A ≠ B	0	1	1
A < B	0	1	0
A > B	0	0	1
A ≤ B	1	1	0
A ≥ B	1	0	1

Tabelle 2.7 Beispiele für Vergleichsoperationen

Logische Verknüpfungen in Computerprogrammen

Da Zeichen wie ≠, ≤ und ∨ nicht zum ASCII-Zeichensatz (dem ursprünglichen Standard-Computerzeichensatz) gehören, haben sich die Entwickler der verschiedenen Programmiersprachen andere Zeichen beziehungsweise Zeichenkombinationen ausgedacht. Ärgerlicherweise sind diese Bezeichnungen in den verschiedenen Sprachen nicht einheitlich. Tabelle 2.8 zeigt die Schreibweisen der Programmiersprachen C und Pascal im Vergleich.

Mathematik	C-Schreibweise	Pascal-Schreibweise
a = b (Vergleich)	a == b	a = b
a = b (Wertzuweisung)	a = b	a := b
a ≠ b	a != b	a <> b
a < b	a < b	a < b
a > b	a > b	a > b
a ≤ b	a <= b	a <= b
a ≥ b	a >= b	a >= b
¬ a	!a	NOT a
a ∧ b	a && b (logisch) a & b (bitweise)	a AND b a & b (bitweise)
a ∨ b	a || b (logisch) a | b (bitweise)	a OR b a | b (bitweise)

Tabelle 2.8 Schreibweisen logischer Operationen in verschiedenen Programmiersprachen

Beachten Sie, dass die C-Schreibweise vollständig oder mit einzelnen Abweichungen in einer ganzen Reihe von Sprachen verwendet wird, beispielsweise C++, Java, JavaScript, Perl, Ruby, PHP etc. Die Pascal-Schreibweise (bis auf die Verwendung von := für die Wertzuweisung) nutzen dagegen auch einige BASIC-Dialekte. In Python gibt es dagegen eine wichtige Abweichung zur C-Tradition: Die logischen Operatoren Und, Oder und Nicht werden wie in Pascal als and, or beziehungsweise not (allerdings zwingend klein) geschrieben. Beachten Sie, dass es die bitweisen Operatoren nicht in allen Pascal-Dialekten gibt und in den meisten BASIC-Varianten auch nicht. In Microsoft Visual Basic heißen sie genau wie die logischen Operatoren and und or, und es hängt vom Datentyp ab, welche Operation jeweils durchgeführt wird.

Die in der Tabelle aufgeführte Wertzuweisung betrifft eine Besonderheit von Variablen in Programmiersprachen: Während eine Variable in der Mathematik lediglich ein Platzhalter ist, der für beliebige Werte stehen kann, ist sie in einer Programmiersprache ein Speicherplatz, der bei der Ausführung des Programms einen bestimmten wohldefinierten Wert enthält. Die Wertzuweisungsoperation dient dazu, ihr einen solchen Wert zuzuteilen.

2.1.4 Mengenoperationen

Eine spezielle Form der logischen Verknüpfung beschäftigt sich mit den Beziehungen zwischen einem einzelnen Element und einer Menge beziehungsweise zwischen zwei Mengen. Eine Menge ist eine Gruppe mehrerer unterschiedlicher Werte, die entweder als Abfolge einzelner Zahlen oder durch bestimmte Regeln definiert wird.

Beachten Sie für die Umsetzung im Computer, dass Mengenoperationen nicht in jeder Programmiersprache eingebaut sind. In Kapitel 8, »Algorithmen und Datenstrukturen«, lernen Sie dennoch einige Strategien dazu kennen, wie Sie Listen oder Mengen in verschiedenen Sprachen erzeugen und damit arbeiten.

Beziehungen zwischen Mengen und einzelnen Werten

Ein Wert ist *Element* einer Menge, wenn dieser Wert in der Menge vorkommt. Ein Wert ist *nicht Element* einer Menge, wenn dieser Wert nicht in der Menge vorkommt.

Betrachten Sie zum Beispiel die Menge M, für die die folgende Definition gilt:

$$M := \{3, 4, 5\}$$

Es gelten diese Elementbeziehungen:

- 3 ist Element von M. Formale Schreibweise: $3 \in M$.
- 2 ist nicht Element von M. Formale Schreibweise: $2 \notin M$.

Eine weitere Menge P ist folgendermaßen definiert:

$$P := \{x | x < 5 \land x \in \mathbb{R}\}$$

P ist also die Menge aller x, für die gilt: x ist kleiner als 5, und x ist Element der Menge der reellen Zahlen. Für diese Menge gelten die folgenden Elementbeziehungen:

$4 \in P$, aber $5 \notin P$

Eine wichtige Eigenschaft von Mengen ist die Anzahl der enthaltenen Elemente, die auch als *Kardinalität* oder *Mächtigkeit* einer Menge bezeichnet werden. Es gibt Mengen mit endlich vielen Elementen, etwa die explizit festgelegte Menge {1, 2, 3}, aber auch solche mit unendlich vielen Elementen, beispielsweise die Menge der natürlichen Zahlen {1, 2, 3, 4, ...}. Mengen mit unendlich vielen Elementen können *abzählbar unendlich* sein – das bedeutet, dass ihre Elemente mit natürlichen Zahlen durchnummeriert werden können, was für die natürlichen Zahlen selbst intuitiv nachvollziehbar ist, da jede von ihnen sich selbst nummeriert.

Beziehungen zwischen zwei Mengen

Eine Menge M heißt *Teilmenge* einer Menge N, wenn jedes Element von M auch Element von N ist, wenn also für jedes $x \in M$ auch $x \in N$ gilt.

Eine Menge M ist *nicht Teilmenge* einer Menge N, wenn es in M mindestens ein Element gibt, das nicht auch Element von N ist. Es gibt also mindestens ein $x \in M$, für das gilt: $x \notin N$.

Betrachten Sie beispielsweise diese Mengendefinitionen:

$$M := \{3, 4, 5, 6\}$$
$$N := \{2, 4, 5, 6\}$$
$$P := \{3, 4, 5, 6, 7\}$$

Es gelten die folgenden Mengenbeziehungen:

$M \subset P$ (M ist Teilmenge von P)
$N \not\subset P$ (N ist nicht Teilmenge von P)

Übrigens ist die angegebene Teilmengendefinition ungenau: Die zuvor beschriebene Beziehung könnte ebenso gut bedeuten, dass zwei identische Mengen beschrieben werden. Deshalb heißt eine Menge *M echte Teilmenge* einer Menge *N*, wenn folgende Bedingungen gelten:

- Für jedes $x \in M$ gilt auch $x \in N$.
- Es existiert mindestens ein $x \in N$, für das $x \notin M$ gilt.

Wenn man es genau nimmt, wird nur für diese echte Teilmenge die Schreibweise $M \subset N$ verwendet. Für die weiter vorne definierte allgemeine Teilmenge, bei der $M = N$ als Variante zulässig ist, wird stattdessen die Formulierung $M \subseteq N$ (Teilmenge oder gleich) eingesetzt.

Wenn $M \subseteq N$ gilt, wird *N* übrigens umgekehrt als *Obermenge* von *M* bezeichnet. Geschrieben wird dies als $N \supseteq M$ (*N* ist Obermenge von oder gleich *M*). Die strengere Form $M \subset N$ (echte Teilmenge) bedeutet entsprechend, dass *N echte Obermenge* von *M* ist: $N \supset M$.

Eine Abfolge von Beziehungen echter Teilmengen beziehungsweise Obermengen lässt sich hervorragend an den Zahlenmengen der Mathematik demonstrieren. Dies sind im Einzelnen (von der speziellsten bis zur allgemeinsten) folgende:

1. *Die Menge der natürlichen Zahlen.* Natürliche Zahlen sind alle Zahlen, mit denen sich Anzahlen ausdrücken lassen. Intuitiv ist diese Menge folgendermaßen definiert:

   $\mathbb{N} = \{1,2,3,4, \ldots\}$

   Die 0 gehört in der traditionellen Mathematik nicht zur Menge der natürlichen Zahlen, allerdings gibt es die spezielle Menge $\mathbb{N}_0$, die zusätzlich die 0 enthält. Vermutlich begünstigt durch den Einfluss der Informatik, schreibt die DIN-Norm 5473 allerdings vor, dass $\mathbb{N}$ die 0 enthält, während die spezielle Menge der natürlichen Zahlen ohne 0 als $\mathbb{N}^*$ geschrieben wird.

   Die Menge der natürlichen Zahlen – ob mit oder ohne 0 – ist, wie bereits erwähnt, abzählbar unendlich, wobei in diesem speziellen Fall jedes ihrer Elemente sich selbst nummeriert. Zudem haben zwei ihrer Elemente jeweils einen festgelegten numerischen Abstand (nämlich 1) voneinander – die Anzahl der Elemente zwischen zwei von ihnen ist also jeweils endlich und festgelegt. Dies ist eine hinreichende, aber keine notwendige Bedingung für abzählbare Unendlichkeit.

2. *Die Menge der ganzen Zahlen.* Ebenso wie die natürlichen Zahlen sind auch die ganzen Zahlen, intuitiv betrachtet, Zahlen ohne Nachkommastellen, allerdings mitsamt 0 und negativen Zahlen. Es handelt sich um die folgende Menge:

   $\mathbb{Z} = \{\ldots, -3, -2, -1, 0, 1, 2, 3, \ldots\}$

Auch diese Menge ist abzählbar unendlich, da das hinreichende Kriterium des identischen Abstands erfüllt ist. Das konkrete Abzählen lässt sich am besten organisieren, indem abwechselnd positive Zahlen mitsamt 0 und negative Zahlen gezählt werden, also: 1. 0, 2. –1, 3. 1, 4. –2, 5. 2, 6. –3 und so weiter.

3. *Die Menge der rationalen Zahlen.* Dies sind sämtliche Zahlen, die durch die Division zweier ganzer Zahlen gebildet werden können, also neben den ganzen Zahlen selbst alle abbrechenden und alle periodischen Dezimalbrüche. Formal lautet die Definition dieser Menge folgendermaßen:

   $$\mathbb{Q} = \{x | x = \frac{p}{q} \wedge p \in \mathbb{Z} \wedge q \in \mathbb{Z} \wedge q \neq 0\}$$

   Zwischen zwei rationalen Zahlen liegen immer unendlich viele weitere rationale Zahlen. Dennoch ist diese Menge abzählbar unendlich, weil sich alle denkbaren Brüche in eine abzählbare Reihenfolge bringen lassen, wie der Mathematiker und Mengenlehrenpionier *Georg Cantor* bewies.

4. *Die Menge der reellen Zahlen.* Neben den abbrechenden und den periodischen Dezimalbrüchen gibt es auch unendlich viele nicht abbrechende, nicht periodische, die als irrationale Zahlen bezeichnet werden. Es handelt sich also um Zahlen mit unendlich vielen Nachkommastellen ohne Wiederholung (Periode). Beispiele sind etwa die Kreiszahl π (3,1415926...), die eulersche Zahl e (2,718281828...) – die Basis des natürlichen Logarithmus – oder $\sqrt{2}$ (1,41421356...).

   Formal haben diese Zahlen miteinander gemeinsam, dass ihr Quadrat eine positive Zahl oder 0 ist:

   $$\mathbb{R} = \{x | x^2 \geq 0\}$$

   Die Menge der reellen Zahlen ist unendlich und nicht abzählbar, weil sich die irrationalen Zahlen nicht in abzählbarer Form ordnen lassen.

   Beachten Sie, dass reelle Zahlen im Computer nicht dargestellt werden können, übrigens ebenso wenig wie periodische Dezimalbrüche. Wie im Folgenden ausgeführt, verwenden Rechner für jede Zahl eine festgelegte Anzahl von Bits und können Fließkommazahlen auf diese Weise mit einer bestimmten Genauigkeit, also nur mit einer endlichen Anzahl von Stellen, speichern.

5. *Die Menge der komplexen Zahlen.* Eine Zahl mit negativem Quadrat ist intuitiv nicht vorstellbar (da sowohl positive als auch negative Zahlen, wenn man sie mit sich selbst multipliziert, zu einem positiven Ergebnis führen). Dennoch ist es zum Beispiel für mathematische Gedankenexperimente oder bestimmte Berechnungen aus der theoretischen Physik erforderlich, die Wurzeln negativer Zahlen zu berechnen.

   Zu diesem Zweck wurden die *imaginären Zahlen* eingeführt. Sie reduzieren das Problem der Wurzel aus negativen Zahlen auf die nicht reelle Komponente i, die als Lösung der Gleichung $i^2 = -1$ definiert ist (und natürlich nicht durch eine normale Berechnung aufgelöst werden kann). Jede imaginäre Zahl ist deshalb als Summe eines Vielfachen von i (Imaginärteil) und einer reellen Zahl (Realteil) definiert.

Die reellen und die imaginären Zahlen werden zusammengenommen als *komplexe Zahlen* ($\mathbb{C}$) bezeichnet, wobei der Multiplikator des Imaginärteils bei reellen Zahlen 0 ist.

Jede der fünf hier genannten Mengen enthält die vorangegangene. Die verkettete Beziehung von Teil- beziehungsweise Obermengen lautet also:

$$\mathbb{N} \subset \mathbb{Z} \subset \mathbb{Q} \subset \mathbb{R} \subset \mathbb{C}$$
$$\mathbb{C} \supset \mathbb{R} \supset \mathbb{Q} \supset \mathbb{Z} \supset \mathbb{N}$$

Verknüpfungen von Mengen

Ähnlich, wie Sie einzelne Werte durch arithmetische Operatoren oder durch logische Verknüpfungen miteinander verbinden können, existieren spezielle Mengenoperationen, deren Ergebnis eine Verknüpfung der ursprünglichen Mengen ist.

- Die *Schnittmenge*. Die Schnittmenge $M \cap N$ zweier Mengen M und N enthält all diejenigen Elemente x, für die $x \in M$ und gleichzeitig $x \in N$ gilt. Hier sehen Sie ein Beispiel:

  $$\begin{aligned} M &= \{1, 2, 3, 4\} \\ N &= \{4, 5, 6, 7\} \\ M \cap N &= \{4\} \end{aligned}$$

  Beachten Sie, dass das Ergebnis nicht 4 lautet, sondern »die Menge, in der nur die 4 enthalten ist«. Eine Schnittmenge ist also auch dann eine Menge, wenn sie nur ein Element enthält. Wenn die beiden verknüpften Mengen keine gemeinsamen Elemente besitzen, geschieht sogar Folgendes:

  $$\begin{aligned} M &= \{1, 2, 3\} \\ N &= \{4, 5, 6\} \\ M \cap N &= \{\} = \emptyset \end{aligned}$$

  $\{\}$ beziehungsweise $\emptyset$ wird dabei als leere Menge bezeichnet.

- Die *Vereinigungsmenge*. Die Vereinigungsmenge $M \cup N$ zweier Mengen M und N ist die »verbundene« Menge aller $x \in M$ und aller $y \in N$. Hier ein Beispiel:

  $$\begin{aligned} M &= \{1, 2, 3, 4\} \\ N &= \{4, 5, 6, 7\} \\ M \cup N &= \{1, 2, 3, 4, 5, 6, 7\} \end{aligned}$$

- Die *Differenzmenge* (Komplement oder Restmenge). Wenn aus der Menge M alle Elemente einer Menge N, die auch in M vorkommen, entfernt werden, dann ist das Ergebnis die Differenzmenge $M \backslash N$, gesprochen »M ohne N«. Beispiel:

  $$\begin{aligned} M &= \{1, 2, 3, 4\} \\ N &= \{3, 4, 5\} \\ M \backslash N &= \{1, 2\} \end{aligned}$$

Dass die mathematischen Zeichen für Schnitt- und Vereinigungsmenge ($\cap$ und $\cup$) wie abgerundete Varianten der Operatoren Und ($\wedge$) beziehungsweise Oder ($\vee$) aussehen, ist natürlich Absicht, denn im Prinzip handelt es sich um deren Anwendung auf Mengen. In manchen Programmiersprachen werden sie auch entsprechend so geschrieben, also etwa `&&` beziehungsweise `and` für die Schnittmenge und `||` beziehungsweise `or` für die Vereinigungsmenge. In späteren Kapiteln lernen Sie die Umsetzung der Mengenoperationen in verschiedenen Programmiersprachen kennen, und Datenbankoperationen in der Sprache SQL (siehe Kapitel 13, »Datenbanken«) sind auch nichts anderes als angewandte Mengenlehre.

Genau wie bei den logischen Operatoren $\wedge$ und $\vee$ gelten auch bei $\cap$ und $\cup$ die wichtigsten Rechengesetze, die hier an den Mengen $A = \{1, 2, 3\}$, $B = \{4, 3, 2\}$ und $C = \{2, 4, 6\}$ demonstriert werden (die Elemente von B wurden zu Demonstrationszwecken anders als üblich absteigend sortiert hingeschrieben):

- Kommutativgesetz

  $A \cap B = B \cap A - \{2, 3\} = \{3, 2\}$

  $A \cup B = B \cup A - \{1, 2, 3, 4\} = \{4, 3, 2, 1\}$

- Assoziativgesetz

  $(A \cap B) \cap C = A \cap (B \cap C) - \{2, 3\} \cap \{2, 4, 6\} = \{4, 2\} \cap \{1, 2, 3\} = 2$

  $(A \cup B) \cup C = A \cup (B \cup C) - \{1, 2, 3, 4\} \cup \{2, 4, 6\} = \{1, 2, 3\} \cup \{4, 3, 2, 6\} = \{1, 2, 3, 4, 6\}$

- Distributivgesetz

  $A \cap (B \cup C) = (A \cap B) \cup (A \cap C) - \{1, 2, 3\} \cap \{4, 3, 2, 6\} = \{2, 3\} \cup \{2\} = \{2, 3\}$

  $A \cup (B \cap C) = (A \cup B) \cap (A \cup C) - \{1, 2, 3\} \cup \{4, 2\} = \{1, 2, 3, 4\} \cap \{1, 2, 3, 4, 6\} = \{1, 2, 3, 4\}$

- Neutralitätsgesetz

  $A \cap G = A$ (neutrales Element: Grundmenge, im vorliegenden Fall etwa die Menge der natürlichen Zahlen) – $\{1, 2, 3\} \cap \{1, 2, 3, 4, 5, \ldots\} = \{1, 2, 3\}$

  $A \cup \emptyset = A$ (neutrales Element: leere Menge) – $\{1, 2, 3\} \cup \emptyset = \{1, 2, 3\}$

2.1.5 Folgen und Reihen

Zahlenfolgen sind mit Mengen verwandt, aber nicht identisch mit ihnen. Es handelt sich um höchstens abzählbar unendliche Abfolgen von Zahlen, die nach bestimmten Formeln oder Vorschriften gebildet werden. Das Durchzählen mithilfe natürlicher Zahlen wird in Form eines tiefgestellten Index geschrieben, also etwa so:

$$x_1, x_2, x_2, x_3, \ldots$$

Die einfachste Folge sind die natürlichen Zahlen selbst, die nach der offensichtlichen Formel

$$x_n = n$$

gebildet werden.

Auch arithmetische Operationen mit dem Index gehören zu den üblichen Bildungsvorschriften. Folgende Formel begründet beispielsweise die Folge der natürlichen Quadratzahlen:

$$x_n = n^2 = 1{,}4{,}9{,}16{,}25, \ldots$$

Auch der Bezug auf Elemente mit niedrigerem Index ist möglich, wie diese Bildungsvorschrift zeigt:

$$x_n = \begin{cases} 1\, f.n \leq 2 \\ x_{n-2} + x_{n-1}\, f.n > 2 \end{cases}$$

Es handelt sich um die bekannte *Fibonacci-Folge* mit den Elementen 1, 1, 2, 3, 5, 8, 13, 21, … Diese wird unter anderem zur Beschreibung natürlicher Wachstumsvorgänge verwendet.

Folgen können verschiedene Eigenschaften haben, die sich auch auf die später in diesem Kapitel beschriebenen Funktionen übertragen lassen. Eine wichtige Eigenschaft ist beispielsweise die *Monotonie*:

- Eine Folge heißt *monoton steigend*, wenn für jedes Element $x_n \geq x_{n-1}$ gilt. Die soeben beschriebene Fibonacci-Folge ist ein Beispiel dafür.
- *Streng monoton steigend* ist eine Folge, wenn sogar $x_n > x_{n-1}$ gilt, zum Beispiel für die natürlichen Zahlen selbst.
- *Monoton fallend* wird eine Folge genannt, wenn umgekehrt $x_n \leq x_{n-1}$ gilt. Ein Beispiel wäre das negative Pendant der Fibonacci-Folge mit den Elementen –1, –1, –2, –3, –5, –8, –13 und so weiter.
- Eine Folge wird als *streng monoton fallend* bezeichnet, wenn $x_n < x_{n-1}$ gilt. Das trifft etwa auf die negativen Zahlen $x_n = -n$ zu.

Nur streng monotone Folgen sind in jedem Fall abzählbar unendlich, da genau einem Element von $\mathbb{N}$ genau ein Element der Folge zugeordnet wird. Eine solche Beziehung zwischen $\mathbb{N}$ und der Folge heißt auch *bijektive Abbildung* oder *Bijektion*; auf Deutsch wird diese Eigenschaft auch als *eineindeutig* bezeichnet. Andere Folgen sind dagegen *injektiv*, da zwar jedem $n \in \mathbb{N}$ ein bestimmtes Element der Folge, aber nicht jedem Element der Folge ein eindeutiges n zugeordnet werden kann.

Hat eine Folge für jedes n denselben Wert, wird sie als *konstant* bezeichnet. Ein Beispiel wäre $x_n = 1$ mit den Werten 1, 1, 1, 1, …

Wenn das Vorzeichen einer Folge bei jedem Element wechselt, heißt sie *alternierend*. Ein Beispiel dafür ist die bereits gezeigte abzählbare Reihenfolge für die ganzen Zahlen, deren Bildungsvorschrift wie folgt lautet:

$$x_n = \begin{cases} \frac{n-1}{2}\, f.\text{ ungerade } n \\ -\frac{n}{2}\, f.\text{ gerade } n \end{cases} = 0, -1{,}1, -2{,}2, \ldots$$

Wenn sich eine Folge zwischen zwei endlichen Werten s und S bewegt, sodass $s \leq x_n \leq S$ gilt, heißt die Folge *beschränkt*, wobei s als *untere Schranke* und S als *obere Schranke* bezeichnet wird. Ein Beispiel ist die Folge $x_n = \sin n$, bei der $s = -1$ die untere und $S = 1$ die obere Schranke bildet.

Nähern sich die Werte einer Folge immer enger an einen endlichen Wert an, ohne diesen je zu erreichen, statt ins Unendliche zu wachsen, ins Negativ-Unendliche zu schrumpfen oder zu alternieren, heißt der besagte endliche Wert *Grenzwert* dieser Folge. Beispielsweise nähert sich die Folge $x_n = \frac{1}{n}$ dem Wert 0 an. Mathematisch wird dies wie folgt geschrieben:

$$\lim_{n \to \infty} \left(\frac{1}{n}\right) = 0$$

Gesprochen, lautet diese Formel: Der *Limes* (lateinisch für Grenzwert) von $\frac{1}{n}$ für n gegen unendlich ist 0. Alternativ kann man sagen, dass die Folge gegen 0 *konvergiert* und damit *konvergent* ist, während Folgen ohne Grenzwert *divergent* heißen.

Eine *Reihe* besteht wie eine Folge aus Elementen mit Index, die in diesem Fall jedoch mithilfe einer arithmetischen Operation zusammengefasst werden, am häufigsten der Addition und der Multiplikation. Typischerweise handelt es sich um endlich viele Elemente, weil eine Summe oder ein Produkt unendlich vieler Zahlen meist nicht sinnvoll ist. Eine *Summenreihe* wird mithilfe des Zeichens Σ (des griechischen Großbuchstabens Sigma) geschrieben:

$$\sum_{i=1}^{n} x_i = x_1 + x_2 + x_3 + \cdots + x_n$$

Hier ein Beispiel, das die ersten zehn Quadratzahlen aufaddiert:

$$\sum_{i=1}^{10} i^2 = 1^2 + 2^2 + \cdots + 10^2 = 1 + 4 + \cdots + 100 = 385$$

Eine *Produktreihe* wird im Prinzip genauso geschrieben, allerdings mit dem Zeichen Π (dem Großbuchstaben Pi):

$$\prod_{i=1}^{n} x_i$$

Das einfachste und bekannteste Beispiel für eine Produktreihe ist die Fakultät *n!*, die einfach die natürlichen Zahlen von 1 bis n miteinander multipliziert, beispielsweise:

$$6! = \prod_{i=1}^{n} i = 1 \cdot 2 \cdot 3 \cdot 4 \cdot 5 \cdot 6 = 720$$

2.2 Weitere mathematische Verfahren

Bei der Implementierung von Computerprogrammen, aber auch bei der Lösung anderer Probleme des täglichen (Berufs-)Lebens sind einige weitere mathematische Verfahren wichtig. Zum Grundwissen gehören Dreisatzrechnung und die Lösung von Gleichungssystemen, die hier den Anfang machen. Anschließend werden einige Grundlagen von Stochastik, linearer Algebra und Analysis behandelt, da sie unter anderem für Datenanalyse und maschinelles Lernen eine wichtige Rolle spielen. Beachten Sie, dass es hier aus Platzgründen nur jeweils einen kurzen Überblick über die einzelnen Themen geben kann. In Anhang C, »Kommentiertes Literatur- und Linkverzeichnis«, werden Bücher und Websites empfohlen, in denen diese und andere mathematische Themen gründlicher behandelt werden.

2.2.1 Dreisatz

Der *Dreisatz* dient der Umrechnung von Verhältnissen: Wenn das Verhältnis zweier Werte zueinander bekannt und ein dritter Wert gegeben ist, kann daraus ein vierter Wert berechnet werden, der dasselbe Verhältnis zum dritten hat wie der zweite zum ersten. Mit anderen Worten, in einer Gleichung wie der folgenden wird der Wert x gesucht:

$$\frac{a}{b} = \frac{c}{x}$$

Um das Problem zu lösen, wird die Formel wie folgt nach x aufgelöst:

$$x = \frac{b \cdot c}{a}$$

Hier ein konkretes Beispiel – wie die meisten Dreisatzprobleme als Textaufgabe formuliert und dem erweiterten IT-Umfeld entnommen: 25 m Netzwerkkabel von der Rolle kosten 13,95 €. Wie viel kosten 45 m?

Die ursprüngliche Formel lautet hier:

$$\frac{25}{13{,}95} = \frac{45}{x}$$

Nach x aufgelöst, ergibt sich daraus:

$$x = \frac{13{,}95 \cdot 45}{25}$$

Dies kann nun leicht berechnet werden, und so erfährt man, dass 45 m Netzwerkkabel für 25,11 € zu haben sind – es sei denn, das Geschäft gewährt Mengenrabatt.

2.2.2 Lösen von Gleichungssystemen

Zuvor wurde bereits gezeigt, wie man eine einzelne Gleichung mit einer Unbekannten löst. Etwas schwieriger, aber keineswegs unmöglich ist es, Gleichungssysteme mit mehreren Unbekannten zu lösen. Dabei gilt als Faustregel, dass ein Gleichungssystem mit n Unbekannten nur dann eindeutig gelöst werden kann, wenn auch mindestens n Gleichungen vorhanden sind.

Die einfachste Lösungsmöglichkeit ist in der Regel das sogenannte *Einsetzungsverfahren*: Eine der Gleichungen wird nach einer Unbekannten aufgelöst; der Wert auf der anderen Seite des Gleichheitszeichens wird anstelle dieser Unbekannten in eine andere Gleichung eingesetzt. Auf diese Weise lässt sich die Anzahl der Unbekannten schrittweise reduzieren, bis sich eine Gleichung mit nur noch einer Unbekannten ergibt. Diese wird gelöst, und nun kann der konkrete Wert dieser Unbekannten zur Lösung der anderen Gleichungen verwendet werden.

Hier ein einfaches Beispiel – ein lineares Gleichungssystem mit zwei Unbekannten:

$$\text{I. } x + y = 7$$
$$\text{II. } 2x - y = 2$$

Zuerst wird eine der Gleichungen durch Umformungen nach einer der Unbekannten aufgelöst, hier die erste Gleichung nach y:

$$\text{Ia. } x + y = 7 | -x$$
$$\Leftrightarrow y = 7 - x$$

Jetzt kann der Ausdruck $7 - x$ anstelle von y in die andere Gleichung eingesetzt werden; daraus wird dann durch erneutes Umformen der konkrete Wert von x berechnet:

$$\text{Ia in II. } 2x - (7 - x) = 2$$
$$\Leftrightarrow 2x - 7 + x = 2$$
$$\Leftrightarrow 3x - 7 = 2 | +7$$
$$\Leftrightarrow 3x = 9 | :3$$
$$\Leftrightarrow x = 3$$

Da eine der Unbekannten nun einen konkreten Wert besitzt, kann dieser in eine der Gleichungen eingesetzt werden, um durch eine letzte Umformungsfolge auch den Wert der anderen Unbekannten zu erhalten:

$$x + y = 7$$
$$3 + y = 7 | -3$$
$$\Leftrightarrow y = 4$$

Daraus ergibt sich die Lösungsmenge:

$$L = \{3,4\}$$

Komplexer als die bisher behandelten linearen Gleichungen und Gleichungssysteme sind die Gleichungen höheren Grades (*Polynome*), bei denen die Unbekannte die Basis einer Potenz bildet; der Grad gibt dabei die höchste in der Gleichung vorkommende Potenz an.

Das einfachste Beispiel ist die *quadratische Gleichung* (Polynom zweiten Grades), die folgende Form hat:

$$ax^2 + bx + c = d$$

Das bekannteste Lösungsverfahren für quadratische Gleichungen ist die *pq-Formel*. Um sie anzuwenden, müssen Sie die Gleichung zunächst durch Umrechnungen in die *Normalform* bringen:

$$x^2 + px + q = 0$$

Aus der Gleichung

$$2x^2 - 2x + 8 = 4$$

wird durch solche Umrechnungen

$$2x^2 - 2x + 4 = 0 \Leftrightarrow x^2 - x + 2 = 0$$

Die pq-Formel lautet:

$$x_{1/2} = -\frac{p}{2} \pm \sqrt{\left(\frac{p}{2}\right)^2 - q}$$

Wenn Addition und Subtraktion unterschiedliche Ergebnisse liefern, hat die Gleichung zwei Lösungen, sind sie identisch, hat sie nur eine, und sollte unter der Wurzel eine negative Zahl stehen, keine. Das lässt sich anschaulich im Graphen der zugehörigen Funktion zeigen: Die Parabel kann die x-Achse an zwei Stellen, an einer Stelle oder gar nicht schneiden.

Für die obige Normalform lautet die pq-Formel konkret wie folgt:

$$x_{1/2} = -\frac{-1}{2} \pm \sqrt{\left(\frac{-1}{2}\right)^2 - 2} = -\frac{-1}{2} \pm \sqrt{\frac{1}{4} - 2}$$

Da $\frac{1}{4} - 2$ kleiner als 0 ist, hat die Gleichung keine Lösung. Anders sieht es bei

$$2x^2 - 2x + 8 = 16 \Leftrightarrow 2x^2 - 2x - 8 = 0 \Leftrightarrow x^2 - x - 4 = 0$$

aus, denn hier lautet die pq-Formel so:

$$x_{1/2} = -\frac{-1}{2} \pm \sqrt{\left(\frac{-1}{2}\right)^2 + 2} = -\frac{-1}{2} \pm \sqrt{\frac{1}{4} + 2} = \frac{-1}{2} \pm \sqrt{\frac{9}{4}}$$

Die Lösungen können Sie in diesem Fall exakt ohne Taschenrechner ermitteln – da 9 und 4 Quadratzahlen sind, ist die Wurzel aus $\frac{9}{4}$ einfach als Bruch darstellbar:

$$x_1 = \frac{-1}{2} + \sqrt{\frac{9}{4}} = \frac{-1}{2} + \frac{3}{2} = 1$$

$$x_2 = \frac{-1}{2} - \sqrt{\frac{9}{4}} = \frac{-1}{2} - \frac{3}{2} = -2$$

2.2.3 Grundlagen der Stochastik

Stochastik ist ein Oberbegriff für zwei verwandte Teilgebiete der Mathematik: Wahrscheinlichkeitsrechnung und Statistik. Beide werden im Bereich der Datenanalyse intensiv verwendet und hier kurz angerissen.

Wahrscheinlichkeitsrechnung

Die *Wahrscheinlichkeitsrechnung* ermittelt die *Wahrscheinlichkeit*, also die durchschnittliche relative Häufigkeit zufälliger Ereignisse. Eine Wahrscheinlichkeit wird dabei als Verhältnis des betrachteten Ereignisses zu allen denkbaren Ereignissen angegeben, also als Bruch zwischen 0 (das Ereignis trifft nie ein) und 1 (das Ereignis trifft immer ein).

Beim Werfen einer Münze gibt es beispielsweise die beiden möglichen Ereignisse Kopf und Zahl. Da sie bei einer fairen Münze durchschnittlich gleich oft auftreten, beträgt die Wahrscheinlichkeit für jedes von ihnen $\frac{1}{2}$. Die übliche mathematische Schreibweise lautet $P(K) = \frac{1}{2}$ beziehungsweise $P(Z) = \frac{1}{2}$, wobei P die Abkürzung für das englische Wort *probability* ist und das Ereignis jeweils durch ein Kürzel gekennzeichnet wird.

Beim Werfen eines fairen Würfels gibt es dagegen sechs verschiedene Ereignisse, deren Wahrscheinlichkeit je $\frac{1}{6}$ beträgt. Der Begriff *Fairness* bedeutet in diesem Zusammenhang, dass die Wahrscheinlichkeit bestimmter Ereignisse nicht künstlich erhöht oder vermindert wird, etwa durch eine ungleiche Gewichtsverteilung beim Würfel. Faire Zufallsexperimente werden als *Laplace-Experimente* bezeichnet.

Gegenstand von Berechnungen in der Wahrscheinlichkeitsrechnung ist die Kombination mehrerer Experimente und/oder Ereignisse. Dabei werden die Wahrscheinlichkeiten für die Kombination mehrerer Ereignisse addiert, während die Wahrscheinlichkeit eines bestimmten Ergebnisses aus mehreren Experimenten im Allgemeinen multipliziert wird. Beispielsweise beträgt die Wahrscheinlichkeit, eine gerade Zahl (2, 4 oder 6) zu würfeln, $\frac{1}{6} + \frac{1}{6} + \frac{1}{6} = \frac{1}{2}$. Die Wahrscheinlichkeit, mit zwei Würfeln (oder zwei aufeinanderfolgenden Würfen desselben Würfels) zwei Sechser zu würfeln, ist dagegen $\frac{1}{6} \cdot \frac{1}{6} = \frac{1}{36}$.

Die meisten Zufallsexperimente lassen sich auf das Experiment »Ziehen verschiedenfarbiger Kugeln aus einer Urne« abstrahieren: In einem Gefäß (einer Urne) befinden sich mehrere Kugeln mit identischem Volumen und identischer Masse, aber verschiedenen Farben. Aus der Urne werden nun blind Kugeln gezogen, entweder mit oder ohne Zurücklegen der gezogenen Kugel nach jedem Zug. Dabei entspricht das mehrmalige Werfen eines Würfels beispielsweise dem Ziehen mit Zurücklegen, da es kein Problem ist, beliebig oft dieselbe Zahl zu würfeln. Die Ziehung der Lottozahlen ist dagegen ein Ziehen ohne Zurücklegen, denn hier kann jede Zahl nur einmal vertreten sein.

Angenommen, in einer Urne befänden sich zwei rote, zwei grüne und vier blaue Kugeln. Die Wahrscheinlichkeit, beim einmaligen Ziehen eine rote Kugel zu ziehen, beträgt also $\frac{4}{8} = \frac{1}{2}$.

Die Wahrscheinlichkeit, beim zweimaligen Ziehen zwei rote Kugeln zu erwischen, ist unterschiedlich, je nachdem, ob Sie die erste rote Kugel zurücklegen oder nicht: Beim Ziehen mit Zurücklegen ist die Wahrscheinlichkeit für beide Ziehungen $\frac{1}{2}$, denn vor jeder Ziehung befinden sich alle acht Kugeln in der Urne. Die Gesamtwahrscheinlichkeit für zwei rote Kugeln beträgt daher $\frac{1}{2} \cdot \frac{1}{2} = \frac{1}{4}$. Ziehen Sie dagegen ohne Zurücklegen, befinden sich in der zweiten Runde nur noch insgesamt sieben Kugeln in der Urne, von denen drei rot sind. Die Gesamtwahrscheinlichkeit beträgt in diesem Fall also $\frac{1}{2} \cdot \frac{3}{7} = \frac{4}{14} = \frac{2}{7}$ und ist damit etwas günstiger als beim Ziehen mit Zurücklegen.

Noch etwas komplizierter wird es, wenn bei mehreren aufeinanderfolgenden Experimenten Kombinationswahrscheinlichkeiten verwendet werden. Wie hoch ist beispielsweise die Wahrscheinlichkeit, bei zwei Zügen ohne Zurücklegen *mindestens* eine rote Kugel zu erhalten? Das ist ein Fall für einen Wahrscheinlichkeitsbaum, der alle denkbaren Pfade enthält, die zum gewünschten Ereignis führen. Dabei wird für jedes Einzelexperiment auf jedem Pfad die Wahrscheinlichkeit notiert, um diese später berechnen zu können. In Abbildung 2.1 sehen Sie den Wahrscheinlichkeitsbaum für das genannte Ereignis.

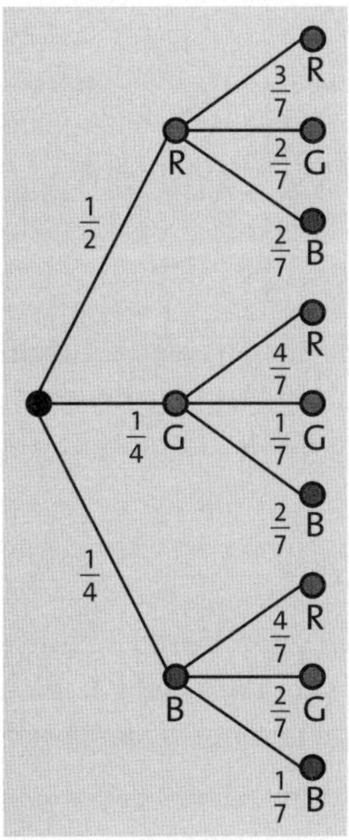

Abbildung 2.1 Wahrscheinlichkeitsbaum für das zweimalige Ziehen von Kugeln aus einer Urne ohne Zurücklegen

Die Wahrscheinlichkeitspfade verlaufen von links nach rechts und geben jede mögliche Kombination aus Ereignissen (in diesem Fall zwei) und ihre Wahrscheinlichkeiten an. Für die Pfade, die zum gewünschten Ereignis führen – in der Zeichnung durch dickere Linien hervorgehoben –, werden von links nach rechts die Wahrscheinlichkeiten multipliziert und anschließend addiert.

Das Ereignis »mindestens eine rote Kugel« wird durch folgende Pfade erfüllt: rot – rot (Wahrscheinlichkeit $\frac{1}{2} \cdot \frac{3}{7}$), rot – grün ($\frac{1}{2} \cdot \frac{2}{7}$), rot – blau ($\frac{1}{2} \cdot \frac{2}{7}$), grün – rot ($\frac{1}{4} \cdot \frac{4}{7}$), blau – rot ($\frac{1}{4} \cdot \frac{4}{7}$). Die Summe der Wahrscheinlichkeiten dieser Pfade lautet:

$$P(R \geq 1) = \frac{1}{2} \cdot \frac{3}{7} + \frac{1}{2} \cdot \frac{2}{7} + \frac{1}{2} \cdot \frac{2}{7} + \frac{1}{4} \cdot \frac{4}{7} + \frac{1}{4} \cdot \frac{4}{7} = \frac{3}{14} + \frac{1}{7} + \frac{1}{7} + \frac{1}{7} + \frac{1}{7} = \frac{11}{14}$$

Die Wahrscheinlichkeit dafür, mindestens eine rote Kugel zu ziehen, beträgt also $\frac{11}{14}$, was ungefähr 0,7857 oder 78,57 % entspricht.

Übrigens könnten Sie es sich im vorliegenden Fall einfacher machen: Ist die erste Kugel rot, spielt die Farbe der zweiten keine Rolle mehr. Damit können Sie die drei Wahrscheinlichkeiten für die zweite Kugel auf diesem Pfad zu 1 zusammenfassen, sodass sich insgesamt folgende vereinfachte Rechnung ergibt:

$$P(R \geq 1) = \frac{1}{2} \cdot 1 + \frac{1}{4} \cdot \frac{4}{7} + \frac{1}{4} \cdot \frac{4}{7} = \frac{1}{2} + \frac{1}{7} + \frac{1}{7} = \frac{11}{14}$$

Manchmal ist es sinnvoll, eine Wahrscheinlichkeit dadurch zu ermitteln, dass ihr Gegenteil – die sogenannte *Gegenwahrscheinlichkeit* – von 1 abgezogen wird. Bei einer Wahrscheinlichkeit x für ein bestimmtes Ereignis E beträgt die Wahrscheinlichkeit des Gegenereignisses $\bar{E}$ mit anderen Worten $1 - x$, also

$$P(\bar{E}) = 1 - P(E)$$

Beispielsweise beträgt die Wahrscheinlichkeit dafür, dass Sie beim Ziehen zweier Kugeln ohne Zurücklegen *keine* rote erhalten, $1 - \frac{11}{14} = \frac{3}{14}$, da »keine rote Kugel« das Gegenereignis zu »mindestens eine rote Kugel« ist. Wenn Sie möchten, können Sie dies leicht mithilfe des Wahrscheinlichkeitsbaums überprüfen.

Statistik

Aufgabe der *Statistik* ist es, die Ergebnisse von Messungen, Zählungen und anderen Datenerhebungen zu untersuchen und miteinander vergleichbar zu machen. Dafür gibt es eine Reihe von Hilfsmitteln und Berechnungsverfahren, von denen einige besonders häufig verwendete hier vorgestellt werden.

Ein sehr wichtiges Werkzeug der Statistik und anderer Gebiete der Mathematik ist die *Prozentrechnung*, die es ermöglicht, verschiedene Werte in ein Verhältnis zueinander zu setzen, um sie vergleichbar zu machen.

Betrachten Sie als Beispiel zwei kleine Gemeinden: In Gemeinde A wohnen 3.500 Personen, in Gemeinde B 5.000. In zwei aufeinanderfolgenden Jahren hat sich die Anzahl der Personen, die regelmäßig mit dem Fahrrad zur Arbeit beziehungsweise Schule fahren, gemäß den Werten in Tabelle 2.9 entwickelt.

Gemeinde	Jahr 1	Jahr 2
A	670	850
B	1.100	1.300

Tabelle 2.9 Anzahl von Personen aus zwei verschiedenen Gemeinden, die regelmäßig mit dem Fahrrad zur Arbeit bzw. Schule fahren

Vergleichbar werden die verschiedenen Gemeinden und Jahre erst, wenn Sie die Anzahl der Radfahrenden nicht mehr absolut, sondern relativ zur Gesamtbevölkerung betrachten. Ein prozentualer Anteil erfüllt genau diese Aufgabe, da alle Werte ins Verhältnis zu 100 statt zur ursprünglichen Gesamtanzahl gesetzt werden. Die Umrechnung sucht also beispielsweise eine Zahl, die sich zu 100 verhält wie 670 zu 3.500. Mit anderen Worten:

$$\frac{670}{3500} = \frac{x}{100} \Leftrightarrow x = \frac{670}{3500} \cdot 100 \approx 19{,}14$$

In Jahr 1 fuhren also etwa 19,14 % der Bevölkerung mit dem Fahrrad zur Arbeit oder Schule. Tabelle 2.10 zeigt alle Prozentwerte im Überblick und macht sie so vergleichbar.

Gemeinde	Jahr 1	Jahr 2
A	19,14 %	24,29 %
B	22 %	26 %

Tabelle 2.10 Gerundeter prozentualer Anteil der Personen aus den beiden Gemeinden, die regelmäßig mit dem Fahrrad zur Arbeit bzw. Schule fahren

Nun werden die Zusammenhänge klar: In Gemeinde B fuhren die Menschen in beiden Jahren öfter mit dem Fahrrad, und in beiden Gemeinden gab es einen Zuwachs vom ersten betrachteten Jahr zum zweiten. Auch dieser Zuwachs lässt sich prozentual ausdrücken, indem der Wert des ersten Jahres als 100 % betrachtet wird, sich 100 also etwa zu 19,14 % verhält wie der gesuchte Wert zu 24,29 % (was äquivalent zum Rechnen mit den absoluten Zahlen 670 beziehungsweise 850 ist):

$$\frac{100}{19{,}14} = \frac{x}{24{,}29} \Leftrightarrow x = \frac{100}{19{,}14} \cdot 24{,}29 \approx 126{,}91$$

In Gemeinde A beträgt die Fahrradnutzung im zweiten Jahr also etwa 126,91 % derjenigen im ersten Jahr; sie hat mit anderen Worten um 26,91 % zugenommen. Wenn Sie die gleiche Berechnung für Gemeinde B durchführen, erhalten Sie einen geringeren Zuwachs von ungefähr 18,18 %. Während Gemeinde B also insgesamt fahrradaffiner war und bleibt, ist der Zuwachs in Gemeinde A stärker, wobei sich ein wirklicher Trend natürlich erst nach einer Betrachtung von deutlich mehr als zwei Jahren feststellen lässt.

Eine andere häufige Anwendung der Prozentrechnung betrifft die Umsatz- oder Mehrwertsteuer, die in Deutschland 7 % auf (im weitesten Sinne) Lebensnotwendiges und 19 % auf alle anderen Waren und Dienstleistungen beträgt. Hier ist zu beachten, dass Preise im Einzelhandel inklusive Mehrwertsteuer angegeben werden. Der ausgewiesene Preis ist also ein Bruttopreis und beträgt 107 % beziehungsweise 119 % des Nettopreises.

Angenommen, ein Buch (Mehrwertsteuersatz 7 %) kostet 39,90 Euro. Dann beträgt der Nettopreis

$$39{,}90\ € \div 107 \cdot 100 \approx 37{,}29\ €$$

Der Mehrwertsteuerbetrag ist entsprechend

$$39{,}90\ € \div 107 \cdot 7 \approx 2{,}61\ €$$

Die meisten anderen Berechnungen der sogenannten *deskriptiven Statistik* werden auf Datenreihen (Gruppen von Messwerten oder anderen Zahlen) angewendet und ermöglichen bestimmte Aussagen über diese Reihen und die enthaltenen Werte. Angenommen beispielsweise, Sie würden eine Woche lang jeden Tag zur selben Uhrzeit die Außentemperatur messen und erhielten die folgenden Werte:

Mo	Di	Mi	Do	Fr	Sa	So
21 °C	18 °C	19 °C	14 °C	16 °C	20 °C	21 °C

Tabelle 2.11 Daten für die statistische Analyse, in diesem Fall Temperaturmessungen einer Woche, jeweils zur selben Uhrzeit

Für viele statistische Untersuchungen ist es zunächst einmal sinnvoll, die Datenreihe nach der Größe zu sortieren, und zum Rechnen ist es einfacher, eine eventuelle Maßeinheit (hier °C) wegzulassen. Nach dieser Behandlung sieht die Reihe so aus:

14, 16, 18, 19, 20, 21, 21

Zwei statistische Größen können Sie nun unmittelbar am Anfang beziehungsweise am Ende der Reihe ablesen: Das *Minimum* x_{min} ist 14, das *Maximum* x_{max} 21. Die Differenz zwischen ihnen, $R = x_{max} - x_{min} = 7$, wird als *Spannweite* bezeichnet.

Der *Mittelwert*, auch bekannt als *arithmetisches Mittel*, ist der lineare Durchschnitt aller Werte. Sie können ihn ermitteln, indem Sie die Summe der Werte bilden und diese durch die Anzahl der Werte teilen:

$$\bar{x}_{arithm} = \frac{1}{n}\sum_{i=1}^{n} x_n$$

Für die Temperaturwerte ergibt sich konkret:

$$\frac{14 + 16 + 18 + 19 + 20 + 21 + 21}{7} = \frac{129}{7} \approx 18{,}43$$

Bei Werten wie diesen, die relativ dicht beieinanderliegen, ist das arithmetische Mittel ein recht anschauliches Maß für ihre Größenordnung. Das ist anders, wenn es einzelne deutliche statistische *Ausreißer* gibt, also Werte, die erheblich von allen anderen abweichen. Betrachten Sie etwa die folgenden Temperaturwerte aus dem Hochsommer, bei denen am letzten Tag ein schweres Unwetter vor der Uhrzeit der regelmäßigen Messung für einen starken Temperatursturz sorgte:

33, 35, 36, 37, 35, 38, 17 (sortiert 17, 33, 35, 35, 36, 37, 38)

Hier beträgt die Spannweite 21, und der Mittelwert ist 33. Gegenüber dem Mittelwert der ersten sechs Temperaturwerte – etwa 35,67 – sieht das auf den ersten Blick nicht sonderlich dramatisch aus, aber immerhin wurde der Mittelwert durch den Ausreißer auf den niedrigsten der näher beieinanderliegenden Werte gedrückt.

Es gibt verschiedene Strategien, um mit Ausreißern umzugehen. Beispielsweise können Sie diese weglassen, wobei Sie dann auch die veränderte Anzahl beachten müssen, oder Ihre Daten nach bestimmten Kriterien gruppieren und die Mittelwerte der Gruppen bilden (im vorliegenden Beispiel nicht sinnvoll).

Oder Sie verwenden ein anderes Maß als das arithmetische Mittel, etwa den *Median* $\tilde{x}$. Dies ist der mittlere Wert einer sortierten Datenreihe, das heißt, bei einer Datenreihe mit ungerader Anzahl n ist es das Element an Position $\frac{n+1}{2}$ und bei einer geraden Anzahl n der Mittelwert aus den beiden um die Mitte herum gruppierten Elementen $\frac{1}{2} \cdot \left(x_{\frac{n}{2}} + x_{\frac{n}{2}+1} \right)$. Die Mediane der beiden Temperaturreihen sind 19 beziehungsweise 35. Wie Sie sehen, liegt der Median bei der ersten Temperaturreihe viel näher am arithmetischen Mittel als bei der zweiten, wo er eher dem Mittelwert der sechs Temperaturen ohne Ausreißer ähnelt.

Ein weiterer statistischer Wert ist der *Modus* $\bar{x}_d$, bei dem es sich um den am häufigsten vorkommenden Einzelwert in einer Datenreihe handelt. Das wäre bei der ersten Temperaturreihe 21 und bei der zweiten 35 – allerdings haben diese Datenreihen viel zu wenige Elemente, als dass der Modus eine sinnvolle Information wäre, zumal die gefundenen Werte bloß zweimal statt einmal vorkommen.

Häufig verwendete Maße für die Wertestreuung in einer Datenreihe sind Varianz und Standardabweichung. Sie kommen unter anderem auch zum Einsatz, um Daten durch statistische Berechnung in unterschiedliche Gruppen einzuteilen (Clustering – siehe Kapitel 10, »Datenanalyse, Machine Learning, künstliche Intelligenz«). Die *Varianz* einer Datenreihe x wird wie folgt berechnet:

$$Var(X) = \frac{1}{n-1} \cdot \sum_{i=1}^{n} (x_i - \bar{x})^2$$

Zunächst werden also die Quadrate der Differenzen zwischen jedem einzelnen Wert und dem (hier, aber nicht immer, arithmetischen) Mittelwert zusammenaddiert. Diese Summe wird dann durch $n - 1$ geteilt. Durch das Quadrieren ergeben sich nur noch positive Werte – es wird also egal, in welche Richtung die einzelnen Werte vom Mittelwert abweichen. Die

Varianzen der beiden Temperaturmessreihen berechnen sich nach dieser Formel wie folgt (bei der ersten Reihe wurde hier ein genauerer Näherungswert als 18,43 für das arithmetische Mittel verwendet, während bei der zweiten ohnehin die ganze Zahl 33 herauskam):

$$\frac{1}{6} \cdot ((14 - \bar{x})^2 + \cdots + (21 - \bar{x})^2) \approx 6{,}95$$

$$\frac{1}{6} \cdot ((17 - 33)^2 + \cdots + (38 - 33)^2) \approx 52{,}33$$

Der Unterschied ist deutlich. In der zweiten Datenreihe ist die Varianz wesentlich größer als in der ersten – durch die Verwendung quadratischer Werte sogar möglicherweise zu groß, sie vermittelt also einen falschen Eindruck von den tatsächlichen Verhältnissen. Deshalb wird statt der Varianz oft die *Standardabweichung* σ(Kleinbuchstabe Sigma) verwendet, bei der es sich um die Quadratwurzel aus Ersterer handelt. Diese hat den zusätzlichen Vorteil, dass bei der Berechnung der Varianz quadrierte Maßeinheiten wieder dem Original entsprechen.

Die aus genaueren Näherungswerten der Varianzen berechneten Standardabweichungen sind ungefähr 2,64 beziehungsweise 7,23.

Es gibt übrigens noch andere Mittelwerte als das arithmetische Mittel, weil es nicht für alle Arten von Daten das geeignete Maß ist, sondern in manchen Fällen sogar falsche Ergebnisse liefert. Betrachten Sie etwa das Eingangsbeispiel der mit dem Fahrrad pendelnden Gemeindebevölkerung und die – in Tabelle 2.12 über fünf Jahre fortgeschriebene – gerundete prozentuale Veränderung:

Jahr	Anzahl Radfahrende	Prozent des Vorjahreswerts
1	670	–
2	850	126,87
3	910	107,1
4	920	101,1
5	1010	109,78

Tabelle 2.12 Absolute und prozentuale Veränderung des Fahrradpendelverkehrs in einer Gemeinde

Wenn Sie das arithmetische Mittel der Prozentwerte berechnen – aus genaueren Näherungswerten berechnet, sind dies etwa 111,2 – und viermal auf die Zahl aus dem ersten Jahr anwenden, erhalten Sie nicht das korrekte Ergebnis, sondern etwa 1024,51. Das liegt daran, dass das arithmetische Mittel als linearer Durchschnitt auch nur für lineare Wertereihen und damit Summenreihen geeignet ist. Das vorliegende Beispiel ist jedoch eine Produktreihe und benötigt daher das *geometrische Mittel*, das wie folgt definiert ist:

$$\bar{x}_{geom} = \sqrt[n]{\prod_{i=1}^{n} x_i}$$

Konkret muss also die vierte Wurzel aus den Prozentwerten gezogen werden, was – wieder mit genaueren Werten, als hier gezeigt – ungefähr 110,81 ergibt. Wenn Sie dieses geometrische Mittel (abermals mit besserem Näherungswert) viermal auf 670 anwenden, erhalten Sie in der Tat 1010.

2.2.4 Grundlagen der linearen Algebra

Die *lineare Algebra* spielt in der Datenanalyse und speziell dem Machine Learning eine wichtige Rolle, weil sie es ermöglicht, Datenreihen und Gruppen von ihnen kompakt aufzuschreiben und auf praktische Weise Berechnungen mit ihnen durchzuführen. Ursprünglich handelt es sich um eine algebraische Darstellung der Geometrie, die sich anschließend verselbstständigt hat und nicht mehr nur für geometrische Zwecke eingesetzt wird. Die Elemente der linearen Algebra sind Vektoren und Matrizen.

Vektoren

Ein *Vektor* ist eine Strecke mit einer bestimmten Richtung in der Ebene, im Raum oder in (nur konzeptionell, aber nicht bildlich darstellbaren) höheren Dimensionen. Diese gedachten mehrdimensionalen Bereiche, in denen Vektoren existieren, werden *Vektorräume* genannt. Zweidimensionale Vektoren, die im Vektorraum $\mathbb{R}^2$ (der Ebene) existieren, werden wie folgt geschrieben:

$$\vec{v} = \begin{pmatrix} x \\ y \end{pmatrix}$$

Für dreidimensionale Vektoren aus dem Vektorraum $\mathbb{R}^3$ gilt dagegen die folgende Schreibweise:

$$\vec{v} = \begin{pmatrix} x \\ y \\ z \end{pmatrix}$$

Der Pfeil über dem Namen eines Vektors wird manchmal weggelassen, wenn klar ist, dass es sich bei dem betrachteten Element um einen Vektor handelt.

Zweidimensionale Vektoren lassen sich grafisch in einem kartesischen Koordinatensystem darstellen, und zwar als Pfeile, deren erste Dimension die x-Ausdehnung und deren zweite die y-Ausdehnung beschreibt. Oft werden sie vom Ursprung des Koordinatensystems ausgehend eingezeichnet, aber das ist lediglich eine Konvention. Um beispielsweise die Addition von Vektoren zu verdeutlichen, können Sie auch den zweiten Vektor an der Pfeilspitze des ersten ansetzen. Abbildung 2.2 zeigt die beiden Vektoren $\vec{a} = \begin{pmatrix} 4 \\ 3 \end{pmatrix}$ und $\vec{b} = \begin{pmatrix} 3 \\ 4 \end{pmatrix}$.

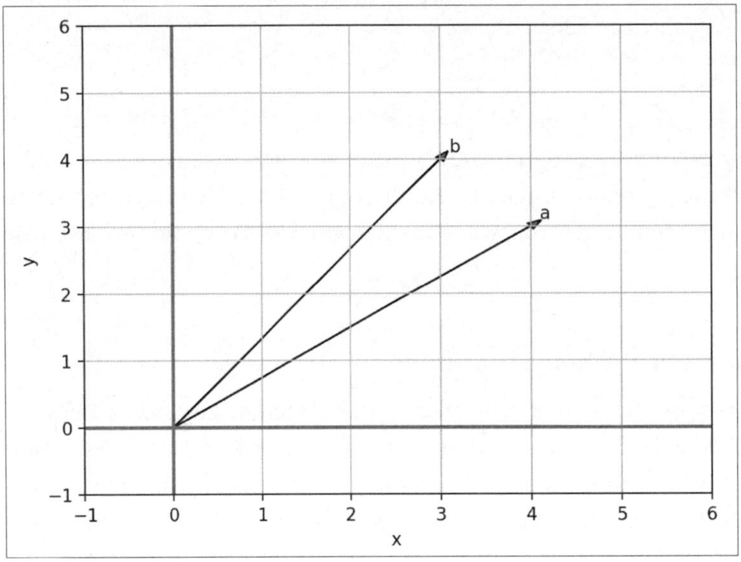

Abbildung 2.2 Zweidimensionale Vektoren im kartesischen Koordinatensystem

Die *Vektorrechnung* ist die Gesamtheit der mathematischen Operationen, die für Vektoren definiert sind. Eine der wichtigsten ist der *Betrag* eines Vektors, der dessen Länge entspricht und mithilfe des Satzes von Pythagoras berechnet wird, also

$$\left|\begin{pmatrix} x \\ y \end{pmatrix}\right| = \sqrt{x^2 + y^2}$$

beziehungsweise

$$\left|\begin{pmatrix} x \\ y \\ z \end{pmatrix}\right| = \sqrt{x^2 + y^2 + z^2}$$

Beispiele:

$$\left|\begin{pmatrix} -3 \\ 4 \end{pmatrix}\right| = \sqrt{(-3)^2 + 4^2} = \sqrt{9 + 16} = \sqrt{25} = 5$$

$$\left|\begin{pmatrix} 2 \\ 3 \\ -6 \end{pmatrix}\right| = \sqrt{2^2 + 3^2 + (-6)^2} = \sqrt{4 + 9 + 36} = \sqrt{49} = 7$$

Vektoraddition und *Vektorsubtraktion* sind möglich, wenn die beteiligten Vektoren dieselbe Anzahl von Dimensionen haben, und addieren beziehungsweise subtrahieren jede einzelne von ihnen:

$$\begin{pmatrix} 2 \\ 5 \end{pmatrix} + \begin{pmatrix} 4 \\ -6 \end{pmatrix} = \begin{pmatrix} 6 \\ -1 \end{pmatrix}$$

$$\begin{pmatrix} 2 \\ 3 \\ 4 \end{pmatrix} - \begin{pmatrix} 3 \\ 1 \\ 2 \end{pmatrix} = \begin{pmatrix} -1 \\ 2 \\ 2 \end{pmatrix}$$

Es gibt mehrere Varianten der Multiplikation mit Vektoren. Die einfachste ist die *Skalarmultiplikation*, bei der jede Dimension des Vektors mit einer einzelnen Zahl multipliziert wird. Genau deshalb heißen einzelne Zahlen aus der Sicht der linearen Algebra *Skalare*: Sie skalieren einen Vektor, das heißt, sie vergrößern oder verkleinern ihn (und ändern seine Richtung, wenn es sich um negative Skalare handelt). Hier ein paar Beispiele:

$$2 \cdot \begin{pmatrix} 3 \\ 6 \end{pmatrix} = \begin{pmatrix} 6 \\ 12 \end{pmatrix}$$

$$-3 \cdot \begin{pmatrix} 2 \\ -1 \\ 4 \end{pmatrix} = \begin{pmatrix} -6 \\ 3 \\ -12 \end{pmatrix}$$

$$\frac{1}{4} \cdot \begin{pmatrix} 2 \\ -8 \end{pmatrix} = \begin{pmatrix} 0{,}5 \\ -2 \end{pmatrix}$$

Das *Skalarprodukt* oder *Punktprodukt* multipliziert dagegen zwei Vektoren nach der folgenden Formel miteinander, sodass ein einzelner Skalar herauskommt:

$$\begin{pmatrix} a_1 \\ \vdots \\ a_n \end{pmatrix} \cdot \begin{pmatrix} b_1 \\ \vdots \\ b_n \end{pmatrix} = a_1 \cdot b_1 + \cdots + a_n \cdot b_n$$

Auch dafür zwei Beispiele:

$$\begin{pmatrix} 3 \\ 7 \end{pmatrix} \cdot \begin{pmatrix} 2 \\ 4 \end{pmatrix} = 3 \cdot 2 + 7 \cdot 4 = 6 + 28 = 34$$

$$\begin{pmatrix} 2 \\ -2 \\ 3 \end{pmatrix} \cdot \begin{pmatrix} -0{,}5 \\ 1{,}5 \\ -2 \end{pmatrix} = 2 \cdot (-0{,}5) + (-2) \cdot 1{,}5 + 3 \cdot (-2)$$
$$= -1 - 3 - 6 = -10$$

Der geometrische Nutzen des Skalarprodukts ist die Berechnung des Winkels zwischen zwei Vektoren, da folgender Zusammenhang gilt:

$$\vec{a} \cdot \vec{b} = |\vec{a}| \cdot |\vec{b}| \cdot \cos \alpha$$
$$\Leftrightarrow \alpha = arccos \frac{\vec{a} \cdot \vec{b}}{|\vec{a}| \cdot |\vec{b}|}$$

Der Winkel zwischen den beiden in Abbildung 2.2 gezeigten Vektoren $\begin{pmatrix} 4 \\ 3 \end{pmatrix}$ und $\begin{pmatrix} 3 \\ 4 \end{pmatrix}$ berechnet sich beispielsweise wie folgt:

$$\alpha = \arccos \frac{\begin{pmatrix} 4 \\ 3 \end{pmatrix} \cdot \begin{pmatrix} 3 \\ 4 \end{pmatrix}}{\left|\begin{pmatrix} 4 \\ 3 \end{pmatrix}\right| \cdot \left|\begin{pmatrix} 3 \\ 4 \end{pmatrix}\right|} = \arccos \frac{4 \cdot 3 + 3 \cdot 4}{\sqrt{4^2 + 3^2} \cdot \sqrt{3^2 + 4^2}}$$

$$= \arccos \frac{24}{25} \approx 16{,}26°$$

Schließlich gibt es noch das *Kreuzprodukt* zweier dreidimensionaler Vektoren, bei dem die Dimensionen über Kreuz miteinander multipliziert werden. In der Geometrie spielt es eine Rolle, weil sein Betrag der Flächeninhalt eines durch die beiden Vektoren beschriebenen Parallelogramms ist. Das Berechnungsschema sieht für zwei Vektoren $\vec{a}$ und $\vec{b}$ so aus:

$$\begin{pmatrix} a_1 \\ a_2 \\ a_3 \end{pmatrix} \times \begin{pmatrix} b_1 \\ b_2 \\ b_3 \end{pmatrix} = \begin{pmatrix} a_2b_3 - a_3b_2 \\ a_3b_1 - a_1b_3 \\ a_1b_2 - a_2b_1 \end{pmatrix}$$

Hier ein Beispiel mitsamt anschließender Berechnung des Betrags als Flächeninhalt des Parallelogramms:

$$\begin{pmatrix} 4 \\ 1 \\ 3 \end{pmatrix} \times \begin{pmatrix} -3 \\ 2 \\ -1 \end{pmatrix} = \begin{pmatrix} -1 - 6 \\ -9 + 4 \\ 8 + 3 \end{pmatrix} = \begin{pmatrix} -7 \\ -5 \\ 11 \end{pmatrix}$$

$$\left| \begin{pmatrix} -7 \\ -5 \\ 11 \end{pmatrix} \right| = \sqrt{(-7)^2 + (-5)^2 + 11^2} = \sqrt{49 + 25 + 121} = \sqrt{195} \approx 13{,}96$$

Matrizen

Eine *Matrix* ist eine tabellarische Anordnung von Zahlen. Ein Vektor kann als Spezialfall einer einspaltigen Matrix betrachtet werden – oder sogar als *Zeilenvektor*, also als einzeilige Matrix geschrieben werden (ein traditioneller Vektor heißt entsprechend *Spaltenvektor*). Eine Matrix mit m Zeilen und n Spalten wird Matrix der *Form* oder des *Typs* $(m; n)$ genannt. Schematisch wird eine solche Matrix folgendermaßen geschrieben:

$$A_{(m,n)} = \begin{pmatrix} a_{11} & \cdots & a_{1n} \\ \vdots & \ddots & \vdots \\ a_{m1} & \cdots & a_{mn} \end{pmatrix}$$

Da Matrizen unter anderem zum Lösen linearer Gleichungssysteme zum Einsatz kommen, werden die einzelnen Elemente wie die konstanten Faktoren der Gleichungen als *Koeffizienten* bezeichnet und nach dem Schema »a-eins-eins«, »a-eins-zwei« und so weiter ausgesprochen. Hat eine Matrix mehr als neun Zeilen oder Spalten, können Sie Kommata verwenden, um die Indizes der Koeffizienten eindeutig festzulegen.

Eine Matrix der Form (3; 2) sieht beispielsweise so aus:

$$A = \begin{pmatrix} -2 & 3 \\ 4 & -2 \\ -6 & 1 \end{pmatrix}$$

Eine einfache Operation, die als *Transposition* bezeichnet wird, vertauscht Zeilen und Spalten der Matrix; aus der Form $(m; n)$ wird also $(n; m)$. Ein Spaltenvektor, den Sie transponieren, wird zum Zeilenvektor und umgekehrt. Hier die Transposition des obigen Beispiels:

$$A^T = \begin{pmatrix} -2 & 4 & -6 \\ 3 & -2 & 1 \end{pmatrix}$$

Addition und Subtraktion können Sie nur mit Matrizen gleichen Typs durchführen, dabei erfolgt die Operation jeweils zwischen den Koeffizienten derselben Stelle:

$$\begin{pmatrix}3 & 5\\4 & 6\end{pmatrix}+\begin{pmatrix}1 & 3\\7 & -2\end{pmatrix}=\begin{pmatrix}3+1 & 5+3\\4+7 & 6-2\end{pmatrix}=\begin{pmatrix}4 & 8\\11 & 4\end{pmatrix}$$

Das neutrale Element der Addition ist eine komplett mit Nullen gefüllte Matrix der entsprechenden Form, die auch als *Nullmatrix* bezeichnet wird:

$$\begin{pmatrix}1 & 2 & 3\\4 & 5 & 6\end{pmatrix}+\begin{pmatrix}0 & 0 & 0\\0 & 0 & 0\end{pmatrix}=\begin{pmatrix}1 & 2 & 3\\4 & 5 & 6\end{pmatrix}$$

Die Skalarmultiplikation funktioniert genauso wie bei Vektoren, zum Beispiel:

$$(-2)\cdot\begin{pmatrix}-1 & 0 & -2\\2 & -3 & 2\end{pmatrix}=\begin{pmatrix}2 & 0 & 4\\-4 & 6 & -4\end{pmatrix}$$

Matrizen miteinander zu multiplizieren, ist komplizierter; es geschieht über Kreuz und ist nicht kommutativ. Abgeleitet wird die Operation vom Skalarprodukt eines Zeilenvektors mit einem Spaltenvektor der entsprechenden Größe. Die Multiplikation einer Matrix mit n Spalten und einer zweiten mit n Zeilen erfolgt nach dem sogenannten *Falk-Schema*. Gegeben sind die beiden Matrizen:

$$A=\begin{pmatrix}a_{11} & \cdots & a_{1n}\\ \vdots & \ddots & \vdots\\ a_{m1} & \cdots & a_{mn}\end{pmatrix}, B=\begin{pmatrix}b_{11} & \cdots & b_{1p}\\ \vdots & \ddots & \vdots\\ b_{n1} & \cdots & b_{np}\end{pmatrix}$$

Um die Operation einigermaßen übersichtlich zu gestalten, schreiben Sie sie am besten wie folgt auf:

$$\begin{array}{ll} A\cdot B & \begin{pmatrix}b_{11} & \dots & b_{1p}\\ \vdots & \ddots & \vdots\\ b_{n1} & \dots & b_{np}\end{pmatrix} \\ \begin{pmatrix}a_{11} & \dots & a_{1n}\\ \vdots & \ddots & \vdots\\ a_{m1} & \dots & a_{mn}\end{pmatrix} & \begin{pmatrix}\sum_{i=1}^{n} a_{1i}\cdot b_{i1} & \dots & \sum_{i=1}^{n} a_{1i}\cdot b_{ip}\\ \vdots & \ddots & \vdots\\ \sum_{i=1}^{n} a_{mi}\cdot b_{i1} & \dots & \sum_{i=1}^{n} a_{mi}\cdot b_{ip}\end{pmatrix}\end{array}$$

Als Ergebnis erhalten Sie eine Matrix mit m Zeilen und p Spalten. Als Beispiel sehen Sie hier die Multiplikation einer Matrix vom Typ (2; 3) mit einer zweiten vom Typ (3; 2); das Ergebnis hat also den Typ (2; 2):

$$A=\begin{pmatrix}2 & 3 & 2\\3 & -2 & 3\end{pmatrix}, B=\begin{pmatrix}4 & 5\\-5 & -4\\4 & 5\end{pmatrix}$$

$$\begin{array}{ll} A \cdot B & \begin{pmatrix} 4 & 5 \\ -5 & -4 \\ 4 & 5 \end{pmatrix} \\ \begin{pmatrix} 2 & 3 & 2 \\ 3 & -2 & 3 \end{pmatrix} & \begin{pmatrix} 2 \cdot 4 + 3 \cdot (-5) + 2 \cdot 4 & 2 \cdot 5 + 3 \cdot (-4) + 2 \cdot 5 \\ 3 \cdot 4 + (-2) \cdot (-5) + 3 \cdot 4 & 3 \cdot 5 + (-2) \cdot (-4) + 3 \cdot 5 \end{pmatrix} \\ & = \begin{pmatrix} 8 - 15 + 8 & 10 - 12 + 10 \\ 12 + 10 + 12 & 15 + 8 + 15 \end{pmatrix} \\ & = \begin{pmatrix} 1 & 8 \\ 34 & 38 \end{pmatrix} \end{array}$$

Zur Übung können Sie umgekehrt $B \cdot A$ ausrechnen; das Ergebnis muss die Form (3; 3) haben.

Eine Matrix mit gleich vielen Spalten wie Zeilen wird als *quadratische Matrix* bezeichnet. Eine spezielle quadratische Matrix ist die *Identitäts-* oder *Einheitsmatrix*, bei der die Werte auf der Diagonale von links oben nach rechts unten 1 sind und alle anderen 0. Zwei Beispiele:

$$I_{(2;2)} = \begin{pmatrix} 1 & 0 \\ 0 & 1 \end{pmatrix}, I_{(3;3)} = \begin{pmatrix} 1 & 0 & 0 \\ 0 & 1 & 0 \\ 0 & 0 & 1 \end{pmatrix}$$

Die Identitätsmatrix der Form $(n; n)$ ist das neutrale Element der Multiplikation $M_{(m;n)} \cdot I_{(n;n)}$.

Viele quadratische Matrizen sind invertierbar, das bedeutet, es lässt sich eine Matrix errechnen, die Sie so mit der Ursprungsmatrix multiplizieren können, dass Sie die Einheitsmatrix des entsprechenden Typs erhalten. Eine solche *inverse Matrix* kann zum Lösen linearer Gleichungssysteme verwendet werden.

Da die Inversion eine recht aufwendige Operation ist, sollten Sie zunächst prüfen, ob die Matrix überhaupt invertierbar ist. Dies ist immer dann der Fall, wenn ihre Determinante nicht 0 ist. Die *Determinante* ist ein Skalar, der für eine quadratische Matrix vom Typ (2; 2) wie folgt berechnet wird:

$$M_{(2;2)} = \begin{pmatrix} m_{11} & m_{21} \\ m_{12} & m_{22} \end{pmatrix}$$

$$\det(M) = m_{11} \cdot m_{22} - m_{21} \cdot m_{12}$$

Bei Matrizen vom Typ (3; 3) ist es etwas komplizierter, da hier zunächst alle Diagonalen (auch über das jeweilige Ende hinaus) addiert und anschließend die Summen voneinander abgezogen werden:

$$M_{(3;3)} = \begin{pmatrix} m_{11} & m_{21} & m_{31} \\ m_{12} & m_{22} & m_{32} \\ m_{13} & m_{23} & m_{33} \end{pmatrix}$$

$$\begin{aligned} \det(M) &= (m_{11}m_{22}m_{33} + m_{21}m_{32}m_{13} + m_{31}m_{12}m_{23}) \\ &-(m_{31}m_{22}m_{13} + m_{21}m_{12}m_{33} + m_{11}m_{32}m_{23}) \end{aligned}$$

Hier ein Beispiel für Letzteres:

$$A = \begin{pmatrix} 1 & 1 & 1 \\ 2 & 2 & 2 \\ 3 & 3 & 3 \end{pmatrix}$$

Da alle Produkte 6 ergeben, ist es im Grunde trivial, dass die Determinante hier 0 sein muss:

$$\det(A) = (6 + 6 + 6) - (6 + 6 + 6) = 0$$

Diese Matrix ist also nicht invertierbar. Anders sieht es bei der folgenden Matrix vom Typ (2; 2) aus:

$$A = \begin{pmatrix} 4 & 3 \\ 1 & 2 \end{pmatrix}$$

$$\det(A) = 4 \cdot 2 - 3 \cdot 1 = 8 - 3 = 5$$

Um diese offensichtlich invertierbare Matrix tatsächlich zu invertieren, muss folgende Gleichung gelöst werden:

$$\begin{pmatrix} 4 & 3 \\ 1 & 2 \end{pmatrix} \cdot \begin{pmatrix} x_{11} & x_{12} \\ x_{21} & x_{22} \end{pmatrix} = \begin{pmatrix} 1 & 0 \\ 0 & 1 \end{pmatrix}$$

Umgeformt nach dem Falk-Schema, lautet daher die Matrix aus Gleichungen zur Berechnung der inversen Matrix A^{-1}:

$$\begin{pmatrix} \text{I. } 4x_{11} + 3x_{21} = 1 & \text{II. } 4x_{12} + 3x_{22} = 0 \\ \text{III. } x_{11} + 2x_{21} = 0 & \text{IV. } x_{12} + 2x_{22} = 1 \end{pmatrix}$$

Vier Gleichungen mit vier Unbekannten lassen sich mit dem Einsetzungsverfahren zum Beispiel so lösen:

$$\text{III. } x_{11} + 2x_{21} = 0 \Leftrightarrow x_{11} = -2x_{21}$$

$$\text{III in I. } -8x_{21} + 3x_{21} = 1$$

$$\Leftrightarrow -5x_{21} = 1 \Leftrightarrow x_{21} = -\frac{1}{5}$$

$$\text{Lösung I in III. } x_{11} - \frac{2}{5} = 0 \Leftrightarrow x_{11} = \frac{2}{5}$$

$$\text{II. } 4x_{12} + 3x_{22} = 0 \Leftrightarrow 4x_{12} = -3x_{22} \Leftrightarrow x_{12} = -\frac{3}{4}x_{22}$$

$$\text{II in IV. } -\frac{3}{4}x_{22} + 2x_{22} = 1 \Leftrightarrow \frac{5}{4}x_{22} = 1 \Leftrightarrow x_{22} = \frac{4}{5}$$

$$\text{Lösung IV in II. } 4x_{12} + 3 \cdot \frac{4}{5} = 0 \Leftrightarrow 4x_{12} + \frac{12}{5} = 0$$

$$\Leftrightarrow 4x_{12} = -\frac{12}{5} \Leftrightarrow x_{12} = -\frac{3}{5}$$

Insgesamt also:

$$A^{-1} = \begin{pmatrix} \frac{2}{5} & -\frac{3}{5} \\ -\frac{1}{5} & \frac{4}{5} \end{pmatrix}$$

Um nun ein lineares Gleichungssystem (mit so vielen Gleichungen und Unbekannten, wie die Matrix Spalten oder Zeilen hat) zu lösen, muss dieses wie folgt umgeformt werden:

$$A\vec{x} = \vec{b} \Leftrightarrow \vec{x} = A^{-1}\vec{b}$$

Dabei ist A die Matrix mit den Koeffizienten, $\vec{x}$ ein Spaltenvektor für die Unbekannten und $\vec{b}$ ein weiterer Spaltenvektor, der die Konstanten hinter dem Gleichheitszeichen enthält. Dies entspricht der Multiplikation einer einzelnen linearen Gleichung $ax = b$ mit dem Kehrwert von a, also $\frac{1}{a}$. Insofern ist eine inverse Matrix mit dem Kehrwert eines Skalars vergleichbar.

Aus

$$4x + 3y = 18$$
$$x + 2y = 10$$

wird in dieser Schreibweise

$$\begin{pmatrix} 4 & 3 \\ 1 & 2 \end{pmatrix} \cdot \begin{pmatrix} x \\ y \end{pmatrix} = \begin{pmatrix} 18 \\ 10 \end{pmatrix} \Leftrightarrow \begin{pmatrix} x \\ y \end{pmatrix} = \begin{pmatrix} \frac{2}{5} & -\frac{3}{5} \\ -\frac{1}{5} & \frac{4}{5} \end{pmatrix} \cdot \begin{pmatrix} 18 \\ 10 \end{pmatrix}$$

Die Multiplikation erfolgt wie üblich nach dem Falk-Schema:

$$\begin{pmatrix} \frac{2}{5} \cdot 18 - \frac{3}{5} \cdot 10 \\ -\frac{1}{5} \cdot 18 + \frac{4}{5} \cdot 10 \end{pmatrix} = \begin{pmatrix} \frac{36}{5} - 6 \\ -\frac{18}{5} + \frac{40}{5} \end{pmatrix} = \begin{pmatrix} \frac{6}{5} \\ \frac{22}{5} \end{pmatrix}$$

Die Lösung lautet also $x = \frac{6}{5}, y = \frac{22}{5}$.

Wirklich nützlich ist dieses Verfahren aufgrund des Aufwands der Invertierung allerdings nur, wenn Sie eine ganze Reihe von Gleichungen mit denselben Koeffizienten und unterschiedlichen Ergebnissen zu berechnen haben.

2.2.5 Grundlagen der Analysis

Die *Analysis* ist die mathematische Teildisziplin, die sich mit der Untersuchung der Eigenschaften von Funktionen beschäftigt. Eine *Funktion* ordnet Elementen einer Menge mithilfe einer Bildungsvorschrift, zum Beispiel einem Ausdruck mit Platzhalter (Aussageform), Elemente einer anderen Menge (oder derselben Menge) zu.

Die Ausgangsmenge wird als *Definitionsmenge* bezeichnet und die zugeordnete Menge als *Wertemenge*. Die Definitionsmenge ist oft die Menge der reellen Zahlen, während die Wertemenge häufig nur eine Teilmenge der Definitionsmenge ist, die sich je nach Bildungsvorschrift unterschiedlich verhält: Genau wie die in Abschnitt 2.1.5, »Folgen und Reihen«, besprochenen Folgen können Funktionswerte zum Beispiel beschränkt, konvergent oder monoton sein. Bei Funktionen tritt eine weitere potenzielle Eigenschaft hinzu: Sie heißt *stetig*, wenn sich die Werte für nah beieinanderliegende Elemente der Definitionsmenge nicht ruckartig, sondern kontinuierlich ändern. Bei Folgen ist dies nicht möglich, da ihre Definitionsmenge (die Menge natürlichen Zahlen) selbst nicht kontinuierlich ist.

Eine typische Bildungsvorschrift einer Funktion sieht beispielsweise so aus:

$$f(x) = 2x + 3$$

Jedem Element x der Definitionsmenge wird also der durch den Ausdruck $2x + 3$ bestimmte Wert zugeordnet. Für $x = 0$ ist der Wert beispielsweise 3, für $x = -1{,}5$ ist er 0. Die Zuordnung einer solchen zweidimensionalen Funktion – beziehungsweise eines Ausschnitts daraus – kann im kartesischen Koordinatensystem dargestellt werden, wobei die x-Achse der Definitionsmenge und die y-Achse der Wertemenge entspricht. Diese Form der Darstellung wird *Graph* einer Funktion genannt (hat jedoch mit den in Kapitel 8, »Algorithmen und Datenstrukturen«, besprochenen Gegenständen der Graphentheorie nichts zu tun). In Abbildung 2.3 sehen Sie den Graphen der Funktion $f(x) = 2x + 3$.

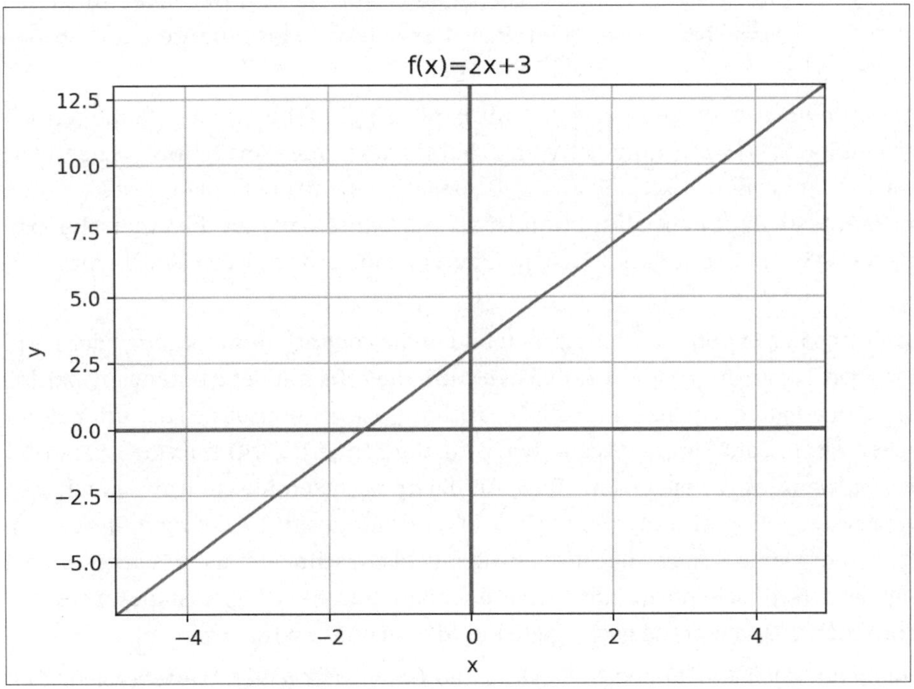

Abbildung 2.3 Der Graph der Funktion f(x)=2x+3

Arten von Funktionen

Einige der wichtigsten Arten von Funktionen sind folgende:

- *Konstante Funktionen* haben für jedes x denselben Funktionswert. Ihr Graph ist eine horizontale Linie. Beispiel: $f(x) = 0$.
- *Lineare Funktionen* der Form $f(x) = mx + b$ haben für positive m einen streng monoton steigenden und für negative m einen streng monoton fallenden Verlauf; ihr Graph ist eine Gerade. Beispiele: $f(x) = -x + 1$, $f(x) = 10x + 20$.
- *Quadratische Funktionen* haben die allgemeine Form $f(x) = ax^2 + bx + c$. Da das Quadrat einer negativen Zahl demjenigen der zugehörigen positiven Zahl entspricht, ist der Verlauf symmetrisch bis zu einem Tiefpunkt (oder für negative a bis zu einem Hochpunkt); die Form wird als *Parabel* bezeichnet und bildet in der Natur beispielsweise die Flugbahn eines schräg nach oben geworfenen Gegenstands. Beispiel: $f(x) = -2x^2 + 1$.
- *Polynome* sind alle Funktionen der Form $f(x) = a_1x^n + a_2x^{n-1} + \ldots + a_{n-1}x + a_n$. Dabei gibt n den sogenannten *Grad* des Polynoms an. Der prinzipielle Verlauf ist für gerade n parabelförmig, da wie bei x^2 alle Werte positiv sind, während bei negativen n eine Hälfte der Parabel gegenüber der anderen horizontal gespiegelt ist. Ob der Verlauf zwischen der positiven und/oder der negativen Unendlichkeit ansonsten noch weitere lokale Auf- und Abbewegungen aufweist, hängt von den Koeffizienten für die – als Gegenbegriff zu den Polynomen als *Monome* bezeichneten – Teilausdrücke für x^{n-1} bis hinunter zu x^2 ab. Beispiele: $f(x) = -3x^4 + 4x^3 - x^2 + 2x - 1$, $f(x) = -x^3 - 4x^2 + 5$.
- Bei *Exponentialfunktionen* steht x selbst im Exponenten. Eine einfache Exponentialfunktion der Form $f(x) = a^x$ (mit positivem a) hat für $x = 0$ den Wert 1, für $x = 1$ den Wert a und wächst für größere x schnell an. In die negative Richtung konvergiert sie gegen 0. Die bekannteste Exponentialfunktion ist $f(x) = e^x$. Ihre Basis ist die eulersche Zahl $e = 2{,}718281828459\ldots$; diese Funktion beschreibt unter anderem natürliche Wachstumsvorgänge.
- Die Umkehrung der Exponentialfunktionen bilden die *Logarithmusfunktionen* der Form $f(x) = \log_a x$. Der Logarithmus von x zur Basis a sucht die Zahl, mit der a potenziert werden muss, um x zu erhalten. Der bekannteste Logarithmus ist der *natürliche Logarithmus* zur Basis e, der meist $\ln x$ statt $\log_e x$ geschrieben wird. Der Zehnerlogarithmus $\log_{10} x$ und der Zweierlogarithmus $\log_2 x$ spielen eine Rolle für die im nächsten Abschnitt besprochenen Stellenwertsysteme. Logarithmusfunktionen sind nur für positive x definiert. Ihr Verlauf beginnt für sehr kleine x in der negativen Unendlichkeit, schneidet die x-Achse bei $x = 1$ und steigt danach abflachend an – die Kurve einer Funktion $f(x) = \log_a x$ ist die an der Diagonale zwischen x- und y-Achse gespiegelte Kurve der Funktion $f(x) = a^x$.
- Die *trigonometrischen Funktionen* $f(x) = \sin x$ und $f(x) = \cos x$ haben Wertebereiche zwischen –1 und 1, zwischen denen sie für um 90° ($\frac{\pi}{2}$ im Bogenmaß) versetzte x-Werte in harmonischen Kurven hin- und herschwingen. Die dritte Funktion im Bunde, $f(x) = \tan x$, ist dagegen als $\frac{\sin x}{\cos x}$ definiert. Ihr Definitionsbereich hat also dort Lücken (sogenannte *Unde-*

finiertheitsstellen, die als $f(x) = \perp$ geschrieben werden), wo cos x den Wert 0 hat, also bei 90°, 270° und so weiter. Kurz vor den Undefiniertheitsstellen konvergieren die Werte gegen ∞, kurz dahinter beginnen sie wieder bei $-\infty$. Die Tangensfunktion ist daher ein prominentes Beispiel einer Funktion mit nicht stetigem Verlauf.

Nullstellen und Ableitungen

Von den vielen Verfahren, mit denen die Analysis die Eigenschaften von Funktionen untersucht und die zusammenfassend oft als *Kurvendiskussion* bezeichnet werden, seien hier exemplarisch zwei der wichtigsten vorgestellt: die Berechnung von Nullstellen und Ableitungen.

Eine *Nullstelle* ist jedes x, für das der Funktionswert 0 ist; der Graph der Funktion berührt oder schneidet an einer solchen Stelle die x-Achse. Lineare Funktionen haben genau eine Nullstelle, quadratische haben keine, eine oder zwei, Sinus und Kosinus (ohne Modifikation) unendlich viele. Mathematisch werden Nullstellen durch Lösen der Gleichung

$$f(x) = 0$$

ermittelt. Angenommen, Sie möchten wissen, wo die Nullstelle der Funktion $f(x) = -2x + 5$ liegt. Dann lösen Sie einfach die folgende lineare Gleichung:

$$\begin{aligned} -2x + 5 &= 0 \,|\, +5 \\ \Leftrightarrow -2x &= 5 \,|\, \div(-2) \\ \Leftrightarrow x &= -\frac{5}{2} \end{aligned}$$

Bei quadratischen Funktionen kann beispielsweise die pq-Formel verwendet werden; Beispiele finden Sie in Abschnitt 2.2.2, »Lösen von Gleichungssystemen«. Bei höheren Polynomen sind die Berechnungen schwieriger, ihre Betrachtung würde hier zu weit führen.

Eine Funktion $f(x)$ hat die *Ableitung* $f'(x)$, gelesen »f-Strich von x«. Dabei handelt es sich um eine Funktion, die die *Steigung* angibt, also die Wertänderung an jeder Stelle des Funktionsverlaufs. Da die Steigung Differenzen zwischen Funktionswerten angibt, wird die Ermittlung von Ableitungen auch als *Differenzialrechnung* bezeichnet.

Lineare Funktionen haben eine konstante Steigung. In einer Funktion vom Schema $f(x) = mx + b$ lässt sie sich sofort ablesen: m ist die Steigung. Das können Sie leicht an einem Beispiel überprüfen. Nehmen Sie etwa $f(x) = -2x + 4$. Die Steigung beträgt −2, also muss der Funktionswert für jedes x um 2 niedriger liegen als der Funktionswert bei $x - 1$:

$$f(0) = -2 \cdot 0 + 4 = 4$$

und

$$f(1) = -2 \cdot 1 + 4 = -2 + 4 = 2$$

Quadratische Funktionen haben eine lineare Ableitung – die Steigung ändert sich also kontinuierlich. Das Berechnungsschema lautet:

$$f(x) = ax^2 + bx + c \Longrightarrow f'(x) = 2ax + b$$

Der Exponent 2 wird also als Faktor vor das ehemals quadratische Monom verschoben, x verschwindet völlig und hinterlässt einen konstanten Summanden, während der konstante Summand der quadratischen Funktion ganz weggelassen wird. Hier ein Beispiel:

$$f(x) = -4x^2 + 6x - 8 \Longrightarrow f'(x) = -8x + 6$$

Bei Polynomen höheren Grades funktioniert das Ableiten schematisch genauso: Jeder Exponent wird um 1 vermindert, während der entsprechende Koeffizient zusätzlich mit dem vorigen Exponenten multipliziert wird; ein eventueller konstanter Summand verschwindet, zum Beispiel:

$$f(x) = x^3 + 2x^2 - \frac{1}{2}x + 5 \Longrightarrow f'(x) = 3x^2 + 4x - \frac{1}{2}$$

Beachten Sie, dass hier zwischen den Funktionen und ihren Ableitungen jeweils nur der Schlussfolgerungspfeil $\Longrightarrow$ und nicht die Äquivalenz $\Longleftrightarrow$ steht. Die Umkehrung der Ableitung, das sogenannte *Integral* (dargestellt durch das Zeichen $\int$), ist bei Polynomen nämlich durch den Wegfall des konstanten Summanden beim Ableiten nicht eine bestimmte Funktion, sondern eine ganze Klasse unendlich vieler solcher Funktionen mit beliebigem konstantem Summanden.

Als letztes Beispiel seien noch die Ableitungen der trigonometrischen Funktionen und des natürlichen Logarithmus gezeigt:

$$f(x) = \sin x \Longrightarrow f'(x) = \cos x$$

$$f(x) = \cos x \Longrightarrow f'(x) = -\sin x$$

$$f(x) = \ln x \Longrightarrow f'(x) = \frac{1}{x}$$

Die Nullstellen der Ableitung sind besonders interessant, denn sie geben spezielle Punkte der ursprünglichen Funktionen an – sogenannte *Extrempunkte*, bei denen der Funktionsverlauf die Richtung wechselt, oder *Wendepunkte*, bei denen er vorübergehend zum Erliegen kommt (vergegenwärtigen Sie sich etwa den Verlauf einer Kubikfunktion, die zwischenzeitlich abflacht und dann wieder steiler wird, aber nicht die Richtung wechselt). Beispielsweise ist die Nullstelle der Ableitung einer quadratischen Funktion ihr einziger (absoluter) Extrempunkt, genauer gesagt ihr *Minimum* oder *Tiefpunkt* bei positivem Koeffizienten beziehungsweise ihr *Maximum* oder *Hochpunkt* bei negativem Koeffizienten:

$$f(x) = -4x^2 + 8x \Longrightarrow f'(x) = -8x + 8$$

Ermittlung der Nullstelle der Ableitung:

$$-8x + 8 = 0 | - 8$$
$$\Leftrightarrow -8x = -8 | \div (-8)$$
$$\Leftrightarrow x = 1$$

Die Funktion hat also bei $x = 1$ ihren Extrempunkt. Dass es sich um einen Hochpunkt handeln muss, sehen Sie hier auf den ersten Blick am negativen Koeffizienten des quadratischen Monoms, aber auch die Art des Extrempunkts können Sie rechnerisch ermitteln. Die *zweite Ableitung* $f''(x)$, also die Ableitung der Ableitung, gibt hier Aufschluss: Ist sie an der fraglichen Stelle kleiner als 0, handelt es sich um einen Hochpunkt. Ist sie dagegen größer als 0, handelt es sich um einen Tiefpunkt.

Im vorliegenden Fall handelt es sich also auch rechnerisch um einen Hochpunkt, denn die zweite Ableitung ist konstant –8:

$$f'(x) = -8x + 8 \Longrightarrow f''(x) = -8$$

2.3 Informationsspeicherung im Computer

Wie Sie bereits in der Einführung erfahren haben und wahrscheinlich schon vorher wussten, speichern Computer Informationen als Abfolge von Einsen und Nullen ab. Diese Darstellungsform wird als *binäre Codierung* bezeichnet. Die duale Darstellung ganzer Zahlen im entsprechenden Zahlensystem, nämlich dem dualen oder Zweiersystem, ist nur ein Sonderfall der binären Darstellung.

2.3.1 Zahlensysteme

Für das Verständnis der Speicherung von Werten im Computer benötigen Sie Kenntnisse der verschiedenen Zahlensysteme. Bereits in Kapitel 1, »Einführung«, wurde die Bedeutung der Stellenwertsysteme als Voraussetzung für die Erfindung von Rechenmaschinen und Computern hervorgehoben.

In einem Stellenwertsystem hängt der Wert einer einzelnen Ziffer von zwei Faktoren ab: ihrem Eigenwert und ihrer Position innerhalb der Zahl. Jede Stelle besitzt einen festen Grundwert, mit dem der Wert der einzelnen Ziffer multipliziert wird. Die Basis B gibt an, wie viele verschiedene Ziffern nötig sind, denn der Grundwert jeder Stelle ist das B-Fache derjenigen, die sich rechts von ihr befindet. Auf diese Weise werden Ziffern von 0 bis $B - 1$ benötigt, um alle möglichen ganzen Zahlen darstellen zu können. Der Wert B selbst wird durch eine 1 auf der nächsthöheren Stelle ausgedrückt.

Nach diesen Kriterien ist etwa das römische Zahlensystem kein Stellenwertsystem. Das folgende Beispiel zeigt anschaulich, warum nicht:

In den beiden Zahlen II (2) und IV (4) steht die vordere Ziffer I (Wert 1) an derselben Stelle, nämlich der zweiten von rechts. Aber im ersten Fall bedeutet sie, dass 1 addiert werden soll, während sie bei der zweiten Zahl aussagt, dass 1 abgezogen wird. Die (absolute) Position des Zahlzeichens innerhalb der Zahl ist also kein Kriterium für seinen Wert.

Für die Arbeit mit Computern haben die folgenden Zahlensysteme eine besondere Bedeutung:

- Das *Dezimalsystem:* Computer haben eigentlich überhaupt nichts mit dem Dezimalsystem (Zehnersystem) zu tun, das im Alltag verwendet wird. Allerdings erfolgt die Ein- und Ausgabe von Zahlen üblicherweise in dieser Form, weil sie für die Benutzer*innen am angenehmsten ist.

  Das Dezimalsystem verwendet die Basis B = 10, sodass der Wert der ersten Stelle (ganz rechts) 1 ist und sich mit jeder Stelle verzehnfacht. Natürlich machen Sie sich diese Gedanken beim Dezimalsystem nicht, weil Sie als kleines Kind gelernt haben, damit umzugehen. Formal betrachtet, könnte man eine Dezimalzahl dennoch so analysieren, wie es in Tabelle 2.13 am Beispiel der Zahl 3.479 gezeigt wird.

Ziffer	**3**	**4**	**7**	**9**
Stellenwert	1000	100	10	1
Schema	10^3	10^2	10^1	10^0
Gesamtwert	3000	400	70	9

Tabelle 2.13 Schematische Darstellung einer Dezimalzahl

- Das *Dualsystem:* Dieses System ist für den Computer selbst das wichtigste, weil er intern damit arbeitet. Wie Sie im Unterabschnitt »Binäre Speicherung verschiedener Daten« in Abschnitt 2.3.2, »Bits und Bytes«, genauer sehen werden, betrifft dies allerdings bei Weitem nicht alle binär codierten Daten.

  Das Dualsystem verwendet die Basis B = 2. Demzufolge hat eine Stelle immer den doppelten Wert der weiter rechts gelegenen Stelle, und es werden zwei verschiedene Ziffern benötigt: 0 und 1. Genau aus diesem Grund ist das System gut für einen digitalen Rechner geeignet, dessen elektronische Bauteile binär arbeiten (fließt Strom oder nicht?).

  Tabelle 2.14 zeigt ein Beispiel für den Aufbau einer Dualzahl. Den dezimalen Wert der Zahl 101011 erhalten Sie, wenn Sie die Werte in der Zeile »Gesamtwert« addieren – das Ergebnis ist 43.

  Das Dualsystem ist das einfachste aller Zahlensysteme, da der Stellenwert hier nie mit einem Ziffernwert multipliziert werden muss: Die Stelle ist entweder gesetzt (Wert 1), sodass der Stellenwert selbst gilt, oder nicht gesetzt (Wert 0) – in diesem Fall gilt eben die 0.

Ziffer	1	0	1	0	1	1
Stellenwert	32	16	8	4	2	1
Schema	2^5	2^4	2^3	2^2	2^1	2^0
Gesamtwert	32	0	8	0	2	1

Tabelle 2.14 Schematische Darstellung einer Dualzahl

- Das *Oktalsystem:*Es ist recht unbequem, Dualwerte ins Dezimalsystem umzurechnen und umgekehrt. Größere Dualzahlen sind dagegen äußerst unhandlich. Daher verwenden Informatiker*innen gern Zahlensysteme, deren Zahlen sich leicht in Dualzahlen umwandeln lassen. Das ist bei Systemen der Fall, deren Basis in der Folge der Zweierpotenzen vorkommt, die die Stellenwerte des Dualsystems bilden. Eines dieser beiden Systeme ist das Oktalsystem (Achtersystem), das andere das als Nächstes vorgestellte Hexadezimalsystem (Sechzehnersystem).

  Das Oktalsystem hat die Basis B = 8. Es gibt demzufolge acht verschiedene Ziffern (0 bis 7), und jede Stelle besitzt den achtfachen Stellenwert der rechts von ihr befindlichen. In Tabelle 2.15 sehen Sie ein Beispiel für die systematische Analyse einer Oktalzahl. Der dezimale Wert der Oktalzahl 4361 ist übrigens 2.289.

Ziffer	4	3	6	1
Stellenwert	512	64	8	1
Schema	8^3	8^2	8^1	8^0
Gesamtwert	2.048	192	48	1

Tabelle 2.15 Schematische Darstellung einer Oktalzahl

- Das *Hexadezimalsystem:* Das beliebteste Zahlensystem zur Darstellung von Speicheradressen, Zeichencodes und sonstigen Byte-Inhalten ist das Hexadezimalsystem (Sechzehnersystem). Der Name wurde ein wenig inkonsequent aus dem griechischen Partikel *hexa* (sechs) und dem lateinischen *dezimal* (von *decem* für zehn) zusammengesetzt; eine rein aus dem Lateinischen abgeleitete, allerdings weniger gebräuchliche Bezeichnung ist *Sedezimalsystem*.

  Es handelt sich um ein Stellenwertsystem mit der Basis 16. Eine Stelle hat immer den 16-fachen Wert der rechts von ihr befindlichen Stelle. Etwas problematisch ist die Tatsache, dass 16 verschiedene Ziffern mit den Werten 0 bis 15 benötigt werden: Da es nur die Ziffern 0 bis 9 gibt, werden die restlichen durch A bis F (für 10 bis 15) dargestellt. Tabelle 2.16 zeigt ein Beispiel für die Analyse der Hexadezimalzahl 3AB4, deren dezimaler Wert 15.028 beträgt.

Ziffer	3	A	B	4
Einzelwert	3	10	11	4
Stellenwert	4.096	256	16	1
Schema	16^3	16^2	16^1	16^0
Gesamtwert	12.288	2.560	176	4

Tabelle 2.16 Schematische Darstellung einer Hexadezimalzahl

Methoden zur Umrechnung von Zahlensystemen

Auch wenn es zahlreiche Computerprogramme gibt, die Ihnen das Umrechnen der Zahlensysteme abnehmen, ist es nützlich, die entsprechenden Rechenverfahren zu kennen – beispielsweise bildet die Kenntnis dieser Methoden die Grundlage dafür, solche Programme selbst schreiben zu können!

Dezimalzahlen können Sie folgendermaßen in Dualzahlen umrechnen – als Beispiel wird die Zahl 374 verwendet:

1. Suchen Sie die größte in der Zahl vorkommende Zweierpotenz (2^n), eventuell durch Ausprobieren (fortgesetztes Verdoppeln von 2). Bei 374 wäre dies 256 (2^8). Damit wissen Sie auch bereits, dass das Ergebnis neun Stellen hat (2^8 bis 2^0).
2. Ziehen Sie die entsprechende Zweierpotenz von der Gesamtzahl ab und notieren Sie im Ergebnis als vorderste Stelle eine 1. Von 374 bliebe nach diesem Schritt noch 118 übrig.
3. Kommt die nächstniedrigere Zweierpotenz in der Zahl vor? Falls das zutrifft, notieren Sie wieder eine 1 und ziehen die Zweierpotenz von der Zahl ab. Kommt sie dagegen nicht vor, notieren Sie eine 0. In der 118, die im letzten Schritt als Rest geblieben ist, kommt die 128 nicht vor. Der bisher notierte Teil des Ergebnisses lautet also 10.
4. Gehen Sie nach dem Schema in Punkt 3 die Reihe der Zweierpotenzen bis hinunter zur 1 durch beziehungsweise bis zu dem Punkt, an dem die umzurechnende Zahl 0 geworden ist. In letzterem Fall müssen Sie natürlich noch die Stellen von der aktuellen Zweierpotenz bis hinunter zur 1 mit Nullen füllen. Die nächsten Schritte beim Zerlegen der Zahl 118 sehen folgendermaßen aus:
   - 64 kommt in 118 vor. Bisheriges Ergebnis: 101, Rest: 54.
   - 32 kommt in 54 vor. Ergebnis: 1011, Rest: 22.
   - 16 kommt in 22 vor. Ergebnis: 10111, Rest: 6.
   - 8 kommt in 6 nicht vor. Ergebnis: 101110.
   - 4 kommt in 6 vor. Ergebnis: 1011101, Rest 2.
   - 2 kommt in 2 vor. Ergebnis: 10111011, Rest 0.
   - Zum Schluss wird noch eine 0 für die nicht besetzte Stelle 2^0 angehängt. Endergebnis: 101110110.

Das Umrechnen von Dualzahlen in Dezimalzahlen funktioniert sogar noch einfacher: Addieren Sie einfach die Stellenwerte derjenigen Stellen, die den Wert 1 haben – am einfachsten geht das, wenn Sie rechts bei 2^0 anfangen.

Beispiel: 1010101 soll ins Dezimalsystem umgerechnet werden. Mit 1 besetzt sind hier die Stellen 2^0, 2^2, 2^4 und 2^6. Dies ergibt die folgende Addition:

$$1 + 4 + 16 + 64 = 85$$

Dezimalzahlen in Oktal- oder Hexadezimalzahlen umzurechnen, ist ein wenig komplizierter als das Umrechnen in Dualzahlen. Die Schwierigkeit besteht darin, dass jede Stelle mit unterschiedlichen Ziffern besetzt werden kann und deshalb die einfache Überprüfung, ob der jeweilige Stellenwert in der Zahl vorkommt, nicht ausreicht.

Als Beispiel sehen Sie hier das Verfahren der Umrechnung von Dezimalzahlen in Hexadezimalzahlen; bei Oktalzahlen funktioniert es schematisch gesehen genauso. Im Folgenden soll die Zahl 2.345 in eine Hexadezimalzahl umgerechnet werden.

1. Finden Sie die kleinste Sechzehnerpotenz, die größer als die umzurechnende Zahl ist – dadurch wissen Sie, dass die höchste besetzte Hexadezimalstelle Ihrer Zahl um einen Schritt darunterliegt. Bei 2.345 ist die erste größere Hexadezimalstelle 16^2 (4.096). Begonnen wird also bei 16^2 (256).
2. Dividieren Sie die Zahl durch den soeben ermittelten höchsten Stellenwert. Das ganzzahlige Ergebnis dieser Division ist der gesuchte Ziffernwert, den Sie an der vordersten Stelle notieren können – denken Sie daran, dass Werte ab 10 als A bis F geschrieben werden. Mit dem Rest der Division wird im nächsten Schritt weitergearbeitet. 2.345 ÷ 256 = 9, Rest 41. Der Ziffernwert für die Stelle ist also 9, mit 41 wird weitergerechnet.
3. Führen Sie Schritt 2 wiederholt für die restlichen Stellen bis hinunter zu 16^0 (1) durch. Bei 41 ergeben sich die folgenden Schritte:
   - 41 ÷ 16 = 2, Rest 9. Der Wert der nächsten Stelle ist 2, sodass das bisherige Ergebnis 92 lautet.
   - Den Rest aus dem vorangegangenen Schritt, 9, können Sie einfach als Ziffernwert hinschreiben, da es sich um die Einerstelle handelt. Das Endergebnis ist also 929.

Wenn Sie umgekehrt Hexadezimalzahlen in Dezimalzahlen umrechnen möchten, müssen Sie nur dem Schema aus Tabelle 2.16 folgen: Multiplizieren Sie den jeweiligen Ziffernwert einfach mit dem Wert seiner Stelle und addieren Sie die Ergebnisse. Beispielsweise lässt sich die Zahl ABCD folgendermaßen umrechnen:

$$\begin{aligned} & ABCD \\ & = 10 \cdot 16^3 + 11 \cdot 16^2 + 12 \cdot 16^1 + 13 \cdot 16^0 \\ & = 10 \cdot 4096 + 11 \cdot 256 + 12 \cdot 16 + 13 \\ & = 40960 + 2816 + 192 + 13 \\ & = 43981 \end{aligned}$$

Oktalzahlen lassen sich übrigens sehr leicht in Dualzahlen umrechnen und umgekehrt, was schließlich der Hauptgrund für die Verwendung des Oktalsystems ist: Von rechts aus gesehen, entsprechen je drei Dualstellen einer Oktalstelle; die Umrechnung dieser Dreiergruppen geschieht nach dem folgenden festen Schema:

Dual	000	001	010	011	100	101	110	111
Oktal	0	1	2	3	4	5	6	7

Tabelle 2.17 Schema der Umrechnung von Dualzahlen in Oktalzahlen und umgekehrt

Die Umrechnung von Hexadezimalzahlen in Dualzahlen und umgekehrt ist genauso einfach – je vier Dualstellen ab rechts entsprechen jeweils einer Hexadezimalstelle, umgerechnet wird nach dem folgenden Schema:

Dual	0000	0001	0010	0011	0100	0101	0110	0111
Hexadezimal	0	1	2	3	4	5	6	7
Dual	1000	1001	1010	1011	1100	1101	1110	1111
Hexadezimal	8	9	A	B	C	D	E	F

Tabelle 2.18 Schema der Umrechnung von Dualzahlen in Hexadezimalzahlen und umgekehrt

Schreibweise der Zahlen verschiedener Systeme

In der Mathematik wird die Basis des jeweiligen Zahlensystems in der Regel als *Index* (kleine tiefgestellte Zahl) angegeben. Hier einige Beispiele:

$$(1010101)_2$$
$$(7654)_8$$
$$(9AB2)_{16}$$

In der Programmiersprache C und den meisten syntaktisch von ihr abstammenden Sprachen werden Oktalzahlen durch eine vorangestellte `0` gekennzeichnet:

`0234` bedeutet $(234)_8$, also dezimal 156.

Python verwendet – anders als die meisten anderen Sprachen – das Präfix `0o` für Oktalzahlen:

`0o77` ist die Python-Schreibweise für $(77)_8$, was 63 im Dezimalsystem entspricht.

Hexadezimalzahlen werden in C und anderen Sprachen durch ein vorangestelltes `0x` gekennzeichnet:

`0x234` steht für $(234)_{16}$ oder umgerechnet $(564)_{10}$.

In den Programmiersprachen Python, Java und manch anderen gibt es eine ähnliche Schreibweise für Dualzahlen: Stellen Sie dem Dualwert `0b` voran, beispielsweise:

`0b10101` bedeutet $(10101)_2$ beziehungsweise $(21)_{10}$.

2.3.2 Bits und Bytes

Eine einzelne Binärstelle, die ein Rechner speichert, wird als *Bit* bezeichnet. Das ist die Abkürzung für *binary digit*, also Binärziffer. Es handelt sich um die kleinste Informationseinheit, die ein Computer verarbeiten kann – gleichzeitig ist es auch die kleinste vorstellbare Informationseinheit. Um überhaupt Daten darstellen zu können, benötigt man einen Zeichencode oder ein »Alphabet« aus mindestens zwei Elementen.

Natürlich könnte man Zahlen oder andere Daten auch einfach durch »Strichlisten« darstellen – eine bestimmte Anzahl des immer gleichen Informationselements steht für das jeweilige Symbol. Aber spätestens zur Darstellung der Lücke zwischen zwei auf diese Weise codierten Symbolen wäre dann doch wieder eine zweite Informationsart erforderlich.

Bytes und Maschinenwörter

Die Speicherstellen, in denen Daten im Computer verwahrt werden, können durch Nummern angesprochen (adressiert) werden. Es wäre ineffizient und schwer realisierbar, jedem einzelnen Bit eine eigene Speicheradresse zuzuweisen. Aus diesem Grund werden mehrere von ihnen zu einer Einheit zusammengefasst, die eine gemeinsame Adresse erhält. Wenn der Prozessor den Inhalt einer Speicherstelle lesen möchte, erhält er jeweils den Wert all dieser Bits; genauso muss er beim Schreiben Werte für alle Bits eines solchen Speicherbereichs liefern.

Im Laufe der Computergeschichte war man sich lange Zeit nicht darüber einig, wie groß eine adressierbare Speicherstelle sein soll. Es gab im Grunde alle Varianten von 4 bis 36 Bit – darunter auch Werte, die man aus der Binärperspektive als »schräg« bezeichnen muss, wie die im vorangegangenen Kapitel erwähnten 22 Bit der Z3 von Konrad Zuse oder die 18 Bit des berühmten PDP-7-Rechners von DEC, auf dem die ursprüngliche Version des Betriebssystems Unix entwickelt wurde. Die Speicherblöcke der individuellen Größe, mit denen ein bestimmter Computer arbeitet, werden als *Maschinenwörter* bezeichnet. Die Anzahl der Bits eines solchen Maschinenworts wird die *Wortbreite* des jeweiligen Prozessors genannt.

Erst in den 70er-Jahren einigte man sich darauf, bei jedem Computer die Adressierung 8 Bit großer Blöcke zu ermöglichen. Diese Blöcke werden als *Bytes* bezeichnet. Dennoch besitzt jeder Prozessor seine eigene Wortbreite – es handelt sich um die Anzahl der Datenleitungen, mit denen er Bits parallel mit seiner Umgebung austauschen kann, sowie um die Anzahl der Bits innerhalb seiner Register (Rechenzellen). Die Wortbreiten von Prozessoren werden in Kapitel 4, »Hardware«, genau erläutert.

Die nächsten Vielfachen des standardisierten 8 Bit großen Bytes haben ebenfalls festgelegte Namen: 16 Bit werden als *Word* bezeichnet (nicht zu verwechseln mit dem individuell unterschiedlichen Maschinenwort), während 32 Bit *DoubleWord* (*DWord*) heißen.

Messung von Speichermengen

Genau wie für physikalische Maßeinheiten werden auch für das Byte Vervielfältigungen verwendet, die große Mengen mit einer speziellen Vorsilbe zusammenfassen. Allerdings sind

Kilobyte, Megabyte etc. traditionell nicht jeweils das Tausendfache (Faktor 10^3) der vorangegangenen Einheit, stattdessen wird mit dem binärverträglicheren Wert 2^{10} (1.024) gerechnet.

Da die Vorsilben Kilo-, Mega- etc. gemäß dem *Internationalen Maßeinheitensystem* (SI) als dezimal genormt sind, wurden vor einigen Jahren die Bezeichnungen Kibi-, Mebi-, Gibi- etc. für die 1.024er-Stufen eingeführt. (Das *bi* steht darin für *binary*.) Die entsprechenden Abkürzungen erhalten ein zusätzliches i (KiB, MiB etc.). Dies ist offizieller Standard, hat sich aber im Alltag der Informatik nicht flächendeckend durchgesetzt. Dennoch werden ab diesem Punkt im Buch die genaueren Abkürzungen mit i verwendet, um genau klarzustellen, was gemeint ist.

Tabelle 2.19 zeigt eine Übersicht über die Vervielfältigungen des Bytes.

Maßeinheit	Wert (Byte)	Wert (KiB)	Wert (MiB)
Byte	1	–	–
Kibibyte (bin. Kilobyte, KiB)	1.024	1	–
Mebibyte (bin. Megabyte, MiB)	1.048.576	1.024	1
Gibibyte (bin. Gigabyte, GiB)	1.073.741.824	1.048.576	1.024
Tebibyte (bin. Terabyte, TiB)	1.099.511.627.776	1.073.741.824	1.048.576
Pebibyte (bin. Petabyte, PiB)	$> 1{,}1258999 \cdot 10^{15}$	1.099.511.627.776	1.073.741.824
Exbibyte (bin. Exabyte, EiB)	$> 1{,}152921 \cdot 10^{18}$	$> 1{,}1258999 \cdot 10^{15}$	1.099.511.627.776

Tabelle 2.19 Übersicht über die Vervielfältigungseinheiten des Bytes

Die Hersteller von Laufwerken und Datenträgern führen ihre Kunden übrigens in gewisser Weise in die Irre: Sie verwenden dezimale Abkürzungen wie MB und GB für die Angabe der Kapazität ihrer Geräte, um diese als Vielfache von 1.000 angeben zu können: 1 »MB« ist kein Megabyte im Sprachgebrauch der Informatik, sondern in der Angabe der technischen Daten von Festplatten 1 Million Byte, 1 »GB« ist 1 Milliarde Byte etc. Aus diesem Grund ist beispielsweise eine Festplatte mit der Größenangabe 300 GB tatsächlich nur etwa 286 GiB groß.

Unmissverständlicher verhält es sich übrigens mit den Vielfachen des Bits, die für die Speicherkapazität einzelner Mikrochips sowie als Bit pro Sekunde zur Angabe der Geschwindigkeit serieller Leitungen verwendet werden: 1 Kilobit (KBit) beträgt 1.000 Bit, 1 Megabit (MBit) ist eine Million Bit groß, und 1 Gigabit (GBit) ist 1 Milliarde Bit.

Binäre Speicherung verschiedener Daten

Die nächstliegende Verwendung der Bits einer Speicherzelle ist natürlich die Speicherung von Dualzahlen. Für ganze Zahlen wird dieses Verfahren tatsächlich eingesetzt. Allerdings gibt es zwei Arten der Speicherung solcher Zahlen: mit Vorzeichen (*signed*) und ohne Vorzeichen (*unsigned*). Wenn eine Dualzahl ohne Vorzeichen in einem Feld mit einer bestimmten

Anzahl von Bits gespeichert wird, ist der Wertebereich unmittelbar erkennbar: Bei 8 Bit sind es beispielsweise $2^8 = 256$ verschiedene Werte, die als Zahlen von 0 bis 255 interpretiert werden. Die Belegung 0000 0000 bedeutet dabei 0, 1111 1111 steht für 255. Allgemeiner können Sie mit n Bit 2^n verschiedene Werte darstellen, in diesem Fall die Zahlen von 0 bis $2^n - 1$.

Komplizierter wird es bei vorzeichenbehafteten Zahlen. Unmittelbar einzusehen ist, dass das vorderste, also höchstwertige Bit für das Vorzeichen stehen sollte. Wenn dieses Bit auf 0 steht, um eine positive Zahl auszudrücken, und 1 wird, wenn die Zahl negativ ist, können bei n Bit die Zahlen 0 bis $2^{n-1} - 1$ durch dieselbe Bit-Belegung dargestellt werden wie bei einer vorzeichenlosen Speicherung; bei 8 Bit sind dies die Zahlen 0 bis 127. Um nun den restlichen Platz auf praktische Weise auf die negativen Zahlen zu verteilen, kehrt man die Bit-Belegung des jeweiligen Betrags (Absolutwert ohne Vorzeichen) um und addiert dann 1 – in einem 8 Bit großen Speicherbereich, in dem eine vorzeichenbehaftete Zahl gespeichert wird, steht 1111 1111 auf diese Weise für –1: Vom Wert 1 (die sieben Bits 000 0001) wird die Umkehrung gebildet (111 1110); die anschließende Addition von 1 ergibt 111 1111. Der Vorteil dieses Verfahrens, das als *Zweierkomplement* bezeichnet wird, besteht darin, dass die Zahlen in korrekter Reihenfolge aufeinanderfolgen.[2] Abbildung 2.4 verdeutlicht dies anhand der Verhältnisse in einer 4 Bit breiten Speicherzelle. In Abbildung 2.5 wird dasselbe Phänomen erheblich unterhaltsamer für 16-Bit-Ganzzahlen demonstriert.

Das Zweierkomplement dient hier nur als Beispiel eines Speicherverfahrens für vorzeichenbehaftete Zahlen; es gibt noch weitere, auf die an dieser Stelle jedoch nicht eingegangen wird.

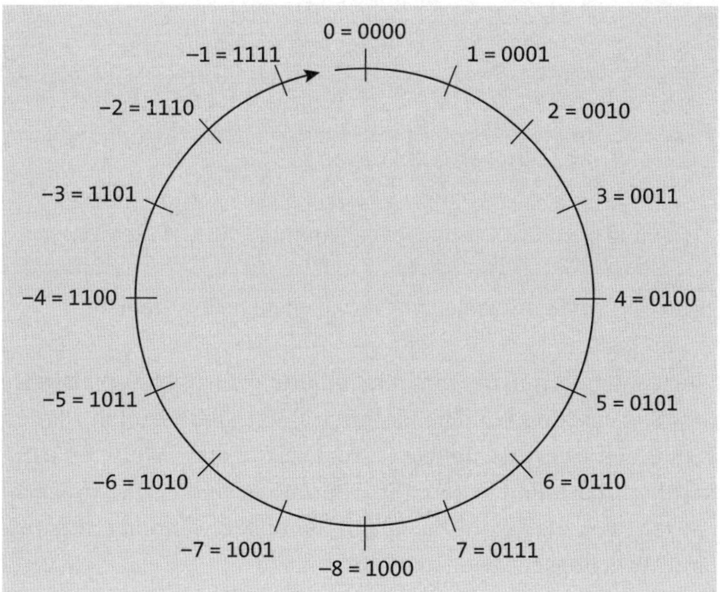

Abbildung 2.4 Die Verwendung von 4 Bit zur Speicherung positiver und negativer ganzer Zahlen

2 Noch genauer gesagt, hat wirklich jede Zahl einen eindeutigen Nachfolger; deshalb wird eine solche Art der Zahlendarstellung auch als *Raumfolgearithmetik* (*Sequence Space Arithmetics*) bezeichnet.

Abbildung 2.5 Die Raumfolgearithmetik in humorvollerer Darstellung, hier mit 16-Bit-Ganzzahlen (Quelle: »www.xkcd.com/571/« mit freundlicher Genehmigung des Autors)

In Tabelle 2.20 sehen Sie, welche Wertebereiche man mit diversen Wortbreiten abdecken kann, jeweils einmal für vorzeichenlose und einmal für vorzeichenbehaftete Werte.

Bits	Anzahl Zustände	Vorzeichenloser Wertebereich	Vorzeichenbehafteter Wertebereich
4	16	0 bis 15	–8 bis +7
8	256	0 bis 255	–128 bis +127
16	65.536	0 bis 65.535	–32.768 bis +32.767
24	16.777.216	0 bis 16.777.215	–8.388.608 bis +8.388.607
32	4.294.967.296	0 bis 4.294.967.295	–2.147.483.648 bis +2.147.483.647
64	> $1{,}8446744 \cdot 10^{19}$ (über 18 Trillionen)	Zu groß, um im Normalfall sinnvoll zu sein. Speicherbereiche dieser Breite werden viel häufiger zur Darstellung besonders genauer Fließkommazahlen eingesetzt.	
128	> $3{,}402824 \cdot 10^{38}$		

Tabelle 2.20 Darstellungsmöglichkeiten von Ganzzahlen mit verschiedenen Bit-Anzahlen

Daneben kennen Computer auch andere Arten der binären Codierung. Es gibt beispielsweise unterschiedliche Verfahren zur Speicherung von Fließkommazahlen. Diese Zahlen werden so genannt, weil das Komma in ihnen frei verschiebbar ist und sie auf diese Weise eine unterschiedliche Anzahl von Nachkommastellen haben. Die Alternative sind Festkommazahlen (mit einer festgelegten Anzahl von Nachkommastellen), deren Verwendung sich beispielsweise für das Rechnen mit Währungsbeträgen anbietet.

Fließkommazahlen, manchmal auch *Gleitkommazahlen* genannt (*Floating Point Numbers*), werden grundsätzlich in der *wissenschaftlichen Schreibweise* (*Exponentialschreibweise*) gespeichert. In einigen Beispielen weiter oben wurde diese Art der Zahlendarstellung bereits intuitiv verwendet. In der Mathematik wird eine Zahl in dieser Form als Vielfaches einer Zehnerpotenz dargestellt. Beispielsweise könnte man 0,0000378 auch als $3{,}78 \cdot 10^{-5}$ schreiben, 2.451.000.000 ließe sich dagegen etwa als $2{,}451 \cdot 10^9$ darstellen. Der Wert vor dem Multiplikationszeichen wird übrigens als *Mantisse* bezeichnet, die Hochzahl heißt *Exponent*. Bei einer bekannten Basis (hier 10) genügen diese beiden Angaben zur Darstellung einer Zahl. In vielen Programmiersprachen kann $3{,}78 \cdot 10^{-5}$ deshalb zum Beispiel als `3.78E-5` geschrieben werden – $2{,}451 \cdot 10^9$ wäre `2.451E+9` (das *E* steht für *Exponent*).

Aufgrund der binären Natur des Rechners werden zur internen Speicherung natürlich keine Zehnerpotenzen eingesetzt, sondern Zweierpotenzen. Die gesamte Bit-Breite wird dazu aufgeteilt: 1 Bit für das Vorzeichen der Mantisse, eine beliebige Bit-Anzahl für deren Nachkommastellen, 1 Bit für das Vorzeichen des Exponenten und die restlichen Bits für dessen Wert (für beide Komponenten wird wiederum die Zweierkomplementschreibweise eingesetzt).

Die Größe des Exponenten wird dabei so gewählt, dass die Mantisse *normalisiert* wird, also genau eine Stelle vor dem Komma bildet. Da die Darstellung im Computer dual ist, ist der Wert der Mantisse immer 1 und braucht daher nicht gespeichert zu werden.

Weil einige Zahlen, die im Dezimalsystem abbrechend wären, im Dualsystem periodisch sind (und umgekehrt), kommt es beim Rechnen mit Fließkommazahlen mitunter zu Rundungsfehlern.

Eine weitere Art der binären Codierung stellen *BCD*-Werte (*Binary Coded Decimals*) dar: Es handelt sich um eine ineffektive, da Speicherplatz verschwendende Art der Speicherung von Dezimalzahlen, die aber mitunter das Rechnen im Dezimalsystem beschleunigt. Dabei machen vier Bits jeweils eine Dezimalzahl aus. Betrachten Sie als Beispiel die Zahl 354: In dualer Darstellung hat sie den Wert 101100010. Als BCD-Zahl werden die drei Ziffern der Zahl dagegen einzeln als 4 Bit große Dualzahlen geschrieben, sodass sich 0011.0101.0100 ergibt (die Punkte dienen nur der Verdeutlichung).

2.4 Übungsaufgaben

2.4.1 Praktische Übungen

1. Probieren Sie die folgenden Rechengesetze der logischen Verknüpfungen Und und Oder für alle 0- und 1-Belegungen durch: Kommutativgesetz, Assoziativgesetz, Distributivgesetz, Neutralitätsgesetz, De-Morgan-Theorem.
2. Gegeben sind die beiden Mengen $M = \{1, 3, 5, 7, 9\}$ und $N = \{4, 5, 6, 7, 8\}$. Berechnen Sie Vereinigungsmenge, Schnittmenge und Differenzmenge.
3. Geben Sie je ein Beispiel für Folgen ganzer Zahlen mit folgenden Eigenschaften an: monoton steigend, streng monoton steigend, monoton fallend, streng monoton fallend, alternierend, beschränkt, konvergent. Geben Sie bei der beschränkten Folge die obere und untere Schranke sowie bei der konvergenten Folge den Grenzwert an.

4. Lösen Sie das folgende lineare Gleichungssystem:

   $$\begin{aligned} 2x + 5y &= 4 \\ x - 3y &= -9 \end{aligned}$$

5. Lösen Sie die folgende quadratische Gleichung mithilfe der pq-Formel:

   $$2x^2 - 8x + 8 = 0$$

6. Drei Würfel werden geworfen. Berechnen Sie die folgenden Wahrscheinlichkeiten:
   - Mindestens einer der Würfel zeigt eine 6.
   - Keiner der Würfel zeigt eine 6.
   - Alle drei Würfel zeigen eine gerade Zahl.
7. In einer Klausur werden die folgenden Punktzahlen zwischen 1 und 100 erzielt:
   - 99
   - 93
   - 84 (zweimal)
   - 76
   - 64 (dreimal)
   - 58

   Ermitteln Sie die folgenden statistischen Werte: Minimum, Maximum, Spannweite, arithmetisches Mittel, Median, Modus, Varianz und Standardabweichung.
8. Gegeben sind diese Vektoren:

   $$\vec{v} = \begin{pmatrix} 2 \\ 5 \\ 6 \end{pmatrix}, \vec{w} = \begin{pmatrix} 3 \\ -1 \\ 2 \end{pmatrix}$$

   Führen Sie die folgenden Berechnungen durch:
   - die Vektoraddition $\vec{v} + \vec{w}$
   - die Skalarmultiplikationen $-2 \cdot \vec{v}$ und $\frac{1}{2} \cdot \vec{w}$
   - das Skalarprodukt $\vec{v} \cdot \vec{w}$ und mit dessen Hilfe den Winkel zwischen den beiden Vektoren
   - das Kreuzprodukt $\vec{v} \times \vec{w}$ und dessen Betrag als Flächeninhalt des durch die beiden Vektoren aufgespannten Parallelogramms
9. Gegeben sind diese Matrizen:

   $$A = \begin{pmatrix} 4 & 3 & -2 \\ 1 & 2 & -3 \end{pmatrix}, B = \begin{pmatrix} 2 & 5 \\ 1 & -3 \end{pmatrix}$$

   Führen Sie die folgenden Berechnungen durch:
   - die Transpositionen A^T und B^T
   - die Skalarmultiplikationen $-\frac{1}{3} \cdot A$ und $3 \cdot B$

- die Matrizenmultiplikationen $B \cdot A$ und $A^T \cdot B$ nach dem Falk-Schema
- die Determinante von B
- die inverse Matrix B^{-1}
- Lösung der Gleichungssysteme $2x + 5y = 7, x - 3y = -2$ und $2x + 5y = 6, x - 3y = 14$ mithilfe von B^{-1}

10. Berechnen Sie die Nullstellen, die erste Ableitung und die möglichen Extrempunkte der folgenden Funktion:

    $f(x) = -2x^2 - 4x + 8$

11. Rechnen Sie die Dezimalzahl 4.321 in die duale, oktale und hexadezimale Schreibweise um.
12. Rechnen Sie die Dualzahl 11001100 in die dezimale, oktale und hexadezimale Schreibweise um.
13. Rechnen Sie die Oktalzahl 4567 in die dezimale, duale und hexadezimale Schreibweise um.
14. Rechnen Sie die Hexadezimalzahl DCEF in die dezimale, duale und oktale Schreibweise um.

2.4.2 Kontrollfragen

Im Folgenden ist jeweils genau eine Antwort richtig.

1. Welcher der folgenden Sätze ist eine Aussage?
   - Der Kölner Dom ist schön.
   - Ist der Kölner Dom 157 Meter hoch?
   - Der Kölner Dom ist 1 Meter hoch.
   - $a^2 + b^2 = c^2$
2. Welcher der folgenden Sätze ist eine mathematische Aussage?
   - $3 + 4 + 5$
   - $3 + a = 5$
   - $3 + 4 = 5$
   - $3 + 4 = b$
3. Was gilt für jede echte Aussage?
   - Es muss sich um einen mathematischen Satz handeln.
   - Es muss sich um eine Gleichung handeln.
   - Sie muss wahr sein.
   - Es muss sich entscheiden lassen, ob sie wahr oder falsch ist.
4. Wie lautet die Kontraposition des Satzes »Wenn es regnet, wird die Straße nass.«?
   - Wenn es nicht regnet, wird die Straße nass.
   - Wenn es regnet, wird die Straße nicht nass.

- Wenn die Straße nicht nass wird, regnet es nicht.
- Wenn die Straße nass wird, regnet es.

5. Für welche der folgenden Belegungen von A und B ergibt $A \wedge B$ eine wahre Aussage?
   - $A = 1, B = 0$
   - $A = 0, B = 1$
   - $A = 0, B = 0$
   - $A = 1, B = 1$
6. Für welche der folgenden Belegungen von A und B ergibt $A \vee B$ eine falsche Aussage?
   - $A = 0, B = 1$
   - $A = 0, B = 0$
   - $A = 1, B = 0$
   - $A = 1, B = 1$
7. Welche der folgenden Belegungen von A und B ergibt bei $A \vee B$ ein anderes Ergebnis als bei A XOR B?
   - $A = 0, B = 0$
   - $A = 1, B = 0$
   - $A = 1, B = 1$
   - $A = 0, B = 1$
8. Welche der folgenden Beziehungen gilt nicht?
   - $A < B \Leftrightarrow B > A$
   - $A > B \Leftrightarrow B \leq A$
   - $A = B \Leftrightarrow B = A$
   - $A \neq B \Leftrightarrow B \neq A$
9. Welche der folgenden Mengen ist eine echte Teilmenge von $M = \{2, 3, 4\}$?
   - $N = \{3, 4\}$
   - $O = \{4, 5\}$
   - $P = \{2, 3, 4, 5\}$
   - $Q = \{2, 3, 4\}$
10. Welche der folgenden Mengen ist keine Teilmenge von $\{x | x \geq 0 \wedge x < 4\}$?
    - $M = \{0, 1, 2, 3\}$
    - $N = \{1, 2, 3\}$
    - $O = \{1, 2, 3, 4\}$
    - $P = \{0{,}1; 0{,}2; 0{,}3; 0{,}4\}$

11. Welche der folgenden Zahlen gehört nicht zur Menge der rationalen Zahlen?
    - ⅓
    - 0,456456456
    - 0
    - π
12. Was ist die Schnittmenge von $M = \{1, 2\}$ und $N = \{3, 4\}$?
    - {1, 2, 3, 4}
    - {}
    - {1, 3}
    - {1, 2}
13. Was ist die Vereinigungsmenge von $M = \{1, 2\}$ und $N = \{3, 4\}$?
    - {1, 2, 3, 4}
    - {}
    - {1, 3}
    - {1, 2}
14. Welches ist die kleinste speicherbare Einheit im Computer?
    - Byte
    - Bit
    - Word
    - DWord
15. Wie lautet die Dezimalzahl 1.234 im Hexadezimalsystem?
    - 42D
    - 123D
    - 4D2
    - 124D
16. Wie lautet die Hexadezimalzahl 1234 im Dezimalsystem?
    - 4.660
    - 5.660
    - 4.320
    - 4.664
17. Wie lautet die Dualzahl 1001001001 im Dezimalsystem?
    - 558
    - 555
    - 588
    - 585

18. Wie lautet die Dezimalzahl 300 im Dualsystem?
    - 100010000
    - 100101100
    - 110000000
    - 101001001
19. Wie lautet die Oktalzahl 1234 im Dezimalsystem?
    - 668
    - 666
    - 664
    - 662
20. Wie lautet die Dezimalzahl 1.234 im Oktalsystem?
    - 2233
    - 2234
    - 2322
    - 2232
21. Wie viele Byte sind 1 MiB?
    - 1.024.000 Byte
    - 1.000.000 Byte
    - 1.048.576 Byte
    - 1.024 Byte
22. Wie heißt die häufigste Art der binären Darstellung negativer Ganzzahlen?
    - Komplementärsystem
    - Zweierkomplement
    - Fließkommazahlen
    - Dualsystem
23. Was sind BCD-Werte?
    - negative Dualzahlen
    - Fließkommazahlen in wissenschaftlicher Schreibweise
    - Dezimalzahlen in Binärcodierung
    - Hexadezimalzahlen
24. Was bedeutet `5.21E6`?
    - $5{,}21 \cdot 10^6$
    - 521.000
    - 521.000.000
    - 0,00000521

Kapitel 3
Elektronische und technische Grundlagen

Alles, was überhaupt gedacht werden kann, kann klar gedacht werden.
Alles, was sich aussprechen lässt, lässt sich klar aussprechen.
– Ludwig Wittgenstein

Nach der Einführung in allgemeine und speziell für die Informatik interessante Grundlagen der Mathematik geht es in diesem Kapitel zunächst um die Umsetzung der logischen und mathematischen Funktionalität in elektronischen Schaltungen. Anschließend werden die eher theoretischen Grundlagen der Automatentheorie behandelt. Beides zusammen ergänzt sich zu einem Modell dessen, was Computer zu leisten vermögen, das sich in gewisser Weise mit dem Unterschied zwischen der Ebene der einzelnen Neuronen (»Hardware«) des menschlichen Gehirns und derjenigen des menschlichen Geistes (»Software«) vergleichen lässt.

3.1 Elektronische Grundlagen

Die im vorigen Kapitel besprochenen mathematischen und logischen Funktionen werden in einem realen Computer durch elektronische Schaltungen realisiert. Das Kernstück von Logikschaltkreisen ist naturgemäß irgendeine Art von Schalter, der aber nicht von einem Menschen betätigt wird, sondern durch einen Steuerstrom. Wie in Kapitel 1, »Einführung«, dargelegt, wurden dazu in der Frühzeit der Computergeschichte elektromagnetische Relais verwendet, später Elektronenröhren und schließlich Transistoren. Auch bei modernen integrierten Schaltkreisen handelt es sich um Transistortechnik, die einfach nur auf Mikrometergröße verkleinert wurde. Ein moderner Mikroprozessor besteht aus Hunderten Millionen Transistoren.

Wie ebenfalls bereits erwähnt, heißt das Fachgebiet der Informatik, zu dem der Umgang mit elektronischen Schaltungen gehört, *technische Informatik*. Da es sich um die technische Umsetzung der booleschen Algebra handelt, wird sie auch als *Schaltalgebra* bezeichnet.

Elektrische Maßeinheiten im Kurzüberblick

Für die konkreten elektrischen und elektronischen Bauteile, die einen Computer ausmachen, werden in der Praxis Angaben über verschiedene Messgrößen gemacht. Die wichtigsten Maßeinheiten, die in diesem Zusammenhang zur Sprache kommen, sind folgende:

- Die *Spannung* (Formelsymbol U oder manchmal V) bezeichnet die Differenz zwischen den elektrischen Potenzialen zweier Punkte. Sie wird in Volt (V) und seinen Ableitungen wie Kilovolt (kV) für 1.000 V oder Millivolt (mV) für 0,001 V gemessen und ist definiert als das Produkt aus Stromstärke und Widerstand: $U = I \cdot R$.
- Die *Stromstärke* (Formelsymbol I) ist die Intensität, mit der Strom durch einen elektrischen Leiter fließt. Sie wird in Ampere (A) und seinen Ableitungen gemessen. In Umkehrung der Gleichung zur Spannung ist sie der Quotient aus Spannung und Widerstand: $I = U \div R$. Die Stromstärke ist die einzige SI-Basiseinheit (*Système International*, internationales Maßeinheitensystem) unter den elektrischen Einheiten, alle anderen werden nacheinander von ihr abgeleitet.
- Der *Widerstand* (Formelsymbol R) gibt an, wie stark sich ein elektrischer Leiter dem fließenden Strom widersetzt, und damit, wie hoch die Spannung sein muss, um Strom mit einer bestimmten Stromstärke durch diesen Leiter zu schicken. Gemessen wird der Widerstand in Ohm (Ω, also ein großes Omega) und seinen Ableitungen. Die zugehörige Gleichung lautet entsprechend: $R = U \div I$.
- Der Kehrwert des Widerstands, 1/R, ist der elektrische Leitwert (Formelsymbol G), gemessen in Siemens (S) und seinen Ableitungen.

3.1.1 Einfache Schaltungen

Die grundlegenden Funktionen, die im Computer stattfinden, lassen sich sehr leicht als elektrische Schaltpläne darstellen. Die beiden einfachsten Schaltungen, die man sich vorstellen kann und die sich beispielhaft durch einfaches Elektrozubehör realisieren lassen, sind die Und- sowie die Oder-Schaltung: Um diese Elemente isoliert (ohne vollständigen Rechner) zu bauen, benötigen Sie lediglich eine Batterie, eine Glühlampe, zwei Schalter und etwas Draht.

Die Und-Schaltung lässt sich durch Reihenschaltung der beiden Schalter realisieren. Die Schalter entsprechen dabei den beiden Werten, die miteinander verknüpft werden sollen. Ein geöffneter Schalter steht für 0, ein geschlossener bedeutet 1. Die Lampe zeigt das Ergebnis an: Bei einer Reihenschaltung leuchtet sie natürlich nur dann, wenn beide Schalter geschlossen sind. Abbildung 3.1 zeigt den Aufbau dieser Schaltung.

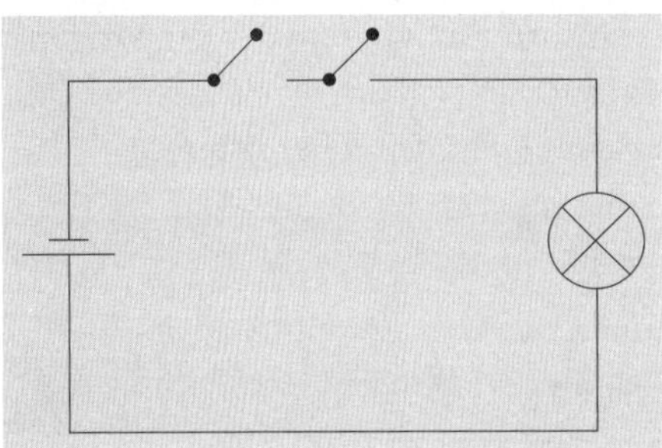

Abbildung 3.1 Logisches Und durch einfache Schalter

Wenn Sie die beiden Schalter dagegen parallel zueinander setzen, erhalten Sie eine Oder-Schaltung: Es genügt, dass einer der beiden Schalter geschlossen ist, um die Lampe zum Leuchten zu bringen (siehe Abbildung 3.2).

In der Praxis werden die Schalter natürlich durch Transistoren ersetzt; anstelle der Glühlampe führt der Ausgang einer solchen Schaltung zur nächsten, um auf diese Weise komplexere logische Schaltkreise zu realisieren.

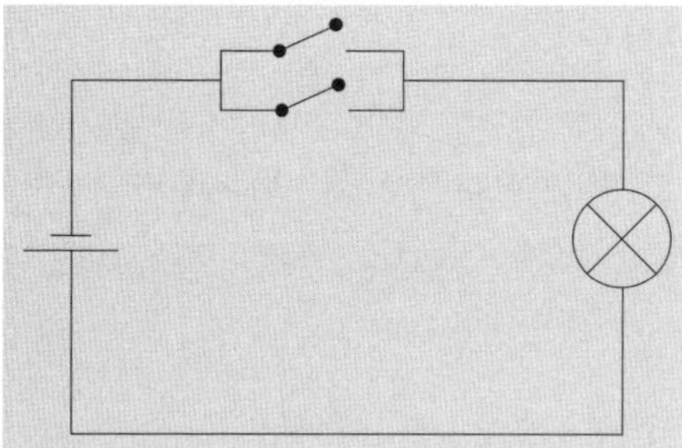

Abbildung 3.2 Logisches Oder durch einfache Schalter

Ein *MOS-Transistor* (*Metal Oxide Semiconductor*, zu Deutsch Metalloxidhalbleiter) besitzt drei Anschlüsse: einen Stromeingang (Emitter oder *source*), einen Stromausgang (Kollektor oder *drain*) und einen Steuerungseingang (*gate*). Es fließt nur Strom zwischen Emitter und Kollektor, wenn eine Steuerspannung anliegt, sodass sich der Transistor als Schalter betrachten lässt, der durch eine Steuerspannung ein- und ausgeschaltet wird. Eine sinnvolle Anwendung ist die NOT-Schaltung, die den Eingangswert verneint. Sie wird realisiert, indem der Transistor mit einem Widerstand gekoppelt wird, wie in Abbildung 3.3 gezeigt.

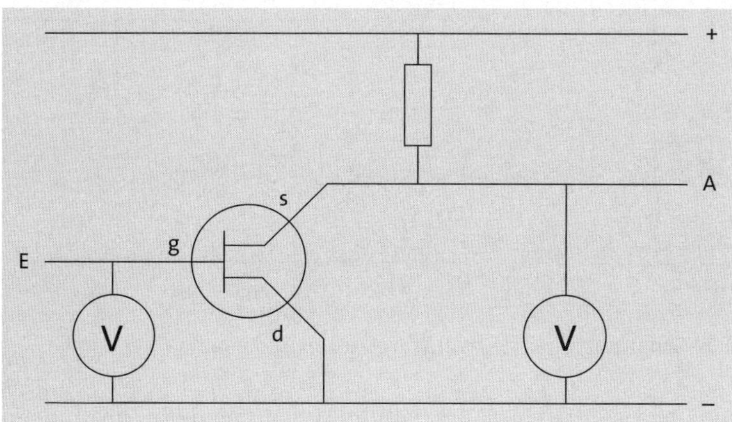

Abbildung 3.3 NOT-Schaltung durch Transistor und Widerstand

Die einfachsten Schaltungen, die sich jeweils mithilfe von zwei Transistoren und einem Widerstand realisieren lassen, sind die *NAND*- und die *NOR*-Schaltung. Es handelt sich um die Umkehrungen der Und- beziehungsweise Oder-Schaltungen: NAND (*Not AND*) realisiert die Schaltfunktion (A ∧ B) oder A ∨ B, bei der die folgende Wertetabelle entsteht:

NAND	0	1
0	1	1
1	1	0

Tabelle 3.1 Wertetabelle der NAND-Schaltung

NOR (*Not OR*) stellt dagegen die Schaltfunktion (A ∨ B) beziehungsweise A ∧ B dar, für die die folgende Wertebelegung gilt:

NOR	0	1
0	1	0
1	0	0

Tabelle 3.2 Wertetabelle der NOR-Schaltung

Abbildung 3.4 zeigt, wie die NAND- und die NOR-Schaltung durch zwei Transistoren und einen Widerstand realisiert werden.

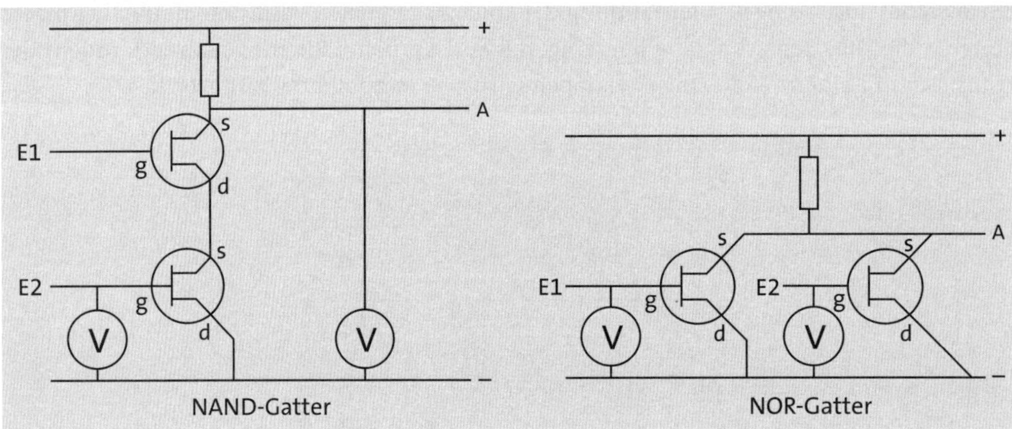

Abbildung 3.4 NAND- und NOR-Schaltung durch je zwei Transistoren und einen Widerstand

Durch Kombination mit der zuvor gezeigten NOT-Schaltung lassen sich diese Schaltungen zu den bekannten AND- und OR-Funktionen ausbauen.

Für die bisher dargestellten Schaltungen gelten die vereinfachenden Symbole aus Abbildung 3.5, weil sich auf diese Weise komplexere Gefüge aus solchen Schaltungen übersichtlich darstellen lassen. In diesem Zusammenhang werden die grundlegenden Schaltungen wie AND und OR als *Gatter* (*Gates*) bezeichnet.

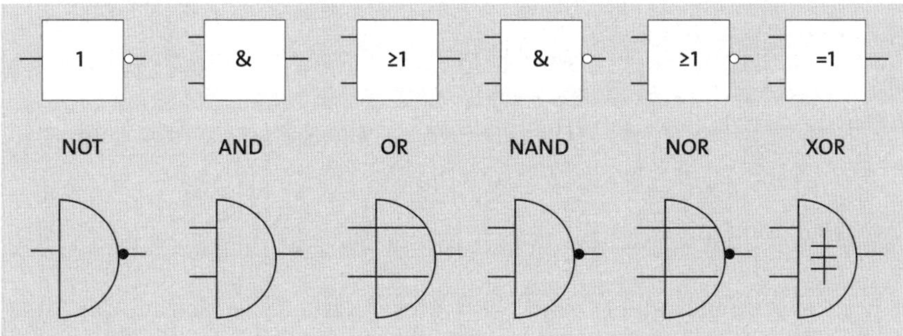

Abbildung 3.5 Gattersymbole der Logikschaltungen – oben die aktuelle DIN-Norm, unten die traditionellen Symbole

Die Negation eines Werts wird übrigens in der Regel nicht durch ein vollständiges NOT-Symbol dargestellt, sondern durch den kleinen Kreis, der auch bei den Symbolen für NAND und NOR zu finden ist. Genau so, wie bei diesen Schaltungen der Ausgang negiert wird, wird bei anderen ein Eingang negiert, das heißt, ein NOT-Gatter wird vor einen der beiden Eingänge eines anderen Elements gesetzt. Beachten Sie, dass die tatsächliche technische Realisation von Schaltungen nicht mit der schematischen Darstellung übereinstimmen muss. Wie Sie zuvor gesehen haben, werden beispielsweise nicht etwa NAND und NOR durch Verneinung von AND und OR gebaut, sondern in Wirklichkeit ist es gerade umgekehrt. Im Übrigen gibt es für komplexere Verknüpfungen von Schaltungen oft eine Reihe äquivalenter Lösungen.

Die XOR-Schaltung (Exklusiv-Oder), die etwa für den im Folgenden besprochenen Halbaddierer benötigt wird, ist ein wenig komplexer zu realisieren. Sie besteht beispielsweise aus zwei AND-Gattern mit je einem negierten Eingang, auf die dieselben eingehenden Spannungen verteilt werden. Die Ausgänge der beiden AND-Gatter werden wiederum durch ein OR-Gatter verknüpft. Wie Sie sehen, entspricht diese Beschreibung dem im vorigen Kapitel erwähnten Ausdruck $(\neg A \land B) \lor (A \land \neg B)$.

3.1.2 Zusammengesetzte Schaltungen

Ein Beispiel für die Verknüpfung mehrerer einfacher Gatter ist der Multiplexer. Er implementiert eine einfache Wenn-dann-Beziehung: Wenn der Steuereingang c mit einer Spannung belegt ist (Wert 1), wird der Wert des Eingangs x durchgeschaltet, andernfalls der Wert des Eingangs y. Abbildung 3.6 zeigt den schematischen Aufbau des Multiplexers und daneben sein Schaltsymbol. Die schrittweise Zusammenfassung immer komplexerer Schaltungen durch neue Symbole ist eine wichtige Voraussetzung für die effiziente Arbeit bei der Entwicklung elektronischer Bauteile.

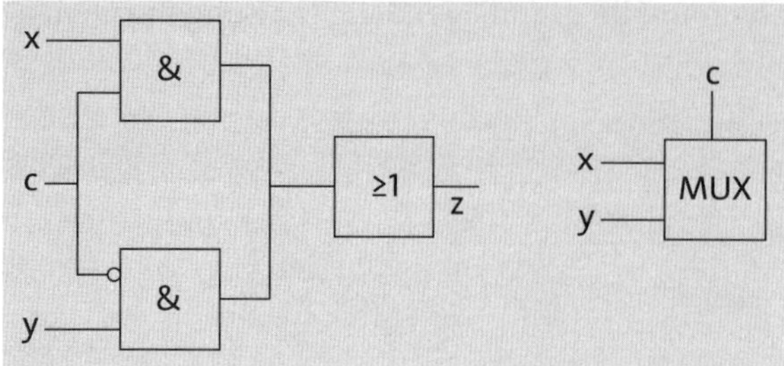

Abbildung 3.6 Aufbau eines Multiplexers

Ein weiteres interessantes Bauteil ist der *Halbaddierer*. Dieser Name leitet sich aus der Tatsache her, dass die Schaltung zwar einen Übertrag berechnet, wenn beide Eingangswerte 1 sind, aber nicht in der Lage ist, den Übertrag eines vorgeschalteten Addierers entgegenzunehmen. Diese Fähigkeit besitzt nur der komplexere im Folgenden dargestellte *Volladdierer*. Beim Halbaddierer werden die Werte der beiden Eingänge x und y addiert. Der Ausgang s (*sum*, also Summe) liefert das einstellige Ergebnis der Addition, das der Verknüpfung x XOR y entspricht, während c (*carry*, der Übertrag) den Wert 1 für die nächste Stelle liefert, wenn x und y beide 1 sind. Die Funktion, die zum Ergebnis von c führt, ist demzufolge $x \wedge y$. Abbildung 3.7 zeigt den Aufbau des Halbaddierers und sein Schaltsymbol.

Der Volladdierer enthält zwei Halbaddierer. Die einstellige Summe setzt sich aus der Summe der beiden eigentlichen Summanden x und y und aus dem hereinkommenden Übertrag *ci* (*carry-in*) zusammen. Der ausgehende Übertrag *co* (*carry-out*) wird durch die Oder-Verknüpfung der beiden Summen gebildet. In Abbildung 3.8 sehen Sie den Aufbau des Volladdierers und sein Schaltsymbol.

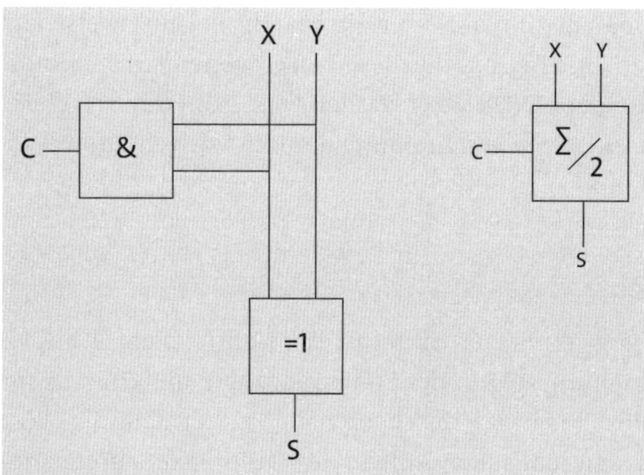

Abbildung 3.7 Aufbau eines Halbaddierers

Aus einer Reihe dieser 1-Bit-Volladdierer lässt sich ein n-Bit-Addierwerk realisieren. Der Übertrag eines dieser Addierer wird dabei jeweils in den nächsten übertragen. Beachten Sie, dass der Baustein ganz rechts ein Halbaddierer ist, weil die kleinste Stelle natürlich kein Carry-in zu verarbeiten hat. Wenn Sie sämtliche *s*-Ausgänge von links nach rechts lesen, erhalten Sie das duale Rechenergebnis; ganz links kommt zusätzlich das Carry-out der höchsten Stelle heraus. In Abbildung 3.9 sehen Sie beispielsweise einen 4-Bit-Addierer, mit dem sich zwei Werte von 0000 bis 1111 (0 bis 15) addieren lassen.

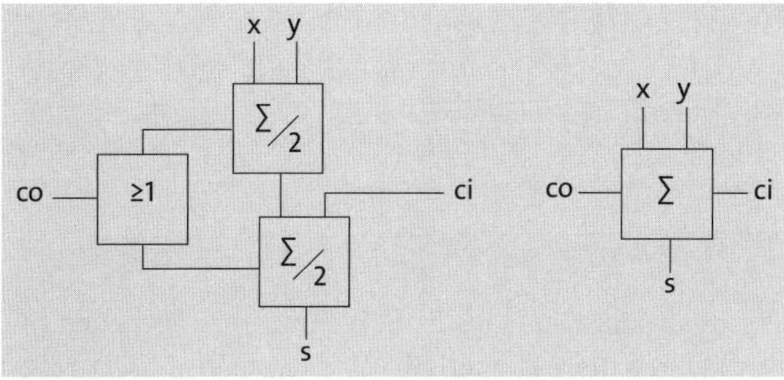

Abbildung 3.8 Aufbau eines Volladdierers

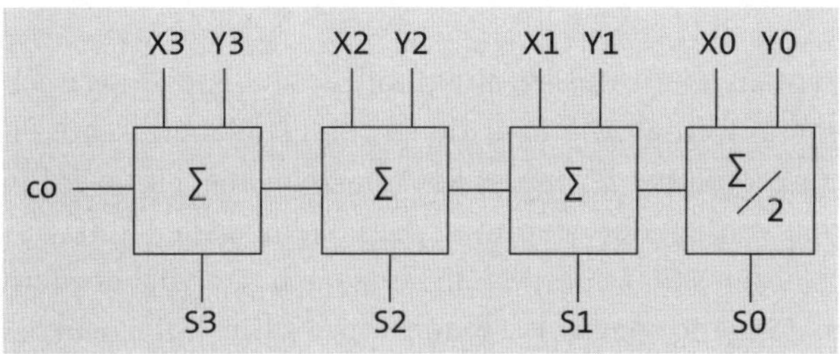

Abbildung 3.9 Aufbau eines 4-Bit-Addierwerks

Speicherbausteine

Die bisher untersuchten komplexen Schaltungen sind in der Lage, verschiedene Operationen durchzuführen. Eine andere Art von Bausteinen dient dagegen nicht als Rechenwerkzeug, sondern als Speicher, bei dem ein einmal gesetzter Wert dauerhaft vorgehalten wird. Erreicht wird dies durch verschiedene Arten der Rückkopplung: Ein Ausgang einer Schaltung wird mit einem Eingang verbunden, um einen einmal eingegebenen Wert immer wieder in die Schaltung zurückzuschreiben.

Der wichtigste Grundbaustein zur Realisierung von Speichern ist das *Flip-Flop*. Der Name dieses Bausteins beschreibt die beiden verschiedenen Zustände, die er einnehmen und dauerhaft halten kann. Die bekannteste Art des Flip-Flops ist das *RS-Flip-Flop* (für *Set* und *Reset*). Es handelt sich um zwei NOR-Gatter, die über je einen freien Eingang (*r* und *s* genannt) verfügen. Die beiden anderen Eingänge der NOR-Gatter werden mit den Ausgängen des jeweils anderen Gatters verbunden. In Abbildung 3.10 sehen Sie die Schaltzeichnung des RS-Flip-Flops sowie sein vereinfachtes Schaltsymbol zur weiteren Verwendung.

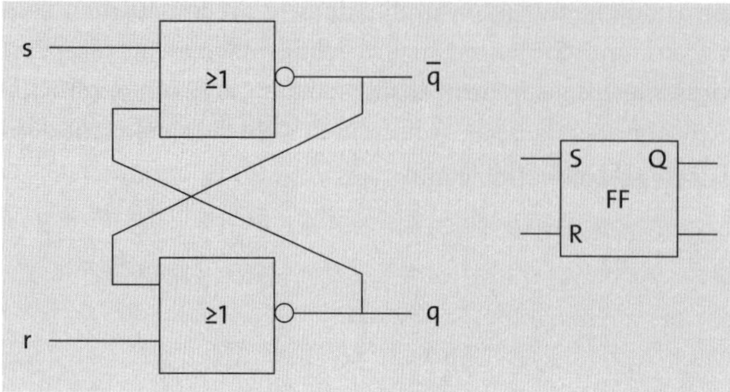

Abbildung 3.10 Aufbau eines RS-Flip-Flops

Der schaltlogisch interessante Ausgang des RS-Flip-Flops ist *q*: Wenn über *s* (*set*) auch nur kurzzeitig der Wert 1 übergeben wird, liefert *q* diese 1 dauerhaft. Wird dagegen *r* (*reset*) mit einer 1 belegt, dann wird *q* zurückgesetzt und liefert auf Dauer eine 0. Auf diese Weise dient das RS-Flip-Flop als wichtigste Komponente von Speicherbausteinen; es handelt sich um einen 1-Bit-Speicher.

Um vollständige Speicherbausteine zu realisieren, müssen außerhalb des RS-Flip-Flops noch einige weitere Schaltelemente hinzugefügt werden, die dazu dienen, den Eingabewert aus einer einzelnen Leitung als Wert zu interpretieren, der in der Speicherzelle abgelegt werden soll. Dazu muss ein Schalter verwendet werden, der bestimmt, dass das aktuelle Signal des Eingangs im RS-Flip-Flop gespeichert werden soll. Außerdem muss je nach zu speicherndem Wert zwischen dem Eingang *s* und dem Eingang *r* gewählt werden: Eine 1 kann einfach an die Leitung *s* durchgeschaltet werden, eine 0 bedeutet dagegen, dass eine 1 auf *r* eingegeben werden soll – der Wert muss nach Auswahl von *r* zusätzlich negiert werden.

Abbildung 3.11 zeigt den Aufbau einer Speicherzelle, die die beschriebene Funktionalität zur Verfügung stellt, sowie ihr Schaltsymbol. Wenn auf SELECT eine 1 eingegeben wird, kann über den mit Q AND-verknüpften Ausgang OUT der aktuelle Wert gelesen werden. Dieser Mechanismus dient in einem großen Gefüge von Speicherzellen der Adressierung, also der Auswahl einer bestimmten Speicherzelle oder einer Gruppe von Speicherzellen. Werden SELECT = 1 und WRITE = 1 gesetzt, wird der an INPUT anliegende Wert auf die beschriebene Weise im Flip-Flop abgelegt.

Mehrere Speicherzellen lassen sich zu einem Register zusammenschließen. Dazu werden die SELECT- und WRITE-Eingänge aller beteiligten Zellen zusammengeschlossen, da stets das gesamte Register auf einmal gelesen oder geschrieben wird. Auf diese Weise werden die Rechenregister im Mikroprozessor realisiert, aber auch die adressierbaren Speicherblöcke im Arbeitsspeicher (RAM). Abbildung 3.12 zeigt ein Beispiel eines 4-Bit-Registers. In der Praxis sind die meisten heutigen Register 32 oder gar 64 Bit breit, funktionieren aber nach demselben Prinzip.

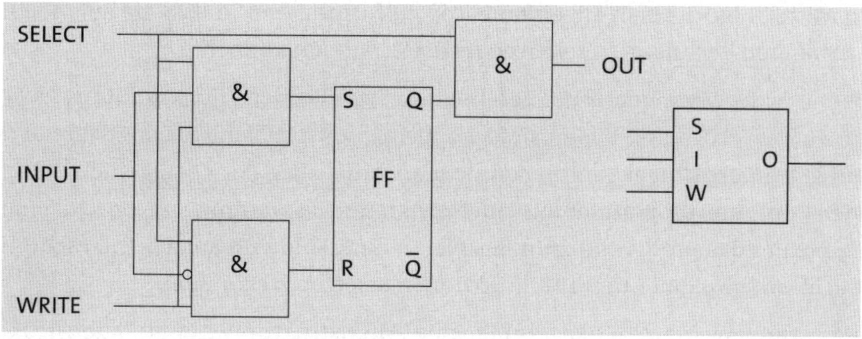

Abbildung 3.11 Aufbau einer Speicherzelle

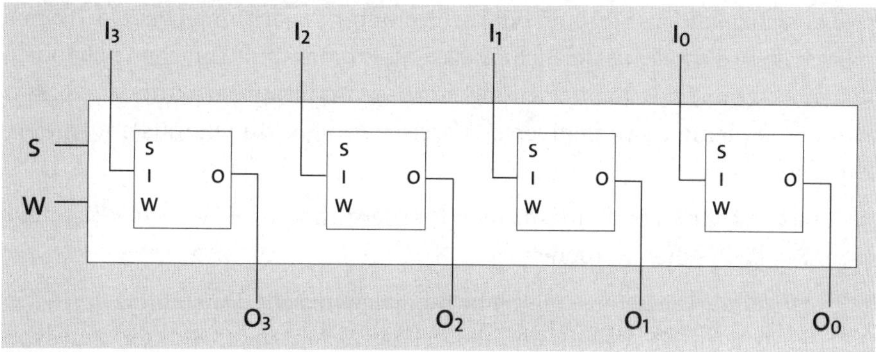

Abbildung 3.12 Aufbau eines 4-Bit-Registers

3.2 Automatentheorien und -simulationen

Um die Funktionsweise von Computern nachvollziehen zu können, wurden im Lauf ihrer Entwicklungsgeschichte zahlreiche mathematisch-theoretische Modelle entworfen, die die grundlegenden Arbeitsschritte einer solchen Maschine verdeutlichen sollen. In diesem Abschnitt werden zwei der wichtigsten Theorien vorgestellt: der *endliche Automat* nach Turing sowie eine Modifikation einer *Von-Neumann-Registermaschine* (mehr über Letztere erfahren Sie in der Einleitung des nächsten Kapitels).

3.2.1 Algorithmen

Wie bereits in Kapitel 1, »Einführung«, erwähnt, verarbeitet ein Computer Abfolgen von Rechenvorschriften. Diese Vorschriften verarbeitet der Prozessor, indem er elektronische Schaltungen wie die im letzten Abschnitt vorgestellten bedient. Automatentheorien beschreiben ausdrücklich nicht die elektrotechnischen Details von Computern, sondern die mathematischen Aspekte ihrer Funktionsweise. Gerade dies macht die Automatentheorien zum geeigneten Mittel, Algorithmen allgemeingültig zu formulieren, sodass sie auf vielen verschiedenen konkreten Rechnerarchitekturen realisiert werden können.

Algorithmen dienen in der Mathematik der Beschreibung von Rechen-, Konstruktions- oder Beweisverfahren. In der Informatik bilden sie die allgemeine Grundlage für das Schreiben von Computerprogrammen. Umgekehrt dienen sie manchmal auch der Verallgemeinerung eines bestehenden Computerprogramms aus einer konkreten Programmiersprache auf eine allgemeinere Ebene, um das Programm zum Beispiel in einer anderen Sprache neu schreiben oder einige schlecht implementierte Teilfunktionen ersetzen zu können.

Neben einem Algorithmus wird in der Regel auch eine Datenstruktur benötigt. Datenstrukturen dienen der Speicherung der Informationen, die ein Algorithmus verarbeitet. Je nachdem, wie effizient eine Datenstruktur ist und wie gut sie an ein bestimmtes Problem angepasst ist, trägt sie entscheidend zu besseren oder schlechteren Algorithmen bei. Das Thema wird in diesem Buch noch einmal aus der Sicht konkreter Programmiersprachen behandelt, und zwar im ersten Abschnitt von Kapitel 8, »Algorithmen und Datenstrukturen«. Im Rest des Kapitels wird die Implementierung diverser klassischer Algorithmen mitsamt Anwendungsbeispielen besprochen.

Es gibt verschiedene konkrete Darstellungsformen für Algorithmen, für die Sie in Kapitel 8 ebenfalls konkrete Beispiele sehen werden:

- *Algebraische Darstellung*: Die streng mathematisch-algebraische Darstellungsform beschreibt die Datenstruktur als Algebra und die Rechenverfahren als Verknüpfungsvorschriften der Elemente dieser Algebra.

  Eine *Algebra* besteht aus einem Satz zulässiger Zeichen mit einer bestimmten Ordnung oder Abfolge sowie aus verschiedenen erlaubten Verknüpfungen dieser Zeichen. Zum Beispiel beschreibt die *lineare Algebra* sämtliche Aspekte linearer Gleichungssysteme sowie die Vektorrechnung und ihre Anwendungen wie etwa die euklidische Geometrie. Die Zeichen der linearen Algebra sind die reellen Zahlen beziehungsweise mehrdimensionale Vektoren aus reellen Zahlen. Die Verknüpfungsvorschriften sind die Grundrechenarten, die auf die Vektorrechnung ausgeweitet werden.

  Ein anderes Beispiel ist die in Abschnitt 2.1.3 dargestellte *boolesche Algebra*, deren Zeichenvorrat aus 1 und 0 besteht; die wichtigsten zulässigen Verknüpfungen haben Sie ebenfalls bereits kennengelernt.

  Für einen neu zu programmierenden Algorithmus eine eigene Algebra zu entwickeln, ist eine schwierige Aufgabe und erfordert umfangreiche Kenntnisse der mathematischen Formelsprache. In diesem Buch wird aus konzeptionellen Gründen nicht weiter darauf eingegangen – es ist kein Mathematikbuch. In der Literaturliste in Anhang C finden Sie jedoch Hinweise auf Bücher, in denen diese Thematik näher erläutert wird.

- *Anschaulich-sprachliche Darstellung*: Überraschend häufig ist es am sinnvollsten, einen Algorithmus als Abfolge von Schritten in normaler Alltagssprache zu formulieren. Ein

Beispiel sind die Umrechnungsanleitungen für die verschiedenen Zahlensysteme, die im vorherigen Kapitel erläutert wurden. Der Ansatz, aus einer solchen Beschreibung ein Computerprogramm zu entwickeln, besteht darin, zunächst eine passende Datenstruktur auszuwählen und die einzelnen Schritte anschließend in Programmbefehle umzusetzen.

- *Diagrammdarstellung*: Eine beliebte Darstellungsform für Algorithmen ist das *Flussdiagramm* oder der konkretere, aus mehr Einzelschritten bestehende *Programmablaufplan*. Ein anderes Verfahren, das vor allem im Informatikunterricht gern eingesetzt wird, ist das *Nassi-Shneiderman-Diagramm* oder *Struktogramm*; es bildet die Funktionen moderner Programmiersprachen besser ab und lässt sich auf einfache Weise in Tabellenform darstellen.

  Eine spezielle Variante der Diagrammdarstellung ist die *Unified Modeling Language* (UML). Sie dient nicht nur der Darstellung der unmittelbaren Computeralgorithmen, sondern kann darüber hinaus auch ganze Geschäftsprozesse mitsamt beteiligten Ressourcen und Arbeitsabläufen abbilden. Auf diese Weise ist die UML eines der beliebtesten Instrumente im modernen Software-Engineering; sie dient dem objektorientierten Design und der Entwicklung verteilter Anwendungen. Genaueres erfahren Sie in Kapitel 11, »Software-Engineering«.

- *Pseudocode-Darstellung*: Hierbei handelt es sich um die Formulierung des Algorithmus in einer »verallgemeinerten Programmiersprache«. Diese Schreibweise kommt dem endgültigen Computerprogramm am nächsten, ist aber noch immer allgemein genug, um das Programm später in verschiedenen konkreten Sprachen implementieren zu können. Viele formalisierte Sprachen sind an C, Java, Pascal oder BASIC angelehnt. Ein Beispiel auf einer anderen Ebene ist die Maschinensprache des in Abschnitt 3.2.3, »Der virtuelle Prozessor«, vorgestellten virtuellen Prozessors.

Berechenbarkeit

Die theoretische Informatik beschäftigt sich neben Automatentheorien vor allem mit den Problemen der Berechenbarkeit und der Komplexität.

Die *Berechenbarkeit* beantwortet die Frage, ob ein bestimmtes Problem überhaupt durch Berechnungen gelöst werden kann. Dabei gibt es Probleme, die für spezielle Eingabewerte nicht berechenbar sind, und andere, die gar nicht oder nicht mit vertretbarem Aufwand berechnet werden können.

Betrachten Sie als anschauliches Beispiel für ein nicht für jede Wertekombination berechenbares Problem einen Algorithmus, der zwei Eingabewerte a und b entgegennimmt, a durch b dividiert und das Ergebnis zurückgibt. Dargestellt werden könnte dieser Algorithmus etwa durch die folgende mathematische Funktion:

$$f(a, b) = a \div b$$

Wie Ihnen bekannt sein dürfte, ist keine Zahl durch 0 teilbar, das heißt, für $b = 0$ ist die Funktion nicht berechenbar. Wie im letzten Kapitel bereits erwähnt, heißt ein solcher Eingabewert *Undefiniertheitsstelle* einer Funktion und wird so angegeben:

$$f(a, 0) = \perp$$

Intuitiv können Sie allerdings erkennen, dass die Funktion allgemein berechenbar ist – es gibt unendlich viele Paare (a, b), für die sie eine definierte Lösung besitzt. Genauer gesagt, ist sie für alle $a \in \mathbb{R}$ und alle $b \in \mathbb{R} \setminus \{0\}$ definiert.

Es ist schwieriger, ein grundsätzlich nicht berechenbares Problem zu finden, also eine Aufgabenstellung, die sich nicht durch Berechnung lösen lässt. Es gibt grundsätzlich zwei Kategorien nicht berechenbarer Probleme:

- Das Problem ist seiner Natur nach nicht berechenbar.
- Eine Berechnung zur Lösung des Problems ist so komplex, dass es nicht in annehmbarer Zeit gelöst werden kann (die Berechnung würde mit vertretbarer Rechenkapazität viele Jahre oder gar Jahrhunderte dauern).

Beispiele für den ersten Fall enthalten meist einen unauflösbaren logischen Widerspruch. Die beliebte Geschichte vom Kreter, der behauptet, alle Kreter seien Lügner, ist übrigens kein echtes derartiges Paradoxon: Er muss ja lediglich selbst ein Lügner sein, und schon ist seine Aussage ohne jeden Widerspruch null und nichtig.

Anders sieht es mit der folgenden klassischen Aussage aus:

Dieser Satz ist eine falsche Aussage.

Ein Prozessor würde eher durchschmoren, als Ihnen mit Gewissheit sagen zu können, ob diese Aussage wahr ist oder nicht. Sollte sie nämlich tatsächlich wahr sein, träfe es zu, dass sie falsch ist. Damit ist sie aber eben nicht wahr. Falls sie dagegen tatsächlich falsch ist, trifft das Gegenteil zu, nämlich dass sie wahr ist ...

Sie mögen nun einwenden, dass ein solcher Satz in einer formalen Sprache wie derjenigen eines Computers gar nicht ausgedrückt werden kann. Der österreichische Mathematiker *Kurt Gödel* bewies jedoch bereits 1931 im Rahmen seiner *Unvollständigkeitssätze*, dass man in jedem formalen System, das komplex genug ist, um die Arithmetik der natürlichen Zahlen darzustellen, Sätze formulieren kann, die innerhalb dieses Systems weder bewiesen noch widerlegt werden können.

Damit ist auch bewiesen, dass sich die Mathematik nicht vollständig widerspruchsfrei auf Axiome aufbauen lässt, was der deutsche Mathematiker *David Hilbert* und zuvor die britischen Philosophen *Alfred North Whitehead* und *Bertrand Russell* versuchten. Auf ein Werk der beiden Letzteren, die »Principia Mathematica«, bezieht sich Gödel im Titel seines Aufsatzes »Über formal unentscheidbare Sätze der Principia Mathematica und verwandter Systeme«.

Das bedeutet natürlich nicht, dass die Mathematik insgesamt unbrauchbar wird. Sie kann lediglich in verschiedene Richtungen erweitert werden, die einander widersprechen, aber in sich jeweils schlüssig sind. Ähnliches ist schon wesentlich länger für die Geometrie bekannt: Diese baut auf fünf Axiomen aus Euklids Hauptwerk »Elemente« auf, aber das fünfte – das sogenannte Parallelenaxiom – lässt sich innerhalb der restlichen Geometrie weder beweisen noch widerlegen, wodurch sich neben der euklidischen Geometrie (in der beispielsweise alle Dreiecke die Winkelsumme 180° haben) auch *nichteuklidische* Varianten etablieren lassen: In der hyperbolischen Geometrie ist die Winkelsumme im Dreieck stets kleiner als 180°, in der Kugel- oder Ellipsengeometrie größer. Es lässt sich nicht behaupten, dass diese Systeme »falsch« sind und die euklidische Geometrie »wahr« (oder umgekehrt). Sie treffen lediglich unter verschiedenen Umständen zu. Zum Beispiel beschreibt die euklidische Geometrie die Verhältnisse in der Ebene, während etwa auf Planetenoberflächen die Kugelgeometrie angewendet werden muss[1].

Einen viel zu hohen Aufwand stellt dagegen beispielsweise der Versuch dar, einen Algorithmus zu programmieren, der ein umfangreiches Kreuzworträtsel durch stupides Ausprobieren aller erdenklichen Kombinationen löst[2] oder sämtliche möglichen Zugfolgen bis zum Ende bei einem Schachspiel durchprobiert. Letzteres scheint ein Widerspruch zu der Tatsache zu sein, dass es hervorragende Schachprogramme gibt, die sogar menschliche Großmeister*innen besiegen. Aber auch diese Programme versuchen gar nicht erst, *jeden* denkbaren Zug durchzurechnen, sondern basieren auf einer Reihe von Wahrscheinlichkeitsregeln, Vereinfachungen und nicht zuletzt einer Datenbank mit sinnvollen Zügen. Neuere Schachprogramme wenden darüber hinaus Machine-Learning-Algorithmen an, mit denen beispielsweise auch das Brettspiel Go erlernt wurde.

Das Halteproblem

Ein Teilproblem der Berechenbarkeit ist das *Halteproblem*, das sich mit der Frage beschäftigt, ob ein Algorithmus bei bestimmten Eingabewerten jemals terminiert (beendet wird). Manche Programme bleiben nämlich in einer Endlosschleife hängen, weil es kein Kriterium gibt, das festlegt, wann ihre Arbeit beendet ist.

Natürlich gibt es Algorithmen, bei denen feststeht, dass sie in endlicher Zeit eine Lösung finden. Die Prüfung, ob eine bestimmte gerade Zahl größer als 2 die Summe zweier Primzahlen ist, kann entschieden werden, indem die Summen aller Primzahlen, die kleiner als die gesuchte Zahl sind, durchprobiert werden. Wenn Sie das Programm ohne Optimierungen schreiben, braucht es für eine gerade Zahl n bis zu (knapp) n^2 Versuche, bis Sie mit Gewissheit sagen können, ob es sich bei ihr um eine solche Summe handelt. Die berühmte *goldbachsche Vermutung* lautet übrigens, dass dies für alle geraden Zahlen über 2 der Fall sei. Für die Ver-

1 Dass Grundstücke auf der Erde meist trotzdem mithilfe der Ebenengeometrie beschrieben werden, liegt daran, dass sie relativ zur Erde klein genug sind, um sich rechnerisch nicht signifikant von kugelgeometrischen Interpretationen zu unterscheiden.

2 In Kapitel 8, »Algorithmen und Datenstrukturen«, lernen Sie einen Algorithmus kennen, mit dem sich Kreuzworträtsel gut lösen lassen, weil er die Zahl der durchzuprobierenden Kombinationen sinnvoll limitiert. Das dort gewählte konkrete Beispiel ist allerdings ein Sudoku und kein sprachliches Kreuzworträtsel.

mutung wurde bisher weder ein Beweis noch ein Gegenbeispiel gefunden, aber durch Ausprobieren wurde festgestellt, dass sie für alle geraden Zahlen bis etwa $4 \cdot 10^{18}$ zutrifft.

Anders sieht es mit der Frage aus, ob eine gerade Zahl die *Differenz* zweier Primzahlen ist. Zunächst sieht es aus, als sei auch dies regelmäßig der Fall:

$$
\begin{aligned}
2 &= 5 - 3 \\
4 &= 7 - 3 \\
6 &= 11 - 5 \\
8 &= 11 - 3 = 13 - 5 \\
10 &= 13 - 3 = 17 - 7
\end{aligned}
$$

Lässt sich für eine bestimmte gerade Zahl jedoch auf die Schnelle kein Beispiel finden, könnte das entsprechende Programm bis in alle Ewigkeit weitersuchen, ohne feststellen zu können, dass es keine Lösung gibt. In diesem speziellen Fall steht also fest, dass das Programm nur für eine positive Lösung (»Diese Zahl ist die Differenz zweier Primzahlen«) verbindlich terminiert.

Der im nächsten Abschnitt näher vorgestellte *Alan Turing* bewies, dass das Halteproblem nicht für alle Fälle in endlicher Zeit algorithmisch lösbar ist.

Einführung in die Komplexitätstheorie

Um die Rechenzeit zu bestimmen, die ein Algorithmus benötigt, wird dessen *Komplexität* ermittelt. Die Komplexitätsklasse gibt eine Größenordnung für die Anzahl der Durchläufe an, die bis zur Lösung des Problems notwendig sind. Für die tatsächliche Anzahl von Durchläufen werden drei exemplarische Werte angegeben: Der *Best Case* gibt die minimale Anzahl von Durchläufen an, der *Average Case* ist der Durchschnittswert und der *Worst Case* die maximale Durchlaufzahl.

Betrachten Sie als Beispiel einen Algorithmus, der die Elemente einer Menge nacheinander mit einem vorgegebenen Wert vergleicht und anhält, sobald ein Element diesem Wert entspricht oder alle Elemente verglichen wurden. Dieser Algorithmus wird als *lineare Suche* bezeichnet; in Kapitel 8, »Algorithmen und Datenstrukturen«, finden Sie Beispielimplementierungen in echten Programmiersprachen.

Der Best Case ist das Finden des Werts beim ersten Versuch. Beim Worst Case müssen alle Elemente der Menge mit dem Suchwert verglichen werden. Der Average Case ist in diesem Fall die Hälfte der Elementanzahl. Die Komplexitätsklasse richtet sich grundsätzlich nach dem Worst Case, weil man bei der Programmierplanung berücksichtigen muss, wie lange die Ausführung eines Programms maximal dauern kann.

Der Algorithmus für die lineare Suche benötigt im Höchstfall eine Anzahl von Versuchen, die der Anzahl der Elemente entspricht. Bei n Elementen werden also maximal n Versuche gebraucht. Dies wird als lineare Komplexität (des Algorithmus) bezeichnet. Man sagt auch, dass die Komplexität »von der Ordnung n« ist.

Definition: Eine Funktion $f(n)$ist höchstens von der Ordnung der Funktion $g(n)$, falls es eine Konstante C gibt, sodass für »große N« gilt:

$$f(N) \leq C \cdot g(N)$$

Dies wird symbolisch auch als $f(N) = O(g(N))$ geschrieben – *O-Notation* (*Big-O-Notation*) genannt.

Bei der linearen Suche ist $g(N) = N$, sodass für die Funktion $f(N)$ gilt:

$$f(N) = O(N)$$

Übrigens spricht man auch dann von ein und derselben Komplexitätsklasse, wenn sich die Anzahl der Durchläufe zweier Algorithmen um einen konstanten Faktor voneinander unterscheidet. Benötigt ein anderer Algorithmus für n Elemente beispielsweise $2n$ Versuche, wird dies ebenfalls als lineare Komplexität angegeben.

Bei anderen Algorithmen kann es völlig andere Komplexitätsklassen geben. Stellen Sie sich beispielsweise ein Programm vor, das nacheinander alle erdenklichen Reihenfolgen einer Folge von n verschiedenen Werten ausgeben soll – dieses Verfahren wird als *Suche nach Permutationen* bezeichnet. Für die Zahlenfolge *1, 2, 3* gibt es beispielsweise die folgenden Permutationen:

1	2	3
1	3	2
2	1	3
2	3	1
3	1	2
3	2	1

Tabelle 3.3 Alle Permutationen der Zahlenfolge 1, 2, 3

Drei Elemente ermöglichen sechs verschiedene Permutationen, bei vier Elementen sind es bereits 24 (= $1 \cdot 2 \cdot 3 \cdot 4$). Bei n Elementen sind $n!$ (sprich *n Fakultät*, also $1 \cdot 2 \cdot 3 \cdot ... \cdot n$) verschiedene Permutationen möglich. Die Komplexitätsklasse ist demnach $n!$.

Andere typische Komplexitätsklassen sind etwa folgende:

- $O(1)$ – Die *statische* Komplexität: Die Rechenzeit bleibt ungeachtet der Quantität N immer etwa gleich; dies ist ein Idealzustand, der selten erreicht wird. Der Linux-Kernel enthält seit Version 2.6 einen $O(1)$-Scheduler. Es dauert also unabhängig von der Anzahl der laufenden Prozesse immer ungefähr gleich lang, auszuwählen, welcher Prozess als nächster an der Reihe ist.

- $O(\log(N))$– Die *logarithmische* Komplexität entsteht beispielsweise bei Teile-und-herrsche-Verfahren wie der in Kapitel 8, »Algorithmen und Datenstrukturen«, erläuterten binären Suche.
- $O(N^2)$ – Die *quadratische* Komplexität entsteht etwa bei Problemen, die die tabellarische Verknüpfung von Werten enthalten.
- $O(N^K)$ – Die *polynomielle* Komplexität herrscht bei zahlreichen mehrdimensionalen Algorithmen.
- $O(K^N)$ – Die *exponentielle* Komplexität kommt bei Problemen vor, die durch mehrfaches Ausprobieren verschiedener Kombinationsmöglichkeiten gelöst werden.

3.2.2 Die Turing-Maschine

Eine der ältesten Automatentheorien wurde 1936, also noch vor der Umsetzung echter Computer, von dem britischen Mathematiker, Kryptologen und Informatikpionier *Alan Turing* aufgestellt. Turing ist vor allem berühmt geworden, da er im Zweiten Weltkrieg die entscheidende Rolle bei der Entschlüsselung des Codes der deutschen Chiffriermaschine *Enigma* spielte.

Darüber hinaus erdachte Turing auch den bekannten nach ihm benannten *Turing-Test*, den er selbst *The Imitation Game* nannte. Dieses Konzept gilt als Maßstab dafür, wann ein Computer wirklich intelligent ist. Die genaue Versuchsanordnung bei Turing ist etwas komplexer, läuft aber im Prinzip auf Folgendes hinaus: Ein Mensch muss sich mit einer intelligenten (denkenden) Maschine über Monitor und Tastatur unterhalten können, ohne den Unterschied zu einer elektronischen Unterhaltung mit einem Menschen zu bemerken.

Einer der ersten Kandidaten für das Bestehen des Turing-Tests war übrigens das Programm *Eliza*, das in den 60er-Jahren von *Joseph Weizenbaum* geschrieben wurde. Es handelt sich um die Simulation eines Gesprächs zwischen einem Patienten und einem Psychotherapeuten, der die Eingaben des »Patienten« in Rückfragen umwandelt. Außerdem enthält das Programm eine Sammlung von Schlüsselwörtern, auf die es mit speziellen Antworten reagiert. Hier ein kurzer Beispieldialog:

User: I am afraid of computers.
Eliza: You have your mind on computers, it seems.
User: Yes.
Eliza: I see ... Well, why do you say this is so?
User: Because computers make me nervous.
Eliza: Is it because computers make you nervous that you came to me?
User: Yes.
Eliza: Yes, hmmm ... so, what makes you believe this is so?
User: Because I don't trust them.
Eliza: Does it bother you that you do not trust them?
etc.

Mit Intelligenz hat das Ganze allerdings nichts zu tun; Eliza lässt sich leicht überlisten. Im Internet finden Sie zahlreiche Onlineimplementierungen sowie Downloads für die verschiedensten Plattformen, oft mitsamt Quellcode, sodass Sie das Programm selbst analysieren können.

Übrigens kann man nicht über Alan Turing sprechen, ohne sein tragisches Schicksal zu erwähnen, zumal es ein beschämendes Beispiel dafür ist, wie weit Intoleranz getrieben werden kann: Als durch einen Zufall öffentlich bekannt wurde, dass Turing homosexuell war, wurde er vom Gericht zu einer seltsamen Hormon-»Therapie« gezwungen. Dies zermürbte ihn letztlich so sehr, dass er sich 1954 das Leben nahm.[3]

Eine der größten Leistungen Turings ist die Entwicklung des nach ihm benannten Automatenmodells, der *Turing-Maschine*. Eine allgemeinere Bezeichnung für solche Modelle ist *endlicher Automat*.

Eine Turing-Maschine besitzt den folgenden Aufbau:

- Der Speicher ist ein in einzelne Felder unterteiltes Band, das sich nach links oder rechts bewegen lässt. Aus diesem Grund wird die Turing-Maschine übrigens auch als *Bandmaschine* bezeichnet.
- Jedes Feld des Bandes kann einen bestimmten Wert aus dem Zeichenvorrat der Maschine enthalten.
- Es befindet sich jeweils genau ein Feld des Bandes unter einem Schreib-/Lesekopf. Dieser liest die Inhalte der einzelnen Felder zeichenweise als Eingabe oder schreibt als Ausgabe neue Werte hinein.
- Je nach gelesenem Zeichen und je nach bisherigem Zustand wird die Maschine in verschiedene definierte Zustände versetzt. Die Zustände bestehen beispielsweise aus der Bewegung des Bandes in eine der beiden Richtungen, dem Lesen des jeweils nächsten Zeichens, dem Schreiben eines Zeichens etc. Ein spezielles Zeichen muss die Maschine jeweils in den Zustand »Programmende« schalten.

  Die Tatsache, dass es endlich viele verschiedene Zustände gibt, in denen sich eine solche Maschine befinden kann, begründet die Bezeichnung *endlicher Automat*.

Abbildung 3.13 zeigt den schematischen Aufbau einer Turing-Maschine. Beachten Sie, dass es neben der hier vorgestellten Ein-Band-Maschine auch Maschinen mit mehreren Bändern geben kann, die Aufgaben parallel erledigen können. Vorstellbar wäre etwa eine Turing-Maschine mit drei Bändern: Eingabeband, Rechenband und Ausgabeband.

3 Nach einigen Quellen behauptete Turings Mutter allerdings, dass es sich bei seiner Vergiftung ganz bestimmt um einen Unfall gehandelt habe. Plausibel wäre diese Variante deshalb, weil er sich trotz der entwürdigenden Behandlung bis zum letzten Tag seines Lebens voll in allerlei Forschungsprojekten engagierte.

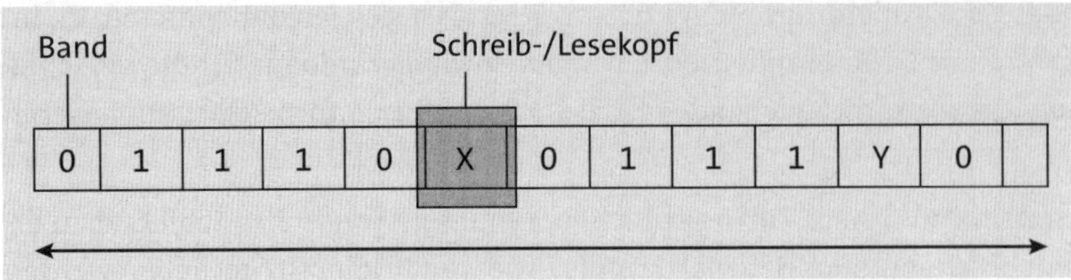

Abbildung 3.13 Aufbau einer Turing-Maschine

Das Prinzip lässt sich am besten anhand einer einfachen Maschine verdeutlichen, die einen kleinen Zeichenvorrat und wenige Zustände besitzt. Deshalb wird an dieser Stelle eine Turing-Maschine vorgestellt, die mit einem Alphabet aus drei Zeichen auskommt. Ihr Programm dient dazu, eine Dualzahl – bestehend aus den Symbolen 1 und 0 – bitweise zu invertieren, also aus jeder Null eine Eins zu machen und umgekehrt. Das Ende ist erreicht, wenn das spezielle Zeichen X angetroffen wird.

Das »Programm«, also die Definition der Zustandswechsel für diese Maschine, finden Sie in Tabelle 3.4.

Zustand	0	1	X
1	1;1;R	0;1;R	X;2;–
2	Ende		

Tabelle 3.4 Zustandswechselvorschriften einer einfachen Turing-Maschine

Jede Zelle in der Tabelle entspricht einer möglichen Kombination eines Zustands mit einem Wert, der zurzeit auf dem Band liegt. Jeder »Befehl« besteht aus dem neuen Wert, der geschrieben werden soll, aus dem neuen Zustand, in den gewechselt wird, sowie aus der Richtung, in die sich der Schreib-/Lesekopf auf dem Band weiterbewegen soll. Der Anfangszustand ist 1, der Zustand 2 steht dagegen für das Programmende.

Wird in Zustand 1 eine 0 auf dem Band gelesen, dann wird eine 1 geschrieben, die Maschine verbleibt in Zustand 1 und wandert weiter nach rechts (R). Bei einer 1 wird der Wert 0 geschrieben, abgesehen davon geschieht dasselbe. Wenn ein X gelesen wird, wechselt die Maschine in den Zustand 2, in dem die Berechnung beendet ist.

Angenommen, das Band enthielte die Werte 1011X: Die Maschine führt somit nacheinander die in Abbildung 3.14 gezeigten Arbeitsschritte durch.

Eine Maschine mit einem etwas größeren Zeichenvorrat – hinzu kommt ein Y – soll nun eine andere Aufgabe ausführen: Die einzelnen gelesenen Werte, die sich anfangs links vom X befinden, sollen hinter das X gestellt werden, und zwar in umgekehrter Reihenfolge. Dazu bewegt die Maschine den Schreib-/Lesekopf zunächst immer weiter nach rechts, bis sie beim X ankommt. Rechts vom X trägt sie ein Y als Stoppmarkierung ein. Hier geht sie einen Schritt zurück, um den am weitesten rechts stehenden Wert zu holen. Je nachdem, welcher Wert das ist, gibt es zwei verschiedene Zustände, die den Wert beide mit einem X überschreiben und dann immer weiter nach rechts wandern, bis das Y gelesen wird. Dort legen sie den Wert (1 oder 0) ab, für den sie zuständig sind, und notieren das Y dahinter. Anschließend geht das Ganze von vorn los.

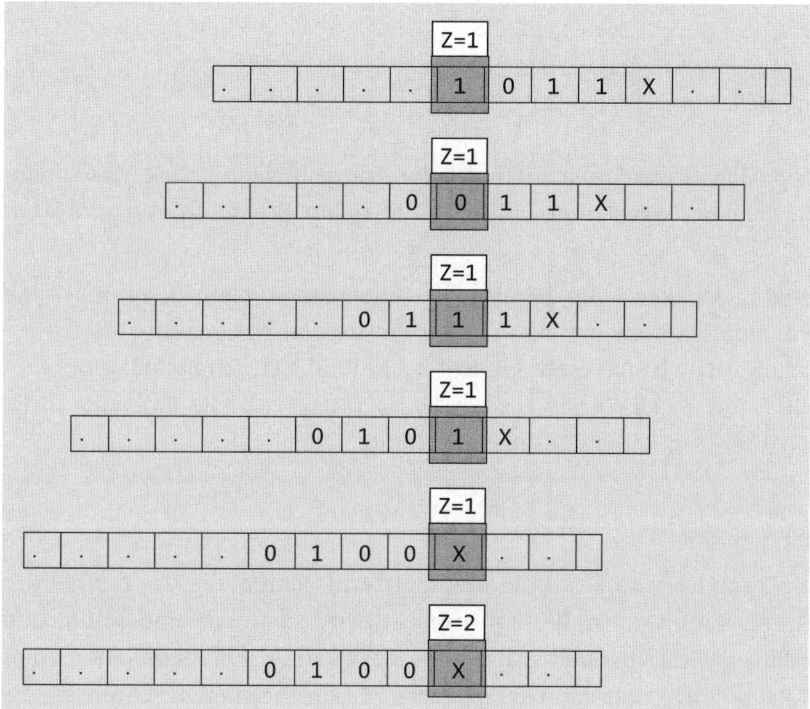

Abbildung 3.14 Arbeitsablauf eines einfachen Turing-Maschinenprogramms

Tabelle 3.5 zeigt die Programmvorschriften, die zur Lösung dieses Problems erforderlich sind. Das »fünfte Zeichen« mit der symbolischen Beschriftung ».« steht für eine leere Zelle auf dem Band.

Zustand	0	1	X	Y	.
1	0;1;R	1;1;R	X;2;R	–	–
2	–	–	–	–	Y;3;L
3	0;3;L	1;3;L	X;4;L	–	–

Tabelle 3.5 Ein Turing-Maschinenprogramm, das die Reihenfolge einer Sequenz von Binärstellen umkehrt

Zustand	0	1	X	Y	.
4	X;5;R	X;6;R	X;4;L	–	.;7;–
5	0;5;R	1;5;R	X;5;R	0;2;R	–
6	0;6;R	1;6;R	X;6;R	1;2;R	–
7	Ende				

Tabelle 3.5 Ein Turing-Maschinenprogramm, das die Reihenfolge einer Sequenz von Binärstellen umkehrt (Forts.)

Auf der Website *turingmachinesimulator.com* finden Sie eine gelungene Turing-Maschinensimulation, in der Sie die hier dargestellten Beispiele und andere Programme ausprobieren können.

Turing-Maschinen sind in der Lage, jedes beliebige berechenbare Problem zu lösen, wie die nach Turing und dem amerikanischen Mathematiker *Alonzo Church* benannte *Church-Turing-Hypothese* besagt. Deshalb ist ein wichtiges Kriterium für die Funktionalität einer Programmiersprache die Frage, ob sie *Turing-vollständig* ist, ob sie also alle Probleme lösen kann, mit denen auch die Turing-Maschine zurechtkommt.

3.2.3 Der virtuelle Prozessor

Eine andere Art der Computersimulation ist die Registermaschine, die das Modell des Von-Neumann-Rechners simuliert. In diesem Abschnitt wird sie durch einen einfachen *virtuellen Prozessor* dargestellt. Es handelt sich um die stark vereinfachte Simulation eines Mikroprozessors. Er kann einige, aber bei Weitem nicht alle Operationen durchführen, die ein echter Prozessor ausführen kann. Allerdings ließe sich mit etwas Mühe nachweisen, dass er Turing-vollständig ist, also alle berechenbaren Probleme lösen kann.

In den Listings zum Buch finden Sie im Verzeichnis für das vorliegende Kapitel eine JavaScript-Simulation dieses Prozessors. Öffnen Sie einfach *index.html* aus dem Unterverzeichnis *vprocessor*, um sie zu starten. Alternativ können Sie die Arbeit dieses Prozessors auch mit Bleistift und Papier nachvollziehen.

In der sehr einfachen »Maschinensprache« des virtuellen Prozessors wird ein Programm geschrieben, das dann – in der Papierversion von Ihnen, in der Computersimulation durch den Rechner – ausgeführt wird.

Es gelten die folgenden Designprinzipien für den Prozessor und den umgebenden Computer (der nur durch seinen Arbeitsspeicher vertreten ist):

- Der Prozessor besitzt lediglich zwei Rechenregister A und B sowie ein Statusregister C und einen Stack Pointer S.

- Der adressierbare Arbeitsspeicher besitzt die Adressen 0 bis 199. Das Programm als solches wird nicht als Bestandteil des Arbeitsspeichers gehandhabt (bei echten Prozessoren kann es zu Abstürzen kommen, wenn versehentlich oder absichtlich der Programmspeicher überschrieben wird). Programmstellen werden nicht durch Speicheradressen, sondern durch spezielle Sprungmarken (Labels) angegeben.

  Die Speicherstellen 100 bis 199 bilden übrigens den sogenannten *Stack*, der im Rahmen der Befehlsreferenz erläutert wird, und sollten deshalb nicht als normale Einzelspeicherstellen verwendet werden.
- Der Prozessor behandelt Ganzzahlen und Fließkommazahlen gleich und macht keine Unterschiede zwischen ihnen.
- Es gibt im Speicher keine maximale Wortlänge, er ist also nicht in Einheiten wie Bytes oder 32-Bit-Blöcke eingeteilt. Eine Speicherstelle kann eine beliebig große Zahl aufnehmen.

  Eine Einschränkung ergibt sich natürlich bei der Simulation auf einem echten Computer: Hier entspricht die maximale Aufnahmekapazität einer Speicherstelle der jeweiligen Computerarchitektur. Typischerweise können zum Beispiel 32 Bit für Ganzzahlen gespeichert werden, es sind also Werte zwischen etwa –2 Milliarden und +2 Milliarden möglich.
- Eine Ebene der echten Maschinensprache, auf der jeder Befehl einer Zahl (OpCode) entspricht, wurde gar nicht erst realisiert. Die unterste Ebene ist der »Assembler« des virtuellen Prozessors, der die Befehle als benannte Kürzel – sogenannte *Mnemonics* – abbildet. Soweit es bei einer so einfachen CPU möglich ist, wurden die Namen und Funktionen der Befehle dem Intel-Assembler angepasst.

Zum Einstieg sehen Sie hier als Erstes ein Programmbeispiel. Die Nummern in Klammern beziehen sich auf die anschließenden Erläuterungen:

```
MOV A, $0  ;(1)
ADD A, $1  ;(2)
MOV $2, A  ;(3)
HLT        ;(4)
```

Hier die Erläuterung des Programms:

1. `MOV A, $0`. Der Inhalt der Speicheradresse 0 wird in das Rechenregister A kopiert.
2. `ADD A, $1`. Der Inhalt von Adresse 1 wird zum Inhalt von Register A addiert.
3. `MOV $2, A`. Der Inhalt des Registers A wird in die Speicherstelle 2 kopiert.
4. `HLT`. Das Programm wird beendet.

Um die Simulation durchführen zu können, werden die Speicheradressen 0 und 1 mit den Anfangswerten 3 und 4 belegt. Die Ausführung des Programms kann wie folgt in einer Wertetabelle dargestellt werden.

Befehl	A	0	1	2
–	–	3	4	–
MOV A,$0	3	3	4	–
ADD A,$1	7	3	4	–
MOV $2, A	7	3	4	7

Tabelle 3.6 Darstellung eines Programmablaufs des virtuellen Prozessors in einer Wertetabelle

Befehlsreferenz

In der folgenden Referenz werden einige wichtige Abkürzungen verwendet:

- `reg` ist ein Rechenregister (A oder B).
- `addr` ist eine Datenspeicheradresse (0 bis 199).
- `val` steht für einen beliebigen numerischen Wert.
- `lbl` gibt eine Sprungmarke an.

Einer der wichtigsten Befehle ist `MOV`. Die Bezeichnung ist eigentlich unglücklich gewählt, da der fragliche Wert nicht an eine andere Stelle verschoben, sondern dorthin kopiert wird. Die allgemeine Schreibweise ist `MOV ziel, quelle` und bedeutet, dass ein Wert von `quelle` nach `ziel` kopiert werden soll. Im Einzelnen existieren die folgenden Varianten des `MOV`-Befehls:

- `MOV reg, reg` – Dieser Befehl kopiert den Inhalt eines Registers in das andere. Beispiel: `MOV A, B` legt den Inhalt des Rechenregisters `B` auch im Register `A` ab.
- `MOV reg, $addr` – Dieser Befehl kopiert den Inhalt der angegebenen Adresse `addr` in das Register `reg`. Das Dollarzeichen dient der Unterscheidung zwischen einer Speicheradresse und einem konstanten Wert. Beispiel: `MOV A, $4` legt den Inhalt der Speicheradresse `4` im Register `A` ab.
- `MOV reg, val` – Dieser Befehl kopiert den konstanten Wert `val` in das Register `reg`. Beispiel: `MOV B, 7` speichert den Wert `7` im Rechenregister `B`.
- `MOV $addr, reg` – Der Inhalt des Registers `reg` wird in die Adresse `addr` kopiert. Beispiel: `MOV $9, A` – der Inhalt von `A` wird in die Speicheradresse `9` kopiert.
- `MOV $addr, $addr` – Dieser Befehl kopiert den Inhalt einer Adresse in eine andere Adresse. Beispiel: `MOV $10, $11` – Der Wert aus Speicheradresse `11` wird in Adresse `10` kopiert.
- `MOV $addr, val` – Dieser Befehl kopiert den konstanten Wert `val` in die Adresse `addr`. Beispiel: `MOV $99, 22` kopiert den Wert `22` in die Adresse `99`.

Die folgenden Rechenbefehle funktionieren mit denselben Optionen:

- `ADD ziel, quelle` – Der Inhalt von `quelle` wird zu `ziel` addiert.
- `SUB ziel, quelle` – Der Inhalt von `quelle` wird von `ziel` abgezogen.

- `MUL ziel, quelle` – `ziel` wird mit dem Inhalt von `quelle` multipliziert.
- `DIV ziel, quelle` – `ziel` wird durch den Inhalt von `quelle` dividiert. Ist der Inhalt von `quelle` 0, bleibt der Wert von `ziel` erhalten, und das ERROR-Flag `E` des Statusregisters wird auf 1 gesetzt.

Die beiden folgenden speziellen Rechenbefehle funktionieren nur mit einem Register oder einer Adresse als Ziel.

- `INC ziel` (*increment*) erhöht den Wert von `ziel` um 1.
- `DEC ziel` (*decrement*) vermindert den Wert von `ziel` um 1.

Die nächste Kategorie von Befehlen sind die *Vergleichsoperationen*. Sie alle verändern die Flags im Statusregister C. Dieses Register ist folgendermaßen aufgebaut:

Z	C	O	E

Jedes der vier Flags `Z` (*zero*), `C` (*carry*), `O` (*overflow*) und `E` (*error*) ist 1 Bit groß und kann demzufolge einen der Werte 1 oder 0 annehmen.

Wie bei echten Prozessoren wird der eigentliche Vergleich als Subtraktion ausgeführt und verändert die Werte der Flags entsprechend: Bei Vergleichsoperationen wird das Zero-Flag auf 1 gesetzt, wenn die beiden Werte gleich sind (Ergebnis 0), das Carry-Flag auf 1, wenn der erste Operand kleiner als der zweite ist, und das Overflow-Flag auf 1, wenn der erste Operand größer ist. Die beiden jeweils anderen Vergleichs-Flags werden auf 0 gesetzt. Das Overflow-Flag zeigt neben seiner Aufgabe bei Vergleichen einen Stack Overflow an.

Bei echten Prozessoren bedeutet Carry übrigens *Übertrag*; dieses Flag hat dort also die Aufgabe, anzuzeigen, dass das Ergebnis einer Operation nicht mehr in den ursprünglichen Speicherplatz der Operanden hineinpasst. Bei diesem virtuellen Prozessor kann das nicht passieren, da es keine maximale Wortbreite gibt.

Der Vergleich zweier Werte wird durch den folgenden Befehl durchgeführt: `CMP operand1, operand2`. Die beiden Operanden können alle möglichen Kombinationen sein, die auch für Rechenoperationen gelten. Zusätzlich können Sie hier zwei konstante Werte miteinander vergleichen, da nirgendwo ein Rechenergebnis abgelegt werden muss.

Hinter dem Vergleichsbefehl, der die Flags in einen bestimmten Zustand versetzt, steht meist unmittelbar ein *Sprungbefehl*. Zu unterscheiden ist zwischen bedingten und unbedingten Sprüngen:

- Unbedingte Sprünge finden auf jeden Fall statt.
- Bedingte Sprünge finden nur dann statt, wenn die Flags aufgrund eines Vergleichs oder eines Fehlers bestimmte Werte besitzen.

Wichtig ist in diesem Zusammenhang der Befehl zum Setzen einer Sprungmarke: `LBL lbl` definiert eine Stelle im Programmspeicher, die Ziel eines Sprungs sein kann. `lbl` ist eine beliebige Kombination aus Buchstaben und Ziffern; das erste Zeichen muss ein Buchstabe sein. Es wird nicht auf Groß- und Kleinschreibung geachtet.

Die folgenden Sprungbefehle sind definiert:

- `JMP lbl` – Der Befehl führt einen unbedingten Sprung zu der Stelle durch, die durch das Label `lbl` bezeichnet wird.
- `JA lbl` – Der Befehl steht für *jump if above* und springt zu `lbl`, wenn beim davor ausgeführten Vergleich der erste Operand größer als der zweite war (`O`-Flag auf 1).
- `JAE lbl` – Der Befehl *jump if above or equals* springt zu `lbl`, wenn der erste Operand größer oder gleich dem zweiten war, wenn also das `O`-Flag oder das `Z`-Flag auf 1 steht.
- `JB lbl` – Der Befehl *jump if below* springt zu `lbl`, wenn der erste Operand kleiner als der zweite war (`C`-Flag auf 1).
- `JBE lbl` – Der Befehl *jump if below or equals* springt zu `lbl`, wenn der erste Operand kleiner oder gleich dem zweiten war (`C`-Flag auf 1 oder `Z`-Flag auf 1).
- `JE lbl` – Der Befehl *jump if equals* springt zu `lbl`, wenn die beiden Operanden gleich waren (`Z`-Flag auf 1).
- `JNE lbl` – Der Befehl *jump if not equals* springt zu `lbl`, wenn die beiden Operanden unterschiedlich waren (`C`-Flag auf 1 oder `O`-Flag auf 1).
- `JR lbl` – Der Befehl *jump if error* springt zu `lbl`, wenn zuvor ein Fehler aufgetreten ist (`E`-Flag auf 1). Wird der Fehler (zum Beispiel die Division durch 0) nicht unmittelbar nach der fraglichen Operation auf diese Weise abgefangen, kommt es zum automatischen Programmhalt.
- `JO lbl` – Der Befehl *jump if overflow* ist im Prinzip synonym mit `JA`, wird aber verwendet, um Stack Overflows nach `PUSH`-Befehlen abzufangen.

Die Stack-Befehle dienen der Arbeit mit einem speziellen Speicherbereich, dem *Stack* (Stapel), um Werte nacheinander daraufzulegen und wieder herunterzunehmen. Der Stack-Befehl arbeitet nach dem *LIFO*-Prinzip, also *Last In, First Out*. Schematisch ist der Stack bei diesem virtuellen Prozessor genauso organisiert wie bei echten Computerarchitekturen: Ab Speicherstelle 199 wächst der Stack nach unten. Das spezielle Register `S` (*Stack Pointer*) zeigt den obersten (also in Wirklichkeit untersten) Speicherplatz an, der zurzeit vom Stack belegt wird.

Beachten Sie, dass der Stack bei diesem virtuellen Prozessor lediglich für die Lösung von Programmieraufgaben verwendet wird. Einige solcher Probleme werden in Kapitel 8, »Algorithmen und Datenstrukturen«, näher erläutert. Bei einem echten Prozessor besitzt der Stack zusätzlich die Aufgabe, Rücksprungadressen für Unterprogramme aufzunehmen – siehe Kapitel 4, »Hardware«.

Der Stack kann mithilfe der beiden folgenden Operationen bedient werden:

- `PUSH quelle` – Der Inhalt von `quelle` wird oben auf den Stack gelegt. `quelle` kann wie üblich `reg`, `$addr` oder `val` sein. Ist der Stack voll (er fasst maximal 100 Werte), wird das `O`-Flag gesetzt. Deshalb sollte nach `PUSH`-Befehlen aus Sicherheitsgründen stets ein `JO`-Befehl stehen.
- `POP ziel` – Der oberste Wert wird vom Stack genommen und in `ziel` abgelegt; dieses Ziel kann `reg` oder `$addr` sein. Ist der Stack leer, bleibt der Inhalt von `ziel` unverändert, und das `E`-Flag wird gesetzt. Sinnvollerweise sollte also direkt nach jeder `POP`-Operation ein `JR`-Befehl stehen.

Zu guter Letzt bedeutet der Befehl `HLT` (ohne Argumente), dass das Programm gestoppt werden soll. Beim letzten Befehl hält es übrigens von selbst an. `HLT` ist vor allem dazu gedacht, es an einer bestimmten Stelle zu beenden, an der noch Befehle folgen.

Zwei Beispiele

Zum Schluss finden Sie hier zwei Beispielprogramme, die auf dem virtuellen Prozessor ausgeführt werden können. Wenn Sie selbst ein gutes Programm für den virtuellen Prozessor schreiben, können Sie mir dieses gern per E-Mail zukommen lassen. Die schönsten Beispiele veröffentliche ich gern unter Angabe Ihres Namens in den sozialen Medien.

Beachten Sie, dass ein Semikolon in einer Zeile einen Kommentar einleitet – auch bei der Computersimulation des virtuellen Prozessors können Sie Erläuterungen dahinterschreiben.

Das erste Beispiel addiert sämtliche Werte, die auf dem Stack liegen, in der Speicherstelle 3:

```
MOV $3, 0   ; Speicherstelle 3 zurücksetzen
LBL start   ; Sprungmarke setzen
POP B       ; Wert vom Stack in B
JR  ende    ; Ende, wenn Stack leer
ADD $3, B   ; Inhalt von B zu $3 addieren
JMP start   ; Schleife: nächsten Wert verarbeiten
LBL ende
HLT
```

Falls Sie das Programm auf dem Papier ausprobieren möchten, können Sie den Stack einfach mit einigen Beispielwerten belegen und sich anschließend eine Wertetabelle zeichnen. In der JavaScript-Simulation können Sie ein paar `PUSH`-Befehle vor das hier abgedruckte Programm setzen, um Werte auf den Stack zu legen. Anschließend können Sie das Programm laufen lassen und beobachten, was passiert.

Das zweite Beispiel löst die in Kapitel 1, »Einführung«, erwähnte Aufgabe, die Onlinekosten eines Internetnutzers zu berechnen. Der Provider bietet zwei Tarife an: In Tarif 1, der Flatrate, zahlt der Kunde pauschal 19,99 €. Tarif 2 ist zeitbasiert; es gibt eine Grundgebühr von 2,49 €

und einen Minutenpreis von 0,01 €. An Speicherstelle 10 steht der Tarif (1 oder 2), Adresse 11 enthält die Minuten, die der Kunde online verbracht hat. Das Ergebnis der Berechnung wird in Adresse 20 geschrieben.

```
MOV A, $10        ; Tarif in Register A
CMP A, 1          ; Ist es Tarif 1?
JE  flat          ; - dann zum Label flat springen
MOV B, $11        ; Minuten in Register B
MUL B, 0.01       ; B mit dem Minutenpreis multiplizieren
ADD B, 2.49       ; Grundgebühr addieren
MOV $20, B        ; Ergebnis in Adresse 20
HLT
LBL flat          ; Hier Flatrate-Berechnung
MOV $20, 19.99  ; Pauschalpreis in Adresse 20
HLT
```

3.3 Übungsaufgaben

3.3.1 Praktische Übungen

1. Konzipieren Sie eine Turing-Maschine mit den Wörtern 0, 1, X und leer. Der Schreib-/Lesekopf soll so lange nach links bewegt werden, bis das angetroffene Zeichen eine leere Stelle ist. Danach wird er nach rechts bewegt. Wird eine 0 gefunden, wird sie durch ein X ersetzt. Wenn eine 1 gefunden wird, dann wird der Kopf nach rechts bewegt, bis eine leere Stelle angetroffen wird. Nach dieser leeren Stelle wird nach rechts gewandert, solange Einser gefunden werden, und dahinter (leere Stelle) wird eine weitere 1 eingetragen. Danach geht es wieder nach links bis zum ersten Auftreten eines X. So geht es weiter hin und her, bis für jede 1 aus der ursprünglichen Sequenz eine 1 in der neuen Sequenz notiert wurde und die fortlaufende neue Liste von Einsern die Gesamtzahl der Einser in der ursprünglichen anzeigt.

   Lassen Sie diese Turing-Maschine auf dem Papier oder in einem Simulator verschiedene Sequenzen durchprobieren. Überlegen Sie, ob es eine sinnvolle Abbruchbedingung geben kann, die für beliebige Werte am Ende der ursprünglichen Sequenz gilt. Falls nicht: Was müsste man an Zeichenvorrat oder Algorithmus ändern, um eine solche Abbruchbedingung zu erreichen?
2. Schreiben Sie die folgenden beiden Beispielprogramme für den virtuellen Prozessor:
   - Zu dem Wert in Register A, hier *n* genannt, soll in Register B die Fakultät berechnet werden $(1 \cdot 2 \cdot ... \cdot (n-1) \cdot n)$.
   - Auf den Stack sollen nacheinander die Werte der Fibonacci-Folge (siehe voriges Kapitel) gelegt werden, bis der Stack voll ist.

3.3.2 Kontrollfragen

1. Wie muss man zwei Schalter anordnen, um ein logisches Und zu erhalten?
   - Logisches Und geht nicht, nur logisches Oder ist möglich.
   - parallel
   - in Reihe
   - Zwei Schalter genügen nicht, man benötigt zusätzlich einen Widerstand.
2. Welche logische Wirkung besitzen zwei parallel geschaltete Schalter?
   - logisches Und
   - logisches XOR
   - Es funktioniert nicht.
   - logisches Oder
3. Wie heißen die drei Anschlüsse eines Transistors?
   - Masse, Nullleiter, Erde
   - Gate, Source, Drain
   - Pluspol, Minuspol, Spannung
   - Gate, Source, Input
4. Für welche der folgenden Belegungen von *A* und *B* ergibt *A NAND B* eine falsche Aussage?
   - $A = 0, B = 1$
   - $A = 0, B = 0$
   - $A = 1, B = 0$
   - $A = 1, B = 1$
5. Womit ist das Und-Gatter in einer modernen Schaltzeichnung beschriftet?
   - =1
   - ≥1
   - &
   - 1
6. Welche Einschränkung besitzt ein Halbaddierer gegenüber einem Volladdierer?
   - Er gibt keinen Übertrag aus.
   - Er empfängt keinen Eingabeübertrag.
   - Er kann nur zwei Binärwerte addieren.
   - Er ist lediglich eine Vorstufe des Volladdierers und hat selbst keine Bedeutung.
7. Bei einem RS-Flip-Flop wird an S der Spannungswert 1 angelegt. Was geschieht?
   - Q liefert dauerhaft den Wert 0.
   - Q liefert dauerhaft den Wert 1.

- Q liefert den Wert 1, solange die 1 an S anliegt.
- Q liefert den Wert 0, solange die 1 an S anliegt.

8. Wie heißt die Stelle $x = 0$ in der Funktion $f(x) = \frac{3}{x}$?
   - Undefiniertheitsstelle
   - Nullstelle
   - Unberechenbarkeitsstelle
   - Nullpunkt
9. Welche Aussage über die O-Notation für die Komplexität von Algorithmen trifft zu?
   - Die Funktion $f(N)$ gehört zur Komplexitätsklasse $O(g(N))$, wenn für »große N« gilt: $f(N) = g(N)$.
   - Die Funktion $f(N)$ gehört zur Komplexitätsklasse $O(g(N))$, wenn für »große N« gilt: $f(N) < g(N)$.
   - Die Funktion $f(N)$ gehört zur Komplexitätsklasse $O(g(N))$, wenn für »große N« gilt: $f(N) \leq g(N)$.
   - Die Funktion $f(N)$ gehört zur Komplexitätsklasse $O(g(N))$, wenn für »große N« gilt: $f(N) \geq g(N)$.
10. Zu welcher Komplexitätsklasse gehört die lineare Suche, die ein Element nach dem anderen mit dem Suchwert vergleicht?
    - $O(N^2)$
    - $O(N!)$
    - $O(2^N)$
    - $O(N)$

Kapitel 4
Hardware

Eine Maschine kann die Arbeit von fünfzig gewöhnlichen Menschen leisten, aber sie kann nicht einen einzigen außergewöhnlichen ersetzen.
– Elbert Hubbard

Dieses Kapitel beschäftigt sich mit dem Aufbau von Computersystemen und ihren Bestandteilen. Als Erstes geht es um die grundlegende Struktur und das Zusammenwirken der verschiedenen Bestandteile von Computern. Anschließend werden die Elemente der Zentraleinheit vorgestellt und danach die wichtigsten Peripheriegeräte.

Auch in diesem Kapitel wurde Wert darauf gelegt, Ihnen neben dem unvermeidlichen Prüfungswissen vor allem nützliche Informationen zu bieten. Sie erfahren zum Beispiel auf praktische Art und Weise, wie Sie Komponenten anschließen können, wie Sie eine CD oder DVD brennen und wie Sie das BIOS konfigurieren oder mit Massenspeichern umgehen.

Die wichtigste Art der Hardware, die in diesem Kapitel konsequent nicht behandelt wird, ist sämtliches Netzwerkzubehör. Netzwerkgeräte wie Netzwerkkarten, DSL-Anschlüsse oder verschiedene Netzwerkkabel werden ausführlich im nächsten Kapitel besprochen.

4.1 Grundlagen

Computerhardware lässt sich nach einem einfachen Schema in verschiedene Bestandteile aufteilen. Dieses Schema sehen Sie in Abbildung 4.1. Die Hardware besteht grundsätzlich aus Zentraleinheit und Peripherie. Zur Zentraleinheit zählen vor allem der Mikroprozessor, der Arbeitsspeicher (RAM), die verschiedenen Bus- und Anschlusssysteme sowie das BIOS. Zur Peripherie gehören sämtliche Bauteile, die zusätzlich an die Zentraleinheit angeschlossen werden; sie dienen der Ein- und Ausgabe sowie der dauerhaften Speicherung von Daten.

Computer arbeiten, schematisch gesehen, nach einem Verfahren, das als *EVA-Prinzip* (für *Eingabe*, *Verarbeitung* und *Ausgabe*) bezeichnet wird: Über eine Eingabeeinheit wie die Tastatur, die Maus oder einen Datenträger gelangen Daten in den Computer, werden durch den eigentlichen Rechenkern verarbeitet und über ein Ausgabegerät wie Monitor oder Drucker wieder ausgegeben. Ein- und Ausgabe sind Sache der Peripheriegeräte, für die Verarbeitung sind die Komponenten der Zentraleinheit zuständig.

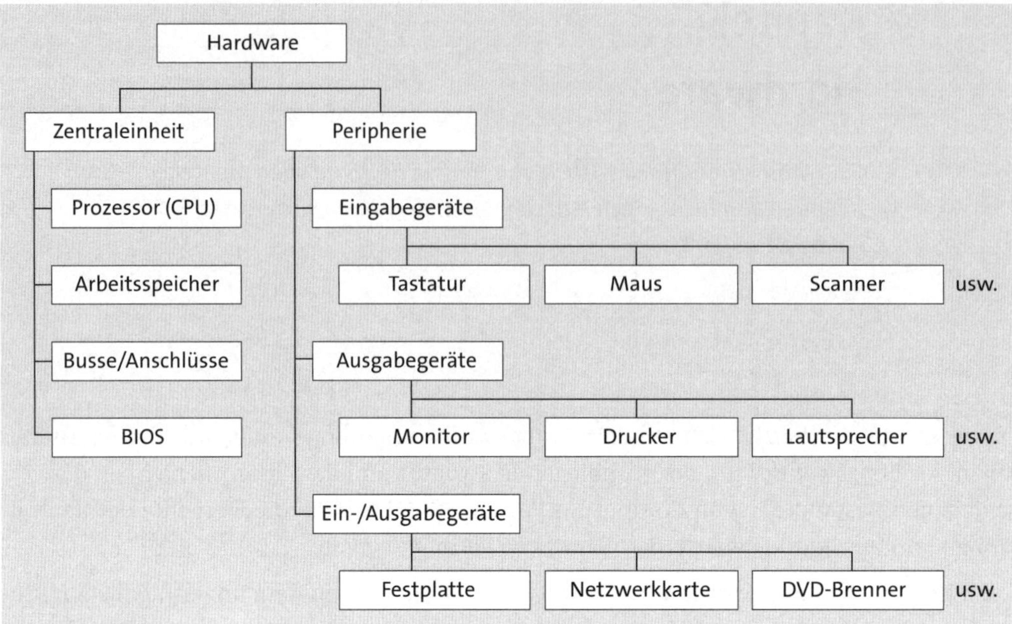

Abbildung 4.1 Überblick über die Systematik der Computerhardware

Dieses Verfahren lässt sich durch die gesamte in Kapitel 1, »Einführung«, skizzierte Geschichte der Computer verfolgen. Tabelle 4.1 zeigt eine Übersicht über die verschiedenen Computergenerationen und ihre typischen Umsetzungen von Eingabe, Verarbeitung und Ausgabe. Beachten Sie, dass dies lediglich eine schematische Übersicht ist; der Wechsel der dominierenden Ein- und Ausgabegeräte erfolgte allmählich und nicht genau mit dem Wechsel der Rechnergenerationen.

Rechnergeneration	Eingabeeinheit	Verarbeitungseinheit	Ausgabeeinheit
1. Röhrenrechner	Schalttafeln	Röhrenschaltungen, Trommelspeicher	Leuchtanzeigen, Endlosdrucker
2. Transistorrechner	Lochkarten	Transistorschaltungen, Magnetkernspeicher	Endlosdrucker
3. IC-Rechner	Terminal, Magnetband	IC-Schaltungen	Terminal, Endlosdrucker, Magnetband
4. Mikrocomputer	Tastatur, Maus, Scanner, CD-Laufwerk, Festplatte etc.	Mikroprozessor, IC-basierter Speicher	Monitor, Drucker, CD-Laufwerk, Festplatte etc.

Tabelle 4.1 Generationswechsel bei der Eingabe-, Verarbeitungs- und Ausgabeeinheit

Die grundlegende Beschreibung der Funktionsweise eines Computers lieferte das Konzept, das John von Neumann bereits 1946 aufstellte. Mit gewissen Abwandlungen durch neuere Entwicklungen gilt dieses Prinzip auch noch heute. Ein Von-Neumann-Rechner besteht aus den folgenden schematisch beschriebenen Komponenten:

- Das *Steuerwerk* liest einen Befehl und seine Operanden nach dem anderen und interpretiert ihn anhand einer Befehlstabelle.
- Das *Rechenwerk* führt die diversen arithmetischen und logischen Operationen durch.
- Der *Hauptspeicher* enthält die Befehle des zurzeit ausgeführten Programms und die Daten, die gerade verarbeitet werden.
- *Ein- und Ausgabeeinheit* kommunizieren mit der Umwelt, um neue Programme und Daten entgegenzunehmen und fertig verarbeitete Daten wieder auszugeben.

Rechen- und Steuerwerk sind noch heute die wichtigsten Komponenten von Mikroprozessoren. Diese Elemente bestehen zwar heutzutage genau wie der Hauptspeicher aus völlig anderen Bauteilen, als man sich es zu von Neumanns Zeiten vorstellen konnte, erfüllen aber nach wie vor die gleiche Funktion. Ein- und Ausgabeeinheit werden im Von-Neumann-Konzept ohnehin nur abstrakt beschrieben und können durch völlig beliebige Geräte umgesetzt werden.

Personal Computer gibt es in verschiedenen Varianten:

- *Desktop-PCs* sind die seit über 30 Jahren übliche Standardvariante. Sie werden heute fast immer als aufrecht stehende Tower-Gehäuse realisiert. Vorn befinden sich die – inzwischen seltener werdenden – Wechsellaufwerke (beispielsweise DVD-Brenner und Blu-Ray-Laufwerk) und manchmal zusätzliche USB-Anschlüsse oder SD-Card-Slots. Hinten sind zahlreiche weitere Anschlüsse zu finden, unter anderem für Stromversorgung, Monitor, Netzwerk und Ähnliches. Im Inneren des Rechners befinden sich einige Steckplätze für Erweiterungskarten, deren Anschlüsse ebenfalls auf der hinteren Seite nach außen geführt werden.
- *Kompakt-Desktoprechner* (inspiriert durch Apples Mac mini) sind kaum größer als eine DVD und höchstens 10 cm hoch. Sie verfügen meist über eine Festplatte und manchmal einen DVD-Brenner. Im Gegensatz zu gewöhnlichen Desktop-PCs sind sie aus Platzgründen so gut wie gar nicht erweiterbar, aber meist billiger. Eine andere Variante sind Rechner, die in den zugehörigen Monitor integriert sind. Auch hier machte Apple den Anfang mit dem iMac (ursprünglich mit Röhrenmonitor, seit einigen Jahren mit Flachbildschirm).
- *Laptops*, auch *Notebooks* genannt, sind All-in-one-Rechner für unterwegs. In aller Regel können sie aufgeklappt werden und verfügen dann über eine Tastatur, die auf dem Tisch oder einer anderen Unterlage liegt, sowie über ein ungefähr hochkant stehendes LCD-Display. Die Displaydiagonale beträgt 12 bis 17 Zoll, das heißt, es gibt sehr kompakte und

damit gut transportierbare Laptops und solche, deren Ausstattung einen Desktop-PC ersetzen kann.

Immer häufiger kommen auch *Hybridgeräte* zwischen Laptop und Tablet zum Einsatz, beispielsweise das Microsoft Surface Pro. Sie verfügen wie Tablets über einen Touchscreen, und die Tastatur kann an- und abgestöpselt sowie ganz nach hinten umgeklappt werden.

- Eine relative Neuentwicklung waren die seit 2008 verfügbaren *Netbooks*. Das erste Modell war der Asus Eee PC; seitdem ziehen zahlreiche Hersteller nach. Netbooks sind kleiner und sparsamer ausgestattet als Notebooks; ein DVD-Laufwerk passt nicht in das Gehäuse. Die Displaygröße beträgt 8 bis 10 Zoll.

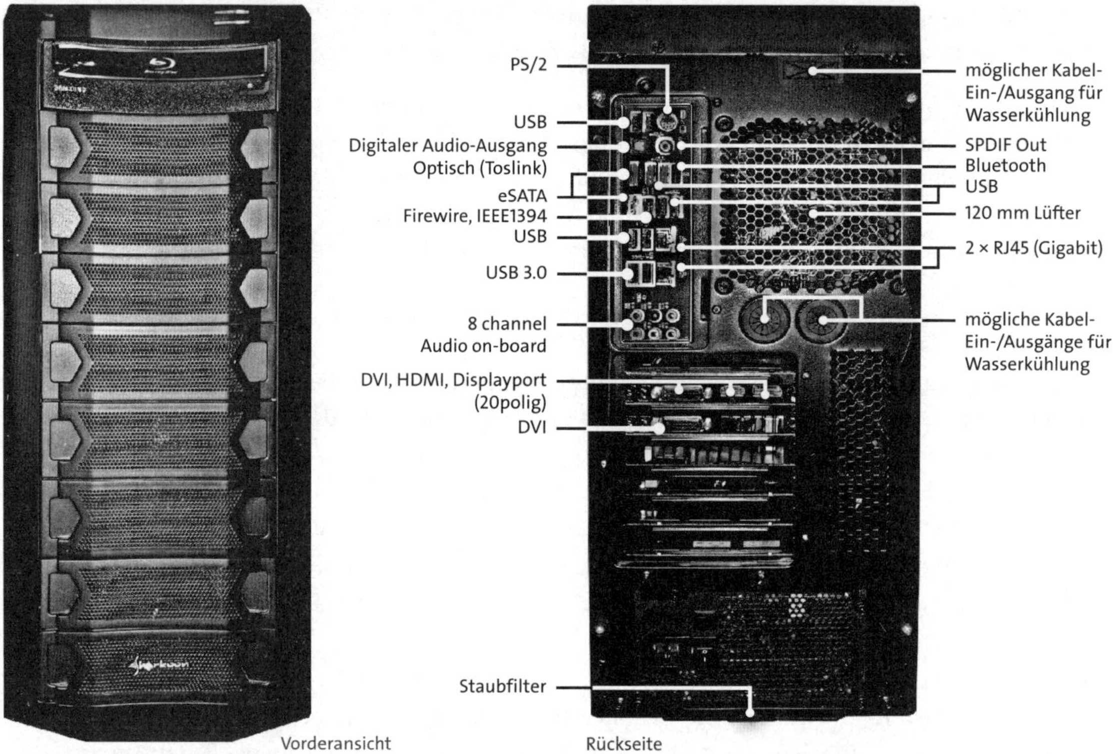

Abbildung 4.2 Vorder- und Rückseite eines PCs (Fotos: Benjamin Philipp)

Abbildung 4.2 zeigt die Vorder- und die Rückseite eines gut ausgestatteten, halbwegs modernen Desktop-PCs. Auf der Vorderseite erkennen Sie oben ein Blu-Ray-Laufwerk, das natürlich auch DVDs und CDs verarbeiten kann.

Auf der Geräterückseite finden Sie zahlreiche Anschlüsse. Links oben liegen die verschiedenen Buchsen der Onboard-Komponenten: mehrere USB- und USB-3.0-Anschlüsse, FireWire, eSATA, zwei Gigabit-Ethernet-Anschlüsse, Audio etc. Unten sind die nach außen geführten

Anschlüsse der Einsteckkarten zu finden, vor allem eine Grafikkarte mit DVI-, HDMI- und Displayport-Anschlüssen.

In Abbildung 4.3 sehen Sie das Innenleben desselben Rechners. Auch hier wurden die verschiedenen Komponenten im Bild beschriftet, um das Ganze übersichtlicher zu machen. In den folgenden Abschnitten werden die einzelnen Bestandteile genauer beschrieben.

Abbildung 4.3 Das Innenleben eines PCs (Foto: Benjamin Philipp)

4.2 Die Zentraleinheit

Die Zentraleinheit besteht bei einem modernen PC im Wesentlichen aus den Komponenten der Hauptplatine, die auch *Mainboard* oder *Motherboard* genannt wird. Im Einzelnen gehören die folgenden wesentlichen Bestandteile dazu:

- Der *Mikroprozessor* (*Central Processing Unit*, kurz CPU) ist das eigentliche Herzstück des Computers, das für die Ausführung der Programme sowie für die zentrale Steuerung und Verwaltung der Hardware zuständig ist. Die meisten Desktop-PCs besitzen nur einen Mikroprozessor, maximal sind es in diesem Bereich zwei. Praktisch alle neueren PC- und Mobile-Mikroprozessoren sind jedoch Dualcore- oder auch Multicore-Prozessoren, die zwei oder mehr komplette CPU-Kerne in einem Gehäuse vereinen. Beim neuesten Spitzenmodell Intel Core i9 sind es beispielsweise zehn oder acht Kerne, während verschiedene Varianten des Intel Core i7 mit vier, sechs oder acht Kernen verfügbar sind. Wichtig ist in diesem Fall, dass das verwendete Betriebssystem und die Anwendungsprogramme die Verteilung der Arbeit auf mehrere Prozessoren beziehungsweise Prozessorkerne überhaupt unterstützen.

Besonders für schnelle Fließkomma- und Vektoroperationen optimiert sind übrigens die speziellen Prozessoren der Grafikkarten (die manchmal auch direkt auf dem Mainboard zu finden oder gar in das CPU-Gehäuse integriert sind). Diese Prozessoren werden *GPU* (*Graphics Processing Unit*) genannt und kommen nicht nur für ihre eigentliche Aufgabe, die Grafik, sondern oft auch für schnelle Rechenoperationen in Bereichen wie Machine Learning (siehe Kapitel 10, »Datenanalyse, Machine Learning, künstliche Intelligenz«) zum Einsatz.

- Der *Arbeitsspeicher* (das *Random Access Memory*, kurz *RAM*) enthält während der Laufzeit die Programme, die gerade ausgeführt werden, sowie die von ihnen verwendeten Daten. Die meisten modernen Betriebssysteme unterstützen die virtuelle Speicheradressierung, die die von Programmen verwendeten Speicheradressen von den physikalischen Adressen abstrahiert und auf diese Weise das Auslagern nicht benötigter Inhalte auf die Festplatte ermöglicht.
- Das *ROM* (für *Read-only Memory*, also *Nur-Lese-Speicher*) ist bei modernen PCs nicht mehr so wichtig wie früher. Anstelle des gesamten Betriebssystems und anderer Programme enthält es heutzutage in der Regel nicht viel mehr als ein Programm, das beim Einschalten die wichtigsten Hardwarekomponenten überprüft und dann das Booten des Betriebssystems von einem Datenträger in Gang setzt. Dieses Programm wird bei Intel-PCs traditionell *BIOS* genannt, bei älteren Macintosh-Rechnern einfach *ROM*. Inzwischen kommt jedoch auf beiden Plattformen eine modernere Firmware namens *UEFI* (*United Extensible Firmware Interface*) zum Einsatz.

  Bei 80er-Jahre-Heimcomputern war das ROM erheblich wichtiger: Fast alle hatten ein einfaches Betriebssystem sowie einen Editor und einen Interpreter für die Programmiersprache BASIC fest im ROM eingebaut. Der Vorteil solcher Systeme war, dass sie unmittelbar nach dem Einschalten verfügbar waren. Der Nachteil bestand natürlich darin, dass es kaum möglich war, ein anderes Betriebssystem zu verwenden als das eingebaute.

  Fest ins ROM eingebaute Betriebssysteme oder Anwendungsprogramme besitzen heute nur noch Spezialcomputer: kleine, leicht konfigurierbare Routerboxen, Industrie-PCs, die aufgrund der unwirtlichen Umgebung ohne mechanische Teile auskommen müssen, oder auch die weitverbreiteten *Embedded Systems*, also die eingebauten Computer etwa in Automotoren, Spülmaschinen oder Produktionsanlagen.
- Der *Chipsatz* (englisch: *chipset*) ist in der Regel fest auf dem Mainboard verlötet. Es handelt sich um eine Gruppe von Schaltkreisen, die spezielle Steuerungsaufgaben überneh-

men. Sie enthalten vor allem die Steuerfunktionen für sämtliche Anschlüsse, die das Mainboard zu bieten hat. Die Qualität der unterschiedlichen Chipsätze hat einen erheblichen Einfluss auf die Performance eines Rechners.

- Die verschiedenen Busse und Schnittstellen dienen zum einen der Kommunikation zwischen den Bestandteilen des Mainboards, zum anderen dem Anschluss aller Arten von Peripheriekomponenten, angefangen bei den diversen Steckkarten wie Sound-, Grafik- oder Netzwerkkarten über verschiedene Arten von Laufwerken bis hin zu Druckern, Scannern oder Digitalkameras.

Bitte beachten Sie, dass die auf vielen Mainboards enthaltenen Onboard-Komponenten, also die fest verlöteten Grafik-, Sound- oder Netzwerkanschlüsse samt Steuerchips, formal kein Bestandteil der Zentraleinheit sind; sie gehören trotz ihrer Unterbringung auf der Hauptplatine zur Peripherie.

In älterer Literatur werden die Begriffe *Zentraleinheit* und *Central Processing Unit* (CPU) manchmal synonym gebraucht; laut einer solchen Begriffsverwendung besteht diese »CPU« aus Mikroprozessor und Arbeitsspeicher. Der Fehler kam zustande, weil die Verhältnisse bei Großrechenanlagen der 60er- und 70er-Jahre des 20. Jahrhunderts betrachtet wurden. Diese Geräte besaßen noch keine Mikroprozessoren, das Rechenwerk und der Arbeitsspeicher (*Core*) ließen sich tatsächlich nicht ohne Weiteres voneinander trennen.

Ein neuer Trend packt Prozessor und RAM allerdings tatsächlich in dasselbe Gehäuse: Das Ganze wird *Computer on a Chip* genannt und kam bis Mitte 2020 nur in Smartphones und Tablets zum Einsatz, beispielsweise in Gestalt der von Apple und ARM entwickelten iPhone- und iPad-Prozessoren. Die neueste Generation von Apples MacBook Pro verwendet statt der bisherigen Intel-CPUs ein ähnliches Kernstück namens M1, das einen Multicore-Prozessor, eine GPU und (bisher) 8 oder 16 GiB RAM in sich vereint. Die Prozessorkerne sind je zur Hälfte für hohe Rechengeschwindigkeit beziehungsweise für möglichst niedrigen Energieverbrauch optimiert; je nach Anwendung und Akkuladestand wird eine der beiden Kernarten bevorzugt.

4.2.1 Aufbau und Aufgaben des Prozessors

Mikroprozessoren sind komplexe integrierte Schaltkreise, die anfangs aus einigen Tausend Transistoren bestanden. Heute setzen sie sich sogar aus mehreren Millionen Transistoren zusammen, sind aber nicht viel größer als die ursprünglichen Prozessoren. Wegen des Fortschritts der fotolithografischen Verfahren, mit denen die Schaltungen auf die Siliziumscheiben aufgebracht werden, wird die Integrationsdichte immer höher.

Der Mikroprozessor wird auf die Hauptplatine aufgesteckt. Es gibt zahlreiche verschiedene Bauformen und Prozessorsockel, die sich im Laufe der Jahre stark verändert haben. Selbst innerhalb der Welt der Intel-kompatiblen PCs passt bei Weitem nicht jeder Prozessor auf jedes Mainboard.

Bis zum Pentium Pro steckten alle Intel-Prozessoren waagerecht in einem Sockel; sie waren rechteckig (bis zum 386er-Prozessor) und später quadratisch und besaßen unterschiedliche Anzahlen von Pins (Anschlüssen). Der Pentium II, die ersten Pentium-III-Modelle und manche älteren AMD-Athlon-CPUs waren erheblich größer und wurden senkrecht in einen Slot gesteckt. Das liegt daran, dass bei diesen Prozessoren der Level-2-Cache, ein schneller Zwischenspeicher, in das Prozessorgehäuse integriert wurde.

Da die Integrationsdichte der Transistoren auf dem Prozessor jedoch immer noch weiter gesteigert werden konnte, gelang es, spätere Pentium-III-Modelle, den Pentium 4, den AMD Athlon XP und neuere Modelle mitsamt L2-Cache wieder in die klassische Sockelform zu bringen, die weniger Strom verbraucht und besser zu kühlen ist.

Technischer Überblick

Schematisch gesehen, besitzt ein Mikroprozessor die folgenden Bestandteile (im Fall von Multicore-Prozessoren teilweise je einmal pro Kern):

- Die *ALU* (*Arithmetic-Logical Unit*, auf Deutsch: arithmetisch-logische Einheit) ist die moderne Umsetzung eines Rechenwerks. Dieser Teil des Prozessorkerns führt mathematische Operationen und logische Verknüpfungen durch. Heutige Prozessoren besitzen in der Regel getrennte ALUs oder ALU-Teile für ganzzahlige Operationen und für Fließkommaoperationen; die Fließkommakomponente wird dabei als *Floating Point Unit* (*FPU*) bezeichnet. Bei früheren Prozessoren mussten die Fließkommaoperationen durch komplexe Ganzzahlberechnungen simuliert werden, später verwendete man externe Fließkommaeinheiten, die als *arithmetische Koprozessoren* bezeichnet wurden.

  Bei den Intel-Prozessoren besaß erst der 486 DX eine eingebaute Fließkommaeinheit, das Vorgängermodell 486 SX konnte optional durch den Koprozessor 487 ergänzt werden. Dieses Verfahren hatte Intel bereits ab dem 8086-Prozessor und dem separat erhältlichen Koprozessor 8087 verwendet.

  GPUs erledigen Fließkommaoperationen übrigens noch schneller als klassische FPUs, sind aber auch stromhungriger und dadurch kühlungsbedürftiger als diese, sodass sie typischerweise nur zum Einsatz kommen, wenn es erforderlich ist.
- Die *Register* sind einzelne spezialisierte Speicherstellen innerhalb des Prozessorkerns. Die ALU rechnet vor allem mit Werten, die innerhalb der Register abgelegt sind. Verwechseln Sie die Register nicht mit dem Arbeitsspeicher; ein typischer Prozessor besitzt nur relativ wenige Register (zum Beispiel 32 Stück) und verwendet sie nicht zur längerfristigen Ablage von Informationen.
- Das *Steuerwerk* (*Control Unit*) übernimmt die Kontrolle über die Ausführung des Programmcodes und initiiert andere Steuerungsfunktionen. Der *Befehlszeiger*, ein spezielles Register, verweist auf die Speicheradresse, aus der der nächste Programmbefehl gelesen wird. Bei einem Sprung im Programm muss der Befehlszeiger auf die richtige, neue Ad-

resse gesetzt werden. Ein weiteres Register, das vom Steuerwerk verwaltet wird, ist der *Stack-Zeiger* (*Stack Pointer*), der die aktuelle Position auf dem Stack anzeigt.

Heutzutage sind Steuerwerke recht komplizierte Bauteile, weil bereits auf Prozessorkernebene Unterstützung für die abwechselnde, scheinbar gleichzeitige Ausführung mehrerer Prozesse (Multitasking) eingebaut ist. Aus diesem Grund genügt es nicht, dass das Steuerwerk sich um den Gang eines linear ablaufenden, höchstens durch Sprünge verzweigenden Programms kümmert, sondern es muss in Zusammenarbeit mit Mechanismen des Betriebssystems dafür sorgen, dass ein sauberer Wechsel zwischen den verschiedenen Prozessen stattfindet. Das Konzept wird in Kapitel 6, »Betriebssysteme«, genauer erläutert.

- Die *Befehlstabelle* (*Instruction Table*) ermöglicht die Decodierung der verschiedenen Maschinenbefehle in einem Computerprogramm: Jeder Befehl, der aus dem laufenden Programm gelesen wird, besitzt einen bestimmten numerischen Wert. Je nach Befehlsnummer werden unterschiedliche Schaltungen aktiviert, die für ein bestimmtes Verhalten des Prozessors sorgen.
- Über verschiedene Busse (Datenleitungen) ist der Prozessor mit der Außenwelt, also mit den anderen Komponenten des Mainboards, verbunden: Der Datenbus dient dem Austausch von Dateninhalten mit dem Arbeitsspeicher, der Adressbus überträgt die zugehörigen Speicheradressen, und der Steuerbus kümmert sich um die Ansteuerung der Peripherieanschlüsse. Das Bussystem gehört nicht zum Prozessorkern und ist daher in der CPU unabhängig von der Anzahl der Kerne nur einmal vorhanden.

In heutigen Prozessoren sind darüber hinaus die sogenannten *Caches* untergebracht. Es handelt sich um kleine, aber sehr schnelle Zwischenspeicher, in denen Befehle oder Daten abgelegt werden können, die bald wieder benötigt werden. Die Verwendung von Caches macht den Bau von PCs erheblich wirtschaftlicher. Es wäre schlicht zu teuer, den gesamten Hauptspeicher aus den schnellen Bausteinen aufzubauen, aus denen der Cache besteht, und würde darüber hinaus zu viel Strom verbrauchen. Deshalb wird eine mehrstufige Speicherarchitektur verwendet:

- Der *Level-1-Cache* oder kurz L1-Cache ist unmittelbar im Prozessorkern untergebracht und wird mit derselben Taktrate (siehe den nächsten Unterabschnitt, »Leistungsmerkmale von Prozessoren«) betrieben wie der Prozessor selbst. Das bedeutet natürlich, dass Mehrkern-CPUs je einen Level-1-Cache pro Kern besitzen. Dieser Cache ist sehr klein; beim Intel Pentium 4 war er beispielsweise nur 16 KiB (12 KiB für Befehle, 4 KiB für Daten) groß, beim AMD Athlon 128 KiB (je 64 KiB für Befehle und Daten), und beim aktuellen Intel Core i9 sind es 10 · 64 KiB oder 8 · 64 KiB (jeder der zehn beziehungsweise acht Kerne hat einen eigenen L1-Cache mit je 32 KiB für Befehle und Daten). Bei den anderen aktuellen Intel-Prozessoren ist die Cache-Größe pro Kern identisch, aber sie haben weniger Kerne. Den L1-

Cache verwendet der Prozessor vornehmlich bei der Ausführung sehr kurzer Schleifen aus wenigen Befehlen.

- Der *Level-2-Cache* (L2-Cache) war bis zum ursprünglichen Pentium-Prozessor außerhalb des eigentlichen Prozessorgehäuses auf dem Mainboard untergebracht. Seit dem Pentium II befindet er sich im Prozessorinneren, ohne zu dessen Kern zu gehören. Ein Prozessor hat also unabhängig von der Anzahl seiner Kerne nur einen L2-Cache. Er wird mit einem Vielfachen der Geschwindigkeit des normalen Arbeitsspeichers betrieben, aber mit einem Bruchteil der Prozessorgeschwindigkeit. Dafür ist er erheblich größer als der L1-Cache, beispielsweise 256, 512 oder gar 1.024 KiB.

  Ein erheblich kleinerer Level-2-Cache war übrigens der wichtigste Unterschied zwischen den vor einigen Jahren vorherrschenden »normalen« Prozessoren Intel Pentium 4 und AMD Athlon auf der einen Seite und den abgespeckten Varianten Intel Celeron und AMD Duron auf der anderen. Dies führte zu CPUs, die langsamer arbeiten, aber erheblich billiger sind, darüber hinaus Strom sparen und deshalb gut für den Ausbildungsbereich oder für Notebooks geeignet sind.

- Die meisten modernen Prozessoren verfügen darüber hinaus über einen *Level-3-Cache*, der entsprechend noch weiter vom Prozessorkern entfernt ist und wiederum langsamere Speicherbausteine verwendet als der L2-Cache. Seine Größe liegt im MiB-Bereich (bei modernen Intel-CPUs zum Beispiel 16 MiB).
- Der eigentliche Arbeitsspeicher (RAM) dient der normalen Speicherung der Programme, die aktuell ausgeführt werden, und der von ihnen verarbeiteten Daten. Die RAM-Bausteine, aus denen der Arbeitsspeicher zusammengesetzt ist, arbeiten bei älteren PCs mit derselben Taktrate wie das Mainboard, bei modernen Computern dagegen mit dem Zwei-, Vier- oder sogar Achtfachen davon.
- Falls auch der normale Arbeitsspeicher nicht mehr ausreicht, um alle Daten der aktuell geladenen Programme aufzunehmen, werden Inhalte aus dem RAM, die nicht besonders dringend benötigt werden, auf die Festplatte ausgelagert. Dieser Vorgang wird je nach Prozessorarchitektur und Betriebssystem als *Swapping* oder *Paging* bezeichnet und in Kapitel 6, »Betriebssysteme«, näher beschrieben. Moderne Prozessoren unterstützen eine solche virtuelle Speicherverwaltung durch eine eingebaute Komponente namens *Memory Management Unit* (MMU).

Programmierer*innen haben übrigens so gut wie keinen Einfluss darauf, welche Daten der Prozessor in einem der Caches ablegt. Eine wichtige Entscheidungsgrundlage ist dagegen eine Einheit in der CPU, die als *Sprungvorhersage* (*Branch Prediction*) bezeichnet wird: Während der Ausführung von Programmen berechnet der Prozessor, wohin der nächste Sprung im Programm am wahrscheinlichsten führen wird. Anhand dieser Daten kann der Prozessor jeweils entscheiden, ob es sich lohnt, bestimmte Programmteile oder Daten im Cache abzulegen oder nicht.

Abgesehen davon, dass die meisten Prozessoren über mehrere Kerne verfügen, beherrschen viele von ihnen auch noch eine Technik, die als *Threading* bezeichnet wird. Dabei arbeitet ein Kern zwei Aufgaben (Threads) parallel ab und bildet so zwei virtuelle Prozessorkerne. Beispielsweise haben Spitzenvertreter der Intel-Core-i9- und Core-i7-Familien auf diese Weise zehn beziehungsweise acht Kerne, können aber entsprechend 20 beziehungsweise 16 Threads gleichzeitig abarbeiten.

Leistungsmerkmale von Prozessoren

Dass Prozessoren im Lauf der Jahre immer leistungsfähiger wurden, dürfte allgemein bekannt sein und ist für technische Geräte fast selbstverständlich. Als Maßstab bei Prozessoren – oder allgemein bei integrierten Schaltkreisen – gilt hier das *mooresche Gesetz*, das *Gordon Moore*, einer der Gründer von Intel, 1965 formulierte. Danach verdoppelt sich die Integrationsdichte von ICs alle 18 bis 24 Monate. Bisher trifft dies in etwa zu. Die Integrationsdichte ist allerdings nicht der einzige Faktor, der die Leistungsfähigkeit eines Prozessors bestimmt. Daher ist es wichtig, die verschiedenen Leistungsmerkmale zu kennen und zuordnen zu können.

Die wichtigste Information über die Leistungsfähigkeit eines Mikroprozessors ist seine Wortbreite. Dieser Wert gibt an, aus wie vielen Bits ein Maschinenwort dieses Prozessors besteht. Je breiter ein solches Maschinenwort ist, desto mehr unterschiedliche Zustände oder Werte kann der Prozessor im gleichen Durchgang bearbeiten. Dies beeinflusst unter anderem die Größe des direkt adressierbaren Arbeitsspeichers, die Größe von Ganzzahlen und die Genauigkeit von Fließkommazahlen. Verschiedene Komponenten eines Prozessors können unterschiedliche Wortbreiten aufweisen (auch wenn das seit Langem unüblich geworden ist):

- Die Wortbreite der Register betrifft die Rechenfähigkeiten der ALU, nämlich die mögliche Größe von Ganzzahlen und die Genauigkeit von Fließkommawerten.
- Die Breite des Datenbusses bestimmt, wie viele Bits gleichzeitig aus dem Arbeitsspeicher gelesen oder in ihn geschrieben werden können. Da dieser Wert also den Datenaustausch mit Programmen betrifft, ist er für Programmierer*innen relevant und wird deshalb als Wertangabe für die Datenbreite des Prozessors selbst verwendet.
- Die Breite des Adressbusses regelt die maximale Größe von Speicheradressen und bestimmt deshalb, wie viel Arbeitsspeicher ein Prozessor überhaupt adressieren kann.
- Die Breite des Steuerbusses ist schließlich relevant dafür, mit welchen Arten von Peripherieanschlüssen ein Prozessor umgehen kann. Erst die Einführung der 32-Bit-Prozessoren ermöglichte deshalb die Entwicklung leistungsfähiger Peripherieschnittstellen wie PCI und AGP.

In Tabelle 4.2 finden Sie eine Übersicht über die verschiedenen Prozessorgenerationen. Das angegebene Entwicklungsjahr bezeichnet jeweils die Entstehung des ersten verfügbaren Prozessors mit der entsprechenden Wortbreite.

Jahr	Wortbreite	Anzahl Zustände	Beispiele
1971	4 Bit	16	Intel 4004
1974	8 Bit	256	Intel 8080 Zilog Z80 MosTek 6502
1978	16 Bit	65.536	Intel 8086 Motorola 68000
1985	32 Bit	> 2 Milliarden	Intel 80386* PowerPC
1992	64 Bit	> 18 Trillionen	DEC Alpha Intel Itanium AMD64-Architektur PowerPC G5
*) Der Intel 80386 SX besaß zwar 32 Bit breite Register, aber nur einen 16-Bit-Datenbus. Er konnte also schneller rechnen, aber nach außen nicht anders programmiert werden als ein 16-Bit-Prozessor. Aufgehoben wurde dies erst beim 386 DX.			

Tabelle 4.2 Übersicht über die Entwicklung der verschiedenen Prozessorgenerationen

Neben der Wortbreite gibt es verschiedene andere Kriterien, die die Geschwindigkeit von Prozessoren bestimmen. Die bekannteste Angabe ist die vom Intel- und AMD-Marketing gern zum Hauptgesichtspunkt erklärte *Taktfrequenz* (*Clock Rate*). Die Taktfrequenz wird nicht vom Prozessor selbst bestimmt, sondern ist ein Vielfaches des Mainboard-Takts (*Front Side Bus Clock Rate*). Auf dem Mainboard befindet sich eine *Steckbrücke* (*Jumper*) oder ein DIP-Schalter, mit dem der Multiplikator eingestellt wird. Er gibt an, mit dem Wievielfachen der FSB-Taktrate der Prozessor arbeitet.

Ist das Mainboard beispielsweise mit 133 MHz getaktet, führt die Einstellung eines Multiplikators von 20 zu einer CPU-Taktrate von 2,66 GHz. Auch wenn es technisch möglich ist, sollten Sie davon absehen, einen Prozessor durch Erhöhung des Multiplikators über den vom Hersteller angegebenen Wert zu takten (*Overclocking*). Dies kann nämlich zu einem vorzeitigen Ende des Prozessors führen.

Die Einteilung der Prozessoren in verschiedene Taktklassen kommt durch eine Qualitätskontrolle der verwendeten Siliziumscheiben zustande: Je hochwertiger der Grundstoff, desto höher kann die daraus hergestellte CPU gefahrlos getaktet werden. Wenn Sie einen

Prozessor unbedingt übertakten möchten, müssen Sie sich genau über spezielle Kühlsysteme informieren – es ist allerdings in der Regel teurer und aufwendiger, eine solche Kühlung einzubauen, als einfach den für die gewünschte Taktrate ausgelegten Prozessor zu kaufen.

Ganz davon abgesehen, sagt die Taktrate viel weniger über die tatsächliche Arbeitsgeschwindigkeit einer CPU aus, als die Intel-Werbung glauben machen möchte. Je nach Komplexität bestimmter Befehle dauert ihre Ausführung mehrere Taktzyklen; unterschiedliche Prozessorfamilien lösen verschiedene Aufgaben nicht immer mit der gleichen Effizienz. Außerdem verbringen Prozessoren einen Großteil ihrer Zeit mit Warten. Da Ein- und Ausgabe verhältnismäßig langsam stattfinden, hat ein Prozessor häufig nichts zu tun, weil die erforderlichen Daten nicht schnell genug nachkommen.

Insofern führt zu wenig Arbeitsspeicher beispielsweise zu erheblich größeren Geschwindigkeitseinbußen als ein etwas langsamerer Prozessor: Das Auslagern nicht benötigter Speicherinhalte auf die Festplatte und das Laden der als Nächstes erforderlichen Inhalte verbrauchen sehr viel Zeit. Beispielsweise ist es vollkommen unsinnig, ein speicherhungriges Programm wie die Bildbearbeitung Adobe Photoshop auf einem Rechner mit nur 2 oder 4 GiB RAM zu verwenden und zu erwarten, es würde in einigermaßen erträglicher Geschwindigkeit arbeiten.

Die tatsächliche Effizienz von Prozessoren lässt sich übrigens durch andere Werte besser angeben als durch die Taktrate:

- Die Anzahl der Befehle, die in einer Sekunde ausgeführt werden können, wird als *MIPS* (*Million Instructions per Second*) bezeichnet. Dieser Wert wird durch Benchmark-Tests (möglichst an realistische Anwendungen angelehnte Abfolgen von Befehlen) gemessen. Wichtig ist, dass für einen realistischen Vergleich unabhängige Benchmark-Programme verwendet werden und nicht diejenigen der Prozessorhersteller.
- Insbesondere für die Multimedia-Fähigkeiten eines Prozessors liefert die Anzahl der pro Sekunde durchführbaren Fließkommaoperationen, *FLOPS* (*Floating Point Operations per Second*), einen guten Anhaltspunkt: 3D-Grafik sowie Audio- und Videoperformance sind auf die Fähigkeit zu möglichst schnellen Fließkommaberechnungen angewiesen.

Prozessorarchitekturen

Es lassen sich zwei grundlegende Prozessorarchitekturen voneinander unterscheiden. Der Unterschied besteht in der Ausstattung der Befehlstabelle:

- Das klassische Modell, das auf Entwicklungen aus den 70er-Jahren basiert, versucht tendenziell, immer mehr und immer komplexere Anweisungen unmittelbar durch einzelne Prozessorinstruktionen zu verwirklichen. Aus diesem Grund wurde es – zur Unterscheidung vom später entwickelten zweiten Modell – nachträglich als *CISC* (*Complex Instruction Set Computer*), also als Rechner mit komplexem Befehlssatz, bezeichnet.

- Ein modernerer, in den 80er-Jahren entwickelter Ansatz versucht im Gegensatz dazu, die Struktur des Prozessors zu vereinfachen. Dazu wird der Befehlssatz auf wenige besonders schnell und einfach auszuführende Befehle reduziert. Komplexere Funktionen lassen sich durch mehrere solcher einfachen Instruktionen verwirklichen. Dieser Konstruktionsansatz beschleunigt die Ausführung der einfachen Befehle erheblich. Sie lassen sich durch ihre simple Struktur in Pipelines (Warteschlangen) anordnen. Dadurch kann auf effiziente Weise ein Befehl nach dem anderen ausgeführt werden. Beim klassischen Prozessordesign konnte dagegen selbst das Lesen des folgenden Befehls erst beginnen, wenn der vorherige vollständig abgeschlossen war. Diese Architektur wird als *RISC* (*Reduced Instruction Set Computer*) bezeichnet.

Die Hauptvertreter der CISC-Architektur sind die Prozessoren von Intel und dazu kompatible CPUs wie der AMD Athlon, die zusammenfassend als *x86-Architektur* bezeichnet werden. Allerdings wurden bereits in den im Jahr 1993 vorgestellten Pentium-Prozessor einige Funktionen eingebaut, die bis dahin nur in RISC-Prozessoren verwirklicht worden waren, beispielsweise die zuvor genannten Pipelines.

Dennoch verfolgten Intel und AMD den Weg des komplexen Befehlssatzes konsequent weiter: Der 1995 erschienene Pentium Pro wurde als erster Prozessor mit speziellen Befehlen für die Verarbeitung von Multimedia-Daten ausgestattet (*MMX = MultiMedia eXtensions*); AMD stattete seinen K6, den Vorläufer des Athlon, erstmals mit einer ähnlichen Erweiterung namens *3D Now!* aus. Anstatt also die Komplexität der Befehlssätze zu beschränken, ging man den gegenteiligen Weg und stattete die Prozessoren sogar noch mit zusätzlichen Spezialbefehlen aus. In der Tat laufen grafikintensive Anwendungen wie Spiele oder Simulationen um einiges schneller, wenn sie unter Berücksichtigung dieser zusätzlichen Befehle kompiliert werden. Dafür sind sie anschließend nicht mehr kompatibel mit allgemeinem »386er-Code«. Aus diesem Grund wird Software, die von diesen Erweiterungen Gebrauch macht, zunächst einmal überprüfen, auf welchem konkreten Prozessor sie gerade läuft, und davon abhängig unterschiedliche Fassungen des Programmcodes ausführen.

Die aktuellen 64-Bit-Desktopprozessoren von Intel und AMD basieren auf der AMD64-Architektur. Diese wurde unter dem Namen *Intel64* von Intel übernommen. Als 64-Bit-Nachfolgetechnologie der Intel-x86-Architektur wird sie auch als *x86-64-*, *x86_64-* oder kurz *x64*-Technologie bezeichnet. Intels eigene IA64-Architektur wird dagegen nur für Serverprozessoren verwendet.

Viele Nicht-Intel-Prozessoren nutzen eine RISC-Architektur. Dazu gehören beispielsweise die von Apple, IBM und Motorola gemeinsam entwickelten PowerPC-Prozessoren, die bis 2005 das Herzstück der PowerMacs bildeten. Auch die Prozessoren der Sun-SPARC-, Digital-Alpha- und MIPS-Baureihen sind RISC-CPUs. Trotz ihres unbestreitbaren Performancevorteils besitzen sie dennoch einige Nachteile. Beispielsweise benötigt eine RISC-CPU mehr Arbeitsspeicher, weil ein Maschinenprogramm aus zahlreicheren Einzelbefehlen besteht und deshalb mehr Speicher belegt als ein CISC-Programm.

Ungeachtet dessen gelang es Intel und AMD nach und nach, einige der RISC-Vorzüge in ihre Prozessoren einzubauen. Vor allem werden die komplexen CISC-Befehle in einzelne RISC-artige Mikroinstruktionen zerlegt, die anschließend vom eigentlichen Prozessorkern mit erheblich höherer Effizienz ausgeführt werden.

Wie Prozessoren arbeiten

Nach dieser theoretischen Aufbaubeschreibung von Mikroprozessoren ist es natürlich auch interessant, zu erfahren, wie ein Prozessor eigentlich arbeitet. Ein etwas konkreteres Beispiel erhalten Sie in Kapitel 3, »Elektronische und technische Grundlagen«, anhand eines virtuellen Prozessors und seiner verschiedenen Maschinenbefehle. Schematisch betrachtet, geschieht bei der Ausführung eines Programms durch den Prozessor Folgendes:

1. Der aktuelle Befehl wird aus dem Programm gelesen; die Stelle wird durch den Befehlszeiger des Prozessors angezeigt.
2. Der Prozessor schlägt die Nummer des erhaltenen Befehls in der Befehlstabelle nach und liest je nach Befehl die passende Anzahl darauffolgender Bytes als Parameter dieses Befehls. Dabei rückt der Befehlszeiger hinter das letzte Parameter-Byte, um für das Lesen des nächsten Befehls bereit zu sein.
3. Der Befehl wird ausgeführt. Dies ist der komplexeste Teil der Prozessortätigkeit, denn je nach konkretem Befehl können das Lesen von Daten aus dem Arbeitsspeicher, die Ansteuerung von Peripherieschnittstellen, das Rechnen in der ALU oder die Durchführung eines Sprungs im Programm dazugehören.
4. Falls ein Sprung stattfindet, wird der Befehlszeiger an die entsprechende neue Position gesetzt. Andernfalls geht es an der nach dem Lesen der Parameter ermittelten Stelle weiter.

Es lohnt sich übrigens, die Funktionsweise von Sprüngen etwas genauer zu betrachten. Prozessoren beherrschen nämlich grundsätzlich zwei verschiedene Arten von Sprüngen: Ein unbedingter Sprung wird immer ausgeführt, sobald der entsprechende Befehl gelesen wird. Bedingte Sprünge werden dagegen nur dann ausgeführt, wenn bestimmte Bedingungen zutreffen. Diese Bedingungen betreffen meist die Zustände eines *Flag-Registers*. Flags sind Status-Bits, deren Werte durch Vergleichsoperationen, Fehler oder direkte Manipulation durch ein Programm gesetzt werden.

Eine noch etwas komplexere Variante betrifft den Aufruf von Unterprogrammen: Anstatt ohne Wiederkehr zu einer bestimmten Programmstelle zu springen, wird hier die auf den Sprungbefehl folgende Adresse gespeichert. Dazu dient ein Last-in-first-out-Speicher, der als *Stack* (Stapel) bezeichnet wird. Wenn am Ende des Unterprogramms der Rücksprungbefehl erfolgt, holt sich das Programm den obersten Wert vom Stack und springt zur angegebenen Programmadresse. Die Adresse, die zu diesem Zeitpunkt den Abschluss des Stacks bildet, wird von einem speziellen Steuerregister angezeigt, dem *Stack Pointer*.

Ein weiterer Grund dafür, dass Programme nicht immer linear nacheinander ausgeführt werden, sind die zuvor bereits erwähnten Prozesse: Eine CPU führt üblicherweise abwechselnd Befehle mehrerer Programme aus. Vor dem Wechsel zu einem anderen Prozess wird dessen Zustand gespeichert, das heißt, die Inhalte der Prozessorregister werden gesichert, um sie bei der späteren Wiederaufnahme dieses Prozesses zurückzusetzen – aus der Sicht des Prozesses findet seine Ausführung also ohne Unterbrechung statt.

Der gefürchtete Stack Overflow

Der Stack sorgt übrigens für eines der am häufigsten auftretenden Sicherheitsprobleme, das von Crackern oder Virenprogrammierer*innen beim Einbruch in Computersysteme genutzt wird: Rekursiver Programmcode (der sich selbst als Unterprogramm aufruft, um verschachtelte Probleme zu lösen) enthält mitunter keine korrekte Abbruchbedingung, sodass der Stack irgendwann voll ist – es kommt zum *Stack Overflow* (Stapelüberlauf). In diesem Moment kann ein Angriff die oberste Adresse auf dem Stack durch die Startadresse eines schädlichen Programms ersetzen, sodass der nächste Rücksprungbefehl direkt in die Katastrophe führt.

In manchen schlecht abgesicherten Programmen können auch weitere Umstände für einen Stack Overflow oder andere Speicherüberläufe sorgen. Beispielsweise überprüfen die String-Funktionen der C-Standardbibliothek nicht, ob der Speicherplatz zur Aufnahme einer Zeichenfolge genügt, sodass ungeprüfte Benutzereingaben den Stack überschreiben könnten.

Im Zusammenhang mit Ein- und Ausgabevorgängen werden darüber hinaus sogenannte *Interrupts* verwendet: Da die Anfragen, die die Hardware an den Prozessor stellt, asynchron auftreten, muss der Prozessor sich immer wieder darüber informieren, ob ein Gerät auf eine Antwort wartet. Deshalb fragt er die verschiedenen Geräte in regelmäßigen Abständen ab und unterbricht unter Umständen den laufenden Prozess zugunsten der Hardwarekommunikation.

Maschinenbefehle

Die Maschineninstruktionen, von denen hier die Rede ist, lassen sich nicht mit den mächtigen Befehlen höherer Programmiersprachen vergleichen. Sie bewegen sich auf einem viel niedrigeren Niveau. Der Prozessor »weiß« nicht, dass er den Buchstaben A in 16-Punkt-Garamond auf den Bildschirm zeichnet, einen Videoclip abspielt oder das Spielprogramm »Tomb Raider« ausführt. Aus der Sicht der CPU geht es immer nur um Rechenschritte, also um die Manipulation irgendwelcher numerischen Werte.

Typische Maschinenbefehle lauten beispielsweise folgendermaßen:

- Hol den Wert aus der Speicherstelle mit der Nummer 9A33 und lege ihn im Rechenregister BX ab. In Intel-Assembler lautet diese Anweisung übrigens folgendermaßen: `MOV BX, $9A33`.
- Addiere den Wert 10 zum Inhalt des Rechenregisters BX: `ADD BX, 10`.
- Vergleiche das Register BX mit dem Wert 20: `CMP BX, 20`.

- Falls der Vergleichsbefehl »gleich« ergeben hat (ein bestimmtes Flag enthält den Wert 0), spring zur Programmadresse C9A4: `JE $C9A4` (`JE` steht für *jump if equals*, also »spring, falls gleich«).

Beachten Sie, dass die Assembler-Sprache bereits eine vereinfachende Abstraktion der Maschinensprache ist; in Wirklichkeit bestehen alle Befehle aus Zahlen. Es gibt zum Beispiel nicht *den* `MOV`-Befehl zum Verschieben von Speicherinhalten. Es handelt sich um eine ganze Sammlung von Befehlen, die lediglich gemeinsam haben, dass sie einen bestimmten Wert an einer bestimmten Stelle ablegen sollen: Das an erster Stelle angegebene Ziel kann ein Prozessorregister, eine Speicheradresse oder eine indirekte Adresse (eine Speicheradresse, deren Inhalt als Speicheradresse interpretiert werden soll) sein. Ebenso kann der Wert, der an der angegebenen Stelle gespeichert werden soll, ein konkreter Wert, ein Register oder eine Speicheradresse sein.

Andere Prozessorhersteller haben ihre Assembler-Sprachen nicht notwendigerweise genauso definiert wie Intel, die Aufteilung der Befehle in Gruppen mit demselben Namen kann vollkommen anders geregelt sein. Letzten Endes interessiert das alles den Prozessor ohnehin nicht, weil er gar kein Assembler versteht. Es handelt sich lediglich um eine bequemere Schreibweise der Maschinensprache für Menschen. Programme, die in Assembler geschrieben werden, müssen von einem geeigneten Programm in die eigentliche Maschinensprache übertragen (assembliert) werden. Natürlich ist dieser Vorgang einfacher als die Übersetzung einer höheren Programmiersprache, weil in der Regel jeder Assembler-Befehl für genau eine wohldefinierte Maschineninstruktion steht.

Was die Übersetzung von Hochsprachen angeht, ist zudem noch folgender Umstand interessant: Wenn Sie ein Programm schreiben und mit einem Compiler übersetzen, entsteht ein Programm, das nur auf einem bestimmten Prozessor läuft, weil es Maschinenbefehle für diesen Prozessor enthält. Allerdings funktioniert dieses Programm nicht über Betriebssystemgrenzen hinweg: Wenn Sie auf Ihrem Intel-PC beispielsweise Linux und Windows installieren, unter Linux ein C-Programm schreiben und kompilieren und anschließend Windows booten, kann das Programm dort nicht funktionieren. Programme, die in Hochsprachen geschrieben werden, bestehen nämlich nicht nur aus neutralen Maschinensprachanweisungen. Zahlreiche Funktionen, etwa zur Ein- und Ausgabe, werden durch Routinen des Betriebssystems bereitgestellt, die das Programm durch sogenannte *Systemaufrufe* anspricht. Dieser Mechanismus wird in den nächsten Kapiteln über Betriebssysteme und Programmierung noch genauer erläutert.

4.2.2 Der Arbeitsspeicher

Der Arbeitsspeicher eines Computers enthält die Programme, die aktuell ausgeführt werden, und die Daten, die von ihnen aktuell verarbeitet werden. Eingangs wurde bereits die mehrstufige Speicherarchitektur angesprochen, die vom Prozessor in Zusammenarbeit mit dem

Betriebssystem verwaltet wird. In diesem Abschnitt geht es dagegen konkret um den Arbeitsspeicher als Hardwarekomponente.

Der Arbeitsspeicher besteht aus Speicherbausteinen, die als *RAM* bezeichnet werden; die Abkürzung steht für *Random Access Memory* (Speicher mit wahlfreiem Zugriff). Der Begriff *Random Access* bedeutet in diesem Zusammenhang zweierlei:

- Die Inhalte dieses Speichers können sowohl gelesen als auch verändert werden. Den Gegenbegriff bildet das *ROM* (*Read-only Memory*), das unter »ROM« in Abschnitt 4.2.3, »Das BIOS«, näher behandelt wird.
- Auf jedes Byte des Speichers kann einzeln in beliebiger Reihenfolge zugegriffen werden. In diesem Zusammenhang ist *Random Access* der Gegenbegriff zum sequenziellen Zugriff, der beispielsweise bei Magnetbandspeichern eingesetzt wird.

Alle RAM-Bausteine haben gemeinsam, dass ihr Inhalt flüchtig ist. Sie müssen ständig mit Strom versorgt werden, weil es ansonsten zum vollständigen Datenverlust kommt. Es gibt allerdings zwei verschiedene Bauformen:

- Das *Dynamic RAM* (*DRAM*) benötigt nicht nur das Anliegen einer Spannung, sondern der Inhalt jeder einzelnen Speicherstelle muss mit jedem Taktzyklus aufgefrischt werden (Refresh). Es ist vergleichsweise günstig herzustellen und hat einen niedrigeren Stromverbrauch.
- Das *Static RAM* (*SRAM*) bedarf lediglich einer Spannung. Es arbeitet erheblich schneller als DRAM, verbraucht aber mehr Strom und ist viel teurer. SRAM-Bausteine werden deshalb nicht zur Realisation des ganzen Arbeitsspeichers eingesetzt, sondern nur für die Caches.

RAM ist stets in einzelnen Speicherzellen organisiert, die 1 Byte groß sind und jeweils eine eigene Adresse haben. Die Art und Weise, wie Speicher konkret adressiert wird, hängt vom Prozessor und indirekt vom Betriebssystem ab. Der Mechanismus der Speicheradressierung bei Intel-CPUs wird in Kapitel 6, »Betriebssysteme«, kurz erläutert.

Der eigentliche Arbeitsspeicher wird in Slots senkrecht auf dem Mainboard aufgesteckt. Es handelt sich um kleine rechteckige Platinen, die mit mehreren konkreten Chips versehen sind. Auf der einen Seite befindet sich eine Reihe von Kontakten, die in den entsprechenden Slot gehören. Bei aktuellen DIMM-Modulen (*Double Inline Memory Modules*) für DDR-RAM (oder auch schon für das ältere SD-RAM) müssen Sie dazu einen Hebel zur Seite ziehen und das Speichermodul fest (aber vorsichtig!) in den Slot drücken, bis es merklich einrastet und der Hebel sich automatisch in die aufrechte Position begibt.

Die veralteten SIMM-Module (*Single Inline Memory Modules*) für EDO- oder FP-RAM, die bei Pentium-I-Rechnern bis etwa 1996 verbreitet waren, müssen Sie dagegen schräg ansetzen und im Slot gerade rücken, bis sie ebenfalls einrasten. SIMM-Module sind daran zu erkennen, dass sie kürzer sind als DIMMs.

Es existieren verschiedene Bauformen von RAM-Bausteinen. Gängig sind zurzeit vor allem folgende:

- Das etwas unglücklich bezeichnete *DDR-RAM* (DDR steht für *Double Data Rate*) oder *DDR-SD-RAM* (*Synchronous Dynamic RAM*) besteht aus DIMM-Modulen (*Double Inline Memory Module*), die 168 Kontakte besitzen. Die Besonderheit besteht – wie der Name schon sagt – darin, dass diese Speicherbausteine mit der doppelten Datenrate gegenüber herkömmlichen SD-RAMs arbeiten. Pro Taktzyklus können sie also doppelt so viel Inhalt aufnehmen oder abgeben und beschleunigen so einen der schlimmsten Engpässe des PC-Designs. Inzwischen ist die vierte Generation dieser Bausteine üblich, das DDR4-RAM.
- Das inzwischen praktisch ausgestorbene Nicht-DDR-SD-RAM wurde ebenfalls in Form von DIMM-Modulen geliefert, war äußerlich also baugleich mit dem DDR-RAM. Der Zugriff auf diesen Speicher erfolgte mit der Taktfrequenz des Mainboards. So konnte PC133-SD-RAM auf Mainboards mit einer Taktfrequenz von 133 MHz eingesetzt werden; ältere Formen waren PC66- und PC100-SD-RAMs. PC100- und PC133-Module sind abwärtskompatibel: Werden sie auf einem langsameren Mainboard aufgesteckt, passen sie sich dessen Taktrate an.
- Etwas schneller als SD-RAM und das ursprüngliche DDR-RAM ist das RD-RAM oder Rambus-RAM. Es wird in Form sogenannter *RIMM-Module* (*Rambus Inline Memory Module*) geliefert, die mit 184 Pins etwas breiter sind als DIMMs.

  Ähnlich wie ein Prozessor wird Rambus-RAM mit einem (festen) Multiplikator betrieben, wodurch es erheblich schneller arbeitet als der Mainboard-Takt. Allerdings sind spezielle Mainboards mit besonderem Datenbus erforderlich, die nicht so verbreitet und daher teurer sind als Boards für DDR-RAM. Hinzu kommt, dass diese Speichersorte nur von der Firma Rambus hergestellt wird, sodass auch sie selbst erheblich teurer ist als ein DDR-RAM-Modul mit der gleichen Kapazität.

Für die Performance eines Rechners ist die Menge des Arbeitsspeichers erheblich wichtiger als die Speicherbausteintechnologie. Für einen gewöhnlichen Büro-PC sind 8 GiB RAM ein tolerierbarer Wert. Falls Sie dagegen Multimedia- oder DTP-Anwendungen einsetzen oder neuere Spiele spielen möchten, sollten es mindestens 16 GiB sein. Moderne Serversysteme brauchen sogar noch erheblich mehr Arbeitsspeicher. Denken Sie daran, dass all diese Werte einem sehr starken Wandel unterworfen sind – die vorliegenden Angaben gelten für Mitte 2021 und werden bald überholt sein.

4.2.3 Das BIOS

Ein besonderer Baustein, der sich seit dem ursprünglichen IBM-PC auf dem Mainboard jedes PCs befindet, ist das *BIOS* (*Basic Input/Output System*, also etwa »grundlegendes Ein-/Ausgabesystem«). Dieser Chip enthält die Firmware (in Hardware gegossene Software) mit der Basissteuerlogik des PCs. Bei jedem Start des Rechners sehen Sie eine Reihe von Kontrollmeldungen, die das BIOS ausgibt.

Inzwischen wird das BIOS bei Intel-Rechnern immer häufiger durch *EFI* (*Enhanced Firmware Interface*) oder die standardisierte Variante *UEFI* (*Unified EFI*) ersetzt. Bei Apple-Rechnern kommt diese moderne Alternative schon seit dem Umstieg auf Intel-Prozessoren im Jahr 2005 zum Einsatz, und auch die neuesten PCs werden immer häufiger mit UEFI geliefert. Die aktuellen Versionen der Betriebssysteme macOS, Windows und Linux unterstützen die Zusammenarbeit mit UEFI problemlos.

ROM

Der BIOS-Baustein ist ein *ROM* (*Read-only Memory*), also von der Idee her ein Speicher, der nur gelesen werden kann. Vorsichtiger ausgedrückt, muss man heute Folgendes sagen: Der Inhalt dieses Speichers kann nicht durch normale Schreibzugriffe des Betriebssystems verändert werden. In jedem Fall bleibt der Inhalt eines solchen Speichers aber auch dann erhalten, wenn er nicht mehr mit Strom versorgt wird.

Im Laufe der Zeit wurden verschiedene Arten von ROM-Bausteinen entwickelt. Die Entwicklung dieser Speichersorte soll hier in einer kurzen Übersicht dargestellt werden:

- Das ursprüngliche ROM besitzt ab Werk eine fest verdrahtete Funktionalität, die nicht verändert werden kann.
- Der Inhalt eines PROM-Bausteins (*Programmable ROM*) kann genau einmal programmiert werden und bleibt dann für immer unverändert erhalten. Technisch gesehen, enthalten alle Speicher-Bits im Auslieferungszustand den Wert 1, und eine besonders hohe Programmierspannung verdampft das Metall an den Schaltstellen zu denjenigen Bits, die 0 werden sollen.
- Das EPROM (*Erasable PROM*) ist wiederbeschreibbar: Der Inhalt kann mit einem EPROM-Brenner geschrieben und durch Ultraviolettlichteinwirkung auch wieder gelöscht werden.
- Das EEPROM (*Electronically Erasable PROM*) ist eine Weiterentwicklung des EPROM, bei dem auch die Löschung elektronisch erfolgen kann. Gegenüber RAM besitzt es aber immer noch den Vorteil, dass der Inhalt nicht verloren geht, wenn es nicht mit Strom versorgt wird.
- Die modernste Form ist das Flash-EEPROM, auch *Flash-EPROM* genannt. Wie beim EEPROM kann sein Inhalt mithilfe von Software verändert werden, es ist jedoch kostengünstiger und verbraucht weniger Strom. Dafür ist der Zugriff etwas langsamer als beim Standard-EEPROM. Heutzutage werden nicht nur BIOS-Bausteine meist als Flash-EPROMs realisiert. Verschiedene Arten von Flash-ROMs sind auch beliebt als Speicherkarten für Digitalkameras, und sie arbeiten in den allgegenwärtigen USB-Sticks sowie den modernen SSDs (*Solid State Disks*), die allmählich beginnen, die klassische Festplatte zu verdrängen.

In den 80er-Jahren gab es viele Baureihen von Homecomputern, bei denen ein rudimentäres »Betriebssystem« sowie ein BASIC-Interpreter fest im ROM eingebaut waren. Lediglich der IBM-PC gab dieses Verfahren schon frühzeitig auf; bei ihm wurde das Betriebssystem fast von Anfang an vom Datenträger (damals einer 5¼-Zoll-Diskette) gestartet. Das einzige Überbleibsel war eben das BIOS.

Heute gibt es nur noch wenige Arten von Rechnern, bei denen das Betriebssystem oder gar Anwendungsprogramme im ROM untergebracht sind:

- In manchen besonders unwirtlichen Umgebungen, in denen keine mechanischen Bauteile verwendet werden können, werden spezielle Industrie-PCs mit Betriebssystem und Programmen im ROM eingesetzt.
- Es gibt im Netzwerkbereich eine Reihe kompakter Spezialcomputer, nämlich Router-, Webserver- oder Firewall-Boxen. Sie enthalten in aller Regel ein rudimentäres Linux als Betriebssystem und können über das Netzwerk per Terminalprogramm oder Browser konfiguriert werden.

Das klassische BIOS eines PCs

Das BIOS besitzt die folgenden elementaren Aufgaben:

- Der im BIOS gespeicherte Code ist ein Programm in der Maschinensprache des Computers. Es wird beim Einschalten automatisch auf einer bestimmten Adresse im Arbeitsspeicher abgebildet; der Prozessor weiß, dass er genau dieses Programm ausführen muss.
- Als Erstes wird die wichtigste Hardware getestet. Zunächst wird die Grafikkarte überprüft, anschließend das RAM. Dann wird geprüft, ob ein Laufwerk vorhanden ist, von dem ein Betriebssystem gestartet werden kann. Schließlich werden noch die Tastatur und manchmal auch die Maus überprüft. Dieser Prüfungsvorgang wird als *POST* bezeichnet (*Power-on Self Test*, also Selbsttest beim Einschalten).

  Falls es größere Probleme gibt, die verhindern, dass der PC ordnungsgemäß gestartet werden kann (zum Beispiel wenn die Grafikkarte oder das RAM defekt ist), ertönen bestimmte Abfolgen von Tonsignalen aus dem kleinen Lautsprecher, der in die meisten PCs eingebaut ist. Die Bedeutung dieser Tonsignale können Sie der Dokumentation Ihres Mainboards entnehmen oder im Internet recherchieren, indem Sie Ihre BIOS-Version oder die Bezeichnung Ihres Mainboards in eine Suchmaschine eingeben.
- Das BIOS bietet grundlegende Funktionen zur Kommunikation mit der Hardware an; Betriebssysteme oder Anwenderprogramme können auf diese Funktionen zugreifen. Das Betriebssystem MS-DOS, das mit dem ursprünglichen IBM-PC geliefert wurde, machte regen Gebrauch davon. Moderne Betriebssysteme umgehen dagegen die vielfältigen Einschränkungen der BIOS-Routinen und kommunizieren über Gerätetreiber direkt mit der Hardware.

- Nach dem (erfolgreichen) POST übergibt das BIOS die Kontrolle über den Rechner an den Datenträger, von dem das System gestartet werden soll: Das im *Master Boot Record* (Startsektor) des Laufwerks enthaltene Programm wird gestartet. Hier befindet sich in der Regel ein Bootloader für ein bestimmtes Betriebssystem oder ein Bootmanager, der Ihnen die Auswahl zwischen verschiedenen Systemen und/oder Konfigurationen überlässt.

Das BIOS-Setup

Beim Einschalten des Rechners gelangen Sie durch einen speziellen Tastendruck (je nach BIOS meist `F1` oder `Entf`) in das BIOS-Setup, ein eingebautes kleines Programm zur Konfiguration der BIOS-Parameter und der Hardware. Beachten Sie, dass es verschiedene BIOS-Varianten gibt, bei denen der genaue Inhalt dieses Programms unterschiedlich sein kann. Die wichtigsten BIOS-Marken sind *Award BIOS* von der gleichnamigen Firma, *AMI BIOS* von American Megatrends Inc. sowie *Phoenix BIOS* (dieses Unternehmen wurde allerdings inzwischen von Award aufgekauft).

Alle Setup-Einstellungen werden im sogenannten *CMOS-RAM* gespeichert. *CMOS* ist der Name einer Fertigungstechnik für Speicherbausteine, die bei der Erfindung des PC-BIOS etwas Besonderes war. Heute wird dagegen jedes RAM in CMOS-Technik hergestellt, sodass der Name eigentlich unpräzise ist. Dieses RAM wird durch eine Batterie gepuffert, die nebenbei auch die eingebaute Uhr des PCs am Laufen hält, damit jederzeit Datum und Uhrzeit verfügbar sind.

Durch vorübergehendes Ausbauen der Batterie können Sie das CMOS löschen, um schwerwiegende Probleme wie ein vergessenes BIOS-Passwort zu lösen; allerdings wird dabei auch die Uhrzeit zurückgesetzt. Manche Boards besitzen einen speziellen Clear-CMOS-Jumper. Um ihn zu verwenden, müssen Sie ihn auf die Clear-Position setzen, den Rechner einmal ein- und ausschalten und den Jumper anschließend wieder zurücksetzen. Dies löscht ebenfalls das CMOS, lässt aber die Uhr in Ruhe.

Wenn Sie nicht genau wissen, was eine bestimmte Einstellung im BIOS-Setup bedeutet, gilt: Finger weg! Womöglich versetzen Sie den Rechner in einen Zustand, in dem das System nicht mehr startet oder sonstige Schwierigkeiten bereitet. Zwar gibt es in jedem BIOS-Setup eine »Notbremse« namens *Load Setup Defaults* oder *Load BIOS Defaults*, um die Standardeinstellungen des Mainboard- oder BIOS-Herstellers wiederherzustellen, beachten Sie aber, dass das Resultat fast immer viel zu konservativ und vorsichtig ausfällt und so den Rechner ausbremst.

Die folgenden Beschreibungen gelten für das Award BIOS eines Pentium-4-PCs. In anderen BIOS-Versionen oder bei älteren oder aktuelleren PC-Generationen gibt es natürlich andere Einstellungsmöglichkeiten. Das BIOS-Setup des besagten PCs verfügt über die folgenden Hauptkategorien:

- STANDARD CMOS FEATURES: Hier können Datum und Uhrzeit der Systemuhr eingestellt werden (was allerdings kein Mensch im BIOS-Setup vornimmt, weil jedes Betriebssystem über entsprechende Funktionen verfügt). Außerdem erhalten Sie eine Übersicht über alle installierten Laufwerke. Bezeichnungen wie *IDE Primary Master* werden bei der Beschreibung der Schnittstellen noch genauer erläutert. Darüber hinaus wird hier die BIOS-Version angezeigt, und Sie erhalten einige nicht änderbare Informationen über den Prozessor, das RAM und Ähnliches.

- ADVANCED BIOS FEATURES: Hier wird vor allem eingestellt, wie sich der Rechner beim Einschalten beziehungsweise beim Booten verhalten soll. Der *Quick Power-on Self Test* führt den POST schneller, aber weniger gründlich durch – in der Regel genügt der schnellere Test jedoch.

  Die wichtigste Einstellung in diesem Bereich ist die Bootsequenz, die bestimmt, auf welchen Datenträgern und in welcher Reihenfolge nach einem startfähigen Betriebssystem gesucht werden soll. Die üblichste Einstellung wählt das CD-ROM-Laufwerk als erstes Gerät (FIRST BOOT DEVICE), das Diskettenlaufwerk als zweites und die erste Festplatte als drittes. Falls sich alle von Ihnen verwendeten Betriebssysteminstallationen und Datenrettungsprogramme von CD-ROM oder DVD starten lassen, sollten Sie das Diskettenlaufwerk weglassen, weil dies den Start erheblich beschleunigt – sofern Sie eine solche Antiquität überhaupt noch besitzen.

  Es ergibt dagegen keinen Sinn, die Festplatte als erstes Gerät anzugeben: Da sich dort grundsätzlich ein Betriebssystem befindet, können Sie in diesem Fall gar nicht mehr von einem anderen Datenträger booten!
- Unter ADVANCED CHIPSET FEATURES können Sie genaue Einstellungen für Ihr RAM und Ihren Chipsatz vornehmen. Für diesen Teil des BIOS-Setups müssen Sie die Dokumentation Ihres Mainboards ganz genau beachten, um keine Fehler zu machen.
- INTEGRATED PERIPHERALS dient dazu, die Anschlüsse für Peripheriegeräte ein- oder auszuschalten und zu konfigurieren. Beispielsweise können Sie den altmodischen Parallelport abschalten, wenn Sie einen modernen USB-Drucker verwenden, und so Hardwareressourcen für andere Geräte zur Verfügung stellen. Darüber hinaus wird in diesem Dialog eventuell vorhandene Onboard-Peripherie konfiguriert.
- Mithilfe des POWER MANAGEMENT SETUP lässt sich einstellen, wie sich der Rechner bei längeren Arbeitspausen verhalten soll. Es gibt diverse Optionen, die Monitorausgabe, die Festplatten und andere Hardwarekomponenten nach einiger Zeit »schlafen zu legen«, um Strom zu sparen. Die meisten dieser Einstellungen lassen sich einfacher und übersichtlicher innerhalb moderner Betriebssysteme vornehmen.
- PNP/PCI CONFIGURATIONS fragt zunächst, ob ein Plug-and-play-Betriebssystem installiert ist. *Plug-and-play* ist eine Technologie, die die automatische Erkennung neu angeschlossener Hardwarekomponenten und die automatische Zuweisung von Systemressourcen an diese Geräte ermöglicht. Falls Sie hier mit »No« antworten, weil ein historisches, nicht Plug-and-play-fähiges System wie Windows NT 4.0 installiert ist, können Sie eine Reihe von Einstellungen von Hand vornehmen. Bei aktuellen Betriebssystemen besitzt dieser Dialog dagegen keine praktische Bedeutung mehr.

- LOAD FAIL-SAFE DEFAULTS ist ein anderer Name für das klassische *Load BIOS Defaults*. Es werden die sehr vorsichtigen Einstellungen des BIOS-Herstellers geladen.
- LOAD OPTIMIZED DEFAULTS (früherer Name *Load Setup Defaults*) lädt dagegen die besser an die konkrete Hardware angepassten Voreinstellungen des Mainboard- oder PC-Herstellers.
- SET SUPERVISOR PASSWORD ermöglicht es, ein Passwort einzustellen, das eingegeben werden muss, um wieder ins BIOS-Setup zu gelangen.
- Mit SET USER PASSWORD dagegen legen Sie ein Passwort für den normalen Start des Rechners fest.
- SAVE & EXIT SETUP speichert die Änderungen, die Sie eingestellt haben, und verlässt das BIOS-Setup.
- EXIT WITHOUT SAVING verlässt dagegen das Setup, ohne zu speichern.

Beachten Sie, dass Sie eine Frage nur mit »Yes« beantworten können, indem Sie die Taste [Z] drücken, weil das BIOS-Setup keinen deutschen Tastaturtreiber lädt; auf einer englischen Tastatur sind Z und Y vertauscht.

4.2.4 Bus- und Anschlusssysteme

Ein weiterer wichtiger Aspekt der Hardware – die Schnittstelle zwischen Zentraleinheit und Peripherie – sind die diversen Bus- und Anschlusssysteme. Dazu gehören die Slots für Erweiterungskarten, die internen Anschlüsse für Laufwerke sowie die zahlreichen externen Anschlüsse für Tastatur, Maus, Monitor, Modem und viele andere Geräte.

Serielle und parallele Datenübertragung

Das relevanteste Unterscheidungsmerkmal zwischen den verschiedenen Arten von Anschlüssen ist die Frage, ob diese Daten seriell oder parallel übertragen.

Bei der seriellen Datenübertragung werden die einzelnen Bits nacheinander übertragen, bei der parallelen Übertragung dagegen auf mehreren nebeneinanderliegenden Leitungen gleichzeitig (je nach Anschlussart sind es 8, 16, 32 oder 64 Bit).

Auf der untersten Ebene muss zwischen »Sender« und »Empfänger« zunächst einmal Einigkeit darüber herrschen, wie die transportierten Ströme als Daten interpretiert werden sollen. Es geht um die Frage, welche elektrischen Ereignisse (zum Beispiel Spannungswechsel oder Spannungszustände) überhaupt als 1 oder als 0 interpretiert werden sollen. Anstelle von »Strom« müsste man allgemeiner eigentlich von »Energie« sprechen; beispielsweise übertragen Lichtwellenleiter keinen Strom, sondern Licht.

Bei seriellen Leitungen muss als Nächstes die Frage geklärt werden, in welcher Reihenfolge die aufeinanderfolgenden Einsen und Nullen zu ganzen Bytes zusammengesetzt werden sollen (bei parallelen Leitungen ist dies natürlich irrelevant).

Angenommen, der Wert 77 soll als 8-Bit-Sequenz (binär 01001101) übertragen werden. Falls der Sender die Sequenz in dieser »natürlichen« Reihenfolge (die üblicher ist) überträgt, der Empfänger sie aber falsch herum interpretiert, erhält Letzterer anstelle von 77 den Wert 178 (10110010)!

Abgesehen davon, werden in der Regel nicht nur aufeinanderfolgende Daten-Bits übertragen, sondern dazwischen zusätzliche Kontroll-Bits. Es existieren drei grundsätzliche Arten solcher Zusatz-Bits:

- Ein *Start-Bit* zeigt den Beginn einer neuen Übertragungssequenz an, wenn es den Wert 1 hat. Start-Bits werden nur noch sehr selten verwendet.
- Ein *Stopp-Bit* kennzeichnet entsprechend das Ende einer Sequenz, wenn es den Wert 1 besitzt.
- Ein *Prüf-Bit* oder *Parity-Bit* sorgt für eine Plausibilitätskontrolle auf der untersten Ebene: Die Anzahl der Einsen in den Daten-Bits wird gezählt. Das Parity-Bit (wörtlich: Geradheits-Bit) wird derart auf 1 oder 0 gesetzt, dass sich insgesamt immer eine gerade Anzahl von Einsen ergibt. Falls die Paritätsprüfung beim Empfänger einen Fehler ergibt (beispielsweise drei empfangene Einsen, Parity 0), liegt auf jeden Fall ein Übertragungsfehler vor. Andererseits bedeutet ein korrektes Parity-Bit nicht unbedingt, dass die Übertragung fehlerfrei funktioniert hat. Aus diesem Grund verwenden die meisten Übertragungsverfahren Prüfsummen auf einer höheren Ebene.

  Die Verwendung von Parity-Bits ist mittlerweile eher unüblich geworden. Sie war vor allen Dingen für die Datenübertragung über analoge Telefonleitungen mit geringer Qualität (starken Nebengeräuschen) wichtig, weil Übertragungsfehler bei ihnen recht häufig vorkamen und auf diese Weise verringert werden konnten.

Die Leitungskonventionen werden üblicherweise durch drei aufeinanderfolgende Werte ausgedrückt, und zwar folgendermaßen:

- Wie viele Daten-Bits werden pro Sequenz verwendet? In der Regel sind es acht. Das früher übliche Telex-Verfahren verwendete dagegen nur fünf Bits; manchmal gibt es auch Übertragungsverfahren mit sieben oder neun Daten-Bits.
- Ein N (*No Parity*) zeigt an, dass keine Paritätsprüfung verwendet wird, während ein P für *Parity* steht.
- Der dritte Wert gibt an, wie viele Stopp-Bits verwendet werden (0, 1 oder sogar 2).

Ein übliches Verfahren ist beispielsweise das ursprünglich für Modemverbindungen entwickelte 8N1 (acht Daten-Bits, kein Parity, ein Stopp-Bit). Eine Sequenz, die mithilfe dieser Methode übertragen wird, könnte zum Beispiel so aussehen:

```
01001000 0 01000001 0 01001100 0 01001100 0 01001111 1
```

Es handelt sich um die Werte 72, 65, zweimal 76 und 79 – als ASCII-Zeichen interpretiert, ist es der Text »HALLO«. Die 1 hinter dem letzten Daten-Bit ist das gesetzte Stopp-Bit und besagt, dass die Übertragung nun beendet ist.

In den letzten Jahren ist zu beobachten, dass die Hersteller immer stärker auf serielle Datenleitungen setzen. So werden Drucker fast nur noch an die serielle USB-Schnittstelle anstelle des alten Parallelports angeschlossen; der SCSI-Anschluss, der früher häufig für externe Laufwerke verwendet wurde, wird immer häufiger durch FireWire oder USB ersetzt. Selbst der interne Festplattenanschluss EIDE und internes SCSI werden nach und nach durch ihre seriellen Varianten Serial ATA beziehungsweise SAS (*Serial Attached SCSI*) ersetzt.

Für diesen Wechsel zu seriellen Leitungen gibt es gute Gründe: Sie benötigen vor allem weniger Strom und können längere Entfernungen überwinden als parallele Leitungen. Das Problem der geringeren Datenübertragungsleistung, das die Entwickler*innen früher in manchen Bereichen zur Verwendung der parallelen Datenübertragung zwang, konnte dadurch gelöst werden, dass die hervorragende Verarbeitungsqualität heutiger Leitungen den Transport von Daten mit hoher Frequenz ermöglicht.

Noch ein Wort zur Angabe der Übertragungsgeschwindigkeiten verschiedener Leitungen: Bei parallelen Leitungen lässt sie sich einfach in Bytes pro Sekunde oder in den entsprechenden höheren Einheiten (KiB/s, MiB/s etc.) angeben. Diese Einheiten werden jeweils mit 2^{10} (1.024) multipliziert, um zur nächsthöheren zu gelangen – 1 KiB sind also 1.024 Byte, 1 MiB 1.024 KiB etc.

Serielle Leitungen verwenden, wie zuvor erläutert, unterschiedliche Bit-Folgen zur Darstellung der Daten-Bytes. Ein tatsächliches Daten-Byte kann je nach Übertragungsstandard durch eine Bit-Folge von acht, neun oder sogar zehn Bits dargestellt werden. Deshalb lässt sich die Geschwindigkeit einer seriellen Leitung nicht in Bytes/s oder Vielfachen davon angeben. Sie wird stattdessen in Bits pro Sekunde (bps) gemessen. Beachten Sie, dass die Vervielfältigungseinheiten von Bits (KBit, MBit, GBit) nicht mit dem Faktor 1.024, sondern mit der (dezimalen) 1.000 gebildet werden.

Hat zum Beispiel ein Modem eine Übertragungsrate von 56,6 kbps (Kilobit pro Sekunde, KBit/s), bedeutet dieser Wert, dass in einer Sekunde 56.600 Bit übertragen werden. Wird der Übertragungsstandard 8N1 verwendet, muss dieser Wert durch 9 geteilt werden, um auf die maximal transportierbaren Bytes zu kommen: Es sind etwa 6.289 Byte oder 6,14 KiB. In der Praxis vereinfacht man solche Rechnungen allerdings häufig und legt acht Daten-Bits zugrunde. 56.600 Bit wären demnach 7.075 Byte beziehungsweise 6,91 KiB.

Hardwareressourcen

Zur Regelung der geordneten Kommunikation zwischen Prozessor, Arbeitsspeicher und Peripheriegeräten werden verschiedene Kommunikationsressourcen verwendet. Es handelt sich um Kanäle für Hardware-Interrupts, um Speicheradressen, über die der Datenaustausch geregelt wird, und um sogenannte *DMA-Kanäle* für die direkte Übertragung von Daten in den Arbeitsspeicher und zurück.

Damit sich die Anfragen der verschiedenen Geräte nicht in die Quere kommen und der Prozessor sie unterscheiden kann, werden verschiedene IRQs (*Interrupt Requests*) verwendet.

Dafür benutzt jedes Gerät, das kommunizieren möchte, ein einmaliges und eindeutiges Signal. Von diesen Signalen gibt es 16 verschiedene, die von 0 bis 15 durchnummeriert werden. Der Prozessor untersucht sie jeweils der Reihe nach, um festzustellen, ob über den jeweiligen IRQ Kommunikation gewünscht wird.

Bei modernen PCI-Mainboards ist IRQ-Sharing möglich. Zwei oder mehr moderne Geräte können sich denselben IRQ teilen und mithilfe anderer Techniken erkennbar machen, um welches dieser Geräte es sich tatsächlich handelt. Zu diesem Zweck enthält der Chipsatz eine Komponente, die als *programmierbarer Interrupt-Controller* (*PIC*) bezeichnet wird. Bei Motherboards mit der veralteten ISA-Architektur war IRQ-Sharing dagegen vollkommen ausgeschlossen.

Einige IRQs sind standardmäßig reserviert. Bei manchen von ihnen kann die voreingestellte Belegung verändert werden, andere sind dagegen fest zugewiesen. Tabelle 4.3 zeigt eine Übersicht.

IRQ	Gerät	Änderung möglich
0	Systemtaktgeber	nein
1	Tastatur	nein
2	programmierbarer Interrupt-Controller	nein
3	serieller Port COM 2	ja
4	serieller Port COM 1	ja
6	Diskettenlaufwerk	ja
7	Parallelport	ja
8	Echtzeituhr	nein
12	PS/2-Maus	ja
13	Koprozessor	nein
14	erster IDE-Controller	ja
15	zweiter IDE-Controller	ja

Tabelle 4.3 Fest belegte IRQs

Eine weitere wichtige Kommunikationsressource ist die I/O-Basisadresse: Diese Speicheradresse markiert den Beginn eines Adressblocks, der für den Austausch von Konfigurations- und Steuerungsinformationen zwischen dem Prozessor und dem jeweiligen Gerät verwendet wird. Die entsprechenden Adressen werden hexadezimal angegeben und liegen ganz unten im adressierbaren Bereich. Die Adressbereiche werden in der Regel im Abstand von 0x20 (dezimal 32 Byte) belegt, also zum Beispiel 0x0200, 0x0220, 0x0240 etc. Beachten Sie, dass es sich nicht wirklich um Adressen im Arbeitsspeicher handelt, sondern um spezielle Geräteschnittstellen, die vom Prozessor nach derselben Logik angesprochen werden wie Speicheradressen.

Eine nicht mehr besonders wichtige Ressource sind die DMA-Kanäle (*Direct Memory Access*). Bei DMA handelt es sich um ein Verfahren zur direkten Übertragung von Gerätedaten in den Arbeitsspeicher und umgekehrt, ohne dass jedes einzelne Daten-Byte den Prozessor passieren muss. Diese Technik beseitigt einen der bedeutendsten Engpässe der klassischen Ein- und Ausgabesteuerung, ist also alles andere als unwichtig. Allerdings wird die DMA-Steuerung der meisten Geräte heute nicht mehr über die klassischen DMA-Kanäle durchgeführt, sondern über ein verbessertes Verfahren, das als *Bus Mastering* bezeichnet wird. DMA-Kanäle werden eigentlich nur noch für Soundkarten und Diskettenlaufwerke verwendet, vor allem weil es sich nur um 8- und 16-Bit-Kanäle handelt.

Ressourcen mussten früher umständlich von Hand zugewiesen werden. Zunächst mussten sie am Gerät selbst eingestellt werden – anfangs durch Jumper, später per Software. Anschließend wurde dem Betriebssystem mitgeteilt, welche Ressourcen das jeweilige Gerät verwendete. Allzu oft kam es zu Ressourcenkonflikten, vor allem waren chronisch zu wenige IRQs vorhanden.

Besser wurde es erst mit der Einführung von Windows 95, das über – anfangs kein sehr gutes – Plug-and-play verfügte, und vor allem mit der Abschaffung der alten ISA-Schnittstellen. »ISA-Plug-and-play« ist nämlich im Grunde ein Widerspruch in sich. Es funktionierte so schlecht, dass es allgemein als »Plug-and-pray« bezeichnet wurde.

Beim Mac klappt die Verwaltung der Hardwareressourcen übrigens erheblich einfacher als beim PC. Vor allen Dingen findet sie vollautomatisch statt, ohne dass Sie sich darum kümmern müssen. Dies ist einer der großen Vorteile von Hardware, die aus demselben Haus stammt wie das Betriebssystem – sie ist optimal darauf abgestimmt.

Steckplätze für Erweiterungskarten

Viele wichtige Peripheriegeräte werden schon seit den Anfangstagen der PCs als Einsteckkarten realisiert. Das hat vor allen Dingen den Vorteil, dass diese Karten Anschlüsse nach außen führen können: Grafikkarten, Netzwerkkarten oder Soundkarten sind jeweils mit spezialisierten Schnittstellen ausgestattet, an die ein Monitor, ein Netzwerkkabel oder Ton-Ein- und -Ausgabegeräte angeschlossen werden.

Eine Karte verfügt am unteren Rand über eine lange Reihe von Anschlüssen, mit denen sie in den jeweils passenden Slot auf dem Mainboard gesteckt wird. Den Abschluss nach außen zur Geräterückseite bildet ein Slotblech, auf dem sich die genannten externen Anschlüsse befinden. Der obere Rand des Slotblechs ist nach außen gebogen und wird mit einer Schraube fixiert.

Es gibt folgende verschiedene Arten von Kartenschnittstellen:

- Der *PCI-Anschluss* (*Peripheral Component Interface*) ist der Standardkartenanschluss für PCs. Der PCI-Bus wird mit einer Taktfrequenz von 33 MHz betrieben und besitzt eine Datenbreite von 32 Bit; neuere PCI-Varianten bieten sogar 64 Bit. Die Konfiguration erfolgt bei entsprechend ausgestatteten Betriebssystemen per Plug-and-play.
- *PCI Express* (*PCIe*) bietet noch eine erheblich höhere Leistung. Die eigentliche Besonderheit ist hier jedoch, dass es sich dabei nicht mehr um einen Shared Bus für alle Geräte, sondern um einzelne Punkt-zu-Punkt-Verbindungen handelt. Das heißt, PCIe-Geräte können mit dem Prozessor, dem RAM oder miteinander kommunizieren, ohne die Geschwindigkeit anderer Geräte zu beeinflussen.
- Der *AGP-Anschluss* (*Accelerated Graphics Port*) war vor der Einführung von PCI Express ein spezieller Anschluss für Grafikkarten. Die Taktfrequenz ist höher als bei klassischem PCI, sie beträgt mindestens 66 MHz. Es gibt inzwischen auch Varianten mit 100 und 133 MHz. Die Datenbreite wurde auf 64 Bit verdoppelt.
- Der veraltete *ISA-Anschluss* (*Industry Standard Architecture*) wird seit vielen Jahren nicht mehr auf Mainboards verbaut. Im Vergleich zu heutigen Schnittstellen war er sehr viel langsamer. Seine Datenbreite betrug lediglich 16 Bit, die Taktfrequenz nur 16,7 MHz.

Notebooks besitzen keine internen Kartenschnittstellen. Dafür waren sie früher häufig mit einem externen Anschluss für spezielle kleine Einsteckkarten ausgestattet, dem PCMCIA-Anschluss (*Personal Computer Memory Card International Association*[1]) oder auch PC-Card-Anschluss. Ursprünglich handelte es sich um einen Anschluss für Flash-ROM-Speicherkarten; später wurde er für unterschiedliche Peripherie wie Netzwerkkarten, Modems oder externe Laufwerke genutzt und inzwischen zugunsten von USB aufgegeben.

Laufwerksanschlüsse

Für Festplatten, CD-ROM-Laufwerke und andere Massenspeicher gibt es zwei wichtige Arten von Anschlüssen: EIDE und SCSI, die heutzutage am häufigsten in ihren modernen seriellen Ausprägungsformen SATA beziehungsweise SAS verwendet werden.

EIDE (*Enhanced Integrated Device Electronics*) wird auch *ATA* (*Advanced Technology Attachments*) genannt und war bis vor einiger Zeit auf den meisten Mainboards integriert. In der Regel sind zwei Anschlüsse (*Primary* und *Secondary IDE*) für 40-polige Flachbandkabel vorhanden; ein neuerer Standard namens *Ultra DMA* ermöglicht höhere Datenraten, benötigt aber spezielle 80-polige Kabel. Mit jedem der beiden Anschlüsse können je zwei Geräte verbunden werden. Eines der beiden Geräte wird als *Master* bezeichnet, das andere als *Slave*. Der

1 Die Langform dieses Akronyms kann sich kein Mensch merken; ich habe, ehrlich gesagt, ebenfalls bei Google recherchiert. Aus diesem Grund wurde die Abkürzung häufig mit »People Can't Memorize Computer Industry Acronyms« – »die Leute können sich die Abkürzungen der Computerindustrie nicht merken« – aufgelöst.

Master hat beim Datenaustausch Priorität, im Zweifelsfall muss der Slave auf Daten warten. Deshalb sollten CD- und DVD-Brenner niemals als Slave betrieben werden, weil ein Abreißen des Schreibdatenstroms den zu beschreibenden Datenträger zerstören kann.

Die Unterscheidung zwischen Master und Slave hat übrigens nichts mit der Reihenfolge am Kabel zu tun, auch wenn es bei manchen Geräten noch die historische Einstellungsmöglichkeit *Cable Select* gibt. Die Einstellung, ob ein Gerät als Master oder als Slave betrieben wird, erfolgt durch einen Jumper oder DIP-Schalter am Gerät selbst.

Damit die Stecker der Flachbandkabel korrekt eingesteckt werden, besitzt das Kabel eine rote Ader; diese Seite gehört an den Pin mit der Nummer 1. Sowohl das Mainboard als auch die Geräte sind in der Regel entsprechend beschriftet. Bei den Laufwerken befindet sich die 1 meistens neben dem Stromanschluss.

Der wichtigste Vorteil gegenüber SCSI besteht darin, dass EIDE-Geräte erheblich günstiger sind. Im normalen Alltagsbetrieb an PCs ist die Leistungsfähigkeit darüber hinaus vergleichbar; SCSI ist nicht schneller, sondern nur belastbarer, und daher für Server und andere Hochleistungsmaschinen besser geeignet. Der größte Nachteil von EIDE besteht dagegen darin, dass der Anschluss elektrisch instabil ist und die maximale Kabellänge somit nur 60 cm beträgt – deshalb gibt es keine externen EIDE-Geräte.

Vor einigen Jahren begann man mit der Entwicklung einer seriellen Variante des EIDE-Anschlusses, genannt *Serial ATA* (*SATA*). Um Verwechslungen vorzubeugen, wurde das herkömmliche ATA inzwischen in *Parallel ATA* (*PATA*) umbenannt. Die aktuelle Version des SATA-Standards, SATA 3, erreicht sehr hohe Datenübertragungsraten und ist die bevorzugte Datenträgerschnittstelle auf modernen PC- und Laptop-Mainboards.

Hauptvorteile der neuen Version sind die Möglichkeit längerer Kabel (bis zu einem Meter), eine vereinfachte Anschlusstechnik mit dünneren, flexibleren Kabeln und kleineren Steckern sowie die von USB oder FireWire bekannten Hot-Plugging-Fähigkeiten (Gerätewechsel im laufenden Betrieb, mehr darüber erfahren Sie in den nächsten Abschnitten).

SCSI ist die Abkürzung für *Small Computer System Interface*. Wie der Name vermuten lässt, wurde diese Schnittstelle ursprünglich nicht für PCs konzipiert, sondern eben für Kleincomputer (die etwa so groß wie Kleiderschränke sind).

Eine SCSI-Schnittstelle bietet die Möglichkeit, sieben Geräte anzuschließen; der neuere Wide-SCSI-Standard erlaubt sogar 15. Bei allen älteren Macs bis zum ersten G3-PowerMac von Mitte 1998 war SCSI integriert und wurde auch für die bereits eingebauten Festplatten und CD-ROM-Laufwerke verwendet. Bei PCs ist SCSI nur sehr selten onboard und wird meist als PCI-Einsteckkarte nachgerüstet. Die meisten dieser SCSI-Karten stammen von der Firma Adaptec.

Ein SCSI-Controller verfügt in der Regel über drei Anschlüsse: zwei interne für 50-polige Flachbandkabel sowie einen externen, an den entweder ein 25-poliges Centronics-Kabel (optisch identisch mit dem klassischen Parallelport eines PCs, aber technisch abweichend) oder ein modernes SUB-D-Kabel angeschlossen werden kann.

Beachten Sie, dass Sie von diesen drei Anschlüssen nur zwei verwenden dürfen! Am SCSI-Controller dürfen Geräte ausschließlich busförmig angeschlossen werden, also hintereinander in einer Kette und nicht etwa sternförmig (mit drei Abzweigungen).

Das erste und das letzte Gerät in der Kette benötigen jeweils einen Abschlusswiderstand, auch *Terminator* genannt. Dieser sieht je nach Geräteart unterschiedlich aus: Die meisten internen Geräte wie Festplatten oder CD-ROM-Laufwerke verwenden dafür einen Jumper. Bei externen Geräten (Scanner, externe Festplatten, CD-Brenner etc.) gibt es hingegen häufig die Möglichkeit, über einen durchgeschleiften Anschluss ein weiteres Gerät anzuschließen. In diesem Fall ist der Terminator oftmals nur ein großer Stecker, der auf diesen Anschluss gesetzt wird, oder manchmal auch ein DIP-Schalter.

Wenn der SCSI-Controller selbst ein Ende der Kette bildet, weil nur einer der drei Anschlüsse genutzt wird, muss er ebenfalls terminiert werden: Dies geschieht oft mithilfe eines Jumpers oder DIP-Schalters, bessere Controller terminieren sich in diesem Fall automatisch selbst.

Damit SCSI-Geräte angesteuert werden können, benötigen sie eine eindeutige Nummer, die als *SCSI-ID* bezeichnet wird. Sie hat nichts mit der Reihenfolge in der Kette zu tun; wichtig ist nur, dass jede verwendete Nummer einmalig ist. Beim klassischen SCSI existieren die IDs 0 bis 7, bei Wide SCSI dagegen 0 bis 15. Je höher die Nummer eines Geräts, desto höher ist seine Priorität. Der Controller selbst hat daher meist die ID 7 beziehungsweise 15.

Je nach Gerätesorte wird die ID auf unterschiedliche Weise eingestellt: Bei den meisten externen Geräten gibt es einen Drehschalter mit vielen Auswahlmöglichkeiten oder einen DIP-Schalter, der nur zwei Optionen bietet. Bei internen SCSI-Geräten wird die ID oft durch einen oder zwei Jumper eingestellt. Manchmal besitzen sie auch einfach eine festgelegte ID. Vor dem Kauf eines weiteren Geräts müssen Sie deshalb darauf achten, dass Sie keines mit derselben festen SCSI-ID kaufen. Bei neueren Geräten erfolgt die Konfiguration meist bequem per Software.

Auch SCSI steht in einer – inzwischen bevorzugt verwendeten – seriellen Variante namens *SAS* (*Serial Attached SCSI*) zur Verfügung. Die Kabel sind identisch mit den SATA-Anschlüssen, und die Konfiguration erfolgt im Gegensatz zum herkömmlichen SCSI weitgehend automatisch.

USB, FireWire und Light Peak

Alle modernen Rechner sind mit neuartigen seriellen Schnittstellen für externe Geräte ausgestattet. Gegenüber dem schwierig einzurichtenden, fehleranfälligen SCSI-Anschluss besitzen sie den Vorteil, dass sie völlig ohne Konfigurationsaufwand benutzt werden können.

Der USB-Anschluss (*Universal Serial Bus*) existiert in verschiedenen Versionen: USB 1.0 und 1.1 arbeiten mit einer Datenübertragungsrate von 12 MBit/s, USB 2.0 vervielfacht diesen Wert auf 480 MBit/s. Die Version USB 3.0 unterstützt sogar Datenraten von mindestens 4,8 GBit/s. An die USB-Anschlüsse eines Rechners können insgesamt 127 Geräte angeschlossen werden, wozu allerdings sogenannte *USB-Hubs* als Verteilungsgeräte erforderlich sind.

Während USB-Anschlüsse der Versionen 1 bis 3 auf der Seite des Computers immer dieselbe Größe und Form haben, gibt es auf der Seite der anzuschließenden Geräte viele verschiedene Typen wie Mini-USB oder Micro-USB. Es sind also oft immer noch unterschiedliche Kabel erforderlich, um mehrere Geräte anzuschließen.

Ein weiteres Ärgernis herkömmlicher USB-Anschlüsse ist, dass der Stecker eine Ober- und eine Unterseite hat, man ihn also nicht umdrehen kann. Da man dies jedoch nicht erkennt, wenn man den Stecker von der Seite betrachtet, versucht man oft, ihn verkehrt herum einzustecken. Bei der neu entwickelten Variante USB-C hat der Anschluss daher eine andere Form als alle herkömmlichen USB-Anschlüsse; der Stecker lässt sich problemlos umdrehen.

Die neuesten beiden Generationen von Apples MacBook besitzen nur noch USB-C-Anschlüsse; diverse Adapter stellen die Buchsen für externe Monitore, Ethernet oder klassische USB-Geräte bereit.

Die IEEE-1394-Schnittstelle, die (zunächst nur von Apple) unter dem Namen *FireWire* vermarktet wird, arbeitet mit einer Übertragungsrate von 400 MBit/s. Die neuere Variante FireWire 800 unterstützt die doppelte Geschwindigkeit. Der Hauptverwendungszweck dieses Anschlusses ist der digitale Videoschnitt, deshalb wird er auch als *DV-Schnittstelle* bezeichnet. An den FireWire-Port lassen sich bei entsprechender Vervielfältigung bis zu 63 Geräte anschließen.

Eine neuere Schnittstelle für externe Geräte ist das von Intel und Apple entwickelte Light Peak, das bis zu 10 GiB/s (GiB pro Sekunde) erreicht. Apple hat MacBooks, die bis Mitte 2016 gebaut wurden, mit solchen Anschlüssen ausgestattet, die hier den Namen *Thunderbolt* tragen.

Alle modernen externen Schnittstellen unterstützen das sogenannte *Hot-Plugging-Verfahren*: Es ist vorgesehen, dass Geräte im laufenden Betrieb ein- und ausgesteckt werden können. Das Betriebssystem lädt dann automatisch die passenden Treiber und sollte sie nach Gebrauch auch wieder entfernen.

USB wird nicht nur für Drucker, Modems, Scanner, Digitalkameras, externe Festplatten und DVD-Brenner sowie für die allgegenwärtigen USB-Sticks eingesetzt, sondern auch für Tastatur und Maus. Bei Apple ist dies schon länger der Fall, bei PCs wurden dagegen bis vor wenigen Jahren die sogenannten *PS/2-Anschlüsse* für Tastatur und Maus verwendet. Zu beachten ist, dass PS/2-Kabel niemals im laufenden Betrieb ein- oder ausgestöpselt werden dürfen, dies kann das Mainboard ernsthaft beschädigen!

Früher waren PCs neben USB und FireWire noch mit den klassischen seriellen und parallelen Schnittstellen ausgestattet. Die ersten PCs, die diese Anschlüsse sowie PS/2 nicht aufwiesen, wurden als *legacy-free* bezeichnet.

Die alte serielle Schnittstelle (RS-232 oder V.24) wurde ursprünglich für den Anschluss von Terminals an Kleincomputer konzipiert. Beim PC diente sie lange Jahre als Maus- und Modemanschluss. Heute hat ihre praktische Bedeutung dagegen stark nachgelassen. Am ehesten wird sie vielleicht noch für Messgeräte verwendet, die ihre Daten zur Auswertung an spezielle Software übermitteln. Alte Macs verfügten über eine technisch sehr ähnliche Schnittstelle, die als *RS-422* bezeichnet wurde. Optisch war dieser runde Anschluss allerdings eher mit der PS/2-Schnittstelle eines PCs vergleichbar.

Ein weiterer klassischer Anschluss ist der Centronics-Parallelport (benannt nach einem längst vergessenen Druckerhersteller). Er wurde bis vor einigen Jahren vor allem für Drucker eingesetzt, inzwischen aber zugunsten von USB völlig aufgegeben.

Drahtlose Schnittstellen

Ein moderner Rechner mit seinen zahlreichen Peripheriegeräten verursacht ein kaum zu bändigendes Durcheinander von Kabeln. Aus diesem Grund – sowie für die immer weiter verbreiteten Mobilgeräte – wächst die Beliebtheit von Lösungen, die den Anschluss von Geräten ohne Kabel ermöglichen. Grundsätzlich gibt es zwei verschiedene Ansätze: Infrarot- und Funkanschlüsse.

Die Infrarottechnologie ist von der Fernsehfernbedienung her bekannt. Sie benötigt Sichtkontakt zwischen Gerät und Empfangsstation und arbeitet verhältnismäßig langsam. Andererseits kann es bei Infrarotschnittstellen nicht zu den Störungen kommen, denen Funkverbindungen ausgesetzt sein können. Infrarotanschlüsse sind vor allem für Tastaturen und Mäuse geeignet. Der verbreitetste Standard für Infrarotanschlüsse, der auch bei Handys und PDAs üblich ist, wird *IrDA* genannt.

Funkanschlüsse arbeiten fast immer mit Mikrowellen im Frequenzbereich von 2,4 GHz – dieses Frequenzband hat den Vorteil, dass es lizenzfrei ist, weil es auch von Mikrowellenöfen genutzt wird. Inzwischen gibt es fast nur noch einen einheitlichen Datenfunkstandard für den Anschluss von Peripheriegeräten: die Bluetooth-Technologie. Es handelt sich um Funkverbindungen mit einer maximalen Reichweite von etwa zehn Metern und einer Übertragungsrate von 1 MBit/s. Modernere Varianten können auch 2 oder 3 MBit/s erreichen; man spricht hier von *EDR-Bluetooth* (*Enhanced Data Rate*). Es gibt inzwischen Unmengen von Geräten, die über Bluetooth angeschlossen werden können, beispielsweise Tastaturen, Mäuse, Modems, Mobiltelefone und (vielleicht der häufigste Verwendungszweck) Kopfhörer beziehungsweise Headsets.

Sowohl Infrarot- als auch Bluetooth-Anschlüsse sind nicht auf allen Mainboards verbaut, aber inzwischen recht günstig als PCI-Erweiterungskarten oder USB-Stecker erhältlich. Erheblich höhere Datenübertragungsraten bieten übrigens die drahtlosen Netzwerke, die in Kapitel 5, »Netzwerkgrundlagen«, ausführlich behandelt werden.

4.3 Die Peripherie

Wie bereits erwähnt, gehören zur Peripherie sämtliche Geräte, die zusätzlich an den Computer angeschlossen werden. Peripheriegeräte sind Eingabegeräte, Ausgabegeräte oder gleichzeitig Ein- und Ausgabegeräte. Falls sie zur Datenspeicherung eingesetzt werden, bezeichnet man sie zusätzlich als *Massenspeicher*. Tabelle 4.4 zeigt eine Übersicht über die wichtigsten Peripheriegeräte und ihre Eigenschaften.

Gerät	Eingabe	Ausgabe	Massenspeicher
Festplatte	×	×	×
Diskettenlaufwerk	×	×	×
DVD-/CD-ROM-Laufwerk	×		×
DVD-/CD-Brenner	×	×	×
Tastatur	×		
Maus	×		
Grafikkarte		×	
Monitor		×	
Drucker		×	
Modem	×	×	
Netzwerkkarte	×	×	
Soundkarte	×	×	
Lautsprecher		×	
Mikrofon	×		

Tabelle 4.4 Die Eigenschaften der wichtigsten Peripheriegeräte

Einige Arten der Ein- und Ausgabe verwenden zwei aufeinanderfolgende Stufen von Geräten, die man gewissermaßen in einen Digital- und einen Analogteil untergliedern kann. Beispielsweise wird das anzuzeigende Monitorbild von der Grafikkarte generiert, aber erst auf dem Monitor tatsächlich angezeigt. Auf ähnliche Weise werden Töne von der Soundkarte erzeugt und von den angeschlossenen Lautsprechern oder Kopfhörern abgespielt. Andersherum werden sie durch ein Mikrofon analog eingegeben und von der Soundkarte in digitales Audio umgewandelt.

4.3.1 Massenspeicher

Die diversen Arten von Massenspeichern lassen sich in mehreren Hinsichten unterscheiden, zum Beispiel teilt man sie auf in drei Arten von physikalischen Schreib- und Leseverfahren:

- *Magnetische Datenträger* verwenden eine magnetisierbare Fläche als Datenspeicher; das Bit-Muster wird durch magnetische Bereiche mit gegensätzlicher Polarität dargestellt. Beispiele sind etwa die Festplatte, Bandlaufwerke für Backups oder allerlei veraltete, exotische Gerätschaften wie Diskettenlaufwerke, ZIP- oder Jaz-Laufwerke.
- Bei *optischen Datenträgern* ist der Datenspeicher eine reflektierende Metallfläche, die von einem Laserstrahl abgetastet wird. Das Bit-Muster wird durch hineingebohrte Vertiefungen (Pits) und unveränderte Stellen (Land) gebildet, die jeweils unterschiedlich stark reflektieren. Die wichtigsten Beispiele sind CDs und DVDs, die jeweils in nur lesbarer, einmal beschreibbarer und wiederbeschreibbarer Form erhältlich sind.
- *Magneto-optische Datenträger* verwenden ein Mischverfahren aus magnetischen und optischen Schreib- und Lesevorgängen: Die Oberfläche wird durch Hitzeeinwirkung, die durch einen starken Laserstrahl erzeugt wird, magnetisch veränderbar. Anschließend kann sie optisch durch einen Laserstrahl gelesen und später wiederbeschrieben werden.

  Magneto-optische Datenträger und die zugehörigen Laufwerke – zum Beispiel von SyQuest – waren eine Zeitlang im Mac-Bereich recht stark verbreitet, bevor in der zweiten Hälfte der 90er-Jahre der Siegeszug der beschreibbaren CDs (und später DVDs) begann. Heute ist ihre Bedeutung stark zurückgegangen. Die mit anderen wiederbeschreibbaren DVDs inkompatible DVD-RAM hat Ähnlichkeiten mit einer MO-Disc, ist aber keine (nähere Informationen dazu finden Sie unter *http://de.wikipedia.org/wiki/Magneto_Optical_Disk#Unterschiede_der_MO_zu_einer_DVD-RAM*).

Weitere wichtige Unterscheidungsmerkmale betreffen nur die magnetischen Datenträger. Jeder von ihnen folgt einem von zwei verschiedenen Grundkonzepten:

1. Der Datenträger ist eine rotierende runde Scheibe; der Schreib-/Lesekopf kann sich nach außen und innen bewegen. Eine bestimmte Region der Platte kann also gelesen oder beschrieben werden, sobald sie unter der Achse des Kopfs vorbeirotiert und der Kopf gerade den korrekten Abstand vom Mittelpunkt hat. Genau wie beim Arbeitsspeicher wird dieses Zugriffsverfahren auch hier als *Random Access* bezeichnet.

   Es gibt wiederum zwei Arten von Datenträgern in Scheibenform: Bei der Festplatte bilden Laufwerk und Datenträger eine untrennbare Einheit, während die diversen Wechseldatenträger (Diskette und Ähnliche) zum Arbeiten ins Laufwerk gesteckt und später wieder herausgenommen werden können. Das macht sie zwar flexibler als Festplatten, aber dafür sind Letztere mit viel mehr Speicherkapazität ausgestattet und überdies erheblich schneller.
2. Die andere Form magnetischer Datenträger sind die verschiedenen Arten von Magnetbändern. Ein langes, dünnes Band wird unter dem statischen Schreib-/Lesekopf entlanggezogen. Der Zugriff auf die Daten findet nicht, wie bei den Platten, beliebig statt, sondern nur der Reihe nach hintereinander (sequenziell). Deshalb werden sie auch nicht für die normale Gebrauchsspeicherung von Daten verwendet, sondern dienen vor allem der Datensicherung (Backup).

Früher wurden große Spulen mit Magnetbändern eingesetzt, die den alten Tonbandrollen entsprachen. Genau wie die Tonbänder nach und nach durch kompakte Audio- und später Videokassetten ersetzt wurden, in denen die beiden stark verkleinerten Spulen fest untergebracht waren, wurden auch entsprechende Magnetbandkassetten zur Datenspeicherung entwickelt, die man *Streamer-Tapes* nennt. Die bisher neueste Form ist der DAT-Streamer, bei dem die aus dem Audiobereich stammende Digitalkassette DAT als Datenspeicher eingesetzt wird. Der Vorteil ist, dass bei diesen speziellen Kassetten durch schnelles Spulen zu wiedererkennbaren Markierungen eine Art Random Access möglich wird.

Vorübergehend – von den späten 70er- bis zur ersten Hälfte der 80er-Jahre – gab es für Homecomputer auch die Möglichkeit, gewöhnliche Audiokassetten als Datenspeicher zu verwenden (*Datasette* genannt).

Festplatten

Der mit Abstand wichtigste Massenspeicher in einem Computer ist die Festplatte. Es handelt sich um einen Stapel runder Metallplatten, die auf einer gemeinsamen drehbaren Achse angeordnet sind. Wie eine Gabel fahren die übereinander angeordneten Schreib-/Leseköpfe zwischen diese Platten. Das ganze Gebilde ist vakuumverschweißt und muss es auch bleiben, weil die Köpfe in einer Entfernung über der Platte schweben, die einem Bruchteil der Dicke eines menschlichen Haars entspricht – ein Staubkorn hätte auf dieses sensible Gefüge die Wirkung eines Felsbrockens.

Die einzelnen Speicherregionen der Festplatte werden traditionell nach einem Schema nummeriert, das man als *CHS-Verfahren* (*Cylinder, Head, Sector*) bezeichnet: Die Zylinder, auch *Spuren* genannt, sind konzentrische Kreise auf den einzelnen Scheiben, die von innen nach außen durchnummeriert werden. Mit den Kopfnummern werden nacheinander die einzelnen Seiten der Platten bezeichnet. Die Sektoren sind schließlich Einteilungen der Zylinder – traditionell in Form von »Kuchenstücken«, sodass die Datendichte nach außen immer weiter abnimmt und auf diese Weise Speicherplatz vergeudet wird. Jeder Sektor besitzt nämlich eine feste Größe von 512 Byte.

Aus diesem Grund wurde für neuere Festplatten ein Verfahren entwickelt, das den Platz ökonomischer ausnutzt: Jeder Zylinder wird individuell in verschieden viele gleich große Sektoren unterteilt. Die Sektoren aller Platten werden nacheinander durchnummeriert. Dieses Verfahren wird als *LBA* (*Logical Block Addressing*) bezeichnet. Abbildung 4.4 zeigt schematisch den Unterschied zwischen CHS und LBA an je einer einzelnen Platte.

Die Größe aktueller Festplatten liegt üblicherweise zwischen 250 GiB und 4 TiB. Wie bereits in Kapitel 2, »Mathematische Grundlagen«, erwähnt, sind die Angaben der Festplattenhersteller, die beispielsweise »250 GB« lauten, leicht irreführend: Es handelt sich tatsächlich um 250 Milliarden Byte.

Um diese relativ großen Platten effizienter nutzen zu können, lohnt es sich, sie zu partitionieren. Eine Partition ist eine Unterteilung der Festplatte; sie wird vom Betriebssystem wie ein eigenständiges Laufwerk behandelt. Auf diese Weise können Sie zum Beispiel Ihre Daten und Programme logisch sortieren und sparen Zeit beim Defragmentieren (Aufräumen zerstückelter Dateien), weil Sie dieses reihum mit einzelnen Partitionen durchführen können. Falls Sie mehrere Betriebssysteme auf demselben Rechner installieren möchten, sind Sie in den meisten Fällen sogar zur Partitionierung gezwungen.

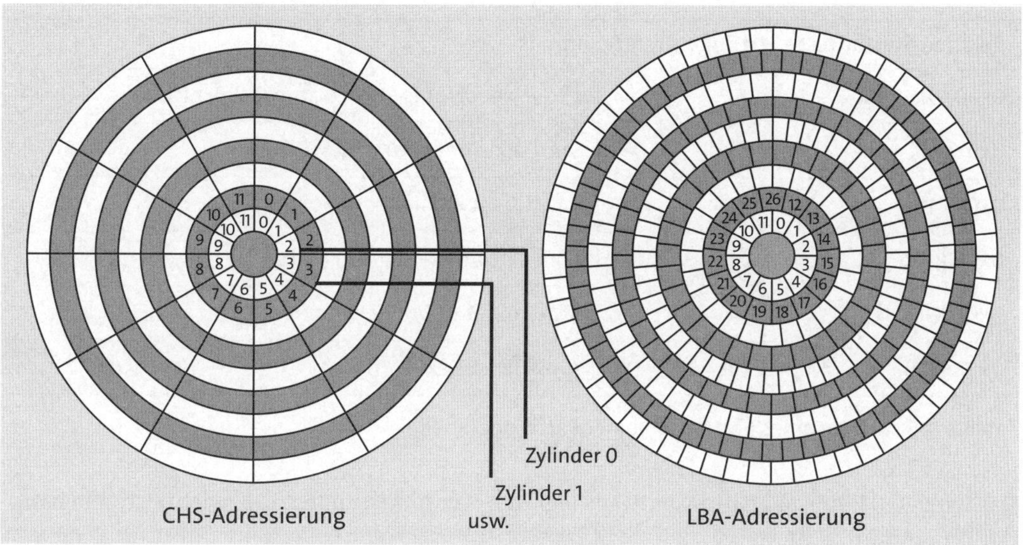

Abbildung 4.4 Schematische Darstellung des Unterschieds zwischen CHS- und LBA-Festplattenadressierung

Es gibt verschiedene Arten von Partitionen; wichtig ist vor allem der Unterschied zwischen primären, erweiterten und logischen Partitionen.

Die Partitionsdaten werden auf der Festplatte selbst in der sogenannten *Partitionstabelle* gespeichert. Die klassische Partitionstabelle befindet sich am Ende des allerersten Sektors einer jeden Festplatte. Dieser Sektor – CHS 0,0,1 oder LBA 0 – ist der Haupt-Bootsektor (*Master Boot Record* oder kurz *MBR*). In Tabelle 4.5 wird sein Aufbau gezeigt.

Startadresse	Maximale Länge (Byte)	Inhalt
0x0000 (0)	440	Bootloader
0x01B8 (440)	4	Disk-Signatur
0x01BC (444)	2	zwei Null-Bytes (0x0000)
0x01BE (446)	64	Partitionstabelle
0x01FE (510)	2	MBR-Signatur (Magic Number)

Tabelle 4.5 Schematischer Aufbau eines Master Boot Records

Der Bootloader wird beim Start des PCs von dessen BIOS aufgerufen. Er dient dazu, das Betriebssystem zu starten oder – als Bootmanager – eines von mehreren zur Auswahl zu stellen.

Die eigentliche Partitionstabelle beginnt bei Byte 446 (hexadezimal 0x01BE) und ist maximal 64 Byte groß – für jeden der maximal vier Partitionseinträge stehen also 16 Byte zur Verfügung. Der Aufbau eines solchen Eintrags wird in Tabelle 4.6 gezeigt.

Relative Startadresse	Länge (Byte)	Inhalt
0x00 (0)	1	aktive (bootfähige) Partition: 0x80, nicht aktive 0x00
0x01 (1)	3	Startsektor der Partition (CHS)
0x04 (4)	1	Partitionstyp (siehe im Folgenden)
0x05 (5)	3	Endsektor der Partition (CHS)
0x08 (8)	4	Startsektor (LBA oder relativ)
0x0C (12)	4	Anzahl der Sektoren

Tabelle 4.6 Aufbau eines Eintrags in einer Partitionstabelle

Das Byte 0x04 eines Partitionseintrags legt den Partitionstyp fest. Die wichtigsten bekannten Typen sind:

- 0x00: leer
- 0x01: FAT12 (Disketten)
- 0x04: FAT16 (bis 32 MiB)
- 0x05: erweiterte Partition
- 0x06: FAT16 (ab 32 MiB)
- 0x07: HPFS (OS/2), NTFS (Windows NT)
- 0x0B: FAT32
- 0x0C: FAT32, BIOS-Erweiterung
- 0x0E: FAT16 (ab 32 MiB, BIOS-Erweiterung)
- 0x0F: erweiterte Partition, BIOS-Erweiterung
- 0x12: EISA-Partition
- 0x42: dynamisches Volume
- 0x82: Linux Swap
- 0x83: Linux Native
- 0x8E: Linux LVM
- 0xA0: Hibernation
- 0xA5: FreeBSD
- 0xA6: OpenBSD
- 0xA9: NetBSD
- 0xFD: RAID

Auch erweiterte Partitionen werden in die Partitionstabelle des MBR eingetragen. An der darin angegebenen Adresse befindet sich eine weitere Partitionstabelle mit nur zwei Einträgen: Der erste verweist auf eine logische Partition, der zweite wiederum auf eine solche verkürzte Partitionstabelle etc. Auf diese Weise wird eine einfach verkettete Liste (siehe Kapitel 8, »Algorithmen und Datenstrukturen«) aus logischen Partitionen erstellt.

Aktuelle Betriebssysteme können nur eine erweiterte Partition verwalten, aber diese kann theoretisch beliebig viele logische Partitionen enthalten. In der Praxis findet die Anzahl ihre Grenze in der Anzahl der Sektoren, da eine logische Partition stets ganze Sektoren und keine Teile davon belegt. Zudem können einige Betriebssysteme wie MS-DOS oder ältere Windows-Versionen nur eine begrenzte Anzahl logischer Partitionen verwalten; typischerweise sind es dort 16. In Microsoft-Betriebssystemen werden die logischen Partitionen übrigens als *logische Laufwerke* bezeichnet.

Im Zuge von UEFI wurde eine neue Variante der Partitionstabellen eingeführt: *GPT* (*GUID Partitioning Table*) ist wesentlich flexibler und unterstützt mehr Partitionen als die klassische MBR-Partitionstabelle. Der Name rührt daher, dass der jeweilige Partitionstyp nicht durch einen 1 Byte großen Eintrag bezeichnet wird, sondern durch eine sogenannte *GUID* (*Globally Unique Identifier*) – eine 128 Bit große und daher auch in großem Rahmen eindeutige Zahl, die typischerweise hexadezimal in Gruppen notiert wird. Beispielsweise bezeichnet die GUID EBD0A0A2-B9E5-4433-87C0-68B6B72699C7 eine sogenannte *Basic Data Partition* für das Betriebssystem Windows. Der unglaublich große Vorrat an möglichen Partitionstypnummern zeigt, dass GPT praktisch beliebig erweiterbar ist.

Für die Partitionierung können je nach Betriebssystem unterschiedliche Programme eingesetzt werden. MS-DOS und die davon abgeleiteten Betriebssysteme Windows 95, 98 und Me enthielten ein einfaches Konsolendienstprogramm namens `fdisk`; unter Linux steht ein gleichnamiges Programm zur Verfügung, das allerdings mehr Komfort bietet. Windows 10 und seine Vorgänger aus der Windows-NT-Familie enthalten ein grafisches Programm namens *Datenträgerverwaltung*. Unter macOS wird schließlich ein Programm namens *Festplattendienstprogramm* mitgeliefert.

Alle genannten Systemprogramme für die Partitionierung haben einen Nachteil: Sie können Änderungen nur vornehmen, indem Sie eine bestehende Partition mit allen Daten vollständig löschen und an ihrer Stelle eine oder mehrere neue anlegen. Wenn Sie dagegen bestehende Partitionen verkleinern, vergrößern, zusammenfassen oder trennen möchten, benötigen Sie einen kommerziellen Partitionsmanager wie *Partition Master*. Vor dem Einsatz eines solchen Programms ist es allerdings dringend zu empfehlen, alle wichtigen Daten zu sichern – durch diverse Fehler oder durch einen Stromausfall während der Partitionsänderung kann es zu vollständigem Datenverlust kommen.

Einen Schritt weiter als die Partitionierung von Festplatten geht übrigens die Verwendung sogenannter *RAID-Systeme*, die häufig im Serverbereich anzutreffen sind: Das *Redundant Array of Independent* (oder *Inexpensive*) *Disks* fasst mehrere physikalische Festplatten zu einer Einheit zusammen, entweder aus Performancegründen oder für eine Verbesserung der Datensicherheit. RAID wird entweder von einer speziellen Hardwarekomponente namens *RAID-Controller* bereitgestellt oder als SoftRAID über Treiber des Betriebssystems – in den Windows-Server-Systemen ist es beispielsweise bereits eingebaut.

Man unterscheidet acht verschiedene einfache RAID-Levels, die von 0 bis 7 durchnummeriert werden, sowie zahlreiche Kombinationen daraus. Die Levels unterscheiden sich voneinander bezüglich der Art, wie sie die einzelnen Festplatten nutzen. Die wichtigsten Levels sind 0, 1, 5, 6, 01 und 10:

- *RAID 0*: *Stripe Set*, mindestens zwei Festplatten. Die Speicherkapazitäten mehrerer Festplatten werden in einzelne »Streifen« zerschnitten. Die Daten werden abwechselnd auf den verschiedenen Platten gespeichert, wobei die Streifen jeder Platte fortlaufend beschrieben werden. Diese Methode steigert nur die Performance des Systems, aber nicht die Sicherheit.
- *RAID 1: Mirroring*, mindestens zwei Festplatten. Die Daten einer ganzen Festplatte werden jeweils komplett auf einer zweiten Platte gespeichert. Diese Variante bietet die höchstmögliche Sicherheit, aber keinerlei Steigerung der Performance.
- *RAID 5*: *Stripe Set mit Parity*, mindestens drei Festplatten. Diese RAID-Version bietet einen Kompromiss zwischen Geschwindigkeits- und Sicherheitsverbesserung: Es wird ein Stripe Set erzeugt wie bei Level 0, allerdings wird zusätzlich ein Bereich auf jeder Platte für Prüfsummen (Parity) verwendet, um nachträglich Fehler beseitigen zu können. Die Parity wird mithilfe einer bitweisen XOR-Operation berechnet: Eine Bit-Folge von Festplatte 1 und eine gleich lange Bit-Folge von Platte 2 werden durch XOR (Exklusiv-Oder) verknüpft und auf Festplatte 3 gespeichert. Beim nächsten Durchgang werden die Daten auf Platte 2 und 3 abgelegt und die Parity auf der ersten. Dies erhöht den Brutto-Speicherbedarf je nach Anzahl verwendeter Festplatten: Bei drei Festplatten steigt er um ein Drittel, bei vier Festplatten um ein Viertel etc.
- *RAID 6: Advanced Data Guarding*, mindestens vier Festplatten. Das Verfahren funktioniert im Prinzip wie RAID 5, allerdings werden zwei verschiedene Parity-Werte berechnet. Dadurch verkraftet ein RAID-6-Array den Ausfall von bis zu zwei Festplatten.
- *RAID 01 (oder 0+1)*, mindestens drei Festplatten. Eine Kombination aus RAID 0 und 1, bei der die Daten zuerst in ein Stripe Set zerlegt und dann auf zwei RAID-0-Arrays (oder ein RAID-0-Array und eine Einzelplatte) verteilt werden.
- *RAID 10*, mindestens vier Festplatten. Dies ist die umgekehrte Kombination aus RAID 1 und 0; die Daten werden zuerst vom RAID-Controller gespiegelt und dann auf zwei RAID-1-Arrays gespeichert.

Moderne Storage-Systeme verwenden ein interessantes Zusatzfeature: Die sogenannten *Hot-Swap-Festplatten* können im laufenden Betrieb ausgetauscht werden, um sofort Ersatz für ausgefallene Platten zu schaffen.

Die Geschwindigkeit von Festplatten wird durch unterschiedliche Werte angegeben. Die erste wichtige Information ist die Umdrehungsgeschwindigkeit. Sie beträgt bei vielen aktuellen Festplatten 7.200 Umdrehungen pro Minute; einige Modelle arbeiten auch nur mit 5.400 U/min, während ein paar ganz neue Platten oder SCSI-Festplatten für Server mit

10.000 U/min laufen. Es handelt sich hier um die Angabe einer konstanten Winkelgeschwindigkeit (*Constant Angular Velocity* oder kurz *CAV*). Bei der klassischen CHS-Adressierung werden Daten auf den Außenbezirken der Platte deutlich langsamer gelesen und geschrieben als innen, weil dieselbe Datenmenge auf einem erheblich längeren Ringabschnitt untergebracht ist.

Alle anderen Geschwindigkeitsangaben sind statistische Werte und werden durch Benchmark-Tests ermittelt. Die mittlere Zugriffszeit gibt an, wie lange es dauert, einen zufällig gewählten Sektor anzusteuern – man nimmt sehr viele Messungen vor, um die unterschiedlichsten aufeinanderfolgenden Sektorpositionen zu messen. Die Größenordnung der Werte liegt in einem Bereich von 10 Millisekunden. Neben der mittleren Zugriffszeit wird die Geschwindigkeit des Schreib- und des Leseflusses gemessen. Die Werte wurden in den letzten Jahren erheblich gesteigert; bei SATA 3 werden beispielsweise bis zu 4,8 GBit (oder 600 MiB) pro Sekunde übertragen. In der aktuellen Spezifikation SATA 3.2 oder SATA Express wurden diese Werte nochmals fast verdoppelt (8,0 GBit/s) beziehungsweise verdreifacht (16,0 GBit/s).

Zu guter Letzt sind alle modernen Festplatten mit einem internen Cache ausgestattet, dessen Größe meist zwischen 64 und 256 MiB beträgt. Er beschleunigt Zugriffe auf die Festplatte durch Pufferung des Datenstroms. Sie können davon ausgehen, dass ein größerer Cache die Schreib- und Lesezugriffe noch ein wenig schneller macht.

Als Alternative zur Festplatte gewinnt seit Jahren ein neuer Datenträgertyp an Bedeutung: die *Solid State Disk* (*SSD*). Im Inneren befinden sich etwa 64 GiB bis 2 TiB Flash-EPROM (Tendenz steigend), und nach außen weist das Gerät einen gewöhnlichen Festplattenanschluss auf (SATA 3 für interne, USB 2, 3 oder USB-C für externe Festplatten). Vorreiter für diese Entwicklung waren die seit den späten 90er-Jahren verfügbaren USB-Sticks, die anfangs über 16 bis 32 MiB Speicher verfügten und inzwischen bei 128 GiB oder mehr angelangt sind, wobei die Preise, langfristig betrachtet, immer weiter fallen werden. Da SSDs und USB-Sticks im Gegensatz zu anderen internen oder externen Datenträgern keinerlei mechanische Komponenten besitzen, sind sie recht schnell und stromsparend. Man kann davon ausgehen, dass die mechanische Festplatte im PC-Bereich in den nächsten Jahren fast flächendeckend durch die SSD ersetzt werden wird.

Magnetische Wechseldatenträger

In den letzten Jahren sind magnetische Wechseldatenträger fast völlig aus der Mode gekommen. USB-Sticks oder kleine, günstige externe USB-Festplatten, die keine zusätzliche Stromversorgung benötigen, erledigen die entsprechende Aufgabe viel problemloser und praktischer. Insofern sind die nachfolgenden Informationen eher historischer Natur.

Sowohl PCs als auch Macs werden heute ohne das klassische Diskettenlaufwerk ausgeliefert. Das 1980 von Sony entwickelte 3,5-Zoll-Laufwerk besitzt eine maximale Speicherkapazität von 1,44 MiB (zwei Seiten · 80 Spuren · 18 Sektoren · 512 Byte pro Sektor) und ist recht langsam. Früher gab es 3,5-Zoll-Disketten mit noch weniger Speicherkapazität; außerdem waren in der Frühzeit der PCs 5,25-Zoll-Modelle mit höchstens 1,2 MiB Kapazität üblich.

Eine *Diskette* oder *Floppy Disk* ist eine mit magnetisierbarem Metallstaub versetzte runde Kunststoffscheibe, die zum Schutz in einer quadratischen Kunststoffhülle steckt, die vollständig in das Laufwerk geschoben wird. Die 3,5-Zoll-Diskette ist mit einem kleinen Schiebeschalter ausgestattet. Wird er geöffnet, ist die Diskette schreibgeschützt; in geschlossenem Zustand kann sie dagegen beschrieben werden.

Es wurden einige Versuche unternommen, Nachfolger für das Diskettenlaufwerk mit höherer Kapazität und Geschwindigkeit zu etablieren. Die wichtigsten dieser Versuche waren die ZIP- und Jaz-Laufwerke von Iomega, die 100 oder 250 MiB beziehungsweise 1 oder 2 GiB fassten. Eine weitere Alternative war das LS-120-Laufwerk, dessen eigene Spezialdisketten eine Kapazität von 120 MiB aufwiesen und das zusätzlich normale 3,5-Zoll-Disketten lesen konnte. Gegen die Konkurrenz der (wieder-)beschreibbaren CDs und DVDs und vor allem der USB-Sticks, die höhere Kapazitäten ermöglichen und erheblich billiger sind, kommen sie aber alle nicht an.

CD, DVD und Blu-Ray-Disc

Die eigentliche Informationsfläche einer CD oder DVD besteht jeweils aus einer hauchdünnen Metallschicht, die von einem Laserstrahl mit einer bestimmten Brennweite abgetastet wird. Die verschiedenen Farben (Gold, Silber, Blau oder Grün) kommen durch unterschiedliche Metalllegierungen zustande. Vertiefungen in dieser Oberfläche (Pits) wechseln sich mit der normalen, unversehrten Fläche (Land) ab und bilden so das Bit-Muster. Die unterschiedlichen Reflexionseigenschaften der Pit- und Land-Bereiche werden vom Lesekopf des CD- oder DVD-Players als Daten, Musik oder Video interpretiert. Zum Schutz vor Beschädigung wird die empfindliche Metallschicht durch eine verhältnismäßig dicke Schutzschicht aus durchsichtigem Kunststoff abgedeckt.

Die *Compact Disc* (*CD*) wurde 1982 von Sony und Philips vorgestellt, zunächst lediglich als neuartiger Tonträger (Audio-CD). Nach gut zehn Jahren war es der Musikindustrie gelungen, fast den gesamten Tonträgermarkt auf CDs umzustellen. Eigentlich kein Wunder: Mit ihrer kompakten Größe, ihrer Unempfindlichkeit, den guten Digitalaudio-Eigenschaften (44,1 kHz Sampling-Rate, 16 Bit Sampling-Tiefe, Stereo) und Platz für 74 Minuten Musik war sie für den normalen Konsumentenmarkt besser geeignet als die klassische Vinyl-LP – obwohl analoge Aufnahmen für bestimmte Musikrichtungen passender oder zumindest beliebter sind und professionelle DJs natürlich nach wie vor oft Vinyl verwenden, zumal die Sampling-Rate aufgrund der analogen Natur des Mediums sogar höher ist als bei der CD.

Die CD auch als Speichermedium für Daten zu verwenden, lag aufgrund ihrer Eigenschaften nah. Die erste Variante war die CD-ROM, eine ab Werk mit vorgegebenem Inhalt versehene Daten-CD, die für die Lieferung von Software oder für Multimedia-Präsentationen verwendet wird. Seit etwa 1995 wird beinahe jeder PC mit einem CD-ROM-Laufwerk ausgestattet, das diese Datenträger lesen kann. Eine CD-ROM besitzt eine maximale Speicherkapazität von 650 MiB, bei neueren Versionen sind es 700 oder gar 800. Da Audio-CDs mit weniger Verwaltungsdaten auskommen, passt etwas mehr Musik darauf, als die direkte Umrechnung dieser Werte in 10 MiB pro Minute Musik vermuten lassen würde, nämlich 74, 80 oder 90 Minuten. Beachten Sie, dass ältere Audio-CD-Player keine CDs mit einer längeren Spieldauer als 74 Minuten abspielen können.

Die Spezifikationen für die verschiedenen CDs werden in den sogenannten *bunten Büchern* (englisch: *rainbow books*) dokumentiert:

- Das *Red Book* spezifiziert die Audio-CD, die aus einem Inhaltsverzeichnis (*Table of Contents*) und bis zu 99 Audiotracks besteht. Beachten Sie, dass eine Audio-CD, auf der die ärgerlichen Kopierschutzmaßnahmen der Musikindustrie verwendet werden, nicht dem Red Book entspricht und deshalb eigentlich gar keine richtige Audio-CD ist.

  Eine aktuelle Ergänzung der Audio-CD ist dagegen ein Format, das als CD-Text bezeichnet wird: Neben den reinen Audiodaten können kurze Textinformationen wie Interpreten und Titel in die Tracks geschrieben werden. Neue CD-Player und CD-Abspielprogramme für Computer zeigen diese Informationen an; aktuelle Brennsoftware kann sie auch auf beschreibbare CDs schreiben.
- Das *Yellow Book* ist der Standard für die CD-ROM, die ursprüngliche Daten-CD. Sie war von Anfang an als Mixed-Mode-CD ausgelegt, kann also neben den Computerdaten auch Audiotracks enthalten.
- Im *Green Book* wurde das Format der Philips CDi (für *interactive*) festgelegt. Der CDi-Player war ein an den Fernseher anschließbares Gerät zum Abspielen von Multimedia-Präsentationen. Es kam kurz vor dem Siegeszug der Multimedia-CD-ROM und des Webs auf den Markt und verkaufte sich schlecht.
- Das *Orange Book* standardisiert die beschreibbare CD (CD-R, für *recordable*) und die wiederbeschreibbare CD (CD-RW, *rewritable*).
- Das *White Book* definiert das Format der Video-CD (nicht etwa der DVD).
- Das *Blue Book* ist eine Erweiterung des Yellow-Book-Standards im Hinblick auf Mixed-Mode-CDs: Es wird genauer festgelegt, wie Audio- und Datentracks aufeinanderfolgen sollen, damit die CD sowohl von einem alten Audio-CD-Player als auch von einem modernen CD-ROM-Laufwerk in einem Computer abgespielt werden kann.

Die Geschwindigkeit eines CD-ROM-Laufwerks wird als Vielfaches der Datenübertragungsrate eines Audio-CD-Players angegeben: Audio-CDs werden mit 150 KiB/s abgespielt, ein 48x-CD-ROM-Laufwerk schafft entsprechend 48 · 150 KiB/s = 7.200 KiB/s oder etwa 7,03 MiB/s. Anders als bei den Festplatten handelt es sich bei diesen Geschwindigkeitsangaben um eine konstante lineare Geschwindigkeit (*Constant Linear Velocity*, abgekürzt *CLV*) – trotz der unterschiedlichen Radien der verschiedenen Spuren geschieht das Lesen und Schreiben immer gleich schnell.

Bei den beschreibbaren CD-Rs werden die Pits durch einen besonders starken Laserstrahl in die Metalloberfläche gebohrt. Die wiederbeschreibbare CD-RW verwendet dagegen Pits mit einer viel geringeren Tiefe, die beim Überschreibvorgang wieder »abgeschliffen« werden können. Auf diese Weise lässt sich eine CD-RW bis zu 1.000-mal beschreiben. Beachten Sie, dass CD-ROM-Laufwerke und Audio-CD-Player, die etwa vor Ende 1998 gebaut wurden, keine CD-RWs lesen können.

Da das Wiederbeschreiben einer CD-RW aufwendiger ist, geschieht es mit dem gleichen Brenner langsamer als das Beschreiben einer normalen CD-R. Aus diesem Grund enthalten CD-RW-Brenner in der Regel drei Geschwindigkeitsangaben in ihrer Spezifikation oder gar aufgedruckt auf dem Gerät selbst: *40x/12x/48x* bedeutet zum Beispiel, dass der CD-Brenner CD-Rs mit 40-facher Geschwindigkeit beschreibt, CD-RWs 12-fach wiederbeschreibt und sämtliche CDs mit 48-facher Geschwindigkeit liest.

Als die beschreibbaren CDs eingeführt wurden, musste übrigens sämtlicher Inhalt in einem einzigen Durchgang darauf gebrannt werden. Bei Audio-CDs heißt dieses Verfahren *Disc-at-once*. Erst etwas später wurde ein Verfahren entwickelt, das man als *Multisession-Format* bezeichnet: Eine CD kann in mehreren Durchgängen (Sessions) gebrannt werden. Nach jeder neuen Session wird ein neues Inhaltsverzeichnis geschrieben. Sie können sich aussuchen, ob die Dateien der alten Sessions darin enthalten sein sollen, sodass sie weiterhin lesbar sind, oder ob sie weggelassen werden sollen – das ist, als seien sie nie auf der CD enthalten gewesen. Das spezielle Multisession-Verfahren für Audio-CDs wird als *Track-at-once* bezeichnet.

Jede Session besteht aus einem Anfangsbereich namens *Lead-in-Area*, den eigentlichen Daten und einem Abschlussbereich, der *Lead-out-Area*. Da diese Grenzbereiche eine gewisse Größe haben, steht auf einer CD mit vielen Sessions etwas weniger Speicherplatz für Daten zur Verfügung als auf einer CD, die in einem einzigen Durchgang gebrannt wurde.

Für das Brennen einer CD war früher stets spezielle Software erforderlich. Heutzutage beherrschen die Betriebssysteme Windows (ab XP) und macOS auch selbst das Beschreiben von CD-Rs und CD-RWs. Wirklich empfehlenswert ist der Zugriff auf diese Bordmittel allerdings nicht; sie bieten nur sehr wenige Einstellungsmöglichkeiten und überlassen Ihnen so keine richtige Kontrolle über den Brennvorgang.

Welche Software Sie auch immer verwenden wollen – achten Sie darauf, dass sie mit der BURN-Proof-Technologie moderner Brenner umgehen kann, die den CD-Rohling davor schützt, durch ein Abreißen des Schreibstroms (*Buffer Underrun*) zerstört zu werden.

CD-Datenformate und -Dateisysteme

Eigentlich gehört dieses Thema nicht in das vorliegende Kapitel – die theoretischen Grundlagen der Dateisysteme für Festplatten sowie konkrete Beispiele unter Windows, macOS und Linux werden in Kapitel 6, »Betriebssysteme«, ausführlich beschrieben. Da für CDs und DVDs jedoch besondere Bedingungen gelten, wird das Thema hier an Ort und Stelle vorweggenommen.

Wenige Möglichkeiten für Fehler entstehen, wenn Sie eine reine Audio-CD brennen. Ihre Spezifikation nach dem Red-Book-Standard hat sich seit über 30 Jahren nicht geändert und wird von jedem CD-Brennprogramm beherrscht. Einige ältere Audio-CD-Player mögen möglicherweise keine Track-at-once-CDs und bestehen auf der Disk-at-once-Variante oder spielen die CD erst ab, wenn Sie sie abschließen – mit einem endgültigen Lead-out-Bereich versehen, der keine weiteren Sessions mehr gestattet.

Bei Daten-CDs sah die Sache lange Zeit erheblich komplizierter aus. Das ursprüngliche CD-ROM-Dateiformat für PCs wird *ISO 9660* genannt. Für die damaligen DOS-/Windows-3.1-Rechner waren seine vielfältigen Einschränkungen kein Problem: Genau wie ISO 9660 konnten auch die Dateisysteme dieser Betriebssysteme beispielsweise nur mit kurzen Dateinamen im *8.3-Format* umgehen: bis zu acht Zeichen für den eigentlichen Dateinamen und drei Zeichen für die durch einen Punkt getrennte Erweiterung, die unter Windows den Dateityp angibt.

Problematisch wurde ISO 9660 erst mit der Einführung von Windows 95: Dieses Betriebssystem war das erste weitverbreitete PC-System, das mit langen Dateinamen (bis zu 255 Zeichen) umgehen konnte. Aus diesem Grund entwickelte Microsoft eine ISO-9660-Erweiterung namens *Joliet*, die bald von sämtlichen CD-ROM-Treibern unter Windows 95 und seinen Nachfolgern unterstützt wurde.

Unter dem klassischen Mac OS konnte dagegen zum Beispiel das hauseigene *HFS*-Dateisystem auf die CD gebrannt werden. Problematisch wurde es, wenn man eine CD benötigte, die unter dem klassischen Mac OS 9 und unter Windows laufen sollte. Zwar konnte der Mac das ISO-9660-Format lesen, allerdings nur ohne Joliet-Erweiterung – die langen Dateinamen einer Windows-CD wurden zerstückelt. Erfreulicherweise gab es Abhilfe durch Drittanbietertools.

Eine andere Lösung waren Mac-OS-/Windows-Hybrid-CDs mit zwei Partitionen. Der Windows-Rechner konnte dabei nur die ISO-Session lesen, während den Mac allein der HFS-Teil interessierte. Üblicherweise wurden die eigentlichen Daten in Wirklichkeit nur einmal auf die CD geschrieben, und zwar in die ISO-Partition; die HFS-Partition enthielt eine Verknüpfung, die dorthin verwies.

Seit einigen Jahren steht nun jedoch das *Universal Disk Format* (*UDF*) zur Verfügung. Es handelt sich um eine Erweiterung von ISO 9660, die plattformübergreifend lange Dateinamen unterstützt. Es wurde ursprünglich vor allem für DVDs entwickelt, kann – und sollte – aber auch für CDs eingesetzt werden.

DVDs

Die *Digital Versatile Disc* (*DVD*) ist äußerlich nicht von einer CD zu unterscheiden. Es handelt sich ebenfalls um einen optischen Datenträger, allerdings mit einer erheblich höheren Speicherdichte. Die sogenannten *Double-Layer-DVDs* besitzen anstelle einer Metallschicht zwei übereinander angeordnete, die von einem Laser mit unterschiedlicher Brennweite abgetastet werden. Darüber hinaus gibt es doppelseitige DVDs. Die Speicherkapazität beträgt 4,7 GiB pro Schicht. Um einen abendfüllenden Spielfilm in hoher Qualität mitsamt Surround-

Tonspuren in mehreren Sprachen, mit Untertiteln und einer interaktiven Menüsteuerung zu speichern, werden aber in der Regel Double-Layer-DVDs verwendet.

DVDs werden für die Verbreitung von Verleih- und Verkaufsvideos eingesetzt; der Wohnzimmer-DVD-Player hat den VHS-Videorekorder praktisch vollständig verdrängt, soweit er nicht selbst durch einen Blu-Ray-Player ersetzt wurde, der ebenfalls DVDs abspielen kann. Auch für die Datensicherung waren (beschreibbare) DVDs eine Zeit lang recht verbreitet. Betriebssystemdistributionen oder aufwendige Computerspiele werden in der Regel auf DVD ausgeliefert, weil die Arbeit mit einem Stapel CDs allmählich genauso lästig wurde wie vor Jahrzehnten die Windows-3.11-Installation mithilfe von acht Disketten.[2]

Um DVD-ROMs zu verwenden, benötigen Sie ein DVD-ROM-Laufwerk (das grundsätzlich auch CDs lesen kann). Die Geschwindigkeit wird als Vielfaches der Datenrate eines Video-DVD-Players (etwa 1,3 MiB/s) angegeben. Ein 16x-DVD-Laufwerk erreicht also eine Datenübertragungsleistung von gut 20,8 MiB/s. Es werden grundsätzlich zwei Geschwindigkeitswerte wie 16x/48x angegeben, wobei der zweite Wert für die Geschwindigkeit steht, mit der das Laufwerk CD-ROMs liest (natürlich als Vielfaches der CD-Player-Rate).

Wenn Sie auf Ihrem PC Video-DVDs ansehen möchten, benötigen Sie zusätzlich eine entsprechende Software wie WinDVD oder PowerDVD. Sowohl für Wohnzimmer-DVD-Player als auch für DVD-ROM-Laufwerke gilt übrigens Folgendes: Jede Video-DVD ist mit einem sogenannten *Region-Code* ausgestattet; jedes Laufwerk kann offiziell nur DVDs mit einem einzigen Code abspielen. Die DVD-Industrie hat die Welt zu diesem Zweck in acht Regionen unterteilt (zur Region eins gehören beispielsweise die USA; Europa und Japan bilden gemeinsam die Region zwei etc.).

Die Begründung für diesen merkwürdigen »Schutz« ist ein wenig abenteuerlich: Es soll verhindert werden, dass man sich im Ausland die DVD-Version eines Films beschafft, der im eigenen Land womöglich noch im Kino läuft. Für die Kundinnen und Kunden ist der Region-Code allerdings nichts weiter als eine lästige Einschränkung. Es ist zum Beispiel ärgerlich, wenn man sich die oft viel besser ausgestatteten US-Versionen seiner Lieblingsfilme nicht beschaffen kann – abgesehen von der Schwierigkeit, einen DVD-Player dazu zu bringen, einen Film mit fremdem Region-Code abzuspielen, ist der Import solcher Filme auch noch rechtlich fragwürdig (bis hin zu Versuchen der Hersteller, ihn ganz zu verbieten)!

Das Chaos der Datei- und Datenformate, das bei den CDs immer wieder für Verwirrung sorgt, herrscht bei DVDs nicht. Alle DVDs, ob sie nun Video- oder Programmdaten enthalten, verwenden dasselbe formale Datenformat, das als *UDF* (*Universal Disk Format*) bezeichnet wird. Es kann von allen aktuellen Betriebssystemen ohne Schwierigkeiten bei den Dateinamen gelesen werden. Für beschreibbare beziehungsweise wiederbeschreibbare DVDs gibt es insgesamt drei miteinander inkompatible Formate:

2 Die Krönung war dann Windows 95, das auf 45 (!) Disketten geliefert wurde.

- Die DVD-R und die zugehörige DVD-RW bilden das älteste Format. Diese Datenträger können von einem normalen DVD-ROM-Laufwerk oder DVD-Player gelesen werden. Wenn Sie Video-DVDs brennen möchten, ist dieses Format vorzuziehen, weil die Videoqualität etwas besser ist als bei den anderen Formaten.
- Etwas später wurde der DVD+R- beziehungsweise DVD+RW-Standard entwickelt. Auch diese Scheiben sind für normale Player geeignet. In puncto Geschwindigkeit und Fehlervermeidung sind diese »Plus«-Formate dem »Minus«-Standard überlegen.
- Völlig inkompatibel mit den beiden anderen Formaten, aber auch mit normalen DVD-ROM-Laufwerken und Video-DVD-Playern, ist die DVD-RAM. Andererseits stellt sie von allen drei Formaten die schnellste und zuverlässigste Datenspeicherung zur Verfügung. Wenn Sie also eine verlässliche, moderne Datensicherungslösung benötigen, aber keinen Wert auf Kompatibilität legen, ist die DVD-RAM das Richtige für Sie.

Damit Sie mit allen Formaten zurechtkommen, sollten Sie sich einfach einen Kombibrenner kaufen, wie er beispielsweise von Sony, NEC oder LG angeboten wird. Die meisten können Plus- und Minus-Datenträger beschreiben; die sogenannten *Super-Multi-Brenner* können sogar auch mit DVD-RAMs umgehen.

Inzwischen hat sich die Blu-Ray-Disc als DVD-Nachfolger durchgesetzt. Sie wurde von Elektronikunternehmen wie Philips, Sony und LG entwickelt. Ihre Kapazität beträgt 25 GiB beziehungsweise 50 GiB im Dual-Layer-Format. Weitgehend aufgegeben wurde dagegen die von Firmen wie Microsoft, IBM und Toshiba entwickelte HD DVD. Diese verwendet eine andere Laser-Wellenlänge; sie besitzt eine Kapazität von 15 GiB im Single- und 30 GiB im Dual-Layer-Format. Die für beide Formate verfügbaren Stand-alone-Player, Computerlaufwerke und Brenner können auch mit normalen DVDs umgehen, aber in der Regel nicht mit dem jeweils anderen Format (die wenigen verfügbaren Hybridgeräte sind um ein Vielfaches teurer als diejenigen für eines der beiden Formate). Da die HD DVD praktisch ausgestorben ist, spielt das jedoch keine Rolle mehr. Genau wie DVDs wurden Blu-Ray-Discs ursprünglich nur als Kauf- oder Leihmedien für Filme angeboten. Auch für Blu-Rays wurden Region-Codes eingeführt, allerdings nur drei verschiedene. Viele Studios verzichten inzwischen glücklicherweise auf ihre Verwendung. Als beschreibbare Blu-Rays gibt es die nur einmal beschreibbare BR-R sowie die wiederbeschreibbare BR-RE.

Die allmählich einsetzende Verbreitung von 4K-Heimvideo oder noch höheren Auflösungen hat die Suche nach einem Blu-Ray-Nachfolger (oder einer Blu-Ray mit höherer Speicherkapazität) beschleunigt. Andererseits wird die Verbreitung von Heimunterhaltung auf physischen Datenträgern insgesamt immer unwichtiger, da immer mehr Haushalte über Breitbandinternetanschlüsse verfügen, Streaming-Dienste wie Netflix oder Amazon Prime – zusätzlich zum klassischen Fernsehen – abonnieren und Filme oder Fernsehserien als Downloads kaufen oder als Streams mieten.

4.3.2 Eingabegeräte

Im Wesentlichen sind die bisher behandelten Massenspeicher sowohl Eingabe- als auch Ausgabegeräte (mit Ausnahme der CD-ROM- und der DVD-ROM-Laufwerke). In diesem Abschnitt geht es dagegen um eine kurze Übersicht über die wichtigsten reinen Eingabegeräte.

Tastatur und Maus

Diese Geräte sind derart selbstverständlich und alltäglich, dass sich wohl kaum jemand Gedanken über sie macht. Dennoch lohnt sich eine kurze Übersicht über ihre Funktionen.

Die Tastatur dient der Eingabe von Text und Zahlen, Satz- und Sonderzeichen, aber auch der Steuerung von Anwendungsprogrammen oder Spielen durch Tastenkürzel. Eine ausgewachsene PC- oder Mac-Tastatur ist in mehrere funktionale Blöcke unterteilt:

- In der obersten, abgesetzten Reihe befinden sich die Funktionstasten [F1] bis [F12] (beim Mac bis [F15]), die in verschiedenen Programmen mit speziellen Befehlen belegt sind. Die ganz links befindliche [Esc]-Taste (*Escape*) dient in vielen Zusammenhängen dem Abbruch von Befehlen.
- Den größten Block bildet der alphanumerische Block. In der obersten Reihe sind die Ziffern untergebracht; ganz rechts in dieser Reihe liegt die Taste [←] (Rückschritttaste), die unter den meisten Betriebssystemen das Zeichen links vom Cursor löscht. Darunter liegen sämtliche Buchstaben, flankiert von den diversen Modifikatortasten, die Sie beim Drücken anderer Tasten festhalten können: [⇧] (zweite Reihe von unten, ganz links und ganz rechts) erzeugt Großbuchstaben und die Sonderzeichen auf den Zifferntasten, [Strg] und [Alt] sowie die [Cmd]-Taste beim Mac dienen der Aktivierung zahlreicher Sonderfunktionen in Programmen. Beim PC liegt rechts neben der Leertaste die spezielle Taste [Alt Gr], die einige Sonderzeichen erzeugt. Zum Beispiel liefert [Alt Gr] + [Q] das @-Zeichen, und [Alt Gr] + [E] erzeugt das €-Zeichen.
- Rechts neben dem alphanumerischen Block liegen ganz oben einige Sondertasten, darunter sechs Navigationstasten: [Einfg] schaltet in manchen Anwendungen zwischen dem Einfüge- und dem Überschreibmodus um. [Entf] löscht das Zeichen unter oder rechts vom Cursor. [Pos1] bewegt den Cursor zum Zeilenanfang, [Ende] zum Zeilenende. Die Tasten [Bild↑] und [Bild↓] bewegen den Text in vielen Programmen um einen ganzen Bildschirm oder einen ganzen Fensterinhalt nach oben beziehungsweise unten. Ganz unten befinden sich die Pfeiltasten, die den Cursor in Textprogrammen um jeweils ein Zeichen beziehungsweise eine Zeile bewegen und in vielen Bild- und Grafikprogrammen für das präzise Verschieben von Bildinhalten sorgen.
- Ganz rechts liegt der Ziffernblock, der besonders für die schnelle Eingabe langer Zahlenkolonnen geeignet ist; er verfügt sogar über eine separate [↵]-Taste. Auf dem PC kann durch die Taste [Num] zwischen dem Ziffernmodus und einem zweiten Satz Pfeil- und Navigationstasten hin- und hergeschaltet werden.

Die Maus ist das Eingabegerät für grafische Benutzeroberflächen: Indem Sie sie über den Tisch bewegen, wird auf dem Bildschirm ein kleiner Pfeil in die entsprechende Richtung verschoben. Mithilfe der Tasten können Sie an der jeweiligen Stelle Befehle geben. Mac-Mäuse besitzen nur eine Taste, während PC-Mäuse über zwei bis drei Tasten verfügen. Unter Windows wird die linke Maustaste standardmäßig für normale Befehle genutzt, während die rechte Taste an der aktuellen Mauszeigerposition ein Menü mit den wichtigsten Befehlen anzeigt, das sogenannte *Kontextmenü*. Linkshänder*innen können diese Belegung umkehren.

Geändert hat sich in den letzten Jahren nur die Technik der Maus: Klassische Mäuse besitzen an der Unterseite eine frei bewegliche Kugel, deren Drehbewegungen von Achsen mit Sensoren gemessen wird. Der Nachteil besteht darin, dass die Kugel recht anfällig auf Verschmutzung reagiert. Aus diesem Grund wurde die optische Maus als Alternative eingeführt: Der Untergrund wird angeleuchtet; eine kleine eingebaute Kamera nimmt ihn immer wieder auf und berechnet aus der Differenz der Bilder die Bewegung.

Scanner und Digitalkameras

Mit Scannern und Digitalkameras können Sie Bilder in den Computer einspeisen. Hier wird kurz die Technik dieser Geräte beschrieben.

Ein Scanner dient dazu, eine Bildvorlage abzutasten und in digitale Daten umzurechnen. Zu diesem Zweck wird zeilenweise jeder einzelne Punkt der Vorlage mit einem Lichtstrahl beleuchtet. Die Stärke des reflektierten Lichts wird von einer Einheit namens *CCD* (*Charged Coupled Device*) gemessen und in ein entsprechendes Digitalsignal umgewandelt.

Im Gegensatz zu diesem sogenannten *Auflichtscanner* wird der *Durchlichtscanner* für transparente Vorlagen verwendet: Sie werden nicht von unten mit Licht angestrahlt, das reflektiert wird, sondern von oben durchleuchtet. Das hindurchscheinende Licht wird daraufhin wiederum von einer CCD-Einheit ausgewertet.

Es gibt drei Varianten von Scannern:

- Der *Flachbettscanner* ist das übliche Desktopgerät zum Scannen von Fotos oder Drucken. Die Scanfläche ist eine flache Glasplatte, auf die die Vorlage gelegt wird; sie besitzt eine Größe zwischen A4 und A3. Das Scannen erfolgt zeilenweise durch einen beweglichen Schlitten, auf den Lampe und Spiegel montiert sind.

  Die mögliche Auflösung liegt normalerweise zwischen 1.200 und 2.400 Pixeln pro Zoll. Die Farbtiefe beträgt bis zu 16 Bit für Graustufen (65.536 Abstufungen) und 48 Bit für Farbe (je 16 Bit für die primären Lichtfarben Rot, Grün und Blau).

  Neben der angegebenen optischen Auflösung kann ein Flachbettscanner höhere Auflösungen durch Interpolation (Berechnung von Farbdurchschnittswerten) bilden. Beachten Sie, dass dadurch nicht mehr Details in das Bild aufgenommen werden; es handelt sich um eine rein rechnerische Erhöhung der Auflösung.

Alle Flachbettscanner beherrschen den Auflichtmodus, über eine eingebaute Durchlichteinheit verfügen nur manche von ihnen. Für einige andere Modelle ist sie als Zubehör erhältlich und wird durch Austauschen des normalen Deckels angeschlossen.

- *Trommelscanner* bestehen aus einer zylinderförmigen Glastrommel, auf der die Auf- oder Durchlicht-Scanvorlage befestigt wird, zum Beispiel mit Klebeband. Die Trommel rotiert mit hoher Geschwindigkeit (300 bis 1.300 U/min). Die Auflösung beträgt 3.000 Pixel pro Zoll oder noch mehr. Die Messung erfolgt nicht durch CCDs, sondern durch erheblich präziser arbeitende Foto-Multiplier.

  Der Trommelscanner ist ein professionelles, sehr teures Gerät, das in Werbeagenturen oder grafischen Betrieben verwendet wird. Er kommt mit erheblich größeren Vorlagen zurecht als der Flachbettscanner und erzielt genauere Ergebnisse.

- Der *Kleinbild-* oder *Diascanner* ist ein spezialisiertes Gerät, das lediglich für das Einscannen von Farbfilmvorlagen (Dias oder Negative) geeignet ist. Da die Vorlage mit ihren 36 · 24 mm sehr klein ist, arbeitet das Gerät mit einer hohen Auflösung von ca. 2.800 Pixeln pro Inch (Zoll). Die Ergebnisse werden erheblich besser als Scans vom Fotopapier, dessen Reflexionseigenschaften schädlich für den Scanvorgang sind. Natürlich sind sie durch die höhere Auflösung und die präzise Führung der Vorlage auch dem Scan eines Dias über die Durchlichteinheit eines Flachbettscanners überlegen.

Ein weiteres interessantes Gerät, um Bildmaterial für die Weiterverarbeitung im Computer zu sammeln, ist die Digitalkamera. Die optische Ausstattung dieses Geräts entspricht vom Prinzip her einem herkömmlichen, also analogen Fotoapparat; die Kamera ist mit einem Objektiv aus mehreren Sammellinsen ausgestattet. Sie enthält allerdings als lichtempfindliche Einheit keinen chemisch reagierenden Film, sondern ein CCD.

Da die meisten CCDs eine kleinere Fläche besitzen als der 36 · 24 mm große Kleinbildfilm, arbeitet eine Digitalkamera mit einem etwas kleineren Brennweitenbereich als ein Kleinbildfotoapparat. Um mit der Digitalkamera also denselben Bildausschnitt zu fotografieren wie mit einer Kleinbildkamera, wird eine kleinere Brennweite verwendet. Um der Kleinbildgröße nahezukommen, wird ein möglichst großer CCD benötigt, über den nur professionellere Kameras verfügen; einige High-End-Modelle bieten tatsächlich die Original-Kleinbildgröße.

Die Auflösung von Digitalkameras wird in Millionen Pixeln (Megapixeln) angegeben. Standardmodelle bieten zurzeit 7 bis 16 Megapixel; um die Kleinbildgröße zu erreichen, sind etwa 11 Megapixel erforderlich (allerdings auch nur dann, wenn das CCD selbst Vollformat, also Kleinbildgröße besitzt).

Um aus der Megapixelanzahl die Bildgröße zu berechnen, können Sie das 4:3-Verhältnis zugrunde legen. Bei einer (veralteten) Kamera mit 3,34 Megapixeln (genau 3.338.400 Pixeln) ergibt sich beispielsweise ein Bild von 2.140 · 1.560 Pixeln Größe. Selbst für die größten zurzeit verwendeten Bildschirmauflösungen ist es zu groß. Wenn Sie es auf einer Webseite oder in einer Multimedia-Präsentation einsetzen möchten, müssen Sie es entsprechend verkleinern. Um zu berechnen, wie groß es maximal gedruckt werden kann, müssen Sie es durch die Druckauflösung teilen – üblicherweise 300 dpi. Dies ergibt eine maximale Druckgröße von 7,13 · 5,2 Zoll oder 18,11 · 13,2 cm.

4.3.3 Ausgabegeräte

In diesem Abschnitt werden die wichtigsten reinen Ausgabegeräte behandelt: Grafikkarten, Monitore und Drucker.

Grafikkarten

Die Grafikkarte ist dafür zuständig, das Bild zu erzeugen, das auf dem Monitor ausgegeben werden soll. Sie verfügt über einen eigenen Mikroprozessor, der verschiedene Arten der Bildberechnung durchführt, sowie eigenes RAM zur Speicherung des Monitorbildes. Alte Grafikkarten konnten lediglich 2D-Grafik darstellen, also bestimmen, welche Farbe an welche Pixelposition gesetzt werden soll. Seit etwa 1996 enthalten die meisten Grafikkarten 3D-Beschleuniger, die das sogenannte *Echtzeit-Rendering* von 3D-Szenen unterstützen. Sie sind somit in der Lage, die Tiefeninformation der dritten Dimension in unterschiedliche Darstellungsgrößen umzurechnen und Beleuchtungseffekte, gegenseitiges Verdecken »hintereinanderliegender« Objekte oder Transparenzen zu bestimmen.

Im Lauf der PC-Geschichte wurden viele verschiedene Grafikkartenstandards mit unterschiedlicher maximaler Auflösung und Farbtiefe entwickelt. Diese Werte hängen insbesondere davon ab, wie viel eingebautes RAM die Grafikkarte besitzt. Tabelle 4.7 zeigt einige typische Auflösungen und Farbtiefen, ihre klassischen (kaum noch verwendeten) Bezeichnungen und den erforderlichen Mindestspeicherbedarf für die 2D-Darstellung (für 3D-Features wird natürlich ein Vielfaches an Speicher benötigt). Der Speicherbedarf wird als technisch realisierbarer Wert angegeben. Beispielsweise finden Sie bei VGA »256 KiB« anstelle der rechnerischen 150, die nie als Speicherbaustein erhältlich waren.

Bezeichnung	Auflösung	Farbtiefe	Speicherbedarf
VGA	640 · 480	4 Bit (16 Farben)	256 KiB
SVGA	800 · 600 1.024 · 768	8 Bit (256 Farben) 4 Bit (16 Farben)	512 KiB
XGA	1.024 · 768	16 Bit (65.536 Farben)	2 MiB
SXGA	1.280 · 1.024	24 Bit (16,7 Mio. Farben)	4 MiB

Tabelle 4.7 Einige klassische Auflösungen und Farbtiefen von Grafikkarten

Grafikkarten können auf verschiedene niedrigere Auflösungen und Farbtiefen heruntergestellt werden, um zum Beispiel ältere Monitore oder alte Software zu unterstützen, die mit den höchsten einstellbaren Werten der Karte nicht zurechtkommen. Tabelle 4.7 ist ein guter Anhaltspunkt für die Werte, die bei den meisten Karten verfügbar sind (allerdings können Sie in der Regel alle genannten Auflösungen und Farbtiefen beliebig mischen). Viele neuere Karten bieten noch höhere Werte (mit denen allerdings nicht alle Monitore zurechtkommen). Manche unterstützen auch noch Zwischenwerte wie 1.152 · 864, außerdem werden mitunter andere Formate wie 16:10 oder gar 16:9 angeboten, die für bestimmte Monitore oder Notebook-Displays erforderlich sind. Die Auflösungen reichen dabei inzwischen bis zu *Full HD* (1.920 · 1.080), *Ultra HD* (*UHD*), auch *4K* genannt (3.840 · 2.160), und sogar darüber hinaus, was besonders bei sehr großen Monitoren wie etwa dem eingebauten Display des 27-Zoll-iMac wichtig ist.

Im Übrigen können Sie an viele Grafikkarten zwei Monitore anschließen, was natürlich wiederum mehr Speicher benötigt. Mit dem Grafiktreiber wird dazu ein Konfigurationsprogramm geliefert, in dem Sie das Bild je nach Position der beiden Monitore auf dem Schreibtisch auf diese verteilen können. Für viele umfangreiche Programme mit vielen Paletten, Werkzeugen und Hilfsmitteln – beispielsweise die Bildbearbeitung Adobe Photoshop oder eine integrierte Entwicklungsumgebung für Programmierer – ist die Arbeit mit zwei Monitoren erheblich übersichtlicher und effizienter. Im Grunde können Sie das bearbeitete Dokument exklusiv auf dem einen Bildschirm platzieren und sämtliches Werkzeug auf dem anderen.

Die Geschwindigkeit der Grafikkarte hängt von mehreren Faktoren ab:

- Eine Rolle spielt die Leistungsfähigkeit des Grafikprozessors selbst.
- Das RAM von Grafikkarten wird durch viele unterschiedliche Speicherbausteintypen (SD-RAM, DDR-RAM oder grafikoptimierte Varianten) realisiert. Je besser die Speichersorte, desto höher die Geschwindigkeit.
- Der verwendete Anschluss hat ebenfalls Bedeutung: Wird eine Grafikkarte am PCI-Bus betrieben, muss sie sich dessen Datenkanäle mit vielen anderen Geräten teilen. Der neuere AGP-Anschluss steht der Grafikkarte dagegen exklusiv zur Verfügung und ist obendrein schneller und leistungsfähiger als PCI. Der beste Anschluss für Grafikkarten ist heutzutage jedoch PCI Express.
- Zudem ist die Taktfrequenz des RAMDAC wichtig. Es handelt sich um den Chip, der den digitalen Inhalt des Videospeichers in das analoge Bildsignal umwandelt, das am Monitoranschluss ausgegeben wird.

Monitore

Es gibt zwei Grundtypen von Computermonitoren: Röhrenmonitore und LCD-Displays. Hinzu kommen speziellere Anzeigegeräte wie beispielsweise Beamer (LCD-Projektoren), die für Vorträge oder im Unterricht verwendet werden, um die Ausgabe eines Computers einer größeren Zuschauergruppe zu zeigen.

Der klassische (und inzwischen praktisch ausgestorbene) Röhrenmonitor (*CRT* für *Cathode Ray Tube* oder auf Deutsch Kathodenstrahlröhre) funktioniert nach demselben Prinzip wie ein alter Fernseher: Ein Elektronenstrahl in einer Vakuumröhre stimuliert eine Phosphorschicht, auf die er das Bild zeichnet, indem er jeden einzelnen Punkt in jeder Zeile nacheinander abtastet – in Wirklichkeit sehen Sie auf einem Röhrenmonitor zeitgleich immer nur ein einziges Pixel! Dass das Bild dennoch kontinuierlich als Ganzes wahrgenommen wird, liegt an der Trägheit des Auges. Sobald etwas schneller als etwa 24-mal pro Sekunde neu gezeichnet wird, erscheint es als fortlaufende Bewegung beziehungsweise als Standbild.

Ein Fernseher arbeitet mit 50 Halbbildern pro Sekunde: In einem Durchgang werden die Zeilen 1, 3, 5 etc. gezeichnet, im nächsten Durchgang dann 2, 4, 6 und so fort. Dieses als *Interlacing* bezeichnete Verfahren erscheint weniger flimmernd als 25 ganze Bilder pro Sekunde. Heutige CRT-Monitore arbeiten mit höheren Bildraten und ohne Interlacing. Bei 75 Hz zeichnet ein Monitor beispielsweise 75-mal pro Sekunde den gesamten Bildschirminhalt neu. Ab etwa diesem Wert wird das Bild als vollkommen flimmerfrei wahrgenommen.

Um zu berechnen, welche Bildwiederholrate ein Röhrenmonitor bei einer bestimmten Auflösung erreichen kann, müssen Sie seine Zeilenfrequenz kennen. Dieser in kHz angegebene Wert gibt an, wie viele einzelne Zeilen der Kathodenstrahl pro Sekunde zeichnen kann. Wenn Sie diesen Wert durch die Zeilenzahl der gewünschten Auflösung teilen, erhalten Sie die maximale Bildrate. Beispielsweise kann bei einer Auflösung von 1.280 · 1.024 Pixeln – also 1.024 Zeilen – und einer Zeilenfrequenz von 80 kHz eine Bildwiederholrate von etwa 78 Hz erreicht werden.

Das *LCD*-Verfahren (*Liquid Crystal Display*, also Flüssigkristallanzeige) gibt es schon lange. Für Taschenrechner, Digitaluhren und Messgeräte wird es seit Jahrzehnten eingesetzt, aber seit Jahren auch für Notebooks und Desktopmonitore. Das Prinzip funktioniert folgendermaßen:

Im Hintergrund leuchtet eine gleichmäßig helle Fläche. Dieses Licht wird durch einen ersten Polarisationsfilter geschickt, der nur noch horizontale Lichtstrahlen durchlässt. Als Nächstes passiert das Licht eine Flüssigkristallschicht. Die Flüssigkristalle können durch Spannung gedreht werden, sodass sie die Polarität des Lichts an manchen Stellen um 90 Grad drehen, an anderen dagegen nicht. Verschiedene Helligkeitswerte werden nun dadurch erreicht, dass das Licht daraufhin durch einen weiteren Polarisationsfilter muss – diesmal einen, der nur vertikale Lichtstrahlen passieren lässt. Es kommt also nur an denjenigen Stellen Licht an, an denen der Flüssigkristall die Polarität gekippt hat. Zu guter Letzt wird diese Hell-dunkel-Verteilung noch durch eine RGB-Folie gefiltert, die die Grundfarben Rot, Grün und Blau erzeugt, aus denen das Monitorbild zusammengesetzt wird.

Eine modernere Form des LCD-Displays, die in fast allen Notebooks und LCD-Monitoren eingesetzt wird, ist das *TFT*-Verfahren (*Thin Flat Transistor*). Hier wird jeder Flüssigkristall durch einen eigenen Transistor angesteuert, wodurch die genauesten Ergebnisse erzielt werden.

Die größten Vorteile von LCD-Displays gegenüber Röhrenmonitoren sind folgende:

- Ein solches Display kann aufgrund seiner Bauweise nicht flimmern (jedes Pixel erstrahlt so lange gleichmäßig in seiner Farbe, bis diese geändert wird). Daher werden LCDs mit vergleichsweise niedriger Bildrate betrieben, oft zum Beispiel 60 Hz.
- Die LCD-Anzeige ist absolut flach und rechteckig, während bei Röhren trotz aller Bemühungen noch immer eine kleine Wölbung verbleibt, die einen Teil der sichtbaren Bildfläche abzieht. Auf diese Weise erreicht beispielsweise ein 17-Zoll-TFT-Monitor fast die Anzeigegröße eines 19-Zoll-Röhrengeräts.
- Die Strahlungsbelastung, der Sie bei der ständigen Arbeit an einem Röhrenmonitor ausgesetzt sind, ist trotz TCO-2003-Norm für Strahlungsarmut noch immer um ein Vielfaches höher als bei einem Flatscreen.
- Schließlich ist auch ein wichtiger praktischer Grund ausschlaggebend: Ein Röhrenmonitor benötigt durch die Tiefe der Bildröhre eine ganze Menge Platz auf dem Schreibtisch, während ein LCD-Display so flach ist wie das Telefonbuch einer Kleinstadt und so auch noch auf den kleinsten Schreibtisch passt, ohne Ihnen Freiheit für Tastatur und Maus zu nehmen.

Drucker

Mithilfe eines Druckers werden Dokumente, Bilder und andere Dateien auf Papier ausgegeben. Es wurden verschiedene Arten von Druckern entwickelt – angefangen bei den Nadeldruckern über Tintenstrahl- bis zu den Laserdruckern.

Die aus der Mode gekommenen Nadel- oder Matrixdrucker verwendeten sieben bis 24 übereinanderliegende kleine Nadeln, die jeweils gegen ein Farbband gedrückt wurden, um eine einzelne Punktspalte einer Druckzeile auszugeben. Ihr Druckbild war eher bescheiden; das Beste, was sie produzierten, war die durch mehrmaliges versetztes Übereinanderdrucken erreichte *Near Letter Quality* (NLQ). Heute werden Nadeldrucker nur noch für Spezialanwendungen eingesetzt, beispielsweise für den schnellen und effizienten Druck von Belegen. Immerhin hatten sie gegenüber den heute dominierenden Tintenstrahl- und Laserdruckern zwei unbestreitbare Vorteile: Sie konnten auf Endlospapierrollen drucken und waren in der Lage, Durchschläge herzustellen, weil die Nadeln mit ausreichendem Druck auf das Papier gedrückt wurden.

Noch seltener sind Typenrad- und Kugelkopfdrucker geworden. Diese der Schreibmaschinentechnik entlehnten Geräte waren mit einem Rad oder einer Kugel ausgestattet, die mit einzelnen erhabenen Lettern versehen waren. Diese wurden ebenfalls gegen ein Farbband und dann auf das Papier gedrückt. Die Schriftqualität dieser Drucker war hervorragend, aber dafür konnten sie nur eine einzige Schriftart drucken (es sei denn, man wechselte das Typenrad) und keinerlei Grafik erzeugen.

Tintenstrahldrucker schießen durch feine Düsen winzige Tintentropfen auf das Papier. Die ältesten von ihnen druckten nur mit schwarzer Tinte, die durch unterschiedlich große Rasterpunkte verschiedene Graustufen erzeugen konnte. Später kamen die ersten Farbtintenstrahldrucker auf den Markt. Viele alte Modelle waren nur mit den drei subtraktiven Grundfarben Cyan, Magenta und Gelb ausgestattet. Sie stellten das fehlende Schwarz durch Übereinanderdrucken der drei anderen Farben her. Dieser Vorgang ergibt zwar rein rechnerisch Schwarz, in der Praxis war das Ergebnis aber zu blass und kontrastarm. Aus diesem Grund sind moderne Farbtintenstrahldrucker zusätzlich mit Schwarz als vierter Druckfarbe ausgestattet und entsprechen damit dem Vierfarbdruck. Die meisten Modelle besitzen eine Patrone für Schwarz und eine für die drei anderen Farben. Nur die Farbtintenstrahler der Firma Canon sind von jeher mit vier einzelnen Tintenkartuschen versehen.

Die Auflösung von Tintenstrahldruckern beträgt zwischen 300 und 1.440 dpi (*dots per inch* = Punkte pro Zoll). Die besonders hohe Auflösung mancher Drucker wird vor allem für den Fotodruck eingesetzt. Für diesen gibt es neben den Vierfarbdruckern übrigens auch spezielle Sechsfarbsysteme, die mit den beiden zusätzlichen Druckfarben Hell-Cyan und Hell-Magenta ausgestattet sind. Dies ermöglicht einen farbtreueren Ausdruck bestimmter heller Farben und Pastelltöne.

Es gibt zwei etwas unterschiedliche Verfahren für den Tintenstrahldruck: die Bubble-Technik und die Piezo-Technik. Bei einem *Bubble-Drucker* wird ein kleiner Draht sehr stark erhitzt und erzeugt dadurch eine Tintendampfblase, die durch die Düse auf das Papier »geschossen« wird. Beim *Piezo-Verfahren* wird dagegen ein sogenannter *Piezo-Kristall* verwendet, der sich durch elektrische Spannung ausdehnt und auf diese Weise einen Tintentropfen auf das Papier drückt.

Eine noch höhere Druckqualität als der Tintenstrahldrucker bietet der Laserdrucker. Dieses Gerät arbeitet mit einer Technik, die vom Fotokopierer stammt: Eine rotierende, elektrisch leitfähige Trommel wird nach und nach an verschiedenen Stellen durch einen Laserstrahl belichtet, der ihre elektrische Ladung an diesen Stellen ändert. Anschließend wird die Trommel mit Toner bedeckt, der jedoch nur an den geladenen Stellen haftet und von anderen wieder abfällt. Daraufhin wird die Trommel auf einem Bogen Papier abgerollt. Anschließend wird der Toner durch Hitze fixiert. Die enthaltenen Kunststoffanteile schmelzen und verbinden sich mit dem Papier. Deshalb ist das Papier so warm, wenn es aus dem Laserdrucker kommt.

Eine günstigere, aber nicht ganz so hochwertige Alternative sind LED-Drucker, bei denen kein Laserstrahl auf einem beweglichen Schlitten die Belichtung übernimmt, sondern eine feste Reihe von Leuchtdioden.

Bei Farblaserdruckern wird der ganze Vorgang für die vier Druckfarben insgesamt viermal wiederholt; jedes Mal wird Toner einer anderen Farbe aufgetragen. Im Gegensatz zu Farbtintenstrahldruckern sind diese Geräte etwas teurer.

Exotischere Druckerarten sind die beiden Arten von Thermodruckern: Beim Thermotransferdrucker wird spezielles Papier durch Hitzeeinwirkung an bestimmten Stellen dunkel;

diese Art des Drucks wird sehr häufig für Verkaufsbelege verwendet. Für Kunden und Kundinnen ist das übrigens ziemlich ärgerlich, weil die Farbe auf diesem Papier mit der Zeit verblasst und nicht mehr lesbar ist.

Der Thermosublimationsdrucker verwendet ein etwas anderes Verfahren: Die Druckfarbe wird durch Erhitzen gasförmig und dringt in ein spezielles kunststoffhaltiges Papier ein. Dort kühlt sie ab und verbindet sich mit der Struktur dieses Papiers.

Ein weiteres Unterscheidungsmerkmal für Drucker ist die Frage, durch welche Sprache oder Treibertechnik sie angesteuert werden. Die billigsten Modelle sind sogenannte *GDI-Drucker*. Sie verlassen sich auf die eingebaute Windows-Grafikbibliothek und erhalten ein fertig aufbereitetes Bild, das sie eins zu eins ausdrucken. Aus diesem Grund funktionieren diese Drucker definitiv nur unter Windows.

Die Mittelklasse bilden Drucker, die eine vom Hersteller selbst definierte Druckseitenbeschreibungssprache verstehen. Dazu gehören Sprachen wie HPGL von Hewlett-Packard oder entsprechende Lösungen anderer Hersteller. Allerdings unterscheiden sich die einzelnen Sprachen erheblich in ihren Möglichkeiten und in der Exaktheit des Seitenaufbaus.

Die Lösung mit der höchsten Qualität bietet die Druckseitenauszeichnungssprache PostScript. Sie wurde von der Firma Adobe erfunden – nicht nur, um Drucker anzusteuern, sondern auch High-End-Belichter und Digitaldruckmaschinen. PostScript ist in der Lage, Text, Vektorgrafik und eingebettete Bilder zu beschreiben, und zwar wesentlich exakter als andere Druckersprachen.

Bei Druckern, die über eine Seitenbeschreibungssprache angesteuert werden, ist ein weiteres wichtiges Kriterium die Frage, wie viele und welche Schriftarten unmittelbar in die Druckerhardware eingebettet sind. Wenn Schriften nicht integriert sind, müssen sie nämlich vom Druckertreiber in Vektor- oder gar Bitmap-Daten umgerechnet werden. Dies verlängert die Druckdauer und führt obendrein zu einer geringeren Schriftqualität.

Schließlich soll noch der *3D-Drucker* erwähnt werden, wenngleich es sich dabei nicht um einen Drucker im herkömmlichen Sinne handelt. Dieses Gerät ist stattdessen in der Lage, dreidimensionale Modelle mithilfe von erhitztem Werkstoff (meist irgendeiner Form von Kunststoff) Schicht für Schicht als physische Objekte herzustellen. Die Einsatzgebiete gehen von privatem Spaß (Familienmitglieder als Actionfiguren, eigene Schachfiguren oder was auch immer Ihnen noch so einfällt) über die Maker-Szene (Hardwarebastler*innen, die nützliche Gegenstände oder elektronische Geräte selbst herstellen und sich darüber austauschen) bis hin zur professionellen industriellen Herstellung von Werkstücken oder gar angepassten Zahn- und Knochenprothesen.

Kurz gesagt: Die Revolution, die der 3D-Drucker noch auslösen wird, steht gerade erst an ihrem Anfang. Er ist zwar keine direkte Vorstufe eines Materie-Replikators wie bei Star Trek, aber bisher das Gerät, das diesem am nächsten kommt.

4.3.4 Soundhardware

So gut wie jeder Rechner ist heute in der Lage, Audiodaten zu verarbeiten. Dies umfasst das Abspielen von Sounddateien, die Digitalisierung aufgenommener Töne sowie einen per Hard- oder Software realisierten eingebauten Synthesizer. Immer mehr Mainboards enthalten integrierte Soundunterstützung in ihrem Chipsatz. Wenn Sie ein Mainboard besitzen, das nicht damit ausgestattet ist, oder erweiterte Soundfähigkeiten benötigen, müssen Sie sich eine Soundkarte anschaffen. Diese werden in vielen verschiedenen Qualitäts- und Preisklassen angeboten. Achten Sie darauf, dass die Optionen, die Sie benötigen, von der gewählten Karte angeboten werden. Außerdem ist es zu empfehlen, Markenware zu kaufen, da die Treiberunterstützung bei No-Name-Karten oft mangelhaft ist.

Eine Soundkarte beziehungsweise die Onboard-Soundhardware ist mit einer unterschiedlichen Anzahl von Anschlüssen für die Audioein- und -ausgabe ausgestattet. Beim Eingang muss zwischen Line-in und Microphone-in unterschieden werden. Ein Line-in-Eingang dient der Eingabe vorverstärkter Töne, beispielsweise aus einer Stereoanlage oder dem Verstärker eines elektronischen Musikinstruments. Microphone-in leitet die über ein Mikrofon hereingekommenen Töne dagegen zunächst an den internen Verstärker weiter. Umgekehrt sieht es bei den Ausgängen aus: Der Line-out-Ausgang dient dem Anschluss an einen externen Verstärker oder an Aktivboxen, während Speaker-out vorverstärkten Sound an einen Kopfhörer ausgibt.

Um Audio-CDs über die Ausgänge der Soundkarte verstärken und abspielen zu können, benötigen Sie ein spezielles Audiokabel vom CD-ROM-Laufwerk zur Soundkarte. Bei den meisten externen Soundkarten wird es mitgeliefert, während es bei vielen Komplettrechnern mit Onboard-Sound bereits vorinstalliert ist.

Diverse aktuelle Mainboards oder Soundkarten unterstützen mehr als bloßen Stereosound: Sie können ein sogenanntes *5.1-Boxenset* anschließen, das mit einem Subwoofer, einem Mittellautsprecher und vier Satelliten ausgestattet ist. Dieser Surround-Sound ist beispielsweise von Vorteil, wenn Sie auf dem Computer mit entsprechender Software Video-DVDs ansehen möchten, da diese mit solchen Tonspuren ausgestattet sind.

Höherwertige Soundkarten sind nicht nur mit analogen Klinkenbuchsen versehen, sondern zusätzlich mit sogenannten *SP-DIF-Ein- und -Ausgängen*. Diese ermöglichen den Anschluss an moderne digitale Audiogeräte.

Eine weitere Komponente von Soundkarten ist ein eingebauter MIDI-Synthesizer. MIDI ist ein in den 80er-Jahren definierter Standard zur Steuerung elektronischer Musikinstrumente. Ältere Soundkarten verwendeten zur Erzeugung von MIDI-Klängen die sogenannte *FM-Synthese*, eine durch und durch künstliche Klangerzeugung. Das Ergebnis war wenig überzeugend. Egal ob Klassik, Rock oder Jazz abgespielt wurde – alles klang wie frühe 80er-Jahre-Synthesizer. Bei neueren Soundkarten wird die sogenannte *Wavetable-Synthese* genutzt: Ein eingebauter Speicher enthält digitalisierte Klänge von Originalinstrumenten, die zum Abspielen der MIDI-Daten verwendet werden.

Außerdem sind die meisten externen Soundkarten und manche Onboard-Lösungen mit einem externen MIDI-Anschluss ausgestattet, der dem Austausch von MIDI-Informationen mit einem externen Gerät dient. Auf diese Weise können Sie MIDI-Klänge über ein Keyboard einspielen, um sie in einem Sequencer-Programm weiterzuverarbeiten, oder aber einen hochwertigeren externen Synthesizer zum Abspielen von MIDI-Dateien einsetzen. Derselbe Anschluss wird übrigens auch für Joysticks verwendet.

4.4 Übungsaufgaben

Im Folgenden ist jeweils genau eine Antwort richtig.

1. Welche beiden Bestandteile machen die Hardware eines Computers aus?
   - Ein- und Ausgabegeräte
   - Zentraleinheit und Peripherie
   - Eingabegeräte und Peripherie
   - Zentraleinheit und Ausgabegeräte
2. Welches der folgenden Elemente ist kein Bestandteil der Zentraleinheit?
   - CPU
   - BIOS
   - Ausgabegeräte
   - Chipsatz
3. Nach welchem Prinzip arbeiten Computer?
   - ADAM-Prinzip
   - EVA-Prinzip
   - NOAH-Prinzip
   - MOSES-Prinzip
4. Welche Speichertechnologie wurde zur Zeit der Transistorrechner am häufigsten verwendet?
   - CMOS-Speicher
   - Trommelspeicher
   - Magnetkernspeicher
   - Massenspeicher
5. Welche der folgenden Komponenten gehört nicht zum ursprünglichen Von-Neumann-Konzept?
   - Steuerwerk
   - Prozessor
   - Hauptspeicher
   - Rechenwerk

6. Welcher der folgenden Mikroprozessoren war kein 8-Bit-Prozessor?
   - Intel 8080
   - Zilog Z80
   - MosTek 6502
   - Intel 80286
7. Wie heißt das Rechenwerk in einer modernen CPU?
   - FSB
   - ALU
   - Cache
   - CMOS
8. Die Wortbreite welcher Komponente bestimmt die Wortbreite der CPU selbst?
   - Datenbus
   - Register
   - Adressbus
   - Steuerbus
9. Welcher Wert misst die Geschwindigkeit, mit der eine CPU Fließkommaoperationen durchführt?
   - MIPS
   - FLOPS
   - FSB
   - CISC
10. Welche Aussage über RISC-Prozessoren ist zutreffend?
    - Der vergrößerte Befehlssatz steigert die Geschwindigkeit.
    - Der vergrößerte Befehlssatz verringert die Geschwindigkeit.
    - Der verkleinerte Befehlssatz steigert die Geschwindigkeit.
    - Der verkleinerte Befehlssatz verringert die Geschwindigkeit.
11. Zu welcher Prozessorarchitektur gehört die MMX-Erweiterung?
    - nur CISC
    - nur RISC
    - beide Architekturen
    - alle CISC- und manche RISC-CPUs
12. Welche Aussage über RAM-Speicher trifft zu?
    - RAM behält seinen Inhalt auch ohne Stromzufuhr.
    - Auf RAM-Speicher kann nur sequenziell zugegriffen werden.

- Auf RAM-Speicher kann in beliebiger Reihenfolge zugegriffen werden.
- RAM-Speicher kann nur gelesen, aber nicht geändert werden.

13. Welcher Speicher im modernen PC ist der schnellste?
    - der Arbeitsspeicher
    - die Swap-Partition
    - der Level-2-Cache
    - der Level-1-Cache
14. Welche der folgenden Aussagen über SRAM ist falsch?
    - Es ist ein flüchtiger Speicher.
    - Das CMOS-RAM des BIOS ist ein SRAM-Baustein.
    - SRAM behält seinen Inhalt auch ohne Stromzufuhr.
    - SRAM ist teurer als DRAM.
15. Welche der folgenden Arten von ROM-Speicher kann nur einmal beschrieben werden?
    - klassisches ROM
    - PROM
    - EPROM
    - Flash-EPROM
16. Wie heißt der Test, den das BIOS beim Einschalten des Rechners durchführt?
    - POST
    - BANK
    - BAHN
    - BUS
17. Welche der folgenden Komponenten überprüft das BIOS beim Einschalten des Rechners nicht?
    - RAM
    - Grafikkarte
    - Soundkarte
    - Tastatur
18. Was bedeutet das serielle Datenübertragungsschema 8N1?
    - acht Daten-Bits, keine Parität, ein Stopp-Bit
    - acht Daten-Bits, Parität, ein Stopp-Bit
    - acht Daten-Bits, keine Parität, ein Start-Bit
    - acht Daten-Bits, kein Stopp-Bit, ein Start-Bit

19. Welcher serielle Datenübertragungsstandard ist für Modemverbindungen ins Internet üblich?
    - 9N1
    - 8P1
    - 7N2
    - 8N1
20. Welche Taktfrequenz besitzt der klassische PCI-Bus?
    - 16 MHz
    - 33 MHz
    - 66 MHz
    - 100 MHz
21. Für welche Geräte wurde der AGP-Port verwendet?
    - Soundkarten
    - Netzwerkkarten
    - Grafikkarten
    - SCSI-Controller-Karten
22. Wie viele Geräte lassen sich an einen einzelnen EIDE-Anschluss anschließen?
    - eins
    - zwei
    - drei
    - vier
23. Wie lässt sich üblicherweise einstellen, ob ein EIDE-Gerät Master oder Slave sein soll?
    - durch einen Jumper am Gerät selbst
    - durch die Reihenfolge der Verkabelung
    - per Software
    - gar nicht; es ist ab Werk voreingestellt
24. Wie viele Geräte lassen sich an einen Wide-SCSI-Anschluss anschließen?
    - 15
    - 16
    - 7
    - 8
25. Welche der folgenden Aussagen über SCSI ist falsch?
    - Das erste und das letzte Gerät in der Kette benötigen einen Abschlusswiderstand.
    - Jedes Gerät benötigt eine eindeutige ID.

- An jeden der drei Anschlüsse des SCSI-Controllers dürfen gleichzeitig Geräte angeschlossen werden.
- An klassische SCSI-Schnittstellen lassen sich bis zu sieben Geräte anschließen.

26. Was bedeutet die Eigenschaft *Hot Plugging* der USB- und FireWire-Anschlüsse?
    - Geräte benötigen keine Treiber.
    - Geräte können im laufenden Betrieb angeschlossen und entfernt werden.
    - Treiber werden automatisch installiert.
    - Daten können gleichzeitig gelesen und geschrieben werden.
27. Wie viele Geräte lassen sich (theoretisch) maximal an USB anschließen?
    - 7
    - 15
    - 63
    - 127
28. Welchen Funkfrequenzbereich verwendet Bluetooth?
    - 1,3 GHz
    - 5 GHz
    - 2,4 GHz
    - 4,5 GHz
29. Welche Besonderheit besitzt die Festplattenadressierung LBA?
    - Alle Sektoren werden nacheinander durchnummeriert.
    - Die Nummerierung erfolgt anhand von Zylindern, Köpfen und Sektoren.
    - Jeder Sektor besitzt die gleiche Speicherkapazität.
    - Die Nummerierung muss nicht in der physischen Reihenfolge erfolgen.
30. Wie viele Partitionen kann eine PC-Festplatte besitzen?
    - zwei
    - vier
    - acht
    - sechzehn
31. Wie viele logische Laufwerke kann eine erweiterte Partition enthalten?
    - zwei
    - vier
    - acht
    - sechzehn

32. Welches RAID-Level ist ein Stripe Set mit Parity?
    - 0
    - 1
    - 5
    - 7
33. Welche Eigenschaft trifft auf die Umdrehungsgeschwindigkeit einer Festplatte zu?
    - Sie beträgt immer 7.200 U/min.
    - Es handelt sich um eine konstante lineare Geschwindigkeit (*Constant Linear Velocity*, CLV).
    - Bei der CHS-Adressierung werden Daten in den Außenbezirken langsamer gelesen als innen.
    - Sie ist immer langsamer als bei CD-ROM-Laufwerken.
34. Welche Speicherkapazität besitzt eine klassische CD-ROM?
    - 740 MiB
    - 700 MiB
    - 650 MiB
    - 800 MiB
35. Wie heißt der Standard für die Audio-CD?
    - Yellow Book
    - Blue Book
    - Green Book
    - Red Book
36. Welche Datenübertragungsrate besitzt ein 48x-CD-ROM-Laufwerk etwa?
    - 700 KiB/s
    - 7 MiB/s
    - 48 MiB/s
    - 70 MiB/s
37. Was bedeutet die Angabe 40x/16x/48x auf einem CD-R(W)-Brenner?
    - 40-fach lesen, 16-fach wiederbeschreiben, 48-fach schreiben
    - 40-fach schreiben, 16-fach wiederbeschreiben, 48-fach lesen
    - CD-ROMs 40-fach lesen, 16-fach schreiben, CD-Rs 48-fach lesen
    - CD-Rs 40-fach schreiben, CD-RWs 16-fach schreiben, Audio-CDs 48-fach schreiben

38. Welchen Nachteil des ISO-9660-Dateisystems beseitigt die Joliet-Erweiterung?
    - Die Speicherkapazität der CD wird von 650 auf 800 MiB erhöht.
    - Es können lange Dateinamen eingesetzt werden.
    - Die CD wird auch auf dem Mac lesbar.
    - Die CD kann Daten und Audiotracks enthalten.

Kapitel 5
Netzwerkgrundlagen

Jeder wandle für sich und wisse nichts von dem andern.
Wandern nur beide gerad', finden sich beide gewiss.
– Johann Wolfgang Goethe/Friedrich Schiller, Xenien

Internet und lokale Netzwerke haben die Bedeutung des Computers in den letzten zwei bis drei Jahrzehnten revolutioniert. Viele Anwendungsprogramme kooperieren über das Netzwerk miteinander. Der Datenaustausch in und zwischen Unternehmen erfolgt fast ausschließlich per Vernetzung, und immer mehr Geschäftsabläufe erfolgen online. Da die Netzwerkfähigkeit zudem eine Grundfunktionalität aller modernen Betriebssysteme geworden ist, steht diese Einführung noch vor dem Kapitel über allgemeine Systemkonzepte.

Nach einer historischen und technischen Einführung erfahren Sie in diesem Kapitel das Wichtigste über gängige Netzwerkhardware; somit wird die Betrachtung der Hardware aus dem vorangegangenen Kapitel hier vervollständigt. Anschließend werden die Netzwerkprotokolle mit dem Hauptaugenmerk auf die seit Jahren dominierenden Internetprotokolle (TCP/IP) beleuchtet.

5.1 Einführung

In diesem Abschnitt erfahren Sie zunächst einmal, was Netzwerke eigentlich sind und was verschiedene Netzwerktypen voneinander unterscheidet. Anschließend wird die Entstehungsgeschichte lokaler Netze, der Datenfernübertragung und des Internets betrachtet.

5.1.1 Was ist ein Netzwerk?

Ein Netzwerk ist eine Verbindung mehrerer Computer zum Zweck des Datenaustauschs, für verteilte Anwendungen oder auch für die Kommunikation zwischen ihren Benutzer*innen.

Im Lauf der Computergeschichte haben sich viele verschiedene Möglichkeiten der Verkabelung und der Kommunikationsstrukturen sowie zahlreiche Anwendungsgebiete entwickelt:

- Die Verkabelung oder allgemein die Hardwaregrundlage reicht von der Verwendung gewöhnlicher Telefonleitungen mit besonderen Verbindungsgeräten, den DSL-Routern, über speziell für die Anwendung in lokalen Netzwerken entwickelte Netzwerkkarten und

Netzwerkkabel bis hin zu Hochgeschwindigkeitsnetzen, etwa über Glasfaserkabel. Auch die diversen Möglichkeiten der drahtlosen Übertragung werden immer wichtiger.

- Kommunikationsstrukturen, definiert durch sogenannte *Netzwerkprotokolle*, gibt es unzählige. Viele sind von einem bestimmten Hersteller, einer Plattform oder einem Betriebssystem abhängig, andere – wie die Internetprotokollfamilie TCP/IP – sind offen, unabhängig und weit verbreitet. In der Praxis spielt heutzutage nur noch TCP/IP eine wichtige Rolle und wird daher in diesem Kapitel exklusiv behandelt.
- Was die Anwendungsgebiete angeht, reichen diese vom einfachen Dateiaustausch in Arbeitsgruppen über die gemeinsame Nutzung teurer Hard- und Software bis hin zu hochkomplexen, spezialisierten und verteilten Anwendungen.

Paketvermittelte Datenübertragung

Ein wesentliches Merkmal der meisten Netzwerkformen ist die Übertragung von Daten mithilfe sogenannter *Datenpakete*.

Um die *Paketvermittlung* (*Packet Switching*) zu verstehen, sollten Sie zunächst ihr Gegenteil betrachten, die *Schaltkreisvermittlung* (*Circuit Switching*) der herkömmlichen Telefonleitungen. (Hinweis: Inzwischen gilt dies nicht mehr zwingend; durch die Einführung neuer Technik laufen auch immer mehr Telefonverbindungen hinter den Kulissen paketvermittelt ab – per *Voice over IP*, kurz *VoIP*, sogar bis zum individuellen Telefonanschluss. Mithilfe geeigneter Kommunikationsprotokolle wird aber dafür gesorgt, dass es in der Praxis keine sichtbaren Unterschiede gibt.) Durch das Wählen einer bestimmten Rufnummer (oder früher durch die Handvermittlung) werden bestimmte Schalter geschlossen, die für die gesamte Dauer des Telefongesprächs eine feste Punkt-zu-Punkt-Verbindung zwischen beiden Stellen herstellen. Über diese dauerhafte Leitung können Sprache oder Daten in Echtzeit und in der korrekten Reihenfolge ohne Unterbrechung übertragen werden. Nachdem die Übertragung beendet ist, wird die Verbindung wieder abgebaut, und die betroffenen Leitungen stehen für andere Verbindungen zur Verfügung.

Ganz anders sieht es bei der Paketvermittlung aus: Zu keinem Zeitpunkt der Datenübertragung wird eine direkte Verbindung zwischen den beiden beteiligten Stellen hergestellt. Stattdessen sind beide nur indirekt über ein loses Netz von Vermittlungsstellen, *Router* genannt, miteinander verbunden. Damit auf diesem Weg Daten übertragen werden können, wird folgender Mechanismus verwendet:

- Die Daten werden in kleinere Einheiten unterteilt, die Datenpakete.
- Jedes einzelne Datenpaket wird mit der Absender- und der Empfängeradresse versehen.
- Der Absender übergibt jedes Datenpaket an den nächstgelegenen Router.
- Jeder beteiligte Router versucht, das Paket anhand der Empfängerangabe an den günstigsten Router weiterzuleiten, damit es letztlich an seinem Ziel ankommt.
- Die empfangende Stelle nimmt die Datenpakete entgegen und interpretiert sie je nach Daten- und Übertragungsart auf irgendeine zwischen den beiden Stellen vereinbarte Art und Weise.

Zur reinen Paketvermittlung gehört zunächst einmal kein Mechanismus, der die vollständige Auslieferung aller Datenpakete garantiert. Es wird standardmäßig weder der Erfolg noch das Ausbleiben einer Paketlieferung gemeldet. Im Übrigen wird auch keine verbindliche Reihenfolge festgelegt. Da jedes einzelne Paket einen beliebigen Weg durch das Netzwerk nehmen kann, kommt mitunter ein später abgesendetes Paket noch vor einem früher versandten am Empfangsort an.

Um die potenziell unsichere Datenübertragung per Paketvermittlung für bestimmte Anwendungen zuverlässiger zu machen, wird zusätzlich eine Erfolgskontrolle implementiert. Außerdem werden die Pakete oft durchnummeriert (bzw. mit Informationen über den Byte-Offset des jeweiligen Pakets versehen), um die korrekte Reihenfolge wiederherzustellen. Allerdings haben solche Maßnahmen nichts mit der eigentlichen Paketvermittlung zu tun und müssen in diesem Zusammenhang nicht beachtet werden. In der Regel sind die Softwarekomponenten, die sich um die Übertragung der Datenpakete kümmern, gar nicht in der Lage, diese zusätzlichen Kontrollinformationen selbst auszuwerten, da sie aus ihrer Sicht Nutzdaten darstellen.

5.1.2 Entstehung der Netzwerke

Wenn Sie sich die Geschichte der Computer anschauen, die in Kapitel 1, »Einführung«, skizziert wurde, fällt auf, dass die Verwendung von Netzwerken anfangs keinen Sinn ergeben hätte: Bei den frühen Großrechnern gab es keine standardisierte Software, die miteinander hätte kommunizieren können. Darüber hinaus wurden sie zunächst über Schalttafeln und später über Lochkarten bedient. Es gab also keine Echtzeitinteraktion zwischen Menschen und Programmen, sodass es zunächst recht abwegig war, verschiedene Computer miteinander interagieren zu lassen. Frühestens als der Dialogbetrieb über Terminals (siehe Kapitel 4, »Hardware«, und Kapitel 6, »Betriebssysteme«) eingeführt wurde, war an eine Vernetzung zu denken.

Geschichte des Internets

Der Anstoß für die Entwicklung eines Computernetzwerks kam aus einer eher unerwarteten Richtung: Die atomare Bedrohung des Kalten Krieges schürte die Angst der Verantwortlichen in Politik und Militär in den USA, im Fall eines Atomkriegs handlungsunfähig zu werden, weil die Übermittlung von Informationen nicht mehr gewährleistet sein könnte. Es war schlichtweg zu riskant, sich auf einen einzigen Zentralcomputer mit Terminals zu verlassen. Deshalb begann 1969 der Betrieb eines experimentellen Netzes aus vier Computern an verschiedenen US-amerikanischen Universitäten. Federführend für das Projekt war die (Defense Department's) Advanced Research Projects Agency (*ARPA*, später auch *DARPA*), eine Forschungskommission des amerikanischen Verteidigungsministeriums, die 1957 als Reaktion auf den ersten sowjetischen Satelliten Sputnik gegründet worden war. Die USA wollten den Anschluss auf verschiedenen wichtigen Gebieten der Wissenschaft nicht verpassen – und neben der Raumfahrt gehörte auch die Computertechnik zu diesen Gebieten. Folgerichtig hieß dieses erste Netzwerk *ARPANET*.

Allgemein sind bei der Betrachtung von Netzwerken immer mindestens zwei Ebenen zu unterscheiden: zum einen der Anwendungszweck des Netzwerks, zum anderen dessen technische Realisierung. Bei näherem Hinsehen sind sogar noch weitere solcher Ebenen auszumachen; diese sogenannten *Schichtenmodelle* werden in Abschnitt 5.2, »Funktionsebenen von Netzwerken«, besprochen. Interessanterweise stellt sich im Entwicklungsverlauf von Netzwerken manchmal heraus, dass der gewünschte Anwendungszweck technisch anders realisierbar ist, aber auch oft, dass eine bestimmte technische Realisation völlig anderen Anwendungen als der ursprünglich geplanten dienlich sein kann. Besonders in der Geschichte des Internets, dessen Vorläufer das ARPANET war, ist dies häufig festzustellen.

Die ursprüngliche Anwendung dieses Netzes bestand lediglich darin, Datenbestände auf den unterschiedlichen angeschlossenen Computern automatisch zu synchronisieren, also einfach aus Sicherheitsgründen den gleichen Informationsbestand auf mehreren Rechnern bereitzuhalten.[1]

Grundgedanke der Vernetzung selbst war dabei besonders die Fähigkeit jedes beteiligten Computers, Daten, die nicht für ihn selbst bestimmt waren, sinnvoll weiterzuleiten. Daraus ergeben sich zwei unschätzbare organisatorische und technische Vorteile:

- Ein Computer muss nicht direkt mit demjenigen verbunden sein, mit dem er Daten austauschen soll.
- Der Ausfall oder die Überlastung eines bestimmten Verbindungswegs kann durch Alternativen kompensiert werden.

Auf diese Weise konnte das ursprüngliche Ziel, nämlich die Angriffs- und Ausfallsicherheit des Netzes zu gewährleisten, erreicht werden.

Schon unmittelbar nach der Einrichtung des ARPANET begann die eingangs erwähnte Weiterentwicklung. Man stellte schnell fest, dass die technische Infrastruktur dieses Netzes für weit mehr Anwendungen zu nutzen war als das vergleichsweise langweilige automatische Synchronisieren von Datenbeständen. So kam bald eine benutzerorientierte Möglichkeit des Dateiaustauschs hinzu. Außerdem war es schon für gewöhnliche Konfigurationsaufgaben unerlässlich, einem entfernten Computer unmittelbar Anweisungen erteilen zu können. Dies war der Ausgangspunkt für die Entwicklung der *Terminal-Emulation*, also der Benutzung des eigenen Terminals für einen Computer, an den es nicht unmittelbar, sondern nur indirekt über das Netzwerk angeschlossen ist. Auch wenn diese Anwendungen noch nicht sofort ihre späteren Namen – FTP und Telnet – erhielten und die technischen Details

1 Auch heutige Serversysteme vervielfältigen wichtige Daten auf diese Weise automatisch. Das Verfahren wird *Replikation* genannt und kommt insbesondere bei Datenbank- oder Verzeichnisdienstservern zum Einsatz. In Kapitel 13, »Datenbanken«, wird es am Beispiel von MySQL beschrieben.

ihrer Implementierung sich weiterentwickelten, sind sie dennoch nach wie vor wichtige Nutzungsschwerpunkte des Internets.

Alles in allem wurde dieses Netzwerk schnell populär. Zwei Jahre nach seiner Einrichtung, im Jahr 1971, waren bereits 40 Computer an verschiedenen Universitäten und staatlichen Forschungseinrichtungen angeschlossen, und es war bei Weitem nicht nur die militärische Nutzung von Interesse. Auch akademisch hatte das Netz viel zu bieten: Wissenschaftler sind darauf angewiesen, Daten auszutauschen; hier ergab sich eine sehr schnelle und effektive Möglichkeit dazu.

1972 wurde dann der bis dahin bedeutendste Dienst dieses Netzes erfunden: *Ray Tomlinson*, ein Mitarbeiter eines Ingenieurbüros in Kalifornien, verschickte die erste *E-Mail*. Bis heute zählt die E-Mail zu den erfolgreichsten und verbreitetsten Anwendungen des Netzes; sie kann sich nach dem viel jüngeren World Wide Web noch immer auf einem guten zweiten Platz in puncto Beliebtheit von Internetdiensten halten, und es ist auch nicht zu sehen, warum sich das in absehbarer Zeit ändern sollte. Zwar gibt es offensichtliche Probleme wie das massenhafte Aufkommen von Spam (unerwünschten Werbemails) und Phishing (Mails, die Empfänger*innen vorgaukeln, sie seien von bekannten Firmen, und sie zum Beispiel zur Passworteingabe verleiten), aber es gibt auch noch immer keine allgemein verbreitete Alternative.

Das ursprüngliche ARPANET wuchs immer weiter. Zudem wurden nach dem gleichen Prinzip andere, ähnliche Netze konstruiert. Dies ist nicht zuletzt der Tatsache zu verdanken, dass alle Schritte, die zur Entwicklung des Netzes beigetragen haben, von Anfang an sorgfältig dokumentiert und der Öffentlichkeit zugänglich gemacht wurden. Dieser Dokumentationsstil ist bis heute beibehalten worden, die entsprechenden Dokumente heißen *RFC* (*Request For Comments*, etwa »Bitte um Kommentare«).

Es gibt bis heute über 9.000 solcher RFC-Dokumente, die alle online zur Verfügung stehen, zum Beispiel unter *http://www.rfc-editor.org/rfc-index2.html*. Die meisten sind technische Beschreibungen von Entwürfen, Protokollen und Verfahrensweisen; nur wenige (in der Regel mit dem Datum 1. April) nehmen sich nicht ganz so ernst – zum Beispiel RFC 2324, in dem das Protokoll HTCPCP zur Steuerung vernetzter Kaffeemaschinen vorgeschlagen wird, oder RFC 1300, ein nettes Gedicht über Namen und Begriffe, die im Zuge der Computer- und Netzwerkentwicklung ihre ursprüngliche Bedeutung verändert haben.

Alle Personen, Institutionen und Unternehmen, die etwas Entscheidendes zum ARPANET und zum späteren Internet beitrugen, haben dies in solchen Dokumenten erläutert. Das ermöglicht jeder beliebigen Person oder Firma, die Hard- oder Software herstellt, mit ihren Produkten diese Standards zu unterstützen, denn sie gehören keinem einzelnen Unternehmen und keiner bestimmten Person, und niemand kann den Zugriff darauf beschränken oder Lizenzgebühren fordern – ein entscheidender Grund dafür, dass die Protokolle des Internets heute vom Personal Computer bis zum Großrechner überall dominieren.

In den 80er-Jahren schließlich wurde der militärisch genutzte Teil des ARPANET als *MilNet* von ihm abgetrennt. Das restliche ARPANET wurde mit dem *NSFNet*, dem Netz der *National Science Foundation*, und einigen anderen Netzwerken zum Internet zusammengeschlossen. Die kommerzielle Nutzung, heute Hauptverwendungsgebiet des Internets, ließ danach aber noch fast 15 Jahre auf sich warten, denn die Anwendungen des Internets waren zwar robust und wenig störanfällig, aber alles andere als benutzerfreundlich. Abgesehen davon waren die ersten Personal Computer, die in der zweiten Hälfte der 70er-Jahre auftauchten, weder konzeptionell noch von der Leistung her in der Lage, mit den Internetprotokollen etwas anzufangen.

Recht früh wurde dagegen die *Datenfernübertragung* (*DFÜ*), also der Datenaustausch über Telefonleitungen, für Home- und Personal Computer eingeführt. Seit Ende der 70er-Jahre wurden sogenannte *Akustikkoppler* verwendet: Geräte, die an den Computer angeschlossen wurden und auf die einfach der Telefonhörer gelegt werden musste. Diese langsamen und störanfälligen Apparate wurden bald durch Modems ersetzt, die eine direkte Verbindung zwischen Computer und Telefonleitung zuließen und im Laufe der Jahre allmählich schneller und zuverlässiger wurden. Hauptanwendungsgebiete waren auf der einen Seite die sogenannten *Mailboxen*, also Informations- und Datenangebote für Computer, die eine direkte Telefonverbindung zum Mailboxrechner herstellten. Auf der anderen Seite entstanden in den 80er-Jahren die meisten kommerziellen *Onlinedienste* wie CompuServe, AOL oder in Deutschland BTX (Vorläufer von T-Online), das zunächst über spezielle Terminals anstelle von PCs mit einer bestimmten Software genutzt wurde.

Die Entwicklung des Internets vom exklusiven Wissenschaftsnetz zum Massenmedium nahm ihren Anfang erst 1989 in der Schweiz am Europäischen Forschungsinstitut für Kernphysik (CERN) in Genf. Dort machte sich der britische Informatiker *Tim Berners-Lee* Gedanken darüber, wie man Netzwerke, besonders das Internet, für den einfachen und effizienten Zugriff auf wissenschaftliche Dokumente nutzen könnte. Ergebnis dieser Arbeit war die Grundidee des *World Wide Web*, eines hypertextbasierten Informationssystems, das die Infrastruktur des Internets zur Datenübermittlung nutzen sollte.

Hypertext ist nichts anderes als Text mit integrierten Querverweisen, die automatisch funktionieren. Mit anderen Worten: Durch Anklicken des Querverweises, der in diesem Zusammenhang *Hyperlink* heißt, stellt der Text selbst – beziehungsweise das System, das diesen darstellt – die Verbindung mit dem verknüpften Dokument her.

Nun war Hypertext 1989 gewiss nichts Neues. Versuche damit reichen zurück bis in die 50er-Jahre, in Hilfesystemen war er in den 80er-Jahren bereits Alltag.[2] Neu war nur seine Nutzung über ein Netzwerk, genauer gesagt, über das Internet.

---

2 Ironischerweise wurden solche Hilfesysteme, zum Beispiel innerhalb von Anwendungsprogrammen, in den 1980ern bis in die 90er-Jahre als »Online-Hilfe« bezeichnet, obwohl sie aus Netzwerkperspektive offline, das heißt auf dem lokalen Computer, gespeichert waren und ausgeführt wurden.

So entstand ein äußerst effektives Informationssystem für die Wissenschaft, über das Beteiligte aus aller Welt ihre Forschungsergebnisse miteinander austauschten. Der Prototyp des World Wide Web umfasste im Einzelnen die folgenden Bestandteile:

- ein spezielles neues Anwendungsprotokoll, das *Hypertext Transfer Protocol* (*HTTP*),
- einen Serverdienst, der in der Lage ist, Anfragen, die in der Sprache des HTTP formuliert sind, auszuliefern,
- eine neu geschaffene Formatierungs- und Beschreibungssprache für solche Hypertext-Dokumente, die *Hypertext Markup Language* (*HTML*) sowie
- ein Anzeigeprogramm für entsprechend formatierte Dokumente, den *Browser*.

1991 wurde das System der Öffentlichkeit vorgestellt. Es wurde praktisch von Anfang an nicht nur zu ernsthaften wissenschaftlichen Zwecken genutzt, sondern allgemein zur Veröffentlichung von Text, Bildern und anderen Informationsformen zu den verschiedensten Themen. Zunächst war die Nutzung des Systems beschränkt auf wissenschaftliches Personal sowie interessierte Studierende. Sie störten sich nicht am mangelnden Komfort der ersten Browser oder den geringen Layoutfähigkeiten der ersten HTML-Versionen. Als jedoch immer mehr Privatpersonen dazukamen – was durch das allmähliche Entstehen kommerzieller Internetprovider und Browser für PC-Betriebssysteme wie Windows oder Mac OS gefördert wurde –, änderte sich dies. Der berühmt gewordene »Browserkrieg« zwischen Netscape und Microsoft schuf letztlich Fakten, die niemand für möglich oder auch nur wünschenswert gehalten hätte, die jedoch bis heute das Wesen des World Wide Web bestimmen.

Zwei Merkmale sind hier besonders wichtig:

- Die Seitenbeschreibungssprache HTML wurde immer mehr für die Definition des Seitenlayouts statt nur für die Struktur genutzt. Für Websites, die ein möglichst großes Publikum erreichen sollen, das weniger technisch interessiert ist als inhaltlich, ist das Layout wichtiger als die Struktur. (Inzwischen kommt für das Layout allerdings praktisch nur noch CSS zum Einsatz, und HTML konzentriert sich wieder – wie ursprünglich beabsichtigt – auf die Dokumentstruktur.)
- Der Anteil kommerzieller Websites am gesamten Bestand wurde immer größer und überwiegt heute bei Weitem; das Angebot im Web ist den Rundfunkmedien wie etwa dem Fernsehen ähnlicher geworden (ganz davon abgesehen, dass praktisch alle Radio- und Fernsehsender Livestreams und Mediatheken über das Internet bereitstellen und dass es netzexklusive Medien-Streamingdienste wie Netflix oder Disney+ gibt). Während Tim Berners-Lee sich ursprünglich ein Netz vorgestellt hatte, in dem alle Beteiligten Inhalte sowohl anbieten als auch konsumieren sollten, wird das Web heutzutage von vielen weitgehend passiv als Medium genutzt. Erst die kollaborativen *Web-2.0-Tools* wie Blogs, Wikis, soziale Netzwerke und andere kommen Berners-Lees eigentlichen Ideen näher, wobei die gleichzeitig zu beobachtende Kommerzialisierung samt Aufkauf der wichtigsten Sites durch große Medienkonzerne sicherlich nicht in seinem Sinne ist.

Lokale Netze

Einen vollkommen anderen Anstoß zur Entwicklung von Netzwerken gab das Aufkommen des sogenannten *Outsourcings* in der Computertechnik, also der Verlagerung der Rechenleistung von einem Zentralcomputer auf den einzelnen Schreibtisch.

Die fortschreitende Ausstattung von Büros mit Personal Computern führte mangels anderer Optionen zunächst zur Blüte des *Turnschuhnetzwerks* (englisch: *Sneakernet*): Menschen liefen mit Datenträgern bewaffnet durch das ganze Gebäude, um Daten miteinander auszutauschen oder zum Beispiel einen speziellen Drucker zu verwenden. Auch zwischen verschiedenen Unternehmen erfreute sich der sogenannte *Datenträgeraustausch* großer Beliebtheit: Die Datensätze von Geschäftsvorfällen wurden auf Disketten oder Magnetbändern zwischen den einzelnen Unternehmen hin und her gereicht.

Lokale Firmennetzwerke wurden zwar bereits Mitte der 70er-Jahre bei XEROX PARC erfunden, aber erst Ende der 80er-Jahre rückten sie stärker ins allgemeine Interesse. Es war ein Bedürfnis der PC-Anwender*innen, miteinander Daten auszutauschen, einfach deshalb, weil die meisten Vorgänge der Datenverarbeitung in Firmen von mehreren Personen erledigt werden. So entstanden viele verschiedene Arten der Netzwerkhardware. Neben Ethernet mit seinen vielfältigen Varianten gab es beispielsweise Token Ring von IBM, ARCnet oder auch einfache serielle Direktverbindungen zwischen Computern über die sogenannten *Nullmodemkabel*.

Was die Software angeht, wurden die eigentlich nicht dafür geeigneten PC-Betriebssysteme um Netzwerkfähigkeiten erweitert. Hinzu kamen spezielle Betriebssysteme für Server, also solche Rechner, die anderen im Netzwerk verschiedene Ressourcen zur Verfügung stellen. Bekannt sind hier etwa Novell NetWare, IBM OS/2 oder später auch Windows NT Server.

Wenn Sie in diesem Zusammenhang Linux und andere Unix-Varianten vermissen, liegt das daran, dass Unix als PC-Betriebssystem und als Serversystem für PC-Netzwerke erst einige Jahre später populär wurde. Ein gewisses Grundverständnis für Unix ist übrigens unerlässlich, um die Funktionsweise der Internetprotokolle nachvollziehen zu können. Einige Grundlagen dieses Systems werden in Kapitel 6, »Betriebssysteme«, erläutert.

5.2 Funktionsebenen von Netzwerken

Wie bereits in der Einleitung mehrfach angedeutet wurde, besteht ein gewisses Problem beim Verständnis von Netzwerken darin, dass einige sehr verschiedene Aspekte zu ihrem Funktionieren beitragen. Schon ganz zu Beginn haben Sie eine grobe Unterteilung in die drei Ebenen Verkabelung oder allgemein Netzwerkhardware, Kommunikationsstrukturen oder Netzwerkprotokolle und schließlich Anwendungen eines Netzwerks kennengelernt.

Eine so ungenaue Einteilung lässt die grundsätzliche Schwierigkeit erkennen, reicht aber nicht ganz aus, um Netzwerke in all ihren Bestandteilen zu begreifen, und schon gar nicht, um verschiedene Arten von Netzwerken miteinander zu vergleichen. Auch die Tatsache, dass ein und dieselbe Komponente auf einer bestimmten Ebene wahlweise mit mehreren unterschiedlichen Elementen einer anderen Funktionsebene zusammenarbeiten kann, wird so noch nicht transparent genug.

5.2.1 Das OSI-Referenzmodell

Um die Ebenen, die ein Netzwerk ausmachen, ganz genau auseinanderhalten zu können, bedient man sich sogenannter *Schichtenmodelle* (*Layer Models*). Das bekannteste und verbreitetste von ihnen ist das OSI-Referenzmodell der internationalen Standardisierungsorganisation ISO. OSI steht für *Open Systems Interconnect*, also etwa »Verbindung zwischen offenen Systemen«. Das Modell wurde 1978 entworfen und besteht aus sieben übereinander angeordneten Schichten, die jeweils einen Aspekt der Netzwerkkommunikation beschreiben. Ganz unten ist die Hardware angesiedelt, ganz oben befindet sich die Anwendung des Netzes.

Überblick

Hier zunächst die Schichten des OSI-Modells im Überblick, die Beschreibung folgt im Anschluss daran:

1. Bit-Übertragungsschicht (*Physical Layer*)
2. Sicherungsschicht (*Data Link Layer*)
3. Vermittlungsschicht (*Network Layer*)
4. Transportschicht (*Transport Layer*)
5. Kommunikationssteuerungsschicht (*Session Layer*)
6. Darstellungsschicht (*Presentation Layer*)
7. Anwendungsschicht (*Application Layer*)

Die Bezeichnung *OSI-Referenzmodell* deutet bereits darauf hin, dass es sich nicht um einen Standard handelt, der konkrete Netzwerkprotokolle definiert. Das OSI-Modell definiert nur die Funktionen der einzelnen Schichten und ist somit ein Schema zur Definition solcher Standards, beispielsweise für die im weiteren Verlauf des Kapitels vorgestellten IEEE-802.3-Standards. Jeder Standard deckt dabei immer nur Teilaspekte des OSI-Modells ab.

Die Bedeutung der einzelnen Schichten des OSI-Modells

1. Die *Bit-Übertragungsschicht* oder auch *physikalische Schicht* beschreibt nur, wie die reine Übertragung der Daten elektrisch beziehungsweise allgemein physikalisch erfolgt. OSI-basierte Netzwerkstandards beschreiben in dieser untersten Schicht die Struktur der Signale. Dazu gehören unter anderem die folgenden Aspekte:
   - zulässiger Amplitudenbereich
   - Versand- und Empfangsmethoden für Bit-Folgen

- Operationen zur Umwandlung dieser Bit-Folgen in Daten für die nächsthöhere Schicht (und umgekehrt)
- Verarbeitungsgeschwindigkeit der Bit-Folgen
- Start- und Stoppsignale
- Erkennung beziehungsweise Unterscheidung der Signale bei gemeinsam genutzten Medien
- Übertragungseigenschaften der Medien (Kabel, Lichtwellenleiter, Funk oder Ähnliches)

Die Medien selbst sowie Netzwerkkarten oder Onboard-Netzwerkchips sind keine Bestandteile der Definitionen auf der ersten Schicht. Die Herstellerfirmen müssen selbst dafür Sorge tragen, dass ihre Produkte den Spezifikationen genügen.

2. Die *Sicherungsschicht* beschreibt alle Vorkehrungen, die dafür sorgen, dass aus den einzelnen zu übertragenden Bits, also dem reinen physikalischen Stromfluss, ein verlässlicher Datenfluss wird. Dazu gehören die beiden Teilaufgaben *Media Access Control* (*MAC*) – die Regelung des Datenverkehrs, wenn mehrere Geräte denselben Kanal verwenden – sowie *Logical Link Control* (*LLC*), bei der es um die Herstellung und Aufrechterhaltung von Verbindungen zwischen den Geräten geht.

   Viele Protokolle dieser Schicht implementieren eine Fehlerkontrolle, bei Ethernet wird zum Beispiel das einfache Prüfsummenverfahren *Cyclic Redundancy Check* (*CRC*) verwendet. In manchen Fällen wird auch *Quality of Service* (*QoS*), eine Art Prioritätsinformation, genutzt. In der Sicherungsschicht werden die Bit-Folgen in Einheiten einer bestimmten Größe unterteilt und mit einem Header aus Metainformationen versehen. Je nach Standard werden auf dieser Ebene unterschiedliche Namen für diese Datenpakete verwendet. Bei Ethernet und Token Ring ist beispielsweise von *Frames* die Rede, bei ATM von *Zellen*. Der Payload (Nutzdateninhalt) eines Frames beziehungsweise einer Zelle beginnt in aller Regel mit dem Header eines hineinverschachtelten Pakets der nächsthöheren Schicht. Es kann aber auch vorkommen, dass Pakete verschiedener Protokolle der zweiten Schicht ineinander verschachtelt werden. Dies ist zum Beispiel bei *PPP over Ethernet*, *PPP over ATM* oder *ATM over SDH* der Fall.

3. Die *Netzwerkschicht* oder *Vermittlungsschicht* definiert diejenigen Komponenten und Protokolle des Netzwerks, die an der indirekten Verbindung von Computern beteiligt sind. Hier ist sogenanntes *Routing* erforderlich, das Weiterleiten von Daten in andere logische oder auch physikalisch inkompatible Netzwerke. So gehören zum Beispiel alle diejenigen Protokolle zur Netzwerkschicht, die die logischen Computeradressen der höheren Schichten in die physikalischen Adressen umsetzen, bei Ethernet zum Beispiel ARP. Auch auf der Netzwerkschicht werden die Daten in Pakete unterteilt, deren Namen sich je nach konkretem Protokoll unterscheiden. Das mit Abstand verbreitetste Protokoll dieser Ebene, das im weiteren Verlauf des Kapitels noch ausführlich vorgestellte IP-Protokoll, bezeichnet sie als *IP-Datagramme*.

4. Die Protokolle der *Transportschicht* lassen sich in verbindungsorientierte Protokolle wie TCP und verbindungslose Protokolle wie etwa UDP unterteilen. Auf dieser Schicht werden vielfältige Aufgaben erledigt. Ein wichtiger Aspekt sind Multiplexmechanismen, die die Anbindung der Datenpakete an konkrete Prozesse auf den kommunizierenden Rechnern ermöglichen, bei TCP und UDP beispielsweise über Portnummern, bei SPX über Connection-IDs. Verbindungsorientierte Transportprotokolle wie TCP oder SPX sind zudem meist mit einer Fluss- und Fehlerkontrolle ausgestattet, um zu gewährleisten, dass Pakete vollständig am Ziel ankommen und dort in der richtigen Reihenfolge verarbeitet werden. Auch auf der vierten Schicht verwenden verschiedene Protokolle jeweils eigene Bezeichnungen für die Datenpakete; so ist etwa von *UDP-Datagrammen*, *TCP-Sequenzen* und *SPX-Paketen* die Rede.
5. Die *Kommunikationssteuerungsschicht* oder *Sitzungsschicht* stellt die kontinuierliche, das heißt einen Kontext wahrende Kommunikation zwischen kooperierenden Anwendungen oder Prozessen auf verschiedenen Rechnern sicher.
6. Die *Darstellungs-* oder *Präsentationsschicht* dient der Konvertierung und Übertragung von Datenformaten, Zeichensätzen, grafischen Anweisungen und Dateidiensten.
7. Die *Anwendungsschicht* schließlich definiert die unmittelbare Kommunikation zwischen den Benutzeroberflächen der Anwendungsprogramme, kümmert sich also um die Verwendung derjenigen Dienste über das Netzwerk, die Menschen unmittelbar zu Gesicht bekommen.[3]

Da das OSI-Modell eine Zusammenstellung von möglichen Fähigkeiten für viele verschiedene Arten von Netzwerken darstellt, kann es natürlich vorkommen, dass eine Schicht in einem bestimmten Netzwerk wichtiger ist als eine andere oder dass zum Beispiel ein Protokoll Funktionen zweier Schichten abdeckt oder auch nur eine Teilfunktion einer Schicht erbringt. Um diese Umstände deutlich zu machen, wendet man häufig anders aufgeteilte Schichtenmodelle mit meist weniger, selten mehr Schichten an – dies gerade dann, wenn es um die konkrete Beschreibung einer bestimmten Art von Netzwerk geht.

5.2.2 Das Schichtenmodell der Internetprotokolle

Im Bereich der TCP/IP-Netzwerkprotokolle, die unter dem Betriebssystem Unix und im Internet den Standard darstellen, wird zum Beispiel häufig ein Modell aus nur vier Schichten verwendet. Dies wird dem Wesen dieser Protokolle auch wesentlich eher gerecht als das OSI-Modell, denn die Internetprotokolle sind bereits einige Jahre älter als OSI. Es handelt sich um das Schichtenmodell des ursprünglichen ARPANET, das vom US-Verteidigungsministerium finanziert wurde. Deshalb wird es meist als *DoD-Modell* (*Department of Defense*), manchmal auch als *DDN-Modell* (*Department of Defense Network*) bezeichnet.

3 Halb scherzhaft werden die Personen, die vernetzte Rechner nutzen, manchmal als *achte Schicht* bezeichnet, und Probleme, die durch fehlerhafte Benutzung entstehen, nennt man entsprechend *Layer-8-Fehler*.

Überblick

Die vier Schichten bei TCP/IP-Netzwerken nach dem DDN Standard Protocol Handbook sind:

1. Netzzugangsschicht (*Network Access Layer* oder *Link Layer*)
2. Internetschicht (*Internet Layer*)
3. Host-zu-Host-Transportschicht (*Host-to-Host Transport Layer* oder einfach *Transport Layer*)
4. Anwendungsschicht (*Application Layer*)

Diese vier Schichten sind den konkreten Gegebenheiten von TCP/IP-Netzwerken angepasst, bei denen es zum Beispiel nur theoretisch möglich ist, von einer separaten Sitzungsschicht zu sprechen.

Das OSI-Referenzmodell kann mit dem DDN-Schichtenmodell deshalb nur grob in Beziehung gesetzt werden. Tabelle 5.1 zeigt, wie ein solcher Vergleich ungefähr aussehen könnte.

OSI-Modell	DDN-Modell
7. Anwendungsschicht	4. Anwendungsschicht
6. Darstellungsschicht	
5. Sitzungsschicht	
4. Transportschicht	3. Host-zu-Host-Transportschicht
3. Vermittlungsschicht	2. Internetschicht
2. Sicherungsschicht	1. Netzzugangsschicht
1. Bit-Übertragungsschicht	

Tabelle 5.1 Vergleich zwischen dem OSI-Referenzmodell und dem DDN-Schichtenmodell der Internetprotokolle

Die Bedeutung der Schichten des DDN-Modells

1. Die Netzzugangsschicht (Network Access Layer oder *Link Layer*) beschreibt, wie die physikalische Datenübertragung erfolgt. Die Aufgaben, die auf dieser Schicht zu erledigen sind, werden durch viele recht unterschiedliche Protokolle erbracht, einfach deshalb, weil es kaum eine Sorte von Netzwerkhardware gibt, auf der die Internetprotokolle noch nicht implementiert worden wären. Die eigentlichen Kernprotokolle, zu denen besonders die Namensgeber der Protokollfamilie gehören – also das *Transmission Control Protocol* (TCP) und das *Internet Protocol* (IP) –, kümmern sich überhaupt nicht um die physikalischen Verhältnisse. Damit das möglich ist, müssen auf dieser untersten Schicht die Bit-Übertragung und die Transportsicherung zuverlässig zur Verfügung gestellt werden.

Auf diese Weise entspricht die Netzzugangsschicht der Internetprotokolle den beiden untersten Schichten von OSI.

2. Die Internetschicht (*Internet Layer*), die im Wesentlichen der Vermittlungsschicht des OSI-Modells ähnelt, kümmert sich um die logische Adressierung der Rechner im Netz, durch die die grundsätzliche Identifizierbarkeit des jeweiligen Rechners sichergestellt wird. Eine weitere wichtige Aufgabe auf dieser Ebene ist das Routing, also die Weiterleitung von Daten über verschiedene physikalisch und/oder logisch getrennte Netze hinweg. Grundlage dieser Tätigkeiten ist das *IP-Protokoll* (*Internet Protocol*). Es definiert die IP-Adressen, 32 (in einer neueren Version 128) Bit breite Nummern, die den einzelnen Rechnern zugewiesen werden und die der Unterscheidung der einzelnen Netzwerke und der Rechner in diesen Netzen dienen. Außerdem versieht es jedes Datenpaket mit einem Header, also einer Zusatzinformation, die insbesondere die Quelladresse des sendenden Rechners und die Zieladresse des empfangenden Hosts enthält. Ein Datenpaket dieser Ebene wird als *Datagramm* bezeichnet.
3. Die Host-zu-Host-Transportschicht (*Host-to-Host Transport Layer*) kümmert sich um den zuverlässigen Datenaustausch zwischen den kommunizierenden Rechnern. Im Wesentlichen sind hier zwei verschiedene Protokolle verantwortlich (neben anderen, selten verwendeten). Diese beiden Protokolle werden niemals gleichzeitig, sondern immer alternativ verwendet. Das einfachere und weniger robuste *UDP* (*User Datagram Protocol*) stellt einen schlichten und wenig datenintensiven Mechanismus zur Verfügung, der die direkte Nutzung der IP-Datagramme für die Host-zu-Host-Kommunikation erlaubt. Dabei wird keine virtuelle Verbindung zwischen den beiden Rechnern hergestellt; es findet also keine Kontrolle über einen kontinuierlichen Datenstrom statt. Das erheblich komplexere *TCP* (*Transmission Control Protocol*) hat zwar einen deutlich größeren Overhead (Datenmehraufwand durch Verwaltungsinformationen) als UDP, stellt aber dafür einen zuverlässigen Transportdienst dar: Es wird eine virtuelle Verbindung zwischen den beiden Hosts hergestellt. Diese besteht darin, dass über Länge und Byte-Offset jedes Datenpakets Buch geführt wird (was einer Nummerierung der Pakete gleichkommt) und eine Übertragungskontrolle sowie eine eventuelle Neuübertragung jedes einzelnen Pakets stattfinden. Ob eine Anwendung nun UDP oder TCP verwendet, ist ihre eigene Entscheidung. Allgemein benutzen Dienste, die kontinuierlich größere Datenmengen transportieren müssen, eher TCP, während etwa Verwaltungs- und Konfigurationsdienste zu UDP tendieren.

   Im Vergleich zum OSI-Modell nimmt die Host-zu-Host-Transportschicht insbesondere die Aufgaben der OSI-Transportschicht wahr; je nach konkretem Protokoll können auch Funktionen der Sitzungsschicht ausgemacht werden.

   Der Begriff *Host* (Gastgeber) bezeichnet übrigens jeden Computer, der an ein Netzwerk angeschlossen ist und mit anderen Geräten kommuniziert. Es ist keine Bezeichnung für einen expliziten Dienstleistungsrechner, dieser (oder vielmehr die darauf ausgeführte Software) wird *Server* genannt. Der Host muss lediglich vom Router abgegrenzt werden, der Pakete nicht für sich selbst entgegennimmt, sondern an andere Netze weiterleitet. Da das Routing jedoch eine Ebene weiter unten stattfindet, ist es ein auf dieser Schicht unsichtbares Detail – die Transportschicht ist nur für Rechner relevant, die Daten für den Eigenbedarf benötigen.[4]

4. Die Anwendungsschicht (*Application Layer*) schließlich definiert die Kommunikation zwischen den Anwendungsprogrammen auf den einzelnen Rechnern; hier arbeiten Protokolle wie HTTP für Webserver, FTP zur Dateiübertragung oder SMTP für den E-Mail-Versand. Die Schicht entspricht im Wesentlichen der gleichnamigen obersten Schicht des OSI-Referenzmodells, wobei auch einige Komponenten von dessen Darstellungsschicht mit hineinspielen. Beispielsweise bedarf HTML-Code, der von einer Webserveranwendung ausgeliefert wird, der Interpretation durch einen Browser; hier entspräche der HTML-Code selbst eher der Darstellungsschicht, die Browseranwendung aber der OSI-Anwendungsschicht. Sitzungsmanagement ist dagegen vom ursprünglichen Design her gar nicht vorgesehen; falls es benötigt wird, muss es durch die Anwendungen selbst bereitgestellt werden. In Kapitel 19, »Webserveranwendungen«, erfahren Sie beispielsweise, wie Sie mithilfe der Programmiersprache PHP Websessions verwalten.

5.2.3 Netzwerkkommunikation über die Schichten eines Schichtenmodells

In diesem Abschnitt wird erläutert, wie die Kommunikation über die Schichten von Schichtenmodellen funktioniert. Dazu werden zwei Beispiele gegeben: Das erste ist ein Alltagsbeispiel, das mit Computernetzwerken nichts zu tun hat, während das zweite ein einfaches Beispiel der Netzwerkkommunikation darstellt.

Ein Alltagsbeispiel

Neben der Datenübertragung im Netzwerk lassen sich auch völlig andere Arten der Kommunikation in Schichten gliedern. Beispielsweise kann die Kommunikation zwischen zwei Personen am Telefon folgendermaßen unterteilt werden:

1. Die beiden Telefone sind physikalisch über eine Telefonleitung miteinander verbunden.
2. Die Verbindung zwischen den Telefonanschlüssen kommt dadurch zustande, dass eine der beiden Personen die eindeutige Nummer der anderen wählt und die andere das Gespräch annimmt.
3. Über die Telefonleitung werden Informationen in Form von elektromagnetischen Impulsen übertragen, beim klassischen Telefonnetz analog, bei ISDN, Mobilfunk oder VoIP dagegen digital.

---

4 Router verständigen sich allerdings auch mithilfe der im weiteren Verlauf dieses Kapitels vorgestellten Routing-Protokolle miteinander; diese Protokolle werden durchaus auf der Host-zu-Host-Transportschicht ausgeführt. Trotzdem ist dieses technische Detail für die eigentlichen Anwendungshosts uninteressant und unsichtbar.

4. An den beiden Endpunkten der Kommunikation sprechen die Beteiligten in ihre jeweilige Sprechmuschel hinein; die akustischen Signale werden in elektromagnetische Impulse umgewandelt (bei den digitalen Varianten kommt noch die Analog-Digital-Wandlung hinzu). Umgekehrt hören die Beteiligten aus der Hörmuschel wiederum akustische Signale, die aus den übertragenen Impulsen zurückverwandelt wurden.
5. Die akustischen Signale, die die Personen miteinander austauschen, werden zu Silben, Wörtern und schließlich Sätzen kombiniert.
6. Aus den einzelnen Bestandteilen der Sprache ergibt sich schließlich der eigentliche Inhalt der Nachrichten, die miteinander ausgetauscht werden.

Möglicherweise besteht dieses Kommunikationsmodell sogar aus noch mehr Schichten: Angenommen, die beiden Personen wären leitende Angestellte oder gar Vorstandsmitglieder eines großen Unternehmens. Dann wird in aller Regel auf beiden Seiten ein Sekretariat die Gesprächsvermittlung vornehmen, möglicherweise ist sogar noch eine Telefonzentrale involviert. Noch komplizierter wird es, wenn etwa Dolmetscher*innen mitwirken.

Dieses einfache Beispiel zeigt deutlich, dass alle Ebenen, die sich oberhalb der untersten, also der physikalischen Ebene befinden, nur Abstraktionen darstellen, durch die den übertragenen Signalen jeweils ein neuer Sinnzusammenhang zugeordnet wird. Die eigentliche Verbindung erfolgt nämlich stets nur auf dieser untersten Ebene! Für jedes Schichtenmodell gilt daher zusammenfassend Folgendes:

Die Daten, die über einen Kommunikationskanal übertragen werden sollen, werden auf der Seite des Senders zunächst Schicht für Schicht nach unten weitergereicht und jeweils mit den spezifischen Zusatzinformationen für diese Schicht versehen. Schließlich werden sie über die unterste Schicht, die eigentliche physikalische Verbindung, übertragen. Auf der Empfängerseite werden sie dann wieder schichtweise nach oben weitergeleitet. Jede Schicht ermittelt die für sie bestimmten Informationen und regelt die Weiterleitung an die nächsthöhere Schicht.

Was in dem Telefonbeispiel geschieht, wird schematisch in Abbildung 5.1 dargestellt: Während die beteiligten Personen den Eindruck haben, in einem direkten Gespräch miteinander zu kommunizieren, geschieht in Wirklichkeit etwas erheblich Komplexeres: Die gesprochene Sprache (die eigentlich aus Silben beziehungsweise einzelnen Lauten besteht, die letztlich einfach nur Schallwellen sind) wird in eine andere Form von Information umgewandelt, über eine elektrische Leitung übertragen und auf der Empfängerseite wieder zusammengesetzt.

Wichtig ist außerdem, dass jede Schicht immer nur die für sie selbst bestimmten Informationen auswertet. Beim Empfang von Daten haben die niedrigeren Schichten überhaupt erst dafür gesorgt, dass die Informationen auf der entsprechenden Schicht angekommen sind, die Spezialinformationen der höheren Schichten sind der aktuellen Schicht dagegen unbekannt. Sie muss lediglich anhand ihrer eigenen Informationen dafür sorgen, dass die Daten an die korrekte Stelle einer höheren Schicht ausgeliefert werden. Auf diese Weise ist jede

Schicht virtuell mit der Schicht der gleichen Stufe auf der anderen Seite verbunden; das tatsächliche Zustandekommen dieser Verbindung ist für die jeweilige Schicht dagegen absolut unsichtbar.

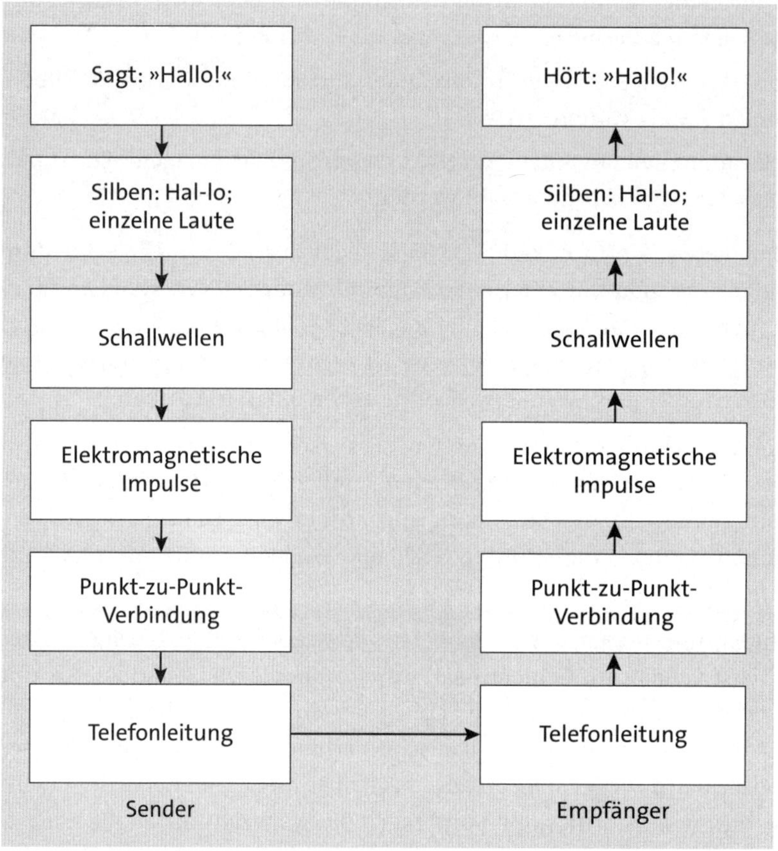

Abbildung 5.1 Schichtenmodell eines Telefongesprächs. Die tatsächliche Verbindung besteht nur auf der Ebene der Telefonleitung!

Ein Netzwerkbeispiel

Dieses zweite Beispiel – der Versand einer E-Mail an den Rheinwerk Verlag – zeigt, wie sich die beim Telefonbeispiel erläuterten Sachverhalte wieder auf Netzwerke übertragen lassen. Schematisch geschieht Folgendes:

1. In meinem E-Mail-Programm, zum Beispiel Mozilla Thunderbird, verfasse ich den eigentlichen Inhalt der Mail, als Empfängeradresse setze ich *info@rheinwerk-verlag.de* ein. Nachdem ich alles fertig geschrieben habe, drücke ich auf den Absendebutton.
2. Da eine E-Mail eine in sich geschlossene Dateneinheit darstellt, die in ihrer ursprünglichen Reihenfolge beim Empfänger ankommen muss, wird der Transport durch das TCP-

Protokoll übernommen, dessen eingebaute Datenflusskontrolle dafür sorgt, dass alle Daten vollständig und in der richtigen Reihenfolge übertragen werden.

3. Die Datenpakete, die durch das TCP-Protokoll angelegt wurden, werden nun durch das IP-Protokoll mit der korrekten Absender- und Empfängeradresse versehen. Diese Adressen haben nichts mit den nur auf der Anwendungsebene wichtigen E-Mail-Adressen zu tun. Vielmehr geht es darum, dass mein Rechner die Daten an den zuständigen Mailserver beziehungsweise an einen Vermittlungsrechner versendet.
4. Die fertig adressierten Datenpakete werden jetzt dem eigentlichen physikalischen Netzwerk anvertraut und entsprechend übertragen.

Auf der Empfängerseite – also auf dem Serverrechner, der das Postfach *info@rheinwerk-verlag.de* verwaltet – kommen die Daten dann folgendermaßen an:

1. Über die physikalische Netzwerkverbindung des Serverrechners treffen Datenpakete ein.
2. Auf der Ebene des IP-Protokolls werden die Datenpakete nach den zuständigen Transportdiensten sortiert und an diese weitergereicht – die E-Mail wird dem TCP-Dienst übergeben.
3. Der TCP-Dienst stellt fest, dass die entsprechenden Datenpakete für den Mailserver (gemeint ist das Programm, nicht der Rechner selbst) bestimmt sind, und reicht sie an diesen weiter.
4. Der Mailserver wertet die E-Mail-Adresse der Empfängerseite aus und speichert die Mail in dem Postfach *info@rheinwerk-verlag.de*. Dort kann sie jederzeit von berechtigten Personen abgeholt werden.

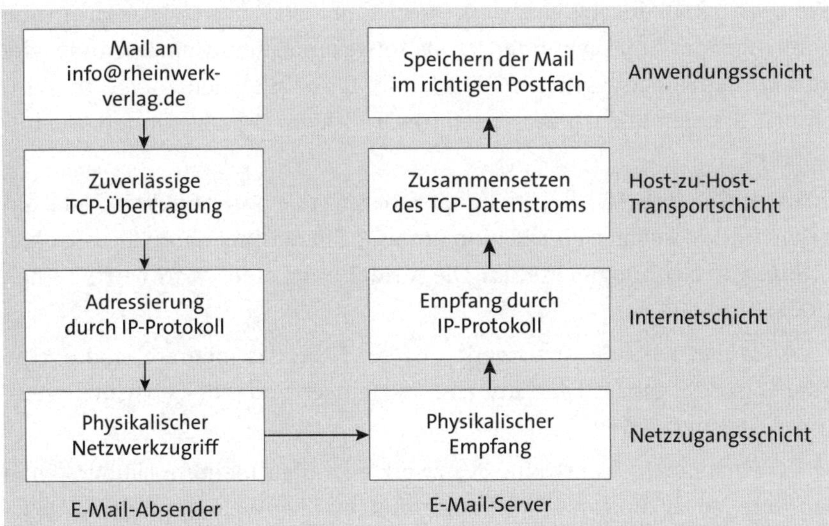

Abbildung 5.2 Übertragung einer E-Mail vom E-Mail-Programm des Absenders auf den Postfachserver des Empfängers. In der Regel sind allerdings mehrere Zwischenstationen beteiligt.

Die Übertragung der E-Mail vom empfangenden Server an das E-Mail-Programm des eigentlichen Empfängers funktioniert im Großen und Ganzen genauso, obwohl auf der Anwendungsebene ein anderes Protokoll zum Einsatz kommt.

Abbildung 5.2 zeigt noch einmal schematisch, wie die Übertragung funktioniert. Mehr über die grundlegenden E-Mail-Protokolle erfahren Sie in Abschnitt 5.6.5, »Verschiedene Internetanwendungsprotokolle«.

5.3 Klassifizierung von Netzwerken

Nachdem Sie nun mithilfe der Schichtenmodelle eine Möglichkeit kennengelernt haben, unterschiedliche Netzwerke in ihren Funktionen miteinander zu vergleichen, sollten Sie auch verstehen, worin sie sich unterscheiden. Es gibt diverse Unterscheidungsmerkmale, die zwar nicht genau den Schichten der Modelle entsprechen, aber doch ebenfalls mehrere Aspekte der einzelnen Netzwerke betreffen. Es handelt sich um die Unterscheidung nach der Reichweite des Netzwerks, der physikalischen Grundstruktur oder Topologie und zuletzt nach der zentralen oder dezentralen Verwendung des jeweiligen Netzes.

5.3.1 Die Reichweite des Netzwerks

Bei der Unterteilung der Netzwerke entsprechend der Reichweite – also nach der geografischen Größenordnung, die das Netzwerk überbrückt – werden insgesamt vier Stufen unterschieden:

- Das *Local Area Network* (LAN) – lokales Netzwerk – beschreibt ein Netzwerk, das an ein einzelnes zusammenhängendes Areal gebunden ist, also etwa einen Raum, ein Gebäude oder maximal ein zusammenhängendes (Firmen-)Gelände. LANs sind heutzutage in Wirtschaftsunternehmen, Schulen und Universitäten sowie anderen Organisationen und Instituten weit verbreitet.
- Das *Metropolitan Area Network* (MAN) – Stadtgebietsnetzwerk – bezeichnet ein Netz, das eine Stadt, eine Gemeinde oder auch eine Region umfasst. Ein Beispiel wären die verschiedenen eigenen Netze von NetCologne in Köln. Die Ausdehnung eines MAN betrifft einen Umkreis von 100 km und mehr.
- Das *Wide Area Network* (WAN) – Fernnetzwerk – ist ein Netz, das mehrere Städte, eine ganze Region oder sogar ein ganzes Land umfasst. In Deutschland gibt es beispielsweise das Deutsche Forschungsnetz (DFN).
- Das *Global Area Network* (GAN) – weltweites Netzwerk – ist über mehrere Länder, einen ganzen Kontinent oder sogar die ganze Welt verbreitet. Das bei Weitem größte GAN ist heutzutage natürlich das Internet – im engeren Sinne ist ein GAN allerdings ein homogenes Netzwerk, während das Internet aus zahllosen Einzelnetzen mit unterschiedlichen Architekturen zusammengesetzt ist.

Es sei noch angemerkt, dass die drei Netzwerkarten, die größere Entfernungen überbrücken – also MAN, WAN und GAN –, oftmals einfach unter dem Sammelnamen WAN zusammengefasst werden. Dies umso mehr, als alle drei Typen von Fernnetzen im Wesentlichen die gleiche Art von Technologie verwenden – oder genauer gesagt: Alle Arten von Technologien für Fernnetze werden von allen drei Netzarten verwendet.

Früher gab es viele Fernnetze, die Wählleitungen, also einfache Telefonverbindungen, verwendeten – sowohl das klassische Analog- als auch das digitale ISDN-Netz. In größeren Städten sind heute die diversen DSL-Dienste am verbreitetsten, bei denen durch die Verwendung besonders hochfrequenter Signale über die normalen Kupferdrähte der Telefonleitungen wesentlich höhere Datenübertragungsraten erzielt werden – oder noch höhere über Glasfaserkabel, falls vorhanden. Zu einer besonderen Form der Wählleitung zählen Verbindungen über die digitalen GSM-Mobilfunknetze und deren Nachfolger GPRS, EDGE, UMTS, LTE und 5G. Daneben existieren unterschiedliche Arten von Standleitungen, die für besonders häufig beanspruchte oder besonders zuverlässige Leitungen verwendet werden. Dabei gibt es unter anderem spezielle DSL-Standleitungen oder Glasfasernetze. Auch drahtlose Übertragung, etwa über Funk- oder Satellitenverbindungen, spielt eine immer größere Rolle.

Zu beachten ist allerdings, dass DSL, Wireless LAN und Mobilfunknetze im Wesentlichen die Technologien für den Zugang einzelner Hosts zu einem MAN oder WAN darstellen. Im Backbone-Bereich, also in der eigentlichen Netzwerkinfrastruktur, kommen vor allem Zeitmultiplexing-Verfahren über Glasfasernetze zum Einsatz. Sprache, Video und sonstige Daten werden dabei zum Beispiel über Gigabit-Ethernet übertragen, während ältere Standards wie SDH/SONET, ATM oder Frame-Relay kaum noch eine Rolle spielen. Eine zunehmende Bedeutung erlangten in den letzten Jahren darüber hinaus DWDM-Verfahren (*Dense Wavelength Division Multiplexing*). Dabei werden über ein und denselben Lichtwellenleiter mehrere Signale mit unterschiedlicher Wellenlänge gleichzeitig versandt, was für extrem hohe Datenraten sorgt.

Lokale Netzwerke nutzen ebenfalls viele unterschiedliche technische Übertragungsarten. Allein für Ethernet, die häufigste Form der lokalen Vernetzung, wurden und werden unterschiedliche Arten von Koaxial-, Twisted-Pair- oder Glasfaserkabeln verwendet. Diese zeichnen sich durch verschiedene Übertragungsgeschwindigkeiten, mögliche maximale Entfernungen und natürlich auch unterschiedliche Kosten aus. Wireless LAN – der Betrieb von lokalen Netzwerken ohne Kabel über Funk, Infrarot oder Mikrowellen – erfreut sich ebenfalls zunehmender Beliebtheit. Neben Ethernet gab es traditionell viele andere Formen kabelgebundener lokaler Netzwerke, die jedoch kaum noch eine Rolle spielen.

Die technologischen Grundlagen der Verkabelung, der Signalübermittlung und des Netzzugangs werden in Abschnitt 5.4, »Netzwerkkarten, Netzwerkkabel und Netzzugangsverfahren«, ausführlicher besprochen.

5.3.2 Die Netzwerktopologie

Die *Topologie* eines Netzwerks beschreibt, in welcher physikalischen Grundform die einzelnen Geräte organisiert sind. Manche Arten von Netzwerkhardware setzen eine bestimmte Topologie voraus, andere überlassen den Einrichtenden die Entscheidung zwischen mehreren Möglichkeiten. Topologie ist normalerweise eine Eigenschaft lokaler Netzwerke oder gar einzelner Netzsegmente. Die meisten Fernnetze verbinden ohnehin nicht einzelne Rechner, sondern ganze Netzwerke an unterschiedlichen Orten miteinander.

Es werden im Wesentlichen folgende Grundformen unterschieden:

- Die *Bustopologie* beschreibt ein Netzwerk, bei dem die einzelnen Knoten (Anschlüsse) hintereinander an einem einzelnen Kabelstrang angeschlossen sind, dessen Enden nicht miteinander verbunden werden dürfen (sonst würde es sich um eine Ringtopologie handeln!). Häufig werden die beiden Enden des Kabelstrangs durch Abschlusswiderstände (Terminatoren) abgeschlossen. Ein Beispiel für echte busförmige Netzwerke ist das klassische Ethernet über Koaxialkabel.
- Die *Sterntopologie* ist die Form eines Netzes, bei dem alle Knoten mit jeweils eigenem Kabel an einem zentralen Gerät miteinander verbunden werden. Dieses zentrale Bindeglied heißt, je nach seiner genauen Funktionsweise, *Hub* oder *Switch*. Die Sterntopologie wird zum Beispiel von Ethernet über Twisted-Pair-Kabel verwendet.
- Die *Ringtopologie* ähnelt der Bustopologie insofern, als auch hier alle Knoten an einem zentralen Strang aufgereiht sind. Dieser zentrale Kabelstrang bildet jedoch einen geschlossenen Ring. Daraus ergibt sich automatisch eine Datenstromrichtung, in die die Datenpakete grundsätzlich weitergereicht werden. Bekanntestes Beispiel der ringförmigen Vernetzung ist *Token Ring*.
- Die *Baumtopologie* schließlich ist eher ein Standard für den Zusammenschluss verschiedener Netzsegmente. Von einem zentralen Kabelstrang, gewissermaßen dem »Stamm« des Baums, gehen in beliebige Richtungen einzelne Verästelungen ab, an denen entweder eine einzelne Station oder ein ganzes Netz hängt.

Wichtig ist zu guter Letzt, dass ein Unterschied zwischen einer physikalischen und einer logischen Topologie bestehen kann, denn die äußere Form der Verkabelung (physikalische Topologie) kann einfach aus praktischen Erwägungen heraus gewählt worden sein, obwohl von der Funktion her eine völlig andere Struktur herrscht, nämlich die logische Topologie.

Ein gutes Beispiel für eine unterschiedliche physikalische und logische Struktur sind neuere Token-Ring-Varianten: Die eigentliche Vernetzung erfolgt sternförmig, logisch betrachtet handelt es sich jedoch um einen Ring. Auch Ethernet über Twisted-Pair-Kabel verwendet – physikalisch gesehen – die Sterntopologie, die logische Funktionsweise hängt von der Art des zentralen Verteilers ab: Ein Hub erzeugt letztlich die Funktion eines busförmigen Netzes, da es einen durchgehenden Strang enthält, an dem alle Stationen angeschlossen sind. Ein Switch dagegen stellt jeweils eine gesonderte Verbindung zwischen zwei Stationen her, die miteinander Daten austauschen; mithin handelt es sich hier auch logisch um die echte Sternform.

Der Zentralisierungsgrad des Netzwerks

Ein weiteres wichtiges Kriterium bei der Einteilung von Netzwerken in unterschiedliche Gruppen ist die Frage nach der Arbeitsaufteilung in ihnen. Kleine Arbeitsgruppen, die jeweils mit ihren Arbeitsplatzrechnern untereinander Dateien austauschen möchten, haben hier sicherlich andere Bedürfnisse als riesige Organisationen, in denen Tausende von Personen auf bestimmte Datenbestände zugreifen müssen. Deshalb werden die sogenannten Client-Server-Netzwerke, in denen zentrale Dienstleistungsrechner, die Server, arbeiten, von den Peer-to-Peer-Netzwerken unterschieden, in denen die einzelnen Computer gleichberechtigt Ressourcen freigeben und verwenden können.

- Das *Client-Server-Netzwerk* unterscheidet generell zwei Arten von beteiligten Rechnern: Der Server (Dienstleister) ist ein Computer, der den Arbeitsstationen an zentraler Stelle Ressourcen und Funktionen zur Verfügung stellt; der Client (Kunde) nimmt diese Dienstleistungen in Anspruch. Die Dienste, die von Servern angeboten werden, sind sehr vielfältig: Sie reichen vom einfachen Dateiserver, der Dateien im Netzwerk verteilt oder Festplattenplatz für andere freigibt, über Druckserver, Mail- und andere Kommunikationsserver bis hin zu ganz speziellen Diensten wie Datenbank- oder Anwendungsservern.
- Das *Peer-to-Peer-Netzwerk* besteht aus prinzipiell gleichberechtigten Arbeitsplatzrechnern (ein *Peer* ist so etwas wie ein »Kollege«). Jeder lokale Rechner ist in der Lage, ausgewählte Ressourcen an andere im Netzwerk freizugeben. Das heißt, dass alle Rechner im Netz bis zu einem gewissen Grad Serverdienste wahrnehmen.

In der Praxis sind allerdings Mischformen häufiger anzutreffen als reine Client-Server- oder absolute Peer-to-Peer-Netze. Beispielsweise könnte man sich in einem Unternehmen die folgende Situation vorstellen: Aufgaben wie die direkte Kommunikation (E-Mail), der Zugang zum Internet (über einen Proxyserver oder einfach einen Router) oder Lösungen zum Backup (Datensicherung) werden durch zentrale Server zur Verfügung gestellt; der Zugang zu Dateien innerhalb der Abteilungen oder auf Drucker der Teammitglieder innerhalb eines Büros wird dagegen im Peer-to-Peer-Verfahren unter Umgehung von Servern geregelt.

Wichtig ist außerdem, zu verstehen, dass die Begriffe *Client* und *Server* im engeren Sinne nicht unbedingt spezifische Rechner, sondern besondere Softwarekomponenten bezeichnen.

Ein Server ist einfach ein Programm, das meist automatisch gestartet wird und im Hintergrund darauf »lauert«, irgendeine Dienstleistung zur Verfügung zu stellen. Allgemeiner werden solche Programme zum Beispiel im Unix-Umfeld als *Daemon* bezeichnet, unter Windows NT und seinen Nachfolgern (Windows 2000, XP, Vista, Windows 7, 8 und 10) heißen sie Dienst (*Service*). Grundsätzlich kann ein solcher Serverdienst auf jedem beliebigen Rechner laufen – vorausgesetzt natürlich, er ist für die Hardwareplattform und das Betriebssystem dieses Rechners bestimmt. Der Grund für den Einsatz besonders leistungsfähiger Hardware (eben der Serverhardware) und spezialisierter Betriebssysteme liegt einfach in ihrer höheren Belastbarkeit, wenn ihre Dienste vielfach gleichzeitig benötigt werden.

Ein Client ist zunächst eine Software, die in der Lage ist, mit der Serversoftware zu kommunizieren; üblicherweise stellt sie auch eine Benutzerschnittstelle zur Verfügung, um diese Kommunikation in Anspruch zu nehmen. So ist beispielsweise ein Webbrowser ein Client für das HTTP-Anwendungsprotokoll, er kommuniziert also mit HTTP-Servern. Interessanterweise können Webserver und Browser auch beide auf demselben Rechner laufen. Dies ist nützlich, um Webanwendungen zunächst lokal auszuprobieren.

Arten von Servern

Im Folgenden sollen einige Serverarten genauer vorgestellt werden. Sie sollten auf jeden Fall das zuvor Gesagte im Hinterkopf behalten: Es spielt überhaupt keine Rolle für die allgemeine Funktion, ob ein Serverdienst, also die Software, die diesen Dienst zur Verfügung stellt,

- mit anderen Diensten zusammen auf demselben Rechner läuft,
- allein auf einem separaten Serverrechner ausgeführt wird oder
- sogar auf mehrere Serverrechner verteilt ist, weil ansonsten die Belastung zu groß wäre.

Letzteres ist insbesondere im Bereich öffentlicher WWW-Server sehr häufig zu finden, da populäre Sites wie etwa Suchmaschinen, Nachrichtenportale oder große Webshops sehr viel Datenverkehr zu verkraften haben. Hier werden sogenannte *Load-Balancing-Systeme* eingesetzt, die die hereinstürmenden Anfragen automatisch möglichst gerecht auf mehrere physikalische Server verteilen.

Im Wesentlichen gibt es die folgenden wichtigen Arten von Serverdiensten:

- Fileserver
- Printserver
- Mailserver
- Webserver
- Verzeichnisdienstserver
- Anwendungsserver und Serveranwendungen

In den folgenden Abschnitten wird jeder dieser Servertypen kurz vorgestellt; in späteren Kapiteln erhalten Sie auch konkrete Beispiele für viele von ihnen.

Fileserver

Der Fileserver (*Dateiserver*) stellt anderen Rechnern im Netzwerk freigegebene Verzeichnisse zur Verfügung. Auf diese Weise können sich mehrere Personen über einen zentralen Austauschpunkt gegenseitig Dateien zukommen lassen. Der Fileserver ist relativ stark an ein bestimmtes Betriebssystem oder eine Plattform gebunden. Erst allmählich setzen sich neuere Möglichkeiten durch, die in der Lage sind, auch unterschiedliche Rechner gleichzeitig zu bedienen. Denn die Besonderheit eines Fileservers besteht darin, dass er völlig transparent genauso benutzt werden kann wie das lokale Dateisystem eines Arbeitsplatzrechners. In einem idealen (lokalen) Netzwerk sollte es vollkommen egal sein, ob Dateien am Arbeitsplatz oder auf einem Fileserver zu finden sind.

Sehr wichtig ist im Zusammenhang mit Fileservern die Verwaltung von Zugriffsrechten, da nicht jede Datei allgemein freigegeben werden soll.

Der Internetdienst FTP (*File Transfer Protocol*) ist übrigens kein vollwertiger Fileserver, sondern dient lediglich der einfachen Dateiübertragung. Die Informationen über die Dateien des entfernten Rechners sind nicht vollständig genug, um das Äquivalent eines Dateisystems abzubilden.

Printserver

Der Printserver (oder *Druckserver*) erlaubt mehreren Arbeitsstationen den gemeinsamen Zugriff auf einen Drucker. Die größte Herausforderung besteht darin, den einzelnen Arbeitsstationen automatisch den passenden Druckertreiber für ihr jeweiliges Betriebssystem zur Verfügung zu stellen, sodass diese den Drucker einfach verwenden können, ohne dass der Treiber zuvor noch einmal lokal installiert werden müsste.

Der Betrieb von Printservern ist besonders in Windows-Netzwerken sehr verbreitet, da hier der Drucker gewöhnlich über ein USB-Kabel an einen einzelnen Rechner angeschlossen wird. Dieser Rechner wird dann so eingerichtet, dass er den Zugriff auf den Drucker auch den anderen Computern erlaubt.

Bei anderen Plattformen gibt es das Problem in dieser Form seltener. In klassischen Macintosh-Netzwerken war es beispielsweise schon lange üblich – und viel bedienungsfreundlicher –, den Drucker unmittelbar per Ethernet ans Netzwerk anzuschließen, denn damit ist er automatisch für alle freigegeben. Fast alle modernen Drucker sind inzwischen mit dieser Fähigkeit ausgestattet – sie können mit Ethernet oder WLAN verbunden werden und üblicherweise mit Windows-, macOS- und auch Linux-Rechnern zusammenarbeiten.

Mailserver

Ein Server für elektronische Post (E-Mail) muss nicht immer bei einem Internetprovider installiert sein, sondern kann auch im lokalen Netz seinen Dienst verrichten. Denn erstens ist es in Unternehmen oder Organisationen oft von Vorteil, wenn die Teams untereinander per E-Mail kommunizieren können, und zweitens ist es manchmal schon allein deshalb erforderlich, einen internen Mailserver zu betreiben, weil der Zugang zum Internet aus Sicherheitsgründen stark eingeschränkt ist und etwa die Kommunikation eines Arbeitsplatzrechners mit einem externen Mailserver gar nicht zulässt.

Obwohl im Lauf der Netzwerkentwicklungsgeschichte verschiedene Formen der elektronischen Post entstanden sind, gibt es heute eigentlich keine Alternative mehr zu Internet-E-Mail. Diese verwendet verschiedene Serverdienste zum Senden und Empfangen der E-Mail:

Das SMTP-Protokoll (*Simple Mail Transport Protocol*) bestimmt, wie zu versendende E-Mails zu transportieren sind; POP3 (*Post Office Protocol Version 3*) oder das modernere, komfortablere IMAP (*Internet Message Access Protocol*) beschreiben ein Benutzerkonto (Postfach) für eingehende E-Mails sowie den Vorgang der »Abholung«.

Rein theoretisch kann Internet-E-Mail direkt zum einzelnen Host gesendet werden. Das ist aber insofern problematisch, als normale Arbeitsplatzrechner gelegentlich ausgeschaltet werden und private Einzelplatzrechner manchmal nur temporär über Wählleitungen mit dem Internet verbunden sind. Dies ist überhaupt der wichtigste Grund dafür, dass sich Posteingangsserver etabliert haben, auf denen die Mail für eine bestimmte Empfangsadresse im Prinzip vorgehalten wird, bis sie abgerufen wird.

Da die gewöhnliche Form der E-Mail auf den Standard-Internetprotokollen aufsetzt, gibt es übrigens kein Problem, sie plattform- und betriebssystemübergreifend zu verwenden.

Webserver

Ein Webserver (die exakte Bezeichnung ist eigentlich *HTTP-Server*) liefert auf Anfrage Webseiten über ein Netzwerk aus. In der Regel ist dieses Netzwerk das Internet. In den lokalen Netzen von Unternehmen und Institutionen ist diese Form der Informationsübermittlung ebenfalls sehr verbreitet. Ein solches lokales Netz, das Technologien und Dienste der Internetprotokolle verwendet, wird *Intranet* genannt. Die Clientsoftware ist ein Anzeigeprogramm für Webseiten, der sogenannte *Browser*. Er wird verwendet, um Webseiten anzufordern, zu betrachten und um den enthaltenen Hyperlinks – also den Verknüpfungen zu anderen Dokumenten auf dem gleichen oder einem anderen Server – per Mausklick folgen zu können.

Webseiten sind prinzipiell Textdokumente, die in der Strukturierungssprache HTML geschrieben werden. Viele dieser Dokumente liegen statisch auf dem Server und werden einfach auf Anfrage ausgeliefert. Eine wachsende Anzahl solcher Dokumente wird aber auch aus Vorlagen und dynamischen Daten, etwa aus einer Datenbank, kombiniert und dann an den anfragenden Host geschickt. Diese Entwicklung ist unvermeidlich für Websites mit umfangreichem, schnell wechselndem Inhalt, etwa Online-Tageszeitungen, für Kataloge in E-Commerce-Sites oder für soziale Medien.

Webserver sind im Übrigen schon von ihrer Grundidee her dafür gedacht, Clients unter vielen verschiedenen Betriebssystemen zu bedienen. Sollte es Inkompatibilitäten geben, liegt das höchstens daran, dass bei der Erstellung des HTML-Codes Steuerbefehle verwendet wurden, die nicht jeder Browser versteht.

Der praktische Einsatz eines Webservers wird in Kapitel 14, »Server für Webanwendungen«, am wichtigsten Beispiel Apache beschrieben; die Kapitel 18, »Webseitenerstellung mit HTML und CSS«, bis Kapitel 20, »JavaScript und Ajax«, kümmern sich dagegen um die Erstellung von Webinhalten und -anwendungen.

Verzeichnisdienstserver

Verzeichnisdienste (*Directory Services*) gewinnen in der IT seit längerer Zeit stark an Bedeutung. Ein Verzeichnis ist in diesem Zusammenhang kein Dateisystem, sondern ein datenbankähnlicher standardisierter Katalog von User-Accounts, Computern, Peripheriegeräten, Diensten und Berechtigungen in einem Netzwerk. Durch den Eintrag in das Verzeichnis können diese Informationen netzwerkweit abgerufen werden, sodass Verzeichnisdienste eine praktische Grundlage für zahlreiche Dienste legen, die in einer größeren Netzwerkumgebung die Arbeit von Administrationen und Teams erleichtern. Hier nur einige Beispiele:

- automatisierte Softwareverteilung und -installation
- mobile Benutzerprofile (Roaming User Profiles)
- zentralisierte Anmeldedienste (Single-Sign-on)
- rechner-, benutzer- und eigenschaftsbasierte Rechtekontrolle

In Kapitel 15, »Weitere Internet-Serverdienste«, wird OpenLDAP als Praxisbeispiel für einen Verzeichnisdienst vorgestellt.

Anwendungsserver und Serveranwendungen

Ein Anwendungsserver (*Application Server*) erlaubt die Benutzung von Anwendungsprogrammen, die sich eigentlich auf dem Server befinden, über das Netzwerk.

Bei der einfachsten Form des Anwendungsservers liegt der Datenbestand der Anwendung auf den Datenträgern des Servers, die Anwendung wird über das Netzwerk in den Arbeitsspeicher des Clients geladen und dort lokal ausgeführt. Der Unterschied zum Fileserver ist hier minimal: Es muss der Anwendung lediglich klar sein, dass eventuell notwendige Zusatzkomponenten oder Konfigurationsdaten nicht auf dem Rechner liegen, auf dem sie ausgeführt wird, sondern auf der Maschine, von der sie geladen wurde.

Bei vielen normalen Einzelplatz-Anwendungsprogrammen kann eine solche Einstellung vorgenommen werden. Diese Verwendung von Software hat vor allem zwei Vorteile: Erstens kann es weniger Arbeit bedeuten, ein Programm einmal auf dem Server statt auf mehreren Arbeitsplatzrechnern zu installieren, und zweitens können Kosten gespart werden – die meisten Softwarelizenzen gelten jeweils pro Rechner, auf dem das jeweilige Programm installiert ist. Wird eine Anwendung auf mehreren Rechnern genutzt, aber nicht gleichzeitig, kann die Software auf dem Server installiert werden; damit werden die Lizenzgebühren dann nur einmal fällig.

Bei komplexeren Formen von Anwendungsservern werden Teile des Programms – oder unter Umständen auch das ganze Programm – direkt auf dem Server ausgeführt. Die möglichen Gründe dafür sind im Einzelfall genauso vielfältig wie die verschiedenen Formen der Umsetzung. Beispielsweise ist es bei großen Datenbanken üblich, dass der Datenbestand als solcher auf einem Server liegt und ebenso die grundlegende Datenverwaltungssoftware. Auf den Clients existieren dann in der Regel sogenannte *Frontends*, also Softwarekomponenten, die eine Bedienoberfläche für die eigentliche Datenbank bereitstellen. (Das Pendant zum Frontend bildet das *Backend*, wobei es sich um einen nur für spezielle Verwaltungs-Accounts zugänglichen Teil des Clients handelt, der der Verwaltung des Servers dient.)

Noch einen Schritt weiter gehen die sogenannten *verteilten Anwendungen* oder *Enterprise-Anwendungen*. Sie basieren in der Regel auf einem oder mehreren Datenbankservern für den Datenbestand, einem Anwendungsserver für die Geschäftsabläufe und diversen Client-Frontends (sowohl nativen Programmen für bestimmte Betriebssysteme als auch Webanwendungen).

Eine andere Form der Serveranwendung existiert bei der Verwendung der sogenannten *Terminalserver*. Die einfachste Form, der Internetdienst Telnet, häufiger dessen sichere Weiterentwicklung SSH, stellt eine Konsolenoberfläche zur Verfügung, über die sich von fern auf dem Server selbst mithilfe von Kommandoeingaben arbeiten lässt. Das heißt, die Ein- und Ausgabe zeilenorientierter Kommandos und Anwendungsprogramme erfolgt auf dem Client, die eigentliche Ausführung auf dem Server – der eigene Rechner wird so zu einem Terminal für den entfernten Server (Terminalemulation).

Eine sehr merkwürdige Form der Serversoftware ist in diesem Zusammenhang der aus dem Unix-Bereich stammende *X-Window-Server* oder einfach X-Server (siehe Kapitel 6, »Betriebssysteme«). Die Bezeichnung *Server* für diese Software erscheint zunächst sehr irreführend, handelt es sich doch einfach um die Grundlage der grafischen Benutzeroberfläche (GUI) unter Unix. Der X-Server stellt den Anwendungsprogrammen seine Dienste zur Verfügung, die darauf zugreifen, um Fenster und andere Komponenten des GUI darzustellen.

Übrigens rechtfertigt die Tatsache, dass hier ein Dienst verfügbar gemacht wird, den Begriff *Server*. Dabei müssen Anwendung und X-Server auch nicht unbedingt auf demselben Rechner laufen. Erstaunlicherweise läuft aber der X-Server auf dem Anwendungsclient! Denn da die Programmausführung auf dem entfernten Rechner stattfindet, aber die grafische Darstellung auf dem lokalen Rechner, muss dieser Dienst hier angeboten werden.

Terminalserver gibt es ebenfalls unter Windows Server 2019 und anderen Microsoft-Systemen; auch hier läuft die eigentliche Anwendung auf dem Server, der Client erlaubt deren Bedienung und Anzeige. Das Angebot solcher Anwendungsdienste über das Internet wird allmählich beliebter. Ein *ASP* (*Application Service Provider*) lässt Anwendungen wie beispielsweise Bürosoftware auf seinen Servern laufen; über einen gewöhnlichen Webbrowser (oder manchmal über spezielle Clientsoftware) können Benutzer*innen darauf zugreifen und die angebotene Software von der ganzen Welt aus benutzen. Eine wesentlich einfachere Form solcher Serveranwendungen, die über das Web verwendet werden und die Sie wahrscheinlich gut kennen, ist der weitverbreitete webbasierte E-Mail-Dienst mit diversen Zusatzfunktionen, wie ihn Google Mail und GMX anbieten.

Die Quintessenz der Verwendung von Anwendungsservern ist die von einigen Firmen (Sun Microsystems, Oracle) seit Jahrzehnten angestrebte Abschaffung der gewöhnlichen Personal Computer und deren Ersatz durch sogenannte *Thin Clients* – Rechner ohne Festplatte, die ihr

Betriebssystem und die Anwendungsprogramme vollständig aus dem Netzwerk oder aus dem Internet beziehen. Allerdings konnte sich das Konzept bisher nicht recht durchsetzen. Das Hauptargument der entsprechenden Unternehmen, nämlich die geringeren Kosten, lässt sich angesichts des massiven Preisverfalls bei den »ausgewachsenen« PCs nicht aufrechterhalten.

Inzwischen sind es auf der Clientseite eher die Tablets, die den gewöhnlichen PCs den Rang ablaufen. Zudem bieten immer mehr Hardware- und Betriebssystemhersteller bereits ab Werk Cloud-Dienste zur Daten- und Anwendungsspeicherung.

5.4 Netzwerkkarten, Netzwerkkabel und Netzzugangsverfahren

Im Laufe der Entwicklungsgeschichte der Netzwerke, die in diesem Kapitel bereits skizziert wurde, haben sich viele verschiedene Formen der Netzwerkhardware entwickelt. Jede von ihnen hatte zum Zeitpunkt ihrer Entstehung ihre Berechtigung, und dennoch haben sich einige auf breiter Front durchgesetzt, während andere schnell wieder vom Markt verschwunden sind. Die verbreitetste Art der Netzwerkhardware ist heute Ethernet in seinen vielfältigen Varianten.

Analog zu den zuvor beschriebenen Schichtenmodellen – vor allem dem standardisierten OSI-Referenzmodell – gibt es auch Standards, die speziell die Netzwerkhardware und den Netzzugang betreffen, also die beiden untersten Ebenen des OSI-Modells. Die umfangreichste Sammlung ist IEEE 802 des *Institute of Electrical and Electronical Engineers*. Die Nummer 802 bezeichnet Jahr und Monat der ursprünglichen Festlegung, nämlich den Februar 1980. Innerhalb dieser Sammlung existiert eine Reihe verschiedener Unterstandards beziehungsweise Arbeitsgruppen. Zu den wichtigsten gehören 802.1 (allgemeine Netzwerkstandards), 802.3 (Netzzugangsverfahren CSMA/CD, besonders Ethernet) und 802.11 (drahtlose Netze). Tabelle 5.2 zeigt eine Liste, in der alle direkten Unterpunkte von IEEE 802 und einige exemplarische Einzelspezifikationen innerhalb dieser Unterpunkte angegeben sind. Ein paar dieser Standards werden im Folgenden näher beschrieben.

IEEE-Gruppe	Bezeichnung
802.1	Internetworking
802.2	Logical Link Control (LLC)
802.3	CSMA/CD, Ethernet
802.3u	Fast Ethernet
802.3z	Gigabit Ethernet über Glasfaser

Tabelle 5.2 Die IEEE-802-Hauptarbeitsgruppen und einige Unterstandards im Überblick

IEEE-Gruppe	Bezeichnung
802.3ab	Gigabit Ethernet über Twisted Pair
802.4	Token-Bus-Zugriffsverfahren
802.5	Token-Ring-Zugriffsverfahren
802.6	Metropolitan Area Network (MAN)
802.7	Breitbandübertragungstechnologie
802.8	Glasfaserübertragungstechnologie
802.9	integrierte Sprach- und Datendienste
802.10	Netzwerksicherheit
802.11	drahtlose Netze
802.12	Demand-Priority-Verfahren
802.14	Breitbandkabelfernsehen (CATV)
802.15	Wireless Personal Area Network (WPAN)
802.15.1	Bluetooth
802.16	Broadband Wireless Access (BWA)
802.17	Resilient Packet Ring (RPR)
802.18	Radio Regulatory Technical Advisory Group (RRTAG)
802.19	Coexistence TAG
802.20	drahtlose Breitbandnetze
802.21	medienunabhängiges Handover
802.22	drahtlose Regionalnetze (WRAN)
802.23	Emergency Services Working Group
802.24	Smart Grid TAG
802.25	Omni-Range Area Network
802.26	Reconfigurable Convolutional Encoder

Tabelle 5.2 Die IEEE-802-Hauptarbeitsgruppen und einige Unterstandards im Überblick (Forts.)

5.4.1 Die verschiedenen Ethernet-Standards

Ethernet ist heute der verbreitetste Standard für lokale Netze (LANs). Zehntausende von Herstellern weltweit unterstützen diese Art von Netzwerken mit ihrer Hard- und Software.

Jede Ethernet-Schnittstelle, also die Netzwerkkarte oder der fest eingebaute Anschluss, ist mit einer weltweit einmaligen Identifikationsnummer ausgestattet, der sogenannten *MAC-Adresse* (für *Media Access Control*, einer der beiden Bestandteile der OSI-Netzzugangsschicht). Es handelt sich um eine 48 Bit lange Zahl, die in sechs hexadezimalen Blöcken zwischen 0 und 255 (00 bis FF hex) geschrieben wird, zum Beispiel `00-A0-C9-E8-5F-64`.

Die Datenpakete – auf der Netzzugangsschicht *Frames* genannt – werden mit den MAC-Adressen der sendenden und der empfangenden Station versehen und in der Regel an alle Stationen im Segment versandt. Jede Station überprüft daraufhin, ob die Daten für sie bestimmt sind. Im Übrigen kann man Ethernet-Schnittstellen auch in den *Promiscuous Mode* schalten, in dem sie ohne Unterschied alle Daten entgegennehmen. Auf diese Weise kann der gesamte Datenverkehr in einem Netzsegment überwacht werden.

Die MAC-Adresse wird normalerweise nicht über das jeweilige Teilnetz hinaus weiterverbreitet.[5] Nach außen ergäbe ihre Verwendung auch keinen Sinn, da das nächste Teilnetz auf einer Route womöglich noch nicht einmal zum Ethernet-Standard gehört.

Das Netzzugangsverfahren CSMA/CD

Es ist wichtig, zu verstehen, dass mit dem Namen *Ethernet* gar keine einheitliche Netzwerkhardware bezeichnet wird. Vielmehr handelt es sich um einen Sammelnamen für diverse Netzwerkstandards, die ein bestimmtes Netzzugangsverfahren verwenden. Insofern sind alle Ethernet-Varianten auf der OSI-Schicht 2 identisch, unterscheiden sich aber auf der untersten Schicht.

Als der Vorläufer von Ethernet Ende der 60er-Jahre des letzten Jahrhunderts an der Universität von Hawaii konzipiert wurde (anfangs unter dem geografisch passenden Namen ALOHA-Net), handelte es sich zunächst um Datenfunk. Diesem Umstand ist übrigens auch der endgültige Name zu verdanken: *Ether*, zu Deutsch Äther, ist das gedachte Medium, durch das sich Funkwellen fortpflanzen. Erst in den 70er-Jahren wurde dasselbe Netzzugangsverfahren auch für die Datenübertragung per Kabel eingesetzt, und zwar zunächst über Koaxialkabel.

Das gemeinsame Netzzugangsverfahren aller Ethernet-Formen trägt den Namen CSMA/CD: *Carrier Sense Multiple Access with Collision Detection*. Schematisch gesehen, funktioniert dieses Verfahren wie folgt:

1. Ein Gerät, das Daten senden möchte, lauscht den Netzabschnitt ab, um festzustellen, ob dieser gerade frei ist, ob also gerade kein anderes Gerät sendet (*Carrier Sense*).
2. Wurde in Schritt 1 festgestellt, dass der Netzabschnitt frei ist, beginnt die Station mit dem Senden der Daten. Möglicherweise hat auch eine andere Station festgestellt, dass das Netz frei ist, und beginnt gleichzeitig ebenfalls mit dem Senden (*Multiple Access*).

5 Ausnahme: Die IP-Weiterentwicklung IPv6 benutzt die MAC-Adresse als Teil der 128 Bit langen IP-Adresse.

3. Falls auf die beschriebene Art und Weise zwei Stationen gleichzeitig mit dem Senden begonnen haben, findet eine sogenannte *Datenkollision* statt, die von den beteiligten Stationen entdeckt wird (*Collision Detection*). Eine Station, die eine Kollision bemerkt, stellt das Senden von Nutzdaten ein und versendet stattdessen eine Warnmeldung (*Jam Signal*).
4. Eine Station, die wegen einer Datenkollision das Senden abgebrochen hat, beginnt nach einer zufällig gewählten Zeitspanne von wenigen Millisekunden erneut mit dem Senden. Genau diese Zufälligkeit der Zeitspanne, die nach einem komplizierten Verfahren berechnet wird, ist enorm wichtig, damit die beiden Stationen beim nächsten Versuch nicht wieder genau gleichzeitig mit dem Senden beginnen.

Das große Problem von Ethernet besteht darin, dass das CSMA/CD-Verfahren umso ineffektiver wird, je frequentierter der jeweilige Netzabschnitt ist: Ab einem gewissen Grenzwert überschreitet die Anzahl der Datenkollisionen die Menge der Nutzdaten. Heutzutage umgeht man dieses Problem in der Regel durch die Verwendung sogenannter *Switches*, die für zwei miteinander kommunizierende Stationen jeweils eine exklusive Punkt-zu-Punkt-Verbindung einrichten. Wenn diese Möglichkeit aufgrund veralteter, inkompatibler Hardware nicht zur Verfügung steht, muss ein Netz mit viel Datenverkehr stattdessen segmentiert, also in kleinere Abschnitte unterteilt werden.

Ethernet-Hardware

Die Bezeichnungen der verschiedenen Arten der Hardware, die für Ethernet-Netzwerke verwendet werden, setzen sich aus der Übertragungsgeschwindigkeit des jeweiligen Netzes in MBit/s und einer spezifischen Bezeichnung für den Kabeltyp oder die maximal zulässige Kabellänge zusammen.

Wie bereits erwähnt, waren Koaxialkabel die ersten für Ethernet verwendeten Kabel.[6] Der Aufbau dieser Kabel ist folgender: Im Zentrum befindet sich ein leitender Draht, der von einer Isolationsschicht umgeben ist, darüber befindet sich ein weiterer Ring aus leitendem Metall und außen natürlich wiederum eine Isolationsschicht. Das bekannteste Alltagsbeispiel für ein Koaxialkabel ist ein handelsübliches Fernsehantennenkabel.

Es gibt zwei Arten von Koaxialkabeln, die für Ethernet eingesetzt wurden:

- **10Base2: dünnes schwarzes Koaxialkabel**
  Die 10 steht für die maximale Datenübertragungsgeschwindigkeit des Netzes, in diesem Fall 10 MBit/s. Die nähere Spezifikation, die durch die 2 angegeben wird, betrifft die maximal zulässige Gesamtlänge eines 10Base2-Netzsegments von etwa 200 Metern (eigentlich 200 Yard, was ca. 185 Metern entspricht). In einem Segment dürfen sich maximal 30 Stati-

6 Die Verwendung von Koaxialkabeln für Ethernet ist weitgehend historisch – aus Gründen des Leseflusses habe ich mich aber entschlossen, die Beschreibungen im Präsens zu belassen. Interessant ist die Entwicklung allemal; sie erklärt, warum bei Ethernet viele Dinge so und nicht anders gelöst wurden.

onen befinden. Um eine größere Entfernung zu überbrücken oder mehr Stationen zu betreiben, muss eine Signalverstärkung durch sogenannte *Repeater* vorgenommen werden.

Alternative Bezeichnungen für diese Ethernet-Form sind *Thinnet Coaxial* oder *Cheapernet*, weil es sich früher um die billigste Art der Vernetzung handelte.

An der Netzwerkkarte wird an eine BNC-Buchse ein T-Adapter angeschlossen. An dessen beiden Seiten werden wiederum über BNC-Stecker die Koaxialkabel angeschlossen, die zu den T-Stücken der Netzwerkkarten der benachbarten Rechner führen. Der Mindestabstand zwischen zwei T-Stücken, also die minimale Länge eines einzelnen Kabels, beträgt 50 cm. Das Netzwerk ist in einer Bustopologie organisiert; die T-Stücke des ersten und des letzten Rechners im Netzwerk werden auf je einer Seite mit einem Abschlusswiderstand oder Terminator versehen.

- **10Base5: dickes gelbes Koaxialkabel**

  Der Vorteil dieser auch *Thicknet Coaxial* genannten Variante besteht in der größeren zulässigen Länge des Netzsegments, nämlich – wie die Zahl 5 vermuten lässt – 500 Yard (knapp 460 Meter). Andererseits ist dieses erheblich dickere Kabel weniger flexibel als das dünnere 10Base2. Beispielsweise ist es schwieriger, solche Kabel durch verwinkelte Kabelkanäle zu ziehen.

  Auf dem Kabel sitzen bei dieser Ethernet-Form sogenannte *Transceiver*, die über 15-polige Buchsen an die Netzwerkkarten angeschlossen werden. Zwischen zwei Transceivern muss ein Mindestabstand von 2,5 Metern eingehalten werden; das Kabel enthält ab Werk Markierungen in diesem Abstand. Die Transceiver werden an diesen Stellen einfach in das Kabel hineingebohrt (deshalb werden sie als *Vampirabzweige* bezeichnet). In einem Segment dürfen sich maximal 100 davon befinden. Auch dieses Netz ist busförmig, und beide Enden müssen durch Abschlusswiderstände terminiert werden.

Heutzutage wird Ethernet fast immer über Twisted-Pair-Kabel betrieben. Bei dieser Kabelsorte handelt es sich um einen verdrillten Kupferzweidrahtleiter: Je zwei isolierte Kupferdrähte werden umeinandergewickelt. Dies verhindert die gegenseitige Beeinträchtigung der Signalqualität, die bei parallel zueinander verlaufenden Kabeln durch die elektromagnetischen Felder aufträte. In einem Twisted-Pair-Kabel verlaufen üblicherweise vier, manchmal auch acht solcher Doppeladern nebeneinander. Sie enden auf beiden Seiten in einem RJ-45-Stecker, der auch für ISDN-Anschlüsse verwendet wird. Bekannt sind solche Kabel vor allem durch ihre Verwendung als Telefonleitungen.

Man unterscheidet zwei verschiedene Grundarten von Twisted-Pair-Kabeln: UTP (*Unshielded Twisted Pair*) ist ein nicht abgeschirmter Zweidrahtleiter, STP (*Shielded Twisted Pair*) ein abgeschirmter, der eine höhere Signalqualität aufweist, sodass er zum Beispiel größere Entfernungen überbrücken kann.

Außerdem werden Twisted-Pair-Kabel in verschiedene Kategorien unterteilt, die unterschiedliche Bandbreiten (gemessen in Megahertz) und entsprechend verschiedene maximale Übertragungsraten zulassen. Diese sind in Tabelle 5.3 aufgelistet.

Kategorie	Bandbreite	Verwendungszweck
1	nicht festgelegt	Telefonie
2	4 MHz	ISDN
3	10 MHz	Ethernet, Token Ring
4	16 MHz	verschiedene
5	100 MHz	Fast Ethernet, allgemeiner Standard
6	200 MHz	verschiedene
7	600 MHz	verschiedene

Tabelle 5.3 Die verschiedenen Kategorien von Twisted-Pair-Kabeln

Sämtliche über Twisted Pair verkabelten Arten von Ethernet weisen eine sternförmige Topologie auf, zumindest im physischen Sinn: Alle Stationen werden jeweils über ein eigenständiges Kabel an einen zentralen Verteiler angeschlossen. Der Vorteil dieser Form der Vernetzung besteht grundsätzlich darin, dass der Ausfall einer einzelnen Verbindung zwischen einem Rechner und dem Verteiler nicht zur Unterbrechung des gesamten Netzes führt, wie es beim busförmigen Koaxialkabel-Ethernet der Fall ist.

Der zentrale Verteiler wird in seiner einfacheren Form *Hub* genannt, die etwas teurere, aber leistungsfähigere Bauweise heißt *Switching Hub* oder kurz *Switch*. Die innere Struktur des Hubs ist letztlich busförmig, sodass es genau wie bei der Vernetzung über Koaxialkabel zu Datenkollisionen kommen kann. Ein Switch stellt dagegen für zwei Stationen, die miteinander kommunizieren möchten, eine exklusive Punkt-zu-Punkt-Verbindung bereit. Dies geschieht dadurch, dass ein Switch die MAC-Adressen aller Schnittstellen zwischenspeichert, an die er bereits Daten ausgeliefert hat, und auf diese Weise die restlichen Stationen nicht mehr mit Daten behelligen muss, die gar nicht für sie bestimmt sind. Da die Preise für Netzwerkzubehör in den letzten Jahren stark gesunken sind, gibt es eigentlich keinen Grund mehr, etwas anderes als einen Switch einzusetzen.

Bei einem Hub teilen sich alle Stationen die gesamte Übertragungsgeschwindigkeit, beim Switch steht sie dagegen jeder einzelnen Verbindung zur Verfügung.

Im Übrigen gibt es besondere Hubs, die als *Bridges* bezeichnet werden. Sie verbinden Ethernet-Netzwerke verschiedenen Typs miteinander. Beispielsweise besitzen sie eine Reihe von RJ-45-Ports für Twisted-Pair-Kabel und zusätzlich einen Anschluss für 10Base2-BNC-Kabel, oder sie unterstützen einfach verschiedene maximale Übertragungsgeschwindigkeiten.

Hubs oder Switches weisen in der Regel 5 bis 24 Anschlüsse (Ports) auf, an die jeweils ein Gerät angeschlossen werden kann. Um Netzwerke mit mehr Geräten zu betreiben, sind diese Geräte kaskadierbar: Die meisten Hubs oder Switches besitzen einen speziellen Port, den sogenannten *Uplink-Port*, der über ein Kabel mit einem normalen Port eines weiteren Verteilers verbunden werden kann. Bei vielen Hubs/Switches kann ein einzelner Port über einen Schalter zwischen *Normal* und *Uplink* umgeschaltet werden.

Die einzige Ausnahme von der allgemeinen Regel, dass ein Hub oder Switch benötigt wird, bildet der Sonderfall, in dem nur zwei Rechner miteinander vernetzt werden sollen: Die beiden Stationen können unmittelbar über ein sogenanntes *Crosslink-Kabel* verbunden werden. Dieses spezielle Kabel besitzt überkreuzte Anschlusspaare anstelle der geradlinig verlaufenden bei normalen Twisted-Pair-Kabeln.

Virtual LAN

Standardmäßig gehören alle Stationen, die an einen einzelnen Hub oder Switch angeschlossen sind, zum selben Netzsegment, und alle, die an einem anderen Hub oder Switch hängen, bilden ihr eigenes Segment. *Virtual LAN* oder *VLAN* ist eine Möglichkeit, diese starre Einteilung durch intelligente Switches zu überwinden: Entweder kann derselbe Switch mehrere getrennte Netzsegmente verwalten (und bei Bedarf auch gleich als Router zwischen ihnen fungieren), oder es können mehrere Switches ein gemeinsames logisches Netzsegment bilden. Es sind zwei Arten von Virtual LAN zu unterscheiden:

- *Portbasiertes Virtual LAN*: Bei dieser rein hardwaregesteuerten Variante gehören verschiedene Ports (gemeint sind hier die physischen Anschlüsse) des Switches zu unterschiedlichen Netzsegmenten. Gegebenenfalls besitzt der Switch eine Konfigurationsoberfläche, über die sich die konkrete Einteilung modifizieren lässt, aber danach wählt man das Netzsegment für eine bestimmte Station, indem man sie mit einem bestimmten Port verkabelt.
- *Tagged Virtual LAN*: Hierbei handelt es sich um die modernere und flexiblere, aber auch komplexere Variante. Statt die Ports des Switches bestimmten Netzsegmenten zuzuordnen, werden die Datenpakete selbst gekennzeichnet (englisch: *tagged*). Je nach verwendetem Tag gehört ein Datenpaket damit zu einem anderen Segment. Diese Variante wird vor allem verwendet, um mehrere Switches zu einem gemeinsamen größeren Segment zusammenzuschalten.

Historisch betrachtet, existieren zwei Arten von Ethernet über Twisted Pair, die unterschiedliche Übertragungsgeschwindigkeiten unterstützen:

- 10BaseT: Die Datenübertragungsrate beträgt 10 MBit/s.
- 100BaseT (auch *Fast Ethernet* genannt): Daten werden mit bis zu 100 MBit/s übertragen; dazu sind mindestens UTP-Kabel der Kategorie 5 erforderlich. Genauer gesagt, gibt es zwei Unterarten: 100BaseTX ist voll kompatibel mit 10BaseT, sodass das Netz schrittweise umgerüstet werden kann. 100BaseT4 verwendet dagegen alle vier Kupferdrahtpaare eines Twisted-Pair-Kabels und ist mit den anderen Standards inkompatibel; in der Praxis spielt es keine Rolle mehr.

Die meisten Netzwerkkarten, Hubs und Switches, die heute verkauft werden, unterstützen beide Übertragungsraten. Der zu verwendende Wert kann bei vielen Netzwerkkarten per Software eingestellt werden, häufiger wird er automatisch gewählt. Natürlich sollten Sie prinzipiell darauf achten, keine reine 10-MBit-Hardware mehr zu kaufen. Aber möglicherweise hat 100-MBit-Hardware der ersten Generation, die nicht auf 10 MBit/s heruntergeschaltet werden kann, sogar noch schlimmere Einschränkungen zur Folge. Zwar ist es bei normalen Standard-PCs ein Leichtes, die Netzwerkkarte gegen ein neueres Modell auszutauschen, um die Kompatibilität zu einer aktualisierten Netzwerkumgebung aufrechtzuerhalten, aber bei anderen Geräten wie beispielsweise Netzwerkdruckern oder kompakten Routerboxen ist das eventuell nicht möglich. Solche Geräte sind mit einem reinen 100er-Netz eventuell nicht mehr kompatibel.

SmNoch neuere Formen von Ethernet erreichen Übertragungsraten von 1.000 MBit/s (Gigabit-Ethernet), entweder über Lichtwellenleiter (1000BaseFL für *Fiber Logic*) oder über mehradrige Twisted-Pair-Kabel (1000BaseTX). Bereits entwickelt, aber noch nicht sehr verbreitet sind Ethernet-Varianten mit 10 oder gar 100 GBit/s – anfangs nur über verschiedene Arten von Lichtwellenleitern, aber inzwischen ebenfalls über Twisted Pair.

5.4.2 Drahtlose Netze

Schon seit sehr langer Zeit werden über drahtlose Technologien wie Funk, Mikrowellen, Satellit oder Infrarot nicht nur Sprache, Radio- und Fernsehsignale, sondern auch Daten übertragen. Die digitale (!) Datenübertragung per Funk war sogar die erste Anwendung der drahtlosen Nachrichtentechnik überhaupt: Der Funkpionier Guglielmo Marconi erfand die drahtlose Telegrafie mithilfe des binären Morsealphabets[7] lange vor dem Sprechfunk.

Im Bereich der Netzwerke gibt es immer mehr Anwendungsfälle, bei denen sich der Einsatz drahtloser Techniken anbietet. Die folgenden Beispiele können als Anhaltspunkte dienen:

- In Privathaushalten wird WLAN inzwischen häufiger eingesetzt als kabelbasierte Netze. Da viele Menschen Laptops und/oder WLAN-fähige Mobiltelefone und Tablets besetzen, ist das viel praktischer. Für den Internetzugang kommen entsprechend oft WLAN-DSL-Router zum Einsatz, die eine Verbindung zwischen dem Internet und den Endgeräten vermitteln.
- In einem Unternehmen werden viele Außendienstmitarbeiter beschäftigt. Sie sind mit Notebooks ausgestattet und kommen nur gelegentlich in die Firmenzentrale.
- Eine Firma zieht in ein denkmalgeschütztes Haus ein, an dessen Bausubstanz nichts geändert werden darf – an das Verlegen von Kabelkanälen oder gar das Aufstemmen von Wänden für die Vernetzung ist nicht zu denken.

7 Ganz und gar binär ist das Morsealphabet übrigens nicht: Neben *Lang* und *Kurz* muss die Pause zwischen zwei Zeichen als drittes mögliches Signal betrachtet werden, da die einzelnen Zeichen (übrigens gemäß ihrer Häufigkeit in englischen Texten) aus unterschiedlich vielen Einzelsignalen bestehen.

- Zwischen zwei Gebäuden eines Unternehmens verläuft eine öffentliche Straße; für die Überbrückung durch ein Kabel müsste ein langfristiges Genehmigungsverfahren mit ungewissem Ausgang eingeleitet werden.
- Auf LAN-Partys (Treffen von Netzwerkspielern), Messen, Kongressen oder ähnlichen Veranstaltungen müssen Unmengen von Computern für kurze Zeit vernetzt werden.

Für den Betrieb drahtloser Netzwerke kommen die verschiedensten Übertragungsmethoden zum Einsatz. Sie lassen sich nach folgenden Kriterien unterscheiden oder für den praktischen Einsatz auswählen:

- Welche maximale Entfernung zwischen zwei Stationen muss überbrückt werden?
- Besteht zwischen den einzelnen Standorten Sichtkontakt, oder befinden sich Wände oder andere Hindernisse zwischen ihnen?
- Soll eine freie Funkfrequenz genutzt werden, oder kann es auch eine lizenzpflichtige sein (Letzteres kann teuer werden)?
- Sind die vernetzten Geräte selbst stationär oder mobil?

Diese diversen Auswahlkriterien zeigen bereits, dass es so etwas wie »das« drahtlose Netz nicht gibt. Für jeden Anwendungszweck bieten sich verschiedene Lösungen an, die sorgfältig geprüft werden müssen.

Genau wie bei der verkabelten Konkurrenz lassen sich auch hier verschiedene Kategorien von Reichweiten unterscheiden. Das *WLAN* (Wireless LAN, auch *Wi-Fi* genannt) nach IEEE 802.11 ist ein drahtloses Netz für den Nahbereich, also für die Vernetzung innerhalb einer einzelnen Institution. Das *WWAN* (Wireless Wide Area Network) dagegen ist ein drahtloses Fernnetzwerk. Dazu zählen unter anderem Satellitenverbindungen.

In diesem Abschnitt wird nur das 802.11-kompatible WLAN beschrieben, da es sich seit seiner Einführung 1997 sehr schnell verbreitet hat und heute von allen Wireless-Technologien am häufigsten eingesetzt wird. 802.11 besteht aus mehreren Unterstandards, die sich in den Punkten Frequenzspektrum, Übertragungsrate und Funktechnologie unterscheiden. Sie alle werden jedoch über Funk betrieben; eine ursprünglich ebenfalls spezifizierte Infrarotvariante hat sich nicht durchgesetzt. Infrarot wird größtenteils für den drahtlosen Anschluss von Peripheriegeräten wie Mäusen oder Tastaturen verwendet. Tabelle 5.4 zeigt eine Übersicht über die wichtigsten gebräuchlichen 802.11-Varianten.

Standard	Frequenzbereich	Übertragungsrate	Funktechnik
802.11	2,4 GHz	1 oder 2 MBit/s	FHSS/DSSS
802.11a	5 GHz	bis zu 54 MBit/s	OFDM
802.11b	2,4 GHz	5,5/11/22 MBit/s	HR/DSSS

Tabelle 5.4 Verschiedene Varianten von IEEE 802.11

Standard	Frequenzbereich	Übertragungsrate	Funktechnik
802.11g	2,4 GHz	bis zu 54 MBit/s	OFDM
802.11n	2,4 und 5 GHz	bis zu 600 MBit/s	MIMO
802.11ac	5 GHz	1 GBit/s	MU-MIMO

Tabelle 5.4 Verschiedene Varianten von IEEE 802.11 (Forts.)

Die Trägerfrequenz von 2,4 GHz wird vor allem deshalb am häufigsten verwendet, weil sie nicht lizenzpflichtig ist. Es handelt sich nämlich um diejenige Frequenz, mit der Mikrowellenherde arbeiten, da diese Wellenlänge Wassermoleküle am effektivsten erhitzt.

Die diversen Funkverfahren arbeiten alle mit verschiedenen Varianten der Frequency-Hopping-Methode, die auch im Mobilfunk eingesetzt wird: Nach einem bestimmten Schema werden die Funkwellen über mehrere Frequenzen übertragen, die mehrmals in der Sekunde wechseln. Dies ist erheblich weniger störanfällig als die Verwendung einer einzelnen Frequenz. Die grundlegende Technik wurde Mitte der 30er-Jahre von der österreichischen Schauspielerin Hedy Lamarr erfunden. Ihr damaliger Ehemann war Rüstungsfabrikant, und diese Funktechnik sollte helfen, Torpedos der Alliierten fernzusteuern, ohne dass die Signale abgefangen und verfälscht werden konnten. Im Einzelnen werden folgende Verfahren unterschieden:

- *FHSS* (*Frequency Hopping Spread Spectrum*): Die Frequenzen wechseln nach einem zufälligen Muster.
- *DSSS* (*Direct Sequence Spread Spectrum*): Es werden erheblich mehr Einzelfrequenzen verwendet; die Verteilung erfolgt nach einem komplexen mathematischen Verfahren.
- *HR/DSSS* (*High Rate/Direct Sequence Spread Spectrum*): Entspricht DSSS mit speziellen Erweiterungen, die eine höhere Übertragungsrate ermöglichen.
- *OFDM* (*Orthogonal Frequency Division Multiplexing*): Jeder Kanal wird in mehrere Teilkanäle unterteilt, die Signale werden über alle Teilkanäle parallel übertragen. Aus diesem Grund ist OFDM das Übertragungsverfahren mit der höchsten Datenrate, andererseits aber auch das aufwendigste, sodass die entsprechende Hardware noch vor wenigen Jahren vergleichsweise teuer war.
- *MIMO* (*Multiple Input/Multiple Output*): Im Wesentlichen eine nochmals verbesserte OFDM-Variante, die wiederum erheblich höhere Übertragungsraten ermöglicht. Die Datenübertragung kann gleichzeitig über mehrere Frequenzbänder erfolgen. Eine neuere Variante namens *MU-MIMO* (*Multi-User MIMO*) begünstigt den gleichzeitigen Netzwerkzugriff mehrerer User durch etwas komplexere Signalverarbeitungsvorgänge.

Der größte Teil der Wireless-LAN-Hardware, der momentan verkauft wird, basiert auf den Standards 802.11ac, 802.11n, 802.11b und 802.11g (die meisten Geräte unterstützen wahlweise mehrere). Die Preise für Hardware dieser Variante sind in den letzten Jahren stark gefallen. Ein WLAN-Adapter ist inzwischen ab etwa 20 € erhältlich, sowohl als PCI-Karte als auch als PCMCIA- oder USB-Adapter. Außerdem sind Notebooks (und meist auch Desktop-PCs) ab Werk standardmäßig mit einer WLAN-Schnittstelle ausgestattet. Vorreiter dürften das PowerBook und das iBook von Apple gewesen sein; Apple fördert diese Technologie unter dem Namen AirPort seit vielen Jahren.

Als Netzzugangsverfahren in 802.11-Netzen kommt CSMA/CA zum Einsatz (*Carrier Sense Multiple Access with Collision Avoidance*) – wie der Name vermuten lässt, werden Datenkollisionen von vornherein vermieden. Anders als bei CSMA/CD sendet eine Station, die ein freies Übertragungsmedium (in diesem Fall den entsprechenden Funkkanal) vorfindet, nicht einfach ihre Daten, sondern eine Sendeanforderung (RTS). Daraufhin warten andere sendebereite Stationen, und die erste Station, die das RTS gesendet hat, sendet ihre Daten, nachdem ihr die Empfängerstation ihre Empfangsbereitschaft (CTS) signalisiert hat. Abgeschlossen wird die Datenübertragung durch ein ACK-Signal, und daraufhin kann die nächste Station ihren Sendewunsch bekannt geben.

Das einfachste denkbare 802.11-WLAN besteht nur aus mehreren Rechnern mit entsprechender Schnittstelle, die auf direktem Weg miteinander kommunizieren. Ein solcher Aufbau wird als *Basic Service Set* (BSS) bezeichnet. Die Entfernung zwischen zwei beliebigen Stationen darf die maximale Reichweite des Funksignals nicht überschreiten, weil jede Station die Signale nur senden und empfangen, aber nicht verstärken und weiterleiten kann. Da ein solches Netzwerk nicht mit anderen Netzen kommunizieren kann, wird es als *unabhängiges BSS* (Independent BSS oder kurz IBSS) bezeichnet. Derartige Netzwerke sind sinnvoll für die sogenannte *Ad-hoc-Vernetzung* temporärer Zusammenkünfte wie Messen oder LAN-Partys.

Ein wenig komplexer wird der Aufbau eines BSS, wenn ein *Access Point* hinzugefügt wird. Im Grunde funktioniert ein Access Point wie ein Ethernet-Hub, denn sobald er vorhanden ist, kommunizieren die Stationen nicht mehr direkt miteinander, sondern senden die Frames an den Access Point, der sie an den gewünschten Empfänger weitergibt. Die Identifikation der einzelnen Stationen erfolgt wie bei Ethernet anhand einer 48 Bit langen MAC-Adresse. Ein BSS mit einem Access Point wird als *Infrastruktur-BSS* bezeichnet. Für die Reichweite des Netzes ist nur noch die Entfernung zwischen einer Station und dem Access Point ausschlaggebend.

Die wichtigste Aufgabe eines Access Point besteht in seiner Funktion als Bridge. Er verbindet das WLAN mit einem Backbone-Netzwerk – meistens Twisted-Pair-Ethernet. Auf diese Weise kann das WLAN mit stationären Teilen des Netzes verbunden werden oder Zugang zu Servern und Routern erhalten, ohne dass diese selbst mit WLAN-Schnittstellen ausgestattet werden müssten.

Im Übrigen bildet ein Verbund aus miteinander vernetzten Access Points (entweder ebenfalls über Funk oder über Ethernet) ein sogenanntes *Extended Service Set* (ESS). Eine Station kann sich innerhalb eines ESS frei bewegen, weil die Access Points einander darüber auf dem Laufenden halten, welche Stationen sich gerade in ihrem Bereich befinden. Eine Station kann immer nur genau mit einem Access Point verbunden sein; sobald das Signal eines anderen Access Point stärker wird als das des bisherigen, meldet die Station sich bei ihrem alten Access Point ab und bei dem neuen an. Auf diese Weise werden Frames immer über den jeweils aktuellen Access Point an eine Station gesendet.

Ein zusätzlicher Nutzen von Access Points besteht darin, dass sie in der Lage sind, Frames zu puffern, die an bestimmte Stationen adressiert sind. Gerade Notebooks schalten im Standby-Modus oft auch die WLAN-Schnittstelle ab, um Strom zu sparen; sobald die Verbindung wieder aufgebaut wird, werden die zwischengespeicherten Frames ausgeliefert.

Das ESS-Modell wird immer häufiger für öffentlich verfügbare Netzwerkzugänge eingesetzt. In Bahnhöfen, Flughäfen oder Gaststätten stehen öffentlich zunehmend WLAN-Access-Points (auch *Hotspots* genannt) zur Verfügung, in die sich Notebooks und Mobilgeräte ohne Weiteres einwählen können. Mittlerweile werden sogar die ersten Innenstädte fast flächendeckend mit einander überlappenden Access Points ausgestattet. Irgendwann könnte ein ähnlich dichtes Netz entstehen, wie es die Mobilfunkzellen inzwischen bilden.

Eine der größten Herausforderungen beim Einsatz von Wireless-Technologien bleibt die Sicherheit. Es ist zwar auch nicht weiter schwierig, das Signal von Ethernet-Kabeln abzuhören, aber immerhin ist es vergleichsweise einfach, den physikalischen Zugang zu ihnen zu kontrollieren. Bei WLAN kann dagegen im Grunde genommen jeder die Signale mit einer kompatiblen Antenne auffangen und analysieren, um unberechtigt Informationen zu erhalten oder gar zu manipulieren. Das gilt umso mehr, als man die Grenzen der Funkreichweite niemals ganz genau auf die Größe des zu vernetzenden Gebäudes oder Geländes abstimmen kann; es ist also durchaus möglich, die Funkwellen außen zu empfangen.

Um ein Mindestmaß an Sicherheit zu gewährleisten, bot die ursprüngliche 802.11-Spezifikation eine optionale Verschlüsselung der Frames an. Allerdings ist diese Methode nicht besonders sicher; Sicherheitsexperten haben bereits bewiesen, dass die Verschlüsselung verhältnismäßig leicht zu knacken ist. Schon der Name dieser Technik, *WEP* (*Wired Equivalent Privacy*), sagt allzu deutlich aus, dass es nicht um mehr geht, als etwa dasselbe Maß an Sicherheit zu gewährleisten wie beim rein physikalischen Schutz verkabelter Netzwerke. Der Hauptverwendungszweck besteht auch gar nicht in der Geheimhaltung, sondern in der Abgrenzung eines Wireless-Netzes von benachbarten Netzen: Es ist ärgerlich, wenn jedes vorbeifahrende Fahrzeug, in dem sich zufälligerweise ein Laptop mit 802.11-Schnittstelle befindet, diesen vorübergehend automatisch ins Netz einbucht und wieder daraus verschwindet. Das lässt sich allerdings zuverlässiger verhindern, indem der Access Point mit einer Whitelist zugelassener MAC-Adressen konfiguriert wird.

Inzwischen stehen mit WPA und WPA2 (*WiFi Protected Access*) stark verbesserte WLAN-Verschlüsselungsverfahren zur Verfügung.

5.5 Datenfernübertragung

Nachdem im vorangegangenen Abschnitt die verschiedenen Formen der LAN-Vernetzung und der WANs über Standleitungen beschrieben wurden, sollen nun diverse Verfahren der Datenfernübertragung (DFÜ) geschildert werden. Wie bereits angesprochen, wurde DFÜ bereits eingesetzt, als sie lediglich der Punkt-zu-Punkt-Kommunikation zwischen einzelnen Rechnern über eine direkte Telefonverbindung diente. Heute geht es in der Regel darum, den Zugang zu einem bestehenden Netzwerk oder (über einen kommerziellen Provider) zum Internet herzustellen.

Die erste Generation der DFÜ-Hardware, der umständliche und störanfällige Akustikkoppler, muss hier nicht mehr beschrieben werden. Auch Wählverbindungen über Modems oder digital über ISDN spielen eine immer kleinere Rolle und werden daher in diesem Buch nicht mehr behandelt. Die beiden wesentlichen Technologien sind heute die verschiedenen DSL-Dienste für den stationären Internetzugang und diverse mobile Netzwerkverbindungen. Diese beiden Zugangsverfahren werden im Folgenden dargestellt.

Eine Gemeinsamkeit aller DFÜ-Netzwerkverbindungen besteht in der Notwendigkeit, die Datenübertragung über diese Leitungen zu standardisieren und bestimmte Grundlagen für die Protokolle der Vermittlungsschicht zu schaffen. Dafür werden spezielle Protokolle verwendet, die den Netzzugang über relativ langsame serielle Leitungen ermöglichen. Das traditionelle Protokoll für die Vernetzung über Wählleitungen war SLIP (*Serial Line Interface Protocol*). Allerdings besitzt es eine Reihe organisatorischer und technischer Mängel und wurde deshalb weitgehend durch PPP (*Point-to-Point Protocol*) ersetzt.

PPP kümmert sich um die Authentifizierung nach der Einwahl, indem Username und Passwort übermittelt werden; anschließend verhandeln die beiden direkt miteinander verbundenen Punkte die eigentlichen Netzwerkdetails. Eine der wesentlichsten Fähigkeiten des Protokolls für Internetverbindungen besteht darin, dass der Einwahlknoten dem anwählenden Rechner automatisch eine IP-Adresse zuweisen kann, über die diese Netzwerkschnittstelle im gesamten Internet identifiziert wird.

Im Einzelnen erfolgen bei PPP also diese Schritte:

- Wird eine Wählleitung (analog oder ISDN) verwendet, stellt der lokale Rechner über die entsprechende Schnittstelle eine Telefonverbindung her; dies spielt in der Praxis keine große Rolle mehr. Bei DSL-Leitungen wird ebenfalls die Verbindung aktiviert, auch wenn man dies nicht als *Wählen* im klassischen Sinne bezeichnen kann.
- Der Einwahlknoten verlangt eine Authentifizierung, in der Regel in Form von Username und Passwort. Die meisten PPP-Implementierungen in modernen Betriebssystemen übermitteln diese Daten nach einmaliger Konfiguration automatisch, ohne dass Sie etwas tun müssen.
- Nachdem die Daten überprüft wurden, folgt entweder die Ablehnung des Zugriffs und der Verbindungsabbau, oder die Netzwerkparameter werden ausgehandelt. Auch wenn PPP

als Netzzugangsgrundlage für alle möglichen Protokolle der Vermittlungsschicht dienen kann, wird heute fast nur noch TCP/IP aufgesetzt. Zu diesem Zweck weist der PPP-Knotenpunkt des Internetproviders der seriellen Verbindung auf der Einwahlseite eine IP-Adresse zu, eine im gesamten Internet einmalige Identifikationsnummer. Ihr Konzept wird im nächsten Abschnitt genau beschrieben.

5.5.1 DSL-Dienste

DSL ist die Abkürzung für *Digital Subscriber Line* (etwa »digitale Abonnement-Leitung«). Der Name soll verdeutlichen, dass es sich de facto um eine Standleitung anstelle einer Wählleitung handelt. Zur Einführung von DSL kam es, da es durch die allmähliche Verbesserung der Qualität von Telefonleitungen möglich wurde, Signale hoher Frequenz zu übertragen. Die meisten DSL-Dienste verwenden die klassischen Kupferleitungen der Telefongesellschaften, die allerdings immer häufiger durch Glasfaserleitungen ersetzt oder ergänzt werden.

DSL-Varianten

Es existieren zwei grundsätzliche Varianten von DSL: Bei *Symmetric DSL* (SDSL) sind die Übertragungsraten für ankommende und ausgehende Daten identisch, bei *Asymmetric DSL* (ADSL) ist die ankommende Übertragungsrate höher als die ausgehende.

Übliche DSL-Angebote wie T-DSL der Deutschen Telekom stellten ursprünglich eine Download-Rate von 1.024 KBit/s und eine Upload-Rate von 128 KBit/s zur Verfügung, teilweise sogar noch weniger. Aktuelle ADSL-Anschlüsse des klassischen Typs sind dagegen mit Download-Geschwindigkeiten von 2 bis 8 MBit/s ausgestattet. Auch die umgekehrte Datenrate wurde entsprechend vervielfacht. Die neueren Typen ADSL2 und ADSL2+ schaffen 16 beziehungsweise 25 MBit/s im Download, und die nochmals verbesserten Technologien VDSL und VDSL2 bringen es auf bis 52 MBit/s im Download und 16 MBit/s im Upload beziehungsweise 100 MBit/s in beide Richtungen. Technisch gesehen, handelt es sich bei VDSL2 also um einen SDSL-Standard.

Die Gebühren für DSL-Anschlüsse werden in der Regel nicht wie beim Telefonieren nach der Nutzungsdauer berechnet, sondern als sogenannte *Flatrate* für beliebig lange Onlinezeiten. Einige Provider verwenden allerdings eine Volumenbeschränkung, das heißt, ohne Aufpreis darf monatlich nur eine bestimmte Datenmenge transferiert werden.

Neben den DSL-Angeboten, die über normale Telefonleitungen laufen, werden seit einiger Zeit auch spezielle Lösungen angeboten. Eine davon ist die Internetverbindung über das Glasfaserkabel des Kabelfernsehens. Da dieses Kabel für das Passivmedium Fernsehen erfunden wurde, besitzt es in seiner ursprünglichen Version keine Rückkanalfähigkeit. Es können Daten empfangen, aber nicht gesendet werden; noch nicht einmal die Anforderung einer URL kann abgesetzt werden. Erst allmählich wird der Rückkanal derjenigen Kabelnetze nachgerüstet, die die Deutsche Telekom bereits verkauft hat.

DSL anschließen

An den TAE-Anschluss einer DSL-Verbindung wird ein sogenannter *Splitter* angeschlossen – eine Frequenzweiche, die die hochfrequenten DSL-Signale und die niedrigfrequenten normalen Telefonsignale voneinander trennt. Den Ausgang für die Telefonsignale bietet wiederum ein TAE-Anschluss, an den entweder ein Analogtelefon oder ein NTBA angeschlossen wird, je nachdem, ob DSL mit einem Analog- oder mit einem ISDN-Telefonanschluss kombiniert wird.

Den Ausgang für die speziellen DSL-Signale bietet eine Twisted-Pair-Buchse vom Typ RJ-11. An diesen Anschluss wird in der Regel ein *DSL-Modem* angeschlossen, das dann über USB oder Twisted-Pair-Ethernet mit dem Computer verbunden wird. Natürlich ist die Bezeichnung DSL-Modem technisch gesehen Unfug. Bei DSL findet keinerlei Analog-Digital-Umwandlung statt. Dennoch ist der Begriff *Modem* für das Gerät sehr verbreitet, weil es den Computer mit einer seriellen Fernleitung verbindet. Beim Anschluss über eine Ethernet-Schnittstelle kommt eine spezielle PPP-Variante namens *PPPoE* (*PPP over Ethernet*) zum Einsatz.

Anstelle der reinen DSL-Modems zum Anschluss eines einzelnen Rechners werden inzwischen meist *DSL-Router* verwendet, die gleich einem gesamten Netzwerk per Ethernet, WLAN oder beidem den Internetzugang bereitstellen. Inzwischen erlauben auch die meisten Provider den Einsatz solcher Router; früher waren die günstigsten Tarife dagegen vielfach auf einen Einzelrechner beschränkt. Die jüngste Generation von DSL-Routern verzichtet auch gleich auf einen externen Splitter und bringt diese Funktion selbst mit; eventuelle Analog- oder ISDN-Telefone werden direkt an den Router angeschlossen.

5.5.2 Internetzugänge über Mobilfunk

Neben den hier behandelten stationären DFÜ-Verbindungen werden auch diejenigen über Mobilfunk immer wichtiger. Über die seit den 90er-Jahren errichteten GSM-Netze (in Deutschland beispielsweise D1, D2, E-Plus etc.) kam ursprünglich vor allem ein Verfahren namens *GPRS* (*General Packet Radio Service*) zum Einsatz; es wurde mehrfach in Details verbessert, bietet aber noch immer keine allzu hohen Datentransferraten – sie liegen bei 53,6 KBit/s im Download und 26,8 KBit/s im Upload. Neuere Verfahren sind zum Teil erheblich schneller:

- *EDGE*: Download 217,6 KBit/s, Upload 108,8 KBit/s
- *UMTS*: Download und Upload 384 KBit/s
- *HSPA*: Download (HSDPA) 7,2 MBit/s, Upload (HSUPA) 1,4 MBit/s
- *LTE* (*Long-Term Evolution*) ist der zurzeit noch aktuelle Standard. In der ersten Ausbaustufe wurden Übertragungsraten bis 100 MBit/s realisiert, die später auf 150 MBit/s erhöht wurden. Seit 2014 sind im Rahmen der nächsten Ausbaustufe (LTE-Advanced) auch Übertragungen im niedrigen Gigabit-Bereich möglich.

- Der neueste Standard *5G*, dessen allgemeine Einführung noch nicht abgeschlossen ist, bietet Übertragungsraten von mindestens 2,8 GBit/s im Download. Noch schnellere Übertragungsraten in diesem Rahmen werden allmählich hinzukommen. In Deutschland wurden im Jahr 2019 die 5G-Frequenzen an interessierte Firmen versteigert; in den Jahren 2000, 2010 und 2015 fanden ähnliche Versteigerungen für die Vorgängernetze statt.

Auch für die älteren Datenübertragungsstandards gab es alternativ Generationsnummern: 1G bezeichnet historische Mobilfunknetze vor der Handy-Revolution der 90er-Jahre, 2G ist der GSM-Mobilfunk, 2.5G ist GPRS, und 3G steht für EDGE, UMTS und HSPA. LTE wurde im Marketing zwar mit dem Begriff 4G beworben, streng genommen handelte es sich jedoch um 3.9G als Weiterentwicklung von 3G. Erst LTE-Advanced erfüllte die volle 4G-Spezifikationen.

Mobilfunkzugänge können entweder für Web-, E-Mail- und andere Netzwerksoftware auf dem Mobiltelefon selbst verwendet werden, oder aber das Handy dient – beispielsweise über Bluetooth – als Mobilfunkmodem für einen Laptop oder ein Nur-WLAN-Tablet (der Fachbegriff dafür lautet *Tethering*). Speziell für UMTS oder HSPA gibt es auch eigenständige Netzwerkzugangsgeräte, die per USB an den Rechner angeschlossen werden und beinahe überall einen Internetzugang mit annehmbarer Geschwindigkeit bieten.

Um die Vorteile eines solchen Anschlusses wirklich zu nutzen, sollte aus Kostengründen ein Datenflatrate-Vertrag mit dem Mobilfunkanbieter abgeschlossen werden. Beachten Sie aber, dass diese Zugänge sehr oft eine Transfervolumenbeschränkung enthalten. Sobald das Volumen für den entsprechenden Monat aufgebraucht ist, steht in der Regel nur noch eine langsamere Verbindung zur Verfügung.[8] Glücklicherweise verfügen praktisch alle modernen Smartphones (und Tablets sowieso) auch über WLAN, sodass zu Hause oder am Arbeitsplatz meist keine Datenübertragung über Mobilfunk erforderlich ist.

Für den Urlaub oder ähnliche Gelegenheiten werden auch Prepaid-SIM-Karten oder USB-Sticks angeboten. Auf keinen Fall sollten Sie den Fehler machen, im Nicht-EU-Ausland ungeprüft das sogenannte *Daten-Roaming* Ihres Mobiltelefons zu aktivieren. Innerhalb der EU wurden Zusatzkosten dafür im Juli 2017 nach langwierigen Verhandlungen und halbherzigen Preissenkungen endgültig abgeschafft, aber für das sonstige Ausland gilt das keineswegs.

5.6 Die TCP/IP-Protokollfamilie

Nach einigen lahmen Versuchen, das OSI-Referenzmodell durch konkrete Protokolle tatsächlich zu implementieren, bemerkte man letzten Endes, dass die bereits Jahre zuvor entwi-

8 Die Telekom kündigte im Frühjahr 2013 an, solche Regelungen künftig auch für DSL-Anschlüsse einführen zu wollen. Für Empörung sorgte dabei insbesondere, dass sie ihre eigenen Web-TV- und Unterhaltungsangebote nicht in dieses Volumen einzurechnen gedenkt (mögliche Verletzung der Netzneutralität). Nach sehr viel Kritik und Spott gab die Telekom die Pläne bereits im Dezember 2013 wieder auf und strich die Drossel-Klausel aus allen Festnetzverträgen. Unverbesserliche – meist kleinere – Provider, die daran festhalten, gibt es aber bis heute; einen jeweils aktuellen Überblick erhalten Sie unter *https://werdrosselt.de*.

ckelten Internetprotokolle hervorragend als flexible, skalierbare und universelle Netzwerkprotokollfamilie einsetzbar sind. Die rasante Ausbreitung des Internets und die freie Verfügbarkeit sorgten dafür, dass diese Protokolle heute häufiger als jeder andere Protokollstapel eingesetzt werden.

Abbildung 5.3 zeigt eine konkrete Version des zuvor bereits vorgestellten TCP/IP-Protokollstapels: Auf jeder Ebene sind einige der Protokolle zu erkennen, die dort arbeiten können. Die meisten davon werden in den folgenden Abschnitten genau erläutert; die Netzzugangsprotokolle der untersten Schicht wurden ebenfalls bereits vorgestellt. Ganz unten habe ich zusätzlich einige Beispiele für die Hardware angegeben, auch wenn sie kein Teil des eigentlichen TCP/IP-Stapels ist.

Zwischen der Hardware und dem Netzzugang auf der einen und den anwendungsorientierten Protokollen auf der anderen Seite befinden sich die Protokolle der Vermittlungs- und der Transportschicht. Insgesamt werden alle Protokolle, die auf den verschiedenen Ebenen eines Schichtenmodells zusammenarbeiten, als *Protokollstapel* oder auch *Protokollfamilie* bezeichnet. Allerdings konzentriert sich der Schwerpunkt von TCP/IP auf die beiden mittleren Ebenen des Internetprotokollstapels. Sie können zum einen auf fast jeden beliebigen Netzzugang aufsetzen, zum anderen wurde beinahe jede ernst zu nehmende Netzwerkanwendung inzwischen für diesen Protokollstapel umgesetzt – abgesehen von den klassischen Internetanwendungen, die ohnehin dafür geschrieben wurden.

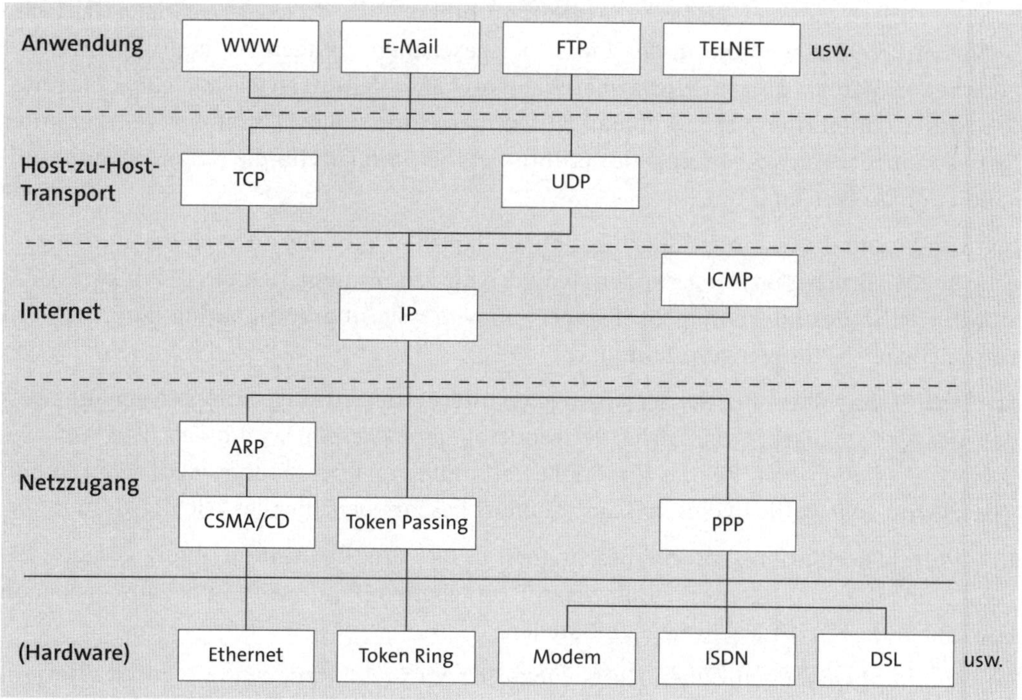

Abbildung 5.3 Der TCP/IP-Protokollstapel

Die Protokolle der mittleren Schichten sind dafür verantwortlich, dass Daten zuverlässig über verschiedene Teilnetze oder Netzwerksegmente hinweg übertragen werden können oder auch über Netze, die verschiedene Hardware oder Netzzugangsverfahren verwenden:

- Die Protokolle der Internetschicht regeln die Adressierung der Rechner und die Übertragung der Daten an den korrekten Rechner im Netzwerk. Darüber hinaus kümmern sie sich darum, dass Daten bei Bedarf in andere Teilnetze weitergeleitet werden, übernehmen also das sogenannte *Routing*.
- Auf der Host-zu-Host-Transportschicht werden die Daten in Pakete unterteilt und mit der Information versehen, welche Anwendung auf dem einen Host diese Daten an welche Anwendung auf dem anderen sendet.

Die Bezeichnung *TCP/IP* kombiniert die Namen der beiden wichtigsten Bestandteile des Protokollstapels: das *Internet Protocol* (IP) auf der Internetschicht und das *Transmission Control Protocol* (TCP), das am häufigsten verwendete Protokoll der Transportebene. In den folgenden Abschnitten werden diese Protokolle näher vorgestellt, anschließend wird die technische Seite einiger wichtiger Internetanwendungsprotokolle beleuchtet.

5.6.1 Netzzugang in TCP/IP-Netzwerken

Die unterste Ebene des Internetschichtenmodells ist der Netzzugang, nicht die Netzwerkhardware. Dies garantiert, dass sich die Internetprotokolle auf fast jeder beliebigen Hardware implementieren lassen, und in der Tat ist das geschehen: In allen Formen von LANs wie Ethernet oder Token Ring, in WANs über Wähl- und Standleitungen wie auch über die meisten Formen drahtloser Netze – überall laufen diese Protokolle. Das ist ein weiterer guter Grund dafür, dass sich die Protokolle des Internets als Standard für die Netzwerkkommunikation durchsetzen konnten.

Im Grunde wird innerhalb der Spezifikation der TCP/IP-Protokolle nicht einmal der Netzzugang im OSI-Sinn beschrieben, sondern lediglich die Zusammenarbeit des IP-Protokolls, das sich innerhalb des Internetprotokollstapels um Adressierung und Routing kümmert, mit verschiedenen Netzzugangsverfahren.

An dieser Stelle sollen nur zwei der wichtigsten Internetnetzzugangsverfahren genannt werden: das für den Zugriff auf Ethernet verwendete *Address Resolution Protocol* (ARP) und das *Point-to-Point Protocol* (PPP), das für serielle Verbindungen über Modem, ISDN oder DSL eingesetzt wird. PPP wurde in diesem Kapitel bereits beschrieben, hier das Wichtigste zu ARP:

Das Address Resolution Protocol, beschrieben in RFC 826, übernimmt – kurz gesagt – die Umsetzung der vom Netzwerkadministrator vergebenen IP-Adressen in die vorgegebenen Hardwareadressen der Netzwerkschnittstellen.

Da die IP-Adresse den einzelnen Hosts willkürlich zugeteilt wird, kann sie auf der Netzzugangsschicht nicht bekannt sein: Auf einer bestimmten Schicht eines Protokollstapels werden die Steuerdaten der höher gelegenen Ebenen nicht ausgewertet, sondern als gewöhnliche Nutzdaten betrachtet. Deshalb kann beispielsweise eine Netzwerkkarte oder ein Hub nicht anhand der IP-Adresse entscheiden, für welche Station ein Datenpaket bestimmt ist; die Netzwerkhardware nimmt diese Adresse nicht einmal wahr.

Nachdem die IP-Software auf einem Host oder Router anhand der Empfänger-IP-Adresse festgestellt hat, dass die Daten überhaupt für das eigene Netz bestimmt sind, wird der ARP-Prozess gestartet, um diese IP-Adresse in die MAC-Adresse der Empfängerschnittstelle umzusetzen. Zu diesem Zweck sendet ein Rechner, der das ARP-Protokoll ausführt (beinahe jeder Rechner, der TCP/IP über Ethernet betreibt), ein sogenanntes *Broadcast-Datenpaket* in das Netzwerk. Es handelt sich um ein Datenpaket mit einer speziellen Empfängeradresse, das an alle Rechner im Netzwerk übertragen wird. Der Rechner, der seine eigene IP-Adresse im Inhalt dieses Pakets erkennt, antwortet als Einziger auf diese Anfrage und versendet seine eigene MAC-Adresse. Auf diese Weise wird ermittelt, für welchen Rechner das Datenpaket bestimmt ist. In Ausnahmefällen kann ein Rechner auch die MAC-Adressen anderer Stationen zwischenspeichern und in Vertretung antworten.

5.6.2 IP-Adressen, Datagramme und Routing

Auf der Internet- oder Vermittlungsschicht des Internetprotokollstapels arbeitet das Internet Protocol (IP). Als *Internet* wird in diesem Zusammenhang jedes Netzwerk bezeichnet, das diese Protokollfamilie verwendet. Dies verdeutlicht den Umstand, dass die Internetprotokolle dem Datenaustausch über mehrere physikalische Netzwerke hinweg dienen können. Spezielle Rechner, die mindestens zwei Netzwerkschnittstellen besitzen, leiten die Daten zwischen diesen Netzen weiter. Sie werden als *IP-Router* oder *IP-Gateways* bezeichnet. Im engeren Sinne ist ein Router ein Rechner, der Daten zwischen zwei Netzen des gleichen physikalischen Typs weiterleitet; ein Gateway verbindet dagegen zwei physikalisch verschiedene Netze oder arbeitet gar auf Anwendungsebene (*Application Level Gateway*). Die beiden Begriffe werden jedoch oft synonym verwendet.

Eine IP-Adresse des klassischen Typs – der Version IPv4 gemäß RFC 791 – ist eine 32 Bit lange Zahl. Sie wird üblicherweise als vier durch Punkte getrennte Dezimalzahlen zwischen 0 und 255 geschrieben. Allerdings ist die Logik, die einer solchen Adresse zugrunde liegt, besser verständlich, wenn diese binär notiert wird:

Eine typische IP-Adresse wäre etwa `11000010000100010101000111000001`, in 8-Bit-Gruppen getrennt, ergibt sich daraus `11000010 00010001 01010001 11000001`; dies lautet in der gängigen Schreibweise dann `194.17.81.193`.

IP-Adressklassen

IP-Adressen bestehen aus zwei Komponenten: dem Netzwerkteil und dem Hostteil. Der Netzwerkteil gibt an, in welchem Netz sich der entsprechende Rechner befindet, während der Hostteil den einzelnen Rechner innerhalb dieses Netzes identifiziert.

Es gibt verschiedene Arten von IP-Adressen, die sich bezüglich der Länge des Netzwerk- beziehungsweise Hostteils voneinander unterscheiden. Traditionell wurden die verfügbaren Adressen in feste Klassen unterteilt. Bereits 1993 wurde die Klasseneinteilung aufgegeben und durch CIDR ersetzt (RFC 1518 und 1519), da sie für die rasant steigende Anzahl von Hosts viel zu unflexibel war. Aus diesem Grund wurde das CIDR-Verfahren entwickelt, das dynamisch zwischen dem Netzwerk- und dem Hostteil einer Adresse trennt. Dennoch sollen an dieser Stelle zuerst die ursprünglichen Klassen vorgestellt werden, denn auf diese Weise wird vieles leichter verständlich. Beachten Sie aber, dass IP-Adressen heutzutage immer über CIDR vergeben werden. Dabei wird neben der IP-Adresse auch die im Folgenden definierte Teilnetzmaske mitgeliefert, die in der historischen Klassenlogik nicht benötigt wurde.

Zu welcher Klasse eine IP-Adresse gehörte, zeigte sich an den Bits, die am weitesten links standen:

- Klasse A: Das erste Bit ist 0, folglich liegt die erste 8-Bit-Gruppe zwischen 0 und 127.
- Klasse B: Die ersten beiden Bits lauten 10, die erste Gruppe liegt im Bereich 128 bis 191.
- Klasse C: Die ersten drei Bits sind 110, sodass die erste Gruppe zwischen 192 bis 223 liegt.
- Klasse D: Die ersten vier Bits sind 1110, die Adressen reichen von 224 bis 239.

Die restlichen Adressen, die mit 240 bis 255 anfangen, wurden weder im Klassenbereich noch über CIDR vergeben und sind für zukünftige Anwendungszwecke reserviert. Diejenigen mit der Anfangssequenz 11110 (Start-Byte 240 bis 247) wurden manchmal trotzdem als *Klasse E* bezeichnet.

Je nach Klasse ist der Teil, der das Netzwerk kennzeichnet, unterschiedlich lang, entsprechend existieren unterschiedlich viele Netze der verschiedenen Klassen. Die Bits, die ganz rechts in der Adresse stehen und nicht zum Netzwerkteil gehören, sind die Host-Bits. Je nach Länge des Netzwerkteils bleiben unterschiedlich viele Bits für den Hostteil übrig, sodass die Höchstzahl der Rechner in einem Netz variiert.

Tabelle 5.5 zeigt die wichtigsten Informationen zu den einzelnen Klassen im Überblick. In der Spalte »Netzwerk-Bits« stehen jeweils zwei Werte. Der erste stellt die Anzahl der Bits dar, die insgesamt den Netzwerkteil bilden. Da die Grenzen zwischen Netzwerk- und Hostteil an den Byte-Grenzen verlaufen, handelt es sich je nach Klasse um 1 bis 3 Byte. Da jedoch die Bits am Anfang der Adresse – wie zuvor gezeigt – die Klasse angeben, besteht die praktisch nutzbare Netzwerkangabe nur aus 7, 14 beziehungsweise 21 Bit. Der Rest der Adresse bildet den Hostteil, der je nach Klasse unterschiedlich groß ausfällt.

Klasse	Adressbereich	Netzwerk-Bits	Host-Bits	Anzahl Netze	Adressen pro Netz
A	0.0.0.0 bis 127.255.255.255	8 (7)	24	128	16,7 Mio.
B	128.0.0.0 bis 191.255.255.255	16 (14)	16	16.384	65.536

Tabelle 5.5 Die IP-Adressklassen

Klasse	Adressbereich	Netzwerk-Bits	Host-Bits	Anzahl Netze	Adressen pro Netz
C	192.0.0.0 bis 223.255.255.255	24 (21)	8	2.097.152	256
D	224.0.0.0 bis 239.255.255.255	spezieller Bereich der Multicast-Adressen			

Tabelle 5.5 Die IP-Adressklassen (Forts.)

Innerhalb eines einzelnen Netzes – egal welcher Klasse – stehen die erste und die letzte mögliche Adresse nicht als Hostadressen zur Verfügung: Die niedrigste Adresse identifiziert das gesamte Netz als solches nach außen hin, aber keinen speziellen Host, die höchste ist die sogenannte *Broadcast-Adresse*: Werden Datenpakete innerhalb des Netzes an diese Adresse gesendet, werden sie von jedem Host empfangen.

Zum Beispiel bilden die Adressen, die mit 18.x.x.x beginnen, das Klasse-A-Netzwerk 18.0.0.0 mit der Broadcast-Adresse 18.255.255.255 und Hostadressen von 18.0.0.1 bis 18.255.255.254. Dieses Netz kann theoretisch bis zu 16.777.214 Hosts beherbergen (2^{24}–2).

Die Adressen, die mit 162.21.x.x anfangen, befinden sich in dem Klasse-B-Netzwerk 162.21.0.0, dessen Broadcast-Adresse 162.21.255.255 lautet. Es kann bis zu 65.534 Hosts (2^{16}–2) mit den Adressen 162.21.0.1 bis 162.21.255.254 enthalten.

Ein letztes Beispiel: Adressen, die mit 201.30.9.x beginnen, liegen in dem Klasse-C-Netz 201.30.9.0 mit der Broadcast-Adresse 201.30.9.255; die 254 möglichen Hostadressen (2^8–2) sind 201.30.9.1 bis 201.30.9.254.

Die sogenannten *Multicast-Adressen* der Pseudoklasse D nehmen eine Sonderstellung ein: Eine Multicast-Gruppe ist eine auf beliebige Netze verteilte Gruppe von Hosts, die sich dieselbe Multicast-IP-Adresse teilen. Dies ermöglicht einen erheblich ökonomischeren Versand von Daten, da sie nicht mehr je einmal pro empfangenden Host versendet werden, sondern nur noch kopiert werden müssen, wenn Empfängerrechner in unterschiedlichen Teilnetzen liegen. Aus diesem Grund ist Multicasting eine zukunftsträchtige Technologie für datenintensive Anwendungen wie etwa Videokonferenzen. Im Gegensatz dazu werden die individuellen Hostadressen als *Unicast-Adressen* bezeichnet.

Die Verteilung der IP-Adressen

Alle Adressen des IPv4-Adressraums werden von der *Internet Assigned Numbers Association* (*IANA*) verwaltet. Falls Sie jedoch für bestimmte Anwendungen in Ihrem Unternehmen eine oder mehrere feste IP-Adressen benötigen, sollten Sie sich in der Regel an einen Internetprovider und nicht an die IANA selbst wenden.

Die 128 Netze der Klasse A sind bereits alle vergeben, in der Regel an große internationale Unternehmen aus dem Elektronik- und Computerbereich sowie an US-amerikanische Staats-, Militär- und Bildungsinstitutionen. Beispielsweise gehört das Netz 17.0.0.0 der Firma

Apple, 18.0.0.0 dem Massachusetts Institute of Technology (MIT) und 19.0.0.0 der Ford Motor Company.

Die 16.384 Klasse-B-Netze sind ebenfalls weitgehend vergeben, insbesondere an US-amerikanische Unternehmen und Internetprovider.

Die mehr als zwei Millionen Netze der Klasse C schließlich sind inzwischen ebenfalls überwiegend belegt. Die meisten von ihnen gehören Unternehmen und Internetprovidern, die nicht in den USA ansässig sind, sondern etwa in Europa oder Asien. Da solche Institutionen oft mehr als 254 Hosts in ihrem Netz betreiben, wird ihnen häufig ein größerer Block aufeinanderfolgender Klasse-C-Netze zugewiesen.

Die aktuelle Verteilung der IPv4-Adressen können Sie auf der Website der IANA unter *http://www.iana.org/assignments/ipv4-address-space* einsehen.

Als das Konzept der IP-Adressen entstand, konnte niemand auch nur ansatzweise erahnen, welche Dimensionen das Internet einmal annehmen würde. Deshalb glaubte man ursprünglich, man könne es sich leisten, den Adressraum relativ großzügig aufzuteilen – bedenken Sie etwa, dass die Hälfte des Adressraums für die überaus ineffektiven Klasse-A-Adressen vergeudet wird. Um die drohende Verknappung der IP-Adressen zu verhindern oder zumindest zu verzögern, bis eine Alternative gefunden würde, wurden einige Adressbereiche zur Verwendung in privaten Netzwerken freigegeben, die nicht (oder nicht direkt) mit dem Internet verbunden sind. Es handelt sich um die folgenden Blöcke:

- das Klasse-A-Netz 10.0.0.0
- die 16 Klasse-B-Netze 172.16.0.0 bis 172.31.0.0
- die 256 Klasse-C-Netze 192.168.0.0 bis 192.168.255.0

Ein weiterer Block, der erst später freigegeben wurde, ist das Klasse-B-Netz 169.254.0.0, das einem besonderen Verwendungszweck vorbehalten ist: Moderne TCP/IP-Implementierungen in fast allen Betriebssystemen verwenden dieses Netz für *link local* – eine Möglichkeit, sich automatisch selbst IP-Adressen zuzuweisen, falls wider Erwarten keine Verbindung zu einem DHCP-Server hergestellt werden kann, der eigentlich für die automatische Zuweisung von Adressen zuständig wäre.

Zu guter Letzt existieren noch einige Netze mit anderen speziellen Bedeutungen:

- Die Adresse 0.0.0.0 kann innerhalb eines Netzes verwendet werden, um sich auf das aktuelle Netz selbst zu beziehen.
- Das Klasse-A-Netz 127.0.0.0 beherbergt den sogenannten *Loopback-Bereich*: Über das Loopback-Interface, eine virtuelle Netzwerkschnittstelle mit der Adresse 127.0.0.1, kann ein Host mit sich selbst Netzwerkkommunikation betreiben. Dies ist zum Beispiel nützlich, um während der Programmierung von Client-Server-Anwendungen sowohl das Client- als auch das Serverprogramm auf dem lokalen Host laufen zu lassen.
- Schließlich wird die Adresse 255.255.255.255 als universelle Broadcast-Adresse verwendet: Ein Datenpaket, das an diese Adresse gesendet wird, wird wie beim normalen Broadcast

von allen Hosts im Netzwerk empfangen. Nützlich ist diese Einrichtung für Schnittstellen, die ihre IP-Adresse dynamisch beziehen, da sie bei Inbetriebnahme in der Regel noch nicht einmal wissen, in welchem Netz sie sich eigentlich befinden. Auf diese Weise erhalten sie überhaupt erst die Möglichkeit, die Zuteilung einer Adresse anzufordern.

Die Vergabe der privaten Adressbereiche ist in RFC 1918 geregelt; die Festlegung der anderen speziellen Adressbereiche findet sich in RFC 3330.

Supernetting, Subnetting und CIDR

In der neueren Entwicklungsgeschichte des Internets hat sich herausgestellt, dass die traditionellen Adressklassen nicht für alle Anwendungsbereiche flexibel genug sind. Deshalb wurde ein neues Schema entwickelt, das die Trennlinie zwischen Netz- und Hostteil der Adressen an einer beliebigen Bit-Grenze ermöglicht. Das in RFC 1519 beschriebene Verfahren heißt *Classless Inter-Domain Routing* (CIDR).

Die folgenden beiden Anwendungsbeispiele verdeutlichen typische Probleme mit der alten Klassenlogik, die mithilfe von CIDR gelöst werden können:

- Ein Unternehmen besitzt das Klasse-B-Netzwerk 139.17.0.0. Es wäre jedoch wünschenswert, wenn die vier Filialen des Unternehmens jeweils unabhängige Netze betreiben könnten. Dazu soll das vorhandene Netz in vier Teile untergliedert werden – ein Fall für das sogenannte *Subnetting*.
- Ein vor Kurzem neu gegründeter europäischer Internetprovider hat die 1.024 Klasse-C-Netze 203.16.0.0 bis 203.19.255.0 erhalten. Das Unternehmen möchte diese Netze als ein großes Netz verwalten, da das die dynamische Zuteilung an Hosts bei der Einwahl erheblich vereinfacht. Eine solche Zusammenfassung von Netzen wird *Supernetting* genannt.

Das Prinzip von CIDR basiert darauf, dass die traditionellen Byte-Grenzen zwischen Netz- und Hostteil völlig aufgehoben werden. Deshalb ist die Größe des Netzes bei einem CIDR nicht mehr am Beginn der Adresse zu erkennen. Stattdessen wird die Anzahl der Bits, die den Netzwerkteil der Adresse bilden, durch einen Slash getrennt hinter der Netzwerkadresse notiert. Zum Beispiel wird das Klasse-A-Netz 14.0.0.0 zu 14.0.0.0/8.

Eine alternative Darstellungsform für die Grenze zwischen Netz- und Hostteil bei CIDR-Adressen – insbesondere in der IP Konfiguration der meisten Betriebssysteme – stellt die Teilnetzmaske (*Subnet Mask*) dar. In dieser Maske werden für die Bits des Netzwerkteils am Anfang der Adresse Einsen notiert, für die Bits des Hostteils am Ende der Adresse dagegen Nullen. Genau wie die IP-Adresse selbst wird auch die Teilnetzmaske in vier dezimalen 8-Bit-Blöcken geschrieben.

Wie bereits erwähnt, wird die Klasseneinteilung bereits seit Mitte der 90er-Jahre nicht mehr verwendet. Deshalb sind alle modernen Netzwerke auf die Teilnetzmaske angewiesen, da sie allein den Netzwerkteil einer Adresse kennzeichnet. Alle modernen Betriebssysteme verwenden Protokollaufrufe mit Teilnetzmaske. Die Netzwerkadresse wird dabei mithilfe einer Bitweise-Und-Operation aus IP-Adresse und Teilnetzmaske berechnet. Hier ein Beispiel:

IP-Adresse: 192.168.0.37
Teilnetzmaske: 255.255.255.0
Berechnete Netzwerkadresse: 192.168.0.0

Hier zum Vergleich die Binärdarstellung:

```
  11000000 10101000 00000000 00100101
& 11111111 11111111 11111111 00000000
-----------------------------------
  11000000 10101000 00000000 00000000
```

Tabelle 5.6 zeigt Beispiele für die Schreibweise der ursprünglichen klassenbasierten Adressen nach CIDR-Logik sowie ihre Teilnetzmasken.

Klasse	Beispielnetz	CIDR-Adresse	Teilnetzmaske
A	17.0.0.0	17.0.0.0/8	255.0.0.0
B	167.18.0.0	167.18.0.0/16	255.255.0.0
C	195.21.92.0	195.21.92.0/24	255.255.255.0

Tabelle 5.6 Die traditionellen IP-Adressklassen in CIDR-Darstellung

Das Subnetting aus dem ersten Beispiel, die Unterteilung des Netzes 139.17.0.0/16 in vier gleich große Teilnetze, kann folgendermaßen durchgeführt werden:

- Da die 65.536 rechnerischen Adressen in vier Teile unterteilt werden sollen, sind zwei weitere Bits für den Netzwerkteil der Adresse erforderlich ($4 = 2^2$).
- Da das ursprüngliche Klasse-B-Netz einen 16 Bit (zwei Byte) langen Netzwerkteil besitzt, erfolgt die Unterteilung der vier Adressbereiche nach Bit 18, also nach dem zweiten Bit des dritten Bytes; die vier neuen Netze sind demnach 139.17.0.0/18, 139.17.64.0/18, 139.17.128.0/18 sowie 139.17.192.0/18.

Tabelle 5.7 zeigt die Eigenschaften der vier neuen Netze.

Netzwerk	Erste Hostadresse	Letzte Hostadresse	Broadcast-Adresse	Teilnetzmaske
139.17.0.0/18	139.17.0.1	139.17.63.254	139.17.63.255	255.255.192.0
139.17.64.0/18	139.17.64.1	139.17.127.254	139.17.127.255	255.255.192.0
139.17.128.0/18	139.17.128.1	139.17.191.254	139.17.191.255	255.255.192.0
139.17.192.0/18	139.17.192.1	139.17.255.254	139.17.255.255	255.255.192.0

Tabelle 5.7 Subnetting – Unterteilung des Netzes 139.17.0.0/16 in vier gleich große Teilnetze

Im zweiten Beispiel geht es um Supernetting, also um die Zusammenfassung einzelner Netze zu einem größeren Gesamtnetz. Die Netze 203.16.0.0/24 bis 203.19.255.0/24 sollen zu einem einzigen Netz verbunden werden. Diese Aufgabe lässt sich auf folgende Weise lösen:

- Es werden 1.024 Klasse-C-Netze miteinander verbunden. 256 Netze der Klasse C ergäben einfach ein Gesamtnetz von der Größe eines Klasse-B-Netzwerks. Beispielsweise würde die Vereinigung der Netze 203.16.0.0/24 bis 203.16.255.0/24 das neue Netz 203.16.0.0/16 erzeugen. Um das gewünschte Netz der vierfachen Größe zu erhalten, muss die Grenze zwischen Netz- und Hostteil noch um zwei Bits weiter nach links verschoben werden.
- Die Adresse wird zwei Bits links von der Klasse-B-Grenze unterteilt, also vor dem vorletzten Bit des zweiten Bytes. Daraus ergibt sich die Netzwerkadresse 203.16.0.0/14 mit der Teilnetzmaske 255.252.0.0. Die Broadcast-Adresse des neuen Netzes ist 203.19.255.255; die möglichen Hostadressen reichen von 203.16.0.1 bis 203.19.255.255.

Im Allgemeinen bietet es sich an, die Teilnetzmaske des ursprünglichen Netzes, das aufgeteilt oder mit mehreren verbunden werden soll, zunächst in die Binärdarstellung umzurechnen. In dieser Schreibweise fällt es am leichtesten, die Grenze zwischen Netz- und Hostteil um die gewünschte Anzahl von Bits nach links oder nach rechts zu verschieben. Anschließend können Sie die Maske wieder in die vier üblichen 8-Bit-Gruppen unterteilen und in Dezimalzahlen umrechnen.

Diese Vorgehensweise soll im Folgenden an zwei weiteren Beispielen demonstriert werden. Das Klasse-B-Netzwerk 146.20.0.0/16 soll in acht Teilnetze unterteilt werden:

- Die ursprüngliche Netzmaske ist 255.255.0.0.
- In binärer Darstellung entspricht dies 11111111 11111111 00000000 00000000.
- Eine Aufteilung in acht Netze erfolgt durch eine Verschiebung der Grenze zwischen den beiden Adressteilen um drei Stellen ($8 = 2^3$) nach rechts.
- Die neue Netzmaske in binärer Schreibweise ist 11111111 11111111 11100000 00000000.
- Nach der erneuten Umrechnung in die dezimale Vierergruppendarstellung ergibt sich 255.255.224.0.
- Entsprechend ergeben sich die folgenden acht Netze:
  - 146.20.0.0/19
  - 146.20.32.0/19
  - 146.20.64.0/19
  - 146.20.96.0/19
  - 146.20.128.0/19
  - 146.20.160.0/19
  - 146.20.192.0/19
  - 146.20.224.0/19

Die vier Klasse-C-Netzwerke 190.16.0.0/24 bis 190.16.3.0/24 sollen zu einem gemeinsamen Netz verbunden werden:

- Die Teilnetzmaske der vier Netze lautet jeweils 255.255.255.0.
- Binär geschrieben, ergibt sich daraus 11111111 11111111 11111111 00000000.
- Die Zusammenfassung vier solcher Netze erfordert eine Verschiebung der Adressgrenze um zwei Bits ($4 = 2^2$) nach links.
- In Binärdarstellung lautet die neue Maske 11111111 11111111 11111100 00000000.
- Wird diese Maske wieder in Dezimalschreibweise umgerechnet, resultiert daraus 255.255.252.0.
- Das neue Netz besitzt die CIDR-Adresse 190.16.0.0/22.

Die folgenden Tabellen zeigen in übersichtlicher Form, wie die Aufteilung der alten IP-Adressklassen in verschiedene Anzahlen von Teilnetzen funktioniert. In Tabelle 5.8 wird Klasse A behandelt. Die – rein rechnerisch mögliche – Zusammenfassung mehrerer Klasse-A-Netze durch Supernetting wird in der Praxis nicht durchgeführt, weil erstens wohl niemand mehr als 16,7 Millionen Hosts in einem Teilnetz betreiben möchte und zweitens bereits alle Klasse-A-Netze an einzelne Betreiber vergeben wurden.

Netzwerk-Bits	Host-Bits	Anzahl Teilnetze	Anzahl Hosts	Teilnetzmaske
8	24	1	16.777.214	255.0.0.0
9	23	2	8.388.606	255.128.0.0
10	22	4	4.194.302	255.192.0.0
11	21	8	2.097.150	255.224.0.0
12	20	16	1.048.574	255.240.0.0
13	19	32	524.286	255.248.0.0
14	18	64	262.142	255.252.0.0
15	17	128	131.070	255.254.0.0
16	16	256	65.534	255.255.0.0
17	15	512	32.766	255.255.128.0
18	14	1.024	16.382	255.255.192.0
19	13	2.048	8.190	255.255.224.0
20	12	4.096	4.094	255.255.240.0

Tabelle 5.8 Bildung von CIDR-Teilnetzen aus einem Klasse-A-Netz

Netzwerk-Bits	Host-Bits	Anzahl Teilnetze	Anzahl Hosts	Teilnetzmaske
21	11	8.192	2.046	255.255.248.0
22	10	16.384	1.022	255.255.252.0
23	9	32.768	510	255.255.254.0
24	8	65.536	254	255.255.255.0
25	7	131.072	126	255.255.255.128
26	6	262.144	62	255.255.255.192
27	5	524.288	30	255.255.255.224
28	4	1.048.576	14	255.255.255.240
29	3	2.097.152	6	255.255.255.248
30	2	4.194.302	2	255.255.255.252

Tabelle 5.8 Bildung von CIDR-Teilnetzen aus einem Klasse-A-Netz (Forts.)

Tabelle 5.9 zeigt die Aufteilung eines Klasse-B-Netzes in beliebig kleine Teilnetze.

Netzwerk-Bits	Host-Bits	Anzahl Teilnetze	Anzahl Hosts	Teilnetzmaske
16	16	1	65.534	255.255.0.0
17	15	2	32.766	255.255.128.0
18	14	4	16.382	255.255.192.0
19	13	8	8.190	255.255.224.0
20	12	16	4.094	255.255.240.0
21	11	32	2.046	255.255.248.0
22	10	64	1.022	255.255.252.0
23	9	128	510	255.255.254.0
24	8	256	254	255.255.255.0
25	7	512	126	255.255.255.128
26	6	1.024	62	255.255.255.192
27	5	2.048	30	255.255.255.224

Tabelle 5.9 Bildung von CIDR-Teilnetzen aus einem Klasse-B-Netz

Netzwerk-Bits	Host-Bits	Anzahl Teilnetze	Anzahl Hosts	Teilnetzmaske
28	4	4.096	14	255.255.255.240
29	3	8.192	6	255.255.255.248
30	2	16.384	2	255.255.255.252

Tabelle 5.9 Bildung von CIDR-Teilnetzen aus einem Klasse-B-Netz (Forts.)

Tabelle 5.10 demonstriert schließlich, wie die Unterteilung eines Klasse-C-Netzes erfolgt. In kleineren Unternehmen könnte es durchaus praktisch sein, ein solches – ohnehin kleines – Netzwerk weiter zu unterteilen.

Netzwerk-Bits	Host-Bits	Anzahl Teilnetze	Anzahl Hosts	Teilnetzmaske
24	8	1	254	255.255.255.0
25	7	2	126	255.255.255.128
26	6	4	62	255.255.255.192
27	5	8	30	255.255.255.224
28	4	16	14	255.255.255.240
29	3	32	6	255.255.255.248
30	2	64	2	255.255.255.252

Tabelle 5.10 Bildung von CIDR-Teilnetzen aus einem Klasse-C-Netz

In der Praxis ermöglicht CIDR bereits einen erheblich flexibleren Netzwerkaufbau als die Verwendung der alten Klassen. Doch auch diese Verfahrensweise kann immer noch ungünstige Ergebnisse zur Folge haben, wenn Teilnetze mit erheblich unterschiedlichen Größen benötigt werden: Das größte benötigte Teilnetz bestimmt die Größe aller anderen; selbst das kleinste belegt eine Menge von Adressen, die es womöglich niemals benötigen wird.

Aus diesem Grund wurde das VLSM-Konzept (*Variable Length Subnet Mask*) eingeführt. Es handelt sich um ein spezielles Subnetting-Verfahren, bei dem ein vorhandenes Netz nicht mehr in gleich große, sondern in verschieden große Teilnetze unterteilt wird. Jedem dieser Teilnetze wird eine individuelle Teilnetzmaske zugewiesen.

Das grundlegende Prinzip von VLSM besteht darin, vom kleinsten benötigten Teilnetz auszugehen und die entsprechenden größeren Netze aus Blöcken solcher kleinsten Teilnetze zu bilden, denen dann größere Teilnetzmasken zugewiesen werden. Angenommen etwa, bei der Aufteilung eines Klasse-B-Netzes mit seinen 65.534 Hostadressen besäße das kleinste gewünschte Teilnetz zwölf Hosts, das größte etwa 500. Für die zwölf Hosts ist mindestens ein Netz mit der Teilnetzmaske 255.255.255.240 erforderlich, das 14 Hostadressen bietet. Aus diesen kleinen Teilnetzen können dann entsprechend größere aufgebaut werden, wobei die Grenzen zwischen den Netzen der Logik der jeweiligen Netzmaske entsprechen müssen.

An dieser Stelle soll ein einfaches Beispiel genügen: Ein Unternehmen betreibt das öffentliche Klasse-C-Netz 196.17.41.0/24. Dieses Netz soll auf die drei Abteilungen der Firma aufgeteilt werden; die beiden Router und die drei Server sollen ein viertes separates Teilnetz bilden. Tabelle 5.11 zeigt die klassische Aufteilung des Netzes in vier gleich große Teile nach CIDR-Logik.

Bereich	Anzahl Hosts	Teilnetz	Maximale Anzahl Hosts	Freie Adressen
Server/Router	5	196.17.41.0/26	62	57
Verwaltung	20	196.17.41.64/26	62	42
Programmierung	61	196.17.41.128/26	62	1
Design	30	196.17.41.192/26	62	32

Tabelle 5.11 Aufteilung des Netzes 196.17.41.0/24 in vier Teile nach dem CIDR-Schema

Es ist leicht zu erkennen, dass zwei der Teilnetze – Server/Router und Verwaltung – vollkommen überdimensioniert sind, während zumindest das Teilnetz der Programmierabteilung beinahe seine Belastungsgrenze erreicht hat. Stellen Sie sich vor, es würden noch zwei weitere Hosts in diese Abteilung aufgenommen: Schon wäre das Teilnetz zu klein, und es müsste über eine andere Verteilung nachgedacht werden. In diesem Beispiel könnte sie nur noch darin bestehen, zwei der anderen Bereiche zusammenzulegen, um den Programmierbereich zu vergrößern.

Eine komplexere, aber für den konkreten Anwendungsfall sinnvollere Aufteilung des Netzes mithilfe der VLSM-Technik zeigt Tabelle 5.12.

Bereich	Anzahl Hosts	Teilnetz	Maximale Anzahl Hosts	Freie Adressen
Server/Router	5	196.17.41.0/27	30	25
Verwaltung	20	196.17.41.32/27	30	10
Design	30	196.17.41.64/26	62	32
Programmierung	61	196.17.41.128/25	126	65

Tabelle 5.12 Flexible Aufteilung des Netzes 196.17.41.0/24 in vier Teile nach dem VLSM-Schema

Für die IP-Konfiguration eines einzelnen Hosts macht es keinen Unterschied, ob das Teilnetz, in dem er sich befindet, nach der alten Klassenlogik, nach dem CIDR-Verfahren oder nach der VLSM-Methode konfiguriert wurde: In jedem Fall wird im Konfigurationsdialog des jeweiligen Betriebssystems die korrekte Teilnetzmaske eingestellt. Spezielle Unterstützung für VLSM benötigen lediglich Router, die in dem betroffenen Netz eingesetzt werden. Die meisten neueren Routing-Protokolle bieten diese Unterstützung.

Die Übertragung von IP-Datagrammen

Auf der Internetschicht des TCP/IP-Protokollstapels, auf der das IP-Protokoll arbeitet, werden die Datenpakete, wie bereits erwähnt, als *Datagramme* bezeichnet. Um die Datenübertragung mithilfe des IP-Protokolls genau zu erläutern, soll an dieser Stelle zunächst der IP-Header vorgestellt werden. Er enthält die Steuerdaten, die das IP-Protokoll zu einem Datenpaket hinzufügt, das ihm vom übergeordneten Transportprotokoll übergeben wird.

Der IPv4-Protokoll-Header wird wie das gesamte Protokoll in RFC 791 definiert. Seine Länge beträgt mindestens 20 Byte, dazu können bis zu 40 Byte Optionen kommen. Tabelle 5.13 zeigt den genauen Aufbau.

<table>
<tr><th>Byte</th><th colspan="2">0</th><th>1</th><th>2</th><th>3</th></tr>
<tr><td>0</td><td>Version</td><td>IHL</td><td>Type of Service</td><td colspan="2">Paketgesamtlänge</td></tr>
<tr><td>4</td><td colspan="3">Identifikation</td><td>Flags</td><td>Fragment-Offset</td></tr>
<tr><td>8</td><td colspan="2">Time to Live</td><td>Protokoll</td><td colspan="2">Header-Prüfsumme</td></tr>
<tr><td>12</td><td colspan="5">Quelladresse</td></tr>
<tr><td>16</td><td colspan="5">Zieladresse</td></tr>
<tr><td>20</td><td colspan="4">Optionen</td><td>Padding</td></tr>
<tr><td>...</td><td colspan="5">eventuell weitere Optionen</td></tr>
</table>

Tabelle 5.13 Aufbau des IPv4-Datagramm-Headers

Die einzelnen Daten des IP-Headers sind folgende:

- *Version* (4 Bit): Die Versionsnummer des IP-Protokolls, die das Paket verwendet – bei IPv4, wie der Name schon sagt, die Version 4.
- *IHL* (4 Bit): Internet Header Length; die Länge des Internet-Headers in 32-Bit-Wörtern (entsprechen den Zeilen in Tabelle 5.13). Der kleinste mögliche Wert beträgt 5.
- *Type of Service* (8 Bit): Ein Code, der die Art des Datenpakets festlegt. Bestimmte Sorten von Paketen, etwa für den Austausch von Routing- oder Statusinformationen, werden von bestimmten Netzen bevorzugt weitergeleitet.

- *Paketgesamtlänge* (16 Bit): Die Gesamtlänge des Datagramms in Bytes, Header und Nutzdaten.
- *Identifikation* (16 Bit): Ein durch den Absender frei definierbarer Identifikationswert, der beispielsweise das Zusammensetzen fragmentierter Datagramme ermöglicht.
- *Flags* (3 Bit): Kontroll-Flags, die die Paketfragmentierung regeln. Das erste Bit ist reserviert und muss immer 0 sein, das zweite (DF) bestimmt, ob das Paket fragmentiert werden darf (Wert 1) oder nicht (0), das dritte (MF) regelt, ob dieses Paket das letzte Fragment (0) ist oder ob weitere Fragmente folgen (1).
- *Fragment-Offset* (13 Bit): Dieser Wert (angegeben in 64-Bit-Blöcken) legt fest, an welcher Stelle in einem Gesamtpaket dieses Paket steht, falls es sich um ein Fragment handelt. Das erste Fragment oder ein nicht fragmentiertes Paket erhält den Wert 0.
- *Time to Live* (8 Bit): Der TTL-Mechanismus sorgt dafür, dass Datagramme nicht endlos im Internet weitergeleitet werden, falls die Empfängerstation nicht gefunden wird. Jeder Router, der ein Datagramm weiterleitet, zieht von diesem Wert 1 ab; wird der Wert 0 erreicht, leitet der betreffende Router das Paket nicht mehr weiter, sondern verwirft es.
- *Protokoll* (8 Bit): Die hier gespeicherte Nummer legt fest, für welches Transportprotokoll der Inhalt des Datagramms bestimmt ist, zum Beispiel 6 für TCP oder 17 für UDP. Diese beiden wichtigsten Transportprotokolle werden im nächsten Abschnitt beschrieben.
- *Header-Prüfsumme* (16 Bit): Die Prüfsumme stellt eine einfache Plausibilitätskontrolle für den Datagramm-Header zur Verfügung. Ein Paket, dessen Header-Prüfsumme nicht korrekt ist, wird nicht akzeptiert und muss erneut versendet werden.
- *Quelladresse* und *Zieladresse* (je 32 Bit): Die IP-Adressen von Absender und Empfänger. IP-Adressen wurden zuvor bereits ausführlich behandelt.
- *Optionen* (variable Länge): Die meisten IP-Datagramme werden ohne zusätzliche Optionen versandt, da Absender- und Empfängerhost sowie alle auf dem Weg befindlichen Router die jeweils verwendeten Optionen unterstützen müssen. Zu den verfügbaren Optionen gehören unter anderem Sicherheitsfeatures und spezielle Streaming-Funktionen.

Das Problem der Paketfragmentierung entsteht dadurch, dass verschiedene physikalische Netzarten unterschiedliche Maximallängen für Datenpakete erlauben. Dieser Wert, der als *Maximum Transmission Unit* (MTU) bezeichnet wird, kann bei einigen Netzwerkschnittstellen per Software konfiguriert werden, bei anderen ist er vom Hersteller vorgegeben. Werden nun Datagramme aus einem Netz mit einer bestimmten MTU in ein anderes Netz mit einer kleineren MTU weitergeleitet, müssen die Daten in kleinere Pakete »umgepackt« werden. Wie bereits beschrieben, werden sie dazu mit Fragmentierungsinformationen versehen, damit sie später wieder richtig zusammengesetzt werden können.

Solange Quell- und Zieladresse im gleichen Netzwerk liegen, ist die Übertragung der Datagramme sehr einfach: Je nach Netzwerkart wird auf die passende Art (bei Ethernet zum Beispiel über ARP) diejenige Schnittstelle ermittelt, für die die Daten bestimmt sind.

Anschließend wird das Datagramm an den korrekten Empfänger übermittelt. Dieser liest den IP-Header des Pakets, setzt eventuelle Fragmente wieder richtig zusammen und übermittelt das Paket an das Transportprotokoll, dessen Nummer im Header angegeben ist. Wie der Transportdienst mit den Daten umgeht, erfahren Sie im nächsten Abschnitt.

IPv6

Bereits in der ersten Hälfte der 90er-Jahre wurde damit gerechnet, dass sehr bald keine weiteren IPv4-Adressen mehr verfügbar sein würden. Dass dies viel länger als gedacht noch nicht der Fall war, lag an der Einführung von CIDR, VLSM und NAT (Letzteres wird im übernächsten Unterabschnitt, »Weitere IP-Dienste«, beschrieben). Da das Internet aber weiterhin wächst, ist es nur noch eine Frage der Zeit, bis die Anzahl der Adressen endgültig erschöpft ist; was die Zuteilung an Dienstleister angeht, ist dies sogar jetzt schon der Fall.

Deshalb wurde schon vor einigen Jahren mit der Arbeit an einem Nachfolger für das IPv4-Protokoll begonnen, der vor allem einen größeren Adressraum durch längere IP-Adressen besitzen sollte. Letzten Endes fiel die Entscheidung auf Adressen von 128 Bit Länge. Dies ergibt theoretisch mehr als $3{,}4 \cdot 10^{38}$ verschiedene Adressen! Damit erscheint der Adressraum mehr als überdimensioniert; offensichtlich kann man damit jedem einzelnen Sandkorn auf unserem Planeten mehrere eigene IP-Adressen zuweisen. Letzten Endes geht es allerdings eher darum, beinahe beliebig viele Netze von sehr unterschiedlicher Größe einrichten zu können. Abgesehen davon werden immer mehr tragbare Geräte entwickelt, die mit Netzwerken verbunden werden – etwa dynamisch über öffentliche WLAN-Access-Points.

Die aktuelle Version des neuen IP-Protokolls wird in RFC 2460 beschrieben. Da die Version 5 für Experimente mit Multicasting verwendet wurde, lautet die Versionsnummer des Protokolls IPv6; während seiner Entwicklung wurde es auch manchmal als *IPng* (für *next generation*) bezeichnet, zum Beispiel in RFC 1752, das den ersten Arbeitsentwurf beschreibt. Die IPv6-Adresse wird nicht in 8-Bit-Dezimalgruppen geschrieben wie bei IPv4; mit 16 Gruppen wäre sie ein wenig unhandlich. Stattdessen schreibt man acht vierstellige Hexadezimalgruppen, die durch Doppelpunkte getrennt werden. Eine IPv6-Adresse sieht zum Beispiel folgendermaßen aus:

```
4A29:30B4:0031:0000:0000:0092:1A3B:3394
```

Eine zulässige Verkürzung besteht darin, führende Nullen in einem Block wegzulassen sowie Blöcke, die nur aus Nullen bestehen, durch zwei aufeinanderfolgende Doppelpunkte zu ersetzen. Kurz gefasst, lautet die Beispieladresse also `4A29:30B4:31::92:1A3B:3394`. Um die Adresse eindeutig zu halten, darf eine solche Verkürzung innerhalb einer Adresse nur einmal vorgenommen werden.

Genau wie IPv4-Adressen werden auch die neuen IPv6-Adressen in zwei Teile unterteilt: Links steht ein Präfix, dahinter ein Individualteil, der dem Hostteil der IPv4-Adresse entspricht. Das Präfix gibt allerdings nicht das einzelne Netz an, zu dem die Adresse gehört, sondern informiert über den Adresstyp. Da die Präfixe wie bei IPv4 unterschiedliche Längen aufweisen können, wird das Präfix zusammen mit seiner Bit-Anzahl angegeben. Tabelle 5.14 gibt Ihnen einen Überblick über die verschiedenen Adressblöcke und ihre Verwendung.

Präfix	Verwendung
0::0/8	reserviert für spezielle Anwendungen
100::0/8	noch nicht zugeordnet
200::0/7	Abbildung von NSAP-Adressen
400::0/7	Abbildung von IPX-Adressen
600::0/7	noch nicht zugeordnet
800::0/5	noch nicht zugeordnet
1000::0/4	noch nicht zugeordnet
2000::0/3	global eindeutige Adressen
6000::0/3	noch nicht zugeordnet
8000::0/3	noch nicht zugeordnet
A000::0/3	noch nicht zugeordnet
C000::0/3	noch nicht zugeordnet
E000::0/4	noch nicht zugeordnet
F000::0/5	noch nicht zugeordnet
F800::0/6	noch nicht zugeordnet
FE00::0/7	noch nicht zugeordnet
FE00::0/9	noch nicht zugeordnet
FE80::0/10	auf eine Verbindung begrenzte Adressen
FEC0::0/10	auf eine Einrichtung begrenzte Adressen
FF00::0/8	Multicast-Adressen

Tabelle 5.14 IPv6-Adressbereiche und -präfixe

Die typischste Form von IPv6-Adressen, deren Stil am ehesten den öffentlich gerouteten IPv4-Adressen entspricht, ist die globale Unicast-Adresse. Ihre Struktur ist in RFC 2374 festgelegt und sieht folgendermaßen aus:

- externes Routing-Präfix (48 Bit)
- Site-Topologie (üblicherweise 16 Bit)
- Schnittstellen-Identifikationsnummer (normalerweise 64 Bit); wird in der Regel automatisch generiert, oft aus der MAC-Adresse der Schnittstelle oder aus der bisherigen IPv4-Adresse

Der IPv6-Datagramm-Header wurde gegenüber dem IPv4-Header erheblich vereinfacht. Durch die Auslagerung eventueller Optionen in sogenannte *Erweiterungs-Header* wird die Länge des Basis-Headers auf genau 320 Bit (40 Byte) festgelegt; einige Felder des IPv4-Headers wurden entfernt, weil sie keine Bedeutung mehr haben. Tabelle 5.15 zeigt den genauen Aufbau des IPv6-Headers.

Byte	0	1	2	3
0	Version	Klasse	Flow Label	
4	Payload Length		Next Header	Hop Limit
8 12 16 20	Quelladresse			
24 28 32 36	Zieladresse			

Tabelle 5.15 Aufbau des IPv6-Datagramm-Headers

Hier die Bedeutung der einzelnen Felder des Headers:

- *Version* (4 Bit): Die Versionsnummer des IP-Protokolls, hier natürlich 6.
- *Klasse* (8 Bit): Dieses Feld gibt die Priorität an, mit der das Datagramm übertragen werden soll. Es ist noch nicht abschließend geklärt, wie die entsprechenden Werte aussehen sollen.
- *Flow Label* (20 Bit): Ein Erweiterungsfeld, in das ein von 0 verschiedener Wert eingetragen wird, wenn IPv6-Router das Datagramm auf besondere Weise behandeln sollen. Es dient vor allem der Implementierung der Quality-of-Service-Funktionalität, mit deren Hilfe Paketsorten voneinander unterschieden werden, um beispielsweise Echtzeitanwendungen wie Streaming, Multimedia oder Videokonferenzen zu unterstützen.

- *Payload Length* (16 Bit): Die Länge der Nutzdaten, die auf den Header folgen.
- *Next Header* (8 Bit): Der Wert in diesem Feld gibt den Typ des ersten Erweiterungs-Headers an, falls einer vorhanden ist. Es gibt bisher sechs Arten von Erweiterungs-Headern; eine Übersicht finden Sie in Tabelle 5.16.
- *Hop Limit* (8 Bit): Ein neuer Name für die Time-to-Live-Funktion: Jeder Router zieht von dem ursprünglichen Wert 1 ab; bei Erreichen des Werts 0 wird das Paket verworfen.
- *Quell-* und *Zieladresse* (je 128 Bit): Die Adressen des Absenders und des Empfängers; genau wie bei IPv4, nur entsprechend der Protokollspezifikation 128 statt 32 Bit lang

Header	Next-Header-Code	Beschreibung
Hop-by-Hop Options Header	0	Optionen, die bei jedem Routing-Schritt ausgeführt werden müssen.
Routing Header	43	Festlegung der Router, über die das Paket geleitet werden soll.
Fragment Header	44	Der Absender muss bei IPv6 die MTU herausfinden und Fragmente selbst bilden; die Fragmentinformationen befinden sich hier.
Authentication Header	51	Authentifizierung des Absenders gegenüber dem Empfänger.
Encapsulating Security Payload Header	50	Dient der Verschlüsselung des Datagramms (IPv6).
Destination Options Header	60	Optionen, die nur für den Zielhost bestimmt sind.
Upper-Layer Header	59	Header einer höheren Schicht; aus IPv6-Sicht also Nutzdaten.

Tabelle 5.16 Die verschiedenen Typen von IPv6-Erweiterungs-Headern

Das größte Problem, das der sofortigen Einführung von IPv6 noch im Wege steht, ist ein organisatorisches: Zum einen kann man nicht einfach über Nacht flächendeckend umsteigen, da in diesem Fall die IP-Treiber aller Hosts und Router weltweit gewechselt werden müssten, was vollkommen illusorisch ist – zumal viele ältere Hardwarekomponenten, Betriebssysteme und Programme IPv6 gar nicht unterstützen und ihre Hersteller auch nicht vorhaben, diese Unterstützung nachträglich zu implementieren. Zum anderen ist es aber auch nicht möglich, gleichzeitig einen Teil des Internets mit IPv4 und einen anderen mit

IPv6 zu betreiben und auf diese Weise allmählich auf die neue Version umzusteigen, da die beiden Adressierungsschemata miteinander inkompatibel sind.

Die Lösung, die letzten Endes gefunden wurde, besteht in der *Tunnelung* von IPv6-Paketen durch das klassische IPv4-Netzwerk. Tunnelung bedeutet nichts anderes, als dass jedes IPv6-Datagramm in ein IPv4-Datagramm verpackt wird. Das heißt, das IPv6-Paket bildet aus der Sicht des IPv4-Pakets die Nutzdaten, die mit einem v4-Header versehen werden. Am jeweiligen Zielpunkt, an dem wiederum IPv6 verfügbar ist, wird das Version-4-Datagramm »ausgepackt« und gemäß den Header-Daten weiterverarbeitet. IPv6-Tunnel-Dienste werden mittlerweile auch von mehreren kommerziellen und verschiedenen freien Anbietern, den Tunnel-Brokern, zur Verfügung gestellt.

IP-Routing

Komplizierter, aber auch interessanter wird es, wenn IP-Datagramme nicht für einen Host im lokalen Netz bestimmt sind, sondern für ein anderes Netzwerk. In diesem Fall muss das Paket an einen Router übergeben werden, der es weiterleitet. Die meisten Daten, die im Internet übertragen werden, passieren eine Vielzahl solcher Router, bis sie schließlich ihr Ziel erreichen. Um das Konzept des IP-Routings verstehen zu können, müssen Sie verschiedene Aspekte betrachten. Insbesondere ist die Frage von Bedeutung, auf welche Art und Weise überhaupt das korrekte Empfängernetzwerk gefunden wird.

Wichtig ist, dass man zwei Arten der Paketweiterleitung unterscheiden muss. Die reine Weiterleitung wird als *IP-Forwarding* bezeichnet; dabei sind nur zwei mögliche Netzwerkschnittstellen betroffen, sodass Quelle und Ziel jeweils feststehen. *Routing* im engeren Sinne beschreibt dagegen Verfahren, bei denen Entscheidungen zur Weiterleitung über verschiedene Wege an ein bestimmtes Ziel getroffen werden. Ein Router muss beide Verfahren beherrschen, sodass im Alltag oft nicht zwischen ihnen unterschieden wird. In LANs findet jedoch oft nur Forwarding, aber kein echtes Routing statt, da meist ohnehin nicht mehrere Router zur Auswahl stehen. Sowohl Forwarding als auch Routing lassen sich übrigens entweder statisch über festgelegte Tabellen oder dynamisch mithilfe von Protokollen erledigen.

Bei einem einzelnen Host können üblicherweise zwei Arten von Routern angegeben werden: zum einen die Router, die Daten in ein bestimmtes Fremdnetzwerk weiterleiten, und zum anderen das Default-Gateway (der Standard-Router), das alle Daten entgegennimmt, die weder für das lokale Netz noch für ein Netz mit einem speziellen Router bestimmt sind.

Beachten Sie übrigens, dass der Begriff *Gateway* zweideutig ist: Das Wort *Default-Gateway* beim IP-Forwarding oder Routing bezeichnet wie erwähnt den Standard-Router. Im Allgemeinen steht Gateway dagegen für einen Verbindungsrechner, der über sämtliche OSI-Schichten arbeitet und deshalb genauer als *Application Level Gateway* bezeichnet wird.

Bei einem privaten PC oder DSL-Router, der über eine Wählleitung mit dem Internet verbunden ist, besteht in der Regel nur eine Verbindung zu einem einzelnen Router des Providers.

Welcher das ist, wird jedoch bei der Einwahl in das Netzwerk des Providers bestimmt, da auch die IP-Adresse bei jeder Einwahl dynamisch zugeteilt wird. Je nachdem, welche Adresse dem Host zugeteilt wird, ist möglicherweise ein anderer Router zuständig. Deshalb wird der Router bei der IP-Konfiguration des DFÜ-Netzwerkzugangs nicht fest angegeben, sondern durch das Einwahlprotokoll (üblicherweise PPP) mitgeteilt.

Anders sieht es dagegen oft bei Workstations in Unternehmen aus, die an ein lokales Netzwerk angeschlossen sind: Sämtliche Netzwerkkommunikation, sowohl mit dem lokalen Netz als auch mit dem Internet, findet über ein und dieselbe LAN-Schnittstelle statt, meistens über Ethernet. Innerhalb des LAN besitzt der Router für die Verknüpfung zum Internet eine bekannte IP-Adresse, die bei der IP-Konfiguration des Hosts angegeben wird. Mitunter besteht die Netzwerkinfrastruktur eines größeren Unternehmens auch aus mehreren Einzelnetzen, die über interne Router miteinander vernetzt werden. In einem solchen Fall wird häufig der Router, der zu dem anderen lokalen Netz führt, als Router für dieses konkrete Netz angegeben, während der Internetrouter (dessen Zielnetz »alle anderen Netze« sind) als Standard-Router eingerichtet wird. Für den letzteren – routingtechnisch relativ interessanten – Fall sehen Sie hier ein Beispiel:

In einem Unternehmen bestehen die beiden lokalen Netze 196.87.98.0/24 und 196.87.99.0/24. Das erste Netz wird von der Grafikabteilung verwendet, das zweite von der Softwareentwicklung. In Abbildung 5.4 wird der Aufbau dieses Netzes dargestellt.

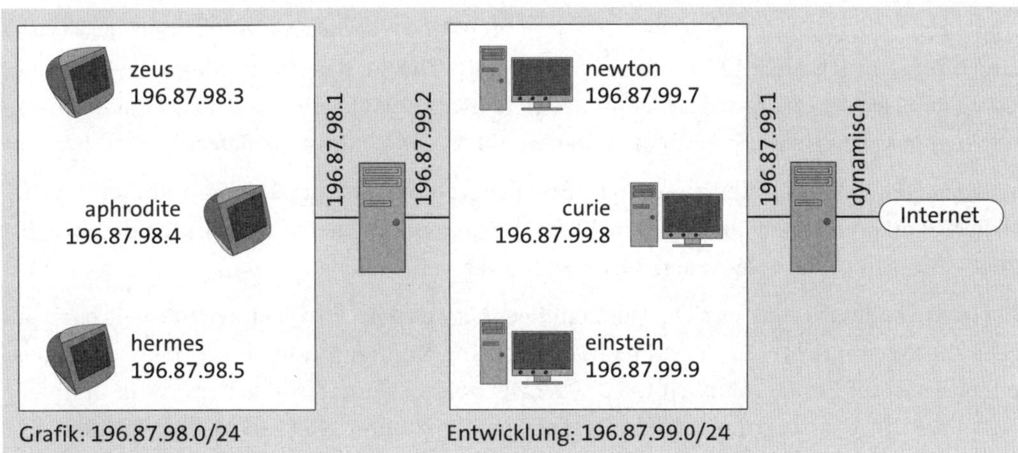

Abbildung 5.4 Verbindung zwischen zwei verschiedenen lokalen Netzen und dem Internet über zwei Router

Das Netzwerk der Grafikabteilung enthält die folgenden drei Rechner:

- *zeus* (196.87.98.3)
- *aphrodite* (196.87.98.4)
- *hermes* (196.87.98.5)

Zum Netzwerk der Entwicklungsabteilung gehören die drei folgenden Hosts:

- *newton* (196.87.99.7)
- *curie* (196.87.99.8)
- *einstein* (196.87.99.9)

Zwischen den beiden lokalen Netzen befindet sich ein Router, dessen Schnittstelle im Netz der Grafikabteilung die IP-Adresse 196.87.98.1 besitzt. Seiner anderen Schnittstelle für die Entwicklungsabteilung wurde die Adresse 196.87.99.2 zugewiesen. Ein zweiter Router verbindet die Entwicklungsabteilung mit dem Internet. Seine lokale Schnittstelle wurde mit der IP-Adresse 196.87.99.1 konfiguriert, die Adresse für die Internetschnittstelle wird vom Internetprovider dynamisch zugewiesen.

Interessant ist nun die Routing-Konfiguration der einzelnen Hosts. Die drei Rechner im Entwicklungsnetzwerk kennen zwei verschiedene Router: Der Standard-Router ist 196.87.99.1, als spezieller Router für Datenpakete an das Netz 196.87.98.0 wird 196.87.99.2 angegeben. Dagegen kennen die drei Hosts im Grafiknetzwerk nur einen einzigen Router, nämlich 196.87.98.1, der als Standard-Router eingerichtet wird. Ob Datenpakete jenseits dieses Routers für das Netz 196.87.99.0 oder für das Internet bestimmt sind, muss der Router selbst entscheiden; die Rechner schicken ihm einfach alle Datagramme, die nicht für das lokale Netz verwendet werden sollen.

Angenommen, *aphrodite* möchte auf Daten zugreifen, die *newton* bereitstellt. Die Daten sind offensichtlich nicht für das Netz 196.87.98.0 bestimmt, deshalb werden sie dem Router übergeben. Dieser erkennt, dass sie für das Netz 196.87.99.0 bestimmt sind, an das er unmittelbar angeschlossen ist. Er kann die Daten direkt an den Zielhost ausliefern.

Will dagegen *zeus* auf Daten aus dem Internet zugreifen, muss der Standard-Router des Grafiknetzes erkennen, dass die Daten nicht für das andere Netz bestimmt sind, an das er selbst angeschlossen ist, und sie an den nächsten Router weiterreichen.

Ein wenig anders verhält es sich, wenn ein Rechner aus dem Entwicklungsnetz wie *curie* auf *zeus* zugreifen möchte. Es ist bereits in der Routing-Konfiguration von *curie* bekannt, dass ein bestimmter Router, nämlich 196.87.99.2, verwendet werden soll. Ebenso weiß beispielsweise *einstein*, dass Zugriffe auf das Internet über den Router 196.87.99.1 erfolgen müssen.

Damit ein Host weiß, wohin er Datenpakete eigentlich schicken muss, um ein bestimmtes Netz zu erreichen, müssen die einzelnen Router in seiner Netzwerkkonfiguration angegeben werden – dies funktioniert je nach Betriebssystem unterschiedlich.

Das Ergebnis dieser Konfiguration ist eine Routing-Tabelle, die ebenfalls je nach System unterschiedlich aussieht. Angenommen, alle Rechner im zuvor gezeigten Beispielnetzwerk liefen unter Unix-Varianten (die Grafikrechner unter macOS, die Entwicklungscomputer unter Linux). Dann sähe die Routing-Tabelle von *curie*, die durch den Unix-Befehl `netstat rn` angezeigt werden kann, so aus:

```
$ netstat -rn
Routing Tables
Destination Gateway FlagsRefcntUseInterface
127.0.0.1 127.0.0.1 UH 1 132lo0
196.87.99.0 196.87.99.8 U2649041le0
196.87.98.0 196.87.99.2 UG 0 0le0
default 196.87.99.1 UG 0 0le0
```

Die erste Zeile (Zieladresse 127.0.0.1) beschreibt das Erreichen der Loopback-Adresse: Das Interface (die Netzwerkschnittstelle) ist `lo0` (*local loopback*). Das Flag `H` zeigt an, dass es sich um eine Route zum Erreichen eines einzelnen Hosts handelt. Das Flag `U` dagegen steht für *up* und bedeutet, dass die Route zurzeit intakt ist.

In der nächsten Zeile wird das lokale Netzwerk angegeben, in dem sich *curie* selbst befindet. Deshalb wird als Gateway einfach die IP-Adresse von *curie* ausgegeben. Das Interface `le0` ist die erste (und in diesem Fall einzige) Ethernet-Schnittstelle des Rechners.

Die dritte Zeile beschreibt die Route in das Grafiknetzwerk über den Router, dessen Adresse im Entwicklungsnetz 196.87.99.2 lautet. Das Flag `G` steht für *Gateway*, also für die Tatsache, dass für diese Route die Dienste eines Routers in Anspruch genommen werden.

In der letzten Zeile wird schließlich 196.87.99.1 als Default-Gateway angegeben, also als Router für alle Ziele, die nicht explizit in der Routing-Tabelle auftauchen.

Die Routing-Tabelle von *hermes* sieht einfacher aus:

```
Routing Tables
Destination GatewayFlagsRefcnt UseInterface
127.0.0.1 127.0.0.1UH 1 132lo0
196.87.98.0 196.87.98.5U2649041le0
default 196.87.98.1UG 0 0le0
```

Da das Grafiknetz nur einen Router kennt, gibt es lediglich den Loopback-Eintrag, die Information für das lokale Netz und schließlich den Default-Eintrag für alle anderen Netze.

Auf diese Weise werden Daten durch das gesamte Internet geroutet. Jedes Mal, wenn ein Router passiert wird, erfolgt ein sogenannter *Hop* der Daten. Wegen des TTL-Feldes von 8 Bit Größe, das im IP-Header enthalten ist und bereits beschrieben wurde, erreicht ein Datagramm sein Ziel stets mit höchstens 255 Hops – oder eben gar nicht.

Damit IP-Datenpakete ihr Ziel überhaupt erreichen können, muss im Prinzip jeder einzelne Router im gesamten Internet darüber Bescheid wissen, wie er jedes beliebige Netz erreichen kann. Zu diesem Zweck unterhält auch jeder Router Routing-Tabellen, die den bereits für die einzelnen Hosts gezeigten ähnlich sehen. Da das Internet ein Zusammenschluss von vielen einzelnen Netzwerken ist, müssen diese Tabellen jedoch ständig aktualisiert werden, denn es ergeben sich häufig Konfigurationsänderungen, weil neue Netze hinzukommen oder vorhandene geändert oder aufgegeben werden. Es wäre absolut unzumutbar, diese Konfigurationsänderungen fortlaufend manuell auf dem aktuellen Stand zu halten, was deshalb auch seit vielen Jahren nicht mehr üblich ist (außer innerhalb sehr kleiner Netze wie in dem Beispiel zuvor, in denen sich die Routing-Einstellungen selten ändern müssen).

Die Router im Internet müssen deshalb ständig Informationen darüber austauschen, an welche anderen Netzwerke sie jeweils Daten vermitteln. Sie müssen komplexe Routing-Entscheidungen treffen, indem sie den Aufwand und die Kosten verschiedener Routen vergleichen und die Pakete eben nicht direkt ans Ziel, sondern auf dem derzeit günstigsten Weg weiterleiten, damit diese nicht nur sicher, sondern auch möglichst schnell ihr Ziel erreichen. Dieses eigentliche Routing ist erheblich dynamischer als das einfache Forwarding, sodass die Routing-Informationen ständig aktualisiert werden müssen. Auf diese Weise kann ein Paket bei Ausfall oder auch nur starker Belastung einer bestimmten Route über eine andere Route umgeleitet werden. Zu diesem Zweck wurde eine Reihe verschiedener Routing-Protokolle entwickelt, mit deren Hilfe das möglich wird. Jedes dieser Routing-Protokolle besitzt andere Eigenschaften, außerdem wird nicht jedes dieser Protokolle von jedem Hersteller unterstützt.

Zunächst muss zwischen zwei Arten von Routing unterschieden werden: dem Routing innerhalb zusammenhängender Netze eines einzelnen Betreibers (*Interior Routing*), der innerhalb dieses Bereichs frei über die Konfiguration entscheiden kann, und dem Routing zwischen voneinander unabhängigen derartigen Bereichen (*Exterior Routing*). Alle zusammenhängenden Netze eines Betreibers werden als *autonome Systeme* (*Autonomous Systems*, abgekürzt AS) bezeichnet. Einige Routing-Protokolle, etwa das veraltete RIP oder das aktuellere OSPF, dienen dem Routing innerhalb von autonomen Systemen, während andere, vor allem BGP, für das Routing zwischen den Grenzen autonomer Systeme zuständig sind. Diese drei genannten Routing-Protokolle werden im weiteren Verlauf des Kapitels kurz vorgestellt.

Wenn ein Router ein Routing-Protokoll ausführt, teilt er den benachbarten Routern mit, an welche Netze er Daten weiterleitet. Die meisten Routing-Protokolle machen außerdem Angaben über die »Kosten«, die für das Erreichen eines bestimmten Netzes kalkuliert werden müssen. Der Begriff *Kosten* hat nichts mit dem Preis zu tun, sondern bestimmt vor allem, über wie viele Hops ein bestimmtes Netzwerk durch den jeweiligen Router erreicht werden kann. Allerdings gibt es auch die Möglichkeit, die Kostenangaben willkürlich zu manipulieren – je nachdem, wie »gern« ein Router Daten an ein bestimmtes Netzwerk übermitteln soll. Wenn ein Router bestimmen muss, an welchen benachbarten Router er die Daten für ein bestimmtes Netz übergeben soll, sucht er sich denjenigen aus, der für dieses Netz geringere Kosten angibt. Diese Kostendaten werden auch als die *Metrik* des Routings bezeichnet.

Auf diese Weise wird versucht, die Datenströme zwischen den verschiedenen Backbone-Netzwerken möglichst gleichmäßig zu verteilen, außerdem bestehen verschiedene Arten von Verträgen oder Vereinbarungen zwischen den Netzbetreibern, was die Weiterleitung von Daten bestimmter anderer Netzwerke betrifft. Beispielsweise gab es in Deutschland in den 90er-Jahren einen mehrjährigen Streit zwischen dem Deutschen Forschungsnetz (DFN), dem Betreiber der deutschen Universitätsnetze, und den kommerziellen Internetprovidern. Es ging um die Frage, wer wem mehr Datenverkehr aus dem jeweils anderen Netz zumutete. Erst durch die Einführung neuer zentraler Datenaustauschpunkte wie dem DE-CIX konnte der Konflikt beigelegt werden.

Hier einige wichtige Routing-Protokolle im Überblick:

- **Routing Information Protocol (RIP)**
  Das Routing Information Protocol (RIP) wird auf Unix-Routern durch den *Routing Daemon* (`routed`) ausgeführt. Beim Start von `routed` wird eine Anfrage ausgesendet. Alle anderen Router, die innerhalb desselben autonomen Systems ebenfalls `routed` ausführen, beantworten diese Anfrage durch Update-Pakete. Darin sind die Zieladressen aus den Routing-Tabellen der anderen Router und deren jeweilige Metrik enthalten.

  Enthält ein Update-Paket die Routen zu Netzen, die noch gar nicht bekannt sind, fügt der Router sie seiner Routing-Tabelle hinzu. Außerdem werden Routen ersetzt, falls ein Update-Paket die Information enthält, dass ein bestimmtes Netzwerk über einen anderen Router mit geringeren Kosten zu erreichen ist.

  Ein Router, auf dem `routed` läuft, sendet ebenfalls Update-Pakete, und zwar in der Regel alle 30 Sekunden. Erhält ein Router von einem anderen Router mehrere Male keine Update-Pakete mehr (häufig beträgt die Wartezeit 180 Sekunden), löscht er alle Einträge aus seiner Routing-Tabelle, die diesen Router verwenden. Außerdem werden diejenigen Einträge gelöscht, deren Kosten mehr als 15 Hops betragen. Letzteres beschränkt RIP auf kleinere autonome Systeme.

  RIP interpretiert IP-Adressen streng nach der alten Klassenlogik und beherrscht weder CIDR noch VLSM. Dies ist der Hauptgrund dafür, dass es immer seltener verwendet wird.

  Außerdem besteht das Problem, dass durch den plötzlichen Ausfall von Routern Konfigurationsfehler entstehen können: Alle Netze, die ursprünglich nur durch den ausgefallenen Router erreicht werden konnten, sind nun gar nicht mehr erreichbar. Das spricht sich jedoch nur allmählich herum, da ein Router zwar zunächst alle Routen entfernt, die durch den ausgefallenen Router führten, von den anderen jedoch wieder die Route zu dem Netz lernt, das nun nicht mehr erreichbar ist. Bei einem Update-Intervall von 30 Sekunden kann es recht lange dauern, bis die Router die Entfernung zu dem nicht mehr verfügbaren Netz auf die nicht mehr relevanten 16 Hops »hochgeschaukelt« haben.

  Um dieses Szenario zu verhindern, wird eine Technik namens *Split Horizon* verwendet: Ein Router bietet Routing-Informationen nicht über die Verbindung an, über die er sie gelernt hat. Eine Erweiterung dieses Verfahrens ist *Poison Reverse*; hier wird den Routern, von denen eine bestimmte Verbindung gelernt wurde, aktiv die *Unendlich-Metrik* 16 angegeben.

Einige Probleme von RIP werden in der neueren Version RIP-2, die in RFC 1723 beschrieben wird, beseitigt; vor allem arbeitet diese Version mit CIDR-Adressierung.

- **Open Shortest Path First (OSPF)**

  Das in RFC 2178 beschriebene Open-Shortest-Path-First-Protokoll (OSPF) ist ein sogenanntes *Link-State-Protokoll*: Der einzelne Router speichert einen gerichteten Graphen des Netzwerks aus seiner jeweiligen Sicht. Ein gerichteter Graph ist eine Art Baumdiagramm mit dem lokalen Router als Wurzel; sein Aufbau erfolgt nach dem Shortest-Path-First-Algorithmus von Dijkstra: Die Kosten des lokalen Routers selbst werden mit 0 angegeben; von diesem zweigen die Routen zu den Nachbarn baumförmig ab, dann wiederum zu deren Nachbarn etc. In einem zweiten Schritt wird der Link-State-Graph optimiert. Falls mehrere Routen zu einem Ziel vorhanden sind, beispielsweise eine direkte und eine indirekte, wird jeweils die weniger kostengünstige Route entfernt.

  Um die Link-State-Datenbank klein zu halten, werden größere autonome Systeme in kleinere Einheiten unterteilt, die *Areas*. Nur vereinzelte Router, die sogenannten *Bereichsgrenzrouter*, werden von den Routern innerhalb einer Area als Verbindung in andere Areas betrachtet.

  Ein OSPF-Router gewinnt seine Erkenntnisse über die benachbarten Router, indem er sogenannte *Hello-Pakete* aussendet. Diese enthalten seine eigene Adresse und die Information, von welchen benachbarten Routern er bereits Routing-Daten erhalten hat. Ein Router, der ein Hello-Paket erhält, trägt den Absender dieses Pakets als Nachbarn in seinen eigenen Link-State-Graphen ein. Die Hello-Pakete werden in regelmäßigen Abständen ausgesandt, um den Nachbarn mitzuteilen, dass der Router noch bereit ist. Erhält ein Router keine weiteren Pakete von einem bestimmten Nachbarn, geht er davon aus, dass dieser nicht mehr zur Verfügung steht, entfernt ihn aus seiner Link-State-Datenbank und informiert das Netzwerk darüber.

  OSPF-Router geben Daten über ihre Nachbarn an das gesamte Netzwerk weiter, indem sie *Link State Advertisements* (LSA) über alle ihre Netzwerkschnittstellen versenden. Der Empfänger eines LSA-Pakets leitet es weiter, indem er es ebenfalls über alle seine Schnittstellen versendet – mit Ausnahme derjenigen, über die er es empfangen hat. Dieses Verfahren der schnellen Verbreitung von Informationen über ein Netzwerk wird als *Flooding* bezeichnet.

- **Border Gateway Protocol (BGP)**

  Anders als bei den beiden zuvor behandelten Routing-Protokollen handelt es sich beim Border Gateway Protocol (BGP) um ein externes Routing-Protokoll, das Verbindungen zwischen verschiedenen autonomen Systemen regelt. Vom Standpunkt des externen Routings aus erscheinen die autonomen Systeme selbst als in sich geschlossene Gebilde, die nicht näher differenziert werden. BGP wird nur von den Bereichsgrenzroutern der autonomen Systeme ausgeführt, also in der Regel lediglich bei Internetprovidern oder großen Backbone-Netzbetreibern. Die meisten Firmennetze sind dagegen Teil eines autonomen Systems, das von einem Provider betrieben wird, führen also lediglich interne Routing-Protokolle wie OSPF aus.

Die benachbarten BGP-Router, *Peers* genannt, kommunizieren über eine zuverlässige TCP-Verbindung, die über den dafür vorgesehenen TCP-Port 179 abgewickelt wird. Es wird stets eine vollständige Route mit allen ihren Knotenpunkten angegeben. Dies unterscheidet BGP von den meisten internen Routing-Protokollen, die nur die Verbindungen zu ihren unmittelbaren Nachbarn angeben. Aus diesem Grund wird BGP als *Pfadvektor-Protokoll* bezeichnet.

Wird das erste Mal eine Verbindung zu einem Peer hergestellt, werden über sogenannte *Update-Pakete* die vollständigen Routing-Tabellen ausgetauscht, danach werden nur noch Änderungen mitgeteilt. Außerdem werden in regelmäßigen Abständen *KEEPALIVE*-Pakete versandt, falls keine Änderungen vorliegen, um den Peers mitzuteilen, dass der Router noch einsatzbereit ist.

Weitere IP-Dienste

In fast allen modernen TCP/IP-Netzwerken – insbesondere in lokalen Firmennetzen, die mit dem Internet verbunden sind – spielen zwei weitere Protokolle eine wichtige Rolle: DHCP dient dazu, den Rechnern im Netzwerk automatisch IP-Adressen zuzuweisen, während das NAT-Protokoll meist vom Standard-Router ausgeführt wird und die im Internet unbrauchbaren privaten IP-Adressen mit öffentlichen überschreibt und umgekehrt. Diese beiden Protokolle sollen hier näher vorgestellt werden.

Das in RFC 2131 und 2132 definierte *Dynamic Host Configuration Protocol* (DHCP) dient dazu, einem Host automatisch TCP/IP-Konfigurationsdaten zuzuweisen. Es ist eine Erweiterung des älteren *Bootstrap Protocol* (BOOTP). Ein Host, der seine Netzwerkparameter über DHCP beziehen möchte, sendet bei Inbetriebnahme eine Broadcast-Anfrage namens *BOOTREQUEST* an die allgemeine Broadcast-Adresse 255.255.255.255. Der Rechner muss also noch nicht einmal wissen, in welchem Netzwerk er sich befindet – das ist beispielsweise ideal für ein Notebook, das manchmal an ein Heim- und manchmal an ein Büronetzwerk angeschlossen wird. Läuft in dem Netz ein DHCP-Server, antwortet er mit einem Satz von Konfigurationsparametern, mit denen der Host seine TCP/IP-Konfiguration vornimmt.

Das wichtigste Merkmal von DHCP besteht in der dynamischen Vergabe von IP-Adressen, die Netzwerkadministratoren das Leben erheblich erleichtert – insbesondere in solchen Netzwerken, in denen häufig Änderungen auftreten. Diese automatische Vergabe erfolgt in Form einer *Lease* (Pacht) mit beschränkter Gültigkeit. Ein Host, der ordnungsgemäß vom Netz abgemeldet wird (ein normaler Vorgang beim Herunterfahren moderner Betriebssysteme), gibt seine IP-Adresse selbst an den DHCP-Server zurück. Das Lease-Verfahren sorgt dagegen dafür, dass IP-Adressen auch dann wieder für den Server verfügbar werden, wenn ein Host unerwartet vom Netz getrennt oder unsachgemäß abgeschaltet wird. Bleibt ein Rechner über den Lease-Zeitraum hinaus im Netz aktiv, erfolgt in der Regel eine Verlängerung der Lease.

Auf dem DHCP-Server muss ein Teil der Adressen des Netzwerks, in dem er sich befindet, als DHCP-Pool konfiguriert werden, aus dem die Adressen automatisch an die anfragenden DHCP-Clients vergeben werden. Es muss darauf geachtet werden, genügend Adressen aus diesem Pool auszuschließen, weil eine Reihe von Internetdiensten eine feste IP-Adresse benötigt oder zumindest besser damit funktioniert.

Network Address Translation (NAT) ist eine relativ neue Entwicklung und löst dementsprechend ein modernes Problem: Immer mehr Netzwerke benötigen permanenten oder auch nur temporären Zugang zum Internet, obwohl sie mit den zuvor vorgestellten privaten IP-Adressen konfiguriert wurden. Es wäre bei der heutigen Anzahl von Internethosts und angeschlossenen Netzen auch gar nicht mehr möglich, allen angeschlossenen Netzwerken öffentliche IP-Adressen zuzuweisen. Da die privaten IP-Adressen jedoch nicht eindeutig sind, müssen sie beim Übergang ins Internet mit einer öffentlichen Adresse überschrieben werden und umgekehrt.

Eine aktuelle Form von NAT, die im Kernel moderner Unix-Systeme konfiguriert werden kann, wird auch als *IP-Masquerading* bezeichnet und geht noch einen Schritt weiter als NAT: Es ist nur eine externe IP-Adresse erforderlich, alle lokalen Adressen werden auf diese eine Adresse abgebildet. Unterschieden werden die Rechner in diesem Fall anhand der Clientportnummer der Datenpakete, die zur Transportebene gehört und im nächsten Abschnitt näher beschrieben wird. Aus diesem Grund wird das echte Masquerading manchmal auch als *PAT* (*Port Address Translation*) bezeichnet. Diese spezielle Form von NAT verbirgt die Details des internen Netzwerks vor dem Internet, die einzelnen Rechner sind von außen nicht erreichbar. Das ist ein angenehmer Nebeneffekt dieses Verfahrens, der zusätzlich der Sicherheit im Netzwerk dient.

Tabelle 5.17 zeigt ein Beispiel für klassisches NAT in einem privaten Netzwerk mit der Adresse 192.168.1.0/24. Jede interne IP-Adresse wird auf eine individuelle externe Adresse abgebildet.

Hostname	Interne IP-Adresse	Externe IP-Adresse
`gandalf`	192.168.1.4	204.81.92.6
`frodo`	192.168.1.5	204.81.92.3
`bilbo`	192.168.1.6	204.81.92.5

Tabelle 5.17 Beispiel für klassisches NAT

In Tabelle 5.18 wird dagegen für dasselbe Netzwerk ein Beispiel für IP-Masquerading (PAT) gezeigt. Das Konzept der Portnummern wird im weiteren Verlauf des Kapitels noch genauer beschrieben.

Hostname	Interne IP-Adresse	Externe IP-Adresse	Externe Portnummer
gandalf	192.168.1.4	204.81.92.4	22.191
frodo	192.168.1.5		22.192
bilbo	192.168.1.6		22.193

Tabelle 5.18 Beispiel für IP-Masquerading

Der Rechner, der NAT ausführt, ist üblicherweise derjenige Router, der das lokale Netz mit dem Netzwerk eines Providers und demzufolge mit dem Internet verbindet. NAT wird von allen gängigen Unix-Versionen sowie von Windows NT und seinen Nachfolgern unterstützt. Außerdem können die meisten ISDN- und DSL-Kompaktrouter NAT ausführen. Eine nähere Beschreibung vieler Aspekte von NAT findet sich in RFC 3022.

Auf einem Linux-System kann NAT beispielsweise durch die Kernel-Firewall *Netfilter/iptables* bereitgestellt werden. Dieser Aspekt wird auch in Kapitel 21, »Computer- und Netzwerksicherheit«, erwähnt.

Die Windows-Desktopsysteme enthalten einen eigenen NAT-Dienst namens *Internet Connection Sharing* (ICS). Dadurch fungiert eine Workstation als NAT-Router und ermöglicht so die Nutzung ihres Internetzugangs durch andere Maschinen. Diese NAT-Variante gilt allerdings als unsicher und ist zudem erheblich unflexibler als IP-Masquerading, da sie automatisch erfolgt und keinerlei Einstellungen zulässt.

In manchen Netzwerken geschieht der Zugriff auf Internetdienste nicht über Router, sondern über Gateways auf Anwendungsebene, die in der Öffentlichkeit als Stellvertreter (Proxys) des eigenen Rechners arbeiten. Solche Proxyserver gibt es für fast alle Dienste. Am bekanntesten sind Webproxys, die oft auch als Cache (Zwischenspeicher) für häufig aufgerufene Websites dienen.

Die bekannteste Proxy- und Webcache-Software ist der Open-Source-Proxy *squid*; Microsoft bietet ebenfalls ein entsprechendes Produkt namens *ISA Server* an. Auch der Webserver Apache (siehe Kapitel 14, »Server für Webanwendungen«) kann optional als Caching-Proxy für verschiedene Protokolle konfiguriert werden. Eine Anleitung dazu finden Sie in der Onlinedokumentation des Webservers Apache, konkret unter *http://httpd.apache.org/docs/2.4/en/mod/mod_proxy.html*.

5.6.3 Transportprotokolle

Eine Anwendung, die Daten über ein TCP/IP-Netzwerk wie das Internet übertragen möchte, beauftragt zu diesem Zweck ein Transportprotokoll, also ein Protokoll der Host-zu-Host-Transportschicht des Internetschichtenmodells. Nachdem im letzten Abschnitt das IP-Routing erläutert wurde, sollten Sie auch verstehen, warum der Vorgang als *Host-zu-Host-Transport* bezeichnet wird: Router betrachten von den Datenpaketen, die sie weiterleiten sollen, immer nur den IP-Header und werten dessen Informationen aus. Aus der Sicht des IP-Protokolls existieren die Daten der Transportschicht nicht. Umgekehrt ist also das Routing ein Implementierungsdetail, das für die Protokolle der Transportschicht nicht sichtbar ist. Aus ihrer Sicht kann der Zielhost immer unmittelbar erreicht werden.

Um den Bedürfnissen verschiedener Anwendungen gerecht zu werden, wurden zwei verschiedene wichtige Transportprotokolle definiert. Das häufiger verwendete *TCP-Protokoll* (definiert in RFC 793), das einen Teil des Namens der Protokollfamilie ausmacht, stellt den zuverlässigen Transport von Datenpaketen in einer definierten Reihenfolge zur Verfügung. Dagegen bietet das *UDP-Protokoll* (RFC 768) die Möglichkeit, Daten auf Kosten der Zuverlässigkeit möglichst schnell zu transportieren.

Ein wenig zwischen Vermittlungs- und Transportschicht liegt das ICMP-Protokoll (*Internet Control Message Protocol*), das für den Versand spezieller Datagramme verwendet wird, mit deren Hilfe überprüft werden kann, ob ein entfernter Host im Netzwerk aktiv ist. Das entsprechende Dienstprogramm heißt *ping*. Es ist unter Windows und allen Unix-Varianten verfügbar. Um es zu benutzen, geben Sie auf der Konsole einfach Folgendes ein:

```
$ ping Hostname_oder_IP-Adresse
```

Die beiden Protokolle werden in den folgenden Abschnitten genauer beschrieben.

Das Transmission Control Protocol (TCP)

Wie Sie im letzten Abschnitt erfahren haben, werden IP-Datagramme jeweils individuell durch das Netzwerk geleitet. Deshalb kann auf der Basis von Datagrammen kein zuverlässiger Transport kontinuierlicher Datenströme erfolgen, weil es vollkommen normal ist, dass Datagramme nicht in der Reihenfolge ankommen, in der sie abgeschickt wurden. Darüber hinaus ist es möglich, dass sie auch gar nicht ankommen, weil auf der Ebene des IP-Protokolls keine entsprechende Kontrolle durchgeführt wird.

Um nun über den potenziell unsicheren Weg der IP-Datagramme Daten zuverlässig durch das Netzwerk zu transportieren, wird auf dieser höher gelegenen Ebene eine Flusskontrolle implementiert: Im Wesentlichen werden die Datenpakete durch das TCP-Protokoll durchnummeriert, um die korrekte Reihenfolge aufrechtzuerhalten. Im Übrigen erwartet der ursprüngliche Absender für jedes einzelne Datenpaket eine Bestätigung; bleibt sie zu lange aus, versendet der Absender das entsprechende Paket einfach erneut.

Als Erstes sollten Sie sich den TCP-Paket-Header ansehen, der in Tabelle 5.19 gezeigt wird.

Byte	0	1	2	3
0	Quellport		Zielport	
4	Sequenznummer			
8	Bestätigungsnummer			
12	Offset	reserviert	Flags	Fenster
16	Prüfsumme		Urgent-Zeiger	
20	Optionen			Padding

Tabelle 5.19 Aufbau des TCP-Datenpaket-Headers

Ein TCP-Datenpaket-Header besteht aus den folgenden Bestandteilen:

- *Quellport* (16 Bit): Ports stellen eine Methode zur Identifikation der konkreten Anwendungen zur Verfügung, die auf den beteiligten Hosts miteinander kommunizieren. Der Quellport ist die Portnummer des Absenders.
- *Zielport* (16 Bit): Dies ist entsprechend die Portnummer des Empfängers.
- *Sequenznummer* (32 Bit): Normalerweise gibt diese Nummer an, dem wievielten Byte der zu übertragenden Sequenz das erste Nutzdaten-Byte des Pakets entspricht. Ausnahme: Ist das SYN-Flag gesetzt, wird die Anfangssequenznummer (*Initial Sequence Number*, ISN) angegeben.
- *Bestätigungsnummer* (32 Bit): Das Start-Byte der Sequenz, deren Übertragung als Nächstes erwartet wird; ist nur bei gesetztem ACK-Bit von Bedeutung.
- *Offset* (4 Bit): Anzahl der 32-Bit-Wörter, aus denen der Header besteht; gibt entsprechend den Beginn der Nutzdaten im Paket an.
- *reserviert* (6 Bit): Reserviert für zukünftige Anwendungen; muss 0 sein.
- *Flags* (6 Bit): Verschiedene Status-Bits, im Einzelnen:
  - URG: Urgent Data wird versandt; der Inhalt des Urgent-Zeigers muss beachtet werden.
  - ACK: Acknowledgement – das Bestätigungsfeld muss berücksichtigt werden.
  - PSH: Push-Funktion – ist dieses Bit gesetzt, wird die Pufferung des Pakets verhindert; es wird unmittelbar gesendet.
  - RST: Reset – Verbindung zurücksetzen.
  - SYN: Sequenznummern synchronisieren.
  - FIN: Ende der Sequenz, keine weiteren Daten vom Absender.

- *Fenster* (16 Bit): Die Anzahl von Daten-Bytes, die der Absender des Pakets zu empfangen bereit ist; basiert unter anderem auf der IP-MTU der verwendeten Schnittstelle.
- *Prüfsumme* (16 Bit): Anhand dieser einfacheren Plausibilitätskontrolle kann die Korrektheit der übertragenen Daten überprüft werden.
- *Urgent-Zeiger* (16 Bit): Ein Zeiger auf das Byte der aktuellen Sequenz, das Urgent Data enthält. Wird nur ausgewertet, wenn das URG-Flag gesetzt ist.
- *Optionen* (variable Länge): Enthält verschiedene hersteller- und implementierungsabhängige Zusatzinformationen; stets ein Vielfaches von 8 Bit lang.

Zwischen den beiden Hosts, die über TCP kommunizieren, wird eine virtuelle Punkt-zu-Punkt-Verbindung hergestellt; aus diesem Grund wird TCP auch als *verbindungsorientiertes Protokoll* bezeichnet. Dies ermöglicht den Transport eines kontinuierlichen Datenstroms über die potenziell unzuverlässigen IP-Datagramme, in die die TCP-Pakete verpackt werden. Um die Datenübertragung einzuleiten, findet zunächst ein sogenannter *Drei-Wege-Handshake* statt: Drei spezielle Datenpakete ohne Nutzdateninhalt werden ausgetauscht. Der Host, der die Verbindung initiiert, sendet ein Paket mit gesetztem SYN-Bit an den Empfänger. Dieser schickt ein Paket zurück, bei dem SYN und ACK gesetzt sind, und erwartet wiederum eine Antwort, bei der nur das ACK-Flag gesetzt ist. Erst nachdem das geschehen ist, beginnt die eigentliche Übertragung von Nutzdaten. Dieses Vorgehen garantiert, dass beide Hosts bereit sind, miteinander zu kommunizieren.

Anschließend sendet der Absender ein Paket nach dem anderen an den Empfängerhost, wobei die Sequenznummer stets um die im vorangegangenen Paket versandte Nutzdatenmenge erhöht wird. Der Empfänger beantwortet jedes empfangene Paket, dessen Prüfsumme mit dem Inhalt übereinstimmt, mit einem Bestätigungspaket, dessen ACK-Flag also gesetzt ist. Der Wert des Bestätigungsfeldes ist der Byte-Offset der nächsten Datensequenz, die der Empfänger erwartet, ist also die Summe aus Sequenznummer und Nutzdatenlänge des soeben empfangenen Pakets.

Erhält der Absender die Bestätigung nicht innerhalb einer definierten Zeit (Time-out), sendet er das entsprechende Paket unaufgefordert erneut. Dieses Verfahren wird *positive Bestätigung* (*Positive Acknowledgement*) genannt, da lediglich der Erfolg gemeldet wird; von einem Misserfolg wird automatisch ausgegangen, wenn keine Meldung erfolgt. Dieses Verfahren ist zuverlässiger als das Arbeiten mit Misserfolgsmeldungen: Kommt die Erfolgsmeldung nicht an, wird das Paket einfach erneut versandt, ansonsten gibt es aber keine schädlichen Folgen (abgesehen von dem geringen Mehraufwand für ein überflüssig versandtes Paket, falls einmal lediglich die Bestätigung verloren gegangen ist). Käme dagegen eine Misserfolgsmeldung nicht an, würde das betreffende Paket nicht erneut versandt und den Empfänger niemals erreichen.

Ein weiterer wichtiger Bestandteil von TCP-Paketen sind die beiden 16 Bit langen Portnummern. Jedes Paket kann anhand des Portnummernpaars als zu einer bestimmten Sequenz und Anwendung gehörig identifiziert werden. Das ist auch absolut notwendig: Stellen Sie sich vor, Sie hätten zwei Browserfenster geöffnet, und in beiden würden gleichzeitig verschiedene Seiten von *www.rheinwerk-verlag.de* geladen. Anhand der IP-Adressen können die beiden Datenübertragungen nicht voneinander unterschieden werden, da die beiden Hosts, die hier miteinander kommunizieren, identisch sind. Es könnte also sehr leicht passieren, dass die Daten fehlerhaft zugeordnet werden und Sie zwei seltsame Mischungen der beiden Dokumente erhalten – ein Effekt wie in dem Horror-Klassiker »Die Fliege«!

Dieses Szenario kann deshalb nicht eintreten, weil die beiden Datenübertragungen nicht über dasselbe Paar von Portnummern erfolgen. In der Regel ist die Portnummer des Servers festgelegt, während der Client irgendeinen Port wählt, der gerade frei ist. Die untersten 1.024 Portnummern sind als sogenannte *Well-known Ports* für Standard-Serverdienste fest vergeben; für Clients wird eine zufällige Nummer (ein sogenannter *Ephemeral Port*) zwischen 1.024 und 65.535 verwendet. Beispielsweise benutzen Webserver, also HTTP-Server, üblicherweise den TCP-Port 80, FTP-Server den Port 21 und Telnet-Server den Port 23. Eine kleine Liste, die auch UDP betrifft, finden Sie in Tabelle 5.21.

In dem Beispiel mit den beiden Browserfenstern ist der Serverport jeweils 80; die Clientports sind dagegen unterschiedlich, beispielsweise 16832 und 16723. Dies verdeutlicht die Formulierung, dass nur die Portpaare und nicht die beiden einzelnen Ports unterschiedlich sein müssen, um Sequenzen voneinander abzugrenzen.

Gewöhnlich »lauscht« ein TCP-Serverdienst an seinem speziellen Port auf ankommende Verbindungsversuche. Unternimmt ein Client den Versuch, eine TCP-Verbindung mit dieser speziellen Portnummer als Empfängerport und einer zufälligen Nummer als Absender herzustellen, akzeptiert der Server dies nach den Regeln des Drei-Wege-Handshakes; eine Verbindung für den gegenseitigen Datenaustausch ist hergestellt.

Interessant ist schließlich das Thema Urgent Data: Manchmal muss ein Host einen anderen über einen besonderen Zustand informieren, beispielsweise eine Konfigurationsänderung oder einen lokal initiierten Abbruch mitteilen. Zu diesem Zweck wird das URG-Flag gesetzt; der Empfänger ermittelt daraufhin aus dem Urgent-Zeiger-Feld des Paket-Headers die Byte-Nummer innerhalb der Sequenz, in der sich diese dringlichen Daten befinden. Es handelt sich stets nur um ein einziges Byte, das auch als *Out-of-Bound-Byte* bezeichnet wird, weil es nicht zum gewöhnlichen Datenstrom gehört. Es ist also unmöglich, auf diesem Weg eine längere dringende Mitteilung zu versenden, aber immerhin besteht die Möglichkeit, bestimmte zwischen den Anwendungen vereinbarte Signale auszutauschen.

Das User Datagram Protocol (UDP)

Manche Anwendungen möchten auf den Komfort und die Sicherheit von TCP getrost verzichten, wenn sie die Daten dafür schneller ans Ziel befördern können. Die Möglichkeit eines solchen möglichst schnellen Versands bietet das UDP-Protokoll. Ob eine Anwendung für ihre Datenübertragung nun TCP, UDP oder beide verwenden möchte, entscheidet sie selbst.

Stellen Sie sich als Beispiel ein Netzwerkspiel vor, eine virtuelle 3D-Umgebung, in der Sie gegen Ihre Mitspieler »kämpfen« können. Ein solches Spiel ist ideal für die Erklärung des Nutzens beider Übertragungsarten geeignet: Bestimmte grundlegende Konfigurationsdaten (Lebt der Gegner überhaupt noch? Hat er auf mich geschossen?) sind entscheidend für den eigentlichen Spielverlauf und sollten deshalb zuverlässig über TCP übertragen werden. Dagegen sind bestimmte Details (Pose und Gesichtsausdruck der gegnerischen Spielfigur, die Position von Gegnern außerhalb des »Gesichtsfeldes« etc.) nicht so wichtig. Wenn überhaupt, sollten sie möglichst schnell übertragen werden. Fallen sie vorübergehend aus, schadet das auch nichts – ideale Kandidaten für die Übertragung mithilfe des schnelleren, aber weniger zuverlässigen UDP-Protokolls.

Der Hauptgrund dafür, dass sich Daten über UDP schneller übertragen lassen als über TCP, ist der erheblich kleinere und weniger komplexe Paket-Header. Der Aufbau dieses Headers, der gerade einmal (unveränderlich) 64 Bit groß ist, wird in Tabelle 5.20 dargestellt.

Byte	0	1	2	3
0	Quellport		Zielport	
4	Länge		Prüfsumme	

Tabelle 5.20 Aufbau des UDP-Headers

Die einzelnen Header-Felder haben dieselbe Bedeutung wie die gleichnamigen Felder beim TCP-Protokoll. Mit der Länge ist hier die Länge des gesamten Pakets inklusive dieses Headers gemeint. Der Quellport wird häufig einfach auf 0 gesetzt: Da UDP dem schnellen Versand einer einzelnen Nachricht dient, auf die in der Regel keine Antwort erwartet wird, ist es nicht nötig, diese Information festzulegen. Der Zielport ist dagegen meist der festgelegte Port des UDP-Servers, an den das Paket verschickt wird. UDP wird für viele einfache Internetdienste verwendet: die Uhrzeitsynchronisation über ein Netzwerk, den Echo-Dienst zur Kontrolle der Funktionstüchtigkeit von Verbindungen oder entfernten Hosts etc.

Im Gegensatz zum verbindungsorientierten TCP wird UDP als *nachrichtenorientiertes Protokoll* bezeichnet, da es dem schnellen, verbindungslosen Versand einzelner Pakete in Form kurzer Meldungen dient. Dies erklärt auch den Namen des Protokolls: Einer Anwendung, die von diesem Transportdienst Gebrauch macht, wird der unmittelbare und leichtgewichtige Zugriff auf IP-Datagramme ermöglicht.

Die Portnummern für gängige Serverdienste (bei UDP spricht man häufig auch von *Servicenummern*) liegen wie bei TCP zwischen 0 und 1.023. Sie werden genau wie öffentliche IP-Adressen von der IANA vergeben. In der Regel wird dieselbe Portnummer für beide Transportprotokolle verwendet, obwohl die meisten Anwendungen nur auf jeweils einem der beiden Protokolle laufen. Tabelle 5.21 zeigt einige oft verwendete Beispiele mit ihrem offiziellen Namen und dem am häufigsten verwendeten Transportprotokoll. Die vollständige Liste aller öffentlichen Serverdienste finden Sie unter *http://www.iana.org/assignments/port-numbers*. Falls Sie ein Unix-System nutzen, steht eine ähnliche, möglicherweise weniger vollständige Liste in der Konfigurationsdatei */etc/services* zur Verfügung.

Nummer	Transportprotokoll	Name	Beschreibung
7	TCP, UDP	`echo`	genaue Rückgabe der übermittelten Daten zur Kontrolle
13	TCP, UDP	`daytime`	Datum und Uhrzeit (RFC 867)
20	TCP	`ftp`	FTP-Datenstrom
21	TCP	`ftp`	FTP-Steuerung
22	TCP	`ssh`	Secure Shell – Telnet-Alternative mit Verschlüsselung
23	TCP	`telnet`	Terminal-Emulation
25	TCP	`smtp`	E-Mail-Versand
53	TCP, UDP	`domain`	Nameserver-Abfragen
80	TCP	`http`	Webserver
110	TCP	`pop3`	E-Mail-Postfach-Server (klassisch)
143	TCP	`imap`	E-Mail-Postfach-Server (modern)
443	TCP, UDP	`https`	SSL-verschlüsselte Webserverkommunikation

Tabelle 5.21 Einige TCP/UDP-Portnummern für gängige Dienste

5.6.4 Das Domain Name System (DNS)

Der Einsatz von IP-Adressen zum Erreichen entfernter Rechner ist ideal, solange in die Datenübertragung nur Computer involviert sind. Für die Verwendung durch Menschen sind sie weniger gut geeignet (es gibt zum Beispiel nur wenige Menschen, die sich Telefonnummern auf Anhieb besser merken können als die zugehörigen Namen). Aus diesem Grund ist es seit den Anfängen des Internets und seiner Vorläufer üblich, einen Mechanismus einzurichten, der den beteiligten Menschen das Nutzen lesefreundlicher Namen anstelle der unhandlichen IP-Adressen ermöglicht.

Als das ARPANET entwickelt wurde, behalf man sich mit einer einfachen Textdatei, die pro Zeile einen Hostnamen und eine IP-Adresse nebeneinander auflistete. Noch heute verwenden Unix-Rechner eine ähnliche Datei namens */etc/hosts*. Auch unter Windows ist das Verfahren bekannt. Hier befindet sich die Datei in *<Windows-Verzeichnis>\system32\drivers\etc* und heißt – untypisch für Windows ohne Dateiendung – ebenfalls nur *hosts*. Allerdings wird dieses Verfahren heute immer seltener für die Namenszuordnung in lokalen Netzen eingesetzt, weil in immer mehr Firmennetzen DHCP verwendet wird.

Findet der Rechner einen Namenseintrag in seiner */etc/hosts*-Datei, wird er die entsprechende Adresse nicht mehr bei einem Nameserver nachfragen, sodass sich die IP-Adressen zu unerwünschten Hosts (zum Beispiel von bekannten Betreibern von Phishing und anderen Betrügereien oder hartnäckigen Werbetreibenden) durch harmlose lokale ersetzen lassen.

Früher wurde die Datei namens *hosts.txt* zentral verwaltet und regelmäßig unter den teilnehmenden Hosts im ARPANET ausgetauscht, um die Namensdaten aktuell zu halten. Als das Netz jedoch immer größer wurde, funktionierte dieses System nicht mehr, weil man mit den häufigen Änderungen nicht mehr nachkam und weil die gesamte Datei außerdem sehr umfangreich war und ihr Versand eine erhebliche Menge an Netzwerkverkehr erzeugte.

Schließlich wurde anstelle der einfachen Textdatei eine hierarchische, vernetzte Datenbank eingeführt, die bis heute ein verteiltes Netz von Nameservern bildet. Diese Server geben auf Anfrage Auskunft über die zu einem Hostnamen gehörende IP-Adresse oder umgekehrt. Außerdem leiten sie die Anfrage automatisch weiter, wenn sie selbst keine Antwort wissen. Das System wird als *Domain Name System* (DNS) bezeichnet und ist Thema einer ganzen Reihe von RFCs. Die wesentlichen Grundlagen werden in RFC 1034 und 1035 beschrieben.

Damit Hostnamen im gesamten Internet eindeutig sind, werden sie hierarchisch als sogenannte *Domainnamen* vergeben. Zu diesem Zweck wird ein Name aus immer spezialisierteren Bestandteilen zusammengesetzt; das System lässt sich mit einem Pfad in einem Dateisystem vergleichen. Allerdings besteht ein wesentlicher Unterschied: Beim Dateisystempfad steht der allgemeinste Name vorn und der speziellste hinten, während es beim Domainnamen genau umgekehrt ist.

Beispielsweise bedeutet der Unix-Pfad */home/sascha/hb_fachinfo/netzwerk/protokolle.txt*, dass sich die Datei *protokolle.txt* im Verzeichnis *netzwerk* befindet, einem Unterverzeichnis von *hb_fachinfo*, das wiederum dem Verzeichnis *sascha* untergeordnet ist. *sascha* ist seinerseits ein Unterverzeichnis von *home*, das schließlich direkt unter der Wurzel des Dateisystems (/) liegt.

Dagegen ist der Domainname *www.buecher.lingoworld.de* genau anders herum aufgebaut: Der Host/Dienst *www* liegt in der Domain *buecher*, einer Subdomain von *lingoworld* in der Top-Level-Domain *.de*. Die Wurzel des DNS-Systems selbst ist nicht sichtbar, weil ihr Name der leere String ist.

Auf der jeweiligen Ebene des DNS-Systems muss ein bestimmter Name einmalig sein. Beispielsweise kann es *buecher.lingoworld.de* nur einmal geben. Unterhalb dieser Domain können untergeordnete Domains (Subdomains) oder die Namen einzelner Hosts oder Serverdienste bestehen, beispielsweise *www.buecher.lingoworld.de*, *ftp.buecher.lingoworld.de* oder *neuheiten.buecher.lingoworld.de*. Im Übrigen dürfen dieselben Namen natürlich auf über- oder untergeordneten oder auch auf »Geschwister-Ebenen« existieren: Es kann die Website *www.lingoworld.de* ebenso geben wie etwa *www.download.lingoworld.de*. Selbstverständlich ist auch *www.buecher.de* kein Problem – es handelt sich um eine andere Domain unterhalb der Top-Level-Domain *de*.

Aus Sicht der DNS-Administration wird jede Ebene eines solchen Namens auch als *Zone* bezeichnet, weil eine solche Ebene jeweils unabhängig von den übergeordneten Ebenen verwaltet wird. Beispielsweise kann der Administrator der Domain *lingoworld.de* Subdomains wie *buecher.lingoworld.de* oder *download.lingoworld.de* einrichten. Er kann die Verantwortung für eine Subdomain auch an jemand anderen delegieren, für den dann beispielsweise *buecher.lingoworld.de* wieder eine unabhängige Zone darstellt. Andererseits kann der Zonenverantwortliche für *lingoworld.de* nicht auf andere Zonen in der Domain *.de* zugreifen; beispielsweise geht ihn die Konfiguration der Zone *google.de* nichts an.

Die Infrastruktur der Domainnamen wird von den über das gesamte Internet verbreiteten Nameservern verwaltet. Alle führen ein Programm aus, das Anfragen nach Name-Adresse-Zuordnungen beantwortet, unbekannte Zuordnungen bei anderen Nameservern erfragt und dann meistens dauerhaft speichert. Die am häufigsten verwendete derartige Software heißt BIND (*Berkeley Internet Name Domain*) und läuft unter allen Unix-Varianten; sie wird in Kapitel 15, »Weitere Internet-Serverdienste«, vorgestellt.

Auf der obersten Ebene des DNS existiert die spezielle Zone, deren Name der leere String ist. Diese Zone wird durch die Root-Nameserver der ICANN verwaltet und enthält Verweise auf alle Top-Level-Domains. Davon gibt es, organisatorisch gesehen, zwei Sorten (auch wenn es keinen technischen Unterschied gibt):

- Die *Generic TLDs* (allgemeine Top-Level-Domains) wie *.com* oder *.org* unterteilen die jeweiligen Domains, die unter ihnen liegen, nach der Funktion ihrer Betreiber.
- Die *Country TLDs* oder *ccTLDs* (Länder-TLDs) sind dagegen für eine geografische Einteilung vorgesehen.

In der Praxis kommt es ohnehin zu einer Vermischung: Zum einen sind viele Generic TLDs mittlerweile für beliebige Betreiber nutzbar, zum anderen gibt es einige Länder-TLDs, die wegen ihrer spezifischen Abkürzung für bestimmte Branchen interessant sind – am bekanntesten ist in diesem Zusammenhang wohl der Südsee-Inselstaat Tuvalu mit seiner bei Fernsehsendern und Web-Videodiensten beliebten TLD *.tv*.

Tabelle 5.22 listet einige häufig verwendete Top-Level-Domains auf. Die mit Abstand meisten Betreiberdomains enthält die Generic TLD *.com*, gefolgt von der länderspezifischen Domain *.de* (Deutschland).

Top-Level-Domain	Bedeutung
Generic Top-Level-Domains	
.com	*commercial* (Firmen)
.org	*organization* (Organisationen und Vereine)
.net	*network* (Netzwerkbetreiber, Internetinfrastruktur)
.edu	*educational* (US-Schulen und -Universitäten)
.gov	*government* (US-Regierung, US-Behörden, öffentlicher Dienst)
.mil	*military* (US-Militär)
.info	*information* (allgemeine Informationsdienste)
.aero	*aeronautics* (Luftfahrtindustrie, Fluggesellschaften)
Länder-Top-Level-Domains	
.at	Österreich
.ch	Schweiz
.cn	Volksrepublik China
.de	Deutschland
.es	Spanien
.fr	Frankreich
.it	Italien
.jp	Japan
.ru	Russland
.tr	Türkei
.uk	Vereinigtes Königreich
.us	USA
.va	Vatikanstadt

Tabelle 5.22 Übersicht über einige wichtige Top-Level-Domains

Der jeweilige Haupt-Nameserver einer Top-Level-Domain enthält Verweise auf sämtliche unterhalb dieser Domain befindlichen Second-Level-Domains. Je nach konkreter TLD handelt es sich dabei entweder unmittelbar um die einzelnen Domains, die von Betreibern angemeldet werden können, oder eine Domain ist in sich noch einmal in Organisationsstrukturen unterteilt. Bei allen Generic TLDs und den meisten Länder-TLDs ist Ersteres der Fall. Nur einige Länder-TLDs werden noch einmal organisatorisch unterteilt: Zum Beispiel verwendet das Vereinigte Königreich Unterteilungen wie *.co.uk* für Firmen, *.ac.uk* für Universitäten und *.org.uk* für Vereine und Organisationen; auch in der Türkei findet man entsprechende Unterteilungen wie *.com.tr*, *.edu.tr* und *.org.tr*.

In den letzten Jahren wurden zahllose neue Top-Level-Domains eingeführt, beispielsweise für spezifische Arten von Firmen oder Vereinen wie *.tel* für Telekommunikationsunternehmen oder *.museum* für Museen, aber auch für Städte oder Regionen (in Deutschland wurde die Einführung solcher TLDs oft mit dem Beispiel *.berlin* beworben; meine Heimatstadt hat sogar zwei eigene TLDs: den deutschen Namen *.koeln* und das internationale *.cologne*).

Aus Sicherheitsgründen sollten die Zonendaten für die Domain eines einzelnen Betreibers auf mindestens zwei voneinander unabhängigen (das heißt in verschiedenen autonomen Systemen befindlichen) Nameservern vorliegen. Die Daten müssen dafür nur auf einem der beiden Server erstellt werden, der als *primärer Master-Nameserver* bezeichnet wird; der andere – *Slave-Nameserver* genannt – repliziert sie automatisch. Größere Unternehmen und Institutionen verwalten in der Regel ihre eigenen Zonen. Der externe Slave-Nameserver mit denselben Zonendaten befindet sich in diesem Fall meist beim zuständigen Backbone-Provider, über den diese Betreiber mit dem Internet verbunden sind. Privatpersonen oder kleinere Firmen besitzen dagegen zwar häufig eine eigene Domain (*www.meinname.de* ist werbewirksamer als so etwas wie *home.t-online.de/users/meinname*), unter dieser Domain laufen allerdings oft lediglich eine beim Provider gehostete Website und einige E-Mail-Adressen. In diesem Fall werden die Zonendaten meist beim Hosting-Provider und einem anderen Provider verwaltet; die beiden Provider stellen sich den Slave-Nameservice dann gegenseitig zur Verfügung.

Bei den meisten Einzelrechnern oder kleineren Firmennetzwerken besteht die ganze DNS-Konfiguration oft lediglich aus der Eingabe der IP-Adresse eines Nameservers des eigenen Providers; in vielen Fällen ist sogar dies unnötig, weil die Standard-Nameserver beim Verbindungsaufbau bekannt gegeben werden. Die Nameserver werden stets befragt, wenn Namensdaten erforderlich sind.

Gebe ich zum Beispiel in meinem Webbrowser »www.google.de« ein, überprüft dieser zunächst, ob er die IP-Adresse vielleicht bereits kennt. Andernfalls fragt er den Standard-Nameserver des Providers. Dieser weiß die Antwort entweder selbst und liefert sie unmittelbar zurück oder wendet sich an den übergeordneten Nameserver – in diesem Fall den für die Top-Level-Domain *.de* zuständigen Server. Der wiederum kennt die für die Domain *google.de* zuständigen Nameserver und leitet die Anfrage an den ersten von ihnen weiter. Dieser ermittelt die IP-Adresse des Dienstes *www.google.de* und gibt sie zurück. Nun weiß der Browser, welche IP-Adresse er verwenden muss. Außerdem speichert der Nameserver des Providers die gefundene Adresse ebenfalls in seinem Cache ab, um die nächste entsprechende Anfrage schneller beantworten zu können.

Insgesamt stellt das DNS ein leistungsfähiges, flexibles und effizientes System zur Verwaltung benutzerfreundlicher Hostnamen zur Verfügung. Es wird im gesamten Internet eingesetzt und zumindest clientseitig von jedem beliebigen Betriebssystem unterstützt. Allerdings handelt es sich nicht um die einzige Art und Weise der Namensverwaltung. Gerade in herstellerabhängigen lokalen Netzen werden Dienste wie der Windows-Namensdienst WINS oder das *Network Information System* (NIS) von Sun eingesetzt. Letzteres ist nicht nur ein Namens-, sondern auch ein einfacher Verzeichnisdienst.

5.6.5 Verschiedene Internetanwendungsprotokolle

Genau wie beinahe jede Hardware die TCP/IP-Protokolle unterstützt, laufen auf der Anwendungsschicht des Internetprotokollstapels auch fast alle Arten von Netzwerkanwendungen. Dazu gehören unter anderem Anwendungsprotokolle, die ursprünglich für bestimmte herstellerabhängige Netzwerke konzipiert wurden, beispielsweise die Standard-Fileserver-Protokolle der diversen Betriebssysteme: Das unter Windows verwendete SMB-Protokoll (*Server Message Blocks*) wurde zunächst auf Microsofts eigenes NetBEUI-Netzwerk aufgesetzt, das von Apple konzipierte AppleShare lief ursprünglich nur unter AppleTalk. Mittlerweile werden diese speziellen Anwendungsprotokolle praktisch exklusiv auf TCP/IP aufgesetzt.

An dieser Stelle geht es lediglich darum, die grundlegende Funktionsweise einiger typischer Internetdienste auf der Ebene ihrer Protokolle zu beschreiben. Falls Sie also Details über die Verwendung von Internet-Client-Server-Diensten oder deren Konfiguration unter einem bestimmten Betriebssystem suchen, sollten Sie Kapitel 14, »Server für Webanwendungen«, und Kapitel 15, »Weitere Internet-Serverdienste«, lesen. Hier erfahren Sie dagegen eher, was hinter den Kulissen wirklich passiert, wenn Sie eine E-Mail versenden oder eine Webseite anfordern.

Das (für Administratoren und Programmierer) Angenehme an den meisten Internetanwendungsprotokollen ist, dass die Protokollbefehle in Form von Klartextwörtern in Englisch verschickt werden. Wenn Sie mit einem Packet-Sniffer oder einfach mit `telnet` die Inhalte der über das Netzwerk übertragenen Datenpakete kontrollieren, können Sie deshalb unmittelbar verstehen, worüber die verschiedenen Hosts »reden«. Auf diese Weise ist es verhältnismäßig einfach, Konfigurations- oder Programmierfehler auf der Ebene der Anwendungsprotokolle zu entdecken und zu beseitigen.

In der Regel bestehen die Anforderungen eines Internetanwendungsclients aus einzeiligen Befehlen, die vom Server mit einer Statusmeldung und manchmal auch mit der Lieferung konkreter Daten beantwortet werden. Sie können das Verhalten eines Clients simulieren, indem Sie mit einem Terminalprogramm wie `telnet` eine Verbindung zu dem passenden Host und Port aufbauen und die entsprechenden Befehle von Hand eintippen.

Telnet und SSH

Eine der ältesten Anwendungen des Internets ist die Terminal-Emulation: Ein Programm ermöglicht Ihnen über ein Terminal, das an Ihren Computer angeschlossen ist, die Arbeit an einem anderen Computer, zu dem eine Netzwerkverbindung besteht. Telnet ist eines der wichtigsten Werkzeuge für Systemadministratoren, die auf diese Weise entfernte Rechner verwalten, ohne sich physisch dorthin zu begeben (insbesondere an Wochenenden oder nach Feierabend schätzen Admins diese Möglichkeit, weil sie eventuelle Pannenhilfe von zu Hause aus erledigen können). Die Telnet-Spezifikation ist in RFC 854 festgelegt.

Fast alles, was an dieser Stelle über Telnet gesagt wird, gilt sinngemäß auch für SSH, die *Secure Shell*. Im Grunde genommen handelt es sich dabei um eine sichere Variante von Telnet, die mit Verschlüsselung arbeitet. Der gravierendste Schönheitsfehler des klassischen Telnet besteht nämlich darin, dass es Daten im Klartext überträgt – und das gilt unter anderem auch für Passwörter und ähnlich sensible Daten. SSH ist nicht in einem RFC spezifiziert, denn obwohl es sich aus frei verfügbaren Komponenten zusammensetzt, ist die ursprüngliche Implementierung kommerziell. Nähere Informationen dazu erhalten Sie auf der Website *http://www.ssh.com*. Eine freie Implementierung, die in den meisten Linux- und anderen Unix-Systemen zum Einsatz kommt, ist OpenSSH (*http://www.openssh.com*).

Der Telnet-Server lauscht auf dem TCP-Port 23 auf eingehende Verbindungen (SSH verwendet Port 22). Wenn ein TCP-Verbindungsversuch erfolgt, wird auf dem entfernten Host zunächst nach Usernamen und Passwort gefragt, bevor die Verbindung tatsächlich genutzt werden kann. Im Grunde genommen wird eine Standard-Unix-Shell zur Verfügung gestellt, in der man auch lokal auf dem entsprechenden Rechner arbeiten würde.

Telnet und SSH sind daher beliebig flexibel, was den Inhalt der in beide Richtungen übermittelten Daten angeht. Wenn Sie erst einmal mit dem Telnet-Server verbunden sind, können Sie jedes beliebige Programm auf dem entfernten Host ausführen, für das Sie Benutzerrechte besitzen. Dazu gehören auch solche Programme, die nicht zeilenorientiert, sondern mit einer Vollbildmaske arbeiten – zum Beispiel die klassischen Unix-Texteditoren *vi* und *Emacs*. Deshalb genügt die zeilenorientierte Kommunikation zwischen Client und Server bei Telnet nicht: In einem Vollbildprogramm kann jeder einzelne Tastendruck eine Bedeutung haben, die unmittelbar umgesetzt werden muss. Falls Sie Beispiele dafür sehen möchten, was Sie in einer SSH- oder Telnet-Sitzung eingeben können, lesen Sie einfach die Abschnitte über die Linux- oder Unix-Shell in Kapitel 6, »Betriebssysteme«. Alles, was dort steht, gilt auch für den Fernzugriff.

Die einzigen Programme, die nicht über Telnet ausgeführt werden können, sind solche, die auf einer grafischen Benutzeroberfläche laufen. Allerdings bietet die Unix-Welt auch für dieses Problem die passende Lösung: Sie benötigen auf Ihrem lokalen Rechner zusätzlich zu dem Telnet-Client einen X-Window-Server, der die grundlegenden Zeichenfunktionen für das GUI zur Verfügung stellt. Sobald dieser X-Server läuft, können Sie ein X-basiertes Anwendungsprogramm auf dem entfernten Server starten und Ihren eigenen Rechner als Ziel der grafischen Darstellung angeben (in der Regel mit dem Parameter `display`). Angenommen, Ihr eigener Rechner besäße im lokalen Netz die IP-Adresse 192.168.0.9. Dann könnten Sie in das Telnet-Programm, in dem eine Sitzung auf einem anderen Rechner läuft, Folgendes eingeben, um in Ihrem X-Server ein *xterm* (ein X-basiertes Terminal) zu starten:

```
# xterm -display 192.168.0.9:0.0
```

Der Zusatz `0.0` hinter der IP-Adresse bedeutet sinngemäß »erster X-Server, erster Bildschirm«. Wichtig ist, dass Sie den Begriff *X-Server* nicht falsch verstehen: Hier läuft der Server, der die grafische Oberfläche als Dienstleistung zur Verfügung stellt, auf Ihrem eigenen Rechner, während der Client das auf dem entfernten Rechner laufende Programm ist, dessen Ausgabe in Ihrem lokalen X-Window-System erfolgt. Näheres über die Konfiguration von X-Servern unter Unix erfahren Sie in Kapitel 6, »Betriebssysteme«. Allerdings gibt es auch X-Server für andere Systeme, beispielsweise für Windows. Sie sind natürlich nicht für die grafische Darstellung lokaler Programme gedacht (das können die eingebauten GUIs von macOS oder Windows selbst gut genug), sondern für grafisch orientierte Programme, die auf entfernten Unix-Rechnern laufen.

Im Übrigen sollten Sie das Telnet-Protokoll, das die Terminal-Emulation bereitstellt, nicht mit dem Unix- und Windows-Dienstprogramm `telnet` verwechseln. Letzteres kann nämlich – wie bereits erwähnt – mit fast jedem Internetserver kommunizieren, wenn Sie die passenden Parameter eingeben (IP-Adresse beziehungsweise Hostname und Portnummer beziehungsweise Standarddienstname).

FTP

Das *File Transfer Protocol* (FTP) ist beinahe das genaue Gegenteil von Telnet: ein aus ganz wenigen Befehlen bestehendes, klartextbasiertes, zeilenorientiertes Protokoll. Es gehört zu den frühesten Internetanwendungen überhaupt. Seine erste Definition steht in RFC 172 von 1971, die aktuelle Spezifikation befindet sich in RFC 959. Den reinen Datei-Download über FTP beherrscht heutzutage fast jeder Webbrowser; die meisten stellen auch die Verzeichnisansicht des entfernten Rechners übersichtlich und angenehm dar.

In der Praxis wird jedoch überwiegend ein grafisch orientierter FTP-Client verwendet, der dem lokalen Dateinavigator Ihres Betriebssystems idealerweise möglichst ähnlich sieht. Die häufigste Anwendung für ein solches Programm dürfte die Pflege einer eigenen Website sein. Dabei bearbeiten Sie die Daten in der Regel auf Ihrem eigenen Rechner und laden sie anschließend mithilfe eines solchen FTP-Programms auf den Server Ihres Hosting-Providers hoch, um sie zu veröffentlichen. Bekannte FTP-Clients sind beispielsweise WS_FTP für Windows oder Fetch für macOS. Auch in gängige Website-Editoren wie Adobe Dreamweaver sind FTP-Module eingebaut.

Falls Sie jedoch genau sehen möchten, wie FTP-Client (auf Ihrem eigenen Rechner) und -Server (auf dem entfernten Rechner) miteinander kommunizieren, können Sie das in Unix und Windows eingebaute Konsolenprogramm `ftp` verwenden. Die Befehle, die Sie auf der Clientseite eingeben, sind jeweils einzeilig und bestehen aus einem Schlüsselwort mit eventuellen Parametern, gefolgt von einem Zeilenumbruch. Die Antwort des Servers ist zunächst eine Statusmeldung, die aus einer dreistelligen dezimalen Codenummer und einem Meldungstext besteht; häufig folgen auf die Statusmeldung zusätzliche Datenzeilen. Um dem Client das Ende einer solchen Datensequenz zu signalisieren, beginnt die letzte Zeile der Antwort des Servers wieder mit derselben Codenummer wie die erste.

Die folgenden Zeilen zeigen den Mitschnitt einer FTP-Sitzung mit dem Host *www.lingoworld.de*. Der Name `www` besagt natürlich, dass es sich eigentlich um einen Webserver handelt. Es ist durchaus üblich, dass Hosting-Provider den Webserver unmittelbar per FTP zugänglich machen, um die eigene Website hochzuladen:

```
> ftp www.lingoworld.de
Verbunden zu www.lingoworld.de.
220 FTP Server ready.
Benutzer (www.lingoworld.de:(none)): XXXXX
331 Password required for XXXXX.
Kennwort: [Eingabe wird nicht angezeigt]
230 User XXXXX logged in.
Ftp> pwd
257 "/" is current directory.
Ftp> cd extra
250 CWD command successful.
Ftp> ls
200 PORT command successful.
150 Opening ASCII mode data connection for file list.
test.txt
info.txt
226-Transfer complete.
226 Quotas off
21 Bytes empfangen in 0,01 Sekunden (2,10 KB/s)
Ftp> get test.txt
200 PORT command successful.
150 Opening ASCII mode data connection for test.txt (2589 bytes).
226 Transfer complete.
2718 Bytes empfangen in 0,04 Sekunden (67,95 KB/s)
Ftp> quit
221 Goodbye.
```

In dieser Sitzung wird zunächst die Anmeldung durchgeführt (der Username wird angezeigt, allerdings habe ich ihn hier geändert; die Passworteingabe hat kein grafisches Feedback), anschließend werden die folgenden Befehle eingesetzt (die ersten drei entsprechen gleichnamigen Unix-Shell-Befehlen, siehe Kapitel 6, »Betriebssysteme«):

- `pwd`: *print working directory* – aktuelles Arbeitsverzeichnis ausgeben
- `cd`: *change directory* – Verzeichnis auf dem entfernten Server wechseln
- `ls`: *list* – Verzeichnisinhalt anzeigen
- `get`: die angegebene Datei in das aktuelle lokale Verzeichnis herunterladen
- `quit`: die Sitzung und das FTP-Programm beenden

Weitere wichtige Befehle sind folgende:

- `put`: die angegebene Datei in das aktuelle entfernte Verzeichnis hochladen
- `binary`: umschalten in den Binärmodus
- `ascii`: umschalten in den ASCII-Modus
- `help`: eine Liste aller verfügbaren Befehle anzeigen

Es ist wichtig, dass Sie den Unterschied zwischen dem ASCII- und dem Binärmodus verstehen. Das ganze Problem hat damit zu tun, dass die verschiedenen Betriebssysteme sich nicht auf einen gemeinsamen Standard für Zeilenumbrüche in Textdateien einigen konnten. Wie in Kapitel 17, »Weitere Datei- und Datenformate«, genau erläutert wird, verwendet Unix das ASCII-Zeichen mit dem Code 10 (LF, *Line Feed* oder Zeilenvorschub), klassisches Mac OS setzt das ASCII-Zeichen 13 ein (CR, *Carriage Return* oder Wagenrücklauf), und Windows sowie die meisten Netzwerkanwendungsprotokolle nutzen beide Zeichen hintereinander.

Im ASCII-Modus werden die Zeilenumbrüche innerhalb einer Datei bei der Übertragung jeweils umgewandelt, sodass beispielsweise die auf Ihrem Windows-Rechner gespeicherten Textdateien mit CR/LF auf dem entfernten Unix-Server mit dem für dessen Verhältnisse korrekten (Nur-)LF ankommen und umgekehrt. Sie sollten jedoch begreifen, dass dieses bei Textdateien recht segensreiche Feature bei Binärdateien wie Bildern oder Programmen den sicheren Tod zur Folge hat. Wird jedes Vorkommen des Byte-Werts 10 durch die beiden Bytes 13 und 10 ersetzt oder umgekehrt, werden die Bytes in einer solchen Datei verändert und planlos verschoben! Natürlich ist eine auf diese Weise behandelte Bild-, Audio- oder Programmdatei unbrauchbar.

Die meisten grafisch orientierten FTP-Programme entscheiden je nach Dateityp passend selbst, ob sie ASCII- oder Binärübertragung verwenden sollen. Bei dem Konsolen-FTP-Programm müssen Sie für jede einzelne Datei selbst in den richtigen Modus umschalten. Das ist ein – aber nicht der einzige – Grund dafür, dass die Arbeit mit der Konsolenversion von FTP in der Praxis fast unzumutbar ist.

E-Mail

Die E-Mail, die sich unter dem Dach eines Mailclients wie Thunderbird, Google Mail oder Apple Mail so einheitlich präsentiert, bedarf in Wirklichkeit der Zusammenarbeit mit mindestens zwei verschiedenen Servern. Der eine ist für den Versand von E-Mails zuständig und führt zu diesem Zweck das Protokoll SMTP (*Simple Mail Transport Protocol*) aus. Ein anderer enthält das E-Mail-Postfach, in dem an Sie adressierte Nachrichten ankommen; dieser Dienst wird entweder von dem weitverbreiteten POP3-Protokoll (*Post Office Protocol Version 3*) oder dem komfortableren IMAP (*Internet Message Access Protocol*) versehen.

Wenn Sie eine E-Mail versenden möchten, wird diese an einen SMTP-Server übermittelt, der sich um die Weiterleitung der Nachricht an den Empfänger kümmert. SMTP, definiert in RFC 2821 (Neufassung von RFC 821), ist ähnlich wie FTP ein einfaches textbasiertes Protokoll aus wenigen Befehlen; der zuständige Server wartet am TCP-Port 25 auf Verbindungen.

Einige SMTP-Server von Internetprovidern kontrollieren bis heute nicht die Identität des Absenders. Das Problem dabei ist, dass solche Server dadurch leicht für das Versenden von Spam verwendet werden können oder dass sogar jemand eine falsche Identität vortäuschen kann. Dabei sieht die SMTP-Spezifikation durchaus mehrere mögliche Authentifizierungsverfahren vor:

- Manche SMTP-Server überprüfen die IP-Adresse des Hosts, von dem die Verbindung initiiert wurde – ein ideales Verfahren für normale Internetprovider, die nur ihrer eigenen Kundschaft Zugriff auf ihre SMTP-Server gewähren möchten.
- Eine andere Möglichkeit besteht darin, die Anmeldung am E-Mail-Empfangsserver desselben Providers als Voraussetzung für den E-Mail-Versand zu verlangen. Dieses Verfahren wird *SMTP after POP* genannt. Nachteil: Manche E-Mail-Clients können nicht damit umgehen, sodass man jedes Mal vor dem E-Mail-Versand auf MAIL EMPFANGEN klicken muss.
- Das sicherste Verfahren wurde SMTP erst nachträglich hinzugefügt (inzwischen ist es aber glücklicherweise flächendeckend verbreitet): die persönliche Anmeldung beim SMTP-Server mit Username und Passwort.

Sie können die Kommunikation mit einem SMTP-Server über das Programm `telnet` abwickeln. Eine solche Sitzung sieht beispielsweise folgendermaßen aus (die konkreten Namens- und Adressdaten habe ich anonymisiert):

```
> telnet smtp.myprovider.de smtp
220 smtp.myprovider.de ESMTP Tue, 13 Apr 2021 12:37:21 +0100
HELO
250 smtp.myprovider.de Hello[203.51.81.17]
MAIL From: absender@myprovider.de
250 <absender@myprovider.de> is syntactically correct
RCPT To: empfaenger@elsewhere.com
250 <empfaenger@elsewhere.com> verified
DATA
354 Enter message, ending with "." on a line by itself
FROM: Sascha <absender@myprovider.de>
To: Jack <empfaenger@elsewhere.com>
Subject: Gruesse
```

```
Hallo Jack,
hier ist wieder einmal Post für dich.
Viel Spaß damit!
Gruss, Sascha
.
250 OK id=18QdIY-00048Y-00
QUIT
221 smtp.myprovider.de closing connection.
```

In dieser kurzen Konversation werden die folgenden SMTP-Befehle verwendet:

- HELO: Mit diesem Befehl meldet sich der Client beim Server an; eventuell findet in diesem Zusammenhang die bereits beschriebene Überprüfung der Client-IP-Adresse statt. Manche SMTP-Server verlangen auch die Angabe eines Domainnamens hinter dem Befehl.
- MAIL: Dieser Befehl leitet die Erzeugung einer neuen Nachricht ein; der Absender muss im Format `From: E-Mail-Adresse` oder `From: Name <E-Mail-Adresse>` angegeben werden.
- RCPT: Gibt einen Empfänger im Format `To: E-Mail-Adresse` oder `To: Name <E-Mail-Adresse>` an.
- DATA: Alle folgenden Zeilen des Clients werden als Teil der eigentlichen E-Mail-Nachricht aufgefasst, bis eine Zeile folgt, die nur einen Punkt (.) enthält.
- QUIT: Die Sitzung wird hiermit beendet; alle bis zu diesem Zeitpunkt erzeugten E-Mail-Nachrichten werden versandt.

Die E-Mail-Nachricht selbst (zwischen DATA und der Abschlusszeile mit dem Punkt) ist eine klassische Textnachricht, deren Aufbau in RFC 822 (aktualisiert in RFC 2822) beschrieben wird. Prinzipiell besteht sie aus mehreren Header-Zeilen im Format `Feldname: Wert`, gefolgt von einer Leerzeile und dem eigentlichen Text. Der minimale Header enthält den Absender (From), den Empfänger (To) und einen Betreff (Subject). Absender und Empfänger dürfen wie bei den SMTP-Befehlen MAIL und RCPT diverse Formate besitzen. Weitere häufige Header-Felder sind die Kopienempfänger (Cc für *Carbon Copy*) sowie die unsichtbaren Kopienempfänger (Bcc für *Blind Carbon Copy*). Die normalen Empfänger der Kopien werden in der Nachricht angezeigt, die unsichtbaren nicht.

Ein alternatives Format für E-Mails, das heutzutage bereits häufiger verwendet wird als RFC 822, ist das MIME-Format. Die verschiedenen Aspekte von MIME werden in RFC 2045 bis 2049 dargelegt. Die Abkürzung MIME steht für *Multipurpose Internet Mail Extensions*. Es handelt sich um ein Format, das für den Versand beliebiger Text- und Binärdaten geeignet ist, sogar von verschiedenen Datentypen innerhalb derselben Nachricht.

Der MIME-Header ist eine Erweiterung des RFC-822-Headers. Die wichtigsten neuen Felder sind Content-type, das den Datentyp angibt, und Content-Transfer-Encoding, mit dessen Hilfe das Datenformat festgelegt wird. Ersteres beschreibt also den Inhalt der Nachricht, Letzteres die Form, in der sie versandt wird. Der Inhaltstyp (Content-Type), meist *MIME-Type* genannt, besteht aus zwei Bestandteilen, die durch einen Slash (/) voneinander getrennt werden: dem Haupttyp und dem genaueren Untertyp. Haupttypen sind beispielsweise `text` (ASCII-Text), `image` (Bilddaten), `audio` (Audiodaten), `video` (Digitalvideo) oder `application` (proprietäres Datenformat eines bestimmten Anwendungsprogramms). Tabelle 5.23 listet einige gängige MIME-Types auf. Die vollständige Liste aller registrierten Typen finden Sie online unter *http://www.iana.org/assignments/media-types/index.html*.

Typ	Beschreibung
`text/plain`	reiner Text ohne Formatierungsbefehle
`text/html`	HTML-Code
`text/xml`	XML-Code
`image/gif`	Bild vom Dateityp GIF
`image/jpeg`	Bild vom Dateityp JPEG
`image/png`	Bild vom Dateityp PNG
`audio/wav`	Sounddatei vom Typ Microsoft Wave
`audio/aiff`	Sounddatei vom Typ Apple AIFF
`audio/mpeg`	komprimierte Sounddatei vom Typ MP3
`video/avi`	Digitalvideo vom Typ Microsoft Video for Windows
`video/mov`	Digitalvideo vom Typ Apple QuickTime
`video/mpeg`	Digitalvideo vom Typ MPEG
`application/x-shockwave-flash`	komprimierter Adobe-Flash-Film (Dateiendung *.swf*)
`application/x-director`	komprimierter Adobe-Director-Film (Dateiendung *.dcr*)
`application/x-www-form-urlencoded`	POST-Formulardaten bei HTTP-Anfragen an Webserver (Näheres dazu erfahren Sie in Kapitel 13, »Datenbanken«, Kapitel 17, »Weitere Datei- und Datenformate«, und Kapitel 18, »Webseitenerstellung mit HTML und CSS«.)
`multipart/mixed`	»Umschlag« für mehrere MIME-Unterabschnitte
`multipart/alternative`	»Umschlag« für denselben Inhalt in mehreren Alternativformaten
`multipart/form-data`	»Umschlag« für POST-Formulardaten einschließlich Datei-Uploads (siehe Kapitel 18, »Webseitenerstellung mit HTML und CSS«)

Tabelle 5.23 Einige gängige MIME-Datentypen

Die drei letzten Typen in der Tabelle machen MIME besonders interessant: Ein MIME-Dokument vom Typ `multipart/mixed` kann beliebig viele Teile enthalten, die jeweils einen vollständigen MIME-Header besitzen und wiederum beliebige MIME-Types aufweisen können. Mithilfe dieser Technik werden in modernen E-Mail-Programmen Attachments (Dateianhänge) der Mail hinzugefügt. Dagegen wird ein Abschnitt vom Typ `multipart/alternative` eingesetzt, um denselben Inhalt in verschiedenen alternativen Darstellungsformen zu umschließen, beispielsweise ein Bild im GIF- und im PNG-Format oder (wahrscheinlich die häufigste Anwendung) den Text einer E-Mail-Nachricht einmal im einfachen Text- und einmal im HTML-Format. Abbildung 5.5 zeigt beispielhaft, wie eine MIME-Nachricht mit zwei Dateianhängen aufgebaut sein könnte.

Dasselbe Verfahren – in diesem Fall mit dem MIME-Type `multipart/form-data` – kommt bei Webformularen zum Einsatz, wenn diese neben gewöhnlichen Auswahl- oder Eingabefeldern auch Datei-Uploads unterstützen.

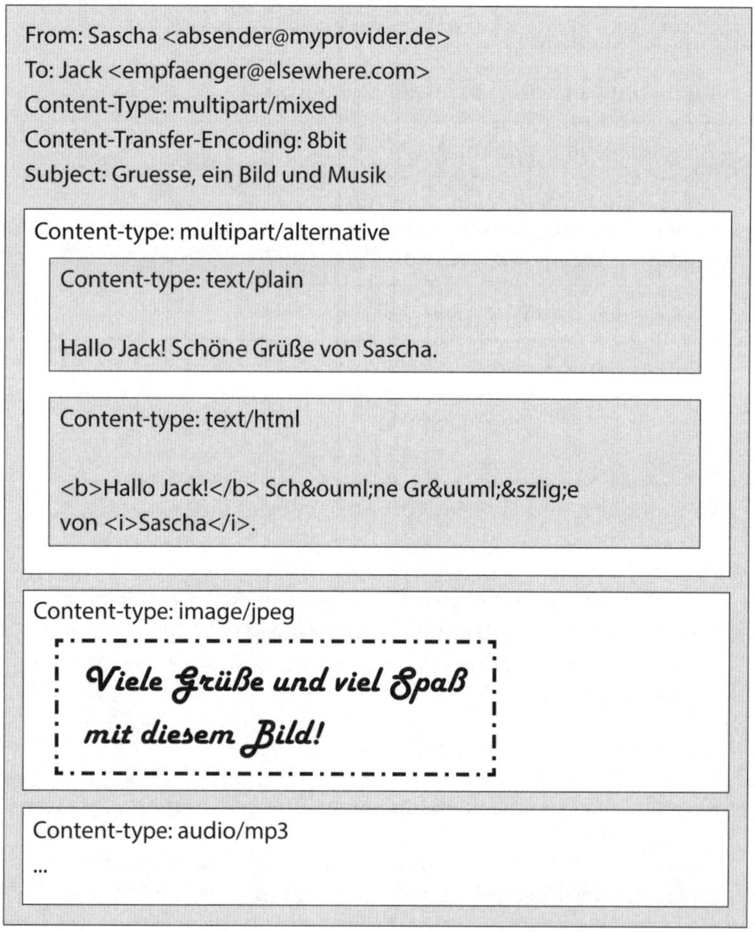

Abbildung 5.5 Beispiel für eine E-Mail im MIME-Multipart-Format

Der `Content-Transfer-Encoding`-Header gibt dem Empfängerclient einen Hinweis, auf welche Weise die ankommenden Daten zu interpretieren sind. Häufig verwendete Werte sind etwa folgende:

- `7bit`: Keine Codierung; eignet sich für 7-Bit-ASCII (englischer Text). Automatischer Zeilenumbruch nach spätestens 1.000 Zeichen.
- `8bit`: Keine Codierung; eignet sich für 8-Bit-Text (internationaler Text). Ebenfalls automatischer Zeilenumbruch nach spätestens 1.000 Zeichen.
- `binary`: Keine Codierung, es erfolgt kein automatischer Zeilenumbruch.
- `quoted-printable`: Spezielle Codierung von Sonderzeichen, die über 7-Bit-ASCII hinausgehen. Beispiel: »größer« wird zu »gr=FC=DFer«. (Die Codierung besteht aus einem Gleichheitszeichen, gefolgt von hexadezimalem Zeichencode.)
- `base64`: Bevorzugte Codierung für Binärdateien. Ein spezieller Algorithmus packt die Daten 7-Bit-kompatibel um. Dieses Format ist auch dann nicht von Menschen lesbar, wenn Klartext codiert wird – aus »Hallo Welt!« wird beispielsweise `SGFsbG8gV2VsdCE=`.

Die Codierungsformen `quoted-printable` und `base64` besitzen den Vorteil, dass die Mailnachricht formal kompatibel mit RFC 822 bleibt und entsprechend auch über alte Mailserver versandt und empfangen werden kann.

Der E-Mail-Empfang über einen POP3-Server erfolgt auf textbasierte Art, ähnlich wie bei SMTP. Der Server kommuniziert über den TCP-Port 110. Die Beschreibung von POP3 steht in RFC 1939. Zur Verdeutlichung hier wiederum eine `telnet`-basierte Konversation mit einem (unkenntlich gemachten) POP3-Server:

```
# telnet pop.myprovider.de pop3
+OK POP3 server ready
USER absender
+OK
PASS XXXXX
+OK
LIST
1898
.
RETR 1
+OK 953 octets
Return-path: <empfanger@elsewhere.com>
Envelope-to: absender@myprovider.de
Delivery-date: Sat, 24 Apr 2021 03:08:24 +0100
Received: from [207.18.31.76] (helo=smtp.elsewhere.com)
 by mxng13.myprovider.de with esmtp (Exim 3.35 #1)
 id 18QeUU-000270-00
```

```
 for absender@myprovider.de; Sat, 24 Apr 2021
 03:08:18 +0100
Received: from box (xdsl-202-21-109-17.elsewhere.com
[202.21.109.17])
by smtp.elsewhere.com (Postfix) with SMTP id
CA500866C1
for <absender@myprovider.de>; Sat, 24 Apr 2021
03:08:14 +0100 (MET)
Message-ID: <001901c2aaf2$31ce81e0$0200a8c0@box>
From: "Jack" <empfaenger@elsewhere.com>
To: "Sascha" <absender@provider.de>
Subject: Gruesse
Date: Sat, 24 Apr 2021 03:14:30 +0100
MIME-Version: 1.0
Content-Type: text/plain;
charset="iso-8859-1"
Content-Transfer-Encoding: quoted-printable

Hi!
Wie geht's?
Alles klar?
Ciao.
.
DELE 1
+OK
QUIT
+OK
```

In dieser Sitzung kommen die folgenden POP3-Befehle zum Einsatz:

- `USER`: Angabe des Usernamens für die Anmeldung
- `PASS`: Angabe des Passworts für die Anmeldung
- `LIST`: nummerierte Liste der verfügbaren E-Mails mit der jeweiligen Länge in Bytes
- `RETR`: E-Mail mit der angegebenen Nummer empfangen
- `DELE`: E-Mail mit der angegebenen Nummer vom Server löschen
- `QUIT`: Sitzung beenden

Die meisten E-Mail-Programme führen `RETR` und `DELE` standardmäßig unmittelbar nacheinander durch, die Nachrichten verbleiben also in der Regel nicht auf dem Server. Bei IMAP-Servern ist es dagegen meist anders: Der besondere Vorteil des IMAP-Protokolls besteht darin, dass auf dem Mailserver selbst verschiedene Ordner eingerichtet werden können, um Mails dort zu verwalten. Auf diese Weise erleichtert IMAP die E-Mail-Verwaltung für den mobilen Einsatz. Die aktuelle Version von IMAP ist das in RFC 2060 dargestellte IMAP4. Ein IMAP-Server funktioniert ähnlich wie ein POP3-Server, verwendet allerdings den TCP-Port 142.

Eine weitere beliebte Form der E-Mail-Nutzung sind webbasierte Freemail-Dienste wie Google Mail, GMX oder Hotmail. Dabei handelt es sich um gewöhnliche IMAP-SMTP-Kombinationen, die über eine Website mit persönlicher Anmeldung zugänglich gemacht werden. Das Programm, das mit den E-Mail-Servern kommuniziert, läuft auf dem Webserver und wird per Browser zugänglich gemacht.

Das World Wide Web

Das Web ist heute die dominierende Internetanwendung überhaupt, und zwar in einem solchen Maße, dass viele Menschen das WWW mit dem gesamten Internet gleichsetzen. Wer auf das Web zugreifen möchte, verwendet dazu eine spezielle Clientsoftware, den sogenannten *Webbrowser*. Nach der Eingabe einer Dokumentadresse stellt der Browser eine TCP-Verbindung zu dem gewünschten Webserver her und fordert über das HTTP-Protokoll das gewünschte Dokument an. Das Dokument ist üblicherweise in der Seitenbeschreibungssprache HTML verfasst (unterstützt durch CSS und JavaScript), die der Browser interpretiert und in eine auf bestimmte Art und Weise formatierte Webseite umwandelt.

Eine solche Seite kann außerdem Verweise auf eingebettete Dateien wie Bilder oder Multimedia enthalten, die der Browser auf dieselbe Art anfordert wie das HTML-Dokument selbst und an der passenden Stelle auf der Seite platziert. Ein weiteres wichtiges Element von Webseiten sind die Hyperlinks, anklickbare Verknüpfungen zu anderen Dokumenten. Wenn Sie einen Hyperlink aktivieren, wird die entsprechende Datei angefordert und in den Browser geladen.

Damit das Web funktionieren kann, wirken einige wesentliche Konzepte zusammen:

- Das Anwendungsprotokoll HTTP, über das Dokumente beim Server angefordert und von diesem ausgeliefert werden. Die aktuelle Version des Protokolls, HTTP 1.1, wird in RFC 2616 beschrieben; in Kapitel 14, »Server für Webanwendungen«, erhalten Sie genauere Informationen darüber.
- Ein spezielles Format für Dokumentadressen, das als *Uniform Resource Locator* (URL) bezeichnet wird und dessen Definition sich in RFC 1738 befindet. Die URL wird beispielsweise in die Adresszeile des Browsers eingegeben; sie sieht zum Beispiel so aus: *https://www.rheinwerk-verlag.de/*.
- Die Seitenbeschreibungssprache HTML, in der Hypertext-Dokumente für das WWW geschrieben werden. Neuere HTML-Versionen werden nicht mehr in RFCs definiert; eine genaue Beschreibung von HTML finden Sie in Kapitel 18, »Webseitenerstellung mit HTML und CSS«.

5.7 Übungsaufgaben

Im Folgenden ist jeweils genau eine Antwort richtig.

1. Was ist keine Aufgabe eines Netzwerks?
   - Kommunikation im Team
   - gemeinsame Stromversorgung mehrerer Rechner
   - Austausch von Daten
   - verteilte Anwendungen
2. Welches der folgenden Merkmale gehört nicht zwangsläufig zur paketvermittelten Datenübertragung?
   - Absender- und Empfängeradresse in jedem Paket
   - die Unterteilung der Daten in kleinere Einheiten
   - ein Bestätigungsverfahren, das die Datenauslieferung garantiert
   - die Fähigkeit zur Weiterleitung der Datenpakete über verschiedene Wege
3. Welcher bis heute bedeutende Internetdienst wurde 1972 erfunden?
   - CGI
   - World Wide Web
   - Newsgroups
   - E-Mail
4. Wie werden die Standards des Internets dokumentiert?
   - in Patentschriften
   - in IEEE-Drafts
   - in Diplom- und Doktorarbeiten
   - in öffentlich verfügbaren RFC-Dokumenten
5. Welche Geräte wurden als erste zur Datenfernübertragung verwendet?
   - Funkgeräte
   - Akustikkoppler
   - Telegraphen
   - Modems
6. Was war die entscheidende Neuerung am World Wide Web?
   - die Einführung von Hypertext
   - die wissenschaftliche Internetanwendung
   - die Verwendung eines textbasierten Kommunikationsprotokolls
   - die Anwendung von Hypertext über ein Netzwerk

7. Wie heißt das Protokoll, das für die WWW-Kommunikation verwendet wird?
   - LWP
   - WWWP
   - HTTP
   - HTML
8. Welche OSI-Schicht ist Nummer 3?
   - Bit-Übertragungsschicht
   - Vermittlungsschicht
   - Sicherungsschicht
   - Transportschicht
9. Welche Nummer hat die OSI-Darstellungsschicht?
   - 6
   - 5
   - 7
   - 4
10. Was ist eine Aufgabe der OSI-Sicherungsschicht?
    - Datenstromverschlüsselung
    - Erzeugung von Datenpaketen
    - Steuerung des Zugriffs auf das Übertragungsmedium
    - Routing
11. Welche ist keine Schicht im Internetschichtenmodell (DoD- oder DDN-Modell)?
    - Netzzugangsschicht
    - Internetschicht
    - Sitzungsschicht
    - Anwendungsschicht
12. Welcher OSI-Schicht entspricht die Internetschicht des Internetschichtenmodells in etwa?
    - Sicherungsschicht
    - Vermittlungsschicht
    - Transportschicht
    - Sitzungsschicht
13. Welches der folgenden Protokolle arbeitet auf der Transportschicht des Internetschichtenmodells?
    - FTP
    - TCP
    - IP
    - ARP

14. Welche Netzwerkart hat die größte Reichweite?
    - MAN
    - WAN
    - GAN
    - LAN
15. Bei welcher Netzwerktopologie sind alle Stationen mit einem zentralen Verteiler verbunden?
    - Baum
    - Stern
    - Ring
    - Bus
16. Welche der folgenden Aussagen über Server ist zutreffend?
    - Ein Server ist ein spezieller, sehr teurer Computer.
    - Ein Server ist ein Programm, das eine bestimmte Dienstleistung bereitstellt.
    - Ein Server muss stets in einen 19-Zoll-Schrank montiert werden.
    - Ein Server ist ein Programm, das eine Benutzeroberfläche für Netzwerkdienste bereitstellt.
17. Welche der folgenden Aussagen über Clients ist zutreffend?
    - Ein Client ist ein Programm, das eine bestimmte Dienstleistung bereitstellt.
    - Client ist lediglich eine andere Bezeichnung für einen Desktop-PC.
    - Ein Client ist ein Programm, das eine Benutzeroberfläche für Netzwerkdienste bereitstellt.
    - Client ist lediglich eine andere Bezeichnung für einen Browser.
18. Wie nennt man es, wenn die Aufgaben eines Webservers auf mehrere physikalische Rechner verteilt werden?
    - Web Caching
    - Proxy Service
    - Load Balancing
    - Round Robin
19. Welcher der folgenden Server ist kein klassischer Netzwerkserver?
    - Mailserver
    - X-Window-Server
    - Fileserver
    - Printserver

20. Welcher IEEE-802-Standard beschreibt drahtlose Netzwerke?
    - IEEE 802.3
    - IEEE 802.5
    - IEEE 802.11
    - IEEE 802.15
21. Wodurch wird eine bestimmte Ethernet-Karte eindeutig gekennzeichnet?
    - durch die MAC-Adresse
    - durch die IP-Adresse
    - durch den Domainnamen
    - Die Ethernet-Karte selbst besitzt kein eindeutiges Identifikationsmerkmal.
22. Was bedeutet der *Promiscuous Mode* bei einer Ethernet-Karte?
    - Sie erhält mehrere IP-Adressen.
    - Sie dient als DHCP-Provider.
    - Sie empfängt alle Datenpakete aus ihrem Netzsegment.
    - Sie wird IP-Multicast-fähig.
23. Was geschieht beim CSMA/CD-Verfahren, wenn eine Datenkollision auftritt?
    - Aufgrund der Funktionsweise kann es in CSMA/CD-Netzen nicht zu Kollisionen kommen.
    - Der Verteiler (Hub oder Switch) regelt, welches Gerät als Erstes erneut senden darf.
    - Der Verteiler (Hub oder Switch) versendet nacheinander Kopien der kollidierten Pakete.
    - Jedes an der Kollision beteiligte Gerät sendet nach einer individuellen Zufallswartezeit erneut.
24. Wie setzt sich die Bezeichnung 10 Base 2 zusammen?
    - 10 mm dickes Kabel mit maximal 2 MBit/s
    - maximal 10 MBit/s, maximal 200 m langes Netzsegment
    - maximal 10 MBit/s, mindestens 2 m Abstand zwischen zwei Stationen
    - höchstens zehn Stationen pro maximal 200 m langem Netzsegment
25. Welcher Steckertyp wird für Twisted-Pair-Ethernet, aber auch etwa für ISDN verwendet?
    - RG-58
    - RJ-45
    - RJ-11
    - Cinch

26. Welche UTP-Kabel-Kategorie wird mindestens für Fast Ethernet benötigt?
    - 3
    - 4
    - 5
    - 6
27. Was ist der entscheidende Unterschied zwischen einem Hub und einem Switch?
    - Für Fast Ethernet ist auf jeden Fall ein Switch notwendig.
    - Nur ein Switch kann Ethernet-Schnittstellen unterschiedlicher Geschwindigkeiten miteinander verbinden.
    - Ein Switch besitzt mehr Ports als ein Hub.
    - Ein Switch verhindert Datenkollisionen durch direkte Verbindungen zwischen den Stationen.
28. Welche maximale Datenübertragungsrate unterstützt Fast Ethernet?
    - 10 MBit/s
    - 52 MBit/s
    - 100 MBit/s
    - 480 MBit/s
29. Zu welchem Zweck wurde das im WLAN-Bereich übliche Frequency-Hopping-Verfahren ursprünglich entwickelt?
    - Mobiltelefonie
    - Satellitenkommunikation
    - Flugnavigation
    - Torpedofernsteuerung
30. Welches Netzzugangsverfahren wird für WLAN verwendet?
    - CSMA/CD
    - Token Passing
    - CSMA/CA
    - PPP
31. Welchen Sicherheitsstandard für WLAN sollte man mindestens verwenden?
    - WEP
    - WPA2
    - WPA1
    - SSL

32. Welche technische Besonderheit sorgt für die hohen DSL-Übertragungsraten über normale Telefonleitungen?
    - Datenkomprimierung
    - Kanalbündelung
    - hochfrequente Signale
    - DSL verwendet nie normale Telefonleitungen, sondern Lichtwellenleiter.
33. Worin besteht der entscheidende Unterschied zwischen ADSL und SDSL?
    - SDSL bietet ein anderes Abrechnungsmodell, das für geschäftliche Anschlüsse interessanter ist.
    - SDSL ist schneller als ADSL.
    - ADSL kann gewöhnliche Telefonleitungen verwenden, SDSL nicht.
    - SDSL bietet identische Datenübertragungsraten in beide Richtungen, ADSL ist im Upload langsamer als im Download.
34. Welche der folgenden Angaben ist keine gültige IPv4-Adresse?
    - 197.17.8.21
    - 212.211.210.209
    - 31.310.30.13
    - 0.7.8.9
35. Mit welchem Bit-Muster beginnt eine IP-Adresse der historischen Klasse C?
    - 0
    - 10
    - 110
    - 1110
36. In welchem Bereich liegt das erste Byte einer IP-Adresse der Klasse B?
    - 64 bis 127
    - 128 bis 191
    - 192 bis 223
    - 128 bis 159
37. Welche der folgenden IP-Adressen ist keine private, frei verfügbare Adresse gemäß RFC 1918?
    - 192.168.27.11
    - 172.21.47.11
    - 10.0.8.15
    - 172.47.11.12

38. Zu welchem der folgenden Netze gehört die IP-Adresse 196.17.8.92 nicht?
    - 196.17.0.0/16
    - 196.17.0.0/17
    - 196.17.8.0/26
    - 196.17.8.0/25
39. Das Netz 156.19.0.0/16 wird per CIDR in vier gleich große Netze unterteilt. Welches der folgenden ist eines der neuen Teilnetze?
    - 156.19.0.0/20
    - 156.19.16.0/18
    - 156.19.64.0/18
    - 156.19.128.0/19
40. Wie viele Hosts kann jedes Teilnetz maximal enthalten, wenn ein IPv4-Netz mit der Teilnetzmaske 255.255.255.0 in vier Teile unterteilt wird?
    - 62
    - 128
    - 127
    - 64
41. Was ist der Vorteil von VLSM gegenüber CIDR?
    - Die Teilnetzmaske kann auch zwischen ganzen Bytes der Adressen verlaufen.
    - Mehrere Netze lassen sich zu einem größeren Netz zusammenfassen (Supernetting).
    - Ein Netz lässt sich in Teilnetze unterschiedlicher Größe unterteilen.
    - Es gibt keinen Vorteil; CIDR ist flexibler als VLSM.
42. Wie lang ist der IPv4-Header mindestens?
    - 16 Byte
    - 20 Byte
    - 24 Byte
    - 32 Byte
43. Welche Bedeutung besitzt der TTL-Wert (*Time To Live*) im IP-Datagramm?
    - Er gibt die Uhrzeit an, zu der das Datagramm erzeugt wurde.
    - Er gibt die Uhrzeit an, bis zu der das Datagramm bestehen wird.
    - Er zählt die Sekunden, die das Datagramm bereits existiert.
    - Er zählt die Hops, die das Datagramm erlebt, bis 0 herunter.

44. Zu welchem Problem können unterschiedliche MTUs verschiedener Netzwerkschnittstellen bei IP-Datagrammen führen?
    - Die Datagramme können nicht weitergeleitet werden.
    - Die Datagramme werden fragmentiert.
    - Die Datagramme müssen erneut gesendet werden.
    - Die Datagramme werden langsamer transportiert.
45. Was ist die genaue Definition eines Default-Gateways?
    - der Router ins nächstgelegene Netz
    - der Router ins Internet
    - der Router für Verbindungen in alle Netze, für die kein separater Router existiert
    - der Router in einem Netz, in dem kein weiterer Router existiert
46. Welche Adresse ist vom Netzwerk 156.81.0.0/19 aus nur über einen Router zu erreichen?
    - 156.81.9.18
    - 156.81.18.9
    - 156.81.81.9
    - 156.81.0.9
47. Das Netzwerk 152.17.0.0/17 ist über drei Router mit anderen Netzen verbunden: r1 für das Netzwerk 152.17.128.0/17, r2 für 152.18.0.0/16 und r3 für alle anderen Netze. Welcher Router wird für eine Verbindung zur Adresse 152.18.210.22 verwendet?
    - r1
    - r2
    - r3
    - Keiner; die Adresse befindet sich im aktuellen Teilnetz.
48. Was wird im Zusammenhang mit IP-Routing als autonomes System bezeichnet?
    - ein Rechner, der nicht an ein Netzwerk angeschlossen ist
    - ein lokales Netzwerk ohne Verbindung zu anderen Teilnetzen
    - die Gesamtheit aller Netzwerke eines Betreibers
    - ein allein stehender Router
49. Zu welchem Zweck wird ein internes Routing-Protokoll eingesetzt?
    - für das Routing innerhalb eines Teilnetzes
    - für das Routing innerhalb eines autonomen Systems
    - für das Routing innerhalb eines Netzes ohne Außenverbindung
    - für das Routing zwischen mehreren virtuellen Netzwerkschnittstellen auf einem einzelnen Rechner

50. Welches der folgenden Routing-Protokolle ist ein externes Routing-Protokoll?
    - RIP
    - OSPF
    - BGP
    - keins der genannten
51. Welcher TCP/IP-Dienst ermöglicht die automatische Vergabe von IP-Adressen?
    - BOOTP
    - NAT
    - DHCP
    - ARP
52. Wie lang ist eine IPv6-Adresse?
    - 64 Bit
    - 128 Bit
    - 32 Bit
    - variabel
53. Welches Transportprotokoll verwendet das Verbindungstestprogramm Ping?
    - UDP
    - ICMP
    - TCP
    - keins, sondern RawIP
54. Welche Flags sind (nacheinander) bei den drei Datenpaketen gesetzt, die den Drei-Wege-Handshake bei TCP bilden?
    - SYN, ACK, SYN
    - SYN, SYN, ACK
    - SYN, SYN/ACK, ACK
    - SYN, ACK, SYN/ACK
55. Welche TCP-Portnummern sind Well-known Ports – festgelegte Portnummern für Serverdienste?
    - 0 bis 255
    - 0 bis 1023
    - variiert je nach Betriebssystem
    - 0 bis 32767

56. Was ist der Vorteil von UDP gegenüber TCP als Transportprotokoll?
    - schnellere Übertragung auf Kosten der Zuverlässigkeit
    - schnellere Übertragung durch höhere Übertragungsraten
    - sichere Übertragung durch Verschlüsselung
    - Möglichkeit der Übertragung in Nicht-IP-Netze
57. Welchen TCP-Port verwendet ein Webserver standardmäßig?
    - 21
    - 53
    - 80
    - 110
58. Welcher Serverdienst verwendet standardmäßig den TCP-Port 23?
    - echo
    - ftp
    - smtp
    - telnet
59. Aus welcher Datei können auf einem Unix-System Adressauflösungen von Hostnamen gelesen werden?
    - /var/hosts.txt
    - /etc/services.txt
    - /etc/hosts
    - /var/addresses
60. Welche der folgenden Aussagen über DNS ist zutreffend?
    - Das System besteht aus einer Textdatei, die bei Änderungen auf jeden Nameserver kopiert wird.
    - Ein DNS-Administrator kann Subdomains seiner Zone entweder selbst verwalten oder als untergeordnete Zonen delegieren.
    - Ein Webserver muss den Hostnamen *www* erhalten, damit er funktioniert.
    - Jeder Internetteilnehmer benötigt einen eigenen Nameserver.
61. Welche der folgenden Generic Top-Level-Domains gibt es nicht?
    - .com
    - .net
    - .doc
    - .info

62. Welche Länder-Top-Level-Domain verwendet Großbritannien?
    - .bn
    - .uk
    - mehrere: .en für England, .sc für Schottland, .wa für Wales und .ni für Nordirland
    - .bi für die gesamten Britischen Inseln
63. Welchen Vorteil besitzt SSH gegenüber Telnet?
    - sichere Datenübertragung durch Verschlüsselung
    - SSH verwendet TCP, Telnet dagegen UDP.
    - Telnet-Server funktionieren nur unter Unix, SSH-Server auch unter Windows.
    - Die Texteingabe ist bei SSH komfortabler.
64. Welchen der folgenden FTP-Befehle gibt es nicht?
    - `binary`
    - `get`
    - `decimal`
    - `put`
65. Für welche Dateien braucht bei der FTP-Übertragung nicht der Binärmodus verwendet zu werden?
    - Bilddateien
    - ausführbare Programme
    - HTML-Dokumente
    - Videodateien
66. Wie wird einem SMTP-Server mitgeteilt, dass der eigentliche E-Mail-Text beendet ist?
    - durch eine Leerzeile
    - durch den Befehl `END`
    - durch ein EOF (entspricht der Tastenkombination [Strg] + [D])
    - durch einen einzelnen Punkt in einer Zeile
67. Welcher MIME-Type wird für ein JPEG-Bild verwendet?
    - application/x-jpeg
    - image/jpeg
    - image/jpg
    - application/image-jpg

68. Welcher RFC-822-Header gibt den MIME-Type an?
    - Content-type
    - Content-transfer-encoding
    - Mime-type
    - File-type
69. In welcher E-Mail-Codierung wird »Köln« als »K=FCln« wiedergegeben etc.?
    - 7bit
    - quoted-printable
    - base64
    - binary
70. Was ist der Vorteil von IMAP gegenüber POP3?
    - IMAP-Server bieten mehr Speicherplatz pro Postfach.
    - Auf einem IMAP-Server kann eine Person mehrere E-Mail-Adressen haben.
    - Auf IMAP-Servern werden die Daten länger aufbewahrt.
    - Auf einem IMAP-Server können Ordner zur E-Mail-Verwaltung angelegt werden.

Kapitel 6
Betriebssysteme

In einem geschlossenen System nimmt das Chaos mit der Zeit zu.
– Zweiter Hauptsatz der Thermodynamik

Damit Anwendungsprogramme auf Computern laufen können und die Hardware mit ihnen zusammenarbeitet, ist ein *Betriebssystem* erforderlich. Dieses Kapitel beschreibt zunächst die historischen und theoretischen Grundlagen dieser Systeme. Im Anschluss wird der praktische Einsatz verschiedener Systeme erläutert.

Das Betriebssystem ist das grundlegende Computerprogramm. Es steuert die Hardware, koordiniert die Ressourcenzugriffe der Anwendungsprogramme und stellt interaktive Steuerungsmöglichkeiten zur Verfügung. Im Einzelnen erfüllen Betriebssysteme vor allem die folgenden Aufgaben:

- *Prozessmanagement.* Die Ressourcen des Computersystems müssen zwischen den verschiedenen laufenden Programmen und Systemaufgaben verteilt werden. Zu diesem Zweck werden die einzelnen Aufgaben als sogenannte *Prozesse* ausgeführt, die vom Betriebssystem als übergeordnetem Steuerprozess verwaltet werden.
- *Speichermanagement.* Obwohl Computersysteme heutzutage über einen vergleichsweise großen Arbeitsspeicher verfügen, finden dennoch oftmals nicht alle Programme und Daten auf einmal Platz darin. Das Speichermanagement sorgt dafür, dass immer die gerade benötigten Speicherinhalte zur Verfügung stehen, ohne dass die Programmierer*innen der Anwendungssoftware sich sonderlich darum kümmern müssten.
- *Steuerung und Abstraktion der Hardware.* Computersysteme sind hochgradig modular aufgebaut; jede Aufgabe kann durch viele verschiedene Geräte unterschiedlicher Hersteller erledigt werden. Betriebssysteme lösen dieses Problem durch den Einsatz der sogenannten *Gerätetreiber*, die die Steuerlogik für bestimmte Hardware enthalten. Vor den Programmierer*innen werden die konkreten Einzelheiten bestimmter Geräte verborgen, weil es vollkommen unzumutbar wäre, beim Schreiben eines Anwendungsprogramms auf die Besonderheiten Hunderter möglicher Geräte einzugehen.
- *Ein- und Ausgabesteuerung.* Computerprogramme sind auf die Eingabe von Daten angewiesen und kümmern sich um die benötigte Ausgabe von Ergebnissen. Betriebssysteme steuern die Zusammenarbeit mit vielen verschiedenen Ein- und Ausgabekanälen wie Tastatur und Bildschirm, Datenträgern oder Netzwerken.

- *Dateiverwaltung*. Programme und Daten müssen auf einem Computer dauerhaft gespeichert werden, weil der Arbeitsspeicher zu klein ist und vor allem weil sein Inhalt beim Ausschalten verloren geht. Aus diesem Grund werden Daten in Form von *Dateien* auf Datenträgern wie Festplatten, CDs, DVDs oder USB-Sticks gespeichert; auch Netzwerkordner oder Cloud-Speicher im Internet werden auf ähnliche Weise angesteuert. Die Logik der Dateiverwaltung wird in Form sogenannter *Dateisysteme* vom Betriebssystem zur Verfügung gestellt, damit alle Programme auf dieselbe Art und Weise darauf zugreifen.
- *Bereitstellen der Benutzeroberfläche*. Ein Spezialfall der Ein- und Ausgabesteuerung besteht im Bereitstellen der Benutzeroberfläche. Das Betriebssystem selbst und alle Programme müssen mit Menschen kommunizieren, um nach deren Wünschen Aufgaben zu erledigen. Es existieren zwei Arten von Benutzeroberflächen: Die *Konsole* ermöglicht das dialogbasierte Arbeiten; Befehle werden per Tastatur eingegeben, die Antworten in Textform auf dem Bildschirm ausgegeben. Die *grafische Benutzeroberfläche* ermöglicht dagegen die intuitive Erledigung von Aufgaben über das Aktivieren von Schaltflächen, Menüs und Symbolen mit der Maus. So gut wie alle modernen Betriebssysteme besitzen unterschiedlich leistungsfähige Varianten beider Arten von Oberflächen.
- *Netzwerkzugriff*. In modernen Betriebssystemen ist der Zugriff auf Netzwerke und das Internet ebenfalls ein integraler Bestandteil. Auch hier ist die Hardwaresteuerung einer der Aspekte, während der Datenaustausch über das Netzwerk zur Ein- und Ausgabe gehört. Dieser Themenkomplex wurde bereits im vorigen Kapitel ausführlich behandelt.

6.1 Entwicklung der Betriebssysteme

In diesem Abschnitt wird kurz die Entstehung und Weiterentwicklung der Betriebssysteme nachgezeichnet. Betriebssysteme im heutigen Sinn wurden erst erforderlich, als Menschen begannen, direkt mit Computern zu kommunizieren.

6.1.1 Die Vorgeschichte

Die allerersten Computersysteme der 40er- und 50er-Jahre des letzten Jahrhunderts wurden über Schalter und Steckverbindungen programmiert. Dem einzigen Programm, das zu einer bestimmten Zeit auf dem Computer lief, standen sämtliche Ressourcen ungeteilt zur Verfügung. Diese Ressourcen waren den Programmierenden unmittelbar bekannt, es musste keine Abstraktion der Hardwareressourcen stattfinden. Solche Rechner besaßen überhaupt kein Betriebssystem.

Als die Lochkarten Einzug in die Rechenzentren hielten, war es üblich, den Operator*innen den mithilfe eines mechanischen Geräts gestanzten Kartenstapel zu übergeben. Nur diese mit weißen Kitteln bekleideten Fachpersonen durften das »Allerheiligste« betreten und bekamen den eigentlichen Computer zu Gesicht. Sie waren dafür verantwortlich, den Inhalt der Lochkartenstapel in den Computer einzulesen, und händigten den Programmier*innen einen Stapel Endlospapier mit den Ergebnissen aus, falls das Programm keine Fehler enthielt.

Erst in den 60er-Jahren wurden bestimmte häufig verwendete Programmteile oder Hilfsmittel wie Interpreter für höhere Programmiersprachen auf Magnetbändern statt auf Lochkarten abgespeichert. In der ersten Zeit waren wieder Operator*innen dafür zuständig, das richtige Band einzulesen, um die Programmlochkarten einer bestimmten Person korrekt zu verarbeiten.

Allmählich wurden übergeordnete Steuerprogramme eingeführt, die in der Lage waren, auf Lochkarten mit speziellen Metabefehlen zu reagieren, die nicht zum Programm selbst gehörten, sondern organisatorische Informationen enthielten. Damit konnten einige der Aufgaben von Operator*innen automatisiert werden, sodass die Steuerprogramme als *Operating Systems* bezeichnet wurden – noch heute das englische Wort für Betriebssystem. Diese allerersten Systeme ermöglichten die automatisierte Abarbeitung mehrerer Lochkartenstapel, eine solche Form der Verarbeitung wird deshalb als *Stapelverarbeitung* (*Batch Processing*) bezeichnet. Das Verfahren kommt auch heute noch zum Einsatz, obwohl es sich längst nicht mehr um einen Stapel von Lochkarten, sondern um einen Stapel von Befehlen handelt.[1]

»Richtige« Betriebssysteme, wie sie bis heute verwendet werden, wurden allerdings erst eingeführt, als die *Dialogverarbeitung* entwickelt wurde. Seit Mitte der 60er-Jahre wurden immer mehr Rechenzentren mit *Terminals* ausgestattet. Ein Terminal (wegen seiner fehlenden eigenen Rechenfähigkeiten auch »dummes Terminal« – *dumb terminal* – genannt) ist eine Ein- und Ausgabeeinheit, die direkt am jeweiligen Arbeitsplatz steht und mit dem eigentlichen Computer verbunden ist. Wie bereits in Kapitel 1, »Einführung«, erwähnt, waren die ersten Terminals umgebaute Fernschreiber mit Schreibmaschinentastatur und Ausgabe auf Endlospapier. Später wurden sie durch Einheiten aus ähnlichen Tastaturen und monochromen Bildschirmen ersetzt beziehungsweise ergänzt. Heute sind Terminals, oder genauer gesagt *Terminal-Emulationen*, Softwareprogramme für die verschiedenen Unix-Systeme.

Das Betriebssystem muss die Benutzereingabe in den Computer transportieren und die Antwort des Computers an das Terminal zurückmelden. Die besondere Herausforderung für die Entwickler der frühen Betriebssysteme bestand darin, mehrere Terminals zeitgleich zu bedienen. Die damaligen Computersysteme waren nämlich erheblich zu selten und zu teuer, um einer einzelnen Benutzersitzung sämtliche Ressourcen zu überlassen.

Aus dieser Anforderung entwickelte sich das sogenannte *Timesharing*-Verfahren, das die Anfragen mehrerer paralleler Sitzungen scheinbar gleichzeitig verarbeitet, indem es die Rechenzeit in kleine Einheiten (Zeitscheiben, *time slices*) unterteilt und den Anforderungen der einzelnen Terminals der Reihe nach zuweist. Aus diesem grundsätzlichen Prinzip entwickelte sich beispielsweise das moderne Multitasking, das die Ausführung mehrerer Pro-

1 In der klassischen Windows-Konsole, einem Erbstück aus Microsofts erstem Betriebssystem MS-DOS, haben Skripte deshalb die Dateiendung *.bat* (kurz für *batch*).

gramme auf demselben Rechner ermöglicht. Außerdem wurden allmählich Mechanismen eingeführt, um verschiedene Sitzungen im Speicher des Rechners voneinander zu trennen. Die Grundlagen der Zugriffsrechte, der persönlichen Anmeldung und des Speicher- und Ressourcenmanagements wurden damit entwickelt.

Die ersten Timesharing-Betriebssysteme wurden für einzelne Computer in Universitäten und anderen großen Institutionen hergestellt, die von mehreren Personen benutzt wurden. Eines der wenigen frühen Beispiele, die relativ bekannt geworden sind, ist das am MIT (*Massachusetts Institute of Technology*) entwickelte *ITS* (*Incompatible Timesharing System*) – es wurde von Richard M. Stallman mitentwickelt, dem Begründer der Idee der freien Software.[2] Einige der Fähigkeiten von ITS wurden später in Unix aufgenommen.

Der erste Versuch, ein kommerzielles Timesharing-System zu schreiben, erfolgte Ende der 60er-Jahre: Die Bell Laboratories, das Entwicklungszentrum der US-Telefongesellschaft AT& T, arbeiteten mit einigen anderen Firmen an einem System namens *MULTICS*. Die Idee war, viele Hundert Terminals an einem für damalige Verhältnisse recht mächtigen Rechner anzuschließen. Leider wurde MULTICS erst viel später fertiggestellt, als es kaum noch jemanden interessierte.

6.1.2 Die Geschichte von Unix

Einige Ideen von MULTICS inspirierten jedoch *Ken Thompson* von den Bell Labs dazu, mit der Arbeit an einem eigenen Betriebssystem zu beginnen. Anfangs war es als Einzelplatzsystem geplant und wurde auf einem PDP-7-Kleincomputer von Digital Equipment (DEC) entwickelt, der, verglichen mit der für MULTICS verwendeten Maschine, nicht besonders leistungsfähig war. Thompson und sein späterer Mitstreiter *Dennis Ritchie* nannten ihr Betriebssystem in einer Anspielung auf MULTICS *Unics*; nach einiger Zeit wurde daraus *Unix*. Die ursprünglich nicht geplante Mehrbenutzerfähigkeit wurde übrigens sehr schnell nachgerüstet, nachdem die ersten Versionen von Unix gut funktionierten.

Eines der wichtigsten Designmerkmale des Betriebssystems Unix ist seine Modularität: Jeder (als eigenständiges Programm realisierte) Befehl und jeder Bestandteil des Systems kann einzeln ausgetauscht werden, ohne das Gesamtsystem ändern zu müssen. Unix wurde zunächst in der Maschinensprache der PDP-7 programmiert. Ab 1971 entwickelten *Dennis Ritchie* und *Brian Kernighan* dann die Programmiersprache C, in der Unix schließlich neu geschrieben wurde. Da C-Compiler bald für verschiedene Computersysteme verfügbar waren, fand Unix schnell Verbreitung.

Eine kommerzielle Verbreitung von Unix war anfangs nicht möglich. Da AT&T in den 70er-Jahren noch das US-Telekommunikationsmonopol innehatte, durfte das Unternehmen keine Geschäfte in anderen Branchen wie etwa dem Computerbereich tätigen. Deshalb wur-

2 Zuvor hatte es ein – inzwischen längst in Vergessenheit geratenes – System namens *Compatible Time-Sharing System* (CTSS) gegeben, auf das sich die Namenswahl bezog.

den Lizenzen für den Unix-Quellcode unter sehr lockeren Bedingungen an Universitäten vergeben. Das ist der Grund dafür, dass die Grundlagen des Betriebssystemaufbaus bis heute vornehmlich am Beispiel von Unix und seinen Nachfolgesystemen gelehrt werden.

Die aktivste aller Universitäten, die den Unix-Quellcode erhielten, war die University of California in Berkeley. Die dortigen Programmierer*innen erweiterten das ursprüngliche Unix und brachten schließlich eine eigene Version heraus, die *Berkeley System Distribution* (*BSD*). Als AT&T schließlich in den 80er-Jahren die Lizenz erhielt, Unix kommerziell zu vertreiben, hatten sich die AT&T-Version, genannt *System V*, und die BSD bereits erheblich auseinanderentwickelt. Zudem wurde die Berkeley University dazu verpflichtet, sämtliche Bestandteile des AT&T-Unix aus der BSD zu entfernen.

Seitdem ist jede kommerzielle und jede freie Unix-Version eine mehr oder weniger starke Mischung aus BSD- und System-V-Features. Allerdings haben System V und BSD wieder zahlreiche Fähigkeiten voneinander übernommen, sodass es nicht immer ganz leicht ist, sie auseinanderzuhalten.

Heute existiert eine Vielzahl unterschiedlicher Unix-kompatibler Betriebssysteme. Dazu gehören oder gehörten kommerzielle Systeme wie *Sun Solaris*[3], *IBM AIX*, *HP UX* und freie Varianten wie etwa *Linux* oder *FreeBSD*. Eine Sonderstellung nimmt Apples Betriebssystem *macOS* (vormals Mac OS X, zwischenzeitlich nur OS X) ein: Es basiert auf einer Version der BSD, der Betriebssystemkern *Darwin* ist Open-Source-Software und läuft auf verschiedenen Plattformen. Die grafische Benutzeroberfläche *Aqua* ist dagegen eine kommerzielle Eigenproduktion von Apple und funktioniert nur auf Macs mit Intel-Prozessoren und den 2020 eingeführten M1-CPUs.[4]

Die Mindestanforderung dessen, was ein Unix-System leisten muss, ist in einem Standard namens *POSIX* (*Portable Operating System Interface*) festgeschrieben. Allerdings werden von einem »richtigen« Unix heute auch einige weitere Quasistandards verlangt, die nicht im POSIX-Standard festgelegt sind. Am wichtigsten ist dieser Standard für die Programmierung. Wenn Sie ein Programm POSIX-konform schreiben, können Sie davon ausgehen, dass es sich unter jeder beliebigen Unix-Version kompilieren lässt.

Anfang der 90er-Jahre sah es übrigens bereits fast so aus, als würde Unix nicht mehr lange überleben: Die verschiedenen Varianten entwickelten sich zunehmend auseinander. Auf dem Desktop dominierte Microsoft Windows, während Server für die immer häufiger eingesetzten PC-Netzwerke vor allem unter Novell NetWare betrieben wurden.

Zwei wichtige Umstände haben Unix gerettet und machen es heute, über 40 Jahre nach seiner Entwicklung, zu einem der gefragtesten Betriebssystemkonzepte: Zum einen liegt es an der immensen Ausbreitung des Internets, dessen wichtigste Konzepte unter Unix entwickelt

---

3 Später wurde auch eine Open-Source-Variante namens *OpenSolaris* entwickelt, die heute jedoch keine große Rolle mehr spielt (das letzte Update fand 2009 statt).

4 Der Support für PowerPC-Prozessoren, auf denen Mac-Rechner bis 2005 basierten, wurde bereits vor etlichen Versionen des damals noch Mac OS X genannten Systems aufgegeben.

wurden. Der zweite Grund für die Verbreitung von Unix ist die Erfolgsgeschichte des freien Betriebssystems Linux, das 1991 von dem finnischen Informatikstudenten *Linus Torvalds* entwickelt wurde und inzwischen das Betriebssystem mit dem größten jährlichen Wachstum ist. Mehr über die Entwicklung von Linux erfahren Sie im weiteren Verlauf dieses Kapitels.

6.1.3 PC-Betriebssysteme

Eine völlig andere Entwicklungslinie im Bereich der Betriebssysteme begann mit der Entwicklung der Personal Computer ab Mitte der 70er-Jahre. Auf das Timesharing, den Mehrbenutzerbetrieb und selbst Multitasking wurde bei den ersten Versionen von PC-Betriebssystemen zugunsten der Performancesteigerung zunächst völlig verzichtet.

Der erste weitverbreitete PC war der von *Steve Wozniak* und *Steve Jobs* 1977 entwickelte Apple II. Er erlaubte es, an einer wenig komfortablen Konsole BASIC- und Systembefehle einzutippen. Stellte man einem Befehl eine Zeilennummer voran, wurde er Teil eines im Arbeitsspeicher abgelegten Programms, das beispielsweise mithilfe von RUN gestartet und über LIST auf dem Bildschirm angezeigt werden konnte. Befehle ohne Zeilennummer wurden dagegen unmittelbar ausgeführt.

Dieses Konzept wurde in den 80er-Jahren von unzähligen Homecomputern wie dem Commodore C64, dem Atari 800XL sowie dem Sinclair ZX81 und ZX Spectrum nachgeahmt. Die in das ROM eingebauten BASIC-Editoren und -Interpreter lassen sich allerdings nicht als vollwertige Betriebssysteme bezeichnen.

Das erste »richtige« Betriebssystem für Personal Computer wurde von *Gary Kildall* entwickelt. Es hieß *CP/M* (*Control Program for Microcomputers*). Im Vergleich zu den bereits weit fortgeschrittenen Betriebssystemen für Großrechner und Kleincomputer war es ziemlich primitiv, hatte aber mehrere Vorteile: Es lief auf zwei verschiedenen, zu jener Zeit weitverbreiteten Prozessorplattformen, dem Intel 8080 und dem Zilog Z80. Außerdem besaß es eine Dateiverwaltungsfunktion für Diskettenlaufwerke und konnte über verschiedene Konsolenbefehle gesteuert werden.

DOS und Windows

1981 kam dann der IBM-PC auf den Markt, der bald zum erfolgreichsten Personal Computer wurde. IBM wollte ein CP/M-ähnliches Betriebssystem für diesen Rechner haben. Gary Kildall war jedoch nicht bereit, IBMs Verschwiegenheitserklärungen zu unterschreiben. Deshalb wandte sich IBM an die junge Firma Microsoft, die in Seattle arbeitete und Programmiersprachenpakete für verschiedene PCs produzierte. *Bill Gates*, der die Firma 1975 mit seinem Schulfreund *Paul Allen* gegründet hatte, fand bei einem Unternehmen namens *Seattle Computer Products* einen halb fertigen CP/M-Nachbau namens *QDOS – Quick and Dirty Operating System*. Angeblich kaufte Bill Gates alle Rechte an diesem System für 50.000 US$.

Microsoft verbesserte das System und lieferte es als *MS-DOS* (*Microsoft Disk Operating System*) an IBM. Eine leicht modifizierte Fassung wurde unter dem Namen *IBM PC DOS* mit jedem IBM-PC ausgeliefert. Die meisten später erschienenen kompatiblen Geräte enthielten dann ab Werk das eigentliche MS-DOS. Auf diese Weise entstand das bis heute andauernde Kerngeschäft von Microsoft, denn weltweit wird noch immer fast jeder neue PC mit einem Microsoft-Betriebssystem ausgeliefert.

CP/M, MS-DOS und einige andere Versuche besaßen allesamt nur eine Konsole, keine grafische Benutzeroberfläche. Dabei war diese bereits ab 1963, mitsamt der Maus als Eingabegerät, als Designstudie von *Douglas Engelbart* entwickelt worden. Im Forschungszentrum *Xerox PARC* wurde sie etwa Mitte der 70er-Jahre fertiggestellt. Allerdings waren die Manager von Xerox nicht in der Lage, die Entwicklungen der PARC-Forscher zu verstehen und zur Marktreife zu bringen. Erst Anfang der 80er-Jahre besichtigte *Steve Jobs* von Apple das PARC und verliebte sich auf den ersten Blick in die grafische Oberfläche. Daraufhin erschien im Jahr 1983 der teure Flop *Apple Lisa*; 1984 kam schließlich der *Macintosh* auf den Markt. Beide waren mit Maus und grafischer Oberfläche ausgestattet.

Auf den IBM-PCs hielt die grafische Benutzeroberfläche erst Jahre später Einzug. Da der Macintosh einen gewissen, wenn auch anfangs noch keinen überwältigenden Erfolg hatte, beschloss Bill Gates, dass auch der PC ein *Graphical User Interface* (GUI) erhalten sollte. 1990 erschien schließlich die erste brauchbare Version von *Microsoft Windows*, zunächst als grafischer Aufsatz für MS-DOS.

Ebenfalls im Jahr 1990 wurde der Prozessor Intel 80386 eingeführt. Es handelte sich um den ersten 32-Bit-Prozessor der Intel-Baureihe. Der IBM PC/AT und kompatible Geräte anderer Hersteller wurden bald damit ausgestattet. Ärgerlicherweise war MS-DOS jedoch ein reines 16-Bit-Betriebssystem, das bestimmte eingebaute Fähigkeiten des 386er wie Speicherschutz, Multitasking und die Adressierung von mehr Arbeitsspeicher nicht nutzen konnte.

In dieser Situation wurde bei IBM ein neues Betriebssystem konzipiert. Das 32-Bit-System OS/2 sollte zusammen mit dem neuartigen PC-System PS/2 verkauft werden. Dieses Computersystem sollte durch patentierte, inkompatible Schnittstellen die Hersteller IBM-kompatibler PCs ausbooten. Die Programmierung von OS/2 wurde zunächst in Zusammenarbeit mit Microsoft in Angriff genommen. Schließlich gerieten die beiden Firmen jedoch in Streit, weil IBM Windows nicht unterstützen wollte und voll auf OS/2 setzte. Letztlich setzte sich Windows als wichtigstes PC-Betriebssystem durch. Dennoch besaß OS/2, dessen bisher letzte Version Warp 4 im Jahr 1996 erschien, einige hervorragende Konzepte.

Microsoft blieb dagegen noch jahrelang bei DOS als Betriebssystem und Windows als grafischer Erweiterung, wobei DOS jedoch allmählich zum Windows-Starter verkam und Windows – zumindest teilweise – mit 32-Bit-Fähigkeiten ausgestattet wurde. Parallel entwickelte Microsoft ein völlig neues Betriebssystem namens *Windows NT* (*New Technology*). Als Chefentwickler konnte Microsoft *David Cutler* gewinnen, der das Betriebssystem *VMS* für die legendären VAX-Rechner von DEC entwickelt hatte. 1993 erschien die erste Version, die aufgrund der Windows-3.0-Benutzeroberfläche als Windows NT 3.0 bezeichnet wurde.

1995 kam Windows 95 auf den Markt, die Privatkundenversion eines 32-Bit-Windows-Systems mit modernisierter, stärker von Mac OS beeinflusster grafischer Oberfläche. Unter der Oberfläche war es noch immer ein DOS-Betriebssystem, das die Windows-Umgebung startete. Allerdings waren die meisten 32-Bit-Errungenschaften nun auch in Windows 95 verfügbar, beispielsweise die sehnsüchtig erwarteten langen Dateinamen. 1996 wurde Windows NT 4.0 vorgestellt, das die neue Oberfläche von Windows 95 auch in der NT-Welt etablierte.

Erst das 2001 eingeführte Windows XP brachte schließlich auch in der Privatkundenwelt den Umstieg auf die NT-Basis. Das System wurde in einer Home- und einer Professional-Version angeboten.

Zuvor waren noch zwei Nachfolger von Windows 95 namens *Windows 98* und *Windows Me* (Millennium Edition) erschienen; das ursprünglich Windows NT 5.0 genannte System kam 1999 als Windows 2000 auf den Markt.

Anfang 2007 stellte Microsoft mit Windows Vista endlich den seit Langem entwickelten XP-Nachfolger bereit. Das System wurde in sieben verschiedenen Versionen verkauft, vom minimalen Vista Home Basic über mehrere Home- und Business-Varianten bis hin zum voll ausgestatteten Vista Ultimate.

Im Oktober 2009 erschien Windows 7, und 2012 wurde Windows 8 vorgestellt – beide ebenfalls in verschiedenen Editionen. In Windows 8 wurde erstmals versucht, eine einheitliche Bedienoberfläche für PCs, Tablets und Smartphones zu etablieren; unter anderem wurde der Desktop durch ein erweitertes Startmenü mit konfigurierbaren rechteckigen Kacheln ersetzt. Dieser erste Versuch wurde im Allgemeinen für nicht sonderlich gelungen gehalten, sodass das bald darauf erschienene Windows 8.1 einige der Änderungen wieder rückgängig machte: Genau wie bei der aktuellen Version Windows 10 wird hier nach dem Start erst einmal wieder der klassische Desktop angezeigt, und eine durch die Windows-8-Kacheln erweiterte Version des Startmenüs erscheint erst nach Klick auf die START-Schaltfläche.

Die Merkmale der verschiedenen Windows-Versionen werden in Abschnitt 6.3, »Windows«, genauer erläutert.

Linux

Der 386er-PC brachte nicht nur der Windows-Familie den Durchbruch, sondern war auch der Anlass für Linus Torvalds, das Betriebssystem Linux zu entwickeln. Er war ein wenig enttäuscht von den eingeschränkten Möglichkeiten des zu Lehrzwecken entwickelten abgespeckten Unix-Systems Minix und wollte auf keinen Fall Windows benutzen. Aus diesem Grund begann er mit der Entwicklung seines eigenen Systems.

Das Betriebssystem Linux ist ein voll ausgestattetes POSIX-konformes Unix-Betriebssystem, dessen Kernel allerdings von seinem Erfinder Linus Torvalds vollkommen neu entwickelt wurde. Seit seiner ursprünglichen Entwicklung im Jahr 1991 wurde der Linux-Kernel durch die Mitarbeit zahlloser Freiwilliger immer weiter ausgebaut. Heute unterstützt er beinahe jede erdenkliche Hardware und läuft nicht etwa nur auf der Intel-PC-Architektur, sondern wurde auf viele verschiedene Plattformen portiert, beispielsweise PowerPC, Alpha, Sun SPARC sowie auf diverse IBM-Großrechner. In Form von Google Android läuft eine Variante auch auf zahllosen Smartphones und Tablets.

Selbstverständlich besteht ein Unix-System wie Linux aber nicht nur aus dem Kernel. Um damit arbeiten zu können, wird eine Benutzeroberfläche in Form einer Shell oder eines grafischen Desktops benötigt (alle aktuellen Linux-Distributionen bieten beides). Ein weiterer wichtiger Bestandteil eines Unix-Systems sind die zahlreichen Systemprogramme. Die Linux-Versionen dieser Programme sind kompatibel mit den entsprechenden Befehlen kommerzieller Unix-Versionen, entstammen aber größtenteils dem *GNU*-Projekt (*http://www.gnu.org*). Diese Abkürzung steht für *GNU's Not Unix*; es handelt sich um ein *rekursives Akronym*[5], in dem der erste Buchstabe immer wieder für den Namen des Ganzen steht – eine beliebte Form der Unterhaltung in der Unix- und Open-Source-Szene. Aus diesem Grund müsste ein vollständiges Linux-System aus Kernel und Dienstprogrammen korrekterweise als *GNU/Linux* bezeichnet werden, aber daran hält sich nur die Distribution Debian.

Das GNU-Projekt wurde 1984 von *Richard Stallman* ins Leben gerufen und setzte sich zum Ziel, freie Versionen sämtlicher Unix-Systemprogramme zu entwickeln. Deshalb gründete Stallman gleichzeitig die *Free Software Foundation* (*FSF*, *http://www.fsf.org*). Als Linus Torvalds mit der Arbeit an Linux begann, existierte bereits ein C-Compiler (der *GNU C Compiler* oder *GCC*); auch ein Großteil der Standardbefehle war bereits verfügbar. Die meisten GNU-Varianten der Unix-Programme sind leistungsfähiger als die ursprünglichen Versionen. Lediglich der lang geplante GNU-Kernel Hurd ist bis heute nicht als finale Version erschienen, zumal er durch die Entwicklung von Linux im Grunde überflüssig wurde.

Freie Software hat nicht nur etwas damit zu tun, dass die Programme kostenlos erhältlich sind, sondern auch damit, dass Sie den Quellcode erhalten und damit fast alles machen dürfen, was Sie möchten. Deshalb lautet ein Motto der Free Software Foundation »Free software is a matter of liberty, not price« (»Freie Software ist eine Frage der Freiheit, nicht des Preises«). Kommerzielle Softwarelizenzen enthalten nämlich in der Regel eine Reihe von Einschränkungen und erlauben im Grunde nichts weiter, als die Software für ihren offiziellen Anwendungszweck einzusetzen. Die FSF hat dafür eine eigene Softwarelizenz ausgearbeitet, die vor allem verhindern soll, dass kommerzielle Softwareunternehmen freie Softwareprojekte an sich binden und die ursprüngliche Freiheit beeinträchtigen. Unter dieser Lizenz, der *GNU General Public License* (*GPL*), wird übrigens auch Linux selbst verbreitet.

5 Rekursion ist ein beliebtes Verfahren in der Programmierung, das Sie in Kapitel 8, »Algorithmen und Datenstrukturen«, kennenlernen werden. Es geht darum, dass eine Funktion sich selbst aufruft, um ineinander verschachtelte Probleme zu lösen.

Zu Beginn seiner Entstehung war Linux vor allem im Kreis derjenigen verbreitet, die es entwickelten. Es war schwierig, den Linux-Kernel zu installieren und die GNU-Versionen aller erforderlichen Systemprogramme zu beschaffen und miteinander zu koordinieren. In den ersten Jahren wurde Linux deshalb vornehmlich von Informatikern und interessierten Studenten weitergereicht, da die Universitäten bereits über Internetanbindungen verfügten, als der Rest der Welt noch nichts damit zu tun hatte.

Einige der Studenten, die mit Linux arbeiteten, begannen allmählich, den Kernel und die Systemprogramme zusammenzustellen und Installationsprogramme für diese Betriebssystempakete zu schreiben. Aus diesen ersten Bemühungen entstanden allmählich verschiedene *Linux-Distributionen*, die anfangs auf Disketten, später auf CD-ROMs, noch später auf DVDs und in den letzten Jahren vorwiegend als Download verbreitet wurden, oft zusammen mit mehr oder weniger ausführlichen gedruckten Dokumentationen. Firmen wurden gegründet, die solche Distributionen erstellten und zu vergleichsweise günstigen Preisen verkauften.

Beachten Sie, dass der Kauf einer Distribution nichts mit dem Erwerb kommerzieller Software gemeinsam hat: Sie dürfen die Software, die Sie erhalten, auf beliebig vielen Rechnern installieren und an alle Ihre Bekannten weitergeben. Die Distributoren erhalten das Geld nicht für die Software selbst oder für ein Nutzungsrecht daran, sondern lediglich für ihre Arbeit an Installationsprogrammen und Dokumentationen. Eine Distribution kann allerdings einzelne kommerzielle Programme enthalten, für die andere Bedingungen gelten. Beachten Sie die Beschreibung, die der Distributor mitliefert.

Heute ist eine Reihe verschiedener Distributionen erhältlich, die sich bezüglich ihres Umfangs, ihres Anwendungsschwerpunkts und ihres Preises unterscheiden. In Abschnitt 6.4, »Linux und Unix«, finden Sie eine Übersicht über die wichtigsten Distributionen und ihre Bezugsquellen im Web.

6.2 Aufgaben und Konzepte

Dieser Abschnitt geht näher auf die eingangs skizzierten Hauptaufgaben eines Betriebssystems ein. Hier lernen Sie nicht, wie Sie mit einem bestimmten Betriebssystem arbeiten können (das finden Sie in Abschnitt 6.3, »Windows«, und Abschnitt 6.4, »Linux und Unix«), stattdessen erfahren Sie, was »unter der Haube« vorgeht.

In den folgenden Abschnitten wird jedes wichtige Konzept zunächst allgemein und theoretisch vorgestellt. Anschließend wird skizziert, wie zwei verbreitete Betriebssysteme das jeweilige Problem lösen: Linux und Windows. Für einige der dargestellten Sachverhalte sind Programmierkenntnisse von Vorteil, auch wenn in diesem Kapitel kein Quellcode enthalten ist. Wenn Sie mit der Programmierung überhaupt noch nicht vertraut sind, sollten Sie zunächst Kapitel 7, »Grundlagen der Programmierung«, lesen.

6.2.1 Allgemeiner Aufbau von Betriebssystemen

Die Überschrift dieses Abschnitts ist eine recht kühne Übertreibung. Sie enthält ein Versprechen, das niemand halten kann: Selbstverständlich gibt es gar keine allgemeine Art und Weise, wie Betriebssysteme aufgebaut sind. Die verschiedenen Systemfamilien unterscheiden sich gerade durch ihren recht andersartigen Aufbau.

Dennoch soll kurz skizziert werden, aus welchen Bestandteilen Betriebssysteme aufgebaut sind beziehungsweise sein können, bevor in den folgenden Abschnitten auf die einzelnen Aufgaben eingegangen wird. Gewisse Grundbestandteile besitzt tatsächlich jedes Betriebssystem, denn alle Systeme müssen Computer verwalten, die bestimmte Gemeinsamkeiten aufweisen.

Beinahe jedes neuere Betriebssystem besteht aus dem Kernel, den mehr oder weniger fest zu diesem gehörenden Gerätetreibern, den Systemprogrammen, einer Schnittstelle für Anwendungsprogramme und einer Benutzeroberfläche.

Der Kernel

Der *Kernel* (das englische Wort für Kern, beispielsweise den Obstkern) ist das grundlegende Computerprogramm, das unmittelbar auf dem Prozessor des Rechners ausgeführt wird. Er läuft bis zum Herunterfahren des Systems permanent im Hintergrund und steuert alle anderen Betriebssystemkomponenten sowie den Start und den Ablauf der Anwendungsprogramme. Der Kernel initialisiert die Zusammenarbeit mit der Hardware, indem er die Treiber lädt und koordiniert. Aus einer technischen Perspektive können Sie sich vorstellen, dass der Kernel das einzige echte Programm ist, das permanent ausgeführt wird, während alle anderen Programme, die später geladen werden, nur Unterprogramme sind, die vom Kernel aufgerufen werden und die Kontrolle durch einen Rücksprung wieder abgeben.

Es gibt unterschiedlich konzipierte Kernels. Das ältere Kernelkonzept ist der sogenannte *monolithische Kernel*, der so viele Funktionen wie möglich selbst ausführt. Moderner ist das Konzept des *Mikrokernels*, der so wenig wie möglich selbst tut und die meisten Aufgaben an Prozesse delegiert, die im Benutzermodus laufen wie gewöhnliche Anwendungsprogramme.

Da Mikrokernels kleine, elegante Programme sind und die einzelnen Teile des Betriebssystems nur bei Bedarf im Speicher halten, müssten Betriebssysteme auf Mikrokernel-Basis theoretisch schneller und effizienter laufen als Systeme mit monolithischen Kernels. Allerdings wird dabei oft vergessen, dass der ständige Wechsel zwischen Benutzer- und Kernelmodus Zeit und Ressourcen verbraucht. Außerdem können auch monolithische Kernels inzwischen häufig von einem der entscheidenden Vorteile des Mikrokernels profitieren: Die meisten Gerätetreiber sind modular, können also je nach Bedarf geladen und wieder aus dem Speicher entfernt werden. Dies ist besonders wichtig für hot-plugging-fähige Schnittstellen wie USB, FireWire oder Bluetooth.

Ein weiterer Fortschritt ist das *Threading*-Modell, das in immer mehr Betriebssystemen zum Einsatz kommt. Die schwerfälligen Prozesse werden durch eine leichtgewichtige Alternative namens *Threads* ergänzt, was die Arbeit des Kernels weiter beschleunigt.

Anfang der 90er-Jahre schienen sich die Mikrokernels allmählich durchzusetzen, es wurden um diese Zeit kaum noch völlig neue Betriebssysteme auf der Basis eines monolithischen Kernels konzipiert. Eine wichtige Ausnahme ist Linux – sein Kernel ist bis heute monolithisch, verwendet aber modulare Gerätetreiber und inzwischen auch Threads. *Andrew Tanenbaum*, der Entwickler des Lehrsystems *Minix* und Autor mehrerer brillanter Fachbücher über Betriebssysteme und andere Informatikthemen, verfasste aus diesem Grund in der Minix-Newsgroup einen berühmt gewordenen Beitrag mit dem Titel »Linux is obsolete« (»Linux ist überholt«).[6] Inzwischen gehört Linux allerdings zu denjenigen Systemen, die in seinem Lehrbuch »Moderne Betriebssysteme« als Anschauungsbeispiele dienen.

Ein wichtiges Betriebssystem mit Mikrokernel, und zwar dem bekannten *Mach-Mikrokernel*, ist macOS. Die meisten anderen Unix-Systeme besitzen dagegen wie Linux einen monolithischen Kernel. In gewisser Weise lässt sich der Kernel von Windows NT und seinen Nachfolgern auch als Mikrokernel beschreiben.

Wenn ein Computer eingeschaltet wird, führt das BIOS des Rechners zunächst einige Überprüfungen durch und übergibt die Kontrolle anschließend dem Bootloader eines Betriebssystems. Dieser Teil des Systemstarts wurde bereits in Kapitel 4, »Hardware«, beschrieben. Der Bootloader ermöglicht entweder die Auswahl mehrerer Betriebssysteme, die auf den Datenträgern des Rechners installiert sind, oder startet unmittelbar ein bestimmtes System. Das *Booten* (kurz für *Bootstrapping* – »die Stiefel schnüren«) eines Betriebssystems bedeutet zunächst, dass der Kernel geladen und ausgeführt wird. Dieser erledigt alle weiteren erforderlichen Aufgaben.

Wichtig ist es, die bei den meisten Betriebssystemen (insbesondere Unix und Windows) zu beobachtende Trennung zwischen *Kernelmodus* und *Benutzermodus* zu verstehen. Ein Prozess, der im Kernelmodus läuft, besitzt gewisse Privilegien, die im Benutzermodus nicht vorhanden sind. Bei den meisten Computern werden für die beiden Modi unterschiedliche Betriebsmodi des Prozessors selbst verwendet. Beispielsweise besitzen Intel-Prozessoren und damit kompatible Prozessoren seit dem 386er vier verschiedene Modi, die sich durch einen unterschiedlich starken Schutz vor *Interrupts*, das heißt Unterbrechungsanforderungen durch Hardware oder bestimmte Programmschritte, unterscheiden. Für gewöhnlich wird der Modus mit dem stärksten Schutz als Kernelmodus und der mit dem geringsten als Benutzermodus verwendet.

Prozesse im Kernelmodus erledigen wichtige Betriebssystemaufgaben, die nicht durch Prozesse im Benutzermodus unterbrochen werden dürfen. Beispielsweise sorgen sie für die eigentliche Verarbeitung von Hardware-Interrupts, das Öffnen und Schließen von Dateien

6 Unter *oreilly.com/catalog/opensources/book/appa.html* können Sie die gesamte Diskussion zwischen Tanenbaum und Torvalds aus der Newsgroup nachlesen.

oder die Speicherverwaltung. Auch wenn ein Prozess im Kernelmodus nicht von außen unterbrochen werden kann, kann er freiwillig die Kontrolle an einen anderen Prozess abgeben. In der Regel ruft er den *Task Scheduler* auf, der ebenfalls im Kernelmodus läuft und für die Verteilung der Rechenzeit an die verschiedenen Prozesse zuständig ist.

Ein Prozess im Benutzermodus kann jederzeit unterbrochen werden, etwa durch einen Hardware-Interrupt, durch einen aufwachenden Kernelprozess oder dadurch, dass er selbst einen Befehl aufruft, der nur im Kernelmodus ausgeführt werden kann. Letzteres sind die sogenannten *Systemaufrufe* (*System Calls*), die es Programmierer*innen ermöglichen, die eingebauten Funktionen des Betriebssystems zu nutzen.

Mikrokernel-basierte Betriebssysteme versuchen, so gut wie alle Aufgaben im Benutzermodus auszuführen. Der Kernel selbst nimmt im Wesentlichen nur noch die Prozessverwaltung vor; selbst das Speichermanagement und die Ein-/Ausgabekontrolle finden im Benutzermodus statt. Auf diese Weise kann ein Mikrokernel-System zwar flexibler auf Anforderungen reagieren, muss dafür aber häufiger zwischen Kernel- und Benutzermodus hin- und herschalten, was zusätzliche Performance kostet.

Windows 10 und seine Vorgänger in der NT-Familie verwenden einen Mittelweg zwischen Mikrokernel-System und monolithischem Kernelsystem: Gewisse Teile wurden aus dem Kernel ausgelagert und bilden sogenannte *Subsysteme*, die im Benutzermodus laufen und verschiedene Teilfunktionen anbieten, die kernelartige Aufgaben erledigen. Andere Teile des Betriebssystems laufen dagegen im Kernelmodus.

Es gibt in der Praxis keine Betriebssysteme mehr, die keine richtige Trennung zwischen Kernel- und Benutzermodus durchführen. Die letzten waren MS-DOS in Kombination mit Windows 3.11, der letzten Windows-Version, die kein vollständiges Betriebssystem war, und das klassische Mac OS bis zur Version 9 (das aktuelle macOS ist dagegen eine völlige Neuentwicklung, die von dem Unix-System NeXTSTEP abstammt).

Der auffälligste Unterschied zwischen einem modernen System und solchen altmodischen Betriebssystemen besteht darin, dass Letztere nur das veraltete *kooperative Multitasking* verwenden – ein Prozess entscheidet selbst, wann er die Kontrolle an das Betriebssystem zurückgeben möchte. Stürzt ein Programm ab, das in einem solchen Prozess läuft, ist sehr wahrscheinlich das gesamte Betriebssystem instabil geworden. Das in modernen Systemen eingesetzte *präemptive Multitasking* entscheidet dagegen selbst, wie lange Prozesse im Benutzermodus die Rechenzeit behalten dürfen, und entzieht ihnen diese bei Bedarf wieder.

Außerdem besitzen veraltete Betriebssysteme kein richtiges Speichermanagement; Prozesse können gegenseitig auf ihre Speicherbereiche zugreifen und diese versehentlich überschreiben.

Weitere Informationen über die Aufgaben des Kernels finden Sie in späteren Abschnitten, wenn Themen wie Prozessverwaltung, Speichermanagement und Dateisysteme besprochen werden.

Gerätetreiber

Die *Gerätetreiber* (*Device Drivers*) sind spezielle kleine Programme, die sich um die Steuerung einzelner Hardwarekomponenten kümmern. In manchen Betriebssystemen sind Treiber ein fester Bestandteil des Kernels, während sie in den meisten neueren Systemen als Module vorliegen, die sich bei Bedarf laden und wieder aus dem Speicher entfernen lassen.

Zu den schwierigsten Aufgaben der Programmierung gehört es, Gerätetreiber zu schreiben. Der Treiber bildet die Schnittstelle zwischen Betriebssystem und Hardware. Er muss die allgemeinen Anforderungen des Betriebssystems an eine bestimmte Geräteklasse in die spezifische Sequenz von Steuerbefehlen umsetzen, die das Gerät eines bestimmten Herstellers versteht, und umgekehrt die Antworten des Geräts wieder in eine allgemein verständliche Form bringen.

Aus der Sicht von Treibern lassen sich zwei grundsätzliche Arten von Geräten unterscheiden: *Zeichengeräte* (*Character Devices* oder kurz *Char Devices*) tauschen Daten mit ihrer Umgebung als sequenzielle Datenströme aus. Die Daten werden also Zeichen für Zeichen nacheinander ausgelesen. Typische Beispiele sind die Tastatur, ein Drucker, eine Netzwerkschnittstelle oder ein Bandlaufwerk. *Blockgeräte* (*Block Devices*) stellen sich dagegen ähnlich dar wie der Arbeitsspeicher: Der Zugriff auf den Inhalt des Geräts kann in beliebiger Reihenfolge blockweise erfolgen. Zu den Blockgeräten zählen vornehmlich die meisten Laufwerke wie die Festplatte oder ein CD-ROM-Laufwerk, aber auch zum Beispiel Grafikkarten.

Kurz gesagt, ermöglichen Zeichengeräte nur den *sequenziellen Zugriff* (*Sequential Access*) beim Schreiben und Lesen von Daten, während Blockgeräte *wahlfreien Zugriff* (*Random Access*) gestatten.

Damit ein Treiber für ein bestimmtes Gerät geschrieben werden kann, muss der Hersteller die Schnittstellen dieses Geräts veröffentlichen. Einige Hersteller wollen das nicht und bieten stattdessen lieber selbst Treiber für die wichtigsten Betriebssysteme an. Bevor Sie sich ein bestimmtes Gerät anschaffen, müssen Sie also sicherstellen, dass ein Treiber für Ihr Betriebssystem verfügbar ist.

Systemprogramme

Diejenigen Bestandteile des Betriebssystems, die nicht zum Kernel gehören, liegen in der Regel als unabhängige Programme vor, die willkürlich geladen, ausgeführt und wieder beendet werden können. Bei einem Betriebssystem mit Konsolenoberfläche müssen Sie die Namen dieser Programme kennen, weil sie durch Eingabe ihres Namens aufgerufen werden. In einer grafischen Benutzeroberfläche werden sie dagegen hinter den Kulissen automatisch aufgerufen, wenn Sie die entsprechenden Menübefehle aufrufen, auf ein Dateisymbol doppelklicken oder Aufgaben per Drag-and-drop erledigen, also durch das Ziehen von Symbolen und ihre Ablage an einer bestimmten Stelle.

Verschiedene Betriebssysteme verfügen über unterschiedlich mächtige *Systemprogramme*. Unix-Systeme sind mit besonders leistungsfähigen Systemprogrammen ausgestattet, weshalb in Unix-artigen Systemen häufiger als in anderen Betriebssystemen auf der Konsole gearbeitet wird, obwohl auch Unix-Systeme inzwischen mit sehr überzeugenden grafischen Oberflächen ausgestattet sind.

Bei einem Unix-System können Sie jede beliebige Verwaltungsaufgabe über die Konsole erledigen, während unter Windows einige Werkzeuge nur unter der grafischen Oberfläche zur Verfügung stehen. Aus diesem Grund können Unix-Rechner auch einfacher von fern über ein Netzwerk bedient werden. Die Konsole kann über eine Terminal-Emulation zur Verfügung gestellt werden, ein Programm auf einem anderen Rechner übernimmt also die Funktion eines Terminals. Das einzige bekanntere System, bei dem man Systemprogramme nicht ohne Weiteres direkt aufrufen konnte, weil es überhaupt keine Konsole besaß, war das veraltete Mac OS bis einschließlich Version 9.

Typische Systemprogramme sind beispielsweise Befehle zur Manipulation von Dateien und Verzeichnissen, etwa für das Umbenennen, Löschen oder Kopieren. Außerdem gehören allerlei Steuerungs- und Analysewerkzeuge dazu. Systemprogramme werden in den nächsten beiden Abschnitten für die einzelnen Betriebssysteme besprochen.

Verwechseln Sie Systemprogramme übrigens nicht mit den im folgenden Abschnitt besprochenen *Systemaufrufen*. Letztere werden von Prozessen in Gang gesetzt, die auf Dienstleistungen des Kernels zugreifen müssen. Viele Systemprogramme verwenden letztlich Systemaufrufe, um ihre Aufgabe zu erfüllen, aber nicht alle. Ebenso wenig sollten Sie Systemprogramme mit den einfachen *Anwendungsprogrammen* durcheinanderbringen, die mit vielen Betriebssystemen geliefert werden. Ein einfacher Taschenrechner, ein Texteditor oder ein MP3-Player ist kein Systemprogramm, sondern eine Anwendung.

Die Schnittstelle für Anwendungsprogramme

Jedes Betriebssystem bietet Anwendungsprogrammen die Möglichkeit, seine Dienstleistungen in Anspruch zu nehmen. Dies ermöglicht es Programmierer*innen, bestimmte aufwendige und hardwareabhängige Aufgaben an das Betriebssystem zu delegieren. Bei den meisten aktuellen Systemen bleibt ihnen auch gar nichts anderes übrig, weil der direkte Zugriff auf die Hardware durch Anwendungsprogramme verhindert wird.

Um eine Funktion des Betriebssystems zu verwenden, muss ein Programm einen *Systemaufruf* (*System Call*) durchführen. Das Betriebssystem reagiert darauf, indem es den aktuellen Prozess unterbricht, den geforderten Systembefehl im Kernelmodus ausführt und dessen Ergebnis an den aufrufenden Prozess zurückliefert.

Unix-Systeme bieten nur verhältnismäßig wenige, dafür aber sehr mächtige Systemaufrufe an. Einige von ihnen sind auf Dateien und andere Ein- und Ausgabekanäle bezogen, beispielsweise `create()` zum Erzeugen einer neuen Datei, `open()` zum Öffnen, `read()` zum Lesen, `write()` zum Schreiben oder `close()` zum Schließen. Andere Systemaufrufe beschäftigen sich mit der Prozessverwaltung; zum Beispiel erzeugt `fork()` einen neuen Prozess als Kopie des bestehenden, `kill()` sendet Signale an Prozesse, und `shmget()` fordert das *Shared Memory* an (gemeinsame Speicherbereiche, die sich mehrere Prozesse zum Datenaustausch teilen).

Neben den eigentlichen Systemaufrufen basiert jedes Betriebssystem auf der *Bibliothek* der Programmiersprache, in der es geschrieben wurde. Nach wie vor werden die meisten Betriebssysteme zu großen Teilen in der Programmiersprache C geschrieben (nur einige sehr hardwarenahe Teile des Kernels werden in Assembler verfasst). Aus diesem Grund basiert die Arbeitsweise vieler Systembereiche auf Funktionen der *C-Standardbibliothek*. Unix, Windows und diverse andere Systeme behandeln vieles aus der Sicht der Anwendungsprogrammierung recht ähnlich, weil es mithilfe der entsprechenden Bibliotheksroutinen realisiert wurde.

Ein Beispiel soll an dieser Stelle genügen, um einen Eindruck vom Einfluss der C-Standardbibliothek zu geben (konkret lernen Sie sie in Kapitel 9, »Weitere Konzepte der Programmierung«, kennen): Fast alle Betriebssysteme speichern Datum und Uhrzeit als die Anzahl der Sekunden seit dem 01. Januar 1970, 00:00 Uhr UTC.[7] Dieses Datum wird als *EPOCH* bezeichnet, weil es als der »epochemachende« Erfindungszeitpunkt von Unix gilt. Diese Art der Speicherung von Datum und Uhrzeit ist in der C-Bibliotheksdatei *time.h* definiert.

Unter Windows gibt es eine äußerst umfangreiche Betriebssystemschnittstelle, die *Win32 API*. Sie besteht aus Tausenden von Befehlen, von denen allerdings nicht alle echte Systemaufrufe sind. Viele von ihnen sind Bibliotheksfunktionen, die beispielsweise den Zugriff auf die Bestandteile der grafischen Benutzeroberfläche ermöglichen. *Win32* steht übrigens für 32-Bit-Windows, in Abgrenzung zu dem längst untergegangenen 16-Bit-Windows, dessen letzte Version Windows 3.11 war. Alle Privatkundenversionen seit Windows 95 und alle professionellen Versionen seit der ersten NT-Version gehören zur Win32-Familie; Windows XP, Windows Vista, Windows 7, 8 und 10 sowie die zugehörigen Serverversionen sind vorwiegend in 64-Bit-Versionen für aktuelle Generationen der Intel- und AMD-Prozessoren verfügbar. Der Name *Win32 API* wurde beibehalten, obwohl diese selbstverständlich seit vielen Jahren vollständige Unterstützung für 64-Bit-Anwendungen bietet.

In Kapitel 9, »Weitere Konzepte der Programmierung«, gibt es einen Abschnitt über systemnahe Programmierung. Dort erfahren Sie Näheres über den Einsatz von Systemaufrufen.

Die Benutzeroberfläche

Es gibt zwei grundlegende Arten von Benutzeroberflächen: die *Konsole* oder *Kommandozeile* und die *grafische Oberfläche*. Beide dienen dazu, mit dem Betriebssystem zu kommunizieren, und stellen ihre Ein- und Ausgabefähigkeiten auch Anwendungsprogrammen zur Verfügung.

7 *UTC* (*Universal Time Coordinated*) ist im Prinzip identisch mit der *Greenwich Mean Time* (*GMT*), verwendet allerdings keine Sommerzeit. In der UTC ist es eine Stunde früher als in Deutschland, wo die *MEZ* (*mitteleuropäische Zeit*) gilt. Bei Sommerzeit beträgt der Unterschied entsprechend zwei Stunden. Im Laufe des Jahres 2021 will die EU voraussichtlich die Zeitumstellung abschaffen, aber es ist noch nicht abschließend geklärt, ob danach ausschließlich die Sommer- oder die Winterzeit gelten soll.

Eine *Kommandozeilenoberfläche* wird (in Abgrenzung zum Kernel) auch *Shell*, zu Deutsch also »Schale«, genannt. Wenn Sie die Shell verwenden möchten, müssen Sie zunächst wissen, welche Befehle unterstützt werden und wie sie funktionieren. Zu diesem Zweck hält die Windows-Konsole einen Befehl namens `help` bereit, der eine Liste aller Befehle mit einer kurzen Beschreibung anzeigt. `help` *`Befehl`* zeigt dagegen eine ausführliche Beschreibung eines einzelnen Befehls an. Unter Unix heißt die entsprechende Anweisung `man` *`Befehl`*. Das hat übrigens nichts mit dem dummen Klischee zu tun, Unix sei »nur was für Männer« – *man* ist einfach die Abkürzung für das englische Wort *manual*, also Handbuch.

Die unter Windows verwendete Konsole entspricht noch heute weitgehend der Benutzeroberfläche von MS-DOS. Die Befehle, die Sie eingeben können, sind fast alle kompatibel mit den alten DOS-Befehlen. Allerdings wurde inzwischen eine Reihe von Komfortfunktionen eingebaut, die die Arbeit mit der Windows-Kommandozeile erleichtern.

Unix-Shells sind allerdings im Vergleich zur Windows-Shell erheblich komfortabler. Das liegt natürlich zum Teil daran, dass die zugrunde liegenden Systembefehle, die Sie aufrufen können, mächtiger sind als die Windows-Konsolenbefehle. Aber auch die Shell selbst hat mehr Bequemlichkeit zu bieten als unter Windows. Beispielsweise wird unter Unix schon seit Langem die Eingabevervollständigung angeboten – wenn Sie Befehle oder Dateinamen eingeben, können Sie die [⇆]-Taste drücken, um einen begonnenen Namen zu ergänzen, falls er bereits eindeutig ist. Microsoft hat dieses Feature erst unter Windows 2000 eingeführt.

Grafische Benutzeroberflächen gibt es inzwischen für jedes Betriebssystem, und auch unter Linux und anderen Unix-Systemen ist es heutzutage üblich, dass Sie gleich das GUI starten, wenn Sie den Rechner booten. In einer grafischen Oberfläche werden die einzelnen Programme und Dokumente in Fenstern dargestellt, die frei über den Bildschirm verschoben, vergrößert, verkleinert und in einer beliebigen Stapelreihenfolge angeordnet werden können. Mit einer Maus oder einem Trackpad bewegen Sie einen Zeiger über diese Oberfläche und können Menübefehle auswählen, Schaltflächen anklicken oder Symbole verschieben.

Unter Linux können Sie sich eine von vielen verschiedenen grafischen Oberflächen aussuchen. Die grundlegenden Grafikfähigkeiten werden von einer Komponente namens *X-Window-Server* oder kurz *X-Server* bereitgestellt, darauf aufbauend läuft ein Window-Manager oder ein moderner, voll ausgestatteter Desktop. Die beiden am häufigsten anzutreffenden Desktops sind KDE und GNOME.

Windows und macOS lassen Ihnen dagegen keine Wahl bei der Entscheidung für ein bestimmtes GUI, weil es ein fester Bestandteil des Betriebssystems selbst ist. Selbst einige der elementarsten Programme sind so geschrieben, dass sie diese eine Oberfläche voraussetzen. Beide Hersteller haben ihre grafischen Oberflächen in der neuesten Version ihrer Betriebssysteme modernisiert; macOS verwendet eine elegante Oberfläche namens *Aqua*, die Windows-10-Oberfläche (seit Windows 8 im Einsatz) wird *Metro* genannt.

Für macOS ist auch ein X-Server namens *XQuartz* verfügbar, sodass der reichhaltige Bestand X-basierter Software, der für andere Unix-Versionen vorhanden ist, bei Bedarf auch unter macOS zur Verfügung steht. Bis Mac OS X 10.5 wurde die Software offiziell von Apple selbst angeboten und danach als Community Edition weitergeführt. Sie können sie unter *http://xquartz.macosforge.org/landing/* herunterladen. Auch für Windows gibt es übrigens verschiedene X-Server von Drittanbietern.

6.2.2 Prozessverwaltung

Jedes moderne Betriebssystem ist in der Lage, mehrere Aufgaben gleichzeitig auszuführen.[8] Diese Fähigkeit wird allgemein als *Multitasking* bezeichnet. Es geht dabei nicht nur um den bequemen Nebeneffekt, dass Sie mehrere Anwendungsprogramme geöffnet halten und zwischen ihnen hin- und herschalten können, sondern vor allem um Aufgaben, die das Betriebssystem im Hintergrund erledigen muss, während Sie nur eines dieser Programme verwenden.

Jede der einzelnen gleichzeitig stattfindenden Aufgaben wird unter den meisten Betriebssystemen durch einen *Prozess* realisiert. Einem Prozess stehen aus seiner eigenen Sicht alle Ressourcen des Rechners exklusiv zur Verfügung: die gesamte ungeteilte Rechenzeit des Prozessors, der vollständige Arbeitsspeicher und der alleinige Zugriff auf sämtliche Ein- und Ausgabekanäle. Es ist Sache des Betriebssystems, die Ressourcen hinter den Kulissen zu verteilen. Ein Prozess, der auf eine Ressource wartet, muss in einen Wartezustand versetzt und später wieder aufgerufen werden.

Dieser Service eines Betriebssystems erleichtert es Anwendungsprogrammierer*innen, sich auf ihre eigentlichen Aufgaben zu konzentrieren. Wenn eine Bedingung eintritt, für die ein bestimmter Prozess nicht zuständig ist, übernimmt das System automatisch die Kontrolle, legt den Prozess schlafen, löst das anstehende Problem und ruft den Prozess anschließend wieder auf.

Stellen Sie sich zur Verdeutlichung dieses Sachverhalts vor, Sie wohnten in einem Haus, in dem es für alle Wohnungen nur einen einzigen Klingelknopf an der Haustür gäbe. Ein Druck auf diesen Knopf würde dafür sorgen, dass es in allen Wohnungen klingelt. In diesem Haus müssten alle Mieter*innen auf das Klingeln reagieren und überprüfen, ob es für sie bestimmt ist.

Ähnlich sähe es in einem Computer aus, wenn es kein Prozessmanagement gäbe: Jedes einzelne Programm müsste sämtliche Bedingungen überprüfen, die auf dem Rechner eintreten können, und keines könnte sich mehr auf seine Tätigkeit konzentrieren.

8 Die weite Verbreitung von Multicore-Prozessoren macht es möglich, dass tatsächlich mehrere Aufgaben genau gleichzeitig erledigt werden. Früher handelte es sich nur um eine scheinbare Gleichzeitigkeit; in Wirklichkeit wurde schnell zwischen verschiedenen Tasks hin und her geschaltet. Das Verfahren existiert natürlich immer noch, denn oft gibt es mehr verschiedene Aufgaben zu erledigen, als Prozessorkerne zur Verfügung stehen.

Das Unix-Prozessmodell

Besonders gut verständlich ist das Prozessverwaltungssystem von Unix, weshalb es hier näher erläutert werden soll. Für Unix-Prozesse gelten die folgenden Aussagen:

- Jeder Prozess ist durch eine eindeutige ganzzahlige Nummer gekennzeichnet, seine *Prozess-ID* (*PID*).
- Der erste Prozess, der auf dem Rechner gestartet wird, heißt `init`, hat die PID 1 und erzeugt alle anderen Prozesse direkt oder indirekt.
- Jeder Prozess läuft entweder im Kernelmodus oder im Benutzermodus, und zwar ein für alle Male. Keiner kann den Modus nachträglich wechseln. Ein Anwendungsprogramm kann niemals selbst einen Prozess starten, der im Kernelmodus läuft – dafür gibt es Systemaufrufe.
- Ein neuer Prozess wird durch einen speziellen Systemaufruf namens `fork()` erzeugt. Dieser Systemaufruf erzeugt eine identische Kopie des Prozesses, der ihn gestartet hat – der neue Prozess kann sich sogar daran »erinnern«, `fork()` aufgerufen zu haben. Lediglich die PID ist eine andere. In der Regel wird der neue Prozess anschließend für eine neue Aufgabe eingesetzt. Aus Sicht der Programmierung wird dieses Thema in Kapitel 9, »Weitere Konzepte der Programmierung«, behandelt.
- Jeder Prozess besitzt einen Parent-Prozess. Dabei handelt es sich um denjenigen Prozess, der ihn aufgerufen hat. Wenn der Parent-Prozess vor dem Child-Prozess beendet wird, wird das Child dem Ur-Prozess `init` zugewiesen. Auf diese Weise wird sichergestellt, dass Prozesse auch weiterhin einen Parent-Prozess besitzen.
- Wird ein Child-Prozess dagegen beendet, wird er nicht komplett aus dem Speicher und aus der Prozesstabelle entfernt, sondern bleibt mit dem speziellen Status *defunct* (außer Betrieb) als sogenannter *Zombie-Prozess* bestehen. In diesem Zustand bleiben die Zombies, bis der Parent-Prozess den Systemaufruf `waitpid()` durchführt; dies wird als *Reaping* (Ernte) bezeichnet. Auf diese Weise kann der Parent den Exit-Status seiner Child-Prozesse untersuchen.
- Jeder Prozess reagiert auf eine Reihe verschiedener *Signale*. Diese Signale sind durchnummeriert, in der Praxis werden jedoch symbolische Namen für diese Signale verwendet, die irgendwo in der Betriebssystembibliothek definiert sind. Signale werden mithilfe des Systemaufrufs `kill()` an einen Prozess gesandt. Der etwas seltsame Name rührt daher, dass das Standardsignal den Prozess auffordert, sich zu beenden, falls kein anderes Signal angegeben wird. Wichtige Signale sind etwa folgende: `SIGTERM` beendet den Prozess normal, `SIGKILL` erzwingt einen sofortigen Abbruch, `SIGHUP` (*Hangup*) weist darauf hin, dass eine Verbindung unterbrochen wurde (etwa eine Netzwerkverbindung), und `SIGALRM` zeigt an, dass ein Timer-Alarm ausgelöst wurde, den Programmierer*innen wiederum verwenden können, um einen Prozess nach einer definierten Zeit wieder zu wecken.
- Ein Prozess kann jederzeit selbst die Kontrolle abgeben, indem er den Systemaufruf `pause()` durchführt. In diesem Fall kann er durch ein Signal wieder geweckt werden.

- Prozesse im Benutzermodus können auch von außen unterbrochen und später wieder aufgenommen werden.

Wenn ein Prozess unterbrochen wird, muss der Systemzustand, der derzeit herrscht, gespeichert werden, um ihn bei Wiederaufnahme erneut herzustellen. Dazu gehören vor allem die Inhalte der Prozessorregister und der Flags sowie eine Liste aller geöffneten Dateien. Wenn ein Prozess weiterläuft, findet er die Systemumgebung also genau so vor, wie er sie verlassen hat.

Neben der Prozess-ID besitzt jeder Prozess in einem Unix-System eine *User-ID* (*UID*) und eine *Group-ID* (*GID*). Diese beiden Informationen sind für die Systemsicherheit wichtig: Die User-ID kennzeichnet den User-Account, dem der Prozess gehört, die Group-ID die Gruppe. Ein User-Account gehört entweder einer bestimmten Person oder einer vom Betriebssystem definierten Einheit; einer Gruppe können beliebig viele User-Accounts angehören. Ein Prozess reagiert nur auf Signale, die von einem anderen Prozess mit derselben UID und GID aus versandt wurden. Die einzige Ausnahme bilden UID und GID 0, die dem Superuser *root* vorbehalten sind. Dieser spezielle Account darf auf einem Unix-System alles, also auch jeden Prozess beenden, unterbrechen oder anderweitig steuern.

Mithilfe des Befehls `ps` können Sie sich auf einer Unix-Konsole anzeigen lassen, welche Prozesse gerade laufen. Angezeigt werden die PID, die UID, die GID und der Pfad des Prozesses. Der Pfad ist die genaue Ortsangabe der Programmdatei, die in dem entsprechenden Prozess ausgeführt wird. Die Verwendung von `ps` und anderen prozessbezogenen Befehlen wird in Abschnitt 6.4, »Linux und Unix«, genauer erläutert.

Prozesse haben den Vorteil, dass sie vollkommen voneinander abgeschirmt laufen können: Sie besitzen getrennte Speicherbereiche und können einander nicht in die Quere kommen. Manchmal kann dieser Vorteil jedoch auch ein Nachteil sein, denn mitunter müssen Prozesse miteinander kommunizieren. Eine einfache, aber auf wenige »Wörter« beschränkte Möglichkeit ist die bereits erwähnte Verwendung von Signalen.

Eine andere Option besteht in der Verwendung sogenannter *Pipes*, die die Ausgabe eines Programms und damit eines Prozesses mit der Eingabe eines anderen verknüpfen. Pipes werden in den Konsolen von Unix und Windows häufig eingesetzt, um die Ausgabe eines Programms durch ein anderes zu filtern, können aber auch aus Programmen heraus geöffnet werden. Beispiele finden Sie in den nächsten beiden Abschnitten; der Einsatz von Pipes in eigenen Programmen wird in Kapitel 9, »Weitere Konzepte der Programmierung«, beschrieben.

Die effizienteste Möglichkeit der Kommunikation zwischen Prozessen heißt *Inter-Prozess-Kommunikation* (englisch: *Inter Process Communication*) oder *System V IPC*. Obwohl sie mit System V eingeführt wurde und nicht zum POSIX-Standard gehört, ist sie inzwischen in fast allen Unix-Varianten verfügbar, zum Beispiel auch unter Linux. Im Wesentlichen verwendet die IPC zwei verschiedene Mechanismen: In sogenannte *Nachrichtenwarteschlangen* (*Message Queues*) kann ein Prozess schreiben, ein anderer kann sequenziell daraus lesen. Gemeinsame Speicherbereiche (*Shared Memory*) sind dagegen einfacher zu handhaben: Was ein Prozess in diesem Speicherbereich ablegt, können andere beliebig oft lesen oder ändern. Auch hier findet man also wieder einmal die beiden Konzepte des sequenziellen und des wahlfreien Zugriffs nebeneinander vor.

Eine eingeschränkte Form der Verständigung zwischen Prozessen findet schließlich durch *Semaphore* statt. Dabei handelt es sich im Grunde um einen Zähler in einem gemeinsamen Speicherbereich, der von verschiedenen Prozessen reserviert beziehungsweise freigegeben werden kann. Beim Reservieren wird der Zähler um 1 heruntergezählt, sofern er noch größer als 0 ist, beim Freigeben wird 1 bis zu einem festgelegten Maximalwert addiert. So können mehrere Prozesse beispielsweise eine beschränkte Anzahl von Ressourcen gemeinsam nutzen.

Deadlocks

Eines der Probleme, die bei der Verwendung mehrerer Prozesse auftreten können, ist eine Situation, in der mehrere Prozesse im Wartezustand gefangen bleiben, weil sie aufeinander oder auf dieselben Ressourcen gewartet haben. Das Wettrennen um den Zugriff auf Ressourcen wird als *Race Condition* bezeichnet. Zu einem *Deadlock* (einer Verklemmung) kommt es, wenn eine solche Race Condition unentschieden ausgeht. Beispielsweise könnten zwei Prozesse in einen Deadlock geraten, weil sie den Zugriff auf ein und dieselbe Datei zu sperren versuchen, um anderweitige Änderungen dieser Datei zu verhindern. Ein Deadlock führt mindestens zum Absturz der betroffenen Prozesse, möglicherweise sogar zum Absturz des gesamten Systems.

Ein gutes Betriebssystemdesign vermeidet Deadlocks durch eine Reihe von Verfahren. Insbesondere reicht das normale Verfahren zum Sperren von Ressourcen nicht immer aus, um Deadlocks zu vermeiden. Das gewöhnliche Sperren einer Datei oder einer Hardwareressource überprüft zunächst, ob die Ressource nicht anderweitig gesperrt ist. Falls sie gesperrt ist, wird der Prozess blockiert und wartet, bis die andere Sperre gelöst ist. Anschließend sperrt der aktuelle Prozess selbst die Ressource, sodass andere Prozesse, die sie ihrerseits sperren möchten, wiederum warten müssen.

Anstelle dieses Modells sollte eine mehrstufige Anmeldung für die Verwendung von Ressourcen eingesetzt werden:

- Ein Prozess, der eine bestimmte Ressource benötigt, versucht nicht einfach, eine Sperre für diese Ressource zu errichten, sondern überprüft zunächst, ob sie nicht bereits gesperrt ist. Falls doch, gibt er die Kontrolle ab, um nicht aktiv auf das Ende der Sperre warten zu müssen, was Ressourcen kosten würde. Er sollte nach einer gewissen Zeit erneut überprüfen, ob die Ressource noch gesperrt ist.
- Wenn die Ressource frei ist, errichtet der Prozess eine Sperre, die andere Prozesse daran hindert, diese Ressource zu verwenden.
- Nachdem der Prozess die Ressource nicht mehr benötigt, löst er die Sperre und gibt die Ressource dadurch wieder frei.

Threads

Einige Prozesse müssen gemeinsam dasselbe Problem bearbeiten und ununterbrochen miteinander kommunizieren. Dies gilt insbesondere für Prozesse, die nebeneinander im gleichen Anwendungsprogramm laufen. IPC oder andere Methoden der Prozesskommunikation sind zwar möglich, verschwenden aber auf die Dauer Systemressourcen. Interessanter ist eine Prozessvariante, bei der sich mehrere Abläufe von vornherein dieselben Ressourcen teilen.

Zu diesem Zweck werden in vielen Betriebssystemen die leichtgewichtigen und schnell zu wechselnden *Threads* verwendet. Diese besitzen innerhalb desselben übergeordneten Prozesses keine voneinander getrennten Speicherbereiche, sondern greifen auf dieselbe Stelle des Speichers zu. Windows unterstützt Threads bereits seit den ersten Versionen von Windows NT, in Unix-Systemen wurden sie erst später eingeführt. Zuletzt wurden sie unter Linux nachgerüstet; seit dem Kernel 2.4 können sie als stabil bezeichnet werden.

Threads übernehmen häufig Aufgaben, die parallel innerhalb desselben Programms ausgeführt werden müssen. Besonders anschaulich lässt sich dies anhand eines in Echtzeit laufenden 3D-Computerspiels erläutern: Eingaben zur Steuerung der eigenen Spielfigur müssen gleichzeitig entgegengenommen werden, die Umgebung muss ständig neu gezeichnet werden, und es müssen permanente Zustandskontrollen stattfinden. Es wäre für Programmierer*innen ein Ärgernis, wenn sie sich selbst Gedanken darüber machen müssten, in welcher Reihenfolge die einzelnen Schritte wann stattfinden sollen. Werden die verschiedenen Aufgaben dagegen in Threads verpackt, führt der Prozessor sie abwechselnd in kurzen Zeitintervallen aus.

Die Verwendung von Prozessen und Threads aus der Sicht der Programmierung wird übrigens in Kapitel 9, »Weitere Konzepte der Programmierung«, erläutert.

Das Windows-Prozessmodell

Windows verwendet ein etwas komplexeres Prozessmodell. Im Besonderen wird ein neuer Prozess durch einen Systemaufruf namens `CreateProcess()` erzeugt, der keine exakte Kopie des aufrufenden Prozesses erstellt, sondern einen »leeren« Prozess, dem anschließend eine Aufgabe zugewiesen werden muss. Außerdem ist jeder Prozess im Benutzermodus mit einer numerischen Priorität ausgestattet. Diese entscheidet im Zweifelsfall, welcher Prozess Vorrang hat. Die Liste der laufenden Prozesse können Sie auf der Registerkarte PROZESSE des Task-Managers sehen. Hier besteht auch die Möglichkeit, abgestürzte Prozesse zwangsweise zu beenden.

6.2.3 Speicherverwaltung

Eine der wichtigsten Aufgaben eines Betriebssystems besteht in der Verwaltung des fast immer zu kleinen Arbeitsspeichers. So gut wie alle aktuellen Betriebssysteme verwenden eine echte virtuelle Speicheradressierung, bei der die von den Programmen angesprochenen Speicheradressen nicht identisch mit den Hardwareadressen des RAM-Speichers sein müssen.

Genau wie Gerätetreiber und Prozessmanagement entbindet das Speichermanagement Programmierer*innen von einer recht frustrierenden Aufgabe, nämlich von der Verteilung des Arbeitsspeichers an die einzelnen Prozesse beziehungsweise Programme. Da eine richtig funktionierende Speicherverwaltung jedem Programm vorgaukelt, ihm stünde der gesamte Arbeitsspeicher zur Verfügung, müssen Sie sich beim Programmieren nicht mehr viele Sorgen darüber machen, ob der Arbeitsspeicher reicht.

In der Regel wird der virtuelle Speicherraum vom Betriebssystem in sogenannte *Segmente* unterteilt. Bei modernen Computersystemen beherrscht bereits der Prozessor selbst die Speichersegmentierung und kann dadurch mehr Speicher adressieren, als im physikalischen RAM zur Verfügung steht. Zu diesem Zweck enthalten aktuelle Prozessoren ein Bauteil namens *Memory Management Unit* (*MMU*). Spricht ein Programm eine bestimmte Speicheradresse an, nimmt die MMU sie entgegen und rechnet sie in die aktuell zugeordnete physikalische Speicheradresse um.

Aus der Sicht des Speichermanagements im Betriebssystem wird der Speicher in einzelne *Seiten* unterteilt, die durch das sogenannte *Paging* auf die Festplatte ausgelagert werden, wenn ein Programm sie gerade nicht benötigt, und in den Arbeitsspeicher zurückgeholt werden, wenn es sie wieder braucht. Die Datei, in der sich die ausgelagerten Speicherseiten befinden, wird als *Auslagerungsdatei* (*Page File*) bezeichnet. Unix-Systeme verwenden häufig keine einzelne Datei dafür, sondern eine Plattenpartition eines speziellen Typs, die als *Swap-Partition* bezeichnet wird.

Die MMU unterhält zu diesem Zweck eine *Seitentabelle*, die zu jedem Zeitpunkt darüber Auskunft gibt, welche virtuelle Speicherseite sich gerade wo befindet, sei es im Arbeitsspeicher oder in der Auslagerungsdatei. Dass eine Speicherseite benötigt wird, die zurzeit ausgelagert ist, wird dabei durch einen *Page Fault* (Seitenfehler) zum Ausdruck gebracht.

Da das Speichermanagement auf den Fähigkeiten der zugrunde liegenden Hardware aufbaut, funktioniert es unter Windows und Linux, sofern sie auf Intel- oder kompatiblen Rechnern laufen, recht ähnlich. Auf einem solchen x86-System ist eine Speicheradresse 32 Bit lang – es handelt sich schließlich um einen 32-Bit-Prozessor. Allerdings werden nicht einfach die verfügbaren physikalischen Speicheradressen durchnummeriert. Stattdessen ist die Adresse in drei Bereiche unterteilt (siehe auch Abbildung 6.1):

- Die zehn obersten Bits (31 bis 22) geben den Eintrag im *Page Directory* (Seitenverzeichnis) an, verweisen also auf eine Adresse in einem Speicherbereich, der eine Liste von Seitentabellen enthält.
- Die nächsten zehn Bits (21 bis 12) enthalten die Nummer des Eintrags in der genannten *Page Table* (Seitentabelle). Dieser Eintrag verweist auf eine einzelne Speicherseite.

- Die letzten zwölf Bits (11 bis 0) geben schließlich den *Offset* an, also das konkrete Byte innerhalb der Speicherseite. Dies führt dazu, dass eine Speicherseite eine Größe von 2^{12} oder 4.096 Byte besitzt.

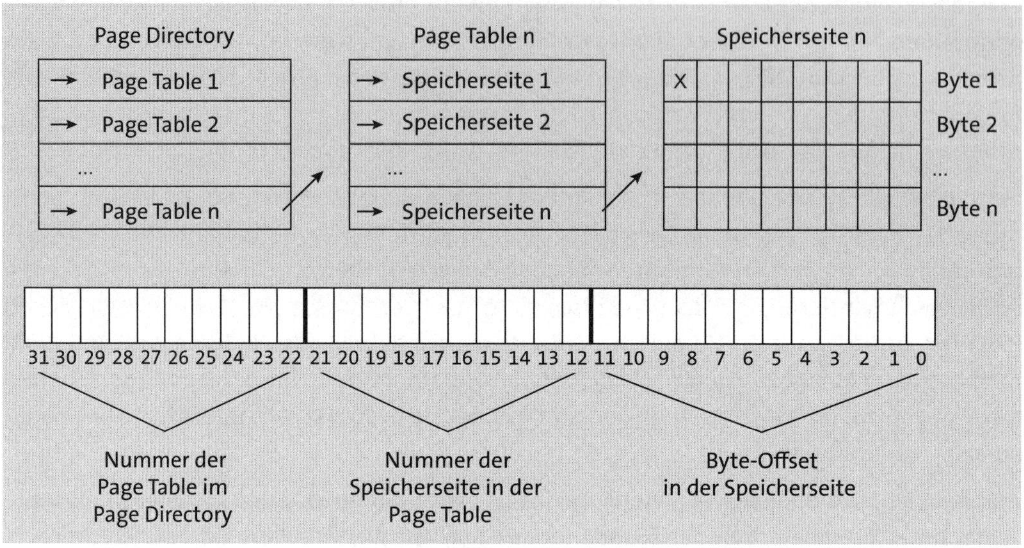

Abbildung 6.1 Schema der x86-Speicherverwaltung

Auf diese Struktur der Hardware baut die Speicherverwaltung des Betriebssystems auf. Jedes Programm kann dynamisch mehr Speicher anfordern und erhält ihn, indem zur selben Zeit nicht benötigte Speicherseiten ausgelagert werden. Es kommt daher bei einem modernen System nicht oft vor, dass eine Anwendung wegen Speichermangels abgebrochen werden muss oder gar nicht erst startet. Allerdings wird ein Rechner, der zu wenig physikalischen Arbeitsspeicher besitzt, zu langsam, weil er mehr mit dem Paging beschäftigt ist als mit der eigentlichen Arbeit.

Da es inzwischen mehr 64- als 32-Bit-Architekturen gibt und sich dies bereits vor Jahren abzeichnete, wurde auch die Speicherverwaltung entsprechend angepasst. Beispielsweise verwendet Linux schon seit Kernel 2.2 intern ein dreistufiges Paging-Modell: Das Page Directory zeigt nicht gleich auf eine Page Table, sondern zunächst auf ein weiteres Verzeichnis, genannt *Middle Directory*. Da unter 32-Bit-Architekturen keine Verwendung dafür besteht, wird der Middle-Directory-Eintrag im Page Directory dadurch stillgelegt, dass er immer den Wert 0 besitzt, also immer auf dasselbe vermeintliche Middle Directory zeigt. Da praktisch alle Linux-Versionen auf 64-Bit-Prozessoren laufen beziehungsweise in entsprechenden Versionen verfügbar sind, ermöglicht dieses Vorgehen die Verwendung desselben Speicherverwaltungsmodells für alle Linux-Versionen.

6.2.4 Dateisysteme

Eine der wichtigsten Aufgaben eines Betriebssystems ist die Verwaltung von *Dateien*. Eine Datei ist eine benannte Einheit, die auf einem Datenträger gespeichert wird. Die verschiedenen Arten von Datenträgern wurden in Kapitel 4, »Hardware«, vorgestellt. Dort erfahren Sie auch, wie die Daten physikalisch auf den Datenträgern organisiert sind.

Die meisten Betriebssysteme sprechen nicht direkt die Hardwaresektoren eines Datenträgers an, sondern unterteilen den Datenträger logisch in größere Abschnitte, die als *Zuordnungseinheiten* (*Cluster*) bezeichnet werden. Dies hat den Vorteil, dass das System sich nicht weiter um die tatsächliche Größe des Datenträgers kümmern muss.

Ein gewisser Nachteil besteht dagegen darin, dass jede Datei mindestens eine ganze Zuordnungseinheit belegt und dass eine neue belegt wird, wenn die Datei auch nur um ein Byte zu groß ist – das Verfahren ist vergleichbar mit einem Parkhaus, in dem Sie für »angefangene Stunden« bezahlen müssen: 61 Minuten werden dort bereits als zwei Stunden gewertet. Einige moderne Dateisysteme wie die Linux-eigenen *ext3* oder *ext4* speichern die »überstehenden« Stücke von Dateien, die keine ganze Zuordnungseinheit mehr füllen, deshalb zusammen in einer gemeinsamen Zuordnungseinheit.

Die unterschiedlichen Betriebssysteme verwenden verschiedene Modelle, um Daten auf einem Datenträger abzulegen. Ein solches Modell wird als *Dateisystem* bezeichnet. Da die meisten Betriebssysteme mit mehreren Dateisystemen umgehen können, verwenden sie eine zweistufige Dateiverwaltung: Das eigentliche Dateisystem greift auf den Treiber für das Laufwerk zu und organisiert die Daten auf dem eigentlichen Datenträger, während ein *virtuelles Dateisystem* den Zugriff des Betriebssystems auf die verschiedenen tatsächlichen Dateisysteme und Datenträgerarten vereinheitlicht. Unter Unix geht die Abstraktion von Dateien so weit, dass selbst der Zugriff auf Geräte über *Special Files* (Spezialdateien) oder *Gerätedateien* erfolgt, die normalerweise im Verzeichnis */dev* liegen.

Wenn Sie ein Betriebssystem benutzen, werden Sie vornehmlich mit dem virtuellen Dateisystem konfrontiert. Hier wird vor allem geklärt, wie die einzelnen Datenträger und Partitionen angesprochen werden, wie Verzeichnisse organisiert sind, welche Zeichen in Dateinamen erlaubt sind, wie lang diese Namen sein dürfen etc.

Das virtuelle Dateisystem, das alle Unix-Systeme miteinander gemeinsam haben, unterstützt außerdem verschiedene Sicherheitsaspekte, insbesondere die Zugriffsrechte für einzelne User-Accounts und Gruppen. Windows bietet ähnliche Fähigkeiten, allerdings nur für das Dateisystem *NTFS*.

»Verzeichnis« oder »Ordner«?

In diesem Kapitel war bisher die ganze Zeit die Rede von *Verzeichnissen*. Wenn Sie seit weniger als etwa 20 Jahren mit Computern arbeiten und Windows oder macOS einsetzen, werden Sie wahrscheinlich eher *Ordner* kennen. Das liegt daran, dass die symbolische Darstellung (das Icon) eines Verzeichnisses auf dem Desktop des GUI eine Aktenmappe (englisch: *folder*) zeigt, was in den deutschen Versionen als Ordner lokalisiert wurde.

In Wirklichkeit finden Sie im Dateisystem immer Verzeichnisse (englisch: *directories*). Sie sind die Ordnungs- und Organisationseinheiten des Dateisystems.

Das virtuelle Unix-Dateisystem

Die in diesem Buch näher besprochenen Unix-Systeme Linux und macOS haben mit allen anderen Unix-Systemen dasselbe virtuelle Dateisystem gemeinsam. Konkrete Dateisysteme gibt es unter Unix dagegen unzählige. Beispielsweise unterstützt macOS das klassische Apple-Dateisystem *HFS+*, das Unix-Dateisystem *UFS*, das CD-ROM-Dateisystem *ISO 9660* und andere, während Linux mit seinem eigenen Dateisystem *ext3* oder *ext4*, außerdem mit *btrfs*, den Windows-Dateisystemen *FAT32* und *NTFS* sowie mit weiteren zusammenarbeitet.

Die Gemeinsamkeiten der Unix-Dateisysteme betreffen die Art und Weise, wie Dateien, Verzeichnisse und Datenträger organisiert sind. Außerdem sind die Zugriffsrechte für alle unter Unix unterstützten Dateisysteme verfügbar.

Auf einem Unix-Rechner existiert nur ein einziger Verzeichnisbaum, unabhängig davon, auf wie viele konkrete Datenträger er verteilt ist. Die Wurzel des gesamten Baums wird als / bezeichnet. Unterhalb dieses obersten Verzeichnisses liegen einzelne Dateien und Unterverzeichnisse, und jedes von diesen kann wiederum in Unterverzeichnisse unterteilt sein.

Die meisten Verzeichnisse, die direkt unterhalb der Wurzel des Unix-Dateisystems liegen, haben spezielle Aufgaben, die in allen gängigen Unix-Systemen identisch oder zumindest ähnlich sind:

- *bin* (*binaries*) enthält die Systemprogramme.
- *sbin* (*start binaries*) enthält Initialisierungsprogramme, die beim Systemstart aufgerufen werden.
- *dev* (*devices*) enthält Gerätedateien, also Dateien, die auf die einzelnen Hardwarekomponenten verweisen. Der Vorteil dieser Methode ist, dass sich der Zugriff auf Geräte genau wie bei einzelnen Dateien über Benutzerrechte regeln lässt.
- *usr* (*user*) enthält die wichtigsten Anwendungsprogramme.
- *opt* (*optional*) enthält zusätzliche Anwendungen, die nicht ganz so häufig benötigt werden.
- *etc* enthält allerlei Konfigurationsdateien.
- *var* enthält variable Daten, vor allen Dingen Log-Dateien, in die Systemmeldungen eingetragen werden.
- *home* enthält für jeden User-Account, der im System angemeldet ist, ein *Home-Verzeichnis*. Hier werden alle Anwendungsdaten dieses Accounts abgelegt. Zusätzlich werden die

persönlichen Einstellungen für die verschiedenen Anwendungs- und Systemprogramme gespeichert. Unter macOS heißt das Verzeichnis übrigens *Users*.

- *root* ist das spezielle Home-Verzeichnis des Superusers. Es liegt nicht im Verzeichnis *home* wie die anderen Benutzerverzeichnisse. *home* könnte nämlich so eingerichtet werden, dass es auf einem anderen physikalischen Datenträger oder einer anderen Partition liegt als der Rest des Betriebssystems. Möglicherweise steht es also nicht zur Verfügung, wenn ein Fehler auftritt, den *root* beheben muss.

Der Pfad zu einer Datei wird von der Wurzel aus angegeben, indem die Namen der entsprechenden Ordner jeweils durch einen Slash voneinander getrennt werden. Die folgende Pfadangabe wäre beispielsweise der Pfad einer Datei in meinem Home-Verzeichnis: */home/sascha/fachinformatiker/betriebssysteme.txt*.

Da jedes Programm ein *Arbeitsverzeichnis* besitzt, in dem es mit der Suche nach Dateien beginnt, kann ein Pfad auch relativ angegeben werden, also vom aktuellen Verzeichnis aus. Angenommen, eine Anwendung hätte das Arbeitsverzeichnis */home/user* und möchte auf die Datei *info.txt* in */home/sascha* zugreifen. Der Pfad dieser Datei kann entweder absolut als */home/sascha/info.txt* oder relativ (von */home/user* aus) als *../sascha/info.txt* angegeben werden. Die Angabe .. spricht jeweils das übergeordnete Verzeichnis an; untergeordnete Verzeichnisse werden einfach mit ihrem Namen angegeben.

»Geschwister«-Verzeichnisse, also nebengeordnete – in diesem Fall *user* und *sascha* –, können einander nie direkt ansprechen, sondern müssen mithilfe von ..-Angaben so weit nach oben wandern, bis ein gemeinsamer Vorfahr gefunden wurde. Im Fall von *user* und *sascha* müssen Sie nicht weit nach oben gehen; *home* ist bereits beider Elternordner.

Eine Abkürzung für das Home-Verzeichnis des aktuell angemeldeten User-Accounts ist die Tilde (~). Sie können durch Angabe der Tilde von überall aus in Ihr Home-Verzeichnis wechseln. Auf dem PC wird eine Tilde übrigens mithilfe der Tastenkombination `Alt Gr` + `+` erzeugt, auf dem Mac müssen Sie zunächst `Alt` + `N` und anschließend die Leertaste drücken: Das Zeichen funktioniert wie ein Akzent und kann zum Schreiben bestimmter spanischer Wörter auf ein n gesetzt werden.

Im Übrigen sollten Sie daran denken, dass Unix bei Datei- und Verzeichnisnamen zwischen Groß- und Kleinschreibung unterscheidet. Die Namen *hallo.txt*, *Hallo.Txt* und *HALLO.TXT* bezeichnen drei verschiedene Dateien, die alle im gleichen Verzeichnis liegen könnten. Aus Gründen der Kompatibilität mit alten Macintosh-Anwendungen ist dies ein wichtiger Unterschied zwischen macOS und anderen Unix-Varianten: Auf *HFS+*-Partitionen unterscheidet macOS nicht zwischen Groß- und Kleinschreibung, auf *UFS*-Partitionen dagegen schon.

Ein Dateiname, der mit einem Punkt (.) beginnt, wird in der normalen Verzeichnisansicht standardmäßig ausgeblendet (versteckt). Ein wirkliches Verstecken ist auf diese Weise nicht möglich; effektiver ist die Verwendung der später besprochenen Zugriffsrechte.

Intern werden Dateien auf dem Datenträger nicht durch ihren Namen dargestellt, sondern durch eine ganzzahlige Nummer namens *Inode*. Die Einträge in einem Verzeichnis sind Verweise auf solche Inodes. Interessanterweise können mehrere Verzeichniseinträge auf dieselbe Inode zeigen. Ein Verzeichniseintrag wird deshalb auch als *Hard Link* bezeichnet, der fest auf eine bestimmte Inode verweist. Eine Datei wird auf einem Unix-System erst gelöscht, wenn Sie alle Einträge im Verzeichnisbaum entfernt haben, die auf die entsprechende Inode zeigen.

Im Gegensatz zu den Hard Links werden auch *symbolische Links* oder *Symlinks* unterstützt, die nicht direkt auf eine Inode zeigen, sondern auf einen anderen Verzeichniseintrag. Anders als die Hard Links können Symlinks auch auf Verzeichnisse verweisen sowie auf Dateien, die auf einem anderen physikalischen Datenträger liegen.

Die verschiedenen Datenträger und Partitionen können übrigens an einer beliebigen Stelle im Verzeichnisbaum eingehängt werden. Dieser Vorgang wird *Mounten* genannt. Solange ein Datenträger nicht gemountet ist, können die Verzeichnisse und Dateien, die darauf liegen, nicht angesprochen werden. Das Mounten geschieht entweder manuell durch Eingabe des Kommandos `mount` oder aber automatisch beim Booten durch einen Eintrag in eine Konfigurationsdatei. Beides wird in Abschnitt 6.4, »Linux und Unix«, gezeigt.

Eine weitere wichtige Eigenschaft von Dateien unter Unix stellen die *Benutzerrechte* dar. Jede Datei gehört einem bestimmten User-Account und einer bestimmten Gruppe (berechtigte Accounts können diese Besitzverhältnisse ändern). Da ein User-Account beliebig vielen Gruppen angehören kann, lassen sich die Rechte an bestimmten Dateien sehr effizient über das Gruppenzugriffsrecht ändern.

Der Verzeichniseintrag einer Datei enthält die Zugriffsrechte für den Account, dem die Datei gehört (Owner), für die Gruppe und für alle anderen User-Accounts. Die drei möglichen Zugriffsrechte sind Lesen (`r` für *read*), Schreiben (`w` für *write*) und Ausführen (`x` für *execute*). Ein typischer Verzeichniseintrag enthält beispielsweise die folgende Angabe von Zugriffsrechten:

```
-rwxr-xr-x
```

Die erste Stelle gibt den Dateityp an: `-` für eine gewöhnliche Datei, `d` für ein Verzeichnis oder `l` für einen Symlink. Die neun folgenden Informationen zeigen in Dreiergruppen die Zugriffsrechte an – drei Stellen für den Owner-Account, drei für die Gruppe und drei für alle anderen Accounts. Ein Buchstabe steht dafür, dass ein Zugriffsrecht gewährt wird, ein Strich bedeutet, dass es nicht gewährt wird. Im vorliegenden Fall darf der Owner-Account die Datei lesen, schreiben (auch löschen und umbenenennen) und ausführen. Die Gruppe und der Rest der Welt dürfen nur lesen und ausführen. Das Recht der Ausführung ist nur für Programme und für Verzeichnisse sinnvoll (Letztere lassen sich ansonsten nicht als Arbeitsverzeichnis auswählen).

Intern werden die Zugriffsrechte als dreistellige Oktalzahl gespeichert. Die erste Stelle enthält die Benutzerrechte des Owner-Accounts, die zweite die der Gruppe und die dritte die der anderen Accounts. Der Wert jeder Stelle ist die Summe aus den gewährten Benutzerrechten: 4 steht für Lesen, 2 für Schreiben und 1 für Ausführen. Das Zugriffsrecht `rwxr-xr-x` lässt sich also als 0755 darstellen (die vorangestellte 0 steht für eine Oktalzahl). Eine einfache Textdatei könnte dagegen beispielsweise die Zugriffsrechte 0640 aufweisen, was `rw-r-----` entspricht – der Owner-Account darf die Datei lesen und schreiben, die Gruppe darf sie lesen, und alle anderen dürfen gar nichts.

Das virtuelle Windows-Dateisystem

Windows-Dateisysteme unterscheiden sich in mehreren Merkmalen von Unix-Dateisystemen. Insbesondere ist auffallend, dass es keine gemeinsame Wurzel für alle Dateisysteme gibt, sondern dass jeder Datenträger beziehungsweise jede Partition einen eigenen Verzeichnisbaum bildet. Die einzelnen Partitionen werden durch Laufwerkbuchstaben bezeichnet; die automatisch gewählte Reihenfolge gehorcht traditionell einigen seltsamen Regeln:

- *A:* ist das erste Diskettenlaufwerk, das es kaum noch gibt.
- *B:* ist das zweite Diskettenlaufwerk, das erst recht kein Mensch mehr einsetzt.
- *C:* ist die erste Partition auf der ersten physikalischen Platte (bei einem EIDE-System der Primary Master).
- *D:* ist die erste Partition auf der zweiten physikalischen Platte (dem Primary Slave). Falls das zweite EIDE-Gerät ein CD-ROM- oder DVD-Laufwerk ist, bekommt es einen höheren Buchstaben, und es geht zunächst mit den anderen Festplatten weiter.
- Die weiteren Buchstaben werden jeweils der ersten Partition der folgenden Platten zugewiesen, falls weitere vorhanden sind.
- Nun folgen Platte für Platte sämtliche restlichen Partitionen.
- Als Nächstes werden die CD-ROM- und DVD-Laufwerke in ihrer eigenen Anschlussreihenfolge berücksichtigt.
- Werden Netzwerkressourcen als virtuelle Laufwerke eingebunden, ist der Laufwerkbuchstabe frei wählbar, sofern er nicht bereits belegt ist.

Windows-Versionen ab Vista bezeichnen dagegen automatisch die Partition, auf der sich das Betriebssystem befindet, als *C:*. Auch andere Abweichungen von der genannten Reihenfolge sind möglich, beispielsweise dann, wenn Sie nachträglich die Partitionierung ändern oder ein zusätzliches Laufwerk einbauen. Unter Windows 10 und früheren Systemen der Windows-NT-Familie können Sie die Zuordnung mithilfe der Datenträgerverwaltung (VERWALTUNG • COMPUTERVERWALTUNG • DATENTRÄGERVERWALTUNG) ändern.

Pfade werden unter Windows so ähnlich angegeben wie bei Unix. Das Trennzeichen zwischen den Verzeichnisnamen sowie zwischen Verzeichnis und Datei ist allerdings der Backslash (\), der umgekehrte Schrägstrich. Die Wurzel innerhalb eines bestimmten Laufwerks ist ein einzelner Backslash, während ein vollständiger absoluter Pfad mit dem Laufwerkbuchstaben beginnt. Das jeweils übergeordnete Verzeichnis wird auch unter Windows durch zwei Punkte (..) angegeben.

Hier sehen Sie einen Auszug aus einem Windows-Verzeichnisbaum einer Festplatte mit dem Laufwerkbuchstaben *D:*

```
[D:]
 |
 +-- [dokumente]
      |
      +-- [fachinfo10]
      |    |
      |    +-- betriebssysteme.doc
      |
      +-- [sonstige]
```

Wenn Sie die Datei *betriebssysteme.doc* absolut ansprechen möchten, müssen Sie ihren vollständigen Pfad *D:\dokumente\fachinfo10\betriebssysteme.doc* eingeben. Sollten Sie sich dagegen bereits auf Laufwerk *D:* befinden, und zwar in einem beliebigen Verzeichnis, können Sie auch *\dokumente\fachinfo10\betriebssysteme.doc* schreiben. Ein relativer Zugriff aus dem Verzeichnis *sonstige* auf *betriebssysteme.doc* erfolgt über *..\fachinfo10\betriebssysteme.doc.*

Das Konzept des Home-Verzeichnisses wird unter Windows bei Weitem nicht so konsequent verfolgt wie in Unix-Systemen. Immerhin existiert unter Windows 10 (und seinen Vorgängern seit XP) auf der Systempartition aber ein Verzeichnis namens *Users* (in deutschen Versionen heißt es *Dokumente und Einstellungen*), das für jeden User-Account ein Unterverzeichnis enthält. In diesem wiederum befindet sich beispielsweise das Unterverzeichnis *Eigene Dateien*, in dem standardmäßig die Dateien gespeichert werden sollten, die in Anwendungsprogrammen unter dem entsprechenden User-Account angelegt werden. Konfigurationsdaten werden dagegen nicht an dieser Stelle abgespeichert – viele von ihnen befinden sich ohnehin nicht in Dateien, sondern in der *Registry*, die mit dem Systemprogramm *regedit.exe* bearbeitet werden kann.

Zwar unterstützen nicht alle Windows-Dateisysteme die Verwaltung von Benutzerrechten, aber für jede Datei können vier verschiedene *Attribute* eingestellt werden: Das Attribut `r` steht für *read only*, also schreibgeschützt. `s` bezeichnet Systemdateien, die einen noch stärkeren Schutz genießen als schreibgeschützte. `h` oder *hidden* ist das Attribut für versteckte Dateien, die in der normalen Windows-Grundkonfiguration nicht angezeigt werden. `a` schließlich ist das *Archivattribut*, das immer dann gesetzt wird, wenn die Datei seit dem letzten Systemstart geändert wurde. Für ein inkrementelles Backup (bei dem jeweils nur geänderte Dateien gesichert werden) müssen Sie also nur diejenigen Dateien archivieren, bei denen `a` gesetzt ist.

Dateinamen können unter Windows bis zu 255 Zeichen lang sein; zwischen Groß- und Kleinschreibung wird nicht unterschieden. Allerdings werden die Dateien genau in der Groß- und Kleinbuchstabenkombination gespeichert, die Sie angegeben haben. Eine Reihe von Zeichen ist in Dateinamen nicht zulässig, vor allem :, \, /, ?, *, <, > und |. Alle diese Zeichen besitzen in Pfadangaben oder auf der Windows-Konsole besondere Bedeutungen.

Ein wesentlicher Bestandteil des Dateinamens ist unter Windows die *Dateierweiterung* oder *-endung* (*Extension*). Dieses Anhängsel, das durch einen Punkt vom restlichen Dateinamen getrennt wird und traditionell drei Buchstaben lang ist, zeigt nämlich den Dateityp an: Wenn Sie unter Windows auf ein Datei-Icon doppelklicken, wird die Datei mit demjenigen Programm geöffnet, mit dem diese Endung verknüpft ist. Beispielsweise bezeichnet die Erweiterung *.txt* eine einfache Textdatei, *.jpg* ist eine Bilddatei im JPEG-Format, und *.exe* kennzeichnet ein ausführbares Programm.

Unglücklicherweise wird die Dateiendung in allen Windows-Versionen seit Windows 95 standardmäßig ausgeblendet, obwohl sie im Grunde ein normaler Bestandteil des Dateinamens ist. Sie können also nur noch an den mehr oder weniger aussagefähigen Datei-Icons erkennen, um welche Art von Datei es sich handelt. Dies lässt sich allerdings in den Ordneroptionen ändern und sollte eine der ersten Handlungen nach Inbetriebnahme einer neuen Windows-Installation sein.

6.3 Windows

Microsoft Windows ist das am häufigsten eingesetzte PC-Betriebssystem überhaupt, vor allem, weil fast jeder neue PC mit einer OEM-Version von Windows verkauft wird.[9] Die Geschichte dieses Systems wurde im vorangegangenen Abschnitt bereits skizziert. In diesem Abschnitt wird vornehmlich Windows 10 behandelt; viele Informationen gelten allerdings auch für andere Windows-Versionen.

6.3.1 Allgemeine Informationen

Bevor es im Nachfolgenden um den praktischen Einsatz von Windows geht, sollen zwei theoretische Themen vorweggenommen werden: ein Überblick über die verschiedenen Windows-Versionen sowie eine Erklärung der konkreten Windows-Dateisysteme.

Die verschiedenen Windows-Versionen

Es lassen sich insgesamt vier Arten von Windows-Systemen unterscheiden:

- Das ursprüngliche Windows, von der in den 80er-Jahren des letzten Jahrhunderts erschienenen Version 1.0 bis zur letzten derartigen Version 3.11, war kein eigenständiges Betriebs-

9 OEM steht für *Original Equipment Manufacturer*, also Hersteller von Originalausstattung. OEM-Software ist vergünstigte Software, die nur zusammen mit neuer Hardware verkauft werden darf.

system, sondern erforderte ein separat installiertes MS-DOS und bildete lediglich dessen grafische Benutzeroberfläche. In der ersten Hälfte der 90er-Jahre erschienen allerdings nach und nach immer weniger Programme für DOS, die meiste Software lief nur noch unter Windows.

Wegen ihrer 16-Bit-Architektur werden diese Versionen von Windows zusammenfassend als *Win16* bezeichnet (obwohl Windows 3.11 bereits eine 32-Bit-Erweiterung besaß), alle anderen sind dagegen Spielarten von Win32 und neuerdings Win64.

- Die direkten Nachfolger der klassischen DOS-Windows-Kombination waren Windows 95, Windows 98 und Windows Me. Nach langen Jahren der Ankündigung stellte Microsoft die Weiterentwicklung dieser Produktreihe im Jahr 2001 endgültig ein. Sie alle brachten ihr zugrunde liegendes DOS selbst mit, funktionierten aber, technisch gesehen, mit einigen Verbesserungen ähnlich wie DOS mit aufgesetztem Windows 3.11.
- Die seit 1993 neu konzipierte Windows-NT-Familie bietet dagegen echte 32- und inzwischen auch 64-Bit-Betriebssysteme, die nicht mehr auf DOS basieren. Allerdings enthalten sie alle neben der grafischen Benutzeroberfläche noch immer eine Konsole, deren Befehle weitgehend kompatibel mit DOS sind. Zu dieser Familie gehören Windows NT, Windows 2000, Windows XP, Windows Vista, Windows 7, Windows 8 und Windows 10. Windows XP wurde in einer Home- und einer Professional-Edition angeboten; Windows XP Home ersetzte die bisherigen DOS-basierten Versionen für Privatkunden. Von Vista gab es sogar sieben verschieden üppig ausgestattete Editionen, von Windows 7 gab es immerhin noch sechs, und Windows 8 brachte es auf vier verschiedene Editionen. Bei Windows 10 ist die Sache wieder etwas komplizierter; eine Übersicht über die verschiedenen Editionen finden Sie am Ende dieses Abschnitts.
- Ein weiterer Zweig der NT-Produktreihe sind die Server-Betriebssysteme. Sie werden auf speziellen Serverrechnern installiert, die in Netzwerken und im Internet Ressourcen zur Verfügung stellen oder zentrale Verwaltungsaufgaben wahrnehmen. Zu dieser speziellen Reihe gehören Windows NT Server, Windows 2000 Server, Windows Server 2003 und Windows Server 2008, die bisher neueste Version. Ein Update dieser Version, das einige der Neuerungen von Windows 7 übernimmt und nur noch 64-Bit-Hardware unterstützt, ist unter dem Namen Windows Server 2008 R2 erschienen. Die nächste Version, mit Unterstützung für alle Windows-7-Features, war Windows Server 2012; auch dieses System wurde durch eine R2-Version ergänzt. Der Nachfolger Windows Server 2016 erschien im September 2016, und im Oktober 2018 kam die neueste Version Windows Server 2019 auf den Markt.

Die diversen Windows-Betriebssysteme unterscheiden sich nicht nur darin, ob sie zum DOS- oder zum NT-Entwicklungszweig gehören. Weitere wichtige Unterschiede sind die unterstützten Dateisysteme, der Umgang mit dem Multitasking zwischen den Windows-Anwendungen und die jeweils verwendete grafische Benutzeroberfläche. Tabelle 6.1 zeigt diese Eigenschaften der meisten Versionen auf einen Blick.

Jahr	System	Architektur	Familie	GUI	Datei- systeme	Multitasking
vor 1995	Windows 3.11	16/32 Bit	DOS	Programm-Manager	FAT16	kooperativ
	Windows NT 3.x	32 Bit	NT	Programm-Manager	NTFS, FAT16	präemptiv
1995	Windows 95	32 Bit	DOS	neu entwickelt	FAT16	präemptiv, 16-Bit-Programme: kooperativ
1996	Windows NT 4.0	32 Bit*	NT	Win 95	NTFS, FAT16	präemptiv
1998	Windows 98	32 Bit	DOS	weiter-entwickeltes Win-95-GUI	FAT16**, FAT32	siehe Windows 95
1999	Windows 2000	32 Bit	NT	weiter-entwickeltes Win-95-GUI	NTFS, FAT16, FAT32	präemptiv
2000	Windows Me	32 Bit	DOS	weiter-entwickeltes Win-98-GUI	FAT16, FAT32	siehe Windows 95
2001	Windows XP	32/64 Bit	NT	Luna	NTFS, FAT16, FAT32	präemptiv
2003	Windows Server 2003	32/64 Bit	NT	»Kompromiss« zwischen Luna und Windows 2000	NTFS, FAT16, FAT32	präemptiv
2007	Windows Vista	32/64 Bit	NT	Aero/Aero Glass***	NTFS, FAT16, FAT32	präemptiv
2008	Windows Server 2008	32/64 Bit	NT	»Kompromiss« zwischen Aero und klassischem Windows	NTFS, FAT16, FAT32	präemptiv

Tabelle 6.1 Eigenschaften der wichtigsten Windows-Versionen

Jahr	System	Architektur	Familie	GUI	Dateisysteme	Multitasking
2009	Windows 7	32/64 Bit	NT	Aero-Weiterentwicklung	NTFS, FAT32	präemptiv
2009	Windows Server 2008 R2	64 Bit	NT	wie Windows Server 2008	NTFS, FAT32	präemptiv
2012	Windows 8	32/64 Bit	NT	Metro (komplett neue Oberfläche, die Touchscreen-Geräte und PCs gleichermaßen unterstützen soll)	NTFS, FAT32	präemptiv
2012	Windows Server 2012	64 Bit	NT	wie Windows Server 2008	NTFS, FAT32	präemptiv
2013	Windows 8.1	32/64 Bit	NT	Metro, aber mit Teilrückkehr zum klassischen Desktop	NTFS, FAT32	präemptiv
2013	Windows Server 2012 R2	64 Bit	NT	wie Windows Server 2012	NTFS, FAT32	präemptiv
2015	Windows 10	32/64 Bit	NT	unbenannt (klassischer Desktop und Startmenü mit einigen Metro-Features)	NTFS, FAT32	präemptiv
2016	Windows Server 2016	32/64 Bit	NT	Mischung aus Windows 10 und Server 2012	NTFS, FAT32	präemptiv
2018	Windows Server 2019	64 Bit	NT	Windows 10	NTFS, FAT32	präemptiv

*) Es gab eine spezielle NT-4.0-Version, die auf dem 64-Bit-Prozessor DEC Alpha lief.
**) Die spezielle FAT-16-Version in Windows 95, VFAT 16, unterstützte bereits lange Dateinamen. Spätere Versionen von Windows 95 konnten zusätzlich FAT32 verwenden.
***) Die erweiterte Version Aero Glass mit Transparenz- und 3D-Effekten ist nicht in allen Versionen von Vista verfügbar.

Tabelle 6.1 Eigenschaften der wichtigsten Windows-Versionen (Forts.)

Da bei Windows 95 und seinen Nachfolgern ein 32-Bit-Windows auf ein leicht modifiziertes MS-DOS aufsetzt, werden alte 16-Bit-Anwendungen für DOS oder Windows 3.11 dort an diese DOS-Ebene weitergereicht. Diese Ebene des Betriebssystems verhält sich genau wie das alte MS-DOS, sie verwendet beispielsweise nur kooperatives Multitasking. Diese Eigenschaft macht das System potenziell instabil.

Die Windows-NT-Familie führt DOS- und Win16-Anwendungen dagegen auf einer virtuellen 16-Bit-Maschine aus. Sie können sogar wählen, ob Sie ein bestimmtes altes Programm auf einer eigenen virtuellen Maschine ausführen möchten (rechte Maustaste, Menü EIGENSCHAFTEN, GETRENNTER SPEICHERBEREICH ankreuzen) oder ob es mit anderen zusammen in einem gemeinsamen Speicherbereich für 16-Bit-Programme laufen soll. In jedem Fall sind 16-Bit-Anwendungen in ihrer sicheren Umgebung von allen anderen Programmen abgetrennt und können auf diese Weise nicht das System in Mitleidenschaft ziehen.

Neuere Windows-Versionen sind auch für die 64-Bit-Prozessorarchitekturen von AMD und Intel verfügbar. Die Integration von 32-Bit-Anwendungen in diese Systeme gelingt allerdings meist nahtlos und ohne Beeinträchtigungen der Systemstabilität, zumal die betreffenden Prozessoren mit einem x86-Kompatibilitätsmodus ausgestattet sind. Windows Server 2019 ist die erste und bisher einzige Windows-Version, die in allen ihren Varianten nur noch auf 64-Bit-Prozessoren läuft.

Die wichtigste Neuerung in Windows 8 (2012) war die Benutzeroberfläche *Metro* – im Prinzip eine Weiterentwicklung der Oberfläche von Windows Phone 7 für Mobiltelefone, die die Windows-Bedienung auf Mobiltelefonen, Tablets, Touchscreen-PCs und herkömmlichen PCs vereinheitlichen sollte. Anstelle des klassischen Startmenüs gab es einen Startscreen, der aus frei definierbaren rechteckigen Kacheln bestand. Der herkömmliche Windows-Desktop konnte ebenfalls aufgerufen werden, er enthielt aber kein Startmenü mehr.

Da viele User die Oberfläche auf Nicht-Touchscreen-PCs unbequem fanden, führte Microsoft bereits 2013 die Nachfolgeversion Windows 8.1 (Codename Windows Blue) ein. Hier wurde beim Start wieder automatisch der Desktop angezeigt, und ein Klick auf die erneut eingeführte START-Schaltfläche öffnete das mit Metro-Kacheln ausgestattete Startmenü. In der neuesten Version, Windows 10, enthält das Startmenü sowohl klassische Einträge als auch konfigurierbare Kacheln.

Windows 10 erscheint in folgenden verschiedenen Editionen:

- *Windows 10 Home* ist die Heimanwenderversion für PCs und größere Tablets.
- *Windows 10 Pro* ergänzt die Home-Edition um Features, die für den Einsatz in Unternehmen wichtig sind, etwa in den Bereichen Netzwerk und Groupware.
- *Windows 10 Enterprise* enthält nochmals mehr Funktionen als Pro; es ist für den Einsatz in großen Organisationen optimiert. Eine spezielle Variante, *LTSB* (*Long Term Service Branch*), wird keine Feature-Upgrades, sondern nur Sicherheitsupdates erhalten, um Unternehmen mit einer großen Installationsbasis mehr Planungssicherheit zu geben.

- *Windows 10 Education* bietet alle Funktionen der Enterprise-Version, wird aber in einer speziellen, kostengünstigeren Volumenlizenz für Schulen, Universitäten und andere Ausbildungsstätten angeboten.
- *Windows 10 Mobile* ist die Spezialversion für Smartphones wie die Microsoft-Lumia-Reihe (vormals Nokia) und für kleinere Tablets.
- *Windows 10 Mobile Enterprise* ergänzt das Standard-Mobile-System um Firmennetzwerkfunktionen und andere nützliche Features für größere Organisationen.
- *Windows 10 IoT Core* ist eine abgespeckte Embedded-Version für weniger leistungsfähige Mobilgeräte.

Die Editionen Home, Pro, Enterprise und Education gibt es in der EU und in der Schweiz in sogenannten *N-Versionen* (zum Beispiel Windows 10 Home N); sie werden ab Werk ohne Windows Media Player und andere Multimedia-Software ausgeliefert. Das liegt an einer kartellrechtlichen Entscheidung der EU-Kommission aus dem Jahr 2004. Die fehlende Software kann kostenlos über das Internet nachinstalliert werden.

Das Upgrade auf Windows 10 war als Upgrade von Windows 7 und 8 ab dem 29. Juli 2015 für ein Jahr kostenlos; die Edition wurde dabei entsprechend zur passenden Edition des früheren Betriebssystems ausgewählt.

Windows 10 wird mithilfe des Windows-Update-Service laufend um neue Features ergänzt; die Ausnahme bildet die Enterprise-LTSB-Edition. Welche Features neu hinzugekommen sind oder bald hinzukommen werden, erfahren Sie online in der Windows-10-Roadmap unter *https://docs.microsoft.com/de-de/windows/release-health/*.

Windows-Dateisysteme

Im vorangegangenen Abschnitt haben Sie bereits die wichtigsten allgemeinen Informationen über Windows-Dateisysteme erhalten. Hier finden Sie dagegen die bedeutendsten Besonderheiten der drei Dateisysteme, die von den verschiedenen Windows-Versionen verwendet werden:

- *FAT16* ist das ursprüngliche Dateisystem von MS-DOS und Windows 3.11; früher gab es sogar eine noch eingeschränktere Variante namens *FAT12*. FAT ist die Abkürzung für *File Allocation Table* – Dateizuordnungstabelle. In Form einer solchen Tabelle speichert dieses Dateisystem jeweils die Nummer des ersten Clusters, bei dem eine bestimmte Datei beginnt.

  Jede Zuordnungseinheit enthält einen Verweis auf den nächsten Cluster der Datei. Dateien liegen nämlich nicht unbedingt als zusammenhängende Kette von Clustern auf der Festplatte, sondern sind bisweilen ziemlich weit verstreut. Sie fragmentieren im Laufe der Zeit, weil die Lücken, die durch das Löschen kleiner Dateien entstehen, mit einzelnen Teilen größerer Dateien gefüllt werden. Das ist bei moderneren Dateisystemen zwar auch der Fall, aber diese verwenden intelligentere Verfahren zur Verwaltung der einzelnen Zuordnungseinheiten und räumen das Dateisystem im Hintergrund ständig auf. Bei FAT-Dateisystemen ist es deshalb noch wichtiger als bei anderen, die Datenträger regelmäßig mit geeigneter Software zu defragmentieren, weil sie sonst immer langsamer werden.

Da es sich bei FAT16 um ein 16-Bit-Dateisystem handelt, beträgt die maximale Anzahl von Zuordnungseinheiten auf einer Partition 65.536. Dies macht große Datenträger sehr ineffizient, da jede Datei immer ganze Zuordnungseinheiten belegt. Darüber hinaus ist die Größe einer FAT16-Partition auf 2 GiB begrenzt.

- *FAT32* wurde zum ersten Mal mit der zweiten Windows-95-Neuauflage ausgeliefert, Windows 95B. Das Dateisystem besitzt exakt die gleiche Funktionsweise wie FAT16. Durch die 32-Bit-Adressierung wurde allerdings die Anzahl der Cluster pro Partition auf über 4 Milliarden erhöht, die Gesamtgröße einer Partition kann bis zu 4 TiB betragen.
- *NTFS*, das *New Technology File System*, existiert in verschiedenen leicht unterschiedlichen Versionen. Die Zuordnungseinheiten werden nicht mehr in einer einfachen Tabelle verwaltet, sondern in einer komplexen Baumstruktur, die erheblich schnellere Zugriffe ermöglicht und mehr Schutz vor Fehlern bietet. NTFS-Partitionen können komprimiert und verschlüsselt werden. Darüber hinaus stellt das Dateisystem eine Unix-ähnliche Verwaltung von Benutzerrechten für den Owner-Account, die Gruppe und sonstige Accounts bereit.

  Windows 10 und seine Vorgänger in der NT-Familie bieten die Möglichkeit, FAT-Dateisysteme nachträglich in NTFS zu konvertieren – die umgekehrte Möglichkeit besteht dagegen nicht.

6.3.2 Windows im Einsatz

In den folgenden Abschnitten erhalten Sie einige Informationen über den praktischen Einsatz von Windows mit dem Schwerpunkt Windows 10. Das Arbeiten mit der grafischen Oberfläche wird als bekannt vorausgesetzt. Deshalb geht es hier ausschließlich um die Eingabeaufforderung und dann ausführlicher um die modernere und leistungsfähigere Windows PowerShell.

6.3.3 Die Windows-Eingabeaufforderung

Gewissermaßen als Erbe des Betriebssystems MS-DOS enthalten alle Windows-Versionen eine Konsole oder Eingabeaufforderung. Verglichen mit dem im nächsten Abschnitt vorgestellten Komfort einer Unix-Shell ist sie ziemlich spartanisch, ermöglicht aber dennoch den schnellen Zugriff auf einige Systemfunktionen.

Windows 95, 98 und Me verwendeten die Original-Shell der eingebauten MS-DOS-Variante, *COMMAND.COM*. Die NT-basierten Systeme haben dagegen von jeher eine erweiterte Version namens *Cmd.exe* im Einsatz.

In ihrer aktuellen Fassung unterstützt diese Anwendung History und Befehlsvervollständigung. Die History (Microsoft nennt sie *Befehlsspeicher*) ermöglicht die Wiederholung früherer Befehle mithilfe der Tasten [↑] und [↓]. Die Eingabevervollständigung ergänzt Datei-, Verzeichnis- und Befehlsnamen, sofern diese eindeutig sind, wenn Sie [⇆] drücken. [Bild↑] springt zum ältesten Eintrag in der History, [Bild↓] zum neuesten. Mit [F7] öffnen Sie ein kleines Zusatzfenster, in dem die History als nummerierte Liste angezeigt wird. Sie können mit [↑] und [↓] sowie [Bild↑] und [Bild↓] darin blättern, mit [↵] den aktuell markierten Befehl auswählen oder das Fenster mit [Esc] unverrichteter Dinge schließen. Nützlich ist beispielsweise auch die Taste [F4]: Sie blendet einen Dialog ein, der nach einem Zeichen fragt, und löscht den Inhalt der aktuellen Zeile bis zum ersten Vorkommen dieses Zeichens.

Wenn Sie die Titelleiste des Fensters mit rechts anklicken und EIGENSCHAFTEN wählen, gelangen Sie in ein Einstellungsfenster mit den folgenden vier Registerkarten:

- OPTIONEN: Stellen Sie hier die Cursorgröße und die Anzahl der Befehle im Befehlsspeicher ein. Besonders interessant ist zudem der QUICKEDIT-MODUS: Er ermöglicht das Markieren von Inhalten mit gedrückter linker Maustaste und kopiert diese mit [↵] in die Zwischenablage. Ein Klick mit der rechten Maustaste fügt dagegen den aktuellen Inhalt der Zwischenablage ein. Der standardmäßig aktive EINFÜGEMODUS sorgt dafür, dass vorhandener Text bei der Eingabe nicht ersetzt, sondern nach rechts weitergeschoben wird. Mit der Taste [Einfg] können Sie stets zwischen dem hier festgelegten Standardverhalten und dem jeweils anderen wechseln.
- SCHRIFTART: Auf dieser Registerkarte bestimmen Sie Schriftart und -größe.
- LAYOUT: Hier legen Sie FENSTERGRÖSSE (sichtbarer Bereich) und FENSTERPUFFERGRÖSSE (insgesamt durch Scrollen verfügbarer Bereich) fest, und zwar jeweils als Anzahl von Zeichen beziehungsweise Textzeilen.
- FARBEN: Stellen Sie hier zu guter Letzt Ihre bevorzugte Hintergrund- und Textfarbe ein.

Bereits in sehr alten DOS-Versionen wurden die von Unix übernommenen Ein- und Ausgabeumleitungen sowie Pipes unterstützt:

- Wenn Sie ein Kommando mit der Sequenz `>`*`Dateiname`* ergänzen, wird seine Ausgabe in die angegebene Datei umgeleitet; der bisherige Inhalt der Datei wird dabei überschrieben.
- Die Variante `>>`*`Dateiname`* ersetzt den bisherigen Dateiinhalt dagegen nicht, sondern hängt die neuen Zeilen an ihrem Ende an.
- `<`*`Dateiname`* liest die Eingabe eines Befehls aus der entsprechenden Datei statt von der Tastatur.
- *`Befehl1`*`|`*`Befehl2`* ist eine sogenannte *Pipe*; sie leitet die Ausgabe von *`Befehl1`* als Eingabe an *`Befehl2`* weiter. Häufig wird `more` als zweiter Befehl eingesetzt; dies sorgt dafür, dass zu lange Ausgaben seitenweise angezeigt werden und Sie mit [↵] zeilenweise oder mit der Leertaste seitenweise blättern können.

Da diese Funktionen auf Unix-Systemen eine wichtigere Rolle spielen als unter Windows, werden sie im nächsten Abschnitt vertieft.

Die Windows-Konsole verwendet darüber hinaus eine einfache Mustererkennung für Dateinamen: Ein * steht für beliebig viele beliebige Zeichen, ein ? für genau ein beliebiges Zeichen. Die Dateiendung wird getrennt vom eigentlichen Dateinamen betrachtet. Aus diesem Grund müssen Sie `*.*` schreiben, wenn Sie alle Dateien meinen.

Ein wichtiger Unterschied zwischen Windows und Unix betrifft übrigens die Suche nach dem Verzeichnis, in dem sich eine auszuführende Datei befindet: Wenn Sie an der Eingabeaufforderung einen bestimmten Dateinamen eingeben, wird als Erstes im aktuellen Arbeitsverzeichnis danach gesucht. Erst anschließend werden die Verzeichnisse in der Umgebungsvariablen `PATH` überprüft.

Umgebungsvariablen wie `PATH` können Sie in Windows 10 und Vorgängerversionen übrigens einfach über die grafische Benutzeroberfläche einstellen: Klicken Sie mit der rechten Maustaste auf ARBEITSPLATZ beziehungsweise COMPUTER und wählen Sie EIGENSCHAFTEN. Klicken Sie in ERWEITERBARE SYSTEMEINSTELLUNGEN auf die Schaltfläche UMGEBUNGSVARIABLEN, um `PATH` und andere Variablen einzustellen. Die Variablen in diesem Dialog werden in zwei Kategorien unterteilt: SYSTEMVARIABLEN gelten unabhängig vom angemeldeten User-Account für das gesamte System, BENUTZERVARIABLEN dagegen nur für den aktuellen Account.

Sie öffnen das Konsolenprogramm unter Windows 10 über START • ALLE APPS • WINDOWS-SYSTEM • EINGABEAUFFORDERUNG und in älteren Versionen über START • ALLE PROGRAMME • ZUBEHÖR • EINGABEAUFFORDERUNG. Falls Sie die Konsole häufig benötigen, lohnt es sich also, eine Verknüpfung auf dem Desktop oder weniger tief verschachtelt im ALLE APPS- beziehungsweise PROGRAMME-Menü anzulegen.

Der *Prompt* besteht in der Windows-Konsole standardmäßig aus dem aktuellen Pfad, der mit dem Laufwerkbuchstaben des aktiven Laufwerks beginnt, dahinter steht ein >-Zeichen. Wenn Sie sich beispielsweise auf der Festplatte *C:* befinden und Ihr Arbeitsverzeichnis *Dokumente* ist, sieht der Prompt folgendermaßen aus:

```
C:\Dokumente>
```

Das aktuelle Laufwerk wechseln Sie einfach, indem Sie seinen Laufwerkbuchstaben (gefolgt von dem üblichen Doppelpunkt) eintippen.

Im Folgenden werden die wichtigsten Konsolenbefehle aufgelistet. Bei den traditionellen DOS-Befehlen werden Optionen typischerweise durch einen vorangestellten Slash (/) angegeben. Da das Pfadtrennzeichen unter Windows der Backslash (\) ist, hat der Slash ansonsten keine besondere Bedeutung.

- `dir` (*directory*) listet den Inhalt des aktuellen Verzeichnisses auf. Die Option `/p` zeigt den Inhalt seitenweise an, `/w` lässt die ausführlichen Informationen weg und verwendet dafür mehrere Spalten für Dateien. Die Option `/s` gibt zusätzlich die Inhalte aller verschachtelten Unterverzeichnisse aus. Sie können ein Dateimuster angeben, damit nur bestimmte Dateien angezeigt werden.

- `cd` wechselt das Verzeichnis. Um in ein untergeordnetes Verzeichnis zu gelangen, brauchen Sie nur seinen Namen anzugeben. Das übergeordnete Verzeichnis erreichen Sie mit `..`, und einen absoluten Pfad unterhalb des aktuellen Laufwerks geben Sie an, indem Sie ihm einen Backslash voranstellen.
- `mkdir` *`Verzeichnisname`* oder `md` *`Verzeichnisname`* legt ein neues Verzeichnis an.
- `del` *`Datei[muster]`* löscht die angegebene Datei beziehungsweise alle Dateien, die dem angegebenen Muster entsprechen. Die Option `/s` löscht zusätzlich die betreffenden Inhalte aller Unterverzeichnisse des aktuellen Verzeichnisses.
- `rmdir` *`Verzeichnis`* oder `rd` *`Verzeichnis`* löscht das angegebene Verzeichnis. Standardmäßig muss das Verzeichnis leer sein, es sei denn, Sie verwenden die Option `/s`.
- `copy` kopiert Dateien. Die genaue Syntax ist `copy` *`Quelle Ziel`*. Die *`Quelle`* ist ein beliebiges Dateimuster, das *`Ziel`* ist bei einer einzelnen Datei ein nicht existierender Dateiname oder ein Ordnername, bei mehreren Dateien (in Form eines Dateimusters) immer Letzteres.
- `move` *`Quelle Ziel`* verschiebt Dateien. Die *`Quelle`* ist ein beliebiges Dateimuster, das *`Ziel`* muss dagegen ein Verzeichnis sein.
- `rename` benennt Dateien um. Die Syntax lautet `rename` *`AlterName NeuerName`*. Die angegebenen Namen dürfen keine Muster, sondern müssen einzelne Dateien sein.
- `attrib` ändert die bereits erwähnten Windows-Dateiattribute. Sie können einem Attribut eines der Zeichen `+` oder `-` voranstellen, um es ein- beziehungsweise auszuschalten. Die einzelnen Attribute sind `R` für *read only* (schreibgeschützt), `S` für *Systemdatei*, `H` für *hidden* (versteckt) und `A` für *Archiv* (geändert). Die Option `/s` verarbeitet auch Unterverzeichnisse.

  Bis auf das Attribut `S` für eine Systemdatei können alle auch in der grafischen Oberfläche geändert werden: Klicken Sie dazu die gewünschte Datei mit der rechten Maustaste an und wählen Sie die Option EIGENSCHAFTEN. In diesem Dialog erhalten Sie eine Reihe von Informationen über die Datei und können ihre Attribute durch einfaches Ankreuzen oder Deaktivieren ändern.
- `type` zeigt den Inhalt einer Textdatei an. Das Argument ist ein Dateiname.

Sie können eine Abfolge von DOS-Befehlen in eine Datei schreiben, um diese Befehle nacheinander auszuführen. Eine solche Datei benötigt die Dateiendung *.bat* und wird als *Batch-Datei* (*Stapelverarbeitungsdatei*) bezeichnet. Sie wird einfach durch Eingabe ihres Namens gestartet, wobei Sie die Endung weglassen können.

6.3.4 Die Windows PowerShell

Microsoft hat vor einigen Jahren eine völlig neue Shell entwickelt, die wesentlich leistungsfähiger ist als die alte Eingabeaufforderung: die *Windows PowerShell*. Version 7.1 gehört zum

Lieferumfang des aktuellen Builds von Windows 10. Die PowerShell basiert auf der .NET-Bibliothek und erlaubt so einen objektorientierten Zugriff auf Dateien, Verzeichnisse und andere Elemente; außerdem ist sie mit einem vollständigen Satz an Programmier-Features wie Variablen und Kontrollstrukturen ausgestattet. Damit ist sie den im nächsten Abschnitt vorgestellten Unix-Shells mindestens ebenbürtig.

In diesem Abschnitt erhalten Sie eine kurze Einführung in die PowerShell. Viele Begriffe entstammen dem Fachbereich der Programmierung. Falls Sie sich damit noch nicht gut auskennen, sollten Sie zuerst Kapitel 7, »Grundlagen der Programmierung«, durcharbeiten.

Erste Schritte

Wählen Sie START • ALLE APPS • WINDOWS POWERSHELL, um die PowerShell zu starten. Das Fenster sieht fast genauso aus wie die klassische Windows-Eingabeaufforderung, da es sich um ein darin ausgeführtes Programm handelt. Als Eingabeaufforderung wird auch hier das aktuelle Arbeitsverzeichnis angezeigt, ihm wird allerdings noch `PS` vorangestellt, um die PowerShell zu kennzeichnen. Die zuvor erläuterten Hilfsmittel wie History, Eingabevervollständigung und QuickEdit-Modus stehen auch hier zur Verfügung.

Die eingebauten Befehle werden als *Cmdlets* (Abkürzung für *Commandlets*) bezeichnet. Sie bestehen jeweils aus einem Verb, einem Bindestrich und einem Substantiv. Geben Sie zum Testen Folgendes ein:

```
> Get-ChildItem
```

Wie Sie sehen, wird der Inhalt des aktuellen Verzeichnisses eingeblendet, und zwar übersichtlicher und ausführlicher als in der normalen Eingabeaufforderung. Die Spalte `Mode` besteht aus fünf Zeichen: `d` oder `-` für Verzeichnisse beziehungsweise normale Dateien, `a` oder `-` für den Status des Archivattributs, `r` oder `-` für das Schreibschutzattribut, `h` oder `-` für versteckt und `s` oder `-` für Systemdateien.

`Get-ChildItem` steht allgemein übrigens für die Ausgabe aller Kindelemente des aktuellen Kontexts – auch wenn dieser kein Verzeichnis, sondern beispielsweise ein Registry-Pfad oder eine Datenbankabfrage ist.

Mit `Get-Command` erhalten Sie eine Liste aller verfügbaren Cmdlets. Da sie zu lang ist, können Sie sie mithilfe einer Pipe an `more` schicken:

```
> Get-Command |more
```

Da die Namen der Cmdlets recht lang sind, unterstützt die PowerShell eine Reihe von Aliassen. Deren Liste können Sie mithilfe von `Get-Alias` – oder dessen Alias `alias` – ermitteln. Um die verfügbaren Aliasse für `Get-ChildItem` zu bestimmen, können Sie diese Liste durch eine Pipe filtern. Dazu wird das Cmdlet `Where-Object` (Alias: `where`) genutzt, das Suchkriterien auf eine Liste anwendet. Sollen beispielsweise alle Aliasse ausgegeben werden, bei denen die Definition `Get-ChildItem` lautet, funktioniert dies wie folgt:

```
> Get-Alias | Where-Object {$_.definition -eq "Get-ChildItem"}

CommandType     Name          Definition
-----------     ----          ----------
Alias           gci           Get-ChildItem
Alias           ls            Get-ChildItem
Alias           dir           Get-ChildItem
```

$_ ist eine automatische Variable, die nacheinander die einzelnen Elemente einer Schleife oder Liste enthält. Dahinter wird, durch einen Punkt getrennt, ihr Bestandteil `definition` (eine Listenspalte) notiert. `-eq` ist der Gleichheitsoperator, der `True` zurückgibt, wenn die Operanden davor und dahinter gleich sind, hier also, wenn die Definition `"Get-ChildItem"` lautet.

Wie Sie sehen, besitzt `Get-ChildItem` die Aliasse `dir`, `ls` (dies ist der Unix-Standardname für diesen Befehl) und `gci`. Auf ähnliche Weise sind alle zuvor besprochenen klassischen Eingabeaufforderungsbefehle Synonyme für die entsprechenden Cmdlets. Wenn Sie ihre echten Namen herausfinden möchten, können Sie `Get-Alias` auch nach dem Attribut `name`, also der Bezeichnung des Alias, filtern. Das folgende Beispiel sucht nach dem Alias `cd`, also einem Befehl zum Wechseln des Arbeitsverzeichnisses – hier die Schreibweise mit Kurzbefehlen:

```
> alias | where { $_.name -eq "cd" }
CommandType     Name                   Definition
-----------     ----                   ----------
Alias           cd                     Set-Location
```

Ausdrücke, Operationen und Variablen

Wenn Sie einen Ausdruck eingeben und [↵] drücken, gibt die PowerShell einfach dessen Wert aus. Sie können sie also unter anderem als einfachen Konsolentaschenrechner benutzen. Probieren Sie es aus:

```
> 20 * 2 + 2
42
```

Neben den Grundrechenarten +, -, * und / unterstützt die PowerShell den Modulo-Operator %, der den Rest einer ganzzahligen Division liefert. Sie können sowohl Ganzzahlen als auch Fließkommazahlen verwenden. Letztere werden in der deutschen Version mit Komma ausgegeben, müssen aber in der englischen Schreibweise mit Punkt eingegeben werden:

```
> 3 / 2
1,5
> 1.5 * 2
3
```

Wenn Sie versehentlich `1,5` schreiben, wird dies als Liste der beiden Ziffern 1 und 5 interpretiert, und die Operation `*2` dupliziert diese Liste:

```
> 1,5 * 2
1
5
1
5
```


Der *-Operator kann neben Listen auch Strings vervielfältigen. Beispiel:

```
> "ha" * 3
hahaha
```

Das + hat ebenfalls zusätzliche Aufgaben. Es kann Strings verketten und Elemente an Listen anhängen. Schauen Sie sich dazu die folgenden Beispiele an:

```
> 3 + 4
7
> "3" + "4"
34
> "Test " + 3 + 4
Test 34
> 1, 2, 3 + 4
1
2
3
4
> 1, 2, 3 + 4, 5
1
2
3
4
5
```

Eine weitere interessante Klasse von Operatoren sind die Vergleichsoperatoren. Ihr Ergebnis ist `True` (wahr), wenn die Aussage stimmt, oder `False` (falsch), wenn dies nicht der Fall ist. Hier die wichtigsten im Überblick:

- `-eq` (*equals*) – Gleichheit
- `-ne` (*not equals*) – Ungleichheit
- `-lt` (*less than*) – kleiner als
- `-gt` (*greater than*) – größer als
- `-le` (*less than or equals*) – kleiner oder gleich

- `-ge` (*greater than or equals*) – größer oder gleich
- `-like` – Mustervergleich: Links steht ein beliebiges Element, rechts ein Suchmuster, das den zuvor beschriebenen Dateimustern entspricht, das heißt, `*` steht für beliebig viele beliebige Zeichen und `?` für genau ein beliebiges Zeichen.
- `-notlike` – das Gegenteil von `-like`: Der Ausdruck ist also `True`, wenn das überprüfte Element dem Suchmuster nicht entspricht.
- `-match` – vergleicht ein Element mit einem regulären Ausdruck. Diese mächtigen Suchmuster werden ausführlich in Kapitel 9, »Weitere Konzepte der Programmierung«, vorgestellt. Das folgende Beispiel überprüft, ob der String `"hallo"` mindestens einen Vokal enthält (was natürlich `True` ergibt):

  ```
  "hallo" -match "[aeiou]"
  ```

- `-notmatch` – gibt `True` zurück, wenn das überprüfte Element dem regulären Ausdruck nicht entspricht.
- `-contains` – erwartet als linken Operanden eine Liste wie `1, 2, 3` oder `"a", "b", "c"` – oder auch einen Bereich wie `1..9` – und als rechten Operanden ein beliebiges Element. Ergibt `True`, wenn das Element in der Liste oder in dem Bereich enthalten ist.
- `-notcontains` – ist `True`, wenn das fragliche Element nicht in der Liste enthalten ist.
- `-and` – (logisches Und) verkettet zwei oder mehr Vergleiche und liefert nur dann `True`, wenn jeder Einzelvergleich `True` ist.
- `-or` – (logisches Oder) verkettet ebenfalls Vergleiche und ergibt `True`, wenn mindestens einer der Teilvergleiche `True` ist.

Wenn Sie Operationen wie `-lt` auf Strings anwenden, halten sich diese an die Zeichensatzreihenfolge des ersten unterschiedlichen Zeichens. Beispiele:

```
> "a" -lt "b"
True
> "a" -lt "aa"
True
> "hello" -lt "hallo"
False
```

Die Vergleichsoperatoren unterscheiden normalerweise nicht zwischen Groß- und Kleinschreibung. Allerdings gibt es jeden von ihnen noch zweimal mit vorangestelltem `c` für *case sensitive*, das heißt für die explizite Unterscheidung zwischen Groß- und Kleinschreibung, aber auch mit vorangestelltem `i` (*ignore case*) für die ausdrückliche Nichtunterscheidung, sollten Sie den Standard ändern. Hier ein Beispiel:

```
> "a" -eq "A"
True
> "a" -ceq "A"
False
```

Alle bisher gezeigten Arten von Werten können Sie auch in Variablen speichern, um später wieder darauf zuzugreifen. Variablennamen beginnen mit einem Dollarzeichen ($), sodass sie in Strings automatisch durch ihren Wert ersetzt (substituiert) werden können. Zur Wertzuweisung wird der Operator = verwendet. Hier ein Beispiel mit anschließender Anwendung in einem String:


```
> $planet = "Welt"
> "Hallo, $planet!"
Hallo, Welt!
```

Sie können auch die in Kapitel 7, »Grundlagen der Programmierung«, für die Programmiersprache Java erläuterten Wertänderungsoperatoren verwenden. Das folgende Beispiel weist der Variablen `$zahl` den Wert 3 zu und addiert anschließend 5:

```
> $a = 3
> $a += 5
> $a
8
```

Auf Umgebungsvariablen greifen Sie übrigens zu, indem Sie ihrem Namen ein `$env:` voranstellen. Hier ein Beispiel, das den Inhalt der zuvor besprochenen Umgebungsvariablen `PATH` anzeigt:

```
> $env:path
c:\ruby\bin;C:\Perl\bin\;C:\WINDOWS\system32;C:\WINDOWS;
C:\WINDOWS\System32\Wbem;C:\php52;C:\cygwin\bin
```

Beachten Sie zum Thema Ausdrücke noch Folgendes: Wenn Sie einen Ausgabebefehl verwenden, in der Regel `Write-Host` (Alias: `echo`), wird dessen Argument standardmäßig als String interpretiert. Die folgende Anweisung gibt beispielsweise den Text `2 * 4` aus, anstatt die beiden Zahlen zu multiplizieren:

```
> Write-Host 2 * 4
2 * 4
```

Um klarzumachen, dass der Ausdruck zuerst ausgewertet werden soll, müssen Sie ihn deshalb in runde Klammern setzen:

```
> Write-Host (2 * 4)
8
```

Kontrollstrukturen

Um den Schritt vom einzelnen Cmdlet zur ausführbaren Skriptdatei zu gehen, brauchen Sie einige Hilfsmittel, um den Programmablauf zu steuern, die sogenannten *Kontrollstrukturen*. Sie werden in Fallentscheidungen und Schleifen unterteilt. Eine *Fallentscheidung* führt bestimmte Anweisungen nur aus, falls eine Bedingung erfüllt ist, während eine Schleife eine Anweisungsfolge mehrmals ausführt – entweder eine bestimmte Anzahl von Durchläufen oder aufgrund einer Bedingung.

Die wichtigste Fallentscheidung lautet `if` und hat folgende Syntax:

```
if (Ausdruck) {
  Anweisung(en)
}
```

Optional können Sie auch einen `else`-Block hinzufügen, der ausgeführt wird, wenn die Bedingung nicht zutrifft.

Falls der Ausdruck den Wert `True` hat (das gilt für alle korrekten Vergleiche, alle Zahlen außer 0 und alle Strings außer dem leeren, also `""`), wird der Anweisungsblock in den geschweiften Klammern ausgeführt. Hier ein einfaches Beispiel: Wenn die Variable `$a` einen Wert hat, der größer als 100 ist, wird `"Gewonnen!"` ausgegeben:

```
if ($a -gt 100) { Write-Host "Gewonnen!" }
```

Besonders praktisch zum Testen von Fallentscheidungen (und natürlich erst recht für die praktische Nutzanwendung) ist die interaktive Eingabe von Werten. Dazu wird das Cmdlet `Read-Host` verwendet. Das folgende Beispiel erwartet die Eingabe einer Zeile und speichert diese in der Variablen `$input`:

```
> $input = Read-Host
```

Die Daten werden immer als Strings gespeichert, auch dann, wenn eine Zahl eingegeben wird. Falls Sie versuchen, mit Benutzereingaben zu rechnen, ist dies natürlich ein Problem:

```
> $zahl = Read-Host
20
> $zahl + 3
203
```

Um einen Ausdruck als Wert eines bestimmten Datentyps zu interpretieren, können Sie dem Ausdruck diesen Typ in eckigen Klammern voranstellen. Der Typ für Ganzzahlen heißt beispielsweise `System.Int32` (32-Bit-Integer; siehe Kapitel 2, »Mathematische Grundlagen«, für den Wertebereich), Strings haben dagegen den Typ `System.String`, `True` und `False` sind `System.Boolean`, Fließkommazahlen `System.Double` etc. Hier also die numerisch korrekte Fassung des vorigen Beispiels:

```
> $zahl = Read-Host
20
> [System.Int32]$zahl + 3
23
```

An dieser Stelle ergibt sich allerdings ein neues Problem: Falls die Eingabe keine Zahl ist, liefert die Typkonvertierung eine Fehlermeldung. Sie sollten die Eingabe also vor dem Umwandlungsversuch filtern – dazu bietet sich ein regulärer Ausdruck an. Im folgenden Beispiel wird einer verwendet, der positive und negative Ganzzahlen zulässt:


```
^\-?\d+$
```

Genaueres über reguläre Ausdrücke erfahren Sie, wie gesagt, in Kapitel 9, »Weitere Konzepte der Programmierung«. Hier nur ein kurzer Überblick über das verwendete Muster: ^ steht für den Anfang des getesteten Ausdrucks. \- ist ein Minuszeichen, das durch \ geschützt wird, da es in regulären Ausdrücken eine besondere Bedeutung hat. Das anschließende Fragezeichen setzt dieses Vorzeichen optional. \d steht für eine beliebige Ziffer, das Pluszeichen besagt, dass eine oder mehrere Ziffern vorkommen dürfen. Das $-Zeichen steht schließlich für das Ende des Ausdrucks. \-?\d+ hieße, dass irgendwo im untersuchten String eine ganze Zahl vorkommt, ^ und $ erfordern dagegen, dass der gesamte Ausdruck betrachtet wird.

Hier nun das verbesserte Eingabe- und Rechenbeispiel, in dem durch if ein möglicher Fehler abgefangen wird:

```
> $eingabe = Read-Host; if ($eingabe -match "^\-?\d+$") { Write-Host
    ([System.Int32]$eingabe + 3) } else { Write-Host "Bitte nur Zahlen eingeben!" }
20
23
```

Das Semikolon hinter Read-Host ermöglicht übrigens die Eingabe einer weiteren Anweisung in derselben Zeile. Dadurch können Sie den gesamten Skriptblock nochmals mithilfe von [↑] zurückholen. Geben Sie zur Abwechslung etwas ein, das keine Zahl ist. Sie sollten die Fehlermeldung "Bitte nur Zahlen eingeben!" erhalten.

Eine *Schleife* führt einen Anweisungsblock mehrmals aus. Die wichtigsten Schleifentypen sind while, for und foreach. while führt einen Anweisungsblock aus, solange die überprüfte Bedingung zutrifft. Hier ein Beispiel, das weiter ausgeführt wird, solange Sie "j" eingeben:

```
> $i = 1; While ((Read-Host "Noch mal?") -eq "j") {Write-Host
    "Dies ist Durchlauf Nr. $i"; $i++}
Noch mal?: j
Dies ist Durchlauf Nr. 1
Noch mal?: j
Dies ist Durchlauf Nr. 2
```

```
Noch mal?: j
Dies ist Durchlauf Nr. 3
Noch mal?: n
```

Wie Sie sehen, nimmt `Read-Host` optional einen String entgegen und zeigt ihn als Eingabeaufforderung an. Außerdem kann das Ergebnis ohne den Umweg über eine Variable in einem Ausdruck verwendet werden.

Der Kopf der `for`-Schleife besitzt drei durch Semikola getrennte Teile:

```
for (Initialisierung; Bedingung; Wertänderung) {
  Anweisung(en)
}
```

Die Initialisierung wird einmal zu Beginn ausgeführt. Vor jedem Durchlauf wird die Bedingung geprüft; falls sie nicht zutrifft, wird die Schleife nicht (mehr) ausgeführt. Nach jedem Durchlauf wird schließlich die Wertänderung durchgeführt. Im Prinzip können Initialisierung und Wertänderung beliebige Anweisungen sein und die Bedingung ein beliebiger Ausdruck, aber typischerweise wird ein und dieselbe Variable auf einen Anfangswert gesetzt, überprüft und verändert. Das folgende Beispiel weist der Variablen `$i` nacheinander die Zahlen 1 bis 10 zu und gibt jeweils deren Quadrat aus:

```
> for ($i = 1; $i -le 10; $i++) { $quadrat = $i * $i; Write-Host "$i^2 = $quadrat" }
1^2 = 1
2^2 = 4
3^2 = 9
4^2 = 16
5^2 = 25
6^2 = 36
7^2 = 49
8^2 = 64
9^2 = 81
10^2 = 100
```

`foreach` schließlich iteriert über die Elemente einer Liste. Das folgende Beispiel gibt für die Zahlen von 1 bis 10 aus, ob sie durch 3 teilbar sind oder nicht:

```
> foreach ($i in 1..10) { if ($i % 3) { Write-Host "$i ist nicht durch 3 teilbar." }
    else { Write-Host "$i ist durch 3 teilbar." } }
1 ist nicht durch 3 teilbar.
2 ist nicht durch 3 teilbar.
3 ist durch 3 teilbar.
4 ist nicht durch 3 teilbar.
5 ist nicht durch 3 teilbar.
6 ist durch 3 teilbar.
```

```
7 ist nicht durch 3 teilbar.
8 ist nicht durch 3 teilbar.
9 ist durch 3 teilbar.
10 ist nicht durch 3 teilbar.
```

Die Fallunterscheidung `if ($i % 3)` macht es sich zunutze, dass 0 (kein Rest bei der Division, also Teilbarkeit) als `False` gilt und jeder andere Wert als `True`.

Eine `foreach`-Schleife kann übrigens auch über eine Pipe auf die Zeilen der Ausgabe eines beliebigen Cmdlets angewendet werden. Das folgende Beispiel geht auf diese Weise die Liste von `Get-ChildItem` für das aktuelle Verzeichnis durch. Falls `$_.mode`, die Attributliste, mit `d` anfängt, handelt es sich um ein Unterverzeichnis, und ein Zähler wird erhöht. Auf diese Weise wird die Anzahl der (direkten) Unterverzeichnisse gezählt:

```
> $i = 0; Get-ChildItem | foreach { if ($_.mode -like "d*") { $i++ } };
  echo "Das aktuelle Verzeichnis hat $i Unterverzeichnisse."
Das aktuelle Verzeichnis hat 34 Unterverzeichnisse.
```

PowerShell-Skriptdateien

Wirklich nützlich sind solche Beispiele natürlich vor allem dann, wenn Sie sie als Skriptdateien abspeichern. PowerShell-Skripte erhalten die Dateiendung *.ps1*. Aus der PowerShell selbst können Sie sie durch Eingabe ihres Pfads aufrufen. Im aktuellen Verzeichnis genügt dazu allerdings nicht der einfache Name, sondern es muss `.\` vorangestellt werden, weil die PowerShell nur den `PATH`, nicht aber das aktuelle Verzeichnis nach ausführbaren Programmen durchsucht. Die Angabe `./` funktioniert übrigens auch, weil die PowerShell anstelle des Windows-Backslashs den von Unix bekannten Slash als Pfadtrenner akzeptiert. Genauso kann das Sternchen (*) statt `*.*` als Platzhalter für alle Dateien in einem Verzeichnis eingesetzt werden.

Starten Sie also Ihren Lieblingseditor, geben Sie das folgende Skript ein und speichern Sie es unter dem Namen *hallo.ps1* ab. Es handelt sich um ein Beispiel, das im nächsten Abschnitt auch für die Unix-Shell *bash* und im nächsten Kapitel (in einer abgespeckten Version) in zwei verschiedenen Programmiersprachen präsentiert wird. Nach der Begrüßung »Hallo, Welt!« und der Ausgabe von Datum und Uhrzeit wird man nach dem eigenen Namen gefragt und nochmals persönlich begrüßt:

```
Write-Host "Hallo, Welt!"
$date = Get-Date
Write-Host "Es ist $date"
$name = Read-Host "Deinen Namen, bitte"
Write-Host "Hallo, $name!"
```

Geben Sie nun im entsprechenden Verzeichnis Folgendes ein:

```
> ./hallo.ps1
The file C:\hallo.ps1 cannot be loaded. The file C:\hallo.ps1
is not digitally signed. The script will not execute on the
system. Please see "get-help about_signing" for more details..
```

Dies ist offensichtlich eine Fehlermeldung. Die PowerShell verlangt nämlich aus Sicherheitsgründen standardmäßig, dass alle Skripte digital signiert sind. Im Grunde genügt es aber, wenn Skripte aus dem Internet signiert sind; ob lokale Skripte signiert sein müssen, können Sie selbst entscheiden. Diese Einstellung erreichen Sie, indem Sie die PowerShell als Administrator starten (mit der rechten Maustaste anklicken, ALS ADMINISTRATOR AUSFÜHREN wählen und die Sicherheitsfrage bestätigen) und dann dieses eingeben:

```
> Set-ExecutionPolicy RemoteSigned
```

Nun kann das Skript ausgeführt werden:

```
> ./hallo.ps1
Hallo, Welt!
Es ist 31.05.2021 13:36:18
Deinen Namen, bitte: Sascha
Hallo, Sascha!
```

Liste nützlicher Cmdlets

In Tabelle 6.2 sehen Sie eine Liste wichtiger Cmdlets mit ihren Aliassen und einem kurzen Hinweis zu ihrer Bedeutung.

Cmdlet	Aliasse	Bedeutung
`Clear-Host`	`cls` `clear`	Bildschirm löschen; in neueren PowerShell-Versionen können Sie auch einfach [Strg] + [L] drücken.
`Compare-Object`	`Diff`	Vergleicht zwei als Parameter angegebene Textdateien miteinander.

`Copy-Item`	`copy`
	`cp`
	`cpi`
		Dateien kopieren.

`Format-List`	`Fl`	Tabellen in Form von »Titel: Wert«-Zeilen ausgeben; nützlich als Pipe für Cmdlets wie `Get-ChildItem`.
`Format-Table`	`Ft`	Als Tabelle formatieren (bei `Get-ChildItem` und ähnlichem Standard).

Tabelle 6.2 Die wichtigsten Cmdlets der Windows PowerShell im Schnellüberblick

Cmdlet	Aliasse	Bedeutung
`Format-Wide`	`Fw`	Nur die wichtigste Spalte einer Tabelle wählen; Inhalte spaltenweise ausgeben.
`Get-Alias`	`Alias`	Liste aller Alias-Definitionen.

`Get-ChildItem`	`dir`
	`ls`
	`gci`
		Alle direkten Unterelemente des aktuellen Kontexts ausgeben (standardmäßig Verzeichnisinhalt). Die Option `-r` (*recursive*) gibt auch alle verschachtelten Inhalte aus; als Parameter kann zudem der Name des gewünschten Verzeichnisses angegeben werden.

`Get-Command`	`Gcm`	Liste aller Cmdlets.

`Get-Content`	`type`
	`cat`
	`gc`
		Inhalt einer Datei ausgeben.

`Get-Help`	`help*`	Hilfe anzeigen. `help Cmdlet` zeigt Hilfe zu einem bestimmten Cmdlet an, `help*` eine Liste von Themen, zu denen ausführliche Hilfedateien existieren.
`Get-Item`	`Gi`	Informationen über eine einzelne Datei oder ein Verzeichnis.
`Get-Location`	`pwd` `gl`	Aktuelles Arbeitsverzeichnis.
`Get-Member`	`Gm`	Per Pipe auf ein beliebiges Element angewendet: Datentyp und alle unterstützten Methoden.
`Get-Process`	`gps` `ps`	Liste aller laufenden Prozesse.
`Get-PSDrive`	`Gdr`	Liste aller Laufwerke, inklusive einiger Registry-Keys und anderer Spezialaufwerke. Der Wechsel erfolgt mithilfe von `cd` *`Laufwerk`*`:`.
`Get-Service`	`Gsv`	Liste aller Systemdienste und ihres Status.
`Get-Variable`	`Gv`	Liste aller PowerShell-Variablen inklusive der selbst definierten.

`Move-Item`	`move`
	`mv`
	`mi`
		Dateien verschieben.

Tabelle 6.2 Die wichtigsten Cmdlets der Windows PowerShell im Schnellüberblick (Forts.)

Cmdlet	Aliasse	Bedeutung

`Remove-Item`	`del`
	`rm`
	`ri` etc.
		Dateien löschen; die Option `-r` löscht Verzeichnisse rekursiv.

`Rename-Item`	`ren` `rni`	Dateien umbenennen.

`Set-Location`	`cd`
	`chdir`
	`sl`
		Verzeichnis wechseln; kann anders als bei der klassischen Eingabeaufforderung auch für einen Wechsel des Laufwerks verwendet werden (bei den virtuellen Laufwerken sogar ausschließlich).

`Sort-Object`	`Sort`	Listen oder Tabellen sortieren (meist per Pipe).
`Stop-Process`	`kill` `spps`	Einen Prozess beenden.
*) Formal ist `help` kein echter Alias zu `Get-Help`, weil es den zusätzlichen Nutzen erfüllt, die Hilfeseiten durch eine Pipe an `more` zu senden und so seitenweise anzuzeigen.		

Tabelle 6.2 Die wichtigsten Cmdlets der Windows PowerShell im Schnellüberblick (Forts.)

6.3.5 Windows-Server

Möchten Sie Windows-Serverdienste einem größeren Netzwerk zur Verfügung stellen, sollten Sie den Einsatz eigenständiger Serverrechner in Betracht ziehen. Im Grunde stehen zwei mögliche Lösungen zur Auswahl: Sie können einen Windows-Server von Microsoft verwenden oder einen Unix-Rechner (in der Regel unter Linux) mit dem Samba-Server ausstatten.

Microsoft bietet seit etlichen Jahren eigene, spezielle Serverbetriebssysteme an. Im Laufe der Jahre wurden Windows NT Server, Windows 2000 Server, Windows Server 2003, Windows Server 2008, Windows Server 2008 R2, Windows Server 2012, Windows Server 2012 R2 und Windows Server 2016 entwickelt. Die neueste Version, Windows Server 2019, erschien im Herbst 2018. Seit Windows 2000 Server ist *Active Directory*, ein sogenannter *Verzeichnisdienst*, enthalten.

Verstehen Sie den Begriff *Verzeichnisdienst* nicht falsch: Ihr lokales Dateisystem enthält zwar jede Menge Verzeichnisse, ist aber trotzdem lediglich ein Namensdienst, da den hierarchisch geordneten Einträgen keine Attribute zugeordnet sind. In Kapitel 15, »Weitere Internet-Serverdienste«, wird der Open-Source-Verzeichnisdienst OpenLDAP vorgestellt, der genau wie Active Directory auf dem LDAP-Protokoll basiert. Windows Server 2019 enthält die *Active Directory Federation Services*, die die Verwaltung anderer Verzeichnisdienste beziehungsweise Speicherorte (zum Beispiel alternativer LDAP-Verzeichnisse oder SQL-Datenbanken) mit Active-Directory-Tools möglich machen.

Neben dem Datei- und Druckdienst erfüllen Windows Server 2019 und seine Vorgängerversionen eine Reihe weiterer sogenannter *Serverrollen*. Einige der wichtigsten sind folgende:

- Webserver (über die Microsoft Internet Information Services)
- DNS-Server
- DHCP-Server
- Einfacher E-Mail-Server für SMTP und IMAP
- Terminalserver – Seit Windows 2000 werden die Terminaldienste, die früher von der Firma Citrix geliefert wurden, in die Windows-Server integriert. Mithilfe des Terminalservers können Sie über das Netzwerk auf dem Windows-Server arbeiten, als säßen Sie davor. Anders als bei den Internetdiensten Telnet oder SSH betrifft dies auch die grafische Oberfläche.
- Streaming-Media-Server – Server für Windows Media Services
- Knoten in einem Servercluster – Cluster sind Verbindungen mehrerer Computer zu einem virtuellen Superrechner. In der Unix-Welt sind Cluster sehr weit verbreitet. Sie führen komplexe mathematische, meteorologische oder andere Berechnungen durch oder rendern 3D-Szenen für Hollywoodfilme. Der Microsoft Cluster Server, der eine ähnliche Funktionalität für einen Verbund von Windows-Rechnern bietet, war früher ein separates Produkt; erst in den Windows Server 2003 (Enterprise Edition) wurde er integriert.

Der Windows Server 2019 wird in drei Varianten angeboten:

- Die *Essentials Edition* ist für kleinere und mittlere Firmennetze geeignet; sie unterstützt Rechner mit bis zu zwei Prozessoren und 64 GiB RAM.
- Die *Standard Edition* eignet sich für größere Unternehmen und Institutionen: Sie ist mit dem Cluster-Service und den Services for Macintosh ausgestattet. Windows Server 2019 Standard Edition unterstützt bis zu 512 Prozessorkerne und 24 TiB RAM, aber es gibt lizenzrechtliche Einschränkungen zu beachten.
- Die *Datacenter Edition* ist für große Rechenzentren optimiert. Prozessor- und Speicherlimit sind identisch mit der Standard Edition.

Andere Serverdienste sind dagegen nicht in die Windows-Serversysteme integriert, sondern Microsoft vertreibt sie als separate Softwarepakete. Dazu gehören zum Beispiel folgende Produkte:

- *Microsoft Exchange Server* – ein Server für erweiterte Maildienste und Groupware-Funktionen
- *Microsoft SQL Server* – ein verbreiteter Datenbankserver
- *Systems Management Server* – ein spezielles Serverprodukt, das die Fernverwaltung zahlreicher Rechner in großen Netzwerken ermöglicht
- *BizTalk Server* – ein Server für verteilte Enterprise-Anwendungen

6.4 Linux und Unix

Nachdem Sie im vorangegangenen Abschnitt das Wichtigste über Windows erfahren haben, geht es hier um eine andere gängige Systemplattform: *Linux*, inzwischen das am weitesten verbreitete System der Unix-Familie. Viele der Informationen in diesem Abschnitt gelten auch für andere Unix-Varianten, zum Beispiel die verschiedenen BSD-Systeme oder Apples Betriebssystem macOS, dessen Unterbau eine BSD-Unix-Version namens *Darwin* ist.

Der Begriff Linux bezeichnet eigentlich nur den Kernel, also die Funktionsgrundlage für sämtliche Anwendungssoftware. Das Gesamtsystem aus Kernel und Systemtools wird traditionell als *GNU/Linux* bezeichnet, da die Tools in der Regel aus dem GNU-Projekt der Free Software Foundation stammen. In aller Regel ist aber von einem lauffähigen Gesamtsystem die Rede, wenn jemand »Linux« sagt.

Die neueste Version des Linux-Kernels ist zurzeit (Mitte April 2021) 5.11.15. Seit Kernel 3.0 wurde das alte Versionierungsschema (gerade Unterversionen wie 2.4.x und 2.6.x für stabile und ungerade wie 2.5.x für Entwicklungsversionen) aufgegeben, und die Versionsnummern wurden um einen Block verkürzt. Ein neuer Hauptversionszweig (3.x, 4.x, 5.x) wird nun also dort erzeugt, wo früher ein Unterversionswechsel wie etwa 2.4 zu 2.6 genügte.

Das Betriebssystem Linux wird in verschiedenen *Distributionen* angeboten. Einige der wichtigsten sind:

- *openSUSE*, früher *SUSE Linux* genannt, wurde von der Nürnberger Firma SUSE AG entwickelt, die inzwischen zu Novell gehört. Novell wiederum wurde vor einigen Jahren von Attachmate aufgekauft; die Unterstützung für openSUSE wurde seitdem vermindert, aber nicht eingestellt. Die Distribution wurde früher in zwei verschiedenen Versionen angeboten: der Personal Edition für Privatanwender*innen, die vorzugsweise mit Desktopanwendungen ausgestattet war, und der Professional Edition für Entwickler*innen, Systemadministratoren und -administratorinnen oder Unternehmen, die zahlreiche Netzwerkanwendungen, Server, Entwicklungswerkzeuge und andere professionelle Programme enthielt. Inzwischen wird die Distribution als Community-Projekt unter dem Namen *openSUSE* weitergepflegt. Auch die von SUSE bereitgestellten Installations- und Verwaltungsprogramme wurden dafür unter der GPL freigegeben. Zusätzlich gibt es kommerzielle Produkte, etwa den SUSE Linux Enterprise Server.
- *Red Hat Linux* stammt von dem gleichnamigen amerikanischen Unternehmen und ist die beliebteste Distribution in den USA. Die Entwicklung verlief schon vor einigen Jahren wie bei openSUSE: Ursprünglich wurden eine Personal Edition und eine Professional Edition angeboten. Aus der stark erweiterten Personal-Variante ging das freie Community-Projekt *Fedora Linux* (früher Fedora Core Linux) hervor, während Unternehmenslösungen weiterhin unter dem Namen *Red Hat* verkauft werden.
- *Debian GNU/Linux* ist in den letzten Jahren immer wichtiger geworden. Die Distribution hat den besonderen Vorteil, dass alle Bestandteile voll und ganz aus freier Software unter

der GPL bestehen, auch das Installationsprogramm. Dafür ist die Installation komplizierter als bei den anderen Distributionen, für Linux-Einsteiger*innen ist diese Distribution daher nicht zu empfehlen. Fortgeschrittene Anwender*innen können die Distribution dagegen am stärksten an ihre eigenen Bedürfnisse anpassen. Es gibt allerdings besonders einsteigerfreundliche Distributionen wie *Ubuntu Linux*, die wiederum auf Debian basieren. Auch das direkt von CD bootende Live-System *Knoppix* besitzt einen Debian-Unterbau.

Neben diesen häufigsten Distributionen werden unzählige weitere angeboten, jede von ihnen besitzt ihre besonderen Eigenschaften, Vor- und Nachteile. Die Unterschiede treten nicht so sehr beim normalen Arbeiten mit dem System zutage, sondern nur bei der Installation neuer Programme und bei Konfigurationsarbeiten.

Einen Sonderweg im Vergleich zu allen anderen Distributionen geht etwa *Gentoo*: Hier werden die Installationspakete nicht wie üblich im Binärformat geliefert oder heruntergeladen, sondern als Quellcode, und mithilfe der Installationsskripte automatisch kompiliert. Dies macht Gentoo flexibler als andere Distributionen – sogar so flexibel, dass sich anstelle des Linux- ein BSD-Kernel installieren lässt – und bietet eine sehr große Auswahl an Software, da praktisch jede Open-Source-Software installiert werden kann.

Die meisten hier genannten Linux-Distributionen können Sie frei aus dem Internet herunterladen. Bei den Download-Dateien handelt es sich meist um die ISO-Images der Installations-DVDs oder -CDs. Jede handelsübliche Brennsoftware kann diese auf einen Datenträger brennen. In Tabelle 6.3 sehen Sie die URLs der wichtigsten Distributionen.

Distribution	Website
openSUSE	*de.opensuse.org*
Fedora Linux	*fedoraproject.org/wiki*
Debian GNU/Linux	*www.debian.org*
Ubuntu Linux	*www.ubuntulinux.org*
Knoppix	*www.knopper.net/knoppix*
Gentoo	*www.gentoo.org*

Tabelle 6.3 Wichtige Linux-Distributionen und ihre Websites

Eine andere Variante freier Unix-Derivate bilden die verschiedenen BSD-Systeme. Hier die wichtigsten, jeweils mit ihrer Projekt-Website für Informationen und Downloads:

- FreeBSD (*www.freebsd.org*)
- OpenBSD (*www.openbsd.org*)
- NetBSD (*www.netbsd.org*)

Viele der hier genannten Distributionen und Systeme bieten übrigens Live-CDs oder Live-DVDs. Sie können die entsprechenden Images herunterladen, auf einen Datenträger brennen und direkt davon booten, um die Betriebssysteme risikolos auszuprobieren. Eine andere interessante Lösung besteht darin, sie in einer Virtualisierungssoftware wie VirtualBox oder VMware zu starten; in diesem Fall kann das Image sogar ohne Brennvorgang als virtueller Datenträger eingestellt werden. Näheres dazu erfahren Sie in Kapitel 14, »Server für Webanwendungen«.

6.4.1 Arbeiten mit der Shell

Auch wenn so gut wie alle Distributionen inzwischen schon bei der Installation eine grafische Benutzeroberfläche einrichten, sollten Sie sich den Umgang mit der Konsole angewöhnen. Die mächtigsten Funktionen des Systems werden nach wie vor über die Kommandozeile aufgerufen; grafische Steuerprogramme dafür stehen nicht flächendeckend und schon gar nicht durchgehend als Open Source zur Verfügung.

Öffnen Sie zunächst ein Terminalfenster (das konkrete Programm heißt in jedem System und jeder Distribution etwas anders – unter macOS und auf dem Linux-Desktop GNOME beispielsweise Terminal, auf dem Desktop KDE Konsole). Darin wird eine Eingabeaufforderung (Prompt) angezeigt, die je nach Konfiguration sehr unterschiedlich aussehen kann. In der Regel sehen Sie etwa Folgendes:

```
user@rechner: ~ $
```

Anstelle von `user` wird der Benutzername angezeigt, unter dem Sie sich angemeldet haben; hinter dem @ steht der Name des Rechners, auf dem Sie gerade arbeiten. Auf diese Angaben folgt der Pfad des aktuellen Arbeitsverzeichnisses. Im zuvor gezeigten Beispiel ist das aktuelle Verzeichnis das individuelle Home-Verzeichnis (auf dieses Beispiel bezogen */home/user*), das durch die Tilde gekennzeichnet wird. Das Dollarzeichen bildet schließlich den Abschluss; dahinter blinkt der Cursor für die Befehlseingabe. Anstelle des Dollarzeichens erscheint bei manchen Shells > oder ein anderes Zeichen.

Wenn Sie als *root* angemeldet sind, bekommen Sie einen etwas anderen Prompt zu sehen, beispielsweise diesen:

```
rechner: ~ #
```

Es wird also kein Benutzername angezeigt, und hinter der Pfadangabe folgt eine Raute (#) anstelle des Dollarzeichens. Auch *root* befindet sich in diesem Beispiel in seinem Home-Verzeichnis, standardmäßig */root*.

In den folgenden Beispielen wird der Prompt einfach als Dollarzeichen dargestellt. Wenn für einen Befehl *root*-Rechte erforderlich sind, wird dagegen die Raute verwendet. Benutzereingaben sind in den Beispielen jeweils fett gesetzt, um sie vom Prompt und von der Ausgabe des Systems abzusetzen.

Grundfunktionen der Shell

Das Programm, das Ihre Befehle entgegennimmt und zu interpretieren versucht, wird *Shell* genannt. Es gibt nicht *die eine* Linux-Shell, sondern eine Reihe verschiedener Shell-Programme, die sich bis zu einem gewissen Grad voneinander unterscheiden. Höchstwahrscheinlich läuft in Ihrem System eine Shell, die als *bash* bezeichnet wird. Geben Sie den folgenden Befehl ein, um herauszufinden, welche Shell Sie ausführen:

```
$ echo $0
```


$0 ist eine spezielle Variable, die jeweils den Namen des zurzeit laufenden Programms enthält. Die Ausgabe dürfte zum Beispiel */bin/bash* oder */bin/sh* lauten. Die gängigsten Shells werden in der folgenden Liste aufgeführt:

- *sh* oder *bsh*, die *Bourne Shell*, benannt nach ihrem Entwickler, war die ursprüngliche Shell des Bell-Labs-Unix. Sie beherrscht die kleinste gemeinsame Menge der Fähigkeiten aller anderen Shells.
- *csh*, die *C-Shell*, und ihre Erweiterung *tcsh* enthalten eine Reihe spezieller Funktionen, die von der Programmiersprache C beeinflusst wurden und besonders den Bedürfnissen der C-Programmierung entgegenkommen.
- *bash*, die *Bourne Again Shell* (ein nettes Wortspiel), ist die GNU-Weiterentwicklung der ursprünglichen Bourne Shell mit vielen interessanten Zusatzfunktionen. Diese Shell ist in allen Linux-Distributionen und zum Beispiel auch unter macOS als Standard voreingestellt. Trotzdem werden alle hier genannten und meist noch weitere mitgeliefert.
- *ksh*, die *Korn Shell*, ist der offizielle bei AT&T entwickelte Nachfolger der *bsh*. Sie vereint einige Vorteile von Bourne und C-Shell mit eigenen Erweiterungen. Die *ksh* selbst ist nicht frei verfügbar, es gibt aber eine freie Variante namens *pdksh* (*Public Domain Korn Shell*).
- *sash*, die *Stand-alone-Shell*, ist ein nützliches Hilfsmittel zur Fehlerbehebung: Viele Standard-POSIX-Dienstprogramme sind direkt in die Shell selbst eingebaut und brauchen nicht zusätzlich bereitgestellt zu werden. Ihre Namen beginnen normalerweise mit einem Minuszeichen, um sie von der voll ausgestatteten GNU-Version dieser Tools zu unterscheiden. Für Rettungssysteme, die vom USB-Stick starten, ist die *sash* ideal.

Um Missverständnissen vorzubeugen, sollten Sie zunächst verstehen, dass über 90 % der Eingaben, die Sie an der Kommandozeile vornehmen, unter allen Shells identisch sind: Es handelt sich nämlich bei diesen Eingaben überhaupt nicht um Shell-Kommandos. Die meisten »Unix-Befehle« sind separate Systemprogramme, die sich für gewöhnlich im Verzeichnis */bin* befinden und mit der Shell nichts zu tun haben. Die Shells unterscheiden sich insbesondere in der Art und Weise, wie die Funktionen der Systemprogramme durch intelligente Verknüpfungen erweitert werden können.

Die Konfiguration, mit der die Shell (und übrigens auch jedes andere Programm) ausgeführt wird, heißt *Umgebung* (*Environment*). Sie besteht aus der User- und der Group-ID, unter der das Programm läuft, aus dem aktuellen Arbeitsverzeichnis sowie aus einer Reihe von *Umgebungsvariablen*, die von dem Programm ausgelesen werden. Die Shell bezieht ihre Umgebung aus diversen Konfigurationsdateien, insbesondere aus:

- */etc/profile*: zentrale Konfigurationsdatei für alle Shells und alle User. Diese Datei sollte nicht editiert werden; ändern Sie stattdessen *~/.bashrc* oder erstellen Sie eine benutzerspezifische *~/profile.local*.
- */etc/profile.d/**: zentrale Konfigurationsdateien für bestimmte Aspekte einzelner Shells.
- *~/.bashrc*: *bash*-spezifische Einstellungen für einen einzelnen User-Account im jeweiligen Home-Verzeichnis.

Beispielsweise wurde erst in der *csh* die Möglichkeit eingeführt, Programme im Hintergrund zu starten: Wenn Sie ein &-Zeichen an einen Befehl anhängen, gelangt dessen Ausgabe nicht auf den Bildschirm, und Sie können sofort den nächsten Befehl eingeben. Es wird beim Aufruf des Befehls lediglich dessen Prozess-ID ausgegeben. Inzwischen bieten fast alle Shells diese Option an. Hier sehen Sie ein einfaches Beispiel, in dem die Suche nach Dateien, deren Name mit einem `a` beginnt, in den Hintergrund verbannt wird:

```
$ find . -name a* &
[1] 3125
$
```

In eckigen Klammern wird eine Job-Nummer angezeigt; dahinter erscheint die PID. Anstelle von 3125 werden Sie fast sicher eine andere zu sehen bekommen. Mithilfe des Befehls `fg` (für *foreground*) können Sie die Ausgabe des Befehls im Vordergrund fortsetzen. Falls sich mehrere Prozesse im Hintergrund befinden, müssen Sie die Job-Nummer angeben. Beispiel:

```
$ fg 1
```

Ebenso können Sie ein bereits laufendes Programm nachträglich in den Hintergrund stellen, indem Sie die Tastenkombination [Strg] + [Z] drücken. Auch in diesem Fall werden Job-Nummer und PID angezeigt, und Sie können das Programm mit `fg` zurückholen.

In der Regel bestehen die Befehle, die Sie eingeben, aus dem Namen des gewünschten Systemprogramms und einer durch Leerzeichen getrennten Liste von Parametern. Einige der Parameter sind *Optionen*, die bei den meisten Befehlen mit einem Minuszeichen beginnen, andere geben dagegen konkrete Werte wie Pfad- oder Dateinamen, Bezeichnungen und Ähnliches an.

Anweisungen werden durch das Drücken von [↵] abgeschlossen und unmittelbar ausgeführt. Zu lange Eingaben können Sie aber durch einen Backslash (\) und [↵] auf mehrere Zeilen aufteilen. Hier ein Beispiel, das in allen Dateien des aktuellen Verzeichnisses und allen Unterverzeichnissen nach dem Text `"in diesem Fall werden Job-Nummer und PID angezeigt"` sucht:

```
$ grep -r \
> "in diesem Fall werden Job-Nummer und PID angezeigt" \
> *
```

Die Shell sucht nach der Eingabe eines Kommandos in der folgenden Reihenfolge nach einer Möglichkeit, es auszuführen:

- alias-Definitionen (siehe Abschnitt 6.4.3, »Automatisierung«).
- Shell-Built-ins, das heißt Kommandos, die in das Shell-Binary selbst eingebaut sind.
- Externe Programme – die in der Umgebungsvariablen PATH angegebenen Verzeichnisse werden der Reihe nach durchsucht.

Falls der eingegebene Befehl an keinem der genannten Orte gefunden wird, erhalten Sie eine Fehlermeldung. Sollten Sie die *bash* verwenden und irrtümlich das Windows-Kommando cls zum Bildschirmlöschen eingeben, erhalten Sie beispielsweise diese Ausgabe:

```
bash: cls: command not found
```

Möchten Sie wissen, ob es sich bei einem Kommando um einen Alias, ein Shell-Built-in oder ein Programm handelt, können Sie type *Kommando* eingeben. Hier für jeden Typ ein Beispiel:

```
$ type ls
ls is aliased to `/bin/ls $LS_OPTIONS'
$ type alias
alias is a shell builtin
$ type mkdir
mkdir is hashed (/bin/mkdir)
```

Wenn Sie den Namen eines Programms eingeben, sucht die Shell in ganz bestimmten Verzeichnissen nach diesem Programm. Diese Verzeichnisse sind in einer Umgebungsvariablen namens PATH festgelegt. Möchten Sie diese Liste lesen, geben Sie Folgendes ein:

```
$ echo $PATH
/bin:/usr/bin:/usr/sbin:/usr/local/bin:/usr/share/bin
```

Der Befehl echo gibt sämtlichen folgenden Text in der nächsten Zeile aus. Das Dollarzeichen sorgt dafür, dass die Shell das folgende Wort als den Namen einer Variablen auffasst, deren Wert ausgegeben werden soll. Beachten Sie, dass Unix-Systeme, anders als Windows, auch bei Variablennamen zwischen Groß- und Kleinschreibung unterscheiden und dass diese Variable PATH heißt, nicht etwa Path oder path.

Der Wert der Variablen PATH besteht aus einer Liste von absoluten Pfadangaben (mit / beginnend), die durch Doppelpunkte voneinander getrennt werden. In der Praxis ist die Liste meist erheblich länger als im zuvor gezeigten Beispiel.

Im Folgenden soll ein Verweis auf das aktuelle Verzeichnis hinzugefügt werden. Üblicherweise wird ein Programm nämlich nicht einfach ausgeführt, wenn Sie sich in seinem Verzeichnis befinden, sondern nur, wenn dieses Verzeichnis auch in `PATH` steht. Um das zu ändern, können Sie die spezielle Verzeichnisangabe `.` (einen einzelnen Punkt) hinzufügen, da diese jeweils das aktuelle Verzeichnis repräsentiert.

Falls Sie den Inhalt der Variablen ändern möchten, funktioniert das in den verschiedenen Shells unterschiedlich. Hier sehen Sie Beispiele für die zuvor genannten Shells:

- *sh*, *bsh*, *bash* und *ksh*: `export PATH=$PATH:.`
- *csh* und *tcsh*: `set PATH=$PATH:.`

Der Wert, der `PATH` in den beiden Beispielen zugewiesen wird, nämlich `$PATH:.`, bedeutet: bisheriger Wert von `PATH`, Doppelpunkt, anschließender Punkt. Die vollständige Pfadliste aus dem zuvor gezeigten Beispiel sähe nach dieser Änderung folgendermaßen aus:

```
/bin:/usr/bin:/usr/sbin:/usr/local/bin:/usr/share/bin:.
```

In der Praxis sollten Sie sich gut überlegen, ob Sie diese Änderung durchführen möchten, da sie ein gewisses Sicherheitsrisiko darstellt. Wenn Sie den Punkt angeben möchten, gehört er auf jeden Fall ans Ende von `PATH`, weil Ihnen bei einem Angriff ansonsten leicht ein Programm untergejubelt werden könnte, das denselben Namen trägt wie ein Systemprogramm und deshalb stattdessen ausgeführt würde, falls Sie sich im entsprechenden Verzeichnis befinden.

Alle modernen Unix-Shells beherrschen die sehr bequeme Funktion der *Eingabevervollständigung*: Wenn Sie einen Befehl oder den Pfad einer Datei eintippen, können Sie zwischenzeitlich die [Tab]-Taste drücken. Ist der Befehl oder Pfad zu diesem Zeitpunkt bereits eindeutig – lässt er also nur noch eine Interpretation zu –, wird er komplett ausgeschrieben. Bei Zweideutigkeiten wird er nur zum Teil ergänzt, und es ertönt ein Warnton. Das folgende Beispiel zeigt, wie Sie aus Ihrem Home-Verzeichnis schnell in das darunterliegende Verzeichnis *dokumente* wechseln:

```
user@rechner: ~ $ cd do[Tab]
user@rechner: ~/dokumente $
```

Angenommen, in Ihrem Home-Verzeichnis befände sich ein weiteres Verzeichnis namens *dokumente2*. In diesem Fall wird durch [Tab] zwar das Wort »dokumente« ergänzt, aber die Shell weiß noch nicht, ob Sie wirklich das Verzeichnis *dokumente* meinen oder *dokumente2*. Deshalb wird der besagte Warnton ausgegeben. Wenn Sie zweimal [Tab] drücken, wird in den meisten modernen Shells eine Liste der möglichen Alternativen angezeigt.

Ähnlich komfortabel ist die *History* aller bereits eingegebenen Befehle. Mit den Pfeiltasten auf der Tastatur können Sie darin nach oben oder nach unten blättern; die früheren beziehungsweise späteren Befehle werden dadurch wieder angezeigt. Wenn der gewünschte Befehl erscheint, können Sie ihn ändern und anschließend mithilfe von [Enter] ausführen.

Neuere Versionen der *bash* speichern die History in einer Datei namens *.bash_history* in Ihrem Home-Verzeichnis, sodass sie beim nächsten Log-in wieder zur Verfügung steht.

In der *bash* stehen Ihnen außerdem viele praktische Tastenkürzel zur Verfügung. Es gibt zwei verschiedene Modi, die nach den im weiteren Verlauf des Kapitels vorgestellten Texteditoren *Emacs* und *vi* benannt sind. Im standardmäßig eingestellten *Emacs*-Modus können Sie unter anderem folgende Tastenkombinationen verwenden:

- [←] oder [Strg] + [B] bewegt den Cursor ein Zeichen nach links; [→] oder [Strg] + [F] navigiert ein Zeichen nach rechts.
- [Alt] + [B] wandert um ein Wort nach links und [Alt] + [F] um eines nach rechts; als Grenze gilt jeweils ein Leerzeichen.
- Mit [Strg] + [A] oder [Pos1] gelangen Sie zum Zeilenanfang, mit [Strg] + [E] oder [Ende] zum letzten Zeichen der Zeile.
- [Entf] oder [Strg] + [D] löscht das Zeichen unter dem Cursor, während [←] oder [Strg] + [H] das links davon befindliche Zeichen entfernt.
- Mit [Strg] + [W] entfernen Sie ein Wort.
- [Strg] + [K] löscht den Text von der Cursorposition bis zum Zeilenende.
- [Strg] + [U] entfernt den gesamten Inhalt der Zeile.
- [Strg] + [R] startet die inkrementelle Suche nach einem History-Eintrag (inkrementell bedeutet, dass die Eingabe eines Zeichens jeweils sofort zum ersten infrage kommenden Text springt). Sie können mit [↑] und [↓] durch die Suchergebnisse navigieren und mit [↵] das gewünschte auswählen.
- [Strg] + [Bild↑] beziehungsweise [Strg] + [Bild↓] ermöglichen das Blättern im Puffer des Terminal(-Fenster)s.
- [Strg] + [L] löscht den Bildschirm.

In modernen Terminal-Emulationen können Sie einen beliebigen Text durch Ziehen mit gedrückter linker Maustaste markieren. Ein Klick mit der mittleren Maustaste oder dem Scrollrad fügt diesen Text dann an der Textcursorposition wieder ein. Mäuse mit zwei Tasten lassen sich dabei so konfigurieren, dass ein Klick auf beide Tasten gleichzeitig die mittlere Taste emuliert. Bei den meisten modernen Systemen funktioniert das Verfahren auch distributionsweit; in GUI-Programmen wird aber zusätzlich auch die Variante über die Zwischenablage unterstützt – [Strg] + [C] zum Kopieren beziehungsweise [Strg] + [X] zum Ausschneiden und [Strg] + [V] zum Einfügen.

Unter macOS, das sich ansonsten in vielen Belangen wie Linux und andere Unix-Varianten verhält, wird übrigens auch im Terminal die normale Zwischenablage verwendet – es wird also mit [Cmd] + [C] kopiert oder mit [Cmd] + [X] ausgeschnitten und mit [Cmd] + [V] eingefügt.

Wie bereits erwähnt, sollten Sie nicht permanent als *root* arbeiten. Mitunter müssen Sie aber zwischendurch eine Konfigurationsaufgabe erledigen, die nur dem Superuser-Account gestattet ist. Es ist sicherlich keine sehr bequeme Lösung, sich mithilfe von `logout` abzumelden und als *root* wieder anzumelden. Angenehmer ist zu diesem Zweck der Befehl `su`, der für *substitute user* oder auch *superuser* steht: Wenn Sie gerade keine *root*-Privilegien haben und `su` eingeben, werden Sie nach dem *root*-Passwort gefragt. Sofern Sie es korrekt angeben, können Sie nun einzelne Befehle als *root* ausführen. Mit `exit` oder [Strg] + [D] erhalten Sie Ihre normale Shell zurück.

Als *root* können Sie mit `su` auch im Namen eines anderen User-Accounts agieren, ohne dessen Passwort zu kennen. Dazu müssen Sie lediglich `su` *`Benutzername`* eingeben.

Wenn Sie nur einen einzigen Befehl als *root* ausführen möchten, können Sie einfach `sudo` *`Kommando`* eingeben – auch hier werden Sie nach dem Passwort gefragt.

Wie bereits erwähnt, existiert in Ubuntu, macOS und einigen anderen Systemen kein echter *root*-Account mehr. Deshalb müssen Sie hier im Standard-User-Account (der bei der Systeminstallation angelegt wurde) stattdessen Ihr eigenes Passwort eingeben, um mit `su` oder `sudo` *root*-Rechte zu bekommen. Das einfache `su` wird hier konsequenterweise durch `sudo su` ersetzt, da Sie schon für `su` selbst *root*-Rechte benötigen.

Hilfefunktionen

Traditionell ist jedes Unix-System mit einem eingebauten Hilfesystem ausgestattet, den *Manpages* (kurz für *manual pages*, also Handbuchseiten). Bei Linux-Systemen kommt ein neueres, komfortableres System namens *GNU info* hinzu. Bei den GNU-Tools, also praktisch allen Systemprogrammen, sind die *info*-Seiten in der Regel aktueller und ausführlicher als die Manpages.

Eine Manpage liefert Informationen über einen bestimmten Befehl, ein Hilfsprogramm oder eine Konfigurationsdatei. Um sie anzuzeigen, wird das Programm `man` verwendet. Geben Sie beispielsweise Folgendes ein, falls Sie Hilfe zum Befehl `ls` benötigen, der Verzeichnisinhalte auflistet:

```
$ man ls
```

Zuerst formatiert `man` die Hilfeseite, was eine Weile dauern kann. Danach wird die Seite angezeigt, und Sie können mithilfe der folgenden Tasten, die vom Pager-Programm `less` bereitgestellt werden, darin blättern und navigieren:

- [E], [↵] oder [↓] – eine Zeile weiter
- [Y] oder [↑] – eine Zeile zurück
- [F], Leertaste oder [Bild↓] – eine Fensterseite weiter
- [B] oder [Bild↑] – eine Fensterseite zurück
- [Pos1] – zum Textanfang

- [Ende] – zum Textende
- / *Suchbegriff* [↵] – vorwärts nach dem angegebenen Begriff suchen
- ? *Suchbegriff* [↵] – rückwärts suchen
- [N] – nächstes Vorkommen des Suchbegriffs
- [⇧] + [N] – nächstes Vorkommen des Suchbegriffs in der jeweils anderen Richtung
- [H] – Hilfeseite zur Bedienung von `less`
- [Q] – Programm beenden

Jede Manpage gehört zu einer bestimmten Kategorie, die jeweils durch eine der folgenden Nummern oder Buchstaben gekennzeichnet wird:

- 0: Include-Dateien für eigene C-Programme
- 1: Shell-Programme
- 2: Systemaufrufe (Kerneldienste)
- 3: Bibliotheksfunktionen (C-Standardbibliothek etc.)
- 4: Beschreibung der Gerätedateien (*/dev/**) und anderer Spezialdateien
- 5: Konfigurationsdateiformate
- 6: Spiele
- 7: Makros (kombinierte Programme)
- 8: Administrationsbefehle (in der Regel *root* vorbehalten)
- 9: Kernelroutinen
- n: (*new*) neue Tools
- l: (*local*) lokale Tools
- p: (*public*) öffentliche Tools
- o: (*old*) veraltete Tools

Die Buchstabensektionen sind veraltet und werden üblicherweise nicht mehr verwendet. Einige optionale Programme benutzen auch eigene Kategorien. Sie müssen die Kategorie immer dann angeben, wenn es mehrere Einträge mit dem gewünschten Namen gibt.

In diesem Fall lautet die Syntax `man` *`Kategorie Eintrag`*. Beispiel:

```
$ man 1 passwd
```

Der Befehl `whatis` *`Eintrag`* oder `man -f` *`Eintrag`* zeigt sämtliche Manpages mit dem angegebenen Namen an; die Sektionen stehen in Klammern:

```
$ whatis passwd
passwd (lssl)         - compute password hashes
passwd (1)            - change user password
passwd (5)            - password file
```

Die Option `man -k String` oder das gleichbedeutende Kommando `apropos` verwendet den eingegebenen Text dagegen als Teil-String:

```
$ apropos passwd
htpasswd2 (1)  - Manage user files for basic authentication
ldappasswd (1) - change the password of an LDAP entry
passwd (1)     - change user password
gpasswd (1)    - change group password
[...]
```

Das Hilfesystem *GNU info* wird durch den Befehl `info` aktiviert. Wenn Sie kein Stichwort eingeben, wird der Directory Node angezeigt, in dem Sie eine Übersicht über die verschiedenen Themen erhalten. Die Tastenkürzel, mit denen Sie in *GNU info* navigieren können, entsprechen im Großen und Ganzen dem in Abschnitt 6.4.4 vorgestellten Editor *GNU Emacs*. Hier die wichtigsten im Überblick:

- [Strg] + [F] (*forward*) – ein Zeichen weiter
- [Strg] + [B] (*backward*) – ein Zeichen zurück
- [Strg] + [N] (*next*) – eine Zeile weiter
- [Strg] + [P] (*previous*) – eine Zeile zurück
- [Strg] + [A] – zum Zeilenanfang
- [Strg] + [E] – zum Zeilenende
- Leertaste – eine Bildschirmseite weiter
- [Entf] oder [←] – eine Bildschirmseite zurück
- [M] *Thema* [↵] (*menu*) – ruft die *info*-Seite zum angegebenen Thema auf. Falls es zu dem Wort unter dem Cursor eine Seite gibt, wird diese automatisch eingetragen.
- [N] (*next*) – eine Seite im aktuellen Oberthema weiterblättern
- [P] (*previous*) – eine Seite zurückblättern
- [U] (*up*) – eine Ebene nach oben; die oberste Ebene ist der Directory Node
- [L] (*last*) – zurück zur vorher angezeigten Seite
- [H] (*help*) – Hilfe zu *info* selbst; zurück mit [L]
- [?] – tabellarische Kurzübersicht über *info*; zurück mit [L]
- [Q] – *info* beenden

Pipes und Ein-/Ausgabeumleitung

Eine der praktischsten Eigenschaften der Unix-Shells besteht in der Umleitung von Ein- und Ausgabe sowie deren Verkettung. Mit der Ausgabe eines Befehls können Sie mehr tun, als sie einfach auf dem Bildschirm darzustellen, und die Eingabe muss nicht unbedingt von der Tastatur stammen: Sie können die Eingabe für einen Befehl aus einer Datei holen, die Ausgabe in eine Datei schreiben und schließlich die Ausgabe des einen Befehls als Eingabe für den nächsten verwenden. Auf diese Weise können Sie die einfachen Bausteine der Systembefehle zur Erledigung komplexer Aufgaben einsetzen.

Die Standard-I/O-Kanäle

Die Standardbibliothek der Programmiersprache C kennt drei Standardkanäle (*Streams*) zur Ein- und Ausgabe (*Input/Output* oder kurz *I/O*):

- `stdin` ist die *Standardeingabe*. Sie ist normalerweise mit der Tastatur verknüpft.
- `stdout`, die *Standardausgabe*, wird per Voreinstellung auf die Konsole geleitet.
- `stderr` schließlich ist die *Standardfehlerausgabe*. Auch sie landet für gewöhnlich auf der Konsole. Vorteil: Wenn Sie `stdout` in eine Datei umleiten, werden Fehlermeldungen noch immer angezeigt.

Da Unix und andere Betriebssysteme in C geschrieben sind, besitzen auch sie diese Eigenschaften: Die Ein- und Ausgabeumleitung basiert auf einer Verknüpfung von `stdin`, `stdout` beziehungsweise `stderr` mit anderen Dateien oder Geräten.

Der Befehl `ls` dient beispielsweise dazu, den Inhalt des aktuellen Verzeichnisses auszugeben. Möchten Sie diesen Inhalt lieber in eine andere Datei schreiben, können Sie folgendermaßen vorgehen:

```
$ ls >inhalt.txt
```

In diesem einfachen Beispiel wird der Inhalt des aktuellen Verzeichnisses nicht auf den Bildschirm geschrieben, sondern in die Datei *inhalt.txt*. Diese Datei wird automatisch neu angelegt, falls sie noch nicht existiert, ansonsten wird sie überschrieben. Wenn Sie die Ausgabe eines Befehls lieber an eine bestehende Datei anhängen möchten, können Sie anstelle des einen >-Zeichens zwei verwenden (sollte die Datei noch nicht existieren, wird sie dadurch dennoch angelegt):

```
$ ls >>inhalt.txt
```

Auf ähnliche Weise können Sie die Eingabe für einen Befehl aus einer Datei lesen. Zum Beispiel gibt der Befehl `grep` alle Zeilen eines eingegebenen Textes zurück, in denen ein Suchmuster vorkommt. Falls Sie alle Zeilen der Datei *inhalt.txt* suchen möchten, die mindestens ein `a` enthalten, funktioniert das folgendermaßen:

```
$ grep a <inhalt.txt
```

Für den Befehl `grep` ist diese Schreibweise eigentlich überflüssig, da auch `grep` *`Muster Dateiname`* unterstützt wird – im vorliegenden Beispiel also:

```
$ grep a inhalt.txt
```

Eine interessante Variante der Eingabeumleitung ist das *Hier-Dokument* (englisch: *here document*). Diese Art der Eingabe stammt nicht aus einer Datei, sondern nimmt alle eingegebenen Zeilen bis zu einer speziellen Markierung (»bis hierhin«, daher der Name) entgegen. Das folgende Beispiel sucht mithilfe von `grep` nach allen Zeilen in der Eingabe, die mindestens ein `a` enthalten:

```
$ grep a <<ENDE
> Hallo
> liebe
> Welt
> ENDE
```

Die Ausgabe dieser eingegebenen Sequenz lautet folgendermaßen:

```
Hallo
```

Die Markierung `ENDE` bildet das Ende der Eingabe. Die `grep`-Suchmuster werden im nächsten Abschnitt behandelt.

Eine weitere Variante der Ein- und Ausgabeumleitung ist die sogenannte *Pipe* (Röhre). Es geht darum, die Ausgabe eines Befehls als Eingabe für den nächsten zu verwenden. Eine der gängigsten Kombinationen ist die Weiterleitung der umfangreichen Ausgabe bestimmter Befehle an einen Pager – ein Programm, das Inhalte seitenweise ausgibt. Der ursprüngliche Unix-Pager wird `more` genannt, die erheblich mächtigere Open-Source-Alternative heißt `less` (in Anspielung auf *less is more*, »weniger ist mehr«).

Angenommen, der Inhalt des aktuellen Verzeichnisses wäre länger als die Anzahl der Zeilen Ihres Terminals. In diesem Fall könnten Sie diesen Inhalt an `less` weiterleiten:

```
$ ls |less
```

Das Pipe-Zeichen | wird auf einer deutschen PC-Tastatur mit der Tastenkombination [Alt Gr] + [<] erzeugt; auf dem Mac ist es die Tastenkombination [Alt] + [7].

Das Programm `less` kann auch den Inhalt einer Datei anzeigen und ist auf diese Weise ein komfortabler Ersatz für `cat`, das der Anzeige einer oder mehrerer Dateien im Terminal dient. Im Grunde ist `ls |less` also eine Kurzfassung für die beiden folgenden Einzelbefehle:

```
$ ls >temp.txt
$ less temp.txt
```

Auf ähnliche Weise lässt sich jede Pipe durch zwei Einzelbefehle ersetzen, wobei der zweite Befehl oft nicht direkt mit einem Dateinamen als Argument aufgerufen wird, sondern mit einer Eingabeumleitung.

Eine Pipe hat allerdings zwei bedeutende Vorteile gegenüber der Verwendung einzelner Befehle: Erstens muss keine Zwischendatei erzeugt werden, und zweitens beginnt der zweite

Befehl einer Pipe bereits zu arbeiten, wenn er die erste Zeile aus der Ausgabe des ersten Befehls erhält.

Eine weitere verbreitete Anwendung für Pipes besteht in der unmittelbaren Filterung einer Ausgabe mithilfe von grep. Das folgende Beispiel gibt nur diejenigen Dateien im aktuellen Verzeichnis aus, die die Zeichenfolge txt enthalten:

```
$ ls |grep txt
```

Hier noch ein Beispiel: Die Ausgabe von ls wird an das Kommando wc (Wortzähler) weitergereicht; die Option -l sorgt dafür, dass nur Zeilen gezählt werden. Das Ergebnis ist somit die Anzahl der Einträge im aktuellen Verzeichnis:

```
$ ls |wc -l
```

Sie können mehrere Kommandos auch durch ein Semikolon getrennt hintereinanderschreiben. Dadurch werden sie einfach nacheinander ausgeführt. Das folgende Beispiel kommt sehr häufig vor. Die meisten Programme, die Sie selbst aus dem Sourcecode kompilieren können, verwenden diese Sequenz dafür:

```
# ./configure [Optionen]; make; make install
```

Ein Nachteil des Semikolons besteht darin, dass auch dann versucht wird, den nächsten Befehl auszuführen, wenn der vorherige fehlschlägt. Abhilfe schafft hier die Verknüpfung mithilfe von && (logisches Und) – der zweite Befehl wird dann nur bei Erfolg des ersten ausgeführt. Schreiben Sie die Sequenz also am besten wie folgt, um ein Programm unbeaufsichtigt zu kompilieren:

```
# ./configure [Optionen] && make && make install
```

Das Gegenteil besorgt die Verknüpfung durch || (logisches Oder) – hier wird der zweite Befehl nur dann ausgeführt, wenn der erste fehlschlägt. Das folgende Beispiel versucht, mit ls eine Datei zu listen, die nicht existiert, und gibt ansonsten neben der offiziellen auch noch eine eigene Fehlermeldung aus:

```
$ ls does_not_exist || echo "Gibt's nicht."
ls: does_not_exist: No such file or directory
Gibt's nicht.
```

Eine letzte Möglichkeit besteht darin, ein Kommando in *Backticks* (``) einzuschließen, um seine Ausgabe in einem anderen Zusammenhang zu verwenden. Hier ein Beispiel, das die Ausgabe von whoami (Name des aktuell angemeldeten Accounts) in einen ganzen Satz integriert:

```
$ echo "Zurzeit ist `whoami` angemeldet."
Zurzeit ist sascha angemeldet.
```

6.4.2 Die wichtigsten Systembefehle

In Linux und andere Unix-Varianten wurden Unmengen von Systemprogrammen eingebaut. Es ist vollkommen aussichtslos, an dieser Stelle auch nur die Hälfte davon zu behandeln. In diesem Abschnitt lernen Sie stattdessen die wichtigsten Kommandos mit ihren gängigsten Optionen kennen.

Bevor es losgeht, sollten Sie sich einige wichtige Fakten über die meisten Unix-Systemprogramme merken:

- Im Erfolgsfall erhalten Sie keinerlei Rückmeldung, sondern nur den nächsten Prompt.
- Dateien werden standardmäßig gelöscht oder überschrieben, ohne dass zuvor nachgefragt wird.
- Die meisten Kommandos können mit einer Vielzahl von Optionen aufgerufen werden, die in der Regel aus einem Minuszeichen und einem Buchstaben (mit Unterscheidung von Groß- und Kleinschreibung) bestehen. Die GNU-Versionen der Tools kennen auch Optionen im Langformat – zwei Minuszeichen, gefolgt von einem ganzen Wort (oder mehreren durch weitere Minuszeichen getrennten Wörtern).

Arbeiten mit Dateien und Verzeichnissen

Einige der grundlegenden Befehle in einem Betriebssystem dienen der Manipulation von Dateien und Verzeichnissen.

Alle Unix-Shells bieten die Möglichkeit, Datei- und Verzeichnisnamen in vielen Befehlen durch Muster anzugeben, die auf mehrere Dateien passen. In diesen Mustern gibt es die folgenden wichtigen Sonderzeichen (die in Dateinamen verboten oder zumindest problematisch sind):

- Das * ersetzt beliebig viele Zeichen. `h*o` steht beispielsweise für »hallo«, »hello« oder »ho«.
- Das ? steht für genau ein Zeichen. Zum Beispiel bezeichnet `te?t` sowohl »test« als auch »text«.
- Mehrere Zeichen in eckigen Klammern wie `[abc]` bedeuten, dass genau eines dieser Zeichen gemeint ist. Durch einen Bindestrich können Bereiche wie `a-z` gebildet werden; mehrere Listen werden einfach hintereinandergeschrieben. Beispielsweise bedeutet die Liste `[a-zA-Z0-9]`, dass alle Kleinbuchstaben, alle Großbuchstaben und alle Ziffern zulässig sind.
- Ein Ausrufezeichen vor der Liste in den eckigen Klammern bedeutet, dass jedes Zeichen außer den nachfolgenden Zeichen in dieser Liste zulässig ist. `[!Bb]` bedeutet etwa, dass auf keinen Fall ein `B` erlaubt ist – weder ein groß- noch ein kleingeschriebenes.
- Eine durch Kommata getrennte Liste von Zeichenketten in geschweiften Klammern bedeutet, dass eine dieser Zeichenketten erwartet wird. Zum Beispiel bedeutet `{info,hinweis,hilfe}.txt`, dass eine der drei Dateien *info.txt*, *hilfe.txt* oder *hinweis.txt* gesucht wird.

- Durch ein Pipe-Zeichen (|) können Sie schließlich mehrere Muster angeben, die durch *oder* verknüpft werden. Trifft eines dieser Muster auf eine Datei zu, passt sie zum Gesamtmuster. Der Ausdruck `b*|info*` bedeutet beispielsweise: alle Dateien, die mit »b« oder mit »info« beginnen.

Beachten Sie bitte, dass die *Dateierweiterung* (die Abkürzung hinter dem letzten Punkt wie etwa *txt*) unter Unix ein normaler Bestandteil des Dateinamens ist. Falls Sie hauptsächlich mit den Dateimustern unter Windows vertraut sind, erscheint dies im ersten Moment vielleicht fremdartig. In einem Unix-Befehl steht * für alle Dateien. Unter Windows ist ein * dagegen nur der Platzhalter für Dateien ohne Erweiterung, während `*.*` dort für alle Dateien steht (außer in der Windows PowerShell). Diese einfachen Suchmuster für Dateien werden übrigens *nicht* mit dem bereits erwähnten Befehl `grep` verwendet. Die dort zulässigen Muster bieten noch erheblich mehr Möglichkeiten.

Die folgende Übersicht zeigt die gängigsten Linux-Datei- und Verzeichnisbefehle mit ihren wichtigsten Optionen:

- `cp` (steht für *copy*) kopiert eine oder mehrere Dateien an den angegebenen Ort. Die Syntax ist grundsätzlich folgende:

  ```
  cp Quelle Ziel
  ```

  Die Quelle kann eine einzelne Datei oder ein Muster sein; Sie können alternativ auch einen Pfad angeben. Das Ziel ist entweder ein einzelner Dateiname (falls Sie nur eine Datei kopieren) oder ein Verzeichnis, falls im Zielordner bereits ein Verzeichnis mit diesem Namen existiert oder falls Sie als Quelle keine einzelne Datei, sondern ein Muster angegeben haben. Das folgende Beispiel kopiert die Datei *hallo.txt* in eine neue Datei namens *hi.txt*:

  ```
  $ cp hallo.txt hi.txt
  ```

  Das nächste Beispiel kopiert alle Dateien aus dem Verzeichnis *briefe* in das Verzeichnis *dokumente*, das im selben Verzeichnis liegt wie *briefe*:

  ```
  $ cp briefe/* dokumente
  ```

  Die Option `-R` (rekursiv) kopiert das angegebene Verzeichnis mit allen Unterverzeichnissen und darin enthaltenen Dateien.

- `mv` (*move*) dient dazu, Dateien umzubenennen oder in ein anderes Verzeichnis zu verschieben. Die Syntax lautet folgendermaßen:

  ```
  mv Quelle Ziel
  ```

  Die Quelle ist wieder eine einzelne Datei oder ein Muster, das Ziel ist ein völlig neuer Name oder der Name eines bestehenden Verzeichnisses.

  Die folgende Anweisung benennt die Datei *vorher.txt* in *nachher.txt* um:

  ```
  $ mv vorher.txt nachher.txt
  ```

Wenn Sie als Quelle ein Muster anstelle einer einzelnen Datei angeben, muss das Ziel ein bestehendes Verzeichnis sein. Sie können mehrere Dateien auf einmal nicht umbenennen, sondern nur verschieben.

- `rm` (*remove*) löscht die angegebene Datei, und zwar endgültig. Eine Einrichtung wie der Windows- oder Mac-Papierkorb ist nicht vorgesehen – lediglich einzelne Desktop-Manager wie KDE oder GNOME sind damit ausgestattet.

  Das folgende Beispiel löscht alle Dateien aus dem aktuellen Verzeichnis, deren Name nicht mit `a` beginnt:

  ```
  $ rm [!a]*
  ```

  `rm` löscht Dateien nur im aktuellen Verzeichnis, aber nicht in dessen Unterverzeichnissen. Wenn Sie auch die Inhalte der Unterverzeichnisse löschen möchten, müssen Sie die Option `-r` (*recurse*) einsetzen. Noch effizienter (und gefährlicher!) ist die zusätzliche Option `-f` (*force*), die das Löschen schreibgeschützter Dateien erzwingt. Der folgende Befehl löscht alle Dateien im aktuellen Verzeichnis und alle Unterverzeichnisse und sollte nur mit äußerster Vorsicht eingesetzt werden:

  ```
  $ rm -rf *
  ```

  Wie hier können Sie übrigens auch bei den meisten anderen Befehlen mehrere Optionen hinter einem einzelnen Minuszeichen platzieren.

  Beachten Sie, dass es sich beim Löschen, Umbenennen oder Verschieben um *Schreibzugriffe* handelt, die Sie nur ausführen dürfen, wenn Sie Schreibrechte für die jeweiligen Verzeichnisse und Dateien besitzen.

- `ln` (*link*) erzeugt sowohl harte Links (Inode-Verzeichniseinträge) als auch Symlinks. Die Syntax lautet `ln [`*`Optionen`*`]` *`Quellpfad Zielpfad`*. Die wichtigste Option ist `-s` für einen Symlink. Wenn Sie einen harten Link erzeugen, müssen Quellpfad und Zielpfad Dateinamen im selben Verzeichnis sein, während Symlinks auf Verzeichniseinträge im gesamten Dateisystem verweisen können.

- `ls` (*list*) zeigt den Inhalt des aktuellen oder des angegebenen Verzeichnisses an, also alle enthaltenen Dateien und Unterverzeichnisse. Wenn Sie ein Muster angeben, wird es als Filter verwendet. Existieren Dateien, deren Namen zu diesem Muster passen, werden nur diese angezeigt. Andernfalls werden zusätzlich zum aktuellen Verzeichnis auch die Inhalte der Unterverzeichnisse angezeigt, auf deren Namen das Muster passt.

  Die folgende Anweisung zeigt beispielsweise alle Dateien an, die mit `b` beginnen. Falls es keine gibt, werden alternativ die Inhalte aller Verzeichnisse angezeigt, die mit `b` anfangen:

  ```
  $ ls b*
  ```

  Eine wichtige Option dieses Befehls ist `-l` (*long*), die anstelle der einfachen Namen ausführliche Informationen über jeden Verzeichniseintrag ausgibt. Auch `-a` (*all*) wird relativ häufig verwendet, weil es versteckte Dateien und Verzeichnisse einblendet, das heißt diejenigen, deren Namen mit einem Punkt beginnen. Interessant ist schließlich noch die Option `-h` (*human-readable*), die die Dateigrößen nicht in Bytes anzeigt, sondern je nach Größenordnung in KiB oder MiB mit Einheiten wie `K` beziehungsweise `M`.

- `pwd` (*print working directory*) gibt den vollständigen Pfad des aktuellen Arbeitsverzeichnisses an. Dies ist beispielsweise nützlich, um den tatsächlichen Pfad des eigenen Home-Verzeichnisses zu ermitteln, der im Prompt durch ~ abgekürzt wird.
- `cd` (*change directory*) wechselt in das angegebene Arbeitsverzeichnis. Sie können den gewünschten Pfad entweder relativ zum aktuellen Arbeitsverzeichnis oder absolut durch einen vorangestellten Slash (/) angeben. Die folgende Anweisung wechselt beispielsweise aus */home/user/dokumente* in das Verzeichnis */home/user/briefe*:

  ```
  user@rechner: ~/dokumente $ cd ../briefe
  user@rechner: ~/briefe $
  ```

  Das nächste Beispiel wechselt dagegen mithilfe einer absoluten Angabe von */home/user/dokumente* nach */etc*:

  ```
  user@rechner: ~/dokumente $ cd /etc
  user@rechner: /etc $
  ```

- `mkdir` (*make directory*) legt ein neues Verzeichnis mit dem angegebenen Pfad an. So richtet etwa die folgende Anweisung unterhalb des aktuellen Verzeichnisses das neue Verzeichnis *test* ein:

  ```
  $ mkdir test
  ```

  Beachten Sie, dass bei der Angabe eines mehrgliedrigen Pfads alle Verzeichnisse außer dem hintersten bereits existieren müssen. Die Option `-p` (*parents*) erzeugt dagegen auch verschachtelte Pfade. Das folgende Beispiel legt im aktuellen Verzeichnis die ineinander verschachtelten Verzeichnisse *neu*, *texte*, *briefe* an:

  ```
  $ mkdir -p neu/texte/briefe
  ```

- `rmdir` (*remove directory*) löscht Verzeichnisse, allerdings nur leere. Zum Löschen verschachtelter Verzeichnisbäume wird `rm` mit der Option `-r` verwendet.
- `chmod` (*change mode*) ändert die Zugriffsrechte für Dateien und Verzeichnisse. Das Konzept der Dateizugriffsrechte wurde in diesem Kapitel bereits angesprochen. Es gibt grundsätzlich zwei Möglichkeiten, Rechte für die gewünschten Dateien oder Verzeichnisse anzugeben: symbolisch oder numerisch.

  Die symbolische Schreibweise verwendet zunächst einen Buchstaben für die Benutzerart, für die ein Recht geändert werden soll: `u` für den Owner-Account (*user*), `g` für die Gruppe (*group*), `o` für andere Accounts (*others*) und `a` für alle genannten auf einmal. Darauf folgt ein `+`, um ein bestimmtes Recht einzuräumen, ein `-`, um es zu entfernen, oder ein `=`, um die angegebenen Rechte zu setzen und die anderen zu entfernen. Zum Schluss werden die eigentlichen Rechte selbst angegeben: `r` für Lesen (*read*), `w` für Schreiben (*write*) und `x` für Ausführen (*execute*).

Die folgende Anweisung erlaubt beispielsweise allen das Lesen der Datei *inhalt.txt*:

```
$ chmod a+r inhalt.txt
```

Numerische Angaben setzen dagegen den gesamten Rechteblock für die Datei auf einmal: Die Stellen einer dreistelligen Oktalzahl (gekennzeichnet durch eine vorangestellte Null) geben von links nach rechts die Zugriffsrechte für den Owner-Account, die Gruppe und alle anderen an. Der Wert jeder Stelle ist dabei die Summe der Rechte, die gewährt werden: 4 für Lesen, 2 für Schreiben und 1 für Ausführen.

Das folgende Beispiel erlaubt dem Owner-Account das Lesen, Schreiben und Ausführen, allen anderen nur das Lesen und Ausführen des Verzeichnisses *test*:

```
$ chmod 0755 test
```

Die Option `-R` (großgeschrieben!) führt die gewünschte Änderung nicht nur im aktuellen Verzeichnis durch, sondern auch in allen Unterverzeichnissen.

- `chown` (*change owner*) weist der angegebenen Datei einen neuen Owner-Account zu. Die Syntax des Befehls ist folgende:

  `chown` *`User Datei(-muster)`*

  `User` muss ein existierender User-Account sein; außerdem können Sie diese Änderung nur durchführen, wenn Sie selbst Schreibrechte an dieser Datei haben. Das folgende Beispiel teilt die Datei *info* dem Account `user` zu:

  ```
  $ chown user info
  ```

  Wenn Sie gleichzeitig die Gruppe ändern möchten, können Sie den Gruppennamen durch einen Doppelpunkt getrennt hinter den Usernamen schreiben:

  ```
  $ chown user:users info
  ```

- `chgrp` (*change group*) ändert die Gruppe, zu der eine Datei gehört, und funktioniert genau wie `chown`.

Textanzeige und Textmanipulation

Viele der Arbeiten, die Sie im Betriebssystem durchführen, haben in irgendeiner Weise mit der Manipulation von Textdateien zu tun. In diesem Abschnitt werden einige der wichtigsten Befehle vorgestellt, die Ihnen die Arbeit mit solchen Dateien ermöglichen.

- Der bereits erwähnte Befehl `echo` gibt sämtlichen folgenden Text auf der Konsole aus. Sie können den gesamten Text oder einen Teil davon in Anführungszeichen setzen, müssen es aber nicht. Wenn Sie doppelte (" ") oder gar keine Anführungszeichen verwenden, werden Variablen mit führendem Dollarzeichen durch ihren aktuellen Wert substituiert oder Befehle in Backticks ausgeführt. Beispiele:

```
$ echo Hallo, $USER!
Hallo, sascha!
$ echo Dateien im aktuellen Verzeichnis: `ls -m`
Dateien im aktuellen Verzeichnis: test.txt, hallo.sh, ...
```

Die ls-Option -m gibt übrigens nur die Dateinamen durch Kommata getrennt hintereinander aus.

Einfache Anführungszeichen verhindern dagegen die Substitution:


```
$ echo '`Backticks` liefern die Befehlsausgabe'
`Backticks` liefern die Befehlsausgabe
$ echo '$USER' ist zurzeit $USER
$USER ist zurzeit sascha
```

Die Option -n verhindert den Zeilenumbruch nach der Ausgabe:

```
$ echo -n "Hier kommt der Prompt: "
Hier kommt der Prompt: ...$
```

- cat (*concatenate* oder auch *catalog*) ist der wichtigste aller Textdateibefehle: Er zeigt einfach den Inhalt der Datei an. Wenn Sie durch Leerzeichen getrennt eine Liste von Dateien angeben (oder ein Muster), werden die Inhalte aller genannten Dateien hintereinander angezeigt. Dies ist übrigens eine einfache Möglichkeit, mehrere Textdateien in einer einzigen zusammenzufassen. Die folgende Anweisung schreibt die Dateien *teil1* und *teil2* in eine neue Datei namens *kapitel*:

```
$ cat teil1 teil2 >kapitel
```

Sie können cat mithilfe der Ausgabeumleitung und mit einem Hier-Dokument sogar als einfachen Editor für eine neue Textdatei verwenden. Allerdings können Sie die einzelnen Zeilen nach dem Abschluss durch [↵] nicht mehr ändern. Die folgende Anweisung startet die Eingabe der Datei *neu.txt*, der Befehl ENDE schließt sie ab:

```
$ cat > neu.txt << ENDE
> Neuer Text
> Noch mehr Text
> ENDE
```

- Der Befehl head *Textdatei* zeigt nur den Beginn einer Datei an, standardmäßig die ersten zehn Zeilen. Mit der Option -*Anzahl* können Sie die Zeilenzahl auch wählen. Das folgende Beispiel gibt die ersten sieben Zeilen der Datei *test.txt* aus:

```
$ head -7 test.txt
```

- Das Kommando tail zeigt umgekehrt das Ende einer Datei an. Dies ist ideal, um in einer Log-Datei nach einem kürzlich aufgetretenen Fehler zu suchen. Hier ein Beispiel, das die letzten 20 Zeilen der Haupt-Log-Datei */var/log/messages* ausgibt:

```
$ tail -20 /var/log/messages
```

Die Option `-f` zeigt die letzten zehn Zeilen an und hält danach die Ausgabe offen, um jede neu hinzukommende Zeile automatisch auszugeben. Dies ermöglicht die Live-Überwachung von Log-Dateien, zum Beispiel bei der Fehlersuche. Besonders die Möglichkeit, die Ausgabe mit `grep` zu filtern, macht dieses Verfahren sehr leistungsfähig.

- `less` ist die erweiterte GNU-Version des Unix-Pagers `more`. Das Programm gibt seine Eingabedaten bildschirmseitenweise aus. Das folgende Beispiel gibt die Datei *roman* auf diese Weise aus:

```
$ less roman
```

Wenn das untere Ende des Bildschirms beziehungsweise des Terminalfensters erreicht ist, erscheint ein entsprechender Hinweis. Die möglichen Navigationstasten wurden bereits für den Befehl `man` beschrieben, der die Manpages mithilfe von `less` anzeigt.

Anstatt eine oder mehrere Dateien als Parameter anzugeben, wird `less` auch häufig über eine Pipe zur seitenweisen Ausgabe der Ergebnisse anderer Befehle eingesetzt. Das folgende Beispiel gibt den Inhalt der ausführlichen Verzeichnisanzeige `ls -l` seitenweise aus:

```
$ ls -l |less
```

- `grep` (*General Regular Expression Print*) sucht in Dateien oder in seiner Eingabe nach Mustern und gibt nur diejenigen Zeilen aus, die das entsprechende Muster enthalten. Bei den verwendeten Mustern handelt es sich um sogenannte *reguläre Ausdrücke* (*Regular Expressions, RegExp*). Diese mächtige Syntax für die Formulierung von Suchmustern wird in zahlreichen Programmiersprachen, Editoren und Tools verwendet. In Kapitel 9, »Weitere Konzepte der Programmierung«, werden die RegExp-Optionen der Programmiersprachen Python und Java ausführlich vorgestellt.

Wenn Sie beispielsweise in der Datei *test* nach Zeilen suchen möchten, die das Wort »hallo« enthalten, funktioniert dies folgendermaßen:

```
$ grep hallo test
```

Die Option `-r` erlaubt die rekursive Suche im aktuellen Verzeichnis und allen Unterverzeichnissen. Dabei wird jeweils der Pfad der Datei angezeigt, in der das gesuchte Muster gefunden wird. Das folgende Beispiel sucht in allen Dateien des aktuellen Verzeichnisbaums nach dem Wort »Linux«:

```
$ grep -r Linux *
```

Mit der Option `-i` sorgen Sie dafür, dass bei der Suche nicht zwischen Groß- und Kleinschreibung unterschieden wird; der vorangegangene Befehl lautet in diesem Fall so:

```
$ grep -ri linux *
```

Alternativ wird `grep` häufig über eine Pipe als Filter eingesetzt. Möchten Sie zum Beispiel alle Dateien im aktuellen Verzeichnis angezeigt bekommen, deren Name mit `a` beginnt, können Sie Folgendes eingeben:

```
$ ls |grep ^a
```

Beachten Sie, dass es bei den Mustern größere Unterschiede zu den Dateimustern der meisten Befehle gibt; RegExp-Muster sind erheblich vielseitiger als Letztere. Tabelle 6.4 zeigt eine Übersicht der wichtigsten.

Muster (Beispiel)	Erläuterung
abc	der Text »abc«
[abc]	eines der Zeichen a, b oder c
[a-z]	eines der Zeichen von a bis z
[a-mz0-9]	eines der Zeichen von a bis m oder z oder eine der Ziffern von 0 bis 9
[^abc]	keines der angegebenen Zeichen
.	ein beliebiges Zeichen
?	das davorstehende Muster oder nichts
*	das davorstehende Muster beliebig oft
+	das davorstehende Muster einmal oder öfter
{2}	das davorstehende Muster genau zweimal
{2,5}	das davorstehende Muster mindestens zweimal, höchstens fünfmal
^[Aa]	am Zeilenbeginn (^) steht ein großes A oder ein kleines a
[0-9]$	am Zeilenende ($) steht eine Ziffer

Tabelle 6.4 Die wichtigsten RegExp-Muster für »grep«

Wenn Sie irgendeins der Sonderzeichen aus der Tabelle als Literal benötigen, also als tatsächliches Zeichen in einem Text, müssen Sie ihm einen Backslash (\) voranstellen. \+ steht beispielsweise für ein Pluszeichen. Derartige Konstrukte werden in der Shell und in vielen Programmiersprachen als *Escape-Sequenzen* bezeichnet.

Angenommen, Sie suchten in einem Text nach deutschen Postleitzahlen. Das passende Muster lautet `[0-9]{5}`, weil genau fünf Ziffern (Zahlen zwischen 0 und 9) benötigt werden. Wenn Sie sicher sind, dass die Postleitzahl jeweils am Anfang der Zeile steht, können Sie präziser `^[0-9]{5}` schreiben.

Wichtig ist, dass * und ? nicht dasselbe bedeuten wie bei den Dateimustern: Sie beziehen sich stets auf das links danebenstehende Zeichen oder Teilmuster und geben an, wie oft es vorkommen darf.

Das folgende Beispiel zeigt, wie Sie in der Datei *adressen.txt* nach Personen suchen können, die »Meier« heißen, und zwar in allen erdenklichen Schreibweisen:

```
grep M[ae][iy]e?r adressen.txt
```

Der reguläre Ausdruck bedeutet: Zuerst kommt ein M, dann ein a oder e, anschließend ein i oder y, dann ein e oder auch nicht und zum Schluss ein r. Dieses Suchmuster findet die Varianten »Maier«, »Mayer«, »Mayr«, »Meier« und »Meyer« sowie drei weitere, die aber wohl nicht häufig in einer Adressliste auftauchen (»Mair«, »Meir« und »Meyr«).

- `diff` vergleicht die Inhalte zweier Textinhalte miteinander. Als Argumente werden die Namen der beiden Dateien genannt; die Ausgabe besteht aus denjenigen Zeilen, die in den beiden Dateien unterschiedlich sind. Dies ermöglicht die Analyse der Unterschiede zwischen verschiedenen Versionen eines Dokuments. Außerdem können Sie eine `diff`-Datei als Update für eine Datei auf eine neuere Version (einen sogenannten *Patch*) verbreiten. Mit dem Kommando `patch` kann sie dann auf die alte Datei angewendet werden.
- `wc` (*word count*) zählt die Zeichen, Wörter und Zeilen in einer Textdatei. Standardmäßig werden alle drei Werte angezeigt; alternativ kann die Ausgabe mithilfe der Optionen `-c` (*characters*), `-w` (*words*) oder `-l` (*lines*) auf einen von ihnen beschränkt werden. Sie können den Befehl auch über eine Pipe auf eine beliebige Ausgabe anwenden.

6.4.3 Automatisierung

Unix-Systeme enthalten zahlreiche Möglichkeiten, Routineaufgaben zu automatisieren. In diesem Abschnitt lernen Sie zunächst Shell-Skripte kennen, in denen Sie programmgesteuerte Kommandoabfolgen zusammenfassen können. Anschließend geht es um Hilfsmittel wie Aliasse, Cronjobs und Log-Dateien.

Shell-Skripte

Eine besondere Eigenschaft von Unix-Shells sind die eingebauten Befehle, mit deren Hilfe sich bestimmte Aufgaben automatisieren lassen. Im Grunde ist dieser Abschnitt ein Vorgriff auf das Thema des nächsten Kapitels, die Programmierung. Dennoch sollen hier einige Worte zum Shell-Scripting gesagt werden. Falls Sie noch nie programmiert haben, sollten Sie sich allerdings zuerst besagtes Kapitel 7, »Grundlagen der Programmierung«, vornehmen. Konzepte, die an dieser Stelle nur ganz kurz und knapp angesprochen werden können, werden dort ausführlich erläutert.

Ein Shell-Skript ist im Grunde eine einfache Textdatei, die eine Abfolge von Shell- und Systembefehlen enthält. Diese Befehle werden beim Aufruf dieses Skripts nacheinander abgearbeitet. Für gewöhnlich erhalten Shell-Skripte die Dateiendung *.sh*. Der Name spielt aber eigentlich keine Rolle; wichtig ist, dass Sie das Skript mithilfe von `chmod` ausführbar machen.

Wie jedes Konsolenprogramm kann ein Shell-Skript Kommandozeilenparameter entgegennehmen. Hinter dem Namen des Skripts kann also beim Aufruf eine durch Leerzeichen getrennte Liste von Zeichenfolgen stehen, die das Skript verarbeiten kann.

Die erste Zeile eines Shell-Skripts enthält die sogenannte *Shebang*-Angabe – ein Kurzwort für die Zeichen # (*sharp*) und ! (*bang*), mit denen sie beginnt. An dieser Stelle steht, welche Shell dieses Skript ausführen soll, da sich verschiedene Shells in ihrer Skriptsyntax voneinander unterscheiden. Hier sehen Sie ein Beispiel für eine Shebang-Zeile; das zugehörige Skript wurde für die *bash* geschrieben:

```
#!/bin/bash
```


Nach dieser Zeile können Sie einen Befehl nach dem anderen untereinanderschreiben. Alle bisher besprochenen Systembefehle sind zulässig, darüber hinaus werden einige spezielle programmiertechnische Erweiterungen verwendet.

Die wichtigsten zusätzlichen Befehle und Elemente für Shell-Skripte sind folgende (hier konkret für die *bash*, bei anderen Shells kann die Syntax leicht abweichen):

- *Fallentscheidungen*. Anweisungen, die zwischen `if` *Bedingung* `then` und `fi` stehen, werden nur ausgeführt, wenn die Bedingung zutrifft. In der Regel besteht die Bedingung aus dem Vergleich zwischen einer Variablen oder einem Dateinamen und einem bestimmten Wert. Ein solcher Ausdruck steht bei Text- und Dateivergleichen in eckigen Klammern. Dabei stehen unter anderem folgende Vergleichsmöglichkeiten zur Verfügung:
  - `[ -e` *Pfad* `]` – Verzeichniseintrag existiert.
  - `[ -f` *Pfad* `]` – Verzeichniseintrag ist eine Datei.
  - `[ -d` *Pfad* `]` – Verzeichniseintrag ist ein Verzeichnis.
  - `[ -s` *Pfad* `]` – Verzeichniseintrag ist ein Symlink.
  - `[` *str1* `=` *str2* `]` – Strings sind identisch.
  - `[` *str1* `!=` *str2* `]` – Strings sind verschieden.
  - `[ -z` *str* `]` – String ist leer (*zero*).
  - `[ -n` *str* `]` – String hat Inhalt (*nonzero*).
  - `[` *expr1* `-a` *expr2* `]` – Beide Ausdrücke sind wahr (*and*).
  - `[` *expr1* `-o` *expr2* `]` – Mindestens ein Ausdruck ist wahr (*or*).

  Für numerische Vergleiche werden doppelte runde Klammern verwendet: `((...))`. Darin stehen die bekannten Vergleichsoperatoren ==, !=, <, >, <= und >= zur Verfügung.

  Alternativ kann auch der Erfolg eines Kommandos getestet werden. Dazu wird der Befehl mit seinen Parametern und Argumenten ohne weitere Kennzeichnung zwischen `if` und `then` geschrieben. Befehle werden mit einem Exit-Code beendet. 0 bedeutet in der Regel, dass alles in Ordnung ist, andere Werte deuten auf Fehler hin. Die Anweisungen werden bearbeitet, wenn der Befehl korrekt ausgeführt wird, weil der Exit-Code 0 als wahr gilt und jeder andere Wert als falsch.[10]

10 Übrigens ganz im Gegensatz zu fast allen Programmiersprachen, in denen nämlich 0 als falsch gilt und jeder andere Wert als wahr. In Shell-Skripten gilt diese Besonderheit allerdings auch nur für den Exit-Code.

Hinter `else` können Sie alternative Anweisungen definieren, die ausgeführt werden sollen, falls die Bedingung nicht zutrifft, mit `elif` (Abkürzung für `else if`) können sogar eine oder mehrere zusätzliche Bedingungsprüfungen eingesetzt werden.

- *Einzelfallentscheidungen.* Zwischen `case` und `esac` können Sie verschiedene Muster aufführen, denen eine angegebene Variable oder ein String mit Variablen entsprechen kann. Die vollständige Schreibweise ist `case` *`String`* `in`. Hinter jedem Muster, das überprüft wird, steht eine schließende Klammer `)`. Darauf folgen beliebig viele Anweisungen, die nur ausgeführt werden, wenn das angegebene Muster auf den überprüften String passt. Vor dem nächsten Muster muss eine Befehlssequenz durch `;;` abgeschlossen werden. Am Schluss kann `*)` stehen, um sämtliche noch nicht anderweitig gefundenen Werte zu verarbeiten – etwa um ungültige Argumente per Fehlermeldung abzufangen.
- *Schleifen.* Mitunter müssen bestimmte Anweisungen mehrfach ausgeführt werden. Dafür sind Schleifen zuständig. Die *bash* definiert verschiedene Arten von Schleifen; die wichtigsten sind die `for`-Schleife und die `while`-Schleife.

  Eine `for`-Schleife geht automatisch alle Kommandozeilenparameter durch, die Parameter werden nacheinander der angegebenen Schleifenvariablen zugewiesen. Alternativ können Sie mithilfe von `for ... in` ein Dateimuster angeben. Die Variable nimmt dann nacheinander den Namen jeder Datei an, auf die dieses Muster passt.

  Die `while`-Schleife verwendet dagegen eine Bedingung wie `if`, jedoch mit dem Unterschied, dass die Anweisungen mehrmals ausgeführt werden, solange die Bedingung noch zutrifft.

  Die Anweisungen, die in jedem Durchlauf der Schleife ausgeführt werden sollen, stehen in beiden Fällen zwischen `do` und `done`.
- *Variablen.* Mithilfe der Anweisung *`var=Wert`* wird einer Variablen innerhalb eines Shell-Skripts ein Wert zugewiesen. Es kann sich dabei sowohl um eine der Umgebungsvariablen wie `PATH` handeln als auch um beliebige temporäre Variablen, die nur innerhalb des Skripts verwendet werden, um Ihnen die Arbeit zu erleichtern.

  Wenn die Variablendefinition in einer Shell und allen in ihr aufgerufenen Skripten gültig bleiben soll, müssen Sie in der *bash* übrigens das Kommando `export` *`var=Wert`* verwenden.

  Innerhalb von Befehlen, die Sie in einem Shell-Skript aufrufen, wird eine Variable durch ein vorangestelltes `$`-Zeichen vor der Ausführung des Befehls durch ihren aktuellen Wert ersetzt (substituiert). Innerhalb eines komplexen Ausdrucks steht der Variablenname hinter dem Dollarzeichen zusätzlich in geschweiften Klammern `{...}`.

  Spezielle Variablen sind `$0` bis `$9` für die einzelnen Kommandozeilenparameter, `$*` für die gesamte Liste dieser Parameter zur Verwendung in einer Schleife und `$#` für die Anzahl der übergebenen Parameter.

Es folgen zwei kleine Beispiele, die die praktische Verwendung der zuvor erläuterten Anweisungen demonstrieren. Zuerst sehen Sie hier ein Skript, das im nächsten Kapitel (ohne Datum und Uhrzeit) auch in den beiden ausführlicher vorgestellten Programmiersprachen gezeigt wird. Es gibt den klassischen Programmiereinstiegssatz »Hallo, Welt!« aus, fügt Datum und Uhrzeit hinzu, fragt nach dem Namen und verwendet diesen anschließend für einen persönlichen Gruß. Hier der Code:

```
#!/bin/bash
echo Hallo, Welt!
echo Es ist `date +"%d.%m.%Y, %H:%M"`
echo -n "Wie heißt du? "
read name
echo Hallo, $name!
```


Speichern Sie das Skript zum Beispiel unter dem Namen *hallo.sh* und machen Sie es wie folgt ausführbar:

```
$ chmod +x hallo.sh
```

Danach können Sie es ausführen. Hier ein komplettes Ein- und Ausgabebeispiel:

```
$ ./hallo.sh
Hallo, Welt!
Es ist 07.05.2021, 17:43
Wie heißt du? Sascha
Hallo, Sascha!
```

Die meisten in dem Skript verwendeten Anweisungen wurden bereits erläutert.

Das folgende kurze Beispiel definiert ein Skript namens *backup*, das alle Dateien, die auf ein angegebenes Dateimuster passen, in Dateien mit der zusätzlichen Endung *.tmp* sichert:

```
#!/bin/bash
if (( $# < 1 ))
then
   echo "Verwendung: backup Dateimuster"
   exit 1
fi
for i in $*
do
  echo "Verarbeite ${i}"
  if [ -f $i ]
  then
    cp $i ${i}.tmp
  fi
done
```

Wenn kein Dateimuster angegeben wird, erscheint eine Warnmeldung, und das Skript wird mit einem Fehlercode beendet. Andernfalls werden alle gewöhnlichen Dateien (Test -f), die zum angegebenen Dateimuster passen, in einer Schleife nacheinander in entsprechenden *.tmp*-Dateien gesichert. Der folgende Aufruf sichert alle Dateien mit der Endung *.txt* im aktuellen Verzeichnis:

```
$ ./backup *.txt
```

Im nächsten Kapitel wird übrigens die Skriptsprache Python vorgestellt, die mit einer eingängigeren Syntax und erheblich umfangreicheren Möglichkeiten eine hervorragende Ergänzung oder gar Alternative zu Shell-Skripten bietet.

Aliasse

Aliasse sind eine Möglichkeit der *bash*, längere Befehlseingaben, etwa mit zahlreichen Parametern, zu einer Art Makro zu verkürzen. Grundsätzlich geschieht dies mithilfe einer Eingabe nach dem Schema:

```
alias Aliasname='Kommando [Argumente]'
```

Hier ein Beispiel, das ls mit den Optionen -l (Detailinformationen) und -a (auch versteckte Dateien anzeigen) unter dem Alias l bereitstellt:

```
$ alias l='ls -la'
```

Aufgerufen wird ein solcher Alias wie ein gewöhnliches Kommando. Beispiel:

```
$ l
```

Auch Aliassen können Sie Optionen oder Argumente übergeben, solange der zugrunde liegende Befehl diese unterstützt. Das folgende Beispiel ruft den Alias l mit der zusätzlichen Option -X (nach Dateiendungen sortieren) sowie dem Dateimuster a* (mit a beginnende Dateien und Verzeichnisse) auf:

```
$ l -X a*
```

Die Definition eines Alias können Sie sich mit alias *Name* anschauen, also etwa:

```
$ alias l
```

alias ohne Argumente zeigt alle aktuellen Alias-Definitionen an. unalias *Name* löscht den angegebenen Alias. Genau wie Umgebungsvariablen sind auch Aliasse in vielen Distributionen in den Shell-Konfigurationsskripten vorkonfiguriert.

Cronjobs

Manche Administrationsaufgaben oder Aufräumarbeiten müssen regelmäßig erledigt werden. Mit *Cronjobs* bieten Unix-Systeme eine flexible Möglichkeit, solche Aufgaben zu automatisieren.

Die einfachere Methode besteht darin, einen Symlink auf das auszuführende Programm oder Shell-Skript in einem der folgenden Verzeichnisse anzulegen:

- */etc/cron.hourly* (stündlich)
- */etc/cron.daily* (täglich)
- */etc/cron.weekly* (wöchentlich)
- */etc/cron.monthly* (monatlich)

Das folgende Beispiel sorgt dafür, dass ein Skript namens *daily.sh* jeden Tag ausgeführt wird:

```
# ln -s /usr/bin/skripten/daily.sh \
> /etc/cron.daily/daily.sh
```

Erheblich flexibler, aber etwas komplizierter in der Handhabung ist die Arbeit mit sogenannten *Crontabs*, die für jeden User einzeln angelegt werden. Es handelt sich um Textdateien, in denen jede Zeile einen Eintrag in folgendem Format darstellt:

```
Min Std Tag Mon Wochentag Kommando
```

Für die Zeit-Felder gelten folgende Wertebereiche:

- Minute: 0–59
- Stunde: 0–23
- Tag im Monat: 1–31
- Monat: 1–12
- Wochentag: 0–6 (0 = Sonntag, 1 = Montag ... 6 = Samstag)

Ein * in einem der Felder sorgt dafür, dass der Cronjob für jeden Wert in diesem Feld gilt. Hier ein Beispiel, das ein Skript namens *cleanup.sh* jeden Freitag um 18:00 Uhr ausführt:

```
0 18 * * 5 /usr/bin/skripten/cleanup.sh
```

Das folgende Beispiel ruft zu jeder vollen Stunde das Skript *hourly.sh* auf:

```
0 * * * * /usr/bin/skripten/hourly.sh
```

Auch Bereiche in der Form `Start-Ende` sind für ein Feld möglich. Das folgende Beispiel führt montags bis samstags von 8 bis 18 Uhr jeweils stündlich ein Skript namens *work.sh* aus:

```
0 8-18 * * 1-6 /usr/bin/skripten/arbeit.sh
```

Hinter * oder `Start-Ende` können Sie optional einen / und ein Intervall angeben. Das folgende Beispiel führt alle zwei Stunden `who -a` aus, um eine vollständige Liste der angemeldeten User-Accounts und virtuellen Terminals zu erzeugen:

```
0 */2 * * * who -a
```

Eventuelle Ausgaben der betreffenden Skripte werden mithilfe des Kommandos `mail` an den betreffenden User-Account geschickt. Optional fügen Sie als erste Zeile der Crontab eine Anweisung wie diese ein, um die Mails an einen anderen Account zu schicken (sinnvoll beispielsweise für die *root*-Crontab):

```
MAILTO=sascha
```

Geben Sie `mail` ein, um solche Nachrichten zu lesen. Die jeweilige Nummer zeigt eine bestimmte Nachricht an; [Q] beendet sowohl die einzelne Nachricht als auch das Programm.

Der Befehl `crontab` mit der Option `-e` ermöglicht die Bearbeitung der Crontab im Editor *vi*. `crontab -l` liefert die aktuelle Crontab, und `crontab -r` entfernt sie. Als *root* können Sie auch die Option `-u` *`Username`* hinzufügen, um die Crontab eines anderen Accounts zu lesen oder zu ändern.

Syslog und Log-Dateien

Das Betriebssystem selbst und viele Programme, vor allem Daemons, schreiben Statusinformationen und Fehlermeldungen in *Log-Dateien*, auch *Protokolldateien* genannt. Dafür ist der *Syslog-Daemon* (*syslogd*) zuständig. Er erhält Protokollinformationen vom System und von diversen Programmen und entscheidet darüber, ob er sie ignoriert, in bestimmte Log-Dateien schreibt oder per Mail versendet.

Syslog-Meldungen bestehen aus drei Komponenten:

- *Facility* (Fehlerquelle) – gibt an, von welcher Art Programm oder welcher Systemfunktion der Eintrag stammt – zum Beispiel `auth` für die Authentifizierung, `cron` für den cron-Daemon oder `kern` für den Kernel.
- *Priority* (Dringlichkeitsstufe) – bestimmt die Wichtigkeit der jeweiligen Meldung – von `emerg` (Notfall, der ein unbrauchbares System hinterlässt) unter anderem über `error` (normaler Fehler), `warn` (Warnung) und `info` (reine Information) bis hinunter zu `debug` (willkürlich erzeugte Meldung zur Programmfehlersuche).
- *Message* (Warnmeldung) – ein beliebiger Beschreibungstext.

In eigenen Shell-Skripten können Sie den Befehl `logger` nutzen, um Syslog-Meldungen zu erzeugen. Die allgemeine Syntax lautet:

```
logger [-p [facility:]priority] message
```

Geben Sie Folgendes ein, um es zu testen:

```
$ logger -p info Nur Test, kein Fehler
```

Da Sie keine Facility angegeben haben, steht die Meldung in */var/log/messages* (in manchen Systemen auch in */var/log/syslog*):

```
$ tail -1 /var/log/messages
Apr 23 18:51:32 linuxbox sascha: Nur Test, kein Fehler
```


6.4.4 Editoren

Es wurden in diesem Kapitel bereits einige Programme vorgestellt, mit deren Hilfe sich Textdateien manipulieren lassen. Allerdings wurde bisher noch keine Möglichkeit gezeigt, solche Dateien einzugeben oder zu bearbeiten. Die grafischen Oberflächen für Linux sind reichlich mit mausgesteuerten und fensterbasierten Editoren ausgestattet. Dennoch ist es nützlich, den Umgang mit einem klassischen Kommandozeileneditor zu beherrschen.

In diesem Abschnitt werden die entscheidenden Funktionen der beiden wichtigsten Editoren vorgestellt. *vi* (gesprochen: »wie ei«) ist der ursprüngliche Unix-Editor und steht deshalb in jeder beliebigen Unix-Umgebung zur Verfügung. *Emacs* stammt von Richard Stallman und verfügt über eine Reihe komfortabler Fähigkeiten.

vi

Der eigentliche *vi*-Texteditor wurde von *Bill Joy* an der UC Berkeley programmiert. Es gibt eine Reihe mehr oder weniger kompatibler Editoren, die die Funktionalität des ursprünglichen *vi* verbessern. Unter Linux kommt beispielsweise häufig *Vim* (*Vi Improved*) von *Bram Molenaar* zum Einsatz.

Der *vi*-Texteditor wird durch die Eingabe von `vi` beziehungsweise `vi` *`Dateiname`* gestartet; bei modernen Distributionen ist `vi` oft ein Symlink auf `vim`. Wenn Sie einen Dateinamen angeben, wird diese Datei zum Bearbeiten geöffnet beziehungsweise neu angelegt.

Nachdem *vi* gestartet wurde, befindet er sich im Befehlsmodus. Hier können Sie in der untersten Zeile Befehle eingeben, die in der Regel aus einem oder zwei Buchstaben bestehen. Einige dieser Befehle wechseln in den Editiermodus, in dem Sie Text eingeben oder ändern können, andere dienen dem Verschieben, Löschen oder Kopieren von Text. Mit [Esc] wechseln Sie aus dem Editiermodus wieder zurück in den Befehlsmodus.

Anders als bei den meisten anderen Editoren werden Befehle also nicht durch spezielle Tastenkombinationen mit der [Strg]- oder [Alt]-Taste getätigt, sondern durch normale Tasten, solange Sie sich im Befehlsmodus befinden.

Im Folgenden werden jeweils genau die Tasten angegeben, die Sie auf der Tastatur drücken müssen – beispielsweise bedeutet [A] nicht, dass Sie ein großes A eingeben sollen, sondern dass die Taste [A] gedrückt werden soll. Ein großes A würde dagegen als [⇧] + [A] angegeben. Wenn mehrere Tasten nacheinander gedrückt werden müssen, werden diese einfach der

Reihe nach aufgeführt. Lediglich einige ganz eindeutige Sonderzeichen werden so aufgeführt, als seien sie einzelne Tasten – [$] bedeutet beispielsweise, dass Sie [⇧] + [4] drücken müssen.

Bei einigen selteneren Sonderzeichen wird außerdem einmal erklärt, wie Sie sie eingeben können. Da *vi* beziehungsweise *Vim* auch bei macOS mitgeliefert wird, finden Sie die Tastenkombinationen für PC und Mac, falls diese sich unterscheiden.

Die wichtigste Taste im Befehlsmodus ist [I] – sie wechselt in den Einfügemodus, in dem Sie Text eingeben können. In diesem Modus können Sie sich grundsätzlich mit den Pfeiltasten durch den Text bewegen. Die Löschtasten funktionieren dagegen je nach Terminal nicht immer. Statt mit [I] gelangen Sie auch mit anderen Tasten in den Eingabemodus, die den Cursor unterschiedlich platzieren und gegebenenfalls Text ersetzen: [A] startet die Eingabe hinter der Cursorposition. [O] fügt unter der Cursorposition zunächst eine neue Zeile ein und springt an deren Anfang, während [⇧] + [O] zunächst die aktuelle Zeile nach unten verschiebt. [C] [W] ersetzt das nächste Wort und [C] [C] die aktuelle Zeile. Ersetzen heißt in diesem Fall, dass der jeweilige Text vor der Aktivierung des Eingabemodus entfernt wird.

Im Befehlsmodus können Sie sich mit folgenden Tasten schrittweise durch den Text bewegen: mit [H] nach links, mit [J] nach unten, mit [K] nach oben und mit [L] nach rechts. Wie Sie sehen, liegen diese vier Tasten nebeneinander, was ihre Verwendung sehr bequem macht. In den meisten Terminal-Emulationen funktionieren zwar auch die Pfeiltasten, aber allgemein kompatibel sind nur diese vier Buchstabentasten.

Den meisten Befehlen können Sie eine Zahl voranstellen, um sie mehrmals auszuführen. Beispielsweise geht [3] [H] um drei Schritte nach links und [4] [J] um vier Zeilen nach unten. [C] [3] [W] entfernt drei Wörter und schaltet dann den Eingabemodus ein.

[W] bewegt den Cursor um ein Wort nach rechts, [B] um ein Wort nach links. Auch diese Tasten lassen sich mit einer Zahl kombinieren, um mehrere Wörter weiter- beziehungsweise zurückzugehen.

[0] (die Null) springt zum Zeilenanfang, [$] ([⇧] + [4]) zum Zeilenende. Runde Klammern dienen dem Bewegen zwischen Sätzen: Beispielsweise bewegt sich [⇧] + [8] zum Anfang des vorangegangenen Satzes, [⇧] + [9] zum nächsten. Geschweifte Klammern – [{] und [}] – springen zum Anfang des nächsten beziehungsweise des letzten Absatzes. Auf einem PC werden sie mithilfe der Tastenkombinationen [Alt Gr] + [7] beziehungsweise [Alt Gr] + [0] erzeugt, auf dem Mac mithilfe von [Alt] + [8] beziehungsweise [Alt] + [9].

Eine Zahl mit einem Pipe-Zeichen [|] (PC: [Alt Gr] + [<], Mac: [Alt] + [7]) dahinter springt zum angegebenen Zeichen in der aktuellen Zeile: [7] [|] bewegt sich beispielsweise zur Position 7. Ist in einer Zeile die Anzahl der Zeichen geringer als der Wert, den Sie angeben, bewegt sich der Cursor zum letzten Zeichen.

[-] bewegt den Cursor zum Anfang der vorigen Zeile, während [+] oder [↵] zum ersten Nichtleerzeichen in der nächsten Zeile springen.

Besonders angenehm sind die eingebauten Suchfunktionen, die Sie im Befehlsmodus durchführen können: [/] leitet einen regulären Ausdruck im grep-Format ein. Wenn Sie [↵] drücken, wird vorwärts danach gesucht. Der Cursor bewegt sich auf das erste Zeichen der Fundstelle. [?] *Suchmuster* [↵] sucht rückwärts nach dem angegebenen beziehungsweise vorangegangenen Muster. [N] sucht nach dem nächsten Vorkommen des aktuellen Suchmusters in der jeweiligen Suchrichtung, [⇧] + [N] sucht dagegen in der anderen Richtung.

Beispielsweise sucht [/]`[0-9]`[↵] vorwärts nach der nächsten Ziffer, [N] sucht erneut danach. [?]`[a-z]`[↵] sucht rückwärts nach dem nächstgelegenen Kleinbuchstaben, ein anschließendes [N] sucht wiederum den vorherigen.

Die Befehle zum automatischen Suchen und Ersetzen beginnen mit einem [:], weil es sich um Befehle des Zeileneditors *ex* handelt, auf dem *vi* basiert. Alle *ex*-Befehle werden mit [↵] abgeschlossen, deshalb ist es im Folgenden nicht aufgeführt. Mit [:][S][/]*Suchmuster*[/]*Ersatztext*[/] ersetzen Sie das Suchmuster in der aktuellen Zeile durch den Ersatztext. Für globales Ersetzen im gesamten Text ist die etwas komplexere Form [:][%][S][/]*Suchmuster*[/]*Ersatztext*[/][G] zuständig; die Option [G] steht hier für *global*. Verwenden Sie [C] (*confirm*) als zusätzliche Option, wenn Sie aus Sicherheitsgründen jede einzelne Änderung bestätigen möchten. Anstelle des Prozentzeichens können Sie auch zwei durch Komma getrennte Zeilennummern angeben, um das Ersetzen auf den entsprechenden Bereich des Dokuments zu beschränken.

Für das Löschen im Befehlsmodus sind die folgenden Tasten und Tastenfolgen definiert: [X] löscht das aktuelle Zeichen, [⇧] + [X] das Zeichen vor dem Cursor. [D][W] löscht das ganze Wort, während [D] [D] die gesamte aktuelle Zeile entfernt. Wenn Sie beispielsweise drei Wörter löschen möchten, müssen Sie [D][3][W] eingeben, für vier Zeilen lautet die Eingabe dagegen [D][4][D]. Die Tastenkombination [⇧] + [D] löscht den Text bis zum Ende der Zeile. [P] (*paste*) oder [⇧] + [P] setzt den zuletzt gelöschten Text hinter beziehungsweise vor dem Cursor wieder ein. Der jeweilige Löschvorgang stellt den gelöschten Text nacheinander in nummerierte Löschpuffer. Mit [1][P] fügen Sie zum Beispiel den Text aus dem Löschpuffer Nummer 1 – dem ältesten – ein. Insgesamt existieren neun nummerierte Löschpuffer.

Wenn Sie Text kopieren möchten, können Sie [Y] (Abkürzung für *yank*) und ein Navigationskommando verwenden, beispielsweise [Y][W] für ein Wort oder [Y][5][Y] für fünf Zeilen. Der Text landet – genau wie beim Löschen – nacheinander in den nummerierten Puffern 1 bis 9 und kann durch die entsprechenden [P]-Sequenzen wieder eingefügt werden. Wenn Sie ["] drücken, dann einen Buchstaben von [A] bis [Z] und schließlich zweimal [⇧] + [Y], wird die aktuelle Zeile dagegen in einen von 26 benannten Puffern kopiert. Wird der Name des Puffers mit [⇧] kombiniert (Großbuchstabe), dann wird der Inhalt des Puffers nicht überschrieben, sondern um die neu kopierte Zeile ergänzt. Mit ["], dem Buchstaben eines benannten Puffers und [P] oder [⇧] + [P] können Sie den Text des entsprechenden Puffers wieder einfügen.

Die Taste `U` macht den letzten Lösch-, Einfüge- oder Änderungsbefehl rückgängig. Beachten Sie, dass nur in *Vim* mehrere Schritte rückgängig gemacht werden können; beim klassischen *vi* ist lediglich ein Schritt möglich. `⇧` + `U` stellt die gesamte zuletzt modifizierte Zeile wieder her, und der Punkt `.` wiederholt den letzten Editierbefehl beliebig oft.

Wichtig sind schließlich noch die Dateioperationen. Auch bei ihnen handelt es sich um *ex*-Befehle. Geben Sie `:` `W` *`Dateiname`* ein, um die aktuell bearbeitete Datei unter einem neuen Namen zu speichern; beachten Sie aber, dass Sie danach mit der alten Datei weiterarbeiten. `:` `W` `!` speichert sie nach erfolgten Änderungen erneut unter diesem Namen – das `!` dient jeweils dem Umgehen von Schutzmaßnahmen. `:` `R` *`Dateiname`* öffnet die angegebene Datei und fügt ihren Inhalt an der aktuellen Cursorposition ein. `:` `Q` beendet *vi*, aber nur, wenn die aktuelle Datei gespeichert wurde. `:` `Q` `!` erzwingt das Beenden und verwirft Änderungen. `:` `X` ist eine Kurzfassung für `:` `W` `Q`: Beide bedeuten, dass *vi* zuerst speichern und anschließend beendet werden soll.

Diese kurze Übersicht ermöglicht Ihnen, sich grundsätzlich in *vi* zurechtzufinden und effizient Texte zu bearbeiten. In Wirklichkeit verfügt er über Unmengen weiterer Befehle, immerhin gibt es ganze Bücher über die Arbeit mit diesem Editor. Aber ob Sie nun mit der vorliegenden kurzen Anleitung oder mit einem umfangreichen Tutorial arbeiten – Geläufigkeit erreichen Sie nur, wenn Sie ständig üben.

Emacs

Der Name *Emacs* steht für *Editor Macros*, weil er ursprünglich als Satz von Makrobefehlen für einen älteren Editor entworfen wurde. Inzwischen ist er ein eigenständiger Editor, der in vielen verschiedenen Varianten für etliche Plattformen verfügbar ist, nicht nur für alle erdenklichen Unix-Arten, sondern beispielsweise auch für Windows. Die Hauptentwicklungslinie ist der *GNUEmacs*, den Sie von der Website des GNU-Projekts (*www.gnu.org*) oder den zahlreichen weltweiten Mirror-Sites herunterladen können. Die aktuelle Hauptversion ist 27.x, was Ihnen einen Eindruck davon vermitteln mag, wie lange diese Software bereits existiert[11] – das Programm ist ausgereift und sehr stabil. Daneben gibt es den sogenannten *XEmacs*, was ein wenig verwirrend ist, weil beide Varianten sowohl auf der Konsole als auch in einer grafischen X-Window-Oberfläche laufen.

Emacs verfügt über einen erheblich größeren Befehlsumfang als *vi*; es handelt sich letzten Endes nicht nur um einen Editor, sondern um einen vollwertigen Shell-Ersatz mit zusätzlichen Funktionen wie E-Mail, unzähligen Betriebsmodi für diverse Textsorten und sogar Spielen.

Die meisten *Emacs*-Befehle werden durch Tastenkombinationen mit `Strg` (auf englischen PC-Tastaturen und auf dem Mac `Ctrl`) oder `Meta` gebildet. Wenn Sie auf Ihre Tastatur

11 Heutzutage vielleicht nicht mehr ganz so wie früher, da Versionsnummern inzwischen recht inflationär vergeben werden. Beispielsweise ist die aktuelle Versionsnummer (April 2021) der Browser Chrome und Mozilla Firefox jeweils 88.0.

schauen, werden Sie feststellen, dass Sie gar keine [Meta]-Taste haben; die gibt es nur an einigen alten Terminals und verschiedenen Unix-Workstations. In den meisten Terminalprogrammen und in der GUI-Version von *Emacs* kann die [Alt]-Taste dafür verwendet werden. Einige Terminal-Emulationen bestehen dagegen darauf, dass Sie [Meta]-Tastenkombinationen durch Drücken der Taste [Esc] und anschließendes Drücken der entsprechenden Kombinationstaste eingeben.

Die *Emacs*-Dokumentation verwendet eine etwas eigenwillige Schreibweise für die Tastenkombinationen. Diese Schreibweise wird hier kurz erläutert und anschließend verwendet, damit Sie sich nicht umzugewöhnen brauchen, wenn Sie die zahlreichen Hilfeseiten in *Emacs* selbst lesen. [Strg]-Tastenkombinationen werden durch `C-` (*control*), gefolgt von dem entsprechenden Zeichen angegeben, beispielsweise steht `C-x` für [Strg] + [X]. [Meta]-Tastenkürzel werden dagegen mit vorangestelltem `M-` dargestellt. `M-x` bedeutet also je nach der Umgebung, in der Sie arbeiten, entweder [Alt] + [X] oder [Esc], gefolgt von [X]. Letzteres funktioniert übrigens immer.

Emacs wird durch Eingabe von `emacs` oder `emacs` *`Dateiname`* gestartet. Wenn Sie ihn nicht in einem GUI-Fenster, sondern in der aktuellen Konsole aufrufen möchten, lautet das Kommando `emacs -nw [`*`Dateiname`*`]`. Sie können mehrere Dateien auf einmal bearbeiten; die einzelnen Arbeitsbereiche für Dateien werden als *Buffer* bezeichnet. Falls Sie keinen Dateinamen angegeben haben, befinden Sie sich zunächst im Scratch-Buffer (Notizblock), der für ungespeicherte Notizen vorgesehen ist. Wenn Sie eine speicherbare Datei editieren möchten, müssen Sie diese zunächst mit `C-x C-f` *`Dateiname`* »besuchen« (die Original-*Emacs*-Dokumentation verwendet den Ausdruck »visit«). Falls diese Datei bereits existiert, wird sie geöffnet, ansonsten neu angelegt.

Wenn mehrere Buffer geöffnet sind, können Sie mithilfe der Tastenkombination `C-x b` *`Buffername`* [↵] zum Buffer mit dem angegebenen Namen wechseln (ohne Angabe eines Buffers wird reihum zum jeweils nächsten gewechselt). Eine Liste aller verfügbaren Buffer erhalten Sie mit `C-x C-b` in einem abgetrennten Bereich, der als *Fenster* bezeichnet wird. Mit `C-x 2` können Sie ein solches Fenster selbst erzeugen; `C-x 4 f` *`Dateiname`* [↵] öffnet eine neue Datei in einem separaten Fenster. Mit `C-xo` wechseln Sie zwischen den beiden Fenstern hin und her. Mit `M-C-v` können Sie den Inhalt des Fensters scrollen, in dem Sie zurzeit nicht arbeiten. `C-x 1` schließt das nicht aktive Fenster und behält nur das aktuelle.

Je nach Dateityp (den *Emacs*, ähnlich wie Windows, an der Dateiendung erkennt) befinden Sie sich in einem der verschiedenen *Emacs*-Arbeitsmodi, die vor allem Programmierer*innen das Leben erleichtern. Einige der wichtigsten Modi sind `Fundamental` (der grundlegende Modus für einfachen Text), `C` (für die gleichnamige Programmiersprache) oder `HTML` (zum Editieren von Webseiten). Jeder dieser Modi verfügt über besondere Funktionen wie automatische Einrückung, Anzeigen der korrespondierenden Klammer beim Schließen und Ähnliches.

Sie können den Modus auch manuell über M-x *Modusname* wechseln: M-x fundamental wechselt beispielsweise in den Fundamental-Modus, M-x c-mode in den C-Modus oder M-x html-mode in den HTML-Modus. M-x *Schlüsselwort* dient allgemein der Eingabe eines Befehls in der Langform und muss jeweils mit [↵] abgeschlossen werden. Wenn Sie einfach M-x [↵] eingeben, wird eine Liste aller möglichen Befehle angeboten; alternativ können Sie auch einen oder mehrere Anfangsbuchstaben eines Befehls eintippen und erhalten dann eine Liste der passenden Befehle.

Der einzeilige Bereich am unteren Bildschirm- oder Fensterrand, in den Sie mit M-x gelangen, wird *Minibuffer* genannt. Sie können ihn durch dreimaliges Drücken von [Esc] wieder verlassen.

Zeichenweise durch den Text navigieren Sie mit den Pfeiltasten oder alternativ mit C-f (nach rechts, *forward*), C-b (nach links, *backward*), C-p (nach oben, *previous line*) und C-n (nach unten, *next line*). C-a bewegt den Cursor zum Zeilenbeginn und C-e zum Zeilenende. C-v scrollt um einen ganzen Bildschirm nach unten, M-v nach oben. M-f wandert um ein Wort nach rechts, M-b nach links. M-< springt zum Anfang der gesamten Datei, M-> ([Alt] + [⇧] + [<]) zu ihrem Ende.

C-d löscht das Zeichen unter dem Cursor, während [←] das vorherige Zeichen entfernt. M-d löscht das folgende Wort, M-[←] das vorangegangene. C-k tilgt den Bereich vom Cursor bis zum Ende der Zeile.

C-Leertaste setzt eine Markierung. Der markierte Bereich reicht automatisch von der gesetzten Markierung bis zur aktuellen Cursorposition. Um den gesamten Bereich zu löschen, genauer gesagt, auszuschneiden, wird die Tastenkombination C-w verwendet. M-w kopiert den Bereich dagegen zum späteren Einfügen. In beiden Fällen können Sie ihn mithilfe von C-y wieder einfügen.

C-s leitet eine inkrementelle Suche ein – während der Eingabe des Suchbegriffs springt der Cursor zur jeweils nächstgelegenen Stelle, die diesem Begriff entspricht. Entsprechend sucht C-r rückwärts. C-s C-s wiederholt die letzte Suche. [↵] verlässt das Suchprogramm vollständig. M-C-s sucht nach einem regulären Ausdruck anstelle einer einfachen Zeichenfolge. Die Syntax der regulären Ausdrücke entspricht grep.

M-% ist der Befehl zum Suchen und Ersetzen. Zunächst wird nach der zu ersetzenden Zeichenfolge gefragt, anschließend nach dem Ersetzungstext. Die Eingabe beider Zeichenfolgen muss mit [↵] abgeschlossen werden. An jeder einzelnen Fundstelle werden Sie gefragt, ob Sie die Ersetzung durchführen möchten. [Y] oder Leertaste bedeutet Ja, [N] oder [Entf] steht für Nein, und [!] heißt, dass alle künftigen Fundstellen ohne weitere Rückfrage ersetzt werden sollen.

Wenn Sie Ihre aktuelle Arbeit speichern möchten, verwenden Sie dazu den Befehl C-x C-s. C-x s speichert alle geänderten Buffer auf einmal. C-x C-w *Dateiname* [↵] sichert die Datei dagegen unter dem angegebenen neuen Namen. Mit `C-x C-c` beenden Sie *Emacs*. Vorher werden Sie gefragt, ob Sie die modifizierten Buffer speichern möchten.

Was bereits über *vi* gesagt wurde, gilt für *Emacs* erst recht: Es gibt Unmengen weiterer Befehle, für die in diesem Buch leider kein Platz ist. Mit dem hier gebotenen Ausschnitt aus der Funktionsvielfalt von *Emacs* können Sie beliebige Textdateien bearbeiten. Mit etwas Übung werden Sie damit irgendwann schneller arbeiten können als mit einem grafisch orientierten Editor, in dem Sie oft zur Maus greifen müssen, um spezielle Befehle zu verwenden. Dennoch ist auch *Emacs* mit einem umfangreichen Menü ausgestattet, solange er in einem GUI läuft. Da die Tastenkürzel jeweils neben den einzelnen Menübefehlen stehen, können Sie mithilfe des Menüs leicht neue Befehle erlernen.

6.4.5 Grafische Benutzeroberflächen

Neben der bisher behandelten Konsole sind alle modernen Linux-Distributionen auch mit einer grafischen Benutzeroberfläche ausgestattet. Diese Oberfläche besteht aus zwei verschiedenen Bestandteilen, die aufeinander aufbauen: dem *X-Window-Server* oder kurz *X-Server* und dem *Window-Manager*, der heutzutage in aller Regel ein vollwertiger *Desktop* ist.

Der X-Server

Ein *X-Server* ist das grundlegende Programm, das die allgemeinen Zeichenfunktionen zur Verfügung stellt. Er kann mit anderen Worten die verschiedensten Grafikobjekte wie Rechtecke, Linien oder Bilddateien auf den Bildschirm zeichnen, außerdem verarbeitet er die grundlegende Steuerung mit der Maus. Dem X-Server ist es übrigens egal, ob die Anwendung, die er anzeigt und für die er Befehle entgegennimmt – der *X-Client* –, auf demselben Rechner läuft oder irgendwo im Netzwerk.

Der traditionelle X-Server für kommerzielle Unix-Varianten heißt X11, die derzeitige Version ist X11R7. Da dieses Produkt kommerziell war, wurde vor vielen Jahren eine freie Alternative begründet: Das XFree86-Projekt stellte freie X-Server zur Verfügung, anfangs für Intel-x86-Prozessoren und damit kompatible (daher der Name), später auch für andere Plattformen. Inzwischen ist der »offizielle« X-Server X11R7 ebenfalls frei und wird von einer Organisation namens *X.org Foundation* weiterentwickelt, während XFree86 wegen Streitigkeiten der Entwickler eingestellt wurde.

Anders als in früheren Linux-Versionen wird der X-Server und der darauf aufsetzende Desktop heutzutage praktisch immer automatisch während der Installation des Betriebssystems eingerichtet, sodass das Hantieren mit komplizierten Skripten oder distributionsabhängigen Tools weitgehend entfällt.

Desktops

Erst der *Window-Manager*, der auf den X-Server aufsetzt, stellt die eigentliche Arbeitsumgebung mit Fenstern, Menüs und Icons zur Verfügung. Es gibt inzwischen mehr verschiedene Window-Manager als Unix-Versionen. Einige traditionelle Window-Manager sind *CDE* von Sun oder *fvwm2*, der klassische Linux-Window-Manager.

Die verbreitetsten Projekte sind seit Jahren die freien Desktopumgebungen *KDE* und *GNOME*. Beide bieten im Gegensatz zu den spartanisch ausgestatteten alten Modellen den gesamten Bedienkomfort von Benutzeroberflächen wie Windows oder macOS (oft sogar noch mehr als das) und werden inzwischen durch zahlreiche Anwenderprogramme unterstützt. Tabelle 6.5 zeigt einen vergleichenden Überblick über die beiden Desktops.

Eigenschaft	KDE	GNOME
Vollständiger Name	K Desktop Environment	GNU Network Object Model Environment
Offizielle Website	*www.kde.org*	*www.gnome.org*
Aktuelle Version	Plasma 5.18.7	40.0*
Entwicklungsteam	The KDE Project	The GNOME Foundation
Gründungsjahr	1996	1997
Projektgründer	Matthias Ettrich	Miguel de Icaza, Federico Mena
Grundlegende Programmiersprache	C++	C
Grafikbibliothek	Qt	GtK+
Lizenz	GPL/LGPL	GPL/LGPL
Dateimanager	Dolphin	Nautilus
Terminal-Emulation	Konsole	GNOME Terminal
Weitere zugehörige Anwendungen (Beispiele)	KOffice (Office-Suite) KMail (E-Mail) Krita (Bildbearbeitung) Kate (leistungsstarker Editor) amaroK (Audio-Player)	Gnumeric (Tabellenkalkulation) und andere Einzel-Office-Komponenten Evolution (E-Mail, Groupware) GIMP (Bildbearbeitung)
*) Nach Version 3.38 wurde ein neues Versionsnummernschema eingeführt, wie es zum Beispiel von modernen Webbrowsern bekannt ist.		

Tabelle 6.5 Die wichtigsten Eigenschaften von KDE und GNOME im Vergleich

6.5 Übungsaufgaben

Im Folgenden ist jeweils genau eine Antwort richtig.

1. Wie hieß das Betriebssystem, das die Entwicklung von Unix inspirierte?
   - TIMICS
   - MULTICS
   - COMPLICS
   - ULTRICS
2. Welche Programmiersprache wurde 1971 zur Neuimplementierung von Unix entwickelt?
   - Pascal
   - BASIC
   - C
   - Smalltalk
3. An welcher Universität wurde Unix entscheidend weiterentwickelt?
   - Massachusetts Institute of Technology
   - University of California, Berkeley
   - University of Illinois
   - Harvard
4. Was ist POSIX?
   - eine Unix-Variante
   - eine Programmiersprache
   - der kleinste gemeinsame Nenner aller Unix-Systeme
   - eine jährliche Unix-Entwicklungskonferenz in San Francisco
5. Welches Betriebssystem gilt als das erste echte PC-Betriebssystem?
   - Windows
   - Linux
   - CP/M
   - MS-DOS
6. Was ist ein GUI?
   - Graphical User Interface (grafische Benutzeroberfläche)
   - Generic Unix Interface (Unix-Standardsystemschnittstelle)
   - Globally Unique Identity (weltweit einmalige Registriernummer)
   - Gate Undefined Issue (Sicherheitslücke in Betriebssystemen)

7. Wofür steht die Abkürzung GNU?
   - Georgia Newton University
   - GNU's Not Unix
   - Graphical Network Usage
   - Global Networking Union
8. Welche Windows-Version war als erste ein echtes Betriebssystem?
   - Windows 3.0
   - Windows NT 3.0
   - Windows 3.11
   - Windows 95
9. Welche der folgenden Windows-Versionen basierte nicht auf MS-DOS, sondern auf der Windows-NT-Architektur?
   - Windows Me
   - Windows 98 SE
   - Windows 2000
   - Windows 98
10. Welche der folgenden Aussagen über Windows ist falsch?
    - Alle Windows-Versionen unterstützen das NTFS-Dateisystem.
    - Alle Windows-Versionen unterstützen das FAT16-Dateisystem.
    - Alle Windows-Versionen besitzen eine Eingabeaufforderung.
    - Alle Windows-Versionen sind 32-Bit-Systeme.
11. Welche der folgenden Aussagen über den Kernel trifft zu?
    - Monolithische Kernels sind schneller als Mikrokernels.
    - Alle modernen Kernels sind Mikrokernels.
    - Der Kernel nimmt die Prozess- und Speicherverwaltung vor.
    - Der Kernel stellt die grafische Benutzeroberfläche bereit.
12. Welche modernere Alternative ergänzt die Prozesse?
    - Swap-Partitionen
    - Threads
    - Dienste
    - Gerätetreiber
13. Was bedeutet »Bootstrapping« beim Betriebssystem?
    - Kontrolle des Bootvorgangs eines PCs über das Netzwerk
    - Installation eines Gerätetreibers
    - im Hintergrund laufende Programme während des Bootvorgangs
    - anderes Wort für das Booten des Betriebssystems

14. Welche Aussage über die Betriebsmodi eines Betriebssystems trifft zu?
    - Es gibt vier verschiedene Betriebsmodi.
    - Prozesse im Kernelmodus können jederzeit unterbrochen werden.
    - Prozesse im Benutzermodus genießen einen stärkeren Zugriffsschutz.
    - Prozesse im Kernelmodus haben Priorität.
15. Welche der folgenden Aussagen über Multitasking ist falsch?
    - Man unterscheidet präemptives und kooperatives Multitasking.
    - Mac OS 9 unterstützte gar kein Multitasking.
    - Windows 3.11 unterstützte nur kooperatives Multitasking.
    - Alle aktuellen Betriebssysteme sind multitaskingfähig.
16. Welches Signal beendet einen Unix-Prozess normal?
    - SIGHUP
    - SIGINT
    - SIGKILL
    - SIGTERM
17. Mit welchem Unix-Systemaufruf wird ein Signal an einen Prozess gesendet?
    - `signal()`
    - `kill()`
    - `send()`
    - `term()`
18. Welche Aussage über Unix-Prozesse ist zutreffend?
    - Der Prozess `init` hat die PID 0.
    - Neue Prozesse werden durch den Systemaufruf `CreateProcess()` erzeugt.
    - Der Child-Prozess ist eine identische Kopie des Parent-Prozesses.
    - Mit einem `fork()`-Aufruf lassen sich beliebig viele Child-Prozesse auf einmal ableiten.
19. Welche der folgenden Aussagen über die UID und die GID eines Unix-Prozesses ist falsch?
    - Um einem Prozess ein Signal zu senden, muss die UID des Absenders der PID des Prozesses entsprechen.
    - Um einem Prozess ein Signal zu senden, muss die UID des Absenders der UID des Prozesses entsprechen.
    - Um einem Prozess ein Signal zu senden, muss die GID des Absenders der GID des Prozesses entsprechen.
    - Der User-Account *root* (UID 0, GID 0) darf jedem Prozess Signale senden.

20. Was ist kein Bestandteil einer Speicheradresse der Memory Management Unit (MMU) eines Intel-Prozessors?
    - Offset
    - Page Directory
    - Page Table
    - Page File
21. Was ist kein typisches Verzeichnis im Unix-Verzeichnisbaum?
    - */bin*
    - */usr*
    - */usw*
    - */etc*
22. Wie lautet der relative Pfad, um von */home/user1/test/* aus die Datei */home/user2/hallo.txt* anzusprechen?
    - *../user2/hallo.txt*
    - *../../hallo.txt*
    - *user2/hallo.txt*
    - *../../user2/hallo.txt*
23. Für welches Verzeichnis im Unix-Verzeichnisbaum steht die Abkürzung ~ ?
    - das Systemverzeichnis
    - das Home-Verzeichnis des aktuellen User-Accounts
    - das Wurzelverzeichnis
    - das Verzeichnis */usr/sbin*
24. Welche Aussage über Symlinks im Unix-Dateisystem ist zutreffend?
    - Wird der letzte Symlink gelöscht, der auf eine Inode zeigt, dann wird die entsprechende Datei gelöscht.
    - Ein Symlink verweist auf eine Inode.
    - Ein Symlink verweist auf einen Verzeichniseintrag.
    - Symlinks können nur auf Dateien auf demselben physikalischen Datenträger verweisen.
25. Was bedeutet das Unix-Dateizugriffsrecht `-rwxr-xr--`?
    - Der Owner-Account darf lesen, schreiben und ausführen; die Gruppe darf lesen und ausführen; alle anderen dürfen nur lesen.
    - Der Owner-Account darf lesen, schreiben und ausführen; andere lokale Accounts dürfen lesen und ausführen; Netzwerk-Accounts dürfen nur lesen.
    - Der Owner-Account darf lesen, schreiben und ausführen; andere Accounts dürfen lesen und ausführen; Gäste dürfen nur lesen.
    - Der Owner-Account darf lokal lesen, schreiben und ausführen; meldet er sich über das Netzwerk an, darf er nur lesen und ausführen; alle anderen dürfen nur lesen.

26. Wie lautet das Dateizugriffsrecht `-rw-rw-r--` numerisch?
    - 0775
    - 0664
    - 0441
    - 0442
27. Welcher der folgenden Windows-Dateinamen ist ungültig?
    - *[test].txt*
    - *(test).txt*
    - *<test>.txt*
    - *_test_.txt*
28. Welches Windows war das erste 32-Bit-System?
    - Windows 3.11
    - Windows 95
    - Windows NT 3.x
    - Windows 2000
29. Welches der folgenden Dateisysteme wurde nie nativ von Windows unterstützt?
    - FAT32
    - NTFS
    - FAT16
    - ext4
30. Wie heißt die seit Windows 8 unterstützte Benutzeroberfläche mit rechteckigen Kacheln?
    - Metro
    - Luna
    - Aqua
    - Aero Glass
31. Welche der folgenden Editionen von Windows 10 gibt es nicht?
    - Windows 10 Pro
    - Windows 10 Enterprise
    - Windows 10 Small Business
    - Windows 10 Mobile
32. Welche der folgenden Aussagen über das Dateisystem NTFS ist falsch?
    - Es wird von allen Systemen der Windows-NT-Familie unterstützt.
    - Es ist voll abwärtskompatibel mit FAT32.
    - FAT32 lässt sich nachträglich in NTFS konvertieren.
    - NTFS-Partitionen können komprimiert werden.

33. Welcher Windows-Konsolenbefehl gibt die Dateien im aktuellen Verzeichnis und allen Unterverzeichnissen seitenweise aus?
    - `dir /p/s`
    - `dir /a`
    - `ls -R |less`
    - `subdir |more`
34. Wie wechseln Sie aus dem Windows-Verzeichnis *C:\Users\User\Music* per relativer Pfadangabe in das Verzeichnis *C:\Users\User\Documents\Letters*?
    - `cd ..\Letters`
    - `cd Documents\Letters`
    - `cd ..\Documents\Letters`
    - `cd \Documents\Letters`
35. Welche Einschränkung hat der Windows-Konsolenbefehl `rmdir` gegenüber `del /s`?
    - `rmdir` löscht nur leere Verzeichnisse.
    - `rmdir` löscht nur Dateien, keine Verzeichnisse.
    - `rmdir` löscht nur Dateien und Verzeichnisse, die dem aktuellen User-Account gehören.
    - Keine; die beiden Kommandos sind synonym.
36. Wie benennen Sie die Datei *alter-name.txt* auf der Windows-Konsole in *neuer-name.txt* um?
    - `mv alter-name.txt neuer-name.txt`
    - `del alter-name.txt |create neuer-name.txt`
    - `rename alter-name.txt neuer-name.txt`
    - Umbenennen geht leider nur in der grafischen Oberfläche, nicht auf der Konsole.
37. Wie zeigen Sie in der Windows PowerShell eine Liste der Dateien im aktuellen Verzeichnis an?
    - `Get-Files`
    - `Get-Filenames`
    - `Get-ChildItem`
    - `Get-Children`
38. Welcher Ausdruck überprüft in der PowerShell, ob die Variable `$a` den Wert `"test"` enthält?
    - `$a = "test"`
    - `$a == "test"`
    - `$a -eq "test"`
    - `$a.equals("test")`

39. Welche der folgenden Windows-Server-Versionen gab es nie?
    - Windows 2000 Server
    - Windows NT Server 4.0
    - Windows Server 2012 R2
    - Windows 95 Server
40. Welche Linux-Distribution installiert Pakete in der Regel durch Kompilieren des Quellcodes?
    - openSUSE
    - Gentoo
    - Debian
    - Red Hat
41. Wie heißt die Datei, in der bei einem Unix-System die User-Accounts gespeichert sind?
    - */etc/users*
    - */etc/accounts*
    - */etc/passwd*
    - Es handelt sich nicht um eine einfache Datei, sondern um eine Datenbank in verschiedenen Dateien.
42. Wie holen Sie ein im Hintergrund laufendes Unix-Programm zurück aufs Terminal?
    - durch Drücken von `Strg` + `Z`
    - durch Eingabe von `fg`
    - Der Vorgang ist leider irreversibel; das Programm muss mit `kill` beendet und dann neu gestartet werden.
    - durch Auswahl in der Prozessliste
43. Wie lassen sich in der *bash* alle Bilddateien mit dem Namensschema *bild1.jpg* ansprechen, wobei die 1 für eine beliebig lange Zahl stehen kann?
    - `bild[0-9].jpg`
    - `bild\n.jpg`
    - `Bild?.jpg`
    - `bild*.jpg`
44. Mit welcher Unix-Shell-Anweisung werden alle Dateien im aktuellen Verzeichnis gelöscht, deren Name mit a beginnt?
    - `rm |grep ^a`
    - `rm [!a]`
    - `rm a*`
    - `rm -rf a`

45. Wie lassen sich in der Linux-Shell alle Dateien im aktuellen Verzeichnis (einschließlich der versteckten) mit ausführlichen Informationen ausgeben?
    - `ls -a`
    - `ls --show-hidden`
    - Dies geht nur in der grafischen Benutzeroberfläche, nicht auf der Konsole.
    - `ls -la`
46. Wie erteilen Sie allen User-Accounts unter Linux das Recht, die Datei *listdir.sh* auszuführen?
    - `chmod a+x listdir.sh`
    - `chmod o+x listdir.sh`
    - `chown 0 listdir.sh`
    - `cp listdir.sh /usr/bin`
47. Was ist keine Komponente von Syslog-Meldungen?
    - Facility
    - Message
    - Error
    - Priority
48. Wann wird der durch `...` symbolisierte Code in folgendem Ausschnitt eines *bash*-Shell-Skripts ausgeführt?

```
if [ -f ~/.lock ]
then
  ...
fi
```

    - wenn im Home-Verzeichnis des Users der Verzeichniseintrag *.lock* existiert
    - wenn im *root*-Verzeichnis die reguläre Datei *.lock* existiert
    - wenn im Home-Verzeichnis des Users die reguläre Datei *.lock* existiert
    - Gar nicht; der Code enthält einen Syntaxfehler.
49. Wie wird in der *bash* ein Alias namens `lh` definiert, das den Befehl `ls -lah` enthält?
    - `alias lh 'ls -lah'`
    - `alias lh='ls -lah'`
    - `alias 'ls -lah':lh`
    - `alias lh:'ls -lah'`

50. Zu welchen Zeiten wird ein Cronjob mit folgendem Crontab-Eintrag ausgeführt?

```
*/15 8-18 * * *
```

- werktags, einmal stündlich, von 8:15 bis 18:15 Uhr
- jeden Tag, einmal stündlich, von 8:15 bis 18:15 Uhr
- alle 15 Tage, stündlich, von 8:00 bis 18:15 Uhr
- jeden Tag, viertelstündlich, von 8:00 bis 18:45 Uhr

51. Was bewirkt die Eingabe `d7d` im vi(m)-Befehlsmodus?
    - Es werden sieben Zeilen ab der aktuellen gelöscht.
    - Die aktuelle Zeile und sieben weitere werden gelöscht.
    - Der Editor wechselt in den Eingabemodus, und der User kann bis zu sieben Zeilen überschreiben.
    - Die Meldung `Syntax error` wird angezeigt, denn der Befehl muss `7dd` lauten.

52. Wie wird der Editor Emacs beendet?
    - `C-x C-x`
    - `Esc`
    - `C-x C-c`
    - `C-x M-c`

Kapitel 7
Grundlagen der Programmierung

There are 10 kinds of people: Those who understand binary notation and those who do not.
– Anonym

Ein Computer ist immer nur so nützlich wie die verfügbare Software. Heutzutage gibt es vorgefertigte Programme für beinahe jeden Verwendungszweck; viele von ihnen lernen Sie in verschiedenen Kapiteln dieses Buchs kennen. Dennoch gibt es – neben der Tatsache, dass Ihre Ausbildung es vielleicht verlangt – eine Reihe guter Gründe, Software selbst zu entwickeln:

- Trotz der immensen Fülle an Standardsoftware ist manchmal nicht genau das passende Programm verfügbar.
- Manche Software ist so teuer, dass sie das Budget von Privatpersonen oder auch kleineren Unternehmen bei Weitem übersteigt.
- Open-Source-Software löst das Preisproblem in vielen Fällen, aber gerade diese lässt sich mithilfe eingebauter Programmierschnittstellen oft noch besser an die eigenen Bedürfnisse anpassen.
- Es gibt kaum eine verlässlichere Möglichkeit, die Funktionsweise eines Computers zu verstehen, als ihn zu programmieren.

Um Software entwickeln zu können, benötigen Sie Programmierkenntnisse. Je nach Art und Einsatzgebiet von Programmen sind die verschiedenen Programmiersprachen unterschiedlich gut geeignet. Beispielsweise sind einige Sprachen besonders auf Geschwindigkeit optimiert, andere dagegen sind benutzerfreundlicher und leichter zu erlernen, wieder andere sind lediglich für spezielle Arten von Programmen geeignet oder funktionieren nur innerhalb eines bestimmten Anwendungsprogramms. In diesem Buch beschäftigen sich mehrere Kapitel oder Teile von ihnen mit verschiedenen Aspekten der Programmierung:

- In Kapitel 1, »Einführung«, finden Sie einen kurzen Abriss zur Geschichte der Programmiersprachen.
- In Kapitel 3, »Elektronische und technische Grundlagen«, wird ein virtueller Prozessor erläutert, der über eine einfache Maschinensprache (genauer gesagt, eine Assembler-Sprache) mit wenigen Instruktionen verfügt.

- Kapitel 6, »Betriebssysteme«, ermöglicht einen Einstieg in die Programmierung mit der Windows PowerShell und enthält einen kurzen Abschnitt über Linux/Unix-Shell-Skripte.
- Das vorliegende Kapitel bietet einen allgemeinen Einstieg in die Programmierung. Anhand zweier verschiedener gängiger Sprachen werden die wichtigsten Komponenten von Computerprogrammen vorgestellt.
- Kapitel 8, »Algorithmen und Datenstrukturen«, erläutert gängige Algorithmen, also Problemlösungsstrategien, die beispielsweise dem Suchen nach und dem Sortieren von Daten dienen.
- In Kapitel 9, »Weitere Konzepte der Programmierung«, werden zahlreiche spezielle Programmiertechniken behandelt. Unter anderem werden Sie in die Mustererkennung mit regulären Ausdrücken eingeführt und lernen einige Grundlagen der System- und Netzwerkprogrammierung kennen.
- Kapitel 10, »Datenanalyse, Machine Learning, künstliche Intelligenz«, stellt die Grundlagen diverser Algorithmen zur automatisierten Auswertung von Datenreihen vor.
- Kapitel 11, »Software-Engineering«, geht den wichtigen Schritt von der einzelnen Programmdatei zum Softwareprojekt. Sie lernen verschiedene nützliche Techniken kennen, um größere Programme zu planen und den Überblick in ihnen zu behalten.
- In Kapitel 13, »Datenbanken«, wird auf die Verwendung von Schnittstellen zur Programmierung datenbankgestützter Anwendungen eingegangen.
- In Kapitel 16, »XML«, erhalten Sie einen kurzen Überblick über wichtige Schnittstellen zur XML-Programmierung.
- In Kapitel 19, »Webserveranwendungen«, wird die Programmiersprache PHP vorgestellt.
- Kapitel 20, »JavaScript und Ajax«, führt in die Skriptsprache JavaScript ein, mit der sich Webseiten im Browser »zum Leben erwecken« lassen. Sie lernen die Grundlagen der Sprache, das dynamische Nachladen von Inhalten mit Ajax, das JavaScript-Anwendungs-Framework React.js sowie die serverseitige JavaScript-Engine Node.js kennen.

Das vorliegende Kapitel dient als grundlegendes Tutorial für fortgeschrittene Computeranwender*innen, die bisher noch nicht programmiert haben. Es ist ebenfalls nützlich, wenn Sie grundsätzlich Programmierkenntnisse haben, aber eine oder mehrere der vorgestellten Sprachen noch nicht kennen. Im Einzelnen lernen Sie in diesem Kapitel eine Compiler- und eine Skriptsprache kennen. Eine der Sprachen ist überwiegend objektorientiert, die andere ist eine Multiparadigmensprache, das heißt, sie bietet Aspekte verschiedener Programmiersprachenarten (siehe Abschnitt 1.2.3, »Die Entwicklung der Programmiersprachen«, in Kapitel 1, »Einführung«). Im Einzelnen handelt es sich um folgende Sprachen:

- Python – Multiparadigmen-Skriptsprache
- Java – objektorientierte Compilersprache

7.1 Python

Es gibt unterschiedliche Meinungen darüber, welche Programmiersprache am besten geeignet ist, um das Programmieren zu erlernen. Alle bisherigen Auflagen dieses Buchs begannen mit der über 50 Jahre alten Sprache C – unter anderem, weil ihre grundlegende Syntax von vielen verschiedenen Sprachen übernommen wurde (Aspekte davon werden Sie bei den weiterhin in diesem Buch behandelten Sprachen Java, PHP und JavaScript kennenlernen). Für die aktuelle Auflage habe ich mich nicht nur aus Platzgründen dafür entschieden, stattdessen mit Python zu beginnen, weil sich die knappe, präzise Syntax aufs Wesentliche konzentriert.

Zudem ist Python eine sogenannte *Multiparadigmensprache*. Es handelt sich also nicht um eine rein imperative, objektorientierte oder funktionale Sprache, stattdessen bietet Python viele Aspekte dieser und anderer Programmiersprachen, sodass Sie die Chance haben, sie alle kennenzulernen.

Es handelt sich um eine *interpretierte Sprache*, das heißt, Programme werden im Quellcode ausgeliefert und zur Laufzeit von einem speziellen Programm, dem *Python-Interpreter*, übersetzt. Hinter den Kulissen findet, wie bei den meisten modernen Skriptsprachen, eine sogenannte *Just-in-Time-Kompilierung* statt – der Code wird keineswegs Zeile für Zeile während der Ausführung übersetzt, sondern in der Regel viel schneller, und die übersetzte Form wird im Arbeitsspeicher oder sogar auf einem Datenträger zwischengespeichert.

Die erste Version der Sprache wurde ab 1989 von dem niederländischen Programmierer *Guido van Rossum* entwickelt; die fertige Version 1.0 erschien 1994. Der Name bezieht sich nicht auf das gleichnamige Tier, sondern auf die britische Comedy-Gruppe *Monty Python*, von der van Rossum ein großer Fan ist. In der offiziellen Python-Dokumentation wimmelt es daher von Anspielungen auf Monty-Python-Filme und -Sketche (der vorliegende Abschnitt hält an dieser Tradition fest). Inzwischen arbeiten zahlreiche Programmierer an der Weiterentwicklung von Python, aber bis 2018 hatte Guido van Rossum als *Benevolent Dictator for Life* (BDFL) das letzte Wort. Nachdem er 2019 vorübergehend seinen weitgehenden Ruhestand geplant hatte, begann er im November 2020, bei Microsoft zu arbeiten, wo er sich offenbar um eine engere Integration von Python in die Windows-Betriebssysteme kümmern wird.

Im Jahr 2000 wurde Python 2.0 vorgestellt; die wichtigsten neuen Features waren Unicode-Unterstützung und eine voll ausgestattete Garbage Collection (die automatische Bereinigung des Speichers von nicht mehr benötigten Daten). Python 3.0, veröffentlicht im Jahr 2008, ist eine ausführliche Neuimplementierung der Sprache und nicht zu Version 2 abwärtskompatibel. Allerdings wurden zahlreiche Features seitdem für die Verwendung mit 2.x rückportiert. Da es noch immer diverse weitverbreitete Bibliotheken gibt, die nicht mit Python 3 kompatibel sind, und da Python in vielen Softwareprojekten eine wichtige Rolle als eingebettete Skriptsprache spielt, wurde auch Python 2 bis 2020 mit Sicherheitsupdates und Bugfixes weitergepflegt. Dieser Abschnitt behandelt jedoch ausschließlich Python 3 in dem aktuellen Release 3.9.

Auf den meisten Linux-Distributionen ist Python bereits vorinstalliert oder kann mithilfe des Paketmanagers nachinstalliert werden. Oft verbirgt sich hinter dem Kommando `python` die Version 2.x, während Python 3 als `python3` aufgerufen wird. macOS enthält ebenfalls Python 2 ab Werk, während Python 3 nachinstalliert werden kann. Installer mit ausführlicher Anleitung für macOS, Windows und andere Betriebssysteme finden Sie auf der Python-Website *www.python.org*.

Besonders für Machine-Learning-Algorithmen ist es nützlich, statt der offiziellen Python-Distribution die *Anaconda*-Distribution zu installieren, da sie bereits ab Werk die wichtigsten Module für diesen Aufgabenbereich enthält und mit nützlichen Tools ausgestattet ist. Downloads und Installationsanleitungen finden Sie unter *www.anaconda.com/products/individual*; Näheres zu spezifischen Anaconda-Tools erfahren Sie in Kapitel 10, »Datenanalyse, Machine Learning, künstliche Intelligenz«.

Im Folgenden wird der Interpreter-Aufruf stets als `python3` geschrieben, um klarzustellen, dass Sie diese Version benötigen, um alle Beispiele ausprobieren zu können. Um ein Python-Skript auszuführen, geben Sie dieses ein:

```
$ python3 Dateiname
```

Die Dateiendung für Python-Skripte ist üblicherweise *.py*.

Wenn Sie den Interpreter ohne Angabe eines Dateinamens starten, erhalten Sie eine interaktive Shell, hier zum Beispiel die Ausgabe unter macOS:

```
$ python3
Python 3.9.1 (default, Dec 11 2020, 06:28:49)
[Clang 10.0.0 ] :: Anaconda, Inc. on darwin
Type "help", "copyright", "credits" or "license" for more information.
>>>
```

Hier können Sie Python-Ausdrücke und Kommandos eingeben, die sofort ausgewertet werden, was eine sehr praktische Methode ist, Python auszuprobieren. In den folgenden Unterabschnitten wird die Python-Shell oft zum Einsatz kommen; die entsprechenden Beispiele werden durch ihren Prompt gekennzeichnet: `>>>`.

Sie können die Shell unter anderem als einfachen Taschenrechner verwenden:

```
>>> 3+4
7
```

Wenn Sie die Shell wieder beenden möchten, geben Sie

```
>>> exit()
```

ein. Auf Unix-Systemen genügt es auch, Strg + D (End of File) zu drücken.

In der Anaconda-Distribution steht Ihnen ipython (*interactive Python*) als alternative Shell zur Verfügung. Sie hat gegenüber der Standard-Shell einige Vorteile – beispielsweise können Sie in der History auch mehrzeilige Eingaben zurückholen und editieren. In ipython sieht die Eingabeaufforderung so aus:

```
In [1]:
```

Entsprechend wird die zugehörige Ausgabe – wenn es sich um einen Ausdruck und nicht um einen expliziten Ausgabebefehl handelt – so gekennzeichnet:

```
Out [1]:
```

Die einzelnen Ein- und Ausgabeblöcke werden mit 1 beginnend durchnummeriert.

7.1.1 Das erste Beispiel

Bevor die einzelnen Bestandteile der Programmiersprache Python genauer erläutert werden, sehen Sie hier zunächst ein einfaches Beispielprogramm. Dabei handelt es sich um eine erweiterte Fassung des klassischen »Hello World«-Beispiels. Es ist Tradition, das Erlernen einer Programmiersprache mit einem Programm zu beginnen, das diese Begrüßung ausgibt. Unter *http://helloworldcollection.de* finden Sie eine Website mit »Hello World«-Programmen in knapp 600 Programmiersprachen.[1]

Sie werden zuerst mit »Hallo Welt!« begrüßt, können anschließend Ihren Namen eingeben und erhalten daraufhin noch einen persönlicheren Gruß.

Geben Sie in einem Editor Ihrer Wahl das folgende Skript ein und speichern Sie es unter *hello.py*:

```
print("Hallo Welt!")
name = input("Ihr Name bitte: ")
print("Hallo " + name + "!")
```

Listing 7.1 hello.py ist das erste Python-Beispiel – eine erweiterte Fassung des berühmten »Hello World«-Programms.

Anschließend können Sie es wie folgt ausführen:

```
$ python3 hello.py
Hallo Welt!
Ihr Name bitte: Sascha
Hallo Sascha!
```

1 Noch beeindruckender ist die Website *http://99-bottles-of-beer.net*, die zurzeit 1.500 verschiedene Implementierungen zur Ausgabe des Sauflieds »99 Bottles of Beer« enthält.

Im Einzelnen bedeuten die drei Zeilen Folgendes:

- `print("Hallo Welt!")`

  Die Funktion `print()` gibt einen String aus, gefolgt von einem Zeilenumbruch. Die Funktion hat zusätzliche Parameter, die beispielsweise die Ersetzung des Zeilenumbruchs durch ein anderes Trennzeichen erlauben, wobei auch ein leerer String möglich ist, um mehrere Strings ohne Unterbrechung auszugeben.

- `name = input("Ihr Name bitte: ")`

  Diese Anweisung definiert eine Variable mit der Bezeichnung `name`. Der Funktionsaufruf `input()` ermöglicht die Eingabe einer Textzeile zur Laufzeit. Durch die Wertzuweisung wird die Eingabe, ohne den abschließenden Zeilenumbruch, in der Variablen `name` gespeichert.

- `print("Hallo " + name + "!")`

  Auch dieser Aufruf von `print()` dient der Ausgabe; der einzige Unterschied zur ersten Zeile des Skripts besteht darin, dass die Ausgabe hier mithilfe von + aus zwei festen Textbestandteilen und dem Wert einer Variablen zusammengesetzt wird.

7.1.2 Grundelemente von Python

Dieser Unterabschnitt betrachtet die wesentlichen Bestandteile von Python. In späteren Unterabschnitten werden die Objektorientierung, Aspekte der funktionalen Programmierung sowie ausgewählte Elemente der Python-Standardbibliothek behandelt.

Besonderheiten der Syntax

In vielen Programmiersprachen enden Anweisungen mit einem Semikolon, in Python dagegen einfach mit einem Zeilenumbruch:

```
>>> print("Hallo")
Hallo
>>> print("Welt")
Welt
```

Allerdings können Sie das Semikolon optional verwenden, um mehrere Anweisungen in dieselbe Zeile zu schreiben:

```
>>> print("Hallo"); print("Welt")
Hallo
Welt
```

Dies ist jedoch nur in Ausnahmefällen empfehlenswert, da es nicht zu einer besseren Lesbarkeit der Programme beiträgt.

Umgekehrt können Sie Anweisungen über mehrere Zeilen verteilen, wenn Sie vor dem jeweiligen Zeilenumbruch einen Backslash setzen:

```
>>> 2 * \
... 3 \
... * 4
24
```

Auch das ist nur eine selten empfehlenswerte Notlösung. Besser ist es gegebenenfalls, einen Ausdruck in Klammern zu setzen, denn auch dieser darf sich dann über mehrere Zeilen erstrecken:


```
>>> (2 +
... 3 +
... 4)
9
```

Die Einrückung macht den Unterschied

Die wichtigste Besonderheit von Python ist, dass *allein die Einrückung* darüber bestimmt, in welchen Zusammenhang eine Anweisung gehört. Dies wurde von einer ebenfalls in den Niederlanden entwickelten Sprache namens ABC übernommen, an der Guido van Rossum mitarbeitete, bevor er Python entwickelte.

Betrachten Sie dazu das folgende Beispiel:

```
print("Allgemeine Anweisung") # Wird immer ausgeführt.
if a > 0:
    print("a ist positiv.")   # Nur, wenn a > 0.
    print("Noch eine Zeile.") # Nur, wenn a > 0.
print("Ende.")                # Wird immer ausgeführt.
```

Dieses Konzept ist gewöhnungsbedürftig und zwingt zu äußerster Disziplin beim Einrücken, aber es folgt dem allgemeinen Konzept von Python, möglichst sparsam und pragmatisch zu sein. Außerdem schadet Disziplin beim Einrücken ohnehin nicht, denn auch in Sprachen, in denen die Einrückung keine syntaktische Bedeutung hat, macht sie Programme lesbarer.

Bestandteile von Python-Programmen

Computerprogramme bestehen im Wesentlichen aus *Anweisungen* (englisch: *instructions*), die bestimmen, was in welcher Reihenfolge geschehen soll. Diese Anweisungen lassen sich in verschiedene Gruppen unterteilen:

- *Funktionsaufrufe* bestehen aus dem Namen der gewünschten Funktion und Argumenten, also Objekten oder Werten, mit denen die Funktion arbeiten soll. Manche Funktionen erledigen eine Aufgabe – `print()` kümmert sich beispielsweise um die Ausgabe der angegebenen Werte –, während andere mithilfe irgendeines Verfahrens einen Wert ermitteln und zurückgeben, der seinerseits entweder ausgegeben oder in komplexeren Ausdrücken weiterverwendet werden kann – die Funktion `max()` liefert etwa den größten Wert der übergebenen Liste von Werten zurück. Es gibt einen später in diesem Kapitel genauer erläuterten technischen Unterschied zwischen allein stehenden Funktionen und Methoden; Letztere sind Funktionen, die in bestimmte Objekte eingebaut sind.

- *Wertzuweisungen* bestehen aus drei Komponenten:
  - einer Variablen (nichts anderes als ein benannter Speicherplatz), der ein Wert zugewiesen werden soll,
  - dem Gleichheitszeichen `=` als Wertzuweisungsoperator und
  - dem Wert, der in der Variablen gespeichert werden soll.

  Da die Variable, in der der Wert abgelegt werden soll, auf der linken Seite der Wertzuweisung steht, wird sie auch allgemeiner als *LVALUE* (kurz für *left value*) bezeichnet, denn wie noch zu klären sein wird, kann es sich auch um andere Elemente als um einzelne Variablen handeln. Zusätzlich zum einfachen Gleichheitszeichen gibt es zahlreiche weitere Modifikationsoperatoren, die den bereits vorhandenen Wert des LVALUE ändern. Der zugewiesene Wert schließlich kann ein beliebig komplexer Ausdruck sein, der zunächst ausgewertet wird, bevor er im LVALUE gespeichert wird. Nach der Wertzuweisung kann der LVALUE wiederum in andere Ausdrücke eingesetzt werden, wo er dann jeweils für seinen aktuellen Wert steht und in die Ermittlung neuer Werte einfließen kann.
- *Kontrollstrukturen* sind alle Elemente, die den geradlinigen Programmablauf aus einzelnen Anweisungen unterbrechen, indem sie beispielsweise vor der Ausführung von Code eine Bedingung prüfen (Fallentscheidung) oder Anweisungen für verschiedene Fälle mehrfach ausführen (Schleife). Erst das Vorhandensein von Kontrollstrukturen macht Programmierung flexibel genug, um dadurch beliebige Aufgaben zu lösen.
- Schließlich ermöglicht die *Deklaration* eigener Funktionen und Klassen (Vorlagen für Objekte eines bestimmten Typs) die Wiederverwendbarkeit von Programmteilen und ist so ein wichtiger Bestandteil guten Softwaredesigns.

Nicht zu unterschätzende Bestandteile von Computerprogrammen sind obendrein die *Kommentare*. Sie sind kein ausführbarer Programmcode, sondern Erläuterung für diejenigen, die den Code schreiben, lesen und später überarbeiten. Das Kommentieren wesentlicher Programmbestandteile ist ein wichtiger Aspekt lesbaren Codes, denn es ermöglicht einen wesentlich schnelleren Zugriff auf Informationen über ein Programm als das Lesen mehrerer Codezeilen. Zudem ist es einfacher, Programmfehler zu finden, wenn dokumentiert wird, was die Aufgabe eines Anweisungsblocks sein soll.

Python bietet zwei verschiedene Arten von Kommentaren. Die Raute (`#`) leitet einen einzeiligen Kommentar ein, der bis zum nächsten Zeilenumbruch reicht. Beispiel:

```
print("Test")  # Anweisung und Kommentar
# Nur Kommentar
```

Ein mehrzeiliger Kommentar beginnt und endet jeweils mit drei doppelten Anführungszeichen. Dieser Kommentarstil wird vor allem zur Generierung von Programmdokumentationen aus dem Quellcode verwendet. Hier ein Beispiel:

```
"""Mehrzeiliger Kommentar
Wird üblicherweise zur Programmdokumentation verwendet.
"""
```


Ausdrücke

Wie bereits erwähnt, können Werte aus beliebig komplexen *Ausdrücken* ermittelt werden. Die Ausdrücke wiederum können aus folgenden verschiedenen Bestandteilen zusammengesetzt sein:

- Die einfachsten Bestandteile sind *Literale*, also Werte, die wörtlich so gemeint sind, wie sie geschrieben wurden. Es gibt beispielsweise numerische Literale wie `42` oder `3.1415926` (beachten Sie den Dezimalpunkt statt des Kommas) oder Strings, das heißt Textliterale wie `"Hallo Welt"`, die Sie an den Anführungszeichen erkennen.
- *Operatoren* verknüpfen Werte auf unterschiedliche Weise miteinander. Dazu gehören beispielsweise die mathematischen Grundrechenarten. Beachten Sie, dass für die Multiplikation das Zeichen * und für die Division / zum Einsatz kommen.
- Weitere Bestandteile sind *Variablen* oder allgemein *LVALUEs*, denen zuvor ein Wert zugewiesen wurde und deren aktueller Wert jeweils im Ausdruck verwendet wird.
- Dabei sind auch *Funktions-* oder *Methodenaufrufe*, sofern sie einen Wert zurückgeben, mit dem dann weiter operiert wird.
- *Klammern* ermöglichen es schließlich, die Rangfolge der Operatoren (etwa die aus der Arithmetik bekannte und auch in praktisch allen Programmiersprachen geltende Regel »Punkt- vor Strichrechnung«) zu übergehen: `3 + 5 * 4` bedeutet etwas anderes als `(3 + 5) * 4`, nämlich 23 beziehungsweise 32. Wie in der Mathematik können Sie Klammern beliebig tief ineinander verschachteln – zu diesem spezifischen Zweck allerdings ausschließlich runde, da eckige Klammern in Python und vielen anderen Programmiersprachen eine spezielle Bedeutung haben.

Literale

Literale als einfachste Formen – und auch als Bestandteile – von Ausdrücken brauchen nicht mehr auf irgendeine Weise ausgewertet zu werden, sondern sind wie gesagt wörtlich (englisch: *literally*) so gemeint, wie sie im Programm stehen.

Numerische Literale können als ganze Zahlen (*Integer*) oder als Fließkommazahlen vorkommen. *Ganze Zahlen* werden üblicherweise dezimal angeben, beispielsweise -23 oder 42. Optional können Sie den Unterstrich _ als Trennzeichen verwenden, typischerweise für Tausenderstellen:

```
>>> 1_000_000
1000000
```

Eine Besonderheit von Ganzzahlen in Python ist ihre beliebige Größe (soweit sie in den Speicher passen). In praktisch allen anderen Programmiersprachen haben sie eine bestimmte Speichergröße, zum Beispiel 32 oder 64 Bit, und können daher nur Werte in den in Kapitel 2, »Mathematische Grundlagen«, beschriebenen Bereichen enthalten. In Python können Sie dagegen beispielsweise die Operation 12345^{12345} ausführen:

```
>>> 12345**12345
286786522500366944...
```

Das Ergebnis ist eine Zahl mit 50.510 Stellen, was Sie durch folgenden Python-Ausdruck ermitteln können:

```
>>> len(str(12345**12345))
50510
```

Die fertig berechnete Zahl wird hier zunächst mit `str()` in einen String umgewandelt, und anschließend wird mit `len()` dessen Länge gemessen.

Neben Dezimalzahlen können Sie auch Hexadezimalzahlen schreiben. Diese werden durch ein vorangestelltes `0x` gekennzeichnet:

```
>>> 0xABCD
43981
```

Oktalzahlen werden mit vorangestelltem `0o` (Ziffer Null, kleiner Buchstabe o) geschrieben:

```
>>> 0o27
23
```

Auch Dualzahlen sind als Literale zu schreiben, indem Sie ihnen die Zeichenfolge `0b` voranstellen:

```
>>> 0b101010
42
```

Sie können Ganzzahlen übrigens ebenfalls ins Dual-, Oktal- oder Hexadezimalsystem umwandeln – allerdings sind die Ergebnisse formal keine Zahlen mehr, sondern Strings. Beispiele:

```
>>> bin(23) # Dezimal -> Dual
'0b10111'
>>> oct(23) # Dezimal -> Oktal
'0o27'
>>> hex(23) # Dezimal -> Hexadezimal
'0x17'
>>> oct(0xff) # Hexadezimal -> Oktal
'0o377'
>>> bin(0o42) # Oktal -> Dual
'0b100010'
```


Eine grundsätzlich andere Art von Zahlen sind *Fließkommazahlen* (englisch: *floating point numbers*). Diese Literale werden mit Dezimalpunkt geschrieben, beispielsweise `0.23` oder `-1.03`, oder mithilfe der Exponentialschreibweise, etwa `4e4` für $4 * 10^4$ (40.000) oder `3.1e-3` für $3 * 10^{-3}$ (0,0031). Im Gegensatz zu Ganzzahlen haben sie eine fest definierte Speichergröße und damit eine maximale Genauigkeit, nämlich 64 Bit.

Eine Besonderheit von Python ist, dass bereits in der Grundausstattung *komplexe Zahlen* enthalten sind. Eine komplexe Zahl besteht aus einem *Realteil*, also einer beliebigen reellen Zahl, und einem hinzuaddierten *Imaginärteil* (ein Vielfaches von *i*, definiert als eine Zahl, deren Quadrat –1 ist, also $i := i^2 = -1$). Da das Quadrat sowohl positiver als auch negativer Zahlen für reelle Zahlen positiv ist, werden Zahlen mit negativem Quadrat, die beispielsweise in der Physik eine Rolle spielen, als imaginär bezeichnet. Komplexe Zahlen werden wie folgt geschrieben:

```
>>> complex(3, 4)
(3+4j)
```

In den Klammern von `complex()` wird also zuerst der Real- und dann der Imaginärteil angegeben. Die interne Darstellung besteht, wie Sie sehen, aus Klammern, dem Realteil, einem Plus- oder Minuszeichen (je nachdem, ob der Imaginär-Multiplikator positiv oder negativ ist), dem Multiplikator selbst und dem Buchstaben `j`. Die eingebauten Attribute `real` und `imag` liefern den Imaginär- beziehungsweise Realteil zurück:

```
>>> complex(3, 5).real
3.0
>>> complex(4, -4).imag
-4.0
```

Ansonsten können Sie mit komplexen Zahlen gemäß den für sie geltenden mathematischen Regeln rechnen, auch gemischt mit anderen Zahlentypen. Beispiele:

```
>>> complex(1, 2) + complex(3, 4)
(4+6j)
>>> complex(3, 5) + 7
(10+5j)
```

Strings, auf Deutsch manchmal *Zeichenketten* genannt, werden zur Speicherung und Verarbeitung von Text verwendet. Auch für sie gibt es verschiedene Schreibweisen:

- doppelte Anführungszeichen, zum Beispiel `"The Holy Grail"`
- einfache Anführungszeichen, etwa `'Dead Parrot'`
- Sogenannte *here documents* (auf Deutsch auch Hier-Dokumente), die mit drei Anführungszeichen (einfachen oder doppelten) beginnen, sich über beliebig viele Zeilen erstrecken können und wieder mit drei einfachen Anführungszeichen enden. Der Name bezieht sich darauf, dass diese Strings »bis hierhin« reichen. Dies ist ein Beispiel aus der interaktiven Shell, das zeigt, wie die Zeilenumbrüche Teil des Strings werden:

  ```
  >>> '''Arthur
  ... Galahad
  ... Lancelot
  ... Robin'''
  'Arthur\nGalahad\nLancelot\nRobin'
  ```

  Mehrzeilige Kommentare werden wie erwähnt genauso geschrieben wie here documents mit doppelten Anführungszeichen – im Prinzip sind sie auch identisch, werden aber nicht im Programm ausgewertet, da sie an den entsprechenden Stellen weder als Werte in Variablen gespeichert noch in Ausdrücken verwendet werden.

Anders als in manchen anderen Skriptsprachen gibt es keinen funktionalen Unterschied zwischen einfachen und doppelten Anführungszeichen (siehe etwa die Sprache PHP in Kapitel 19, »Webserveranwendungen«), und auch ein einzelnes Zeichen in einfachen Anführungszeichen ist ein String – anders als in der später in diesem Kapitel behandelten Sprache Java, in der ein solches einzelnes Zeichen ein eigener Datentyp ist. Sie können innerhalb eines Strings mit einer bestimmten Sorte von Anführungszeichen die jeweils andere Sorte ohne Escaping verwenden:

```
>>> "'We have Spam, bacon, sausage and Spam,' the waitress said."
"'We have Spam, bacon, sausage and Spam,' the waitress said."
>>> '"We have Spam, egg, Spam, Spam, bacon and Spam," she added.'
'"We have Spam, egg, Spam, Spam, bacon and Spam," she added.'
```

Möchten Sie dagegen dieselbe Sorte Anführungszeichen verschachteln, müssen Sie sie mithilfe eines Backslashs (\) escapen:

```
>>> '"\'Tis but a scratch," the Black Knight roared.'
'"\'Tis but a scratch," the Black Knight roared.'
>>> "\"It's just a flesh wound,\" he added."
'"It\'s just a flesh wound," he added.'
```

Neben den Anführungszeichen gibt es noch andere sogenannte *Escape-Sequenzen*. Wenn Sie den Backslash als Zeichen benötigen, müssen Sie ihn aus naheliegenden Gründen ebenfalls escapen, und zwar als \\. Speziellere Escape-Sequenzen sind beispielsweise \n für den Zeilenumbruch oder \t für den Tabulator.

Besondere Literale sind True und False, die zur Boolean-Klasse (bool) gehören, sowie None, die einzige Instanz der Klasse NoneType. Beachten Sie, dass alle diese Werte mit großen Anfangsbuchstaben geschrieben werden müssen. True und False sind boolesche Wahrheitswerte, also zum Beispiel die Ergebnisse von Vergleichsoperationen:

```
>>> 2 < 3
True
>>> 2 > 3
False
```


None ist eine sogenannte leere Referenz, also ein Verweis auf nichts. Dieser spezielle Wert wird oft verwendet, um anzuzeigen, dass eine Wertermittlung noch nicht stattgefunden hat oder nicht möglich ist.

Variablen, die noch nicht definiert wurden, haben nicht den Wert None, stattdessen führt der Zugriff auf sie zu einer Fehlermeldung, wie das folgende Beispiel zeigt:

```
>>> print(x)
Traceback (most recent call last):
  File "<stdin>", line 1, in <module>
NameError: name 'x' is not defined
```

Neben den bisher besprochenen skalaren (einwertigen) Literalen gibt es noch verschiedene Arten von Listen und weitere zusammengesetzte Literale, etwa eine einfache Liste wie [1, 2, 3]. Diese werden später in einem eigenen Unterabschnitt behandelt.

Jedes Literal, und natürlich auch der Wert jedes Ausdrucks, gehört in Python zu einer bestimmten Klasse; Sie können diese mithilfe der Funktion type(*ausdruck*) ermitteln. Beispiele:

```
>>> type(42)
<class 'int'>
>>> type(3.1415926)
<class 'float'>
>>> type("Camelot")
<class 'str'>
>>> type([1,2,3])
<class 'list'>
>>> type(True)
<class 'bool'>
```

Variablen verwenden

Eine Variable ist ein benannter Speicherplatz. Sie können darin einen bestimmten Wert oder ein bestimmtes Objekt ablegen, und wenn Sie den Namen in einem Ausdruck benutzen, wird der jeweils aktuelle Wert eingesetzt. Variablen werden in Python durch einfache Wertzuweisung definiert. Beispiele:

```
>>> a = 1
>>> b = "Hallo"
>>> a
1
>>> b
'Hallo'
```

Der Typ ist dabei ausschließlich an den enthaltenen Wert gebunden, nicht an die Variable selbst. Sie können derselben Variablen daher nacheinander Werte verschiedener Typen zuweisen:

```
>>> x = 1
>>> type(x)
<class 'int'>
>>> x = "Test"
>>> type(x)
<class 'str'>
```

Aus diesem Grund wird Python als *dynamisch typisierte* Sprache bezeichnet.

In Bezeichnern sind Buchstaben, Ziffern und Unterstriche erlaubt, wobei das erste Zeichen keine Ziffer sein darf. Es wird zwischen Groß- und Kleinschreibung unterschieden, wie der folgende Versuch durch die Fehlermeldung zeigt:

```
>>> test = 3
>>> test
3
>>> Test
Traceback (most recent call last):
  File "<stdin>", line 1, in <module>
NameError: name 'Test' is not defined
```

Übrigens sind nicht nur die 26 Buchstaben des lateinischen Alphabets erlaubt, sondern praktisch alle Buchstaben, Silbenzeichen und Ideogramme, die im Unicode-Zeichensatz vorkommen:

```
>>> schöne_variable = 1
>>> schöne_variable
1
```

```
>>> こんにちは = "Hello"
>>> こんにちは
'Hello'
>>> πύθων = "My favourite programming language"
πύθων
'My favourite programming language'
```

Ob Sie diese nutzen möchten, sollten Sie sorgfältig abwägen. Bedenken Sie, dass verschiedene Betriebssysteme standardmäßig unterschiedliche Zeichensätze verwenden (Details dazu erfahren Sie in Kapitel 17, »Weitere Datei- und Datenformate«), sodass solche spezielleren Schriftzeichen möglicherweise nicht gut auf diese übertragbar sind. Mit lateinischen Buchstaben ohne Umlaute sind Sie auf der sicheren Seite, und das vorliegende Buch beschränkt sich abgesehen von den obigen Beispielen auf diese.

Eine weitere Konvention in diesem Kapitel und in diesem Buch ist, dass weitgehend englische Variablen-, Funktions- und Klassennamen verwendet werden. Teams, die zusammen an Software arbeiten, werden zunehmend internationaler, und Englisch ist die Standardsprache für die Softwareentwicklung, zumal das Grundvokabular der allermeisten Programmiersprachen ebenfalls auf englischen Wörtern basiert.

Regeln für Bezeichner in Python

Es gibt einige Konventionen für Bezeichner in Python:

- Variablen und Funktionen beginnen mit einem Kleinbuchstaben: Wenn sie aus mehreren Wörtern bestehen, werden diese durch Unterstriche getrennt (*snake_case*). Beispiele: `value`, `number_of_elements`
- Klassennamen werden großgeschrieben (mit Ausnahme von Datentypen und vielen Basisklassen der Standardbibliothek), und mehrere Wörter werden durch Binnenmajuskeln voneinander getrennt (*CamelCase*). Beispiele: `Book`, `BookPublisher`
- Elemente, die als privat gelten, also nicht Teil der öffentlichen Schnittstelle eines Programms sind, sollten mit einem einzelnen Unterstrich beginnen. Beispiele: `_internal_value`, `_InternalClass`
- Viele interne Elemente von Python selbst beginnen und enden mit je zwei Unterstrichen, etwa die Methode `__init__()` – der Konstruktor einer Klasse – oder die Konstante `__name__` (Name des aktuellen Moduls oder Ausführungskontexts).
- In Python gibt es formal keine allein stehenden *Konstanten* (Platzhalter mit permanent festgelegtem Wert). Trotzdem ist es üblich, Variablen, die in diesem Kontext verwendet werden, wie die echten Konstanten anderer Programmiersprachen komplett in Großbuchstaben zu schreiben. Beispiele:
  ```
  MILE = 1.609
  INCH = 2.54
  ```

Eine praktische Eigenschaft von Python ist, dass Sie als LVALUE nicht nur eine einzelne Variable, sondern auch eine durch Kommata getrennte Aufzählung von Variablen angeben können. Wichtig ist allerdings, dass Sie hinter dem Gleichheitszeichen die entsprechende Anzahl von – ebenfalls durch Kommata getrennten – Werten angeben müssen, da es sonst Fehlermeldungen gibt. Beispiel:

```
>>> a, b = 1, 2
>>> a
1
>>> b
2
```

Dieses Idiom wird besonders häufig eingesetzt, um die Werte zweier Variablen zu vertauschen:

```
>>> a, b = b, a
>>> a
2
>>> b
1
```

In den meisten Programmiersprachen müssen Sie dafür den – in Python natürlich ebenfalls möglichen – Umweg über eine Hilfsvariable gehen:

```
>>> a = "one"
>>> b = "two"
>>> a
'one'
>>> b
'two'
>>> helper = a
>>> a = b
>>> b = helper
>>> a
'two'
>>> b
'one'
```

- Variablen sind grundsätzlich Referenzen, das heißt, sie verweisen auf Objekte, die sich irgendwo im Speicher befinden. Wo sich das Objekt im Speicher befindet (beziehungsweise ob zwei identisch aussehende Objekte dasselbe Objekt sind), können Sie mithilfe der Identitätsfunktion `id()` herausfinden (bei Ihnen werden die konkreten Werte höchstwahrscheinlich andere sein als hier):

```
>>> id(42)
4297372000
>>> id("Hallo")
4338199216
```

Es wird zwischen *unveränderlichen Objekten* (*immutable objects*) und *veränderlichen Objekten* (*mutable objects*) unterschieden. Veränderliche Objekte behalten ihren Speicherort auch dann, wenn ihr Wert verändert wird, während eine Wertänderung einer Variablen mit einem unveränderlichen Objekt nach der Wertänderung auf eine andere Speicherstelle verweist.

Skalare Datentypen sind in der Regel unveränderlich, wie das folgende Beispiel zeigt – der Identitätswert verändert sich:

```
>>> a = 23
>>> id(a)
4297371392
>>> a += 1    # a um 1 erhöhen
>>> id(a)
4297371424
```

Zusammengesetzte Datentypen wie Listen oder Objekte komplexer Klassen sind dagegen meist veränderlich; sie behalten ihre Identität auch über eine Wertänderung hinaus:

```
>>> a = [1, 2, 3] # einfache Liste
>>> id(a)
4338176968
>>> a.append(4)    # weiteres Element hinzufügen
>>> a
[1, 2, 3, 4]
>>> id(a)
4338176968
```

Wenn eine Variable auf ein veränderliches Objekt verweist und Sie einer weiteren Variablen den Wert der ersten zuweisen, dann verweisen beide auf dasselbe Objekt, und ihr Wert verändert sich entsprechend. Hier ein Beispiel mit zwei Variablen, die auf dieselbe Liste verweisen:

```
>>> ref1 = ['ham', 'eggs', 'bacon']
>>> ref2 = ref1
>>> ref2.append('Spam')   # Element an ref2 anhängen
>>> ref1
['ham', 'eggs', 'bacon', 'Spam']
```

Wie Sie sehen, verändert das Hinzufügen des Elements zu `ref2` auch den Wert von `ref1`, da sie auf dasselbe Objekt verweisen (was Sie bei Bedarf wieder mithilfe von `id()` überprüfen können).

Bei unveränderlichen Objekten kann es durchaus vorkommen, dass verschiedene Variablen auf dasselbe interne Objekt verweisen, solange derselbe Wert gespeichert wird, da dieses Vorgehen speicherschonend ist (es wird als *Copy-on-Write* bezeichnet und ist weit verbreitet). Das muss jedoch nicht der Fall sein. In jedem Fall modifiziert die Änderung der einen Variablen aber nicht den Wert der anderen. Sehen Sie sich dazu folgendes Beispiel an:

```
>>> var1 = 23
>>> var2 = var1
>>> id(var1)
4297371392
>>> id(var2)
4297371392
>>> var2 += 1     # um 1 erhöhen
>>> var2
24
>>> var1
23
>>> id(var2)
4297371424
```

Wie Sie sehen, hatten `var1` und `var2` in meiner Sitzung dieselbe Identität, solange sie denselben Wert speicherten. Sobald `var2` verändert wird, hat diese eine neue Identität und einen neuen Wert, während `var1` den ursprünglichen Wert behält.

Wenn Sie statt eines zusätzlichen Verweises auf ein veränderliches Objekt eine Kopie dieses Objekts benötigen, die sich unabhängig vom Original modifizieren lässt, müssen Sie dies explizit angeben. Da die Vorgehensweise für verschiedene Datentypen unterschiedlich ist, wird dies später im Buch für die jeweiligen Einzelfälle erläutert.

Operatoren einsetzen

Operatoren kennen Sie beispielsweise aus der Mathematik. Sie verknüpfen die Werte von (meist zwei) Werten oder Ausdrücken – den Operanden – nach einer bestimmten Vorschrift.

Die arithmetischen Operatoren für numerische Datentypen sind auch in Python die einfachsten und bekanntesten Operatoren. Neben `+` (Addition), `-` (Subtraktion), `*` (Multiplikation) und `/` (Division) gibt es noch den speziellen Operator `%` (Modulo), der den Rest einer ganzzahligen Division berechnet:

```
>>> 7 % 4  # 7 / 4 = 1, Rest 3
3

>>> 7 % 3  # 7 / 3 = 2, Rest 1
1
```

Der normale Divisionsoperator / gibt unabhängig vom Datentyp der Operanden immer eine Fließkommazahl (Klasse `float`) zurück, wie das folgende Beispiel zeigt:

```
>>> 6 / 3
2.0
>>> type(6 / 3)
<class 'float'>
```

Die spezielle Variante // gibt dagegen eine Ganzzahl (`int`) zurück, solange beide Operanden ebenfalls `int` sind:


```
>>> 6 // 3
2
>>> 7 // 3
2
>>> type(7 // 3)
<class 'int'>
```

Ist mindestens einer der Operanden ein `float`, gibt allerdings auch // ein Ergebnis vom Typ `float` zurück, aber mit dem Wert der ganzzahligen Division:

```
>>> 6.5 // 3
2.0
>>> type(6.5 // 3)
<class 'float'>
```

Denn das korrekte Fließkommaergebnis ist natürlich ein anderes:

```
>>> 6.5 / 3
2.1666666666666665
```

Die Ziffer 5 am Ende des Ergebnisses ist übrigens ein Rundungsfehler; diese entstehen aufgrund der endlichen Genauigkeit von Fließkommazahlen.

Beachten Sie, dass der zweite Operand bei keinem der drei Divisionsoperatoren 0 sein darf, ansonsten erhalten Sie eine Fehlermeldung.

Eine Besonderheit in Python gegenüber vielen anderen Sprachen ist der bereits nebenbei gezeigte Potenzoperator **, wobei `a ** b` für a^b steht. Hier einige Beispiele:

```
>>> 2 ** 10
1024
>>> 3 ** 3
27
>>> 9 ** 0.5
3.0
```

Es wurde bereits gezeigt, dass + nicht nur zur numerischen Addition verwendet werden kann, sondern auch zur Verkettung von Strings:

```
>>> planet = "Welt"
>>> "Hallo " + planet
'Hallo Welt'
```

Wenn Sie Strings mit Teilausdrücken verketten möchten, die selbst keine Strings sind, müssen Sie für Letztere explizit `str()` aufrufen, um sie in ihre String-Darstellung umzuwandeln:

```
>>> "3 + 5 = " + str(3 + 5)
'3 + 5 = 8'
```

Auch den Operator * können Sie für Strings verwenden – genauer gesagt, für einen String und eine positive Ganzzahl, um einen String zu erzeugen, der den ursprünglichen String entsprechend oft wiederholt:

```
>>> "Ho! " * 3
'Ho! Ho! Ho! '
>>> 3 * "Kölle Alaaf! "
'Kölle Alaaf! Kölle Alaaf! Kölle Alaaf! '
```

Obwohl sich die *Bit-Operatoren*, von denen einige in Kapitel 2, »Mathematische Grundlagen« erläutert wurden, aus den logischen Operatoren entwickelt haben und deren Anwendung auf die einzelnen Bits ganzer Zahlen darstellen, handelt es sich von ihrer Wirkung her doch eher um arithmetische Operatoren, sodass sie hier zuerst vorgestellt werden. Die logischen Operatoren kommen nach den Vergleichsoperatoren an die Reihe. Im Einzelnen gibt es folgende Bit-Operatoren, deren Wirkung hier jeweils an einem dual dargestellten 8-Bit-Beispiel gezeigt wird:

- Das *bitweise Und* (geschrieben `&`) setzt im Ergebnis diejenigen Bits auf den Wert 1, die in beiden Operanden 1 sind, alle anderen auf 0. Beispiel: `94 & 73` führt zu dem Ergebnis 72. Erläutern lässt sich dieses Ergebnis nur anhand der binären Darstellung:

  ```
    0101 1110
  & 0100 1001
  -----------
    0100 1000
  ```

- Das *bitweise Oder* (`|`) setzt alle Bits auf 1, die in mindestens einem der Operanden den Wert 1 haben. `94 | 73` ergibt demzufolge 95:

  ```
    0101 1110
  | 0100 1001
  -----------
    0101 1111
  ```

- Das *bitweise exklusive Oder* (^) setzt nur diejenigen Bits auf 1, die in genau einem Operanden den Wert 1 haben, alle anderen dagegen auf 0. `94 ^ 73` liefert das Ergebnis 23:

```
  0101 1110
^ 0100 1001
-----------
  0001 0111
```

- Die *Bit-Verschiebung nach links* (<<) verschiebt die Bits des ersten Operanden um die Anzahl von Stellen nach links, die der zweite Operand angibt. Beispiel: `73 << 2` ergibt 292, entspricht also einer Multiplikation mit 2^2 (4).
- Die *Bit-Verschiebung nach rechts* (>>) verschiebt die Bits des ersten Operanden dagegen um die angegebene Anzahl von Stellen nach rechts. Beispiel: `94 >> 3` führt zu dem Ergebnis 11, da die letzten drei Binärstellen wegfallen.
- Die *bitweise Negation* oder das *Bit-Komplement* (eine vorangestellte Tilde ~) setzt alle Bits mit dem Wert 1 auf 0 und umgekehrt. Aufgrund der Art und Weise, wie negative Zahlen codiert werden, ergibt `~73` in Python den Wert –74.

Die Bit-Operatoren werden manchmal anstelle entsprechender arithmetischer Operationen verwendet, weil sie etwas schneller sind und auch weil sie manchmal verständlicher machen, welche Art von Berechnung gerade stattfindet. Beispielsweise wird eine Reihe von Ein/Aus-Einstellungen manchmal speicherplatzschonend als Abfolge einzelner Bits gespeichert, wobei für die einzelnen Einstellungen oft (formale) Konstanten mit den Werten dieser Bits definiert werden. Das folgende Beispiel definiert vier mögliche Features von Fenstern in einer grafischen Benutzeroberfläche, die jeweils aktiviert oder deaktiviert werden können, was durch die Bitwerte 1 beziehungsweise 0 gekennzeichnet wird:

```
>>> TITLE_BAR = 1
>>> MENU = 2
>>> CLOSE_BUTTON = 4
>>> RESIZABLE = 8
```

Die Eigenschaften eines konkreten Fensters werden durch die Bitweises-Oder-Operation aus den Konstanten zusammengesetzt:

```
>>> window_features = TITLE_BAR | CLOSE_BUTTON
>>> window_features
5
```

Ob ein Fenster eines der Features aufweist oder nicht, können Sie anschließend mit dem bitweisen Und überprüfen. Das Ergebnis ist der jeweilige Bit-Wert, wenn das Feature vorhanden ist, ansonsten 0. Da Letzteres als `False` interpretiert wird, ist dies sehr praktisch:

```
>>> window_features & CLOSE_BUTTON
4
```

```
>>> window_features & RESIZABLE
0
```

Schließlich können Sie das bitweise exklusive Oder verwenden, um zwischen dem aktuellen Zustand eines Features und dem jeweils anderen hin- und herzuschalten (aus wird zu an und umgekehrt):

```
>>> window_features = window_features ^ CLOSE_BUTTON
>>> window_features
1
>>> window_features = window_features ^ CLOSE_BUTTON
>>> window_features
5
>>> window_features = window_features ^ RESIZABLE
>>> window_features
13
>>> window_features = window_features ^ RESIZABLE
>>> window_features
5
```

Alle arithmetischen und Bit-Operatoren können mit einem Gleichheitszeichen kombiniert werden, um als spezielle Wertzuweisungsoperatoren eine Variable zu modifizieren. Hier nur zwei Beispiele:

```
>>> a = 7
>>> a += 6         # Wert von a um 6 erhöhen
>>> a
13
>>> a <<= 2        # Wert von a um 2 Bit nach links verschieben
>>> a
52
```

Die nächste Gruppe von Operatoren sind die *Vergleichsoperatoren*. Im Einzelnen sind folgende definiert:

- `<` (kleiner als)
- `>` (größer als)
- `<=` (kleiner oder gleich)
- `>=` (größer oder gleich)
- `==` (gleich)
- `!=` (ungleich)

Der Rückgabewert jeder Vergleichsoperation ist `True`, wenn sie zutrifft, und andernfalls `False`.

Bei numerischen Werten verhalten sich diese Operatoren wie erwartet; dabei wird bei Bedarf automatisch zwischen Fließkomma- und Ganzzahlen konvertiert:

```
>>> 23 == 23
True
>>> 23 < 23
False
>>> 42 == 42.0
True
```


Eine weitergehende Konvertierung, etwa zwischen Strings und numerischen Werten, erfolgt nicht, wie das nächste Beispiel zeigt:

```
>>> 3 == "3"
False
```

Vergleiche, die eine Ordnung der Elemente erfordern, ergeben sogar eine Fehlermeldung, wenn die Typen inkompatibel sind:

```
>>> 3 < "3"
Traceback (most recent call last):
  File "<stdin>", line 1, in <module>
TypeError: unorderable types: int() < str()
```

Ansonsten können Vergleichsoperatoren auch für Strings, Listen und andere Typen verwendet werden, solange die verglichenen Objekte denselben Typ haben. Bei Strings ist die Ordnung die Position der enthaltenen Zeichen im Zeichensatz, während bei Listen sowohl die Anzahl der Elemente als auch deren interne Ordnung betrachtet werden. Hier einige Beispiele:

```
>>> "hallo" == "hello"
False
>>> "hallo" < "hello"
True
>>> "comp" < "computer"
True
>>> [1, 2, 3] == [1, 2, 3]
True
>>> [1, 2, 3] == [1, 2, 3, 4]
False
>>> [1, 2, 3] < [1, 2, 3, 4]
True
>>> ["a", "b", "c"] < ["b", "c", "d"]
True
```

Bei gerichteten Vergleichen von Listen müssen alle Elemente beider Listen denselben (oder einen konvertierbaren) Typ haben, ansonsten führt der Versuch wiederum zu Fehlermeldungen:

```
>>> [1, 2, 3] == [1.0, 2.0, 3.0]     # konvertierbar
True
>>> [1, 2, 3] < ["a", "b", "c"]
Traceback (most recent call last):
  File "<stdin>", line 1, in <module>
TypeError: unorderable types: int() < str()
>>> [1, "a"] < ["a", 1]
Traceback (most recent call last):
  File "<stdin>", line 1, in <module>
TypeError: unorderable types: int() < str()
```

Die *logischen Operatoren* verknüpfen Aussagen gemäß den in Kapitel 2, »Mathematische Grundlagen«, erarbeiteten Regeln: Der Operator and ist das logische Und. Das Ergebnis ist nur True, wenn alle Teilausdrücke als True interpretiert werden können. Beispiel:

```
>>> 1 == 1 and 1 < 2
True
>>> 1 == 1 and 1 == 2
False
```

Mit or führen Sie ein logisches Oder aus. Der Gesamtausdruck ist True, wenn mindestens ein Teilausdruck True ist:

```
>>> 1 == 1 or 1 < 2
True
>>> 1 == 1 or 1 == 2
True
>>> 1 > 2 or 1 == 2
False
```

Schließlich steht not für die logische Verneinung: Ausdrücke, die True sind, werden False und umgekehrt, wie die folgenden Beispiele zeigen:

```
>>> not 1 == 1
False
>>> not 1 > 2
True
```

Da die logischen Operatoren die niedrigste Priorität von allen haben, brauchen Sie die mit ihnen behandelten Ausdrücke für gewöhnlich nicht in Klammern zu setzen (außer um ihre

Priorität voreinander zu regeln): `not 1 == 1` bedeutet stets `not(1 == 1)` statt `(not 1) == 1`, obwohl natürlich beides `False` ergibt.

Wie im Zusammenhang mit Fallentscheidungen noch ausführlicher geklärt wird, werden folgende Ausdrücke, die nicht bereits `bool` sind, als `False` interpretiert: 0, leere Strings, leere Listen und ähnliche Konstrukte sowie `None`. Alle anderen Ausdrücke gelten als `True`, wie die Behandlung durch logische Operatoren zeigt:


```
>>> 23 and 42
42
>>> 23 and 0
0
>>> "Text 1" and "Text 2"
'Text 2'
>>> "Text 1" and ""
''
>>> [1, 2, 3] and [5, 6, 7]
[5, 6, 7]
>>> [1, 2, 3] and []
[]
>>> 23 or 42
23
>>> 23 or 0
23
>>> 0.0 or 0
0
>>> "Text 1" or "Text 2"
'Text 1'
>>> "Text 1" or ""
'Text 1'
>>> "" or ""
''
>>> [1, 2, 3] or [5, 6, 7]
[1, 2, 3]
>>> [1, 2, 3] or []
[1, 2, 3]
>>> [] or ()
()
```

Diese Reihe von Ausdrücken zeigt zwei Merkmale der logischen Operatoren:

- Das jeweilige Ergebnis ist nicht `bool` (`True` oder `False`), sondern einer der Teilausdrücke, wenn diese selbst nicht vom Typ `bool` sind, aber es handelt sich um ein Ergebnis, das gemäß den genannten Regeln als `True` beziehungsweise `False` interpretiert wird.

- Die Operatoren unterliegen der *Short-Circuit-Logik* (englisch für Kurzschluss): Sobald klar ist, dass der Gesamtausdruck wahr oder falsch ist, stoppt die Auswertung. Das ist bei `and` der Fall, sobald ein Operand als `False` interpretiert wird, und bei `or`, sobald einer als `True` interpretiert wird.

Die Short-Circuit-Logik können Sie sich sogar zunutze machen, um mit `and` eine Anweisung auszuführen, wenn ein Ausdruck `True` ist, oder mit `or`, wenn er `False` ist:

```
>>> 1 and print("Das ist wahr.")
Das ist wahr.
>>> 0 and print("Das ist falsch.") # keine Ausgabe
0
>>> 1 or print("Das ist wahr.") # keine Ausgabe
1
>>> 0 or print("Das ist falsch.")
Das ist falsch.
```

Beachten Sie, dass die mit dem Kommentar »keine Ausgabe« gekennzeichneten Fälle in der interaktiven Konsole die Auswertung des jeweiligen Ausdrucks anzeigen, in einem normalen Programm jedoch wie gewünscht einfach übergangen werden.

Ein logisches Exklusiv-Oder gibt es nicht, aber es kann durch die folgende Formel simuliert werden:

```
(a and not b) or (not a and b)
```

Wenn Sie nur das reine `bool`-Ergebnis brauchen, können Sie auch die einzelnen Operanden explizit in `bool`-Werte umwandeln und dann `!=` verwenden:

```
bool(a) != bool(b)
```

Ein Python-spezifischer Operator ist der *Identitätsoperator* `is`, der nur dann `True` ergibt, wenn dasselbe Objekt referenziert wird. Hier ein Beispiel dafür, wie er funktioniert:

```
>>> var1 = [1, 2, 3]
>>> var2 = var1
>>> var1 is var2
True
>>> [1, 2, 3] is [1, 2, 3]
False
```

Da `var1` und `var2` auf dasselbe veränderliche Objekt verweisen, sind sie identisch, sodass `var1 is var2` den Wert `True` zurückliefert. Die beiden identisch aussehenden veränderlichen Literale mit dem Wert `[1, 2, 3]` sind dagegen nicht dasselbe Objekt, und `is` liefert `False` zurück. Aus Bequemlichkeitsgründen ist auch der Umkehroperator `is not` definiert; `a is not b` ist dabei die Umkehrung von `a is b` und eine alternative Schreibweise für `not a is b`.

Schließlich gibt es noch den Elementoperator `in`, der `True` zurückgibt, wenn der linke Operand im rechten enthalten ist. Er funktioniert sowohl zum Testen von Teil-Strings in anderen Strings als auch für skalare Werte als Elemente in Listen und anderen zusammengesetzten Typen. Hier sehen Sie ein paar Beispiele:

```
>>> "al" in "Hallo"
True
>>> "ha" in "Hallo"
False
>>> "Hallo" in "Hallo"
True
>>> 3 in [1, 2, 3, 4]
True
>>> 3 in ["1", "2", "3", "4"]
False
```

Wie Sie sehen, wird bei Strings zwischen Groß- und Kleinschreibung unterschieden: `"ha" in "Hallo"` ergibt `False`. Werden zwei identische Strings verglichen, gilt der linke als Teil-String des rechten; `"Hallo" in "Hallo"` ergibt `True`. Und wie üblich werden Ziffern nicht automatisch in Strings konvertiert oder umgekehrt, sodass der String `"3"` nicht in der Liste `[1, 2, 3, 4]` enthalten ist. Bei Listen kann der Operator übrigens nur zum Prüfen auf einzelne Elemente verwendet werden; zum Testen auf Teilmengen kommt `<` beziehungsweise `<=` zum Einsatz. Genau wie beim Identitätsoperator ist auch hier eine Umkehrung definiert; sie heißt `not in` und liefert jeweils das Gegenteil von `in` zurück.

Die Rangfolge der Operatoren zeigt sich in Python wie folgt (je weiter oben ein Operator steht, desto stärker bindet er, und desto früher wird er ausgewertet):

- Exponent (`**`)
- Bit-Komplement (`~`), Plus als Vorzeichen (`+`) und Minus als Vorzeichen (`-`)
- Multiplikation (`*`), Division (`/`), ganzzahlige Division (`//`) und Modulo (`%`)
- Addition (`+`) und Subtraktion (`-`)
- Bit-Verschiebung nach links (`<<`) und nach rechts (`>>`)
- bitweises Und (`&`)
- bitweises Oder (`|`) und Exklusiv-Oder (`^`)
- kleiner als (`<`), kleiner oder gleich (`<=`), größer als (`>`) und größer oder gleich (`>=`)
- gleich (`==`) und ungleich (`!=`)
- Zuweisungs- und Modifikationsoperatoren (`=`, `+=`, `-=`, `*=`, `/=` etc.)
- Identität (`is`) und Nichtidentität (`is not`)
- Element (`in`) und Nichtelement (`not in`)
- logisches Und (`and`), logisches Oder (`or`) und logische Verneinung (`not`)

Wie üblich kann die Rangfolge mithilfe von Klammern verändert werden. Beispiel:

```
>>> 23 + 42 * 2
107
>>> (23 + 42) * 2
130
```

Listen, Mengen und andere Typen mit mehreren Elementen nutzen

Neben den bisher hauptsächlich behandelten skalaren Datentypen bietet Python ein paar sehr praktische Typen mit mehreren Elementen. Einige der wichtigsten davon werden in diesem Unterabschnitt behandelt; im nächsten erfahren Sie dann, wie Sie diese Objekte elementweise durchlaufen (iterieren) können.

Die einfache *Liste* ist der gängigste dieser Datentypen. Es handelt sich um eine indexsortierte Sammlung beliebig vieler Elemente beliebigen Typs. *Indexsortiert* bedeutet, dass die Ordnung nicht in der Größe der Elemente selbst begründet ist, sondern in der Reihenfolge, in der sie sich in der Liste befinden. Eine Liste wird durch ein Paar eckiger Klammern gekennzeichnet, und die Elemente darin werden durch Kommata voneinander getrennt. Das folgende Beispiel erzeugt eine Liste verschiedener ganzer Zahlen:

```
>>> list1 = [7, 4, 9, 16, 1, 7]
>>> list1
[7, 4, 9, 16, 1, 7]
```

Der Zugriff auf einzelne Elemente erfolgt durch den *Indexoperator*, der ebenfalls durch eckige Klammern dargestellt wird. Der Index des ersten Elements ist dabei `0`. Hier zwei Beispiele:

```
>>> list1[0]
7
>>> list1[4]
1
```

Mit negativen Indexwerten lässt sich übrigens vom Ende her gerechnet auf eine Liste zugreifen; der Indexwert `-1` entspricht dabei dem letzten Element:

```
>>> satz = ["Das", "ist", "ja", "wohl", "das", "Letzte"]
>>> satz[-1]
'Letzte'
>>> satz[-3]
'wohl'
```

Sie können den Indexoperator auch benutzen, um dem entsprechenden Element einer Liste einen anderen Wert zuzuweisen. Beispiel:

```
>>> peoples_front_of_judea = ["Reg", "Stan", "Judith", "Brian"]
>>> peoples_front_of_judea
['Reg', 'Stan', 'Judith', 'Brian']
>>> peoples_front_of_judea[1] = "Loretta"
>>> peoples_front_of_judea
['Reg', 'Loretta', 'Judith', 'Brian']
```

Indizes können ebenfalls verwendet werden, um Teillisten zurückzuliefern; in diesem Fall werden sie als *Slice-Operator* (Scheibe oder Ausschnitt) bezeichnet. Die Schreibweise dafür ist [*Startindex*:*Endindex*], wobei der *Endindex* dem Index des ersten Elements entspricht, das nicht mehr in der Teilliste enthalten sein soll (sprachlich »bis ausschließlich«). Das folgende Beispiel beginnt bei Index 1, also dem zweiten Element der Liste, und schließt das fünfte Element aus, sodass die Indizes 1 bis 3 enthalten sind, die dem zweiten bis vierten Element entsprechen:


```
>>> list1
[7, 4, 9, 16, 1, 7]
>>> list1[1:4]
[4, 9, 16]
```

Wenn zwei aufeinanderfolgende Indizes angegeben werden, ist das Ergebnis nicht etwa ein einzelnes Element, sondern eine Liste mit einem Element – beachten Sie die eckigen Klammern um das erste Ergebnis in diesem vergleichenden Beispiel:

```
>>> list1[2:3]   # Teilliste mit einem Element
[9]
>>> list1[2]     # einzelnes Element
9
```

Sie können hinter einen weiteren Doppelpunkt noch ein drittes Argument setzen, das eine Schrittweite angibt. Sehen Sie sich dazu ein Beispiel mit einer Liste aufeinanderfolgender Elemente an:

```
>>> list2 = [0, 1, 2, 3, 4, 5, 6, 7, 8, 9]
>>> list2[2:8:2]
[2, 4, 6]
```

Wenn Sie den ersten oder den zweiten Wert weglassen, wird die Liste ab ihrem Anfang beziehungsweise bis zum Ende ausgewählt:

```
>>> list2[:5]
[0, 1, 2, 3, 4]
>>> list2[5:]
[5, 6, 7, 8, 9]
```

Eine negative Schrittweite wählt die entsprechenden Elemente in umgekehrter Reihenfolge aus. Natürlich müssen Anfangs- und Endelement entsprechend angepasst werden. Beispiele:

```
>>> list2[::-1]
[9, 8, 7, 6, 5, 4, 3, 2, 1, 0]
>>> list2[7:2:-2]
[7, 5, 3]
```

Teillisten sind Kopien der ursprünglichen Liste anstelle von Referenzen auf diese, das heißt, wenn sie Variablen zugewiesen werden, können sie unabhängig von der ursprünglichen Liste manipuliert werden. Die spezielle Schreibweise [:], ganz ohne numerische Werte, erzeugt eine Kopie der gesamten Liste. Das folgende Beispiel erzeugt auf diese Weise eine Kopie von list2, hängt mithilfe der Methode append() ein weiteres Element an und zeigt anschließend, dass die beiden Listen verschieden sind:

```
>>> list3 = list2[:]
>>> list3.append(10)
>>> list3
[0, 1, 2, 3, 4, 5, 6, 7, 8, 9, 10]
>>> list2
[0, 1, 2, 3, 4, 5, 6, 7, 8, 9]
```

Auch der Slice-Operator kann zur Wertzuweisung an den entsprechenden Ausschnitt der Liste verwendet werden; der zugewiesene Wert muss in diesem Fall ebenfalls eine Liste sein. Bei einem einfachen Slice ohne Schrittweite können Sie unabhängig von der Größe des Ausschnitts beliebig viele Elemente einfügen. Hier ein Beispiel, das ein einzelnes Element durch drei neue ersetzt:

```
>>> liste = [0, 1, 2, 3]
>>> liste[1:2] = ["Neues Element 1", "Neues Element 2", "Neues Element 3"]
>>> liste
[0, 'Neues Element 1', 'Neues Element 2', 'Neues Element 3', 2, 3]
```

Wenn Sie dem Ausschnitt eine leere Liste zuweisen, können Sie auf diese Weise Elemente aus der Liste löschen:

```
>>> liste = ["Bleibt da", "kann weg", "kann auch weg", "bleibt auch da"]
>>> liste[1:3] = []
>>> liste
['Bleibt da', 'bleibt auch da']
```

Umgekehrt können Sie Elemente einfügen, ohne eines zu löschen, indem Sie denselben Index für das Start- und das ausschließende Endelement angeben:

```
>>> liste = ["vor den neuen", "nach den neuen"]
>>> liste[1:1] = ["neues Element 1", "neues Element 2"]
>>> liste
['vor den neuen', 'neues Element 1', 'neues Element 2', 'nach den neuen']
```

Wenn Sie Slices mit Schrittweite zur Wertzuweisung verwenden, muss die Anzahl der Elemente in der ersetzenden Liste mit der Anzahl der ersetzten Elemente übereinstimmen. Dies kann zum Beispiel so aussehen:

```
>>> liste = [0, 9, 2, 9, 4, 9, 6, 9]
>>> liste[1:8:2] = [1, 3, 5, 7]
>>> liste
[0, 1, 2, 3, 4, 5, 6, 7]
```

Sofern Sie nicht auf die korrekte Anzahl von Elementen achten, erhalten Sie eine Fehlermeldung:

```
>>> liste = ["a", "b", "c", "d", "e", "f", "g"]
>>> liste[1:7:2] = ["x", "x"]
Traceback (most recent call last):
  File "<stdin>", line 1, in <module>
ValueError: attempt to assign sequence of size 2 to extended slice of size 3
```

Die Operanden + und * haben besondere Bedeutungen für Listen: `Liste + Liste` hängt die beiden Listen aneinander, und `Liste * Integer` erzeugt eine neue Liste, die die enthaltenen Elemente so oft wiederholt wie angegeben. In beiden Fällen werden Kopien der ursprünglichen Liste(n) erzeugt, falls Sie nicht die Modifikationsoperatoren += beziehungsweise *= verwenden. Beispiele:

```
>>> list_a = [1, 2, 3]
>>> list_b = [4, 5, 6]
>>> list_a + list_b
[1, 2, 3, 4, 5, 6]
>>> list_a * 2
[1, 2, 3, 1, 2, 3]
>>> list_a += list_b
>>> list_a
[1, 2, 3, 4, 5, 6]
>>> list_a *= 2
>>> list_a
[1, 2, 3, 4, 5, 6, 1, 2, 3, 4, 5, 6]
```

Ein anderer Datentyp mit mehreren Elementen ist das *Tupel* (englisch: *tuple*). Es kann als unveränderliche Liste betrachtet werden, ist aber eher eine Art Datensatz mit einer festgelegten

Anzahl von Elementen. Ein Tupel-Literal wird als kommaseparierte Liste in runde Klammern geschrieben, beispielsweise wie folgt:

```
>>> tuple1 = (1, 4, 9, 16, 25)
>>> tuple1
(1, 4, 9, 16, 25)
```

Soll ein Tupel nur ein Element haben, müssen Sie trotzdem ein Komma hinter dem Element einfügen, denn ein einzelner skalarer Wert in runden Klammern wird nicht als Tupel interpretiert:

```
>>> tuple2 = (1,)
>>> type(tuple2)
<class 'tuple'>
>>> test_tuple = (1)
>>> type(test_tuple)
<class 'int'>
```

Alternativ können Sie die eingebaute Funktion `tuple()` verwenden, um eine Standardliste in ein Tupel umzuwandeln:

```
>>> list1 = ["Brian", "Reg", "Loretta"]
>>> tuple(list1)
('Brian', 'Reg', 'Loretta')
>>> tuple([4,5,6])
(4, 5, 6)
```

Auf Elemente eines Tupels wird wie bei Listen mit dem Index- oder dem Slice-Operator zugegriffen. Hier einige Beispiele:

```
>>> pfoj = ("Reg", "Loretta", "Judith", "Brian")
>>> pfoj[3]
'Brian'
>>> pfoj[2:4]
('Judith', 'Brian')
>>> pfoj[0:4:2]
('Reg', 'Judith')
```

Da ein Tupel eine unveränderliche Liste ist, können diese Operatoren natürlich nicht zur Wertzuweisung verwendet werden; der Versuch erzeugt eine Fehlermeldung:

```
>>> pfoj[1] = "Stan"
Traceback (most recent call last):
  File "<stdin>", line 1, in <module>
TypeError: 'tuple' object does not support item assignment
```

Die Operatoren + und * beziehungsweise += und *= können allerdings genau wie bei Listen eingesetzt werden. Betrachten Sie dazu die folgenden Beispiele:

```
>>> round_table = ("Arthur", "Lancelot")
>>> round_table * 2                    # modifizierte Kopie
('Arthur', 'Lancelot', 'Arthur', 'Lancelot')
>>> round_table
('Arthur', 'Lancelot')
>>> round_table + ("Galahad", "Robin")  # modifizierte Kopie
('Arthur', 'Lancelot', 'Galahad', 'Robin')
>>> round_table
('Arthur', 'Lancelot')
>>> round_table += ("Galahad", "Robin") # modifiziertes Original
>>> round_table
('Arthur', 'Lancelot', 'Galahad', 'Robin')
>>> round_table *= 2                   # modifiziertes Original
>>> round_table
('Arthur', 'Lancelot', 'Galahad', 'Robin', 'Arthur', 'Lancelot', 'Galahad', 'Robin')
```

Ein anderer Typ mit mehreren Elementen ist die Menge (Klassenname set). Sie enthält eine ungeordnete Sammlung unterschiedlicher Elemente, das heißt, der Zugriff kann nicht mithilfe von Indexoperationen erfolgen. Mengen werden hauptsächlich verwendet, um zu prüfen, ob bestimmte Werte darin enthalten sind oder nicht, sowie für Mengenoperationen wie Vereinigungs-, Schnitt- oder Teilmenge.

Ein Mengen-Literal wird als kommaseparierte Liste von Werten in geschweiften Klammern geschrieben. Hier ein Beispiel:

```
>>> primes = {2, 3, 5, 7, 11, 13, 17, 19}
```

Diese Menge enthält alle Primzahlen unter 20, sie kann also verwendet werden, um zu überprüfen, ob eine Zahl eine solche Primzahl ist oder nicht. Dazu kommt der bereits besprochene Operator in zum Einsatz (beziehungsweise not in, um zu prüfen, ob eine Zahl keine Primzahl kleiner als 20 ist):

```
>>> primes = {2, 3, 5, 7, 11, 13, 17, 19}
>>> 11 in primes
True
>>> 15 in primes
False
>>> 9 not in primes
True
>>> 7 not in primes
False
```

Falls Sie bei der Wertzuweisung dasselbe Element mehrfach aufführen, wird es nur einmal in die Menge übernommen:

```
>>> test_set = {1, 1, 2, 2, 3, 3}
>>> test_set
{1, 2, 3}
```

Es wurde bereits erwähnt, dass die Elemente einer Menge ungeordnet sind; das bedeutet, dass die folgende Prüfung für Mengen `True` ergibt:

```
>>> {1, 2} == {2, 1}
True
```

Für geordnete Sammlungen wie Listen oder Tupel gilt das selbstverständlich nicht, wie dieses Beispiel mit Listen zeigt:

```
>>> [1, 2] == [2, 1]
False
```

Beachten Sie, dass leere Mengen nicht als `{}` geschrieben werden dürfen; dies ist der Datentyp Dictionary, der im Anschluss behandelt wird. Die korrekte Schreibweise für leere Mengen ist `set()`. Die eingebaute Funktion `set()` kann auch verwendet werden, um die Elemente anderer Sammlungen in eine Menge zu übernehmen; betrachten Sie dazu das folgende Beispiel mit einem Tupel:

```
>>> tuple1 = (1, 2, 3, 4, 1)
>>> set1 = set(tuple1)
>>> set1
{1, 2, 3, 4}
```

Das im Tupel doppelt vorhandene Element `1` wird wie gehabt aus der Menge entfernt. Mithilfe der Operation `len(`*`liste_oder_tupel`*`) == len(set(`*`liste_oder_tupel`*`))` können Sie auf einfache Weise sicherstellen, dass *`liste_oder_tupel`* keine doppelten Elemente enthält.

Wenn Sie prüfen möchten, ob eine Menge Teilmenge einer anderen ist, wenden Sie den Operator < an; entsprechend wird > für eine Obermenge eingesetzt. Beispiele:

```
>>> set1 = {1, 2, 3, 4}
>>> {1, 2} < set1
True
>>> {5} < set1
False
>>> set1 > {3}
True
>>> set1 > {5}
False
```

Da < und > für echte Teil- beziehungsweise Obermengen verwendet werden, ist eine Menge nicht Teil- oder Obermenge ihrer selbst. Die Operatoren <= und >= ergeben jedoch `True`, denn sie stehen für »Teilmenge oder gleich« beziehungsweise »Obermenge oder gleich«.

Weitere interessante Mengenoperationen sind schließlich Vereinigungs-, Schnitt- und Differenzmenge. Die Vereinigungsmenge wird mithilfe des Operators | gebildet, der bei numerischen Werten für das bitweise Oder steht; sie enthält jedes Element beider ursprünglicher Mengen. Hier ein Beispiel:

```
>>> set1 = {1, 2, 3, 4}
>>> set2 = {4, 5, 6, 7}
>>> set1 | set2
{1, 2, 3, 4, 5, 6, 7}
```

Die Schnittmenge, dargestellt durch den Operator & (das bitweise Und), enthält nur diejenigen Elemente, die in beiden Mengen vorkommen:

```
>>> set_a = {1, 2, 3, 4, 5}
>>> set_b = {4, 5, 6, 7, 8}
>>> set_a & set_b
{4, 5}
```

Die Differenz- oder Restmengenoperation schließlich entfernt aus der linken Menge alle diejenigen Elemente, die auch in der rechten Menge vorkommen; der zuständige Operand ist das Minuszeichen (-):

```
>>> original_set = {1, 2, 3, 4, 5}
>>> removal_set = {3, 4, 6, 7}
>>> original_set - removal_set
{1, 2, 5}
```

Alle drei Operanden können auch in der Wertzuweisungsvariante mit nachgestelltem Gleichheitszeichen verwendet werden, um die linke Menge selbst gemäß der gewünschten Operation zu verändern. Beispiele:

```
>>> test_set = {1, 2, 3, 4, 5, 6, 7, 8, 9}
>>> test_set
{1, 2, 3, 4, 5, 6, 7, 8, 9}
>>> test_set |= {9, 10, 11}            # Vereinigungsmenge
>>> test_set
{1, 2, 3, 4, 5, 6, 7, 8, 9, 10, 11}
>>> test_set &= {1, 3, 5, 7, 8, 12, 14} # Schnittmenge
>>> test_set
{8, 1, 3, 5, 7}
>>> test_set -= {8, 1, 2}              # Differenzmenge
>>> test_set
{3, 5, 7}
```

Die unveränderliche Variante der Menge heißt frozenset. Für diese gibt es keine eigene Literal-Schreibweise; sie wird stets mithilfe des Funktionsaufrufs frozenset() gebildet, wobei Sie eine konventionelle Menge, eine Liste oder ein Tupel als Argument verwenden können. Der einzige Unterschied zur normalen Menge besteht darin, dass Sie bei einer unveränderlichen Menge keine Elemente hinzufügen oder entfernen können – dafür sind bei gewöhnlichen Mengen die Methoden add() und remove() zuständig. Die Modifikation per Vereinigungs-, Schnitt- oder Differenzmengenoperator (|=, &= beziehungsweise -=) funktioniert dagegen auch beim frozenset. Hier ein kurzes Beispiel, das zunächst eine Menge erstellt, dann ein frozenset mit deren Elementen erzeugt und anschließend versucht, beiden mittels add() ein Element hinzuzufügen:

```
>>> set1 = {1, 2, 3}
>>> set2 = frozenset(set1)
>>> set1.add(4)
>>> set1
{1, 2, 3, 4}
>>> set2.add(4)
Traceback (most recent call last):
  File "<stdin>", line 1, in <module>
AttributeError: 'frozenset' object has no attribute 'add'
>>> set2
frozenset({1, 2, 3})
```

Für alle bisher behandelten Sammlungsdatentypen gibt es die prädikatenlogischen Funktionen all() und any(), die True sind, wenn alle Elemente der Sammlung True sind beziehungsweise wenn mindestens ein Element True ist:

```
>>> all(all_true)
True
>>> all(some_true)
False
>>> any(all_true)
True
>>> any(some_true)
True
>>> any(all_false)
False
```

Ein besonderer Sammlungsdatentyp ist das *Dictionary*. Es handelt sich um eine beliebig lange Liste von Schlüssel-Wert-Paaren, wobei die Schlüssel eindeutig sein müssen, die Werte jedoch nicht. In manchen anderen Programmiersprachen wird das Konzept als Hash oder als assoziatives Array bezeichnet.

Das Dictionary-Literal steht wie eine Menge in geschweiften Klammern; Schlüssel und Wert werden durch Doppelpunkte voneinander getrennt und die einzelnen Paare durch Kommata.

Anders als bei Listen muss ein Schlüssel kein numerischer Index sein, sondern kann jeder unveränderliche Datentyp sein. Am häufigsten werden Strings als Schlüssel verwendet. Das folgende Beispiel nutzt die Abkürzungen der Wochentage als Schlüssel und die ausgeschriebenen Varianten als Werte:


```
>>> {"Mo":"Montag", "Di":"Dienstag", "Mi":"Mittwoch",
... "Do":"Donnerstag", "Fr":"Freitag", "Sa":"Samstag",
... "So":"Sonntag"}
{'Mo': 'Montag', 'Di': 'Dienstag', 'Mi': 'Mittwoch', 'Do': 'Donnerstag', 'Fr': 'Freit
ag', 'Sa': 'Samstag', 'So': 'Sonntag'}
```

Es ist nicht garantiert, dass die Speicherung wie hier in der Reihenfolge stattfindet, die Sie ursprünglich angegeben haben. Bei einem Dictionary geht es eben nicht um eine bestimmte Anordnung, sondern um die Beziehung zwischen den Schlüsseln und Werten.

Um anhand des Schlüssels auf ein Element zuzugreifen, wird der Schlüssel als Index verwendet:

```
>>> weekdays = {"Mo": "Montag", "Di": "Dienstag",
... "Mi": "Mittwoch", "Do": "Donnerstag", "Fr": "Freitag",
... "Sa": "Samstag", "So": "Sonntag"}
>>> weekdays["Sa"]
'Samstag'
```

Wenn Sie versuchen, auf ein nicht vorhandenes Element zuzugreifen, erhalten Sie eine Fehlermeldung wie beispielsweise hier:

```
>>> weekdays["X"]
Traceback (most recent call last):
  File "<stdin>", line 1, in <module>
KeyError: 'X'
```

Um diesen Fehler zu vermeiden, können Sie vor dem Zugriffsversuch über den Index den Operator `in` verwenden, um zu testen, ob ein bestimmter Schlüssel vorhanden ist. Beispiele:

```
>>> "Sa" in weekdays
True
>>> "X" in weekdays
False
```

Mit einem einfachen `in` können Sie allerdings nur das Vorhandensein von Schlüsseln überprüfen; die Suche nach einem bestimmten Wert hat nicht das gewünschte Ergebnis:

```
>>> "Samstag" in weekdays
False
```

Um nach Werten zu suchen, können Sie aber die Methode values() eines Dictionarys aufrufen; sie liefert eine spezielle Liste vom Typ dict_values zurück, in der Sie wiederum mittels in suchen können:

```
>>> "Samstag" in weekdays.values()
True
>>> "Pythontag" in weekdays.values()
False
>>> weekdays.values()
dict_values(['Freitag', 'Mittwoch', 'Sonntag',
'Dienstag', 'Donnerstag', 'Samstag', 'Montag'])
```

Anstatt zuerst mit in zu überprüfen, ob ein Schlüssel enthalten ist, können Sie auch die Methode get() verwenden, die None oder einen optionalen Vorgabewert zurückgibt, wenn der angeforderte Schlüssel nicht existiert:

```
>>> weekdays.get('Y')
>>> weekdays.get('Y') is None
True
>>> weekdays.get('Y', "Das ist kein Wochentag!")
'Das ist kein Wochentag!'
```

Genau wie bei Listen kann der Indexoperator übrigens auch beim Dictionary zum Hinzufügen oder Ändern von Werten verwendet werden. Beispiele:

```
>>> dict = {}                    # leeres Dictionary
>>> dict["banana"] = "yellow"  # Neu-Wertzuweisung
>>> dict
{'banana': 'yellow'}
>>> dict["apple"] = "red"
>>> dict
{'banana': 'yellow', 'apple': 'red'}
>>> dict["apple"] = "green"     # Wertänderung
>>> dict
{'banana': 'yellow', 'apple': 'green'}
```

Strings sind eine Art Mischtyp; ihr Inhalt kann als einzelner Wert oder als Abfolge einzelner Zeichen betrachtet werden. Deshalb können Sie auf Strings auch mit dem Index- oder dem Slice-Operator zugreifen, allerdings nur lesend (denn es handelt sich wie erwähnt um einen unveränderlichen Typ). Hier einige Beispiele:

```
>>> text = "Dies ist ein Test-String."
>>> text[5]
'i'
>>> text[5:8]
'ist'
>>> text[0:10:2]
'De s '
>>> text[-1]
'.'
>>> text[::-1]
'.gnirtS-tseT nie tsi seiD'
```


Die Funktion `range()` stellt keine richtige Liste bereit, sondern einen Wertebereich, auf den Sie jedoch ebenfalls mit dem Indexoperator zugreifen können. Es können ein bis drei Argumente übergeben werden:

- `range(n)` umfasst den Bereich von `0` bis `n-1`.
- `range(m, n)` umfasst den Bereich von `m` bis `n-1`.
- `range(m, n, step)` umfasst den Bereich von `m` bis `n-1` mit der Schrittweite `step` beziehungsweise von `m` bis `n+1` bei negativer Schrittweite.

Hier zwei Beispiele für Ranges mit verschiedenen Zugriffen durch den Index- beziehungsweise Slice-Operator:

```
>>> range1 = range(1, 11)       # Werte 1-10
>>> range1[0]                   # erstes Element
1
>>> range1[-1]                  # letztes Element
10
>>> range1[2:4]                 # Slice
range(3, 5)
>>> range2 = range(2, 21, 2)    # Werte 2-20, Schrittweite 2
>>> range2[0]                   # erstes Element
2
>>> range2[-1]                  # letztes Element
20
>>> range2[10:2:-4]             # Slice
range(20, 6, -8)
```

Mit `list(range(...))` können Sie alle im Bereich enthaltenen Zahlen in eine Liste übernehmen, wodurch sich die Elemente am einfachsten untersuchen lassen. Wieder ein paar Beispiele:

```
>>> list(range(10))          # 0 bis 10-1
[0, 1, 2, 3, 4, 5, 6, 7, 8, 9]
>>> list(range(5, 10))       # 5 bis 10-1
[5, 6, 7, 8, 9]
>>> list(range(2, 20, 2))  # 2 bis 20-1, Schrittweite 2
[2, 4, 6, 8, 10, 12, 14, 16, 18]
>>> list(range(20, 2, -2)) # 20 bis 2+1, Schrittweite -2
[20, 18, 16, 14, 12, 10, 8, 6, 4]
```

Ein praktisches Hilfsmittel für alle Aufzählungstypen ist die Funktion `len()`, die die Anzahl der Elemente zurückgibt. Hier zwei Beispiele, eines für eine Liste und eines für einen String, bei dem entsprechend die Anzahl der Zeichen ermittelt wird:

```
>>> len([1, 2, 3, 4])
4
>>> len("Hello world")
11
```

Mit Kontrollstrukturen arbeiten

Um den Programmablauf zu steuern, besitzt Python wie jede vollwertige Programmiersprache *Kontrollstrukturen*. Diese lassen sich in Fallentscheidungen und Schleifen unterteilen – eine Fallentscheidung verzweigt nur einmal aufgrund des Wahrheitswerts eines Ausdrucks, während eine Schleife unter Umständen mehrmals durchlaufen wird.

Eine *Fallentscheidung* prüft den Wahrheitswert eines Ausdrucks, bevor sie die davon abhängigen Anweisungen ausführt. Die einfachste Fallentscheidung hat folgende Struktur:

```
if Ausdruck:
    Anweisung
    ...
# Normaler Programmablauf geht hier weiter.
```

Wenn der überprüfte Ausdruck `True` ist oder als `True` interpretiert wird, werden die abhängigen Anweisungen ausgeführt, andernfalls geht der Programmablauf direkt in derjenigen Zeile weiter, die wieder die Einrückung der `if`-Anweisung aufweist. Die Zahl `0`, der leere String `""`, leere Aufzählungstypen wie die leere Liste `[]` oder das leere Dictionary `{}` sowie `None` werden wie gesagt als `False` interpretiert, alle anderen Nicht-Boolean-Ausdrücke als `True`.

Wie bereits erwähnt, bestimmt die Einrückung, welche Zeilen von der Fallentscheidung abhängen und welche nicht. Dabei ist es wichtig, dass die Einrückung aller betroffenen Zeilen identisch ist. Empfehlenswert sind vier Leerzeichen pro Stufe; die Hauptsache ist aber, dass Sie sich konsequent an die einmal gewählte Form halten.

Das folgende Beispiel überprüft, ob die Variable `favourite_colour` den Wert `"red"` hat, und gibt in diesem Fall die Meldung `"You may pass!"` aus:

```
>>> favourite_colour = "red"
>>> if favourite_colour == "red":
...     print("You may pass!")
...
You may pass!
```

Da `favourite_colour` zuvor der Wert `"red"` zugewiesen wurde, erfolgt die erwartete Ausgabe aus der abhängigen Codezeile. Wenn Sie dasselbe Beispiel erneut mit einem anderen Wert für `favourite_colour` ausführen, wird nichts ausgegeben:

```
>>> favourite_colour = "blue"
>>> if favourite_colour == "red":
...     print("You may pass!")
...
>>>
```

Besonderheit der interaktiven Shell

Beachten Sie, dass Sie den `if`-Block in der interaktiven Python-Shell mit einer Leerzeile abschließen müssen, sodass er sofort ausgeführt wird. In einem gespeicherten Skript können Sie dagegen mit einer nicht mehr eingerückten Zeile fortfahren, bei der der Programmablauf unabhängig von der Fallentscheidung in jedem Fall weitergeht.

Wie in den meisten Programmiersprachen kann die `if`-Fallentscheidung auch in Python einen `else`-Zweig haben, dessen abhängige Anweisungen ausgeführt werden, wenn der überprüfte Ausdruck nicht `True` ist. Sehen Sie sich dazu dieses erweiterte Beispiel an:

```
>>> favourite_colour = "red"
>>> if favourite_colour == "red":
...     print("You may pass!")
... else:
...     print("You shall not pass!")
...
You may pass!
```

Wie im ersten Beispiel erfolgt die Ausgabe des `if`-Zweigs, aber die Gegenprobe zeigt, dass für eine andere Lieblingsfarbe der `else`-Zweig ausgeführt wird:

```
>>> favourite_colour = "blue"
>>> if favourite_colour == "red":
...     print("You may pass!")
... else:
```

```
...     print("You shall not pass!")
...
You shall not pass!
```

Für den Fall, dass das erste if nicht zutrifft, können Sie einen weiteren Ausdruck überprüfen; das Schlüsselwort dafür heißt elif (Abkürzung für *else if*). Trifft der darin überprüfte Ausdruck zu, werden die zugehörigen Anweisungen ausgeführt, andernfalls geht es bei einem eventuell vorhandenen else-Zweig, beim nächsten elif oder im normalen Programmablauf weiter. Das folgende Beispiel überprüft eine weitere potenzielle Lieblingsfarbe und gibt einen eigenen Kommentar dazu aus:

```
>>> favourite_colour = "pink"
>>> if favourite_colour == "red":
...     print("You may pass!")
... elif favourite_colour == "pink":
...     print("Close, but not close enough -- you failed!")
... else:
...     print("You shall not pass!")
...
Close, but not close enough -- you failed!
```

Eine spezielle Schreibweise von if und else – ohne elif – ist der *konditionale Ausdruck* (englisch: *conditional expression*), der am ehesten dem aus der Tradition der Programmiersprache C stammenden ternären (dreigliedrigen) Fallentscheidungsoperator Ausdruck ? Dann-Wert : Sonst-Wert entspricht. Das Format sieht wie folgt aus:

```
Dann-Wert if Ausdruck else Sonst-Wert
```

Der else-Teil darf dabei nicht weggelassen werden. Hier zwei einfache Beispiele, je eines für den Dann-Fall und den Sonst-Fall:

```
>>> a = 5
>>> "Ja, 5" if a == 5 else "Nein, keine 5"
'Ja, 5'
>>> "Ja, 4" if a == 4 else "Nein, keine 4"
'Nein, keine 4'
```

Sie können diese Art von Ausdrücken einer Variablen zuweisen; beachten Sie aber, dass der konditionale Ausdruck in diesem Fall in Klammern stehen muss:

```
>>> monster = "Jabberwocky"
>>> what_to_do = ("Run!" if monster == "Jabberwocky" else "Never mind")
>>> what_to_do
'Run!'
>>> monster = "Killer Rabbit"
```

```
>>> what_to_do = ("Run!" if monster == "Jabberwocky" else "Never mind")
>>> what_to_do
'Never mind'
```

Auch in zusammengesetzten Ausdrücken können Sie dieses Format verwenden, und zwar ebenfalls in Klammern:

```
>>> holy_grail = True
>>> "You have found" + (" the Holy Grail" if holy_grail else " nothing special")
'You have found the Holy Grail'
>>> holy_grail = False
>>> "You have found" + (" the Holy Grail" if holy_grail else " nothing special")
'You have found nothing special'
```


In der kommenden Python-Version 3.10 (zurzeit im öffentlichen Betatest) kommt eine neue Form der Fallentscheidung hinzu: match/case ähnelt dem in vielen anderen Programmiersprachen verbreiteten switch/case, das später in diesem Kapitel für Java erläutert wird. Es geht darum, eine Variable mit einer Reihe möglicher Einzelwerte zu vergleichen und je nach Wert unterschiedliche Anweisungen auszuführen.

Hier ein Beispiel, das alle wichtigen Eigenschaften der Anweisungen zeigt – es bestimmt, gemessen an der Note in einer Prüfung, ob diese bestanden wurde:

```
match grade:
    case 1, 2, 3:
        print("Bestanden.")
    case 4:
        print("Gerade noch Glück gehabt.")
    case 5, 6:
        print("Durchgefallen.")
    case _:
        print("Ungültige Note.")
```

Wie Sie sehen, kann ein Fall für einen oder mehrere mögliche Werte gelten. Der besondere Fall _ steht für alle nicht speziell aufgeführten Werte und dient, wie im Beispiel gezeigt, oft dem Abfangen ungültiger Werte.

Eine *Schleife* wiederholt die verschachtelten Anweisungen mehrfach. Die einfachste Schleife ist die while-Schleife, deren Syntax folgendermaßen aussieht:

```
while Ausdruck:
    Anweisung
    ...
# normaler Programmablauf
```

Die verschachtelten Anweisungen werden so lange immer wieder ausgeführt, wie der überprüfte Ausdruck True ergibt. Hier ein interaktives Beispiel, das mittels input() Benutzereingaben entgegennimmt und dies wiederholt, bis die gewünschte Eingabe erfolgt ist:

```
>>> passwort = "geheim"
>>> eingabe = ""
>>> while eingabe != passwort:
...     eingabe = input("Passwort bitte: ")
...
Passwort bitte: pass
Passwort bitte: test
Passwort bitte: geheim
>>>
```

Natürlich können Sie die while-Schleife beispielsweise auch zum Zählen verwenden, wenn Sie die Zählervariable innerhalb des Schleifenrumpfes, also in den abhängigen Anweisungen, manipulieren (allerdings gibt es wesentlich elegantere Konstrukte zum Zählen, wie Sie bald sehen werden). Das folgende Beispiel listet die Zahlen von 0 bis 4 auf:

```
>>> i = 0
>>> while i < 5:
...     print(i)
...     i += 1
...
0
1
2
3
4
```

»else«-Blöcke in »while«-Schleifen

Eine Python-Besonderheit ist die Tatsache, dass while-Schleifen einen else-Block haben können. Dieser wird ausgeführt, falls der geprüfte Ausdruck von Anfang an False war, sodass der Schleifenrumpf niemals ausgeführt wird. Beispiel:

```
>>> a = 10
>>> while a < 10:
...     print(a)
...     a += 1
... else:
...     print("a war nie kleiner als 10.")
...
a war nie kleiner als 10.
```

Die for-Schleife wird in Python verwendet, um über die Elemente eines Objekts zu *iterieren*, was bedeutet, diese Elemente der Reihe nach durchzugehen. Deshalb wird for auch als *Iterator* bezeichnet. Die Syntax sieht wie folgt aus:

```
for Variable in Aufzählung:
    Anweisung  # Variable hat nacheinander Werte der Elemente in Aufzählung
    ...
# normaler Programmablauf
```


Betrachten Sie als erstes Beispiel die Iteration über die folgende Liste (es handelt sich um die römisch-dekadenten Snacks, die Brian in Monty Pythons »Life of Brian« im Amphitheater verkauft):

```
>>> snacks = [
... "Wolf Nipple Chips",
... "Dromedary Pretzels",
... "Jaguar Ear Lobes",
... "Tuscany Fried Bat",
... "Otter Noses"]
>>> for snack in snacks:
...     print("Get your " + snack + " while supplies last!")
...
Get your Wolf Nipple Chips while supplies last!
Get your Dromedary Pretzels while supplies last!
Get your Jaguar Ear Lobes while supplies last!
Get your Tuscany Fried Bat while supplies last!
Get your Otter Noses while supplies last!
```

Mit einer for-Schleife können Sie über jeden Aufzählungstyp iterieren, außerdem über einige andere Typen – beispielsweise die einzelnen Zeichen eines Strings:

```
>>> for letter in "letters":
...     print("Das Wort enthält den Buchstaben " + letter)
...
Das Wort enthält den Buchstaben l
Das Wort enthält den Buchstaben e
Das Wort enthält den Buchstaben t
Das Wort enthält den Buchstaben t
Das Wort enthält den Buchstaben e
Das Wort enthält den Buchstaben r
Das Wort enthält den Buchstaben s
```

Bei einem Dictionary wird über die Schlüssel iteriert; der Zugriff auf die Werte erfolgt wie üblich durch den Indexoperator. Beispiel:

```
>>> countries = {"de": "Deutschland", "at": "Österreich", "fr": "Frankreich"}
>>> for tld in countries:
...     print(countries[tld] + " hat die Top-Level-Domain " + tld)
...
Frankreich hat die Top-Level-Domain fr
Österreich hat die Top-Level-Domain at
Deutschland hat die Top-Level-Domain de
```

Die `for`-Schleife kann auch innerhalb eines Ausdrucks in eckigen Klammern verwendet werden, um eine neue Liste zu erzeugen; ein solches Konstrukt wird als *List-Comprehension* bezeichnet. Dies ist die Syntax:

```
neue_liste = [ausdruck for element in original_liste]
```

Die Liste *neue_liste* wird mit den Elementen befüllt, die aus der Iteration über *original_liste* stammen. Hier ein Beispiel, das die Quadrate der Zahlen von 1 bis 10 berechnet und sie in einer neuen Liste speichert:

```
>>> numbers = list(range(1, 11))
>>> squares = [number ** 2 for number in numbers]
>>> squares
[1, 4, 9, 16, 25, 36, 49, 64, 81, 100]
```

Die Konstruktion kann auch zusammen mit `if` verwendet werden, um Listen nach bestimmten Kriterien zu filtern. Das Ganze sieht schematisch so aus:

```
gefilterte_liste = [ausdruck for element in original_liste if ausdruck]
```

Die neue Liste *gefilterte_liste* enthält danach den berechneten Ausdruck für alle diejenigen Elemente von *original_liste*, auf die der überprüfte Ausdruck zutrifft. Das folgende Beispiel filtert nur die geraden Zahlen aus einer fortlaufenden Liste natürlicher Zahlen heraus:

```
>>> numbers = list(range(1, 11))
>>> even = [number for number in numbers if number % 2 == 0]
>>> even
[2, 4, 6, 8, 10]
```

Für alle Schleifentypen gibt es übrigens die manchmal nützliche Möglichkeit, den aktuellen Durchlauf oder die gesamte Schleife vorzeitig zu beenden. Die Anweisung `continue` springt sofort zum (eventuellen) nächsten Durchlauf, wie das folgende Beispiel zeigt:

```
>>> for i in range(1, 11):
...     # Nicht durch 2 teilbar? Weiter
...     if i % 2 != 0:
...         continue
```

```
...     print(i)
...
2
4
6
8
10
```

Mit break wird dagegen die Ausführung der gesamten Schleife abgebrochen, was etwa die folgende (mathematisch primitive) Primzahlprüfung zeigt:


```
>>> test_number = 35
>>> for i in range(2, test_number):
...     if test_number % i == 0:
...         print("Keine Primzahl")
...         break
...
Keine Primzahl
```

Funktionen und Methoden verwenden

Ein weiteres Hilfsmittel zum Bilden von Ausdrücken und Anweisungen sind die vereinzelt bereits gezeigten aufrufbaren Funktionen und Methoden. Als Beispiel werden hier einige beschrieben, die der Ein- und Ausgabe dienen.

Eine *Funktion* steht allein, also nicht auf ein Objekt bezogen. Die Funktion print() dient beispielsweise dazu, Text auf der Konsole auszugeben:

```
>>> print("Hallo Python")
Hallo Python
```

Eine *Methode* ist dagegen eine Funktion innerhalb eines Objekts, die in dessen Klasse definiert ist. Sie wird durch einen Punkt getrennt hinter das Objekt geschrieben. Ein Beispiel ist die Methode append() einer Liste; sie dient dazu, Elemente anzuhängen, zum Beispiel:

```
>>> list1 = [1, 2, 3, 4, 5]
>>> list1
[1, 2, 3, 4, 5]
>>> list1.append(6)
>>> list1
[1, 2, 3, 4, 5, 6]
```

Text auf der Konsole ein- und ausgeben

Zum Schreiben von Programmen werden stets Funktionen zur Ein- und Ausgabe benötigt. Soweit die Konsole betroffen ist, sind diese im Sprachkern von Python enthalten (einige Dateizugriffsfunktionen sind ebenfalls eingebaute Funktionen, aber nicht alle). Es handelt sich im Wesentlichen um die Funktionen `print()` zur Ausgabe und `input()` zur Eingabe.

`print()` nimmt im einfachsten Fall einen String oder ein als String interpretierbares Objekt entgegen und gibt dessen Wert, gefolgt von einem Zeilenumbruch, auf der Konsole aus:

```
>>> print("Hello Python")
Hello Python
>>> print(4 + 3)
7
>>> print(1 == 2)
False
```

Sie können beliebig viele durch Kommata getrennte Ausdrücke ausgeben lassen, wobei diese standardmäßig durch ein Leerzeichen und nicht durch einen Zeilenumbruch voneinander getrennt werden. Beispiele:

```
>>> print("Hello", "World,", "hello", "Python!")
Hello World, hello Python!
>>> print(3, "+", 4, "=", 3 + 4)
3 + 4 = 7
```

Sie können das Leerzeichen zwischen den einzelnen durch Kommata getrennten Argumenten sowie den Zeilenumbruch am Ende durch andere Zeichen oder Zeichenfolgen ersetzen. Dazu werden *benannte Argumente* eingesetzt, eine Besonderheit von Python: Nach einer definierten oder auch beliebigen Anzahl nicht benannter Argumente können solche in der Form `Schlüsselwort = Wert` folgen, die meistens für Konfigurationsaufgaben verwendet werden.

Zwei der möglichen benannten Argumente für `print()` sind `sep` (kurz für Separator) als Trenn-String zwischen den einzelnen Standardargumenten und `end` für den String am Ende. Das folgende Beispiel verwendet ein Komma und ein Leerzeichen als Separator und einen Punkt, gefolgt von einem Zeilenumbruch, als Endmarkierung:

```
>>> print("Arthur", "Galahad", "Lancelot", "Robin", sep = ", ", end = ".\n")
Arthur, Galahad, Lancelot, Robin.
```

Für Benutzereingaben kommt die Funktion `input()` zum Einsatz. Sie wartet, bis zur Laufzeit des Programms eine Eingabe vorgenommen und diese mit [↵] abgeschlossen wurde. Anschließend gibt sie den Inhalt der Benutzereingabe (ohne den abschließenden Zeilenumbruch) als Wert zurück. Dadurch kann dieser Wert beispielsweise einer Variablen zugewiesen werden. Das folgende Beispiel nimmt eine Eingabe entgegen und speichert sie in der Variablen `eingabe`:

```
>>> eingabe = input()
hallo
>>> eingabe
'hallo'
```

Optional können Sie der Funktion ein Argument übergeben, dessen String-Wert als Eingabeaufforderung ausgegeben wird:

```
>>> name = input("Ihr Name? ")
Ihr Name? Sascha
>>> name
'Sascha'
```


Mit Dateien arbeiten

Für den Zugriff auf Dateien werden diese zunächst mit `open()` geöffnet; das Ergebnis ist im Erfolgsfall ein Objekt, dessen Methoden etwa zum Lesen und Schreiben von Daten in der Datei verwendet werden. Die wichtigsten Parameter von `open()` sind der Dateiname als erstes, unbenanntes Argument sowie der Modus (Lesen, Schreiben etc.) als zweites Argument oder – empfehlenswerter – als benanntes Argument `mode`.

Das folgende Beispiel öffnet die Datei *test.txt* im aktuellen Verzeichnis zum Lesen (`mode = "r"`; dies ist eigentlich Standard und könnte daher weggelassen werden) und weist das erhaltene Objekt der Variablen `file` zu; *test.txt* muss dazu natürlich existieren:

```
>>> file = open("test.txt", mode = "r")
```

Um den gesamten Inhalt der Datei auszulesen, wird die Methode `read()` des Objekts `file` aufgerufen:

```
>>> content = file.read()
>>> content
'Dies ist eine Textdatei\nSie hat drei Zeilen\nDie letzte endet nicht mit
einem Zeilenumbruch\n'
```

Wie Sie sehen, fügt `read()` am Ende des ausgelesenen Textes einen Zeilenumbruch ein, obwohl die Originaldatei in der letzten Zeile keinen enthält, wie der Inhalt vermuten lässt.

Wenn Sie ein zweites Mal `read()` für dieselbe Datei aufrufen, erhalten Sie einen leeren String als Ergebnis:

```
>>> file.read()
''
```

Das liegt daran, dass intern ein *Dateizeiger* (englisch: *file cursor*) verwendet wird, der die aktuelle Position markiert. Mithilfe der Methode `seek(Position)` können Sie den Zeiger auf eine andere Position setzen. Hier ein Beispiel, das zum dritten Zeichen der Datei (Position 2) springt und von dort erneut liest:

```
>>> file.seek(2)
2
>>> file.read()
'es ist eine Textdatei\nSie hat drei Zeilen\nDie letzte endet nicht mit
einem Zeilenumbruch\n'
```

Das File-Objekt stellt (zumindest für Textdateien) auch einen Iterator bereit, mit dem Sie die Datei zeilenweise auslesen können. Das folgende Beispiel kehrt zum Anfang der Datei zurück, liest sie in einer `for`-Schleife zeilenweise ein und gibt die Zeilen aus; die String-Methode `strip()` entfernt dabei den jeweiligen Zeilenumbruch am Ende:

```
>>> for line in file:
...     print(line.strip())
...
Dies ist eine Textdatei
Sie hat drei Zeilen
Die letzte endet nicht mit einem Zeilenumbruch
```

Neben `mode = "r"` gibt es diverse weitere Modi, um die Datei zum Lesen, zum Schreiben oder für diverse Mischungen daraus mit verschiedenen Optionen zu öffnen. Mit `mode = "w"` (*write*) öffnen Sie die Datei nur zum Schreiben; falls sie existiert, wird sie überschrieben, ansonsten neu angelegt. Auch `mode = "a"` (*append*) öffnet die Datei zum Schreiben und legt sie gegebenenfalls neu an; falls sie jedoch existiert, wird der Dateizeiger an ihr Ende gesetzt, sodass Sie weiteren Inhalt hinzufügen können.

Um in eine Datei zu schreiben, wird die Methode `write()` des File-Objekts verwendet. In diesem Fall müssen Sie sich selbst um die abschließenden Zeilenumbrüche kümmern, falls Sie welche benötigen. Alternativ können Sie die Funktion `print()` verwenden, wenn Sie darin den benannten Parameter `file` auf Ihr Dateiobjekt setzen.

Das folgende Beispiel öffnet die Datei *ausgabe.txt* zum Schreiben und schreibt mit beiden Verfahren je eine Zeile hinein. Anschließend wird die Datei mit `close()` geschlossen, dann erneut zum Lesen geöffnet, und ihr Inhalt wird eingelesen:

```
>>> file = open("ausgabe.txt", "w")
>>> file.write("Erste Zeile, mit write() geschrieben.\n")
38
>>> print("Zweite Zeile, mit print() geschrieben.", file = file)
>>> file.close()
>>> file = open("ausgabe.txt", "r")
>>> file.read()
'Erste Zeile, mit write() geschrieben.\nZweite Zeile, mit print() geschrieben.\n'
```

Die speziellen Modi "r+", "w+" und "a+" öffnen eine Datei zum kombinierten Lesen und Schreiben. "r+" führt zu einer Fehlermeldung, falls die Datei nicht existiert, während "w+" und "a+" sie in diesem Fall neu anlegen. "w+" ersetzt eine eventuell vorhandene Datei; "r+" und "a+" lassen sie bestehen. "a+" schreibt stets ans Ende der vorhandenen Datei – unabhängig von der Position des Dateizeigers, an der gelesen wird. "r+" und "w+" setzen den Dateizeiger dagegen zunächst an den Anfang und beachten dessen Position sowohl beim Lesen als auch beim Schreiben.

Hier ein Beispiel, das "w+" verwendet und in einer Datei schreibt, liest und den Zeiger positioniert, um die (durch ihre Position gekennzeichneten) ungeraden Ziffern durch Leerzeichen zu ersetzen:


```
>>> file = open("even.txt", "w+")
>>> file.write("01234567890")
11
>>> file.seek(0)
0
>>> file.read()
'01234567890'
>>> for i in [1, 3, 5, 7, 9]:
...     file.seek(i)
...     file.write(" ")
...
1
1
3
1
5
1
7
1
9
1
>>> file.seek(0)
0
>>> file.read()
'0 2 4 6 8 0'
```

Die vielen Ausgabezeilen der Schleife sind die jeweiligen Positionen von seek() und die Anzahl der von jedem write() geschriebenen Zeichen (1). Es handelt sich nicht um Ausgaben, die in einem regulären Python-Skript auf der Konsole erscheinen würden, sondern um die übliche Anzeige von Funktionsrückgabewerten innerhalb der interaktiven Shell. In eigenen Skripten können Sie diese Rückgabewerte auslesen, um zu überprüfen, ob Ihre Dateioperationen ordnungsgemäß funktioniert haben.

Strings formatieren

Besonders interessant für die Ausgabe ist die String-Formatierungsmethode `format()` der String-Klasse (interner Name `str`). Die Methode ähnelt der C- und PHP-Funktion `sprintf()`, ist jedoch noch praktischer und vielseitiger als diese. Das allgemeine Format lautet:

```
Format-String.format(Wert1, Wert2, ...)
```

Der Format-String enthält Platzhalter, die durch die Werte ersetzt werden. Der einfachste Platzhalter ist `{}`; er wird gemäß seiner Position im String durch das entsprechende Argument in seiner Standard-String-Darstellung ersetzt. Hier ein einfaches Beispiel mit zwei derartigen Platzhaltern:

```
>>> "{}, {}!".format("Hello", "world")
'Hello, world!'
```

Wenn Sie die Reihenfolge bestimmen möchten, in der die Argumente eingesetzt werden, können Sie deren bei 0 beginnenden Index in die geschweiften Klammern schreiben. Dadurch können Sie auch dasselbe Argument mehrfach verwenden. Beispiel:

```
>>> "It's a {1}, {1} {0}!".format("world", "mad")
"It's a mad, mad world!"
```

Noch praktischer sind mitunter benannte Argumente, die beliebige Namen tragen können und deren Namen dann anstelle der numerischen Indizes in die geschweiften Klammern gesetzt werden:

```
>>> "{dividend} / {divisor} = {quotient}".format(
... dividend = 20,
... divisor = 5,
... quotient = 20 // 5)
'20 / 5 = 4'
```

Hinter einem Doppelpunkt können Sie innerhalb der geschweiften Klammern eine `printf()`-Formatangabe eintragen – und zwar unabhängig davon, ob davor ein numerischer Index, ein benanntes Argument oder gar nichts steht. Diese Formatangaben bestehen aus mehreren Elementen, von denen nur das letzte Pflicht ist:

1. Ein Füllzeichen – wenn der zu formatierende Wert kürzer ist als die angegebene Stellenzahl, wird mit dem hier angegebenen Zeichen aufgefüllt, ansonsten mit Leerzeichen.
2. Die Mindestanzahl der Stellen als ganze Zahl.
3. Ein Ausrichtungszeichen: `<` für explizit linksbündig, `>` für explizit rechtsbündig, `=` für rechtsbündige numerische Werte mit Vorzeichen zu Beginn des verfügbaren Platzes oder `^` für zentriert. Wenn Sie das Zeichen weglassen, werden Zahlen rechtsbündig und Strings linksbündig ausgerichtet.

4. Ein Vorzeichen – wenn Sie hier ein + einsetzen, werden auch positive Zahlen explizit durch ihr Vorzeichen (+) gekennzeichnet, andernfalls nur negative.
5. Die Anzahl der Nachkommastellen hinter einem Punkt – hier wird bei Bedarf gerundet, oder es werden Nullen hinzugefügt.
6. Das gewünschte Format, zum Beispiel s für einen String, d für eine ganze Zahl oder f für eine Fließkommazahl.

Hier drei Beispiele, die einige denkbare Fälle demonstrieren, nämlich Währungsformatierung (zwei Nachkommastellen), linksbündige String-Tabelle sowie rechtsbündige String-Tabelle mit speziellem Füllzeichen:


```
>>> "{:.2f} EUR, inkl. 19% Mwst.: {:.2f} EUR".format(1000, 1000 / 1.19 * 0.19)
'1000.00 EUR, inkl. 19% Mwst.: 159.66 EUR'
>>> "{0:15s} {1:15s} {2:15s}".format("iOS", "Android", "Windows Phone")
'iOS             Android         Windows Phone  '
>>> "{0:->15s}{1:->15s}{2:->15s}".format("iOS", "Android", "Windows Phone")
'------------iOS--------Android--Windows Phone'
```

Eine Neuerung seit Python 3.6 sind formatierte String-Literale, die eingebettete Ausdrücke enthalten können. Dazu wird den Anführungszeichen, die den String einleiten, der Buchstabe f vorangestellt. Python wird daraufhin Ausdrücke in geschweiften Klammern innerhalb des Strings auswerten. Hier zwei Beispiele:

```
>>> f"20 + 22 = {20 + 22}"
'20 + 22 = 42'
>>> monster = 'Jabberwocky'
>>> f"We have to fight the {monster}!"
'We have to fight the Jabberwocky!'
```

7.1.3 Objektorientierung in Python

Die *objektorientierte Programmierung* (*OOP*) wurde bereits in den späten 60er-Jahren des 20. Jahrhunderts entwickelt, erlebte ihren eigentlichen Durchbruch aber erst mit der zunehmenden Verbreitung grafischer Benutzeroberflächen in der zweiten Hälfte der 80er-Jahre, da sich die Objektorientierung besonders gut zur Modellierung der Fenster, Menüs, Dialoge und sonstigen Elemente eignet. Es handelt sich um ein Programmierverfahren, das die Fehleranfälligkeit von Computerprogrammen senken und die Wiederverwendbarkeit einzelner Komponenten verbessern sollte. Denn während die vor Erfindung der OOP vorherrschende imperative Programmierung Daten zentral in globalen Variablen speichert und mit verschiedenen davon unabhängigen Funktionen bearbeitet, fasst die OOP die Daten und die Funktionen zu ihrer Verarbeitung zu Einheiten zusammen, die als *Objekte* bezeichnet werden. Das Verfahren wird als *Kapselung* bezeichnet.

Noch genauer gesagt, modellieren die meisten objektorientierten Sprachen – neben Python etwa auch die im nächsten Abschnitt besprochene Sprache Java – Vorlagen für Objekte eines bestimmten Typs, die *Klassen* genannt werden. In diesen Klassen sind die zu einem Objekt gehörenden Daten gespeichert. Die entsprechenden Variablen heißen *Eigenschaften* oder *Attribute* und können für jedes einzelne Objekt der Klasse einen anderen Wert haben. Außerdem befinden sich die Funktionen zur Verarbeitung dieser Daten in der Klasse; in diesem Zusammenhang werden sie als *Methoden* bezeichnet. Ein konkretes Objekt ist eine *Instanz* seiner Klasse. Ein anderes wichtiges Konzept der OOP ist die *Vererbung*: Wenn Sie eine neue Klasse modellieren, können Sie festlegen, dass sie eine Spezialisierung anderer Klassen sein soll – Sie brauchen dann nur die Ergänzungen und Unterschiede einzuprogrammieren, weil der Rest von den Vorfahren geerbt wird. Angenommen, eine Klasse beschriebe ein Auto mit den Attributen »maximale Tankfüllung«, »aktuelle Tankfüllung«, »Verbrauch« und »Kilometerstand« sowie den Methoden »Tanken« und »Fahren«. Eine Klasse »LKW« benötigt alle diese Komponenten ebenfalls, aber zusätzlich die Attribute »Ladekapazität« und »aktuelle Ladung« sowie die Methoden »Beladen« und »Entladen«. Also wird LKW von Auto abgeleitet und um die Ladungsattribute und -methoden ergänzt.

Einführungsbeispiel

Am einfachsten lassen sich die genannten theoretischen Grundlagen an einem Beispiel zeigen. Speichern Sie Listing 7.2 unter dem Namen *book1.py* und führen Sie es wie folgt auf der Konsole aus:

```
$ python3 book1.py
```

Das Beispiel definiert eine Klasse namens `Book` mit diversen Eigenschaften, einem Konstruktor (spezielle Methode, die bei der Objekterzeugung aufgerufen wird) und einer anderen Methode, erzeugt zwei Instanzen davon und gibt diese aus. Hier zunächst das vollständige Listing:

```
class Book:
    # Konstruktor
    def __init__(self, author, title, year):
        self.author = author
        self.title = title
        self.year = year
    # String-Darstellung
    def __str__(self):
        return "{author}: '{title}' ({year})".format(
            author = self.author,
            title = self.title,
            year = self.year
        )
```

```
# Hauptprogramm
if __name__ == "__main__":
    # Instanzen von Book erzeugen
    book1 = Book(
        "Douglas Adams",
        "The Hitchhiker's Guide to the Galaxy",
        1979
    )
    book2 = Book("George R. R. Martin", "A Game of Thrones", 1996)
    # Ausgabe
    print(book1)
    print(book2)
```

Listing 7.2 book1.py bietet ein einfaches Beispiel einer Klasse; im Hauptprogramm werden zwei Instanzen erzeugt und verwendet.

Wenn Sie das Skript ausführen, lautet die Ausgabe wie folgt:

```
$ python3 book1.py
Douglas Adams: 'The Hitchhiker's Guide to the Galaxy' (1979)
George R. R. Martin: 'A Game of Thrones' (1996)
```

Die Klassendefinition beginnt mit dem Schlüsselwort `class`; hinter dem Klassennamen steht – wie in Blockstrukturen üblich – ein Doppelpunkt, und der Klassenrumpf wird darunter eingerückt:

```
class Book:
    # Klassendefinition
```

Der Konstruktor ist in Python eine Methode mit dem speziellen Namen `__init__()` – vor und hinter dem Namen stehen je zwei Unterstriche. Methoden werden mit dem Schlüsselwort `def` gekennzeichnet; außerhalb von Klassen können Sie damit auch allein stehende Funktionen definieren. Jede Methode erhält mindestens einen Parameter, der gemäß Konvention stets den Bezeichner `self` erhält, aber theoretisch jeden Namen haben kann. Das automatisch übergebene Argument ist dabei die aktuelle Instanz der Klasse, für die die Methode aufgerufen wird, beziehungsweise im Fall des Konstruktors die neu erzeugte Instanz.

Der Konstruktor der Klasse `Book` sieht wie folgt aus:

```
def __init__(self, author, title, year):
    self.author = author
    self.title = title
    self.year = year
```

Die Attribute werden durch die Schreibweise `self.`*`Attributname`* gekennzeichnet und entstehen automatisch durch Wertzuweisung. Wie hier gezeigt, werden sie häufig durch die Werte von Parametern mit denselben Namen ohne vorangestelltes `self` initialisiert.

»Private« Attribute und Methoden in Python?

In vielen objektorientierten Programmiersprachen gibt es für Attribute und Methoden Geheimhaltungsstufen, um sicherzustellen, dass nur ausgewählte Elemente Teil der öffentlichen Schnittstelle einer Klasse sind, während der Rest der internen Verarbeitung dient. So können beispielsweise Attribute nicht einfach von außen geändert werden, was Fehler vermeidet. Das Konzept lernen Sie ausführlich im nächsten Abschnitt kennen, weil es in Java eine große Rolle spielt.

In Python gibt es dergleichen nicht: Sie können mittels *`objekt.attribut`* von außen auf jedes beliebige Attribut zugreifen und mit *`objekt.methode`*`(...)` jede Methode aufrufen. Sie können sogar neue Attribute eines einzelnen Objekts erzeugen, indem Sie ihnen einen Wert zuweisen.

Allerdings gibt es die Konvention, dass Methoden oder Attribute, die mit einem einzelnen Unterstrich beginnen, als privat betrachtet werden sollten – das heißt nicht, dass sie nicht von außen zugänglich sind, aber als Benutzer*in der Klasse sollten Sie damit rechnen, dass sie in einer späteren Version der Klasse jederzeit entfernt oder geändert werden können.

Neben dem Konstruktor hat die Klasse `Book` noch eine weitere Methode, nämlich `__str__()` mit folgendem Inhalt:

```
def __str__(self):
    return "{author}: '{title}' ({year})".format(
        author = self.author,
        title = self.title,
        year = self.year
    )
```

Es handelt sich wie beim Konstruktor um eine spezielle Methode: Sie wird automatisch aufgerufen, wenn das Objekt in einem String-Kontext eingesetzt wird, im Verwendungsbeispiel geschieht dies durch den Aufruf als Argument von `print()`. Explizit können Sie auch *`Instanz`*`.__str__()` schreiben oder die lesefreundlichere Variante `str(`*`Instanz`*`)` verwenden, um den Rückgabewert dieser Funktion zu erhalten.

Die Methode `__str__()` gibt hier lediglich eine speziell formatierte String-Darstellung der jeweiligen Instanz zurück. Die Wertrückgabe erfolgt mithilfe des Schlüsselworts `return`.

Das Hauptprogramm wird in Abhängigkeit von folgender `if`-Fallentscheidung ausgeführt:

```
if __name__ == "__main__":
    # Anweisungen des Hauptprogramms
```

Die Systemkonstante `__name__` enthält den Namen des aktuellen Moduls, also des Ausführungskontexts. Der Name des Hauptprogramms ist dabei `"__main__"`, sodass dieser Code nur ausgeführt wird, wenn das Skript direkt aufgerufen wird. Importieren Sie es dagegen, um seine Klassenbibliothek zu nutzen, wird der Codeblock ignoriert. So können Sie auf praktische Weise Testcode für Ihre Klassen einfügen, der bei der Nutzung der Klassen nicht stört.

Eine Instanz wird durch den Aufruf von `Klassenname(Argument, ...)` erzeugt, wie etwa in der ersten Instanziierung aus dem Beispielskript:

```
book1 = Book(
    "Douglas Adams",
    "The Hitchhiker's Guide to the Galaxy",
    1979
)
```

Üblicherweise wird das Ergebnis, also die neue Instanz, in einer Variablen gespeichert. Wie Sie sehen, wird das `self`-Argument nicht explizit übergeben, sondern nur alle nachfolgenden Argumente.

Zum Schluss wird die Methode `__str__()` implizit aufgerufen, da `print()` stets die String-Darstellung seiner Argumente ausgibt:

```
print(book1)
```

Die String-Darstellung greift auf die `__str__()`-Methode zurück, falls diese vorhanden ist. Andernfalls ist der String wesentlich weniger informativ. Sehen Sie sich dazu das folgende kurze Beispiel aus der interaktiven Shell an, in der eine Klasse definiert und instanziiert wird; anschließend wird die neue Instanz mit `print()` ausgegeben:

```
>>> class Test:
...     pass
...
>>> test = Test()
>>> print(test)
<__main__.Test object at 0x10073ac18>
```

Die spezielle Anweisung `pass` tut übrigens nichts; sie dient wie in diesem Beispiel als spezieller Platzhalter für einen Anweisungsblock, in dem kein Code ausgeführt werden soll.

Zur Fehlersuche in der objektorientierten Programmierung lohnt es sich, neben der Methode `__str__()` auch `__repr__()` zu definieren. Es handelt sich um die »offizielle« String-Darstellung der Instanzen einer Klasse. Das heißt, sie sollte nicht für die Ausgabe in Anwendungsprogrammen optimiert werden, sondern möglichst genaue Informationen über die Instanz liefern. Wenn Sie `__repr__()` nicht selbst implementieren, wird die Grundfassung aus der Python-Basisklasse `object` übernommen, deren Ausgabe so aussieht wie bei der `Test`-Instanz. Hier ein Beispiel für eine Klasse mit beiden Methoden:

```
>>> class WithRepr:
...     def __init__(self, first_name, last_name):
...         self.first_name = first_name
...         self.last_name = last_name
...     def __str__(self):
...         return f"{self.first_name} {self.last_name}"
...     def __repr__(self):
...         return f"WithRepr('{self.first_name}', '{self.last_name}')"
...
>>> wr = WithRepr("Guido", "van Rossum")
>>> print(wr) # Ruft __str__() auf
Guido van Rossum
>>> wr # Ruft __repr__() auf
WithRepr('Guido', 'van Rossum')
```

Methoden und Funktionen definieren

Im Einführungsbeispiel wurden bereits der Konstruktor und eine weitere Methode definiert. In diesem Unterabschnitt erhalten Sie einige weitere Informationen über das Implementieren von Methoden und allein stehenden Funktionen.

Wie bereits erwähnt, wird eine Methode beziehungsweise Funktion mit dem Schlüsselwort `def` eingeleitet. Dahinter folgt der Name der Methode, dann runde Klammern mit optionalen Parametern und schließlich ein Doppelpunkt. Darunter wird der Funktionsrumpf eingerückt. Schematisch sieht das Ganze wie folgt aus:

```
def Bezeichner(Parameter, ...):
    Anweisung
    ...
```

Um eine Methode sinnvoll nutzen zu können, muss immer mindestens ein Parameter vorhanden sein, und Sie sollten diesen ersten Parameter stets `self` nennen, da ihm automatisch eine Referenz auf die aktuelle Instanz selbst übergeben wird. Für allein stehende Funktionen gilt das nicht; diese können auch ganz ohne Parameter sinnvoll sein.

Da Python eine interpretierte Sprache ist, die traditionell während der Ausführung übersetzt wird, muss eine Funktion definiert werden, bevor sie aufgerufen werden kann. Ihre Definition muss also über dem ersten Aufruf im Skript stehen. Auch der Import einer anderen Datei, in der die Funktion definiert wird, muss entsprechend vorher stattfinden (Importe werden später behandelt).

Sie können Parametern optional einen Standardwert im Format `Parametername = Wert` zuweisen. Dabei müssen alle Parameter ohne Standardwerte links von denjenigen mit Standardwert stehen. Wenn Sie die Funktion aufrufen, können Sie die Argumente mit Standardwert weglassen. Hier ein einfaches Beispiel mit einer allein stehenden Funktion in der interaktiven Shell:

```
>>> def funktion(a, b = 1):
...     print("a = {:d}, b = {:d}".format(a, b))
...
>>> funktion(3, 4)
a = 3, b = 4
>>> funktion(7)
a = 7, b = 1
```

Wenn Sie versuchen, ein Argument ohne Standardwert beim Aufruf wegzulassen, erhalten Sie eine Fehlermeldung:


```
>>> funktion()
Traceback (most recent call last):
  File "<stdin>", line 1, in <module>
TypeError: funktion() missing 1 required positional argument: 'a'
```

Wie Sie sehen, wird das fehlende Argument in der Fehlermeldung als *Positionsargument* (*positional argument*) bezeichnet. Das liegt daran, dass alle Argumente ohne Standardwert ausschließlich durch ihre Position in der Definition und im Aufruf gekennzeichnet werden. Argumente mit Standardwert sind dagegen automatisch *Schlüsselwortargumente* (*keyword arguments*), das heißt, sie können beim Aufruf in beliebiger Reihenfolge in der Form `Name = Wert` angegeben und aufgrund ihres Standardwerts auch weggelassen werden. Hier ein Beispiel mit einer Funktion, die nur Schlüsselwortargumente besitzt, und diversen gültigen Aufrufen:

```
>>> def funktion2(a = 1, b = 2):
...     print("a = {:d}, b = {:d}".format(a, b))
...
>>> funktion2(3, 4)
a = 3, b = 4
>>> funktion2(3, b = 7)
a = 3, b = 7
>>> funktion2(b = 12)
a = 1, b = 12
>>> funktion2(a = 2, b = 1)
a = 2, b = 1
>>> funktion2(b = 17, a = 18)
a = 18, b = 17
```

Wenn Sie möchten, können Sie Funktionen auch so schreiben, dass sie beliebig viele Positions- und beliebig benannte Schlüsselwortargumente annehmen. In diesem Fall sind die Positionsargumente eine Liste und die Schlüsselwortargumente ein Dictionary; traditionell werden die entsprechenden Parameter als `args` beziehungsweise `kwargs` bezeichnet. Damit sie als Liste und Dictionary behandelt werden, müssen Sie ihnen in der Funktionsdefinition ein beziehungsweise zwei Sternchen voranstellen, also *args und **kwargs. Im Fall einer Methode steht der Parameter self vor beiden.

Das folgende Beispiel, eine allein stehende Funktion, gibt die Positions- und Schlüsselwortparameter geordnet aus:

```
>>> def any_argument(*args, **kwargs):
...     print("Positional arguments:")
...     for arg in args:
...         print("- {}".format(arg))
...     print()
...     print("Keyword arguments:")
...     for key in kwargs:
...         print("- {}: {}".format(key, kwargs[key]))
...
>>> any_argument("Brian", "Reg", "Loretta", "Judith",
... team = "People's Front of Judea", place = "Judea")
Positional arguments:
- Brian
- Reg
- Loretta
- Judith

Keyword arguments:
- place: Judea
- team: People's Front of Judea
```

Natürlich können Sie die Funktion auch mit nur einer der beiden Argumentsorten aufrufen. Beispiele:

```
>>> any_argument("Arthur", "Galahad", "Lancelot", "Robin")
Positional arguments:
- Arthur
- Galahad
- Lancelot
- Robin

Keyword arguments:
>>> any_argument(team = "Round Table", place = "Camelot")
Positional arguments:

Keyword arguments:
- place: Camelot
- team: Round Table
```

Wenn eine Funktion oder Methode einen Wert zurückgeben soll, geschieht dies wie in den anderen hier behandelten Programmiersprachen mithilfe des Schlüsselworts `return`. Dabei verlässt diese Anweisung die Funktion unmittelbar; im Fall eines `return`, das von einem `if` abhängt, können Sie sich also beispielsweise das `else` sparen und einfach ein weiteres, ausgerücktes `return` hinzufügen. Allerdings kann ein explizites `else` die Angelegenheit klarer machen. Hier als Beispiel eine Methode, die mithilfe der Modulo-Operation eine übergebene Zahl prüft und `True` zurückgibt, wenn diese gerade ist, und ansonsten `False`:

```
>>> def even(number):
...     if number % 2 == 0:
...         return True
...     return False
...
>>> even(8)
True
>>> even(9)
False
```


Lambda-Funktionen einsetzen

Das Konzept der *Lambda-Funktionen* wurde von einem mathematischen Verfahren namens *Lambda-Kalkül* inspiriert, das wiederum nach dem dafür als Symbol verwendeten griechischen Buchstaben λ benannt wurde. Es handelt sich um anonyme Funktionen, die als Objekte dienen, also beispielsweise einer Variablen als Wert zugewiesen, an eine andere Funktion übergeben oder von einer solchen zurückgegeben werden können. Die allgemeine Syntax sieht folgendermaßen aus:

```
lambda argument1, argument2, ...: ausdruck
```

Dies definiert eine Funktion, die die angegebenen Argumente entgegennimmt, den Ausdruck auswertet und dessen Wert zurückgibt. Das folgende einfache Beispiel speichert eine Lambda-Funktion in der Variablen `quadrat`. Die Funktion nimmt ein Argument entgegen und gibt dessen Quadrat zurück:

```
>>> quadrat = lambda x: x ** 2
```

Da die Lambda-Funktion in einer Variablen gespeichert ist, können Sie sie in diesem Fall mithilfe dieser Variablen aufrufen:

```
>>> quadrat(7)
49
```

Hier ein weiteres Beispiel – eine reguläre Funktion, die je nach Argument eine unterschiedliche Lambda-Funktion zurückgibt, nämlich eine Berechnungsfunktion, die auf einem übergebenen Operator basiert:

```
>>> def operation(operator):
...     if operator == '+':
...         return lambda a, b: a + b
...     if operator == '-':
...         return lambda a, b: a - b
...     if operator == '*':
...         return lambda a, b: a * b
...     if operator == '/':
...         return lambda a, b: a / b
...     raise ValueError("'{}' is not a valid operator.".format(operator))
...
```

Wie Sie sehen, wird je nach Rechenzeichen eine Lambda-Funktion erzeugt und zurückgegeben, die die entsprechende Operation ausführt. Sie können das Ergebnis der Funktion in einer Variablen speichern, um diese Operation dauerhaft zur Verfügung zu haben:

```
>>> plus = operation("+")
>>> plus(3, 5)
8
```

Am Ende der Funktion wird für ungültige Rechenzeichen eine Ausnahme ausgelöst (für Details siehe den Unterabschnitt »Ausnahmen behandeln« weiter unten). Das Ganze sieht beispielsweise so aus, wenn Sie `operation()` mit einem falschen Zeichen aufrufen:

```
>>> unknown = operation("?")
Traceback (most recent call last):
  File "<stdin>", line 1, in <module>
  File "<stdin>", line 10, in operation
ValueError: '?' is not a valid operator.
```

Lambda-Funktionen können auch verwendet werden, um Listen zu sortieren, zu filtern oder neue Listen aus Berechnungen zu erzeugen. Während sich Filterung und Umrechnung leichter mithilfe von List-Comprehensions erledigen lassen, wird für komplexe Sortierungen in jedem Fall eine Funktion benötigt, entweder eine benannte externe oder eben eine Lambda-Funktion. Betrachten Sie etwa die folgende Liste von Tupeln, die jeweils den Namen und das Alter von Personen angeben:

```
>>> people = [('Klaus', 28),
...     ('Anna', 39),
...     ('Zacharias', 23),
...     ('Theresa', 25)
... ]
```

Angenommen, Sie möchten diese Liste nach dem Alter der Personen sortieren, also dem Element jedes Tupels mit dem Index 1. Dazu wird jedes Element der Liste an eine Lambda-Funktion übergeben, die dann das entsprechende Element als Sortierschlüssel extrahiert. Dies sieht so aus:

```
>>> sorted(people, key = lambda person: person[1])
[('Zacharias', 23), ('Theresa', 25), ('Klaus', 28), ('Anna', 39)]
```

Die Funktion `sorted()` gibt allgemein eine sortierte Kopie eines Aufzählungsobjekts zurück. Zusätzlich gibt es auch eine Methode namens `sort()`, die die enthaltenen Elemente in der Liste selbst sortiert – auch sie kann optional das benannte Argument `key` erhalten. Beispiel:


```
>>> list1 = [5, 1, 4, 2, 3]
>>> list1
[5, 1, 4, 2, 3]
>>> list1.sort()
>>> list1
[1, 2, 3, 4, 5]
```

Sowohl `sorted()` als auch `sort()` können überdies mit dem benannten Argument `reverse = True` aufgerufen werden, um die Sortierreihenfolge umzukehren:

```
>>> letters = ['B', 'A', 'E', 'D', 'C']
>>> sorted(letters)
['A', 'B', 'C', 'D', 'E']
>>> sorted(letters, reverse = True)
['E', 'D', 'C', 'B', 'A']
```

Magische Methoden definieren

Methoden wie der Konstruktor `__init__()` oder der String-Umwandler `__str__()` werden als *magische Methoden* (englisch: *magic methods*) bezeichnet, da sie in bestimmten Zusammenhängen automatisch aufgerufen werden. Neben Typumwandlungen können Sie mithilfe magischer Methoden beispielsweise auch Operatoren für Ihre eigenen Klassen implementieren, etwa arithmetische Operationen, Vergleichsoperationen oder den Indexoperator. In Tabelle 7.1 sehen Sie eine Liste wichtiger Operatoren, für die Sie Methoden definieren können.

Operator	Methodenname	Hinweise
+	`__add__()`	Methoden sollten eine neue Instanz mit dem veränderten Wert zurückgeben.
-	`__sub__()`	
*	`__mul__()`	
/	`__truediv__()`	
//	`__floordiv__()`	

Tabelle 7.1 Einige wichtige Methoden, die zur Implementierung von Operatoren für eigene Klassen verwendet werden können

Operator	Methodenname	Hinweise
`-`	`__neg__()`	Vorzeichen; nimmt keine Argumente außer `self` entgegen.
`+=`	`__iadd__()`	*In-place add, subtract* etc. – sollten `self` modifizieren und zurückgeben.
`-=` etc.	`__isub__()`	
`other + self`	`__radd__()`	*Reverse add, subtract* etc. – wird aufgerufen, wenn das Objekt an zweiter Stelle in der Operation steht.
`other - self` etc.	`__rsub__()`	
`==`	`__eq__()`	*Equals*
`!=`	`__ne__()`	*Not equals* – Implementierung optional, da automatisch das Gegenteil von `==`.
`<`	`__lt__()`	*Less than*
`<=`	`__le__()`	*Less than or equals*; kann durch Aufruf der Implementierungen von `<` or `==` aufgerufen werden.
`>`	`__gt__()`	*Greater than*
`>=`	`__ge__()`	*Greater than or equals* (`>` or `==`)

Tabelle 7.1 Einige wichtige Methoden, die zur Implementierung von Operatoren für eigene Klassen verwendet werden können (Forts.)

Hier als kleines Beispiel eine Implementierung des Additionsoperators `+` für eine Klasse, die einen einfachen numerischen Wert namens `value` kapselt:

```
>>> class TestNumber:
...     def __init__(self, value):
...         self.value = value
...     def __add__(self, other):
...         return TestNumber(self.value + other.value)
...
>>> t1 = TestNumber(23)
>>> t2 = TestNumber(42)
>>> sum = t1 + t2
>>> sum
<__main__.TestNumber object at 0x10063ae10>
>>> sum.value
65
```

Näheres zu diesem interessanten Thema erfahren Sie in der Python-Onlinedokumentation im Kapitel »Data Model« unter *https://docs.python.org/3/reference/datamodel.html*.

Vererbung

Die *Vererbung* ist eines der wichtigen Hilfsmittel der Objektorientierung. Sie ermöglicht es, aus allgemeineren Klassen speziellere abzuleiten, ohne die gemeinsamen Grundlagen mehrfach implementieren zu müssen.

Die allgemeinere übergeordnete Klasse heißt *Elternklasse* (*Parent Class*), während die speziellere untergeordnete Klasse *Kindklasse* (*Child Class*) oder *abgeleitete Klasse* genannt wird.

In Python wird die Vererbung durchgeführt, indem der Name der gewünschten Elternklasse in der class-Anweisung in Klammern hinter dem Klassennamen angegeben wird; schematisch sieht dies also wie folgt aus:


```
class AbgeleiteteKlasse(Elternklasse):
    # Klassendefinition
```

Das folgende einfache Beispiel aus der interaktiven Shell definiert zunächst eine Klasse namens Parent und leitet dann eine Klasse namens Child davon ab. Eine der beiden Methoden wird in Child überschrieben; zur Kontrolle geben alle Methoden aus, zu welcher Klasse sie gehören:

```
>>> class Parent:
...     def override_me(self):
...         print("override_me() in Parent")
...     def dont_override(self):
...         print("dont_override() in Parent")
...
>>> class Child(Parent):
...     def override_me(self):
...         print("override_me() in Child")
...
```

Wenn Sie nun Instanzen beider Klassen erzeugen und die Methoden aufrufen, sehen Sie, dass die Methode override_me() der abgeleiteten Klasse wie erwartet die gleichnamige Methode der Elternklasse überlagert:

```
>>> child = Child()
>>> child.override_me()
override_me() in Child
>>> child.dont_override()
dont_override() in Parent
>>> parent = Parent()
>>> parent.override_me()
override_me() in Parent
>>> parent.dont_override()
dont_override() in Parent
```

Unter Umständen kann es sinnvoll sein, den Konstruktor oder die gleichnamige Methode der Elternklasse aufzurufen. Dafür stellt Python 3 die Funktion `super()` bereit, die die aktuelle Instanz stets als Instanz der übergeordneten Klasse betrachtet und so deren Elemente zugänglich macht. Die folgende von `Child` abgeleitete Klasse `Grandchild` zeigt, wie es funktioniert – ihre Methode `override_me()` ruft zunächst die gleichnamige Methode von `Child` auf, bevor sie ihre eigene Funktionalität hinzufügt:

```
>>> class Grandchild(Child):
...     def override_me(self):
...         super().override_me()
...         print("override_me() in Grandchild")
...
```

Instanziierung und Methodenaufruf erzeugen daraufhin die folgende Ausgabe:

```
>>> grandchild = Grandchild()
>>> grandchild.override_me()
override_me() in Child
override_me() in Grandchild
```

Der Konstruktor der Elternklasse wird entsprechend als `super().__init__(...)` aufgerufen; ein Beispiel dazu gibt es später.

Eine Besonderheit von Python gegenüber vielen anderen objektorientierten Programmiersprachen, etwa den ebenfalls in diesem Buch besprochenen Sprachen Java und PHP, ist die Möglichkeit der *Mehrfachvererbung* (*multiple inheritance*); das bedeutet, dass eine Klasse von mehreren anderen Klassen abgeleitet werden kann. Dies ist das Syntaxschema:

```
class Klassenname(Elternklasse1, Elternklasse2, ...):
    # Code der abgeleiteten Klasse
```

Im folgenden kleinen Beispiel wird eine Klasse namens `Kid` von den beiden Klassen `Mother` und `Father` abgeleitet; die Kindklasse selbst hat keinen eigenen Inhalt (daher die leere Operation `pass`). Jede der beiden Elternklassen vererbt ihr eine Methode:

```
>>> class Mother:
...     def mother_method(self):
...         print("Mother's method")
...
>>> class Father:
...     def father_method(self):
...         print("Father's method")
...
>>> class Kid(Mother, Father):
...     pass
```

```
...
>>> kid = Kid()
>>> kid.mother_method()
Mother's method
>>> kid.father_method()
Father's method
```

Interessant wird es natürlich, wenn mehrere Elternklassen gleichnamige Methoden besitzen. In diesem Fall wird die Methode aus der ersten Klasse in die Liste der übergeordneten Klassen übernommen, wie das folgende Beispiel zeigt:


```
>>> class Mom:
...     def parent_method(self):
...         print("Mom's method")
...
>>> class Dad:
...     def parent_method(self):
...         print("Dad's method")
...
>>> class LittleOne(Mom, Dad):
...     pass
...
>>> little_one = LittleOne()
>>> little_one.parent_method()
Mom's method
```

Klassenkonstanten verwenden

Wie bereits erwähnt, gibt es in Python keine allein stehenden Konstanten, aber die Konvention, komplett in Großbuchstaben geschriebene Variablennamen als solche zu behandeln. Am häufigsten werden derartige formale Konstanten in Klassen verwendet, indem sie nach dem folgenden Schema innerhalb der Klassendefinition, aber vor den Methoden definiert werden.

```
class Klassenname:
    CONST1 = Wert
    CONST2 = Wert
    ...

    def Methode(self, ...):
        ...
```

Der Zugriff auf eine solche Konstante erfolgt innerhalb der Methoden der Klasse mittels `self.Konstantenname`, außerhalb der Klasse dagegen über `Klassenname.Konstantenname`.

Listing 7.3 führt das bei der Beschreibung der Bit-Operatoren verwendete Beispiel der Bit-Konstanten für die Eigenschaften von Fenstern in einer grafischen Oberfläche genauer aus, wobei die Ausgabe auf der Konsole simuliert wird. Der Konstruktor der Klasse `Window` nimmt bis zu drei benannte Argumente entgegen. Die Methoden `has_feature()` und `toggle_feature()` können verwendet werden, um zu überprüfen, ob ein bestimmtes Merkmal gesetzt ist oder nicht. Beachten Sie den Unterstrich vor dem Methodennamen `_separator()` – die Methode ist nur für den internen Gebrauch bestimmt; wer die Klasse verwendet, sollte sich nicht darauf verlassen, dass sie zur Verfügung steht. Im Hauptprogramm werden testweise vier verschiedene »Fenster« erzeugt und ausgegeben.

```
class Window:
    NO_FEATURES = 0
    TITLE_BAR = 1
    CLOSE_BUTTON = 2

    def __init__(self, features = NO_FEATURES, title = '', content = ''):
        self.features = features
        self.title = title
        self.content = content

    def has_feature(self, feature):
        return self.features & feature

    def toggle_feature(self, feature):
        self.features ^= feature

    def _separator(self, width, close = False):
        result = ''
        if close and (self.features & self.CLOSE_BUTTON & self.TITLE_BAR):
            result = '+'
            result += '-' * (width - 2)
            result += '+-+\n'
        else:
            result += '+' + (width * '-') + '+\n'
        return result
    def __str__(self):
        result = ''
        width = max(len(self.title), len(self.content))
        close_section = ''
        if width == 0:
            width = 20
        if self.features & self.CLOSE_BUTTON:
```

```
            width += 2
            close_section = '|X'
        result += self._separator(width, close = True)
        if self.features & self.TITLE_BAR:
            result += '|' + self.title
            result += (' ' * (width - len(self.title) - len(close_section)))
            result += close_section + '|\n'
            result += self._separator(width, close = True)
        result += '|'
        result += self.content + (' ' * (width - len(self.content)))
        result += '|\n'
        result += self._separator(width)
        return result

if __name__ == '__main__':
    window1 = Window(content = 'Simple Window')
    window2 = Window(
        features = Window.TITLE_BAR | Window.CLOSE_BUTTON,
        title = 'Complex Window',
        content = 'Complex Window Content'
    )
    window3 = Window(
        features = Window.TITLE_BAR | Window.CLOSE_BUTTON,
        title = 'In this window, the title is longer than the content',
        content = 'The content'
    )
    window4 = Window(
        features = Window.TITLE_BAR,
        title = 'Window without close button',
        content = 'Some content'
    )
    print(window1)
    print()
    print(window2)
    print()
    print(window3)
    print()
    print(window4)
```

Listing 7.3 windows.py simuliert die Verwaltung von Fenstern einer grafischen Oberfläche mithilfe von Klassenkonstanten.

Hier sehen Sie die Ausgabe des Programms:

```
$ python3 windows.py
+-------------+
|Simple Window|
+-------------+

+----------------------+-+
|Complex Window        |X|
+----------------------+-+
|Complex Window Content  |
+------------------------+

+----------------------------------------------------+-+
|In this window, the title is longer than the content|X|
+----------------------------------------------------+-+
|The content                                           |
+------------------------------------------------------+

+---------------------------+
|Window without close button|
+---------------------------+
|Some content               |
+---------------------------+
```

Mit Type-Hints arbeiten

Obwohl Python eine dynamisch typisierte Sprache ist, ist es für die fehlerarme Programmierung in den meisten Fällen nützlich, wenn feststeht, welche Datentypen Variablen sowie die Argumente und Rückgabewerte von Funktionen beziehungsweise Methoden haben. Um dies zu gewährleisten, erlaubt Python optional sogenannte *Type-Hints* oder *Type-Annotations*. Dabei wird der erwartete Klassenname bei der ersten Wertzuweisung durch einen Doppelpunkt getrennt hinter den Variablennamen geschrieben, bei Funktionsargumenten funktioniert es ebenso. Der Rückgabe-Datentyp einer Funktion oder Methode wird dagegen mit einem aus Minuszeichen und Größer-Zeichen zusammengesetzten Pfeil -> vom Namen getrennt. Das folgende Beispiel definiert auf diese Weise eine Funktion mit Übergabe- und Rückgabewert und innerhalb der Funktion eine Variable:

```
>>> def double(value: int) -> int:
...     double:int = value * 2
...     return double
```

Wenn Sie die Funktion mit einem `int`-Argument aufrufen, verhält sich die Funktion wie gewünscht:

```
>>> double(7)
14
```

Aber wie reagiert die Funktion, wenn Sie ihr andere Datentypen übergeben?

```
>>> double(7.2)
14.4
>>> double("Hallo! ")
'Hallo! Hallo! '
```


Offensichtlich werden die Type-Hints zur Laufzeit völlig ignoriert. Bisher werden sie nur von externen Typüberprüfungsprogrammen beachtet, von denen es verschiedene gibt. Eines der bekanntesten ist das Tool *MyPy*, das Sie mithilfe des Python-Paketmanagers installieren können (siehe Kapitel 9, »Weitere Konzepte der Programmierung«). Wenn Sie die obige Funktion mitsamt den Aufrufbeispielen in einer Datei namens *double_test.py* speichern und anschließend

```
$ mypy double_test.py
```

aufrufen, erhalten Sie folgende Ausgabe:

```
double_test.py:7: error: Argument 1 to "double" has incompatible type "float";
expected "int"
double_test.py:9: error: Argument 1 to "double" has incompatible type "str";
expected "int"
Found 2 errors in 1 file (checked 1 source file)
```

In diesem Buch werden außerhalb dieser kurzen Einführung keine Python-Type-Hints verwendet. Bei größeren Projekten sollten Sie dagegen darüber nachdenken, sie einzusetzen.

Ausnahmen behandeln

Wenn zur Programmlaufzeit Fehler auftreten, löst Python sogenannte *Ausnahmen* (*Exceptions*) aus. Werden diese nicht behandelt, führen sie mit einer Fehlermeldung zu einem Programmabbruch. Sie können Ausnahmen jedoch auch innerhalb Ihres Codes abfangen und dann beispielsweise eine anwendungsspezifischere Fehlermeldung ausgeben lassen oder um die korrekte Wiederholung einer Eingabe bitten. Das Abfangen funktioniert schematisch mithilfe einer `try`/`except`-Konstruktion:

```
try:
    # Anweisungen, die eine Ausnahme auslösen können
except Ausnahmetyp:
    # Code für den Ausnahmefall
```

Das folgende Beispiel fängt einen ZeroDivisionError ab, also den Fehler, der auftritt, wenn man versucht, durch 0 zu dividieren:

```
>>> dividend = 10
>>> divisor = 0
>>> try:
...     result = dividend / divisor
... except ZeroDivisionError:
...     print("Divisor darf nicht 0 sein!")
...
Divisor darf nicht 0 sein!
```

Falls ein anderer Fehler auftritt als der mit except abgefangene, führt er wie gehabt zu einer Standardfehlermeldung. Beispiel:

```
>>> dividend = "KeineZahl"
>>> divisor = "AuchKeineZahl"
>>> try:
...     result = dividend / divisor
... except ZeroDivisionError:
...     print("Divisor darf nicht 0 sein!")
...
Traceback (most recent call last):
  File "<stdin>", line 2, in <module>
TypeError: unsupported operand type(s) for /: 'str' and 'str'
```

Sie können aber beliebig viele except-Blöcke verwenden, um verschiedene Fehlertypen abzufangen. Das obige Beispiel lässt sich daher wie folgt erweitern:

```
>>> dividend = "KeineZahl"
>>> divisor = "AuchKeineZahl"
>>> try:
...     result = dividend / divisor
... except ZeroDivisionError:
...     print("Divisor darf nicht 0 sein!")
... except TypeError:
...     print("Operanden müssen Zahlen sein!")
...
Operanden müssen Zahlen sein!
```

Um in eigenem Code eine Ausnahme auszulösen, steht das Schlüsselwort raise zur Verfügung; hier können Sie entweder vorhandene Ausnahmeklassen verwenden oder Ihre eigenen von diesen ableiten, um verschiedene Fehlerzustände besser unterscheiden zu können. Optional können Sie dabei einen eigenen Fehlermeldungstext übergeben.

Das folgende Beispiel leitet die Ausnahme `NoIntError` von `TypeError` ab (ohne spezifische Anweisungen) und definiert anschließend die Funktion `double_value()`, die das Doppelte eines Integers zurückgibt oder einen `NoIntError` auslöst, wenn das Argument kein Integer ist:

```
>>> class NoIntError(TypeError):
...     pass
...
>>> def double_value(int_number):
...     if type(int_number) is not int:
...         raise NoIntError("Argument muss ein Integer sein.")
...     return int_number * 2
...
>>> double_value(8)
16
>>> double_value(9.2)
Traceback (most recent call last):
  File "<stdin>", line 1, in <module>
  File "<stdin>", line 3, in double_value
__main__.NoIntError: Argument
```


Ein ausführliches Beispiel

Nachdem die diversen Grundlagen der Objektorientierung beschrieben wurden, folgt jetzt ein etwas umfangreicheres Beispiel. Es bildet Bücher und E-Books als Python-Klassen mitsamt Hilfsklassen für Autor*innen und Genres ab. In Listing 7.4 sehen Sie zunächst einmal den kompletten Quellcode, den Sie unter *library.py* speichern können; Ausgabe und Erläuterungen neuer Konzepte folgen im Anschluss:

```
class Author:
    """Represents a book's author

    Attributes:
      firstname (str): the author's first name
      lastname (str): the author's last name
    """
    def __init__(self, firstname, lastname):
        """Constructor for Author instances

        Args:
          firstname (str): the new author's first name
          lastname (str): the new author's last name
        """
        self.firstname = firstname
        self.lastname = lastname
    def __str__(self):
```

```
        """Represents an Author instance in string context
        """
        return "{} {}".format(self.firstname, self.lastname)

class Genre:
    """Represents a book's genre

    Genres can be nested using their parent attribute

    Attributes:
      title (str): the genre's name
      parent (Genre): the parent genre, or None for top-level genres
    """
    def __init__(self, title, parent = None):
        """Constructor for Genre instances

        Args:
          title (str): the new genre's name
          parent (Genre, optional): the parent genre, if any
        """
        self.title = title
        self.parent = parent
    def __str__(self):
        """Represents a Genre instance in string context
        """
        result = self.title
        if self.parent is not None:
            result = "{} > {}".format(self.parent.__str__(), result)
        return result

class Book:
    """Represents a book

    All attributes except for the title are optional and default to None

    Attributes:
      title (str): the book's title
      authors (Author or list of Author objects): the book's author(s)
      genre (Genre): the book's genre
      year (int): the book's publication year
    """
    def __init__(self, title, authors = None, genre = None, year = None):
        """Constructor for Book instances
```

```
        Args:
          title (str): the new book's title
          authors (Author or list of Author objects, optional):
            the new book's author(s)
          genre (Genre, optional): the new book's genre
          year (int, optional): the new book's publication year
        """
        self.title = title
        self.authors = authors
        self.genre = genre
        self.year = year
    def has_author(self, author):
        """Checks whether a specific author is among the book's authors

        Args:
          author (Author): the author to search for
        """
        result = False
        if hasattr(self.authors, "__getitem__") and author in self.authors:
            result = True
        elif self.authors is author:
            result = True
        return result
    def in_genre(self, genre):
        """Checks whether the book belongs to a specific genre/subgenre

        Args:
          genre (Genre): the genre to search for
        """
        result = False
        current_genre = self.genre
        while result == False and current_genre is not None:
            if current_genre is genre:
                result = True
            current_genre = current_genre.parent
        return result
    def __str__(self):
        """Represents a Book instance in string context
        """
        result = ""
        if self.authors is not None:
            if hasattr(self.authors, "__getitem__"):
```

```
            author_strings = [author.__str__() for author in self.authors]
            result += ", ".join(author_strings)
        else:
            result += self.authors.__str__()
        result += ": "
    result += "'{}'".format(self.title)
    if self.year is not None:
        result += ", {}".format(self.year)
    if self.genre is not None:
        result += " ({})".format(self.genre)
    return result

class Ebook(Book):
    """Represents an ebook as a specialization of a book

    See parent class for details; only additional features are described here

    Attributes:
      tech (str): the ebook's technology or file format,
        e.g. "PDF", "mobi", or "Kindle"
    """
    def __init__(self, title, authors = None, genre = None, year = None,
        tech = None):
        """Constructor for Ebook instances

        See parent constructor for details; only additional
        features are described here

        Args:
          tech (str, optional): the new ebook's technology or file format
        """
        super().__init__(title, authors, genre, year)
        self.tech = tech
    def __str__(self):
        """Represents an Ebook instance in string context
        """
        result = super().__str__()
        if self.tech is not None:
            result += " [{}]".format(self.tech)
        return result

class Library:
    """Represents a collection of books
```

```
Provides a method to filter the list, e.g. by genre

Attributes:
  books (list): the list of books/ebooks in the collection
"""
def __init__(self, books = []):
    """Constructor for Library instances

    Args:
      books (list, optional): the initial list of books
    """
    self.books = books
def add(self, book):
    """Adds a book to the collection

    Args:
      book (Book): the book to add
    """
    self.books.append(book)
def remove(self, book):
    """Removes a book from the collection

    Args:
      book (Book): the book to remove
    """
    try:
        self.books.remove(book)
    except ValueError:
        pass
def filter(self, field, value):
    """Returns a list of books that match a filter

    Args:
      field (str): field to filter for, one of "author", "genre", or "year"
      value (mixed): value to match the field against
    """
    if field == "author":
        return [book for book in self.books if book.has_author(value)]
    if field == "genre":
        return [book for book in self.books if book.in_genre(value)]
    if field == "year":
        return [book for book in self.books if book.year == value]
    raise ValueError("{} is not a valid field.".format(field))
```

```
if __name__ == "__main__":
    author_martin = Author("George R. R.", "Martin")
    author_tuttle = Author("Lisa", "Tuttle")
    author_weir = Author("Andy", "Weir")
    genre_fiction = Genre("Fiction")
    genre_scifi = Genre("Science Fiction", genre_fiction)
    genre_hardscifi = Genre("Hard Science Fiction", genre_scifi)
    genre_fantasy = Genre("Fantasy", genre_fiction)
    book_windhaven = Book("Windhaven", authors = [author_martin, author_tuttle],
      genre = genre_scifi, year = 1981)
    book_clash_of_kings = Book("A Clash of Kings", authors = author_martin,
      genre = genre_fantasy, year = 1998)
    ebook_silverbough = Ebook("The Silver Bough", authors = author_tuttle,
      genre = genre_fantasy, year = 2012, tech = "Kindle")
    book_martian = Book("The Martian", authors = author_weir,
      genre = genre_hardscifi, year = 2014)
    library = Library([book_windhaven, book_clash_of_kings, ebook_silverbough])
    library.add(book_martian)
    print("All books:")
    for book in library.books:
        print("- {}".format(book))
    print()
    print("Books in the Science Fiction genre:")
    for book in library.filter("genre", genre_scifi):
        print("- {}".format(book))
    print()
    print("Books co-written by Lisa Tuttle:")
    for book in library.filter("author", author_tuttle):
        print("- {}".format(book))
```

Listing 7.4 library.py ist die objektorientierte Darstellung einer Bibliothek aus beliebig vielen Büchern.

Führen Sie das Skript folgendermaßen aus:

```
$ python3 library.py
```

Sie erhalten folgende Ausgabe:

```
All books:
- George R. R. Martin, Lisa Tuttle: 'Windhaven', 1981 (Fiction > Science Fiction)
- George R. R. Martin: 'A Clash of Kings', 1998 (Fiction > Fantasy)
- Lisa Tuttle: 'The Silver Bough', 2012 (Fiction > Fantasy) [Kindle]
- Andy Weir: 'The Martian', 2014 (Fiction > Science Fiction > Hard Science Fiction)
```

```
Books in the Science Fiction genre:
- George R. R. Martin, Lisa Tuttle: 'Windhaven', 1981 (Fiction > Science Fiction)
- Andy Weir: 'The Martian', 2014 (Fiction > Science Fiction > Hard Science Fiction)

Books co-written by Lisa Tuttle:
- George R. R. Martin, Lisa Tuttle: 'Windhaven', 1981 (Fiction > Science Fiction)
- Lisa Tuttle: 'The Silver Bough', 2012 (Fiction > Fantasy) [Kindle]
```

Wie Sie sehen, enthält das Listing zahlreiche Python-Doc-Kommentare, die mit drei Anführungszeichen beginnen und wieder enden. Über das Konsolentool `pydoc` können Sie sich wie folgt die daraus generierte Dokumentation anzeigen lassen, wenn Sie sich im Verzeichnis der Datei *library.py* befinden:

```
$ pydoc library
```

Beachten Sie, dass die Dateiendung *.py* in diesem Fall nicht mit angegeben werden darf. Die Dokumentation wird seitenweise mithilfe von `less` (Unix) oder `more` (Windows) angezeigt; Sie können darin mit [↑] und [↓] zeilenweise blättern, mit der Leertaste eine ganze Seite vorwärts blättern und die Hilfe mit [Q] beenden.

Der hier verwendete konkrete Stil für die Dokumentation wurde von Google eingeführt und ist inzwischen weit verbreitet. Dabei wird der Dokumentationsblock unter der jeweiligen Klasse oder Methode eingerückt und hat folgende Eigenschaften:

```
"""Kurzbeschreibung (eine Zeile)

Längere Beschreibung (optional, darf mehrzeilig sein)

Attributes [Klasse] beziehungsweise Args [Methode]:
  Bezeichner (Typ ...): Beschreibung; kann in die nächste Zeile übergehen
    und wird dort weiter eingerückt
"""
```

In dem Skript werden insgesamt fünf Klassen und ein Hauptprogramm definiert. Die Klassen sind:

- `Author` (Autor*in mit Vor- und Nachnamen)
- `Genre` (Genre mit einem Titel und einem optionalen übergeordneten Genre für Hierarchien)
- `Book` (Buch mit Titel, Autor*innen, Genre und Erscheinungsjahr)
- `Ebook` (abgeleitet von `Book`; enthält zusätzlich eine Angabe zur Technologie beziehungsweise dem Dateiformat)
- `Library` (Darstellung einer Büchersammlung)

Jede der hier definierten Klassen hat einen Konstruktor, und alle bis auf Library haben eine __str__()-Methode. Beides wurde bereits im Einführungsbeispiel zur Objektorientierung erläutert. Die erste Besonderheit finden Sie in der __str__()-Methode der Klasse Genre, die hier nochmals ohne Doc-Kommentar wiedergegeben wird:

```
def __str__(self):
    result = self.title
    if self.parent is not None:
        result = "{} > {}".format(self.parent.__str__(), result)
    return result
```

Wie Sie sehen, wird zunächst der Titel des aktuellen Genres als Ergebnis festgelegt. Anschließend wird geprüft, ob die Eigenschaft parent gesetzt ist, und falls das so ist, wird das Ergebnis von deren __str__()-Methode vor das bisherige Ergebnis gesetzt. Da es sich bei parent in diesem Fall wieder um eine Instanz von Genre handelt, kann gegebenenfalls auch dessen parent hinzugefügt werden etc. Auf diese Weise wird eine komplette Kette hierarchisch geordneter Genre-Bezeichnungen rekursiv zusammengefügt.

Die Klasse Book besitzt außer dem Konstruktor und __str__() noch zwei weitere Methoden, die jeweils eine Prüfung von Attributen vornehmen: has_author(author) geht die Liste der Autor*innen durch und gibt True zurück, wenn die gesuchte Person darin gefunden wird, andernfalls False. in_genre(genre) prüft dagegen, ob das Buch dem gesuchten Genre oder einem diesem untergeordneten Genre angehört, und gibt ebenfalls ein Boolean-Ergebnis zurück.

Da die Eigenschaft authors der Klasse Book sowohl ein einzelnes Author-Objekt als auch eine Liste solcher Objekte sein kann, muss dies zunächst überprüft werden. Der entsprechende Code – der auch in __str__() wieder ähnlich zum Einsatz kommt – sieht so aus:

```
if hasattr(self.authors, "__getitem__") and author in self.authors:
    result = True
elif self.authors is author:
    result = True
```

Die Funktion hasattr(Objekt, String) überprüft, ob das Objekt ein Attribut mit dem angegebenen Namen besitzt, wobei auch eine Methode eine spezielle Art von Attribut ist. Da __getitem__() der interne Name des Indexoperators ist, kann man davon ausgehen, dass es sich bei einem Objekt mit dieser Methode um einen Listentyp oder zumindest um ein Objekt handelt, dessen Inhalt sich mit in durchsuchen lässt.

Die Methode in_genre() beginnt beim Genre des Buchs selbst und durchsucht so lange die Kette von Eltern-Genres, bis das gesuchte gefunden wird oder kein weiteres Genre mehr vorhanden ist (parent mit dem Wert None, also ein Top-Level-Genre):

```
result = False
    current_genre = self.genre
    while result == False and current_genre is not None:
        if current_genre is genre:
            result = True
        current_genre = current_genre.parent
```

Die Klasse Ebook ist von Book abgeleitet; die einzige Besonderheit ist hier der Aufruf des Konstruktors der übergeordneten Klasse, um die Eigenschaften zu initialisieren, die Book und Ebook gemeinsam haben:


```
super().__init__(title, authors, genre, year)
```

Die letzte Klasse in der Datei, Library, stellt eine Büchersammlung dar. Neben dem Konstruktor besitzt sie die drei Methoden add() zum Hinzufügen eines Buchs, remove() zum Entfernen und filter() zum Filtern der Sammlung nach diversen Kriterien. add() und remove() sind recht kurz und simpel, außer dass remove() stillschweigend eine Exception ignoriert, die beim Entfernen eines nicht vorhandenen Buchs auftreten würde. Die Methode filter() erwartet einen der Feldnamen "author", "genre" oder "year" sowie einen Wert, nach dem gesucht werden soll. Jeder Filtervorgang verwendet eine List-Comprehension zum Filtern der internen Bücherliste. Die Filterung nach Autor*in oder Genre ruft für jedes Buch dessen Methode has_author() beziehungsweise is_genre() auf, während für das Jahr ein einfacher Vergleich genügt. Für ungültige Feldnamen wird eine Ausnahme ausgelöst.

Das Hauptprogramm definiert einige Genres, Autor*innen, Bücher und eine Bibliothek, in der Letztere gesammelt werden. Danach werden sowohl die gesamte Bücherliste als auch zwei gefilterte Listen ausgegeben.

Eigenen Python-Code als Modul importieren

Wenn Sie die Klassen des Beispiels für eigene Experimente nutzen möchten, können Sie sie in ein anderes Python-Skript oder in die interaktive Shell importieren. Dazu kommt das Schlüsselwort import zum Einsatz, das auf verschiedene Arten verwendet werden kann. Schematisch gesehen, gibt es die vier folgenden Möglichkeiten:

- `import` *`Modulname`* – alle Klassen des Moduls unter einem eigenen Namensraum importieren
- `import` *`Modulname`* `as` *`EigenerName`* – alle Klassen des Moduls importieren und dabei *`EigenerName`* als (meist kürzeres) Synonym für den eigentlichen Modulnamen bereitstellen
- `from` *`Modulname`* `import *` – alle Klassen des Moduls in den Namensraum des aktuellen Moduls importieren
- `from` *`Modulname`* `import` *`Klassenname`* `[,` *`Klassenname`* `...]` – eine oder mehrere festgelegte Klassen aus dem Modul in den Namensraum des aktuellen Moduls importieren

Hier sind einige Erläuterungen nötig. Ein *Modul* ist ein Ausführungskontext; das Standardmodul ist jeweils das Hauptprogramm, dessen Name – wie bereits erwähnt – "`__main__`" lautet. Wenn Sie eine Datei importieren, stellt diese ein eigenes Modul dar; der Modulname ist der Dateiname ohne die Endung *.py*.

Ein einfaches `import` ohne `from` stellt das importierte Modul als eigenen Namensraum zur Verfügung; in diesem Fall müssen Sie den entsprechenden Klassen den Modulnamen und einen Punkt voranstellen. Angenommen, Sie befänden sich in dem Verzeichnis, in dem die Datei *library.py* liegt, und importierten diese wie folgt in die interaktive Shell:

```
>>> import library
```

Dann müssen Sie beispielsweise Folgendes eingeben, um ein neues Genre zu definieren:

```
>>> superheroes = library.Genre("Superheroes")
```

Kürzer ginge es mit einem selbst definierten Synonym:

```
>>> import library as lib
>>> mathematics = lib.Genre("Mathematics")
```

Importieren Sie *library.py* dagegen in den Namensraum des aktuellen Moduls, funktioniert das Definieren eines Genres wie folgt:

```
>>> from library import *
>>> horror = Genre("Horror")
```

Der Vorteil eines eigenen Namensraums ist, dass die Klassennamen aus dem importierten Modul anderen Bezeichnern nicht in die Quere kommen. Der Nachteil ist natürlich, dass Sie mehr schreiben müssen und die Skripte unter Umständen schlechter lesbar sind.

Falls sich die zu importierende Datei nicht im aktuellen Verzeichnis befindet, müssen Sie den Pfad angeben. Dabei wird der / zwischen Verzeichnisnamen durch einen Punkt (`.`) ersetzt. Angenommen, *library.py* befände sich im Unterverzeichnis *lib* des aktuellen Verzeichnisses. Dann würde der Import der Klasse `Author` in den aktuellen Namensraum so aussehen:

```
>>> from lib.library import Author
```

7.1.4 Die Python-Standardbibliothek einsetzen

Im letzten Abschnitt des Python-Tutorials werden einige interessante Bestandteile der Standardbibliothek vorgestellt. Module der offiziellen Python-Klassenbibliothek werden auf genau dieselbe Weise importiert wie Ihre eigenen Module. Python durchsucht das Bibliotheksverzeichnis dabei automatisch, egal in welchem Verzeichnis Sie sich befinden.

In späteren Kapiteln lernen Sie weitere Module der Python-Klassenbibliothek kennen, die zu den verschiedenen dort behandelten Themen passen. Einige von ihnen gehören auch zur

Standardbibliothek, andere müssen dagegen zunächst einmal installiert werden; das wird dort ebenfalls erläutert.

Mathematische Funktionen verwenden

Der Großteil der mathematischen Funktionalität in Python – außer den schon ausführlich behandelten Grundrechenarten und einigen wenigen Funktionen – befindet sich wie bereits erwähnt im Modul `math`. Die wichtigsten Funktionen und Konstanten des Moduls sehen Sie mitsamt Beispielen in Tabelle 7.2. Jedes Element wird wie erwähnt mittels


```
import math
```

importiert und dann als `math.`*`Element`* angesprochen oder aber mittels

```
from math import Element[, Element ...]
```

beziehungsweise

```
from math import *  # alle Elemente
```

in den Hauptnamensraum importiert und dann ohne Präfix angesprochen.

Element	Bedeutung	Beispiel mit # Ergebnis
Wurzeln, Logarithmen, Exponentialfunktion		
`sqrt(x)`	Quadratwurzel	`sqrt(9) # 3.0`
`log(x)`	natürlicher Logarithmus (Basis e)	`log(42) # 3.7376...`
`log(x, b)`	Logarithmus zur Basis b	`log(49, 7) # 2.0`
`log2(x)`	Logarithmus zur Basis 2	`log2(64) # 6.0`
`log10(x)`	Logarithmus zur Basis 10	`log10(1000) # 3.0`
`exp(x)`	Exponentialfunktion e^x	`exp(1) # 2.71828...`
Trigonometrie		
`sin(x)`	Sinus eines Werts im Bogenmaß (180° = 2π)	`sin(0) # 0.0`
`cos(x)`	Kosinus eines Werts im Bogenmaß	`cos(0) # 1.0`
`tan(x)`	Tangens eines Werts im Bogenmaß	`tan(0.7854) # 1.0...*`
`asin(x)`	Arkussinus (Sinus-Umkehrung); Ergebnis im Bogenmaß	`asin(1) # 1.57079...`

Tabelle 7.2 Die wichtigsten Funktionen und Konstanten des Python-Moduls »math«

Element	Bedeutung	Beispiel mit # Ergebnis
`acos(x)`	Arkuskosinus (Kosinus-Umkehrung); Ergebnis im Bogenmaß	`acos(1) # 0.0`
`atan(x)`	Arkustangens (Tangens-Umkehrung); Ergebnis im Bogenmaß	`atan(1) # 0.7853...`
`radians(x)`	Winkel in Bogenmaß umrechnen	`radians(180)` `# 3.1415926...`
`degrees(x)`	Bogenmaß in Winkel umrechnen	`degrees(1) # 57.295...`
Weitere Funktionen		
`floor(x)`	größte ganze Zahl <= x	`floor(3.8) # 3`
`ceil(x)`	kleinste ganze Zahl >= x	`ceil(3.2) # 4`
`comb(n, k)`	Binomialkoeffizient "n über k"	`comb(5, 3) # 10`
`gcd(n1[, n2 ...])`	größter gemeinsamer Teiler	`gcd(12, 15) # 3`
`lcm(n1[, n2 ...])`	kleinstes gemeinsames Vielfaches (neu in Python 3.9)	`lcm(6, 9) # 18`
Konstanten		
`e`	eulersche Zahl e	`e # 2.718281828459045`
`pi`	Kreiszahl π	`pi # 3.141592653589793`
`tau`	alternative Kreiszahl $\tau = 2\pi$ **	`tau # 6.283185307179586`
`inf`	unendlich (größer als jede beliebige Zahl, wird daher oft als größtmöglicher Initialwert verwendet; entsprechend `-inf` als kleinster)	`inf # inf`
`nan`	not a number (Ergebnis ungültiger Berechnungen)	`nan # nan`
*) 0,7854 ist ein wenig größer als π/4, sodass der Tangens etwas größer als 1 ist. **) Warum manche Menschen Pi für »falsch« und Tau für besser halten: *https://tauday.com/tau-manifesto*.		

Tabelle 7.2 Die wichtigsten Funktionen und Konstanten des Python-Moduls »math« (Forts.)

Das Modul cmath stellt übrigens die meisten der genannten Funktionen für komplexe Zahlen zur Verfügung. Hier nur ein einfaches Beispiel:

```
: c = complex(2, 3)
: c
(2+3j)
: import cmath
: cmath.log(c)
(1.2824746787307684+0.982793723247329j)
```


Kommandozeilenargumente auslesen

Das Modul sys stellt eine Schnittstelle zu Funktionen des Betriebssystems bereit, genauer gesagt: Funktionen der Shell. Die folgende Anweisung importiert das Element argv aus diesem Modul in den aktuellen Namensraum; es dient der Verarbeitung von Kommandozeilenargumenten:

```
>>> from sys import argv
```

Hier ein kleines Beispielskript, das die Verwendung von Kommandozeilenargumenten demonstriert:

```
from sys import argv

print("{} arguments:".format(len(argv)))
print()

for index, arg in enumerate(argv):
    print("{}. {}".format(index, arg))
```

Listing 7.5 args.py demonstriert die Verarbeitung von Kommandozeilenargumenten.

Die Funktion enumerate(*Liste*) ermöglicht es, wie gezeigt, auf die Indizes von Listen zuzugreifen. Speichern Sie das Skript aus Listing 7.5 als *args.py* und führen Sie es mit einigen Argumenten auf der Konsole aus:

```
$ python3 args.py Test 1 2 3
5 arguments:

0. args.py
1. Test
2. 1
3. 2
4. 3
```

Wie Sie sehen, ist argv[0] stets der Name des Skripts selbst; die eigentlichen Argumente beginnen bei Index 1.

Verzeichnisinhalte lesen

Die Klassen zum Lesen von Verzeichnisinhalten befinden sich im Modul os und seinen Untermodulen; dieses Modul ermöglicht den Zugriff auf die hardwarenäheren Teile des Systems. Wenn Sie einfach nur den Inhalt des aktuellen Verzeichnisses auslesen möchten, funktioniert das wie folgt:

```
>>> from os import listdir
>>> for file in listdir("."):
...     print(file)
...
__pycache__
args.py
ausgabe.txt
author.py
author.pyc
[etc.]
```

> **Der Byte-Code-Cache**
>
> Dateien mit der Endung *.pyc* sind übrigens kompilierter Python-Byte-Code, der bei der ersten Ausführung nach jeder Änderung erzeugt wird und künftig die Ausführung beschleunigt. Auch das Unterverzeichnis *__pycache__* dient dem Caching von Byte-Code.

Es ist oft von Interesse, ob es sich bei Verzeichniseinträgen um normale Dateien oder um Unterverzeichnisse handelt. Entsprechende Prüfungsmethoden sind im Untermodul os.path enthalten; sie heißen isfile() für Dateien und isdir() für Verzeichnisse. Hier ein Beispiel, das Unterverzeichnissen ein d, Dateien ein f und anderen Einträgen (zum Beispiel mit mkfifo erzeugten Named Pipes) ein Fragezeichen voranstellt. Um den Code wiederverwenden zu können, ist er als Funktion definiert, der ein Verzeichnispfad übergeben wird:

```
>>> from os import listdir
>>> from os.path import isfile, isdir
>>> def ls(path):
...     for entry in listdir(path):
...         if isdir(entry):
...             print("d {}".format(entry))
...         elif isfile(entry):
...             print("f {}".format(entry))
...         else:
...             print("? {}".format(entry))
...
>>> ls(".")
d __pycache__
```

```
? __test
f args.py
[etc.]
```

Die Funktion walk(*Pfad*) ermöglicht das rekursive Auslesen eines Verzeichnisses und der gesamten Unterverzeichnisstruktur. Der Iterator liefert in jedem Durchgang ein Tupel mit dem relativen Pfadnamen des jeweiligen Verzeichnisses, einer Liste der Unterverzeichnisse und einer Liste der Dateien. Das folgende Beispiel gibt diese Daten aus:


```
>>> from os import walk
>>> for (dir, subdirs, files) in walk("testdir"):
...     print("Dir: {}, subdirectories: {}, files: {}".format(dir, subdirs, files))
...
Dir: testdir, subdirectories: ['othersub', 'sub'], files: ['file1.txt', 'file2.txt']
Dir: testdir/othersub, subdirectories: ['subsub'], files: [
'file1.txt', 'file2.txt', 'file3.txt']
Dir: testdir/othersub/subsub, subdirectories: [], files: ['file1.txt']
Dir: testdir/sub, subdirectories: [], files: ['file1.txt']
```

Reguläre Ausdrücke verwenden

In Kapitel 6, »Betriebssysteme«, wurde das Shell-Kommando grep vorgestellt, das Dateien und andere Textquellen nach komplexen Suchmustern durchsucht, die als *reguläre Ausdrücke* (*regular expressions*) bezeichnet werden. Python besitzt ein Modul, das die Suche in Strings und andere nützliche Operationen mit regulären Ausdrücken unterstützt; Sie können es wie folgt importieren:

```
>>> import re
```

Danach stehen Ihnen diverse Operationen für reguläre Ausdrücke zur Verfügung. Die einfachste ist re.search(regex, string) – sie sucht im gesamten String nach einem Treffer für den regulären Ausdruck regex. Wird einer gefunden, erhalten Sie ein Match-Objekt zurück, andernfalls None. Im einfachsten Fall können Sie also ein if re.search()-Konstrukt verwenden, da das Match-Objekt als True gilt und None als False. Aber Sie können das Match-Objekt auch genauer analysieren. Das folgende Beispiel sucht in einem String nach einem Vokal und speichert das Match-Objekt in einer Variablen:

```
>>> first_vowel = re.search("[aeiou]", "Hello")
>>> first_vowel
<_sre.SRE_Match object; span=(1, 2), match='e'>
```

Das Konstrukt [aeiou] in einem regulären Ausdruck bedeutet, dass eines der in eckigen Klammern angegebenen Zeichen erwartet wird. Das Match-Objekt hat einige nützliche Methoden zur Untersuchung des Treffers. Die Methode group() gibt den Teil-String zurück, auf den der reguläre Ausdruck passt:

```
>>> first_vowel.group()
'e'
```

Mit span() erhalten Sie ein Tupel, das die Anfangsposition und die erste nicht mehr dazugehörige Position des Treffers enthält:

```
>>> first_vowel.span()
(1, 2)
```

Die Funktion re.finditer(regex, String) stellt einen Iterator bereit, der alle Treffer als Match-Objekte zurückliefert. Hier ein Beispiel, das nacheinander alle Vokale in dem String "Hello World" findet:

```
>>> for match in re.finditer("[aeiou]", "Hello World"):
...     print("{} found at position {}.".format(match.group(), match.span()[0]))
...
e found at position 1.
o found at position 4.
o found at position 7.
```

Eine ausführlichere Anleitung und zusätzliche Beispiele für die Verwendung regulärer Ausdrücke finden Sie in Kapitel 9, »Weitere Konzepte der Programmierung«.

Mit Datum und Uhrzeit arbeiten

Die wichtigsten Methoden für Datum und Uhrzeit finden Sie in den Modulen datetime und time. Sie können zum Beispiel alle Klassen des Moduls datetime importieren, um sie ohne Namensraumpräfix zu benutzen:

```
>>> from datetime import *
```

Eine einfache Klasse aus dem Modul datetime heißt wiederum datetime; ein Objekt dieser Klasse speichert eine Datums- und Uhrzeitangabe. Wenn Sie einen konkreten Zeitpunkt speichern möchten, lautet die Konstruktorsyntax wie folgt:

```
datetime(year, month, day, hour, minute, second, microsecond)
```

Jahr, Monat und Tag sind dabei Pflichtfelder, alle anderen sind optional und haben den Standardwert 0. Das folgende Beispiel speichert ein konkretes Datum und eine konkrete Uhrzeit ohne Mikrosekunden in einer Variablen:

```
>>> dt = datetime(2021, 4, 16, 13, 37, 25)
```

Die String-Darstellung des gespeicherten Zeitpunkts ist ein ISO-Zeitstempel:

```
>>> print(dt)
2021-04-16 13:37:25
```

Die einzelnen Bestandteile der Zeitangabe lassen sich über öffentliche Attribute abrufen:

```
>>> dt.year         # Jahr
2017
>>> dt.month        # Monat
4
>>> dt.day          # Tag im Monat
18
>>> dt.hour         # Stunde
13
>>> dt.minute       # Minute
37
>>> dt.second       # Sekunde
25
>>> dt.microsecond # Mikrosekunde
0
```

Der Wochentag für die Zeitangabe kann über eine der Methoden `weekday()` oder `isoweekday()` ermittelt werden; es handelt sich um einen numerischen Wert, der bei `weekday()` mit 0 für Montag und bei `isoweekday()` mit 1 für Montag beginnt. Der 16. April 2021 war ein Freitag, sodass die folgenden Ergebnisse herauskommen:

```
>>> dt.weekday()
4
>>> dt.isoweekday()
5
```

Mit `datetime.today()` oder `datetime.now()` können Sie die aktuelle Systemzeit als Datumsobjekt speichern; der Unterschied ist, dass `now()` im Gegensatz zu `today()` eine optionale Zeitzonenangabe enthalten kann, zum Beispiel:

```
>>> print(datetime.today())
2021-05-14 12:49:21.125654
```

Die Methode `strftime()` wandelt die Zeitangabe gemäß einer Formatierungsvorschrift in einen String um. Das folgende Beispiel formatiert die aktuelle Systemzeit in deutscher Schreibweise und wandelt dabei auch den Wochentag in Text um:

```
>>> wochentage = ["Montag", "Dienstag", "Mittwoch", "Donnerstag", "Freitag",
"Samstag", "Sonntag"]
>>> dt = datetime.today()
>>> print("{}, {}".format(wochentage[dt.weekday()], dt.strftime("%d.%m.%Y, %H:%M")))
Freitag, 14.05.2021, 13:44
```

Ebenfalls interessant ist die Klasse timedelta. Sie definiert eine Zeitspanne, die zu einer Zeitangabe addiert oder von dieser abgezogen werden kann. Der Konstruktor kann beliebig viele der folgenden benannten Argumente entgegennehmen (wenn Sie keines verwenden, ist die Differenz 0 und das timedelta-Objekt recht nutzlos):

```
timedelta(
    days = n,
    seconds = n,
    microseconds = n,
    milliseconds = n,
    minutes = n,
    hours = n,
    weeks = n
)
```

Hier ein Beispiel, das drei Wochen und zwei Tage zum aktuellen Zeitpunkt hinzuaddiert beziehungsweise von diesem abzieht:

```
>>> dt = datetime.today()
>>> delta = timedelta(weeks = 3, days = 2)
>>> dt
datetime.datetime(2021, 5, 14, 13, 54, 27, 443589)
>>> dt + delta
datetime.datetime(2021, 6, 6, 13, 54, 27, 443589)
>>> dt - delta
datetime.datetime(2021, 4, 21, 13, 54, 27, 443589)
```

7.2 Java

Die Programmiersprache Java wurde 1995 von dem bekannten Server- und Workstation-Hersteller *Sun Microsystems* vorgestellt. Zu den wichtigsten Entwicklern des Projekts gehören *James Gosling* und *Bill Joy*. Java hat vor allen Dingen die Besonderheit, dass der kompilierte Programmcode auf verschiedenen Rechnern und Betriebssystemen ausgeführt werden kann. Für diese Systeme ist lediglich Java-Unterstützung in Form einer *virtuellen Maschine* (JVM – *Java Virtual Machine*) erforderlich. Virtuelle Java-Maschinen sind für zahlreiche verschiedene Plattformen verfügbar, unter anderem für Windows, Linux, macOS und alle anderen Unix-Varianten. Dieser Ansatz wurde von Sun als »Write once, run everywhere« bezeichnet.

Im Jahr 2009 wurde Sun vom Datenbankkonzern *Oracle* übernommen. Die Bedeutung dieses Ereignisses für die Zukunft von Java war eine Zeitlang unklar, aber da auch Oracle schon vor der Übernahme von Sun massiv in Java-Technologien investiert hatte, erschien diese Zukunft weiterhin gewährleistet.

Anfangs wurde Java vor allen Dingen eingesetzt, um sogenannte *Applets* zu schreiben. Dabei handelt es sich um kleine Java-Programme, die in einem Webbrowser ausgeführt werden, der eine JVM enthält. Da für interaktive Multimedia-Anwendungen im Web inzwischen erheblich bessere Lösungen verfügbar sind, hat sich der Schwerpunkt des Einsatzes von Java auf andere Bereiche verlagert: Java-Anwendungen werden im professionellen Serverbereich eingesetzt, weil sie aufgrund ihrer Plattformunabhängigkeit mit den verschiedensten Systemen kooperieren können; auch zur Entwicklung von Desktopanwendungen wie Office- oder Grafikprogrammen wird Java gern genutzt.

Wenn Sie Java-Programme schreiben möchten, brauchen Sie das *Java Software Development Kit* (*Java SDK* oder kurz *JDK*), das Sie unter *http://www.oracle.com/technetwork/java/index.html* für mehrere Plattformen herunterladen können. Falls Ihr System dort nicht zu finden ist, hilft in der Regel eine Suchmaschine wie etwa Google weiter.

Das Java SDK wird in drei verschiedenen Varianten angeboten:

- Die *Standard Edition (Java SE)*, auf die sich dieser Abschnitt bezieht, ist für sämtliche Desktopanwendungen geeignet. Die aktuelle Version ist 15.0.2. Allerdings ist Java 11 die für professionelle Anwendungen empfohlene Version, da es sich um eine sogenannte LTS-Version (*Long-Term Support*) mit mehrjähriger Zusage für Fehlerbehebungen und Sicherheitsupdates handelt.
- Die *Enterprise Edition* (*Jakarta EE*, früher Java EE) enthält Unterstützung für die Entwicklung verteilter datenbankgestützter Serveranwendungen; es handelt sich um eine Sammlung von Standards, die kompatible Server bereitstellen müssen. Einzelne Aspekte von Jakarta EE, nämlich Datenbankzugriffe und XML-Verarbeitung, werden in Kapitel 13, »Datenbanken«, beziehungsweise Kapitel 16, »XML«, vorgestellt.
- Die *Micro Edition* (*Java ME*) dient der Entwicklung von Anwendungen für mobile Geräte wie Smartphones oder Tablets sowie für Embedded Systems. Insbesondere Android-Apps werden oft in Java geschrieben (zunehmend aber auch in der neueren Programmiersprache *Kotlin*), allerdings in der Regel mit Googles eigenem Android SDK.

Die Installation des JDK SE ist sehr einfach: Sie laden ein für Ihre Plattform geeignetes Archiv oder ausführbares Programm herunter, das sich in den meisten Fällen per Doppelklick installieren lässt. Das einzige kleine Problem besteht darin, dass Sie zwei Umgebungsvariablen setzen beziehungsweise anpassen müssen, um mit Java arbeiten zu können. Wie Systemvariablen unter verschiedenen Betriebssystemen manipuliert werden, haben Sie bereits in Kapitel 6 »Betriebssysteme«, erfahren.

Um den Java-Compiler und die JVM von überall aus aufrufen zu können, müssen Sie das Unterverzeichnis *bin* Ihrer Java-Installation zur Umgebungsvariablen `PATH` hinzufügen. Außerdem müssen Sie eine weitere Systemvariable namens `CLASSPATH` einrichten, die auf die Java-Klassenbibliothek verweist – in der Regel das Verzeichnis *lib* innerhalb der Java-Installation. Zu `CLASSPATH` werden ebenfalls, durch Semikola getrennt, andere Verzeichnisse (oder Archivdateien wie *.zip* oder *.jar*) hinzugefügt, in denen weitere Java-Klassen enthalten sind. Es empfiehlt sich, auch . als Synonym für das aktuelle Arbeitsverzeichnis hinzuzufügen, damit Ihre eigenen Java-Programme ebenfalls überall gefunden werden.

Dies ist nur der Anfang

Dieser Abschnitt ist lediglich eine kurze Einführung in die Sprachgrundlagen von Java. Was diese Sprache besonders leistungsfähig macht, sind die Unmengen von mitgelieferten und auch separat erhältlichen Klassenbibliotheken. In verschiedenen späteren Kapiteln lernen Sie einige von ihnen kennen, beispielsweise zur Implementierung komplexerer Algorithmen, zur XML-Verarbeitung oder für Datenbankzugriffe.

7.2.1 Einführungsbeispiel

Um einen Einstieg in die Java-Programmierung zu finden, sehen Sie hier gleich das erste Beispielprogramm. Es handelt sich dabei um die Java-Entsprechung des ersten Python-Beispielprogramms, was die Unterschiede deutlich macht. Geben Sie das Programm in Ihren bevorzugten Texteditor ein und speichern Sie es unter *Hello.java*. Eine Java-Quellcodedatei muss so heißen wie die Klasse, die darin definiert wird, und die Endung *.java* aufweisen. Dabei müssen Sie die Groß- und Kleinschreibung des Klassennamens genau übernehmen; üblicherweise beginnen Klassennamen mit einem Großbuchstaben. Hier das Listing:

```
import java.io.*;

public class Hello {
    public static void main(String[] args) {
        BufferedReader input = new BufferedReader(
            new InputStreamReader (System.in)
        );
        String name = "";
        System.out.println("Hallo Welt!");
        System.out.print("Ihr Name, bitte: ");
        try {
            name = input.readLine();
        } catch(IOException e) {}
        System.out.println("Hallo, " + name + "!");
    }
}
```

Listing 7.6 Hello.java ist das erste Java-Beispiel – das gleiche erweiterte »Hello World«-Beispiel, das zuvor in Python gezeigt wurde.

Wenn Sie zuvor Ihre `PATH`- und `CLASSPATH`-Einstellungen korrekt vorgenommen haben, können Sie das Programm nun folgendermaßen kompilieren, vorausgesetzt, Sie befinden sich im entsprechenden Verzeichnis:

```
$ javac Hello.java
```

Sofern Sie keine Fehlermeldung erhalten, finden Sie im aktuellen Verzeichnis die fertig kompilierte Datei *Hello.class* vor. Sie können das Programm anschließend folgendermaßen starten:


```
$ java Hello
```

Das ausführbare Programm `java` aktiviert die JVM. Als Kommandozeilenargument wird der Name einer kompilierten Java-Klasse ohne Dateiendung angegeben.

Wie Sie sehen, ist dieses Programm erheblich komplexer als die Python-Version, obwohl es dieselbe Aufgabe erfüllt. Im Folgenden wird das Programm zeilenweise erläutert:

- `import java.io.*;`

  Mithilfe der Anweisung `import` werden bestimmte Teile der Java-Klassenbibliothek importiert, ähnlich wie beim Modulimport in Python mit der gleichnamigen Anweisung.

  `java.io.*` bezeichnet alle Klassen, die im Verzeichnis `io` der grundlegenden Klassenbibliothek liegen. Es handelt sich um eine Sammlung von Klassen für die Ein- und Ausgabe. Solche Bestandteile der Klassenbibliothek werden als *Packages* bezeichnet.

  Anstatt alle Klassen (*) eines Namensraums zu importieren, können Sie auch einzelne Klassen importieren – im obigen Fall würde die Anweisung `import java.io.*` durch die folgenden drei Zeilen ersetzt werden:

  ```
  import java.io.InputStreamReader;
  import java.io.FileReader;
  import java.io.IOException;
  ```

Namensräume in Java

Die durch Punkte getrennten Namensräume und Unternamensräume werden übrigens durch die Verzeichnisstruktur des Quellcodes vorgegeben. Die Konvention für eigene Namensräume besagt, dass der umgekehrte eigene Domainname die Wurzel bildet, darunter folgen der Projektname und ganz unten die verschiedenen Teilaspekte des Projekts. Angenommen, der Domainname lautete *lingoworld.de*, das Projekt hieße *javatutorial* und der aktuelle Bereich *examples*. Dann würden sich die entsprechenden Klassen im Unterverzeichnis *de/lingoworld/javatutorial/examples* des Quellcodeverzeichnisses befinden, und der Namensraum hieße `de.lingoworld.javatutorial.examples`.

- `public class Hello`

  Mit dem Schlüsselwort `class` wird eine Klassendefinition eingeleitet. Mithilfe von `public` wird die definierte Klasse für sämtliche anderen Klassen, also für alle Programme, zugänglich.

- `public static void main(String[] args)`
  Der spezielle Methodenname `main()` steht für das Hauptprogramm. Da die JVM diese Methode von außen aufrufen muss, wird das Schlüsselwort `public` benötigt. Alle Bestandteile einer Klasse, die nicht `public` sind, stehen außerhalb der Klasse selbst nicht zur Verfügung. `static` wird gebraucht, weil von dieser Klasse kein konkretes Objekt abgeleitet wird und weil die `static`-Bestandteile von Klassen ohne Existenz eines solchen verwendet werden können. In der Regel hat `main()` in Java den Datentyp `void`. Das bedeutet, dass die Methode keinen Wert zurückgibt. Bei `args` handelt es sich um ein Array – die Java-Entsprechung einer einfachen indexsortierten Liste. Wie der Name vermuten lässt, nimmt es eventuelle Kommandozeilenargumente entgegen.
- `BufferedReader input = new BufferedReader(`
  `new InputStreamReader(System.in));`
  Diese verschachtelte Operation sorgt für ein Objekt namens `input`, das zeilenweise von der Standardeingabe lesen kann. Im Kern von Java ist leider keine Möglichkeit gegeben, ganze Zeilen einzulesen. Deshalb wird die Standardeingabe – repräsentiert durch `System.in` – in ein Objekt vom Typ `InputStreamReader` (Lesevorrichtung für kontinuierliche Datenströme) verpackt, das wiederum von einem `BufferedReader` (zuständig für die Zwischenspeicherung von Eingabedaten) umhüllt wird. Solche verschachtelten Objektkonstruktionen machen Java relativ kompliziert, aber durch die große Auswahl spezialisierter Klassen auch sehr flexibel.
- `String name = "";`
  Der Java-String-Datentyp ist als Klasse realisiert. Diese Anweisung erzeugt eine String-Variable mit der Bezeichnung `name`; ihr wird als Anfangswert der leere String zugewiesen, weil es beim späteren Eingabeversuch passieren könnte, dass sie gar keinen Wert erhält.
- `System.out.println("Hallo Welt!");`
  Die Methode `println()` der Standardausgabe (`System.out`) gibt einen übergebenen String mit anschließendem Zeilenumbruch aus.
- `System.out.print("Ihr Name, bitte: ");`
  Die Methode `print()` gibt dagegen einen String ohne Zeilenumbruch aus.
- `try {...}`
  In einen `try`-Block werden Anweisungen immer dann geschrieben, wenn sie einen möglichen Fehler produzieren könnten. Laufzeitfehler werden in Java genau wie in Python als *Ausnahmen* (*Exceptions*) betrachtet, die mithilfe von `try/catch` abgefangen und sinnvoll behandelt werden können.
- `name = input.readLine();`
  Die Methode `readLine()` der Klasse `BufferedReader` liest eine Zeile aus einem Eingabestrom, in diesem Fall von der Standardeingabe.

- `catch(IOException e) {}`
  Mithilfe von `catch()` kann eine Ausnahme abgefangen werden, die innerhalb des vorangegangenen `try`-Blocks ausgelöst wurde. In diesem Fall handelt es sich um eine `IOException`, also einen Ein-/Ausgabefehler. In den geschweiften Klammern kann Code für Maßnahmen zur Fehlerbehandlung stehen. Die wichtigste Aufgabe von `try/catch` besteht darin, den sofortigen Programmabbruch bei einem Fehler zu verhindern.
- `System.out.println("Hallo " + name + "!");`
  Das Besondere an dieser Ausgabeanweisung ist die Verkettung mehrerer Strings durch den Operator +.

7.2.2 Wichtige Merkmale von Java

Da sich Java in vielerlei Hinsicht von Python unterscheidet, enthält dieser Abschnitt die wichtigsten Besonderheiten der Sprache. Sobald Sie diese kennen, sollte es Ihnen relativ leichtfallen, sich auch in dieser Sprache zurechtzufinden.

Grundlegendes zur Syntax

Java-Anweisungen enden grundsätzlich mit einem Semikolon, und Anweisungsblöcke werden nicht einfach eingerückt wie in Python, sondern stehen in geschweiften Klammern. Ob Sie die öffnende geschweifte Klammer lieber in dieselbe Zeile schreiben wie die Anweisung, die den Block initialisiert, oder in eine neue Zeile, ist Geschmackssache. Sie können beispielsweise

```
public static void main(String[] args) {
    // Code des Hauptprogramms
}
```

schreiben oder aber die Formatierung

```
public static void main(String[] args)
{
    // Code des Hauptprogramms
}
```

wählen, sollten sich jedoch konsequent für eine der beiden Varianten entscheiden. Gerade in Fachbüchern wie dem vorliegenden wird schon deshalb meist die erste Schreibweise bevorzugt, weil sie bei vielen Hundert Anweisungsblöcken Platz spart.

Die Einrückung hat zwar, anders als in Python, keinen Einfluss auf die Bedeutung, macht den Code aber dennoch erheblich lesefreundlicher. Sofern Ihr Editor oder Ihre IDE nicht selbstständig anhand der geschweiften Klammern einrückt, sollten Sie es selbst tun. Vier Leerzeichen pro Stufe sind eine gängige Konvention in Java.

Java unterstützt drei verschiedene Arten von Kommentaren. Einzeilige Kommentare beginnen mit // und reichen bis zum Ende der jeweiligen Zeile. Beispiele:

```
// Einzeiliger Kommentar
System.out.println("Hallo!"); // Einzeiliger Kommentar nach Anweisung
```

Mehrzeilige Kommentare beginnen mit /* und enden mit */. Beispiele:

```
/* Mehrzeiliger Kommentar: erste Zeile
Zweite Zeile
Dritte Zeile */
int a = /* Unterbrochene Anweisung! */ 5;
```

Das im zweiten Beispiel gezeigte Unterbrechen von Anweisungen sollten Sie aus Gründen der Übersichtlichkeit nicht in Quellcode verwenden, den Sie behalten oder in einem Team teilen möchten, aber es kann nützlich sein, um Teile komplexer Anweisungen bei der Fehlersuche vorübergehend auszuschalten.

Eine spezielle Variante des mehrzeiligen Kommentars ist der spezielle JavaDoc-Kommentar, der mit /** beginnt und mit */ endet. Das mit dem JDK gelieferte Programm `javadoc` kann aus diesen Kommentaren automatisch eine Programmdokumentation generieren. Solche Kommentare stehen daher vor der Deklaration von Klassen, Attributen und Methoden. Hier ein Beispiel für eine einfache Methode und ihre Dokumentation (die Kennzeichnung `@param` steht für den jeweiligen Parameter, `@return` für den Rückgabewert):

```
/**
* Das Quadrat einer Zahl berechnen
*
* @param number Die Zahl, deren Quadrat berechnet werden soll
* @return Das Quadrat von number
*/
int square(int number) {
    return number * number;
}
```

Variablen deklarieren

Der entscheidende Unterschied zwischen Python und Java ist die Tatsache, dass es sich bei Java um eine *statisch typisierte* Sprache handelt. Das bedeutet, dass der Datentyp von Variablen und Parametern gleich bei der *Deklaration* angegeben werden muss und ebenso der Rückgabewert einer Methode.

Sie können eine Variable entweder implizit bei der ersten Wertzuweisung deklarieren oder aber explizit vorher. Eine implizite Deklaration sieht beispielsweise so aus:

```
int i = 1;
```

Eine Variable namens `i` wird mit dem Datentyp `int` (einem von mehreren ganzzahligen Typen) initialisiert. Anschließend wird ihr der Wert 1 zugewiesen.

Eine explizite Deklaration lässt die Wertzuweisung dagegen vorerst weg. Sie kann entweder gleich in der nächsten Zeile stehen oder zu gegebener Zeit erfolgen:

```
double d;
d = 1.23456789;
```

Die Deklaration und die Initialisierung, also die erste Wertzuweisung, erfolgen in diesem Beispiel jeweils explizit. Der Datentyp `double` ist einer der beiden Fließkommadatentypen in Java.

Wenn einer Variablen kein Literal oder Ausdruck zugewiesen wird, sondern eine neu erzeugte Instanz einer Klasse, geschieht dies mithilfe des Operators `new`. Das folgende Beispiel deklariert eine Variable als Instanz der Klasse `Date`, die ein Kalenderdatum kapselt:

```
Date today = new Date();
```

Bevor Sie diese Klasse benutzen können, müssen Sie sie übrigens zu Beginn Ihrer Datei importieren:

```
import java.util.Date;
```

Seit der Java-Version 8 (2014) darf bei einer Variablendeklaration statt eines konkreten Typs auch das Schlüsselwort `var` verwendet werden, solange eine implizite Wertzuweisung folgt, die klarstellt, um welchen Datentyp es sich handelt. Beispiele:

```
var str = "Hallo Welt!";
var number = 42;
var today = new Date();
```

Variablen können in Java an einer beliebigen Stelle deklariert werden. Beachten Sie allerdings den eingeschränkten Gültigkeitsbereich: Eine Variable, die innerhalb des Anweisungsblocks einer Kontrollstruktur deklariert wird, gilt nur in diesem Block. Beispielsweise produziert der folgende Code einen Fehler:

```
for (int i = 0; i < 10; i++) {  // Schleife von 0 bis 9
   ...
}
System.out.println(i);          // i existiert hier nicht mehr!
```

Die Syntax von `for`-Schleifen, die sich erheblich von derjenigen in Python unterscheidet, wird weiter unten noch erläutert.

Primitive Datentypen verwenden

Auch wenn Java eine objektorientierte Programmiersprache ist, gibt es einige einfache Datentypen, denen Literale ohne explizite Objekterzeugung angehören. Diese acht Datentypen werden als *primitive Datentypen* bezeichnet. Strings gehören zwar nicht dazu, da sie stets Instanzen der Klasse `String` sind, können aber ebenfalls als Literale geschrieben werden.

Im Gegensatz zu praktisch allen Klassen werden die Namen der primitiven Datentypen kleingeschrieben. Die Literale gehören folgenden primitiven Typen an:

- Ganzzahlen wie `-23` oder `42` sind `int` (32-Bit-Integer). Wenn Sie ein `L` hinter das jeweilige Literal schreiben, also etwa `-1L` oder `123456789L`, ist der Typ dagegen `long` (64 Bit).
- Fließkommazahlen wie `-1.234` oder `3.1415926` sind `double` (Fließkommazahlen mit doppelter Genauigkeit von 64 Bit). Wenn Sie ein `f` hinter das jeweilige Literal schreiben, also zum Beispiel `1.1f` oder `2.71828f`, ist der Typ `float` (einfache Genauigkeit von 32 Bit).
- Einzelne Zeichen in einzelnen Anführungszeichen wie `'a'` oder `'4'` sind `char` (16-Bit-Unicode-Zeichen).
- Die Wahrheitswerte `true` und `false` (die anders als in Python kleingeschrieben werden) sind `boolean`, ein spezieller Datentyp, der nur diese beiden Literale besitzt.
- Strings wie `"Hallo Welt"` oder `"Java"` stehen stets in doppelten Anführungszeichen. Sie gehören wie erwähnt keinem primitiven Datentyp an, sondern sind automatisch Instanzen der Klasse `String`.

Ganzzahlen können wie in Python mit optionalem Unterstrich `_` als Trennzeichen geschrieben werden, zum Beispiel `1_000_000_000L` für eine Milliarde als `long`-Wert. Mit vorangestelltem `0x` wird eine Ganzzahl hexadezimal interpretiert, etwa `0xFF` als 255. `0b` kennzeichnet Dualzahlen, `0b101010` steht beispielsweise für 42. Der einzige Unterschied zu Python ist, dass Oktalzahlen nur mit einer `0` ohne den Buchstaben o eingeleitet werden. `077` steht zum Beispiel für 63.

Fließkommazahlen können optional in wissenschaftlicher Schreibweise dargestellt werden, etwa `6.5E6` für $6{,}5 \cdot 10^6 = 6500000{,}0$ oder `1E-5` für $10^{-5} = 0{,}00001$.

Der Datentyp `boolean` wird für boolesche Wahrheitswerte eingesetzt und kann nur die vorgegebenen Wahrheitswerte `true` oder `false` annehmen. Sämtliche Bedingungsprüfungen für Kontrollstrukturen müssen in Java einen `boolean`-Wert haben. Wenn Sie also beispielsweise prüfen möchten, ob die Variable `a` den Wert 0 hat, müssen Sie den Vergleich `a == 0` explizit hinschreiben! Eine automatische Konvertierung beliebiger Werte in `boolean` und umgekehrt erfolgt nicht. Aus diesem Grund wird Java als *stark typisierte Sprache* bezeichnet, weil sehr streng über die Einhaltung der korrekten Datentypen gewacht wird.

Jedem der primitiven Datentypen ist eine echte Klasse zugeordnet, weil sich viele Dinge in Java nur mit vollwertigen Objekten erledigen lassen. Die Namen der meisten dieser Klassen entsprechen dem mit einem Großbuchstaben beginnenden Namen des entsprechenden primitiven Typs, zum Beispiel `Double` oder `Long`. Die Ausnahmen bilden `Integer` (Klassenpendant von int) und Character (char). Variablen oder Argumenten, die zu diesen Klassen gehören, können Sie Variablen der zugehörigen primitiven Typen zuweisen und umgekehrt. Das folgende kleine Beispielprogramm zeigt diesen Sachverhalt anhand von int und Integer:

```
public class PrimitivesAndClasses {
    public static void main(String[] args) {
        Integer integer1 = 42;
        Integer integer2;
        int int1 = 23;
        int int2;
        integer2 = int1;
        int2 = integer1;
        System.out.println(integer1);
        System.out.println(integer2);
        System.out.println(int1);
        System.out.println(int2);
    }
}
```

Die Ausgabe lautet natürlich wie folgt:

```
42
23
23
42
```

In Tabelle 7.3 sehen Sie eine Liste aller primitiven Datentypen und der korrespondierenden Klassen, jeweils mit weiteren Informationen und Beispielen.

Primitiver Typ	Klasse	Informationen	Beispiele
byte	Byte	8-Bit-Integer (–128 bis 127)	-100 50
short	Short	16-Bit-Integer (–32768 bis 32767)	-20000 12345
int	Integer	32-Bit-Integer (ca. –2 Mrd. bis 2 Mrd.)	-1_000_000 2_234_678
long	Long	64-Bit-Integer ($-9 \cdot 10^{18}$ bis $9 \cdot 10^{18}$)	-1L 9_876_543_210L

Tabelle 7.3 Die primitiven Datentypen und die ihnen zugeordneten Klassen in Java

Primitiver Typ	Klasse	Informationen	Beispiele
float	Float	32-Bit-Fließkommazahl	-2.0f 3.1415927f
double	Double	64-Bit-Fließkommazahl	-1.5 3.141592653589793
char	Character	16-Bit-Unicode-Zeichen	'a' '0' '\ucafe' – Unicode-Zeichen mit dem Code 0xCAFE = 51.966; entspricht dem koreanischen Silbenzeichen 쫾 (boo)

Tabelle 7.3 Die primitiven Datentypen und die ihnen zugeordneten Klassen in Java (Forts.)

Die Klassen, die den primitiven Datentypen zugeordnet sind, enthalten diverse nützliche Klassenkonstanten, die Aussagen über die Eigenschaften der Klassen selbst treffen. In Listing 7.7 sehen Sie ein Beispielprogramm, das einige dieser Konstanten in Aktion zeigt:

```
public class DataTypes {
    public static void byteTest(Byte b) {
        System.out.println("- The byte is " + b);
        System.out.println("  Range: " +
            Byte.MIN_VALUE + " => " + Byte.MAX_VALUE
        );
    }

    public static void shortTest(Short s) {
        System.out.println("- The short is " + s);
        System.out.println("  Range: " + Short.MIN_VALUE +
            " => " + Short.MAX_VALUE + " (" + Short.BYTES + " bytes)"
        );
    }

    public static void intTest(Integer i) {
        System.out.println("- The integer is " + i);
        System.out.println("  Range: " + Integer.MIN_VALUE +
            " => " + Integer.MAX_VALUE + " (" + Integer.BYTES + " bytes)"
        );
    }

    public static void longTest(Long l) {
```

```
        System.out.println("- The long is " + l);
        System.out.println("  Range: " + Long.MIN_VALUE +
            " => " + Long.MAX_VALUE + " (" + Long.BYTES + " bytes)"
        );
    }

    public static void floatTest(Float f) {
        System.out.println("- The float is " + f);
        System.out.println("  Range: " + Float.MIN_VALUE +
            " => " + Float.MAX_VALUE + " (" + Float.BYTES + " bytes)"
        );
    }

    public static void doubleTest(Double d) {
        System.out.println("- The double is " + d);
        System.out.println("  Range: " + Double.MIN_VALUE +
            " => " + Double.MAX_VALUE + " (" + Double.BYTES + " bytes)"
        );
    }

    public static void charTest(Character c) {
        System.out.println("- The char is '" + c + "'");
    }

    public static void booleanTest(Boolean bl) {
        System.out.println("- The boolean is " + bl);
    }

    public static void main(String[] args) {
        byte b = 127;
        short s = 32767;
        int i = 23;
        long l = 1_000_000_000_000L;
        float f = 1.234f;
        double d = 3.1415926;
        char c = 'a';
        boolean bl = true;
        byteTest(b);
        shortTest(s);
        intTest(i);
        longTest(l);
        floatTest(f);
        doubleTest(d);
```

```
        charTest(c);
        booleanTest(bl);
    }
}
```

Listing 7.7 DataTypes.java zeigt die Verwandtschaft zwischen den primitiven Datentypen und den ihnen zugeordneten Klassen, außerdem einige wichtige Klassenkonstanten der Letzteren.

Mit Operatoren arbeiten

Beachten Sie, dass lediglich die Werte von Literalen, Variablen und Ausdrücken mit primitiven Datentypen mithilfe der Vergleichsoperatoren `==` und `!=` miteinander verglichen werden können. Für alle anderen Datentypen kann nur geprüft werden, ob diese den speziellen Wert `null` haben – eine leere Referenz wie `None` in Python. Für den Wertevergleich bieten viele Klassen stattdessen die Methode `equals()`, die im Format *objekt1*`.equals(`*objekt2*`)` aufgerufen wird. Auch gerichtete Vergleiche mit `<`, `>`, `<=` und `>=` sind nur für primitive Typen definiert, während Objekte die Methode `compareTo()` verwenden. *objekt1*`.compareTo(`*objekt2*`)` ist kleiner als 0, wenn *objekt1* gemäß den Ordnungskriterien der entsprechen Klasse Vorrang vor *objekt2* hat, größer als 0, wenn *objekt2* Vorrang hat, und 0, wenn sie gleich sind. In Kapitel 8, »Algorithmen und Datenstrukturen«, wird an einem Beispiel gezeigt, wie Sie diese Methoden für eigene Klassen implementieren können. Bei manchen eingebauten Sortiermethoden wird `compareTo()` jeweils automatisch aufgerufen, wie Sie noch sehen werden.

Neben den auch in Python verfügbaren Wertänderungsoperatoren wie `+=` oder `*=` gibt es in Java spezifische Operatoren, die einen LVALUE um 1 erhöhen oder vermindern: Sie können `++` oder `--` entweder vor oder hinter den LVALUE schreiben; sofern Sie dies als einzelne Anweisung hinschreiben, besteht zwischen den beiden Varianten kein Unterschied. Werden sie dagegen im Rahmen eines komplexen Ausdrucks verwendet, besteht der Unterschied in Folgendem:

- Das vorangestellte `++` wird *Prä-Inkrement* genannt. Es erhöht den LVALUE um 1 und verwendet den neuen Wert innerhalb des Ausdrucks:

  ```
  a = 1;
  b = ++a;              // a hat den Wert 2, b auch
  ```

  Entsprechend heißt ein vorangestelltes `--` *Prä-Dekrement*. Der LVALUE wird um 1 vermindert, bevor er in einem Ausdruck verwendet wird.

- Ein nachgestelltes `++` wird als *Post-Inkrement* bezeichnet. Ein LVALUE mit Post-Inkrement wird in einem Ausdruck mit seinem alten Wert verwendet und erst danach um 1 erhöht:

  ```
  a = 2;
  b = a++;              // a hat den Wert 3, b bleibt 2
  ```

  Das nachgestellte `-` heißt demgemäß *Post-Dekrement*. Der alte Wert des LVALUE wird im Ausdruck verwendet, bevor er um 1 vermindert wird.

Ein weiterer besonderer Operator ist der *Fallentscheidungsoperator*: Die Schreibweise *Ausdruck1 ? Ausdruck2 : Ausdruck3* hat *Ausdruck2* als Ergebnis, wenn *Ausdruck1* wahr ist, ansonsten ist der Wert *Ausdruck3*. Da er als einziger Operator drei Operanden hat, wird er auch als *ternärer* (dreigliedriger) Operator bezeichnet; entsprechend werden die meisten Operatoren *binär* (zwei Operanden, zum Beispiel alle arithmetischen Operationen) beziehungsweise *unär* (ein Operand, etwa Vorzeichen) genannt. Hier zwei Beispiele:

```
a = 2;
b = (a == 1 ? 3 : 5);
// a ist nicht 1, also erhält b den Wert 5

a = 1;
b = (a == 1 ? 3 : 5);
// a ist 1, also erhält b den Wert 3
```

Ein letzter Unterschied zwischen den Operatoren in Python und denjenigen in Java betrifft die Schreibweise der logischen Operatoren:

- Das logische Und wird `&&` geschrieben; es ist nur `true`, wenn beide Operanden `true` sind. Beispiel: `a > 0 && b > 0` ist `true`, wenn sowohl `a` als auch `b` größer als 0 sind.
- Für das logische Oder wird `||` verwendet; es ist `true`, wenn mindestens ein Operand `true` ist. Beispielsweise ist `a > 0 || b > 0` dann `true`, wenn `a`, `b` oder beide Variablen größer als 0 sind.
- Als logisches Nicht dient ein vorangestelltes Ausrufezeichen. `!(a > 0)` ist etwa `true`, wenn `a` nicht größer als 0 ist, wenn also `a <= 0` gilt.

Folgende Rangfolge der Operatoren besteht in Java:

- `!`, `~`, `++`, `--`, `+` (Vorzeichen), `-` (Vorzeichen)
- `*`, `/`, `%`
- `+` und `-` (arithmetische Operatoren)
- `<<` und `>>`
- `<`, `<=`, `>`, `>=`
- `==` und `!=`
- `&` (bitweises Und)
- `^` (bitweises Exklusiv-Oder)
- `|` (bitweises Oder)
- `&&` (logisches Und)
- `||` (logisches Oder)
- `? :` (ternärer Operator)
- `=`, `+=`, `-=` etc.

Strings verwenden

Da Strings im Gegensatz zu primitiven Datentypen automatisch Objekte (der Klasse `String`) sind, finden die meisten String-Operationen mithilfe von eingebauten Methoden dieser Klasse statt. Die einzige Ausnahme bildet + als String-Verkettungsoperator:

```
String planet = "Welt";
System.out.println("Hallo " + planet + !"); // Hallo Welt!
```

Dieser Operator sorgt mitunter für Verwirrung, weil er mit dem arithmetischen + verwechselt werden kann. Beispielsweise gibt die folgende Anweisung `3 + 5 = 35` aus:

```
System.out.println("3 + 5 = " + 3 + 5);
```

Um eine solche Situation zu vermeiden, sollten Sie die arithmetische Operation zuerst ausführen, ihr Ergebnis in einer Variablen speichern und es dann ausgeben:

```
int ergebnis = 3 + 5;
System.out.println("3 + 5 = " + ergebnis); // korrekt: 3 + 5 = 8
```

Vergleiche zwischen Strings erfolgen wie bereits erwähnt mithilfe der Methoden `equals()` für Gleichheit beziehungsweise `compareTo()` für alphanumerische Sortierung. Weitere interessante String-Methoden sind folgende:

- *`string1`*`.charAt(`*`pos`*`)` gibt das Zeichen an der Position *pos* zurück (Positionen beginnen bei 0). Zum Beispiel gibt `"Köln".charAt(1)` das `'ö'` zurück. Beachten Sie, dass der Datentyp des Rückgabewerts `char` und nicht `String` ist.
- *`string1`*`.substring(`*`anfang`*`, `*`ende`*`)` liefert die Zeichen von der Position *anfang* bis ausschließlich *ende* zurück. Beispielsweise ergibt `"Köln".substring(1, 3)` den String `"öl"`.
- *`string1`*`.indexOf(`*`ch`*`)` gibt die erste Position in *string1* zurück, an der das Zeichen *ch* (Typ `char`) vorkommt, oder `-1`, wenn *ch* gar nicht vorkommt. Eine alternative Form sucht nach dem Vorkommen eines Teil-Strings: *`string1`*`.indexOf(`*`string2`*`)`. `lastIndexOf()` gibt dagegen die Position des letzten Vorkommens des gesuchten Zeichens oder Teil-Strings zurück.
- *`string1`*`.length()` liefert die Länge des Strings in Zeichen.
- *`string1`*`.toLowerCase()` wandelt alle Buchstaben im String in Kleinbuchstaben um. Mit Buchstaben sind dabei alle Unicode-Buchstaben gemeint, für die Groß- und Kleinschreibung definiert sind.
- Umgekehrt wandelt *`string1`*`.toUpperCase()` alle Buchstaben im String in Großbuchstaben um.
- Mit *`string1`*`.trim()` können Sie sämtlichen Whitespace (Leerzeichen, Tabulatoren, Zeilenumbrüche und so weiter) am Anfang und am Ende des Strings entfernen.

Mit Arrays arbeiten

Die einfachste Datenstruktur mit mehreren Werten wird in Java als Array bezeichnet. Anders als eine Liste in Python ist die Anzahl der Elemente von vornherein festgelegt, zudem müssen alle Elemente denselben bei der Deklaration festgelegten Datentyp haben.

Die implizite Deklaration eines Arrays verwendet die Objekterzeugungsanweisung `new`, gefolgt vom Datentyp und der Elementanzahl Das folgende Beispiel erzeugt ein Array vom Typ `int` mit 20 Elementen:

```
int[] values = new int[20];
```

Eine andere Möglichkeit besteht darin, festgelegte Anfangswerte anzugeben; in diesem Fall können Sie die Anzahl weglassen, weil sie implizit festgelegt ist. Beispiel:

```
double[] tenths = {0, 0.1, 0.2, 0.3, 0.4, 0.5, 0.6, 0.7, 0.8, 0.9};
```

Der Zugriff auf die einzelnen Elemente erfolgt mit dem Indexoperator; die Indizes beginnen wie in Python bei 0. So liefert `tenths[0]` nach der obigen Definition beispielsweise 0, während `tenths[4]` den Wert `0.4` zurückgibt.

Um die Anzahl der Elemente eines Arrays abzufragen, können Sie das öffentliche Attribut `length` verwenden:

```
tenths.length // Wert: 10
```

Dass `length` bei Arrays eine Eigenschaft ist, während es sich bei der `length()` eines Strings um eine Methode handelt, die mit Klammern geschrieben werden muss, können Sie sich leicht merken, wenn Sie bedenken, dass die Länge beim Array seit der Deklaration unverrückbar festgelegt ist, während sie beim String variabel ist und daher mithilfe einer Methode ermittelt werden muss.

Kontrollstrukturen verwenden

Die einfachste und wichtigste Kontrollstruktur ist auch in Java die Fallentscheidung mit `if`. Der Ausdruck, der hinter dem Schlüsselwort `if` in Klammern steht, wird ausgewertet. Wenn er `true` ist, wird die auf das `if` folgende Anweisung ausgeführt. Das nächste Beispiel überprüft, ob die Variable `a` größer als 100 ist, und gibt in diesem Fall »Herzlichen Glückwunsch!« aus:

```
if (a > 100)
    System.out.println("Herzlichen Glückwunsch!");
```

Mitunter hängen mehrere Anweisungen von einem einzelnen `if` ab. In diesem Fall müssen Sie hinter die Bedingungsprüfung einen Anweisungsblock schreiben, also eine Sequenz von Anweisungen in geschweiften Klammern. Das folgende Beispiel überprüft, ob die Variable `b` kleiner als 0 ist. In diesem Fall setzt sie `b` auf 100 und gibt eine entsprechende Meldung aus:

```
if (b < 0) {
    b = 100;
    System.out.println("b auf 100 gesetzt.");
}
```

Verwenden Sie stets geschweifte Klammern!

Letzten Endes lohnt es sich übrigens, auch bei if-Abfragen, von denen nur eine einzige Anweisung abhängt, geschweifte Klammern zu verwenden. So kann Ihnen nicht der Fehler passieren, dass Sie die Klammern vergessen, wenn später weitere Anweisungen dazukommen.

Es passiert sehr häufig, dass auch bei Nichtzutreffen einer Bedingung spezielle Anweisungen ausgeführt werden sollen. Zu diesem Zweck besteht die Möglichkeit, hinter einer if-Abfrage einen else-Teil zu platzieren. Die Anweisung oder der Block hinter dem else wird genau dann ausgeführt, wenn die Bedingung der if-Abfrage nicht zutrifft. Das folgende Beispiel gibt »a ist positiv.« aus, wenn a größer als 0 ist, ansonsten wird »a ist nicht positiv.« zurückgegeben:

```
if (a > 0) {
    // Ausgabe: a ist positiv.
    System.out.println("a ist positiv.");
} else {
    // Ausgabe: a ist nicht positiv.
    System.out.println("a ist nicht positiv.");
}
```

Sie können hinter dem else sogar wieder erneut ein if unterbringen, falls eine weitere Bedingung überprüft werden soll, wenn die ursprüngliche Bedingung nicht erfüllt ist. Die folgende Abfrage erweitert das vorangegangene Beispiel so, dass auch die Fälle 0 und negativer Wert unterschieden werden:

```
if (a > 0) {
    System.out.println("a ist positiv.");
} else if (a < 0) {
    System.out.println("a ist negativ.");
} else {
    System.out.println("a ist 0.");
}
```

Das kleine Beispielprogramm in Listing 7.8 verwendet verschachtelte if-else-Abfragen, um aus einer als Kommandozeilenparameter übergebenen Punktzahl in einer Prüfung die zugehörige Note nach dem IHK-Notenschlüssel zu berechnen:

```
public class GradeFromPoints {
    public static void main(String[] args) {
        if (args.length >= 1) {
            int points = 0;
            try {
                points = Integer.parseInt(args[0]);
            } catch(NumberFormatException e) {
                System.out.println("Ihre Eingabe ist keine Zahl.");
                System.exit(1);
            }
            int grade;
            if (points < 30) {
                grade = 6;
            } else if (points < 50) {
                grade = 5;
            } else if (points < 67) {
                grade = 4;
            } else if (points < 81) {
                grade = 3;
            } else if (points < 92) {
                grade = 2;
            } else {
                grade = 1;
            }
            System.out.println("Sie haben die Note " + grade + " erreicht.");
        } else {
            // zu wenige Argumente
            System.out.println("Verwendung: java GradeFromPoints PUNKTE");
        }
    }
}
```

Listing 7.8 GradeFromPoints.java ermittelt aus einer Punktzahl zwischen 0 und 100 die zugehörige Schulnote.

Das Programm zeigt auch gleich auf einfache Weise, wie Kommandozeilenargumente ausgelesen werden: Die Parametervariable `args` ist ein Array von Strings, auf das Sie mit dem Indexoperator zugreifen können. Anders als in Python ist der Programmname selbst kein Argument, sodass das erste echte Argument in `args[0]` steht. Zunächst sollten Sie, wie hier, mithilfe von `args.length` überprüfen, ob die erforderliche Anzahl von Kommandozeilenargumenten überhaupt vorhanden ist. Ist dies nicht der Fall, wird im `else`-Zweig eine entsprechende Fehlermeldung ausgegeben.

Da Kommandozeilenargumente Strings sind, müssen sie zunächst in Integer umgewandelt werden. Dazu wird die statische Methode `Integer.parseInt(...)` verwendet, die eine `Number-`

FormatException auslöst, wenn der Wert nicht umgewandelt werden kann. Diese Exception wird abgefangen, eine Warnmeldung wird ausgegeben, und das Programm wird mithilfe der Methode System.exit() verlassen. Der Rückgabewert sollte 0 sein, wenn das Programm seine Arbeit erwartungsgemäß erledigt hat, und von 0 verschieden, wenn dies nicht der Fall ist (wobei unterschiedliche Werte auf unterschiedliche Fehlerzustände hinweisen können). In Log-Dateien der Betriebssysteme werden solche Rückgabewerte vermerkt und können von der Systemadministration verwendet werden, um Prozesse zu überwachen.

In anderen Fällen kommt es vor, dass Sie eine Variable nacheinander mit verschiedenen festen Werten vergleichen müssen, nicht mit Wertebereichen wie im vorangegangenen Beispiel. Für diesen Verwendungszweck bietet Java die spezielle Struktur switch/case an. Das Argument von switch muss ein LVALUE sein, der nacheinander mit einer Liste von Werten verglichen wird, die hinter dem Schlüsselwort case stehen. Die einzelnen case-Unterscheidungen stellen dabei Einstiegspunkte in den switch-Codeblock dar. Wenn der LVALUE einem der Werte in der Liste entspricht, wird der gesamte Block ab dieser Stelle ausgeführt. Da dieses Verhalten oft unerwünscht ist, wird der Block vor jedem neuen case meist mithilfe von break verlassen.

Das folgende Beispiel ermittelt aus einer numerischen Note die entsprechende Zensur in Textform:

```
switch (grade) {
case 6:
    System.out.println("Ungenügend");
    break;
case 5:
    System.out.println("Mangelhaft");
    break;
case 4:
    System.out.println("Ausreichend");
    break;
case 3:
    System.out.println("Befriedigend");
    break;
case 2:
    System.out.println("Gut");
    break;
case 1:
    System.out.println("Sehr gut");
    break;
default:
    System.out.println("Unzulässige Eingabe!");
}
```

Hinter der optionalen Markierung `default` können Anweisungen stehen, die ausgeführt werden, wenn der geprüfte LVALUE keinen der konkreten Werte hat. Dies eignet sich insbesondere, um Fehleingaben abzufangen.

Dass die `case`- und `default`-Zeilen trotz der geschweiften Klammern auf der gleichen Einrückungsstufe stehen wie `switch` selbst, ist eine empfehlenswerte Konvention, denn es handelt sich formal um die Bedingungen, unter denen der abhängige – und daher eingerückte – Code ausgeführt wird. Gegebenenfalls müssen Sie Ihren Editor oder Ihre IDE zunächst konfigurieren, um diese Schreibweise zu verwenden.

Die einfachste Form der Schleife ist auch in Java die `while`-Schleife. In den Klammern hinter dem Schlüsselwort `while` wird genau wie bei `if` eine Bedingung geprüft. Trifft sie zu, wird der *Schleifenrumpf* (die Anweisung oder der Block hinter dem `while`) ausgeführt. Nach der Ausführung wird die Bedingung erneut überprüft. Solange sie zutrifft, wird der Schleifenrumpf immer wieder ausgeführt. Das folgende Beispiel überprüft vor jedem Durchlauf, ob die Variable `i` noch kleiner als 10 ist, und erhöht sie innerhalb des Schleifenrumpfs jeweils um 1:

```
int i = 0;
while (i < 10) {
    System.out.print("\t" + i);
    i++;
}
System.out.println();  // für den Zeilenumbruch nach der Zahlenreihe
```

`i` ist der bevorzugte Name für Schleifenzählervariablen. Diese Tradition stammt aus der Mathematik, wo `i` oft als Zähler bei Summenformeln oder Ähnlichem eingesetzt wird (Abkürzung für *index*). Wenn mehrere Schleifen ineinander verschachtelt werden, heißen deren Zählervariablen `j`, `k`, `l` und so fort.

Die Ausgabe dieses kurzen Beispiels sieht folgendermaßen aus:

```
   0   1   2   3   4   5   6   7   8   9
```

Da die Überprüfung der Bedingung vor dem jeweiligen Durchlauf erfolgt, findet der Abbruch statt, sobald `i` nicht mehr kleiner als 10 ist. Eine solche Schleifenkonstruktion wird als *kopfgesteuerte* Schleife bezeichnet.

Eine andere Art der Schleife überprüft die Bedingung erst nach dem jeweiligen Durchlauf und heißt deshalb *fußgesteuert*. In Java wird sie durch die Schreibweise `do ... while` realisiert. Diese Art der Schleife ist nützlich, wenn sich die zu überprüfende Bedingung erst aus dem Durchlauf selbst ergibt, beispielsweise bei der Prüfung von Benutzereingaben. Das vorangegangene Beispiel sieht als fußgesteuerte `do-while`-Schleife so aus:

```
int i = 0;
do {
    System.out.print("\t" + i);
```

```
    i++;
} while (i < 10);
System.out.println();
```

Interessanterweise stellt sich die Ausgabe dieser Schleife etwas anders dar:

```
 0   1   2   3   4   5   6   7   8   9   10
```

Da die Bedingung nach der Ausgabe geprüft wird, erfolgt der Abbruch erst einen Durchlauf später. Anders als die kopfgesteuerte Schleife wird die fußgesteuerte immer *mindestens einmal* ausgeführt. Beachten Sie, dass hinter dem `while (...)` in diesem Fall ein Semikolon stehen muss.

In Python gibt es übrigens keine offizielle Schreibweise für eine fußgesteuerte Schleife. Dort behelfen Sie sich damit, dass Sie die in `while` geprüfte Variable auf einen Anfangswert setzen, mit dem die Bedingung auf jeden Fall mindestens einmal erfüllt ist.

Auch in Java existiert die `for`-Schleife als Alternative zu `while`. Sie wird bevorzugt in Fällen eingesetzt, in denen eine festgelegte Anzahl von Durchläufen erwünscht ist. Die allgemeine Syntax dieser Schleife ist anders als in Python, nämlich wie folgt (es gibt auch eine Python-ähnlichere Schreibweise als Iterator, die später in diesem Kapitel behandelt wird):

```
for (Initialisierung; Wertüberprüfung; Wertänderung) {
    Anweisung(en);
}
```

Die Initialisierung wird genau einmal vor dem Beginn der Schleife ausgeführt. Die Wertüberprüfung findet vor jedem Durchlauf statt. Wenn sie `true` ergibt, wird der Schleifenrumpf ein weiteres Mal ausgeführt. Nach jedem Durchlauf findet die Wertänderung statt. Beispiel:

```
for (int i = 0; i < 10; i++) {
    System.out.print("\t" + i);
}
System.out.println();
```

Dies erzeugt exakt dieselbe Ausgabe wie das vorangegangene kopfgesteuerte `while`-Beispiel; der Code ist sogar absolut äquivalent. Jede `for`-Schleife lässt sich auf diese Weise durch eine `while`-Schleife ersetzen. Es handelt sich lediglich um eine spezielle Formulierung, die für determinierte Schleifen (Schleifen mit festgelegter Anzahl von Durchläufen) besser geeignet ist.

Sie können `for`-Schleifen besonders gut nutzen, um jedes Element eines Arrays oder jedes Zeichen eines Strings separat zu behandeln. Das Beispielprogramm in Listing 7.9 enthält zwei ineinander verschachtelte `for`-Schleifen. Die äußere geht der Reihe nach die Kommandozeilenargumente durch, während die innere jedes Zeichen eines Arguments verarbeitet und die enthaltenen Vokale zählt.

```
public class VowelCounter {
    private static final char[] VOWELS = {
        'a', 'e', 'i', 'o', 'u', 'A', 'E', 'I', 'O', 'U'
    };

    public static boolean isVowel(char character) {
        // Annahme: kein Vokal
        boolean result = false;
        for (int i = 0; i < VOWELS.length; i++) {
            if (character == VOWELS[i]) {
                result = true;
                break;
            }
        }
        return result;
    }

    public static void main(String[] args) {
        // anfangs 0 Vokale
        int vowels = 0;
        // Schleife über die Kommandozeilenargumente
        for (int i = 0; i < args.length; i++) {
            // Schleife über die Zeichen jedes Arguments
            for (int j = 0; j < args[i].length(); j++) {
                char character = args[i].charAt(j);
                if (isVowel(character)) {
                    vowels++;
                }
            }
        }
        System.out.println("Insgesamt " + vowels + " Vokal(e) gefunden.");
    }
}
```

Listing 7.9 VowelCounter.java zählt die in allen Kommandozeilenargumenten insgesamt enthaltenen Vokale.

Wenn Sie die Methode `isVowel()` hinzurechnen, die nacheinander alle klein- und großgeschriebenen Vokale durchprobiert, werden sogar drei Schleifen ineinander verschachtelt. Näheres über das Schreiben und Aufrufen von Methoden erfahren Sie im nächsten Unterabschnitt.

Zu Beginn der Klassendefinition wird übrigens eine *Klassenkonstante* definiert:

```
private static final char[] VOWELS = {
    'a', 'e', 'i', 'o', 'u', 'A', 'E', 'I', 'O', 'U'
};
```

Das Schlüsselwort `static` kennzeichnet das Element als zur Klasse und nicht zu einer bestimmten Instanz gehörig, während `final` verhindert, dass sein Wert nachträglich verändert werden kann. Wenn Sie eine Klassenkonstante auch außerhalb ihrer Klasse nutzen möchten, müssen Sie natürlich die Geheimhaltungsstufe `public` verwenden. In dem Fall wird die Konstante von außerhalb als *`Klassenname.KONSTANTENNAME`* angesprochen.

7.2.3 Objektorientierte Programmierung mit Java

Sämtliche Klassen der Java-Klassenbibliothek und alle, die Sie selbst definieren, stammen direkt oder indirekt von der Klasse `Object` ab. `Object` gehört zum Kern-Package `java.lang`, das nicht mithilfe von `import` eingebunden werden muss. Wie der Name schon sagt, stellt `lang` den Sprachkern von Java zur Verfügung, darunter wichtige Klassen wie `String`, `Math` (mathematische Konstanten und Funktionen) und `System` (wichtige Betriebssystemschnittstellen).

Objektorientierte Programmierung lässt sich am besten anhand eines Beispiels veranschaulichen. In dem hier gewählten werden die verschiedenen Arten von Personen in einer Ausbildungsumgebung modelliert. Die grundlegende Klasse, von der alle anderen abgeleitet werden, heißt `Person` und definiert diejenigen Eigenschaften, die alle beteiligten Personen gemeinsam haben:

```
public class Person {
    // Eigenschaften:
    private String lastName;
    private String firstName;
    private int age;

    // Konstruktor:
    public Person(String lastName, String firstName, int age) {
        this.lastName = lastName;
        this.firstName = firstName;
        this.age = age;
    }

   // Methoden:
   public void birthday() {
      this.age++;
   }

   public String getFullName() {
      return this.firstName + " " + this.lastName;
   }
```

```
    public int getAge() {
        return this.age;
    }
}
```

Listing 7.10 Person.java definiert eine Klasse mit grundlegenden Informationen über Personen.

Speichern Sie diese Klassendefinition zunächst unter *Person.java*. Sie lässt sich ohne Weiteres kompilieren, aber natürlich nicht ausführen, da sie wegen der fehlenden `main()`-Methode kein ausführbares Programm ist.

Die einzelnen Bestandteile der Klassendefinition werden nun kurz erläutert:

- Als Erstes werden die verschiedenen Eigenschaften der Klasse deklariert. Sie haben die Geheimhaltungsstufe `private`, sind also außerhalb eines Objekts dieser Klasse nicht sichtbar. Innerhalb der Methoden der Klasse können die Eigenschaften mit einem vorangestellten `this` (dazwischen steht ein Punkt) angesprochen werden; Sie können es aber auch weglassen, solange die Bezeichner eindeutig sind. `this` repräsentiert während der Ausführung der Konstruktoren und Methoden einer Klasse die aktuelle Instanz selbst.
- Der *Konstruktor* ist eine spezielle Methode, die immer dann aufgerufen wird, wenn eine Instanz der Klasse erzeugt wird. Konstruktoren tragen stets den Namen der Klasse und haben keinen Datentyp. Sie werden typischerweise verwendet, um das neu erzeugte Objekt zu initialisieren, etwa um den Eigenschaften Anfangswerte zuzuweisen. Falls Sie keine Konstruktoren definieren, besitzt die Klasse automatisch einen *Standardkonstruktor*, der nichts Besonderes tut.
- Die drei Methoden dieser Klasse besitzen alle die Geheimhaltungsstufe `public`, damit sie von außen für Instanzen der Klasse aufgerufen werden können. Diese Methoden sind die offiziellen Schnittstellen, über die die Werte der Eigenschaften gelesen oder geändert werden können. Über dieses erlaubte Maß hinaus besteht keine weitere Möglichkeit dazu.

Um die Klasse `Person` ausprobieren zu können, wird das folgende kleine Programm verwendet:

```
public class PersonTest {
    public static void main(String[] args) {
        Person klaus = new Person("Schmitz", "Klaus", 42);
        System.out.println("Person: " + klaus.getFullName());
        klaus.birthday();
        System.out.println("Neues Alter: " +
            klaus.getAge()
        );
    }
}
```

Listing 7.11 PersonTest.java dient dazu, die Klasse Person auszuprobieren.

Eine Instanz ist in Java formal eine Variable, deren Datentyp die entsprechende Klasse ist. Der Konstruktor der Klasse wird mithilfe von new aufgerufen. Die Methoden werden durch einen Punkt (.) vom Instanznamen (in diesem Beispiel klaus) getrennt.

Überladen von Konstruktoren und Methoden

Mitunter ist es nützlich, ein Objekt mithilfe verschiedener Eingabewerte zu erzeugen. Daher besteht die Möglichkeit, mehrere Konstruktoren zu definieren. Auch bestimmte Methoden könnten ihre Funktionalität auf verschiedene Art und Weise zur Verfügung stellen, die ebenfalls von unterschiedlichen Parametern abhängt. Die mehrfache Definition eines Konstruktors oder einer Methode mit verschiedenen Parametern wird als *Überladen* bezeichnet.

Innerhalb der Klasse Person könnten Sie beispielsweise einen alternativen Konstruktor definieren, der aufgerufen wird, wenn der Vorname unbekannt ist:

```
public Person(String lastName, int age) {
   this.lastName = lastName;
   this.age = age;
   this.firstName = "";
}
```

Da bereits ein anderer Konstruktor definiert ist, können Sie ihn innerhalb des neuen Konstruktors aufrufen. Dadurch lässt sich der zweite Konstruktor erheblich kürzer fassen:

```
public Person(String lastName, int age) {
   this(lastName, "", age);
}
```

Je nachdem, wie Sie eine Instanz der Klasse Person erzeugen, wird einer der beiden Konstruktoren aufgerufen:

```
Person klaus = new Person("Schmitz", "Klaus", 42);
     // ruft den ersten Konstruktor auf
Person meyer = new Person("Meyer", 32);
     // ruft den zweiten Konstruktor auf
```

Das Überladen von Methoden funktioniert genauso. Beispielsweise könnte eine weitere Version der Methode birthday() existieren, die das Alter explizit einstellt:

```
public void birthday(int a) {
   this.age = a;
}
```

Wenn Sie einfach birthday() aufrufen, wird die Person wie gehabt ein Jahr älter; ein Aufruf wie birthday(33) ruft dagegen die neue Methode auf und setzt das Alter auf den angegebenen Wert. Ein standardkonformerer Name für eine Methode, die explizit den Wert des Attributs `age` setzt, wäre allerdings `setAge()`. Die meisten IDEs stellen Werkzeuge bereit, um automatisch sogenannte *Setter* und *Getter* (also `set`*`Attributname`*`()`- beziehungsweise `get`*`Attributname`*`()`-Methoden) für die gewünschten Attribute zu erzeugen.

Die Vererbung nutzen

In Java wird die Vererbung durch das Schlüsselwort `extends` gekennzeichnet. Beachten Sie, dass die abgeleitete Klasse nur diejenigen Bestandteile der Elternklasse verwenden kann, deren Geheimhaltungsstufe nicht `private` ist. Da es nicht empfehlenswert ist, allzu viele Komponenten einer Klasse als `public` zu definieren, bietet Java die spezielle Geheimhaltungsstufe `protected` an. Eigenschaften und Methoden, die `protected` sind, werden nicht nach außen veröffentlicht, können aber in Kindklassen eingesetzt werden.

In vielen Fällen, wie auch dem vorliegenden, brauchen die abgeleiteten Klassen aber gar nicht auf die privaten Attribute der Elternklasse zuzugreifen. Sollte dies in anderen Fällen erforderlich sein, können Sie die Geheimhaltungsstufe der entsprechenden Attribute immer noch von `private` in `protected` ändern.

Die folgenden beiden Klassen `Teacher` und `Student` müssen in gleichnamigen Dateien gespeichert werden. Sie können dann kompiliert werden:

```
public class Teacher extends Person {
   // zusätzliche Eigenschaft:
   private String subject;

   // Konstruktor:
   public Teacher(String lastName, String firstName, int age,
         String subject) {
      super(lastName, firstName, age);
      this.subject = subject;
   }

   // neue Methode:
   public String getSubject() {
      return this.subject;
   }
}

public class Student extends Person {
   // zusätzliche Eigenschaft:
   private int form;

   // Konstruktor:
   public Student(String lastName, String firstName, int age, int form) {
```

```
        super(lastName, firstName, age);
        this.form = form;
    }

    // neue Methoden:
    public int getForm() {
        return this.form;
    }

    public void promotion() {
        this.form++;
    }
}
```

Die einzige erklärungsbedürftige Besonderheit in den abgeleiteten Klassen dürfte das Schlüsselwort `super` sein. Es ruft explizit den durch die Auswahl der Argumente spezifizierten Konstruktor der Elternklasse auf.

In einem Programm können diese beiden Klassen beispielsweise folgendermaßen verwendet werden:

```
Teacher welsch = new Teacher("Welsch", "Jo", 64, "Mathe");
System.out.println(welsch.getFullName() + " unterrichtet " +
    welsch.getSubject()
);

Student tim = new Student("Witt", "Tim", 16, 11);
tim.promotion();
System.out.println(tim.getFullName()
    + " versetzt in Klasse " + tim.getForm()
);
```

Die Ausgabe dieser beiden Beispiele sollte so aussehen:

```
Jo Welsch unterrichtet Mathe
Tim Witt versetzt in Klasse 12
```

Interfaces verwenden

Anders als in Python und einigen anderen Sprachen wie C++ ist in Java keine Mehrfachvererbung erlaubt; eine Klasse kann also immer nur von genau einer anderen abgeleitet werden. Mitunter kann dies sehr lästig sein: Zwei verschiedene Klassen, die ansonsten nichts miteinander zu tun haben, könnten einen gewissen gemeinsamen Aspekt aufweisen und von einer anderen Stelle aus unter diesem Aspekt betrachtet werden. Beispielsweise ist ein Buch ein völlig anderes Objekt als eine Suppenschüssel. Beide könnten aber als Artikel im selben Supermarkt verkauft werden, und als solche weisen sie gemeinsame Eigenschaften wie eine Artikelnummer oder einen Preis auf.

Um Objekte beliebiger Klassen unter einem bestimmten Gesichtspunkt als die gleiche Art von Objekt betrachten zu können, verwendet Java das Verfahren der *Interfaces*. Ein Interface ähnelt einer Klassendefinition, enthält aber lediglich Methodendeklarationen, die nicht implementiert werden, also keine Anweisungen enthalten. Eine Klasse, die ein Objekt dieser Art sein soll, muss alle im Interface deklarierten Methoden implementieren.

Das Konzept, dass Objekte nicht nur als Instanzen ihrer eigenen Klasse, sondern auch als Instanzen übergeordneter Klassen oder Interfaces betrachtet werden können, heißt *Polymorphie* und ist in statisch typisierten Sprachen ein weiterer zentraler Aspekt der Objektorientierung.

Das folgende Beispiel definiert ein Interface namens `Article`, das verschiedene Methoden deklariert – diese sollen die Artikelnummer, den Bruttopreis sowie den Mehrwertsteuerbetrag des jeweiligen Artikels liefern:

```
public interface Article {
    public int getArticleNumber();
    public double getPrice();
    public double getVAT();
}
```

Listing 7.12 Das Interface Article definiert Methoden, die ein als Verkaufsartikel geeignetes Objekt benötigt.

Die Klasse `Book` in Listing 7.13 implementiert das Interface `Article` und definiert daher die Methoden `getArticleNumber()`, `getPrice()` und `getVAT()`:

```
public class Book implements Article {
    private String author;
    private String title;
    private int articleNumber;
    private double price;

    public Book(String author, String title, int articleNumber,
        double price) {
        this.author = author;
        this.title = title;
        this.articleNumber = articleNumber;
        this.price = price;
    }

    public String getAuthor() {
```

```
        return this.author;
    }

    public String getTitle() {
        return this.title;
    }

    public String toString() {
        return this.author + ": '" + this.title + "'";
    }

    // Methoden von Article

    @Override
    public int getArticleNumber() {
        return articleNumber;
    }

    @Override
    public double getPrice() {
        return price;
    }

    @Override
    public double getVAT() {
        // bei Büchern 7 %
        return price / 107 * 7;
    }
}
```

Listing 7.13 Book.java definiert eine Klasse für Bücher, die gleichzeitig Verkaufsartikel sind und dazu die Methoden des Interface Article implementieren.

Der Hauptnutzen dieser Interface-Implementierung besteht darin, dass eine Methode, die mit verschiedenen Artikeln arbeitet, diese alle als Daten vom gleichen Typ ansprechen kann, nämlich `Article`.

Bei den `@Override`-Zeilen über den `Article`-Methoden handelt es sich um sogenannte *Annotationen*. Dies sind spezielle Markierungen, die anders als Kommentare vom Compiler ausgewertet und auch in den resultierenden Byte-Code übernommen werden. Die Annotation `@Override` weist darauf hin, dass eine Methode einer übergeordneten Klasse überschrieben oder – wie hier – aus einem Interface implementiert wird. Wenn der Compiler diese Annotation findet, überprüft er, ob es unter den Vorfahren der aktuellen Klasse wirklich eine Methode mit genau derselben Signatur gibt. Falls nicht, wird eine Fehlermeldung ausgegeben, sodass Ihr Code insgesamt robuster wird, weil Sie sicher sein können, dass Sie tatsächlich die richtigen Methoden überschreiben.

Eine besondere Methode ist `toString()`: Wenn Sie eine solche Methode in einer Klasse implementieren und eine Instanz der Klasse in einem String-Kontext verwenden (beispielsweise bei der Ausgabe mit den `System.out`-Methoden), wird diese Methode automatisch aufgerufen.

Um zu zeigen, wie verschiedene Artikel gemeinsam verarbeitet werden können, gibt es in Listing 7.14 noch eine weitere Klasse namens `VideoGame`, die ebenfalls `Article` implementiert:

```
public class VideoGame implements Article {
    private String title;
    private String system;
    private int articleNumber;
    private double price;

    public VideoGame(String title, String system, int articleNumber,
        double price) {
        this.title = title;
        this.system = system;
        this.articleNumber = articleNumber;
        this.price = price;
    }

    public String getSystem() {
        return this.system;
    }

    public String getTitle() {
        return this.title;
    }

    public String toString() {
        return this.title + " (" + this.system + ")";
    }

    // Methoden von Article

    @Override
    public int getArticleNumber() {
        return articleNumber;
    }
```

```
    @Override
    public double getPrice() {
        return price;
    }

    @Override
    public double getVAT() {
        // bei Videospielen 19 %
        return price / 119 * 19;
    }
}
```

Listing 7.14 VideoGame.java ist eine weitere Implementierung von Article.

In Listing 7.15 werden beide Klassen verwendet, um eine Bestellung zu simulieren.

```
public class ArticleTest {
    public static void printArticle(Article article) {
        System.out.println("- " + article); // -> toString()
        System.out.printf(
            " Artikelnummer %d, %.2f EUR\n",
            article.getArticleNumber(),
            article.getPrice()
        );
    }

    public static void main(String args[]) {
        Article[] shoppingList = {
            new Book(
                "Christian Ullenboom",
                "Java ist auch eine Insel",
                7737,
                49.9
            ),
            new Book(
                "Johannes Ernesti, Peter Kaiser",
                "Python 3",
                7926,
                44.9
            ),
            new VideoGame(
                "Pokémon Schild",
                "Nintendo Switch",
                7777,
```

```
                45.99
            ),
            new VideoGame(
                "The Legend of Zelda - Breath of the Wild",
                "Nintendo Switch",
                5678,
                53.99
            )
        };
        System.out.println("Ihre Bestellung:");
        double total = 0.0; // Summe der Preise
        double vat = 0.0;   // Summe der Mwst.
        for (int i = 0; i < shoppingList.length; i++) {
            total += shoppingList[i].getPrice();
            vat += shoppingList[i].getVAT();
            printArticle(shoppingList[i]);
        }
        System.out.println("----------------------");
        System.out.printf("Gesamtpreis: %6.2f\n", total);
        System.out.printf("inkl. Mwst.: %6.2f\n", vat);
    }
}
```

Listing 7.15 ArticleTest.java behandelt Instanzen der Klassen Book und VideoGame über das von beiden implementierte Interface Article gleich.

Wie Sie sehen, wird ein Array vom Typ `Article[]` erzeugt, das je zwei Instanzen der beiden `Article`-Klassen enthält. Die Methode `printArticle()` nimmt je einen solchen Artikel entgegen und gibt seine Details aus. Die Zeile

```
System.out.println("- " + article);
```

ruft implizit `toString()` auf, obwohl diese Methode nicht im Interface `Article` vorhanden ist. Das liegt daran, dass jede Klasse in Java eine – wenn auch in der Praxis meist unbrauchbare – Implementierung von `toString()` besitzt, die von `java.lang.Object` geerbt wurde.

Erwähnenswert ist noch die Methode `System.out.printf()`. Ihre Argumente sind ein Format-String mit %-Platzhaltern und die formatiert auszugebenden Ausdrücke, deren Anzahl derjenigen der Platzhalter entsprechen muss. Die Platzhalter geben mindestens den Datentyp an, etwa `%d` für Integer (*decimal*), `%f` für Fließkommazahlen und `%s` für Strings. Die Angaben `%.2d` und `%6.2d` geben die Anzahl der auszugebenden Nachkommastellen beziehungsweise Gesamtbreite und Nachkommastellen an. Zahlen werden dabei in der Gesamtbreite rechtsbündig ausgegeben, während die Nachkommastellen gegebenenfalls entweder gerundet oder mit Nullen aufgefüllt werden. Den Zeilenumbruch müssen Sie mit `\n` selbst einsetzen, weil er nicht wie bei `System.out.println()` automatisch hinzugefügt wird.

Die Ausgabe des Programms sieht folgendermaßen aus:

```
Ihre Bestellung:
- Christian Ullenboom: 'Java ist auch eine Insel'
  Artikelnummer 7737, 49,90 EUR
- Johannes Ernesti, Peter Kaiser: 'Python 3'
  Artikelnummer 7926, 44,90 EUR
- Pokémon Schild (Nintendo Switch)
  Artikelnummer 7777, 45,99 EUR
- The Legend of Zelda - Breath of the Wild (Nintendo Switch)
  Artikelnummer 5678, 53,99 EUR
----------------------
Gesamtpreis: 194,78
inkl. Mwst.:  22,17
```

Wie Sie sehen, gibt `printf()` die Fließkommazahlen (zumindest auf meinem System) mit Komma statt mit Dezimalpunkt aus. Das liegt daran, dass Java automatisch die *Locale*-Einstellung des jeweiligen Betriebssystems auswertet, die nicht nur die Systemsprache bestimmt, sondern auch Zahlen-, Währungs-, Datums- und Uhrzeitformate. Wenn die Locale Deutsch eingestellt ist, wird wie hier das Komma verwendet. Beachten Sie jedoch, dass dies in einer Programmiersprache höchstens die Ausgabe und niemals die Eingabe betrifft.

In der Java-Klassenbibliothek sind übrigens Unmengen vordefinierter Interfaces enthalten, die Sie in Ihren eigenen Programmen implementieren können. Bekannte Beispiele dafür sind die Interfaces `Serializable` und `Runnable`. `Serializable` wird für Klassen verwendet, deren Datenbestand sich als sequenzieller Datenstrom darstellen (serialisieren) und sich so beispielsweise in einer Datenbank speichern lässt, während `Runnable` von Programmen implementiert wird, die als Thread laufen sollen (siehe Kapitel 9, »Weitere Konzepte der Programmierung«).

Wenn Sie ein Interface implementieren, müssen Sie auch jede enthaltene Methode implementieren, selbst wenn Sie glauben, sie nicht zu benötigen. Eine nicht implementierte Methode führt bereits beim Kompilieren zu einer Fehlermeldung wie dieser:

```
error: Class is not abstract and does not override abstract method run() in Runnable
```

Eine abstrakte Klasse ist übrigens eine Klasse, die nicht instanziiert werden darf. Sie dient als allgemeine Vorlage für konkretere Klassen, die durch Vererbung die grundlegende Funktionalität der abstrakten Klasse übernehmen und erweitern. Da erst die Instanz einer Klasse die Methoden eines Interface benötigt, brauchen Sie sie in einer abstrakten Klasse nicht unbedingt zu implementieren.

Wenn Sie eine abstrakte Klasse schreiben möchten, müssen Sie das Schlüsselwort `abstract` zur Deklaration hinzufügen:

```
public abstract class AbstractExample {
    // ...
}
```

Anders als in Interfaces können Sie in abstrakten Klassen Methoden implementieren, die dann von abgeleiteten Klassen geerbt werden – oder bei Bedarf natürlich auch überschrieben werden können.

7.2.4 Weitere Java-Elemente

In diesem Unterabschnitt werden noch einige Spezialitäten der Java-Klassenbibliothek und der Spracharchitektur vorgestellt, die Ihnen bei der Arbeit mit der Sprache von Nutzen sein können: *Collections* stellen eine überlegene Alternative zu Arrays dar, *Enums* sind spezielle Klassen, in denen symbolische Konstanten gesammelt werden, das in Java relativ neue Konzept der *Lambda-Funktionen* bietet Zugang zur funktionalen Programmierung, und zum Schluss werden *Dateizugriffe* erläutert.

Collections verwenden

Zusätzlich zu einfachen Arrays gibt es in der Java-Klassenbibliothek eine Reihe von Klassen, die das *Java Collections Framework* (*JCF*) bilden. Die Klassen befinden sich im Package `java.util`. Collections bieten leistungsfähigere Möglichkeiten zur Verarbeitung von Datensammlungen als Arrays. Beispielsweise wird zwischen Listen (mit festgelegter Reihenfolge), Mengen (ohne Duplikate, aber auch ohne bestimmte Reihenfolge) und Maps (Schlüssel-Wert-Zuordnungen) unterschieden, und es ist sehr einfach, Schleifen zu schreiben, die jedes Element einer Collection nacheinander bearbeiten.

Der Datentyp der Elemente in einer Collection wird mithilfe einer speziellen Syntax angegeben:

```
Collection-Klasse<Datentyp>
```

Genau genommen enthält eine Collection keine Werte, sondern Referenzen – das ist zu beachten, weil Sie keine primitiven Datentypen wie `int` verwenden können, sondern nur echte Objekte; für ganze Zahlen wäre das die Klasse `Integer`. Wenn Sie also beispielsweise eine Liste mit ganzen Zahlen erzeugen wollen, wird dies so geschrieben:

```
List<Integer>
```

`List<...>` selbst ist ein Interface, und es gibt verschiedene Implementierungen. Die gängigste ist die `ArrayList<...>` mit allen wichtigen Eigenschaften eines Arrays. Um die Integer-Liste also konkret als `ArrayList` zu definieren, können Sie Folgendes schreiben:

```
List<Integer> intList = new ArrayList<>();
```

Wie Sie sehen, können Sie den enthaltenen Datentyp (hier `Integer`) beim Aufruf von `new` weglassen, da er bereits durch die Deklaration feststeht, und dies ist auch weitverbreitete Praxis.

Einige wichtige Methoden von Listen und teilweise auch von anderen Collections sind folgende:

- *liste*`.add(element)` fügt ein Element hinzu.
- *liste*`.addAll(collection)` fügt alle Elemente der Collection zur bestehenden Liste hinzu.
- *liste*`.remove(index|element)` entfernt ein Element; als Argument können Sie entweder den numerischen Index oder das zu entfernende Objekt angeben.
- *liste*`.removeAll(collection)` entfernt alle Elemente der Collection aus der Liste.
- *liste*`.get(index)` liefert das Element an der angegebenen Indexposition zurück.
- *liste*`.set(index, element)` ersetzt das Element am angegebenen Index durch das neue Element.
- *liste*`.contains(element)` gibt `true` zurück, wenn die Liste das Element enthält, andernfalls `false`.
- *liste*`.containsAll(collection)` gibt `true` zurück, wenn die Liste alle Elemente der Collection enthält, andernfalls `false`.
- *liste*`.size()` gibt die Anzahl der Elemente zurück.

Beachten Sie, dass nicht jede Implementierung der Collection-Interfaces alle diese Methoden enthält. Genaueres können Sie in der Java-Dokumentation zu Collections nachlesen; das Interface `List` wird beispielsweise unter *https://docs.oracle.com/en/java/javase/15/docs/api/java.base/java/util/List.html* beschrieben.

Um über die Elemente einer Liste zu iterieren, jedes Element also in einer Schleife zu verarbeiten, wird folgende Schreibweise verwendet:

```
for (Typ element:liste) {
    // element enthält pro Durchlauf das jeweils nächste Element
}
```

Bei der eben definierten `intList` sieht das beispielsweise wie folgt aus:

```
for (int i:intList) {
    // i ist das jeweilige Element
}
```

Wie Sie sehen, ist `int` als Typ für die Schleifenvariable erlaubt, obwohl die Liste die objektorientierte Variante `Integer` enthält.

Das Beispiel in Listing 7.16 fügt die Kommandozeilenargumente einer Liste hinzu, sofern es sich um Integer handelt, und gibt anschließend die Anzahl der Elemente, die Summe und den Mittelwert aus:

```
import java.util.List;
import java.util.ArrayList;

public class ListTest {
    public static void main(String[] args) {
        if (args.length < 1) {
            System.out.println("Verwendung: java ListTest integer [...]");
            System.exit(1);
        }
        List<Integer> intList = new ArrayList<>();
        for (int i = 0; i < args.length; i++) {
            try {
                int value = Integer.parseInt(args[i]);
                intList.add(value);
                System.out.println("- Element hinzugefügt: " + value);
            } catch(NumberFormatException e) {
                System.out.println("! '" + args[i] +
                    "' ist kein gültiger Integer."
                );
            }
        }
        int sum = 0;
        for (int i:intList) {
            sum += i;
        }
        double average = (double)sum / intList.size();
        System.out.println();
        System.out.println("Anzahl Elemente: " + intList.size());
        System.out.println("Summe:           " + sum);
        System.out.println("Mittelwert:      " + average);
    }
}
```

Listing 7.16 ListTest.java demonstriert den Umgang mit dem Collection-Interface List.

Kompilieren Sie *ListTest.java* und führen Sie das Programm aus, etwa so:

```
$ java ListTest 6 8 9 2 3 hallo 7
- Element hinzugefügt: 6
- Element hinzugefügt: 8
```

```
- Element hinzugefügt: 9
- Element hinzugefügt: 2
- Element hinzugefügt: 3
! 'hallo' ist kein gültiger Integer.
- Element hinzugefügt: 7

Anzahl Elemente: 6
Summe:           35
Mittelwert:      5.833333333333333
```

Bei der Berechnung des Mittelwerts ist es wichtig, mindestens einen der beiden Integer-Werte in einen Fließkommawert umzuwandeln, da ansonsten auch das Ergebnis ganzzahlig wäre:

```
double average = (double)sum / intList.size();
```

Dieses Typumwandlungsverfahren, bei dem der Zieldatentyp in Klammern vor einen Ausdruck geschrieben wird, heißt *Typecasting* und stammt ursprünglich aus der Programmiersprache C. In Java wird es auch oft verwendet, um Objekte explizit als Instanzen übergeordneter Klassen oder Interfaces zu behandeln.

Wie bereits erwähnt, enthält eine Menge (`Set`) jedes Element nur einmal. Auch `Set` ist ein Interface; eine mögliche Implementierung ist die Klasse `HashSet`, die intern eine Schlüssel-Wert-Liste (`HashMap`) verwendet, um die Einmaligkeit der Elemente zu garantieren. Das folgende kleine Beispiel demonstriert, dass Elemente nicht doppelt vorkommen:

```
import java.util.Set;
import java.util.HashSet;

public class SetTest {
    public static void main(String[] args) {
        Set<String> stringSet = new HashSet<>();
        stringSet.add("Hallo");
        stringSet.add("Welt");
        stringSet.add("Welt");
        for (String str:stringSet) {
            System.out.println(str);
        }
    }
}
```

In Kapitel 8, »Algorithmen und Datenstrukturen«, erfahren Sie übrigens, wie Sie die Hash-Erzeugung einer Klasse selbst beeinflussen können, um zu bestimmen, wann zwei ihrer Instanzen als identisch gelten und wann nicht.

Wenn Sie *SetTest.java* kompilieren und ausführen, erhalten Sie wie erwartet folgende Ausgabe:

```
$ java SetTest
Hallo
Welt
```

Es ist übrigens auch möglich, Collection-ähnliche Klassen (und andere) mit Datentypplatzhaltern zu schreiben. Dazu verwenden Sie für die Datentypen symbolische Bezeichner wie T. Die Platzhalter werden als *Generics* bezeichnet; sie wurden in Version 5 von Java eingeführt.

Das folgende Beispiel implementiert eine Klasse Pair, die zwei Elemente desselben Datentyps enthält, sowie eine Methode areValuesEqual(), die true zurückgibt, wenn die beiden Elemente identisch sind, und ansonsten false. Dies könnte beispielsweise die Grundlage für ein Memory-Spiel sein, in dem die beiden aufgedeckten Karten verglichen werden:

```
public class Pair<T> {
    private T value1;
    private T value2;

    public Pair(T _value1, T _value2) {
        value1 = _value1;
        value2 = _value2;
    }

    public boolean areValuesEqual() {
        return value1.equals(value2);
    }
}
```

Die folgende Beispielklasse definiert zwei Paare verschiedenen Datentyps und vergleicht ihre Elemente:

```
public class PairTest {
    public static void printEqual(Pair pair, String title) {
        if (pair.areValuesEqual()) {
            System.out.println("Gleiches Paar in " + title);
        } else {
            System.out.println("Ungleiches Paar in " + title);
        }
    }

    public static void main(String[] args) {
        Pair<Integer> pair1 = new Pair<>(4, 5);
        PairTest.printEqual(pair1, "pair1");
```

```
        Pair<String> pair2 = new Pair<>("Hallo", "Hallo");
        PairTest.printEqual(pair2, "pair2");
    }
}
```

Führen Sie *PairTest.java* nach dem Kompilieren aus; Sie erhalten die folgende naheliegende Ausgabe:

```
$ java PairTest
Ungleiches Paar in pair1
Gleiches Paar in pair2
```

Mit Enums arbeiten

Eine ganz andere Art von Aufzählung ist das enum-Konstrukt: Es handelt sich um eine Sammlung garantiert voneinander verschiedener symbolischer Konstanten. Ein enum wird wie eine Klasse in einer eigenen Datei definiert, die den Namen des enum trägt. Im einfachsten Fall ist nur die Liste von Konstanten enthalten wie im folgenden Beispiel, das die vier grundlegenden Himmelsrichtungen enthält:

```
public enum Direction {
    NORTH,
    EAST,
    SOUTH,
    WEST
}
```

Andere Klassen können mit *enumName.Konstantenname* auf die Konstanten zugreifen, also etwa Direction.NORTH für den Norden. Das folgende kleine Beispielprogramm verwendet die Himmelsrichtungen, um einige interessante Orte aus George R. R. Martins Fantasy-Reihe »A Song of Ice And Fire« (die Grundlage der beliebten Fernsehserie »Game of Thrones«) zu lokalisieren, und stellt die HashMap als weitere Collection vor:

```
import java.util.Map;
import java.util.HashMap;

public class WesterosTest {
    public static void main(String[] args) {
        Map<String, Direction> locations = new HashMap<>();
        locations.put("The Wall", Direction.NORTH);
        locations.put("Vale of Arryn", Direction.EAST);
        locations.put("Dorne", Direction.SOUTH);
        locations.put("Iron Islands", Direction.WEST);
        for (Map.Entry<String, Direction> entry:locations.entrySet()) {
            System.out.printf(
```

```
                "%s is in the %s.\n",
                entry.getKey(),
                entry.getValue()
            );
        }
    }
}
```


Das Interface Map und seine Implementierung HashMap benötigen zwei Datentypen, einen für die Schlüssel und einen für die Werte. Während die Schlüssel alle verschieden sein müssen, können beliebig viele identische Werte vorhanden sein – ideal also, um die Orte als Schlüssel und ihre Himmelsrichtungen als Werte zu verwenden. Die Methode map.put(Schlüssel, Wert) fügt einen Wert für den angegebenen Schlüssel hinzu oder ändert diesen, falls der Schlüssel bereits existiert. Mit map.get(Schlüssel) können Sie einen einzelnen Wert auslesen.

In diesem Beispiel sollen allerdings alle Schlüssel und Werte ausgegeben werden. Die Schleifenvariable hat dafür den Typ Map.Entry<> mit denselben Datentypen für Schlüssel und Wert wie die Map selbst; die Map-Methode entrySet() liefert diese Einträge. Aus dem Entry können Sie mit getKey() und getValue() den Schlüssel beziehungsweise den Wert extrahieren. Zur Ausgabe kommt hier übrigens die bereits beschriebene Methode System.out.printf() zum Einsatz.

Speichern Sie *Directions.java* und *WesterosTest.java* im selben Verzeichnis. Anschließend können Sie die letztere Datei kompilieren und ausführen; die Ausgabe sieht etwa so aus:

```
$ java WesterosTest
Iron Islands is in the WEST.
Dorne is in the SOUTH.
Vale of Arryn is in the EAST.
The Wall is in the NORTH.
```

Wie Sie sehen, entspricht die Reihenfolge der Ausgabe nicht derjenigen, in der Sie die Schlüssel und Werte hinzugefügt haben – Sortierung ist nicht die Aufgabe einer Map, sodass sie die Reihenfolge eher für möglichst schnelles Auslesen optimiert. Wenn Ihnen die Reihenfolge wichtig ist, können Sie anstelle einer HashMap eine SortedMap verwenden.

Ein enum kann übrigens nicht nur passive Konstanten enthalten, sondern auch Attribute und Methoden für diese Konstanten. Anders als gewöhnliche Klassen kennt dieses Konstrukt allerdings keine Vererbung, und Sie dürfen für den Konstruktor und andere Methoden nicht das Schlüsselwort public verwenden. Schauen Sie sich als Beispiel das folgende enum an, das auch Zwischenhimmelsrichtungen enthält und auf Wunsch deren Gradzahlen auf dem Kompass liefert:

```
public enum FineDirection {
    NORTH (0),
    NORTHEAST (45),
    EAST (90),
    SOUTHEAST (135),
    SOUTH (180),
    SOUTHWEST (225),
    WEST (270),
    NORTHWEST (315);

    private final Integer degrees;

    FineDirection(Integer _degrees) {
        degrees = _degrees;
    }

    int getDegrees() {
        return degrees;
    }
}
```

Ein Zugriff auf eine der Konstanten ruft den Konstruktor auf und übergibt ihm die Argumente, die hinter der jeweiligen Konstanten in Klammern stehen. Anschließend können Sie die Methoden aufrufen. `FineDirection.SOUTHWEST.getDegrees()` liefert beispielsweise die Gradzahl für Südwesten (225) zurück.

Sie können übrigens auch über die Konstanten eines `enum` iterieren, indem Sie mit dessen Methode `values()` die Liste der Konstanten auslesen. Das folgende Beispielprogramm gibt alle acht Hauptwindrichtungen und ihre Gradzahlen aus:

```
public class EnumTest {
    public static void main(String[] args) {
        for (FineDirection dir:FineDirection.values()) {
            System.out.printf(
                "%s has %d degrees.\n", dir, dir.getDegrees()
            );
        }
    }
}
```

Die Ausgabe des Programms sieht natürlich so aus:

```
NORTH has 0 degrees.
NORTHEAST has 45 degrees.
EAST has 90 degrees.
```

```
SOUTHEAST has 135 degrees.
SOUTH has 180 degrees.
SOUTHWEST has 225 degrees.
WEST has 270 degrees.
NORTHWEST has 315 degrees.
```

Lambda-Funktionen definieren und einsetzen

Lambda-Funktionen wurden in Java erst in Version 8 (2014) eingeführt. Es handelt sich um anonyme Funktionen, die beispielsweise einer Variablen zugewiesen, als Rückgabewert einer regulären Funktion verwendet oder auch als Argumente an andere Funktionen übergeben werden können. Auf den ersten Blick wirkt das lediglich wie eine kompaktere Schreibweise für Methoden. Betrachten Sie eine Methode, die nur aus einer Zeile mit Wertrückgabe besteht, wie beispielsweise:

```
boolean isGreater(int a, int b) {
    return a > b;
}
```

Als Lambda-Funktion wird diese Funktion wie folgt geschrieben:

```
(a, b) -> a > b
```

Natürlich kann so ein Konstrukt in der typisierten Sprache Java nicht im »luftleeren Raum« existieren, da die Datentypen der Argumente `a` und `b` sowie des Rückgabewerts irgendwo angegeben werden müssen. Hierfür kommt ein *funktionales Interface* zum Einsatz, also ein Interface, das nur eine einzige Methodensignatur enthält. Im vorliegenden Fall muss diese Methode zwei Argumente vom Typ `int` annehmen und hat einen `boolean`-Rückgabewert. Das entsprechende Interface kann also wie folgt aussehen:

```
interface Comparison {
  boolean compare(int a, int b);
}
```

Die vollständige Deklaration einer Lambda-Funktion aufgrund dieses Interface lautet dann:

```
Comparison isGreater = (a, b) -> a > b;
```

Aufgerufen wird die Lambda-Funktion anschließend über den einzigen Methodennamen des Interface, hier ein relativ sinnloses Beispiel:

```
if (isGreater.compare(3, 1)) {
  System.out.println("Ja, 3 ist größer als 1.");
}
```

Es folgt ein etwas längeres Beispiel in Form einer lauffähigen Klasse. In diesem Fall ist das Interface Comparison in die Klasse eingebettet, kann also auch nur innerhalb derselben verwendet werden:

```
public class Lambda1 {
    interface Comparison {
        boolean compare(int a, int b);
    }

    public static void main(String[] args) {
        Comparison isMultiple = (a, b) -> (a % b) == 0;
        Comparison isDivider = (a, b) -> (b % a) == 0;

        int[] values = {1, 2, 3, 4, 5, 6, 7, 8};
        for (int i: values) {
            for (int j: values) {
                if (i != 1 && j != 1 && i != j) {
                    if (isMultiple.compare(i, j)) {
                        System.out.println(
                            i + " ist Vielfaches von " + j
                        );
                    }
                    if (isDivider.compare(i, j)) {
                        System.out.println(
                            i + " ist Teiler von " + j
                        );
                    }
                }
            }
        }
    }
}
```

Wie Sie sehen, werden zunächst die beiden Lambdas isMultiple und isDivider deklariert. Anschließend werden die Integer-Zahlen von 2 bis 8 in zwei ineinander verschachtelten Schleifen durchgezählt. Falls die jeweils aktuellen Werte nicht identisch sind, werden sie mithilfe der compare()-Methoden von isMultiple beziehungsweise isDivider miteinander verglichen, um herauszufinden, ob die erste Zahl ein Vielfaches beziehungsweise ein Teiler der zweiten ist. Die Ausgabe sieht so aus:

```
2 ist Teiler von 4
2 ist Teiler von 6
2 ist Teiler von 8
```

```
3 ist Teiler von 6
4 ist Vielfaches von 2
4 ist Teiler von 8
6 ist Vielfaches von 2
6 ist Vielfaches von 3
8 ist Vielfaches von 2
8 ist Vielfaches von 4
```

Falls eine Lambda-Funktion mehr als einen einfachen Rückgabeausdruck enthalten soll, können Sie Anweisungen wie bei gewöhnlichen Methoden in geschweifte Klammern setzen. In diesem Fall müssen Sie das Schlüsselwort `return` ausdrücklich hinschreiben. Beachten Sie, dass nach der schließenden geschweiften Klammer ein Semikolon stehen muss, da es sich formal um eine Wertzuweisung handelt.

Das folgende Beispiel basiert wieder auf dem Interface `Comparison` und überprüft, ob die beiden angegebenen Zahlen teilerfremd sind, das heißt, ob ihr größter gemeinsamer Teiler 1 ist (das gilt für je zwei Primzahlen und für alle Zahlen ohne gemeinsame Primfaktoren):

```
Comparison isCoprime = (a, b) -> {
    // Gleiche Zahlen sind nicht teilerfremd.
    if (a == b) {
        return false;
    }
    // größere und kleinere Zahl ermitteln
    int greater = (a > b) ? a : b;
    int smaller = (a < b) ? a : b;
    // Teiler absteigend von der kleineren Zahl bis 2
    for (int i = smaller; i >= 2; i--) {
        // wenn beide teilbar sind: nicht teilerfremd
        if (greater % i == 0 && smaller % i == 0) {
            return false;
        }
    }
    // Hier können sie nur noch teilerfremd sein.
    return true;
};
```

Hier einige Anwendungsbeispiele, das Ergebnis ist jeweils als Kommentar angegeben:

```
isCoprime.compare(33,33)        // false
isCoprime.compare(99,33)        // false
isCoprime.compare(9, 16)        // true
isCoprime.compare(100, 17)      // true
```

Wie zuvor erwähnt, können Lambdas auch als Werte übergeben werden. Um das auszuprobieren, fügen Sie zu der weiter oben deklarierten Klasse `Lambda1` die folgende statische Methode hinzu, die das Ergebnis eines Vergleichs ausgibt:

```
public static void printComparisonResult(Comparison c, int a, int b) {
    if (c.compare(a, b)) {
        System.out.println(
            "Dies ist der Fall für " + a + " und " + b
        );
    } else {
        System.out.println(
            "Dies ist nicht der Fall für " + a + " und " + b
        );
    }
}
```

Diese Methode rufen Sie innerhalb von `main()` mit den bereits definierten Lambdas auf:

```
printComparisonResult(isMultiple, 30, 10);
// Ausgabe: Dies ist der Fall für 30 und 10
printComparisonResult(isMultiple, 29, 10);
// Ausgabe: Dies ist nicht der Fall für 29 und 10
```

Alternativ können Sie auch bei der Übergabe neue, anonyme Lambdas erzeugen, solange sie zur Signatur der einzigen Methode des funktionalen Interface passen. Hier zwei Beispiele, die überprüfen, ob die übergebenen Werte gleich beziehungsweise ungleich sind:

```
printComparisonResult((a, b) -> a == b, 7, 7);
// Ausgabe: Dies ist der Fall für 7 und 7
printComparisonResult((a, b) -> a != b, 7, 7);
// Ausgabe: Dies ist nicht der Fall für 7 und 7
```

Auf Dateien zugreifen

In Java stehen, wie bereits erwähnt, verschiedene Klassen für die unterschiedlichsten Aspekte der Ein- und Ausgabe zur Verfügung. Dies betrifft auch den Umgang mit Dateien. Hier sehen Sie nur ein kurzes Beispiel. Das folgende Programm liest sämtliche Zeilen aus der als Kommandozeilenargument angegebenen Textdatei und gibt sie in umgekehrter Reihenfolge aus.

```
import java.io.*;
import java.util.*;

public class FileTurner {
    public static void main (String[] args) {
```

```
        try {
            turnFile(args[0]);
        }
        catch(FileNotFoundException e) {
            System.out.println("Datei nicht gefunden!");
        }
        catch(IOException e) {
            System.out.println("Dateifehler!");
        }
    }

    static void turnFile (String filename) throws
            FileNotFoundException, IOException {
        BufferedReader reader = new BufferedReader (
            new FileReader(filename)
        );
        String line = "";
        Stack<String> lines = new Stack<>();
        while ((line = reader.readLine()) != null) {
            lines.push(line);
        }
        while (!lines.empty()) {
            line = lines.pop();
            System.out.println(line);
        }
    }
}
```

Das Programm demonstriert allerdings nicht nur, wie Sie in Java aus einer Textdatei lesen können, sondern zeigt noch einige weitere interessante Aspekte der Java-Programmierung:

- Innerhalb der Methode turnFile() werden verschiedene Methoden aufgerufen, die Ausnahmen auslösen können. Damit nicht jede dieser Anweisungen innerhalb eines try/catch-Blocks stehen muss, werden sämtliche möglichen Ausnahmen mithilfe einer throws-Klausel an die aufrufende Stelle delegiert. Aus diesem Grund steht der Aufruf von turnFile() von main() innerhalb eines try-Blocks; die anschließenden catch-Blöcke fangen die entsprechenden Ausnahmen ab: java.io.FileNotFoundException (Datei nicht gefunden) und java.io.IOException (Schreib-/Lesefehler).
- Für das Umkehren der Zeilen aus der Textdatei wird die spezielle Datenstruktur java.util.Stack<T> verwendet, mit deren Hilfe in Java die im nächsten Kapitel besprochene Stack-Funktionalität implementiert wird: Die Methode push() fügt ein Objekt des bei der Deklaration angegebenen Datentyps am Ende des Stacks hinzu, pop() entnimmt

das zuletzt hinzugefügte Objekt und gibt es zurück. Die Methode `empty()` ist `true`, wenn der Stack keine weiteren Elemente mehr enthält.

- Zum Lesen ganzer Zeilen aus der Textdatei wird der `java.io.FileReader`, der dem Lesen aus einer Datei dient, von einem `java.io.BufferedReader` umhüllt, dessen Methode `readLine()` jeweils eine Zeile aus dem zugrunde liegenden Eingabestrom liest. Die Bedingung der `while`-Schleife macht es sich übrigens zunutze, dass `readLine()` am Dateiende `null` zurückgibt: Die Wertzuweisung `line = reader.readLine()` wird dazu unmittelbar mit `null` verglichen.

7.3 Übungsaufgaben

1. Was enthält die Python-Liste `list1` nach Ausführung der folgenden Anweisungen (versuchen Sie, es vorherzusagen, bevor Sie es ausprobieren)?

```
List1 = [1, 2, 3, 4]
list1[2:2] = [5, 6, 7]
```

2. Schreiben Sie in Python eine List-Comprehension, die aus den Zahlen von 1 bis 100 alle diejenigen auswählt, die weder durch 2 noch durch 3 teilbar sind.
3. Schreiben Sie ein Python-Skript, das die Zahlen von 1 bis 100 untereinander rechtsbündig in eine Datei namens *zahlen.txt* schreibt.
4. Was gibt das folgende Python-Skript aus?

```
class A:
    def output(self):
        print("Ich bin A.")

class B(A):
    def output(self):
        print("Ich bin B.")

class C(B, A):
    pass

c = C()
c.output()
```

5. Schreiben Sie eine Python-Klasse namens `Animal` mit den Eigenschaften `name` und `legs`, die den Namen der Tierart beziehungsweise die Anzahl ihrer Beine enthält. Erstellen Sie dann im Hauptprogramm eine Liste von Tieren mit unterschiedlicher Beinanzahl und geben Sie diese sortiert nach der Anzahl der Beine aus.

6. Welche der folgenden Strings sind gültige Java-Bezeichner?
   - `variable1`
   - `1variable`
   - `_variable`
   - `binärzahl`
7. Wie prüfen Sie in Java, ob die `int`-Variable `a` größer als 0 und kleiner als 10 ist?
   - `0 < a < 10`
   - `a > 0 & a < 10`
   - `0 < a && < 10`
   - `a > 0 && a < 10`
8. Welchen Wert hat die Variable `result` nach Ausführung der folgenden Java-Operationen?

```
int a = 7;
int b = 9;
int ergebnis = ++a + b++;
```

9. Der folgende Java-Codeausschnitt soll von 10 bis 1 herunterzählen. Tut er dies? Falls nicht, was tut er stattdessen?

```
for (int i = 10; i > 1; i++) {
    System.out.printf("%d\n", i);
}
```

10. Das folgende kleine Java-Programm soll die beiden Zahlen 23 und 42 addieren und das Ergebnis ausgeben. Tut es dies? Falls nicht, was gibt es stattdessen aus?

```
public class CalculationTest {
    public static void main(String[] args) {
        int a = 23;
        int b = 42;
        System.out.println("23 + 42 = " + a + b);
    }
}
```

11. Wie prüfen Sie in Java, ob die beiden Strings `str1` und `str2` denselben Inhalt haben?
    - `str1 == str2`
    - `str1 = str2`
    - `str1.equals(str2)`
    - `str1 - str2 == 0`

12. Finden Sie alle Fehler in der folgenden Java-Klassendefinition:

```
public class TestClass() {
    private int value = "Hallo Welt";

    // Konstruktor
    public void TestClass(int _value) {
        value = _value;
    }

    public int getValue() {
        return _value;
    }

    public int setValue(int _value) {
        value = _value;
    }
}
```

Zur Kontrolle: Es sind fünf Fehler, der Compiler beschwert sich aber nur über vier von ihnen.

13. Schreiben Sie eine Java-Klasse namens `Contact`, die die String-Attribute `firstName`, `lastName`, `email` und `phone`, Getter- und Setter-Methoden für diese Attribute sowie einen Konstruktor mit einem Argument für jedes Attribut enthält.

14. Schreiben Sie anschließend ein Beispielprogramm, das mehrere Elemente vom Typ `Contact` zu einem `Set<Contact>` hinzufügt und anschließend die Liste aller Kontakte ausgibt.

    Jeder Kontakt soll dabei in einer eigenen Zeile stehen und folgendes Format haben (Beispiel):

    ```
    Müller, Anna; E-Mail: anna.mueller@example.com; Telefon: 0161/12345678
    ```

15. Welche der folgenden (in Java gültigen) Ausdrücke sind auch in Python erlaubt?

    - `a & b`
    - `a && b`
    - `a == 1 ? b : c`
    - `a++`
    - `b -= 3`

Kapitel 8
Algorithmen und Datenstrukturen

Er sagt es klar und angenehm,
was erstens, zweitens, drittens käm.
– Wilhelm Busch

Nachdem Sie im vorangegangenen Kapitel die grundlegende Syntax der Programmierung in zwei verschiedenen Sprachen erlernt haben, ist es nun an der Zeit, dieses Handwerkszeug in der Praxis einzusetzen. Im vorliegenden Kapitel und den nächsten beiden werden deshalb verschiedene konkrete Aspekte der Programmierung vorgestellt, von der Implementierung wichtiger Algorithmen und Datenstrukturen in diesem Kapitel über eine Einführung in die systemnahe Programmierung, die Netzwerkprogrammierung und andere Themen in Kapitel 9, »Weitere Konzepte der Programmierung« bis hin zum Themenkomplex KI in Kapitel 10, »Datenanalyse, Machine Learning, künstliche Intelligenz«.

Wenn Sie Programmieraufgaben lösen müssen, genügt es nicht, die einzelnen Befehle und Datentypen der gewählten Programmiersprache zu kennen. Sie benötigen vor allem ein Gespür dafür, wie sich Informationen und Aufgaben aus der realen Welt am effektivsten in einem Computerprogramm darstellen lassen. Für die Speicherung der verschiedenen Arten von Informationen werden mithilfe der Datentypen einer Programmiersprache sogenannte *Datenstrukturen* entwickelt. Die Strategien zur Verarbeitung der Datenstrukturen werden als *Algorithmen* bezeichnet – der theoretische Hintergrund wurde bereits in Kapitel 3, »Elektronische und technische Grundlagen«, angesprochen. In diesem Kapitel werden verschiedene bekannte Standardalgorithmen und Datenstrukturen dargestellt.

Die Implementierung der meisten Algorithmen erfolgt hier in Java, schon allein, weil Python im vorigen Kapitel bereits wesentlich ausführlicher behandelt wurde und zudem auch in Kapitel 10, »Datenanalyse, Machine Learning, künstliche Intelligenz« exklusiv zum Einsatz kommt.[1] In einigen Fällen werden Java und Python auch im Vergleich gezeigt.

8.1 Algorithmen erarbeiten und implementieren

Bevor ein komplexerer Algorithmus als konkretes Computerprogramm implementiert wird, sollte er in leichter, verständlicher Form aufgeschrieben werden. Verschiedene Optionen für

1 Python-Implementierungen diverser Beispiele aus diesem Kapitel finden Sie in meinem Buch »Daten- und Prozessanalyse für Fachinformatiker*innen« (Bonn 2021, Rheinwerk Verlag).

eine solche Darstellung wurden bereits in Kapitel 3, »Elektronische und technische Grundlagen«, aufgezählt. Im vorliegenden Abschnitt werden sie anhand eines konkreten Beispiels gezeigt; anschließend wird der erarbeitete Algorithmus implementiert.

8.1.1 Einen Algorithmus planen

Die Entwicklung eines Algorithmus soll hier zunächst Schritt für Schritt an einem Beispiel erläutert werden. Bevor Sie nämlich konkreten Programmcode hinschreiben, sollten Sie sich zunächst mit Papier und Bleistift (oder passender Grafik- und Textverarbeitungssoftware) theoretische Gedanken über den Ablauf des gewünschten Programms machen.

Es soll ein Algorithmus entwickelt werden, um den *größten gemeinsamen Teiler* (*GGT*, englisch: *greatest common divisor* oder kurz *GCD*) zweier ganzzahliger Werte zu ermitteln. Dies ist eine der wichtigsten Aufgaben im Bereich der Bruchrechnung. Der GGT zweier Werte *m* und *n* ist im günstigsten Fall die kleinere der beiden Zahlen oder die ganzzahlige Hälfte der größeren (je nachdem, was davon kleiner ist), im ungünstigsten Fall 1. Hat er den Wert 1, werden die beiden Zahlen als *teilerfremd* bezeichnet.

Es gibt übrigens deutlich effizientere Verfahren zur GGT-Berechnung als das hier gezeigte – eines lernen Sie im Anschluss kennen. An dieser Stelle geht es zunächst nur um das grundlegende Prinzip, einen Algorithmus in verschiedenen Nicht-Code-Darstellungen zu erarbeiten, bevor er implementiert wird. Wie in Kapitel 3, »Elektronische und technische Grundlagen«, bereits beschrieben, gibt es verschiedene Arten einer solchen Darstellung. Die erste ist oft eine nummerierte Liste von Schritten in Alltagssprache, da ein Algorithmus eine Schritt-für-Schritt-Anleitung ist. Das nachfolgend implementierte Verfahren lässt sich in dieser Form wie folgt beschreiben:

1. Nimm zwei Zahlen entgegen.
2. Sind beide Zahlen gleich, gib die entsprechende Zahl zurück. Ende.
3. Ermittle die größere und die kleinere der beiden Zahlen.
4. Der größte überhaupt denkbare Teiler ist entweder die kleinere Zahl oder die ganzzahlige Hälfte der größeren, falls Letztere kleiner als die kleinere Zahl ist.
5. Beginne beim in Schritt 4 ermittelten größten denkbaren Teiler.
6. Wenn beide Zahlen durch den aktuell ausprobierten Teiler teilbar sind, gibt diesen zurück. Ende.
7. Ziehe 1 vom aktuellen Teiler ab.
8. Ist der aktuelle Teiler noch größer oder gleich 2? Dann weiter bei Schritt 6.
9. Da alle potenziellen Teiler erfolglos durchprobiert wurden, gib 1 zurück.

Abbildung 8.1 zeigt ein *Flussdiagramm* (auch *Programmablaufplan* genannt), das einen Ansatz für eine mögliche Lösung beschreibt. In einem solchen Diagramm steht ein Rechteck für einen einfachen linearen Arbeitsschritt, eine Raute für eine Ja/Nein-Fallunterscheidung und ein abgerundetes Rechteck für Start oder Ende.

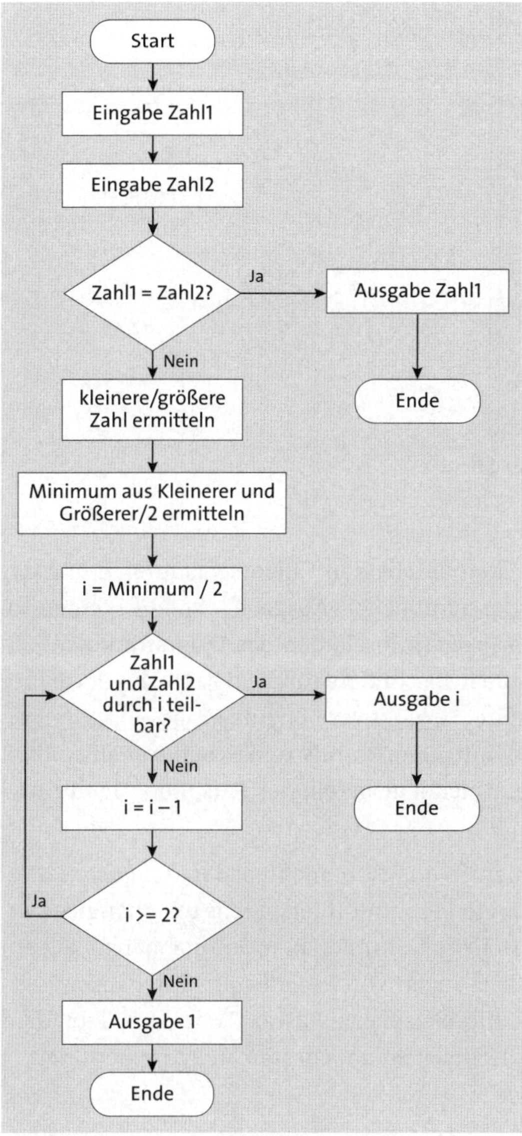

Abbildung 8.1 Flussdiagramm für einen einfachen Algorithmus zur Berechnung des größten gemeinsamen Teilers (GGT)

Ein wichtiger Nachteil von Flussdiagrammen besteht darin, dass diese Darstellung keinen Unterschied zwischen Fallentscheidungen und Schleifen macht, die eigentliche Programmstruktur also schlecht abbildet. In Abbildung 8.2 sehen Sie ein *Nassi-Shneiderman-Diagramm*, auch *Struktogramm* genannt, das dem Flussdiagramm in dieser Hinsicht überlegen ist.

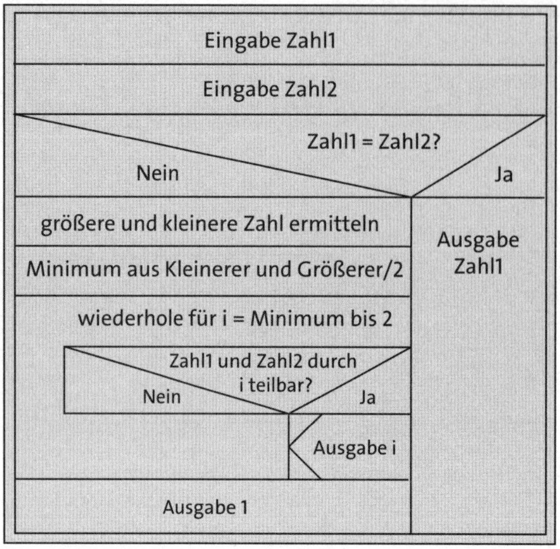

Abbildung 8.2 Nassi-Shneiderman-Diagramm der Suche nach dem gemeinsamen Teiler (GGT)

Sie sehen einen deutlichen Unterschied zwischen den beiden Fallentscheidungen und der Schleife »wiederhole für i = Minimum bis 2«. Das Symbol bei »Ausgabe i« steht für einen sofortigen Aussprung aus dem Programm oder Programmteil, den das Diagramm symbolisiert. Noch mehr Darstellungsmöglichkeiten, die insbesondere für die objektorientierte Programmierung geeignet sind, bieten die in Kapitel 11, »Software-Engineering«, vorgestellten Diagrammtypen der UML. Sie beziehen nicht nur Algorithmus und Programmablauf ein, sondern zum Beispiel auch die Aktionen verschiedener beteiligter Personen, Geräte und Programme.

Der letzte Schritt vor der eigentlichen Implementierung ist manchmal der *Pseudocode*. Dieser soll eine codeähnliche, aber von einer konkreten Programmiersprache unabhängige Darstellung liefern. Allerdings ist die Forderung nach Programmiersprachenunabhängigkeit ein schlecht erfüllbares Ideal, weil sich verschiedene Arten von Pseudocode durchaus an vorhandenen Programmiersprachen orientieren, zum Beispiel an Pascal, C oder Java. Trotzdem sehen Sie hier eine Pseudocode-Darstellung, die vielleicht am ehesten an Python erinnert:

```
Eingabe zahl1
Eingabe zahl2
Ist zahl1 == zahl2?
    Gib zahl1 aus
    Ende
kleinere = zahl1, wenn zahl1 < zahl2, sonst zahl2
groessere = zahl1, wenn zahl1 > zahl2, sonst zahl1
maxTeiler = groessere / 2, wenn groessere / 2 < kleinere, sonst kleinere
Wiederhole für i = maxTeiler bis hinunter zu 2
```

```
    Sind zahl1 und zahl2 durch i teilbar?
        Gib i aus
        Ende
Gib 1 aus
```

8.1.2 Den Algorithmus implementieren

Nachdem Sie den Algorithmus mithilfe einiger oder auch aller genannten Schritte gründlich genug verstanden haben, können Sie sich daranmachen, ihn als Programm in einer Sprache Ihrer Wahl zu implementieren. In Listing 8.1 sehen Sie eine auf dem zuvor erarbeiteten GGT-Algorithmus basierende Implementierung in Java:


```
public class GCDtest {
    public static int gcd(int m, int n) {
        // Trivialer Fall: m und n gleich:
        if (m == n) {
            return m;
        }
        // Größeren und kleineren Wert ermitteln:
        int smaller = (m < n) ? m : n;
        int greater = (m > n) ? m : n;
        // Minimum aus smaller und greater / 2
        int maxDivisor = greater / 2 < smaller ? greater / 2 : smaller;
        // Jeden möglichen Teiler testen:
        for (int i = maxDivisor; i >= 2; i--) {
            // Sind beide Werte durch i teilbar?
            if (m % i == 0 && n % i == 0) {
                return i;
            }
        }
        // Hier bleibt nur noch die 1:
        return 1;
    }

    public static void main(String args[]) {
        int m = Integer.parseInt(args[0]);
        int n = Integer.parseInt(args[1]);
        System.out.printf(
            "Der GGT von %d und %d ist %d.\n", m, n, gcd(m, n)
        );
    }
}
```

Listing 8.1 GCDtest.java ist eine Java-Implementierung des einfachen GGT-Algorithmus.

Da die Methode gcd() als static deklariert wurde, kann sie innerhalb einer Programmklasse von der Methode main() aus aufgerufen werden, ohne dass ein Objekt der Klasse bestehen muss. static-Methoden sind gewissermaßen der Java-Ersatz für imperative Funktionen. Die Methode main() gibt im vorliegenden Beispiel den GGT zweier Kommandozeilenargumente aus. In der Praxis sollten Sie natürlich überprüfen, ob genügend Argumente vorhanden sind und ob diese Zahlen sind; wie das funktioniert, wurde im vorigen Kapitel beschrieben.

Nach dem Kompilieren können Sie das Programm beispielsweise folgendermaßen aufrufen:

```
$ java GCDtest 18 24
Der GGT von 18 und 24 ist 6.
```

In Listing 8.2 wird der Vollständigkeit halber auch eine Python-Implementierung desselben Algorithmus gezeigt:

```
from sys import argv

def gcd(m, n):
    # Trivialer Fall: m und n gleich
    if m == n:
        return m
    # Größeren und kleineren Wert ermitteln:
    smaller = m if m < n else n
    greater = m if m > n else n
    # Minimum aus smaller und greater // 2
    max_divisor = greater // 2 if greater // 2 < smaller else smaller
    # Jeden möglichen Teiler testen:
    for i in range(max_divisor, 1, -1):
        # Sind beide Werte durch i teilbar?
        if m % i == 0 and n % i == 0:
            return i
    # Hier bleibt nur noch die 1:
    return 1

if __name__ == '__main__':
    m = int(argv[1])
    n = int(argv[2])
    print(f"Der GGT von {m} und {n} ist {gcd(m, n)}.")
```

Listing 8.2 gcd.py ist eine Python-Implementierung des einfachen GGT-Algorithmus.

8.1.3 Ein effizienterer GGT-Algorithmus

Der bisher gezeigte Algorithmus zur GGT-Berechnung ist wie gesagt nicht sonderlich effizient. Ein bekannter Algorithmus, der fast immer weniger Durchläufe benötigt, ist der über

2.000 Jahre alte *Algorithmus von Euklid*, einer der ältesten Algorithmen der Weltgeschichte. Hier wird eine verbesserte Version gezeigt, die mit Division arbeitet statt mit der in Euklids Hauptwerk »Elemente« eingesetzten Subtraktion.

Schematisch ist der Ablauf wie folgt:

1. Wenn die zweite Zahl 0 ist, wird die erste zurückgegeben.
2. Die zweite Zahl wird durch den Rest ersetzt, der bei der Division der ersten durch die zweite entsteht.
3. Die erste Zahl wird durch den vorherigen Wert der zweiten ersetzt.
4. Es geht weiter bei Punkt 1.

Beispiel: Der GGT von 24 und 18 wird gesucht. 18 ist nicht 0, also wird der Rest von $24 \div 18$ gebildet, nämlich 6. Die erste Zahl ist nun also 18, die zweite 6. Auch 6 ist nicht 0, sodass die erste Zahl 6 wird und die zweite der Rest von $18 \div 6$. Letzterer ist 0, sodass 6 zurückgegeben wird. Die Berechnung benötigt also nur zwei Schleifendurchläufe im Vergleich zu sieben bei der zuvor gezeigten Lösung. Übrigens ist es nicht nötig, vorab zu ermitteln, welche der beiden Zahlen größer ist. Wenn die zweite Zahl größer ist als die erste, bleibt sie in Schritt 2 als Rest der Division übrig, sodass die Zahlen zunächst vertauscht werden.

In Listing 8.3 sehen Sie eine Python-Implementierung, in der Sie die beiden Zahlen zur Laufzeit eingeben können:

```
def gcd(m, n):
    while n != 0:
        m, n = n, m % n
    return m

if __name__ == '__main__':
    while True:
        m_input = input("Erste Zahl: ")
        n_input = input("Zweite Zahl: ")
        try:
            m = int(m_input)
            n = int(n_input)
        except ValueError:
            print("Bitte nur Zahlen eingeben!")
            continue
        print(f"GGT von {m} und {n}: {gcd(m, n)}")
        again - input("Noch mal (j/n)? ")
        if again == "n" or again == "N":
            break
```

Listing 8.3 euclid_gcd.py berechnet den GGT mit dem Algorithmus von Euklid und erlaubt die direkte Eingabe der Zahlen, für die er berechnet werden soll.

Zum Vergleich folgt in Listing 8.4 eine Java-Implementierung, in der die beiden Zahlen als Kommandozeilenargumente übergeben werden:

```
public class EuclidGCD {
    public static int gcd(int m, int n) {
        while (n != 0) {
            int temp = n;
            n = m % n;
            m = temp;
        }
        return m;
    }

    public static void main(String[] args) {
        if (args.length < 2) {
             System.out.println("Verwendung: java EuclidGCD m n");
             System.exit(1);
        }
        int m = 0;
        int n = 0;
        try {
            m = Integer.parseInt(args[0]);
            n = Integer.parseInt(args[1]);
        } catch(NumberFormatException e) {
            System.out.println("Bitte nur Zahlen angeben");
            System.exit(2);
        }
        int gcd = gcd(m, n);
        System.out.printf("GGT von %d und %d: %d\n", m, n, gcd);
    }
}
```

Listing 8.4 EuclidGCD.java implementiert den GGT-Algorithmus von Euklid in Java; die Zahlen werden als Kommandozeilenargumente übergeben.

Der wichtigste Unterschied ist, dass in Java eine Hilfsvariable benötigt wird, um `m` und `n` zu ändern, während es in Python gleichzeitig funktioniert.

8.2 Datensammlungen sortieren

Zu den häufigsten Aufgaben bei der Programmierung gehört die Sortierung von Daten nach einem bestimmten Kriterium. Im Laufe der Informatikgeschichte wurden Dutzende verschiedener Sortieralgorithmen entwickelt, die für unterschiedliche Einsatzzwecke geeignet sind. In diesem Abschnitt werden zwei davon vorgestellt. Der erste ist intuitiv verständlich, der zweite gerade für größere Datenmengen besonders effizient.

Beachten Sie, dass es in der Praxis weder erforderlich noch effizient ist, selbst geschriebene Sortierfunktionen zu nutzen. Die in den verschiedenen Programmiersprachen bereits vorhandenen sind in aller Regel schneller. Dennoch ist es für das Erlernen der Programmierung nützlich, zu wissen, wie einige dieser Funktionen hinter den Kulissen arbeiten.

8.2.1 Bubblesort implementieren

Dieser einfachste aller Sortieralgorithmen durchwandert ein Array elementweise: Er vergleicht jedes Element mit seinem direkten Nachbarn. Falls die beiden Nachbarn in der falschen Reihenfolge stehen, ist es erforderlich, sie zu vertauschen – und dies so lange, bis das Verhältnis zum Nachbarelement stimmt. Der Name *Bubblesort* kommt übrigens daher, dass alle falsch einsortierten Elemente dabei in dieselbe Richtung verschoben werden – wie die Gasblasen, die in einem kohlensäurehaltigen Getränk aufsteigen. Sobald mindestens ein Element verschoben werden muss, steht fest, dass das Array noch nicht fertig sortiert ist, sodass ein weiterer Durchgang erforderlich ist. In Listing 8.5 sehen Sie eine Implementierung von Bubblesort als Python-Funktion, die eine Liste entgegennimmt und an Ort und Stelle sortiert (das heißt, die ursprüngliche Liste selbst ist anschließend sortiert):

```
def bubblesort(list):
    # Endlosschleife bis auf Weiteres:
    while True:
        is_sorted = True  # Annahme: bereits sortiert
        for i in range(0, len(list) - 1):
            # Element i größer als Element i + 1?
            if list[i] > list[i + 1]:
                # Die beiden Elemente vertauschen:
                list[i], list[i + 1] = list[i + 1], list[i]
                # Aha, also noch nicht sortiert:
                is_sorted = False
        # Bereits sortiert?
        if is_sorted:
            # Endlosschleife verlassen:
            break

# Test
if __name__ == '__main__':
    l = [9, 1, 8, 2, 7, 3, 6, 4, 5]
    bubblesort(l)
    print(l)
```

```
    l = ["Zebra", "Affe", "Marabu", "Elefant"]
    bubblesort(l)
    print(l)
```

Listing 8.5 bubblesort.py implementiert den Bubblesort-Algorithmus in Python.

Der Sortiervorgang findet in einer Endlosschleife statt, die durch die immer wahre Bedingung `while True` eingeleitet wird. Am Ende der Schleife wird geprüft, ob die Liste im aktuellen Durchgang sortiert geblieben ist, und in diesem Fall wird sie mittels `break` verlassen.

Die innere Schleife durchläuft die Schleife elementweise. Da hier Nachbarn miteinander verglichen werden, kommt kein Iterator über die Listenelemente zum Einsatz (etwa `for i in list`), sondern es wird über den Bereich der numerischen Indizes iteriert. So kann das jeweils aktuelle Element `list[i]` mit seinem Nachfolger `list[i + 1]` verglichen werden.

Der eigentliche Tauschvorgang funktioniert in Python in einer Zeile, da Sie einer Liste von Variablen (oder hier Listenelementen) eine Liste von Werten zuweisen können:

```
list[i], list[i + 1] = list[i + 1], list[i]
```

In Java müssten Sie einen Zwischenschritt wie diesen einschieben, um den Tausch durchzuführen:

```
// list ist hier ein Array von int-Werten
int helper = list[i];
list[i] = list[i + 1];
list[i + 1] = helper;
```

Die Ausgabe des Beispiels lautet natürlich wie folgt:

```
[1, 2, 3, 4, 5, 6, 7, 8, 9]
['Affe', 'Elefant', 'Marabu', 'Zebra']
```

Zu Vergleichszwecken sehen Sie hier eine weitere Implementierung von Bubblesort als Java-Methode, die ein Array von `int`-Werten sortiert:

```
static int[] bubblesort(int[] list) {
    boolean isSorted;
    do {
        isSorted = true;
        for (int i = 0; i < list.length - 1; i++) {
            if (list[i] > list[i + 1]) {
                // Tauschen:
                int temp = list[i];
                list[i] = list[i + 1];
                list[i + 1] = temp;
```

```
                // Nicht sortiert!
                isSorted = false;
            }
        }
    } while (!isSorted);
    return list;
}
```

Die folgende `main()`-Methode generiert ein Array mit unsortierten Werten, ruft `bubblesort()` auf und gibt anschließend die sortierte Liste aus:


```
public static void main (String args[]) {
    int[] values = {3, 7, 1, 9, 2, 5, 2};
    values = bubblesort(values);
    for (int i = 0; i < values.length; i++) {
        System.out.print(values[i] + " ");
    }
    System.out.println();
}
```

Die Ausgabe sieht selbstverständlich so aus:

```
1 2 2 3 5 7 9
```

Etwas ärgerlich ist es natürlich, dass diese Implementierung nur `int`-Arrays sortiert und nicht beliebige Datenlisten mit einer inneren Ordnung nach dem Schema »element1 ≤ element2«. Die Lösung besteht darin, stattdessen eine Liste mit einem generischen Datentyp zu sortieren. Nicht ganz generisch: Die zu sortierende Liste muss die Methode `compareTo()` implementieren, die das Ordnungskriterium liefert. Dies wird durch das Interface `Comparable` formalisiert. Da ein Generic bei der Objekterzeugung durch eine konkrete Klasse ersetzt wird, kann die Methode `bubblesort()` in dieser Fassung nicht mehr statisch sein. In Listing 8.6 sehen Sie zunächst die im Anschluss näher erläuterte Implementierung:

```
import java.util.List;
import java.util.ArrayList;
import java.util.Arrays;

public class GenericBubblesort<T extends Comparable<? super T>> {
    public List<T> bubblesort(List<T> list) {
        boolean isSorted;
        do {
            isSorted = true;
            for (int i = 0; i < list.size() - 1; i++) {
                if (list.get(i).compareTo(list.get(i + 1)) > 0) {
```

```
                    // Tauschen:
                    T temp = list.get(i);
                    list.set(i, list.get(i + 1));
                    list.set(i + 1, temp);
                    // Nicht sortiert!
                    isSorted = false;
                }
            }
        } while (!isSorted);
        return list;
    }

    public static void main (String args[]) {
        List<String> values = new ArrayList<>(Arrays.asList(args));
        GenericBubblesort<String> sorter = new GenericBubblesort<>();
        values = sorter.bubblesort(values);
        for (String value:values) {
            System.out.print(value + " ");
        }
        System.out.println();
    }
}
```

Listing 8.6 GenericBubblsort.java sortiert Listen mit Elementen eines Datentyps, der Comparable implementiert, also verlässlich die Methode compareTo() besitzt.

Schauen Sie sich zunächst die etwas komplexe Klassensignatur an:

```
public class GenericBubblesort<T extends Comparable<? super T>> {...}
```

Die Klasse muss, wie Sie aus dem vorigen Kapitel wissen sollten, als `new GenericBubblesort<Klasse>()` instanziiert werden, um ihre Methode verwenden zu können. Das Generic lautet hier allerdings nicht einfach `<T>`, sondern wird näher spezifiziert als ein Typ, der `Comparable` erweitert; obwohl es sich um ein Interface handelt, wird an dieser Stelle stets das Schlüsselwort `extends` verwendet. Da `Comparable` selbst ebenfalls mit einer Klassenangabe konkretisiert wird, gibt es eine verschachtelte Generic-Angabe. Dass darin ein Fragezeichen statt eines Platzhalterbuchstabens verwendet wird, liegt daran, dass die verschachtelte Klasse innerhalb des Codes der Klassendefinition nicht als Generic verwendet wird. Die Angabe `super T` bedeutet schließlich, dass die angegebene Klasse eine übergeordnete Klasse von `T` (oder `T` selbst) sein muss.

Der Methodenrumpf von `bubblesort()` bleibt weitgehend wie gehabt, außer dass nun natürlich die Methode `compareTo()` statt des Operators > und die Methoden `get()` und `set()` statt des Indexoperators zum Einsatz kommen. Das Hauptprogramm packt zunächst die Kommandozeilenargumente in eine `ArrayList<String>` – die Klasse `Arrays` enthält dafür die statische Methode `asList()` nebst weiteren statischen Hilfsmethoden zur Array- und Listenverarbeitung. Anschließend wird eine `GenericBubbleSort<String>`-Instanz erzeugt, deren Methode `bubblesort()` die Kommandozeilenargumente sortiert. Hier ein Einsatzbeispiel:

```
$ java GenericBubblesort Hund Affe Katze Zebra Aal Elefant Kaninchen
Aal Affe Elefant Hund Kaninchen Katze Zebra
```


Rekursion

Im nächsten Abschnitt wird ein komplexerer, aber erheblich effizienterer Sortieralgorithmus vorgestellt. Dieser verwendet die besondere Technik der *Rekursion*, bei der eine Funktion sich selbst mit geänderten Parametern aufruft. Rekursion ist immer dann nützlich, wenn Sie gleichartige, ineinander verschachtelte Aufgaben lösen müssen.

Beispielsweise lässt sich die *Fakultät* eines Werts sehr leicht rekursiv berechnen. Die Fakultät $n!$ einer natürlichen Zahl n ist das Ergebnis der Multiplikation $1 \cdot 2 \cdot 3 \cdot \ldots \cdot n$. Durch Rekursion lässt sich das Problem schrittweise reduzieren, beispielsweise gilt im ersten Schritt: $n! = n \cdot (n-1)!$.

Das folgende Beispiel zeigt eine rekursive Java-Methode, die auf diese Weise die Fakultät eines übergebenen Werts berechnet:

```
public int factorial(int n) {
    if (n > 1) {
        return n * factorial(n - 1);
    } else {
        return 1;
    }
}
```

Solange das übergebene `n` noch größer als 1 ist, wird das Problem an einen weiteren Aufruf von `factorial()` delegiert; das aktuelle `n` wird mit dem Rückgabewert dieses Aufrufs multipliziert. Die Aufrufe werden schließlich von innen nach außen abgearbeitet: Der letzte oder innerste Aufruf gibt 1 zurück, die mit der 2 des darüberliegenden Aufrufs multipliziert wird etc.

Der Gegenbegriff zur Rekursion ist übrigens die *Iteration*. Natürlich lässt sich die Fakultät auch iterativ (in einer Schleife) berechnen, allerdings ist der Aufwand größer und die Schreibweise umständlicher:

```
public int factorial(int n) {
    int fact = 1;
    for (int i = 2; i <= n; i++) {
        fact *= i;
    }
    return fact;
}
```

8.2.2 Quicksort einsetzen

Wie der Name vermuten lässt, handelt es sich bei *Quicksort* um einen besonders geschwindigkeitsoptimierten Sortieralgorithmus. Für eine ausreichend große Anzahl von Elementen ist er tatsächlich eines der schnellsten verfügbaren Sortierverfahren. Bei einer zu kleinen Elementanzahl kann er seinen theoretischen Geschwindigkeitsvorteil wegen der relativ aufwendigen Initialisierung nicht ausspielen.

Quicksort funktioniert nach dem Verfahren »Teile und herrsche!«: Das gesamte zu sortierende Array wird in zwei Teile unterteilt (partitioniert), die an rekursive Aufrufe der Funktion übergeben werden. Dazu wird aus der Teilgruppe zunächst willkürlich ein Vergleichselement namens *Pivot* gewählt. Da viele Implementierungen das mittlere Element wählen, wird es manchmal auch als Median bezeichnet, obwohl es mit der gleichnamigen Kenngröße aus der beschreibenden Statistik eigentlich nichts zu tun hat. In der nachfolgenden Implementierung wird übrigens das letzte Element der jeweiligen Teilliste verwendet. Daten, die größer sind als das Pivot, werden rechts von diesem einsortiert, kleinere Daten links von ihm. Dies geschieht für jede Partition so lange immer wieder, bis jeweils nur noch zwei Elemente übrig sind, die in die richtige Reihenfolge gebracht werden.

Hier eine Quicksort-Implementierung für `int`-Arrays in Java:

```
static int[] quicksort(int[] list) {
    /* quicksort(int[]) ist nur ein bequemer Starter für die
       eigentliche Arbeitsmethode quicksort(int[], int, int).   */
    // quicksort(int[], int, int) mit dem gesamten Array aufrufen:
    quicksort (list, 0, list.length - 1);
    return list;
}

static void quicksort(int[] list, int low, int high) {
    int pivot;
    if (low < high) {
        // Vergleichselement Pivot wählen:
        pivot = list[high];
        int i = low - 1;
        int j = high;
        for ( ; ; ) {
            // Werte von beiden Enden aus vergleichen:
            while (list[++i] < pivot);
            while (j > 0 && list[--j] > pivot);
            // Schleife verlassen, falls sortiert:
            if (j <= i) {
                break;
            }
            // Tauschen:
```

```
            int temp = list[i];
            list[i] = list[j];
            list[j] = temp;
        }
        list[high] = list[i];
        list[i] = pivot;

        // Linke/rechte Partition sortieren:
        quicksort(list, low, i - 1);
        quicksort(list, i + 1, high);
    }
}
```


Die Verwendung von `quicksort()` könnte beispielsweise genauso aussehen wie im Hauptprogramm des ersten Bubblesort-Beispiels; Sie müssten lediglich den Namen der aufgerufenen Methode ändern und könnten alles andere stehen lassen.

Auffällig sind an dieser Implementierung von Quicksort die etwas gewöhnungsbedürftigen Schleifenkonstruktionen. `for ( ; ; )` ist eine *Endlosschleife*, die allerdings durch den gezielten Aufruf von `break;` verlassen wird. Eine solche Schreibweise ist immer dann nützlich, wenn sich erst während der Ausführung des Schleifenrumpfes herausstellt, dass der weitere Ablauf nicht mehr erforderlich ist. Alternativ lässt sich eine Endlosschleife auch wie folgt schreiben:

```
while (true) {
    // abhängige Anweisung(en)
}
```

Ähnlich seltsam sind die beiden in sich geschlossenen `while()`-Schleifen wie diese:

```
while (list[++i] < pivot);
```

Da nichts weiter getan werden muss, als die Elemente der Liste nacheinander mit dem Pivot zu vergleichen, ist dies eine erheblich kompaktere Schreibweise für die folgende Fassung:

```
do {
   ++i;
} while (list[i] < pivot);
```

8.3 Nach Daten suchen

Eine weitere häufig gestellte Aufgabe bei der Entwicklung von Computerprogrammen ist die Suche nach Elementen in verschiedenen Datenstrukturen, die in diesem Zusammenhang als *Suchraum* (englisch: *search space*) bezeichnet werden. In den beiden folgenden Unterabschnitten werden zunächst Arrays und Listen durchsucht, anschließend auch nicht sequenzielle Datenstrukturen.

8.3.1 In Listen suchen

Es gibt zwei grundsätzliche Arten dieser Suche: Die *lineare Suche* durchsucht nacheinander die einzelnen Elemente des Arrays, die *binäre Suche* erfordert dagegen ein bereits sortiertes Array und sucht darin durch fortgesetztes Halbieren und rekursives Durchsuchen der einzelnen Teilbereiche.

Listen linear durchsuchen

Die einfachste Art der Suche ist die *lineare*. Der Algorithmus besteht einfach darin, die Elemente eines Arrays nacheinander mit einem Suchwert zu vergleichen. Sobald der gesuchte Wert das erste Mal gefunden wird, wird dessen Index zurückgegeben; eine andere Variante würde alle Fundstellen zurückliefern. Es folgt eine Implementierung dieses Algorithmus in Java. Die Methode `linearSearch()` erwartet die Übergabe eines Arrays von `int`-Werten und den gesuchten Wert. Sie gibt den Index des ersten Vorkommens dieses Werts im Array zurück oder –1, falls der gesuchte Wert nicht im Array vorkommt. Hier der Code:

```
static int linearSearch(int[] list, int value) {
    for (int i = 0; i < list.length; i++) {
        if (list[i] == value) {
            return i;
        }
    }
    // Nicht gefunden:
    return -1;
}
```

Dieser Code sollte im Großen und Ganzen selbsterklärend sein. Ein Aufruf dieser Methode könnte folgendermaßen aussehen:

```
public static void main (String args[]) {
    int numbers[] = {5, 1, 8, 3, 9, 2, 7};
    int searchValue = 8;
    int index = linearSearch(numbers, searchValue);
    if (index > -1) {
        System.out.printf(
            "%d kommt in der Liste an Position %d vor.\n",
            searchValue, index
        );
    } else {
        System.out.println(searchValue + " kommt nicht in der Liste vor.");
    }
}
```

Die Ausgabe dieses Hauptprogramms sieht natürlich so aus:

```
8 kommt in der Liste an Position 2 vor.
```

Die lineare Suche hat übrigens die Komplexitätsklasse $O(N)$, da Sie im ungünstigsten Fall jedes einzelne Element überprüfen müssen. Das mit der linearen Suche verwandte Sortierverfahren Bubblesort hat demzufolge die Komplexitätsklasse $O(N^2)$, denn hier muss jedes Element mit jedem anderen verglichen werden, was entsprechend verschachtelte Schleifen bedeutet.

Sortierte Listen binär durchsuchen

Bei der *binären* Suche muss zunächst ein sortiertes Array vorliegen. Dieses sortierte Array wird anschließend durch eine rekursive Methode immer weiter unterteilt, wodurch der gesuchte Wert sehr schnell gefunden werden kann.

Hier sehen Sie eine Implementierung dieses Algorithmus in Java. Die Methode namens `binarySearch()` erwartet die Übergabe eines sortierten Arrays (die Sortierung wird nicht überprüft!) und den gesuchten Wert. Der Rückgabewert ist wieder der Index des gesuchten Elements oder –1, falls das Element nicht gefunden wird:

```
public int binarySearch(int[] list, int value) {
    //Initialisierung der eigentlichen Methode binarySearch(int[], int, int, int)
    return binarySearch(list, value, 0, list.length);
}

int binarySearch(int[] list, int value, int low, int high) {

    // Nicht gefunden?
    if (low > high) {
        return -1;
    }
    int m = (low + high) / 2;
    int median = list[m];
    if (value < median) {
        return binarySearch(list, value, low, m - 1);
    }
    if (value > median) {
        return binarySearch(list, value, m + 1, high);
    }
    // Gefunden!
    return m;
}
```

Da der Suchraum in jeder Runde halbiert wird, ist die Komplexitätsklasse der binären Suche $O(\log N)$. Das ist wesentlich günstiger als $O(N)$ bei der linearen Suche. Quicksort hat entsprechend die Komplexitätsklasse $O(N \cdot \log N)$, was entsprechend schneller ist als die Komplexitätsklasse $O(N^2)$ von Bubblesort.

8.3.2 Nicht sequenzielle Datenstrukturen durchsuchen

Wenn der Suchraum keine vorgegebene Ordnung hat, in der er sequenziell durchsucht werden kann, ist es wichtig, sich an jeder »Weggabelung« zu merken, welche Elemente bereits durchsucht wurden und welche nicht. Einige klassische Algorithmen für die Suche in solchen nicht sequenziellen Suchräumen werden in diesem Abschnitt anhand eines bekannten Beispiels eingeführt: der Pfadsuche durch ein Labyrinth. Die drei hier vorgestellten Algorithmen heißen *Tiefensuche*, *Breitensuche* und *A**.

Labyrinthkoordinaten speichern

Eine Klasse namens `GridLocation` speichert vertikale und horizontale Koordinaten (Zeilen und Spalten), die der Identifikation von Positionen in den rechteckigen Labyrinthen dienen. Hierbei ist wichtig, dass zwei Instanzen dieser Klasse als identisch angesehen werden, wenn beide Koordinaten gleich sind. Das ist nicht selbstverständlich: Die von `java.lang.Object` geerbte Implementierung der Methode `equals()` basiert auf der Speicheradresse des jeweiligen Objekts und ist damit für den hier benötigten Zweck unbrauchbar. Da `GridLocation`-Instanzen auch als Schlüssel in `HashSet` und `HashMap` zum Einsatz kommen, gilt dasselbe für die Methode `hashCode()`, die den hinter den Kulissen in Wirklichkeit als Schlüssel verwendeten ganzzahligen Hash-Code zurückgibt. In Listing 8.7 sehen Sie eine Implementierung von `GridLocation`, die auf diese Anforderungen eingeht.

```
public class GridLocation {
    private int row;
    private int column;

    public GridLocation(int row, int column) {
        this.row = row;
        this.column = column;
    }

    public int getRow() {
        return this.row;
    }

    public int getColumn() {
        return this.column;
    }
```

```
    @Override
    public boolean equals(Object other) {
        if (this == other && other != null) {
            return true;
        }
        if (this.getClass() != other.getClass()) {
            return false;
        }
        GridLocation otherGL = (GridLocation) other;
        if (this.row == otherGL.getRow() && this.column == otherGL.getColumn()) {
            return true;
        }
        return false;
    }

    @Override
    public int hashCode() {
        return this.row * 1000 + this.column;
    }
}
```

Listing 8.7 GridLocation.java repräsentiert horizontale und vertikale Koordinaten und sorgt dafür, dass Instanzen mit identischen Koordinaten als gleich und mit verschiedenen Koordinaten als unterschiedlich interpretiert werden.

Dass die Methode `equals()` ein Argument vom Typ `Object` und nicht etwa vom Typ `GridLocation` entgegennimmt, liegt daran, dass genau diese Implementierung überschrieben werden muss, um bei einem entsprechenden Aufruf zum Einsatz zu kommen. Zunächst wird `true` zurückgegeben, wenn `this` und `other` dasselbe Objekt und nicht `null` sind. Wenn die Objekte ansonsten unterschiedlichen Klassen angehören, ist das Ergebnis `false`. Erst danach erfolgt der Typecast von `other` zu einem `GridLocation`-Objekt, und der Vergleich der Koordinaten entscheidet, ob die beiden Objekte als gleich angesehen werden oder nicht.

Die Methode `hashCode()` nimmt gar keine Argumente entgegen, und der Rückgabewert muss `int` sein. In der vorliegenden Implementierung wird die vertikale Koordinate `row` mit 1.000 multipliziert und zur unveränderten horizontalen Koordinate `column` addiert. Die Klasse `GridLocation` ist also für Gitter bis zu einer Größe von 1.000 Zeilen mal 1.000 Spalten geeignet, was für das Labyrinth und ein weiteres Beispiel in diesem Kapitel mehr als ausreicht.

Die Tiefensuche verwenden

Die *Tiefensuche* (englisch: *depth-first search*, kurz *DFS*) geht jeden eingeschlagenen Weg immer ganz zu Ende, also jeweils, bis sie an einer Stelle angekommen ist, an der es nicht mehr weitergeht, oder bis sie das gesuchte Ziel gefunden hat. Das liegt daran, dass an jeder »Weggabelung«, also jeder Stelle, an der es mehrere mögliche Nachfolgezustände gibt, jeder Zustand auf einem Stack abgelegt wird. Ein *Stack*, zu Deutsch *Stapel*, ist eine Datenstruktur, bei der das zuletzt hinzugefügte Element als erstes wieder entnommen wird. Das Prinzip wird *Last In, First Out* oder kurz *LIFO* genannt. So kommt es, dass viele mögliche Wege nie beschritten werden, sondern der erste (und nicht notwendigerweise der kürzeste) zum Ziel führende Weg das Ergebnis ist. Erst wenn ein Weg endgültig in die Irre führt, es von einem bestimmten Zustand aus also keine weiteren zu durchsuchenden Zustände mehr gibt, wird mit der zuvor auf den Stack gelegten Abzweigung weitergemacht.

In Abbildung 8.3 sehen Sie den Weg der Tiefensuche durch das Beispiel-Labyrinth, das für alle drei Suchverfahren verwendet wird. Die gestrichelten Linien sind alternative Wege, die auf den Stack gelegt, aber niemals beschritten werden, weil die durchgezogene Linie bereits das Ziel erreicht.

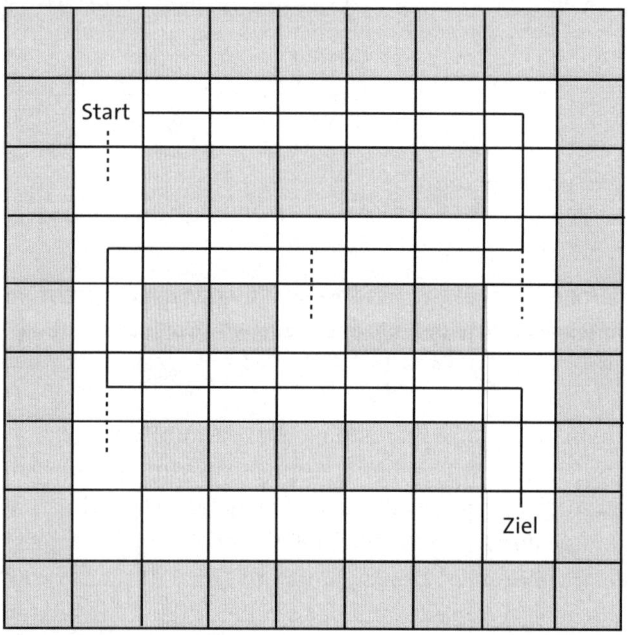

Abbildung 8.3 Tiefensuche eines Wegs durch ein Labyrinth. Die gestrichelten Linien zeigen gefundene Wege, die niemals beschritten werden, weil der mit der durchgezogenen Linie markierte Weg zum Ziel führt.

Bei einer nicht sequenziellen Suche muss es neben der Ablage für noch zu durchsuchende Zustände, die als *Frontier* (Grenzgebiet oder unentdecktes Land) bezeichnet wird und bei der Tiefensuche wie gesagt die Form eines Stacks hat, noch eine weitere Datenstruktur geben: die Menge der bereits durchsuchten Zustände. Ansonsten kommt es fast immer dazu, dass die Suche unendlich lange »im Kreis herumirrt«, statt das Ziel zu finden, weil auch bereits durchsuchte Zustände zur Frontier hinzugefügt werden.

Damit tatsächlich ein Weg und nicht bloß das gesuchte Ziel gefunden werden kann, besteht die Frontier übrigens nicht aus den einfachen zu durchsuchenden Zuständen des jeweiligen

Problems (beim Labyrinth also den einzelnen `GridLocation`-Feldern), sondern aus Instanzen einer Datenstruktur, die auch den bisher eingeschlagenen Weg kapselt, indem sie jeweils auf einen Vorgänger (`parent`) verweist. In Listing 8.8 sehen Sie die zuständige Klasse `Node`, in der der eigentliche Zustand als Generic `T` gespeichert wird.

```
import java.util.Deque;
import java.util.LinkedList;

public class Node<T> {
    private T state;
    private Node<T> parent = null;

    public Node(T state) {
        this.state = state;
    }

    public Node(T state, Node<T> parent) {
        this.state = state;
        this.parent = parent;
    }

    public T getState() {
        return this.state;
    }

    public Node<T> getParent() {
        return this.parent;
    }

    public Deque<T> toPath() {
        Deque<T> result = new LinkedList<>();
        result.addLast(this.state);
        Node<T> current = this;
        while (current.getParent() != null) {
            current = current.getParent();
            result.addLast(current.getState());
        }
        return result;
    }
}
```

Listing 8.8 Node.java enthält eine Klasse mit der Datenstruktur, die einen Zustand im Suchraum und den bis zu diesem Zustand eingeschlagenen Weg durch Verweis auf eine optionale Node-Instanz namens parent kapselt.

Wie Sie sehen, hat die Klasse zwei verschiedene Konstruktoren: Wenn Sie den Konstruktor `Node(T state)` aufrufen, wird der `parent`-Knoten auf `null` gesetzt. Dies wird für den Anfangszustand benötigt, da dieser keinen Vorgänger hat. Der Konstruktor `Node(T state, Node<T> parent)` kommt dagegen bei allen anderen Knoten zum Einsatz.

Interessant ist noch die Methode `toPath()`, die für das Auslesen des Ergebnisses einer Pfadsuche benötigt wird: Sie verfolgt vom aktuellen Knoten aus so lange die Elternknoten, bis einer von diesen null ist, und legt die währenddessen gefundenen Knoten in einer verketteten Liste ab. Das Interface `Deque` ist der gemeinsame Vorfahr aller verketteten Listenstrukturen, unter anderem auch des Stacks, und die Klasse `LinkedList` ist eine von mehreren Implementierungen, die hier verwendet werden kann. Mit `addFirst()` wird der jeweilige Knoten am Anfang der Liste eingefügt, sodass die ursprüngliche Reihenfolge (vom aktuellen Knoten bis zum Ausgangspunkt) umgekehrt wird.

Listing 8.9 zeigt den ersten von drei Teilen der Klasse `PathSearch`, in der die statische Methode `dfs()` als allgemeingültig verwendbare Implementierung der Tiefensuche zur Verfügung steht.

```
import java.util.Deque;
import java.util.LinkedList;
import java.util.List;
import java.util.Set;
import java.util.HashSet;
import java.util.Map;
import java.util.HashMap;
import java.util.PriorityQueue;

public class PathSearch {
    public static <T> Node<T> dfs(T start, PathSearchable<T> searchable) {
        // Frontier als leeren Stack initialisieren.
        Deque<Node<T>> frontier = new LinkedList<>();
        // Den Startknoten erzeugen und auf Frontier ablegen.
        frontier.addFirst(new Node<T>(start));
        // Der Startknoten wurde bereits besucht.
        Set<T> visited = new HashSet<>();
        visited.add(start);
        // Solange es noch Elemente in Frontier gibt:
        while (frontier.size() > 0) {
            // Zuletzt hinzugefügtes Element aus Frontier holen.
            Node<T> node = frontier.removeFirst();
            // Ziel erreicht? Dann aktuellen Knoten zurückgeben.
            if (searchable.isGoal(node.getState())) {
                return node;
            }
```

```
            // Alle Nachfolger untersuchen.
            for (T child:searchable.successors(node.getState())) {
                // Falls der Nachfolger schon besucht wurde, überspringen.
                if (visited.contains(child)) {
                    continue;
                }
                // Nachfolger zur Liste der besuchten Zustände hinzufügen.
                visited.add(child);
                // Aus dem Nachfolger einen Knoten erzeugen und auf Frontier legen.
                frontier.addFirst(new Node<T>(child, node));
            }
        }
        // Nichts gefunden.
        return null;
    }

    // Hier werden die anderen Suchverfahren implementiert.
}
```

Listing 8.9 PathSearch.java (Ausschnitt) – die statische Methode dfs() implementiert die Tiefensuche.

Einige der zu Beginn des Listings importierten Klassen kommen nicht in der Methode `dfs()`, sondern erst in einem später gezeigten Ausschnitt zum Einsatz.

Relativ unscheinbar, aber wichtig ist das allein stehende `<T>` zwischen dem Schlüsselwort `static` und dem Datentyp `Node<T>`: Weil die gesamte Klasse nicht als `PathSearch<T>` deklariert wird, muss das Generic `<T>` in den einzelnen Methodendeklarationen eingeführt werden. Da `PathSearch` eine Sammlung statischer Methoden ist, die in der Lage sein sollen, mit `Node`-Strukturen für unterschiedliche Datentypen zu arbeiten, ist dies die bessere Lösung.

Die Methode `dfs()` nimmt zwei Argumente entgegen: den Startzustand `start` und eine Instanz des Interface `PathSearchable`, dessen Definition im Anschluss gezeigt wird. Letzteres dient dazu, die Methoden von `PathSearch` so flexibel wie möglich zu machen, denn Funktionen wie diejenige zum Finden der Nachfolger des aktuellen Zustands oder zur Bestimmung, ob der jeweils aktuell bearbeitete Zustand das Ziel ist, müssen über diese Instanz von außen bereitgestellt werden. Eine solche Methode, die Sie in einem eigenen Programm bereitstellen, damit sie bei Bedarf von außen aufgerufen wird, heißt *Callback-Methode* (benannt nach dem berüchtigten Vorstellungsgespräch-Prinzip: *Don't call us, we'll call you*).

Als Frontier kommt wieder eine als `LinkedList` implementierte `Deque` zum Einsatz, die diesmal jedoch, wie bereits begründet, `Node`-Instanzen enthält. Zum Stack wird diese Datenstruktur dadurch, dass die Methode `addFirst()` zum Hinzufügen und `removeFirst()` zum Entnehmen von Elementen verwendet wird. Das hört sich vielleicht widersinnig an, denn ein Stack bedeutet ja auch eine *Last in, First out-(LIFO)*-Datenstruktur, aber im Gegensatz dazu ist hier gemeint, an welchen Enden der Liste die Elemente hinzugefügt und entfernt werden: Für einen Stack muss es in beiden Fällen dasselbe Ende sein. Sie könnten ebenso gut `addLast()` und `removeLast()` verwenden. Bei traditionellen Stack-Strukturen heißen die Methoden zum Hinzufügen und Entfernen von Elementen übrigens *Push* beziehungsweise *Pop*.

Als Erstes wird aus dem Startzustand ein Knoten erzeugt und auf der Frontier abgelegt. Da er der Ausgangspunkt ist, wurde er natürlich auch bereits durchsucht und landet daher ebenfalls in der neu erzeugten Menge der bereits durchsuchten Zustände, also `visited` vom Typ `HashSet`. Hierfür war es notwendig, die Methode `hashCode()` der Klasse `GridLocation` zu überschreiben, damit zwei Instanzen mit denselben Koordinaten auch denselben Hash-Code haben, der als interner Schlüssel in der Menge dient.

Alle nachfolgenden Schritte werden in einer `while`-Schleife ausgeführt, die überprüft, ob die Frontier noch Elemente enthält. Hier wird der zuletzt auf dem Stack abgelegte Knoten aus diesem entnommen. Handelt es sich bei dem in diesem Knoten gekapselten Zustand um das Ziel – was mithilfe der Callback-Methode `isGoal()` überprüft wird –, dann wird dieser Knoten zurückgegeben, und die Tiefensuche ist abgeschlossen.

Im Normalfall werden alle Nachfolger des aktuellen Zustands durchsucht. Dafür wird über die Rückgabe der Callback-Methode `successors()` iteriert. Ist einer der Nachfolger in der Menge `visited` enthalten, wird er nicht weiter betrachtet – `continue` springt sofort zum nächsten Schleifendurchlauf, falls ein weiterer Nachfolger vorhanden ist. Ansonsten wird der zurzeit bearbeitete Nachfolger zu `visited` hinzugefügt. Zuletzt wird ein neuer Knoten erzeugt, der diesen Nachfolger als Zustand und den aktuellen Knoten als Vorgänger hat, und der Knoten wird zur Verarbeitung im nächsten Durchgang auf den Stack `frontier` gelegt.

Wurde die `while`-Schleife durchlaufen, ohne dass das Ziel gefunden wurde, wird `null` zurückgegeben, denn in diesem Fall blieb die Pfadsuche erfolglos.

Das in Listing 8.10 gezeigte Interface `PathSearchable` enthält drei Methodensignaturen, die implementiert werden müssen:

```
import java.util.List;

public interface PathSearchable<T> {
    public boolean isGoal(T potential);

    public List<T> successors(T current);

    public double heuristic(T potential);
}
```

Listing 8.10 PathSearchable.java definiert ein Interface, das Sie implementieren müssen, um mit den Methoden der Klasse PathSearch Ihre Datenstrukturen zu durchsuchen.

Nachdem alle Komponenten für die Pfadsuche vorhanden sind, folgt das eigentliche Labyrinth mit Parser, Ausgabe und passender Implementierung der `PathSearchable`-Methoden. In Listing 8.11 sehen Sie zunächst einen Großteil des Codes der Klasse `Maze`, der im Anschluss erläutert wird.

```
import java.util.List;
import java.util.ArrayList;

public class Maze implements PathSearchable<GridLocation> {
    private char[][] data = null;
    private GridLocation startLocation = null;
    private GridLocation goalLocation = null;

    public void parse(String[] mazeSource) {
        int length = -1;
        int lineCounter = 0;
        for (String line:mazeSource) {
            if (length == -1) {
                length = line.length();
                this.data = new char[mazeSource.length][length];
            } else if (length != line.length()) {
                throw new IllegalArgumentException(
                    "Alle Zeilen benötigen die Länge " + length
                );
            }
            for (int i = 0; i < length; i++) {
                char current = line.charAt(i);
                switch (current) {
                case 'S':
                    this.startLocation = new GridLocation(lineCounter, i);
                    break;
                case 'G':
                    this.goalLocation = new GridLocation(lineCounter, i);
                    break;
                case '+':
                case ' ':
                    break;
                default:
                    throw new IllegalArgumentException(
                        "Ungültiges Zeichen " + current
                    );
                }
                this.data[lineCounter][i] = current;
            }
```

8

```
            lineCounter++;
        }
        if (this.startLocation == null || this.goalLocation == null) {
            throw new IllegalArgumentException("Start und/oder Ziel fehlt.");
        }
    }

    @Override
    public List<GridLocation> successors(GridLocation location) {
        int row = location.getRow();
        int column = location.getColumn();
        List<GridLocation> successors = new ArrayList<>();
        // Nachfolger unten?
        if (row < this.data.length - 1 && this.data[row + 1][column] != '+') {
            successors.add(new GridLocation(row + 1, column));
        }
        // Nachfolger oben?
        if (row > 0 && this.data[row - 1][column] != '+') {
            successors.add(new GridLocation(row - 1, column));
        }
        // Nachfolger rechts?
        if (column < this.data[0].length - 1 && this.data[row][column + 1] != '+') {
            successors.add(new GridLocation(row, column + 1));
        }
        // Nachfolger links?
        if (column > 0 && this.data[row][column - 1] != '+') {
            successors.add(new GridLocation(row, column - 1));
        }
        return successors;
    }

    @Override
    public boolean isGoal(GridLocation location) {
        return location.equals(this.goalLocation);
    }

    // Hier fehlt noch die Implementierung von PathSearchable::heuristic()

    public void print(List<GridLocation> path) {
        if (path != null) {
            for (GridLocation location:path) {
                if (!location.equals(this.startLocation) &&
                    !location.equals(this.goalLocation)) {
                    this.data[location.getRow()][location.getColumn()] = 'X';
```

```
                }
            }
        }
        for (char[] line:this.data) {
            for (char current:line) {
                System.out.print(current);
            }
            System.out.println();
        }
        if (path != null) {
            for (GridLocation location:path) {
                if (!location.equals(this.startLocation) &&
                    !location.equals(this.goalLocation)) {
                    this.data[location.getRow()][location.getColumn()] = ' ';
                }
            }
        }
    }

    public void print() {
        this.print(null);
    }

    public static void main(String[] args) {
        String[] mazeSource = new String[9];
        mazeSource[0] = "+++++++++";
        mazeSource[1] = "+S      +";
        mazeSource[2] = "+ +++++ +";
        mazeSource[3] = "+       +";
        mazeSource[4] = "+ ++ ++ +";
        mazeSource[5] = "+       +";
        mazeSource[6] = "+ +++++ +";
        mazeSource[7] = "+      G+";
        mazeSource[8] = "+++++++++";
        Maze maze = new Maze();
        maze.parse(mazeSource);
        maze.print();
        System.out.println();
        System.out.println("Tiefensuche");
        Node<GridLocation> solution1 = PathSearch.dfs(maze.startLocation, maze);
        if (solution1 != null) {
            maze.print(new ArrayList<GridLocation>(solution1.toPath()));
        } else {
            System.out.println("Keine Lösung gefunden.");
```

```
        }
        System.out.println();
        // Hier folgen die Aufrufe von Breitensuche und A*.
    }
}
```

Listing 8.11 Maze.java implementiert das eigentliche Labyrinth und initiiert die verschiedenen Suchverfahren.

Da die zu durchsuchenden Zustände des Labyrinths vom Typ `GridLocation` sind, wird konkret das Interface `PathSearchable<GridLocation>` implementiert. Dadurch erwarten alle drei Methoden ein `GridLocation`-Argument, und `successors()` muss eine `List<GridLocation>` zurückgeben.

Instanzen der Klasse `Maze` haben drei Attribute:

- das zweidimensionale `char`-Array `data`, das die verschiedenen Arten von Labyrinthpositionen enthält:
  - Mauer, dargestellt durch `'+'`
  - freies Feld, dargestellt durch ein Leerzeichen
  - Startfeld, dargestellt durch `'S'`
  - Zielfeld, dargestellt durch `'G'` für *goal*
- die `GridLocation`-Instanz `startLocation` mit den Koordinaten des Startfeldes
- die `GridLocation`-Instanz `goalLocation` mit den Koordinaten des Zielfeldes

Die erste Methode der Klasse ist `parse()`. Sie nimmt ein String-Array entgegen, in dem das Design des gewünschten Labyrinths zeilenweise gespeichert ist. Sie überprüft, ob alle Zeilen gleich lang sind, nur die zulässigen Zeichen enthalten und ein Start- beziehungsweise Zielfeld enthalten. Bei Problemen wird eine Ausnahme ausgelöst. Mit den gewonnenen Informationen werden die Attribute initialisiert. Die einzelnen Anweisungen der Methode dürften anhand der Erläuterungen aus dem vorigen Kapitel selbsterklärend sein.

Als Nächstes folgt die Implementierung der `PathSearchable`-Methoden. Die Methode `successors()` nimmt eine `GridLocation`-Instanz entgegen und sucht die möglichen Nachfolger. Dies sind maximal vier Felder, die eine Zeile darunter oder darüber beziehungsweise eine Spalte rechts oder links davon liegen. Ist die entsprechende `GridLocation` Teil des Labyrinths und enthält `data` dort keine Mauer (`'+'`), wird sie zu einer `ArrayList` hinzugefügt, die schließlich als Ergebnis zurückgeliefert wird.

Die Zielprüfungsmethode ist sehr einfach: Auch sie nimmt eine `GridLocation` entgegen und gibt `true` zurück, wenn diese identisch mit dem Zielfeld ist, ansonsten `false`. Hier ist die bereits besprochene `equals()`-Implementierung von `GridLocation` wichtig, denn nur durch diese ist sichergestellt, dass zwei Instanzen mit identischen Koordinaten auch als gleich angesehen werden.

Die Implementierung der dritten Methode, `heuristic()`, wird später gezeigt, weil sie nur für die A*-Suche benötigt wird.

Die Methode `print()` gibt das Labyrinth auf der Konsole aus. Falls der übergebene Pfad nicht `null` ist, werden die entsprechenden Felder (außer Start- und Zielfeld) zunächst mit dem Zeichen `'X'` gekennzeichnet, um den gefundenen Pfad auszugeben, und nach der Ausgabe wieder zurückgesetzt. Der Bequemlichkeit halber existiert eine zweite Variante von `print()` ohne Parameter, die die erste aufruft und ihr explizit null als Pfad übergibt. Damit lässt sich das reine Labyrinth ohne Pfad ausgeben.

Das Hauptprogramm definiert zunächst ein String-Array mit dem in Abbildung 8.3 gezeigten Beispiel-Labyrinth. Anschließend wird eine `Maze`-Instanz erzeugt, und `parse()` wandelt das String-Array in ihre Attribute um. Nach der Ausgabe des Labyrinths wird `PathSearch.dfs()` aufgerufen, um die Tiefensuche durchzuführen. Falls das Ergebnis ein `Node` und nicht `null` ist, wird es mit `print()` ausgegeben. Dazu muss die von `toPath()` zurückgegebene `LinkedList` in eine `ArrayList` umgewandelt werden, da `print()` eine `List`-Instanz und keine `Deque`-Instanz als Argument entgegennimmt. (Dass die `Deque` dennoch notwendig ist, weil es unter anderen Umständen auf die Reihenfolge ankommt, zeigt ein späteres Anwendungsbeispiel in diesem Kapitel.)

Die Ausgabe des bisherigen Teils von `Maze` sieht so aus (der gefundene Weg entspricht demjenigen aus der ursprünglichen Abbildung):

```
+++++++++
+S      +
+ +++++ +
+       +
+ ++ ++ +
+       +
+ +++++ +
+      G+
+++++++++

Tiefensuche
+++++++++
+SXXXXXX+
+ +++++X+
+XXXXXXX+
+X++ ++ +
+XXXXXXX+
+ +++++X+
+      G+
+++++++++
```

Die Breitensuche verwenden

Wortwörtlich einen anderen Weg als die Tiefensuche geht die *Breitensuche* (englisch: *breadth-first search*, kurz *BFS*): Sie probiert jeden Zustand auf jedem möglichen Weg einzeln durch, statt den jeweiligen Weg bis zum Ziel oder bis in eine Sackgasse zu verfolgen. Damit dauert die Breitensuche möglicherweise länger als die Tiefensuche und verbraucht zwischenzeitlich auch mehr Speicher, findet aber den kürzesten Weg. Abbildung 8.4 zeigt die Reihenfolge, in der die Breitensuche die Felder des Beispiel-Labyrinths abarbeitet.

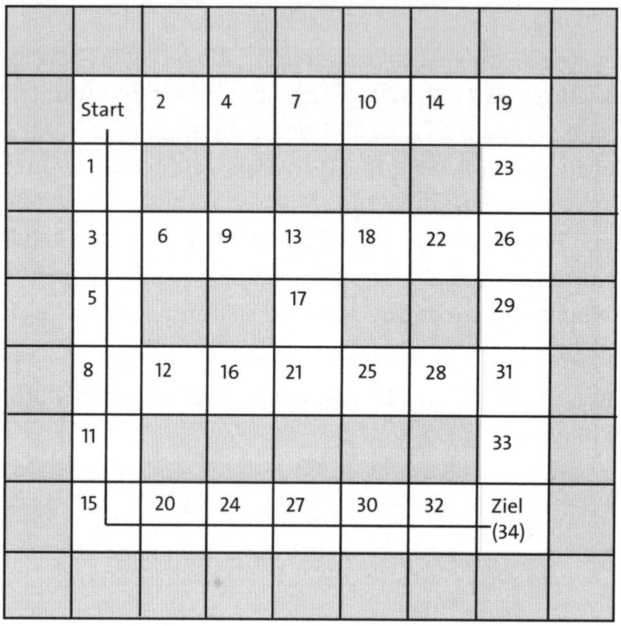

Abbildung 8.4 Die durchnummerierte Reihenfolge, in der die Breitensuche die Felder des Labyrinths abarbeitet, und der Pfad, der dabei entsteht

Interessanterweise sind die Implementierungen von Tiefen- und Breitensuche fast identisch. Der einzige Unterschied besteht darin, dass die Frontier bei der Breitensuche nicht als Stack, sondern als *Queue* (zu Deutsch *Warteschlange*) gespeichert wird. Hierbei handelt es sich um die Datenstruktur *First In, First Out* (kurz *FIFO*), bei der das zuerst hinzugefügte Element auch zuerst wieder entnommen wird. Auf diese Weise ist sichergestellt, dass jeder gefundene Nachfolger sofort untersucht wird. Auch die Warteschlange wird als `LinkedList` angelegt, aber diesmal werden die Knoten mit `addLast()` am Ende eingefügt und wie gehabt mit `addFirst()` am Anfang entnommen. In Listing 8.12 sehen Sie die Methode `bfs()` aus der Klasse `PathSearch`, die wie gesagt fast identisch mit `dfs()` ist.

```
public static <T> Node<T> bfs(T start, PathSearchable<T> searchable) {
    // Frontier als leere Queue initialisieren
    Deque<Node<T>> frontier = new LinkedList<>();
    // Den Startknoten erzeugen und auf Frontier ablegen.
```

```
        frontier.addLast(new Node<T>(start));
        // Der Startknoten wurde bereits besucht.
        Set<T> visited = new HashSet<>();
        visited.add(start);
        // Solange es noch Elemente in Frontier gibt:
        while (frontier.size() > 0) {
            // Zuletzt hinzugefügtes Element aus Frontier holen.
            Node<T> node = frontier.removeFirst();
            // Ziel erreicht? Dann aktuellen Knoten zurückgeben.
            if (searchable.isGoal(node.getState())) {
                return node;
            }
            // Alle Nachfolger untersuchen.
            for (T child:searchable.successors(node.getState())) {
                // Falls der Nachfolger schon besucht wurde, überspringen.
                if (visited.contains(child)) {
                    continue;
                }
                // Nachfolger zur Liste der besuchten Zustände hinzufügen.
                visited.add(child);
                // Aus dem Nachfolger einen Knoten erzeugen und auf Frontier legen.
                frontier.addLast(new Node<T>(child, node));
            }
        }
        // Nichts gefunden.
        return null;
    }
```

Listing 8.12 PathSearch.java (Ausschnitt) – die statische Methode bfs() implementiert die Breitensuche.

Nun fehlt nur noch eine kurze Ergänzung am bisherigen Ende der Methode `main()` in *Maze.java*, um auch die Breitensuche im selben Labyrinth auszuprobieren (siehe Listing 8.13):

```
System.out.println("Breitensuche");
Node<GridLocation> solution2 = PathSearch.bfs(maze.startLocation, maze);
if (solution2 != null) {
    maze.print(new ArrayList<GridLocation>(solution2.toPath()));
} else {
    System.out.println("Keine Lösung gefunden.");
}
System.out.println();
```

Listing 8.13 Maze.java (Ausschnitt): Aufruf und Ausgabe der Breitensuche

Die Ausgabe des neuen Suchverfahrens sieht erwartungsgemäß so aus, wie in Abbildung 8.4 gezeigt:

```
Breitensuche
+++++++++
+S      +
+X+++++ +
+X      +
+X++ ++ +
+X      +
+X+++++ +
+XXXXXXG+
+++++++++
```

Die A*-Suche verwenden

Das letzte Suchverfahren, das in diesem Abschnitt vorgestellt wird, ist die *A*-Suche* (gesprochen »a-star« oder auf Deutsch »A-Stern«). Es handelt es sich um ein Beispiel für eine *informierte Suche*: Bereits bekannte Tatsachen über das Ziel und die Entfernung zu diesem werden verwendet, um das Ergebnis zu optimieren. Dazu werden gegenüber Tiefen- und Breitensuche folgende Veränderungen eingeführt:

- Es wird über die Kosten, also den Aufwand, den der Weg bis zum aktuellen Knoten bereitet hat, Buch geführt.
- Die Kosten des restlichen Wegs bis zum Ziel werden geschätzt.
- Die Frontier ist eine *Priority Queue* (*Prioritätswarteschlange*), bei der die Reihenfolge der Elemententnahme anders ist als bei Stack oder Queue: Das *günstigste* Element wird zuerst entnommen (im vorliegenden Fall dasjenige, bei dem die Summe aus Kosten und geschätzten Restkosten am niedrigsten ist).

Damit ist zunächst klar, dass eine erweiterte Node-Datenstruktur benötigt wird, um die Kosten und den Schätzwert der restlichen Kosten bis zum Ziel speichern zu können. Da Kosten in diesem Zusammenhang auch als »Gewicht« bezeichnet werden, heißt sie WeightedNode und ist in Listing 8.14 zu sehen:

```
public class WeightedNode<T> extends Node<T> implements Comparable<WeightedNode<T>> {
    private double cost = 0.0;
    private double heuristic = 0.0;

    public WeightedNode(T state) {
        super(state);
    }
```

```
    public WeightedNode(T state, WeightedNode<T> parent) {
        super(state, parent);
    }

    public WeightedNode(T state, WeightedNode<T> parent,
            double cost, double heuristic) {
        super(state, parent);
        this.cost = cost;
        this.heuristic = heuristic;
    }

    public double getCost() {
        return this.cost;
    }

    public double getHeuristic() {
        return this.heuristic;
    }

    @Override
    public int compareTo(WeightedNode<T> other) {
        double difference = (this.cost + this.heuristic) -
            (other.getCost() + other.getHeuristic());
        if (difference > 0) {
            return 1;
        }
        if (difference < 0) {
            return -1;
        }
        return 0;
    }
}
```

Listing 8.14 WeightedNode.java definiert eine erweiterte Knotenklasse für den Einsatz in Priority Queues.

Wie Sie sehen, erweitert die Klasse `WeightedNode` die bereits vorhandene Klasse `Node`, sodass Sie sich um die Verwaltung von Zustand und Elternknoten nicht mehr zu kümmern brauchen. Des Weiteren werden `Comparable` und damit `compareTo()` implementiert, denn genau diese Methode wird vom inneren Algorithmus der Priority Queue aufgerufen, um das jeweils günstigste noch vorhandene Element auszuwählen.

Die Klasse hat drei Konstruktoren, die jeweils den Konstruktor der Elternklasse aufrufen. Nur einer der Konstruktoren nimmt Werte für Kosten und Heuristik (den besagten Schätzwert) entgegen und dient typischerweise dazu, andere Knoten als den Startknoten zu bilden.

Die Methode `compareTo()` zählt einfach Kosten und Heuristik des vorliegenden Knotens zusammen und vergleicht das Ergebnis mit derselben Summe des Vergleichsknotens. Je nachdem, ob die lokalen Werte größer, kleiner oder gleich denjenigen des anderen gewichteten Knotens sind, wird gemäß der Spezifikation von `compareTo()` 1, –1 beziehungsweise 0 zurückgegeben. Das per Typecasting in `int` umgerechnete Ergebnis der Subtraktion einfach zurückzugeben, wäre übrigens nicht genau genug und würde daher zu Fehlern führen.

Bevor der A*-Algorithmus selbst betrachtet wird, soll noch auf die Implementierung von `heuristic()` aus der Klasse `Maze` eingegangen werden. Im vorliegenden Fall wird als Schätzwert der euklidische Abstand zwischen dem betrachteten Knoten und dem Ziel berechnet – es handelt sich um die nach dem Satz des Pythagoras berechnete Diagonale zwischen zwei Punkten. Dieses Verfahren erfüllt die Forderung nach einer sogenannten *zulässigen Heuristik*: Die geschätzten Kosten zum Erreichen des Ziels dürfen nie überschätzt werden. Listing 8.15 zeigt die Implementierung.

```
@Override
public double heuristic(GridLocation location) {
    int rows = location.getRow() - this.goalLocation.getRow();
    int columns = location.getColumn() - this.goalLocation.getColumn();
    return Math.sqrt(Math.pow(rows, 2) + Math.pow(columns, 2));
}
```

Listing 8.15 Maze.java (Ausschnitt): Implementierung der PathSearchable-Methode heuristic() als euklidischer Abstand

Die statischen Methoden `Math.sqrt()` und `Math.pow()` berechnen übrigens Quadratwurzeln beziehungsweise Potenzen.

Abbildung 8.5 zeigt den Ablauf der A*-Suche im Beispiel-Labyrinth. Die drei untereinanderstehenden Werte in jedem Feld sind folgende:

- die Reihenfolge, in der die Felder durchsucht werden,
- die bis zum jeweiligen Feld entstandenen Kosten (in diesem einfachen Fall identisch mit der Anzahl der Schritte) und
- der auf zwei Nachkommastellen gerundete euklidische Abstand bis zum Ziel.

Wie Sie sehen, nähert sich der gefundene Weg, so gut es die im Labyrinth vorhandenen Wege zulassen, der durch den euklidischen Abstand als Ideal vorgegebenen Diagonale an.

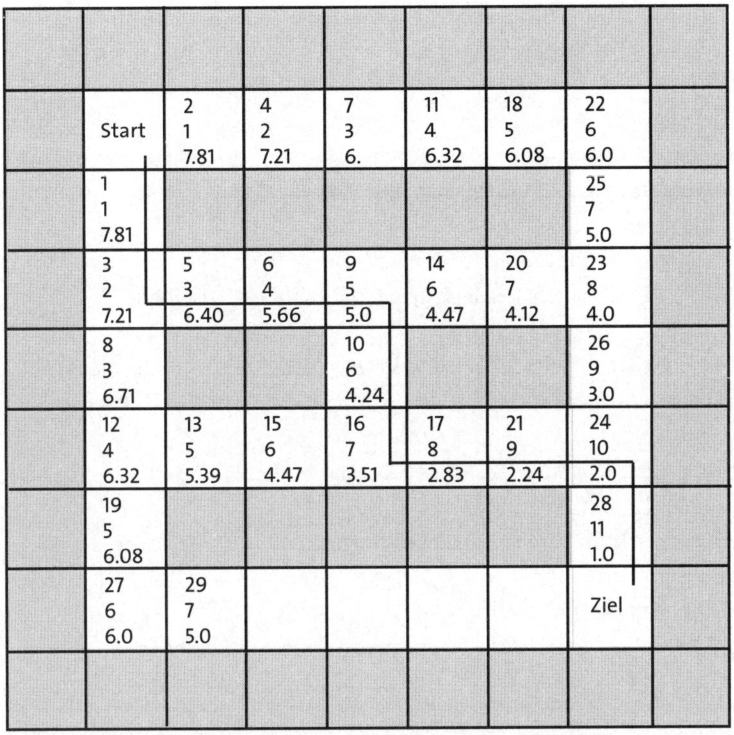

Abbildung 8.5 Ablauf der A*-Suche im Beispiel-Labyrinth. In jedem Feld stehen untereinander die Besuchsreihenfolge, die zum Erreichen des Feldes benötigten Kosten und die auf zwei Nachkommastellen gekürzte Heuristik zum Erreichen des Ziels.

Damit sind alle Zutaten für die A*-Suche bereit. In Listing 8.16 sehen Sie die eigentliche Implementierung in der Klasse PathSearch:

```
public static <T> WeightedNode<T> astar(T start, PathSearchable<T> searchable) {
    // Frontier als leere Prioritätswarteschlange initialisieren.
    PriorityQueue<WeightedNode<T>> frontier = new PriorityQueue<>();
    // Den Startknoten erzeugen und auf Frontier ablegen.
    frontier.offer(
        new WeightedNode<T>(start, null, 0.0, searchable.heuristic(start))
    );
    // Der Startknoten wurde bereits besucht.
    Map<T, Double> visited = new HashMap<>();
    visited.put(start, 0.0);
    // Solange es noch Elemente in Frontier gibt:
    while (frontier.size() > 0) {
        // Günstigstes Element aus Frontier holen.
        WeightedNode<T> node = frontier.poll();
```

```
            // Ziel erreicht? Dann aktuellen Knoten zurückgeben.
            if (searchable.isGoal(node.getState())) {
                return node;
            }
            // Alle Nachfolger untersuchen.
            for (T child:searchable.successors(node.getState())) {
                // Kosten berechnen.
                double childCost = node.getCost() + 1;
                // Falls Nachfolger schon besucht und Kosten nicht geringer,
                // überspringen.
                if (visited.containsKey(child) && visited.get(child) <= childCost) {
                    continue;
                }
                // Nachfolger hinzufügen oder Kosten aktualisieren.
                visited.put(child, childCost);
                // Aus dem Nachfolger einen Knoten erzeugen und auf Frontier legen.
                frontier.offer(
                    new WeightedNode<T>(
                        child, node, childCost, searchable.heuristic(child)
                    )
                );
            }
        }
        // Nichts gefunden.
        return null;
    }
```

Listing 8.16 PathSearch.java (Ausschnitt) – die Methode astar() implementiert die A*-Suche.

Wie Sie sehen, heißt die Java-Implementierung der Priority Queue für die Frontier tatsächlich `java.util.PriorityQueue`. Die Methoden zum Hinzufügen und Entnehmen von Werten heißen `offer()` beziehungsweise `poll()`. Die interne Datenstruktur der Priority Queue (die dem im nächsten Abschnitt vorgestellten Binärbaum ähnelt) muss übrigens dafür sorgen, dass Elemente mit gleichem Gewicht in der Reihenfolge herausgegeben werden, in der sie gespeichert wurden – daher heißt das Konstrukt auch Priority Queue und nicht etwa Priority Stack. Eine naive Implementierung, die einfach die Elemente sortiert und dasjenige mit dem geringsten Gewicht herausgibt, führt also zu Fehlern.

Wichtig ist, dass auch der Speicherort für bereits besuchte Zustände (hier wie gehabt `GridLocation`-Instanzen) eine neue Datenstruktur hat. Statt `HashSet` kommt nun eine `HashMap` zum Einsatz, in der die Zustände die Schlüssel und die Kosten die Werte bilden. Es wird also nicht nur jeder bisher unbesuchte Zustand durchsucht, sondern auch jeder, zu dem ein günstigerer als der bisher bekannte Weg gefunden wurde. Die Kosten werden einfach für jedes Feld um 1 gegenüber seinem Vorgänger erhöht. Wenn Sie A* für andere konkrete Suchen einsetzen, kann es sein, dass Sie stattdessen eine komplexere Kostenfunktion einsetzen müssen (diese könnte dann auch in einer erweiterten Fassung des Interface `PathSearchable` konzipiert werden). Ein Beispiel wäre das Finden von Wegen über unterschiedlich lange Teilstrecken, bei denen nicht 1, sondern die jeweilige Streckenlänge zur bisherigen hinzuaddiert werden müsste.

Zu guter Letzt fehlen nur noch Aufruf und Ausgabe von `astar()` in der Methode `main()` der Klasse `Maze`. Der Code wird in Listing 8.17 gezeigt:


```
System.out.println("A*-Suche");
WeightedNode<GridLocation> solution3 = PathSearch.astar(
    maze.startLocation, maze
);
if (solution3 != null) {
    maze.print(new ArrayList<GridLocation>(solution3.toPath()));
} else {
    System.out.println("Keine Lösung gefunden.");
}
```

Listing 8.17 Maze.java (Ausschnitt) – Aufruf und Ausgabe der A*-Suche

Die Ausgabe sieht genau so aus, wie in Abbildung 8.5 vorhergesagt:

```
A*-Suche
+++++++++
+S      +
+X+++++ +
+XXXX   +
+ ++X++ +
+   XXXX+
+ +++++X+
+      G+
+++++++++
```

8.4 Bäume und Graphen

In der Labyrinthsuche im vorigen Abschnitt wurden bereits intuitiv nicht sequenzielle Datenstrukturen durchsucht. Dieser Abschnitt konzentriert sich dagegen auf die Charakteristiken dieser Strukturen selbst, denn Bäume und Graphen spielen eine wichtige Rolle bei der Lösung verschiedenster Probleme.

8.4.1 Bäume verwenden

Der *Baum* ist eine häufig für verzweigende oder ineinander verschachtelte Informationen eingesetzte Datenstruktur – denken Sie etwa an Hierarchien in Firmen oder auch in den Verzeichnissen eines Dateisystems. Die einzelnen Elemente eines Baums werden *Knoten* genannt (englisch: *nodes*; sie sind durchaus vergleichbar mit der gleichnamigen Klasse für die Pfadsuche, außer dass diesmal nicht der jeweilige Vorgänger gespeichert wird, sondern die Nachfolger). Sie ähneln den Elementen einer Liste mit dem Unterschied, dass ein Element eines Baums jeweils mehrere Nachfolger haben kann, aber ebenso wie ein Listenelement nur einen Vorgänger.

Die wichtigste Art der Baumstruktur ist der *Binärbaum*. Jedes Element dieses Baums kann maximal zwei Nachfolger besitzen. Mithilfe von Binärbäumen werden beispielsweise schnelle Such- und Sortierverfahren implementiert. Auch die innere Datenstruktur der Priority Queue ist ein Binärbaum.

Im Folgenden wird gezeigt, wie ein Binärbaum in Java implementiert wird. Die zentrale Klasse `Branch<T>` ist ein einzelner Zweig eines Baums, der einen Wert vom Generic-Typ `T` und je einen möglichen linken und rechten Nachfolger besitzt. Die Nachfolger haben den Wert `null`, solange sie nicht explizit gesetzt werden. Der ganze Baum beziehungsweise dessen Wurzel hat exakt denselben Datentyp; die Nachfolger sind rekursiv verschachtelt. In Listing 8.18 wird der Code der Klasse `Branch` gezeigt:

```
/**
* einzelner Zweig eines Binärbaums und der Baum selbst
*/
public class Branch<T extends Comparable<? super T>> {
    /**
    * Wert des aktuellen Knotens
    */
    private T value;

    /**
    * linker Nachfolger, falls gesetzt, sonst null
    */
    private Branch<T> left = null;

    /**
    * rechter Nachfolger, falls gesetzt, sonst null
    */
    private Branch<T> right = null;

    /**
    * Konstruktor, der nur einen Wert entgegennimmt
```

```
*
* @param value Der zu speichernde Wert
*/
public Branch(T value) {
    this.value = value;
}
/**
* Konstruktor mit Wert und Nachfolgern
*
* @param value Der zu speichernde Wert
* @param left Der linke Nachfolger
* @param right Der rechte Nachfolger
*/
public Branch(T value, Branch<T> left, Branch<T> right) {
    this.value = value;
    this.left = left;
    this.right = right;
}

/**
* Den Wert ändern.
*
* @param value Der neue zu speichernde Wert
*/
public void setValue(T value) {
    this.value = value;
}

/**
* Den linken Nachfolger setzen.
*
* @param left Der linke Nachfolger
*/
public void setLeft(Branch<T> left) {
    this.left = left;
}

/**
* Den rechten Nachfolger setzen.
*
* @param right Der rechte Nachfolger
*/
public void setRight(Branch<T> right) {
```

```
        this.right = right;
    }

    /**
    * Den Wert auslesen.
    *
    * @return Aktueller Wert
    */
    public T getValue() {
        return value;
    }

    /**
    * Den linken Nachfolger auslesen.
    *
    * @return Linker Nachfolger
    */
    public Branch<T> getLeft() {
        return left;
    }

    /**
    * Den rechten Nachfolger auslesen.
    *
    * @return Rechter Nachfolger
    */
    public Branch<T> getRight() {
        return right;
    }

    /**
    * Den gesamten Teilbaum unterhalb des aktuellen Knotens ausgeben.
    */
    public void print() {
        this.print(this, 0);
    }

    /**
    * Den aktuellen Teilbaum um 90° gedreht ausgeben.
    */
    private void print(Branch<T> current, int indentation) {
        // Rechten Nachfolger rekursiv ausgeben, falls vorhanden.
        if (current.getRight() != null) {
```

```
            this.print(current.getRight(), indentation + 4);
        }
        // Aktuellen Knoten eingerückt ausgeben.
        for (int i = 0; i < indentation; i++) {
            System.out.print(" ");
        }
        System.out.println(current.getValue());
        // Linken Nachfolger rekursiv ausgeben, falls vorhanden.
        if (current.getLeft() != null) {
            this.print(current.getLeft(), indentation + 4);
        }
    }
}
```

Listing 8.18 Branch.java implementiert einen Binärbaum sowie jede Verzweigung eines solchen.

Wenn Sie den Code mitsamt den Kommentaren aufmerksam durchlesen, dürfte er verständlich sein, denn er enthält keine bisher unbesprochenen Java-Funktionen oder -Konzepte. Interessant ist die private Methode `print()`, die einen Baum oder Teilbaum rekursiv ausgibt. Da der verfügbare Platz in der Breite schnell begrenzt und das (relative) Zentrieren auf der Konsole rechenaufwendig ist, wird die Ausgabe einfach um 90° gedreht. Deshalb wird zunächst der rechte Nachfolger des aktuellen Knotens rekursiv ausgegeben, dann der aktuelle Knoten selbst und schließlich der linke Nachfolger. Auf jeder Stufe wird die Einrückung um vier Zeichen erhöht.

Diese private Methode wird von der gleichnamigen öffentlichen Methode mit dem aktuellen Knoten und der anfänglichen Einrückungstiefe 0 aufgerufen. Ein Ausgabebeispiel sehen Sie im nächsten Unterabschnitt.

Daten über Binärbäume sortieren

Binärbäume eignen sich gut, um Werte in einem Durchgang der Größe nach zu sortieren. Die Klasse `BranchSort<T>` erledigt dies und stellt drei öffentliche Methoden bereit:

- `getRoot()` gibt den Wurzelknoten zurück, in dem sich das zuerst eingefügte Element befindet – ideal zur Ausgabe des Baums.
- `addValue()` dient dem korrekten Einsortieren eines neuen Werts in den bisherigen sortierten Binärbaum.
- `getSorted()` liefert alle Elemente in korrekter Reihenfolge als `ArrayList<T>` zurück.

In Listing 8.19 wird der Code der Klasse gezeigt:

```
import java.util.List;
import java.util.ArrayList;
```

```
/**
* Werte sortiert in einem Binärbaum speichern.
*
* Sie können mit addValue(T) beliebig viele Werte hinzufügen.
* Die Methode getSorted() liefert die Werte jederzeit
* aufsteigend sortiert zurück.
*/
public class BranchSort<T extends Comparable<? super T>> {
    /**
    * Wurzelknoten des internen Binärbaums
    */
    private Branch<T> root = null;

    /**
    * Wurzelknoten auslesen.
    *
    * @return Wurzelknoten
    */
    public Branch<T> getRoot() {
        return root;
    }

    /**
    * Einen Wert hinzufügen.
    *
    * Wenn der Wurzelknoten noch nicht gesetzt ist, wird der Wert
    * als Wurzelknoten gesetzt, ansonsten wird er mithilfe der
    * internen Helfermethode recursiveInsert() einsortiert.
    *
    * @param value Der einzufügende Wert
    */
    public void addValue(T value) {
        if (root == null) {
            root = new Branch<>(value);
        } else {
            recursiveInsert(root, value);
        }
    }

    /**
    * rekursive Hilfsmethode zum Einsortieren eines Werts
    *
    * @param branch Der aktuelle Knoten
```

```
* @param value Der einzusortierende Wert
*/
private void recursiveInsert(Branch<T> branch, T value) {
    // Größe des einzusortierenden Werts überprüfen.
    if (value.compareTo(branch.getValue()) <= 0) {
        // kleiner oder gleich aktueller Wert: nach links
        if (branch.getLeft() != null) {
            // rekursiver Aufruf, falls linker Nachfolger
            recursiveInsert(branch.getLeft(), value);
            // Und Schluss.
            return;
        }
        // Ansonsten neuen Knoten erzeugen und als linken Nachfolger setzen.
        Branch<T> newBranch = new Branch<>(value);
        branch.setLeft(newBranch);
        // Und Schluss.
        return;
    } else {
        // größer als aktueller Wert: nach rechts
        if (branch.getRight() != null) {
            // rekursiver Aufruf, falls rechter Nachfolger
            recursiveInsert(branch.getRight(), value);
            // Und Schluss.
            return;
        }
        // Ansonsten neuen Knoten erzeugen und als rechten Nachfolger setzen.
        Branch<T> newBranch = new Branch<>(value);
        branch.setRight(newBranch);
        // Und Schluss.
        return;
    }
}

/**
* Alle Elemente aufsteigend sortiert auslesen.
*
* Intern wird eine neue Liste erzeugt, anschließend wird die interne
* Helfermethode mit dem Wurzelknoten und der leeren Liste aufgerufen.
*
* @return Die Liste der sortierten Werte
*/
public ArrayList<T> getSorted() {
    ArrayList<T> sorted = new ArrayList<>();
```

```
        recursiveRead(root, sorted);
        return sorted;
    }

    /**
    * interne Hilfsmethode zum Auslesen der sortierten Werte
    *
    * @param branch Der aktuelle Knoten
    * @param list Die Liste, in die die Werte geschrieben werden
    */
    private void recursiveRead(Branch<T> branch, ArrayList<T> list) {
        // rekursiver Aufruf für einen eventuellen linken Nachfolger
        if (branch.getLeft() != null) {
            recursiveRead(branch.getLeft(), list);
        }
        // Den aktuellen Wert an die Liste anfügen.
        list.add(branch.getValue());
        // rekursiver Aufruf für einen eventuellen rechten Nachfolger
        if (branch.getRight() != null) {
            recursiveRead(branch.getRight(), list);
        }
    }
}
```

Listing 8.19 BranchSort.java sortiert Werte gemäß dem Ordnungskriterium des jeweiligen Datentyps in einen Binärbaum ein: Werte, die kleiner oder gleich einem Vergleichsknoten sind, werden dessen linker Nachfolger, die größeren sein rechter.

Die eigentliche Arbeit erledigen die beiden privaten, rekursiven Hilfsmethoden `recursiveInsert()` und `recursiveRead()`. Sie funktionieren recht ähnlich wie die Methode `print()` der Klasse `Branch`.

Die nachfolgende Klasse `BranchSortTest` ist ein Beispielprogramm zum Testen von `BranchSort`. Es interpretiert alle Kommandozeilenparameter, bei denen das möglich ist, als `int`, fügt diese in ein `BranchSort<Integer>`-Objekt ein und gibt anschließend das Ergebnis von dessen `getSorted()`-Methode aus. In Listing 8.20 sehen Sie den Quellcode.

```
import java.util.List;
import java.util.ArrayList;

public class BranchSortTest {
    public static void main(String[] args) {
        // Neues BranchSort-Objekt erzeugen.
        BranchSort<Integer> branchSort = new BranchSort<>();
```

```
        // Argumente einsortieren, falls in int umwandelbar.
        for (int i = 0; i < args.length; i++) {
            try {
                branchSort.addValue(Integer.parseInt(args[i]));
            } catch(NumberFormatException e) {
            }
        }
        // Den sortierten Baum ausgeben.
        branchSort.getRoot().print();
        System.out.println();
        // Die sortierte Liste holen und elementweise ausgeben.
        List<Integer> sortedIntList = branchSort.getSorted();
        for (int i:sortedIntList) {
            System.out.println(i);
        }
    }
}
```

Listing 8.20 BranchSortTest.java sortiert die als Ganzzahlen interpretierten Kommandozeilenargumente mithilfe von BranchSort<Integer> in einen Binärbaum ein.

Wenn Sie das kompilierte Programm `BranchSortTest` ausführen, erhalten Sie eine Ausgabe wie diese:

```
$ java BranchSortTest 67 2 83 9 21 15 99 3 46 21 23
        99
    83
67
                46
                    23
            21
                    21
                15
        9
            3
    2

2
3
9
15
21
21
23
```

```
46
67
83
99
```

In Binärbäumen suchen

Die im vorigen Abschnitt implementierten Suchmethoden sind generisch genug, um auch Bäume zu durchsuchen. Die Klasse `BranchSearch` durchsucht einen mithilfe von `BranchSort` sortierten Binärbaum, um das zu demonstrieren. In Listing 8.21 wird zunächst der Code gezeigt:

```
import java.util.List;
import java.util.ArrayList;
import java.util.Deque;

public class BranchSearch implements PathSearchable<Branch<Integer>> {
    private Branch<Integer> goal;

    public BranchSearch(Branch<Integer> goal) {
        this.goal = goal;
    }

    @Override
    public List<Branch<Integer>> successors(Branch<Integer> branch) {
        List<Branch<Integer>> result = new ArrayList<>();
        Branch<Integer> left = branch.getLeft();
        Branch<Integer> right = branch.getRight();
        if (left != null) {
            result.add(left);
        }
        if (right != null) {
            result.add(right);
        }
        return result;
    }

    @Override
    public boolean isGoal(Branch<Integer> potential) {
        return this.goal.getValue().equals(potential.getValue());
    }

    @Override
```

```
    public double heuristic(Branch<Integer> potential) {
        // Wird hier nicht benötigt.
        return 0.0;
    }

    public static void printGoal(Node<Branch<Integer>> goal) {
        if (goal != null) {
            Deque<Branch<Integer>> goalPath = goal.toPath();
            while (goalPath.size() > 0) {
                System.out.print("  " + goalPath.removeLast().getValue());
            }
            System.out.println();
        } else {
            System.out.println("Kein Pfad gefunden.");
        }
    }

    public static void main(String[] args) {
        BranchSort<Integer> tree = new BranchSort<>();
        int[] values = {6, 3, 7, 1, 4, 9, 5, 2, 8};
        for (int i = 0; i < values.length; i++) {
            tree.addValue(values[i]);
        }
        Branch<Integer> root = tree.getRoot();
        root.print();
        System.out.println();
        BranchSearch bs1 = new BranchSearch(new Branch<Integer>(4));
        Node<Branch<Integer>> goal1 = PathSearch.dfs(root, bs1);
        System.out.println("Tiefensuche nach 4:");
        printGoal(goal1);
        Node<Branch<Integer>> goal2 = PathSearch.bfs(root, bs1);
        System.out.println("Breitensuche nach 4:");
        printGoal(goal2);
        BranchSearch bs2 = new BranchSearch(new Branch<Integer>(10));
        Node<Branch<Integer>> goal3 = PathSearch.dfs(root, bs2);
        System.out.println("Tiefensuche nach 10:");
        printGoal(goal3);
    }
}
```

Listing 8.21 BranchSearch.java verwendet Tiefen- und Breitensuche, um in einem Binärbaum den Pfad von der Wurzel bis zu einem bestimmten Knoten zu finden.

Die Klasse implementiert `PathSearchable` für `Branch<Integer>`-Instanzen, also müssen zunächst die Methoden dieses Interface bereitgestellt werden. Die Methode `successors()` ist simpel, denn sie braucht lediglich den linken und den rechten Nachfolger des angegebenen Knotens in die zurückzugebende Liste zu packen, sofern diese vorhanden sind. Die Implementierung von `isGoal()` vergleicht den Wert des Ziels mit demjenigen des Arguments. Da das Interface erfordert, dass auch `heuristic()` implementiert wird, die Methode jedoch hier nicht benötigt wird, gibt sie einfach konstant 0 zurück.

Die statische Methode `printGoal()` gibt den gefundenen Pfad aus – oder eine Meldung, falls kein Pfad gefunden wurde. Das Hauptprogramm schließlich erzeugt einen Beispielbaum und sucht mit Tiefen- und Breitensuche nach einem vorhandenen Wert sowie nochmals mit Tiefensuche nach einem nicht vorhandenen. Die Ausgabe sieht wie folgt aus:

```
        9
            8
    7
6
            5
        4
    3
            2
        1

Tiefensuche nach 4:
  6  3  4
Breitensuche nach 4:
  6  3  4
Tiefensuche nach 10:
Kein Pfad gefunden.
```

Wie Sie sehen, finden Tiefensuche und Breitensuche hier denselben Pfad. Solange es nur einen Knoten mit dem gesuchten Wert gibt, kann es auch nur einen Pfad von der Wurzel bis zu diesem geben. Wenn Sie die beteiligten Klassen jedoch so erweitern, dass sie die während der Suche durchsuchten Knoten ausgeben, stellen Sie fest, dass die Reihenfolge der Suche dennoch unterschiedlich ist: Wie die Definitionen der beiden Suchalgorithmen vermuten lassen, geht die Tiefensuche zunächst jeden möglichen Pfad bis zum Ende (6, 7, 9, 8, 3, 4), während die Breitensuche nacheinander die Knoten jeder Ebene besucht, bis das Ziel gefunden wurde (6, 3, 7, 1, 4).

8.4.2 Graphen verwenden

Bäume sind eine Sonderform eines allgemeineren mathematischen Konstrukts, das als *Graph* bezeichnet wird; das entsprechende Teilgebiet der Mathematik heißt *Graphentheorie*.

Ganz allgemein handelt es sich bei einem Graphen um eine Menge von *Knoten* (anders als bei Bäumen heißt der englische Begriff hier allerdings *vertices*, Singular *vertex*), zwischen denen es beliebige Verbindungen geben kann. Die Verbindungen werden dabei als *Kanten* (englisch: *edges*) bezeichnet. Ein Graph ist daher ein Tupel (V, E) aus einer Knotenmenge V und einer Kantenmenge E.

Im Gegensatz zum Baum kann ein allgemeiner Graph auch geschlossene Pfade enthalten – ein Knoten hat also nicht mehr unbedingt genau einen Vorgänger. Das schematische Beispiel in Abbildung 8.6 ist aufgrund der Kante zwischen den Knoten B und E ein Graph, aber kein Baum:

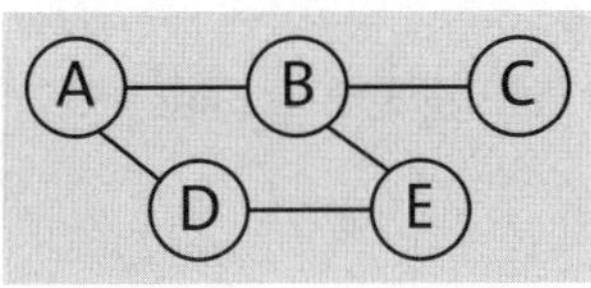

Abbildung 8.6 Schematische Darstellung eines Graphen mit fünf Knoten (A bis E) und fünf Kanten, die einige von ihnen miteinander verbinden

Eine spezielle Unterform eines Graphen ist der *Digraph*, der auch als *gerichteter Graph* bezeichnet wird. Hier hat jede Kante eine Richtungsangabe, die in Schemazeichnungen durch eine Pfeilspitze gekennzeichnet wird. In Standardgraphen sind Kanten dagegen richtungslos beziehungsweise bidirektional verwendbar. In Abbildung 8.7 wird das obige Beispiel als gerichteter Graph gezeigt:

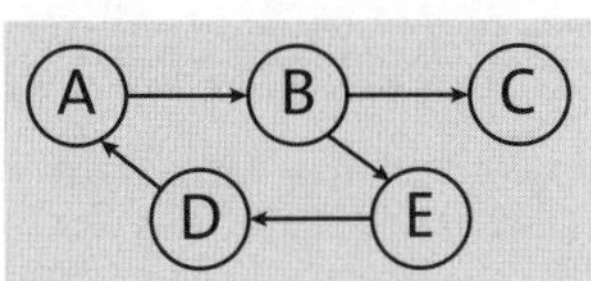

Abbildung 8.7 Der Beispielgraph als gerichteter Graph oder Digraph – jede Kante hat nun eine festgelegte Richtung.

Eine weitere Sonderform ist der *gewichtete Graph* oder *Multigraph*, bei dem es zwischen identischen Knoten beliebig viele Kanten geben darf. Diese mehrfachen Verbindungen werden dabei gezählt und als *Kantengewicht* bezeichnet – auf diese Weise lassen sich bevorzugte gegenüber nachrangigen Wegen darstellen, etwa bei der schematischen Darstellung eines Straßennetzes. Im Fall gerichteter Multigraphen kann es auch Schleifen geben, also Kanten in beide Richtungen zwischen denselben Knoten und sogar Kanten, die einen Knoten mit sich selbst verbinden. Gerichtete Graphen, die keine Multigraphen sind, bestehen dagegen ausschließlich aus »Einbahnstraßen«.

Es gibt zahllose Anwendungsmöglichkeiten für Graphen. Die allgegenwärtigen ÖPNV-Netzpläne sind beispielsweise Graphen, und auch im Bereich der Netzwerktopologie und des Routings (siehe Kapitel 5, »Netzwerkgrundlagen«) spielen sie eine wichtige Rolle. Alle Probleme, bei denen es um das Finden möglichst günstiger Wege geht, lassen sich besonders gut durch Graphen simulieren. Bekannte Beispiele sind das Finden des kürzesten Wegs, auf dem ein Handlungsreisender alle gewünschten Ziele besuchen kann, oder der kürzesten Verbindung, über die zwei Personen in einem sozialen Netzwerk miteinander verknüpft sind, obwohl sie einander nicht direkt kennen.

Graphen implementieren

Das nachfolgende Beispiel implementiert Graphen als Java-Klasse. Der Einfachheit halber handelt es sich um nicht gerichtete Graphen, bei denen die Richtung der Verbindungen eine Rolle spielt, und auch nicht um Multigraphen.

Für die Kanten kommt die Klasse Edge zum Einsatz, deren Code in Listing 8.22 gezeigt wird:

```
public class Edge {
    private int from;
    private int to;

    public Edge(int from, int to) {
        this.from = from;
        this.to = to;
    }

    public int getFrom() {
        return this.from;
    }

    public int getTo() {
        return this.to;
    }

    @Override
    public boolean equals(Object other) {
        if (this == other && other != null) {
            return true;
        }
        if (this.getClass() != other.getClass()) {
            return false;
        }
        Edge otherEdge = (Edge)other;
        if (this.from == otherEdge.getFrom() &&
            this.to == otherEdge.getTo()) {
            return true;
        }
```

```
        return false;
    }

    @Override
    public int hashCode() {
        return this.from * 1000 + this.to;
    }
}
```

Listing 8.22 Edge.java definiert eine Kante, das heißt die Verbindung zwischen zwei Knoten eines Graphen, die durch ihren ganzzahligen Index gekennzeichnet werden

Die durch eine Kante verbundenen Knoten werden mithilfe numerischer Indizes identifiziert. Ähnlich wie bei der Klasse `GridLocation` werden auch hier die Methoden `equals()` und `hashCode()` überschrieben, um sicherzustellen, dass Kanten mit demselben Start- und demselben Zielknoten als identisch angesehen werden und alle anderen als unterschiedlich.

In Listing 8.23 sehen Sie den ausführlich kommentierten Code der Klasse `Graph`:

```
import java.util.List;
import java.util.ArrayList;
import java.util.Map;
import java.util.HashMap;

/**
* Graph mit Knoten eines generischen Typs
*/
public class Graph<T> {
    /**
    * ganzzahlig indizierte Liste der Knoten
    */
    private Map<Integer, T> vertices;

    /**
    * Liste der Kanten
    */
    private List<Edge> edges;

    /**
    * höchster bisher vergebener Knotenindex
    */
    private int maxIndex = 0;

    /**
    * Der Konstruktor initialisiert Knoten- und Kantenliste als leer.
```

```
    */
    public Graph() {
        this.vertices = new HashMap<>();
        this.edges = new ArrayList<>();
    }

    /**
    * Alle Kanten auslesen.
    *
    * @return Liste der Kanten
    */
    public List<Edge> getEdges() {
        return this.edges;
    }

    /**
    * Alle Knoten auslesen.
    *
    * @return Map der Knoten
    */
    public Map<Integer, T> getVertices() {
        return this.vertices;
    }

    /**
    * Einen Knoten anhand seines Index ermitteln.
    *
    * @param index Index des gewünschten Knotens
    * @return Knoten mit dem angegebenen Index oder null, falls nicht vorhanden
    */
    public T getVertex(int index) {
        if (this.vertices.containsKey(index)) {
            return this.vertices.get(index);
        }
        return null;
    }

    /**
    * Einen neuen Knoten hinzufügen.
    *
    * @param Knoten
    * @return Nächster freier Index
    */
    public int addVertex(T vertex) {
```

```
    if (!this.vertices.containsValue(vertex)) {
        int index = this.maxIndex;
        this.vertices.put(this.maxIndex++, vertex);
        return index;
    }
    // Kein Knoten hinzugefügt.
    return -1;
}

/**
* Eine Kante anhand von Knoten-Indizes hinzufügen.
*
* Die Kante wird stets in beide Richtungen angelegt.
*
* @param from Index des Startknotens
* @param to Index des Zielknotens
*/
public void addEdge(int from, int to) {
    Edge fromEdge = new Edge(from, to);
    Edge toEdge = new Edge(to, from);
    if (!this.edges.contains(fromEdge)) {
        this.edges.add(fromEdge);
    }
    if (!this.edges.contains(toEdge)) {
        this.edges.add(toEdge);
    }
}

/**
* Eine Kante anhand von Knotenwerten hinzufügen.
*
* Falls noch nicht vorhanden, werden auch die Knoten hinzugefügt.
*
* @param fromVertex Startknoten
* @param toVertex Zielknoten
*/
public void addEdgeByVertices(T fromVertex, T toVertex) {
    int from = this.getIndexForVertex(fromVertex);
    if (from == -1) {
        from = this.addVertex(fromVertex);
    }
    int to = this.getIndexForVertex(toVertex);
    if (to == -1) {
        to = this.addVertex(toVertex);
```

```
        }
        this.addEdge(from, to);
    }

    /**
    * Den Index eines Knotens ermitteln.
    *
    * @param vertex Gesuchter Knoten
    * @return Index oder -1, falls der Knoten nicht existiert
    */
    public int getIndexForVertex(T vertex) {
        if (!this.vertices.containsValue(vertex)) {
            return -1;
        }
        for (Map.Entry<Integer, T> entry:this.vertices.entrySet()) {
            if (entry.getValue().equals(vertex)) {
                return entry.getKey();
            }
        }
        return -1;
    }

    /**
    * Alle von einem Knoten ausgehenden Kanten ermitteln.
    *
    * @param vertex Der Knoten, dessen Kanten gesucht sind
    * @return Liste der Kanten
    */
    public List<Edge> getEdgesFromVertex(T vertex) {
        List<Edge> result = new ArrayList<>();
        int index = this.getIndexForVertex(vertex);
        if (index > -1) {
            for (Edge edge:this.edges) {
                if (edge.getFrom() == index) {
                    result.add(edge);
                }
            }
        }
        return result;
    }

    /**
    * Alle direkt benachbarten Knoten eines Knotens ermitteln.
    *
```

```
     * @param vertex Knoten, dessen Nachbarn gesucht sind
     * @return Liste der Knoten
     */
    public List<T> getNeighbours(T vertex) {
        List<T> result = new ArrayList<>();
        for (Edge edge:this.getEdgesFromVertex(vertex)) {
            result.add(this.vertices.get(edge.getTo()));
        }
        return result;
    }

    /**
     * Eine Kante entfernen.
     *
     * @param edge Die zu entfernende Kante
     */
    public void removeEdge(Edge edge) {
        Edge reverse = new Edge(edge.getTo(), edge.getFrom());
        this.edges.remove(edge);
        this.edges.remove(reverse);
    }

    /**
     * Einen Knoten entfernen.
     *
     * Zuerst werden alle mit dem Knoten verbundenen Kanten entfernt,
     * erst danach der Knoten selbst.
     *
     * @param vertex Der zu entfernende Knoten
     */
    public void removeVertex(T vertex) {
        int index = this.getIndexForVertex(vertex);
        if (index > -1) {
            List<Edge> edges = this.getEdgesFromVertex(vertex);
            for (Edge edge:edges) {
                this.removeEdge(edge);
            }
            this.vertices.remove(index);
        }
    }
}
```

Listing 8.23 Graph.java ist eine Klasse für das Arbeiten mit Graphen.

Die einzelnen Knoten sind Instanzen des generischen Typs, mit dem ein konkreter Graph arbeiten soll – dies macht die vorliegende Implementierung recht flexibel. Die Gesamtheit der Knoten wird als `HashMap` gespeichert, in der fortlaufende Ganzzahlen die Schlüssel und Instanzen des besagten Generics die Werte bilden. Die Kanten sind dagegen eine einfache Liste der bereits gezeigten Klasse `Edge`.

Die Klasse `Graph` verfügt über zahlreiche Methoden; die meisten von ihnen dürften durch die Kommentare gut genug erklärt werden. Dennoch folgen einige Erläuterungen zu besonders interessanten Aspekten der Implementierung.

Wichtig ist, dass die Methode `addEdge()` die gewünschte Kante jeweils in beide Richtungen hinzufügt, da die Kanten in einfachen Graphen, wie bereits gesagt, keine Einbahnstraßen sind. Die andere Methode zum Hinzufügen einer Kante nimmt nicht die Indizes von Knoten entgegen, sondern deren Werte. Dass sie nicht einfach `addEdge(T fromVertex, T toVertex)` heißt (was das Überladen durchaus hergäbe), sondern den eigenen Namen `addEdgeByVertices()` trägt, liegt daran, dass die identische Benennung in einem möglichen `Graph<Integer>` nicht mehr eindeutig wäre. Beispielsweise wäre bei dem Aufruf `addEdge(2, 3)` nicht entscheidbar, ob er sich auf Knoten oder auf deren Indizes bezieht.

Das Attribut `maxIndex` führt Buch darüber, welcher Index für den nächsten neuen Knoten vergeben wird. Die zuständige Anweisung in `addVertex()` lautet konkret:

```
this.vertices.put(this.maxIndex++, vertex);
```

Durch das Post-Inkrement (`this.maxIndex++`) wird der bisherige Wert von `maxIndex` als Schlüssel verwendet, und erst danach wird der Wert für den nächsten Knoten erhöht. Zuvor wird der alte Wert von `maxIndex` zwischengespeichert, denn falls der Knoten tatsächlich neu hinzugefügt wird, wird er zurückgegeben, und `addEdgeByVertices()` nutzt ihn als einen der beiden Indizes für die neue Kante und ihre Umkehrung. Ist der Knoten bereits vorhanden, wird –1 zurückgegeben. Eine mögliche Anwendung der Klasse könnte diesen Rückgabewert aufgreifen, um zu melden, dass versucht wurde, denselben Knoten doppelt einzufügen. Für eine echte Ausnahme ist der Vorfall dagegen zu unkritisch.

Wird ein Knoten mit `removeVertex()` gelöscht, ist es in der Implementierung wichtig, dass zuerst die mit ihm verbundenen Kanten gelöscht werden und danach der Knoten selbst. Andersherum gibt es keine einfache Möglichkeit mehr, die Kanten zu finden. Der Index eines gelöschten Knotens wird übrigens nicht neu vergeben. Der Aufwand, jeweils die Lücken in der Indizierung zu finden und wieder zu füllen, wäre unverhältnismäßig, zudem würden andere Daten, die sich auf die Indizes der gelöschten Knoten bezogen, ungültig. Das Prinzip wird Ihnen in Kapitel 13, »Datenbanken«, als sogenannter Auto-Increment-Primärschlüssel erneut begegnen.

Graphen praktisch einsetzen

Es folgt ein Programm zum Testen der Klassen `Edge` und `Graph`. Zunächst wird der in Abbildung 8.8 oben gezeigte Graph modelliert und in Textform ausgegeben. Anschließend wird mit Tiefen- und Breitensuche ein Pfad von A nach C gesucht. Zum Schluss wird der Knoten D mitsamt den mit ihm verbundenen Kanten gelöscht, woraus sich der Graph unten in der Abbildung ergibt, und dieser wird erneut ausgegeben.

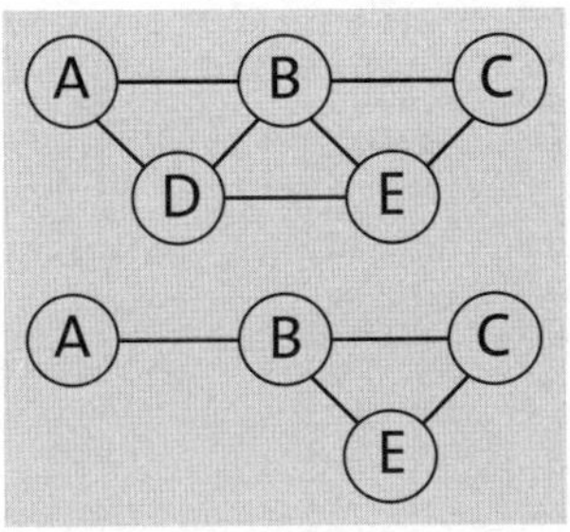

Abbildung 8.8 Der Graph aus dem nachfolgenden Beispielprogramm vor und nach dem Entfernen des Knotens D

In Listing 8.24 sehen Sie den Code des Beispielprogramms:

```
import java.util.List;
import java.util.ArrayList;
import java.util.Map;
import java.util.Deque;

public class GraphTest implements PathSearchable<String> {
    private Graph<String> graph;

    public GraphTest(Graph<String> graph) {
        this.graph = graph;
    }

    @Override
    public List<String> successors(String current) {
        return this.graph.getNeighbours(current);
    }

    @Override
    public boolean isGoal(String current) {
        return current.equals("C");
    }
```

```
    @Override
    public double heuristic(String potential) {
        // Wird hier nicht gebraucht.
        return 0.0;
    }

    public static void printEdges(Graph<String> graph, List<Edge> edges) {
        for (Edge edge:edges) {
            String from = graph.getVertex(edge.getFrom());
            String to = graph.getVertex(edge.getTo());
            if (from != null && to != null) {
                System.out.print(from + "-" + to + "  ");
            }
        }
        System.out.println();
    }

    public static void printVertices(List<String> vertices) {
        for (String vertex:vertices) {
            System.out.print(vertex + "  ");
        }
        System.out.println();
    }

    public static void printGraph(Graph<String> graph) {
        for (String vertex:graph.getVertices().values()) {
            System.out.print(vertex + ": ");
            printVertices(graph.getNeighbours(vertex));
        }
    }

    public static void printPath(Deque<String> path) {
        while (path.size() > 0) {
            System.out.print(path.removeLast() + "  ");
        }
        System.out.println();
    }

    public static void main(String[] args) {
        Graph<String> graph = new Graph<>();
        GraphTest test = new GraphTest(graph);
        graph.addVertex("A");
```

```
        graph.addVertex("B");
        graph.addVertex("C");
        graph.addVertex("D");
        graph.addVertex("E");
        graph.addEdgeByVertices("A", "B");
        graph.addEdgeByVertices("A", "D");
        graph.addEdgeByVertices("B", "C");
        graph.addEdgeByVertices("B", "D");
        graph.addEdgeByVertices("B", "E");
        graph.addEdgeByVertices("C", "E");
        graph.addEdgeByVertices("D", "E");
        printGraph(graph);
        System.out.print("Von A ausgehende Kanten: ");
        printEdges(graph, graph.getEdgesFromVertex("A"));
        System.out.println();
        System.out.print("Von A nach C mit Tiefensuche: ");
        Node<String> aToC1 = PathSearch.dfs("A", test);
        printPath(aToC1.toPath());
        System.out.print("Von A nach C mit Breitensuche: ");
        Node<String> aToC2 = PathSearch.bfs("A", test);
        printPath(aToC2.toPath());
        System.out.println();
        System.out.println("Entferne Knoten D:");
        graph.removeVertex("D");
        printGraph(graph);
        System.out.print("Von A ausgehende Kanten: ");
        printEdges(graph, graph.getEdgesFromVertex("A"));
    }
}
```

Listing 8.24 GraphTest.java erzeugt einen Beispielgraphen, gibt ihn aus, sucht darin nach Pfaden, löscht einen Knoten und gibt den verkleinerten Graphen danach erneut aus.

Nach dem Konstruktor werden wieder die drei bekannten `PathSearchable`-Methoden implementiert, diesmal für den im Beispiel verwendeten Knotendatentyp `String`. Natürlich könnten Sie `isGoal()` allgemeingültiger schreiben, indem Sie das gewünschte Ziel (hier `"C"`) nicht fest einprogrammieren, sondern in einem Attribut speichern.

Es folgen diverse `print*()`-Methoden zur Ausgabe des Graphen und seiner Teile sowie der Suchergebnisse. Diese machen zum Teil von den bereits beschriebenen Methoden der Klasse `Graph` Gebrauch und iterieren über deren Rückgabewerte.

Zum Schluss folgt die Methode `main()`, die den Graphen aufbaut, modifiziert, durchsucht und ausgibt. Letzteres sieht wie folgt aus:

```
A: B  D
B: A  C  D  E
C: B  E
D: A  B  E
E: B  C  D
Von A ausgehende Kanten: A-B  A-D

Von A nach C mit Tiefensuche: A  D  E  C
Von A nach C mit Breitensuche: A  B  C

Entferne Knoten D:
A: B
B: A  C  E
C: B  E
E: B  C
Von A ausgehende Kanten: A-B
```

Wie sich leicht anhand der Zeichnungen untersuchen lässt, gibt es mehrere mögliche Wege von A nach C, sodass Tiefen- und Breitensuche hier auch verschiedene finden. Nach dem Entfernen von D finden allerdings beide Suchverfahren denselben Pfad (probieren Sie es gern aus).

8.5 Bedingungserfüllungsprobleme

Viele Probleme, die mithilfe von Computerprogrammen gelöst werden, bestehen darin, dass mehrere Anforderungen erfüllt werden müssen, ohne dass ein Konflikt zwischen ihnen auftreten darf. Denken Sie etwa an die Vereinbarung von Terminen für mehrere Personen, an die Verteilung limitierter Ressourcen oder auch an Kreuzworträtsel, Sudokus und viele andere Arten von Rätseln, in denen jeder Teil der Lösung mehrere Bedingungen erfüllen muss. In diesem Abschnitt wird ein Algorithmus für solche Aufgaben implementiert; anschließend gibt es ein Anwendungsbeispiel.

8.5.1 Den Algorithmus für Bedingungserfüllungsprobleme implementieren

Um solche Aufgaben zu lösen, wird ein Algorithmus für *Bedingungserfüllungsprobleme* (englisch: *constraint satisfaction problems*, kurz *CSP*) eingesetzt. Dabei kommen drei Komponenten zum Einsatz:

- *Variablen* (*variables*) sind die einzelnen Elemente, für die konfliktfreie Werte gesucht werden – etwa die einzelnen Buchstabenfelder eines Kreuzworträtsels oder die Personen, für die Termine gefunden werden müssen.

- *Domänen* (*domains*) sind die Listen möglicher Werte für die einzelnen Variablen. Bei manchen konkreten Problemen ist die Liste für alle Variablen identisch, bei anderen für einige oder gar alle Variablen verschieden.
- *Bedingungen* (*constraints*) sind die Anforderungen, die eine *Wertzuordnung* (*assignment*) erfüllen muss, um als korrekte (Teil-)Lösung des CSP zu gelten.

Das Verfahren vermeidet das Durchprobieren sämtlicher möglichen Kombinationen, indem eine einmal gefundene Teillösung so lange akzeptiert wird, bis sich daraus ein Widerspruch ergibt – nur dann wird zur Belegung der vorherigen Variablen zurückgerudert. Aus diesem Grund heißt ein solches Suchverfahren *Backtracking*.

Schematisch wird zunächst der ersten Variablen ihr erster möglicher Wert zugewiesen, dann der zweiten Variablen deren erster. Ergibt eine Prüfung der Bedingungen, dass diese Zuordnung keinen Konflikt ergibt, geht es mit der dritten Variablen weiter, ansonsten werden so lange Werte für die zweite Variable durchprobiert, bis einer passt oder bis alle ausprobiert wurden. Wenn keiner passt, geht es sogar zurück zur ersten Variablen, ansonsten geht es so lange nach demselben Muster weiter, bis alle Variablen einen passenden Wert haben oder bis sich ergibt, dass das Problem nicht konfliktfrei lösbar ist.

Damit die im Anschluss gezeigte Klasse `CSP` Bedingungen verschiedenster Art prüfen kann, muss ihr eine Instanz des wie folgt definierten Interface `Constraint` übergeben werden:

```
import java.util.Map;

public interface Constraint<K, V> {
    public boolean check(Map<K, V> assignment);
}
```

Die jeweils geprüfte Zuordnung ist eine `Map`, die Variablen vom generischen Typ `K` (für *key*) Domänenwerte vom Typ `V` (*value*) zuordnet. Die zu implementierende Methode `check()` muss überprüfen, ob die Zuordnung die gewünschten Bedingungen erfüllt (Rückgabewert `true`) oder ob es einen Konflikt gibt (`false`).

In Listing 8.25 wird der ausführlich kommentierte Quellcode der Klasse `CSP` gezeigt:

```
import java.util.List;
import java.util.ArrayList;
import java.util.Map;
import java.util.HashMap;

/**
* Bedingungserfüllungssystem für Variablen des generischen Typs <K>
* und Domäneninhalte des generischen Typs <V>
*/
public class CSP<K, V> {
```

```
/**
 * Variablen
 */
private List<K> variables;

/**
 * Domänen
 */
private Map<K, List<V>> domains;

/**
 * Instanz, die Bedingungen prüft
 */
private Constraint<K, V> constraint;

/**
 * Konstruktor
 */
public CSP(List<K> variables, Map<K, List<V>> domains,
           Constraint<K, V> constraint) {
    this.variables = variables;
    this.domains = domains;
    this.constraint = constraint;
}

/**
 * Das Bedingungserfüllungsproblem lösen.
 *
 * @return Die gefundene Lösung oder null, wenn es keine gibt
 */
public Map<K, V> solve() {
    return solve(new HashMap<K, V>());
}

/**
 * interne Hilfsmethode zur rekursiven Lösungssuche
 */
private Map<K, V> solve(Map<K, V> assignment) {
    // Lösung für jede Variable gefunden? Dann zurückgeben.
    if (assignment.size() == this.variables.size()) {
        return assignment;
    }
```

```
        // Variablen finden, die noch keine Zuordnung haben.
        List<K> unassigned = new ArrayList<>();
        for (K key:variables) {
            if (!assignment.containsKey(key)) {
                unassigned.add(key);
            }
        }
        // Die erste noch nicht zugeordnete Variable auswählen.
        K testVariable = unassigned.get(0);
        // Alle Domänenwerte für die neue Variable durchprobieren.
        for (V value:this.domains.get(testVariable)) {
            Map<K, V> testAssignment = new HashMap<>(assignment);
            testAssignment.put(testVariable, value);
            // Falls die Zuordnung die Bedingungen erfüllt:
            if (constraint.check(testAssignment)) {
                // rekursiver Aufruf
                Map<K, V> result = solve(testAssignment);
                // Falls okay, bisheriges Teilergebnis zurückgeben.
                if (result != null) {
                    return result;
                }
            }
        }
        // Kein (Teil-)Ergebnis gefunden.
        return null;
    }
}
```

Listing 8.25 CSP.java enthält die Klasse zur Lösung von Bedingungserfüllungsproblemen.

Wenn Sie sich die private Methode `solve()` genau anschauen, stellen Sie fest, dass sie exakt den zuvor beschriebenen Ablauf enthält. Von nicht zu unterschätzender Bedeutung ist übrigens folgende Zeile:

```
Map<K, V> testAssignment = new HashMap<>(assignment);
```

Die vorhandene `Map assignment` wird als Argument für einen Konstruktor von `HashMap` verwendet, um eine Kopie zu erzeugen, mit der anschließend weitergearbeitet wird. Wenn Sie diesen Schritt weglassen und einfach mit der `HashMap assignment` weiterarbeiten, wird diese mit einer möglicherweise ungültigen Zuordnung überschrieben, und es gibt keine Möglichkeit mehr, zum vorherigen Zustand zurückzukehren. Genau darauf ist der CSP-Algorithmus aber dringend angewiesen.

8.5.2 Anwendungsbeispiel: Ein Sudoku lösen

Sudokus gehören zu den beliebtesten Rätseln, die häufig in Zeitungen, Zeitschriften und online zu finden sind. In der auch hier beschriebenen Grundform handelt es sich um ein neun mal neun Felder großes Gitter. In diesem sollen die Ziffern 1 bis 9 so verteilt werden, dass dieselbe Ziffer nie mehr als einmal in derselben Zeile, derselben Spalte oder demselben Drei-mal-drei-Teilgitter vorkommt. Einige Ziffern sind bereits vorgegeben, und von dieser Anfangsbelegung aus muss durch logisches Kombinieren und Ausprobieren herausgefunden werden, welche Ziffer in jedes der noch nicht belegten Felder gehört.

Dies ist ein geradezu ideales Bedingungserfüllungsproblem. Wenn Sie sich daranmachen, eine Aufgabe mithilfe dieses Algorithmus zu lösen, müssen Sie sich folgende Fragen stellen:

- Was sind die zu belegenden Variablen? Bei einem Sudoku die 81 zu belegenden Felder.
- Was sind die Domänen für die Variablen? Hier grundsätzlich für jede Variable eine Liste der Ziffern 1 bis 9 – außer bei den vorab belegten, bei denen die Liste nur noch eine bestimmte Ziffer enthält.
- Wie werden die Bedingungen formuliert? Im vorliegenden Fall müssen die Zeilen, Spalten und Teilgitter in entsprechenden Schleifen zusammengestellt und dann auf das Vorhandensein von Dubletten überprüft werden. Sobald die erste gefunden wird, besteht ein Konflikt, und es kann sofort `false` zurückgegeben werden.

Das nachfolgende Beispielprogramm liest zunächst optional die Vorbelegung eines Sudokus aus einer Textdatei, deren Name als Kommandozeilenargument übergeben wird. Der verwendete Parser ist sehr robust, denn er wertet ausschließlich die Ziffern 1 bis 9 aus, maximal in den ersten neun Zeilen beziehungsweise Spalten. Leere Felder können Sie also ganz nach Wunsch als Nullen, Leerzeichen oder Sonderzeichen schreiben, und selbst die tatsächliche Anzahl der Zeilen und Spalten in der Datei spielt keine Rolle. Falls keine Datei angegeben wird, befüllt das Programm einfach ein leeres Sudoku mit der ersten möglichen konfliktfreien Belegung.

Die Variablen in der vorliegenden Lösung sind vom Typ `GridLocation` – der Klasse, die in diesem Kapitel entwickelt wurde und bereits für das Labyrinth zum Einsatz kam. Schließlich codieren Instanzen dieser Klasse Koordinaten (Zeile und Spalte), und genauso werden die Felder eines Sudokus eindeutig charakterisiert. Die Domänenwerte sind natürlich Ganzzahlen, die Domänen selbst Listen von ihnen – die vollständige Liste der Ziffern 1 bis 9 für freie Felder, je eine Liste mit nur einer Ziffer für vorbelegte.

Listing 8.26 zeigt das vollständige Programm; im Anschluss folgen noch genauere Erläuterungen.

```
import java.util.Set;
import java.util.HashSet;
import java.util.List;
import java.util.ArrayList;
```

```
import java.util.Arrays;
import java.util.Map;
import java.util.HashMap;
import java.io.BufferedReader;
import java.io.FileReader;
import java.io.FileNotFoundException;
import java.io.IOException;

public class Sudoku implements Constraint<GridLocation, Integer> {
    private static final List<Character> NUMBERS = Arrays.asList(
        '1', '2', '3', '4', '5', '6', '7', '8', '9'
    );

    @Override
    public boolean check(Map<GridLocation, Integer> assignment) {
        // Zeilen
        for (int row = 0; row < 9; row++) {
            List<Integer> data = new ArrayList<>();
            for (int column = 0; column < 9; column++) {
                GridLocation location = new GridLocation(row, column);
                if (assignment.containsKey(location)) {
                    int value = assignment.get(location);
                    if (data.contains(value)) {
                        return false;
                    }
                    data.add(value);
                }
            }
        }
        // Spalten
        for (int column = 0; column < 9; column++) {
            List<Integer> data = new ArrayList<>();
            for (int row = 0; row < 9; row++) {
                GridLocation location = new GridLocation(row, column);
                if (assignment.containsKey(location)) {
                    int value = assignment.get(location);
                    if (data.contains(value)) {
                        return false;
                    }
                    data.add(value);
                }
            }
        }
```

```
        // 3 x 3-Felder
        for (int startRow = 0; startRow <9; startRow += 3) {
            for (int startColumn = 0; startColumn < 9; startColumn += 3) {
                List<Integer> data = new ArrayList<>();
                for (int row = startRow; row < startRow + 3; row++) {
                    for (int column = startColumn; column < startColumn + 3;
                         column++) {
                        GridLocation location = new GridLocation(row, column);
                        if (assignment.containsKey(location)) {
                            int value = assignment.get(location);
                            if (data.contains(value)) {
                                return false;
                            }
                            data.add(value);
                        }
                    }
                }
            }
        }
        return true;
    }

    public static void printSudoku(Map<GridLocation, Integer> assignment) {
        for (int row = 0; row < 9; row++) {
            System.out.println("+-+-+-+-+-+-+-+-+-+");
            System.out.print("|");
            for (int column = 0; column < 9; column++) {
                GridLocation location = new GridLocation(row, column);
                if (assignment.containsKey(location)) {
                    System.out.print(assignment.get(location));
                } else {
                    System.out.print(" ");
                }
                System.out.print("|");
            }
            System.out.println();
        }
        System.out.println("+-+-+-+-+-+-+-+-+-+");
    }

    public static Map<GridLocation, Integer> parsePredefinition(
            Sudoku sudoku, String filename) {
        Map<GridLocation, Integer> predefinition = new HashMap<>();
        List<String> lines = new ArrayList<>();
```

```
    try {
        BufferedReader reader = new BufferedReader(
            new FileReader(filename)
        );
        String line = "";
        while ((line = reader.readLine()) != null) {
            lines.add(line);
        }
    } catch(FileNotFoundException e) {
        System.out.println("Datei nicht gefunden.");
        System.exit(1);
    } catch(IOException e) {
        System.out.println("Dateilesefehler.");
        System.exit(2);
    }
    if (lines.size() > 0) {
        int maxLine = 8;
        if (lines.size() < maxLine + 1) {
            maxLine = lines.size() - 1;
        }
        for (int i = 0; i <= maxLine; i++) {
            String line = lines.get(i);
            int maxChar = 8;
            if (line.length() < maxChar + 1) {
                maxChar = line.length() - 1;
            }
            for (int j = 0; j <= maxChar; j++) {
                char current = line.charAt(j);
                if (NUMBERS.contains(current)) {
                    predefinition.put(
                        new GridLocation(i, j),
                        current - '0'
                    );
                }
            }
        }
        if (!sudoku.check(predefinition)) {
            System.out.println("Konflikt in der Vorbelegung.");
            System.exit(3);
        }
    }
    return predefinition;
}
```

```
    public static void main(String[] args) {
        List<GridLocation> variables = new ArrayList<>();
        Map<GridLocation, List<Integer>> domains = new HashMap<>();
        Map<GridLocation, Integer> predefinition = new HashMap<>();
        Sudoku constraint = new Sudoku();
        if (args.length > 0) {
            predefinition = parsePredefinition(constraint, args[0]);
        }
        for (int row = 0; row < 9; row++) {
            for (int column = 0; column < 9; column++) {
                GridLocation location = new GridLocation(row, column);
                variables.add(location);
                if (predefinition.containsKey(location)) {
                    domains.put(
                        location,
                        Arrays.asList(predefinition.get(location))
                    );
                } else {
                    domains.put(location, Arrays.asList(1, 2, 3, 4, 5, 6, 7, 8, 9));
                }
            }
        }
        CSP<GridLocation, Integer> sudokuCSP = new CSP<>(
            variables, domains, constraint
        );
        Map<GridLocation, Integer> solution = sudokuCSP.solve();
        if (solution != null) {
            printSudoku(solution);
        }
    }
}
```

Listing 8.26 Sudoku.java löst Sudokus aus Textdateien, deren Name als Kommandozeilenargument übergeben wird.

Als Erstes wird die Constraint-Methode check() implementiert, die umfangreichste Methode der Klasse. Sie geht alle Zeilen, Spalten und Drei-mal-drei-Teilgitter elementweise durch. Wenn ein doppeltes Element gefunden wird (weil es in einer für jeden geprüften Bereich zurückgesetzten ArrayList bereits vorhanden ist), kann sofort false zurückgegeben werden. Bei Zeilen und Spalten genügen zwei verschachtelte Schleifen (für Zeile und Spalte beziehungsweise umgekehrt), während es bei den Teilgittern vier sind: zwei äußere für Startzeile und -spalte des jeweiligen Teilgitters in Dreierschritten, zwei innere für die einzelnen Felder jedes Teilgitters.

Es folgt die statische Methode printSudoku(), die eine Zuordnung ausgeben kann und in diesem Programm verwendet wird, um das Ergebnis darzustellen. Die Methode ist aber auch in der Lage, unfertige Zuordnungen mit nicht belegten Feldern auszugeben, sodass Sie sie verwenden können, um Zwischenergebnisse zu betrachten und so nachzuvollziehen, wie der Algorithmus arbeitet. Die Ausgabe sollten Sie in diesem Fall allerdings in eine Datei umleiten, denn bis zum Ziel gibt es ziemlich viele Zuordnungen.

Die ebenfalls statische Methode parsePredefinition() liest eine Vorbelegung aus einer Datei ein. Auch sie sollte weitgehend verständlich sein. Interessant ist allerdings die folgende Anweisung:

```
predefinition.put(
    new GridLocation(i, j),
    current - '0'
);
```

Da es sich bei den Feldinhalten aus der Vorbelegungsdatei um Zeichen (Datentyp char) und nicht um Ziffern handelt, müssen Erstere in Letztere umgewandelt werden. Da char-Werte hinter den Kulissen dennoch numerisch sind, berechnet die Subtraktion von '0' vom aktuellen Zeichen die gewünschte Ziffer (konkret wird 48 abgezogen, der ASCII-Code von '0'), denn die Ziffernzeichen liegen im ASCII-Zeichensatz direkt hintereinander.

Bleibt noch die Methode main(). Hier werden zunächst Variablen, Domänen und Bedingungsprüfungsinstanz (Letztere als Instanz der Klasse selbst) erzeugt. Falls eine Vorbelegungsdatei angegeben wurde, wird sie geparst. Anschließend werden die Domänenwerte initialisiert – wie bereits eingangs erwähnt mit einer Liste, die nur den jeweiligen Vorbelegungswert enthält, oder mit allen neun Ziffern, falls für das jeweilige Feld keiner vorhanden ist. Zum Schluss wird die CSP-Instanz erzeugt und ihre Methode solve() aufgerufen, um das Sudoku zu lösen. Sollte eine Lösung gefunden werden, wird sie ausgegeben.

In den Beispiel-Listings zu diesem Kapitel befindet sich eine Datei namens *sudoku.txt* mit folgendem Inhalt:

```
3.4....29
..2.49.58
.192..3..
2..68...1
.78.1....
93.4...65
.8.76..12
4.7..25..
.2.....3.
```

Nach dem Kompilieren können Sie die Klasse Sudoku mit diesem Beispiel ausprobieren; Sie sollten folgende Ausgabe erhalten:

```
+-+-+-+-+-+-+-+-+-+
|3|5|4|8|7|1|6|2|9|
+-+-+-+-+-+-+-+-+-+
|7|6|2|3|4|9|1|5|8|
+-+-+-+-+-+-+-+-+-+
|8|1|9|2|5|6|3|7|4|
+-+-+-+-+-+-+-+-+-+
|2|4|5|6|8|3|7|9|1|
+-+-+-+-+-+-+-+-+-+
|6|7|8|9|1|5|2|4|3|
+-+-+-+-+-+-+-+-+-+
|9|3|1|4|2|7|8|6|5|
+-+-+-+-+-+-+-+-+-+
|5|8|3|7|6|4|9|1|2|
+-+-+-+-+-+-+-+-+-+
|4|9|7|1|3|2|5|8|6|
+-+-+-+-+-+-+-+-+-+
|1|2|6|5|9|8|4|3|7|
+-+-+-+-+-+-+-+-+-+
```

8.6 Übungsaufgaben

1. Zeichnen Sie ein Flussdiagramm und ein Nassi-Shneiderman-Struktogramm für den GGT-Algorithmus von Euklid.
2. Ergänzen Sie die Implementierungen des Algorithmus von Euklid um Methoden zur Berechnung des *kleinsten gemeinsamen Vielfachen* (*KGV*, englisch: *least common multiple, LCM*). Es ist wie folgt definiert: $\mathrm{KGV}(m, n) = \frac{m \cdot n}{\mathrm{GGT}(m,n)}$.
3. Versehen Sie Bubblesort, Quicksort, lineare Suche und Binärsuche mit Zählervariablen, die die Gesamtzahl der jeweils innersten Schleifendurchläufe zählen. Vergleichen Sie diese Gesamtzahl für verschiedene Fallbeispiele mit der Anzahl, die von der jeweiligen Komplexitätsklasse vorhergesagt wird.
4. Fügen Sie der Labyrinthsuche eine Möglichkeit hinzu, ein beliebiges anderes Labyrinth aus einer Textdatei auszulesen, deren Name als Kommandozeilenargument übergeben wird (den Parser gibt es ja bereits).
5. Der euklidische Abstand ist nicht die einzige mögliche Heuristik für das Labyrinth. Implementieren Sie alternativ den sogenannten *Manhattan-Abstand*, der nach dem absolut rechtwinkligen Straßennetz im Zentrum von Manhattan benannt wurde und für rechteckige Gitter gut geeignet ist: Die Beträge des vertikalen und des horizontalen Abstands zum Ziel werden einfach zusammenaddiert. Vergleichen Sie das Ergebnis mit den drei anderen Suchverfahren.

6. Ist es möglich, eine Version der Breitensuche zu implementieren, die nicht nur den jeweils ersten Pfad findet, sondern alle möglichen bis zu einer anzugebenden Höchstzahl? Überlegen Sie insbesondere, wie gespeichert und überprüft werden kann, ob ein bestimmter Weg bereits gefunden wurde. Falls Sie zu einer Lösung kommen, versuchen Sie, mehrere Wege durch das Labyrinth zu finden.

7. Mithilfe der Breitensuche können Sie nicht nur Labyrinthe, Bäume und Graphen durchsuchen, sondern auch Rätsel lösen, sofern sich diese als Zustände mit Nachfolgern formulieren lassen. Überlegen Sie, wie folgendes klassische Rätsel damit zu lösen wäre:

   Ein Bauer hat einen Wolf, ein Schaf und einen Kohlkopf und muss den Fluss überqueren. Am Ufer befindet sich ein winziges Boot, das neben ihm selbst nur jeweils einen der drei »Mitreisenden« transportieren kann. Natürlich würde der Wolf das Schaf und Letzteres den Kohlkopf fressen, wenn sie unbeaufsichtigt blieben. Der Bauer kann aber beliebig oft hin- und herfahren und dabei jeweils einen Mitreisenden mitnehmen.

   Modellieren Sie zunächst den Zustand (was befindet sich am Start-, was am Zielufer?), dann die Methoden für Nachfolgersuche, Zielerkennung und eine geeignete Ausgabe. Den Rest sollte die Breitensuche allein erledigen können.[2]

8. Modellieren Sie die Freundschaften in einem sozialen Netzwerk als Graph und fügen Sie etwa zehn Beispielpersonen mit unterschiedlich vielen Freundschaften hinzu. Schreiben Sie eine Methode, die ermittelt, wie zwei beliebige Personen miteinander verknüpft sind (entweder direkt befreundet oder über andere). Falls Sie für Aufgabe 6 eine Lösung gefunden haben, können Sie optional eine Höchstzahl verschiedener Verbindungen als Argument entgegennehmen.

9. Auch als Bedingungserfüllungsproblem lässt sich eine bestimmte Klasse von Logikrätseln lösen, beispielsweise das folgende:

   Auf einer Straße stehen nebeneinander vier Häuser, die von links nach rechts die Hausnummern 2, 4, 6 und 8 haben. Jedes Haus hat eine andere Farbe, und in jedem wohnt eine einzelne Person; alle sind unterschiedlich alt. Aus dem Small Talk der Nachbarschaft entnehmen Sie die folgenden Informationen:

   - Die jüngste Person wohnt im gelben Haus.
   - Klaus ist kein Nachbar von Hector.
   - Das grüne Haus steht nicht neben dem gelben.
   - Hector wohnt nicht in einem der äußeren Häuser.
   - Die Person im grünen Haus ist 42 Jahre alt.
   - Anna wohnt nicht im roten Haus.
   - Filiz ist nicht 39 Jahre alt.

2 Falls Sie gar nicht weiterkommen: In den sehr empfehlenswerten Büchern »Algorithmen in Java« beziehungsweise »Algorithmen in Python« von David Kopec (beide Rheinwerk Verlag) wird ein ähnliches Rätsel namens »Missionare und Kannibalen« gelöst.

- Das gelbe Haus steht ganz rechts.
- Anna oder Klaus wohnt in Hausnummer 4.
- Die 39-jährige Person wohnt ganz links.
- Das rote Haus steht weiter links als das blaue.
- Anna ist älter als Hector, dessen Haus nicht rot ist.

Welches Haus hat welche Farbe, welche Personen wohnen wo, und wie alt sind sie?

Lösungshinweise: Als Variablen können Sie die Namen der vier Personen verwenden. Die Domänen sind alle denkbaren Tupel, die Hausnummer, Hausfarbe und Alter kombinieren. Die zu erfüllenden Bedingungen werden durch die obigen Hinweise formuliert (wobei natürlich die stillschweigende Vorbedingung gilt, dass keine Doppelbelegungen irgendwelcher Werte erlaubt sind). Am einfachsten ist es, die Verneinung jeder Bedingung zu prüfen, denn sobald auch nur eine nicht erfüllt ist, kann die aktuelle Zuordnung verworfen werden.

Kapitel 9
Weitere Konzepte der Programmierung

*Das Fluchen ist die einzige Sprache, die alle Programmierer*innen beherrschen.*
– Anonym

In diesem Kapitel werden einige weitere Programmierverfahren, -aufgaben und -hilfsmittel vorgestellt, die über klassische Algorithmen hinausgehen. Den Anfang machen reguläre Ausdrücke, die als leistungsfähige Muster für das Suchen und Ersetzen von Text dienen. Es folgen systemnahe Programmierung und Netzwerkprogrammierung, und zum Schluss wird an einigen Beispielen gezeigt, wie Sie externe Module oder Programmierbibliotheken installieren und in Ihre Programme integrieren können.

9.1 Reguläre Ausdrücke

Bereits in Kapitel 6, »Betriebssysteme«, haben Sie Beispiele für die Mustererkennung im Linux-Konsolendienstprogramm `grep` kennengelernt. In der Softwareentwicklung spielt die Arbeit mit Textmustern eine sehr wichtige Rolle. Denken Sie nur einmal an die Verarbeitung zahlreicher Personendaten oder Verwaltungsinformationen bei Behörden oder großen Unternehmen. Es wäre mehr als mühselig, solche Datenbestände mithilfe konventioneller Einzeltextvergleiche in den Griff bekommen zu wollen.

Deshalb wurde ein besonderes Verfahren entwickelt: die Arbeit mit *regulären Ausdrücken*. Der Begriff regulärer Ausdruck ist eigentlich ein wenig unglücklich gewählt. Es handelt sich dabei um die Übersetzung des englischen Begriffs *regular expression* (abgekürzt *RegExp* oder *RegEx*), den man besser als »regelgerechten Ausdruck« wiedergeben würde.

Da reguläre Ausdrücke das Programmieren erheblich erleichtern können, wird ihnen an dieser Stelle ein ganzer Abschnitt gewidmet; er konzentriert sich auf Python und Java. Zusätzlich erfahren Sie in Kapitel 19, »Webserveranwendungen«, und in Kapitel 20, »JavaScript und Ajax«, kurz, wie Sie in PHP beziehungsweise JavaScript mit regulären Ausdrücken umgehen.

Die grundlegende Verwendung regulärer Ausdrücke in Python wurde bereits in Kapitel 7, »Grundlagen der Programmierung«, beschrieben; alle beteiligten Klassen sind im Modul `re` enthalten; hier werden noch einige weitere Verfahren wie etwa die Ersetzung von Text aufgrund regulärer Ausdrücke behandelt.

In Java ist das Package `java.util.regex` für die Arbeit mit regulären Ausdrücken zuständig – wichtig sind hier insbesondere die Klassen `Pattern` für das Suchmuster selbst und `Matcher` für die Verarbeitung der Treffer.

In Listing 9.1 folgt ein kleines Einführungsbeispiel, das alle Vokale in einem String und ihre Positionen auflistet; es entspricht dem Python-Einführungsbeispiel aus Kapitel 7, »Grundlagen der Programmierung«:

```
import java.util.regex.Pattern;
import java.util.regex.Matcher;

public class VowelFinderTest {
    public static void main(String[] args) {
        String regexBase = "[aeiou]";
        String text = "Alle Vokale finden!";
        Pattern pattern = Pattern.compile(regexBase);
        Matcher matcher = pattern.matcher(text);
        while (matcher.find()) {
            System.out.printf(
                "%s gefunden an Position %d.\n",
                matcher.group(),
                matcher.start()
            );
        }
    }
}
```

Listing 9.1 VowelFinderTest.java findet mithilfe regulärer Ausdrücke alle Vokale in einem String.

Die statische Methode `Pattern.compile(string)` wird verwendet, um aus einem String einen regulären Ausdruck zu bilden. Die Zeichenklasse `[aeiou]` steht für ein beliebiges Zeichen aus der Auswahl, in diesem Fall also für einen beliebigen Vokal. Die Methode `matcher(string)` des Pattern-Objekts wendet den regulären Ausdruck auf den angegebenen String an und enthält anschließend Informationen über den oder die Treffer. Die Methode `find()` kann dabei in einer Schleife verwendet werden, um nacheinander alle Treffer zu durchlaufen. Die Methoden `group()` und `start()` liefern den jeweils gefundenen Text beziehungsweise dessen Anfangsposition im untersuchten String.

Die Ausgabe des Programms sieht so aus:

```
$ java VowelFinderTest
e gefunden an Position 3.
o gefunden an Position 6.
a gefunden an Position 8.
```

```
e gefunden an Position 10.
i gefunden an Position 13.
e gefunden an Position 16.
```

Wie Sie sehen, wird der Großbuchstabe A am Anfang der Textzeile nicht gefunden. Das liegt daran, dass reguläre Ausdrücke standardmäßig zwischen Groß- und Kleinschreibung unterscheiden. Mithilfe von Flags können Sie das Verhalten regulärer Ausdrücke verändern, unter anderem auch die Unterscheidung von Groß- und Kleinschreibung abschalten. Die konkrete Ausgestaltung der Flags variiert je nach Programmiersprache; in Java handelt es sich um numerische Konstanten der Klasse `Pattern`, die Sie mithilfe des Bitweise-Oder-Operators (|) verknüpfen und als zweites Argument einer anderen Version von `Pattern.compile()` verwenden können. Die Konstante für die Abschaltung der Groß-/Kleinschreibungsprüfung heißt `Pattern.CASE_INSENSITIVE` und wird durch folgende Änderung im obigen Programm gesetzt:

```
Pattern pattern = Pattern.compile(regexBase, Pattern.CASE_INSENSITIVE);
```

Wenn Sie das Programm danach erneut kompilieren und ausführen, wird die Ausgabe wie folgt ergänzt:

```
$ java VowelFinderTest
A gefunden an Position 0.
e gefunden an Position 3.
...
```

Es ist nicht so schwierig, das Funktionieren der RegExp-Klassen und -Funktionen der diversen Programmiersprachen zu verstehen und anzuwenden. Wichtiger ist es, zu lernen und sich zu merken, welche Formulierungen in regulären Ausdrücken zulässig sind.

9.1.1 Muster für reguläre Ausdrücke schreiben

Zuerst müssen Sie verstehen, dass ein regulärer Ausdruck standardmäßig keinen kompletten String beschreibt, sondern bereits als Treffer gilt, wenn er auf einen beliebigen Teil-String zutrifft. Wichtig ist dies bei sicherheitsrelevanten Anwendungen, etwa bei der Überprüfung von Benutzereingaben: Die Tatsache, dass die Eingabe einem bestimmten Muster entspricht, heißt noch nicht automatisch, dass sie frei von schädlichen Inhalten sein muss. Deshalb gibt es spezielle Elemente, die den Anfang und das Ende eines Strings bezeichnen.

Dazu ein Beispiel vorweg: `a` bedeutet, dass der Buchstabe a an einer beliebigen Stelle im untersuchten Text stehen darf. `^a` steht dagegen für ein a am String-Anfang.

Grundsätzlich existieren unter anderem die folgenden Komponenten für einzelne Zeichen, aus denen Sie in Python, Java und anderen Programmiersprachen reguläre Ausdrücke zusammensetzen können:

- abc steht einfach für die genannten Zeichen selbst. ee passt auf »Tee« und »See«, aber nicht auf »Tea«.
- [abc] steht für ein beliebiges Zeichen aus der Liste. [MH]aus passt also auf »Haus« und »Maus«, aber nicht auf »raus«. Alle Auflistungen der Alternativen in eckigen Klammern werden auch als *Zeichenklassen* bezeichnet.
- [a-z] steht für die gesamte angegebene Zeichenfolge im Zeichensatz. Beispielsweise bedeutet [a-z], dass alle kleinen Buchstaben gemeint sind, [0-9] steht dagegen für alle Ziffern etc. Natürlich müssen Sie nicht immer eine ganze Zeichenkategorie angeben: [A-K] repräsentiert zum Beispiel alle großen Buchstaben von A bis K. Außerdem können Sie innerhalb desselben Paares eckiger Klammern sowohl einen Bereich als auch einzelne Zeichen eingeben. [a-dp] trifft etwa auf alle Zeichen von a bis d sowie auf das p zu. Auch mehrere Bereiche sind möglich: Beispielsweise stellt [0-9a-fA-F] sämtliche Hexadezimalziffern dar.
- [^abc] steht für jedes beliebige Zeichen außer denjenigen in der Liste. So trifft [^M]aus auf »Haus« und »raus«, aber nicht auf »Maus« zu. Übrigens passt dieser Ausdruck auch nicht auf »aus«, weil auf jeden Fall ein Zeichen davor erwartet wird – es darf nur kein M sein.
- . (ein Punkt) steht für genau ein beliebiges Zeichen; es handelt sich um die allgemeinste aller Zeichenklassen.

Diese und alle komplexeren RegExp-Konstrukte lassen sich durch sogenannte *Quantifizierer* (*Quantifiers*) modifizieren; diese stehen hinter einem bestimmten Element und geben jeweils an, wie oft es vorkommen darf. Die drei einfachen Quantifizierer sind:

- ? bedeutet, dass das links davon stehende Zeichen beziehungsweise die Liste optional ist, also vorkommen darf oder auch nicht. Hau?se kann also für »Hase« oder für »Hause« stehen, aber nicht für »Hanse«.
- * bedeutet, dass das links davon stehende Zeichen beziehungsweise die Liste beliebig oft vorkommen darf, also gar nicht, einmal oder öfter. 12*3 könnte also etwa 13, 123 oder 12223 heißen. .* steht übrigens für beliebig viele beliebige Zeichen.
- + bedeutet, dass das links davon stehende Zeichen beziehungsweise die Liste mindestens einmal vorkommen muss, aber auch öfter vorkommen darf. 0,3+ kann also etwa für 0,3, 0,333 oder 0,333333333 stehen.

Die Quantifizierer * und + sind »gierig« (*greedy*): Wenn sie die Wahl haben, passen sie auf die maximal mögliche Anzahl von Zeichen. Falls Sie etwa mithilfe von ".*" nach Text in Anführungszeichen suchen, passt dieser Ausdruck auf sämtlichen Text zwischen dem ersten und dem allerletzten Anführungszeichen im aktuellen Bereich! Deshalb existiert alternativ eine »nicht gierige« (*non-greedy*) Variante: Schreiben Sie *? oder +?, wenn Sie nur jeweils den kleinstmöglichen Treffer erhalten möchten. Für einen einzelnen Textblock in Anführungszeichen müsste der Ausdruck also ".*?" lauten.

- {n} bedeutet, dass das links davon stehende Zeichen beziehungsweise die Liste genau n-mal vorkommen muss. Beispielsweise ist [0-9]{5} das Muster für eine deutsche Postleitzahl: fünf Ziffern zwischen 0 und 9.
- {m,n} bedeutet, dass das links davon stehende Zeichen beziehungsweise die Liste mindestens m-mal und höchstens n-mal vorkommen darf. Ein sinnvolles Muster für Telefonnummern ohne Vorwahl ist zum Beispiel [0-9]{4,8}. Eine der beiden Ziffern, diejenige vor oder diejenige nach dem Komma, können Sie übrigens weglassen. {4,} besagt, dass das erwartete Element mindestens viermal vorkommen darf, {,2} dagegen, dass es höchstens zweimal vorkommen darf.

Damit Sie die bisherigen Informationen leichter verarbeiten können, sehen Sie hier zunächst ein kurzes Beispiel. Das folgende Python-Programm überprüft bei einer eingegebenen Zeile, ob sie das Wort »Python« enthält:

```
import re

line = input("Bitte Text eingeben: ")
if re.compile("Python").search(line):
    print("Danke für Python!")
else:
    print("Kein Python gefunden!")
```

Falls Sie in regulären Ausdrücken bestimmte Zeichen als solche verwenden möchten, müssen Sie ihnen einen Backslash (\) voranstellen, weil sie eine spezielle Bedeutung haben. Es handelt sich um folgende Zeichen: - + ? * ( ) [ ] { } / \ | , . ^ $.

Neben den bisher besprochenen Formen für einzelne Zeichen existieren etliche interessante Kurzfassungen und spezielle Formulierungen, von denen hier nur die wichtigsten wiedergegeben werden:

- \s steht für beliebigen *Whitespace*, das heißt für Leerzeichen, Tabulatoren oder Zeilenumbrüche (falls überhaupt mehr als eine Zeile auf einmal verarbeitet wird; dies kann für den jeweiligen regulären Ausdruck konfiguriert werden).
- \w repräsentiert sämtliche Arten von Zeichen, die in Wörtern vorkommen können. Genauer gesagt, sind alle Zeichen zulässig, die in Bezeichnern vorkommen können: Buchstaben, Ziffern und _ (Unterstrich). Ob Unicode-Buchstaben wie Umlaute (ä, ö, ü), diakritische Zeichen (zum Beispiel è oder ç) und Buchstaben nicht lateinischer Alphabete wie α, β, γ (griechische Buchstaben) oder 你好 (Chinesisch) dazugehören oder nur ASCII-Zeichen, kann in vielen RegExp-Implementierungen konfiguriert werden.
- \W ist das Gegenteil von \w: Es trifft auf sämtliche anderen Zeichen zu.
- \d steht für sämtliche Ziffern, ist also eine Abkürzung für [0-9].
- \D stellt dagegen sämtliche Zeichen dar, die keine Ziffern sind; dies ist eine Abkürzung für [^0-9].

- `\b` trifft auf Wortgrenzen zu. Diese Komponente ist also überall dort zu finden, wo ein Wort beginnt oder aufhört. Zum Beispiel findet `\ber` die Wörter »er« oder »erklären«, aber nicht »lernen«.
- `\B` betrifft dagegen sämtliche Stellen innerhalb von Wörtern. Ein Muster, das Sie mit `\B` kombinieren, wird also nur dann gefunden, wenn es nicht am Anfang oder am Ende eines Worts steht. `\Ber` findet also etwa »lernen«, aber nicht »erklären«.
- `()` dient dazu, einen Teilausdruck zu einer Gruppe zusammenzufassen. Dies hat zum einen den Zweck, ganze Gruppen mit Zählern wie `+`, `?` und `*` zu versehen oder mithilfe von `|` Optionen anzugeben, zum anderen merkt sich die RegExp-Engine geklammerte Ausdrücke in den speziellen Platzhaltern `$1` bis `$9` (Java) beziehungsweise `\1` bis `\9` (Python), um sie beim Ersetzen in den Ersatztext aufzunehmen.
- `^` außerhalb eckiger Klammern steht für den String-Anfang. `^H` trifft also beispielsweise auf den Text »Hallo Welt!« zu, aber nicht auf den Satz »Sag Hallo zur Welt!«.
- `$` steht entsprechend für das String-Ende. Beispielsweise trifft `\d+0$` nur auf Zahlen zu, die mit einer 0 enden.

  Der folgende Ausdruck trifft nur zu, wenn die gesamte Zeile aus einer Ganzzahl besteht:

  ```
  ^\-?\d+$
  ```

  `^` markiert den String-Anfang, `\-?` steht für ein optionales Minuszeichen, dahinter bezeichnet `\d+` eine oder mehrere Ziffern, und das Zeilenende wird durch `$` gekennzeichnet.
- Der Operator `|` innerhalb einer geklammerten Untergruppe bedeutet, dass jedes der durch `|` voneinander getrennten Konstrukte zulässig ist. Beispielsweise passt der nächste Ausdruck auf »Hund«, »Katze« oder »Maus«:

  ```
  (Hund|Katze|Maus)
  ```

9.1.2 Programmierung mit regulären Ausdrücken

Nachdem Sie nun die einzelnen Bestandteile regulärer Ausdrücke kennengelernt haben, müssen Sie als Nächstes die verschiedenen Python- und Java-Funktionen erlernen, in denen reguläre Ausdrücke verwendet werden können. Die drei wichtigsten Anwendungsfälle, die hier für beide Sprachen behandelt werden sollen, sind folgende:

- einfache Suche nach einem oder mehreren Vorkommen von Treffern für reguläre Ausdrücke
- Ersetzen der Fundstellen durch anderen Text, sowohl durch statische Strings als auch unter Verwendung von Teilen des regulären Ausdrucks selbst
- Auftrennen von Strings an jeder Stelle, an der ein bestimmter regulärer Ausdruck auftritt, und Speichern der Rest-Strings in einem Array beziehungsweise einer Liste

Nebenbei werden die in der jeweiligen Sprache verfügbaren Flags zur Modifikation regulärer Ausdrücke beschrieben.

Reguläre Ausdrücke in Python verwenden

Für die Suche nach einem regulären Ausdruck in einem String stellt Python zwei verschiedene Funktionen bereit. Beide lassen sich – genau wie der Rest der RegExp-Funktionalität – entweder als allein stehende Funktionen unter dem Modul `re` oder aber als Methoden eines kompilierten regulären Ausdrucks aufrufen. Im ersteren Fall müssen Sie einen regulären Ausdruck und den zu durchsuchenden String als Argumente übergeben, im letzteren Fall nur den String, da der reguläre Ausdruck bereits das Objekt ist, dessen Methode Sie aufrufen.

Die Funktion oder Methode `search()` sucht im gesamten String nach einem Treffer für den regulären Ausdruck, während `match()` nur den Anfang des Strings betrachtet. Letzteres ist wesentlich schneller und sollte immer dann eingesetzt werden, wenn Sie es sich leisten können, am Anfang des Strings mit der Suche zu beginnen.

9

Hier ein einfaches Beispiel: Es sucht in dem String `"Hallo"` nach einem kleingeschriebenen Vokal. Ganz offensichtlich würde `match()` hier fehlschlagen, denn der String beginnt mit einem großgeschriebenen Konsonanten. Hier daher alle Varianten der Suche mit `search()`:

```
>>> import re
>>> # Allein stehende Funktion mit Regex-Literal
... re.search(r"[aeiou]", "Hallo")
<_sre.SRE_Match object; span=(1, 2), match='a'>
>>> # Kompilierten regulären Ausdruck erzeugen
... vowel = re.compile("[aeiou]")
>>> # Allein stehende Funktion mit kompiliertem Regex
>>> re.search(vowel, "Hallo")
<_sre.SRE_Match object; span=(1, 2), match='a'>
>>> # Methode des kompilierten Regex
... vowel.search("Hallo")
<_sre.SRE_Match object; span=(1, 2), match='a'>
```

Wie Sie sehen, können Sie bei der Funktionsschreibweise entweder ein Regex-Literal (einen String, der den regulären Ausdruck enthält, mit vorangestelltem `r`) oder aber einen kompilierten regulären Ausdruck verwenden. Bei der Methodenschreibweise muss der reguläre Ausdruck dagegen zuvor kompiliert werden, was aber auch anonym, also ohne Zwischenspeicherung in einer Variablen, funktioniert:

```
>>> re.compile("[aeiou]").search("Hallo")
<_sre.SRE_Match object; span=(1, 2), match='a'>
```

Hier die Gegenprobe mit allen Schreibweisen von `match()` – Sie erhalten keine Ausgabe, da kein Treffer gefunden wird und das Ergebnis somit `None` ist:

```
>>> re.match(r"[aeiou]", "Hallo")
>>> vowel = re.compile("[aeiou]")
>>> re.match(vowel, "Hallo")
>>> vowel.match("Hallo")
```

Wenn Sie die Fundstellen selbst untersuchen möchten, speichern Sie das Ergebnis von search() oder match() am besten in einer Variablen. Anschließend können Sie vier Methoden des Objekts verwenden, um den Treffer zu untersuchen: group() liefert den Teil-String, auf den der reguläre Ausdruck zutrifft, span() liefert ein Tupel aus der ersten Position des Treffers und der ersten, die nicht mehr zum Treffer gehört, start() liefert nur die Startposition und end() die ausgeschlossene Endposition. Beispiele:

```
>>> m = re.search(r"[aeiou]", "Hallo")
>>> m
<_sre.SRE_Match object; span=(1, 2), match='a'>
>>> m.group()
'a'
>>> m.span()
(1, 2)
>>> m.start()
1
>>> m.end()
2
```

Interessanter wird es, wenn Sie innerhalb Ihres regulären Ausdrucks geklammerte Teilausdrücke verwenden. Betrachten Sie den folgenden kompilierten regulären Ausdruck, der auf eine deutsche Postleitzahl und die meisten deutschen Ortsnamen passen dürfte und der die Postleitzahl sowie den Ortsnamen durch Klammern jeweils zu Untergruppen macht:

```
zip_city = re.compile("(\d{5})\s+([A-ZÄÖÜa-zäöüß -]+)")
```

Der reguläre Ausdruck selbst, "(\d{5})\s+([A-ZÄÖÜa-zäöü -]+)", besteht aus folgenden Elementen:

- Der erste geklammerte Teilausdruck \d{5} steht für genau fünf beliebige Ziffern.
- Darauf folgt \s+ für ein oder mehr Whitespace-Zeichen.
- Schließlich repräsentiert der zweite geklammerte Ausdruck [A-ZÄÖÜa-zäöüß -]+ ein oder mehrere Zeichen aus der angegebenen Zeichenklasse (große oder kleine Buchstaben, Umlaute, ß, Leerzeichen oder Bindestrich). Dies dürfte praktisch alle deutschen Ortsnamen abdecken. Das - am Ende der Zeichenklasse braucht übrigens nicht escapt zu werden, denn seine Position ohne folgendes Zeichen besagt, dass das Zeichen selbst gemeint ist und keine Zeichenfolge.

Wenn Sie den regulären Ausdruck auf einen String anwenden, in dem eine entsprechende Zeichenfolge vorkommt, erhalten Sie zunächst einen gewöhnlichen Treffer:

```
>>> zip_city = re.compile("(\d{5})\s+([A-ZÄÖÜa-zäöüß -]+)")
>>> m = zip_city.search("Peter Schmitz, 50678 Köln, Tel.: 0221/1234567")
>>> m
<_sre.SRE_Match object; span=(15, 25), match='50678 Köln'>
```

Die bisher besprochenen Treffermethoden wie `group()` enthalten also einen Treffer für den gesamten regulären Ausdruck; im vorliegenden Fall "50678 Köln". Wenn Sie diesen Gesamttreffer meinen, können Sie alternativ auch `group(0)`, `span(0)` etc. schreiben, denn die Treffer für Teilausdrücke werden von außen nach innen und von links nach rechts durchnummeriert, wobei der Index 0 stets den Gesamttreffer bezeichnet:

```
>>> m.group(0)
'50678 Köln'
```

Die Treffer für die geklammerten Teilausdrücke können Sie entsprechend über höhere Indizes abrufen, im vorliegenden Beispiel also 1 und 2:


```
>>> m.group(1)
'50678'
>>> m.group(2)
'Köln'
>>> m.span(1)
(15, 20)
>>> m.span(2)
(21, 25)
```

Die Methode `groups()` liefert ein Tupel mit allen Teiltreffern zurück:

```
>>> m.groups()
('50678', 'Köln')
```

Die bisher beschriebenen Methoden finden maximal einen Haupttreffer für Ihren regulären Ausdruck. Wenn Sie mehrere Treffer finden möchten, können Sie stattdessen die Methode `findall()` verwenden. Auch diese lässt sich entweder als allein stehende Funktion `re.findall(regex, string)` oder als Methode eines kompilierten regulären Ausdrucks aufrufen. Hier zwei Beispiele für den regulären Ausdruck `zip_city`:

```
>>> re.findall(zip_city, "50678 Köln, 40456 Düsseldorf, 51465 Bergisch Gladbach")
[('50678', 'Köln'), ('40456', 'Düsseldorf'), ('51465', 'Bergisch Gladbach')]
>>> zip_city.findall("80789 München, 10345 Berlin, 53543 Bonn")
[('80789', 'München'), ('10345', 'Berlin'), ('53543', 'Bonn')]
```

Wie Sie sehen, ist das Ergebnis ein Array, in dem jedes Element für einen Treffer steht. Die Treffer selbst sind wiederum Tupel, die die Teiltreffer für die geklammerten Ausdrücke auflisten. Diese Ergebnisse können Sie also ideal mithilfe von Iteratoren verarbeiten.

Wenn Sie einen einfachen regulären Ausdruck ohne Teilausdrücke verwenden, erhalten Sie übrigens ein Array aus einfachen Strings, die die verschiedenen Treffer repräsentieren. Hier sehen Sie ein Beispiel, das Postleitzahl und Ort als ganzen String findet:

```
>>> zip_city_easy = re.compile("\d{5}\s+[A-ZÄÖÜa-zäöüß -]+")
>>> zip_city_easy.findall("60468 Frankfurt, 20765 Hamburg")
['60468 Frankfurt', '20765 Hamburg']
```

Beim Kompilieren regulärer Ausdrücke können Sie als optionales zweites Argument diverse Flags angeben; es handelt sich um Konstanten aus dem Modul `re`, die mit dem bitweisen Oder (`|`) kombiniert werden können. Hier die beiden wichtigsten Flags, jeweils mit Beispiel:

- `re.I` oder `re.IGNORECASE`
  Reguläre Ausdrücke unterscheiden gewöhnlich zwischen Groß- und Kleinschreibung. Dieses Flag sorgt dafür, dass sie das nicht mehr tun. Betrachten Sie zum Vergleich die folgenden beiden Beispiele:

  ```
  >>> just_lower = re.compile("[a-z]+")
  >>> just_lower.search("GROSSklein")
  <_sre.SRE_Match object; span=(5, 10), match='klein'>
  >>> any_case = re.compile("[a-z]+", re.I)
  >>> any_case.search("GROSSklein")
  <_sre.SRE_Match object; span=(0, 10), match='GROSSklein'>
  ```

- `re.M` oder `re.MULTILINE`
  Normalerweise trifft `^` auf den Anfang des gesamten untersuchten Strings zu und `$` auf dessen Ende. Wenn Sie den Multiline-Modus aktivieren, wird damit jede Zeile einzeln behandelt. Für den Anfang und das Ende des Gesamt-Strings gibt es in diesem Fall die Konstrukte `\A` beziehungsweise `\Z`. Hier sehen Sie ein Beispiel für das unterschiedliche Verhalten mit einem mehrzeiligen Here-Document-String:

  ```
  >>> str = """Hallo
  ... Welt
  ... wie
  ... geht
  ... es
  ... dir?
  ... """
  >>> complete = re.compile("^[a-z]+", re.I)  # Buchstaben am String-Anfang
  >>> complete.findall(str)
  ['Hallo']
  >>> lines = re.compile("^[a-z]+", re.I | re.M) # Zeilenanfang
  >>> lines.findall(str)
  ['Hallo', 'Welt', 'wie', 'geht', 'es', 'dir']
  >>> multiline_begin = re.compile("\A[a-z]+", re.I | re.M)
  >>> multiline_begin.findall(str)
  ['Hallo']
  ```

Es folgt ein etwas ausführlicheres Praxisbeispiel für das Finden von Treffern: ein einfacher Parser für mathematische Ausdrücke im Format `Operand1 Operator Operand2`, wobei die zulässigen Operatoren `+`, `-`, `*` und `/` sind. In das Programm können Rechenaufgaben eingegeben werden, und es berechnet sie oder gibt eine Fehlermeldung aus, wenn die Aufgabe nicht korrekt formatiert ist.

Beachten Sie, dass komplexere Parser in aller Regel nicht mit regulären Ausdrücken programmiert werden, sondern mithilfe speziellerer Tools, aber für etwas so Einfaches genügen reguläre Ausdrücke. In Listing 9.2 steht zunächst der vollständige Quellcode:

```
import re

def parsemath(statement):
    pattern = re.compile("^(\-?\d+(\.\d+)?)\s*([+*/-])\s*(\-?\d+(\.\d+)?)$")
    m = pattern.match(statement)
    if m:
        operand1 = float(m.group(1))
        operator = m.group(3)
        operand2 = float(m.group(4))
        if operator == "+":
            return operand1 + operand2
        if operator == "-":
            return operand1 - operand2
        if operator == "*":
            return operand1 * operand2
        if operator == "/":
            if operand2 == 0:
                raise ValueError("Division durch 0 ist verboten.")
            return operand1 / operand2
    else:
        raise ValueError("Invalid statement.")

print("Rechenaufgaben im Format <Operand1> <+,-,*,/> <Operand2> oder x = Ende.")
while True:
    statement = input("> ")
    if statement == "x":
        break
    try:
        print(parsemath(statement))
    except ValueError as e:
        print(e)
```

Listing 9.2 Das Programm mathparser.py parst einfache Rechenoperationen und berechnet das Ergebnis.

Insgesamt dürften Sie diesen Code problemlos verstehen, wenn Sie das vorangegangene Kapitel durchgearbeitet haben. Betrachten Sie daher vor allem den regulären Ausdruck selbst:

```
^(\-?\d+(\.\d+)?)\s*([+*/-])\s*(\-?\d+(\.\d+)?)$
```

Die Verankerungen `^` und `$` sorgen dafür, dass der gesamte String auf den regulären Ausdruck passen muss; ein Teiltreffer genügt nicht. Den Beginn-Anker `^` könnten Sie sich theoretisch sparen, da die Methode `match()` ohnehin nur am Anfang des Strings sucht, aber die explizite Erwähnung macht die Bedeutung des regulären Ausdrucks deutlicher.

Der erste geklammerte Teilausdruck ist `(\-?\d+(\.\d+)?)` – am Anfang kann also ein Minuszeichen stehen oder auch nicht, gefolgt von einer oder mehreren Ziffern. Der Rest des Teilausdrucks wird durch das Fragezeichen optional gemacht – ein Punkt, gefolgt von mindestens einer Ziffer. Der erste Operand kann also eine positive oder negative Ganz- oder Fließkommazahl sein. Wie Sie sehen, wird der exakt identische Teilausdruck am Ende nochmals wiederholt, da der zweite Operand genauso aufgebaut ist wie der erste.

In der Mitte versucht ein weiterer Teilausdruck, den Operator zu finden: `([+*/-])` findet genau eines der vier angegebenen Zeichen. Das `-` ans Ende zu schreiben, ist ein Trick, um es nicht escapen zu müssen – da kein weiteres Zeichen folgt, ist klar, dass kein Von-bis-Bereich gemeint ist, sondern das Minuszeichen selbst.

Zwischen den geklammerten Ausdrücken ist durch die Verwendung von `\s*` beliebig viel Whitespace möglich.

Wenn Sie das Programm ausführen und einige Rechenausdrücke eingeben, erhalten Sie eine Ausgabe wie diese:

```
$ python3 mathparser.py
Rechenaufgaben im Format <Operand1> <+,-,*,/> <Operand2> oder x = Ende.
> 7+2
9.0
> 77 * 99
7623.0
> 923.23 - 239.39
683.84
> 6 / 0
Division durch 0 ist verboten.
> a + b
Invalid statement.
> x
```

Die zweite wichtige Aufgabe regulärer Ausdrücke neben der Suche, nämlich das Ersetzen von Fundstellen, wird in Python durch die Methode `sub()` erledigt. Ihre allgemeine Syntax ist:

```
regex.sub(replacement, string[, count])
```

Dabei ist regex ein kompilierter regulärer Ausdruck, replacement der gewünschte Ersatztext, string der zu durchsuchende Text und der optionale Parameter count die maximale Anzahl gewünschter Ersetzungen. Wenn Sie count weglassen, werden alle Treffer ersetzt. Der Rückgabewert der Methode ist der vollständige gemäß den Vorgaben modifizierte Text.

Das nächste Beispiel ist nicht sonderlich sinnvoll, aber es zeigt, wie die Ersetzung funktioniert – es ersetzt alle Vokale in einem String durch *:

```
>>> vowels = re.compile("[aeiou]", re.I)
>>> vowels.sub("*", "Hallo Welt, was ist los?")
'H*ll* W*lt, w*s *st l*s?'
```

Die folgende Variante setzt einen konkreten Wert für count und ersetzt so nur die ersten drei Vokale im Text:


```
>>> vowels.sub("*", "Nur drei Vokale ersetzen", 3)
'N*r dr** Vokale ersetzen'
```

Wenn Sie geklammerte Teilausdrücke verwenden, können Sie die entsprechenden Treffer in den Ersatztext übernehmen. Sie werden genau wie die group()-Ergebnisse durchnummeriert und als \1, \2 etc. geschrieben. Da der \ in einem regulären String dem Escaping dient, müssen Sie in der Praxis \\1, \\2 etc. schreiben. Das folgende Beispiel ersetzt in einer mehrzeiligen Namensliste mit dem Format »Vorname Nachname« die Namen so, dass das neue Format »Nachname, Vorname« lautet:

```
>>> firstname_lastname = """Peter Schmitz
... Hanna Meyer-Becker
... Cengiz Toprak
... Karl-Heinz Müller"""
>>> pattern = re.compile("^([^\s]+)\s+([^\s]+)$", re.M)
>>> lastname_firstname = muster.sub("\\2, \\1", firstname_lastname)
>>> print(lastname_firstname)
Schmitz, Peter
Meyer-Becker, Hanna
Toprak, Cengiz
Müller, Karl-Heinz
```

Für komplexere Ersetzungen können Sie anstelle eines einfachen Ersetzungsstrings auch eine Lambda-Funktion verwenden, die den Ersatztext mithilfe beliebiger Operationen erzeugt. Die Lambda-Funktion nimmt ein Argument entgegen, üblicherweise match genannt; es handelt sich um ein Trefferobjekt, das die Methoden group(), span() etc. bereitstellt.

Das folgende Beispiel ersetzt alle Ganzzahlen in einem Text durch ihre Hexadezimalentsprechung samt führendem 0x:

```
>>> numbers = re.compile("\d+")
>>> text = """256 Personen schreiben 1024 Programme in 32 Wochen.
    Wie viele Programme schaffen 512 Personen in 64 Wochen?"""
>>> hextext = numbers.sub(lambda match: hex(int(match.group())), text)
>>> print(hextext)
0x100 Personen schreiben 0x400 Programme in 0x20 Wochen.
Wie viele Programme schaffen 0x200 Personen in 0x40 Wochen?
```

Die Lambda-Funktion liest zunächst den aktuellen Treffer `match.group()` aus, wandelt diesen String mit `int()` in eine Ganzzahl und schließlich mit `hex()` in einen Hexadezimal-String um.

Zu guter Letzt soll noch das Auftrennen von Strings mithilfe regulärer Ausdrücke beschrieben werden. Dafür kommt die Funktion oder Methode `split()` zum Einsatz. Sie findet alle Treffer für den regulären Ausdruck im untersuchten String und fügt die Rest-Strings in eine Liste ein. Hier ein geradezu klassisches Beispiel, das einen String an Nicht-Wort-Bestandteilen trennt, um nur die Wörter in die Liste zu übernehmen:

```
>>> sentence = "Dies ist ein Satz, aber ich brauche nur die enthaltenen Wörter."
>>> words = re.split("\W+", satz)
>>> words
['Dies', 'ist', 'ein', 'Satz', 'aber', 'ich', 'brauche', 'nur', 'die',
'enthaltenen', 'Wörter', '']
```

Reguläre Ausdrücke in Java verwenden

Die Java-Implementierung regulärer Ausdrücke funktioniert erstaunlich ähnlich wie diejenige in Python, sodass sie Ihnen wenig Schwierigkeiten machen dürfte.

Ein regulärer Ausdruck wird durch ein Objekt der Klasse `java.util.regex.Pattern` repräsentiert und wie folgt erzeugt:

```
Pattern pattern = Pattern.compile(string[, flags]);
```

Der String ist die Rohfassung des regulären Ausdrucks, der gesucht oder ersetzt werden soll. Beachten Sie, dass Sie bei Spezialgruppen, die mit \ beginnen, \\ schreiben müssen, da der Backslash in Strings dem Escaping dient und daher auch selbst escapt werden muss.

Das zweite optionale Argument `flags` ist ein numerischer Wert, der durch die Bitweise-Oder-Kombination (`|`) diverser Konstanten der Klasse `Pattern` erzeugt werden kann und das konkrete Verhalten des regulären Ausdrucks steuert. Die beiden wichtigsten Flags sind folgende:

- `Pattern.CASE_INSENSITIVE` sorgt dafür, dass der reguläre Ausdruck nicht zwischen Groß- und Kleinschreibung unterscheidet.
- `Pattern.MULTILINE` betrachtet die Zeilen eines Strings einzeln, sodass `^` und `$` nicht mehr den Anfang beziehungsweise das Ende des gesamten untersuchten Strings, sondern den Anfang und das Ende jeder Zeile finden. Ergänzend treffen die Konstrukte `\A` und `\Z` in diesem Fall auf den Anfang beziehungsweise das Ende des Strings zu.

Das folgende Beispiel kompiliert einen regulären Ausdruck, der auf jede Folge von Groß- und/oder Kleinbuchstaben passt:

```
Pattern letters = Pattern.compile("[a-z]+", Pattern.CASE_INSENSITIVE);
```

Um in einem String nach Treffern für den regulären Ausdruck zu suchen, wird nach folgendem Schema ein `java.util.regex.Matcher`-Objekt dafür erzeugt:

```
Matcher matcher = pattern.matcher(string);
```

Hier ein Beispiel, das das Pattern `letters` auf einen gemischten String anwendet:

```
Matcher letterMatch = letters.matcher("1, zwei und 3 - nur Buchstaben dabei!");
```


Die Klasse `Matcher` enthält die Methode `find()`, die nacheinander jeden Treffer findet, sodass Sie sie einfach in einer `while`-Schleife einsetzen können. Das sieht schematisch wie folgt aus:

```
while (matcher.find()) {
    // Methoden von matcher beziehen sich auf den aktuellen Treffer.
}
```

Das folgende Beispiel wendet eine solche Schleife auf den Matcher `letterMatch` an und gibt verschiedene Informationen über jeden Treffer aus:

```
while (letterMatch.find()) {
    System.out.printf(
        "Treffer '%s' von %d bis (ausschließlich) %d.",
        letterMatch.group(),
        letterMatch.start(),
        letterMatch.end()
    );
}
```

Die Methoden `group()`, `start()` und `end()` entsprechen den gleichnamigen Python-Methoden – sie liefern den gefundenen Text, seine Anfangsposition und seine nicht mehr dazugehörende Endposition zurück. Listing 9.3 zeigt das gesamte Buchstabenbeispiel als Programm:

```
import java.util.regex.Pattern;
import java.util.regex.Matcher;

public class LetterTest {
    public static void main(String[] args) {
        Pattern letters = Pattern.compile("[a-z]+", Pattern.CASE_INSENSITIVE);
        Matcher letterMatch = letters.matcher(
            "1, zwei und 3 - nur Buchstaben dabei!"
```

```
        );
        while (letterMatch.find()) {
            System.out.printf(
                "Treffer '%s' von %d bis (ausschließlich) %d.\n",
                letterMatch.group(),
                letterMatch.start(),
                letterMatch.end()
            );
        }
    }
}
```

Listing 9.3 LetterTest.java findet ausschließlich die Buchstabensequenzen in einem String.

Wenn Sie das Programm kompilieren und ausführen, erhalten Sie folgende Ausgabe:

```
Treffer 'zwei' von 3 bis (ausschließlich) 7.
Treffer 'und' von 8 bis (ausschließlich) 11.
Treffer 'nur' von 16 bis (ausschließlich) 19.
Treffer 'Buchstaben' von 20 bis (ausschließlich) 30.
Treffer 'dabei' von 31 bis (ausschließlich) 36.
```

Die Methoden `group()`, `start()` und `end()` gibt es auch jeweils in einer Version mit einem `int`-Argument, um Treffer für geklammerte Teilausdrücke zu finden; das Argument `0` liefert dabei wie gehabt den Gesamttreffer. Da Sie mit `groupCount()` die Anzahl der Untergruppen ermitteln können, ist es einfach möglich, auch die Teiltreffer in einer Schleife auszulesen. Hier eine Java-Entsprechung des Postleitzahl- und Ortsbeispiels aus dem Python-Unterabschnitt:

```
import java.util.regex.Pattern;
import java.util.regex.Matcher;

public class ZipCityFinderTest {
    public static void main(String[] args) {
        Pattern zipCity = Pattern.compile("(\\d{5})\\s+([A-ZÄÖÜa-zäöüß -]+)");
        String text = "Peter Schmitz, 50678 Köln; Maria Müller, 40456 Düsseldorf";
        Matcher matcher = zipCity.matcher(text);
        while (matcher.find()) {
            for (int i = 0; i <= matcher.groupCount(); i++) {
                System.out.println(matcher.group(i));
            }
        }
    }
}
```

Die Ausgabe dieses Programms sieht so aus:

```
50678 Köln
50678
Köln
40456 Düsseldorf
40456
Düsseldorf
```

Um Fundstellen durch anderen Text zu ersetzen, werden die beiden Matcher-Methoden replaceFirst() und replaceAll() verwendet, die an der ersten Fundstelle beziehungsweise an allen Fundstellen des regulären Ausdrucks den als Argument angegebenen String einfügen. Hier ein erstes kleines Beispiel, das alle Nicht-Buchstaben-Folgen durch ein einfaches Leerzeichen ersetzt:


```
import java.util.regex.Pattern;
import java.util.regex.Matcher;

public class ReplaceNonLettersTest {
    public static void main(String[] args) {
        String txt = "Ach - Wörter, mehr wollen wir nicht!";
        Pattern nonLetters = Pattern.compile("[^\\p{L}]+");
        Matcher findNonLetters = nonLetters.matcher(txt);
        String newTxt = findNonLetters.replaceAll(" ");
        System.out.println(newTxt);
    }
}
```

Als regulärer Ausdruck für Nichtbuchstaben wird hier übrigens kein einfaches \W+ verwendet, da dies in Java auf alle Zeichen zutrifft, die keine lateinischen Buchstaben, Ziffern oder Unterstriche sind – davon wäre etwa auch der Umlaut ö betroffen. \p{...} ist eine Java-Erweiterung für spezielle Zeichenklassen, wobei \p{L} für alle Unicode-Buchstaben steht. Durch das Konstrukt [^...] wird diese Klasse verneint, das heißt, es werden alle Zeichen gefunden, die keine Unicode-Buchstaben sind.

Die Ausgabe des Programms sieht natürlich so aus:

```
Ach Wörter mehr wollen wir nicht
```

Auch in Java können Sie Teiltreffer aus Klammern im Ersatztext verwenden; hier werden sie als $1, $2 etc. bezeichnet. Das folgende kleine Beispiel ersetzt Postleitzahl und Ort durch eine ausführlichere Beschreibung:

```
import java.util.regex.Pattern;
import java.util.regex.Matcher;

public class ReplaceWithGroupsTest {
    public static void main(String[] args) {
        Pattern zipCity = Pattern.compile("(\\d{5})\\s+([\\p{L} -]+)");
        Matcher zipCityFound = zipCity.matcher("50678 Köln; 40456 Düsseldorf");
        String result = zipCityFound.replaceAll("PLZ: $1, Ort: $2");
        System.out.println(result);
    }
}
```

Wenn Sie das Programm kompilieren und ausführen, erhalten Sie folgende Ausgabe:

```
PLZ: 50678, Ort: Köln; PLZ: 40456, Ort: Düsseldorf
```

Sie können `replaceFirst()` und `replaceAll()` übrigens auch einfach als Methoden eines Strings aufrufen; die schematische Syntax lautet so:

```
String replaced = str.replaceFirst(regex, replacement);
```

Der String *str* ist dabei der Originaltext, in dem die Ersetzungen vorgenommen werden sollen, *regex* ist der nicht kompilierte reguläre Ausdruck im String-Format und *replacement* der Ersatz-String. Das Ergebnis der Methode, hier *replaced* genannt, ist ebenfalls ein String.

Das Zerlegen eines Strings mithilfe eines regulären Ausdrucks ist auch eine Methode der Klasse `String` namens `split()`. Es gibt zwei Varianten dieser Methode:

```
str.split(regex)
```

zerlegt den String *str* an allen Stellen, an denen der reguläre Ausdruck *regex* (im einfachen String-Format) zutrifft, und gibt die restlichen Teile des ursprünglichen Strings als `String[]`-Array zurück. In der Schreibweise

```
str.split(regex, limit)
```

wird zusätzlich der `int`-Wert *limit* übergeben, der die maximale Anzahl von Elementen des Ergebnis-Arrays festlegt. Der gesamte Rest des Strings landet dabei im letzten Element, auch wenn es darin weitere Treffer für den regulären Ausdruck geben sollte.

Das folgende kleine Beispiel zerlegt einen String in seine einzelnen Wörter, indem alle Nicht-Wort-Zeichen herausgefiltert werden:

```
public class SplitNonLettersTest {
    public static void main(String[] args) {
        String text = "Punkt, Komma, Strich - will ich nich'!";
```

```
        String[] elements = text.split("\\W+");
        for (int i = 0; i < elements.length; i++) {
            System.out.println(elements[i]);
        }
    }
}
```

Anstelle des komplexeren `[^\p{L}]+` kommt hier das einfachere `\W+` zum Einsatz, weil der Test-String ohnehin keine Umlaute enthält. Behalten Sie jedoch in Erinnerung, dass dies bei realen nicht englischen Texten selten der Fall ist.

Hier zum Abschluss noch die (leicht vorhersagbare) Ausgabe des Beispiels:


```
Punkt
Komma
Strich
will
ich
nich
```

9.2 Systemnahe Programmierung

Einige Programmieraufgaben erfordern Zugriffe auf Funktionen, die das Betriebssystem bereitstellt. In Unix-Systemen werden solche Anweisungen als *Systemaufrufe* (*System Calls*) bezeichnet. In diesem Abschnitt werden einige der wichtigsten Aspekte der systemnahen Programmierung behandelt: die gleichzeitige Ausführung mehrerer Aufgaben, die sogenannte *Nebenläufigkeit*, durch Prozesse und Threads sowie die Kommunikation zwischen ihnen.

9.2.1 Prozesse und Pipes

Das Prinzip des Prozesses wurde bereits in Kapitel 6, »Betriebssysteme«, angesprochen: Jedes unter einem modernen Betriebssystem laufende Programm wird als separater Prozess oder Task ausgeführt, der seinen eigenen Speicherbereich und seine eigenen Ein- und Ausgabeschnittstellen besitzt. Threads dagegen stellen eine einfache Möglichkeit zur Verfügung, innerhalb desselben Prozesses mehrere Aufgaben parallel zu erledigen. In diesem Abschnitt werden beide Verfahren kurz praktisch vorgestellt.

Das Erzeugen neuer Prozesse ist das herkömmliche Verfahren, um in Unix-Programmen mehrere parallele Verarbeitungseinheiten zu realisieren: Zwei verschiedene Aufgaben müssen nicht aufeinander warten, um ausgeführt zu werden. Dies ermöglicht beispielsweise die effektive Nutzung von Wartezeiten, die durch die verhältnismäßig langsamen I/O-Operationen entstehen können.

Das Unix-Prozessmodell erzeugt einen neuen Prozess durch den Systemaufruf fork(), der eine absolut identische Kopie des ursprünglichen Prozesses erstellt. Jede Codezeile, die hinter einem Aufruf von fork() steht, wird in nicht vorhersagbarer Reihenfolge doppelt ausgeführt. Da der ursprüngliche Prozess (Parent-Prozess) in der Regel etwas anderes tun soll als der neu erzeugte (Child-Prozess), müssen diese beiden irgendwie voneinander unterschieden werden. In diesem Zusammenhang ist es nützlich, dass fork() im Parent-Prozess die Prozess-ID (PID) des Child-Prozesses zurückgibt und im Child-Prozess 0. Folglich sehen praktisch alle fork()-Aufrufe in C-Programmen unter Unix schematisch so aus:

```
int f;
...
if (f = fork()) {
   ...
   /* Parent-Prozess:
      Hier werden die Parent-Aufgaben erledigt;
      f enthält PID des Childs.               */
} else {
   ...
   /* Child-Prozess:
      Hier werden die Child-Aufgaben erledigt;
      getppid() liefert PID des Parents.      */
}
```

Unter Windows wird dieses Verfahren von Haus aus nicht unterstützt; die Win32 API definiert stattdessen eine Funktion namens CreateProcess(), die einen neuen leeren Prozess erzeugt.

Das folgende Beispiel zeigt ein kleines Python-Programm, das im Parent- und im Child-Prozess jeweils eine Schleife von 1 bis 10.000 durchzählt und anzeigt. Im Child-Prozess werden die Ausgaben ein wenig eingerückt, damit sie leichter zu unterscheiden sind:

```
import os

pid = os.fork()

if pid == 0:
    print("Child process")
    for i in range(1, 10000):
        print("     Child: {}".format(i))
else:
    print("Parent process. Child: {}".format(pid))
    for i in range(1, 10000):
        print("Parent: {}".format(i))
```

Der `fork()`-Aufruf ist in Python im Modul `os` enthalten, da es sich um die Benutzerschnittstelle eines Systemaufrufs handelt. Beachten Sie, dass diese Funktionalität in Python nur auf Unix-Systemen wie Linux und macOS, aber nicht unter Windows verfügbar ist, wo die Erzeugung neuer Prozesse auf Systemebene anders funktioniert. Einige andere Programmiersprachen stellen dennoch ein öffentliches `fork()` für Windows bereit, das intern den Windows-Systemaufruf zur Prozesserzeugung vornimmt. Für beide Systemumgebungen geeignet sind allerdings die komfortablen Module `subprocess` und `multiprocessing`, für die es ausführliche Erläuterungen in der Python-Onlinedokumentation gibt.

Das `if`/`else`-Konstrukt in diesem Skript hat gegenüber gewöhnlichem `if`/`else` eine Besonderheit: Es wird nicht entweder der eine oder der andere Zweig ausgeführt, sondern beide – der `if`-Zweig im neu erzeugten Child-Prozess, der `else`-Zweig im Parent-Prozess. Wenn Sie das Programm ausführen, werden Sie den Wechsel zwischen ein- und ausgerückten Zahlen bemerken. Sie können die Ausgabe auch genauer untersuchen, indem Sie sie mithilfe von `>`*`Dateiname`* in eine Datei umleiten.

Natürlich ist dieses Beispiel nicht besonders sinnvoll. Zu den bedeutendsten Aufgaben von `fork()` gehört die Implementierung von Netzwerkservern, die mit mehreren Clients zur gleichen Zeit kommunizieren. Beispiele finden Sie im nächsten Abschnitt.

Kommunikation zwischen Prozessen durch Pipes

Mithilfe von `fork()` können Sie zwar beliebig viele Prozesse erzeugen, aber diese Prozesse laufen völlig beziehungslos nebeneinander. In der bisher vorgestellten Form sind sie also nicht dafür geeignet, mehrgliedrige Aufgaben kooperativ zu erledigen. Da Programme und Tasks in der Praxis jedoch auf vielfältige Weise miteinander interagieren müssen, sind Mittel zur Kommunikation zwischen den verschiedenen Prozessen erforderlich. In Kapitel 6, »Betriebssysteme«, wurde bereits angedeutet, dass es vielerlei Möglichkeiten dafür gibt, unter anderem Shared Memory, Signale, Semaphoren oder Pipes. Als praktisches Beispiel wird hier der Pipe-Einsatz angesprochen.

Eine Pipe verknüpft die Ausgabe eines Prozesses mit der Eingabe eines anderen; das Verfahren ist exakt dasselbe wie beim Einsatz des Pipe-Operators | auf der Betriebssystemkonsole. Die Pipe besteht aus einem Paar von Datei-Handles, wobei eins exklusiv als lesende und eins exklusiv als schreibende Seite verwendet wird.

In Listing 9.4 wird ein kurzes Python-Beispielprogramm gezeigt, das die Kommunikation zweier Prozesse über eine Pipe demonstriert. Der Child-Prozess schreibt die Zahlen von 1 bis 100 zeilenweise in eine Pipe. Der Parent-Prozess liest sie aus, wandelt sie wieder in `int`-Werte um und berechnet jeweils ihr Quadrat:

```
import os, sys

reader, writer = os.pipe()
pid = os.fork()
```

```
if pid == 0:
    # Child schreibt nur; lesende Seite schließen.
    os.close(reader)
    # Schreibende Seite tatsächlich zum Schreiben öffnen.
    writer = os.fdopen(writer, 'w')
    for i in range(1, 101):
        print(f"    Child ist bei: {i}")
        writer.write(str(i) + "\n")
    sys.exit(0)
else:
    # Parent liest nur; schreibende Seite schließen.
    os.close(writer)
    # Lesende Seite tatsächlich zum Lesen öffnen.
    reader = os.fdopen(reader, 'r')
    # Endlosschleife zum Lesen
    while True:
        line = reader.readline()
        # Ende, wenn keine Daten mehr kommen.
        if not line:
            sys.exit(0)
        i = int(line)
        print(f"Parent berechnet Quadrat von {i}: {i ** 2}")
```

Listing 9.4 pipe.py demonstriert die Kommunikation zwischen zwei Prozessen über eine Pipe.

Wie Sie sehen, wird noch vor dem Forking die Pipe erzeugt:

```
reader, writer = os.pipe()
```

Im jeweiligen Prozess wird dann je eines der beiden Handles geschlossen und das andere explizit zum Schreiben beziehungsweise Lesen geöffnet. Die Funktion `os.fdopen()` ist eine systemnähere Variante des bereits in Kapitel 7, »Grundlagen der Programmierung«, behandelten Konstruktors `open()`. Das Kürzel `fd` steht für *file descriptor* (ein anderes Wort für *file handle*).

Beachten Sie, dass über die Methode `reader.readline()`, die im Parent-Prozess zum zeilenweisen Lesen aus der Pipe verwendet wird, nicht iteriert werden kann. Deshalb wird im Beispiel eine Endlosschleife verwendet, die verlassen wird, wenn keine Daten mehr vorhanden sind (End of File gilt als `False`).

Denken Sie daran, dass diese systemnahen Mittel hier vor allem zu Lehrzwecken gezeigt wurden. In der Praxis hat Python eine viel komfortablere objektorientierte API für die Arbeit mit Prozessen und die Kommunikation zwischen ihnen, die unter *docs.python.org/3/library/multiprocessing.html* dokumentiert wird.

9.2.2 Threads

Eine ähnliche Technik wie das Erzeugen mehrerer Prozesse ist das Erzeugen mehrerer Threads innerhalb eines Prozesses. Genauso wie das Betriebssystem dafür sorgt, dass die verschiedenen Prozesse abwechselnd abgearbeitet werden, findet auch die Verarbeitung der Threads im Wechsel statt; in den meisten Fällen kann wie bei Prozessen eine Priorität gewählt werden. Der Hauptunterschied zwischen Prozessen und Threads besteht darin, dass Threads im selben Speicherraum laufen und gemeinsamen Zugriff auf Ressourcen besitzen.

Inzwischen unterstützen alle modernen Betriebssysteme Threads, unter Umständen wird diese Unterstützung auch von der Bibliothek der verwendeten Programmiersprache statt vom System selbst zur Verfügung gestellt. Allerdings ist das Programmieren von Multithreading-Anwendungen nicht in allen Sprachen einfach, weil das Verfahren noch nicht in allen Sprachen standardisiert ist.

Am praktischsten lässt sich die Programmierung von Threads am Beispiel von Java erläutern, weil die Thread-Funktionalität in dieser Sprache von Anfang an verankert wurde. Sie wird im Wesentlichen durch die Klasse `java.lang.Thread` bereitgestellt, die einen einzelnen lauffähigen Thread repräsentiert.

Wenn eine Java-Instanz als Thread ausgeführt werden soll, muss die zugrunde liegende Klasse eine der beiden folgenden Bedingungen erfüllen:

- Sie muss von `java.lang.Thread` abgeleitet sein. Innerhalb dieser Klasse können Sie die Methode `run()` überschreiben, die die eigentlichen Anweisungen enthält, die als Thread ausgeführt werden sollen.
- Alternativ kann sie das Interface `Runnable` implementieren. Zu diesem Zweck muss sie ebenfalls eine Methode namens `run()` bereitstellen.

Wenn Sie eine Klasse von `Thread` ableiten, können Sie eine Instanz davon erzeugen; ein Aufruf ihrer Methode `start()` beginnt mit der Ausführung der Anweisungen in `run()`. Eine Instanz einer Klasse, die `Runnable` implementiert, wird dagegen als Argument an den Konstruktor der Klasse `Thread` übergeben. Auch dieser neue Thread wird mithilfe von `start()` gestartet. Letzteres ist besonders nützlich, falls Sie innerhalb des aktuellen Programms einen zweiten Thread starten möchten, ohne eine externe Instanz zu verwenden: Sie können `Runnable` einfach durch Ihr aktuelles Programm implementieren.

In beiden Fällen läuft das aktuelle Hauptprogramm ebenfalls als Thread weiter. Dass jedes Java-Programm automatisch ein Thread ist, bemerken Sie besonders gut anhand von Fehlermeldungen. Diese lauten häufig derart, dass ein Fehler im `Thread main` aufgetreten sei.

Das Beispiel in Listing 9.5 zeigt eine von `Thread` abgeleitete Klasse namens `BGSearcher`, die im Hintergrund ein als Argument übergebenes Array von `int`-Werten linear nach einem ebenfalls übergebenen Wert durchsucht. Die Klasse `BGSearchTest` (siehe Listing 9.6) ist ein Testprogramm für `BGSearcher`, das ein Array mit Zufallswerten füllt und an den Hintergrundsucher übergibt. Schließlich benötigen Sie noch das Interface `SearchInfo` (siehe Listing 9.7), das von einer Klasse, die den BGSearcher verwenden möchte, implementiert werden muss. Tippen Sie alle drei Klassen ab und speichern Sie sie in entsprechenden *.java*-Dateien im selben Verzeichnis. Es genügt, anschließend die Datei *BGSearchTest.java* zu kompilieren – die beiden anderen werden automatisch mitkompiliert.

```
public class BGSearcher extends Thread {
   private int[] liste;
   private int wert;
   private SearchInfo info;

   public BGSearcher (int[] l, int w, SearchInfo n) {
      this.liste = l;
      this.wert = w;
      this.info = n;
   }

   public void run () {
      for (int i = 0; i < liste.length; i++) {
         if (liste[i] == wert)
            info.searchinfo (i);
      }
   }
}
```

Listing 9.5 BGSearcher.java implementiert einen Thread, der ein int-Array nach einem bestimmten Wert durchsucht.

```
public class BGSearchTest implements SearchInfo {
   public static void main (String args[]) {
      int werte[] = new int[10000];
      System.out.println ("Erzeuge Zufallswerte!");
      for (int i = 0; i < 10000; i++) {
         werte[i] = (int)(Math.random() * 10) + 1;
      }
      // Programminstanz zur Übergabe an BGSearcher:
      BGSearchTest test = new BGSearchTest();
      // Sucher erzeugen und aufrufen.
      BGSearcher searcher =
           new BGSearcher (werte, 4, test);
      searcher.start();
      // Eigenen Aufgaben nachgehen.
      for (int i = 0; i < 1000; i++) {
         System.out.println ("Bin jetzt bei " + i);
```

```
        }
    }

    public void searchinfo (int pos) {
        System.err.println ("Gefunden bei " + pos);
    }
}
```

Listing 9.6 BGSearchTest.java verwendet einen BGSearcher-Thread, um parallel nach einem Wert zu suchen.

```
public interface SearchInfo {
    public void searchinfo (int pos);
}
```

Listing 9.7 SearchInfo.java definiert ein Interface, das Klassen implementieren müssen, um BGSearcher zu verwenden.

Auch für dieses Beispiel sind wieder einige Erklärungen erforderlich:

- Die Klasse `BGSearcher` ist von `Thread` abgeleitet, damit die Methode `run()` in einem Thread laufen kann. Die Methode `start()`, die ein Programm aufrufen muss, damit eine Instanz von `BGSearcher` mit der Arbeit beginnt, muss hier nicht explizit definiert werden; sie wird von `Thread` geerbt.
- Der Konstruktor von `BGSearcher` erwartet drei Argumente: das zu durchsuchende `int`-Array, den gesuchten Wert und eine Instanz von `SearchInfo`. Letzteres kann eine Instanz einer beliebigen Klasse sein, die das Interface `SearchInfo` implementiert – in der Regel, wie im vorliegenden Fall, das Programm, das die Hintergrundsuche einsetzt.

  Die Übergabe der `SearchInfo`-Instanz ist erforderlich, damit `BGSearcher` jedes Mal eine Callback-Methode des implementierenden Programms aufrufen kann, wenn der gesuchte Wert im Array gefunden wird.
- Die Klassendefinition des Testprogramms `BGSearchTest` enthält die Klausel `implements SearchInfo`. Mit dieser Klausel garantiert die Klasse, dass sie Implementierungen der Methoden des genannten Interface (in diesem Fall nur die eine Methode `searchinfo()`) bereitstellt. Dies gibt anderen Klassen die Sicherheit, ein Objekt der Klasse, die das Interface implementiert, als Instanz dieses Interface betrachten zu können. Gerade die hier gezeigte Verwendung einer Callback-Methode ist ein hervorragendes Beispiel für die Nützlichkeit eines Interface: Ein Programm kann `BGSearcher` einsetzen, wenn es `SearchInfo` implementiert, und darf ansonsten von einer beliebigen Klassenhierarchie abstammen.
- In der Methode `main()` erzeugt `BGSearchTest` ein 10.000 Elemente großes Array, das mit zufälligen `int`-Werten gefüllt wird. Für die Erzeugung von Zufallszahlen zwischen 1 und 10 wird die Zufallsgeneratormethode `Math.random()` verwendet, die pseudozufällige Fließ-

kommawerte zwischen 0 und 1 zurückgibt. Mithilfe von Multiplikation, Addition und Typecasting (explizite Datentypumwandlung) wird der erhaltene Wert in den richtigen Bereich umgerechnet.

- Die Anweisung in `BGSearchTest`, die vielleicht am merkwürdigsten erscheint, ist die Erzeugung einer Instanz der Klasse selbst:

  ```
  BGSearchTest test = new BGSearchTest();
  ```

  Die erzeugte Instanz `test` ist erforderlich, um sie als Referenz auf das aktuelle Programm an das als Nächstes erzeugte `BGSearcher`-Objekt zu übergeben, damit es wiederum die Callback-Methode `searchinfo()` aufrufen kann.
- Nachdem das `BGSearcher`-Objekt erzeugt ist, muss übrigens seine Methode `start()` aufgerufen werden, damit es mit der eigentlichen Suche beginnt. Anschließend kann sich das Programm um seine eigenen Aufgaben kümmern, weil der Wechsel zwischen den beiden Threads automatisch erfolgt.
- Die Callback-Methode `searchinfo()` wird automatisch jedes Mal aufgerufen, wenn der gesuchte Wert im Array gefunden wird. Sie erhält als Übergabewert die Suchposition. Im vorliegenden Beispielprogramm macht die Methode nichts besonders Interessantes mit dem Wert, sie gibt ihn nur aus.

  Bemerkenswert ist lediglich, dass die Ausgabe auf den Ausgabestrom `System.err` erfolgt, die Standardfehlerausgabe (in Unix und C `stderr` genannt). Dieser alternative Konsolenausgabekanal dient speziell dem Anzeigen von Warnungen und Fehlermeldungen. Er ist besonders nützlich, wenn Sie die Standardausgabe mithilfe von `>Dateiname` in eine Datei umgeleitet haben: Die Ausgabe auf `stderr` garantiert, dass wichtige Meldungen nicht mit der normalen Ausgabe eines Programms in der Umleitung landen, sondern auf dem Bildschirm angezeigt werden.
- Das Interface `SearchInfo` deklariert, wie bei Interfaces üblich, lediglich den leeren Header der Methode `searchinfo()`. Diese Methode muss von einer Klasse bereitgestellt werden, die das Interface implementieren möchte.

9.3 Einführung in die Netzwerkprogrammierung

Die Programmierung von Netzwerkanwendungen ist ein spannendes und sehr umfangreiches Thema. In diesem Abschnitt wird die Programmierung von TCP/IP-Netzwerkanwendungen beschrieben; die herausragende Bedeutung dieser Protokollfamilie muss nicht noch einmal betont werden.

Die konkrete Programmiersprache, in der die Grundlagen der Netzwerkprogrammierung erklärt werden, ist Python – allerdings lassen sich die Beispiele leicht in anderen Programmiersprachen nachvollziehen, weil die verwendete Programmierschnittstelle für fast alle Sprachen und Plattformen in ähnlicher Art verfügbar ist.

9.3.1 Die Berkeley Socket API

Die Grundlage für die Programmierung von TCP/IP-Anwendungen ist die Verwendung von *Sockets*. Die TCP/IP-Kommunikation zwischen zwei Programmen findet stets über zwei Sockets statt, die man als die beiden Enden einer Netzwerkverbindung verstehen kann, vergleichbar mit dem aus Hör- und Sprechmuschel bestehenden Telefonhörer: Wenn eine Netzwerkanwendung einer verbundenen Anwendung etwas mitteilen möchte, schreibt sie in ihr lokales Socket hinein; die Anwendung an der Gegenstelle kann die Information aus ihrem eigenen Socket lesen. Anders als die zuvor beschriebenen Pipes ist ein Socket-Paar stets bidirektional, kann also zum Lesen und zum Schreiben gleichzeitig verwendet werden.

Erfreulicherweise ist die Socket-Programmierung schon vor langer Zeit standardisiert worden. An der University of California in Berkeley, an der auch Unix zu seiner vollen Blüte gereift ist, wurde eine Programmierschnittstelle für die Programmierung von TCP/IP-Netzwerkanwendungen geschrieben, die *Berkeley Socket API*. Eine *API* (*Application Programming Interface*) ist eine standardisierte Sammlung von Funktionen und Schnittstellen für die Programmierung bestimmter Anwendungen.

Die ursprüngliche Fassung der Berkeley Socket API wurde als Sammlung von Bibliotheken und Header-Dateien für die Programmiersprache C unter BSD-Unix geschrieben. Genau dieser Umstand sorgt dafür, dass C, Unix und das Internet bis heute eine untrennbare Einheit bilden. Dennoch wurden in der Folgezeit Fassungen der Socket API für viele verschiedene Programmiersprachen und Betriebssysteme geschrieben. Beispielsweise verfügen alle Windows-Systeme über die leicht angepasste *Windows Socket Library* (*WinSock*). In diesem Abschnitt wird die Netzwerkprogrammierung am Beispiel der Programmiersprache Python vorgestellt, da es eine Reihe interessanter Python-Module gibt, die die Entwicklung von Netzwerkanwendungen erleichtern.

Bevor Sie die Funktionen der Berkeley Socket API in Python verwenden können, müssen Sie mithilfe von `import socket` das Modul `socket` importieren. Die im Folgenden genannten Funktionen dienen dem Einrichten und Konfigurieren von Sockets.

Sockets erzeugen

Der Befehl zur Erzeugung eines Sockets hat die folgende grundlegende Syntax:

```
sock = socket.socket(domain, type, protocol)
```

Diese Anweisung erzeugt ein neues Socket, dem die Variable *sock* für Lese- und Schreiboperationen zugeordnet ist.

Der Parameter *domain* enthält einen Wert für das Einsatzgebiet des Sockets. Die entsprechenden Konstanten werden im Modul `socket` definiert: `socket.AF_INET` bezeichnet ein Socket für eine TCP/IP-Verbindung, während `socket.AF_UNIX` ein sogenanntes *Unix-Domain-Socket* erzeugt. Unix-Domain-Sockets sind ein beliebtes Mittel für die Inter-Prozess-Kommunikation auf Unix-Systemen. Sie verwenden als Kommunikationsbasis keine Netzwerkverbindung, sondern eine Pipe-ähnliche Datei im Dateisystem. Im Folgenden werden nur `AF_INET`-Sockets behandelt.

In `type` wird eine Konstante für den Socket-Typ angegeben. Es existieren die beiden grundsätzlichen Typen `socket.SOCK_STREAM` für ein Stream-Socket und `socket.SOCK_DGRAM` für ein Datagramm-Socket (und einige andere spezielle Typen, die an dieser Stelle nicht so wichtig sind). Stream-Sockets werden in aller Regel für TCP-Verbindungen verwendet, weil sie eine dauerhafte Verbindung zwischen zwei Netzwerkknoten erzeugen. Datagramm-Sockets sind dagegen für die UDP- und ICMP-Netzwerkkommunikation vorgesehen, weil sie verbindungslos sind.

Der dritte Parameter, *`protocol`*, erwartet schließlich einen Integer, der das zu benutzende Kommunikationsprotokoll angibt. Zwar existieren zur Angabe des Protokolls keine Konstanten, aber dafür können Sie die Funktion `socket.getprotobyname()` verwenden. Genau wie die gleichnamige C-Bibliotheksfunktion beziehungsweise der entsprechende Unix-Systemaufruf wandelt sie ein durch seinen Namen angegebenes Protokoll in die entsprechende Nummer um, indem sie es in der Standarddatei */etc/protocols* nachschlägt. Für Unix-Domain-Sockets wird dagegen die Konstante `socket.PF_UNSPEC` (»kein bestimmtes Protokoll«) angegeben.

Die folgenden beiden Beispielzeilen erzeugen ein TCP-Stream-Socket beziehungsweise ein UDP-Datagramm-Socket:

```
tcp_sock = socket.socket(
    socket.AF_INET,
    socket.SOCK_STREAM,
    socket.getprotobyname('tcp')
)
udp_sock = socket.socket(
    socket.AF_INET,
    socket.SOCK_DGRAM,
    socket.getprotobyname('udp')
);
```

Adressen und Ports

Wie die IP-Adressierung funktioniert und was TCP- und UDP-Ports zu bedeuten haben, wurde in Kapitel 5, »Netzwerkgrundlagen«, ausführlich erläutert. Für die Socket-Programmierung müssen Adressen und Ports in speziellen Strukturen gespeichert werden, die der C-Standardbibliothek entstammen. Zu diesem Zweck werden verschiedene Bibliotheksfunktionen zur Verfügung gestellt, die der Umwandlung von Hostnamen, Adressen und Ports in das korrekte Format dienen:

- `socket.gethostbyname(`*`hostname`*`)`
  Diese Funktion wandelt den angegebenen Hostnamen in die entsprechende IP-Adresse

um. Damit das korrekt funktioniert, benötigen Sie Zugriff auf einen Namensdienst, der in der Lage ist, den entsprechenden Hostnamen aufzulösen, im Internet also beispielsweise auf einen DNS-Server. Das Ergebnis ist eine Struktur, die den Hostnamen und die in ASCII-Zeichen gepackte IP-Adresse enthält.

- `socket.getservbyname(`*`service, proto`*`)`
  Anstelle der numerischen Angabe des Ports können Sie die sogenannten *Well-known Ports* mit Nummern bis 1023, die bei gängigen Serverdiensten eingesetzt werden, auch durch ihren Namen angeben und per `socket.getservbyname()` umwandeln. Als zweites Argument benötigen Sie dazu das Transportprotokoll (`'tcp'` oder `'udp'`). Zum Beispiel können Sie folgendermaßen eine Verbindung zu dem FTP-Server *ftp.uni-koeln.de* herstellen:

```
port = socket.getservbyname('ftp', 'tcp')
sock = socket.socket(socket.AF_INET, socket.SOCK_STREAM,
  socket.getprotobyname('tcp'))
sock.connect(('ftp.uni-koeln.de', port))
```


Verbindungen herstellen, Daten senden und empfangen

Was als Nächstes mit dem Socket geschieht, hängt zum einen davon ab, ob Sie ein Stream- oder ein Datagramm-Socket erzeugt haben und, falls es ein Stream-Socket ist, ob Sie gerade einen Client oder einen Server schreiben.

UDP-Datagramm-Sockets können Sie nach dem Erstellen ohne weitere Formalitäten verwenden, um einfache Nachrichten zu versenden oder von anderen UDP-Anwendungen zu empfangen. Dazu werden die Anweisungen `send()` und `recv()` verwendet:

- *`sock`*`.sendto(`*`message, receiver`*`)`
  Diese Anweisung sendet den Dateninhalt *`message`* über das Socket *`sock`* an den Empfängerhost *`receiver`*. Letzterer wird als Tupel aus IP-Adresse und Port angegeben, also beispielsweise `("127.0.0.1", 8000)` für UDP-Port 8000 auf `localhost`.
- *`sock`*`.bind(`*`peer`*`)`
  `data, addr` `=` *`sock`*`.recvfrom(`*`buffersize`*`)`
  Die Anweisung `bind()` stellt die Verbindung zu einem bestimmten UDP-Host her; auch hier ist das Argument wieder ein Tupel aus IP-Adresse und Port. `recvfrom()` empfängt ein UDP-Datagramm, wobei der Integer-Wert *`buffersize`* die Größe des Lesepuffers in Bytes angibt. Der gelesene Wert wird in der Variablen *`data`* gespeichert, während *`addr`* den Absender des Datagramms angibt. Von den meisten UDP-Servern können Sie Daten nur empfangen, wenn Sie zuvor mithilfe von `sendto()` eine Anfrage an sie geschickt haben.

Auf UDP-Anwendungen wird hier nicht weiter eingegangen. Bei TCP-Sockets sieht die Angelegenheit etwas komplizierter aus: Falls Sie einen Server programmieren, der eine Dienstleistung zur Verfügung stellt, müssen Sie das Socket zum lauschenden (*listening*) Socket machen. Schreiben Sie dagegen einen Client, müssen Sie mit `connect()` eine Verbindung zu einem Server-Socket herstellen; anschließend können Sie mit den Methoden `send()` und `recv()` Ihres Sockets Daten senden beziehungsweise empfangen.

Beispielsweise können Sie, wie in Listing 9.8 gezeigt, eine Verbindung zu dem Webserver *www.heise.de* herstellen und ihm eine `GET`-Anfrage schicken; anschließend wird sämtlicher Inhalt der Antwort gelesen und am Bildschirm angezeigt:

```
import socket

sock = socket.socket(
    socket.AF_INET,
    socket.SOCK_STREAM,
    socket.getprotobyname("tcp")
)
ip = socket.gethostbyname("www.heise.de")
port = socket.getservbyname("http", "tcp")
sock.connect((ip, port))
sock.send(b"GET / HTTP/1.1\nHost: www.heise.de\nConnection: close\n\n")
result = sock.recv(10000)
while (len(result) > 0):
    print(result)
    result = sock.recv(10000)
```

Listing 9.8 webclient.py stellt eine Verbindung zu einem Webserver her, sendet eine Anfrage und gibt die Antwort aus.

Dieses Programm übernimmt tatsächlich die Hälfte der Funktionalität eines Browsers: Es richtet eine HTTP-Anfrage an einen Webserver und liest das erhaltene Dokument. Der kompliziertere Teil eines Browsers ist freilich nicht enthalten, nämlich derjenige, der den erhaltenen HTML-Code interpretiert und ein formatiertes Dokument daraus macht. Stattdessen wird die gesamte Ausgabe des Servers einfach angezeigt, und zwar nicht nur das eigentliche HTML-Dokument (die Startseite von Heise Online), sondern auch sämtliche HTTP-Header.

In diesem Programm werden einige neue Methoden verwendet (*sock* ist jeweils das zuvor mittels `socket.socket()` erzeugte Socket):

- *sock*.connect(*dest*)
  Diese Anweisung stellt eine Verbindung zu einem TCP-Server her, der mithilfe des IP-Adress- und Port-Tupels *dest* angegeben wird.
- *sock*.send(*binary*)
  Diese Methode sendet über das Socket Daten an den Host, mit dem zuvor eine Verbindung hergestellt wurde. Der Inhalt ist kein (Unicode-)String, sondern ein Binär-String, der nur aus ASCII-Zeichen bestehen darf; dies wird in Python durch ein vorangestelltes `b` gekennzeichnet.

- *data* = *sock*.recv(*buffersize*)
  Die Methode recv() wartet darauf, dass der andere Host Daten zurücksendet, und nimmt diese bis zur maximalen Länge von buffersize Byte entgegen. Genau wie bei den mit send() verschickten Daten handelt es sich wieder um einen Binär-String.

Interessant ist noch die eigentliche GET-Anfrage, die an den Webserver geschickt wird:

```
GET / HTTP/1.1
Host: www.heise.de
Connection: close
```

Es wird also die Startseite der Website (/) über das Protokoll HTTP 1.1 angefordert. Der Host-Header – Pflicht bei HTTP 1.1 – gibt an, welcher konkrete (virtuelle) Host unter der Serveradresse die Anfrage beantworten soll. Der Header Connection: close fordert an, dass der Server die Verbindung gleich nach dem Senden der Daten schließen soll – dies sorgt hier dafür, dass das Programm nach der Ausgabe der Serverantwort unmittelbar beendet wird. Wie üblich endet der Header-Block mit zwei Zeilenumbrüchen; danach folgt nichts weiter, da GET-Anfragen grundsätzlich keinen Body besitzen.

Für einen Server sind zusätzlich die folgenden Anweisungen wichtig:

- *sock*.bind(*addr*)
  Diese Anweisung bindet ein zuvor erzeugtes Socket an eine (lokale) Adresse; *addr* ist wie üblich ein Tupel aus IP-Adresse und Port. Sie können jede Ihrer lokalen Schnittstellenadressen, die Loopback-Adresse (127.0.0.1) oder den leeren String "" (für jede beliebige Adresse) verwenden. Noch wichtiger als die Adresse selbst ist hier übrigens der Port, weil es der spezifische Port ist, auf dem der Server lauschen soll. Beachten Sie, dass Sie unter Unix *root*-Rechte benötigen, um einen der Well-known Ports unter 1024 anzusprechen. Darüber hinaus ist es ein erhebliches Sicherheitsrisiko, ein selbst geschriebenes und nicht sicherheitsoptimiertes Programm auf einem solchen Port laufen zu lassen, den die Schnüffeltools potenzieller Angreifer standardmäßig auf Angriffsmöglichkeiten überprüfen.
  Das folgende Beispiel bindet das Socket sock an jede beliebige Adresse des Servers und lauscht an Port 11111:

  ```
  sock.bind(("", 11111))
  ```

- *sock*.listen(*max_queue*)
  Die Anweisung listen() benötigt ein mithilfe von bind() gebundenes Socket und wandelt es in ein lauschendes Socket um: Dieses Socket wartet auf den Verbindungsversuch eines Clients mithilfe von connect, wie er eingangs erläutert wurde. Das Argument *max_queue* gibt die maximale Größe der Warteschlange dieses Sockets an, bestimmt also, wie viele Clientverbindungen darauf warten können, akzeptiert zu werden. Oft wird dafür die Konstante socket.SOMAXCONN verwendet, die den maximalen Wert enthält, den das Betriebssystem zulässt.

- *(clientsocket, remote_addr)* = *sock*.accept()
  Sobald auf dem lauschenden Socket eine Verbindung eingeht, wird die nächste Programmzeile ausgeführt – normalerweise enthält sie einen solchen accept()-Befehl. *clientsocket* ist ein neues, mit dem Client verbundenes Socket, das durch diese Anweisung erzeugt wird. Das Adress-Port-Tupel des Clients steht in der Variablen *remote_addr*.

Das Beispiel in Listing 9.9 zeigt einen kleinen Webserver, der allerdings jede Clientanfrage mit demselben String beantwortet:

```
import socket

serversocket = socket.socket(socket.AF_INET, socket.SOCK_STREAM)
serversocket.bind(("", 8000))
serversocket.listen(5)
while True:
    (clientsocket, address) = serversocket.accept()
    print("Incoming connection from", address)
    data = clientsocket.recv(10000)
    response = b"HTTP/1.1 200 OK\n"
    response += b"Content-type: text/plain\n"
    response += b"Content-length: 32\n"
    response += b"Connection: close\n\n"
    response += b"Hello from the Python web server"
    clientsocket.send(response)
    clientsocket.close()
```

Listing 9.9 webserver.py ist ein sehr einfacher Webserver, der jede HTTP-Clientanfrage mit demselben String beantwortet.

Starten Sie das Skript; es gibt zunächst nichts aus (falls Sie eine Fehlermeldung erhalten, weil der TCP-Port bei Ihnen belegt ist, ändern Sie 8000 einfach in einen höheren Wert). Aber sobald Sie in einem Webbrowser *http://localhost:8000/* eingeben, erscheint in diesem die Ausgabe Hello from the Python web server, und der Server gibt auf der Konsole die IP-Adresse und den (zufälligen) Port des Clients aus.

Werfen Sie noch kurz einen Blick auf die komplette Serverantwort:

```
HTTP/1.1 200 OK
Content-type: text/plain
Content-length: 32
Connection: close

Hello from the Python web server
```

Die Antwort beginnt mit der Statusmeldung »Erfolg« (200 OK) und mehreren Headern, danach folgt nach einer Leerzeile der Body mit dem eigentlichen Ausgabetext. Der Header Content-type ist ein absolutes Pflichtfeld, da es dem Client ermöglicht, die Antwort sinnvoll zu interpretieren. Content-length (Länge des Bodys in Bytes) und Connection: close sorgen dafür, dass die Anfrage zügig abgearbeitet und die Verbindung zum Client geschlossen wird; dies wird durch clientsocket.close() nochmals verschärft. Das ist hier wichtig, weil dieser Server nicht für die gleichzeitige Verarbeitung mehrerer Anfragen ausgelegt ist.

9.3.2 Ein praktisches Beispiel

Mit dem Wissen aus dem letzten Abschnitt ist es eigentlich kein Problem, beliebige Server und Clients in Python zu programmieren. Falls Sie wohlbekannte Protokolle implementieren möchten, müssen Sie die entsprechenden RFCs lesen und Punkt für Punkt abarbeiten.

Der Server

Das folgende Beispiel implementiert einen einfachen Server, der nach einer Clientanmeldung jede Anfrage mit der Anzahl der bisherigen Anfragen dieses Clients sowie mit Datum und Uhrzeit beantwortet. Falls der Dateninhalt der Anfrage "reset" lautet, wird die Anzahl zurückgesetzt; bei "exit" wird die Verbindung beendet. Listing 9.10 zeigt zunächst den Quellcode:

```
import socket
import os
import time
import datetime

# Eine einzelne Clientverbindung verarbeiten.
def handle_conn(clientsocket, address):
    number = 0
    # Anfragen lesen.
    while True:
        request = clientsocket.recv(1000)
        if request == b"exit":
            # Beenden bei 'exit'.
            break
        if request == b"reset":
            # Reset? Anzahl zurücksetzen.
            number = 0
        # Datum und Uhrzeit
        ts = datetime.datetime.fromtimestamp(
            time.time()
        ).strftime("%Y-%m-%d %H:%M:%S")
```

```
        # Anzahl erhöhen.
        number += 1
        # Ausgabe an den Client
        clientsocket.send(bytes("{}. Anfrage: '{}'".format(number, ts), "UTF-8"))
        # Log-Ausgabe (Konsole)
        print("{}: {} ({})".format(address[0], request, ts))
    clientsocket.send(b"Bye.\n")
    print("Connection closed by peer.")

# Lauschendes Socket erzeugen und konfigurieren.
serversocket = socket.socket(socket.AF_INET, socket.SOCK_STREAM)
serversocket.bind(("", 11111))
serversocket.listen(socket.SOMAXCONN)
print("Server lauscht an Port 11111 ...")
# Accept-Schleife
while True:
    (clientsocket, address) = serversocket.accept()
    # Verbindungsaufbau? Child-Prozess erzeugen.
    child = os.fork()
    if child == 0:
        # Im Child-Prozess Verbindung verarbeiten.
        handle_conn(clientsocket, address)
        # Wieder da? Child-Prozess beenden.
        exit(0)
```

Listing 9.10 simpleserver.py implementiert einen einfachen Netzwerkserver.

Das lauschende Socket wird nach dem eingangs gezeigten Schema erstellt; der Server lauscht an Port 11111. Die `accept()`-Schleife wartet, bis ein Verbindungswunsch eines Clients eintrifft. Ist das der Fall, wird zunächst mithilfe von `fork()` ein Child-Prozess erstellt, der sich exklusiv um den neuen Client kümmert. Auf diese Weise kann der Server mehrere Clients gleichzeitig bedienen. Dieses einfache Nebenläufigkeitsmodell wird als *Forking-Server* bezeichnet; für Hochleistungsserver ist es nicht geeignet, da das Erstellen neuer Prozesse im laufenden Betrieb zu lange dauert.

Der Child-Prozess ruft die Funktion `handle_conn()` auf. Sie liest die Clientanfragen zeilenweise aus dem akzeptierten Socket. Der Server reagiert je nach Befehl auf die Anfragen, wie zuvor dargestellt. Bei `"exit"` wird die Schleife mit `break` beendet.

Wie es sich für einen Server gehört, protokolliert er alle Clientzugriffe; wenn Sie diese nicht auf der Konsole, sondern in einer Datei haben möchten, leiten Sie die Ausgabe entsprechend um. Jeder Eintrag hat das Format `Client-IP: 'Anfrage' (Datum/Uhrzeit)`. Beispiel:

```
127.0.0.1: 'reset' (Wed May 06 23:02:16 2015)
```

Wichtig ist in diesem Beispiel noch die Funktion `bytes(`*`string`*`, `*`zeichensatz`*`)`, die den UTF-8-String für die Ausgabe an den Client in einen Byte-String umwandelt.

Der Client

Der Client ist noch trivialer als der Server und soll vor allem demonstrieren, dass es üblich ist, hinter den Kulissen andere Befehle zu verwenden als die Benutzereingaben. Er akzeptiert eine Eingabe nach der anderen, sendet sie – eventuell in modifizierter Form – an den Server und gibt dessen Antworten aus. Nach der Eingabe von `'x'` – dem Serverbefehl `"exit"` – wird er beendet. Hier sehen Sie das kurze Listing 9.11:

```
import socket
import sys

# Host von Kommandozeile, sonst localhost
host = "localhost"
if len(sys.argv) > 1:
    host = sys.argv[1]
# Serververbindung
sock = socket.socket(
    socket.AF_INET,
    socket.SOCK_STREAM,
    socket.getprotobyname("tcp")
)
ip = socket.gethostbyname(host)
port = 11111
sock.connect((ip, port))
print("<O> Zurücksetzen, <X> Beenden, Sonstige Eingabe: Info.")
# Kommunikationsschleife
while True:
    line = input("> ")
    # Je nach Eingabe Befehle an den Server senden.
    if line == "0":
        # Zähler zurücksetzen.
        sock.send(b"reset")
    elif line == "x" or line == "X":
        # Beenden.
        sock.send(b"exit")
    else:
        # Standard: Anzahl/Datum erfragen.
        sock.send(bytes(line, "UTF-8"))
    # Serverantwort lesen und ausgeben.
    antwort = sock.recv(1000).decode("UTF-8")
```

```
    print("Antwort von {}: {}".format(host, antwort))
    # Beenden?
    if line == "x" or line == "X":
        break
```

Listing 9.11 simpleclient.py ist das Clientgegenstück zum einfachen Netzwerkserver.

Beachten Sie in diesem Listing noch das Gegenstück zu `bytes()`: Die Byte-String-Methode `bytestr.decode(zeichensatz)` wandelt einen Byte-String in einen regulären String mit dem gewünschten Zeichensatz um, in diesem Fall UTF-8.

9.4 Externe Module und Abhängigkeiten

Alle in den bisherigen Python- und Java-Beispielen verwendeten Klassen, Funktionen und sonstigen Elemente gehörten zum Lieferumfang dieser Programmiersprachen. Vielfältige Funktionalität lässt sich hinzufügen, wenn externe Module oder Bibliotheken eingebunden werden. In diesem Abschnitt wird zunächst die Installation externer Python-Module erläutert. Konkreter wird danach auf die Arbeit mit dem Modul NumPy eingegangen (in Kapitel 10, »Datenanalyse, Machine Learning, künstliche Intelligenz«, folgen weitere). Anschließend lernen Sie Maven kennen, ein Managementprogramm für externe Java-Bibliotheken und ihre Abhängigkeiten.

9.4.1 Externe Python-Module installieren

Öffentlich verfügbare Python-Module sind im *Python Package Index* (*PyPI*) unter der URL *pypi.org* verfügbar. Installation, Aktualisierung und Deinstallation eines Moduls erfolgen mithilfe des Kommandos `pip` beziehungsweise Python-3-spezifisch `pip3`.

Ist Ihnen der genaue Name des gewünschten Moduls bekannt, genügt die Eingabe von `pip3 install` *`modul`*. Mit der folgenden Eingabe können Sie etwa das Modul NumPy für lineare Algebra installieren, das im nächsten Abschnitt beschrieben wird:

```
$ pip3 install numpy
```

Möchten Sie stattdessen nach einem Modul suchen, geht das seit November 2020 leider nur noch über die oben genannte Website. Das bis dahin verfügbare Konsolenkommando `pip3 search` wurde deaktiviert, weil erheblich zu viele Anfragen an die Server gesendet wurden.

Das Kommando `pip3 list` zeigt die Liste der bereits installierten Module an. Um genauere Informationen über eines dieser Module zu erhalten, geben Sie `pip3 show` *`modul`*:

```
$ pip3 show numpy
Name: numpy
Version: 1.18.5
```

```
Summary: NumPy is the fundamental package for array computing with Python.
Home-page: https://www.numpy.org
Author: Travis E. Oliphant et al.
Author-email: None
License: BSD
Location: /opt/anaconda3/lib/python3.8/site-packages
Requires:
Required-
by: tifffile, tensorflow, tensorboard, tables, statsmodels, seaborn, scipy, scikit-
learn, scikit-image, PyWavelets, pyerfa, patsy, pandas, opt-
einsum, numexpr, numba, mkl-random, mkl-fft, matplotlib, Keras-
Preprocessing, imageio, imagecodecs, h5py, Bottleneck, bokeh, bkcharts, astropy
```


Die Eingabe `pip3` ohne konkrete Anweisung liefert schließlich eine Liste der verfügbaren Befehle. Falls Sie die Anaconda-Distribution installiert haben, lassen sich viele Module alternativ mit `conda install` *`modul`* installieren. Die Auswahl beschränkt sich weitgehend auf Mathematik, Wissenschaft und Machine Learning beziehungsweise künstliche Intelligenz. Die Eingabe `conda search` *`modul`* sucht nach dem exakten Modulnamen; eine Stichwortsuche wird dagegen mit `conda search` *`*suchbegriff*`* eingeleitet. Wenn Sie schließlich nur `conda` eingeben, erhalten Sie eine Hilfeseite.

9.4.2 NumPy verwenden

Das externe Python-Modul *NumPy* ermöglicht das hochoptimierte Rechnen und Operieren mit Arrays – und damit vor allem lineare Algebra. Es kommt oft im Bereich des Machine Learning zum Einsatz, sowohl explizit für die Implementierung eigener Algorithmen als auch intern in spezialisierten Modulen. NumPy gehört zu einer Infrastruktur wissenschaftlich-mathematischer Module unter dem Sammelnamen *SciPy* (*Scientific Python*), die Folgendes enthält:

- NumPy, das in diesem Abschnitt behandelt wird.
- SciPy im eigentlichen Sinn enthält zahlreiche Funktionen und Untermodule für wissenschaftliches Rechnen.
- Matplotlib zur Erstellung zahlloser Arten von Diagrammen kommt in Kapitel 10, »Datenanalyse, Machine Learning, künstliche Intelligenz« zum Einsatz.
- IPython, die gegenüber der Standardversion verbesserte interaktive Python-Shell, wurde bereits in Kapitel 7, »Grundlagen der Programmierung«, angesprochen.
- SymPy ist ein CAS (*Computer Algebra System*), das nicht nur numerische Rechenergebnisse, sondern auch Termumformungen mit Platzhaltern liefert.
- pandas ist ein wichtiges Datenanalysemodul, kommt jedoch in diesem Buch nicht zum Einsatz, weil NumPy in Kombination mit scikit-learn ähnliche Fähigkeiten hat.

Das NumPy-Grundelement ist die erweiterte Liste `numpy.array`. Hier ein erstes Beispiel für die Initialisierung eines solchen Arrays:

```
>>> import numpy as np
>>> m1 = np.array([[3, 2, 1], [-1, -2, -3]])
>>> m1
array([[ 3,  2,  1],
       [-1, -2, -3]])
```

Es handelt sich um eine Matrix des Typs (2; 3), was bei der Ausgabe mit `print()` noch offensichtlicher wird:

```
>>> print(m1)
[[ 3  2  1]
 [-1 -2 -3]]
```

Wie bei normalen Python-Listen können Sie mit dem Indexoperator auf die einzelnen Bestandteile des Arrays zugreifen:

```
>>> m1[1] # zweite Zeile
array([-1, -2, -3])
>>> m1[0][2] # erste Zeile, drittes Element
1
>>> m1[0, 2] # erste Zeile, drittes Element (andere Schreibweise)
1
```

Die Kommaschreibweise für die verschachtelten Dimensionen gibt es übrigens ausschließlich in NumPy.

Wenn Sie einen Spaltenvektor definieren möchten, wird dieser wie folgt geschrieben:

```
>>> v1 = np.array([[-2], [-1], [0]])
>>> v1
array([[-2],
       [-1],
       [ 0]])
```

Zeilenvektoren sind einfacher zu schreiben, weil es sich um eindimensionale Arrays handelt. Solange Sie alle beteiligten Vektoren in diesem Format schreiben, sind sie äquivalent zu entsprechenden Spaltenvektoren, wie das folgende Additionsbeispiel zeigt:

```
>>> sv1 = np.array([[-2], [4], [-6]]) # Spaltenvektor
>>> sv2 = np.array([[6], [-4], [2]]) # Spaltenvektor
>>> sv1 + sv2
array([[ 4],
       [ 0],
```

```
       [-4]])
>>> zv1 = np.array([-2, 4, -6]) # Zeilenvektor
>>> zv2 = np.array([6, -4, 2]) # Zeilenvektor
>>> zv1 + zv2
array([ 4,  0, -4])
```

Allgemein funktionieren Addition und Subtraktion von Vektoren und Matrizen so, wie bereits in Kapitel 2, »Mathematische Grundlagen«, gezeigt. Hier ein Beispiel mit zwei Matrizen:

```
>>> m1 = np.array([[4, 5, 6], [-4, -5, -6]])
>>> m2 = np.array([[4, 5, 6], [-6, -5, -4]])
>>> m1 + m2
array([[  8,  10,  12],
       [-10, -10, -10]])
>>> m1 - m2
array([[ 0,  0,  0],
       [ 2,  0, -2]])
```


Die Skalarmultiplikation von Vektoren und Matrizen wird mithilfe des normalen Multiplikationsoperators * durchgeführt. Beispiele:

```
>>> -3 * sv1
array([[  6],
       [-12],
       [ 18]])
>>> m1 * 4
array([[ 16,  20,  24],
       [-16, -20, -24]])
```

Möchten Sie dagegen das Skalar- oder Punktprodukt zweier Zeilenvektoren berechnen, kommt die NumPy-Funktion oder -Methode `dot()` zum Einsatz:

```
>>> np.dot(zv1, zv2) # imperativ
-40
>>> zv1.dot(zv2) # objektorientiert
-40
```

Spaltenvektoren müssen dagegen mithilfe der Methode `transpose()` transponiert werden, bevor das Skalarprodukt berechnet werden kann:

```
>>> sv2.transpose()
array([[ 6, -4,  2]])
```

Mit derselben Funktion können auch Matrizen transponiert werden:

```
>>> m1
array([[ 4,  5,  6],
       [-4, -5, -6]])
>>> m1.transpose()
array([[ 4, -4],
       [ 5, -5],
       [ 6, -6]])
```

Die Matrixmultiplikation nach dem Falk-Schema wird wieder mithilfe von dot() durchgeführt:

```
>>> m3 = np.array([[1, -2], [2, 1], [-1, -2]])
>>> m4 = np.array([[-1, -2, -3], [3, 2, 1]])
>>> m3.dot(m4)
array([[-7, -6, -5],
       [ 1, -2, -5],
       [-5, -2,  1]])
>>> m4.dot(m3)
array([[-2,  6],
       [ 6, -6]])
```

Eine seit Python 3.5 verfügbare Alternativschreibweise für die Funktion dot() ist der Operator @:

```
>>> m4 @ m3
array([[-2,  6],
       [ 6, -6]])
```

Es gibt einige Funktionen, die spezielle Matrizen erzeugen – etwa solche, die nur mit Nullen oder Einsen gefüllt sind:

```
>>> np.zeros([3, 4]) # Nullmatrix mit 3 Zeilen, 4 Spalten
array([[0., 0., 0., 0.],
       [0., 0., 0., 0.],
       [0., 0., 0., 0.]])
>>> np.zeros(4) # vierspaltiger Null-Zeilenvektor
array([0., 0., 0., 0.])
: >>> np.ones([2, 1]) # zweizeiliger Einser-Spaltenvektor
array([[1.],
       [1.]])
```

Wie die Punkte hinter den Ziffern andeuten, sind es formal Fließkommawerte. Den Datentyp eines NumPy-Arrays können Sie über seine Eigenschaft dtype ermitteln:

```
>>> np.ones([2, 1]).dtype
dtype('float64')
```

Es handelt sich also um Fließkommazahlen mit 64-Bit-Genauigkeit. Sie können mithilfe des benannten Arguments dtype auch den gewünschten Datentyp angeben. Das folgende Beispiel verwendet 64-Bit-Integer für eine Einsermatrix:

```
>>> np.ones([2, 3], dtype = 'int64')
array([[1, 1, 1],
       [1, 1, 1]])
```

Mithilfe der NumPy-Funktion eye() (im Englischen ausgesprochen wie der Buchstabe *i*) erzeugen Sie eine Identitäts- oder Einheitsmatrix:

```
>>> np.eye(2)
array([[1., 0.],
       [0., 1.]])
```


Das NumPy-Untermodul linalg enthält diverse Funktionen für lineare Algebra im engeren Sinn, etwa die Funktion norm(), die den Betrag eines Vektors berechnet:

```
>>> np.linalg.norm(np.array([[1], [-2], [3]])) # Spaltenvektor
3.7416573867739413
>>> np.linalg.norm(np.array([1, -2, 3])) # Zeilenvektor
3.7416573867739413
```

Eine weitere linalg-Funktion ist det() zur Berechnung der Determinante einer quadratischen Matrix:

```
>>> qm1 = np.array([[1, 2], [1, 2]])
>>> np.linalg.det(qm1)
0.0
>>> qm2 = np.array([[1, 2, 3], [-4, -3, -2], [1, -2, 1]])
>>> np.linalg.det(qm2)
30.000000000000014
```

Um eine quadratische Matrix, deren Determinante nicht 0 ist, zu invertieren, wird die linalg-Funktion inv() verwendet:

```
>>> np.linalg.inv(qm2)
array([[-0.31818182, -0.18181818,  0.59090909],
       [ 0.09090909, -0.09090909, -0.45454545],
       [ 0.5       , -0.        , -0.5       ]])
```

Die linalg()-Funktion solve() ermöglicht das Lösen linearer Gleichungssysteme, wobei die Koeffizienten der Unbekannten als quadratische Matrix (deren Determinante nicht 0 sein darf) und die konstanten Ergebnisse als Zeilenvektor geschrieben werden. Es soll beispielsweise das folgende Gleichungssystem gelöst werden:

$$2x + 3y = 13$$
$$-2x + 4y = 8$$

Dies ist die NumPy-Entsprechung:

```
>>> a = np.array([[2, 3], [-2, 4]])
>>> b = np.array([13, 8])
>>> np.linalg.solve(a, b)
array([2., 3.])
```

Die Lösung lautet also:

$$x = 2$$
$$y = 3$$

NumPy enthält auch viele Komfortfunktionen, die nicht direkt der linearen Algebra entstammen. Beispielsweise ermöglicht Ihnen die Funktion arange(), eine gleichmäßige Abfolge von Fließkommazahlen als NumPy-Array (Zeilenvektor) zu erzeugen:

```
>>> np.arange(0, 2, 0.2)
array([0. , 0.2, 0.4, 0.6, 0.8, 1. , 1.2, 1.4, 1.6, 1.8])
```

Die drei Argumente von arange() sind Anfangswert, Endwert und Schrittweite – ähnlich wie bei der Standardfunktion range(), aber eben mit der Möglichkeit, Fließkommazahlen zu verwenden.

Noch bequemer ist für manche Anwendungsfälle die verwandte Funktion linspace(), bei der das dritte Argument nicht die Schrittweite angibt, sondern die gewünschte Anzahl der Elemente:

```
>>> np.linspace(0, 2, 11)
array([0. , 0.2, 0.4, 0.6, 0.8, 1. , 1.2, 1.4, 1.6, 1.8, 2. ])
>>> np.linspace(0, 200, 6)
array([  0.,  40.,  80., 120., 160., 200.])
```

Eine weitere nicht direkt aus der Mathematik abgeleitete NumPy-Methode ist reshape(), die ein Array gemäß den angegebenen Dimensionen neu anordnet:

```
>>> v8 = np.array([1, 2, 3, 4, 5, 6, 7, 8])
>>> v8.reshape(2, 4)
array([[1, 2, 3, 4],
       [5, 6, 7, 8]])
>>> v8.reshape(4, 2)
array([[1, 2],
       [3, 4],
       [5, 6],
       [7, 8]])
```

9.4.3 Das Java-Build-Tool Maven

Java-Softwareprojekte bestehen oft nicht nur aus zahlreichen eigenen Klassen, sondern binden auch viele externe Packages ein. Konkrete Beispiele lernen Sie in späteren Kapiteln kennen. Die klassische Möglichkeit, externen Code einzubinden, besteht darin, die entsprechenden Verzeichnisse oder JAR-Dateien herunterzuladen und zum `CLASSPATH` hinzuzufügen. Das ist aus mehreren Gründen nicht die optimale Methode. Zum Beispiel wird die Liste der Verzeichnisse und JARs im `CLASSPATH` immer länger. Zudem ist der Wechsel auf eine neuere Version einer Bibliothek mit diesem Verfahren lästig. Das größte Problem ist jedoch das Auflösen von Abhängigkeiten: Benötigt ein Package ein weiteres anderes Package, um zu funktionieren, müssten Sie sich so lange durch Compiler-Fehlermeldungen hangeln, bis alle Abhängigkeiten erfüllt sind.

Schon lange werden solche Probleme in der Softwareentwicklung durch Build-Tools gelöst. Der Klassiker ist `make`, dessen Anwendungsseite für die Softwareinstallation bereits in Kapitel 6, »Betriebssysteme«, angesprochen wurde. Speziell für Java gibt es eine ganze Reihe solcher Tools, zum Beispiel das in die Jahre gekommene *Ant*, *Gradle* und eben das in diesem Abschnitt besprochene *Apache Maven*.

Um Maven zu verwenden, müssen Sie es zunächst von der Website *maven.apache.org* herunterladen und nach der dortigen Anleitung für Ihr jeweiliges Betriebssystem installieren. Ist das erledigt, steht das Kommandozeilentool `mvn` zur Verfügung. Wenn Sie eine der gängigen Java-IDEs wie Eclipse oder IntelliJ IDEA verwenden, ist Maven typischerweise bereits darin verankert und kann über komfortable Menübefehle gesteuert werden. Im Folgenden wird dennoch die immer funktionierende »Handarbeit« im Terminal erläutert.

Der erste Schritt besteht darin, ein Maven-basiertes Java-Projekt zu erstellen. Geben Sie dazu im gewünschten übergeordneten Verzeichnis Folgendes ein:

```
$ mvn archetype:generate -DgroupId=com.example.maven_test1 -DartifactId=maven_test1 -
DarchetypeArtifactId=maven-archetype-quickstart -DinteractiveMode=false
```

Statt `com.example` können – und sollten – Sie natürlich Ihr eigenes Namensraumpräfix angeben. Die `artifactId` bezeichnet das äußere Projektverzeichnis, während die `groupId` das darin befindliche Verzeichnis und den Namensraum für den eigentlichen Java-Code angibt. Beide werden typischerweise identisch benannt, aber das muss nicht der Fall sein. Die Option `archetypeArtifactId` gibt den Typ des Projekts an (`maven-archetype-quickstart` ist das einfachste mögliche Maven-Projekt und wird aus diesem Grund häufig gewählt), und `interactiveMode=false` bedeutet, dass vor der Erzeugung keine zusätzlichen Fragen gestellt werden.

Nach einiger Zeit erzeugt der Kommandozeilenbefehl ein Maven-Projekt mit der folgenden Verzeichnisstruktur:

```
maven_test1/
├-- pom.xml
└-- src
    ├-- main
    |   └-- java
    |       └-- com
    |           └-- example
    |               └-- maven_test1
    |                   └-- App.java
    └-- test
        └-- java
            └-- com
                └-- example
                    └-- maven_test1
                        └-- AppTest.java
```

Die Datei *pom.xml* enthält die Build-Anweisungen für das Projekt, zum Beispiel Compiler-Version und -Optionen sowie einzubindende externe Packages. Das XML-Format, in dem die Datei geschrieben ist, wird ausführlich in Kapitel 16, »XML«, besprochen. Der Pfad *src/main/java* enthält den Java-Quellcode des Projekts in der Namensraum-Verzeichnisstruktur. Dieselbe Struktur wird in *src/test/java* nachgebildet; dieser Teil des Verzeichnisbaums dient der Erstellung von Unit-Tests (automatisierten Funktionstests; siehe Kapitel 11, »Software-Engineering«). Zunächst müssen in der Datei *pom.xml* einige Anpassungen vorgenommen werden, um das Projekt überhaupt erfolgreich kompilieren zu können. Insbesondere die Java-Versionen für Compiler und fertigen Bytecode müssen angegeben werden. Fügen Sie dazu unter der Zeile `<url>http://maven.apache.org</url>` folgenden Block ein:

```
<properties>
  <maven.compiler.source>15</maven.compiler.source>
  <maven.compiler.target>15</maven.compiler.target>
</properties>
```

Anschließend können Sie den Beispielcode (es handelt sich um ein einfaches »Hello World«-Programm) wie folgt kompilieren, wenn Sie sich im Projektverzeichnis befinden:

```
$ mvn clean install
```

Hier werden zwei Befehle ausgeführt: `clean` entfernt Rückstände der vorherigen Kompilierung (und kann daher streng genommen beim ersten Mal weggelassen werden), `install` lädt alle eventuell benötigten externen Packages herunter und kompiliert anschließend das Projekt. Die kompilierten Klassen werden im Verzeichnis *target* unterhalb des Projektverzeichnisses abgelegt. Auch die Ausführung des kompilierten Programms kann mit Maven erfolgen:

```
$ mvn exec:java -Dexec.mainClass="com.example.maven_test1.App"
```

Wenn Sie den Standardnamen *App.java* und den dazugehörigen Klassennamen ändern, müssen Sie ihn in der Option `exec.mainClass` entsprechend angeben.

Natürlich können Sie nicht davon ausgehen, dass überall dort, wo Ihr fertiges Programm genutzt werden soll, Maven installiert wird. Deshalb empfiehlt es sich, eine JAR-Datei zu kompilieren, die dann überall läuft, sofern eine hinreichend neue JVM installiert ist. Dazu wird in der *pom.xml* unter `</properties>` folgender Abschnitt eingefügt:

```
<build>
  <plugins>
    <plugin>
      <artifactId>maven-assembly-plugin</artifactId>
      <configuration>
        <archive>
          <manifest>
            <addClasspath>true</addClasspath>
            <mainClass>com.example.maven_test1.App</mainClass>
          </manifest>
        </archive>
        <descriptorRefs>
          <descriptorRef>jar-with-dependencies</descriptorRef>
        </descriptorRefs>
      </configuration>
      <executions>
        <execution>
          <id>make-assembly</id>
          <phase>package</phase>
          <goals>
            <goal>single</goal>
          </goals>
        </execution>
      </executions>
    </plugin>
  </plugins>
</build>
```

Das `maven-assembly-plugin` erzeugt ein sogenanntes *Fat JAR*, in das alle abhängigen Packages mit einkompiliert werden. Es läuft also überall dort, wo eine JVM der passenden Version verfügbar ist. Der Nachteil ist natürlich, dass die Datei recht umfangreich werden kann; Sie müssen im Einzelfall abwägen, ob es vertretbarer ist, eine größere Datei zu verteilen oder die Verantwortung für die Auflösung der Abhängigkeiten auf diejenigen zu übertragen, die Ihr Programm benutzen.

Wenn Ihre Hauptklasse anders heißt als `App` oder einen anderen Namensraum verwendet, müssen Sie beides unter `<mainClass>...</mainClass>` entsprechend anpassen. Die Erzeugung einer JAR-Datei erfolgt danach wie gehabt mithilfe der Eingabe `mvn clean install`.

Im Anschluss finden Sie im Unterverzeichnis *target* eine Datei namens *maven_test1-1.0-SNAPSHOT-jar-with-dependencies.jar* (die Namensbestandteile können in der *pom.xml* konfiguriert werden). Geben Sie Folgendes ein, um das enthaltene Programm auszuführen:

```
$ java -jar target/maven_test1-1.0-SNAPSHOT-jar-with-dependencies.jar
```

9.5 Übungsaufgaben

1. Schreiben Sie ein Python-Programm, das einen potenziellen regulären Ausdruck und einen String als Benutzereingaben entgegennimmt, den regulären Ausdruck auf den String anwendet und alle Treffer und Teiltreffer ausgibt.
2. Schreiben Sie ein Python-Programm, das ähnlich wie der Rechenaufgaben-Parser die folgenden Maßeinheiten ineinander umrechnen kann: mm, cm, dm, m, km (Millimeter, Zentimeter, Dezimeter, Meter, Kilometer). Die Eingabe soll das Format `<Wert> <aktuelle Maßeinheit> <gewünschte Maßeinheit>` haben, also beispielsweise `6 m cm`, um 6 Meter in 600 Zentimeter umzurechnen. Fehleingaben sollen eine Fehlermeldung zur Folge haben. Beachten Sie, dass der Whitespace zwischen aktueller und gewünschter Maßeinheit nicht optional sein darf; mindestens ein Leerzeichen wird an dieser Stelle benötigt.
3. Schreiben Sie ein Java-Programm, das zwei Threads startet und in einem von ihnen von 1 bis 10.000 hochzählt, im anderen von 10.000 bis 1 hinunter. Beide Threads sollen die Zahlen auf der Konsole ausgeben; unterscheiden Sie die Ausgaben durch geeignete Mittel wie etwa verschiedene Einrückungstiefen.
4. Fortgeschrittene Aufgabe: Schreiben Sie einen kleinen Python-Webserver; ein Beispiel mit statischer Ausgabe finden Sie in diesem Kapitel. Beim Start sollen auf der Kommandozeile ein TCP-Port und ein Wurzelverzeichnis angegeben werden (Standardwerte: Port 8000 und Wurzelverzeichnis `"."`, also das aktuelle Verzeichnis). Der Server soll für jede Anfrage einen neuen Prozess starten. Wenn der gewünschte Dateipfad verfügbar ist, soll diese Datei zurückgegeben werden; für den `Content-type` können Sie ein einfaches Dateiendung-zu-Typ-Schema verwenden: `.htm` oder `.html` ergibt `text/html`, `.txt` wird zu `text/plain`, alles andere ist `application/octet-stream` (Binärdatei zum Download). Wenn Sie möchten, können Sie weitere Typen definieren. Beachten Sie, dass Sie nach dem Einlesen der Datei deren Größe für die `Content-length` bestimmen müssen, und Sie sollten die Verbindung mit dem Header `Connection: close` schließen, um nicht zahlreiche Prozesse offen zu halten. Wird die Datei nicht gefunden, geben Sie den Status `"404 Not Found"` zurück.
5. Berechnen Sie die Vektor- und Matrixaufgaben 8 und 9 aus den praktischen Übungen in Kapitel 2, »Mathematische Grundlagen«, mithilfe von NumPy. Auf diese Weise können Sie auch Ihre ursprünglichen Rechenergebnisse kontrollieren.

Kapitel 10

Datenanalyse, Machine Learning, künstliche Intelligenz

a=a und a=b sind offenbar Sätze von verschiedenem Erkenntniswert. a=a gilt a priori und ist nach Kant analytisch zu nennen, während a=b oft sehr wertvolle Erweiterungen unserer Erkenntnis erhalten und a priori nicht immer zu begründen sind.
– Gottlob Frege

Der heutige Entwicklungsstand der Computer- und Netzwerktechnik macht die Verarbeitung sehr umfangreicher Datenmengen möglich, die oft mit dem Schlagwort *Big Data* bezeichnet werden. Diese Datensammlungen werden – oft weitgehend automatisiert – nach den verschiedensten Kriterien durchsucht, sortiert und kategorisiert (*Data-Mining*). Die zugrunde liegenden statistischen und algorithmischen Verfahren, mit denen dies letztendlich geschieht, sind dabei oft schon Jahrzehnte oder gar Jahrhunderte alt, konnten mit manuellen oder mechanischen Mitteln aber nur auf recht kleine Datenmengen angewendet werden. Die in diesem Kapitel behandelte Teildisziplin der Informatik und der Mathematik (insbesondere der Statistik) wird *Datenanalyse* (englisch: *Data Science*) genannt.

Viele Datenanalyseverfahren können mit Beispieldaten trainiert werden und verarbeiten weitere Daten dann selbstständig, andere können sogar ohne Training auf echte Daten angesetzt werden. Solche Algorithmen werden als *maschinelles Lernen* oder *Machine Learning* bezeichnet. Es handelt sich um eine der wichtigsten Formen der *künstlichen Intelligenz*.

In diesem Kapitel erfahren Sie nach einer Erläuterung der wichtigsten Grundbegriffe, wie man Daten für die Datenanalyse aufbereitet und ihre Qualität beurteilt. Anschließend wird erklärt, wie einige wichtige Datenanalysealgorithmen implementiert werden. Im letzten Abschnitt geht es um künstliche neuronale Netzwerke, eine besonders ausgereifte Form des Machine Learning. Die Implementierung aller praktischen Beispiele erfolgt in Python, einer der verbreitetsten Sprachen für diese Disziplin.

Interaktive Python-Beispiele verwenden übrigens nicht >>> als Prompt, sondern einen Doppelpunkt, um darauf hinzuweisen, dass Sie, wenn möglich, `ipython` statt der Standard-Python-Shell verwenden sollten.

Der Vollständigkeit halber sollte erwähnt werden, dass es verschiedene andere Sprachen und Tools gibt, die für Datenanalyse und KI verwendet werden – zum Beispiel die bekannte Statistiksprache *R*, die recht neue Programmiersprache *Julia* oder die altbekannte funktionale Sprache *Lisp*. Für den Entwurf von Algorithmen kommt manchmal auch spezielle Mathematiksoftware zum Einsatz, etwa *Matlab* oder dessen (etwas weniger umfangreicher) Open-Source-Klon *Octave*. Die konkrete Implementierung für den Produktiveinsatz erfolgt dagegen mitunter auch in kompilierten Sprachen wie *C++*, weil die Algorithmen dadurch gegebenenfalls eine höhere Geschwindigkeit erzielen als bei der Verwendung interpretierter Sprachen.

10.1 Einführung

Bevor Sie in den nachfolgenden Abschnitten einige praktische Aspekte der Datenanalyse kennenlernen, werden hier die wichtigsten Grundbegriffe eingeführt, und Sie erhalten einen Überblick über verschiedene Verfahren, die in der Datenanalyse zum Einsatz kommen.

10.1.1 Was ist künstliche Intelligenz?

Der Gedanke, dass eine Maschine eines Tages wie ein Mensch denken, gar Bewusstsein erlangen könnte, beherrscht seit langer Zeit Wunsch- wie Albträume der Menschheit. Science-Fiction-Romane und -Filme sind seit den 50er-Jahren des letzten Jahrhunderts voll von solchen Vorstellungen. Natürlich scheitert menschenähnliches Denken bisher daran, dass das menschliche Gehirn millionenfach komplexer ist als jeder noch so fortschrittliche Computer, während der Entwicklung eines maschinellen Bewusstseins (die als *Singularität* bezeichnet wird) die Tatsache im Wege steht, dass wir noch immer nicht genau wissen, wie Bewusstsein überhaupt entsteht.

Nichtsdestotrotz gibt es seit den 1950er-Jahren ernsthafte Forschungen zur *künstlichen Intelligenz* (*KI*, englisch: *Artificial Intelligence* oder kurz *AI*), angeregt vor allem durch Alan Turings berühmten Aufsatz »Computing Machinery and Intelligence«, in dem unter anderem der in Kapitel 3, »Elektronische und technische Grundlagen«, erwähnte Turing-Test beschrieben wird. Den formalen Startschuss der akademischen KI-Forschung, einen Sommer-Workshop zum Thema am Dartmouth College im Jahr 1956, erlebte Turing leider nicht mehr mit.

In den ersten Jahren waren die Erwartungen groß; man erwartete, mittelfristig die Leistung des menschlichen Gehirns erreichen oder gar überholen zu können. Allgemein fiel der erste KI-Boom in eine Zeit, die sehr optimistisch auf den technischen Fortschritt blickte, was nicht zuletzt in der ersten Mondlandung 1969 gipfelte. Dennoch wurde zunehmend deutlicher, dass diese *starke KI* (*Artifical General Intelligence*) nicht so leicht zu haben ist, wie anfangs angenommen.

In den frühen Tagen scheiterten solche Ansätze schon allein an der mangelnden Geschwindigkeit und Speicherkapazität der eingesetzten Computer. Diese Aspekte sind heute kein Problem mehr, und doch bleibt das Rätsel, ob Maschinen jemals »wirklich denken« können, weiterhin ungelöst. Währenddessen neigen die Beteiligten dazu, zweifellos erzielte Fortschritte *nicht* als echte künstliche Intelligenz zu bezeichnen. Der Informatikpionier *Larry Tesler*, der bei Xerox PARC an der grafischen Benutzeroberfläche mitarbeitete und das Konzept Copy-and-paste erfand, brachte es auf diese Formel: »AI is whatever hasn't been done yet« (»KI ist immer das, was noch nicht erreicht wurde«)[1].

Die meisten praxisrelevanten Fortschritte in der KI-Forschung betreffen den Bereich der *schwachen KI*, die man auch domänenspezifische KI nennen kann: Es geht nicht darum, ein universell einsetzbares Äquivalent zum menschlichen Geist zu programmieren, sondern Algorithmen, die möglichst selbstständig spezifische Aufgaben lösen können. Diese sind allerdings äußerst vielseitig, hier nur eine kleine Auswahl:

- verschiedene Arten der automatischen Kategorisierung oder Prognose
- maschinelle Übersetzungen
- Stimmerkennung
- Verarbeitung natürlicher Sprache
- Handschriftenerkennung
- Bildererkennung
- Erzeugung von Texten, Bildern und Tönen/Musik
- Spielen von Brett-, Karten- und Videospielen
- Assistenz in Medizin und Pflege
- autonome Auskunftssysteme im Einzel- und Onlinehandel
- alle Aspekte der Robotik außer den rein mechanischen
- teil- oder vollautonom fahrende Fahrzeuge
- Wach-, Polizei- und Militäraufgaben

Die KI-Experten und Buchautoren *Stuart J. Russell* und *Peter Norvig* definieren künstliche Intelligenz mithilfe einer Einteilung früherer Definitionen in die vier in Tabelle 10.1 gezeigten Kategorien:

Menschliches Denken Versuche, einer Nachbildung des menschlichen Gehirns mithilfe der Erforschung seiner Funktionalität stetig näher zu kommen.	*Rationales Denken* Möglichst autonome Anwendung der Gesetze der Logik (Aussagenlogik, Prädikatenlogik, höherwertige Logik).
Menschliches Handeln Implementierung von Algorithmen, die den Turing-Test bestehen und verwandte Anforderungen an möglichst menschenähnliches Verhalten erfüllen.	*Rationales Handeln* »Intelligente Agenten« implementieren, d. h. Programme, die bestimmte Aufgaben lösen, für die Intelligenz benötigt wird.

Tabelle 10.1 Die vier Kategorien der künstlichen Intelligenz gemäß Russell und Norvig

1 Douglas Hofstadter zitiert diesen Satz, *Tesler's Theorem*, in seinem berühmten Buch »Gödel, Escher, Bach – An Eternal Golden Braid« (siehe Anhang C, »Kommentiertes Literatur- und Linkverzeichnis«).

Natürlich lassen sich konkrete Implementierungen von Problemlösungen meist nicht eindeutig nur einer dieser Kategorien zuordnen; die zweidimensionale Anordnung auf den beiden Achsen menschlich/rational und Denken/Handeln legt bereits nahe, dass es sich um eine Art Matrix handelt, in die die verschiedenen Teilgebiete der künstlichen Intelligenz eingeordnet werden können.

KI-Forschung ist in ihrer ganzen Bandbreite nicht auf die Informatik beschränkt. Je nach konkretem Teilgebiet überschneidet sie sich mit verschiedenen wissenschaftlichen und technischen Disziplinen. Zum Beispiel stellt die Mathematik – mit den Schwerpunkten Stochastik, Kombinatorik und lineare Algebra – die grundlegenden Berechnungsverfahren bereit, auf denen KI-Algorithmen basieren. Neurologie und Psychologie untersuchen die »Hardware« des Gehirns beziehungsweise die »Software« des Geistes und inspirieren mit ihren Erkenntnissen neue Entwicklungen in der künstlichen Intelligenz. Physik mit Teilgebieten wie Mechanik, Optik, Akustik und anderen kommt vor allem in der Robotik und der Sensorik, also der möglichst naturgetreuen (oder gar der Natur überlegenen) Nachahmung der menschlichen Sinne, zum Einsatz.

Die interessanteste Disziplin im Austausch mit der KI-Forschung ist vielleicht die Philosophie. Sie stellt grundlegende Fragen, die sowohl die natürliche als auch die künstliche Intelligenz betreffen, zum Beispiel: Wie funktionieren Geist und Bewusstsein? Was sind Erkenntnis und Wissen?

Zu diesen Grundfragen aus der theoretischen Philosophie treten ethische Erwägungen, die zur praktischen oder angewandten Philosophie gehören und in diesem Zusammenhang als *Maschinenethik* bezeichnet werden. Das beginnt bereits bei Fragen des Datenschutzes. Und sobald Software autonome Entscheidungen überlassen werden, wird es wichtig, zu entscheiden, was sie »darf« und was nicht. Stellen Sie sich etwa vor, ein selbstständig fahrendes Auto kann eine Kollision nicht mehr vermeiden, sondern nur noch die Entscheidung treffen, mit welchem von mehreren möglichen Fahrzeugen oder gar Fußgänger*innen es kollidieren soll: Nach welchen Kriterien soll diese fatale Wahl getroffen werden?

Autonome Waffensysteme, die selbst entscheiden, welche Ziele sie erfassen und beschießen, sind ein noch größeres Problem. Ein weltweiter Konsens darüber, dass es diese nicht zu geben hat, wäre wünschenswert. Angesichts der Tatsache, dass Rüstung ein Milliardengeschäft ist, das von der Politik in vielen Ländern allzu wohlwollend betrachtet wird, ist dies jedoch womöglich unrealistisch. Der Biochemiker und Science-Fiction-Schriftsteller *Isaac Asimov* hat so etwas in seinen Robotergeschichten vernünftigerweise ausgeschlossen. Er formulierte die drei *Robotergesetze*:

1. Ein Roboter darf einen Menschen nicht verletzen und auch nicht durch Untätigkeit zulassen, dass ein Mensch zu Schaden kommt.
2. Ein Roboter muss einem Menschen gehorchen, es sei denn, das erste Gesetz würde verletzt.

3. Ein Roboter muss seine eigene Existenz beschützen, es sei denn, das erste oder zweite Gesetz würde verletzt.

Ein Schlupfloch für eine Umgehung des ersten Gesetzes in äußersten Notfällen lässt Asimov aber doch, denn im Laufe der Geschichten wird das nullte Gesetz formuliert: Ein Roboter darf die Menschheit nicht verletzen und auch nicht durch Untätigkeit zulassen, dass die Menschheit zu Schaden kommt. Die drei bisherigen Gesetze werden anschließend vom nullten abhängig gemacht. Nun wäre der Roboter praktisch verpflichtet, einen Genozid verübenden Tyrannen zu beseitigen oder einen Konzern daran zu hindern, aus Profitgründen irreparable Schäden an Gesundheit, Umwelt oder Klima zu verursachen.

Die bisher entwickelten echten KI-Systeme sind – anders als die »Positronengehirne« von Asimovs Robotern – aber ohnehin nicht einmal ansatzweise in der Lage, ein abstraktes Konzept wie »die Menschheit« oder eine Gefährdung derselben zu erfassen. Schon die Unterscheidung zwischen einem Menschen und anderen Elementen seiner Umwelt ist für ein heutiges System schwer genug.

In der Praxis besteht ein Großteil der künstlichen Intelligenz in der Konzeption und Implementierung verschiedener Algorithmen. Neben dem im vorliegenden Kapitel schwerpunktmäßig behandelten Machine Learning werden auch einige in Kapitel 8, »Algorithmen und Datenstrukturen«, behandelte Algorithmen zur künstlichen Intelligenz gerechnet: die informierte Suche, für die dort als Beispiel der A*-Algorithmus implementiert wird, und die Lösung von Bedingungserfüllungsproblemen.

10.1.2 Machine Learning im Überblick

Machine-Learning-Verfahren lernen selbstständig aus strukturierten Datenmengen, optimieren also ihr eigenes Modell dieser Daten, um die beste Lösung zu finden. Dabei werden verschiedene im Prinzip schon lange bekannte statistische und andere mathematische Verfahren angewendet. Grundsätzlich werden drei verschiedene Arten des Machine Learning unterschieden:

- *Überwachtes Lernen* (*Supervised Learning*): Die Algorithmen werden zunächst mit *Trainingsdaten* gefüttert, bei denen die gewünschte Schlussfolgerung bereits bekannt ist. Auf diese Weise stellen sie sich Schritt für Schritt besser auf die Interpretation solcher Daten ein, bis sie gleichartig organisierte Daten mit noch unbekannter Zuordnung möglichst genauso gut interpretieren können. Bei überwachten Algorithmen ist es wichtig, die Balance zwischen genug und zu viel Training zu finden. Trainieren Sie den Algorithmus zu wenig, wird er selbst die Trainingsdaten nicht gut interpretieren (*Underfitting* oder zu Deutsch Unteranpassung genannt). Übertreiben Sie es, ist die Anpassung an die Trainingsdaten so stark, dass der Algorithmus nur für diese akkurate Ergebnisse liefert, für Testdaten jedoch wieder schlechtere (*Overfitting* oder Überanpassung).

- *Unüberwachtes Lernen* (*Unsupervised Learning*): Hier gibt es keine Beispieldaten, weil noch keine Teilmenge der Daten auf irgendeine Weise vorab interpretiert wurde. Der Algorithmus muss sich also selbst einen Reim auf die Daten machen und sie beispielsweise in Kategorien einteilen.
- *Verstärkendes Lernen* (*Reinforcement Learning*): Wie bei der Konditionierung wird der Algorithmus für richtige Ergebnisse »belohnt« und für falsche »bestraft«. Das bedeutet konkret, dass Punkte in einem Bewertungsschema verstärkt beziehungsweise abgeschwächt werden, um die Ergebnisse Schritt für Schritt in die erwünschte Richtung zu lenken. Besonders intensives verstärkendes Lernen mit sehr großen Datenmengen wird als *Deep Learning* bezeichnet.

Typische Probleme, die mithilfe von Machine Learning gelöst werden, sind sogenannte *Klassifikationsprobleme*, bei denen aufgrund statistischer Eigenschaften der Daten versucht wird, diese in eine von mehreren Kategorien einzuordnen, oder *Regressionsprobleme*, bei denen es darum geht, anhand einer bekannten Liste einen Wert für ein unbekanntes Element zu schätzen. Mit anderen Worten: Bei Klassifikationsproblemen müssen gute Unterscheidungsmerkmale gefunden werden, bei Regressionsproblemen dagegen ein möglichst genaues mathematisches Modell, also eine Funktion, die den Verlauf der zu untersuchenden Werte beschreibt.

Es gibt zahlreiche konkrete Klassen von Machine-Learning-Algorithmen. Einige der wichtigsten sind:

- *Lineare Regression* (*Linear Regression*) wird, wie der Name vermuten lässt, zur Lösung von Regressionsproblemen eingesetzt. Es wird eine lineare Funktion gesucht, die den Verlauf bekannter Datenpunkte in einer Datenmenge so genau beschreibt, dass sich für bisher unbekannte Punkte ein Wert vorhersagen lässt.
- *Logistische Regression* (*Logistic Regression*) ist zwar mathematisch gesehen ebenfalls ein Regressionsverfahren, löst jedoch Klassifikationsprobleme. Auch hier werden lineare Funktionen gesucht, die jedoch Trennlinien zwischen verschiedenen Datenkategorien bilden.
- *Entscheidungsbäume* (*Decision Trees*) dienen ebenfalls der Kategorisierung. Ein Entscheidungsbaum wird aufgebaut, indem die Trainingsdaten verschiedener Kategorien nach abgrenzenden Merkmalen untersucht werden, die anschließend als Abfolge von Fallentscheidungen auf Daten angewendet werden können.
- *Random Forests* sind anhand der Trainingsdaten generierte und optimierte Sammlungen kleiner Einzelentscheidungsbäume, deren Mittelwert die gewünschten Ergebnisse liefert.
- *Naive Bayes-Klassifikatoren* verwenden den aus der Stochastik bekannten Satz von Bayes zur Unterscheidung zwischen verschiedenen Kategorien. »Naiv« heißen diese Klassifikatoren, weil sie vereinfachende Annahmen über die Daten anstellen, aber dennoch zu brauchbaren Ergebnissen kommen. Eines der bekanntesten Anwendungsbeispiele ist ein

Bayes-Filter, der anhand der Häufigkeitsverteilung bestimmter Wörter legitime Nachrichten von Spam unterscheidet.

- *Clustering-Verfahren* sind die wichtigste Implementierung des unüberwachten maschinellen Lernens. Sie ordnen Daten selbstständig in eine vorgegebene Anzahl von Kategorien ein.

10.2 Daten auswählen und aufbereiten

Bevor Sie Daten mithilfe von Machine-Learning-Algorithmen verarbeiten können, müssen diese dafür vorbereitet werden. Zunächst einmal sind nicht alle im Zusammenhang mit Machine Learning verwendeten Daten numerisch, sie müssen jedoch für die Verwendung mit den meisten typischen Algorithmen numerisch interpretiert werden. Außerdem sind nicht alle Daten gut geeignet, sodass zunächst festgestellt werden muss, ob sie es sind, um gegebenenfalls bessere Daten beschaffen oder zumindest Verbesserungen an der Datenbasis vornehmen zu können.

10.2.1 Textdaten aufbereiten

Machine-Learning-Algorithmen werden oft eingesetzt, um Textdaten zu verarbeiten – typische Anwendungen sind etwa die automatische Kategorisierung von Überschriften und Betreffs oder die Entscheidung, ob es sich bei einer Mail oder einer sonstigen Nachricht um Spam handelt oder nicht. Auch die Erzeugung neuer Texte anhand vorhandener Vorbilder findet bereits statt. Damit das eigentlich auf Methoden aus linearer Algebra und Stochastik basierende klassische Machine Learning etwas mit Texten anfangen kann, müssen die entsprechenden Daten zunächst vorbereitet werden.

Wie die Textdaten genau aufbereitet werden müssen, hängt vom Verwendungszweck ab: Je nach Bedarf können einzelne Zeichen, Wörter oder Wortgruppen numerisch repräsentiert werden. Im Folgenden werden alle drei Varianten untersucht.

Einzelne Zeichen numerisch darstellen

Jedes Zeichen eines Zeichensatzes wird intern durch einen numerischen Code repräsentiert. Wenn Sie die einzelnen Zeichen eines Textes in numerisch unterscheidbarer Form benötigen, besteht die einfachste Möglichkeit darin, den Code jedes Zeichens zu ermitteln und zu speichern.

In der Praxis gibt es jedoch geeignetere Methoden, denn es ist sinnvoll, Texte vor der Verarbeitung mithilfe von Machine-Learning-Algorithmen zu normalisieren – das heißt, sie in aller Regel auf Buchstaben (vorzugsweise nur Klein- oder auch nur Großbuchstaben) und Leerzeichen zu reduzieren. (Wobei Satzzeichen durchaus eine bedeutungsunterscheidende Rolle spielen und daher manchmal ebenfalls beibehalten werden sollten.)

Die im vorigen Kapitel eingeführten regulären Ausdrücke bieten eine Möglichkeit, Strings entsprechend zu filtern, aber das ist erstens weitgehend Handarbeit und zweitens nicht unbedingt die performanteste Vorgehensweise. Es gibt speziellere Bibliotheken für solche Aufgaben. Ärgerlicherweise eignen sich viele davon nur für englische Texte, weil sie beispielsweise keine Umlaute oder keine anderen diakritischen Zeichen beachten.

Aus diesen Gründen wird hier eine eigene Lösung präsentiert, die deutsche (und damit zum Beispiel auch englische) Standardtexte normalisieren und wie folgt in eine numerische Darstellung umwandeln kann:

- Die Werte 0 bis 9 werden für die entsprechenden Ziffern vergeben.
- Der Wert 10 repräsentiert das Leerzeichen.
- 11 bis 36 sind die Kleinbuchstaben a bis z (Großbuchstaben werden entsprechend umgewandelt).
- 37 bis 40 stehen für die Umlaute ä, ö und ü sowie für das ß.
- Alle anderen Zeichen werden weggelassen beziehungsweise durch je genau ein Leerzeichen ersetzt.

Eine zusätzliche Methode gibt die statistische Verteilung zurück, zählt also das Vorkommen jedes unterschiedlichen Zeichens in einer Liste, wobei die Indizes den Zeichencodes entsprechen.

In Listing 10.1 sehen Sie die Implementierung samt Beispiel im Hauptprogramm. Erläuterungen dürften nicht erforderlich sein.

```
import re

class CharArray:

    CHAR_MAP = {'0': 0, '1': 1, '2': 2, '3': 3, '4': 4, '5': 5,
        '6': 6, '7': 7, '8': 8, '9': 9, ' ': 10,
        'a': 11, 'b': 12, 'c': 13, 'd': 14, 'e': 15,
        'f': 16, 'g': 17, 'h': 18, 'i': 19, 'j': 20,
        'k': 21, 'l': 22, 'm': 23, 'n': 24, 'o': 25,
        'p': 26, 'q': 27, 'r': 28, 's': 29, 't': 30,
        'u': 31, 'v': 32, 'w': 33, 'x': 34, 'y': 35,
        'z': 36, 'ä': 37, 'ö': 38, 'ü': 39, 'ß': 40
    }
    EXCLUDE = re.compile('[^0-9 a-zäöüß]+')
    BLANKS = re.compile(' +')

    def normalize(self, text):
        # Kleinschreibung
        text = text.lower()
```

```
        # Sonderzeichen ersetzen.
        text = self.EXCLUDE.sub(' ', text)
        # Mehrere Leerzeichen durch eins ersetzen.
        text = self.BLANKS.sub(' ', text)
        return text

    def process(self, text):
        text = self.normalize(text)
        result = [self.CHAR_MAP[char] for char in text]
        return result

    def stats(self, text):
        chars = self.process(text)
        result = [0 for _ in range(0, 41)]
        for code in chars:
            result[code] += 1
        return result


if __name__ == '__main__':
    ca = CharArray()
    text = "Überraschung: Süßer die Glocken nie klingen / als zu der Weihnachtszeit"
    print(ca.normalize(text))
    print(ca.process(text))
    print(ca.stats(text))
```

Listing 10.1 char_array.py normalisiert einen Text, zerlegt ihn in einzelne Zeichen und ordnet jedem Zeichen einen numerischen Code zu.

Die Ausgabe für den weihnachtlichen Beispieltext sieht so aus:

```
überraschung süßer die glocken nie klingen als zu der weihnachtszeit
[39, 12, 15, 28, 28, 11, 29, 13, 18, 31, 24, 17, 10, 29, 39, 40, 15, 28, 10, 14, 19,
15, 10, 17, 22, 25, 13, 21, 15, 24, 10, 24, 19, 15, 10, 21, 22, 19, 24, 17, 15, 24,
10, 11, 22, 29, 10, 36, 31, 10, 14, 15, 28, 10, 33, 15, 19, 18, 24, 11, 13, 18, 30,
29, 36, 15, 19, 30]
[0, 0, 0, 0, 0, 0, 0, 0, 0, 0, 9, 3, 1, 3, 2, 9, 0, 3, 3, 5, 0, 2, 3, 0, 6, 1, 0, 0,
4, 4, 2, 2, 0, 1, 0, 0, 2, 0, 0, 2, 1]
```

Solche numerischen Listen sind für viele Anwendungen aus den Bereichen Statistik und Machine Learning geeignet. Natürlich ist diese selbst geschriebene Lösung nicht die allerschnellste, sollte aber für kleine bis mittlere Textmengen und -längen ausreichen. Wenn Sie es mit Hunderten von Megabytes an Textdaten zu tun haben, sollten Sie dagegen nach einem der zahlreichen professionellen Python-Module Ausschau halten.

Texte als Bag of Words codieren

Wenn Sie mehr Interesse an den einzelnen Wörtern eines Textes als an seinen Zeichen haben, ist die *Bag of Words* ein besonders beliebtes Format. Dabei wird eine Reihe von Strings in einzelne Wörter zerlegt. Anschließend wird für jeden String ein Array erstellt, das für jedes einzelne in irgendeinem der Strings vorkommende Wort dessen Anzahl im jeweiligen String speichert.

Angenommen etwa, Sie hätten die beiden normalisierten Strings `"der herr der ringe"` und `"so spricht der herr"`. Dann ist die Liste der alphabetisch sortierten einzelnen Wörter `["der", "herr", "ringe", "so", "spricht"]`, und die Bag-of-Words-Darstellungen der beiden ursprünglichen Strings sind `[2, 1, 1, 0, 0]` beziehungsweise `[1, 1, 0, 1, 1]`.

Eine gute, auch für deutsche Texte geeignete Klasse für Bag of Words ist `CountVectorizer` aus dem sehr umfangreichen Machine-Learning-Modul `scikit-learn`. Die Eingabe ist ein NumPy-Array mit den verschiedenen Strings. Hier die gesamte Vorgehensweise als interaktive `ipython`-Sitzung:

```
: from sklearn.feature_extraction.text import CountVectorizer
: import numpy as np
: strings = ["Python ist eine Programmiersprache",
: "Python ist eine Schlange",
: "Monty Python ist eine Gruppe englischer Komödianten"]
: string_data = np.array(strings)
: vectorizer = CountVectorizer()
: bag_of_words = vectorizer.fit_transform(string_data)
```

Wenn Sie die erzeugte Variable `bag_of_words` ausgeben, erhalten Sie die folgende Information:

```
: bag_of_words
<3x9 sparse matrix of type '<class 'numpy.int64'>'
      with 15 stored elements in Compressed Sparse Row format>
```

Eine *sparse matrix* (spärliche Matrix) ist ein Format, bei dem nur diejenigen Felder gespeichert werden, deren Wert nicht 0 ist. Das sind laut der Ausgabe 15 Werte in einer 3-mal-9-Matrix. Sie können den Inhalt der Bag of Words wie folgt in ein vollwertiges NumPy-Array umwandeln:

```
: bag_of_words.toarray()
array([[1, 0, 0, 1, 0, 0, 1, 1, 0],
       [1, 0, 0, 1, 0, 0, 0, 1, 1],
       [1, 1, 1, 1, 1, 1, 0, 1, 0]])
```

Die Liste der unterschiedlichen Wörter, auf die sich diese Zählung bezieht, können Sie aus dem `CountVectorizer`-Objekt abrufen:

```
: vectorizer.get_feature_names()
['eine',
 'englischer',
 'gruppe',
 'ist',
 'komödianten',
 'monty',
 'programmiersprache',
 'python',
 'schlange']
```

Wenn Sie viele oder lange Strings betrachten, werden die einzelnen Arrays sehr schnell zu lang, um sinnvoll verarbeitet werden. Es ist also hilfreich, sie zu reduzieren. Manche Wörter in typischen Texten sind für eine Klassifikation nicht relevant und sollten daher als statistisches Rauschen nicht unnötig die Listen verlängern. Als herauszufilternde Liste heißen sie *Stoppwörter*. Beispiele sind Artikel, Konjunktionen und ähnliche Wörter, die in praktisch jedem Text vorkommen.

Der Konstruktor von `CountVectorizer` nimmt dazu ein benanntes Argument mit dem Namen `stop_words` entgegen, dem Sie eine selbst erstellte oder in diversen Onlinequellen verfügbare Liste der Wörter übergeben können, die ignoriert werden sollen. Für Englisch ist auch eine eingebaute Liste verfügbar. Wenn Sie sie verwenden möchten, geben Sie statt einer Liste den String `"english"` an.

Hier ein Beispiel für die obigen Strings:

```
: stop = ["der", "die", "das", "ist", "ein", "eine", "und"]
: vectorizer2 = CountVectorizer(stop_words = stop)
: bag_of_words = vectorizer2.fit_transform(string_data)
: bag_of_words.toarray()
array([[0, 0, 0, 0, 1, 1, 0],
       [0, 0, 0, 0, 0, 1, 1],
       [1, 1, 1, 1, 0, 1, 0]])
: vectorizer2.get_feature_names()
['englischer',
 'gruppe',
 'komödianten',
 'monty',
 'programmiersprache',
 'python',
 'schlange']
```

Auch Wörter, die in zu wenigen oder zu vielen der untersuchten Strings vorkommen, können weggelassen werden: Vereinzelt vorkommende Wörter charakterisieren einen String zwar deutlich, könnten aber auch als statistische Ausreißer Probleme verursachen. Wörter, die in jedem oder fast jedem String vorkommen, tragen wiederum nichts beziehungsweise so gut wie nichts zur Unterscheidung bei.

Die entsprechenden Häufigkeitsschwellenwerte werden im Konstruktor als `min_df` (*minimum document frequency*) für die selten und als `max_df` (*maximum document frequency*) für die häufig vorkommenden Wörter angegeben, und zwar jeweils als Fließkommawerte zwischen 0 und 1.

Hier noch einmal das obige Beispiel mit einem `max_df`-Wert von `0.9`, der das in jedem der Strings vorkommende – und daher als Unterscheidungsmerkmal nutzlose – Wort »Python« herausfiltert:

```
: vectorizer3 = CountVectorizer(stop_words = stop, max_df = 0.9)
: bag_of_words = vectorizer3.fit_transform(string_data)
: bag_of_words.toarray()
array([[0, 0, 0, 0, 1, 0],
       [0, 0, 0, 0, 0, 1],
       [1, 1, 1, 1, 0, 0]])
: vectorizer3.get_feature_names()
['englischer',
 'gruppe',
 'komödianten',
 'monty',
 'programmiersprache',
 'schlange']
```

Wortfolgen betrachten

In manchen Fällen sind Wortfolgen aussagekräftiger als einzelne Wörter. Solche Folgen werden als *N-Gramme* bezeichnet, wobei N für die Anzahl der jeweils gleichzeitig betrachteten Wörter steht. Konkrete Beispiele heißen *Bigramme* (zwei Wörter) oder *Trigramme* (drei Wörter).

Auch für N-Gramme kann die Klasse `CountVectorizer` eingesetzt werden. Dazu muss das benannte Argument `ngram_range` als Tupel aus kürzester und längster gewünschter Wortfolge angegeben werden. Zum Beispiel liefert (1, 2) einzelne Wörter und Bigramme, (2, 2) nur Bigramme sowie (2, 3) Bi- und Trigramme.

Die Bigramme aus dem zuletzt verwendeten Beispiel werden wie folgt gewonnen:

```
: vectorizer4 = CountVectorizer(stop_words = stop, ngram_range = (2, 2))
: bigrams = vectorizer4.fit_transform(string_data)
: bigrams.toarray()
array([[0, 0, 0, 0, 1, 0],
       [0, 0, 0, 0, 0, 1],
```

```
       [1, 1, 1, 1, 0, 0]])
: vectorizer4.get_feature_names()
['englischer komödianten',
 'gruppe englischer',
 'monty python',
 'python gruppe',
 'python programmiersprache',
 'python schlange']
```

Längere Texte mit dem HashingVectorizer zusammenfassen

Ab einer gewissen Textlänge ergeben sich aus dem Bag-of-Words-Modell erheblich zu viele Features. Damit solche Texte dennoch mit Machine-Learning-Algorithmen verarbeitet werden können, bietet sich die ebenfalls aus dem Modul `sklearn.feature_extraction.text` stammende Klasse `HashingVectorizer` an. *Hashing* ist ein Sammelname für mathematische Verfahren, die größere Datenmengen so zusammenfassen, dass sich das jeweilige Original zwar nicht mehr wiederherstellen lässt, verschiedene Originale jedoch nach Möglichkeit unterschiedliche Werte ergeben. Im vorliegenden Fall sollten die Hash-Werte umso ähnlicher ausfallen, je weniger verschieden die ursprünglichen Texte sind. Bei anderen Hashing-Anwendungsgebieten wie beispielsweise der Kryptografie ist dies dagegen kontraproduktiv.

Betrachten Sie beispielsweise die folgenden drei etwas längeren Strings (zwei Aussagen aus dem Machine-Learning-Umfeld und ein Pfannkuchenrezept, das nichts mit den beiden anderen zu tun hat):

```
: texts = [
: "Für lange Texte bietet sich ein Hashing-Algorithmus an, der typische
:  Gemeinsamkeiten und Unterschiede zwischen Texten herausarbeitet, statt
:  beispielsweise jedes einzelne relevante Wort eines Textes zu betrachten.",
: "In Texten über Machine Learning ist des Öfteren von Features die Rede.
:  Dabei handelt es sich um die verschiedenen Einzelwerte, aus denen ein zu
:  betrachtender Datensatz zusammengesetzt ist. Sie werden auch als
:  Dimensionen bezeichnet.",
: "Zutaten: 200g Mehl, 250ml Milch, 2 Eier, 1 Prise Salz, 1 Prise Zucker.
:  Anleitung: Alle Zutaten gründlich zu einem Teig verrühren, dann dünn in
:  einer gut eingefetteten und heißen Pfanne verteilen. Nach einiger Zeit
:  wenden. Wenn beide Seiten goldgelb sind, aus der Pfanne entfernen und die
:  Schritte wiederholen, bis kein Teig mehr übrig ist."
: ]
```

Wenn Sie diese Texte mit dem `CountVectorizer` bearbeiten (ohne Stoppwörter oder `df_max`), erhalten Sie eine Bag of Words mit 94 Features pro Zeile und 105 bedeutungsunterscheidenden Elementen. Damit können typische Algorithmen ganz gut umgehen. Aber natürlich nimmt die Zahl der Features schnell weiter zu, wenn Sie noch längere oder mehr verschiedene Texte betrachten. Mit dem `HashingVectorizer` können Sie daher die Anzahl der gewünschten Features angeben, hier als Beispiel 15:

```
: from sklearn.feature_extraction.text import HashingVectorizer
: import numpy as np
: text_data = np.array(texts)
: hv = HashingVectorizer(n_features = 15)
: features = hv.transform(text_data)
: features
<3x15 sparse matrix of type '<class 'numpy.float64'>'
	with 41 stored elements in Compressed Sparse Row format>
: features.toarray()
array([[-0.15249857, -0.15249857,  0.60999428,  0.15249857, -0.30499714,
        -0.15249857,  0.15249857,  0.30499714, -0.15249857,  0.30499714,
         0.15249857, -0.30499714,  0.        ,  0.        , -0.30499714],
       [ 0.        ,  0.36514837,  0.18257419,  0.36514837,  0.36514837,
         0.        ,  0.18257419, -0.18257419,  0.18257419, -0.36514837,
         0.18257419,  0.        ,  0.36514837, -0.36514837, -0.18257419],
       [-0.13483997,  0.26967994,  0.13483997,  0.26967994, -0.26967994,
         0.        ,  0.13483997,  0.13483997,  0.40451992,  0.13483997,
         0.53935989, -0.13483997,  0.26967994,  0.26967994,  0.26967994]])
```

Die Angabe »41 stored elements« zeigt, dass weniger als die Hälfte der bedeutungsunterscheidenden Textinhalte gespeichert werden. Es gibt mit anderen Worten mögliche Kollisionen, bei denen sich für unterschiedliche Texte dieselben Hash-Werte ergäben. Für die Praxis dürfte ein solcher Wert jedoch meist ausreichen.

10.2.2 Bilddaten vorbereiten

Neben Texten verarbeitet Machine Learning oft auch Bilder. Typische Anwendungsgebiete sind etwa die Gesichts-, Objekt- oder Handschriftenerkennung. Um Bilder effektiv verarbeiten zu können, müssen auch sie in das passende Format umgewandelt werden.

Eine Bilddatei wird (mit oder ohne Kompression) in Form eines Farbwerts für jedes einzelne Pixel gespeichert. Numerisch sind diese Werte also bereits. Allerdings gibt es typischerweise zu viele Werte (bei einem 100-mal-100-Pixel-Bild zum Beispiel 10.000) und auch zu viele verschiedene Werte (bei je 256 Stufen für die Licht-Grundfarben Rot, Grün und Blau beispielsweise gut 16,7 Millionen). Insofern muss beides deutlich reduziert werden.

Jupyter Notebooks

Die nachfolgenden Beispiele sollten Sie in einem *Jupyter Notebook* statt auf der Python- oder `ipython`-Konsole ausführen, da sonst keine Bildausgabe stattfindet. Jupyter Notebooks sind sehr praktisch für die Datenanalyse: Es handelt sich um browserbasierte interaktive Terminals, in denen mit Julia, Python oder R (daher der Name) programmiert werden kann. Der Inhalt eines Jupyter Notebook sind sogenannte Zellen, die jeweils aus Programmcode, einfachem Text oder formatiertem Text im Markdown-Format (siehe Kapitel 17, »Weitere Datei- und Datenformate«) bestehen. Um eine Programmcodezelle auszuführen, drücken Sie [⇧] + [↵].

Wenn Sie die Anaconda-Distribution verwenden, sind Jupyter Notebooks bei Ihnen bereits installiert und können einfach über den Anaconda Navigator gestartet werden. Andernfalls müssen Sie der Installationsanleitung auf der Website *jupyter.org* folgen.

Eins von vielen möglichen Modulen für die grundlegende Bildverarbeitung ist `scikit-image`. Es enthält genügend Funktionalität zum Laden, Anzeigen und Transformieren von Bildern.

Das Laden und anschließende Anzeigen zur Kontrolle ist der erste Schritt. Geben Sie dazu in eine Zelle eines Jupyter Notebook Folgendes ein:

```
% matplotlib inline
from skimage.io import imread, imshow
image = imread("flower.jpg", as_gray = True)
imshow(image)
```

Die Steueranweisung `%matplotlib inline` sorgt dafür, dass Grafiken im Notebook selbst und nicht in einem zusätzlichen Fenster angezeigt werden. Das Ergebnis sollte Abbildung 10.1 entsprechen.

Abbildung 10.1 Das ursprüngliche Bild wird als Graustufenbild geladen und angezeigt.

Das benannte Argument as_gray = True wandelt das Bild in Graustufen um. Dies ist eine typische Möglichkeit, die Anzahl der unterschiedlichen Werte zu reduzieren: 256 verschiedene Graustufen sind ein Wertebereich, mit dem die für Machine Learning erforderlichen Berechnungen gut gelingen.

Die Graustufen werden übrigens Machine-Learning-freundlich nicht als Integer-Werte von 0 bis 255, sondern als Fließkommazahlen zwischen 0 und 1 im Array gespeichert. Dieser Wertebereich ist im Rahmen der Feature-Skalierung besser geeignet.

Wenn Sie das Argument as_gray weglassen oder explizit auf False setzen, wird das Bild übrigens als Farbbild geladen. In dem Fall erhalten Sie ein dreidimensionales Array, in dem für jedes Pixel der individuelle Rot-, Grün- und Blau-Wert vorgehalten wird – in diesem Fall tatsächlich als Integer zwischen 0 und 255. Die Dimensionen des geladenen Arrays können Sie übrigens mit folgender Operation abfragen:

```
image.shape()
```

Das Ergebnis für das Beispielbild lautet (1024, 768) – der erste Wert ist die Anzahl der Zeilen, der zweite die Anzahl der Spalten.

Zur weiteren Reduktion der Datenmenge ist es nicht immer erforderlich, das gesamte Bild zu betrachten. Ein Ausschnitt enthält oft die eigentlich relevante Information. Da es sich beim geladenen Bild um ein zweidimensionales NumPy-Array aus Zeilen und Spalten handelt, ist es ganz einfach, einen Ausschnitt zu erzeugen: Geben Sie mit dem Indexoperator die gewünschten Koordinaten [Anfangszeile:Endzeile, Anfangsspalte:Endspalte] an. Das folgende Beispiel schneidet in etwa die Blüte aus dem Gesamtbild aus und zeigt sie an (siehe Abbildung 10.2):

```
cropped = image[350:550, 250:450]
imshow(cropped)
```

Abbildung 10.2 Ein quadratischer Ausschnitt aus dem ursprünglichen Bild

Wenn Sie eine Reihe von Bildern verarbeiten möchten, sollten die Ausschnitte jeweils die gleichen Proportionen haben, um sie überhaupt miteinander vergleichen zu können. Das obige Beispiel erzeugt ein Quadrat, das sich als Grundform gut eignet.

Im nächsten Schritt sollte das Bild verkleinert werden. Dafür existieren verschiedene mathematische Verfahren. Die einfachste Funktion ist `resize()` aus dem Untermodul namens `skimage.transform`; sie nimmt das zu verkleinernde Bildobjekt und die gewünschte Zielgröße als Tupel entgegen. Das folgende Beispiel verkleinert die zuvor ausgeschnittene Blüte zuerst auf 100 mal 100, dann auf 30 mal 30 und zum Schluss auf 20 mal 20 Pixel. Die Ergebnisse können Sie sich in Abbildung 10.3 anschauen.

```
from skimage.transform import resize
resized = resize(cropped, (100, 100))
imshow(resized)

resized2 = resize(cropped, (30, 30))
imshow(resized2)

resized3 = resize(cropped, (20, 20))
imshow(resized3)
```


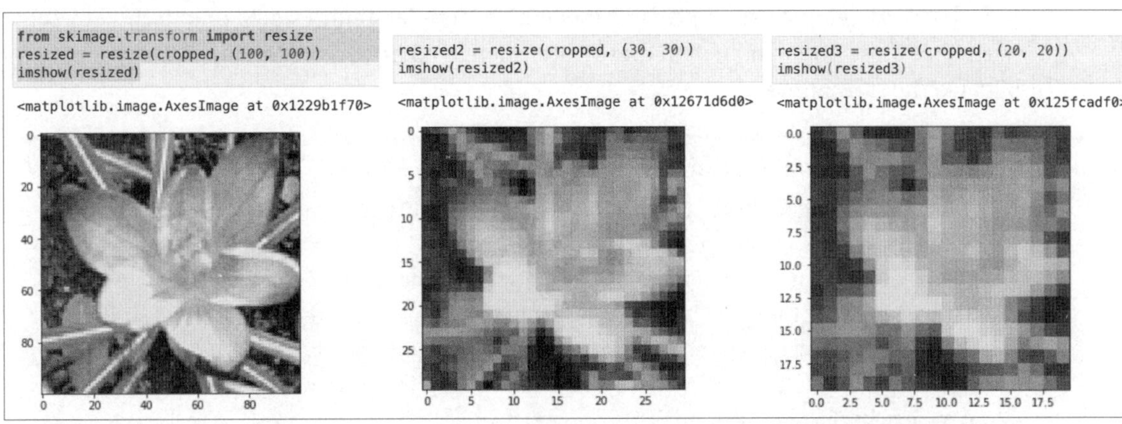

Abbildung 10.3 Verkleinerter Bildausschnitt mit den Größenangaben 100 x 100, 30 x 30 und 20 x 20 Pixel

Mit 400 Werten aus der letzten Verkleinerungsrunde lässt sich gut arbeiten – allerdings merken Sie, dass das ursprüngliche Bild nur noch schwer zu erkennen ist, und da geht es einem Algorithmus vermutlich nicht besser als Ihnen. 900 Werte sind dagegen möglicherweise noch tolerabel.

Dies war nur eine kurze Einführung in die vielfältigen Möglichkeiten von `scikit-image`. Das Modul hat zahlreiche weitere Untermodule, die verschiedenste Operationen mit Bildern ermöglichen und so unter Umständen die Bilderkennung erleichtern. Beispielsweise kann es sich lohnen, Helligkeit und Kontrast zu manipulieren, um einzelne Details besser hervorzuheben, oder eine der verschiedenen Funktionen zur Konturenfindung anzuwenden, um die Form von Gegenständen in Bildern zu betonen.

10.2.3 Numerische Daten visualisieren

Ein sehr vielversprechender Schritt besteht darin, sich numerische Daten in einer geeigneten grafischen Darstellung anzuschauen. In diesem Abschnitt werden zwei Datenmengen betrachtet, nämlich die in der Datenanalyse wohlbekannte Iris-Datenmenge und eine ad hoc aus Anzeigen in einem Immobilienportal zusammengestellte Liste von Mietwohnungsangeboten. Sie repräsentieren die Daten für zwei bereits genannte Grundtypen des Machine Learning: Die Iris-Datenmenge begründet ein Klassifikationsproblem, die Wohnungs-Datenmenge ein Regressionsproblem (im vorliegenden Fall den zu erwartenden Mietpreis anhand der Größe und Zimmerzahl einer Wohnung).

Die Iris-Datenmenge visualisieren

Bei der *Iris-Datenmenge* (englisch: *Iris Dataset*) handelt sich um eine weltberühmte Sammlung von Messwerten über Irisblumen (Schwertlilien), die in den 30er-Jahren des 20. Jahrhunderts in England erhoben wurde und seitdem eines der verbreitetsten Standardbeispiele in Statistik, Datenanalyse und maschinellem Lernen darstellt. Es gibt praktisch kein Lehrbuch über diese Themen, in dem diese Datenmenge nicht vorkommt; auch das vorliegende bildet keine Ausnahme.

> **Datenmenge oder Datensatz?**
>
> In deutschsprachiger Literatur werden tabellarische Datensammlungen für die Datenanalyse manchmal als *Datensätze* statt als *Datenmengen* bezeichnet. Ich habe mich entschieden, in diesem Buch konsequent den Begriff *Datenmenge* zu nutzen, wenn das englische Originalwort *data set* für eine Datensammlung gemeint ist. Ein *Datensatz* ist nämlich in erster Linie eine Zeile in einer Datenbanktabelle und heißt auf Englisch *record*, worauf ansonsten hingewiesen werden müsste, da die einzelnen Zeilen einer Datenmenge durchaus auch als Datensätze bezeichnet werden.

Dies sind die ersten fünf der 150 Zeilen der Iris-Datenmenge:

```
5.1,3.5,1.4,0.2,Iris-setosa
4.9,3.0,1.4,0.2,Iris-setosa
4.7,3.2,1.3,0.2,Iris-setosa
4.6,3.1,1.5,0.2,Iris-setosa
5.0,3.6,1.4,0.2,Iris-setosa
```

Es handelt sich um das CSV-Dateiformat, dessen Besonderheiten und Import in Kapitel 17, »Weitere Datei- und Datenformate«, näher beschrieben werden.

Die fünf Zellen jeder Zeile haben folgende Bedeutungen:

1. Länge des Kelchblatts (englisch: *sepal length*)
2. Breite des Kelchblatts (*sepal width*)
3. Länge des Kronblatts (*petal length*)
4. Breite des Kronblatts (*petal width*)
5. eine von drei Iris-Spezies, zu der die gemessene Blüte gehört:

   Borsten-Schwertlilie (Iris setosa), Virginische Schwertlilie (Iris virginica) und Verschiedenfarbige Schwertlilie (Iris versicolor).

Obwohl im Vereinigten Königreich damals noch weitgehend die imperialen Maßeinheiten genutzt wurden, sind alle Längenangaben in der Datenmenge in Zentimetern und nicht in Zoll; die Wissenschaft bevorzugt das metrische System schon länger als die Öffentlichkeit.

Für jede der drei Spezies gibt es 50 Datensätze, insgesamt also 150. Während die verfügbaren Daten eine klare Abgrenzung der Spezies Iris setosa erlauben, überlappen sich die beiden anderen Spezies ein wenig. Dies macht die Datenmenge jedoch interessanter, weil sich so die Genauigkeit verschiedener Klassifikationsverfahren messen lässt.

Das bereits im vorigen Kapitel angesprochene Modul Matplotlib ermöglicht die Erstellung grafischer Darstellungen in Python. Das Untermodul `matplotlib.pyplot` dient dabei der Erzeugung zahlreicher verschiedener Diagrammtypen. Für Datenmengen mit relativ wenigen Datensätzen wie der Iris-Datenmenge eignet sich ein sogenannter *Scatter-Plot* besonders gut, das heißt, jeder einzelne Datensatz wird als Punkt in einem Koordinatensystem dargestellt, wobei unterschiedliche Punktfarben und -formen die drei verschiedenen Spezies repräsentieren sollen.

Dabei ergibt sich jedoch ein Problem: Die Iris-Datenmenge hat nicht zwei *Dimensionen* oder *Features*, die sich direkt auf der *x*- und der *y*-Achse abbilden ließen, sondern vier (und gehört damit noch zu den Datenmengen mit verhältnismäßig wenigen Dimensionen). In einem zweidimensionalen Koordinatensystem lassen sich also sicher nicht alle vier Features auf einmal darstellen.

Eine beliebte Lösung besteht darin, jeweils zwei Features herauszugreifen und diese im Koordinatensystem darzustellen. Bei nur vier Dimensionen wie hier können Sie sogar problemlos alle sechs möglichen Kombinationen erstellen und miteinander vergleichen. Ein positiver Nebeneffekt besteht darin, dass sich auf einen Blick beurteilen lässt, wie gut oder schlecht sich die jeweiligen Spalten der Datenmenge zur Unterscheidung der Spezies eignen.

Da Ihnen die Grundlagen grafischer Darstellungen bereits bekannt sind, sehen Sie in Listing 10.2 zunächst das vollständige Listing und erhalten im Anschluss einige Erläuterungen dazu.

```
import matplotlib.pyplot as plt
import matplotlib.markers as markers
import csv
from sys import argv
```

```
# die vier verfügbaren Features und ihre Spalten
feature_mapping = {
        0: 'Sepal length',
        1: 'Sepal width',
        2: 'Petal length',
        3: 'Petal width'
}

# Farben und Formen, die für die Spezies verwendet werden sollen
color_mapping = {
        'Iris-setosa': 'red',
        'Iris-versicolor': 'green',
        'Iris-virginica': 'blue'
}
marker_mapping = {
        'Iris-setosa': 'o',
        'Iris-versicolor': 'v',
        'Iris-virginica': '*'
}

# CSV-Daten einlesen (Details siehe Kapitel 17).
irises = []
iris_file = open('iris.csv', 'r')
for line in csv.reader(iris_file):
    irises.append(line)
iris_file.close()

# Vorgabe: X = sepal width, Y = sepal length
x_feature = 0
y_feature = 1

# Wurden zwei verschiedene erlaubte Features als Argumente übergeben?
possible_features = ['0', '1', '2', '3']
if (len(argv) >= 3 and argv[1] in possible_features
    and argv[2] in possible_features and argv[1] != argv[2]):
    x_feature = int(argv[1])
    y_feature = int(argv[2])

# plot_values: je eine zweidimensionale Liste für alle Punkte einer Spezies
plot_values = {}
for iris in irises:
    if iris[4] not in plot_values:
        plot_values[iris[4]] = [[], []]
```

```
    plot_values[iris[4]][0].append(float(iris[x_feature]))
    plot_values[iris[4]][1].append(float(iris[y_feature]))

# Die eigentliche Zeichnung erstellen.
plt.title(
    "{} and {} of iris flowers".format(
        feature_mapping[x_feature],
        feature_mapping[y_feature]
    )
)
plt.xlabel(feature_mapping[x_feature])
plt.ylabel(feature_mapping[y_feature])
for species in plot_values.keys():
    plt.scatter(
        plot_values[species][0],
        plot_values[species][1],
        color = color_mapping[species],
        marker = marker_mapping[species]
    )
plt.show()
```

Listing 10.2 iris-scatter.py ermöglicht Visualisierungen der Iris-Datenmenge als Scatter-Plot.

Sie können dem Skript beim Start optional zwei verschiedene Zahlen zwischen 0 und 3 als Kommandozeilenargumente übergeben, um die beiden gewünschten Features auszuwählen. Falls Sie keine oder unpassende Werte angeben, werden automatisch 0 und 1 (*sepal length* und *sepal width*) ausgewählt.

Die `pyplot`-Funktion `scatter()` zeichnet einzelne Punkte in ein Koordinatensystem, wobei die ersten beiden Argumente gleich lange Listen der x- und der y-Koordinaten sind. Im vorliegenden Fall kommen zwei benannte Argumente zum Einsatz, um die Punkte für die einzelnen Spezies voneinander zu unterscheiden: `color` legt die Farbe jedes einzelnen Punkts fest und `marker` seine Form. Die möglichen Strings für die Marker entsprechen ungefähr der gewünschten Form; hier werden ein runder Punkt (`'o'`), eine Pfeilspitze nach unten (`'v'`) und ein Stern (`'*'`) verwendet.

Würden Sie nur die Farbe und nicht die Form der Punkte festlegen wollen, wäre das Skript beträchtlich einfacher, da Sie die Farben genau wie die x- und y-Punkte als Liste (mit derselben Länge wie diese) angeben können. Aber leider kann für eine Gruppe nur genau ein Skalar als Punktform angegeben werden, sodass Sie für jede Spezies einen eigenen `scatter()`-Aufruf benötigen.

Die `pyplot`-Funktionen `xlabel()` und `ylabel()` beschriften die Achsen des Koordinatensystems, und `title()` fügt einen Titel dem Diagramm hinzu. Der Aufruf von `show()` sorgt dafür, dass die vorbereitete Grafik tatsächlich angezeigt wird. Wenn Sie das Skript starten, wird sie in einem separaten Fenster geöffnet.

In Abbildung 10.4 sehen Sie die sechs möglichen Gegenüberstellungen von Features der Irisblumen: `0 1`, `0 2`, `0 3`, `1 2`, `1 3` und `2 3`.

Was bei allen Kombinationen auffällt: Die Exemplare von *Iris setosa* (runde Punkte) grenzen sich deutlich von den beiden anderen Spezies ab, während diese sich jeweils ein Stück weit überlappen. Da automatisierte Klassifikation am einfachsten funktioniert, wenn so etwas nicht der Fall ist, könnte es vorkommen, dass einzelne Exemplare nicht korrekt zugeordnet werden. Die Überlappung ist andererseits nicht so gravierend, dass die Datenmenge gänzlich unbrauchbar wäre. Genau solche Informationen können Sie aus der grafischen Darstellung ablesen.

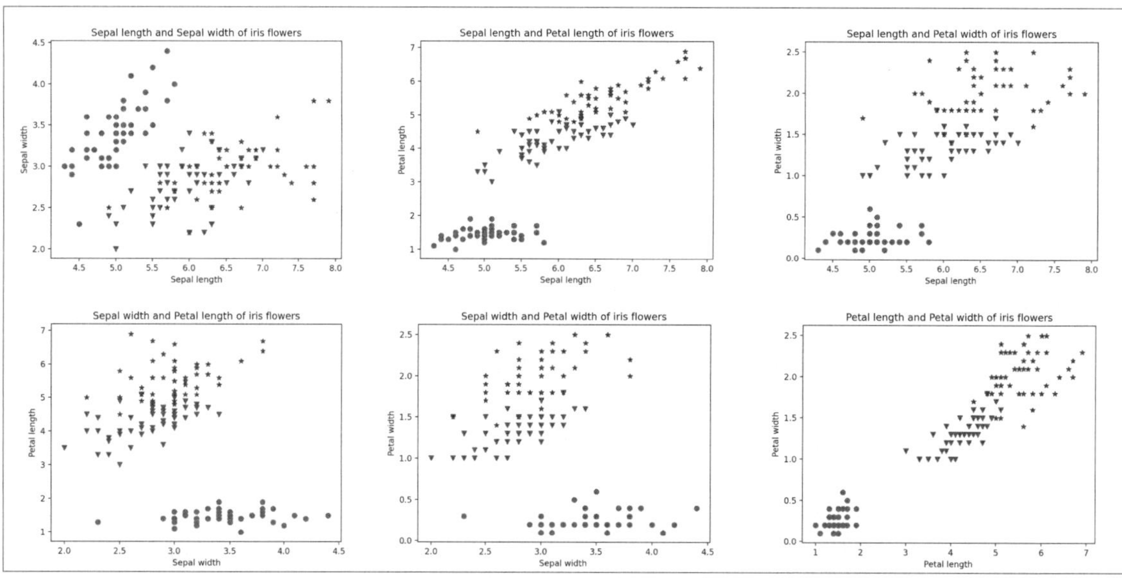

Abbildung 10.4 Alle möglichen grafischen Darstellungen von je zwei Features der Iris-Datenmenge

Ob die gleichzeitige Betrachtung aller vier Features, die sich nicht trivial visualisieren lässt, eindeutigere Ergebnisse liefert, werden Sie erst bei der Anwendung konkreter Machine-Learning-Algorithmen im nächsten Abschnitt sehen.

Die Wohnungs-Datenmenge visualisieren

Nach der Klassifikations-Datenmenge wird nun eine einfache Regressions-Datenmenge visualisiert. Die CSV-Datei *size-rent.csv* enthält 170 Datensätze über Wohnungsmietangebote in Köln mit drei Spalten: Größe in Quadratmetern, Anzahl der Zimmer und Miete in Euro. Die ersten zehn Zeilen inklusive Header sehen so aus:

```
"Size","Rooms","Price"
132,4,1579
57,2,830
63,3,729
91,3,1201
91,3,1265
105,4,1152
120,4,1902
97,3,1213
91,3,1231
```

Das kurze Skript für den Scatter-Plot wird in Listing 10.3 gezeigt. Als Marker für die einzelnen Punkte wird diesmal einfach die jeweilige Zimmeranzahl verwendet. Um irgendeinen Text als Marker zu verwenden, muss er im Marker-String durch Dollarzeichen eingeschlossen werden, also etwa `'$2$'`, um Zweizimmerwohnungen mit der Ziffer 2 zu kennzeichnen. Sie können optional eine der Zimmeranzahlen von 1 bis 5 als Kommandozeilenargument angeben, ansonsten werden alle Datensätze in die Grafik aufgenommen.

```
import matplotlib.pyplot as plt
import csv
from sys import argv

# Farben für die verschiedenen Zimmerzahlen
color_mapping = {
        1: 'black',
        2: 'red',
        3: 'green',
        4: 'blue',
        5: 'magenta'
}

# Grafik für eine bestimmte Zimmeranzahl?
rooms = 0
if len(argv) > 1 and argv[1] in ['1', '2', '3', '4', '5']:
    rooms = int(argv[1])

# Daten importieren.
rent_data = []
rent_file = open('size-rent.csv', 'r')
reader = csv.reader(rent_file)
next(reader, None)
for line in reader:
    rent_data.append(line)
rent_file.close()
```

```
# Die Grafik erstellen.
plt.title("Size to rent ratio")
plt.xlabel("Size in square meters")
plt.ylabel("Rent in Euros")
for flat in rent_data:
    # Überspringen, falls "falsche" Zimmeranzahl.
    if rooms and int(flat[1]) != rooms:
        continue
    plt.scatter(
        float(flat[0]),
        float(flat[2]),
        color = color_mapping[int(flat[1])],
        marker = f"${flat[1]}$"
    )
plt.show()
```

Listing 10.3 rent-scatter.py erstellt einen Scatter-Plot von Datensätzen über Wohnungsmietangebote.

In Abbildung 10.5 sehen Sie alle sechs möglichen Diagramme, nämlich die Übersicht über alle Wohnungstypen und die Scatter-Plots für jede einzelne Zimmeranzahl.

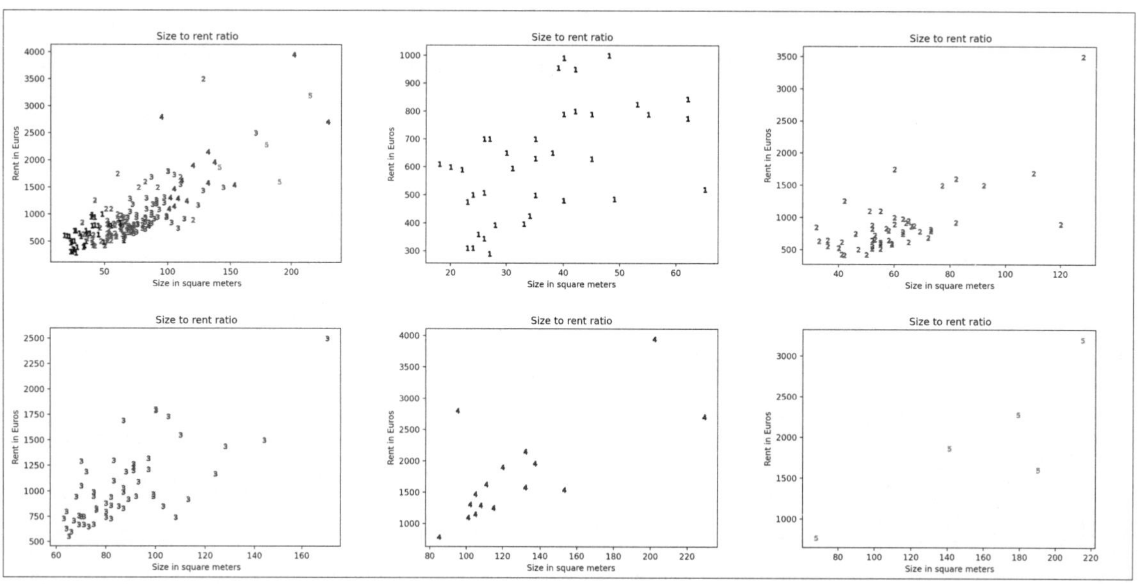

Abbildung 10.5 Scatter-Plots der Wohnungsangebote, kombiniert für alle verfügbaren Zimmeranzahlen und für jede einzeln

Die Aufgabenstellung bei Regressionsproblemen lautet grafisch symbolisiert, eine allen Punkten so nah wie möglich kommende gerade Linie durch den Scatter-Plot zu ziehen (wobei dies für eine Kombination aus mehreren Features natürlich nicht ohne Weiteres in einem Diagramm darstellbar ist). Das betrifft den einfachsten Fall, die lineare Regression. In komplexeren Fällen kann es auch sein, dass eine andere Gleichung die Beziehung zwischen den Werten am besten ausdrückt, etwa ein Polynom.

In jedem Fall wird die gefundene Kurve verwendet, um für nicht darin vorkommende Feature-Kombinationen eine möglichst akkurate Vorhersage zu treffen – hier also beispielsweise die zu erwartende Miete aufgrund einer gegebenen Quadratmeter- und Zimmeranzahl oder, umgekehrt, wie groß die Wohnung sein könnte, die für einen bestimmten Mietpreis erschwinglich wäre.

Auf den ersten Blick zeigt sich, dass die Datenbasis nicht sonderlich gut geeignet ist. Im Einzelnen gilt für die fünf verschiedenen Zimmeranzahlen Folgendes:

1. Bei den Einzimmerwohnungen ist so gut wie gar kein Muster erkennbar. Diese Teilmenge lässt sich getrost als völlig ungeeignet einstufen.
2. Viel besser sieht es bei den Zweizimmerwohnungen auch nicht aus, wobei zumindest eine ungefähre Richtung erkennbar ist.
3. Bei den Dreizimmerwohnungen wird die Tendenz deutlicher, aber in der linken Hälfte des Diagramms (kleinere Wohnungen) gibt es zu viel Rauschen und in der rechten zu wenige Datenpunkte.
4. Die Daten der Vierzimmerwohnungen sehen etwas brauchbarer aus; noch besser würden sie vermutlich, wenn der deutliche Ausreißer bei etwa 90 Quadratmetern für 2.750 Euro entfernt würde (genau mit dieser Modifikation wird diese Teilmenge im nächsten Abschnitt als Beispiel verwendet).
5. Für die Fünfzimmerwohnungen schließlich gibt es zwar bis auf eine Ausnahme eine fast gerade Linie, aber viel zu wenige Datenpunkte.

Insgesamt ist die Datenmenge in der vorliegenden Form praktisch unbrauchbar. Das hat zwei Gründe: Zum einen sind es zu wenige Datensätze, und zum anderen hängt der Mietpreis von wesentlich mehr Faktoren ab als nur von der Größe und der Anzahl der Zimmer – beispielsweise spielen Lage, Zustand des Hauses und der Wohnung oder das Vorhandensein von Balkon, Aufzug und anderen Merkmalen eine Rolle. Würden solche Features hier hinzugenommen, wären es jedoch erst recht nicht genug Daten.

10.3 Konkrete Machine-Learning-Verfahren

In diesem Abschnitt werden beispielhaft drei Algorithmen des Machine Learning implementiert. Den Anfang macht die lineare Regression als Verfahren des überwachten Lernens. Das danach betrachtete K-Means-Clustering ist eines der bekanntesten Verfahren des unüberwachten Lernens. Die zum Schluss behandelten künstlichen neuronalen Netzwerke sind je nach konkreter Ausgestaltung zwischen überwachtem und verstärkendem Lernen angesiedelt. Die Beispiele in diesem Abschnitt implementieren die logistische Regression zur Kategorisierung mithilfe eines neuronalen Netzwerks.

10.3.1 Lineare Regression

Das einfachste bekannte Regressionsverfahren, die *lineare Regression*, sucht eine Gerade, die möglichst genau den Verlauf einer Reihe von Datenpunkten beschreibt. Im einfachsten Fall, der hier beispielhaft betrachtet wird, gibt es genau ein Eingabemerkmal (*univariate Regression*), das typischerweise mithilfe der x-Achse eines Koordinatensystems dargestellt wird. Fast immer gibt es auch genau ein Ausgabemerkmal, dessen Werte in diesem einfachen Fall durch die y-Achse definiert werden. Ist die Gerade gefunden, kann für bisher unbekannte x-Werte der passende y-Wert abgelesen werden.

Komplizierter wird es, wenn es mehrere Eingabewerte gibt (*multivariate Regression*). Bei zwei Features können die Datenpunkte und die Ergebnisgerade im dreidimensionalen Koordinatensystem dargestellt werden, bei noch mehr Dimensionen ist eine grafische Gesamtdarstellung natürlich nicht mehr möglich, wie im vorherigen Abschnitt bereits gezeigt wurde.

Gesucht wird bei der univariaten linearen Regression eine lineare Gleichung gemäß dem folgenden Schema:

$$y = \theta_0 + \theta_1 x$$

Dass die in der Mathematik typische Reihenfolge der Koeffizienten umgekehrt wird, erleichtert ihre Schreibweise als Vektor für bestimmte Berechnungen. Eine in diesem Bereich der Statistik übliche Konvention ist, dass die Koeffizienten hier nicht b und m heißen, sondern mit dem indizierten griechischen Buchstaben Theta bezeichnet werden. Für die lineare Regression wird eine Reihe von Trainingsdaten benötigt, die den bereits vorhandenen Zuordnungen zwischen gegebenen und gesuchten Werten entsprechen. In Abbildung 10.6 sehen Sie ein Beispiel. Es handelt sich um die Vierzimmerwohnungen aus der Wohnungs-Datenmenge, aus denen der bereits für problematisch befundene Ausreißer entfernt wurde.

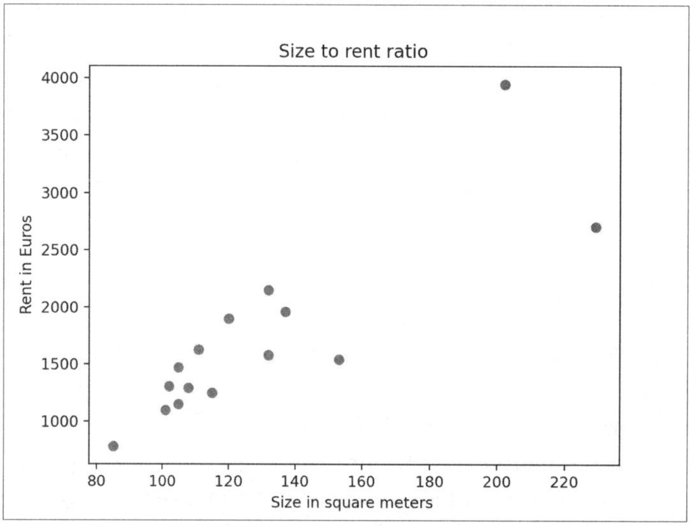

Abbildung 10.6 Zuordnung zwischen der Größe von Vierzimmerwohnungen in Quadratmetern (gegeben) und monatlicher Miete in Euro (gesucht)

Die Datenmenge befindet sich in einer Datei namens *size-rent-4.csv*, die nur noch die beiden Spalten Größe in Quadratmetern und Miete in Euro enthält, weil die Zimmeranzahl für alle Datensätze identisch ist. Hier die ersten fünf Zeilen:

```
132,1579
105,1152
120,1902
132,1579
108,1291
```

Das Skript in Listing 10.4 erzeugt den bereits gezeigten Scatter-Plot:

```
import matplotlib.pyplot as plt
import csv

# Daten importieren.
rent_data = []
rent_file = open('size-rent-4.csv', 'r')
reader = csv.reader(rent_file)
for line in reader:
    rent_data.append([float(line[0]), float(line[1])])
rent_file.close()

# Die Grafik erstellen.
plt.title("Size to rent ratio")
plt.xlabel("Size in square meters")
plt.ylabel("Rent in Euros")
plt.scatter(
    [row[0] for row in rent_data],
    [row[1] for row in rent_data]
)
plt.show()
```

Listing 10.4 rent-scatter-4.py zeichnet den Scatter-Plot der um den Ausreißer bereinigten Vierzimmerwohnungen.

Die gesuchte Funktion wird als $h_\theta(x)$ bezeichnet. Das h steht für »Hypothese«, um zu betonen, dass die Suche ein laufender Näherungsprozess ist. Die Funktion muss so beschaffen sein, dass sie dem Durchschnitt der bereits vorhandenen Zuordnungen möglichst nahe kommt. Dazu wird die sogenannte quadratische *Kostenfunktion* (oder *Verlustfunktion*) aufgestellt, die den Abstand zwischen Ist und Soll angibt. Sie lautet:

$$J(\theta) = \frac{1}{2N}\sum_{n=1}^{N}\left(h_\theta\left(x^{(n)}\right) - y^{(n)}\right)^2$$

Hier ist N die Anzahl der vorhandenen Datenpunkte. $x^{(n)}$ und $y^{(n)}$ sind keine Potenzen, sondern Eingabe- beziehungsweise Ausgabewert des n-ten Datensatzes. Die Differenzen zwischen Sollwert – Funktionswert der linearen Funktion $h_\theta(x)$ – und Ist-Wert des jeweiligen Datenpunkts werden quadriert, sodass die Richtung der jeweiligen Abweichung keine Rolle spielt. Die Quadrate aller Datenpunkte werden zusammenaddiert und durch $2N$ geteilt, um die Werte einigermaßen sinnvoll zu skalieren. Die Formel heißt *Verfahren der gewöhnlichen kleinsten Quadrate* (*ordinary least squares*) und ähnelt der in Kapitel 2, »Mathematische Grundlagen«, vorgestellten Varianz. Die auf die univariate lineare Gleichung bezogene Fassung der Kostenfunktion lautet:

$$J(\theta) = \frac{1}{2N}\sum_{n=1}^{N}\left(\theta_0 + \theta_1 x^{(n)} - y^{(n)}\right)^2$$

Die Kostenfunktion muss anschließend minimiert werden, das heißt, es werden Werte gesucht, die den kleinsten möglichen Wert ergeben. Wenn Sie multivariate Regression mit sehr vielen Features (Hunderten oder mehr) und/oder Millionen von Datensätzen betreiben, verwenden Sie besser den sogenannten *Gradientenabstieg* (*gradient descent*). Dabei werden die gesammelten Daten nicht in umfangreiche Summenformeln gepackt, sondern die Lösung wird durch schrittweise Näherung gefunden. Ein ähnliches Lernverfahren verwenden die am Schluss dieses Kapitels behandelten künstlichen neuronalen Netzwerke.

Vielleicht erinnern Sie sich an die Berechnung der Extrema von Funktionen in Kapitel 2. Auch im vorliegenden Fall werden die Nullstellen der Ableitung gesucht, um das Minimum zu finden. Allerdings ist das Ganze hier etwas komplexer, weil für zwei verschiedene Variablen (θ_0 und θ_1) abgeleitet werden muss. Ohne hier langwierig die Herleitungen auszubreiten, lauten die Formeln zur Ermittlung von θ_0 beziehungsweise θ_1 wie folgt:

$$\theta_0 = \frac{(\sum y)(\sum x^2) - (\sum x)(\sum xy)}{N \cdot \sum x^2 - (\sum x)^2}$$

$$\theta_1 = \frac{N(\sum xy) - (\sum x)(\sum y)}{N \sum x^2 - (\sum x)^2}$$

Dabei sind Bestandteile wie $\sum y$ Kurzfassungen für die ausführlicheren Teilausdrücke der Form

$$\sum_{n=1}^{N} y^{(n)}$$

Diese Formeln lassen sich nun ohne weitere Umschweife als Python-Programm umsetzen. Sie sehen es in Listing 10.5:

```
import matplotlib.pyplot as plt
import csv
import numpy as np
from sys import argv, exit
```

```
if len(argv) < 2:
    print(f"Verwendung: python3 {argv[0]} CSV-Datei [p]")
    exit(1)

# Daten importieren.
filename = argv[1]
data = []
data_file = open(filename, 'r')
reader = csv.reader(data_file)
for line in reader:
    data.append([float(line[0]), float(line[1])])
data_file.close()

# Koeffizienten der Geraden berechnen.
x = [row[0] for row in data]
y = [row[1] for row in data]
n = len(data)
theta0 = (
    (sum(y) * sum([xn**2 for xn in x]) - sum(x) * sum(
        [xn * yn for xn, yn in zip(x, y)]
    )) /
    (n * sum([xn**2 for xn in x]) - sum(x)**2)
)
theta1 = (
    (n * sum([xn * yn for xn, yn in zip(x, y)]) - sum(x) * sum(y)) /
    (n * sum([xn**2 for xn in x]) - sum(x)**2)
)

if len(argv) >= 3 and argv[2] == 'p':
    # Modus Vorhersage
    print(f"Gefundene Geradengleichung: y = {theta0} + {theta1}x")
    print("Geben Sie x-Werte für Prognosen ein; Q zum Beenden")
    while True:
        v_input = input("> ")
        if v_input == 'q' or v_input == 'Q':
            break
        try:
            value = float(v_input)
            print(f"Prognose: {theta0 + theta1 * value}")
        except ValueError:
            print("Bitte nur Zahlen!")
else:
    # Modus Zeichnung
    plt.title(f"y = {theta0} + {theta1}x")
    plt.xlabel("Input data")
```

```
plt.ylabel("Output data")
plt.scatter(x, y, color='blue')
xcoords = np.linspace(min(x), max(x), 100)
ycoords = theta0 + theta1 * xcoords
plt.plot(xcoords, ycoords, color='red')
plt.show()
```

Listing 10.5 linear-regression.py trainiert ein Modell mithilfe univariater linearer Regression und ermöglicht anschließend Prognosen oder stellt das Ergebnis zeichnerisch dar.

Das einzige wesentliche neue Feature in diesem Skript ist die pyplot-Funktion plot(). Ihre Argumente entsprechen denjenigen von scatter(), aber statt einzelne Punkte zu zeichnen, werden diese durch Linien verbunden. Geben Sie Folgendes ein, um das Skript im Prognosemodus zu testen (hier mit zwei Beispielen):

```
$ python3 linear-regression.py size-rent-4.csv p
Gefundene Geradengleichung: y = -469.2951510547402 + 16.845201748127522x
Geben Sie x-Werte für Prognosen ein; Q zum Beenden
> 90
Prognose: 1046.7730062767366
> 140
Prognose: 1889.033093683113
> q
```

Wenn Sie das Argument p weglassen, erhalten Sie die Ausgabe aus Abbildung 10.7.

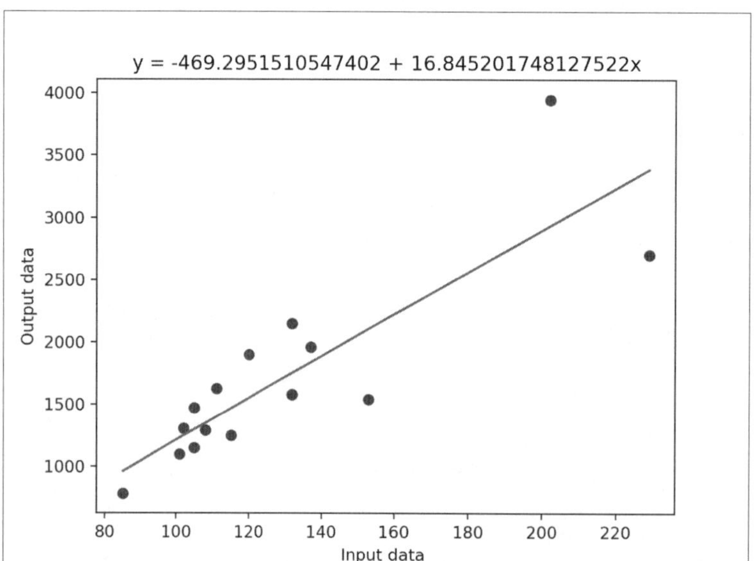

Abbildung 10.7 Der Scatter-Plot der Datenpunkte im Vergleich zur gefundenen Geraden

Statt die komplizierte Formel manuell einzugeben, können Sie die Klasse `LinearRegression` aus dem Modul `scikit-learn` verwenden. Hierzu sind einige Änderungen am Skript erforderlich: Es werden grundsätzlich NumPy-Arrays verwendet, und die x-Werte müssen zweidimensional sein, weil univariate und multivariate Regression identisch behandelt werden. Zunächst wird die Klasse importiert:

```
from sklearn.linear_model import LinearRegression
```

Das Erzeugen der Arrays `x` und `y` wird wie beschrieben etwas komplexer, das Berechnen des Modells dagegen sehr einfach:

```
# lineare Regression
x = np.array([[row[0]] for row in data])
y = np.array([row[1] for row in data])
reg = LinearRegression().fit(x, y)
theta0 = reg.intercept_
theta1 = reg.coef_[0]
```

Wie Sie sehen, erhalten Sie den konstanten Summanden θ_0 mithilfe des Attributs `intercept_`, während die Koeffizienten (hier aufgrund der univariaten Regression nur einer) in `coef_` stehen.

Die Berechnung der Werte für die Prognose und den Graphen der Gerade erfolgt mithilfe der Methode `predict()`, die ebenfalls mit einem zweidimensionalen NumPy-Array gefüttert wird, weil sie Vorhersagen für beliebig viele uni- oder multivariate Datensätze auf einmal liefern kann. Eine einzelne Prognose erhalten Sie wie folgt:

```
prediction = reg.predict(np.array([[value]]))
```

Die y-Werte der Gerade für die grafische Darstellung werden dagegen so berechnet (das ist einfacher, weil der Rückgabewert von `np.linspace()` bereits ein NumPy-Array ist):

```
ycoords = reg.predict(xcoords)
```

Das vollständig für `scikit-learn` umgeschriebene Skript finden Sie in den Beispielen zu diesem Kapitel unter dem Dateinamen *linear-regression-sklearn.py*.

10.3.2 Logistische Regression

Die *logistische Regression* ist ein einfaches Klassifikationsverfahren. Die grundlegende Problemstellung teilt Daten in zwei verschiedene Klassen ein, die den Funktionswerten 0 beziehungsweise 1 zugeordnet werden. Werden mehr Kategorien verwendet, kommen auch mehrere Klassifikatoren zum Einsatz, die das *One-vs-All-Verfahren* (einer gegen alle) verwenden, das heißt, die jeweils von ihnen vertretene Kategorie wird durch den Wert 1 dargestellt, alle anderen durch 0. In der Praxis kommen natürlich nur bei den Trainingsdaten genau die Ergebnisse 0 und 1 heraus. Bei den tatsächlich zu kategorisierenden Daten wird dagegen ein Schwellenwert definiert, ab dem Werte als 1 gelten (typisch, aber nicht immer die beste Wahl, ist der Wert 0,5).

Eine lineare Funktion kommt für diese Art der Ergebnisse nicht infrage. Stattdessen wird eine Funktion benötigt, die nur Werte zwischen 0 und 1 annehmen kann. Am verbreitetsten ist die sogenannte *Sigmoid-Funktion*[2], die diesen Namen trägt, weil ihr Graph eine S-Form hat. Die Funktion wird auch als *logistische Funktion* bezeichnet und ist wie folgt definiert:

$$f(x) = \frac{1}{1 + e^{-x}}$$

In Abbildung 10.8 sehen Sie den Graphen dieser Funktion für den Wertebereich –10 bis +10.

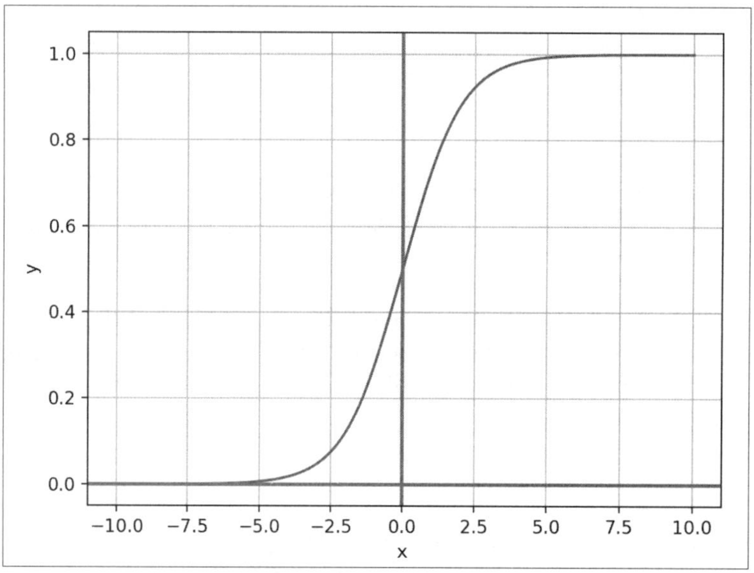

Abbildung 10.8 Graph der Sigmoid-Funktion

Das Skript zum Zeichnen dieses Graphen wird in Listing 10.6 gezeigt.

```
import matplotlib.pyplot as plt
import numpy as np
import math

x = np.linspace(-10, 10, 1000)
y = []
for x_i in x:
    y.append(1 / (1 + math.exp(-x_i)))
```

2 Sigmoide sind genauer gesagt eine ganze Klasse von Funktionen, aber die hier gezeigte Grundform wird oft als »die« Sigmoid-Funktion bezeichnet.

```
plt.plot(x, y, color='red')
plt.xlabel('x')
plt.ylabel('y')
plt.grid()
plt.axhline(linewidth=2)
plt.axvline(linewidth=2)
plt.show()
```

Listing 10.6 sigmoid-graph.py zeichnet den Graphen der Sigmoid-Funktion.

Zu den bisher besprochenen `pyplot`-Funktionen kommen hier noch `grid()` zum Zeichnen des Gitternetzes sowie `axhline()` und `axvline()` hinzu, die die horizontale beziehungsweise vertikale Ursprungslinie betonen.

Das Minimieren der Kostenfunktion erfolgt bei der logistischen Regression mithilfe des Gradientenabstiegs. Darauf wird an dieser Stelle nicht näher eingegangen, aber in den Beispielen zu diesem Kapitel finden Sie das Python-Skript *logistic-regression.py*, in dem das Verfahren Schritt für Schritt implementiert wird.

An dieser Stelle wird stattdessen gezeigt, wie Sie die logistische Regression mithilfe von `scikit-learn` nutzen. Als Beispiel wird die Iris-Datenmenge zufällig gemischt und anschließend in 100 Trainings- und 50 Testdatensätze unterteilt. Nach dem Training wird gemessen, wie akkurat die Testdaten kategorisiert wurden. Das Programm sehen Sie in Listing 10.7.

```
from sklearn.datasets import load_iris
from sklearn.linear_model import LogisticRegression
from sklearn.model_selection import train_test_split

# Iris-Datenmenge laden.
X, y = load_iris(return_X_y=True)

# In Trainings- und Testdaten unterteilen, dabei mischen.
X_train, X_test, y_train, y_test = train_test_split(
    X, y, test_size=0.33
)

# Logistische Regression mit Trainingsdaten trainieren.
lr = LogisticRegression(max_iter=1000).fit(X_train, y_train)

# Genauigkeit der Vorhersage für die Testdaten testen.
accuracy = lr.score(X_test, y_test)
print(f"Genauigkeit: {accuracy}")
```

Listing 10.7 logistic-regression-sklearn.py demonstriert die logistische Regression mithilfe von scikit-learn und der Iris-Datenmenge.

Das `scikit-learn`-Untermodul `datasets` enthält diverse Beispieldatenmengen, darunter auch die Iris-Datenmenge, die mittels `load_iris()` geladen wird. Das benannte Argument `return_X_y` sorgt dafür, dass die Messwerte `X` und die Klassifikationen `y` als Werte zurückgegeben werden – nur so können sie im nächsten Schritt gemischt und aufgeteilt werden. Dies erledigt die Funktion `train_test_split()` aus dem Untermodul `model_selection`. Das benannte Argument `test_size` gibt dabei den prozentualen Anteil an Testdaten an, im vorliegenden Fall ein Drittel der Gesamtdatenmenge.

Die Methode `fit()` trainiert das Modell anhand der Trainingsdaten. Der Konstruktor von `LogisticRegression` wird dabei mit dem Argument `max_iter` aufgerufen; es bestimmt die maximale Anzahl der Trainingsdurchläufe. Der Standardwert 100 genügt manchmal nicht; in diesem Fall bricht das Programm mit einer Fehlermeldung ab. Die Methode `score()` wendet schließlich `predict()` auf die Testdatensätze an und vergleicht die Ergebnisse mit den Vorgaben. Das Ergebnis ist der prozentuale Anteil an korrekten Vorhersagen, der im vorliegenden Fall je nach zufälliger Datenauswahl zwischen 94 und 100 % liegt.

10.3.3 K-Means-Clustering

Clustering ist ein statistisches Verfahren, bei dem Daten in eine bestimmte Anzahl k von Gruppen, Cluster genannt, unterteilt werden. Es handelt sich um ein wichtiges Beispiel des unüberwachten Lernens – es wird also kein Modell trainiert, sondern der Algorithmus arbeitet von Anfang an mit den echten Daten. Dies ist vor allem dann nützlich, wenn es gar keine Trainingsdaten gibt.

K-Means ist einer der bekanntesten Clustering-Algorithmen, der mit Mittelwerten arbeitet (daher der Name). Der Ablauf ist folgender:

1. Für jedes Cluster wird zufällig ein sogenanntes *Zentroid* erzeugt. Es handelt sich um ein Array mit genauso vielen Werten, wie sie die Datensätze enthalten.
2. Alle Werte der Datenmenge werden jeweils demjenigen Cluster zugeteilt, dessen Zentroid am nächsten bei ihnen liegt (die Berechnung erfolgt typischerweise über den in Kapitel 8, »Algorithmen und Datenstrukturen«, erwähnten euklidischen Abstand).
3. Für jedes Cluster wird nun der Mittelwert aller Datenpunkte berechnet und als neues Zentroid festgelegt. Sollten sich die Zentroide dadurch nicht verschoben haben, ist die Arbeit erledigt.
4. Falls eine festgelegte maximale Anzahl von Durchläufen noch nicht erreicht wurde, geht es mit Schritt 2 weiter.

Auch für dieses Verfahren finden Sie in den Beispielen zum Kapitel eine manuelle Implementierung namens *kmeans.py*, während hier auf die `scikit-learn`-Version von K-Means zurückgegriffen wird. Um beurteilen zu können, wie gut der Algorithmus arbeitet, wird beispielhaft wieder die Iris-Datenmenge zu Hilfe genommen, obwohl diese aufgrund der vorhandenen Klassifizierung eigentlich kein Clustering benötigt.

Das Skript in Listing 10.8 lässt die Iris-Datenmenge durch K-Means in drei Cluster einteilen. Anschließend wird geprüft, auf welche Cluster die Daten verteilt wurden. Da bekannt ist, dass sich je 50 aufeinanderfolgende Datensätze im selben Cluster befinden müssten, lässt sich an der mithilfe der NumPy-Funktion `unique()` erzeugten Statistik leicht überprüfen, wie gut das Clustering funktioniert hat:

```
from sklearn.datasets import load_iris
from sklearn.cluster import KMeans
import numpy as np

X, y = load_iris(return_X_y=True)
km = KMeans(n_clusters = 3)
km.fit(X)

groups = np.array(km.labels_).reshape(3, 50)
for group in groups:
    print(np.unique(group, return_counts=True))
```

Listing 10.8 kmeans-sklearn.py wendet K-Means-Clustering auf die Iris-Datenmenge an.

Eine typische Ausgabe des Skripts sieht so aus:

```
$ python3 kmeans-sklearn.py
(array([1], dtype=int32), array([50]))
(array([0, 2], dtype=int32), array([ 2, 48]))
(array([0, 2], dtype=int32), array([36, 14]))
```

Es bleibt, wie es schon die Scatter-Plots gezeigt haben: Die Iris-setosa-Exemplare bilden ein Cluster für sich allein, während die beiden anderen Spezies teilweise falsch einsortiert werden. Die Genauigkeit liegt zudem deutlich hinter derjenigen der logistischen Regression. Es zeigt sich, dass K-Means nicht das richtige Machine-Learning-Verfahren für die Iris-Datenmenge ist.

10.3.4 Künstliche neuronale Netzwerke

Ein *künstliches neuronales Netzwerk* (*KNN*, englisch: *Artificial Neural Network, ANN*) ist eine in mehreren Schichten angeordnete Struktur aus *künstlichen Neuronen*. Diese sind stark vereinfachte Modelle natürlicher Neuronen (Nervenzellen). Ein echtes Neuron erhält Impulse von mehreren (manchmal sehr vielen) anderen Neuronen über sogenannte Dendriten, und wenn ein bestimmtes elektrochemisches Potenzial überschritten wird, »feuert« das Neuron, das heißt, es beginnt seinerseits, Impulse über seinen Ausgang, das Axon, zu senden. Das Axon kann am Ende in mehrere Terminale verzweigen, die wiederum mit den Dendriten anderer Nervenzellen verbunden sind. In Abbildung 10.9 sehen Sie eine Schemazeichnung eines natürlichen Neurons.

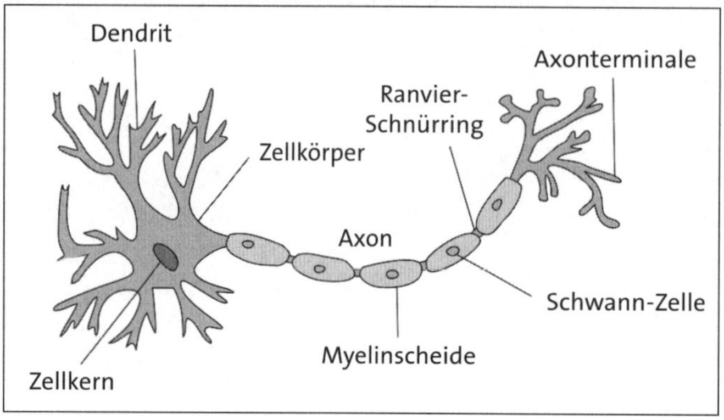

Abbildung 10.9 Schemazeichnung eines natürlichen Neurons (von Quasar Jarosz in der Wikipedia, Lizenz CC BY-SA 3.0)

Ein künstliches Neuron hat ebenfalls beliebig viele Eingänge, über die Eingabewerte übermittelt werden. Diese stammen bei einfachen KNNs, den sogenannten *Feedforward*-Netzwerken, aus den Ausgabewerten der vorherigen Schicht. Innerhalb des künstlichen Neurons befinden sich ebenso viele Gewichte, wie es Eingänge hat – Werte, die mit den Eingabewerten zum Skalarprodukt verknüpft werden. Bevor dieses Ergebnis ausgegeben, also in der Regel an die Neuronen der nächsten Schicht weitergereicht wird, kommt eine *Aktivierungsfunktion* zum Einsatz, die entscheidet, ob das Ergebnis relevant genug ist.

Eine beliebte Aktivierungsfunktion ist die bereits im Zusammenhang mit der logistischen Regression beschriebene Sigmoid-Funktion, aber auch eine harte Schwellenwertfunktion (Rückgabewert 0 für alle Eingabewerte kleiner als 0, 1 für Eingaben größer als 0) wird manchmal verwendet, weil sie schneller und trennschärfer ist als die Sigmoid-Funktion. Damit die Neuronen nur mit Werten arbeiten, mit denen diese Funktionen etwas anfangen können, werden die ursprünglichen Features der verarbeiteten Datenmenge skaliert, nämlich so umgerechnet, dass sie zwischen –1 und +1 liegen.

Ein KNN verfügt über mindestens drei Schichten:

- Die *Eingabeschicht* (*input layer*) nimmt die Eingabewerte entgegen. Sie enthält so viele Neuronen, wie die zu verarbeitende Datenmenge Features hat.
- Eine oder mehrere *versteckte Schichten* (*hidden layers*) verarbeiten die Eingabedaten mithilfe der beschriebenen Methode; je nach konkretem Problem können sie auch andere Aufgaben erledigen, zum Beispiel die Eingabedaten vereinfachen oder filtern.
- Die *Ausgabeschicht* (*output layer*) gibt das Ergebnis aus. Bei einem Klassifikationsproblem gibt es je ein Ausgabeneuron pro Kategorie, und dasjenige mit dem höchsten Ausgabewert ist die Kategorie des untersuchten Datensatzes.

Das Lernen erfolgt bei einem KNN mithilfe eines Verfahrens, das als *Backpropagation* bezeichnet wird und dafür sorgt, dass die Gewichte angepasst werden, um die gewünschten Werte zu erhalten. Die Gewichte haben anfangs Zufallswerte, und die Trainingsdaten werden durch das KNN verarbeitet. Der Fehler, also die Abweichung zwischen Soll- und Ist-Werten, wird rückwärts durch die versteckten Schichten weiterverteilt. Zuerst wird die Ableitung der Aktivierungsfunktion auf den Fehler angewendet, anschließend werden die Gewichte damit multipliziert. Damit sie sich nicht bei jedem Durchlauf zu stark verschieben, wird eine sogenannte *Lernrate* (*learning rate*, auch *Lerntempo* genannt) verwendet – ein Wert zwischen 0 und 1, mit dem der jeweilige Modifikationswert multipliziert wird, um seinen Einfluss pro Durchgang abzumildern. Dieses Vorgehen ähnelt dem besagten Gradientenabstieg zur Minimierung der Kostenfunktion bei der linearen Regression.

Auch die manuelle Implementierung eines künstlichen neuronalen Netzwerks finden Sie in den Beispielen zu diesem Kapitel unter dem Dateinamen *neural-network.py*. Hier kommt die `scikit-learn`-Variante zum Einsatz, die für den einfachen Fall eines Feedforward-Netzes mit Backpropagation sehr leicht einzurichten ist.

Als Beispieldatenmenge kommt diesmal nicht die Iris-Datenmenge zum Einsatz, sondern die Digits-Datenmenge, die ebenfalls mit `scikit-learn` geliefert wird. Es handelt sich um knapp 1.800 stark verkleinerte (8 mal 8 Pixel große) handschriftliche Ziffern mit den Kategorien 0 bis 9 für die jeweilige Ziffer. Das Skript in Listing 10.9 stellt 100 zufällig ausgewählte Bilder aus dieser Datenmenge auf dem Bildschirm dar.

```
from sklearn.datasets import load_digits
from skimage.io import imshow
import matplotlib.pyplot as plt
import numpy as np

# Handschriftenerkennung laden.
X, y = load_digits(return_X_y=True)
images = X[np.random.choice(len(X), 100, replace=False)]

# Bilder anzeigen.
fig, axes = plt.subplots(10, 10, figsize=(8, 8))
ax = axes.ravel()
for i, image in enumerate(images):
    ax[i].imshow(image.reshape([8, 8]), cmap=plt.cm.gray)
    ax[i].axis('off')
fig.tight_layout()
plt.show()
```

Listing 10.9 draw-digits.py gibt 100 zufällig ausgewählte handschriftliche Ziffern aus der Digits-Datenmenge aus.

Die NumPy-Funktion `random.choice()` ermöglicht die Zufallsauswahl von Elementen, genauer gesagt Indizes, aus einem Array. Das erste Argument gibt die Gesamtgröße des Arrays an, das zweite die gewünschte Anzahl von Elementen, und das benannte Argument `return` bestimmt, ob sich Werte wiederholen dürfen (`True`) oder nicht (`False`). Für die Anzeige der Bilder wird mithilfe der `pyplot`-Funktion `subplots()` ein Raster aus 10 mal 10 Bildern vorgegeben, deren jeweilige Größe mit `figsize` angegeben wird. Die NumPy-Methode `ravel()` ist ein Alias für ein `reshape()`, das das zweidimensionale Array verflacht, um mit einem einzelnen numerischen Index darauf zugreifen zu können. Der Methodenaufruf `axis('off')` bestimmt, dass weder Achsenlinien noch -beschriftungen angezeigt werden sollen, und `tight_layout()` legt schließlich fest, dass der Abstand zwischen den einzelnen Bildern verringert werden soll. Abbildung 10.10 zeigt eine Beispielausgabe.

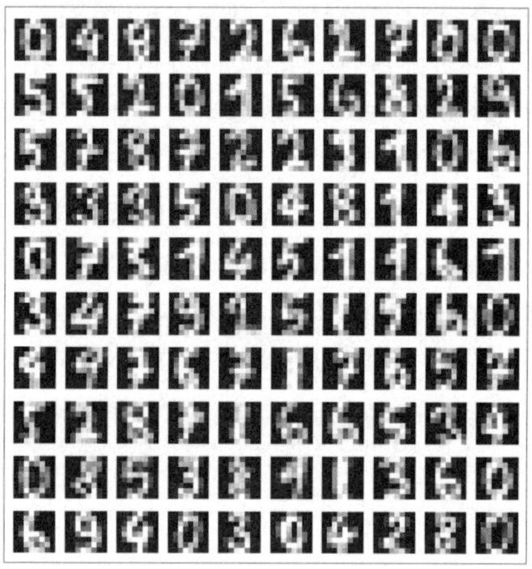

Abbildung 10.10 Ausgabe von 100 zufällig ausgewählten Ziffern aus der Digits-Datenmenge

Die Digits-Klassifikation mithilfe eines KNN wird in Listing 10.10 gezeigt:

```
from sklearn.datasets import load_digits
from sklearn.neural_network import MLPClassifier
from sklearn.model_selection import train_test_split

# Digits-Datenmenge laden.
X, y = load_digits(return_X_y=True)

# 80 % Trainings-, 20 % Testdaten
X_train, X_test, y_train, y_test = train_test_split(
    X, y, test_size=0.2
)

# KNN erzeugen und mit Trainingsdaten trainieren.
ann = MLPClassifier(
```

```
    hidden_layer_sizes = (100,),
    activation = 'logistic',
    max_iter = 1000
)
ann.fit(X_train, y_train)

# Genauigkeit der Vorhersage für die Testdaten testen.
accuracy = ann.score(X_test, y_test)
print(f"Genauigkeit: {accuracy}")
```

Listing 10.10 neural-network-sklearn.py klassifiziert Datensätze der Digits-Datenmenge.

Der Konstruktor der Klasse `MLPClassifier` kann zahlreiche benannte Argumente entgegennehmen. Hier genügen drei: `hidden_layer_sizes` bestimmt Anzahl und Neuronenanzahl der versteckten Schichten – in diesem Beispiel kommt nur eine versteckte Schicht mit 100 Neuronen zum Einsatz. Mit `activation` wird die Aktivierungsfunktion ausgewählt; `'logistic'` ist die besagte Sigmoid-Funktion. Genau wie bei der logistischen Regression bestimmt `max_iter` die Zahl der Trainingsdurchläufe; der Standardwert 200 führt im vorliegenden Beispiel zu der Warnung, dass das Modell noch nicht konvergiert ist, sodass es noch nicht die maximal mögliche Genauigkeit erreicht. Eine Beispielausgabe zeigt, dass diese mit genügend Training sehr hoch ist:

```
$ python3 neural-network-sklearn.py
Genauigkeit: 0.9916666666666667
```

10.4 Übungsaufgaben

1. Schreiben Sie eine Funktion, die ein Graustufenbild und einen Integer-Wert als Argumente entgegennimmt. Zunächst soll sie die Dimensionen des Bild-Arrays überprüfen und herausfinden, ob es hoch- oder querformatig ist, und entsprechend oben und unten beziehungsweise rechts und links so viel wegschneiden, dass sich ein quadratisches Bild ergibt. Anschließend soll es auf die durch den Integer-Wert angegebene Höhe und Breite herunterskaliert werden, und das umgerechnete Ergebnis soll zurückgegeben werden. Probieren Sie die fertige Funktion mit verschiedenen Bildern aus.
2. Unter den mit `scikit-learn` gelieferten Datenmengen finden Sie auch solche, die für die lineare Regression geeignet sind. Laden Sie mithilfe von `datasets.load_boston()` die Boston-Häuserpreis-Datenmenge. Wenden Sie das Skript für die eindimensionale lineare Regression auf einige der 13 Features an und vergleichen Sie die Scatter-Plots und die Geraden. Trainieren Sie anschließend ein `scikit-learn`-Modell für lineare Regression mit 75 % der Daten und probieren Sie aus, wie akkurat es die restlichen 25 % vorhersagt.

3. Wenden Sie logistische Regression und K-Means-Clustering auf die Digits-Datenmenge an und überprüfen Sie, wie genau diese Verfahren damit arbeiten.
4. Das Modul `scikit-learn` enthält zahllose Machine-Learning-Algorithmen, die auf der Website *scikit-learn.org* sehr genau beschrieben werden. Versuchen Sie, jeden der in Abschnitt 10.1.2, »Machine Learning im Überblick«, beschriebenen Algorithmen, der in diesem Kapitel noch nicht implementiert wurde, mithilfe von `scikit-learn` aufzusetzen und auf die in diesem Kapitel verwendeten Beispieldatensätze anzuwenden. Sie können auch weitere hier nicht beschriebene Varianten ausprobieren. Vergleichen Sie die Genauigkeitsgrade der Prognosen.

Kapitel 11
Software-Engineering

Nicht mit Erfindungen, sondern mit Verbesserungen macht man Vermögen.
– Henry Ford

Unter dem Oberbegriff *Software-Engineering* (auf Deutsch manchmal auch *Softwaretechnik* genannt) werden sämtliche Arbeitsschritte der professionellen Softwareentwicklung zusammengefasst. Die in den vier vorangegangenen Kapiteln behandelte Programmierung ist dabei nur eine Teilaufgabe (wenn auch die wichtigste).

Die Bezeichnung *Engineering* legt nahe, dass hier die in über 100 Jahren gesammelte Erfahrung der Ingenieurwissenschaften auf die Erstellung von Software angewendet werden soll. In gewisser Weise arbeitet die Softwareentwicklung tatsächlich wie das Produktingenieurwesen: Anders als bei Hackern oder Geeks, für die der Rechner und die Programme Selbstzweck sind, muss man hier Anwendungen schreiben, die Gegenstände und Sachverhalte aus der realen Welt abbilden und verarbeiten; diese werden in der Regel von Benutzer*innen eingesetzt, die keine IT-Profis sind.

Der heutige Stand des Software-Engineerings ist eine langfristige Konsequenz aus Überlegungen zur Überwindung der sogenannten *Softwarekrise*: Mitte der 60er-Jahre des letzten Jahrhunderts überstiegen die Entwicklungskosten für Software immer häufiger die Anschaffungskosten der Hardware (obwohl Letztere gigantisch waren). Als Grund wurde vor allem erkannt, dass die Methoden der Programmierung nicht mit der exponentiellen Weiterentwicklung der Hardware Schritt halten konnten. Auf den Punkt gebracht wurde dies 1972 von Edsger Dijkstra:

»As long as there were no machines, programming was no problem at all; when we had a few weak computers, programming became a mild problem, and now that we have gigantic computers, programming has become an equally gigantic problem.«[1]

Als Ausweg aus diesen eher pessimistischen Überlegungen wurden vor allem die seit den 70er-Jahren entwickelten Verfahren der Objektorientierung gesehen. Letztlich entstammen die meisten modernen Entwicklungsmodelle dem Denkansatz der Objektorientierung, die

1 Übersetzung: »Als es noch keine Maschinen gab, war Programmierung überhaupt kein Problem; als wir ein paar schwache Computer hatten, wurde die Programmierung zu einem kleinen Problem, und nun, da wir gigantische Computer haben, ist die Programmierung zu einem ebenso gigantischen Problem geworden.«

hier nicht nur auf die reine Programmierung, sondern auf den gesamten Entwicklungsprozess angewendet wird: Ein beliebtes Softwareentwicklungsverfahren besteht etwa aus *objektorientierter Analyse* (OOA), *objektorientiertem Design* (OOD) und schließlich *objektorientierter Programmierung* (OOP). Viele Personen, die das moderne Software-Engineering geprägt haben, stammen aus dem Umfeld der ersten konsequent objektorientierten Sprache namens *Smalltalk*.

Gerade für praxistaugliche Anwendungssoftware liegt der objektorientierte Ansatz nahe, weil sich Elemente der realen Welt auf diese Weise besonders »naturgetreu« in Computerprogrammen darstellen lassen (Näheres dazu erfahren Sie in Kapitel 7, »Grundlagen der Programmierung«).

In diesem Kapitel werden die Grundzüge des Software-Engineerings erläutert. Es besteht aus zwei Teilen:

- Abschnitt 11.1, »Überblick«, stellt die verschiedenen Phasen des Entwicklungsprozesses vor. Außerdem erhalten Sie einen kurzen Überblick über beliebte – und ziemlich unterschiedliche – Modelle der Softwareentwicklung: *Unified Process*, *Extreme Programming* (XP) und *Scrum*.
- In Abschnitt 11.2, »Werkzeuge«, werden wichtige Helfer für das Software-Engineering beschrieben: die Diagrammspezifikation UML (*Unified Modeling Language*), der Einsatz von Entwurfsmustern, die Arbeit mit Repositorys und Continuous Integration sowie die Testautomatisierung durch Unit-Tests.

Wenn Sie die Fachinformatik-Ausbildung absolvieren – in welcher der vier Fachrichtungen, spielt keine Rolle –, sind die Informationen in diesem Kapitel auch von praktischem Interesse für Sie:

Ihre Abschlussprojektarbeit ist so umfangreich, dass Sie sich keinesfalls mit der (in der Praxis leider verbreiteten) Methode »Erst Code runterhacken, dann Konzept und Dokumentation daraus entwickeln« abplagen sollten! Abgesehen davon müssen Sie bereits vor Projektbeginn eine Vorstufe des Konzepts bei der IHK einreichen und genehmigen lassen – insofern ist zumindest der Beginn der hier vorgestellten Reihenfolge ohnehin bindend für Sie.

11.1 Überblick

Im Folgenden wird zunächst der Gesamtablauf des Entwicklungsprozesses beschrieben, anschließend werden die einzelnen Phasen näher beleuchtet. Soweit möglich, geschieht dies ohne Beschränkung auf ein bestimmtes Entwicklungsmodell. Hier geht es eher darum, die allgemeinen Anforderungen des Entwicklungsprozesses darzustellen; konkrete Lösungen durch bestimmte Modelle lernen Sie im weiteren Verlauf des Kapitels kennen.

11.1.1 Der Entwicklungszyklus

Bis zu einem gewissen Grad funktioniert die Entwicklung von Software immer gleich. Es spielt keine Rolle, ob einer oder einhundert Programmierer daran arbeiten und ob es sich um ein Zehn-Zeilen-Skript oder ein umfassendes Anwendungspaket handelt: Immer besteht der Prozess mindestens aus den Schritten Entwurf – Implementierung – Test. Sie bestimmen also zuerst die Aufgaben des Programms und wie sie erfüllt werden sollen, fassen sie in Anweisungen und Ausdrücke der Sprache Ihrer Wahl und überprüfen zum Schluss, ob das Programm wie erwartet funktioniert.

In größeren Projekten, an denen mehrere Personen arbeiten, lassen sich die folgenden Projektphasen unterscheiden:

- *Planung*: Klärung der Projektvorgaben und Zusammenfassung in einem Lasten- oder Pflichtenheft. An dieser Stelle beginnt auch die Arbeit des Projektmanagements, die über den gesamten Projektverlauf weitergeführt werden muss.
- *Analyse*: Genaue Untersuchung des Projektgegenstands. Die Geschäftsprozesse, Elemente und Daten, für die die geplante Software zuständig sein soll, müssen möglichst genau definiert und verstanden werden.
- *Entwurf*: Entwicklung eines Modells für die gewünschte Implementierung. Dies ist die unmittelbare Arbeitsvorlage für die Programmierer, weil auf diese Weise auch einheitliche Schnittstellen und andere gemeinsame Konventionen definiert werden.
- *Implementierung*: Der eigentliche Programmcode wird geschrieben.
- *Test*: Überprüfung auf technische Korrektheit, auf Erfüllung der Vorgaben sowie auf Benutzbarkeit durch die Zielgruppe. Je nachdem, welches Ziel wie stark verfehlt wurde, erfolgt der Rücksprung in eine frühere Entwicklungsphase.
- *Dokumentation*: Informationen oder Handbücher für Entwicklung (zur Weiterentwicklung der Software), Administration (für die Installation, Konfiguration und Anpassung) und Anwendung (Erläuterung der Programmfunktionen) werden erstellt.

Es gibt zwei grundlegende Möglichkeiten, diese Phasen zu durchlaufen: linear und iterativ. Bei der *linearen* Entwicklungsreihenfolge – beispielsweise dem klassischen *Wasserfallmodell* – ist die Idealvorstellung, jeden der Schritte nacheinander in sich abzuschließen, um am Ende ein fertiges Produkt zu besitzen. Bei den moderneren *iterativen* Entwicklungsverfahren werden diese Phasen dagegen mehrfach durchlaufen. Jeder Durchlauf erweitert und vervollständigt das Produkt – man spricht auch von einem *Spiralmodell*. Die sogenannten *agilen Entwicklungsverfahren* wie etwa *Extreme Programming* versuchen, die einzelnen Durchläufe so kurz wie möglich zu halten. Auf diese Weise wird häufig ein »fertiges« Produkt veröffentlicht, und Änderungswünsche lassen sich beinahe jederzeit berücksichtigen.

Beachten Sie, dass sich Projekte in der Praxis oft nicht an die klare zeitliche Abfolge der genannten Phasen halten können. Einige Aufgaben werden von unterschiedlichen Teammitgliedern ausgeführt, andere sollten den gesamten Entwicklungsprozess umfassen und begleiten. Beispielsweise ist es weltfremd und gefährlich, erst nach Fertigstellung eines ganzen Programmpakets oder -bestandteils mit dem Testen zu beginnen: Wenn Sie erst in dieser späten Phase merken, dass ein elementares Projektziel verfehlt wurde, gefährden (oder zerstören) Sie das gesamte Projekt. Den extremsten Schluss aus diesem Problem zieht das sogenannte *Test-driven Development* (testgetriebene Entwicklung): Hier wird zuerst ein Test geschrieben und erst danach der Programmcode, der diesen Test erfüllt.

11.1.2 Planung und Analyse

In der *Planungsphase* stellen Teams oder Projektverantwortliche sich – bei Auftragsarbeiten natürlich in Zusammenarbeit mit der (potenziellen) Kundschaft – zunächst die Frage, welchen Zweck die zu entwickelnde Software erfüllen soll. Diese Grundanforderung wird zu einem Katalog von Leistungen ausgearbeitet, die die künftige Software erbringen soll. Durch das Hinzufügen von Details geht die Planung fließend in die wesentlich exaktere Analyse über.

Bei kleinen Skripten erfolgen Planung und Analyse oft während des »Hackens«. Bereits ab etwa einhundert Zeilen Programmcode sollten Sie den Plan aber in irgendeiner Form schriftlich fixieren. Bei überschaubaren Kleinprojekten genügt eine einfache Textdatei mit Notizen, die Sie später durch Kopieren und Einfügen als Kommentare in Ihr Programm aufnehmen können.

Sobald auch nur eine weitere Person an dem Projekt mitarbeitet, wird diese Empfehlung zur Pflicht. Die Fehleranfälligkeit durch mangelnde Absprachen ist beträchtlich und wächst exponentiell mit der Teamgröße. Der Mindeststandard für die Zusammenarbeit sind daher Absprachen über einen bestimmten Kommentarstil.

Bedenken Sie, dass die schriftliche Fixierung aller Informationen ab Projektbeginn unter anderem die Grundlage für eine benutzbare Dokumentation ist.

Projektmanagement

Bereits zu Beginn der Planungsphase sollte die wichtige Tätigkeit des *Projektmanagements* aufgenommen werden. Diese Koordinations- und Kontrollaufgabe muss während des gesamten Projektablaufs kontinuierlich durchgeführt werden, um Projektziele, Zeit und Ressourcen im Griff zu behalten und gegebenenfalls rechtzeitig gegenzusteuern, bevor es zu Problemen kommt.

Projektmanagement (PM) ist natürlich nicht auf Softwareprojekte beschränkt, sondern wirkt im Grunde überall, wo Menschen gemeinsam Aufgaben lösen. Es handelt sich um einen Sammelbegriff für alle organisatorischen Maßnahmen, die ein Projekt zum Erfolg führen sollen. Laut DIN-Norm 69901 ist Projektmanagement die »Gesamtheit von Führungsaufgaben, -organisation, -techniken und -mitteln für die Abwicklung eines Projekts«.

Die Aufgaben des Projektmanagements lassen sich in neun sogenannte *Wissensfelder* unterteilen; Tabelle 11.1 zeigt eine Übersicht.

Integrationsmanagement	Umfangsmanagement	Zeitmanagement
Kostenmanagement	Qualitätsmanagement	Personalmanagement
Kommunikationsmanagement	Risikomanagement	Beschaffungsmanagement

Tabelle 11.1 Die neun Wissensfelder des Projektmanagements

Im Einzelnen können die Aufgaben der verschiedenen Wissensfelder etwa folgendermaßen zusammengefasst werden:

- Das *Integrationsmanagement* kümmert sich um die Koordination der verschiedenen Projektbestandteile und -beteiligten.
- Beim *Umfangsmanagement* (*Scope Management*) geht es um die Überwachung des Projektzustands in Bezug auf die Ziele und Vorgaben. Gelegentlich wird auch erst während des Projektablaufs die Notwendigkeit einer Zieländerung erkannt.
- Das *Zeitmanagement* achtet auf die Einhaltung des Projektzeitplans. Eine praktische Technik, um Aufgaben in eine zeitliche Beziehung zueinander zu setzen, ist beispielsweise der im Folgenden angesprochene Netzplan.
- Das *Kostenmanagement* muss durch ständige Kontrolle und eventuell geeignete Kostendämpfungsmaßnahmen dafür sorgen, dass sich die Projektkosten im Rahmen des Budgets halten.
- Durch *Qualitätsmanagement* soll sichergestellt werden, dass alle Elemente und Teilergebnisse des Projekts einem bestimmten Standard genügen. Dazu wird unter anderem die ausführliche Dokumentation aller Projektphasen benötigt.
- Das *Ressourcenmanagement* verteilt die vorhandenen Arbeitsmittel und Teammitglieder möglichst effizient auf die verschiedenen Projektteile und -phasen.
- Ohne ein funktionierendes *Kommunikationsmanagement* scheitert ein Projekt leicht. Es ist immer zu bedenken, dass Projekte über Abteilungs- und Hierarchiegrenzen hinweg bearbeitet werden. Wer bei der Kommunikation im Projektteam starre Dienstwege einhalten möchte, gefährdet das Projekt, weil es auf diese Weise gar kein »Team« gibt. Auch die Kommunikationsmittel und -standards selbst sollten bereits in der Planungsphase festgelegt werden, um spätere Missverständnisse auszuschließen.
- Das *Risikomanagement* umfasst einerseits eine möglichst weitsichtige Notfallplanung, andererseits muss beim konkreten Ausfall von Arbeitsmitteln oder Teammitgliedern flexibel reagiert werden.
- Das *Beschaffungsmanagement* muss Kapazitäten, Nachbestellungen und Lieferzeiten von Arbeitsmitteln so koordinieren, dass möglichst keine Verzögerungen durch das Warten auf Nachschub entstehen.

Ein gutes Beispiel für die Tätigkeit des Projektmanagements ist das Erstellen von *Netzplänen*, die der Zeitplanung und -koordination dienen. Im Netzplan kann übersichtlich dargestellt werden, in welcher Reihenfolge die einzelnen Schritte eines Projekts durchgeführt werden und welche von ihnen einander bedingen.

Als Beispiel zur Erstellung eines Netzplans soll die folgende kurze Liste dienen, die einige Aufgaben zur Erstellung einer kleinen statischen Firmen-Website mit Zeitangaben in Tagen auflistet. Die optionalen Angaben A und B beziehen sich auf die beiden Mitglieder eines Zweierteams mit unterschiedlichen Kernkompetenzen; bei Aufgaben, die jeder der beiden ausführen könnte, wurden sie weggelassen:

- inhaltliche Planung (ein Tag)
- A, B: Entwurf (ein Tag)
- A: Schreiben der Textinhalte (zwei Tage)
- B: Erstellen von Grafiken und Bildern (drei Tage)
- A: Erstellen des HTML-Codes (zwei Tage)
- Test und Fehlerkorrekturen (ein Tag)
- Buchung von Webspace mit Domain bei einem Hoster (drei Tage) – da sich der Namenswunsch erst aus dem Konzept ergibt, frühestens nach Abschluss des Entwurfs möglich
- Veröffentlichung (ein Tag)

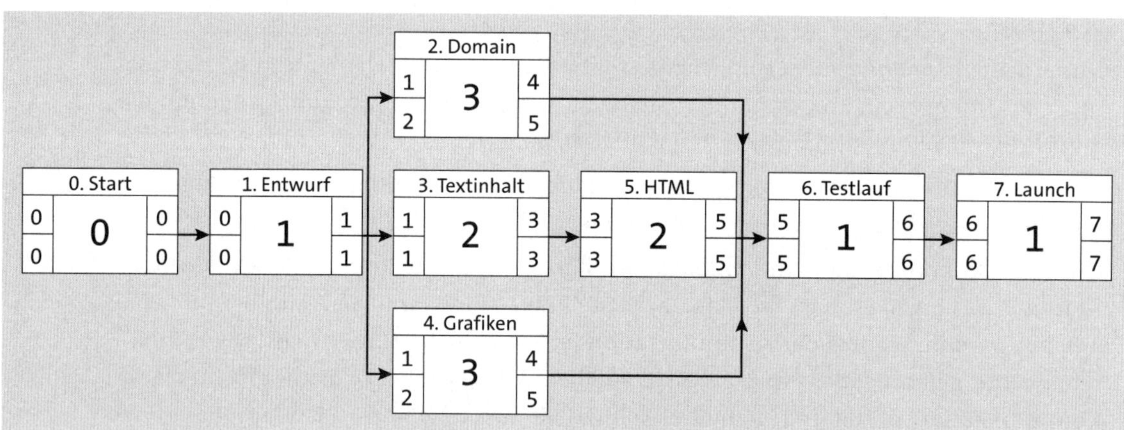

Abbildung 11.1 Netzplandarstellung eines kleinen Website-Projekts

Abbildung 11.1 zeigt den Netzplan für dieses Projekt. Vorgänge wurden so weit wie möglich parallelisiert, um die Projektdauer kurz zu halten. Jeder Vorgang wird auf einer »Karte«[2] nach folgendem Schema notiert:

2 Es kann praktisch sein, die einzelnen Vorgänge tatsächlich auf kleine Karten zu schreiben. So können Sie sie zunächst frei verschieben, um verschiedene Optionen zu testen.

```
+-----------------------+
|  Vorgangsname/-nummer  |
+---+---------------+---+
|FAZ|     Dauer     |FEZ|
+---+      des      +---+
|SAZ|    Vorgangs   |SEZ|
+---+---------------+---+
```

Oben stehen der Name und praktischerweise auch eine eindeutige Nummer des jeweiligen Vorgangs. In der Mitte wird die Dauer des Vorgangs in einer für alle Karten identischen Zeiteinheit notiert – je nach Projektumfang zum Beispiel in Stunden, Tagen oder Monaten. Die vier Felder links und rechts neben der Dauer werden erst ausgefüllt, wenn die Reihenfolge feststeht. Hier werden (relativ zum Projektstart 0) die folgenden Zeitpunkte eingetragen: frühester Anfangszeitpunkt (FAZ), spätester Anfangszeitpunkt (SAZ), frühester Endzeitpunkt (FEZ) sowie spätester Endzeitpunkt (SEZ).

Vorgänge, bei denen FAZ und SAZ sowie FEZ und SEZ jeweils identisch sind, liegen auf dem sogenannten *kritischen Pfad* (*Critical Path*). Eine Verzögerung dieses Vorgangs hat unweigerlich zur Folge, dass auch das Gesamtprojekt länger dauert. In der Abbildung wurde der kritische Pfad durch dickere Pfeillinien markiert. Die Hauptkritik am Netzplan ist, dass die tatsächliche Dauer der Abläufe nicht grafisch dargestellt wird. Für Fälle, in denen dies erforderlich ist, gibt es aber noch zahlreiche weitere Darstellungsformen für zeitliche Abläufe.

Ein Beispiel ist das *Gantt-Diagramm*, das die einzelnen Abläufe durch Balken symbolisiert, deren Länge ihre Dauer kennzeichnen. Praktisch jede Projektmanagementsoftware – ein Beispiel ist Microsoft Project – ermöglicht die Darstellung der Aufgabenliste in Form von Gantt-Diagrammen. Abbildung 11.2 zeigt das zuvor dargestellte Beispiel in dieser Form.

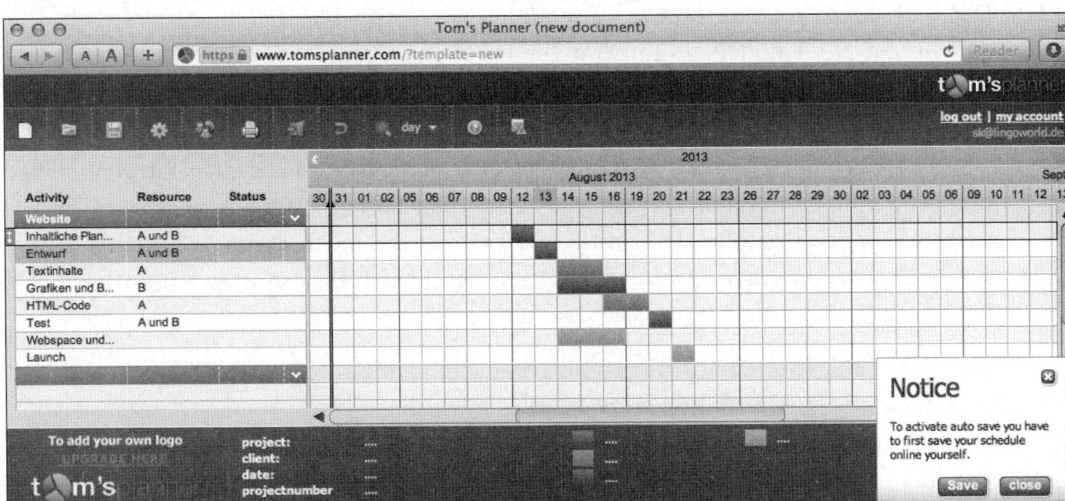

Abbildung 11.2 Das Website-Projekt als einfaches Gantt-Diagramm
(Quelle: kostenloser Basis-Account bei Tom's Planner, http://www.tomsplanner.com)

Analyseverfahren

Um einen detaillierten Plan über Umfang, Voraussetzungen, Dauer und Kosten eines Projekts erstellen zu können, muss zunächst genau untersucht werden, welches Problem das Projekt lösen soll, auf welche Weise dies geschehen soll und welche Mittel dazu erforderlich sind. Solche Untersuchungen werden mit dem Oberbegriff *Analyse* bezeichnet. Die wichtigsten Formen der Analyse sind die folgenden:

- Die *Systemanalyse* untersucht ein System mithilfe eines Modells. In der Softwareentwicklung sollte dieses Modell beschreiben, wie sich das System – also das geplante Softwareprodukt – aus der Sicht der künftigen Benutzer*innen verhält. Das geschieht durch die Definition von Anwendungsfällen (*Use Cases*) oder beim Extreme Programming durch *User Stories*. Das Modell sollte möglichst keine Implementierungsentscheidungen vorwegnehmen.
- Die *Datenanalyse* dient der systematischen Auswertung umfangreicher Informationssammlungen. Diese können neu erstellt werden – zum Beispiel durch Messungen oder auch durch Befragungen – oder aber bereits vorliegen.
- Bei der *Prozessanalyse* wird der Ablauf von Prozessen untersucht. Dabei kann es sich um beliebige Geschäftsvorfälle, Kommunikationsabläufe, Verwaltungs- oder Verarbeitungsaufgaben handeln. Ziel der Prozessanalyse ist es, die beobachteten Prozesse zu optimieren. In der Softwareentwicklung geht es besonders um diejenigen Vorgänge, die durch die neue Software erledigt oder vereinfacht werden sollen.

Es gibt unterschiedliche Analysemethoden für Softwareprojekte; einige sind Teil spezieller Entwicklungsmethoden, die im weiteren Verlauf des Kapitels vorgestellt werden. Hier nur kurz zwei Beispiele:

- Die *strukturierte Analyse*, bereits in den 60er-Jahren von *Tom DeMarco* entwickelt, entspricht dem Denkmodell der imperativen Programmiersprachen jener Zeit. Kern dieser Methode sind die bekannten Flussdiagramme und Programmablaufpläne. Einfache Beispiele für Flussdiagramme finden Sie in Kapitel 8, »Algorithmen und Datenstrukturen«.
- Die *objektorientierte Analyse* (OOA) folgt dagegen dem Paradigma der Objektorientierung und ist somit Bestandteil der meisten modernen Softwareentwicklungsprozesse. Ein wichtiges, weitverbreitetes Hilfsmittel der OOA ist die in Abschnitt 11.2.1 näher vorgestellte *Unified Modeling Language* (UML), deren diverse Diagrammtypen übrigens alle Phasen des Entwicklungsprozesses begleiten können.

In der Analysephase werden möglichst noch keine Implementierungsdetails festgelegt. Entscheidungen über die Hard- und Softwarebasis sowie die einzusetzende Programmiersprache sollten offenbleiben, um zu Beginn der Entwurfsphase die richtige Entscheidung zu treffen. Allerdings kann es natürlich sein, dass externe Vorgaben einzuhalten sind: Möglicherweise existiert bei der Kundschaft bereits eine bestimmte Infrastruktur, mit der Ihr Produkt zusammenarbeiten muss. Ähnliches gilt, wenn es sich bei dem Projekt um die Erweiterung oder Anpassung vorhandener Software handelt.

Lasten- und Pflichtenheft

Die Zwischenergebnisse der Projektplanungsphase werden in einem sogenannten *Lastenheft* (*Statement of Work*) festgeschrieben. Bei Auftragsarbeiten wird es von der Kundschaft oder in Zusammenarbeit mit ihr erstellt. Gemäß DIN 69905 beschreibt es die »Gesamtheit der Forderungen an die Lieferungen und Leistungen eines Auftragnehmers«. Das Heft ist natürlich keineswegs nur auf Softwareprojekte beschränkt. Im Wesentlichen enthält es folgende Punkte:

- Definition des Projektziels
- Anforderungen an den Einsatz des Produkts
- allgemeine Informationen zum Produkt
- Beschreibung der Funktionen des Produkts
- Bestimmung der Leistungen, die der Auftragnehmer zu erbringen hat
- Qualitätsstandards, denen das Produkt genügen soll – unter anderem hinsichtlich seiner Zuverlässigkeit, Benutzbarkeit, Effizienz und Änderbarkeit
- weitere Informationen oder Anmerkungen

Auf der Basis des Lastenhefts entwickelt der Auftragnehmer das wesentlich präzisere *Pflichtenheft* (*Proposal*). Es beschreibt die technischen Eigenschaften des zu erstellenden Produkts. Je nach Art des Projekts gibt es viele Gliederungsmöglichkeiten für das Pflichtenheft. Hier nur ein Beispiel[3]:

- Projektziele
- Projektvorgaben
  - Hardwarebasis
  - Softwarevoraussetzungen
  - einzusetzende Arbeitsmittel
  - Nebenbedingungen
- Projektanforderungen
  - Aufgaben und Funktionen des Produkts
  - Benutzerschnittstelle
  - Lieferumfang
  - Kompatibilität und Portierbarkeit
  - Erweiterbarkeit und Änderbarkeit
- weitere Leistungen
  - geplante Testreihen
  - Qualitätssicherung
  - Support-Vereinbarungen

3 Es handelt sich um die leicht abgewandelte Form eines Industriebeispiels.

- Kostenkalkulation
- Literatur

11.1.3 Entwurf

Nach Abschluss der Analyse wird der *Entwurf* (*Design*) des Systems angefertigt. Er bildet die unmittelbare Implementierungsvorlage und sollte umso konkreter und exakter sein, je größer Team und Projektumfang sind.[4] In der Entwurfsphase muss unter anderem eine Entscheidung über die einzusetzenden Technologien (Hardware, Betriebssystem, Programmiersprache und Softwareumgebung) getroffen werden, sofern diese nicht von vornherein durch die zuvor diskutierten Vorgaben festgelegt sind.

Extreme Programming und andere agile Entwicklungsprozesse verzichten übrigens fast vollständig auf einen expliziten Entwurf. Die Entwickler*innen begeben sich mit den Analyseergebnissen unmittelbar an die Implementierungsarbeit; die Projektkoordination erfolgt vornehmlich über gut strukturierten und kommentierten Quellcode.

Der Entwurf kümmert sich hauptsächlich um die Architektur des Produkts. Diese beschreibt den Aufbau und das Zusammenwirken der beteiligten Hard- und Softwarekomponenten. Im Wesentlichen muss die Architekturbeschreibung folgende Fragen beantworten:

1. Welche Elemente gehören zum System selbst, und welche stehen außerhalb?
2. Über welche Ein- und Ausgabeschnittstellen kommuniziert das System mit seiner Umgebung?
3. Über welche Schnittstellen kommunizieren die verschiedenen Komponenten des Systems miteinander?
4. Welche Aufgaben muss das System selbst erfüllen, und für welche greift es auf vorhandene Komponenten zurück?
5. Wird das System auf einem einzelnen Rechner ausgeführt (Stand-alone-System), oder kooperieren verschiedene Teile über ein Netzwerk (verteiltes System)?

Gerade der letzte Punkt bedingt zahlreiche umfassendere Architekturentscheidungen: Das Stand-alone-System kann relativ frei gestaltet werden; eventuelle Einschränkungen existieren ausschließlich aufgrund der Hard- und Softwarebasis des Zielsystems. Verteilte Systeme sind dagegen erheblich komplexer – gerade dann, wenn sie in heterogenen Hardware-, Betriebssystem- und Netzwerkinfrastrukturen funktionieren sollen. Diese Interoperabilität wird immer häufiger verlangt. Es gibt unterschiedliche Arten verteilter Systeme. Zum Beispiel lassen sich die beiden folgenden grundlegenden Arten von Systemen unterscheiden:

4 Wichtige Ausnahme: Populäre Open-Source-Projekte haben besonders viele Mitarbeiter*innen, müssen aber aufgrund der verteilten und asynchronen Teamzusammensetzung ohne Entwurf auskommen. Neue Features werden oft ad hoc eingebaut und dann durch Votings angenommen oder abgelehnt.

- Bei der *Client-Server-Architektur* erbringt die Serveranwendung eine zentrale Dienstleistung, während die Clientanwendungen darauf zugreifen und etwa Benutzeroberflächen bereitstellen. Beispiele dafür sind ein Datenbankserver, auf den mehrere Anwendungen und User-Accounts zugreifen, oder ein Printserver, der einer ganzen Abteilung einen hochwertigen Drucker zur Verfügung stellt.
- Eine *Peer-to-Peer-Architektur* besteht aus gleichartigen Anwendungen, die miteinander kooperieren. Beispiele sind etwa die einfachen Dateifreigaben der meisten modernen Betriebssysteme oder auch Netzwerkspiele.

Bei der Softwareentwicklung in Teams ist die Schnittstellendefinition ein besonders wichtiger Faktor. Andernfalls ergeht es dem Team wie zwei Gruppen, die von den beiden Seiten eines Bergs aus mit dem Graben eines Tunnels beginnen und erst viel zu spät feststellen, dass sie sich nicht in der Mitte treffen, sondern aneinander vorbeigebuddelt haben.[5]

Das Endprodukt der Entwurfsphase ist, wie bei der Analyse, ein Modell des Systems. Auch hier kann beispielsweise die UML eingesetzt werden, um es darzustellen. Allerdings ist das Entwicklungsmodell erheblich konkreter und detailreicher als das Analysemodell.

Die verschiedenen Entwicklungsverfahren stellen diverse Methoden und Darstellungsarten für den Entwurf zur Verfügung; einige Beispiele lernen Sie in Abschnitt 11.1.6, »Konkrete Entwicklungsverfahren«, im Rahmen der einzelnen Modelle kennen.

11.1.4 Implementierung und Test

Die *Implementierung*, das heißt die eigentliche Programmerstellung, braucht hier im Grunde nicht mehr näher betrachtet zu werden. Schließlich war sie bereits Thema der vier vorangegangenen Kapitel. Dennoch ist es wichtig, sich für größere Projekte – besonders im Team – an einige Regeln zu halten:

- *Konsistenz*: Halten Sie sich durchgehend an einmal festgelegte Konventionen für Bezeichner, Schnittstellen, Reihenfolgen, Codestruktur und Kommentare. Zumindest bei Teamprojekten gehört die Definition dieser Konventionen (der *Coding Style*) bereits zum Entwurf.
- *Modularisierung*: Sorgen Sie für Überschaubarkeit – eine Klasse darf keine »Eier legende Wollmilchsau« sein, sondern sollte genau eine Aufgabe erfüllen und mit anderen Klassen zusammenarbeiten. Dies verbessert die Wiederverwendbarkeit der einzelnen Klassen, ermöglicht häufiger den Abschluss definierter Arbeitsschritte und trägt so zu einer höheren Codequalität bei.
- *Versionsverwaltung*: Es ist ungemein wichtig, über alle Änderungen im Code Buch zu führen, damit mögliche Nebeneffekte auf andere Programmteile erkannt werden und sich

5 Das ist keineswegs ein akademisches Konstrukt; in der Eisenbahngeschichte ist Vergleichbares durchaus schon vorgekommen.

Änderungen in Problemfällen auch wieder rückgängig machen lassen. Die praktischste Möglichkeit ist der Einsatz einer automatischen Versionsverwaltung wie Subversion oder git. Änderungen durch unterschiedliche Teammitglieder werden automatisch verzeichnet; verschiedene Versionen lassen sich vergleichen, zusammenführen und notfalls auf einen früheren Stand zurücksetzen. Näheres über Versionsverwaltungssysteme erfahren Sie am Ende dieses Kapitels.

- *Kommentare*: Es ist zeitraubend und unbequem, Code nach mehreren Wochen oder gar Monaten zu lesen und herausfinden zu müssen, welche Aufgabe er erfüllt. Schon das ist ein guter Grund für Kommentare. Diese sollten weder zu ausführlich (jeden trivialen Schritt erklärend) noch zu spärlich sein. Das in Kapitel 7, »Grundlagen der Programmierung«, erwähnte Javadoc generiert unmittelbar aus speziell formatierten Kommentaren die Dokumentation; in Kapitel 19, »Webserveranwendungen«, wird phpdox für PHP angesprochen. Für viele andere Sprachen sind ähnliche Lösungen verfügbar. Wer im Hinblick darauf noch immer nicht kommentiert und die Dokumentation mühevoll nachträglich erstellt, ist selbst schuld.

In vielen modernen Entwicklungsprozessen – insbesondere den agilen – gehen die *Tests* unmittelbar mit der Implementierung einher. Im Wesentlichen sind in dieser Phase vier Arten von Tests wichtig:

- *Unit-Tests* (oder Klassentests) sind automatisierte, programmgesteuerte Tests, die die ordnungsgemäße Funktionalität von Klassen und ihren Bestandteilen überprüfen. Zu diesem Zweck stehen für viele Programmiersprachen *xUnit*-Frameworks zur Verfügung; das prominenteste Beispiel – JUnit für Java – wird im weiteren Verlauf des Kapitels noch vorgestellt. Das Test-first-Verfahren des Extreme Programming und das Test-driven Development gehen so weit, dass der Unit-Test noch vor der eigentlichen Klasse geschrieben wird; erst dann wird der Code implementiert, der diesen Test (hoffentlich) erfüllt.
- Da Unit-Tests nur kleinste Einheiten der Software automatisch testen, kann die Zusammenarbeit der verschiedenen Komponenten durch sogenannte *Integrationstests* überprüft werden. Auch dafür stellen die xUnit-Frameworks Hilfsmittel bereit.
- Das Frontend oder die Benutzeroberfläche eines Systems kann in Grenzen ebenfalls automatisch getestet werden. Dafür gibt es Testsysteme wie etwa *Selenium* für Webprojekte, bei denen bestimmte Erwartungen an Bestandteile und Reaktionen des Systems formuliert und dann automatisch durchlaufen werden. Diese Tests werden als *Frontend-Tests* oder *End-to-End-Tests* bezeichnet.
- Eine weitere beliebte Testmethode sind *Code-Reviews*: Die Programmierer*innen eines Teams prüfen den Code der jeweils anderen und stellen so dessen Qualität sicher; gleichzeitig wird die Kompatibilität der Schnittstellen verbessert. In agilen Prozessen ist der Code-Review ein integrierter Bestandteil der Implementierung. Beim Extreme Programming wird beispielsweise grundsätzlich in wechselnden Paaren programmiert, sodass immer zwei Programmierer*innen für jeden Codeteil verantwortlich sind.

Natürlich gibt es auch Testarten, die erst nach Abschluss des Projekts oder eines einzelnen Moduls ausgeführt werden können. Dazu gehören besonders die *Lasttests*, die die Stabilität und Performance der Software unter realistischer Arbeitsbelastung testen.

11.1.5 Dokumentation

Die *Dokumentation* wird in der Regel als der letzte Schritt eines Entwicklungsprozesses bezeichnet. Dieses Denken ist gefährlich, weil es dazu verführt, tatsächlich erst am Ende damit zu beginnen. Durch den entstehenden Zeitdruck werden manche Aspekte des Projekts dann schlampig, falsch oder gar nicht dokumentiert. Wie bereits erwähnt, gibt es heute praktische Werkzeuge, die die Dokumentation aus Kommentaren extrahieren. Da Sie aus Ihrem ersten oder spätestens zweiten längeren Programm (womöglich schmerzlich) lernen mussten oder schon gelernt haben, dass sich Kommentare lohnen, können Sie diese auch gleich konform mit einem solchen Dokumentationsstandard anlegen. Moderne Entwicklungsumgebungen wie Eclipse erleichtern dies zusätzlich.

Beachten Sie, dass es mehrere Arten beziehungsweise Stufen der Dokumentation gibt:

- Die *Entwicklungsdokumentation* dient zunächst der Arbeit des Projektteams selbst. Sie beschreibt Klassen, Module, Schnittstellen und Erweiterungsmöglichkeiten der Software und bildet damit die Arbeitsgrundlage für Änderungen und Erweiterungen. Dieser Teil der Dokumentation ist die Hauptaufgabe von Dokumentationsgeneratoren wie Javadoc. Letztlich sollte auch die Kundschaft die Entwicklungsdokumentation erhalten, da oft nur der Einblick in innere Zusammenhänge die genaue Funktionsweise von Programmen offenbart. Besonders wichtig ist diese Ebene der Dokumentation bei Open-Source-Projekten: Der Quellcode mit den entsprechenden Kommentaren ist das Hauptkommunikationsmittel zwischen den verteilt arbeitenden Mitgliedern der Gruppe.
- Eine *Administratorendokumentation* ist für technisches Fachpersonal vorgesehen, das die neue Software installieren und in Betrieb nehmen soll. Bei Einzelplatzanwendungen ist dieses Personal oft mit den Endanwender*innen identisch, sodass die Installations- und Konfigurationsanleitung hier besonders ausführlich und allgemein verständlich sein muss. Verteilte Systeme werden dagegen häufiger von IT-Fachleuten eingerichtet; diese benötigen zwar nicht unbedingt Grundlageninformationen, aber dafür besonders umfassende Auskunft über mögliche Spezialfälle.
- Die *Anwenderdokumentation* schließlich beschreibt den Einsatz der Software, das heißt deren Aufgaben und die Verwendung der Benutzeroberfläche. Sie ist mit der Bedienungsanleitung technischer Geräte vergleichbar: Die Benutzer*innen brauchen nicht alle Informationen, besonders nicht über Details, die »unter der Haube« liegen, müssen sich aber genau auf die Anwendungsbeschreibung verlassen können. Deshalb sollte die Anwenderdokumentation besonders verständlich geschrieben werden und sich sehr genau an der Arbeitsweise von Benutzer*innen orientieren. Beachten Sie aber, dass auch die beste Dokumentation kein Ersatz für eine schlecht gestaltete, also unergonomische oder umständliche Benutzeroberfläche sein kann.

11.1.6 Konkrete Entwicklungsverfahren

Damit Sie eine Vorstellung davon erhalten, wie Entwicklungsteams in der Praxis arbeiten könnten, werden hier kurz drei bekannte Softwareentwicklungsprozesse vorgestellt: der Unified Process sowie Extreme Programming und Scrum.

Der Unified Process

Der *Unified Software Development Process* wurde zusammen mit der in Abschnitt 11.2.1 beschriebenen UML definiert und verwendet deren Mittel zur Darstellung von Anwendungsfällen, Abläufen und Entwürfen. Eine konkrete Implementierung des Verfahrens ist der sogenannte *Rational Unified Process* (*RUP*), der Tools der Firma Rational Software einsetzt. Die Arbeitsweise des Unified Process wird vor allem durch drei Merkmale gekennzeichnet:

- *Anwendungsfälle* (*Use Cases*): Die Analyse stützt sich beim Unified Process vor allem auf die Bedürfnisse der künftigen Benutzer*innen des Systems. Diese werden durch sogenannte Anwendungsfälle dargestellt. Sie setzen die Benutzer*innen (Akteur*innen) in Beziehung zu verschiedenen Vorgängen und Geschäftsvorfällen. Aufgrund der Anwendungsfälle werden die Aufgaben der Software modelliert. Beachten Sie, dass der Begriff *Benutzer*innen* nicht unbedingt Menschen bezeichnen muss; es kann sich auch um interagierende Geräte oder Programme handeln. Falls Sie beispielsweise die Anwendungsfälle eines Webservers darstellen würden, wäre sein »Gesprächspartner« ein Browser. In Abschnitt 11.2.1 erfahren Sie, wie Anwendungsfälle durch UML-Diagramme dargestellt werden.
- *Iterativer Prozess*: Der Unified Process gehört zu den bereits angesprochenen iterativen oder inkrementellen Softwareprozessen; der Entwicklungszyklus wird mehrfach durchlaufen, wobei das Produkt schrittweise erweitert und verbessert wird.
- *Architekturzentriert*: Neben den Anwendungsfällen konzentriert sich der Unified Process vor allem auf die Beschreibung der Architektur des geplanten Systems. Zunächst werden anwendungsfallunabhängige Teile modelliert, beispielsweise die Schnittstellen zur Zielplattform. Anschließend werden die erarbeiteten Anwendungsfälle in eine Architektur umgesetzt. Auch für die Beschreibung der Architektur werden verschiedene UML-Diagrammtypen verwendet.

Um die Aufgaben der Teammitglieder zu beschreiben, verwendet der Unified Process vier Begriffe:

- *Rollen* (wer?): Aufgaben und Zuständigkeitsbereiche von Gruppen und ihren Mitgliedern werden durch Rollen beschrieben.
- *Aktivitäten* (wie?): Jede Rolle besteht aus einer Abfolge von Aktivitäten, also von Handlungen, die ein bestimmtes Teilziel erreichen sollen.
- *Artefakte* (was?): Die durch Aktivitäten verarbeiteten Projektteile werden als *Artefakte* bezeichnet; der Startpunkt eines Verarbeitungsschritts wird *Eingangsartefakt* genannt, der Abschluss *Endartefakt*. Im Verlauf der Iterationsschritte werden manche Artefakte immer wieder weiterentwickelt.

- *Vorgehen* (wann?): Die zeitliche Abfolge der Aktivitäten wird durch ein Vorgehensmodell beschrieben.

Die einzelnen (durch die Iteration mehrmals durchlaufenen) Phasen des Unified Process ähneln denjenigen, die eingangs allgemein für die Softwareentwicklung erarbeitet wurden:

- *Konzeptionsphase*: Entspricht im Wesentlichen der Planungs- und Analysephase des allgemeinen Software-Engineerings: Die Anwendungsfälle werden gesammelt, geordnet und ausgewertet; hier fällt eine Vorentscheidung über Projektfokus und -umfang. Auch mit dem Entwurf der Architektur wird bereits in dieser Phase begonnen.
- *Entwurfsphase*: In dieser zweiten Phase wird der Architekturentwurf fertiggestellt. Wichtige Kernkomponenten werden bereits implementiert, um mögliche Schwierigkeiten frühzeitig abschätzen zu können. Die Teilergebnisse werden eingehend mit der Kundschaft besprochen, damit Zielkorrekturen durchgeführt werden können. Auch Tests und Dokumentation werden bereits begonnen.
- *Konstruktionsphase*: Alle Teile des Systems werden fertig implementiert, ausgiebig getestet und dokumentiert. Schließlich müssen die einzelnen Bestandteile zum Gesamtsystem verknüpft werden.
- *Übergangsphase*: Das System wird zu einem veröffentlichungsfähigen Paket zusammengestellt und bei der Kundschaft installiert. Die Benutzer*innen müssen in den Gebrauch des Systems eingewiesen, bei komplexen Produkten sogar ausführlich geschult werden. Erst nach der Inbetriebnahme zeigt sich letztlich, ob das System die geplanten Aufgaben in der Praxis erfüllt. Nun sind alle Anwender*innen und Administrator*innen aufgefordert, noch vorhandene Fehler zu beschreiben und erst aus der Praxis ersichtliche Funktionsverbesserungen für die nächste Version zusammenzutragen.

Extreme Programming

Extreme Programming (*XP*) wurde vor allem von *Kent Beck* entwickelt, der aus dem Smalltalk-Umfeld stammt und auch zahlreiche Publikationen zu diesem Thema (und anderen Aspekten der Softwareentwicklung) verfasst hat. Die Bezeichnung *Extreme Programming* erklärt sich daher, dass sich dieser Softwareentwicklungsprozess insbesondere auf die eigentliche Programmierung konzentriert; Planung, Analyse und Entwurf werden kürzer gefasst. XP wird häufiger in kleineren Teams und für kleine bis mittlere Projekte eingesetzt. Dort kann es durch den erheblich geringeren Verwaltungsaufwand dieses Verfahrens zu einem entscheidenden Produktivitätsgewinn kommen. Allerdings wurden auch Großprojekte bereits erfolgreich nach diesem Verfahren durchgeführt.

XP gehört zu den sogenannten *agilen* oder *leichtgewichtigen Entwicklungsprozessen*: Es existieren nur wenige feste Vorgaben; das Projekt befindet sich permanent im Fluss und kann jederzeit Änderungen der Vorgaben und Anforderungen verkraften.

Die Beschreibung von Extreme Programming erfolgt am besten über seine wichtigsten Prinzipien:

- *Kurze Release-Zyklen*: XP erstellt keine großen, monolithischen Projekte, sondern definiert jeweils innerhalb weniger Tage oder höchstens Wochen erreichbare nahe Iterationsziele. Dies bringt häufiger Erfolgserlebnisse und vor allem mehr Dynamik – auf jeder Stufe können Ziele geändert werden. Dafür kann Extreme Programming auf starre Vorgaben verzichten.
- *Häufige Integration*: Mit den kurzen Zyklen geht die häufige Zusammenfügung der einzelnen Komponenten zu einem (möglichst) lauffähigen Gesamtsystem einher; das »Aneinandervorbeibuddeln« wird so nahezu ausgeschlossen.
- *Einbeziehung der Kundschaft*: Die Kundschaft wird nicht nur als Quelle eines einmal festgelegten Anforderungskatalogs wahrgenommen. Stattdessen wird jeder einzelne Entwicklungsschritt mit der Kundschaft zusammen getestet; anschließend wird das weitere Vorgehen mit ihr abgestimmt.
- *Programmierung in Paaren*: Die Programmierer*innen sitzen stets zu zweit an einer Aufgabe – eine Person tippt, beide überlegen. Da die Paare möglichst mit jeder Einzelaufgabe wechseln, erhöht dies die Teambindung, verbessert das Zusammenwirken der Programmteile und integriert Code-Reviews in den unmittelbaren Arbeitsablauf.
- *Test-first-Verfahren*: Es wird stets zuerst ein automatisierter Test (Unit-Test) geschrieben und ausgeführt. Nur wenn er scheitert, wird neuer Code hinzugefügt. Näheres erfahren Sie in Abschnitt 11.2.3, »Unit-Tests«.
- *Integriertes Refactoring*: Durch das Test-first-Verfahren und die häufigen Releases ergibt sich beinahe von selbst, dass der Code regelmäßig aufgeräumt und an die neuen Gegebenheiten angepasst wird. So wird »Zombiecode« vermieden, der Programme verlangsamt sowie die Lesbarkeit und Wartbarkeit verschlechtert.
- *40-Stunden-Woche*: Das Ziel soll ohne Überstunden erreicht werden, da es sich sonst negativ auf die Konzentrationsfähigkeit und Zufriedenheit des Teams auswirkt – dies verursacht auf lange Sicht Mehrkosten.

Scrum

Ein weiteres Organisationsmodell der agilen Softwareentwicklung ist *Scrum*. Das Wort ist kein Akronym, sondern ein englischer Begriff für Gedränge; es soll beschreiben, dass Scrum auf weitgehende Selbstorganisation des Teams setzt.

Scrum definiert drei verschiedene, klar voneinander getrennte Rollen:

- Die *Product Owner* betreiben im Prinzip klassisches Projektmanagement, geben also die allgemeinen Projektziele vor und sind gegenüber der Kundschaft verantwortlich. Sie halten sich jedoch aus der Selbstorganisation des Teams heraus.
- Das *Team*, idealerweise bestehend aus fünf bis neun Mitgliedern, setzt die Anforderungen des Projekts selbstverwaltet um. Dabei entscheidet jedes Teammitglied – in Absprache mit dem Rest des Teams – selbst über seine Aufgaben. Vor dem Beginn eines jeden Projektschritts (bei Scrum als *Sprint* bezeichnet) bestimmen die Teammitglieder ihre Ziele.

- Die *Scrum Master* überwachen die Produktivität des Teams und sorgen dabei für die Klärung von Problemen, die das Team am Erreichen der Projektziele hindern.

Ein Sprint oder Projektzyklus dauert im Allgemeinen zwei bis vier Wochen. Zu Beginn des Sprints finden zwei Meetings statt. Das erste Planungstreffen wird vom Product Owner organisiert; hier definiert er oder sie zusammen mit dem Team die Anforderungen des aktuellen Sprints. Das zweite Meeting wird vom Team selbst organisiert, um die Aufgaben nach Neigungen und Kenntnissen möglichst gleichmäßig auf die Teammitglieder zu verteilen.

Die einzelnen Aufgaben werden meist in Form sogenannter *User Stories* (Anforderungen in Alltagssprache, ein bis zwei Sätze lang) formuliert. Die Teammitglieder schätzen, wie aufwendig die Umsetzung jeder Aufgabe sein könnte. Dabei werden nicht Manntage, sondern Story Points als Maßeinheit gewählt, wobei die Umrechnung in Manntage je nach Erfahrung des Teams und Vertrautheit mit dem Projekt flexibel ist.

Alle Aufgaben des aktuellen Sprints werden in einem *Sprint Backlog* gesammelt – idealerweise als einzelne Papiere auf einer Tafel, die in drei Bereiche unterteilt ist: »zu erledigen«, »in Arbeit« und »erledigt«. In einem separaten Bereich werden Probleme gesammelt, die zu Verzögerungen führen können – beispielsweise wenn die Kundschaft notwendige Entscheidungen zu treffen oder Daten zu liefern hat.

Jeden Tag – idealerweise jeweils zur selben Uhrzeit – führt das Team ein Daily Scrum durch, ein kurzes Meeting von maximal 15 Minuten Dauer. Hier werden eventuelle Verzögerungen und Probleme erörtert, es findet ein Austausch statt, und es wird definiert, welche Aufgaben erledigt sind. Aus Letzterem ergibt sich ein Burndown Chart – eine grafische Darstellung, die die lineare Abwärtsbewegung der zu erledigenden Story Points mit dem Ist-Zustand vergleicht. Nach dem Abschluss eines Sprints findet eine Retrospektive statt, bei der jedes Teammitglied kurz die Ereignisse des Sprints aus seiner Sicht schildert. Die entscheidenden Fragen, die auch schriftlich fixiert werden sollten, sind »Was war gut?« (Best Practices) und »Was könnte verbessert werden?«.

11.2 Werkzeuge

Dieser Abschnitt stellt einige wichtige Hilfsmittel für die Softwareentwicklung vor:

- Die Diagrammspezifikation *UML* (*Unified Modeling Language*) bietet verschiedene standardisierte Diagrammtypen zur Darstellung diverser Projektbestandteile in den verschiedenen Phasen des Entwicklungsprozesses.
- *Entwurfsmuster* katalogisieren erfolgreiche Lösungsmodelle für die einfache Übernahme in spätere Projekte.
- *Unit-Tests* ermöglichen den automatisierten Test der Funktionalität einer Klasse.
- *Versionskontrollsysteme* und *Bugtracker* ermöglichen die Zusammenarbeit im Entwicklungsteam in der Praxis.

Diese Hilfsmittel können in vielen unterschiedlichen Entwicklungsmodellen zum Einsatz kommen, obwohl einige von ihnen im Zusammenhang mit konkreten Verfahren entwickelt wurden.

11.2.1 UML

Der Begriff *Sprache* für die *Unified Modeling Language* (*UML*) ist ein wenig irreführend: Zwar handelt es sich um eine bestimmte Ausdrucksweise, aber ihr Vokabular sind keine Wörter, sondern verschiedene Arten von Diagrammen. Die UML ist gut dazu geeignet, die diversen Aspekte der Softwareentwicklung übersichtlich darzustellen. Ihr Arbeitsschwerpunkt betrifft die Analyse- und die Entwurfsphase. Da viele UML-Diagramme nicht nur Programm-, sondern auch Geschäftslogik abbilden, stellt die UML eine Schnittstelle zwischen Softwareentwicklung und der im nächsten Kapitel behandelten Geschäftsprozessanalyse dar. Dort wird allerdings eine andere Diagrammsprache namens BPMN verwendet, wenngleich es prinzipiell auch möglich ist, die UML für die Prozessanalyse zu nutzen.

Die UML wurde in den 90er-Jahren von den »drei Amigos« *Grady Booch*, *Ivar Jacobson* und *James Rumbaugh* durch Zusammenführung einiger früherer Ansätze entwickelt. Zunächst wurde sie vor allem von dem Entwicklungstool-Hersteller *Rational* gefördert und weiterentwickelt. Später wurde sie von der *Object Management Group* (*OMG*) standardisiert und fand allgemeine Verbreitung. Ende 2003 wurde die neue Version 2.0 veröffentlicht, die einige Erweiterungen und Verbesserungen bietet. Die aktuelle Version ist UML 2.5 von 2015 (mit einigen Detailverbesserungen in der Unterversion 2.5.1 aus dem Jahr 2017).

Die wichtigsten *Diagrammtypen* der UML sind die folgenden:

- *Anwendungsfalldiagramme* (*Use Case Diagrams*) stellen die Anforderungen der Benutzer*innen dar. Sie prägen das Bild der UML in der Öffentlichkeit, weil sie die typischen »Strichmännchen« (Akteure) definieren.
- *Klassendiagramme* (*Class Diagrams*) verdeutlichen die Klassenstruktur und damit die Grundarchitektur des Systems.
- In *Kollaborationsdiagrammen* (*Collaboration Diagrams*) wird das Zusammenwirken verschiedener Objekte dargestellt.
- *Sequenzdiagramme* (*Sequence Diagrams*) stellen besonders den zeitlichen Ablauf dieser Zusammenarbeit dar.
- In *Zustandsdiagrammen* (*State Diagrams*) werden die verschiedenen Zustände eines Objekts und die Übergänge zwischen diesen Zuständen dargestellt.
- *Pakete* (*Packages*) dienen der Verdeutlichung hierarchischer Objektstrukturen.
- *Aktivitätsdiagramme* (*Activity Diagrams*) stellen den logischen und zeitlichen Ablauf verschiedener Aktivitäten dar.

Es ist nicht Sinn der Sache, UML-Diagramme auf Dauer mit dem Stift auf Papier zu malen (außer für erste Ideensammlungen oder bei Projektbesprechungen). Sie sollten die Diagramme auch nicht mühevoll in einem allgemeinen Grafikprogramm wie Illustrator zeichnen. Viel verbreiteter und erheblich produktiver sind UML-Tools, mit denen sich die Diagramme einfach, schnell und übersichtlich erstellen lassen. Solche Programme werden auch als *CASE-Tools* (*Computer-Aided Software Engineering*) bezeichnet. Es gibt sowohl Open-Source-Lösungen als auch sehr teure kommerzielle Produkte.

Ein praktisches, etwas älteres Open-Source-Tool ist *ArgoUML* (*http://argouml.tigris.org*). Es ist in Java geschrieben und läuft somit auf den meisten wichtigen Systemen. Eine Installation ist nicht erforderlich. Sie benötigen lediglich eine funktionierende Java-Installation (siehe Kapitel 7, »Grundlagen der Programmierung«). Laden Sie die Archivdatei herunter, entpacken Sie sie in ein beliebiges neues Verzeichnis und starten Sie sie per Doppelklick.[6]

Abbildung 11.3 zeigt das Programm beim Erstellen eines Klassendiagramms. Die obere der beiden Symbolleisten enthält Schaltflächen für die verschiedenen Diagrammtypen, die untere bietet Werkzeuge für die einzelnen Bestandteile des aktuellen Diagramms.

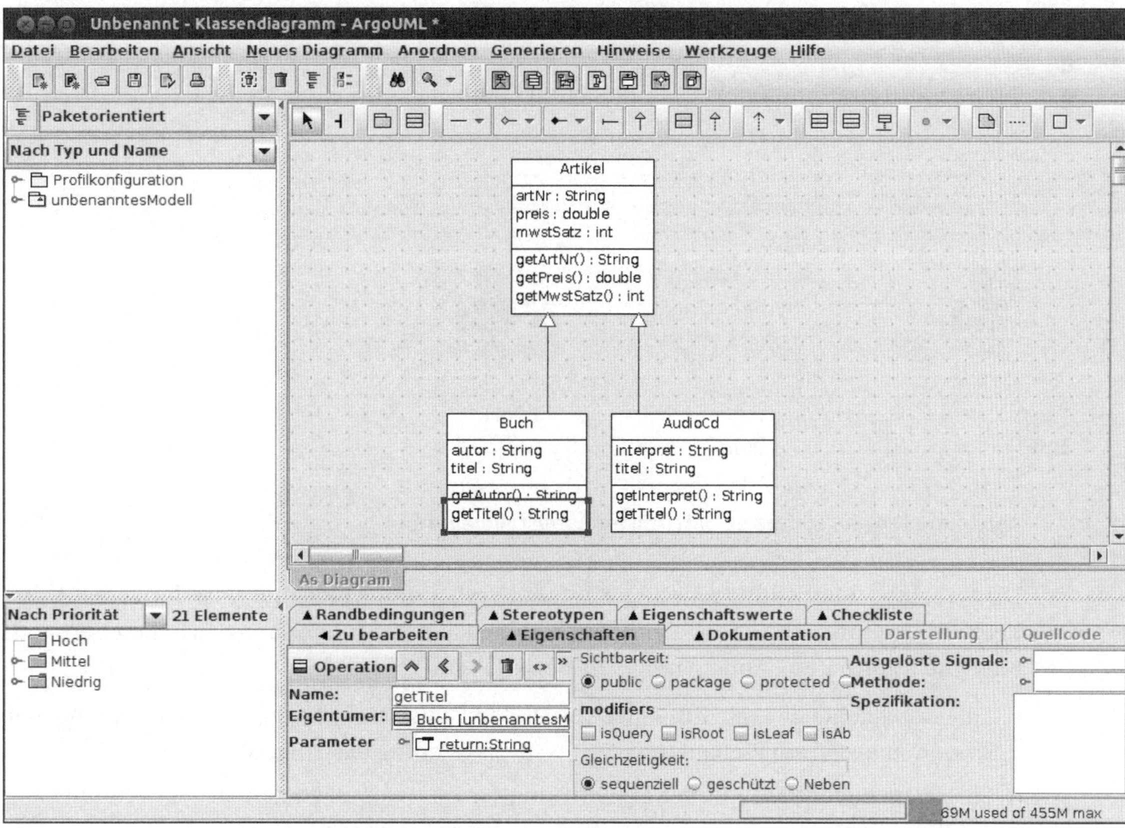

Abbildung 11.3 ArgoUML beim Erstellen eines Klassendiagramms

6 Unter macOS wird beim Start von ArgoUML gemeldet, es sei defekt. Geben Sie auf der Konsole in dem Verzeichnis, in dem sich die App befindet, Folgendes ein, um sie zu reparieren: `xattr -rc ArgoUML.app`

Nachdem Sie einen dieser Buttons angeklickt haben, können Sie das Element mit einem weiteren Klick auf der Arbeitsfläche platzieren und im unteren Feld seine Eigenschaften einstellen. Aus dem jeweils ausgewählten Element lassen sich automatisch Verbindungslinien herausziehen, um es mit anderen Elementen zu verknüpfen.

Im Folgenden werden vier UML-Diagrammarten näher vorgestellt: Anwendungsfalldiagramme, Klassendiagramme, Sequenzdiagramme und Aktivitätsdiagramme.

Eine von vielen Alternativen zu ArgoUML ist *Modelio*. Es ist ebenfalls in Java geschriebene Open-Source-Software. Den Download und weitere Informationen finden Sie unter *www.modelio.org*.

Anwendungsfalldiagramme

In einem *Anwendungsfalldiagramm* werden Anwendungsfälle (*Use Cases*) aus der Sicht der Beteiligten, der sogenannten *Akteure*, dargestellt. Dieser Diagrammtyp ist vornehmlich ein Bestandteil der Analyse. Abbildung 11.4 zeigt ein Beispiel mit zwei Akteuren: einem Kunden und einem Verkäufer. Die drei möglichen Geschäftsvorfälle, die zwischen ihnen stattfinden können, sind Information, Verhandlung und Kauf.

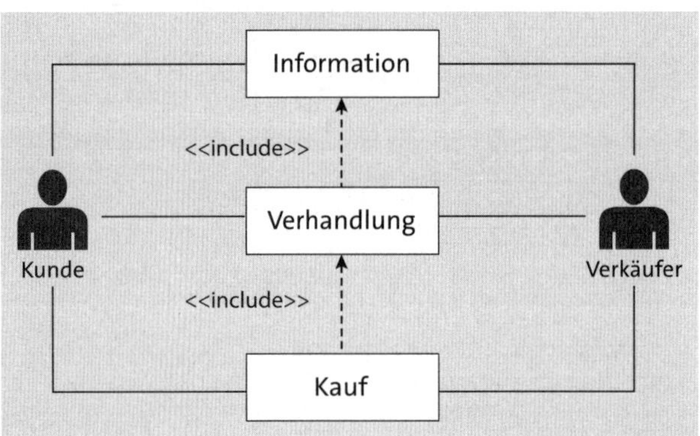

Abbildung 11.4 Ein einfaches UML-Anwendungsfalldiagramm

Die <<include>>-Beziehung zwischen Kauf und Verhandlung bedeutet, dass der Verkauf eine Verhandlung umfassen kann; ebenso verhält es sich mit der Beziehung zwischen Verhandlung und Information. Andere mögliche Beziehungen sind:

- Eine durchgehende Linie mit einer hohlen Pfeilspitze steht für eine *Generalisierung*; der Anwendungsfall am Pfeilanfang ist eine Spezialisierung desjenigen am Pfeilende.
- Ein gestrichelter Pfeil mit der Beschriftung <<extend>> besagt, dass der Anwendungsfall am Pfeilursprung denjenigen, auf den gezeigt wird, erweitert.

Bei der späteren Implementierung können sich aus diesen Beziehungen Vererbungsverhältnisse ergeben.

Klassendiagramme

Klassendiagramme stellen die Elemente einer Klasse sowie die Beziehungen zwischen verschiedenen Klassen dar. Jede Klasse wird durch ein Rechteck dargestellt; es gibt drei Detailstufen:

- nur Klassenname
- Klassenname und Attribute (Eigenschaften)
- Klassenname, Attribute und Methoden

Die (bis zu) drei Kategorien werden durch waagerechte Linien voneinander getrennt. Abstrakte Klassen (ohne Methodenimplementierung) werden durch `<<abstract>>` unter dem Klassennamen gekennzeichnet, Interfaces durch `<<interface>>`.

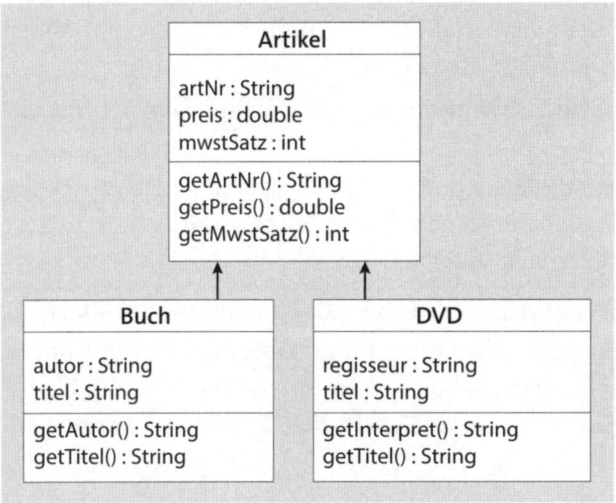

Abbildung 11.5 Ein UML-Klassendiagramm mit einer Elternklasse und zwei abgeleiteten Klassen

Die Vererbung wird durch einen Pfeil dargestellt, der von der abgeleiteten auf die übergeordnete Klasse zeigt. In Abbildung 11.5 sehen Sie die Beziehungen zwischen der Oberklasse `Artikel` und den abgeleiteten Klassen `Buch` und `DVD`, jeweils mit allen drei Informationen. Die zusätzliche Angabe der Datentypen von Methoden und Attributen ermöglicht die automatische Erzeugung des Codegrundgerüsts für die Klassen. In ArgoUML erfolgt dies beispielsweise über GENERIEREN • ALLE KLASSEN GENERIEREN, sofern gerade ein Klassendiagramm angezeigt wird.

Neben den Vererbungslinien gibt es auch komplexere Beziehungen zwischen Klassen beziehungsweise Instanzen. Allgemein spricht man bei der Vererbung von *»IS A«-Beziehungen*, denn eine speziellere Klasse »ist« auch immer die Elternklasse. Im vorliegenden Beispiel gilt etwa, dass ein Buch unter anderem ein Artikel ist. Enthält eine Klasse Attribute, die Instanzen einer anderen Klasse sind, spricht man dagegen von einer *»HAS A«-Beziehung* – ein Objekt »hat« oder enthält ein anderes.

In der UML werden »HAS A«-Beziehungen durch eine Verbindungslinie zwischen den beiden Klassen dargestellt. Auf der Seite der Klasse, die die andere enthält, wird die Linie durch eine Raute gekennzeichnet. Hier gibt es zwei Möglichkeiten:

- *Aggregation*: Die enthaltenen Elemente existieren unabhängig von der enthaltenden Klasse; dies wird durch eine leere Raute gekennzeichnet.
- *Komposition*: Die enthaltenen Elemente existieren nur in Abhängigkeit von der enthaltenden Klasse, sind also eher abstrakte Eigenschaften als konkrete Gegenstände; diese Beziehung wird durch eine gefüllte Raute dargestellt.

Die *Kardinalität* (Häufigkeit) der beteiligten Elemente kann durch Zahlen an den Verbindungsstellen dargestellt werden:

- Eine einfache Zahl (zum Beispiel 1) bedeutet, dass genauso viele Elemente dieses Typs beteiligt sind. Beispielsweise könnte man die Beziehung zwischen einem Pkw und seinen Rädern durch die festen Zahlen 1 beziehungsweise 4 kennzeichnen.
- Ein Sternchen (*) steht für beliebig viele, also kein Element, ein Element oder mehrere Elemente.
- Ein Zahlenbereich (`m..n`) bedeutet mindestens `m` und höchstens `n` Elemente. Die Beziehung zwischen einem allgemeinen Fahrzeug und seinen Rädern ist beispielsweise `1` zu `1..*` (von der Schubkarre bis zum beliebig langen Güterzug).

Neben den »HAS A«-Beziehungen gibt es auch diverse lockere Verbindungen zwischen Klassen, genannt *Assoziationen*. Sie werden durch eine Verbindungslinie dargestellt. Eine offene Pfeilspitze oder ein daneben gezeichnetes Richtungsdreieck sowie eine Textbezeichnung beschreiben die Beziehung näher. Auch hier können die Kardinalitätsbezeichnungen verwendet werden.

In Abbildung 11.6 finden Sie zwei Beispiele für solche Klassenbeziehungen: Ein Supermarkt kann eine oder mehrere Kassen enthalten; da diese unabhängig vom Supermarkt existieren, bleibt die Raute leer (Aggregation). Die zweite Beziehung zeigt, dass ein*e Kassierer*in beliebig viele Artikel registrieren kann. Die Kardinalität 1 bei `Supermarkt` beziehungsweise `Kassierer` wurde als »Standardfall« einfach weggelassen; dies ist eine (zulässige) Eigenart von ArgoUML.

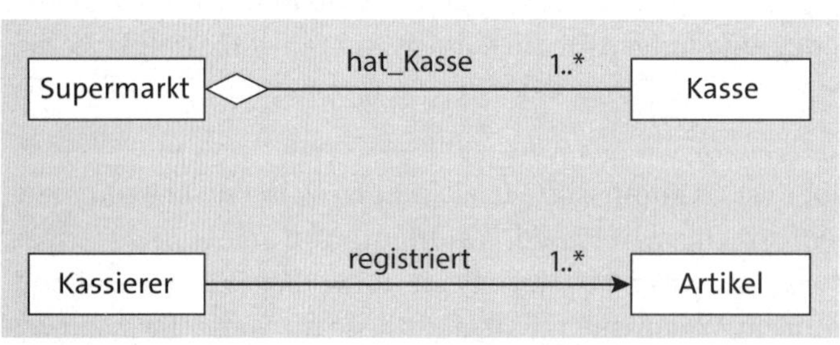

Abbildung 11.6 Klassenbeziehungen in UML-Klassendiagrammen: Aggregation (oben) und Assoziation (unten)

Sequenzdiagramme

In einem *Sequenzdiagramm* wird der zeitliche Ablauf einer Anwendung als Abfolge von Nachrichten zwischen den Objekten dargestellt. Die beteiligten Objekte werden waagerecht auf *Swim Lanes* (Schwimmbahnen) nebeneinander platziert. Der Arbeitsablauf wird von oben nach unten dargestellt. Auf jeder Bahn wird eine gestrichelte Linie gezeichnet, solange ein Objekt existiert, oder ein schmales Rechteck, wenn das Objekt gerade den Programmfluss kontrolliert. Methodenaufrufe werden mithilfe von durchgezogenen Pfeilen gekennzeichnet, Nachrichten durch gestrichelte Pfeile. Abbildung 11.7 zeigt das einfache Beispiel eines Einkaufsvorgangs.

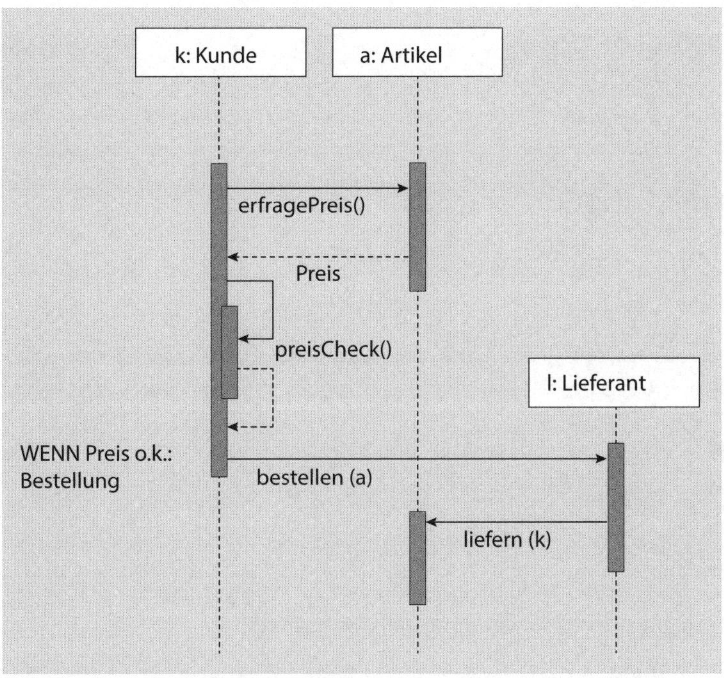

Abbildung 11.7 UML-Sequenzdiagramm eines Einkaufsvorgangs

Aktivitätsdiagramme

Aktivitätsdiagramme lassen sich als Weiterentwicklung der klassischen Flussdiagramme betrachten. Sie dienen der Darstellung des Zusammenspiels verschiedener Aktivitäten, die durch seitlich abgerundete Kästen dargestellt werden. Andere wichtige Symbole sind diese:

- Ein dicker gefüllter Kreis markiert den Startzustand.
- Ein hohler Kreis, der einen kleineren, gefüllten enthält, kennzeichnet den Endzustand, der alle Aktivitäten abschließt.
- Fallentscheidungen werden durch eine Raute mit mehreren abgehenden Pfeilen dargestellt.

- Eine dicke horizontale Linie dient entweder der Aufteilung (*Forking*) eines Ablaufs in mehrere parallele Verarbeitungsstränge oder der Zusammenführung zuvor verzweigter Abläufe.

In Abbildung 11.8 werden mögliche Abläufe des Anwendungsfalls »Information« aus dem Anwendungsfalldiagramm in Abbildung 11.4 verdeutlicht. In ArgoUML können Sie ein Aktivitätsdiagramm eines Anwendungsfalls erstellen, sobald dieser markiert ist.

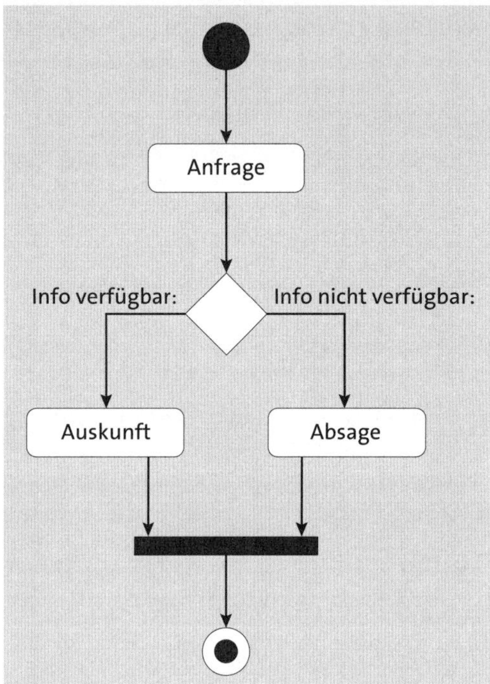

Abbildung 11.8 UML-Aktivitätsdiagramm des Anwendungsfalls »Information«

11.2.2 Entwurfsmuster

Entwurfsmuster (*Design Patterns*) sind ursprünglich ein Konzept aus der (Gebäude-)Architektur, das im Rahmen der Programmiersprache und -umgebung Smalltalk für die Softwareentwicklung übernommen wurde. Im Wesentlichen geht es um die übersichtliche Katalogisierung einmal gefundener Lösungen für die spätere Wiederverwendung. Beachten Sie, dass Entwurfsmuster keine fertig programmierten Komponenten oder Codeschnipsel sind. Wie der Name schon sagt, gehören sie zur Phase des Entwurfs und nicht zur Implementierung von Software. Dennoch enthält ein Muster neben vielen anderen Komponenten auch Codebeispiele.

In der Softwareentwicklung wurden die Entwurfsmuster durch die »Gang of Four« (*GoF*), *Erich Gamma* (den ehemaligen Eclipse-Entwicklungsleiter), *Richard Helm*, *Ralph Johnson* und

John Vlissides, eingeführt. Ihr Buch »Design Patterns« (siehe Anhang C) ist die wichtigste Informationsquelle und gewissermaßen der ursprüngliche Hauptkatalog für Entwurfsmuster. Daneben wurden zahlreiche weitere Musterkataloge entwickelt, beispielsweise sogenannte *Enterprise Design Patterns*, die auch Geschäftsvorfälle einbeziehen.

Ein bekanntes Entwurfsmuster, das nicht im GoF-Katalog vorkommt, ist zum Beispiel das *MVC Pattern* (*Model, View, Controller*). Es handelt sich um eine praktische Vorgehensweise zur sauberen Trennung von Datenmodell, Programmlogik und Präsentation. Es wurde bereits in den 70er-Jahren im Smalltalk-Umfeld entwickelt und beschreibt den Idealzustand von APIs für grafische Benutzeroberflächen. Inzwischen wird es aber auch für Web-Frameworks wie Ruby on Rails genutzt.

Schema für Entwurfsmuster

Jedes Entwurfsmuster besteht aus vier wesentlichen Komponenten:

- *Name*: Das Muster sollte eine griffige Bezeichnung erhalten, die möglichst genau auf seinen Verwendungszweck hindeutet.
- *Problem*: eine genaue Beschreibung der Situation, in der das Entwurfsmuster eingesetzt werden kann.
- *Lösung*: die abstrakte Beschreibung eines Entwurfs, der das Problem löst.
- *Konsequenzen*: eine Beschreibung der Folgen und möglichen Nebeneffekte, die der Einsatz des Patterns mit sich bringt.

Pattern-Kataloge wie derjenige in dem zuvor genannten Buch »Design Patterns« verwenden allerdings eine erheblich genauere Struktur zur Beschreibung jedes Musters. Es handelt sich um eine Auflistung der folgenden Punkte (in Klammern jeweils die Originalbezeichnungen aus dem GoF-Buch):

- *Name und Einordnung* (*Pattern Name and Classification*): Die Bedeutung eines sprechenden Namens braucht unter Programmierern nicht weiter betont zu werden. Die Einordnung beschreibt das Einsatzgebiet (*Purpose*) und den Geltungsbereich (*Scope*) des Musters. Man unterscheidet drei grundlegende Einsatzgebiete: *Erzeugungsmuster* (*Creational Patterns*) sind Lösungen für verschiedene Probleme der Objekterzeugung, *Strukturmuster* (*Structural Patterns*) beschäftigen sich mit Problemstellungen der Datenstruktur, und *Verhaltensmuster* (*Behavioral Patterns*) beschreiben die Implementierung häufig benötigter Verhaltensweisen von Objekten. Der Geltungsbereich ist *Klasse* für statische, durch Vererbung angewendete Muster oder *Objekt* für Muster, die Objektbeziehungen betreffen. Letztere kommen wesentlich häufiger vor.
- *Absicht* (*Intent*): kurze Beschreibung der Aufgabe des Entwurfsmusters und mögliche Gründe für seinen Einsatz.
- *Alias* (*Also Known As*): Viele Muster sind unter verschiedenen Namen bekannt; andere gängige Bezeichnungen werden hier aufgelistet.

- *Motivation*: ein konkretes Beispielszenario, das den Einsatzzweck des Musters deutlich macht.
- *Verwendungszweck* (*Applicability*): Beschreibung der Situationen, in denen das Pattern eingesetzt werden kann, und der Probleme, die es zu lösen hilft.
- *Struktur* (*Structure*): grafische Darstellung der Klassen des Entwurfsmusters, meist UML-basiert.
- *Beteiligte* (*Participants*): Klassen und Objekte, die in die Anwendung des Musters involviert sind.
- *Zusammenspiel* (*Collaborations*): Beschreibung der Zusammenarbeit zwischen den Beteiligten.
- *Konsequenzen* (*Consequences*): Ergebnisse sowie Vor- und Nachteile der Anwendung des Musters.
- *Implementierung* (*Implementation*): Beschreibung von Besonderheiten und möglichen Problemen bei einer Implementierung des Musters.
- *Codebeispiele* (*Sample Code*): Das GoF-Buch verwendet C++ und/oder Smalltalk; in neueren Büchern und Websites wird meist Java oder C# benutzt. Prinzipiell kann jede objektorientierte Programmiersprache zum Einsatz kommen.
- *Einsatzbeispiele* (*Known Uses*): Beispiele für die Anwendung dieser Muster in realen Softwaresystemen.
- *Querverweise* (*Related Patterns*): Zusammenarbeit dieses Entwurfsmusters mit anderen Mustern, gegebenenfalls Gemeinsamkeiten und Unterschiede.

Der Originalkatalog aus dem Gang-of-Four-Buch

Das Buch »Design Patterns« enthält einen Katalog von 23 Mustern, die nach diesem Schema aufgelistet werden. Es handelt sich um Probleme, vor denen eines Tages alle stehen, die größere objektorientierte Programme schreiben möchten. Es hält Sie allerdings nichts davon ab, Ihre eigenen gelungenen Lösungsansätze ebenfalls nach diesem Schema zu katalogisieren. Wenn Sie einem Entwicklungsteam angehören, könnten Ihre Kollegen und Kolleginnen Ihnen eines Tages dafür dankbar sein.

In Tabelle 11.2 sehen Sie eine Kurzübersicht über die 23 GoF-Muster. Die Reihenfolge hält sich an diejenige im Buch: Die Muster werden innerhalb jeder der drei Purpose-Bereiche alphabetisch sortiert. Die Inhalte der Spalten »Name (Aliasse)« und »Einordnung« entsprechen der Beschreibung aus der zuvor dargestellten Aufzählung; die Spalte »Beschreibung« schildert kurz und knapp, was das jeweilige Muster leistet, enthält also die Informationen aus dem Katalogabschnitt »Absicht« und gegebenenfalls ein paar zusätzliche Hinweise. Im folgenden Abschnitt finden Sie zwei vollständig ausgeführte Beispiele für GoF-Entwurfsmuster.

In den Pattern-Beschreibungen taucht häufiger der Begriff *Client* auf. Dabei handelt es sich in aller Regel nicht um einen Netzwerkclient, sondern um diejenige Klasse oder das Objekt, das sich der Dienstleistung des jeweiligen Patterns bedient.

Name (Aliasse)	Einordnung	Beschreibung
Abstract Factory (Kit)	Erzeugung Objekt	Interface zur Erzeugung verwandter Objekte, ohne ihre konkrete Klasse angeben zu müssen.
Builder	Erzeugung Objekt	Hilfsmittel zur Erzeugung komplexer Strukturen aus verschiedenartigen Einzelobjekten durch Trennung von Erzeugung und Objektspeicherung.
Factory Method (Virtual Constructor)	Erzeugung Klasse	Interface zur Erzeugung von Objekten, bei dem die abgeleiteten Klassen im Gegensatz zur Abstract Factory über die zu instanziierende Klasse entscheiden können.
Prototype	Erzeugung Objekt	Vorgefertigte Instanz einer Klasse mit bestimmten Wunscheigenschaften, aus der durch Klonen weitere Objekte erzeugt werden.
Singleton	Erzeugung Objekt	Sicherstellen, dass eine Klasse nur genau eine einzige Instanz hat, und den globalen Zugriff auf diese ermöglichen.
Adapter (Wrapper)	Struktur Objekt, Klasse	Das Interface einer Klasse in ein anderes Interface umwandeln, damit inkompatible Klassen zusammenarbeiten können. Klassenadapter verwenden die (nicht in allen Sprachen verfügbare) Mehrfachvererbung, Objektadapter benutzen Komposition.
Bridge (Handle, Body)	Struktur Objekt	Eine Abstraktion und ihre Implementierung voneinander trennen, damit jede von ihnen separat modifiziert oder ausgetauscht werden kann.
Composite	Struktur Objekt	Ein gemeinsames Interface für alle Einzelklassen einer Objekthierarchie sowie für Sammlungen dieser Klassen bereitstellen, damit der Zugriff auf beides in identischer Weise erfolgen kann.
Decorator (Wrapper)	Struktur Objekt	Zusätzliche Eigenschaften einem Objekt hinzufügen, indem ein Decorator-Objekt für diese Eigenschaft erzeugt wird, das die ursprüngliche Instanz als Eigenschaft enthält – ermöglicht dynamische Erweiterungen der Funktionalität ohne Vererbung.

Tabelle 11.2 Der vollständige Katalog der Entwurfsmuster aus dem Gang-of-Four-Buch »Design Patterns«

Name (Aliasse)	Einordnung	Beschreibung
Facade/Façade	Struktur Objekt	Ein verallgemeinertes Interface für den vereinfachten Zugriff auf die spezielleren Interfaces von Subsystemen bereitstellen, wenn deren Detailtiefe bei den meisten Zugriffen nicht benötigt wird.
Flyweight	Struktur Objekt	Sehr viele Instanzen einer bestimmten Klasse mit wenig objektspezifischem Verhalten werden aus Performancegründen durch eine einzige virtuelle Instanz und eine Verwaltungsinstanz für die Daten der bisherigen Einzelinstanzen ersetzt.
Proxy (Surrogate)	Struktur Objekt	Ein Platzhalter für ein anderes Objekt (das sich beispielsweise auf einem Remote-Rechner oder Datenträger befindet), der stellvertretend den Zugriff auf das eigentliche Objekt kontrolliert.
Chain of Responsibility	Verhalten Objekt	Anfragen nicht an das eigentliche Empfängerobjekt senden, sondern von diesem abkoppeln und Handler bereitstellen, die einen Zugriff durch beliebig viele Verarbeitungsschritte ermöglichen.
Command (Action, Transaction)	Verhalten Objekt	Anfragen als Objekte kapseln, um sie von verschiedenen Stellen aus verarbeiten oder zur späteren Verarbeitung speichern zu können (bekanntes Beispiel: Menü- oder Button-Befehle in GUIs).
Interpreter	Verhalten Klasse	Formale Darstellung einer (Programmier-)Sprache und ihrer Grammatik, um Sätze in dieser Sprache sequenziell zu verarbeiten.
Iterator (Cursor)	Verhalten Objekt	Eine Möglichkeit, die Elemente eines Aggregatobjekts der Reihe nach abzuarbeiten, ohne die zugrunde liegende Speicherform kennen zu müssen.
Mediator	Verhalten Objekt	Die verschiedenen Formen der Interaktion zwischen einem größeren Satz von Objekten als eigenständiges Objekt kapseln, um die Komplexität dieser Interaktion aus den Einzelobjekten selbst herauszuziehen.
Memento (Token)	Verhalten Objekt	Den internen Zustand eines Objekts auslesen und extern abspeichern, um ihn später wiederherstellen zu können.

Tabelle 11.2 Der vollständige Katalog der Entwurfsmuster aus dem Gang-of-Four-Buch »Design Patterns« (Forts.)

Name (Aliasse)	Einordnung	Beschreibung
Observer (Dependents, Publish-Subscribe)	Verhalten Objekt	Einem bestimmten Objekt (dem Subject) eine Schnittstelle hinzufügen, die eingesetzt wird, um beliebig viele andere Objekte (die Observer) über eine Zustandsänderung zu informieren, damit diese Objekte automatisch aktualisiert werden. (Beispiel: In MVC kann man das Model als Subject und die Views als Observer betrachten.)
State (Objects for States)	Verhalten Objekt	Das Verhalten eines Objekts in Abhängigkeit von seinem internen Zustand ändern; das Objekt scheint nach der Änderung einer anderen Klasse anzugehören (bekanntestes Beispiel: die verschiedenen Stadien einer TCP-Netzwerkverbindung).
Strategy (Policy)	Verhalten Objekt	Mehrere Algorithmen aus einer Gruppe in Klassen kapseln und unter einer gemeinsamen Elternklasse verfügbar machen, um sie jederzeit austauschen zu können.
Template Method	Verhalten Klasse	Die Grundstruktur eines Algorithmus in einer Elternklasse vorgeben und einige konkrete Einzelschritte in untergeordneten Klassen modifizieren.
Visitor	Verhalten Objekt	Eine Operation, die für alle Elemente einer Objektstruktur ausgeführt werden soll, wird nicht als neue Methode in jeder der Klassen implementiert, sondern als separate Klasse, damit keine nachträglichen Änderungen an den Klassen der zu untersuchenden Elemente erforderlich sind.

Tabelle 11.2 Der vollständige Katalog der Entwurfsmuster aus dem Gang-of-Four-Buch »Design Patterns« (Forts.)

Beispiel: das Singleton-Pattern

Beim *Singleton-Pattern* handelt es sich um ein Muster zur Verwirklichung einer Klasse, von der nur genau eine einzige Instanz existieren darf.

- *Name*: Singleton
- *Einordnung*: Erzeugungsmuster, Objekt
- *Absicht*: sicherstellen, dass eine Klasse nur genau eine einzige Instanz hat, und den globalen Zugriff auf diese ermöglichen
- *Alias*: keines (deutsche Bezeichnung: Einzelstück)
- *Motivation*: Bestimmte Objekte darf es selbst im größten System nur ein einziges Mal geben. Denken Sie beispielsweise an eine zentrale Warteschlange für Datei-, Drucker- oder Netzwerkzugriffe oder an eine globale Log-Datei für Ereignisse aus verschiedenen Pro-

grammbereichen. Praktischerweise wird ein solches Element als Klasse erstellt, die nur beim ersten Aufruf eine neue Instanz erzeugt und bei späteren Aufrufen immer wieder einen Verweis auf diese Instanz zurückgibt. So brauchen Sie beim Aufruf nicht mehr zu überprüfen, ob die Instanz bereits existiert.

Daneben kann das Singleton auch als bessere globale Variable dienen, weil die Instanz auf einfache Weise global verfügbar ist.

- *Verwendungszweck*: Benutzen Sie dieses Muster, wenn Sie eine erweiterbare Klasse brauchen, die ohne Modifikation des aufrufenden Codes nur genau eine Instanz besitzen darf.
- *Struktur*: Die Struktur der Klasse `Singleton` wird in Abbildung 11.9 dargestellt.

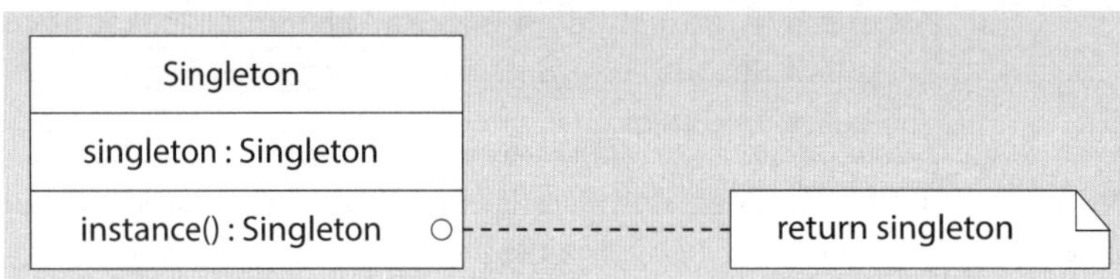

Abbildung 11.9 UML-Struktur der Klasse »Singleton« und ihrer einzigen Instanz

- *Beteiligte*: Das einzige Element ist die Klasse `Singleton` selbst, die auf Anforderung ihre einzige Instanz zurückgibt und gegebenenfalls neu erzeugt.
- *Zusammenspiel*: Andere Klassen rufen die Methode `instance()` auf, um die einzige Instanz der Klasse zu erhalten.
- *Konsequenzen*: Das Entwurfsmuster Singleton bietet eine Reihe von Vorteilen gegenüber anderen Lösungen. Hier die wichtigsten Vorteile:
  - Die Verwendung einer globalen Variablen wird vermieden; dies beseitigt eine potenzielle Fehlerquelle.
  - Anstelle genau einer Instanz können Sie mithilfe dieses Musters auch eine beliebige andere (festgelegte) Anzahl oder auch Höchstzahl von Instanzen zulassen.
  - Die Klasse bleibt erweiterbar – im Gegensatz zu anderen Lösungsansätzen für dieses Problem können problemlos abgeleitete Klassen gebildet werden.
- *Implementierung*: Die Instanz wird zum statischen Attribut der Klasse selbst und mit `null` (noch keine Instanz vorhanden) initialisiert. Der Konstruktor wird mit der Veröffentlichungsstufe `private` versehen, sodass er nicht von außen aufgerufen werden kann. Die öffentliche Methode `instance()`, die Clients stattdessen aufrufen können, überprüft zunächst, ob die Instanz bereits erzeugt wurde; falls nicht, ruft sie den Konstruktor auf. Anschließend wird in jedem Fall eine Referenz auf die Instanz zurückgegeben.
- *Codebeispiele*: Die Implementierung der Klasse `Singleton` ist nicht besonders umfangreich. Hier eine vollständige Java-Klasse, die dem Entwurfsmuster genügt:

```
public class Singleton {

   // Die Instanz - zunächst noch nicht vorhanden
   private static Singleton singleton = null;

   // der private Konstruktor
   private Singleton() {
   }

   // die Clientmethode instance()
   public static synchronized Singleton instance() {
      // Instanz erzeugen, falls noch keine existiert.
      if (singleton == null) {
         singleton = new Singleton();
      }
      // Instanz auf jeden Fall zurückgeben.
      return singleton;
   }
}
```

Der Modifikator `synchronized` bei der Methode `instance()` ist wichtig: Wenn mehrere Threads die Methode parallel aufrufen, könnten sonst versehentlich doch mehrere Instanzen erzeugt werden.

Wenn Sie die Singleton-Instanz in Ihrem Code benötigen, sieht der entsprechende Aufruf so aus:

```
Singleton instance = Singleton::instance();
```

- *Einsatzbeispiele*: Unzählige – alle künstlichen »Engpässe« wie beispielsweise Warteschlangen folgen diesem Schema.
- *Querverweise*: Entwurfsmuster wie Abstract Factory, Builder und Prototype lassen sich mithilfe des Singleton-Patterns implementieren.

In der Praxis sollten Sie sich genau überlegen, ob Sie dieses Pattern verwenden möchten, denn ein Singleton ist eine feste Abhängigkeit in Ihrem Code und somit beispielsweise nicht einfach zu testen. Alternativen lernen Sie an anderen Stellen dieses Buchs kennen. Die nicht in der Original-GoF-Liste auftauchenden Patterns *Dependency Injection* und *Lazy Initialization* werden beispielsweise in Kapitel 19, »Webserveranwendungen«, behandelt.

Beispiel: das Decorator-Pattern

Das Decorator-Pattern ermöglicht es, einzelne Instanzen dynamisch mit zusätzlichen Features auszustatten (zu dekorieren), ohne vorher Klassenhierarchien aufbauen zu müssen.

- *Name*: Decorator
- *Einordnung*: Strukturmuster, Objekt
- *Absicht*: dynamisch zusätzliche Aufgaben oder Features einem Objekt hinzufügen
- *Alias*: Wrapper; deutsche Bezeichnung: Dekorierer
- *Motivation*: In komplexen Objektgefügen, besonders prominent etwa beim Aufbau grafischer Benutzeroberflächen, sollen die einzelnen Objekte individuell mit bestimmten Merkmalen und Fähigkeiten ausgestattet werden – denken Sie an ein Fenster in einer GUI, das optional eine Titelleiste und Rollbalken enthalten kann. Der klassische Weg, solche Fähigkeiten hinzuzufügen, bestünde darin, Klassen von einer allgemeinen Fensterklasse abzuleiten – aber schon ein Fenster mit nur zwei möglichen Zusatzfeatures wie hier zeigt, wie komplex eine solche Klassenhierarchie wäre, wenn sie alle Kombinationsmöglichkeiten beherrschen wollte:
  - `Fenster`: Klasse für ein einfaches Fenster ohne Extras
  - `FensterMitTitelleiste`, von Fenster abgeleitet: einfaches Fenster mit Titelleiste
  - `FensterMitRollbalken`, auch von Fenster abgeleitet: einfaches Fenster mit Rollbalken
  - `FensterMitTitelleisteUndRollbalken`, entweder von `FensterMitTitelleiste` oder von `FensterMitRollbalken` abgeleitet und um das jeweils andere Feature ergänzt

  In echten, modernen GUIs haben Fenster zudem nicht nur zwei, sondern Dutzende möglicher optionaler Elemente – das Ergebnis wäre eine vollkommen unbenutzbare, da viel zu komplexe API. Zudem käme man in Kombinationsklassen wie `FensterMitTitelleisteUndRollbalken` nicht um doppelten Code herum.

  Das Decorator-Pattern bietet einen wesentlich ökonomischeren Ansatz: Für jedes neue Feature wird das bisherige Objekt als Attribut zu einem anderen Objekt hinzugefügt, das dieselben Interfaces implementiert (oder in Sprachen ohne Interfaces eine vergleichbare Technik anwendet) und das Feature bereitstellt. Das kapselnde Objekt wird dabei als Decorator bezeichnet, weil es das ursprüngliche mit der gewünschten Funktionalität oder Eigenschaft dekoriert.

  Im obigen Beispiel gäbe es also eine Klasse für einfache Fenster und zwei Decorator-Klassen für Fenster mit Titelleiste beziehungsweise mit Rollbalken. Soll nun etwa ein Fenster mit Rollbalken erzeugt werden, wird zunächst ein einfaches Fenster erzeugt und dem Konstruktor des Rollbalken-Decorators übergeben. Intern ist das »undekorierte« Fenster nun ein Attribut eines neuen Objekts, während extern dieselben Methoden wie bisher auf dem Decorator aufgerufen werden können. Wiederholen Sie den Schritt gegebenenfalls für den Titelleisten-Decorator und weitere, die Sie implementieren können.
- *Verwendungszweck*: Setzen Sie dieses Muster ein, wenn Sie verwandte Objekte mit vielen verschiedenen Fähigkeiten oder Eigenschaften implementieren möchten, für die eine Klassenhierarchie schon allein aufgrund allzu vieler Kombinationsmöglichkeiten nicht infrage kommt. Auch für das dynamische Hinzufügen von Eigenschaften und Verhaltens-

weisen, die bei Bedarf wieder entzogen werden können, ist das Decorator-Pattern sinnvoll einsetzbar.

- *Struktur*: Abbildung 11.10 zeigt das Klassendiagramm des Decorators.

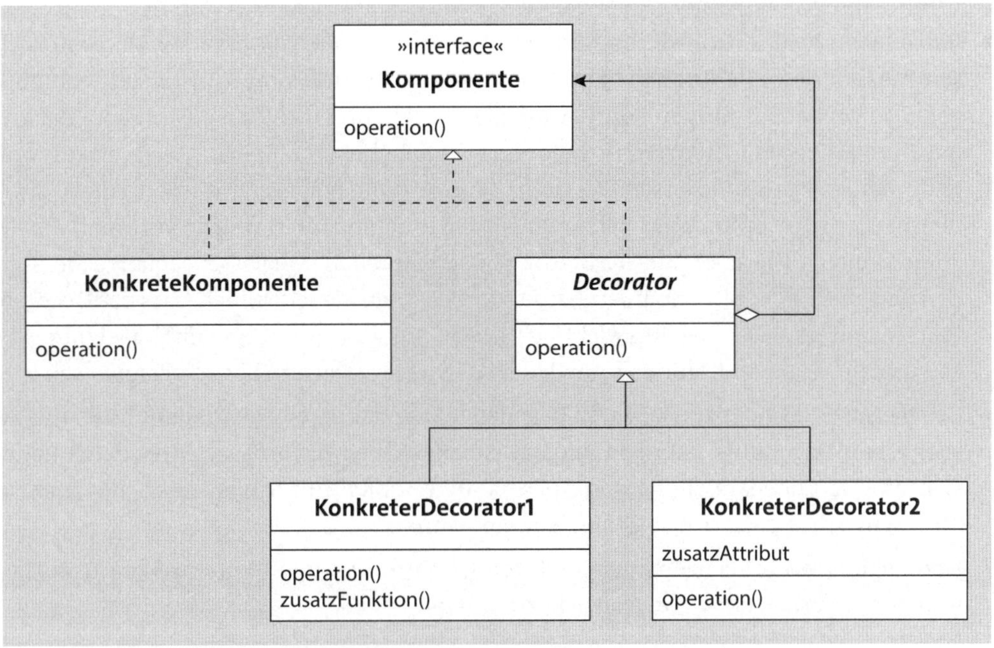

Abbildung 11.10 UML-Struktur der Interfaces und Klassen des Decorator-Patterns

- *Beteiligte*: Das Interface `Komponente` legt die gemeinsamen Verhaltensweisen aller einfachen und dekorierten Komponenten fest. Die Klasse `KonkreteKomponente` implementiert dieses Interface und beschreibt die einfachste Form einer Komponente ohne jeden `Decorator`. Die abstrakte Klasse `Decorator` implementiert ebenfalls das Interface `Komponente` und enthält ein Attribut vom (allgemeinen) Typ `Komponente`. Beliebig viele `KonkreterDecorator`-Klassen erben von `Decorator` und definieren je nach Bedarf zusätzliche Attribute und/oder Methoden.
- *Zusammenspiel*: Um die durch Decorators bereitgestellten Zusatzfeatures zu nutzen, kann der User nun Instanzen von `KonkreteKomponente` bilden, diese an die Konstruktoren der gewünschten Decorators übergeben und das Ergebnis wieder in der vorherigen Variablen speichern (diese muss natürlich den übergeordneten Typ `Komponente` haben).
- *Konsequenzen*: Die beiden großen Vorteile bestehen darin, dass die Arbeit mit Decorator-Komponenten erheblich flexibler ist als mit statischer Vererbung und dass Sie keine extrem mit Features vollgepackten Klassen zu schreiben brauchen, die sowohl den Code als auch die Schnittstellen Ihrer Klassen äußerst unübersichtlich machen würden. Vorsicht ist geboten, wenn Sie die Identität von Objekten überprüfen, denn eine Decorator-Instanz

ist nicht dasselbe Objekt wie das darin enthaltene dekorierte Objekt. Die übertriebene Verwendung des Decorator-Patterns kann zudem dazu führen, dass es in Ihrem Code von zahlreichen kleinen, nicht durch ihre Klassenzugehörigkeit unterscheidbaren Objekten wimmelt und er so schwer zu debuggen ist.

- *Implementierung*: Sowohl die einfache Komponente als auch die diversen Decorator-Klassen müssen dasselbe Interface implementieren, damit Decorator-Instanzen von außen genauso verwendet werden können wie die enthaltenen nicht oder »weniger« dekorierten Komponenten-Instanzen. In Programmiersprachen, die keine Interfaces zur Verfügung stellen, kann stattdessen die Mehrfachvererbung eingesetzt werden, sofern sie unterstützt wird – in anderen Fällen müssen Sie überprüfen, welche Alternativen Ihre Sprache bietet. Die abstrakte Decorator-Klasse können Sie weglassen, solange Sie nur einen einzelnen Decorator definieren müssen. Beachten Sie schließlich, dass das Decorator-Pattern am besten für leichtgewichtige Klassen mit wenig Funktionalität geeignet ist. Im Fall umfangreicherer Komponenten kann das Strategy-Pattern besser geeignet sein.
- *Codebeispiele:* Es folgt zunächst ein Beispiel in Java, das einen Komponententyp mit zwei möglichen Decorators definiert und anschließend ein Testprogramm zeigt. Es handelt sich um die Codedarstellung von Keksen, die optional mit Schokoladenguss und/oder Streuseln beliebiger Sorte versehen werden können.

  Den Beginn macht das gemeinsame Interface für Komponente und Decorators, das Sie unter dem Namen *Cookie.java* speichern müssen:

```
public interface Cookie {
  public double getPrice();
  public String getIngredients();
}
```

  Es folgt die Klasse für undekorierte Kekse; speichern Sie diese unter *PlainCookie.java*:

```
public class PlainCookie implements Cookie {
  @Override
  public double getPrice() {
    return 0.8;
  }

  @Override
  public String getIngredients() {
    return "Teig";
  }
}
```

  Wie Sie sehen, kostet ein Keks »ohne alles« 80 Cent und besteht ausschließlich aus Teig. Die Zeile `@Override` über den Methodendefinitionen, eine sogenannte *Annotation*, teilt dem Java-Compiler mit, dass die Methode aus einer übergeordneten Klasse überschrieben (oder wie hier aus einem Interface implementiert) wurde – dadurch erhalten Sie eine Warnmeldung, wenn Sie sich nicht genau an die vorgegebene Methodensignatur halten.

Als Nächstes wird die abstrakte Klasse definiert, von der die konkreten Decorators erben. Der Dateiname muss *CookieDecorator.java* lauten. Hier der Code:

```
abstract class CookieDecorator implements Cookie {
  private final Cookie decoratedCookie;

  public CookieDecorator(Cookie cookie) {
    this.decoratedCookie = cookie;
  }

  @Override
  public double getPrice() {
    return decoratedCookie.getPrice();
  }

  @Override
  public String getIngredients() {
    return decoratedCookie.getIngredients();
  }
}
```

Wie Sie sehen, wurde ein `Cookie`-Attribut namens `decoratedCookie` definiert, das über den Konstruktor an eine neue Instanz des Decorator übergeben wird. Die wiederum aus dem Interface `Cookie` implementierten Methoden `getPrice()` und `getIngredients()` geben die Rückgabewerte der gleichnamigen Methoden dieser Instanzen zurück. Bei einem in mehrere Decorators verschachtelten Objekt erfolgen entsprechend mehrere verschachtelte Aufrufe dieser Methoden, was Sie anhand der Zutatenliste sehen werden.

Der erste Decorator trägt den beschreibenden und schmackhaften Dateinamen *WithChocolateFrosting.java*:

```
public class WithChocolateFrosting extends CookieDecorator {
  public WithChocolateFrosting(Cookie cookie) {
    super(cookie);
  }

  @Override
  public double getPrice() {
    return super.getPrice() + 0.5;
  }

  @Override
```

```
  public String getIngredients() {
    return super.getIngredients() + ", Schokoguss";
  }
}
```

Wie Sie sehen, fügt dieser Decorator keine spezifische Funktionalität hinzu, sondern erhöht lediglich den Grundpreis um 50 Cent und gibt hinter den Zutaten des dekorierten Objekts zusätzlich den Schokoguss aus.

Der zweite Decorator, *WithSprinkles.java*, ist etwas aufwendiger:

```
public class WithSprinkles extends CookieDecorator {
  private final String type;

  public WithSprinkles(Cookie cookie, String type) {
    super(cookie);
    this.type = type;
  }

  @Override
  public double getPrice() {
    return super.getPrice() + 0.3;
  }

  @Override
  public String getIngredients() {
    return super.getIngredients() + ", " + type + "streusel";
  }
}
```

Hier kann per Übergabe an den Konstruktor der Typ der gewünschten Streusel (ein String) gewählt werden, und er wird zusammen mit dem Suffix »-streusel« als zusätzliche Zutat ausgegeben.

Hier nun ein kleines Beispielprogramm namens *CookieTest.java*, das die Decorators ausprobiert:

```
public class CookieTest {
  public static void cookieInfo(Cookie cookie) {
    System.out.println("Zutaten: " + cookie.getIngredients());
    System.out.println("Preis:   " + cookie.getPrice() + "\n");
  }

  public static void main(String[] args) {
    // Ersten Keks schrittweise aufbauen.
    Cookie cookie = new PlainCookie();
```

```
    cookieInfo(cookie);
    cookie = new WithChocolateFrosting(cookie);
    cookieInfo(cookie);
    cookie = new WithSprinkles(cookie, "Zucker");
    cookieInfo(cookie);
    // Zweiten Keks in einem Aufruf verschachelt aufbauen.
    Cookie cookie2 = new WithChocolateFrosting(
      new WithSprinkles(
        new PlainCookie(),
        "Schoko"
      )
    );
    cookieInfo(cookie2);
  }
}
```


Wie Sie sehen, werden zwei Keks-Instanzen erzeugt, wobei eine schrittweise und die andere mithilfe verschachtelter Konstruktoraufrufe mit Guss und Streuseln versehen wird. Die Ausgabe des Beispiels sieht so aus:

```
Zutaten: Teig
Preis:   0.8

Zutaten: Teig, Schokoguss
Preis:   1.3

Zutaten: Teig, Schokoguss, Zuckerstreusel
Preis:   1.6

Zutaten: Teig, Schokostreusel, Schokoguss
Preis:   1.6
```

Hier sehen Sie noch einmal exakt dieselbe Anwendung in Python, wo mangels Interfaces für alle Bestandteile einfache Klassen zum Einsatz kommen. Speichern Sie das gesamte folgende Listing unter *cookies.py*; die Ausgabe ist identisch mit dem Java-Beispiel:

```
class Cookie:
  def get_price(self):
    pass

  def get_ingredients(self):
    pass

class PlainCookie(Cookie):
  def get_price(self):
```

```
        return 0.8

    def get_ingredients(self):
        return 'Teig'

class CookieDecorator(Cookie):
    def __init__(self, cookie):
        self.cookie = cookie

    def get_price(self):
        return self.cookie.get_price()

    def get_ingredients(self):
        return self.cookie.get_ingredients()

class WithChocolateFrosting(CookieDecorator):
    def __init__(self, cookie):
        super().__init__(cookie)

    def get_price(self):
        return super().get_price() + 0.5

    def get_ingredients(self):
        return super().get_ingredients() + ", Schokoguss"

class WithSprinkles(CookieDecorator):
    def __init__(self, cookie, type):
        super().__init__(cookie)
        self.type = type

    def get_price(self):
        return super().get_price() + 0.3

    def get_ingredients(self):
        return super().get_ingredients() + ", " + self.type + "streusel"

def cookie_info(cookie):
    print("Preis:    " + str(cookie.get_price()))
    print("Zutaten: " + cookie.get_ingredients() + "\n")

if __name__ == '__main__':
        cookie1 = PlainCookie()
```

```
cookie_info(cookie1)
cookie1 = WithChocolateFrosting(cookie1)
cookie_info(cookie1)
cookie1 = WithSprinkles(cookie1, "Zucker")
cookie_info(cookie1)
cookie2 = WithChocolateFrosting(
    WithSprinkles(PlainCookie(), "Schoko")
)
cookie_info(cookie2)
```

- *Einsatzbeispiele*: Neben den bereits erwähnten grafischen Benutzeroberflächen werden auch Ein- und Ausgabeklassen oft mithilfe des Decorator-Patterns implementiert – in der Java-Klassenbibliothek sind verschachtelte Decorator-Aufrufe wie `new BufferedReader(new InputStreamReader(...))` Alltag.
- *Querverweise*: Das Strategy-Pattern erfüllt wie gesagt einen ähnlichen Verwendungszweck, wobei dabei nicht das Äußere, sondern das Innere eines Objekts ausgetauscht wird. Ein Composite ähnelt dem Decorator, besteht aber aus mehreren Komponenten und fügt kein zusätzliches Verhalten hinzu. Das Adapter-Pattern schließlich tauscht das Interface eines Objekts aus und nicht nur seine Features.

11.2.3 Unit-Tests

Wenn die Zeit in Softwareentwicklungsprozessen eng wird, verzichten die Entwickler*innen am ehesten auf ausgiebige Tests. Das ist fatal für die Qualität der veröffentlichten Anwendungen – der Extremfall ist sogenannte *Banana Ware*, die »grün« ausgeliefert wird und erst »bei der Kundschaft reift«. Teure kommerzielle Software ist sogar häufiger von diesem Problem betroffen als Open-Source-Projekte, weil die Marketing- und Vertriebsabteilungen oftmals massiven Druck auf die Entwicklungsteams ausüben, um angekündigte Veröffentlichungstermine einzuhalten.

Natürlich hat man sich seit Jahrzehnten Gedanken darüber gemacht, wie sich die unbefriedigende Situation im Bereich der Softwaretests verbessern ließe. Eine wichtige Erkenntnis ist, dass sich Programmcode am exaktesten durch weiteren Programmcode überprüfen lässt. Anstatt sich also den Kopf darüber zu zerbrechen, welche Fehler auftreten könnten, und mühsam von Hand entsprechende Zustände herbeizuführen, sollten Sie einen automatisierten Test schreiben und diesen mit verschiedenen Werten durchlaufen lassen.

Die beliebteste Lösung zur Testautomatisierung auf Codeebene sind sogenannte *Unit-Tests* oder auch Klassentests. Für beinahe jede wichtige Programmiersprache steht ein xUnit-Framework zur Verfügung, das die Durchführung von Tests vereinfacht und beschleunigt und diese so zu einem integralen Bestandteil der Programmierarbeit macht. Der Klassiker ist das hier vorgestellte *JUnit*-Framework für Java, das von Erich Gamma und Kent Beck geschrieben wurde. Die aktuelle Version JUnit 5 besteht aus drei Komponenten:

- *JUnit Platform* ist die Infrastruktur für die Ausführung der Unit-Tests.
- *JUnit Jupiter* stellt die eigentliche Infrastruktur für das Schreiben der Tests bereit.
- *JUnit Vintage* ist eine Test-Engine für Unit-Tests der JUnit-Versionen 3 und 4, die zur aktuellen Version inkompatibel sind.

Statt JUnit statisch herunterzuladen und seinen Pfad dem `CLASSPATH` hinzuzufügen, empfiehlt es sich, die benötigten Teile des Frameworks als Maven-Dependencies zu importieren (Grundlagen zur Arbeit mit Maven enthält Kapitel 9, »Weitere Konzepte der Programmierung«). Fügen Sie dazu den folgenden XML-Schnipsel zwischen `<dependencies>` und `</dependencies>` in Ihre *pom.xml* ein:

```
<dependency>
  <groupId>org.junit.jupiter</groupId>
  <artifactId>junit-jupiter-engine</artifactId>
  <version>5.8.0-M1</version>
</dependency>
<dependency>
  <groupId>org.junit.platform</groupId>
  <artifactId>junit-platform-launcher</artifactId>
  <version>1.8.0-M1</version>
</dependency>
```

Natürlich können Sie im Maven Central Repository unter *search.maven.org* nach neueren Versionen dieser Bibliotheken suchen; den passenden Dependency-Code finden Sie dort wie üblich zum einfachen Kopieren.

Die Unit-Tests werden in einer eigenen Verzeichnisstruktur gespeichert, die parallel zu derjenigen der eigentlichen Quellcodedateien angelegt wird. Der Quellcode befindet sich im Unterverzeichnis *src/main/java/<Namespace>/<Projektname>* und dessen Unterverzeichnissen, während die Tests in *src/test/java/<Namespace>/<Projektname>* und jeweils gleichnamigen Unterverzeichnissen gespeichert werden. Angenommen, Ihr Projekt hieße `unittest_examples` und verwendete den Namespace `com.example.unittest_examples`. Dann lägen die Quellcodedateien im Verzeichnis *unittest_examples/src/main/java/com/example/unittest_examples* und die Tests entsprechend unter *unittest_examples/src/test/java/com/example/unittest_examples*. Praktischerweise legen viele Maven-Archetypes bei der Projekterstellung automatisch beide Verzeichnisstrukturen an.

Die eigentlichen Unit-Test-Dateien werden wie die von ihnen getesteten Java-Klassen mit dem Namenszusatz *Test* benannt. Die Datei *Article.java* wird also in einer Testdatei namens *ArticleTest.java* getestet.

Wenn Sie ein Standard-Maven-Projekt erstellen, kann es je nach Ihrer Maven-Version und dem gewählten Archetype vorkommen, dass automatisch eine Dependency für eine ältere JUnit-Version in die *pom.xml* eingetragen wird. Außerdem befindet sich unter *src/test/<Namespace>/<Projektname>* meist eine Standard-Unit-Test-Klasse namens *AppTest.java* für die Hauptklasse *App.java*. Sollte das der Fall sein, löschen Sie beides, da die Versionen einander sonst in die Quere kommen.

Noch einfacher haben Sie es, wenn Sie eine der gängigen Java-IDEs IntelliJ IDEA oder Eclipse verwenden, denn in diesen ist JUnit bereits enthalten, und das Ausführen aller zum jeweiligen Projekt gehörenden Tests kann – übersichtlich grafisch aufbereitet – innerhalb der IDE stattfinden.

Ein einfaches Testbeispiel

Betrachten Sie als Beispiel die folgende Klasse `Article` aus dem besagten Maven-Projekt namens `unittest_examples`. Sie befindet sich im Unterverzeichnis *src/main/java/com/example/unittest_examples* des Projekts und enthält drei Methoden, die den Bruttopreis, den Mehrwertsteuerbetrag und den Nettopreis zurückgeben sollen:

```
package com.example.unittest_examples;

public class Article {

    private double price;
    private int vat;

    public Article() {
        this.price = 0;
        this.vat = 19;
    }

    public Article(double price, int vat) {
        this.price = price;
        this.vat = vat;
    }

    public double getGrossPrice() {
        return this.price;
    }

    public double getVat() {
        return this.price / (100 + this.vat) * this.vat;
    }

    public double getNetPrice() {
        return this.price - this.getVat();
    }
}
```

Angenommen, Sie möchten die ordnungsgemäße Funktion der Methode `getNetPrice()` testen. Dazu können Sie mithilfe von JUnit die Unit-Test-Datei *ArticleTest.java* schreiben, die wie beschrieben ins Verzeichnis *src/test/java/com/example/unittest_examples* gehört:

```
package com.example.maven_project;

import org.junit.jupiter.api.Test;
import static org.junit.jupiter.api.Assertions.*;

public class ArticleTest {
  @Test
  public void testGetNetPrice() {
    Article article1 = new Article(119, 19);
    assertEquals(100, article1.getNetPrice());
  }
}
```

Die Klasse `org.junit.jupiter.api.Test` stellt die Annotation `@Test` bereit, die eine Methode in Ihrer Testklasse als Unit-Test kennzeichnet. Der Konvention gemäß sollten Sie Ihren Testmethoden jeweils den Namen der getesteten Methode mit dem Präfix `test` geben (gegebenenfalls noch mit unterscheidenden Suffixen, wenn Sie mehrere Tests für dieselbe Methode benötigen).

Der Test selbst funktioniert folgendermaßen: Die Annahme ist, dass ein Bruttopreis von 119 € beim üblichen Mehrwertsteuersatz von 19 % zu einem Nettopreis von 100 € führt. Also wird die Testmethode `assertEquals()` mit dem Vergleich zwischen dem erwarteten Wert 100 und dem Ergebnis von `getNetPrice()` aufgerufen. Sollte die Vermutung richtig sein, führt sie zum Erfolg. Das Framework definiert zahlreiche weitere `assert*()`-Methoden, weil Erfolg natürlich nicht in jedem Fall durch Gleichheit im Sinne der Methode `equals()` angezeigt wird.

Um den Unit-Test (und alle anderen im Projekt) auszuführen, geben Sie im obersten Projektverzeichnis Folgendes ein:

```
$ mvn test
```

Wenn Sie der Anleitung bis hierher gefolgt sind, sollten Sie am Ende der Ausgabe einen Block wie diesen sehen:

```
-------------------------------------------------------
 T E S T S
-------------------------------------------------------
Running com.example.unittest_examples.ArticleTest
Tests run: 1, Failures: 0, Errors: 0, Skipped: 0, Time elapsed: 0.001 sec
```

```
Results :

Tests run: 1, Failures: 0, Errors: 0, Skipped: 0

[INFO] ------------------------------------------------------------------------
[INFO] BUILD SUCCESS
[INFO] ------------------------------------------------------------------------
[INFO] Total time:  3.391 s
[INFO] Finished at: 2021-04-02T07:19:36+02:00
[INFO] ------------------------------------------------------------------------
```

Es wurde mit anderen Worten ein Test ausgeführt (denn bisher wurde auch nur einer geschrieben), und es gab weder Failures (nicht erfüllte `assert*()`-Ergebnisse) noch richtige Fehler. Die Meldung `BUILD SUCCESS` ist üblicherweise grün, während `BUILD FAILURE` in Rot angezeigt würde – Maven bietet also eine wörtliche Grundlage für das als Nächstes angesprochene Verfahren Red-Green-Refactor.

Das Test-first-Verfahren

Damit der Test auf keinen Fall »vergessen« werden kann, empfiehlt es sich, ihn nicht etwa nach der Implementierung eines Features, sondern vorher zu schreiben. Das hat natürlich zur Folge, dass er zunächst nicht bestanden wird. Daraus ergibt sich die Arbeitsweise von *Test-driven Development* (TDD), auf Deutsch: *testgetriebene Entwicklung*:

- *Red* – einen Test schreiben, der zunächst fehlschlägt (rote Meldung)
- *Green* – Code schreiben, der den Test mit den einfachsten möglichen Mitteln besteht
- *Refactor* – den neuen Code durch Refactoring vernünftig integrieren, zum Beispiel unnötige Doppelanweisungsfolgen vermeiden

Anstelle von viel Theorie lässt sich der Test-first-Ansatz am einfachsten an einem Beispiel zeigen: Die Klasse `Article` aus dem vorherigen Unterabschnitt soll um eine Methode namens `getDMGrossPrice()` erweitert werden, die den Bruttopreis in DM ausgibt (auch wenn diese Information heutzutage wenig praktische Relevanz hat)[7].

Zunächst wird `ArticleTest` also um einen einfachen Test erweitert:

```
@Test
public void testGetDMGrossPrice() {
  Article article1 = new Article(100, 19);
  assertEquals(195.583, article1.getDMGrossPrice());
}
```

7 Man könnte denken, 19 Jahre nach Einführung des Euro-Bargelds hätte das Beispiel gar keine Relevanz mehr, aber dann gibt es bei irgendeiner Einzelhandelskette doch wieder die Möglichkeit, im Weihnachtsgeschäft mit den bei vielen Menschen noch immer vorhandenen DM-Restbeständen zu zahlen.

Da der Umrechnungsfaktor bekannt ist, lässt es sich leicht vorhersagen, welcher Wert für 100 € herauskommen muss. Diese Vermutung wird als Testfall formuliert.

Damit der Test sich überhaupt kompilieren lässt, wird zumindest ein »Dummy« der Article-Methode getDMGrossPrice() benötigt. Dieser könnte beispielsweise so aussehen:

```
public double getDMGrossPrice() {
    return 0;
}
```

In einem so offensichtlichen Fall bräuchten Sie den Test noch nicht einmal auszuführen, um zu wissen, dass er scheitern wird. Tun Sie es trotzdem – nur so gewöhnen Sie sich an den Test-first-Ablauf. Die Ausgabe zeigt, dass einer der beiden Tests fehlschlägt und warum, und BUILD FAILURE sollte wie erwartet rot sein:

```
-------------------------------------------------------
 T E S T S
-------------------------------------------------------
Running com.example.unittest_examples.ArticleTest
Tests run: 2, Failures: 1, Errors: 0, Skipped: 0, Time elapsed: 0.041 sec <<< FAILURE!
com.example.unittest_
examples.ArticleTest.testGetDMGrossPrice()  Time elapsed: 0.038 sec  <<< FAILURE!
org.opentest4j.AssertionFailedError: expected: <195.583> but was: <0.0>
      at org.junit.jupiter.api.AssertionUtils.fail(AssertionUtils.java:55)
      at org.junit.jupiter.api.AssertionUtils.failNotEqual(AssertionUtils.java:62)
      at org.junit.jupiter.api.AssertEquals.assertEquals(AssertEquals.java:70)
      at org.junit.jupiter.api.AssertEquals.assertEquals(AssertEquals.java:65)
      at org.junit.jupiter.api.Assertions.assertEquals(Assertions.java:869)
      at com.example.unittest_examples.ArticleTest.testGetDMGrossPrice(Article-
Test.java:16)


Results :

Failed tests:   com.example.unittest_
examples.ArticleTest.testGetDMGrossPrice(): expected: <195.583> but was: <0.0>

Tests run: 2, Failures: 1, Errors: 0, Skipped: 0

[INFO] ------------------------------------------------------------------------
[INFO] BUILD FAILURE
[INFO] ------------------------------------------------------------------------
```

```
[INFO] Total time:  2.553 s
[INFO] Finished at: 2021-04-02T07:31:55+02:00
[INFO] ------------------------------------------------------------------------
```

Der nächste Schritt besteht darin, sicherzustellen, dass der Test bestanden wird. Der erste Ansatz darf ruhig eine *Brute-Force-Methode* (rohe Gewalt) sein. Wenn beispielsweise `195.583` verlangt wird, kann dieser Wert einfach zurückgegeben werden:

```
public double getDMGrossPrice() {
    return 195.583;
}
```

Nun erscheint die erwartete grüne Erfolgsmeldung. Jetzt braucht die Methode nur noch verallgemeinert zu werden, damit sie für beliebige Werte das richtige Ergebnis liefert; das ist die für diesen Fall geeignete Form des Refactorings. So ergibt sich folgende Endfassung:


```
public double getDMGrossPrice() {
   return this.price * 1.95583;
}
```

Nach dem Refactoring sollten Sie den Test natürlich noch einmal durchführen, um sicherzustellen, dass Sie sich nicht vertan haben.

Auf diese Weise können Sie ein Projekt Test für Test aufbauen. In seinem Buch »Test-driven Development by Example« vergleicht Kent Beck diese Arbeitsweise mit dem Heraufziehen eines Eimers aus einem Brunnen, bei dem die Kurbelwelle mit Zähnen ausgestattet ist, die beim Loslassen einrasten. Genau dies verspricht das Test-driven Development: zu jeder Zeit »clean code that works«, also jederzeit ein so gut wie releasefähiges Projekt.

Einen guten Einstieg in die Arbeit mit JUnit bietet der lesenswerte Aufsatz »Test-Infected: Programmers Love Writing Tests« (*http://junit.sourceforge.net/doc/testinfected/testing.htm*). Darin wird zwar die nicht mehr aktuelle Version JUnit 3 beschrieben, aber es geht mehr um die Motivation und den praktischen Nutzen von Tests. Die abweichenden Details zu Testcode und -durchführung beantwortet die auch ansonsten gute Onlinedokumentation von JUnit.

Weitere Beispiele zur testgetriebenen Entwicklung finden Sie übrigens in Kapitel 19, »Webserveranwendungen«; dort kommt das PHP-Test-Framework PHPUnit zum Einsatz.

11.2.4 Weitere nützliche Software

Für die erfolgreiche Abwicklung von Softwareprojekten werden in der Praxis noch zwei weitere Hilfsmittel eingesetzt: *Versionskontrollsysteme* für die Softwareentwicklung im Team und *Bugtracker* für die Aufgabenverteilung und -übersicht.

Versionskontrolle

Wenn mehrere Personen dasselbe Softwareprojekt bearbeiten, muss es einen vernünftigen Weg geben, ihre Arbeit am Quellcode zu koordinieren. In keinem Fall genügt ein zentrales Verzeichnis auf einem Server, in das alle beteiligten Programmierer ihren Code hineinkopieren, denn selbstverständlich würden auf diese Weise vorherige Änderungen an derselben Datei einfach überschrieben, und es gäbe kein Zurück mehr, wenn eine Änderung sich als fehlerhaft erweist.

Deshalb werden seit Jahren *Versionskontrollsysteme* verwendet. Bei diesen liegt die zentrale, für alle gültige Kopie des Codes in einem sogenannten *Repository*, und alle Beteiligten besorgen sich durch einen *Check-out* je eine *Arbeitskopie* (*working copy*). Die Arbeitskopie kann durch einen Update-Vorgang auf den neuesten zentralen Stand gebracht werden, wobei lokale Änderungen nicht einfach überschrieben, sondern mit den Modifikationen aus dem Repository zusammengeführt werden – dieser Vorgang wird als *Merging* bezeichnet. Das funktioniert in der Regel automatisch, solange nicht dieselbe Codezeile auf verschiedene Arten geändert wurde. Sollte dies der Fall sein, wird ein *Merge-Konflikt* angezeigt, der in der Arbeitskopie beseitigt werden muss, indem die gültige Fassung jeder Änderung ausgewählt wird.

Die eigenen Änderungen werden durch einen *Commit*-Vorgang in das Repository kopiert; durch jedes Commit entsteht eine neue *Revision* des Codes. Das Repository führt ein einsehbares Protokoll über die Revisionen, und das Team kann sich die Änderungen zwischen verschiedenen Versionen anzeigen lassen.

Es besteht auch die Möglichkeit, mehrere voneinander abgeleitete Kopien eines Repositorys anzulegen und die Änderungen aus einem von ihnen wiederum per Merge-Vorgang in ein anderes zu übernehmen. In traditionellen Versionskontrollsystemen werden drei Typen von Unter-Repositorys für ein Projekt unterschieden:

- Der *Trunk* ist die zentrale Hauptentwicklungsversion.
- Ein *Branch* wird vom Trunk abgeleitet, um eine bestimmte Unterversion zu entwickeln.
- Ein *Tag* ist ein bestimmter Versionsstand, der nicht mehr geändert wird – beispielsweise ein konkretes *Release*, das auf Produktivsysteme verteilt wird.

Zwei Versionskontrollsysteme sind besonders verbreitet:

- *Subversion* (abgekürzt *svn*) wird schon seit vielen Jahren verwendet; es bietet alle oben genannten Funktionen. Für stark verteilte Projekte ist es nicht so gut geeignet, da es nur zentrale Repositorys und Arbeitskopien, aber keine Zwischenstufen kennt. svn ist ein Projekt der Apache Software Foundation; unter *subversion.apache.org* können Sie die Open-Source-Software herunterladen und erhalten weitere Informationen.
- *git* wurde ursprünglich von Linus Torvalds für die Arbeit am Linux-Kernel entwickelt und behebt den zentralen Mangel von Subversion: Durch einen *Clone*-Vorgang wird nicht einfach eine Arbeitskopie ausgecheckt, sondern ein abhängiges Repository erzeugt. Ein Commit übernimmt den Code nur ins lokale Repository; für das übergeordnete wird ein zu-

sätzlicher Vorgang namens *Push* verwendet. So kann eine beliebig lange Hierarchie von Repositorys entstehen.

Um git zu verwenden, können Sie die Software *GitLab* (*www.gitlab.com*) auf einem eigenen Server installieren oder aber einen Account bei dem Repository-Hoster *GitHub* (*www.github.com*) anlegen. GitHub ist für öffentliche Open-Source-Repositorys kostenlos, während für private Projekte ein monatlicher Beitrag erhoben wird.

Beide Versionskontrollsysteme können über die Kommandozeile bedient werden, es gibt aber auch zahlreiche Clients mit grafischer Benutzeroberfläche. git bringt sogar seine eigene Weboberfläche mit, die auch als Bugtracker für das jeweilige Projekt verwendet werden kann.

Bugtracker

Ein *Bugtracker*, auch *Issue-Tracker* oder *Ticket-System* genannt, bietet einen bequemen Überblick über die verschiedenen Aufgaben bei der Entwicklung eines Softwareprojekts. Dabei wird jede einzelne Aufgabe als sogenanntes *Ticket* angelegt.

Tickets können im Lauf ihres Lebenszyklus verschiedenen beteiligten Personen zugewiesen werden und haben einen Bearbeitungsstatus, der anzeigt, ob daran gerade gearbeitet wird, ob das entsprechende Problem behoben ist oder ob es sich anderweitig erledigt hat. Falls es sich um Softwarefehler (Bugs) handelt, wird auch deren Schwere angegeben (von trivial bis kritisch). In jedem Ticket wird für gewöhnlich eine Diskussion angezeigt, das heißt eine Abfolge von Kommentaren verschiedener beteiligter Personen wie Projektleiter*innen, Entwickler*innen oder Tester*innen. Außerdem wird die Bearbeitungsgeschichte eines Tickets gespeichert und kann bei Bedarf eingesehen werden.

Praktisch alle Bugtracker-Systeme werden in Form von Webanwendungen betrieben, deren Benutzeroberfläche in einem gewöhnlichen Browser zur Verfügung steht. Dabei gibt es verschiedene Benutzer*innen mit unterschiedlichen Projektzugehörigkeiten und Berechtigungen. Viele Open-Source-Projekte betreiben öffentliche Bugtracker, in die Benutzer*innen der Software neue Probleme eintragen können.

Einige wichtige Bugtracker-Systeme sind:

- *Mantis* (*www.mantisbt.org*) ist ein in PHP geschriebener Open-Source-Bugtracker.
- *Redmine* (*www.redmine.org*) wurde mit dem Web-Framework Ruby on Rails entwickelt und enthält neben dem reinen Bugtracker auch Projektmanagement- und Wiki-Aspekte. Es ist ebenfalls Open-Source-Software.
- Wie bereits erwähnt, enthält git eingebaute Bugtracker-Funktionen, sodass Versionskontrolle und Bugtracking bei git-Projekten gemeinsam betrieben werden können.

Continuous-Integration-Tools

Repositorys und automatisierte Testtools sind wichtige Bausteine für einen modernen Entwicklungsprozess. Zusätzlich sollte noch eine Software für *Continuous Integration* (CI) und

Continuous Delivery (*CD*) zum Einsatz kommen. Hierbei handelt es sich um ein System, das Testing und Deployment der entwickelten Programme automatisiert: Durch Commits in ein Repository oder auch manuell wird ein sogenannter Build-Prozess angestoßen, der zunächst die Tests ausführt und andere definierbare Überprüfungen vornimmt. Im Erfolgsfall wird das Projekt je nach Programmiersprache kompiliert oder einfach in einem zur jeweiligen Sprache oder Technologie passenden Format zusammengepackt und anschließend auf eines oder mehrere konfigurierbare Ziele kopiert, beispielsweise einen Entwicklungsserver (nur für das Entwicklungsteam), einen Staging-Server (auf dem auch die Kundschaft testen darf) und schließlich auf das Live-System, wenn ein Entwicklungszyklus abgeschlossen ist.

Die verbreitetste Software für Continuous Integration und Delivery ist *Jenkins*. Es handelt sich um eine in Java geschriebene Open-Source-Software, die Sie unter *jenkins.io* für verschiedene Betriebssysteme herunterladen können. An dieser Stelle wird beschrieben, wie Sie Jenkins auf Ihrem Rechner installieren und die erste Build-Pipeline einrichten können. Als Beispiel dient die Java-Implementierung des Decorator-Patterns aus Abschnitt 11.2.2, »Entwurfsmuster«.

Da aktuelle Jenkins-Versionen nicht mit den neuesten Java-Versionen kompatibel sind – und weil Container-Lösungen ohnehin flexibler sind als lokale Installationen –, bietet es sich alternativ an, Jenkins als Docker-Image zu installieren (Näheres zu Docker siehe Kapitel 14, »Server für Webanwendungen«). Wenn Docker bei Ihnen installiert ist, geben Sie dazu einfach Folgendes auf der Konsole ein:

```
$ docker run -p 8080:8080 -p 50000:50000 -v jenkins_home:/var/jenkins_home jenkins/
jenkins
```

Dies setzt beim ersten Start einen Download-Prozess in Gang, der einige Minuten dauert. Jenkins läuft danach innerhalb des Containers als eigenständiger Webserver auf TCP-Port 8080, der auch mit dem Port 8080 Ihres eigenen Computers verknüpft wird; Port 50000 kommt zusätzlich für Verwaltungsaufgaben zum Einsatz. Falls Port 8080 oder 50000 bei Ihnen von anderen Servern belegt ist, geben Sie bei `-p 8080:8080` beziehungsweise `-p 50000:50000` als Wert vor dem Doppelpunkt jeweils einen anderen lokalen Port als 8080 ein.

Beachten Sie die Bildschirmausgabe beim Start, denn unter dem Text AN ADMIN USER HAS BEEN CREATED AND A PASSWORD GENERATED finden Sie eine zufällige Zeichenfolge, die als initiales Passwort dient. Kopieren Sie diese in die Zwischenlage. Öffnen Sie einen Browser und geben Sie *http://localhost:8080* (beziehungsweise den bei der Installation gewählten Port) ein. Auf dem ersten Bildschirm müssen Sie nun das zuvor eingefügte Administratorpasswort einfügen, und auf dem nächsten können Sie entscheiden, ob Sie die gängigsten Plug-ins installieren oder diese selbst einzeln auswählen möchten. Je nach Auswahl dauert die Installation ein wenig. Im letzten Schritt vor dem eigentlichen Start von Jenkins werden Sie aufgefordert, einen eigenen Admin-Account anzulegen.

Nun geht es darum, die Projektdateien in den Jenkins-Container hineinzukopieren. Ein echtes Projekt checkt diese automatisch aus einem Repository aus (typischerweise git), aber im vorliegenden einfachen Beispiel soll das manuell erledigt werden. Dazu müssen Sie zunächst innerhalb des Docker-Containers ein Verzeichnis anlegen. Lassen Sie sich auf der Konsole Ihres eigenen Rechners zunächst die Liste der laufenden Docker-Container ausgeben:

```
$ docker ps
CONTAINER ID        IMAGE               COMMAND [...]
3bbeee579b11        jenkins/jenkins     "/sbin/tini -- /usr/..." [...]
```

Kopieren Sie sich die Container-ID des Docker-Containers und geben Sie sinngemäß, das heißt mit Ihrer lokalen ID, Folgendes ein, um die Shell des Docker-Containers zu betreten:

```
$ docker exec -it 3bbeee579b11 /bin/bash
```

Anders als bei einem selbst erstellten Docker-Container sind Sie hier nicht *root*, sondern der User *jenkins* mit dem Home-Verzeichnis */var/jenkins_home*. Erzeugen Sie innerhalb dieses Verzeichnisses ein Unterverzeichnis namens *decorator*:


```
$ mkdir ~/decorator
```

Verlassen Sie den Container wieder, indem Sie `exit` eingeben oder [Strg] + [D] drücken. Wechseln Sie auf der Konsole Ihres eigenen Rechners in das Verzeichnis, in dem sich das Decorator-Beispiel befindet, und geben Sie (wieder mit Ihrer eigenen Container-ID) Folgendes ein, um es in den Docker-Container zu kopieren:

```
$ docker cp . 3bbeee579b11:/var/jenkins_home/decorator
```

Auf dem Hauptbildschirm von Jenkins können Sie nun auf Knopfdruck Ihr erstes Jenkins-Projekt anlegen. Geben Sie einen Namen für das Projekt ein – in diesem Fall zum Beispiel *Cookies* – und wählen Sie dessen Typ aus; für diesen Test bietet sich das besonders flexible *Free Style*-Softwareprojekt an. Klicken Sie nach der Auswahl auf OK. Sie gelangen in einen umfangreichen Konfigurationsdialog. Da im Moment kein Repository zum Einsatz kommt, keine Tools konfiguriert werden müssen und so weiter, klicken Sie einfach auf die Registerkarte BUILDVERFAHREN oder scrollen bis zu diesem Punkt herunter. Wählen Sie unter BUILD-SCHRITT HINZUFÜGEN die Option SHELL AUSFÜHREN. Geben Sie in den Eingabebereich BEFEHL diese Zeilen ein:

```
cd /var/jenkins_home/decorator
rm -f *.class
javac CookieTest.java
```

Das Build-Skript wechselt also ins Source-Verzeichnis, löscht dort alle Dateien des vorherigen Kompiliervorgangs – wobei die Option `-f` unter anderem dafür sorgt, dass nicht mit einem Fehler abgebrochen wird, wenn gar keine existieren – und kompiliert die Klassen dann neu. Da Jenkins ein Java-Projekt ist, enthält der Container bereits den benötigten Compiler (allerdings in der älteren Version Java 8, sodass er für neuere Features nicht geeignet ist).

Klicken Sie zuletzt auf SPEICHERN, und Sie befinden sich auf dem Hauptbildschirm des neuen Jenkins-Projekts (siehe Abbildung 11.11). Hier können Sie auf JETZT BAUEN klicken, um das Build-Skript auszuführen. Wenn Sie alles richtig gemacht haben, sollte unter BUILD-VERLAUF Build #1 nach kurzer Zeit einen grünen Haken anzeigen (in der Abbildung ist es Build #2, weil zuvor bereits einer durchgeführt wurde): Alles hat korrekt funktioniert. Erscheint dagegen ein rotes X, ist der Build gescheitert. In diesem Fall (aber natürlich auch im Erfolgsfall) können Sie den Build anklicken, um dessen Details zu sehen. Insbesondere der Menüpunkt KONSOLENAUSGABE ist aufschlussreich, da er sämtliche Ausgaben des Build-Skripts enthält. Im Fall der erfolgreichen Kompilierung müssten Sie hier etwa Folgendes sehen:

```
Started by user Sascha Kersken
Running as SYSTEM
Building in workspace /var/jenkins_home/workspace/Kekse
[Kekse] $ /bin/sh -xe /tmp/jenkins7003947576126720 60.sh
+ cd /var/jenkins_home/decorator
+ rm EinfacherKeks.class Keks.class KeksDecorator.class KeksTest.class MitSchokoGuss.
class MitStreuseln.class
+ javac KeksTest.java
Finished: SUCCESS
```

Dies war nur eine sehr kurze Einführung in die unzähligen Möglichkeiten von Jenkins. Wenn Sie mehr erfahren möchten, lesen Sie die umfangreiche Dokumentation auf der Projekt-Website.

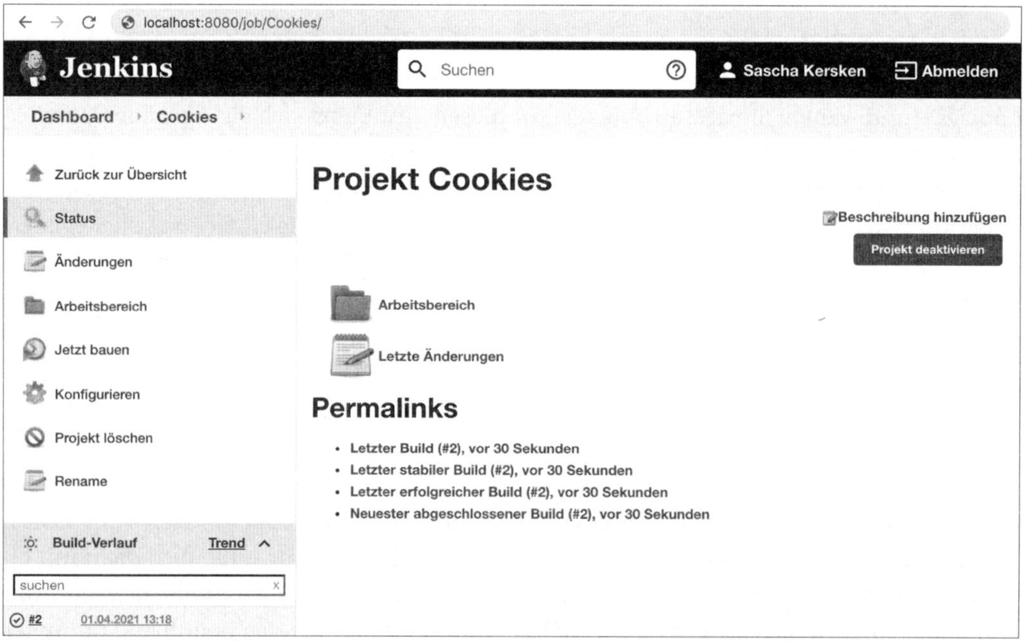

Abbildung 11.11 Hauptbildschirm des Jenkins-Projekts »Cookies«

11.3 Übungsaufgaben

Im Folgenden ist jeweils genau eine Antwort richtig.

1. Wie heißt das klassische Modell der Softwareentwicklung?
   - Stauseemodell
   - Binnenmeermodell
   - Wasserfallmodell
   - Schleusenmodell
2. Was ist kein Wissensfeld des Projektmanagements?
   - Integrationsmanagement
   - Urlaubsmanagement
   - Kostenmanagement
   - Zeitmanagement
3. Wie heißt der Pfad in einem Netzplan, bei dem Verzögerungen zu einer Zeitüberschreitung im Gesamtprojekt führen können?
   - kritischer Pfad
   - Kriegspfad
   - Verzögerungspfad
   - Hauptpfad
4. Was ist der Hauptvorteil von Gantt-Diagrammen gegenüber Netzplänen?
   - Die verschiedenen Aufgaben werden farblich gekennzeichnet.
   - Das Gantt-Diagramm kann mithilfe von Software erstellt werden.
   - Die relative Dauer von Vorgängen geht aus der grafischen Darstellung hervor.
   - Es gibt keinen Vorteil; beide Darstellungsformen haben denselben Informationsgehalt.
5. Welche Darstellungsform ist ein typisches Werkzeug der objektorientierten Analyse (OOA)?
   - Netzplan
   - UML-Diagramm
   - Flussdiagramm
   - Pseudocode
6. Welches der folgenden Verfahren kann kein automatisierter Softwaretest sein?
   - Integrationstest
   - Frontend-Test
   - Usability-Test
   - Unit-Test

7. Welcher Teil der Softwaredokumentation kann automatisch aus dem Quellcode generiert werden?
   - Benutzerdokumentation
   - Entwicklungsdokumentation
   - Administrationsdokumentation
   - gar keine
8. Welche der folgenden Rollen ist in Scrum nicht definiert?
   - Investor
   - Product Owner
   - Team Member
   - Scrum Master
9. Wie wird ein einzelner, möglichst kurzer Entwicklungszyklus im Scrum-Verfahren genannt?
   - Loop
   - Leap
   - Sprint
   - Run
10. Welchen der folgenden Diagrammtypen gibt es in der UML nicht?
    - Klassendiagramm
    - Anwendungsdiagramm
    - Flussdiagramm
    - Sequenzdiagramm
11. Welcher der folgenden Begriffe ist kein Entwurfsmuster aus dem Katalog der »Gang of Four«?
    - Singleton
    - Decorator
    - Factory Method
    - Forum
12. Was ist keine Phase der testgetriebenen Entwicklung?
    - Red
    - Refactor
    - Green
    - Blue

13. Was ist der Hauptvorteil von git gegenüber svn?
    - git ist Open Source, während svn Geld kostet.
    - Auf einem git-Server können beliebig viele Repositorys liegen; bei svn brauchen Sie für jedes Repository einen eigenen.
    - git kann eine beliebig lange Hierarchie voneinander abgeleiteter Repositorys bilden.
    - git hat keinen Vorteil, denn es ist älter und weniger modern als svn.
14. Was ist ein Ticket in einem Bugtracker?
    - ein Strafzettel für faule Entwickler*innen
    - der Gesamtüberblick über ein Softwareprojekt
    - eine Fehlermeldung
    - eine einzelne Aufgabe für den Entwicklungsprozess

Kapitel 12
Geschäftsprozessanalyse

Welchen Überblick verschafft uns nicht die Ordnung, in der wir unsere Geschäfte führen!
– Johann Wolfgang Goethe

Neben der in Kapitel 10 besprochenen Datenanalyse ist die Geschäftsprozessanalyse die andere Säule des neuen Fachinformatiker*innen-Ausbildungsgangs Daten- und Prozessanalyse. In diesem Kapitel wird zunächst geklärt, was Geschäftsprozesse überhaupt sind und welche Bedeutung ihre Analyse hat. Die Hauptaufgabe ist die Modellierung und Dokumentation von Prozessen. Als Werkzeug kommt dafür in diesem Kapitel die verbreitete Diagrammsprache BPMN zum Einsatz.

12.1 Überblick

Die *Geschäftsprozessanalyse*, mit einem allgemeineren Begriff auch *Geschäftsprozessmanagement* genannt, beschäftigt sich mit der Planung, Bewertung, Dokumentation und Optimierung von Geschäftsprozessen. Ein *Geschäftsprozess* ist ein wiederkehrender Arbeitsablauf, der oft die Zusammenarbeit diverser Beteiligter umfasst. Der Prozessbegriff ermöglicht eine Gesamtschau der verschiedenen Tätigkeiten, die einzelne beteiligte Personen, Abteilungen oder Unternehmen nicht haben. Erst dadurch wird es möglich, Verbesserungspotenzial in den Prozessen zu erkennen und umzusetzen.

Die ursprüngliche Motivation für die allmähliche Entwicklung des Prozessmanagements nahm ihren Anfang in der *Arbeitszerlegung* im Rahmen der industriellen Revolution, die im 19. Jahrhundert begann und in den Arbeiten von *Frederick W. Taylor* 1903 formalisiert wurde. Der *Taylorismus* inspirierte unter anderem Henry Ford und andere Industrielle. Arbeitsabläufe werden in kleine Einzelschritte zerlegt, die nacheinander an verschiedenen Arbeitsplätzen ausgeführt werden. Nach und nach wurde die Abfolge der Schritte durch die Einführung des Fließbands mechanisiert.

Das eigentliche Geschäftsprozessmanagement (GPM) wurde Anfang der 90er-Jahre des letzten Jahrhunderts entwickelt, um den bereits seit Längerem bekannten negativen Folgen der Arbeitsteilung entgegenzuwirken, nämlich der Fragmentierung, dem Abteilungsdenken und allgemein der mangelnden Koordination. Die Aufgaben, die heute als Prozessmanagement bezeichnet werden, nämlich die Dokumentation, Analyse und Restrukturierung von

Arbeitsabläufen, wurden früher als *Ablauforganisation* bezeichnet und waren weniger formalisiert.

Die Unteraufgabe der Dokumentation von Prozessen wird als *fachliche Prozessmodellierung* bezeichnet. Nicht immer wird das *Workflow-Management* (*WFM*), auch technische Workflow-Modellierung genannt, ganz sauber davon abgegrenzt. Dabei handelt es sich beim Workflow-Management nicht um passive Dokumentation, sondern um die tatsächliche Ausführung von Arbeitsabläufen mithilfe geeigneter Software.

Im englischen Sprachgebrauch hat sich dagegen vornehmlich der Begriff *Business Process Management* (*BPM*) als Sammelbezeichnung für alle genannten Teilaufgaben etabliert.

12.1.1 Historische Entwicklung

Bevor die eigentliche Geschäftsprozessanalyse entwickelt wurde, fand eine historische Entwicklung in mehreren Schritten statt, und der aktuelle Stand weist sogar über die in den 90er-Jahren entstandene klassische Prozessanalyse hinaus. Die wichtigsten Stationen werden im Folgenden kurz nachgezeichnet. Im Einzelnen handelt es sich um folgende Meilensteine:

1. Arbeitszerlegung (Taylorismus), seit 1900
2. aktionsorientierte Datenverarbeitung (AODV), seit 1970
3. Prozessorientierung, seit 1990
4. Digitalisierung, seit 2010

Arbeitszerlegung (seit 1990)

Zwar begann bereits Mitte des 19. Jahrhunderts die Industrialisierung, doch anfangs war die Arbeitsorganisation nicht auf die neuen Produktionsmethoden eingestellt und daher oft ineffizient. Erst zu Beginn des 20. Jahrhunderts wurden passendere Strukturen formalisiert. Besonders das 1903 erschienene Hauptwerk von Taylor eröffnete neue Perspektiven, die in den nächsten Jahrzehnten in allen industrialisierten Ländern weithin übernommen wurden.

Der Taylorismus ist vor allem geprägt durch das Konzept der *Arbeitszerlegung*. Planende und ausführende Tätigkeiten werden klar voneinander getrennt. Auch die Betriebsorganisation wird erstmals in zwei Bereiche unterteilt: Die *Aufbauorganisation* beschreibt, welche Personen und Abteilungen für welche Aufgaben zuständig sind und wer wem gegenüber weisungsbefugt ist. Diese Strukturen werden typischerweise in Organigrammen dokumentiert. Die *Ablauforganisation* beschreibt dagegen die einzelnen auszuführenden Arbeitsvorgänge. Diese werden in kleine Einzelschritte zerlegt und anschließend den Organisationseinheiten aus der Aufbauorganisation zugeordnet.

Der Vorteil einer so organisierten Produktionsweise gegenüber früheren Verfahren bestand in einer deutlichen Steigerung der Produktivität durch effizientere Ressourcennutzung. Der wichtigste Nachteil ist der mangelnde Überblick über den Gesamtverlauf der Arbeitsprozesse durch die Fragmentierung der Aufgaben in die einzelnen Abteilungen, die jeweils nur über das für ihren Anteil daran erforderliche Spezialwissen verfügen.

Aktionsorientierte Datenverarbeitung (seit 1970)

Nachdem das tayloristische Modell jahrzehntelang angewendet und nur durch Detailanpassungen nachoptimiert wurde, begann Anfang der 70er-Jahre der Übergang zu einer stärkeren Einbindung der EDV in den Produktionsprozess. Unter dem Sammelnamen *aktionsorientierte Datenverarbeitung* (*AODV*) wurden verschiedene Softwaresysteme geschaffen, deren Zusammenarbeit den zuvor fehlenden Gesamtüberblick bieten sollte.

Zu den Kernelementen von AODV-Systemen gehören die folgenden:

- *Aktionsdatenbanken*, die unter anderem automatisch aktualisierbare Informationen über Lagerbestände sowie den Fertigstellungs- und Bestellstatus von Aufträgen enthalten.
- Eine *Trigger-Datenbank*, die beim Auftreten bestimmter Ereignisse automatisch Anweisungen an andere Softwareprogramme oder -module erteilt, damit sie bestimmte Aktionen ausführen. Beispielsweise können die Nachbestellung von Arbeitsmaterial oder der Versand von Mahnungen auf diese Weise (teil-)automatisiert werden.
- Ein internes elektronisches Postsystem für alle an den Arbeitsabläufen Beteiligten.

Als wichtigste Ziele der AODV galten kürzere Durchlaufzeiten bis zur Fertigstellung von Arbeitsabläufen, die Reduzierung der Papierflut (bis zum »papierlosen Büro«, das leider bis heute nicht Realität wurde) und die bessere Nutzung von Ressourcen. Nach der durchaus erfolgreichen Einführung versprach man sich zunächst viel vom Einsatz solcher Systeme, doch scheiterten sie in der Praxis an den Leistungsgrenzen der damaligen Informationstechnik.

Als dauerhaft erfolgreich erwies sich dagegen der etwa zeitgleich beginnende Einzug von Informationstechnik und Robotik in die Produktion, etwa in Form von Industrierobotern oder CNC-Systemen.

Prozessorientierung (seit 1990)

Erst zu Beginn der 90er-Jahre erfolgte der Übergang zur *Prozessorientierung* im heutigen Sinn. Bevor diese im Folgenden noch näher beschrieben wird, sei hier schon einmal auf wesentliche Faktoren hingewiesen:

- Es erfolgt eine Abgrenzung der starren Aufbauorganisation von der flexibleren Prozessverantwortung.
- Eine Gesamtsicht auf die Abfolge der durch bisherige Verfahren fragmentierten Einzeltätigkeiten wird wieder möglich, vor allem durch die Prozessmodellierung.
- Da die IT inzwischen leistungsfähig genug ist, wird mit der tatsächlich produktiven Einführung spezieller Software begonnen. In großen Unternehmen sind es besonders Warenwirtschaftssysteme wie SAP/R3, in kleineren ERP- und/oder CRM-Systeme mit sehr unterschiedlicher Leistungsfähigkeit und Integrierbarkeit in die sonstige Unternehmens-IT.

Digitalisierung (seit 2010)

Die Digitalisierung (Cloud Computing, Big Data, Industrie 4.0 etc.) steht hier für die Echtzeit- und Echtdatenanalyse aller Prozesse.

Seit gut zehn Jahren sind Produktions- und Arbeitsprozesse immer stärker von umfassenden Digitalisierungsbestrebungen betroffen. Im Bereich der Geschäftsprozessanalyse ist der Hauptunterschied darin zu sehen, dass nun umfangreiche echte Datenmengen mithilfe geeigneter Programme in Echtzeit analysiert werden können. Bei älteren Verfahren bestand dagegen ein gewisser zeitlicher Abstand zwischen der Erstellung von Modellen und ihrer Überprüfung anhand zuvor gesammelter Daten.

Zu den wichtigsten, teilweise in diesem Buch behandelten Schlüsseltechnologien der Digitalisierung im Bereich der Geschäftsprozesse gehören folgende:

- *Cloud Computing*: Die Auslagerung von Datenspeicherung und -verarbeitung in hoch spezialisierte Rechenzentren der Cloud-Computing-Betreiberfirmen (siehe Kapitel 14, »Server für Webanwendungen«).
- *Big Data*: Die effiziente Verarbeitung und Analyse erheblicher oft in Echtzeit gewonnener Datenmengen. Dazu kommen unter anderem Machine-Learning-Algorithmen zum Einsatz (Näheres in Kapitel 10, »Datenanalyse, Machine Learning, künstliche Intelligenz«).
- *Industrie 4.0*: Der Begriff stammt aus Forschungsprogrammen, die von der deutschen Bundesregierung gefördert wurden, und steht für die *vierte industrielle Revolution*. Die ersten drei waren die Mechanisierung durch Dampfmaschinen, die Rationalisierung durch Fließbänder und die erste Welle der Digitalisierung, etwa im Rahmen von Industrierobotern und AODV. Ziel dieser vierten Stufe ist die Digitalisierung und Vernetzung des gesamten Produktionsablaufs.

12.1.2 Geschäftsprozesse

Abgesehen von der Definition von Geschäftsprozessen als wiederkehrende, unternehmensbezogene Vorgänge kann die folgende Aufzählung ihrer typischen Merkmale helfen, sie besser einzuordnen: Ein Prozess

- führt zu einem unternehmensbezogenen Ziel,
- besteht aus Einzelschritten,
- findet regelmäßig statt,
- wird arbeitsteilig durchgeführt,
- benötigt Unterstützung durch spezifische Hard- und Software und
- beginnt mit Input (von Informationen und/oder Ressourcen) und endet mit Output (wiederum in Form von Informationen und/oder tatsächlichen materiellen Produkten).

Es ist zu beachten, dass Geschäftsprozesse sowohl kundenorientierte als auch betriebsinterne Vorgänge betreffen können. Produktion und Vertrieb von Waren oder das Anbieten und Durchführen von Dienstleistungen gehören ebenso dazu wie Aufgaben aus der Personalabteilung oder dem Rechnungswesen. Einige exemplarische Prozesse sind etwa folgende:

- Bearbeitung einer Anfrage mit Recherche bis hin zur Erstellung eines Angebots.
- Produktionsplanung, zum Beispiel in den Bereichen Material, Personal, Reihenfolge und zeitlicher Aufwand.
- Abläufe in einem Krankenhaus oder einer Arztpraxis von der Aufnahme bis zur Entlassung von Patient*innen bei verschiedenen Behandlungen.
- Durchführung von Lehre und Prüfungen in Schule, Berufsausbildung oder Universität.
- Verschiedene Aspekte der Buchhaltung.

12.1.3 Einteilung der Aufgabenbereiche im Prozessmanagement

Das Gesamtaufgabenpaket des Geschäftsprozessmanagements wird auf drei verschiedene Achsen aufgeteilt, die sich grafisch als Würfel darstellen lassen: Ebenen, Phasen und Sichten.

Ebenen

Bei der Aufteilung in *Ebenen* werden unterschiedliche Abstraktions- und Detailgrade betrachtet.

Die gröbste und allgemeinste Ebene ist die *strategische Ebene*, auf der von der Geschäftsleitung und von ihr beauftragten Personen, Abteilungen oder externen Beratungsunternehmen eine allgemeine Geschäftsstrategie erarbeitet wird. Diese hat Einfluss auf die verschiedenen Prozesse, ist jedoch selbst dem eigentlichen Prozessmanagement übergeordnet.

Die Prozesse selbst werden auf der mittleren Ebene definiert, der *fachlich-konzeptionellen Ebene*. Hier erfolgt die Modellierung und Dokumentation der Prozesse, aus der sich mitunter Optimierungsmöglichkeiten ergeben. Diese können wiederum Einfluss auf die strategische Ebene haben und mittelfristig zu Anpassungen der Strategie führen.

Die eigentliche Durchführung der Prozesse erfolgt auf der *operativen Ebene*, auf der die abstrakteren Prozessmodelle in konkrete Workflows umgesetzt werden. Diese können jedoch durchaus mithilfe derselben Diagrammsprachen modelliert werden; die im nächsten Abschnitt besprochene BPMN kann definitiv beides und wird auch dafür eingesetzt.

Phasen

Prozessmodellierung, -umsetzung, -beurteilung und -optimierung erfolgen in zyklischen *Phasen*, die mit denjenigen der im vorherigen Kapitel besprochenen Softwareentwicklungs- und Projektmanagementverfahren vergleichbar sind. Genau wie dort gibt es auch im Prozessmanagement traditionelle Verfahren, die relativ starr strukturiert sind, und agile Methoden, bei denen die einzelnen Phasen schneller aufeinanderfolgen und unmittelbareren Einfluss aufeinander ausüben. Dies wird im Zuge der umfassenden Digitalisierung und der mit ihr einhergehenden Echtzeitverfügbarkeit konkreter Prozessdaten immer wichtiger, weil dadurch erstmals steuerndes Eingreifen in bereits laufende Prozesse möglich wird.

Damit Sie sich etwas unter den verschiedenen Phasen eines Prozesszyklus vorstellen können, hier als Beispiel das Life-Cycle-Phasenmodell der Firma E.ON:

1. Konzeption/Strategie: die grobe Richtung in Form einer sogenannten Prozesslandkarte mit der Definition von Zielen, Standards und Methoden
2. Prozessdesign: Ist-Analyse und Definition des Soll-Zustands, Modellierung der Prozesse, Definition von Schnittstellen, Auswahl der passenden IT-Systeme
3. Prozessimplementierung: Anpassung des Ist Zustands in der Organisationsstruktur und den IT-Systemen, Information der Beteiligten, zum Beispiel durch Schulungen
4. Prozess-Controlling: ständiger Abgleich zwischen Soll- und aktuellem Ist-Zustand, Analyse möglicher Schwachstellen zur kontinuierlichen Prozessverbesserung
5. Kontinuierlicher Verbesserungsprozess: Planung von Verbesserungen aufgrund des Controllings, wenn nötig weitere Schulungen, Rückmeldung an die Strategieverantwortlichen für die nächste Phase

Sichten

Um die Komplexität der Prozessdefinitionen zu reduzieren, ist es ratsam, diese nicht aus allen denkbaren Blickwinkeln gleichzeitig zu betrachten. Stattdessen werden verschiedene voneinander abgrenzbare *Sichten* definiert, mit deren Hilfe die gesamte Prozesslandschaft untergliedert wird, um sie übersichtlicher zu machen. Es gibt verschiedene konkrete Aufteilungen in Sichten, hier eine relativ einfache nach *Becker* (2007):

- Organisation
- Geschäftsobjekt
- Prozess
- Ressource

Die meisten Sichten-Modelle unterteilen die Unternehmensbestandteile und -abläufe in mehr Unterpunkte als diese vier, manche auch in weniger. Entscheidend ist in jedem Fall, dass nicht alle Aspekte auf einmal betrachtet und beliebig miteinander vermischt werden.

12.2 Prozesse modellieren mit BPMN

Eine zentrale Aufgabe der Geschäftsprozessanalyse ist die Modellierung der verschiedenen Prozesse. Diese dient zum einen der verbindlichen, abteilungsübergreifenden Dokumentation, zum anderen aber auch der Optimierung der Prozesse. Denn oft genug lässt sich bereits am Modell Verbesserungspotenzial ablesen – etwa wenn ein Umweg vermieden oder die Reihenfolge von Einzelschritten angepasst werden kann.

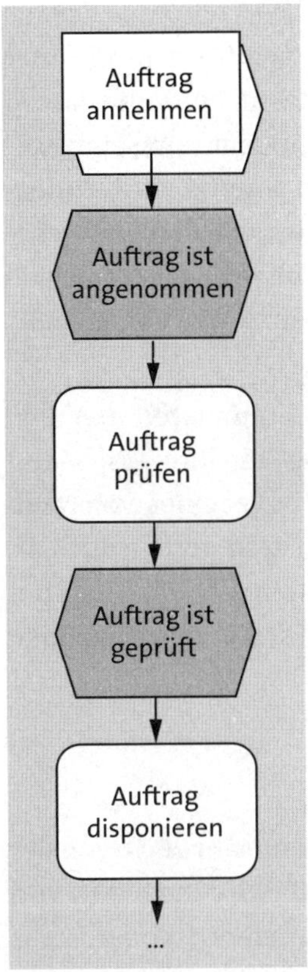

Abbildung 12.1 Ein einfaches EPK-Diagramm (ereignisgesteuerte Prozesskette).
Quelle: Wikipedia-User »Stern«. Lizenz: CC BY-SA 3.0.

Für die Prozessmodellierung gibt es verschiedene formale Sprachen, die praktisch immer die Form von Diagrammen haben. Die wichtigsten dieser Diagrammsprachen sind:

- *Flussdiagramme* (siehe Kapitel 8, »Algorithmen und Datenstrukturen«): Die ursprünglich zur Darstellung von Algorithmen und Computerprogrammen entwickelten Flussdiagramme eignen sich auch zur einfachen, ohne viel Spezialwissen verständlichen Darstellung von Prozessen. Für die professionelle Prozessanalyse sind sie zwar nicht differenziert genug, sind jedoch ideal geeignet für die Erstellung von Prototypen, die einen ersten groben Überblick über einen Prozess bieten.
- *Ereignisgesteuerte Prozessketten* (EPK): Eine Diagrammsprache mit einem sehr reichhaltigen Vorrat an Darstellungsformen, mit denen sich nicht nur Prozesse, sondern viele verschiedene unternehmensbezogene Sachverhalte darstellen lassen, zum Beispiel auch Organigramme. Das bedeutet andererseits, dass sie nicht speziell für die Prozessmodellierung optimiert sind. EPK-Diagramme sind leicht verständlich, aber der Lernaufwand für ihre Erstellung ist recht hoch. In Abbildung 12.1 sehen Sie ein einfaches Beispiel für ein EPK-Diagramm.

- *UML-Diagramme* (siehe Kapitel 11, »Software-Engineering«): Auch die Diagramme der aus dem Software-Engineering stammenden Unified Modeling Language werden mitunter im Prozessmanagement genutzt. Besonders Zustands- und Aktivitätsdiagramme eignen sich zur Darstellung von Prozessen. Die UML auch für die Prozessmodellierung einzusetzen, ist dann praktisch, wenn sie in einem Unternehmen ohnehin genutzt wird. Zudem gibt es Tools, die aus UML-Diagrammen automatisch das Grundgerüst von Software generieren, sodass der Weg von der theoretischen Modellierung der Prozesse hin zur IT-Begleitung ihrer praktischen Ausführung leichtfällt. Von allen vier hier genannten Sprachen ist die UML die komplexeste mit dem höchsten Lernaufwand.
- *Business Process Model and Notation* (BPMN): Im Gegensatz zu den anderen drei Diagrammsprachen wurde die BPMN exklusiv für die Modellierung von Prozessen und Workflows entwickelt. BPMN-Diagramme sind keineswegs nur dafür geeignet, von Menschen oder ganzen Abteilungen gelesen und umgesetzt werden, sondern werden auch oft von Workflow- oder ERP-Software zur Steuerung von Abläufen innerhalb von Programmen oder zwischen verschiedenen Systemen genutzt. Die BPMN wird in den folgenden Abschnitten näher beschrieben.

12.2.1 BPMN 2.0 im Überblick

Die *BPMN* wurde ab 2001 von *Stephen A. White* bei IBM entwickelt und im Jahr 2004 von der *Business Process Management Initiative* (*BPMI*) veröffentlicht. Seit 2005 wird die BPMN von der *Object Management Group* weiterentwickelt, die auch für viele andere Standards aus Software-Engineering und Wirtschaftsinformatik, wie die UML, verantwortlich ist. Die aktuelle Version 2.0 wurde 2011 veröffentlicht, und die fehlerbereinigte Unterversion 2.0.1 wurde 2013 zum ISO-Standard.

Aufgabe der BPMN ist wie erwähnt die Modellierung von Geschäftsprozessen und Workflows. Ein Vorrat an verschiedenen Symbolen dient der Darstellung unterschiedlicher Aspekte von Prozessen wie Beginn und Ende, einzelner Tätigkeiten und Gateway (BPMN-spezifischer Begriff für Abweichungen vom linearen Prozessablauf).

Die wichtigste Neuerung der BPMN 2.0 ist die Einführung eines XML-basierten Austauschformats, das jedes beliebige Diagramm eineindeutig beschreibt und so den Austausch von BPMN-Diagrammen erleichtert. Andere Neuerungen sind etwa verbesserte Darstellungsmöglichkeiten für menschliche Interaktion sowie die Option, die BPMN selbst zu erweitern.

Über XML-basierte Prozessausführungssprachen wie etwa die *Business Process Execution Language* (BPEL) können UML-Modelle auch als Grundlage der automatisierten Ausführung der Prozesse – oder zumindest ihrer IT-basierten Teile – dienen, unter anderem in ERP-Systemen. Auch Workflows für komplexe Systeme werden mithilfe der BPMN beschrieben, etwa im Workflow-Management-System *Mayam*, das wiederum in Media-Asset-Management-Systemen bei Rundfunksendern und anderen Audio- und Videoplattformen zum Einsatz kommt.

Für die Erstellung von BPMN-Diagrammen gibt es verschiedene freie und kommerzielle Programme. Einige wichtige Beispiele für freie Tools sind folgende:

- *Aris Express* – beherrscht neben BPMN auch EPK (*www.ariscommunity.com/aris-express*)
- *Activiti* – kann als Stand-alone-Software auf einem lokalen Server, über diverse Cloud-Dienste oder als Plug-in in der IDE Eclipse verwendet werden (*www.activiti.org/*)
- *Camunda* – kann entweder kostenlos lokal installiert werden (als Binary oder über Docker), aber nach einer Registrierung auch kostenlos im Web verwendet werden (*https://camunda.com/de/*)

Die Diagramme in diesem Abschnitt wurden über das Camunda-Web-Interface erstellt, das Sie unter *https://cawemo.com/* finden.

In Tabelle 12.1 erhalten Sie einen Überblick über die wichtigsten Elemente eines BPMN-Diagramms, die im nächsten Abschnitt für einige konkrete Diagramme zum Einsatz kommen werden.

Symbol	Name	Bedeutung
Rahmen für Aktivitäten		
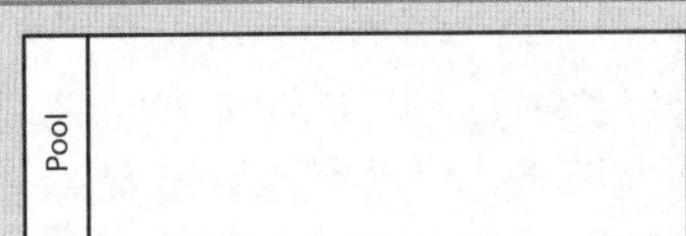	Pool	alle Aufgaben einer übergeordneten Organisationseinheit (z. B. beteiligte Firma oder externe Person)
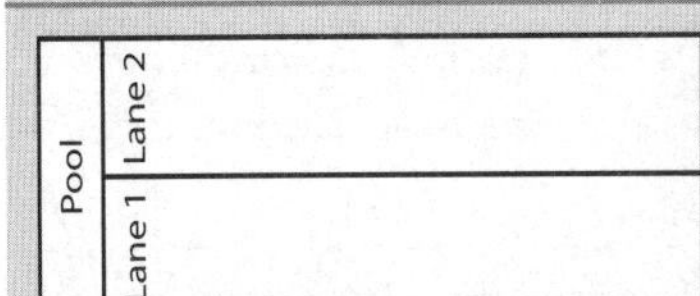	Swimlanes	Unterteilung eines Pools in mehrere Beteiligte (Abteilungen oder Personen)
Ereignisse (Start, Ende etc.)		
	Startereignis	Beginn des Prozesses
	Message-Start	Beginn des Prozesses, durch Nachricht gestartet
	Timer-Start	Beginn des Prozesses, regelmäßig gestartet
	Zwischenereignis	definierter Zwischenstand erreicht
	Endereignis	Ende des Prozesses

Tabelle 12.1 Die wichtigsten Elemente von BPMN-2.0-Diagrammen

Symbol	Name	Bedeutung
Einzelne Aufgaben		
	Task	Standardaufgabe
	User-Task	Aufgabe, die von einer Person durchgeführt wird
	Skript-Task	Aufgabe, die durch Skriptcode näher spezifiziert wird
	Sub-Task	Aufgabe, die als eigenständiger Unterprozess mit mehreren Schritten definiert ist
Gateways (Verzweigungen)		
	Gateway (exklusiv)	Entweder-oder-Verzweigung (es wird auf jeden Fall nur eine der nachfolgenden Aktivitäten ausgeführt)
	Gateway (parallel)	Und-Verzweigung (es werden auf jeden Fall beide Aktivitäten ausgeführt)
	Gateway (inklusiv)	Oder-Verzweigung (eine oder beide Aktivitäten werden ausgeführt)

Tabelle 12.1 Die wichtigsten Elemente von BPMN-2.0-Diagrammen (Forts.)

In Abbildung 12.2 sehen Sie einen noch nicht mit konkreten Aufgaben bezeichneten Prozess im Überblick. Was die einzelnen Elemente bedeuten und wie sie sinnvoll angeordnet werden, wird im Anschluss beschrieben. Im nächsten Abschnitt werden dann einige konkrete Beispiele vorgestellt.

Alle von einer bestimmten Organisationseinheit ausgeführten Aktivitäten werden in einem *Pool* dargestellt. Dieser kann in mehrere *Swimlanes* (Schwimmbahnen) unterteilt werden, wenn mehrere Stellen mit klar unterscheidbaren Aufgaben (Abteilungen oder Personen mit definierten Rollen) beteiligt sind.

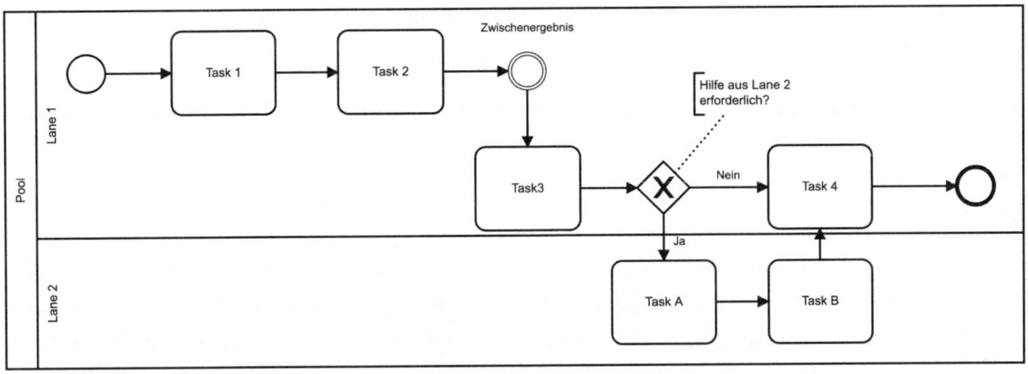

Abbildung 12.2 Ein einfaches, noch nicht spezifiziertes BPMN-2.0-Diagramm

Ein Prozess hat stets genau ein *Startereignis*, kann aber mehrere *Endereignisse* besitzen, weil es oft nicht nur ein mögliches Ergebnis gibt. Ein allgemeines Startereignis (leerer Kreis mit dünner Kreislinie) bezeichnet einen Prozess, der zu einer beliebigen Zeit willkürlich begonnen wird.

Ein *Message-Startereignis* (Kreis mit Briefumschlag) steht dagegen für einen Prozess, der durch eine Nachricht gestartet wird. Das kann durchaus eine E-Mail, eine SMS oder eine Messenger-Nachricht sein, ist jedoch häufiger ein Signal, das automatisch über einen *Message-Queue-Service* versandt wird. Solche Software kommt oft im Bereich der Enterprise-Server zum Einsatz und ermöglicht die effiziente Kommunikation zwischen Programmen, die an beliebigen Stellen im Netzwerk oder Internet laufen. Wichtige Open-Source-Implementierungen solcher Dienste sind *ActiveMQ* und *RabbitMQ*.

Ein *Timer-Startereignis* bezeichnet einen Prozess, der automatisch oder auch manuell immer zu einer bestimmten Zeit gestartet wird. Beispielsweise beginnt der Publikumsbetrieb eines Einzelhandelsgeschäfts damit, dass jeden Tag zur selben Zeit der Haupteingang aufgeschlossen wird.

Die einzelnen Aufgaben in einem Prozess werden durch Pfeile miteinander verbunden und verlaufen im Allgemeinen von links nach rechts, wobei Verbindungen zwischen verschiedenen Pools oder Swimlanes, wenn möglich, gerade nach oben oder unten verweisen. Bei einem *Zwischenereignis* wird oft eine Reihe weiter nach unten gewandert, um klarzustellen, dass ein neuer Teilprozess beginnt.

Gateways verzweigen mithilfe mehrerer Pfeile zu verschiedenen Nachfolgeaufgaben, wobei je nach Typ des Gateways unterschiedlich viele von ihnen ausgeführt werden:

- Beim *exklusiven Gateway* (Raute mit X oder leere Raute) wird stets genau eine der Aufgaben ausgeführt.
- Beim *parallelen Gateway* (Raute mit Pluszeichen) werden alle Aufgaben parallel ausgeführt. Es handelt sich um das einzige Gateway, bei dem keine Bedingung geprüft wird.

- Beim *inklusiven Gateway* (Raute mit Kreis) werden eine oder mehrere der Aufgaben parallel ausgeführt.

Alle Elemente eines BPMN-Diagramms können optional mit Kommentaren versehen werden, um sie näher zu beschreiben. Die Kommentare werden durch eine gestrichelte Linie mit dem jeweiligen Element verbunden; ihr Text steht rechts neben einer öffnenden eckigen Klammer.

Die Bedienung von Camunda ist übrigens sehr einfach. Die Benutzeroberfläche wird in Abbildung 12.3 gezeigt. Alle grundlegenden Elemente und Arbeitswerkzeuge befinden sich in einer Werkzeugbox (links im Bild). Mithilfe eines einfachen Klicks auf die Arbeitsfläche können Sie das gewünschte Element platzieren. Wenn Sie ein bereits platziertes Symbol anklicken, können Sie mit dem Schraubenschlüssel-Button seine Eigenschaften einstellen (etwa den genauen Startelement-, Task- oder Gateway-Typ). Mit den anderen kleinen Symbolen können Sie jeweils ohne Umweg über die Werkzeugbox das nächste Element einfügen, das automatisch durch einen Pfeil mit dem aktuellen verbunden wird. Der Mülleimer dient dem Löschen des aktuellen Elements. Per Doppelklick können Sie die Symbole beschriften.

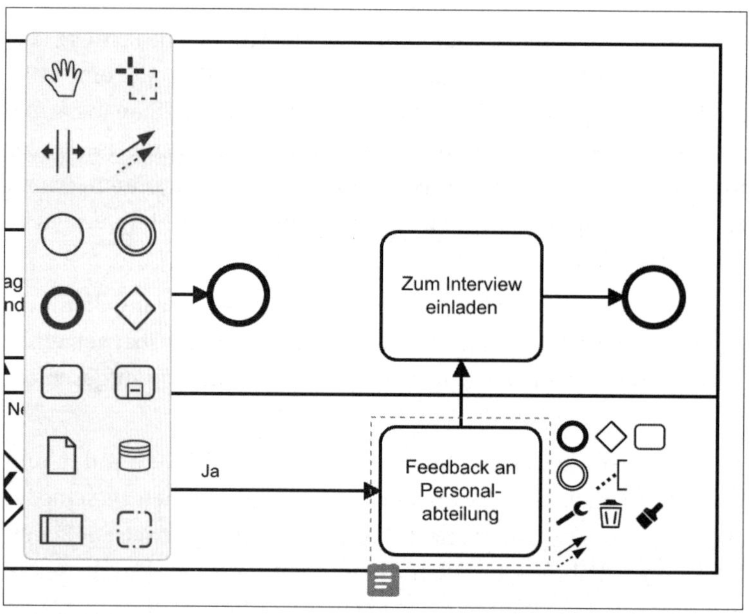

Abbildung 12.3 Die Benutzeroberfläche des BPMN-Tools Camunda

12.2.2 Beispiele für BPMN-Diagramme

In diesem Abschnitt werden drei konkrete Diagramme aus verschiedenen Bereichen gezeigt und erläutert. Ihre Komplexität nimmt schrittweise zu, sodass Sie zunächst Grundlagen kennenlernen, auf denen das jeweils nächste Diagramm aufbaut.

Backwaren in einer Bäckerei vorbereiten

Das erste Diagramm wird in Abbildung 12.4 gezeigt. Es handelt sich um die typischen Arbeitsschritte, die am frühen Morgen in einer Bäckerei durchgeführt werden, bevor der Verkauf beginnen kann.

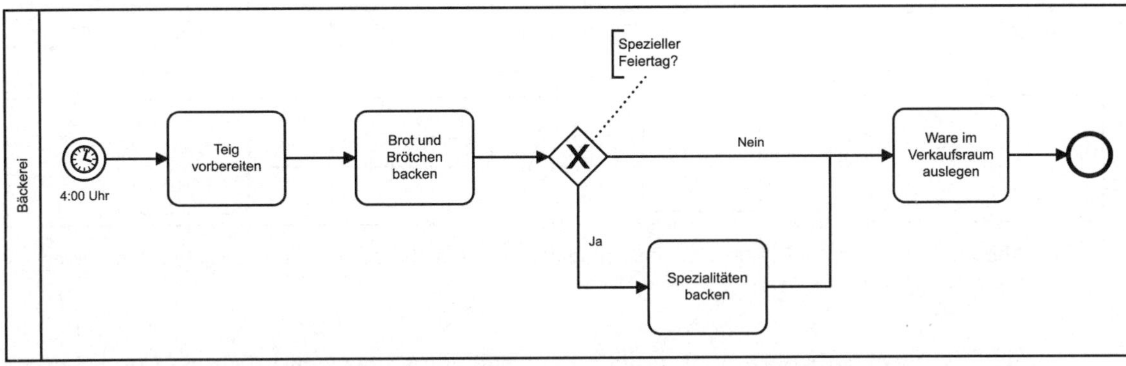

Abbildung 12.4 BPMN-Diagramm, das den Arbeitsablauf in einer Bäckerei vor Ladenöffnung zeigt

Wie Sie sehen, beginnt der Prozess mit einem Timer-Startereignis, weil die Arbeit jeden Morgen zur selben Uhrzeit anfängt. Die ersten beiden Schritte folgen linear aufeinander: Zuerst wird frischer Teig zubereitet, anschließend werden Brot und Brötchen daraus gebacken. Als Nächstes folgt ein exklusives Gateway: Wenn ein spezieller Feiertag wie Ostern oder Weihnachten naht, werden zusätzlich zum Standardsortiment passende Spezialitäten zubereitet, ansonsten wird dieser Schritt übersprungen. Der letzte Schritt besteht in jedem Fall darin, die frisch gebackene Ware im Verkaufsraum auszulegen, und damit endet der Prozess.

Das Diagramm ist sehr einfach, weil es nur einen Pool mit einer einzelnen Swimlane gibt. Es handelt sich vermutlich um eine ziemlich kleine Bäckerei, in der nur eine oder zwei Personen morgens backen. In größeren Backstuben mit mehr Personal dürfte es genauer definierte Arbeitsabläufe geben, die beispielsweise als Sub-Tasks dargestellt werden könnten.

Eine Bewerbung bearbeiten

In Abbildung 12.5 sehen Sie das zweite BPMN-Diagramm. Es zeigt, was in einer Firma passiert, wenn eine Bewerbung eingeht, beispielsweise für einen Fachinformatik-Ausbildungsplatz.

Anders als im ersten Beispiel existieren in einem einzelnen Pool zwei Swimlanes, die für die primär zuständige Personalabteilung beziehungsweise die um fachliches Feedback gebetene Fachabteilung stehen. Die Arbeit beginnt in der Personalabteilung; der Start wird durch ein Message-Startereignis markiert, da die eintreffende Bewerbung eine Nachricht ist. Ist der erste Eindruck der Bewerbung nicht überzeugend, versendet die Personalabteilung selbst eine Absage, und eines der beiden Endereignisse wird erreicht.

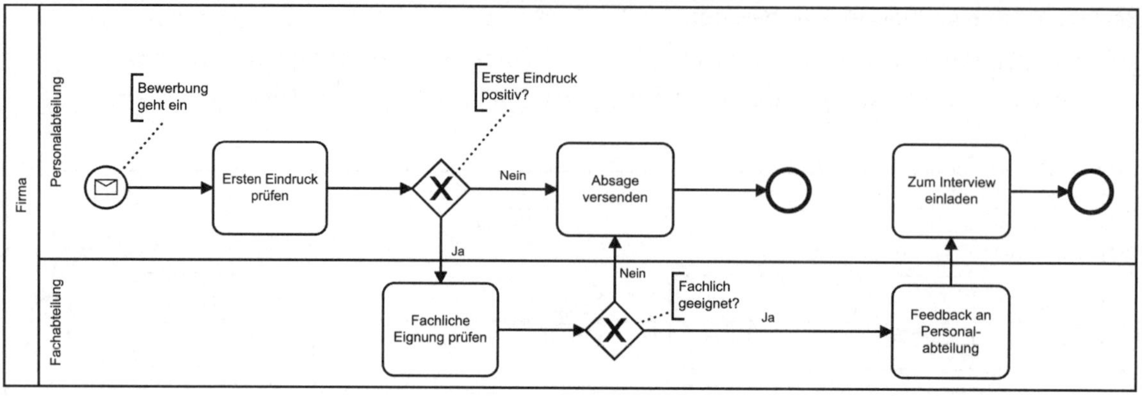

Abbildung 12.5 BPMN-Diagramm, das modelliert, wie eine Firma mit einer eingehenden Bewerbung umgeht

Sind die Sachbearbeiter*innen in der Personalabteilung dagegen im Großen und Ganzen von der Bewerbung überzeugt, wird diese an die Fachabteilung weitergereicht, in der der Arbeits- oder Ausbildungsplatz ausgeschrieben wurde. Dort wird die fachliche Eignung beurteilt. Wenn diese nicht besteht, endet der Prozess auch hier mit dem Versand der Absage durch die Personalabteilung. Ist die fachliche Eignung dagegen gegeben, teilt die Fachabteilung dies der Personalabteilung – vermutlich mit einigen Worten der Begründung – mit, worauf eine Einladung zum Interview und das andere mögliche Endereignis folgt.

Wie Sie sehen, lassen sich verschiedene Zuständigkeiten durch den Einsatz der Swimlanes leicht verständlich abbilden. Wenn viele verschiedene Rollen oder Abteilungen involviert sind, müssen Sie ein wenig überlegen, in welcher Reihenfolge Sie die Swimlanes anordnen, um zu verhindern, dass zu viele Pfeile bis zu ihrem Ziel eine oder mehrere unbeteiligte Swimlanes überqueren müssen. Möglicherweise ist dies aber auch ein Hinweis darauf, dass Prozesse zu komplex sind oder zu viel verschiedenes Personal binden, und somit ein Ansatzpunkt für Optimierungspotenzial.

Ein Fachbuch schreiben und produzieren

Das letzte und komplexeste BPMN-Diagramm zeigt (vereinfacht), wie ein Fachbuch wie das vorliegende geschrieben und für die Veröffentlichung vorbereitet wird. Das Diagramm wird in Abbildung 12.6 gezeigt.

Diesmal gibt es zwei verschiedene Pools, nämlich Autor*in und Verlag. Würde man die Realität genau abbilden, müsste das Korrektorat auch als eigener Pool ausgelagert werden, weil die allermeisten Korrektor*innen freiberuflich arbeiten und nicht beim Verlag angestellt sind. Das ist jedoch ein »Implementierungsdetail«, das in der vorliegenden recht groben Übersicht keine Rolle spielt.

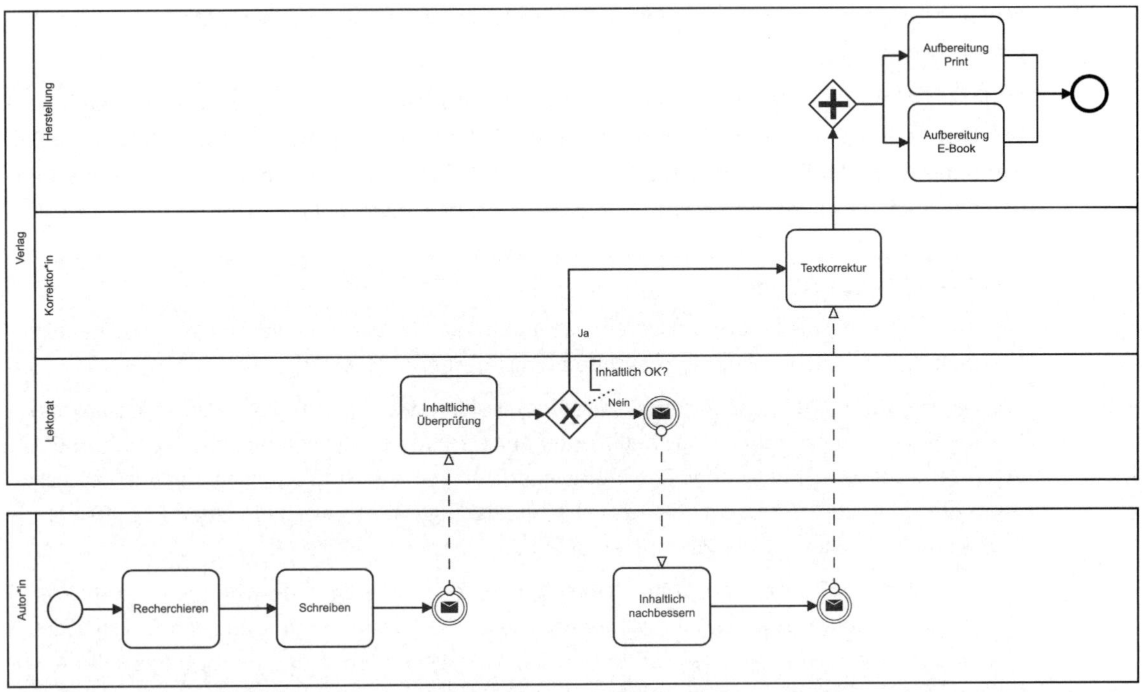

Abbildung 12.6 BPMN-Diagramm, das (vereinfacht) zeigt, wie ein Fachbuch wie das vorliegende verarbeitet wird, bis es veröffentlicht werden kann

Der Prozess beginnt mit dem Recherchieren und dem Schreiben des Buchs. Ist es fertig, wird es an den Verlag – konkreter ans Lektorat – übergeben. Beachten Sie, dass Verbindungen zwischen Pools stets über das Zwischenereignis »ausgehende Nachricht« erfolgt (schwarzer Briefumschlag statt des weißen für empfangene Nachrichten). Dementsprechend ist der zugehörige Pfeil gestrichelt und nicht durchgezogen.

Beim Lektorat erfolgt zunächst die inhaltliche Bewertung des Manuskripts. Oft ergeben sich Rückfragen oder Verbesserungsvorschläge, die noch bearbeitet werden müssen, bevor die Textkorrektur erfolgt. Ist dies ausnahmsweise nicht der Fall, erfolgt sofort die Weitergabe an die Textkorrektur. Dass auch aus dieser oft Rückfragen entstehen, die von Autor*innen bearbeitet werden müssen, wurde hier weggelassen.

Nachdem der Manuskripttext von drei verschiedenen Rollen fertig[1] bearbeitet wurde, gehen die Dateien an die Herstellung, wo Satz und Layout für die Ausgaben als gedrucktes Buch und als E-Book durchgeführt werden. Bevor das Buch endgültig in den Druck und/oder die E-Book-Produktion geht, wird eine Satzfahne erstellt, die exakt zeigt, wie das fertige Buch aussehen wird. Diese wird noch einmal von Lektorat und Autor*innen begutachtet, um so

1 »Fertig« ist hier ein relativer Begriff. Trotz des (mindestens) Sechs-Augen-Prinzips (Autor*in, Lektorat, Korrektorat) gibt es in jedem fertigen Buch immer noch Restfehler, sprachliche wie inhaltliche.

weit wie möglich Satz- und sonstige Fehler auszuschließen. Auch dieses Detail wurde im Diagramm weggelassen.

In der Herstellung sehen Sie ein Beispiel für ein paralleles Gateway: Wenn genügend Personal vorhanden ist, können Druck- und E-Book-Aufbereitung gleichzeitig erfolgen. Selbst wenn das nicht der Fall ist, müssen beide durchgeführt werden und hängen nicht voneinander ab – auch dies kann durch ein paralleles Gateway ausgedrückt werden.

ERP- und CRM-Systeme

Neben den verschiedenen Softwarewerkzeugen zur Prozessmodellierung gibt es weitere Software, die in prozessorientiert arbeitenden Unternehmen wichtig sind.

Ein *ERP-System* (*Enterprise Resource Planning*) verwaltet alle im Zuge von Geschäftsprozessen anfallenden Ressourcen, das heißt unter anderem Material, Personal, Budget, Stammdaten der Kundschaft, Liefer- und Rechnungsstatus und so weiter. In aller Regel handelt es sich um ein vernetztes IT-System, über das sich alle Beteiligten (mit verschiedenen Zugriffsrechten) an der Verwaltung der Ressourcen beteiligen können.

Verwandt mit ERP-Systemen – und nicht selten mit diesen als Einheit verbunden – sind *CRM-Systeme* (*Customer Relationship Management*). Diese kümmern sich um alle Belange der Kundenpflege wie Rechnungs- und Mahnwesen, Beschwerdemanagement und gezielte Ansprache, beispielsweise bezüglich interessanter Aktionen oder Rabatte.

Eine gute Möglichkeit, beide Arten der Software auszuprobieren, bietet das Open-Source-Tool *dolibarr*, das Sie unter *https://www.dolibarr.org/* herunterladen und installieren oder auch online ausprobieren können.

12.3 Übungsaufgaben

1. Bauen Sie in das BPMN-Diagramm »Fachbuch schreiben und produzieren« die folgenden zusätzlichen Arbeitsschritte ein: Rückfragen aus der Korrektur, die von Autor*innen bearbeitet werden, und Erstellung der Satzfahne, die von Lektorat und Autor*innen begutachtet wird.
2. Versuchen Sie, einige Situationen Ihres Ausbildungsalltags als BPMN-Diagramme darzustellen: Tätigkeiten an bestimmten Arbeitsplätzen, Zusammenarbeit mit Kolleg*innen, Berufsschultage, Prüfungen.

Kapitel 13
Datenbanken

Sammle erst die Fakten, dann kannst du sie verdrehen, wie es dir passt.
– Mark Twain

Zu den wichtigsten Rechneranwendungen gehören die Speicherung, Verwaltung und Manipulation beliebiger Informationen. *Datenbanken* erfüllen diesen Verwendungszweck am besten. In diesem Kapitel werden zunächst die verschiedenen Arten von Datenbanken vorgestellt. Anschließend werden Installation und Anwendung der beliebten Open-Source-Datenbank MySQL behandelt. Danach erhalten Sie einen Überblick über die bedeutendsten Optionen und Funktionen der in den meisten Datenbanksystemen verwendeten Abfragesprache SQL. Als Beispiel für die Datenbankprogrammierung wird schließlich JDBC vorgestellt, eine allgemeine Schnittstelle für den Zugriff auf Datenbanken aus Java-Programmen.

Zunächst ist es wichtig, genau zu definieren, was eine Datenbank eigentlich ist. Der Begriff bezeichnet nämlich zwei verschiedene Dinge: zum einen die Datensammlung selbst, zum anderen das Programm, das diese Daten verwaltet. Bei den Daten handelt es sich um eine nach bestimmten Regeln strukturierte Ansammlung von Informationen zu verschiedenen Themengruppen, beispielsweise Kundendaten von Unternehmen, Diagnose- und Behandlungsinformationen von Ärztinnen und Ärzten oder die private CD-Sammlung eines Musikfans.

Das Anwendungsprogramm, mit dem diese Daten verwaltet werden können, enthält mehr oder weniger mächtige Funktionen zum Suchen, Sortieren, Filtern und formatierten Ausgeben dieser Daten. Ein solches Programm wird als *Database Management System* (DBMS), also *Datenbankverwaltungssystem*, bezeichnet.

Die Daten, die von einem DBMS verwaltet werden, lassen sich nach verschiedenen Kriterien unterscheiden – übrigens ein beliebtes Thema für IHK-Fragen, insbesondere im EDV-Bereich kaufmännischer Berufe.

Jede Information, die in einer Datenbank gespeichert wird, ist Stammdatum oder Bewegungsdatum und gleichzeitig Rechendatum oder Ordnungsdatum. Die folgenden Definitionen können Ihnen helfen, diese Begriffe zu unterscheiden:

- *Stammdaten* sind unveränderliche (oder zumindest selten veränderte) Informationen, die dauerhaft Auskunft über die Objekte oder Sachverhalte geben, die in der Datenbank gespeichert sind. Beispiele sind etwa der Name einer Person oder die Bestellnummer eines Artikels.

- *Bewegungsdaten* sind dagegen Informationen, die sich ständig im Fluss befinden und die Dynamik von Geschäftsabläufen und anderen Prozessen abbilden. Der Saldo auf einem Konto oder die Körpertemperatur eines Patienten sind gute Beispiele dafür.
- *Rechendaten* sind Daten, die entweder selbst als Glied in einer Berechnung stehen oder aber als Berechnungsgrundlage dienen. Dazu gehören etwa Preise, Zinssätze oder gefahrene Kilometer.
- *Ordnungsdaten* dienen dagegen der Einteilung, Klassifizierung und Filterung von Informationen. Zu den Ordnungsdaten zählen beispielsweise Namen, Postleitzahlen oder Kfz-Kennzeichen.

Wichtig ist, wie bereits erwähnt, dass jedes Datum stets zwei der zuvor genannten Eigenschaften aufweist. Die folgende Liste zeigt Beispiele für jede der vier möglichen Kombinationen:

- Stammdatum und Rechendatum sind beispielsweise der Preis einer Ware, das Grundgehalt eines Mitarbeiters oder der effektive Jahreszins eines Kredits.
- Stammdatum und Ordnungsdatum sind etwa der Name einer Person, die Bestellnummer eines Artikels oder der Titel eines Buchs.
- Bewegungsdatum und Rechendatum sind zum Beispiel die Anzahl der abgeleisteten Überstunden eines Mitarbeiters, die Anzahl der gefahrenen Kilometer oder der aktuelle Wechselkurs für eine Fremdwährung.
- Bewegungsdatum und Ordnungsdatum sind unter anderem das aktuelle Kalenderdatum, die Anzahl der Resturlaubstage eines Mitarbeiters oder die auf Lager befindliche Stückzahl eines Artikels.

13.1 Die verschiedenen Datenbanktypen

Da Daten zu vielen verschiedenen Zwecken gespeichert werden müssen, existieren unterschiedliche Arten von Datenbanken. Das wichtigste Modell ist die relationale Datenbank, zu der auch das in diesem Kapitel ausführlich vorgestellte MySQL gehört. In diesem Abschnitt werden die verschiedenen Datenbanktypen vorgestellt. Dies sind im Wesentlichen folgende:

- *Einzeltabellendatenbanken* dienen der einfachen Verwaltung von Daten eines bestimmten Typs, beispielsweise Anschriften oder Briefmarkensammlungen.
- *Relationale Datenbanken* bieten die Möglichkeit, mehrere Einzeltabellen miteinander zu verknüpfen, um die Daten konsistent zu halten: Informationen, die an verschiedenen Stellen vorkommen, müssen nur einmal aufgeführt werden.
- *Objektorientierte Datenbanken* arbeiten auf der Grundlage von Klassen und Objekten wie die objektorientierten Programmiersprachen C++ und Java. Im Gegensatz zu relationalen Datenbanken sind sie in der Lage, sehr komplexe, nicht lineare Beziehungen zwischen den gespeicherten Informationen abzubilden.

- *Volltextdatenbanken* sind nicht unbedingt ein eigener Datenbanktyp. Speziell geht es hier um die Implementierung einer effektiven Volltextsuche in vorhandenen Textarchiven. Inzwischen sind auch relationale und objektorientierte Datenbanken mit Volltextsuchfunktionen ausgestattet.
- *XML-Datenbanken* speichern die Informationen in Form von XML-Dokumenten ab. XML ist eine Metasprache für die Definition von Dokumentstrukturen und wird in Kapitel 16, »XML«, ausführlich behandelt.
- *Bild- und Multimedia-Datenbanken*, auch *Digital-Asset-Management*-Systeme (*DAM*) genannt, sind meist erweiterte relationale Datenbanken, die die Verwaltung von Mediadaten wie Bildern, Sounddateien oder Digitalvideos realisieren. In der Regel ermöglichen sie die Suche nach Mediendateien auf den diversen Datenträgern sowie deren Katalogisierung nach verschiedenen Kriterien. Bekannte Beispiele sind Canto Cumulus, das häufig von DTP- oder Presseprofis eingesetzt wird, oder das kostengünstige Windows-Programm ThumbsPlus, das eher für kleine Büros und Privatleute geeignet ist, die Ordnung in ihr Mediadaten-Chaos bringen möchten. Inzwischen verfügen die Desktops der meisten Betriebssysteme allerdings auch selbst über Bildvorschaufunktionen und zusätzliche Informationen zu Mediendateien.
- Im TV-, Streaming- und Videobereich kommt noch leistungsfähigere Software zum Einsatz, sogenannte *Media-Asset-Management*-Systeme (*MAM*), die neben der Pflege sowohl vorgefertigter als auch frei definierbarer Metadaten auch die Eingabe von Video- und Audiodaten über verschiedenste Kanäle (Ingest) sowie Formatumwandlung (Transcoding) und die Ausgabe als Datei, Stream oder gar zur klassischen Radio- und TV-Ausstrahlung ermöglichen. Die meisten MAM-Systeme haben eine webbasierte Oberfläche und bieten Tools für die Zusammenarbeit vieler Accounts mit unterschiedlichen Rechten. Gute Systeme haben immer eine Programmierschnittstelle, über die sich ihre Funktionalität erweitern lässt oder über die sie als Server im Hintergrund dienen können, der andere Software mit MAM-Funktionalität versorgt. Es gibt unzählige Systeme mit den unterschiedlichsten Fähigkeiten auf dem Markt, beispielsweise Viz One, Cantemo Portal oder Vidispine. Der Übergang zwischen DAM- und MAM-Systemen ist fließend; im Einzelfall ist eine genaue Untersuchung der jeweils unterstützten Features für den eigenen Einsatzzweck erforderlich.
- *NoSQL-Datenbanken oder dokumentenbasierte Datenbanken* bilden einen recht neuen Ansatz in der Datenbanktechnik. Es handelt sich um Datenbanken, die auf die traditionelle Datenbankabfragesprache SQL und meist auch auf den relationalen Ansatz verzichten. Stattdessen speichern viele von ihnen die Daten als Dokumente mit beliebigen, frei definierbaren Metadatenfeldern, über die sie gesucht und gegebenenfalls auch verknüpft werden können. Ein bekanntes Beispiel ist CouchDB; am Ende dieses Kapitels erhalten Sie einen Überblick über die Möglichkeiten dieser Datenbank.

Neben diesen Grundtypen gibt es auch konkrete Datenbanksoftware, die verschiedene Misch- oder Übergangsformen bildet. Beispielsweise verwenden XML-Datenbanken oft keine reinen XML-Dokumente, sondern legen diese in einer relationalen Grundstruktur ab. Umgekehrt bieten die meisten modernen relationalen Datenbanksysteme spezielle Funktionen für Daten im XML-Format.

In den folgenden Abschnitten werden nur die Einzeltabelle, die relationale Datenbank und die objektorientierte Datenbank näher vorgestellt. Volltext- und Mediadatenbanken sind zu speziell und zu unterschiedlich, um sie allgemein zu beschreiben, und die Behandlung von XML-Datenbanken ohne XML-Kenntnisse ergibt keinen Sinn.

13.1.1 Einzeltabellendatenbanken

Die einfachste Datenbankart verwendet nur eine einzige Tabelle zur Abspeicherung aller Informationen. Die Einzeltabelle ist das Grundprinzip aller einfachen Adressverwaltungs- oder CD-Sammlungsprogramme. Die meisten Eigenschaften von Einzeltabellendatenbanken gelten auch für die professionelleren und erheblich vielseitigeren relationalen Datenbanken, schließlich handelt es sich bei Letzteren um eine Sammlung miteinander verknüpfter Einzeltabellen.

In den Spalten einer Datenbanktabelle stehen die verschiedenen Informationskategorien. Die einzelnen Zellen werden *Datenfelder* genannt und sind die kleinste Informationseinheit der Datenbank: Sie enthalten je eine Einzelinformation über ein Element der Datenbank. Eine ganze Zeile ist die Kombination aller Informationen über ein Element, genannt *Datensatz* (*Record*). Übrigens wird das jeweilige Element, über das ein Datensatz Informationen enthält, als *Entity* (*Entität*) bezeichnet.

In Tabelle 13.1 sehen Sie ein Beispiel für eine Datenbanktabelle, die verschiedene Informationen über die Mitarbeiter eines Unternehmens enthält.

Name	Vorname	Eintrittsdatum	Abteilung	Grundgehalt
Becker	Wolfgang	01.05.1999	Einkauf	3.800 €
Huber	Angelika	01.12.2008	Geschäftsleitung	5.900 €
Juarez	Manolo	01.10.2011	Verkauf	4.200 €
Klein	Franziska	01.09.2018	Auszubildende	635 €

Tabelle 13.1 Beispiel für eine einfache Einzeltabellendatenbank

Von einer Einzeltabellendatenbank dürfen Sie nicht den komplexen Funktionsumfang eines relationalen DBMS erwarten, aber von den folgenden Grundfunktionen sollten Sie dennoch ausgehen können:

- Sortieren der Tabelle auf- und absteigend nach einer beliebigen Kategorie (im Beispiel sind die Datensätze aufsteigend nach Namen sortiert). Eine absteigende Sortierung nach

Gehältern würde beispielsweise die folgende Reihenfolge erzeugen: Huber, Juarez, Becker, Klein.

- Suchen nach einem beliebigen Feldinhalt und Ausgabe der relevanten Datensätze. Beispielsweise würde die Suche nach dem Eintrittsjahr 1996 Frau Huber zurückgeben.
- Einen Schritt weiter als die einfache Suche geht die Filterung der Tabelle. Dies bedeutet, dass nur noch diejenigen Zeilen angezeigt werden, die bestimmten Kriterien entsprechen. Beispielsweise enthielte eine Liste aller Mitarbeiter, die mehr als 4.000 € verdienen, nur noch Frau Huber und Herrn Juarez.

Darüber hinaus enthalten die meisten Einzeltabellendatenbanken je nach Verwendungszweck zahlreiche Formatierungsoptionen, um Eingabemasken oder ausdruckbare Berichte und Ähnliches zu erzeugen. Schließlich gibt es nicht allzu viele universelle Einzeltabellen-DBMS, sondern viel häufiger Programme, die für die Verwaltung einer bestimmten Datenart wie Adressen oder DVD-Sammlungen geeignet sind.

Die Grenzen der Einzeltabelle

Wenn Sie eine Weile mit einer Einzeltabellendatenbank arbeiten, werden Sie feststellen, dass vor allem eine Einschränkung besonders stört: Es gibt keine Möglichkeit, Inkonsistenzen auszugleichen. Wird beispielsweise die zuvor gezeigte Mitarbeitertabelle um fünf Kollegen erweitert, die alle in der Abteilung Verkauf arbeiten, gibt es keine Möglichkeit des Schutzes davor, dass der Name »Verkauf« in einem dieser fünf Datensätze falsch geschrieben wird. Daraus ergäbe sich natürlich eine vollkommen falsche Tabellenlogik mit Auswirkungen auf Such- und Filterfunktionen.

Noch schwieriger wird es, wenn Daten benötigt werden, die im Grunde gar nicht das Entity betreffen, das im Datensatz beschrieben wird, sondern zusätzliche Informationen über eines der anderen Felder enthalten. Beispielsweise könnten Sie es nützlich finden, neben der Abteilung auch deren Leiter zu erwähnen. Stellen Sie sich den Aufwand vor, wenn dieser Leiter wechselt, oder die Probleme, wenn Sie den Namen irgendwo falsch schreiben.

Einzeltabellen sind also nur für ganz einfache Anwendungszwecke geeignet: Eine kleine Adress- oder Briefmarkensammlungsverwaltung geht gerade noch, während sämtliche Unternehmensanwendungen nur mit relationalen Datenbanken vernünftig funktionieren. Diese ermöglichen es nämlich, dass Sie verschiedene Arten von Daten jeweils in eigenständigen Tabellen ablegen und anschließend über sogenannte *Schlüssel* miteinander verknüpfen.

13.1.2 Relationale Datenbanken

Genau wie Einzeltabellen verwenden auch relationale Datenbanken ein Tabellenmodell zum Ablegen von Daten. Eine relationale Datenbank besteht allerdings aus beliebig vielen Einzeltabellen, die auf vielfältige Weise miteinander verknüpft werden können. Dieser Aufbau sorgt dafür, dass die Daten in der Datenbank konsistent sind: Jede Information muss nur ein einziges Mal gespeichert werden, sodass es nicht zu Mehrdeutigkeiten kommen kann.

Technisch gesehen, basieren relationale Datenbanken auf der relationalen Algebra. Danach wird eine einzelne Tabelle als *Relation* bezeichnet. Jeder Datensatz ist ein *Tupel* (also eine geordnete Sammlung einer festgelegten Anzahl von Werten), in dem die Tabellenspalten die Attribute A_1 bis A_n bilden. Das Relationenschema $R = (A_1, ..., A_n)$ legt Anzahl und Datentyp der Attribute fest. Eine Relation $r(R)$ ist formal eine Relation mit dem Relationenschema R, besteht also aus Tupeln, für die gilt:

$$r(R) = r(A_1, \ldots, A_n)$$

Die Verknüpfungen zwischen den Spalten einer Tabelle und zwischen den einzelnen Tabellen werden als *Beziehungen* oder *Verknüpfungen* (englisch: *relationships*) bezeichnet. Auch der Begriff *Relationen* kommt dafür häufig zum Einsatz, obwohl er hier nichts mit Relationen im Sinne der relationalen Algebra zu tun hat. Eine Beziehung entsteht durch die Verwendung von Schlüsseln: Der *Primärschlüssel* des Datensatzes einer Tabelle wird als Wert in ein Feld einer anderen Tabelle eingetragen. Der Primärschlüssel ist ein spezielles Datenfeld oder eine Kombination der Werte mehrerer Felder, die innerhalb der Tabelle einen einmaligen Wert besitzen und den Datensatz somit eindeutig kennzeichnen. Der Primärschlüssel einer Tabelle, auf den in einer anderen Tabelle verwiesen wird, heißt dort *Fremdschlüssel*.

Der Primärschlüssel ist übrigens ein Sonderfall eines sogenannten *Index*. Indizes ermöglichen den schnellen Zugriff auf bestimmte Tabelleninhalte, indem sie die Informationen einer Datenbankspalte separat in geordneter Form abspeichern. Um einen Datensatz anhand eines indizierten Feldes zu finden, muss nicht die gesamte Datenbanktabelle sequenziell durchsucht werden.

Es gibt drei Arten von Beziehungen, die je nach Art der gespeicherten Information nützlich sind:

- Eine *1:1-Beziehung* (oft, erneut abweichend von der relationalen Algebra, auch *1:1-Relation* genannt) verknüpft einen Datensatz einer Tabelle mit genau einem Datensatz einer anderen Tabelle. Dies ist immer dann nützlich, wenn bestimmte Informationsaspekte über ein Entity nicht so oft benötigt werden wie andere Aspekte. Die seltener oder in einem anderen Zusammenhang verwendeten Informationen lassen sich auf diese Weise einfach ausblenden. Beispielsweise könnte eine Tabelle Informationen über angebotene Artikel wie Bezeichnung, Preis und Mehrwertsteuersatz enthalten, eine andere dagegen den Lagerbestand.
- Eine *1:n-Beziehung* oder *Eins-zu-viele-Beziehung* verbindet einen Datensatz einer Tabelle mit beliebig vielen Datensätzen einer anderen Tabelle. Dies ist der häufigste und nützlichste Verknüpfungstyp, weil er den größten Beitrag zur Vermeidung von Inkonsistenzen leistet: Detailinformationen über Werte, die in einer Spalte einer Tabelle beliebig oft vorkommen können, werden in einer separaten Tabelle erfasst. Die erste Tabelle enthält in dem entsprechenden Feld nur noch einen Verweis auf einen bestimmten Datensatz der zweiten Tabelle.

- Eine *m:n-Beziehung*, auch *Viele-zu-viele-Beziehung* genannt, kombiniert beliebig viele Vorkommen eines bestimmten Werts mit beliebig vielen Vorkommen eines anderen. Stellen Sie sich beispielsweise eine Tabelle vor, die eine Liste lieferbarer Waren enthält, und eine weitere Tabelle, in der die Adressen der Kundschaft erfasst werden. Jeder Artikel kann von beliebig vielen Personen gekauft werden, und jede Person kann beliebig viele unterschiedliche Artikel kaufen. Das relationale Datenbankmodell verlangt allerdings, dass diese Art von Beziehung indirekt dargestellt wird: Eine dritte Tabelle listet die einzelnen Kaufaktionen auf; jeder Datensatz enthält dabei eine Verknüpfung zu einer bestimmten Person und eine weitere zu einem einzelnen Artikel. Jeder dieser beiden Fremdschlüssel für sich bildet eine 1:n-Beziehung; die m:n-Beziehung zwischen Personen und Artikeln besteht nicht direkt.

Ein einfaches Beispiel

Das unter den m:n-Beziehungen angedeutete Beispiel soll im Folgenden konkret ausgeführt werden: Eine Tabelle enthält Daten über Käufer, die zweite Informationen über die Artikel, und die dritte Tabelle listet jeden einzelnen Kauf auf. Die Beziehung zwischen den drei Tabellen *ADRESSEN*, *KAEUFE* und *ARTIKEL* wird in Abbildung 13.1 dargestellt.

13

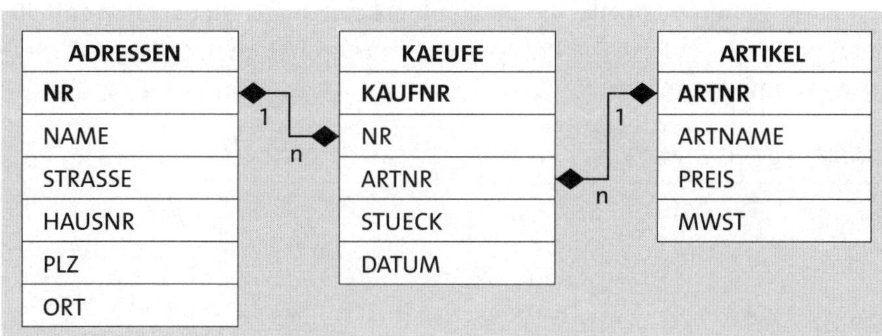

Abbildung 13.1 Beziehungen zwischen den Tabellen einer einfachen relationalen Datenbank

Das oberste, fett gesetzte Feld jeder Tabelle ist der Primärschlüssel. Die Tabelle *ADRESSEN* enthält die Kundendaten mit dem Primärschlüssel *NR*. *ARTIKEL* hat den Primärschlüssel *ARTNR* (Artikelnummer). Die Tabelle *KAEUFE* schließlich verwendet einen Primärschlüssel namens *KAUFNR*. Da keine andere Tabelle auf einzelne Käufe zugreift, benötigt die Tabelle momentan eigentlich keinen Primärschlüssel.

Die Beschriftungen an den kleinen Rauten, von denen die Beziehungen ausgehen, zeigen den Beziehungstyp an. Beide Beziehungen in der Datenbank sind 1:n-Beziehungen. Die m:n-Beziehung zwischen den Tabellen *ADRESSEN* und *ARTIKEL* kann natürlich nicht eingezeichnet werden, weil sie nur indirekt besteht.

Konkret kann die Tabelle *ADRESSEN* zum Beispiel mit den Werten aus Tabelle 13.2 gefüllt werden.

NR	NAME	STRASSE	HAUSNR	PLZ	ORT
1	Schmidt	Kleiner Weg	1	50678	Köln
2	Müller	Alte Str.	78	80543	München
3	Becker	Störtebekerweg	45	20567	Hamburg
4	Heinze	Grüne Allee	36	10345	Berlin

Tabelle 13.2 Die Datenbanktabelle ADRESSEN

Natürlich müssen Sie die Personen nicht durchnummerieren, sondern können sich Ihr eigenes individuelles Schema für Kundennummern ausdenken. Wichtig ist lediglich, dass jede dieser Nummern nur ein einziges Mal in der Tabelle vorkommt und dass jede Person eine (eindeutige) Nummer bekommt.

Die Tabelle *ARTIKEL* enthält Informationen über die angebotenen Artikel (siehe Tabelle 13.3). Beachten Sie, dass das Feld *MWST* nicht etwa einen konkreten Wert enthält, sondern den Mehrwertsteuersatz, also den Wert 7 oder den Wert 19. Noch praktischer wären allerdings 1:n-Relationen zu einer weiteren Tabelle, die die konkreten Mehrwertsteuersätze enthält; schließlich können sich diese ändern. Die Preise werden aus im weiteren Verlauf näher erläuterten Gründen in Cent angegeben.

ARTNR	ARTNAME	PREIS	MWST
1	Cola	119	19
2	Vollmilch	79	7
3	Toastbrot	149	7
4	Zahnpasta	179	19

Tabelle 13.3 Die Datenbanktabelle ARTIKEL

Nachdem diese beiden Tabellen eingerichtet sind, können nun Käufe getätigt werden. In der Tabelle *KAEUFE* könnten die folgenden Geschäftsvorfälle erfasst werden (siehe Tabelle 13.4):

Die Einträge in der Tabelle *KAEUFE* sind in dieser Form für Menschen so gut wie unlesbar. Es geht auch gar nicht darum, sie in einer Form vorzuhalten, in der sie sofort lesbar sind, sondern darum, die Daten redundanzfrei und kompakt zu speichern. Für die lesbare Ausgabe beherrscht jedes relationale Datenbankverwaltungssystem (*RDBMS, Relational Database Management System*) sogenannte *Auswahlabfragen*, mit deren Hilfe Sie anhand der Relationen Daten aus verschiedenen Tabellen zusammenstellen können.

KAUFNR	NR	ARTNR	STUECK	DATUM
1	3	3	2	2021-04-15
2	2	1	4	2021-04-16
3	2	2	1	2021-04-16
4	1	4	1	2021-04-18
5	1	3	1	2021-04-18

Tabelle 13.4 Die Datenbanktabelle KAEUFE

Tabelle 13.5 zeigt das Ergebnis einer solchen Auswahlabfrage. Hier werden die Käufe mit den eigentlichen Kunden- und Artikelnamen aufgeführt, alphabetisch nach Personennamen und anschließend alphabetisch nach Artikelbezeichnungen sortiert. Damit Sie das Ergebnis nachvollziehen können, wird die Kaufnummer aus der Tabelle *KAEUFE* übernommen. Die letzte Spalte enthält den errechneten Gesamtpreis für jeden einzelnen Kauf (das Produkt aus Stückzahl und Einzelpreis).

KAUFNR	NAME	ARTNAME	STUECK	GESAMTPREIS
1	Becker	Toastbrot	2	298
2	Müller	Cola	4	476
3	Müller	Vollmilch	1	079
5	Schmidt	Toastbrot	1	149
4	Schmidt	Zahnpasta	1	179

Tabelle 13.5 Eine Auswahlabfrage, die die Käufe in lesbarer Form darstellt

Beachten Sie, dass die Ergebnisse von Auswahlabfragen normalerweise nicht abgespeichert werden. Schließlich basieren sie auf Daten, die sich durch die nachträgliche Änderung oder Ergänzung von Datensätzen in den zugrunde liegenden Tabellen jederzeit ändern können.

Die meisten relationalen Datenbanksysteme verwenden für Abfragen eine standardisierte Sprache namens *SQL* (*Structured Query Language*). Diese Abfragesprache wird in Abschnitt 13.3, »SQL-Abfragen«, vorgestellt.

Normalisierung

Das wichtigste Ziel beim Erstellen relationaler Datenbanken ist – wie bereits erwähnt – die Beseitigung von Redundanzen zur Vermeidung von Inkonsistenzen. Dieser Vorgang wird als

Normalisierung der Datenbank bezeichnet. Insgesamt sind fünf, eigentlich sogar sechs sogenannte *Normalformen* definiert, die aufeinander aufbauen und schrittweise den Weg zu einem fertigen relationalen Datenbankmodell weisen:

- Die erste Normalform (1NF) verlangt, dass die Information in jedem Feld einer Datenbank *atomar* ist – also eine nicht weiter zerlegbare *Einzelinformation*. Diese hängt allerdings vom Anwendungszweck ab: Ein Zustelldienst müsste Anschriften beispielsweise in all ihre Einzelteile zerlegen, während eine Anschrift als reine Textinformation durchaus als Gesamtwert in einem einzelnen Feld stehen könnte. Verboten sind gemäß 1NF insbesondere auch listenartige Wiederholungen gleichartiger Informationen – etwa mehrere Telefonnummern einer Person.
- Die zweite Normalform (2NF) fordert zusätzlich, dass Datensätze nur direkte Informationen über ein und denselben Sachverhalt enthalten. Formal gesagt, dürfen alle Felder in einer Tabelle, die die zweite Normalform erfüllt, nur vom Primärschlüssel dieser Tabelle abhängen. Beispielsweise dürfte eine Person mit zwei Wohnsitzen nicht zweimal in eine Adresstabelle aufgenommen werden. In diesem Fall müssten die Wohnorte in eine separate Tabelle geschrieben werden; der Bezug auf die Person müsste in dieser Tabelle als Fremdschlüssel eingetragen werden.
- Die dritte Normalform (3NF) ist erfüllt, wenn alle Felder funktional unabhängig voneinander sind. Der Unterschied zur zweiten Normalform erscheint geringfügig. Eine Tabelle, die zwar die zweite, aber nicht die dritte Normalform erfüllt, belässt eine eindeutig zu einem bestimmten Feld gehörende Zusatzinformation innerhalb einer Tabelle, in der dieses Feld keinen Schlüssel bildet. Beispielsweise haben in der Personaltabelle einer Unternehmensdatenbank, in der in einem Feld die Abteilungen der Mitarbeiter*innen stehen, die Namen der Abteilungsleiter*innen nichts zu suchen, weil sie nur von der Abteilung, aber nicht von den Mitarbeiter*innen abhängen.
- Die Boyce-Codd-Normalform (BCNF), benannt nach Pionieren des relationalen Datenbankmodells, ist eine strengere Variante der dritten Normalform. Eine Tabelle, die sich in der dritten Normalform befindet, kann die BCNF verletzen, wenn der Primärschlüssel aus mehreren Feldern zusammengesetzt ist und der Wert irgendeines Feldes nicht vom gesamten Primärschlüssel, sondern nur von einem seiner Felder abhängt. Um die Boyce-Codd-Normalform zu erreichen, muss eine solche Tabelle in zwei Einzeltabellen aufgeteilt werden, die jeweils eines dieser Felder als Primärschlüssel aufweisen.
- Die vierte Normalform (4NF) betrifft sogenannte *mehrwertige Abhängigkeiten* (*multivalued dependencies*). Eine mehrwertige Abhängigkeit liegt vor, wenn eine Beziehung zwischen verschiedenen Informationen nicht so in zwei Tabellen unterteilt werden kann, dass eine 1:n- oder die umgekehrte n:1-Relation entsteht.

  Angenommen, in einer zweispaltigen Tabelle würden durch einen Fremdschlüssel Personen referenziert und in der zweiten Spalte durch einen weiteren Fremdschlüssel die von diesen Personen verwendeten Betriebssysteme. Da eine Person mehrere Betriebssysteme einsetzen kann, kann sowohl jede Person als auch jedes Betriebssystem mehrmals vorkommen.

Die vierte Normalform wird verletzt, sobald eine weitere Spalte hinzukommt, die beispielsweise die von diesen Personen beherrschten Programmiersprachen auflistet: In diesem Fall entstehen Redundanzen durch die mehrfache Nennung der Betriebssysteme und Programmiersprachen für dieselbe Person. Eine andere Ausprägung wären beliebige, nicht zusammenhängende Paare von Betriebssystem und Programmiersprache. Wenn sich die Anzahl der von einer Person verwendeten Betriebssysteme von der der Programmiersprachen unterscheidet, bleiben sogar Felder leer.

Tabelle 13.6 zeigt schematisch, wie das aussieht. Die Lösung besteht natürlich darin, eine solche Tabelle in zwei Einzeltabellen zu unterteilen, deren Primärschlüssel jeweils die Person ist.

Name	Betriebssystem	Programmiersprache
Schmitz	Windows 10	Java
Schmitz	Windows 10	Python
Müller	macOS	C++
Müller	Ubuntu Linux	C++
Becker	FreeBSD	Python
Becker	FreeBSD	Java
Becker	Debian GNU/Linux	Perl
Becker	Debian GNU/Linux	Java

Tabelle 13.6 Eine Datenbanktabelle, die die vierte Normalform verletzt: Es treten Redundanzen auf, weil eine Person mehrere Betriebssysteme oder Programmiersprachen verwenden kann.

- Die fünfte Normalform (5NF) erfordert schließlich, dass innerhalb einer Tabelle nur triviale *Join-Abhängigkeiten* existieren dürfen. Eine Join-Abhängigkeit besteht in jeder Tabelle, die sich in mehrere Einzeltabellen aufteilen ließe, indem derselbe Schlüssel jeweils auf einzelne Spalten der Tabelle angewandt wird. Trivial ist eine Join-Abhängigkeit dann, wenn durch eine Verknüpfung zweier solcher Einzeltabellen keine Redundanz durch einen verdoppelten Datensatz vorkäme.

  Wenn Sie beispielsweise zwei Tabellen vereinigen, von denen die eine einzelne Personen und deren Wohnort und die andere dieselben Personen und deren Bundesland auflistet, würde auch die entstehende Join-Tabelle die fünfte Normalform erfüllen, da jede Person in genau einem Ort und genau einem Bundesland wohnt.

Ein Join der Wohnorte-Tabelle und einer Tabelle, in der jede Zeile eine Person und eine ihrer Telefonnummern enthält, verletzt die fünfte Normalform dagegen: Da eine Person mehrere Telefonnummern besitzen kann, würde ihr Wohnort mehrfach genannt. Diese Informationen müssen also getrennt voneinander gespeichert bleiben.

Die Bezeichnung *Normalisierung* könnte als kontinuierlicher Prozess missverstanden werden, der auf eine bereits bestehende Datenbank angewendet wird. In Wirklichkeit müssen Sie sich bereits bei der Datenbankmodellierung Gedanken darüber machen, also bevor Sie eine Datenbank in der Praxis einrichten.

Transaktionen

Ein fortgeschrittenes Feature relationaler Datenbanksysteme ist die Unterstützung von *Transaktionen*. Es handelt sich um die Möglichkeit, ein »Paket« aus beliebig vielen Änderungen in der Datenbank insgesamt zu bestätigen (*Commit*) oder rückgängig zu machen (*Rollback*).

Stellen Sie sich zur Verdeutlichung ein Online-Einkaufssystem vor: Eine Person kann beliebig viele Artikel zum Warenkorb hinzufügen und wieder daraus entfernen. Zum Schluss können die ausgewählten Waren bestellt oder der gesamte Vorgang kann abgebrochen werden. Transaktionen sind die ideale Lösung für solche Aufgaben: Sobald jemand auf das System zugreift, wird eine neue Transaktion gestartet. Daraufhin merkt sich das Datenbanksystem alle Bewegungen im Warenkorb und alle sonstigen Einstellungen. Kommt es zu einer Bestellung, wird der Commit der Transaktion durchgeführt; bei einem Abbruch erfolgt dagegen das Rollback.

Da die Transaktionsfähigkeit die Performance eines RDBMS beeinträchtigt, handhabt der in Abschnitt 13.2, »MySQL – ein konkretes RDBMS«, behandelte MySQL-Server sie auf pragmatische Weise: Er bietet unterschiedliche Tabellentypen an; die neueren InnoDB-Tabellen unterstützen Transaktionen, während die klassischen MyISAM-Tabellen schneller verarbeitet werden.

RDBMS-Arten

Da relationale Datenbankverwaltungssysteme das verbreitetste Datenbankmodell sind, gibt es eine riesige Menge von Produkten, die diesem Standard entsprechen. Man kann sie grob in folgende Gruppen unterteilen:

- *Desktopdatenbanken* sind Datenbankanwendungen, die für die Datenverwaltung am Einzelplatz oder in kleinen Arbeitsgruppen geeignet sind. Sie bieten in der Regel eine grafische Benutzeroberfläche, die die Tabellen und Abfragen übersichtlich und einfach darstellt, und ermöglichen das einfache Erzeugen von Eingabemasken und ausdruckbaren Berichten. Bekannte Beispiele für Desktopdatenbanksysteme sind das in der Microsoft-Office-Familie integrierte Programm Access sowie OpenOffice.org Base sowie die aus dem Mac-Bereich stammende und inzwischen auch für Windows verfügbare Datenbank FileMaker.

- *Kommerzielle Datenbankserver* werden insbesondere für verteilte Unternehmensanwendungen eingesetzt. Es handelt sich um komplexe und sehr teure modular erweiterbare Systeme. Bekannte Beispiele sind Oracle, Microsoft SQL Server und IBM DB2. Im erweiterten Sinn gehören auch Branchenlösungen oder Warenwirtschaftssysteme wie SAP ERP dazu, weil sie alle auf speziell angepassten Datenbanken basieren.
- *Freie Datenbankserver* sind eine günstige Alternative zu den kommerziellen Produkten. Die bekanntesten Open-Source-Datenbanksysteme sind das in Abschnitt 13.2, »MySQL – ein konkretes RDBMS«, vorgestellte MySQL sowie PostgreSQL.
- Eine Sonderstellung nimmt das Open-Source-Projekt *sqlite* ein: Es gibt weder eine Desktopsoftware noch einen Datenbankserver, stattdessen werden die Daten in einfachen Dateien vorgehalten und über Schnittstellen für verschiedene Programmiersprachen direkt in diesen verwaltet. Der enorme Vorteil des Prinzips: Die gesamte relationale Datenbank zur Verwaltung der Daten einer Software ist in dieser enthalten, und es gibt keinerlei externe Abhängigkeiten, um die entsprechende Software zu benutzen. Insofern ist es wenig überraschend, dass sqlite eingebettet in vielen Anwendungsprogrammen eingesetzt wird, um auf bequeme und für viele Programmierer*innen gewohnte Art Daten zu verwalten. Für verteilte Hochlastanwendungen ist sqlite allerdings nicht geeignet.

13.1.3 Objektorientierte Datenbanken

Trotz der soeben besprochenen Normalisierung lassen sich gewisse komplexe Datenstrukturen nur unzureichend mithilfe einer relationalen Datenbank modellieren. Aus diesem Grund wurde das objektorientierte Datenbankmodell eingeführt, das eine völlig freie und beliebige Strukturierung der Daten ermöglicht. Eine objektorientierte Datenbank besteht aus Klassen und Objekten und ähnelt damit der objektorientierten Programmierung, die in Kapitel 7, »Grundlagen der Programmierung«, erläutert wird.

Ein gutes Beispiel für ein Gefüge, das sich durch relationale Modellierung nicht vernünftig darstellen lässt, sind Verbindungen und Entfernungen zwischen verschiedenen Orten, wie sie beispielsweise für ein Speditionsunternehmen benötigt werden. Tabelle 13.7 unternimmt dennoch den Versuch, diese Informationen nach relationalem Muster darzustellen.

Diese Tabelle ist aus verschiedenen Gründen ungeeignet. Erstens enthalten zwei Spalten Informationen der gleichen Art; es gibt kein Kriterium, das bestimmt, welche Stadt unter *VON_ORT* aufgeführt wird und welche unter *NACH_ORT*. Die Darstellung der Entfernung in beide Richtungen ist auch keine Alternative, weil es dadurch zu Redundanzen käme. Durch die Normalisierungsregeln für relationale Datenbanken lässt sich dieses Modell nicht weiter verbessern.

Übrigens ist es auch keine Lösung, die durchaus relational darstellbaren Entfernungen von einer bestimmten Stadt zu allen anderen zu verwenden. Dies verhindert nämlich die Aufnahme günstigerer Verbindungen in die Datenbank. Angenommen, eine Tabelle listete die

Entfernungen von Köln zu den anderen Städten auf. Sicherlich würde niemand, der von Hamburg nach Berlin muss, den Umweg über Köln wählen.[1]

VON_ORT	NACH_ORT	ENTFERNUNG
Köln	Berlin	570
Köln	Hamburg	370
Köln	München	594
Hamburg	München	781
Hamburg	Berlin	286
München	Berlin	585

Tabelle 13.7 Eine für das relationale Datenbankdesign ungeeignete Tabelle

Mithilfe der objektorientierten Modellierung ist die Darstellung dieser Entfernungen dagegen ein Leichtes. Hier lässt sich eine Klasse namens `City` einrichten, die einfach ein Array von Zielen enthält, zu denen Verbindungen bestehen.

Es gibt verschiedene Sprachen, in denen sich objektorientierte Datenbanken formulieren lassen. Einige Lösungen verwenden die Syntax objektorientierter Programmiersprachen wie C++, während andere Systeme ihre eigenen Sprachen einsetzen. Einen allgemeinen Standard für objektorientierte Datenbankverwaltungssysteme (*OODBMS*), wie ihn SQL für relationale Datenbanken bildet, gibt es noch nicht. Dennoch arbeitet ein Gremium mit dem Namen *Object Database Management Group* (*ODMG*) an einer solchen Standardisierung. Eine einigermaßen verbreitete Objektmodellierungssprache ist die von dieser Gruppe definierte *Object Definition Language* (*ODL*).

Eine übergeordnete Datenstruktur, am ehesten vergleichbar mit einer Tabelle in einer relationalen Datenbank, wird durch eine Klasse gebildet, deren Definition das Schlüsselwort `class` einleitet. Eine Informationskategorie, die in etwa einer Spalte in einer relationalen Datenbanktabelle entspricht, wird durch das Schlüsselwort `attribute`, die Angabe eines Datentyps und eine Bezeichnung eingerichtet. Das folgende Beispiel entspricht der zuvor dargestellten relationalen Tabelle *ADRESSEN*:

```
class Address {
  attribute long id;
  attribute string name;
  attribute string street;
  attribute string housenumber;
```

1 Obwohl ich allen Hamburgern und Hamburgerinnen versichern kann, dass es sich lohnen würde ;-).

```
  attribute short zip;
  attribute string city;
}
```

Die atomaren Datentypen `string`, `long` und `short` sollten sich von selbst erklären. Es existieren keine separaten Typen für ganzzahlige und für Fließkommazahlen. Eine objektorientierte Umsetzung der Tabelle *ARTIKEL* sieht folgendermaßen aus:

```
class Article {
  attribute long artId;
  attribute string artName;

  attribute long price;
  attribute short vat;
}
```

Eine Beziehung wird in der ODL durch das Schlüsselwort `relationship` dargestellt. Da jeder Datensatz eine Instanz einer Klasse ist, müssen Sie nicht mit Schlüsseln arbeiten, sondern können ein Objekt dieser Klasse direkt referenzieren. Die Darstellung der Tabelle in einer OO-Datenbank lautet demnach:


```
class Sale {
  attribute long saleId;
  relationship Address customer;
  relationship Article article;
  attribute short numberOfItems;
  attribute struct Date {
    short day;
    short month;
    short year;
  } salesDate;
}
```

Der Datentyp `struct` bietet die Möglichkeit, eine nicht atomare Information als verschachtelte Gruppe einzufügen. Dies garantiert im vorliegenden Fall die leicht handhabbare Darstellung eines Datums. Die Syntax für `struct` entspricht dabei dem in der Programmiersprache C üblichen Standard: Vor der öffnenden geschweiften Klammer steht der Datentypname der Struktur, hinter der schließenden wird ein konkretes Element dieses Typs deklariert.

Die ursprüngliche Aufgabe, die Entfernungstabelle darzustellen, lässt sich nun mithilfe der ODL-Syntax recht einfach lösen:

```
class City {
  attribute string name;
  struct Distance {
```

```
        relationship City destination;
        attribute short kilometers;
    };
    array (struct Distance) distances;
}
```

Ein `array` ist – wie in Programmiersprachen – eine Liste beliebig vieler Elemente eines bestimmten Datentyps. In diesem Fall wird eine Entfernung als Struktur aus einer Verknüpfung mit einem Ort und der Kilometeranzahl gebildet. Die entsprechenden Entfernungen werden in einem Array dargestellt. Um objektorientierte Datenstrukturen mit Werten zu füllen und um diese Werte später nach verschiedenen Kriterien zu lesen und auszuwerten, wird eine zweite Sprache benötigt. Die von der ODMG vorgeschlagene Version einer solchen objektorientierten Abfragesprache heißt *OQL* (*Object Query Language*). Sie verwendet weitgehend die gleichen Befehle und die gleiche Syntax wie die in Abschnitt 13.3, »SQL-Abfragen«, vorgestellte relationale Abfragesprache SQL.

13.2 MySQL – ein konkretes RDBMS

In diesem Abschnitt werden Installation und Konfiguration eines relationalen Datenbanksystems sowie die ersten Schritte damit besprochen. Es handelt sich um die weitverbreitete, beliebte Datenbank MySQL. Dieses System habe ich ausgewählt, weil Sie es kostenlos herunterladen und leicht installieren können und weil es in Zusammenarbeit mit der Programmiersprache PHP die Grundlage vieler dynamischer Websites bildet. Die MySQL-Programmierung mit PHP wird in Kapitel 19, »Webserveranwendungen«, erläutert.

Der ursprüngliche Entwickler von MySQL, *Michael »Monty« Widenius*, entwickelt seit 2009 eine alternative Implementierung der Datenbank unter dem Namen *MariaDB*. Sie ist weitgehend mit MySQL kompatibel und kann unter *www.mariadb.com* heruntergeladen werden. Hauptsächlich geht es bei MariaDB um eine strengere Open-Source-Auslegung, als sie von Oracle zu erwarten ist, aber die alternative Datenbank bietet auch einige neue Features wie zusätzliche Storage-Engines und Geschwindigkeitsoptimierungen. Eine steigende Anzahl von Linux-Distributionen wird mit MariaDB statt MySQL ausgeliefert.

13.2.1 MySQL installieren und konfigurieren

In diesem Abschnitt wird die Installation von MySQL in der aktuellen stabilen Version 8.0 erläutert.[2] Zusätzlich erfahren Sie, wie Sie die beiden nützlichen Zusatzprogramme *MySQL Administrator* und *MySQL Query Browser* installieren können.

2 Einem allgemeinen Trend in der Softwareindustrie folgend, wurde die Versionsnummerierung auch bei MySQL angepasst, indem die frühere Major-Release-Stelle ganz vorn weggelassen wurde – die Vorgängerversion hieß nicht 7.0, sondern 5.7.

Installation unter Unix

Überprüfen Sie zunächst, ob MySQL nicht bereits Bestandteil Ihrer Systemdistribution ist; in der Regel dürfte das der Fall sein. Auf der Website *http://www.mysql.com* finden Sie für zahlreiche Unix-Varianten, einschließlich macOS, Binärpakete. Laden Sie die passenden herunter und folgen Sie den enthaltenen Installationsanweisungen. Falls es sich nicht um einen richtigen Installer, sondern nur um eine Archivdatei handelt, entpacken Sie diese und erstellen der Bequemlichkeit halber einen Symlink von dem relativ langen Pfadnamen nach */usr/local/mysql*.

Für so gut wie alle Unix-Versionen ist natürlich die Quellcodedistribution geeignet. Diese müssen Sie wie üblich als Erstes entpacken; anschließend können Sie in das neu erstellte Verzeichnis wechseln:

```
# tar -xzvf mysql-8.0.25.tar.gz
# cd mysql-8.0.25
```

Aus Sicherheitsgründen sollten Sie einen neuen User-Account und eine neue Gruppe erstellen; der MySQL-Server wird dann unter dieser User- und Group-ID ausgeführt. Dazu können Sie auf einem Linux-System beispielsweise die folgenden Befehle verwenden:


```
# groupadd mysql
# useradd -g mysql mysql
```

Da sich unter diesem Account niemand persönlich anmelden wird, können Sie sich als Passwort einen vollkommen unmöglichen Zeichensalat ausdenken, den Sie sich nicht einmal zu merken brauchen.

Nun wird die folgende Befehlsfolge zur Konfiguration und Kompilierung eingegeben:

```
# ./configure --prefix=/usr/local/mysql \
--with-mysqld-user=mysql
# make
# make install
```

Sie können `configure` vorher auch mit der Option `--help` aufrufen, um Informationen über weitere Einstellungen zu erhalten. Die hier verwendeten Optionen legen */usr/local/mysql* als Stammverzeichnis fest und sorgen dafür, dass der Server unter der soeben angelegten User-ID ausgeführt wird.

Nach dem Entpacken der Binärvariante beziehungsweise der Installation der Source-Version müssen Sie die sogenannten *MySQL Grant Tables* erstellen, die die Authentifizierungs- und Berechtigungsdaten enthalten. Dazu können Sie folgendes Skript im *bin*-Verzeichnis Ihrer MySQL-Installation ausführen:

```
# ./mysql_install_db --user=mysql
```

Als Nächstes sollten Sie einige Besitzrechte setzen: Die ausführbaren MySQL-Programme sollten auf *root* übertragen werden, das Datenverzeichnis auf den neu angelegten User *mysql*. Wenn Sie MySQL mit der `PREFIX`-Option `/usr/local/mysql` installiert haben und sich in diesem Verzeichnis befinden, geht das folgendermaßen:

```
# chown -R root.
# chown -R mysql data
# chgrp -R mysql.
```

Nun können Sie den `mysql`-Server starten:

```
# /usr/local/mysql/bin/mysqld_safe --user=mysql &
```

Das angehängte `&` führt dazu, dass der Befehl im Hintergrund ausgeführt wird, sodass Sie das entsprechende Terminal für andere Aufgaben weiterverwenden können. Falls Sie MySQL beim Hochfahren des Systems automatisch starten möchten, können Sie sich an die ausführliche Anleitung halten, die in Kapitel 6, »Betriebssysteme«, teils für den Apache-Webserver und teils für MySQL selbst zu finden ist. Das Skript *support-files/mysql.server* im MySQL-Verzeichnis kann dabei als Startskript dienen.

Zusätzlich zum MySQL-Grundpaket, das nur mit dem Kommandozeilenclient `mysql` ausgeliefert wird, empfiehlt sich die Installation grafischer Steuertools. Empfehlenswert ist beispielsweise der webbasierte Client phpMyAdmin (Download und Installationsanleitung unter *http://www.phpmyadmin.net*). Daneben gibt es zwei Programme bei *mysql.com*: *MySQL Administrator* ermöglicht die grafische Konfiguration des Servers, während der *MySQL Query Browser* vor allem dem Erstellen und Durchsuchen von Datenbanken mithilfe von SQL-Abfragen dient.

Für Linux können Sie Binärpakete der beiden Programme herunterladen. Alle anderen Unix-Versionen müssen mit der Quellcodedistribution vorliebnehmen. Die Binärvarianten können Sie nach dem Entpacken sofort einsetzen; die Quellcodedistributionen werden mit dem *Automake-Dreisatz* (`configure`; `make`; `make install`) kompiliert und installiert.

Installation unter Windows

Die Download-Seite für den MySQL-Server 8.0 bietet zwei verschiedene Pakete für Windows: Unter dem Link WINDOWS MSI INSTALLER finden Sie den MySQL-Installer. WINDOWS ZIP ARCHIVE ist dagegen ein Paket, das Sie einfach ohne Installation entpacken können (am sinnvollsten nach *C:\MySQL*), was schneller geht, aber weniger Einstellungsmöglichkeiten bietet.

Die beste Wahl ist der Standard-Installer. Führen Sie die heruntergeladene MSI-Datei per Doppelklick aus (zurzeit *mysql-installer-community-8.0.25.0.msi* oder *mysql-installer-web-community-8.0.25.0.msi*; Letzterer lädt während der Installation weitere Daten herunter, während Ersterer größer, aber komplett ist). Anschließend werden auf mehreren Dialogseiten Fragen gestellt, unter anderem nach Installationsumfang und Installationsverzeichnis.

Zum Schluss der eigentlichen Installation können Sie CONFIGURE MYSQL SERVER NOW wählen, um den MySQL Instance Configuration Wizard aufzurufen. Alternativ finden Sie ihn nachträglich unter MYSQL im Startmenü.

In diesem Dialog werden nacheinander folgende Dialogseiten angezeigt:

- WELCOME: Hier erhalten Sie eine kurze Information über die MySQL-Konfiguration.
- Konfigurationsdetails: Wählen Sie DETAILED CONFIGURATION (diese Variante wird hier beschrieben) oder STANDARD CONFIGURATION für weniger Optionen.
- SERVERTYP: Wählen Sie DEVELOPER MACHINE für einen Arbeitsrechner, auf dem MySQL neben vielen Anwendungsprogrammen ausgeführt wird. Für den Praxiseinsatz können Sie sich zwischen SERVER MACHINE (Installation auf einem allgemeinen Serverrechner) und DEDICATED MYSQL SERVER MACHINE (exklusiver Serverrechner für MySQL) entscheiden.
- Tabellentypen: Normalerweise sollten Sie MULTIFUNCTIONAL DATABASE wählen, um einfach zwischen transaktionsorientierten InnoDB- und performanceoptimierten MyISAM-Tabellen wählen zu können. TRANSACTIONAL DATABASE ONLY optimiert den MySQL-Server für den InnoDB-Support, während NON-TRANSACTIONAL DATABASE ausschließlich MyISAM installiert.
- INNODB TABLESPACE SETTINGS: Hier wird das temporäre Verzeichnis für Transaktionsdaten ausgewählt. Stellen Sie sicher, dass Sie die Festplatte oder Partition mit dem meisten freien Platz auswählen; in der Regel geschieht dies automatisch.
- Anzahl der gleichzeitigen Clientverbindungen: Wählen Sie für einen Arbeitsplatzrechner DECISION SUPPORT (DSS)/OLAP mit maximal 20 Verbindungen. Für einen praxistauglichen Server ist ONLINE TRANSACTION PROCESSING (OLTP) geeignet. Unter MANUAL SETTING • CONCURRENT CONNECTIONS können Sie die Höchstzahl der Verbindungen manuell eingeben.
- Um den Datenbankserver über ein Netzwerk zu nutzen (Standard), müssen Sie ENABLE TCP/IP NETWORKING aktivieren. Der Standard-TCP-Port 3306 ist in der Regel die richtige Wahl, es sei denn, Sie möchten mehrere MySQL-Instanzen auf demselben Rechner betreiben. Beachten Sie gegebenenfalls auch Ihre Firewall-Einstellungen.
- Als Zeichensatz ist in der Regel STANDARD CHARACTER SET (LATIN1) zu empfehlen – zumindest für die meisten lateinisch geschriebenen europäischen Sprachen. Wenn Sie viel mit internationalen Sprachen arbeiten oder vorwiegend moderne (Web-)Software einsetzen, empfiehlt sich dagegen UTF8. Die dritte Möglichkeit ist die manuelle Auswahl eines Zeichensatzes.
- Damit der MySQL-Server automatisch gestartet wird, sollten Sie auf der nächsten Registerkarte INSTALL AS WINDOWS SERVICE wählen. Solange auf demselben Rechner nicht mehrere MySQL-Server-Instanzen ausgeführt werden, ist der vorgeschlagene Dienstname MYSQL in Ordnung. LAUNCH THE MYSQL SERVER AUTOMATICALLY schaltet den üblichen automatischen Start für den Dienst ein.

- Unter MODIFY SECURITY SETTINGS sollten Sie zunächst ein gutes, das heißt ausreichend langes und nicht im Wörterbuch vorkommendes Passwort für den MySQL-Administrator *root* auswählen. Außerdem empfiehlt es sich, die Einstellung ENABLE ROOT ACCESS FROM REMOTE MACHINES (Administratorzugriff von entfernten Rechnern aus) zu deaktivieren.
- Die Einrichtung eines anonymen, also usernamen- und passwortlosen Kontos mithilfe von CREATE AN ANONYMOUS ACCOUNT ist übrigens nicht zu empfehlen, sofern Sie keine Anwendung benutzen, die das unbedingt benötigt.
- Nachdem Sie alles eingestellt haben, führt EXECUTE die gewünschten Arbeitsschritte durch.

Für die Windows-Versionen von MySQL Administrator und MySQL Query Browser werden übrigens bequeme Binär-Installer angeboten. Die wenigen einfachen Installationsschritte sind im Prinzip selbsterklärend.

13.2.2 Erste Schritte mit dem »mysql«-Client

Nach der Installation können Sie Ihren MySQL-Datenbankserver am einfachsten über den Kommandozeilenclient `mysql` ansprechen. Wenn Sie ein anonymes Konto eingerichtet haben, starten Sie ihn einfach durch die folgende Eingabe:

```
$ mysql
```

Andernfalls müssen Sie über die Option `-u <Username>` den gewünschten Account angeben und mithilfe von `-p` festlegen, dass das Passwort abgefragt werden soll. Als Beispiel hier der MySQL-Verwaltungs-Account *root*:

```
$ mysql -u root -p
Enter password: *********
```

Nachdem die Verbindung zum Datenbankserver hergestellt wurde, sehen Sie den Prompt des `mysql`-Clients:

```
mysql>
```

Nun können Sie spezifische Steuerbefehle wie `help` (Anzeigen der Hilfe) oder `quit` (Beenden) eintippen oder aber die im nächsten Abschnitt besprochenen SQL-Abfragen eingeben. SQL-Abfragen können beliebig viele Zeilen lang sein (einschließlich [↵]); sie werden erst ausgeführt, wenn Sie sie mit einem Semikolon abschließen.

Bevor Sie mit einer Datenbank arbeiten können, müssen Sie sie auswählen. Dies geschieht mithilfe der Anweisung `use <Datenbank>`. Beispiel:

```
mysql> use supermarket
```

Im Auslieferungszustand enthält MySQL nur die Verwaltungsdatenbank *mysql* sowie die leere Demodatenbank *test*. Bevor Sie also ernsthafte Experimente durchführen können, müssen Sie eine Datenbank anlegen. Dies geschieht mithilfe einer `CREATE DATABASE`-Abfrage, die im nächsten Abschnitt erläutert wird.

Praktisch ist außerdem die Möglichkeit, SQL-Anweisungen aus einer externen Textdatei zu importieren. Dazu dient die Anweisung `source <Pfad>`. Beispielsweise:

```
mysql> source test.sql
```

13.3 SQL-Abfragen

In diesem Abschnitt werden einige Einzelheiten der Datenbankabfrage SQL näher erläutert. So gut wie alle relationalen Datenbanksysteme verstehen irgendeine Version dieser Sprache. Die hier vorgestellten SQL-Funktionen und -Merkmale funktionieren allesamt unter MySQL und sind, falls nicht anders vermerkt, konform mit dem SQL99-Standard. Beachten Sie jedoch, dass SQL99 einige weitere Fähigkeiten besitzt, die von MySQL bisher noch immer nicht voll unterstützt werden. Um die Beispiele im vorliegenden Abschnitt unter anderen RDBMS wie PostgreSQL, Microsoft SQL Server oder Oracle auszuführen, sind gegebenenfalls bestimmte Anpassungen erforderlich, die Sie der Dokumentation Ihres Datenbanksystems entnehmen müssen.

Die Bezeichnung *Abfrage* (*Query*) ist ein wenig irreführend, weil Sie mithilfe von Abfragen nicht nur die Inhalte von Datenbanktabellen lesen, sondern auch ändern können. SQL unterstützt im Wesentlichen vier Arten von Datenbankabfragen:

- Auswahlabfragen (*Select Queries*) liefern ausgesuchte Felder einer oder mehrerer Tabellen zurück; optional können Kriterien angegeben werden, nach denen die Datensätze gefiltert werden sollen.
- Einfügeabfragen (*Insert Queries*) fügen neue Datensätze in eine Tabelle ein.
- Änderungsabfragen (*Update Queries*) ändern die Werte bestimmter Felder nach bestimmten Regeln und Kriterien.
- Löschabfragen (*Delete Queries*) entfernen ungewünschte Datensätze, die bestimmte Bedingungen erfüllen.

Neben diesen grundlegenden Abfragetypen, die bereits bestehende Tabellen betreffen, bietet SQL Befehle zum Anlegen und Entfernen von Datenbanken und von Tabellen innerhalb dieser Datenbanken.

Da SQL-Datenbanken zumindest auf Unix-Systemen zwischen Groß- und Kleinschreibung bei Tabellennamen unterscheiden, sollten Sie die Schreibung Ihrer Tabellen- und Feldbezeichnungen stets konsistent halten. Bei den SQL-Anweisungen und -Funktionen selbst wird dagegen nicht zwischen Groß- und Kleinschreibung unterschieden; traditionell werden sie komplett in Großbuchstaben geschrieben. Übrigens ist es egal, in wie viele Zeilen Sie eine Abfrage unterteilen. Falls sie mehrzeilig ist, muss sie allerdings durch ein Semikolon abgeschlossen werden.[3]

13.3.1 Datenbanken und Tabellen erzeugen

Um über SQL eine ganz neue Datenbank anzulegen, wird der Befehl CREATE DATABASE verwendet. Beispielsweise erzeugt die folgende Abfrage eine neue Datenbank namens *supermarket*, die anschließend die besprochenen Tabellen *addresses*, *articles* und *sales* enthalten soll:

```
CREATE DATABASE supermarket;
```

Eine Tabelle wird per SQL über die Funktion CREATE TABLE angelegt. In Klammern werden – durch Kommata getrennt – die einzelnen Feldnamen, ihre Datentypen und Optionen aufgelistet. Indizes, mit Ausnahme des Primärschlüssels, werden nicht beim Erstellen des jeweiligen Feldes, sondern separat über das Schlüsselwort INDEX angelegt.

Die SQL-Abfrage, mit deren Hilfe die Tabelle *addresses* eingerichtet wird, sieht folgendermaßen aus:

```
CREATE TABLE addresses (
   address_id INT AUTO_INCREMENT PRIMARY KEY,
   name VARCHAR(50) NOT NULL,
   street VARCHAR(50) NOT NULL,
   housenumber CHAR(10) NOT NULL,
   zip CHAR(5) NOT NULL,
   city VARCHAR(40) NOT NULL,
   INDEX (name),
   INDEX (city)
);
```

Die Tabelle *articles* wird mithilfe dieser Abfrage erstellt:

```
CREATE TABLE articles (
   art_id INT AUTO_INCREMENT PRIMARY KEY,
   art_name VARCHAR (30),
   price INT,
   vat ENUM ('7', '19'),
   INDEX (art_name)
);
```

3 Der Kommandozeilenclient mysql benötigt das Semikolon immer, weil er sonst davon ausgeht, dass eine Abfrage nach dem Zeilenumbruch weitergeht.

Schließlich wird noch die Tabelle *sales* für die konkreten Käufe benötigt, die durch die folgende Abfrage erstellt werden kann:

```
CREATE TABLE sales (
   sale_id INT AUTO_INCREMENT PRIMARY KEY,
   address_id INT,
   art_id INT,
   num_items INT,
   sales_date DATE
);
```

Falls Sie eine Tabelle wieder löschen möchten, wird die Funktion `DROP TABLE` verwendet. Die folgende SQL-Anweisung entfernt beispielsweise die Tabelle `unnecessary`:

```
DROP TABLE unnecessary;
```

Analog dazu können Sie mithilfe von `DROP DATABASE` eine ganze Datenbank löschen.

Felddatentypen und -optionen

Für jede Tabellenspalte, die Sie über eine `CREATE TABLE`-Abfrage einrichten, müssen Sie die folgenden Informationen angeben:

- Einen selbst gewählten Feldnamen. Dieser Name darf Buchstaben, Ziffern und Unterstriche enthalten, aber nicht mit einer Ziffer beginnen.
- Einen Felddatentyp. Die diversen möglichen Datentypen werden im weiteren Verlauf des Kapitels aufgezählt.
- Weitere Optionen. Hier können Sie besondere Eigenschaften der Spalte angeben, beispielsweise `PRIMARY KEY` (Primärschlüssel), `AUTO_INCREMENT` (automatisches Durchnummerieren) oder `NOT NULL` (das Feld muss einen Wert besitzen).

Die verschiedenen in SQL definierten Datentypen sind folgende:

- Ganzzahlen verschiedener Wortbreite
  Je nach Bedarf können Sie sich einen der folgenden ganzzahligen Datentypen aussuchen. Die tatsächliche Wortbreite ist allerdings abhängig von der Implementierung. Die Angaben gelten für MySQL und können je nach konkretem Datenbanksystem abweichen:
  - `TINYINT` (8 Bit)
  - `SMALLINT` (16 Bit)
  - `MEDIUMINT` (24 Bit)
  - `INT` (32 Bit)
  - `BIGINT` (64 Bit)

- Fließkommazahlen verschiedener Genauigkeit
  SQL bietet zwei verschieden genaue Datentypen für Fließkommawerte an. In MySQL gelten die folgenden Wortbreiten:
  - `FLOAT` (4 Byte)
  - `DOUBLE` (8 Byte)
  - Ein zulässiges Synonym für `DOUBLE` ist `REAL`.
  - Der Datentyp `DECIMAL` definiert eine Festkommazahl. Die Gesamtzahl der Stellen sowie die Anzahl der Nachkommastellen werden durch Komma getrennt in Klammern geschrieben. Beispielsweise wäre `DECIMAL (6,2)` für Währungsbeträge in Supermärkten geeignet.
- Datums- und Uhrzeitwerte
  SQL bietet verschiedene Datentypen für die Angabe von Kalenderdaten und Uhrzeiten:
  - `DATE` ist ein Datum im Format `"2021-04-11"`. Der zulässige Bereich ist `"0001-01-01"` bis `"9999-12-31"`.
  - `TIME` enthält eine Uhrzeitangabe im Format `"18:59:37"`.
  - `DATETIME` kombiniert eine Datums- und eine Uhrzeitangabe in der Schreibweise `"2021-04-11 18:59:37"`.
  - `YEAR` enthält eine Jahreszahl zwischen 1900 und 2155.
  - `TIMESTAMP` ist ein spezielles Feld, das beim Erstellen oder Ändern des zugehörigen Datensatzes automatisch ausgefüllt wird; es ist damit ideal für die nützliche Information, wann der Datensatz zuletzt geändert wurde. Das Format entspricht `DATETIME`.
- Textdatentypen
  Für Textinformationen existieren verschiedene Datentypen, die hier aufgelistet werden:
  - `CHAR(n)` ist eine Zeichenkette mit einer festen Länge von `n` Zeichen. Der angegebene Wert darf höchstens 255 sein. *Feste Länge* bedeutet, dass auf jeden Fall die angegebene Anzahl von Zeichen gespeichert wird, selbst wenn der eigentliche Text kürzer ist. Dies erhöht die Verarbeitungsgeschwindigkeit, aber auch den Speicherbedarf.
  - `VARCHAR(n)` gibt eine Zeichenkette variabler Länge mit bis zu `n` (maximal 65.535) Zeichen an. Ein `VARCHAR`-Feld belegt nur so viel Speicher, wie es tatsächlich Zeichen enthält. Dafür werden `VARCHAR`-Felder langsamer gefunden als `CHAR`-Felder.
  - `TINYTEXT` ist ein Synonym für `VARCHAR (255)`.
  - `TEXT` gibt Text variabler Länge mit bis zu 65.535 Zeichen an.
  - `MEDIUMTEXT` darf maximal 16,7 Millionen Zeichen enthalten.
  - `LONGTEXT` darf sogar über 4 Milliarden Zeichen enthalten.
- Binärdaten
  Zum sicheren Abspeichern von Binärdaten wie Bildern, Audiodaten und sonstigen proprietären Datenformaten wird von SQL das BLOB-Format (*Binary Large Object*) angeboten. Es gibt folgende Ausprägungen von BLOBs unterschiedlicher Größe:

- TINYBLOB (bis zu 255 Byte)
- BLOB (bis zu 65.535 Byte)
- MEDIUMBLOB (über 16,7 Millionen Byte)
- LONGBLOB (über 4 Milliarden Byte)

- Aufzählungstypen
  Mitunter ist es effektiver, eine Liste vorgefertigter Werte anzugeben, als ein frei ausfüllbares Textfeld einzurichten. MySQL definiert zu diesem Zweck die beiden folgenden Aufzählungstypen:
  - ENUM ist eine Aufzählung von maximal 65.535 verschiedenen Zeichenketten. Intern wird der Wert eines Feldes als Nummer des jeweiligen Aufzählungselements gespeichert.
  - SET enthält dagegen eine Aufzählung von maximal 255 verschiedenen Zeichenketten. Der Wert eines Feldes in einer solchen Spalte kann aus beliebig vielen kommagetrennten Werten aus der Aufzählung bestehen. Dazu besetzt jeder mögliche Wert ein eigenes Bit (1, 2, 4, 8, 16 etc.), und die Wertemischung in einem Feld ist die Summe dieser Bits.

  Beide Arten von Listen werden hinter dem Datentyp in Klammern und durch Kommata getrennt angegeben. Das folgende Beispiel zeigt, wie es funktioniert:

  ```
  steuerklasse ENUM ('I', 'II', 'III', 'IV', 'V', 'VI')
  ```

Hinter der Angabe des Datentyps können unter anderem folgende Optionen für Felder angegeben werden:

- BINARY ist eine Option, die Textdatentypen in Binärtypen umwandelt, in denen das Abspeichern binärer Daten unabhängig von Zeichensätzen und Zeilenumbruchlogik sicher möglich ist.
- UNSIGNED sorgt dafür, dass der Wertebereich eines ganzzahligen Typs ohne Vorzeichen betrachtet wird. Beispielsweise besitzt ein TINYINT dadurch nicht mehr den Wertebereich –128 bis +127, sondern 0 bis 255.
- ZEROFILL füllt alle Felder bis zur angegebenen Maximallänge nach links mit Nullen auf. Die Option impliziert automatisch UNSIGNED.
- NULL oder NOT NULL legen fest, ob ein Feld leer sein darf (NULL) oder nicht (NOT NULL). Der Standard ist NULL.
- DEFAULT gibt einen Standardwert für jedes Feld einer Spalte vor, das keinen sonstigen Wert besitzt.
- AUTO_INCREMENT richtet eine Spalte so ein, dass diese Spalte bei der Erzeugung neuer Zeilen automatisch fortlaufende Werte erhält. Dies ist beispielsweise für Primärschlüssel gut geeignet.
- PRIMARY KEY richtet ein Feld als Primärschlüssel ein, und zwar nur genau eines pro Tabelle. Für zusammengesetzte Primärschlüssel muss stattdessen die Option PRIMARY KEY(*Feld1*, *Feld2*, ...) außerhalb der Felddefinitionen genutzt werden.

Wie bereits erwähnt, werden Indizes mit Ausnahme des Primärschlüssels erst nach dem Erstellen der Spalten eingerichtet. Neben dem Schlüsselwort `INDEX`, das einen einfachen Index einleitet, werden die alternativen Angaben `UNIQUE` (ein bestimmter Feldwert darf nur einmal in der Tabelle vorkommen) und `FULLTEXT` für die Volltextsuche unterstützt.

13.3.2 Auswahlabfragen

Um Daten aus einer Datenbank zu lesen, wird die SQL-Anweisung `SELECT` verwendet. Schematisch sieht ein solcher Aufruf folgendermaßen aus:

```
SELECT feld1, feld2, ...
FROM tabelle1, tabelle2, ...
WHERE kriterium;
```

Diese Abfrage wählt die Felder *feld1*, *feld2* etc. derjenigen Datensätze aus den Tabellen *tabelle1*, *tabelle2* und folgenden aus, auf die die Kriterien zutreffen.

Anstelle der einzelnen Felder können Sie auch * schreiben, um alle Felder einer Tabelle auszuwählen. Die folgende Abfrage zeigt beispielsweise die gesamte Tabelle *addresses* an:

```
SELECT * FROM addresses;
```

Benötigen Sie dagegen lediglich die Namen und die Postleitzahlen der Kundschaft, wird die diese Schreibweise verwendet:

```
SELECT name, zip FROM addresses;
```

Wenn Sie nur ein Feld auswählen, ist manchmal der Modifikator `DISTINCT` nützlich: Er zeigt doppelt vorkommende Feldinhalte nur jeweils einmal an. Die folgende Abfrage zeigt jede unterschiedliche Postleitzahl aus *addresses* genau einmal an:

```
SELECT DISTINCT zip FROM addresses;
```

Wenn Sie Werte aus mehreren Tabellen auswählen (bevorzugt über die Verknüpfung durch Joins; siehe den nächsten Abschnitt), müssen Sie denjenigen Spaltenbezeichnungen den Tabellennamen voranstellen, die in mehreren Tabellen identisch vorkommen. Beispielsweise müssten Sie `addresses.id` und `sales.id` schreiben, wenn beide in derselben Abfrage vorkämen. Um dies zu umgehen, empfiehlt es sich in der Praxis, allen Feldnamen jeder Tabelle den ganzen Tabellennamen (im Singular) oder ein Kürzel für die jeweilige Tabellenbezeichnung voranzustellen. Beispielsweise könnten die Felder der Tabelle *addresses* mit *address_* oder *ad_* beginnen, also etwa *address_id*, *address_name* oder *ad_zip*.

Häufiger werden Auswahlabfragen verwendet, bei denen über die `WHERE`-Klausel Bedingungen angegeben werden. Die Bedingungen vergleichen in der Regel die Werte einzelner Felder mit bestimmten Ausdrücken oder miteinander. Beispielsweise liefert die folgende Abfrage den Namen, die Postleitzahl und den Ort aller Personen aus der Tabelle *addresses*, die in Köln wohnen:

```
SELECT name, zip, city
FROM addresses
WHERE city="Köln";
```

Die nächste Abfrage wählt dagegen die vollständigen Daten aller Personen aus, deren Wohnort mit der Postleitzahl 5 beginnt:

```
SELECT *
FROM addresses
WHERE zip LIKE "5%"
```

Die `LIKE`-Klausel vergleicht den Wert eines Feldes mit einem einfachen Muster, in dem ein `%` für beliebig viele Zeichen und ein `_` für genau ein Zeichen steht. Hier sehen Sie einige Beispiele für solche Muster:

- `name LIKE "a%"` liefert alle Personen, deren Name mit a anfängt.
- `name LIKE "%b%"` gibt alle Personen zurück, in deren Namen mindestens ein b vorkommt.
- `street LIKE "%weg"` liefert alle Straßenangaben, die auf »-weg« enden.
- `name LIKE "Me_er"` steht für alle Personen, die Meier oder Meyer heißen.
- `name LIKE "M%r"` gibt alle Personen zurück, die Maier, Mayer, Meier, Meyer oder Mayr heißen; natürlich werden auch Müller, Mecker, Monster etc. gefunden.

Für einfache Wertüberprüfungen, die keinen Mustervergleich verwenden, können Sie die Operatoren `=`, `<`, `>`, `<=`, `>=` und `<>` (ungleich) benutzen. Mehrere Überprüfungen können Sie mit `AND` oder `OR` verknüpfen.

Übrigens können Sie sowohl bei der `SELECT`-Anweisung selbst als auch bei der `WHERE`-Klausel beliebige Berechnungen ausführen. Bei `WHERE` müssen Sie allerdings darauf achten, dass das Endergebnis ein boolescher Wahrheitswert sein muss. Beispielsweise ist die Klausel `WHERE price * 2` unvollständig und damit verboten; `WHERE price * 2 < 10` ist dagegen zulässig und gibt alle Felder zurück, deren doppelter Preis kleiner als 10 ist.

Wenn Sie in der `SELECT`-Anweisung keine einzelnen Felder auswählen, sondern Berechnungen anstellen, können Sie der Ergebnisspalte über die `AS`-Klausel einen Namen zuweisen (wobei Sie das Schlüsselwort `AS` selbst auch weglassen können). Beispielsweise könnten Sie folgendermaßen die Nettopreise aller Waren in der Tabelle *articles* ermitteln:

```
SELECT art_name, price / (100 + vat) * 100
AS net_price
FROM articles;
```

Der entsprechende Mehrwertsteuersatz wird also zu 100 addiert; das Teilen des Preises durch diesen Gesamtwert und die Multiplikation mit 100 ergibt natürlich den Nettopreis.

Die Spalte in der Ergebnistabelle der Abfrage wird als *net_price* bezeichnet, was erheblich lesefreundlicher ist als `price / (100 + vat) * 100`.

Neben den einfachen arithmetischen Berechnungen bietet SQL auch eine Reihe von Funktionen an. Die wichtigsten von ihnen werden als *Aggregatfunktionen* bezeichnet, da sie die Anzahl der zurückgegebenen Datensätze verkleinern können, indem sie mehrere zusammenfassen. Hier einige Aggregatfunktionen im Überblick:

- `SUM` gibt die Summe der Werte in der Spalte zurück, auf die `SUM` angewendet wird. Wenn Sie weitere Spalten in das `SELECT` aufnehmen, erhalten Sie so viele Einzelergebnisse, wie es unterschiedliche Wertekombinationen in diesen Spalten gibt. Beispielsweise ergibt die folgende Abfrage die (wenig sinnvolle) Summe aller Artikelpreise in der Tabelle `articles`:

  ```
  SELECT SUM(price) AS sum_of_prices FROM articles;
  ```

  Diese Abfrage liefert dagegen die Summen der beiden Artikelgruppen mit unterschiedlicher Mehrwertsteuer getrennt:

  ```
  SELECT SUM(price) AS sum_prices, vat FROM articles;
  ```

  Sinnvollere Beispiele erfordern die Kombination mehrerer Tabellen; Sie finden sie im folgenden Unterabschnitt »Joins«.
- `MIN` gibt den kleinsten Wert eines Feldes innerhalb einer Gruppe zurück.
- `MAX` liefert entsprechend das Feld mit dem höchsten Wert.
- `COUNT` schließlich gibt die Anzahl der Felder einer Spalte oder Gruppe zurück. Beispielsweise gibt die folgende Abfrage die Anzahl aller Personen zurück:

  ```
  SELECT COUNT(*) AS num_customers FROM addresses;
  ```

  Wenn Sie die Anzahlen der Artikel mit den beiden unterschiedlichen Mehrwertsteuersätzen getrennt voneinander erhalten möchten, funktioniert das folgendermaßen:

  ```
  SELECT COUNT(*) AS number_of_articles, zip FROM articles GROUP BY zip;
  ```

Wichtig ist noch, wie Sie die Ergebnisdatensätze in einer Auswahlabfrage sortieren können. Dies funktioniert mithilfe der `ORDER BY`-Klausel. Anzugeben ist dabei die Spalte, nach deren Werten sortiert werden soll, sowie `ASC` (*ascending*) für eine aufsteigende Reihenfolge und `DESC` (*descending*) für die absteigende Reihenfolge. Das folgende Beispiel zeigt, wie Sie die Personen nach ihren Namen alphabetisch sortieren:

```
SELECT * FROM addresses
ORDER BY name ASC;
```

Joins

Für die praktische Anwendung von Beziehungen ist es wichtig, das Konzept der Joins zu verstehen. Der Beziehungstyp, der bei einer 1:n-Beziehung zwischen dem Primärschlüssel der einen und einem Fremdschlüssel in einer anderen Tabelle besteht, wird als *Inner Join* bezeichnet, wenn nur diejenigen Ergebnisse gewünscht werden, die aus Datensätzen beider Tabellen stammen.

Um beispielsweise die Namen aller Personen auszugeben, die überhaupt etwas gekauft haben, wird folgende Syntax verwendet:

```
SELECT name FROM addresses
INNER JOIN  sales ON addresses.address_id = sales.address_id;
```

Dies gibt eine Liste der Namen in der Reihenfolge aus, in der die Personen in der Tabelle *sales* über das Feld *address_id* referenziert werden. Eine alternative Schreibweise, die auch mit älteren und seltener verwendeten Datenbanksystemen kompatibel ist, verwendet eine `WHERE`-Klausel anstelle der `INNER JOIN`-Angabe. Die zuvor formulierte Abfrage lässt sich also auch folgendermaßen formulieren:

```
SELECT name FROM addresses
WHERE addresses.address_id = sales.address_id;
```


Auf die gleiche Art und Weise erhalten Sie ebenfalls den Gesamtpreis jedes einzelnen Kaufs:

```
SELECT price * num_items AS subtotal FROM articles, sales
WHERE articles.art_id = sales.art_id;
```

Auch Aggregatfunktionen lassen sich mit Joins kombinieren. Das folgende Beispiel gibt den Gesamtumsatz jedes einzelnen Tages aus:

```
SELECT SUM(price * num_items) AS daily_revenue, sales_date
 FROM articles
INNER JOIN sales ON article.art_id = sales.art_id
GROUP BY sales_date;
```

Das folgende, etwas komplexere Beispiel stellt jeden Kauf jeder Person mit allen interessanten Zusatzdaten dar:

```
SELECT sales_id, name, art_name, num_items,
       num_items * price AS subtotal
  FROM addresses
 INNER JOIN sales ON addresses.address_id = sales.address_id
 INNER JOIN articles ON sales.art_id = articles.art_id;
```

Das Ergebnis dieser Abfrage können Sie sich in Tabelle 13.5 anschauen.

Neben dem Inner Join existieren auch Left (Outer) Join und Right (Outer) Join. Der Unterschied besteht darin, dass das Ergebnis auf jeden Fall alle infrage kommenden Datensätze der links beziehungsweise rechts von der Join-Klausel stehenden Tabelle enthält und für die Felder der jeweils anderen Tabelle gegebenenfalls `NULL`. Der SQL-Standard kennt zudem den

Full (Outer) Join, bei dem die auf die Kriterien passenden Datensätze beider Tabellen ausgewählt werden. Allerdings unterstützt MySQL diesen Join-Typ nicht.

13.3.3 Einfüge-, Lösch- und Änderungsabfragen

Mithilfe von INSERT werden Daten in eine Datenbanktabelle eingefügt. Die Syntax lautet folgendermaßen:

```
INSERT INTO tabelle (spalte1, spalte2, ...)
VALUES (wert1, wert2, ...);
```

Die folgende Anweisung fügt beispielsweise einen neuen Artikel hinzu:

```
INSERT INTO articles (art_name, price, vat)
     VALUES ("Gurke", 39, 7);
```

Falls alle Spalten der Tabelle einen Wert erhalten sollen, funktioniert auch die diese Kurzfassung (nur sinnvoll, wenn Sie keinen Auto-Increment-Primärschlüssel verwenden):

```
INSERT INTO tabelle
VALUES (wert1, wert2, ...);
```

Sie können sogar das aktuelle Ergebnis einer SELECT-Abfrage permanent in einer neuen Tabelle ablegen. Das folgende Beispiel speichert jede einzelne Postleitzahl aufsteigend sortiert in der neuen einspaltigen Tabelle *zips*:

```
CREATE TABLE zips (
   zip INT
);
INSERT INTO zips
SELECT DISTINCT zip FROM addresses
ORDER BY zip ASC;
```

Um Datensätze aus einer Tabelle zu löschen, wird die Anweisung DELETE verwendet. Welche Datensätze Sie entfernen möchten, können Sie wie bei einer Auswahlabfrage über eine WHERE-Klausel angeben:

```
DELETE FROM tabelle
 WHERE kriterium;
```

Wenn Sie beispielsweise alle Personen aus der Tabelle *addresses* löschen möchten, die nicht im Postleitzahlgebiet 5 wohnen, funktioniert das so:

```
DELETE FROM addresses
 WHERE zip NOT LIKE "5%"
```

Möchten Sie die Werte von Feldern ändern, geschieht dies durch die Anweisung UPDATE. Wichtig ist auch hier die WHERE-Klausel, damit Sie dem gewünschten Feld nicht einfach in allen Datensätzen einen neuen Wert zuweisen. Angenommen, Kunde Schmidt sei aus dem Kleinen Weg 1 in die Große Allee 25 gezogen. Eine entsprechende Änderungsabfrage sieht folgendermaßen aus:

```
UPDATE addresses
   SET street="Große Allee", housenumber=25
 WHERE address_id=1;
```

Selbstverständlich müssen Sie auf die Adresse über den Primärschlüssel zugreifen, da der Name doppelt vorkommen könnte.

Die folgende Abfrage zeigt dagegen ein Beispiel, in dem bewusst mehrere Datensätze geändert werden: Alle Artikel mit 19 % Mehrwertsteuer werden für eine Sonderaktion um 20 % billiger:

```
UPDATE articles
SET price = 0.8 * price
WHERE vat = 19;
```


13.3.4 Transaktionen

Moderne relationale Datenbanksysteme bieten eine interessante Erweiterung normaler SQL-Abfragen: Transaktionen ermöglichen es, beliebig viele Einzelschritte zusammenzufassen und am Ende zu bestätigen (Commit) oder rückgängig zu machen (Rollback). Eine vollwertige Implementierung von Datenbanktransaktionen genügt einem Standard namens *ACID*, bestehend aus den folgenden vier Komponenten:

- *Atomicity* – Die Transaktion verbindet alle enthaltenen MySQL-Anweisungen zu einer atomaren Einheit, die nach außen hin einer einzelnen Anweisung entspricht.
- *Consistency* – Wenn die Transaktion durch Commit oder Rollback abgeschlossen wird, muss die Datenbank in einem konsistenten Zustand verbleiben.
- *Isolation* – Jede Transaktion muss gegenüber allen anderen Datenbankoperationen und Transaktionen isoliert ausgeführt werden; während sie abläuft, bemerken andere Operationen nichts von ihren Änderungen und umgekehrt.
- *Durability* – Nach einem Commit müssen die Änderungen durch die Transaktion dauerhaft in der Datenbank gespeichert bleiben.

In MySQL werden Transaktionen bisher nur durch den speziellen Tabellentyp InnoDB unterstützt. InnoDB gehört schon seit Langem zum Oracle-Konzern, der 2009 auch den MySQL-Besitzer Sun Microsystems aufgekauft hat. Seitdem gehören MySQL und InnoDB derselben Firma.

Um eine InnoDB-Tabelle zu erzeugen, müssen Sie eine `CREATE TABLE`-Abfrage folgendermaßen ergänzen:

```
CREATE TABLE tabellenname (
  ...
) ENGINE=InnoDB
```

In MySQL für Windows ist InnoDB der Standardtabellentyp. Unter Unix wird dagegen automatisch die MySQL-eigene Engine MyISAM gewählt. Da diese performanter ist als InnoDB, lohnt es sich, `Engine=MyISAM` explizit anzugeben, wann immer Sie weder Transaktionen noch andere InnoDB-spezifischen Features benötigen.

Die Durchführung von Transaktionen ist sehr einfach. Geben Sie zunächst

```
START TRANSACTION;
```

ein, um eine neue Transaktion zu beginnen. Wenn Sie alle zur Transaktion gehörenden Anweisungen ausgeführt haben, können Sie entweder

```
COMMIT;
```

eingeben, um die Änderungen endgültig zu bestätigen, oder aber

```
ROLLBACK;
```

falls Sie alle Modifikationen auf den Ursprungszustand zurücksetzen wollen. Mit der Anweisung

```
SAVEPOINT name;
```

können Sie übrigens einen benannten Zwischenspeicherstand der Transaktion erstellen, zu dem Sie jederzeit mithilfe von

```
ROLLBACK TO name;
```

zurückgehen können.

Wenn Sie Transaktionen in Ruhe ausprobieren möchten, öffnen Sie einfach zwei `mysql`-Clientfenster, und starten Sie in einem der Fenster eine Transaktion. Wie Sie feststellen werden, können Sie die Veränderungen aus der Transaktion in dem anderen Fenster bis zum `COMMIT` nicht sehen.

13.4 MySQL-Administration

Ebenso wichtig wie die Pflege der im RDBMS gespeicherten Daten ist die Administration des Datenbankservers selbst. Dazu gehören unter anderem Zugangsverwaltung, Datensicherung und Konfiguration. In diesem Abschnitt erhalten Sie eine Einführung in die Aufgaben der Datenbankadministration, wieder am Beispiel von MySQL.

Für die MySQL-Administration stehen Ihnen im Wesentlichen drei Arten von Werkzeugen zur Verfügung:

- mit dem Server gelieferte Konsolentools wie *mysql*, *mysqladmin* und *mysqldump*
- der *MySQL Administrator*, ein grafisches Administrationstool des MySQL-Entwicklungsteams: Sie können es von der MySQL-Website herunterladen. Es wird hier nicht beschrieben, da es weitgehend intuitiv und selbsterklärend ist – erst recht, wenn Sie den folgenden Informationen zur manuellen Administration folgen.
- grafische Clients, die nicht auf Administration spezialisiert sind (z. B. *phpMyAdmin*)

13.4.1 »mysqladmin«

Einige Verwaltungsaufgaben lassen sich mithilfe des Kommandozeilentools `mysqladmin` erledigen. Genau wie den Konsolenclient `mysql` müssen Sie es mit `-u Username` (in der Regel *root*) und `-p` für die Passwortanforderung aufrufen, sodass seine Syntax so aussieht:


```
mysqladmin Befehl -u Username -p
```

Die wichtigsten Befehle, die Sie eingeben können, sind:

- `create` *`Datenbank`* – Erzeugt die angegebene Datenbank wie die SQL-Anweisung `CREATE DATABASE`.
- `drop` *`Datenbank`* – Löscht die gewünschte Datenbank.
- `extended-status` – Erweiterte Statusinformationen. Da die Liste sehr lang ist, sollten Sie sie durch `|less` (Unix) oder `|more` (Windows) filtern.
- `ping` – Überprüft, ob der MySQL-Server läuft.
- `reload` – Lädt die Zugangsinformationen neu (siehe nächsten Abschnitt).
- `shutdown` – Beendet den MySQL-Server.
- `version` – Gibt die Version des MySQL-Servers aus.

Hier ein Beispiel, das den Server beendet:

```
$ mysqladmin shutdown -u root -p
```

13.4.2 Zugangsverwaltung

Die Zugangsidentifikation in MySQL erfolgt anhand der drei Komponenten Host, Username und Passwort. Die entsprechenden Daten werden in der Verwaltungsdatenbank *mysql* gespeichert. Hier dienen insbesondere folgende Tabellen der Verwaltung von Zugriffsrechten:

- *user* – Enthält Usernamen und verschlüsselte Passwörter zur Überprüfung der Anmeldung sowie globale Userrechte.
- *host* – Hostbasierte Berechtigungen.
- *db* – Berechtigungen an einzelnen Datenbanken.
- *tables_priv* – Rechte an einzelnen Tabellen.
- *columns_priv* – Zugriffsrechte an einzelnen Tabellenspalten.

Sie können sich die Inhalte und Strukturen dieser Tabellen mithilfe der zuvor vorgestellten Abfragen in Ruhe anschauen. Wie Sie sehen, besitzt in *user*, *host* und *db* jedes Recht eine eigene `ENUM`-Spalte mit den möglichen Werten `'Y'` (Recht gewährt) oder `'N'` (Recht verweigert – dies ist aus naheliegenden Gründen der Standardwert). In *tables_priv* und *columns_priv* gibt es dagegen für alle Rechte je eine einzelne `SET`-Spalte; die darin für den einzelnen User aufgelisteten Rechte werden gewährt, alle anderen verweigert.

Die Überprüfung jedes Datenbankzugriffs erfolgt in zwei Stufen:

1. Prüfung, ob sich der fragliche Account vom entsprechenden Host aus anmelden darf (Tabellen *user* und *host*). Scheitert dies aus einem der möglichen Gründe (unbekannter Account, unberechtigter Host, falsches Passwort), bricht der Anmeldeversuch mit einer Fehlermeldung ab. Beispiel:

   ```
   $ mysql -u wronguser -p
   ERROR 1045 (28000): Access denied for 'wronguser'@'localhost' (using
   password: YES)
   ```

2. War die grundlegende Legitimationsprüfung erfolgreich, wird als Nächstes getestet, ob der nunmehr angemeldete Account die gewünschte Operation vornehmen darf. Dies geht schrittweise von oben nach unten: Hat er das entsprechende Recht global (in der Tabelle *user*), dann ist bereits alles klar. Wenn nicht, wird in der Tabelle *db* überprüft, ob der Account die entsprechende Berechtigung für die gesamte aktuelle Datenbank besitzt. Ist auch das nicht der Fall, geht es mit der Tabelle und schließlich mit den einzelnen Spalten weiter. Erst wenn alle diese Prüfungen versagen sollten, erhalten Sie eine Fehlermeldung wie diese:

   ```
   mysql> SHOW TABLES FROM test;
   ERROR 1044 (42000): Access denied for user 'darfnix'@'localhost' to
   database 'test'
   ```

Es ist sehr wichtig, dieses Verfahren richtig zu verstehen: Wenn ein Recht auf einer übergeordneten Ebene besteht, ist die Berechtigungsüberprüfung unwiderruflich abgeschlossen. Es gibt also keine Möglichkeit, einem Account zuerst eine allgemeine Erlaubnis zu erteilen und diese dann im Einzelnen wieder einzuschränken. Es ist also umso unerlässlicher, hier »geizig« zu sein und Accounts stets nur die unbedingt notwendigen Berechtigungen zu erteilen.

Um einen neuen Account zu erzeugen, starten Sie zunächst den Kommandozeilenclient als *root*:

```
$ mysql -u root -p
```

Wie es nun weitergeht, hängt von der MySQL-Version ab. Seit Version 5.0 verwendet MySQL die Anweisung CREATE USER, um einen Account anzulegen. Die allgemeine Syntax lautet:

```
CREATE USER username@hostname IDENTIFIED BY 'Passwort'
```

Hier ein konkretes Beispiel:

```
mysql> CREATE USER someuser@localhost
    -> IDENTIFIED BY 'AnyPa55';
```

Diese Anweisung erzeugt einen neuen Datensatz in der Verwaltungstabelle *mysql.user*, in der User- und Hostname, verschlüsseltes Passwort und keinerlei Rechte (alles auf 'N') eingetragen sind:

```
mysql> SELECT * from mysql.user WHERE user='someuser'\G
********************* 1. row *********************
       Host: localhost
       User: someuser
   Password: *426A9DFF6005EE6609101D651C4E70F51F52E12B
Select_priv: N
Insert_priv: N
Update_priv: N
[...]
```

In MySQL 8 wurde ein neues Sicherheitskonzept namens *Pluggable Authentication* eingeführt. Es ermöglicht einerseits unterschiedliche Verschlüsselungsstandards über Plug-ins innerhalb von MySQL und andererseits die Authentifizierung über externe Sicherheitssysteme. In diesem Zusammenhang verwendet MySQL intern ein Verschlüsselungsprotokoll namens caching_sha2_password. Viele Programmiersprachen und Serversysteme, mit denen MySQL zusammenarbeitet, kommen mit diesem Protokoll noch nicht zurecht, sondern benötigen das Verfahren älterer MySQL-Versionen, das als mysql_native_password bezeichnet wird. Ändern Sie den Aufruf von CREATE USER wie folgt, um dieses Protokoll zu verwenden:

```
mysql> CREATE USER someuser@localhost
    -> IDENTIFIED WITH mysql_native_password BY 'AnyPa55';
```

Zum nachträglichen Ändern eines Passworts dient die Anweisung SET PASSWORD. Dabei wird für das eigentliche Passwort die Verschlüsselungsfunktion PASSWORD() aufgerufen. Hier ein Beispiel:

```
SET PASSWORD FOR user@localhost = PASSWORD('geheim');
```

Um bestehenden Accounts neue Rechte zuzuweisen, wird in jedem Fall die Anweisung GRANT eingesetzt, deren allgemeine Syntax so aussieht:

```
GRANT Recht [(Spalte)][, Recht [(Spalte)] ...]
ON Datenbank.Tabelle
TO username@hostname
```

Die wichtigsten Rechte, die Sie Accounts erteilen können, sind in Tabelle 13.8 aufgelistet. Eine Liste aller möglichen Privilegien erhalten Sie übrigens mithilfe der folgenden MySQL-Anweisung:

```
mysql> SHOW PRIVILEGES;
```

MySQL-Zugriffsrecht	Bedeutung
USAGE	nur Anmeldung, keine Rechte
SELECT	Auswahlabfragen
INSERT	Einfügeabfragen
UPDATE	Datenänderungsabfragen
DELETE	Datenlöschabfragen
CREATE	Tabellenerstellungsabfragen
DROP	Tabellenlöschabfragen
ALTER	Strukturänderungsabfragen
INDEX	Indexverwaltung mit CREATE/DROP INDEX
CREATE VIEW	Erstellen von Views
FILE	Import/Export mit Textdateien
SHOW DATABASES	Anzeigen der Datenbankliste
SHOW VIEW	Anzeigen einer View-Definition (SHOW CREATE VIEW)
CREATE ROUTINE	Erstellen von Stored Procedures/Functions
ALTER ROUTINE	Ändern von Stored Procedures/Functions
EXECUTE	Ausführen von Stored Procedures/Functions
CREATE USER	Account erstellen

Tabelle 13.8 Zugriffsrechte für »GRANT«- und »REVOKE«-Anweisungen

MySQL-Zugriffsrecht	Bedeutung
SHUTDOWN	MySQL-Server beenden
REPLICATION CLIENT	Replikationseinstellungen ermitteln
REPLICATION SLAVE	als Replikations-Slave fungieren
SUPER	Prozessverwaltung (CHANGE MASTER, KILL etc.)
ALL [PRIVILEGES]	alle Rechte außer GRANT
GRANT OPTION	Rechteverwaltung mit GRANT/REVOKE – wird über die Zusatzoption WITH GRANT OPTION vergeben

Tabelle 13.8 Zugriffsrechte für »GRANT«- und »REVOKE«-Anweisungen (Forts.)

Das folgende Beispiel erteilt dem zuvor erstellten Account *someuser@localhost* das Recht, Daten aus beliebigen Datenbanken und Tabellen auszuwählen:

```
mysql> GRANT SELECT ON *.* TO someuser@localhost;
```

Zusätzlich soll er die Berechtigung erhalten, Datensätze in beliebige Tabellen der Datenbank *supermarket* einzufügen:

```
mysql> GRANT INSERT ON supermarket.*
    -> TO someuser@localhost;
```

In der Tabelle *articles* soll er auch Datensätze löschen dürfen:

```
mysql> GRANT DELETE ON supermarket.articles
    -> TO someuser@localhost;
```

Schließlich soll er noch das Recht haben, den Inhalt der Spalte *art_name* in der Tabelle *articles* (den Artikelnamen) zu ändern:

```
mysql> GRANT UPDATE (art_name) ON supermarket.articles
    -> TO someuser@localhost;
```

Angenommen, dieser Account meldete sich an und führte folgende Abfrage durch:

```
mysql> UPDATE articles SET art_name="PC"
    -> WHERE art_name="Computer";
```

Dann überprüft der MySQL-Server nacheinander folgende Werte:

- Besitzt der Account *someuser@localhost* das globale Recht zum Ändern (Update_priv) in der Tabelle *user*? – Nein.

- Besitzt er das allgemeine Änderungsrecht (`Update_priv`) für die Datenbank *supermarket* in der Tabelle *db*? – Nein.
- Besitzt er das Recht, beliebige Spalten in der Tabelle *articles* zu ändern (Wert `Update` in der Spalte *Table_priv* der Tabelle *Tables_priv*)? – Nein.
- Besitzt er die Berechtigung, die Spalte namens *art_name* in der Tabelle *articles* zu ändern (Wert `Update` in der Spalte *Column_priv* – sowohl in der Tabelle *Tables_priv* als auch in *Columns_priv*, in Letzterer mit dem Spaltennamen)? – Ja.

Um einem User dieselben Privilegien wie *root* zu erteilen (wovon Sie in der Praxis in der Regel absehen sollten), genügt die folgende Anweisung übrigens nicht:

```
mysql> GRANT ALL PRIVILEGES ON *.*
    -> TO admin@localhost;
```

Dieser Account besitzt nämlich nicht das Recht, seinerseits mithilfe von `GRANT` Zugriffsrechte zu erteilen. Soll dies der Fall sein, ist folgende Variante erforderlich:

```
mysql> GRANT ALL PRIVILEGES ON *.*
    -> TO admin@localhost WITH GRANT OPTION;
```

Um einem Account ein zuvor erteiltes Recht wieder zu entziehen, wird eine `REVOKE`-Anweisung gegeben. Ihre allgemeine Syntax lautet:

```
REVOKE Recht [(Spalte)][, Recht [(Spalte)] ...]
ON datenbank.tabelle FROM username@hostname
```

Das folgende Beispiel entzieht dem Account *someuser@localhost* das zuvor erteilte Recht, in alle Tabellen der Datenbank *supermarket* Daten einzufügen:

```
mysql> REVOKE INSERT ON supermarket.*
    -> FROM someuser@localhost;
```

Möchten Sie dagegen einen Account mit allen seinen Berechtigungen entfernen, können Sie seit MySQL 5 folgende Anweisung verwenden:

```
mysql> DROP USER ex_user@localhost;
```

Falls Sie den Client nach dem Ändern von Zugriffsrechten nicht beenden (oder zur Sicherheit sogar auch dann), sollten Sie die folgende Anweisung ausführen:

```
mysql> FLUSH PRIVILEGES;
```

Dies lädt die Zugriffsinformationen neu; alternativ funktioniert auch folgende Konsolenanweisung:

```
$ mysqladmin reload -u root -p
```

13.4.3 Import und Export von Daten, Backups

Für einfache, manuelle Backups von MySQL-Datenbanken und -Tabellen kann das Konsolenprogramm `mysqldump` verwendet werden. Es erzeugt SQL-Dumps der entsprechenden Strukturen und Daten, also Dateien mit SQL-Anweisungen, die die entsprechenden Tabellen erstellen und die Daten einfügen.

Die Syntax dieser Anweisung ist etwas unterschiedlich, je nachdem, ob Sie einzelne Tabellen, einzelne Datenbanken oder alle Datenbanken Ihres Servers exportieren möchten. Für einzelne Tabellen lautet die Syntax:

```
mysqldump [Optionen] Datenbank [Tabelle ...]
```

Wenn Sie keine Tabellenbezeichnungen angeben, wird die gesamte Datenbank exportiert.

Falls Sie mehrere Datenbanken exportieren möchten, müssen Sie folgende Schreibweise verwenden:

```
mysqldump [Optionen] --databases Datenbank
          [Datenbank ...]
```


Für einen Export des gesamten Datenbestands des Servers gilt schließlich diese Syntax:

```
mysqldump [Optionen] --all-databases
```

Wie alle MySQL-Konsolenhilfsprogramme benötigt auch `mysqldump` Username (in den folgenden Beispielen *root*, was aber nicht sein muss) und Passwort, sodass Sie unter den Optionen auf jeden Fall `-u` *Username* und `-p` (Passworteingabeaufforderung) angeben müssen.

Angenommen, Sie möchten die Datenbank *supermarket* exportieren. Dazu ist folgende Eingabe erforderlich:

```
$ mysqldump -u root -p supermarket
```

Wie Sie feststellen werden, erfolgt die Ausgabe auf `STDOUT`, sodass Sie sie in eine Datei umleiten müssen, um etwas Sinnvolles damit anfangen zu können:

```
$ mysqldump -u root -p supermarket >supermarket.sql
```

Die Dateiendung *.sql* ist keine Bedingung, bietet sich aber an, da die entstehende Datei eben SQL-Anweisungen enthält.

Wenn Sie »Live-Datenbanken« betreiben, die in frequentierten Netzwerk- oder Webanwendungen eingesetzt werden, genügt der einfache Aufruf von `mysqldump` nicht mehr. Das Problem ist, dass sich noch während des Backup-Vorgangs Daten ändern können, was zu Inkonsistenzen führt. Hier müssen Sie dafür sorgen, dass der Backup-Vorgang vor Änderungen geschützt abläuft. Wie das im Einzelnen funktioniert, hängt davon ab, welche Storage-Engine die Tabelle der entsprechenden Datenbank verwendet.

InnoDB-Tabellen sind transaktionsfähig und können daher innerhalb einer Transaktion exportiert werden, die komplett vor eventuellen gleichzeitigen Änderungen geschützt abläuft. Dazu wird die Option `--single-transaction` verwendet. Insgesamt hat ein solcher Aufruf folgende Syntax:

```
mysqldump -u Username -p --single-transaction \
Datenbank >Datei
```

Ein korrektes Backup von MyISAM-Tabellen bei einem frequentierten Server benötigt dagegen zusätzliche Anweisungen, um während des Dump-Vorgangs Sperren (Locks) auf die entsprechenden Tabellen zu setzen:

```
mysql -e "flush tables with read lock" -u root -p
mysqldump -u root -p DATENBANK >DATEI
mysql -e "unlock tables" -u root -p
```

Die `mysql`-Option `-e` startet den `mysql`-Client nicht interaktiv, sondern führt die angegebene Anweisung aus. Die MySQL-Anweisung `FLUSH TABLES WITH READ LOCK` schreibt alle derzeit noch »schwebenden« Änderungen ordnungsgemäß auf die Festplatte und sperrt dann alle Tabellen sämtlicher Datenbanken vollständig. `UNLOCK TABLES` setzt die Sperren wieder zurück.

Leider müssen Sie bei dieser Anweisungsfolge dreimal das *root*-Passwort des MySQL-Servers eingeben. Daher lässt sie sich in dieser Form auch nicht per Cronjob automatisieren (siehe Kapitel 6, »Betriebssysteme«). Zwar können Sie das Passwort notfalls im Klartext ohne Abstand hinter die Option `-p` schreiben – aber das sollten Sie auf keinen Fall mit dem *root*-Passwort machen! Dafür empfiehlt es sich eher, einen speziellen Backup-Account mit eingeschränkten Rechten zu erstellen. Er benötigt die globalen Rechte `RELOAD` (für `FLUSH TABLES`), `LOCK TABLES` (für das Sperren und Entsperren) sowie `SELECT` für das Auslesen der Daten zum eigentlichen Backup:

```
mysql> CREATE USER backupuser@localhost
    -> IDENTIFIED BY '84ckUp2';
mysql> GRANT RELOAD, LOCK TABLES, SELECT ON *.*
    -> TO backupuser@localhost;
```

Anschließend können Sie die drei Anweisungen für MyISAM-Backups wie folgt als Shell-Skript speichern:

```
mysql -e "flush tables with read lock" \
-u backupuser -p84ckUp2
mysqldump -u backupuser -p84ckUp2 Datenbank >Datei
mysql -e "unlock tables" -u backupuser -p84ckUp2
```

Alternativ können Sie `mysqldump` auch gleich mit der zusätzlichen Option `-x` (die Langform lautet: `--lock-all-tables`) aufrufen, um alle Tabellen während des gesamten Backup-Vorgangs zu sperren. Dies sollte allerdings eher in Stunden mit relativ geringfügigem Zugriff geschehen.

Um eines der zuvor angelegten Backups wieder zurückzuspielen, gibt es zwei Möglichkeiten. Die erste geschieht auf der Konsole:

```
$ mysql -u root -p <Datei
```

Innerhalb des `mysql`-Clients können Sie dagegen die bereits besprochene Syntax

```
mysql> source Datei
```

oder kurz

```
mysql> \. Datei
```

verwenden.

Eine etwas andere Möglichkeit bietet das SQL-Anweisungspaar `SELECT ... INTO OUTFILE` und `LOAD DATA INFILE`: Hier werden die Daten in sogenannte *CSV-Textdateien* (*Comma-separated Values*) exportiert beziehungsweise aus diesen importiert. CSV ist ein beliebtes Datenaustauschformat für Tabellenkalkulationsprogramme wie Excel oder OpenOffice Calc, das in Kapitel 17, »Weitere Datei- und Datenformate«, näher vorgestellt wird.

Um Daten in eine CSV-Datei zu exportieren, hängen Sie an eine beliebige `SELECT`-Abfrage `INTO OUTFILE Dateiname` an. Beispiel:

```
mysql> SELECT * FROM articles INTO OUTFILE
    -> "supermarket.csv";
```

Der Import aus einer entsprechenden Datei erfolgt dagegen so:

```
mysql> LOAD DATA INFILE "supermarket.csv"
    -> INTO TABLE articles;
```

Über diverse Parameter, deren Erläuterung hier allerdings zu weit führen würde, können Sie jeweils den genauen Aufbau der CSV-Dateien bestimmen.

13.4.4 Konfigurationsdateien

Wie bereits erwähnt, kommt MySQL im Standardbetrieb recht gut ohne Konfigurationsdateien aus. Sollten Sie dennoch irgendwelche Aspekte seines Verhaltens ändern wollen, können Sie eine der folgenden Dateien anlegen:

- */etc/my.cnf* – globale Konfigurationsdatei
- *~/.my.cnf* – userspezifische Konfigurationsdatei

Der Aufbau dieser Dateien entspricht den bekannten Windows-INI-Dateien (ähnlich wie *smb.conf* oder *php.ini*, siehe Kapitel 6, »Betriebssysteme«, beziehungsweise Kapitel 14, »Server für Webanwendungen«): Abschnitte in eckigen Klammern kennzeichnen die Themen (in diesem Fall die einzelnen MySQL-Programme), die einzelnen Konfigurationsanweisungen werden im Format `Parameter = Wert` angegeben.

Der wichtigste Abschnitt ist `[mysqld]` mit Parametern für den Server selbst. Aber auch alle anderen mit MySQL gelieferten Programme lesen die für sie geschriebenen Abschnitte in diesen Dateien aus, zum Beispiel `[mysqladmin]`, `[mysqldump]` oder der Client `[mysql]`.

Hier einige wenige Parameter für den Server im Überblick:

- `port` – der TCP-Port, an dem der Server lauscht (Standard 3306; kann geändert werden, um mehrere MySQL-Server auf einem Host zu betreiben)
- `socket` – das Unix-Domain-Socket (Dateipfad) für die lokale Kommunikation (Standard: `/tmp/mysql.sock`)
- `character-set-server` – der Zeichensatz des Servers selbst
- `collation-server` – die Sortierfolge des Servers
- `language` – die Sprache für Fehlermeldungen und Warnungen (Sie können beispielsweise auf `german` umschalten)
- `sql-mode` – der SQL-Kompatibilitätsmodus; zum Beispiel `mysql` (Standard) oder `ansi` (ändert etwa die Bedeutung der verschiedenen Anführungszeichen)

In den Konfigurationsdateien können Sie jeden Wert ändern, dessen aktuelle Einstellung die folgende MySQL-Anweisung zeigt:

```
mysql> SHOW VARIABLES;
```

MySQL wird mit Vorlagen für mögliche Konfigurationsdateien geliefert, von *my-small.cnf* (optimiert für sehr kleine Datenbanken) bis hin zu *my-huge.cnf* für gigantische Datenbanken. Sie können bei Bedarf eine dieser Dateien nach */etc/my.cnf* kopieren und sie noch etwas an Ihre Bedürfnisse anpassen.

13.4.5 Log-Dateien

MySQL ist in der Lage, verschiedene Log-Dateien anzulegen, die eine wichtige Basis zur Wiederherstellung verlorener Daten, für die Replikation (siehe nächsten Abschnitt) oder zur Fehlersuche bilden. Standardmäßig wird nur eine Error-Log-Datei angelegt. Sie befindet sich – wie alle Log-Dateien – im MySQL-Datenverzeichnis (weil der *mysql*-System-Account nur dort Schreibrechte besitzt) und trägt den aktuellen Hostnamen und die Endung *.log* (Beispiel: *tux.log*). Mit folgendem Eintrag unter dem Abschnitt `[mysqld]` in der Datei *my.cnf* können Sie ihren Ort ändern:

```
log-error = Pfad
```

Eine weitere sehr wichtige Log-Datei ist das binäre Update-Log. Es protokolliert alle Änderungsabfragen und dient somit als Basis für die Replikation oder auch für die Wiederherstellung seit dem letzten richtigen Backup.

Der entsprechende Eintrag in */etc/my.cnf* lautet:

```
[mysqld]
...
log-bin = mylog
```

Dies legt im MySQL-Datenverzeichnis die Dateien *mylog.000001* und *mylog.index* an (anstelle von *mylog* können Sie auch einen beliebigen anderen Namen eingeben). Bei jedem Neustart des Servers, bei explizitem Flush oder wenn die Datei eine bestimmte Größe überschreitet, wird die nächste Datei (*mylog.000002* etc.) angelegt.

Um geplant die nächste Log-Datei zu beginnen, geben Sie im `mysql`-Client Folgendes ein:

```
mysql> FLUSH LOGS;
```

Eine Konsolenalternative ist:

```
$ mysqladmin flush-logs -u root -p
```


Wenn Sie eine automatische Log-Rotation per Cronjob (siehe Kapitel 6, »Betriebssysteme«) durchführen möchten, legen Sie zunächst einen speziellen MySQL-User an, der nur das globale Recht `RELOAD` besitzt. Danach können Sie ein Skript mit folgender Zeile erstellen:

```
mysqladmin -u reloaduser flush-logs -p Reloadpasswort
```

Da die Update-Log-Datei binär ist, können Sie sie nicht in einem Texteditor lesen. Wenn Sie sie im Klartext einsehen möchten, müssen Sie das mit MySQL gelieferte Tool `mysqlbinlog` verwenden. Beispiel:

```
$ mysqlbinlog -u root -p mylog.000001
```

Es gibt noch einige weitere mögliche Logs, die Sie durch folgende Einträge in */etc/my.cnf* erzeugen können (die Bedeutung finden Sie jeweils in den #-Kommentaren):

```
[mysqld]
...
# Zu langsame Abfragen unter HOSTNAME-slow.log
# protokollieren:
log-slow-queries
# Dazu muss definiert werden, wie lange ZU LANGE ist
# (variiert stark je nach Datenbankgröße):
long_query_time = SEKUNDEN
# Ganz allgemein Abfragen protokollieren, die
# keinen Index verwenden (und daher oft optimierbar sind):
log-queries-not-using-indexes
```

13.4.6 Replikation

Die MySQL-Replikation ermöglicht die automatische Übernahme aller Datenbankänderungen von einem MySQL-Server, dem Master, auf beliebig viele andere MySQL-Server, die Replikations-Slaves. Dies dient zum einen der Ausfallsicherheit – Sie haben stets ein oder gar mehrere sekundenaktuelle Backups zur Hand –, zum anderen auch dem *Load-Balancing* (der Lastverteilung) frequentierter Datenbankanwendungen: Schreibvorgänge müssen zwar weiterhin auf den Master erfolgen, aber Auswahlabfragen können auf die Slaves verteilt werden.

Zur Einrichtung der Replikation sind einige Schritte erforderlich, aber danach läuft sie vollautomatisch. Selbst wenn ein Slave vorübergehend ausfällt, bringt er sich nach einem Neustart des MySQL-Servers selbstständig wieder auf den neuesten Stand.

Auf dem Rechner, der Master werden soll (dieser kann seinerseits auch durchaus Slave eines anderen Masters sein), müssen Sie folgende Schritte ausführen:

- Erstellen Sie einen User für den Replikations-Slave:

  ```
  mysql> CREATE USER repl_user@Slave-Host
      -> IDENTIFIED BY "Passwort";
  ```

  Ob Sie den Slave-Host als einfachen Hostnamen (etwa *heartofgold*) angeben können oder ob Sie seinen vollen Domainnamen (*heartofgold.test.local*) benötigen, hängt von Ihrer Netzwerkkonfiguration ab; im Zweifelsfall funktioniert Letzteres immer.

- Erteilen Sie dem neuen User das Recht `REPLICATION SLAVE`:

  ```
  mysql> GRANT REPLICATION SLAVE ON *.*
      -> TO repl_user@Slave-Host;
  ```

- Richten Sie eine Update-Log-Datei ein, falls Sie noch keine haben. Nehmen Sie in beiden Fällen folgende Schritte vor, um sich die aktuelle Datei und deren Position zu notieren:

  ```
  mysql> FLUSH TABLES WITH READ LOCK;
  mysql> SHOW MASTER STATUS;
  ```

  Merken Sie sich die Angaben `File` (zum Beispiel *mylog.000003*) und Position (etwa `345`).

- Stoppen Sie den MySQL-Server zum Beispiel so:

  ```
  # mysqladmin shutdown -u root -p
  ```

- Erstellen Sie einen Snapshot des gesamten Datenverzeichnisses, hier ein Unix-Beispiel:

  ```
  # cd <MySQL-Datenverzeichnis>
  # tar czvf snapshot.tgz */* ibdata*
  ```

  Die *ibdata**-Dateien existieren übrigens nur, wenn Sie InnoDB-Tabellen verwenden.

- Nehmen Sie die folgende Änderung in */etc/my.cnf* vor:

  ```
  [mysqld]
  ...
  server-id = 1
  ```

Anstelle der 1 ist auch eine beliebige andere Nummer möglich, solange sie sich von den IDs aller Slaves unterscheidet; beim ersten Master ist 1 aber Standard.

- Zum Schluss müssen Sie den MySQL-Server wieder starten.

Auf dem Slave sind dagegen folgende Vorbereitungen erforderlich:

- Stoppen Sie den MySQL-Server.
- Sichern Sie Ihre bisherigen Daten, unter Unix beispielsweise wie folgt:

  `# mv <MySQL-Datenverzeichnis> <NeuerVerzeichnisName>`

- Spielen Sie den Snapshot des Masters ein (den Sie zuvor per SCP, NIS, FTP, E-Mail oder wie auch immer auf den Slave kopiert haben):

  `# cd <Verzeichnis-über-MySQL-Datenverzeichnis>`
  `# tar xzvf snapshot.tgz`

- Passen Sie die Rechte des neuen Datenverzeichnisses an (nur Unix):

  `# chown -R mysql:mysql <MySQLDaten>`

- Nehmen Sie die folgende Änderung in */etc/my.cnf* vor:

```
[mysqld]
...
server-id = 2
```

  Auch hier kann die ID im Grunde beliebig sein, sie muss sich nur vom Master und von allen anderen Slaves unterscheiden.

- Nun können Sie den MySQL-Server wieder starten.
- Geben Sie im MySQL-Kommandozeilenclient schließlich noch folgende Anweisungen ein:

```
mysql> CHANGE MASTER TO
    -> MASTER_HOST =     'Master-Host',
    -> MASTER_USER =     'repl_user',
    -> MASTER_PASSWORD = 'Passwort',
    -> MASTER_LOG_FILE = 'ermittelte Log-Datei'
    -> MASTER_LOG_POS =  ermittelte Position;
mysql> START SLAVE;
```

Natürlich müssen Sie Platzhalter wie `'Master-Host'` oder `'ermittelte Log-Datei'` durch konkrete Werte ersetzen.

Ob die Replikation nun funktioniert, können Sie leicht überprüfen, indem Sie auf dem Master Daten ändern und dann versuchen, diese vom Slave zu lesen. Wenn Sie alles richtig gemacht haben, müsste es funktionieren. Falls nicht, überprüfen Sie noch einmal alle Schritte; gegebenenfalls müssen Sie auch nachschauen, ob die Firewall auf einem der beteiligten Hosts den MySQL-Port (standardmäßig 3306) blockiert.

13.5 Grundlagen der Datenbankprogrammierung

Beinahe jede bedeutende Programmiersprache besitzt eine Schnittstelle zu einer oder sogar mehreren Datenbanken. Es ist erheblich praktischer, Daten für verteilte Anwendungen zentral in einer Datenbank abzulegen und aus Programmen darauf zuzugreifen, als diese Daten in einer selbst entwickelten Datenstruktur zu speichern.

Die meisten Datenbankanbindungen für Programmiersprachen sind in der Lage, auf mehrere unterschiedliche SQL-Datenbanken zuzugreifen. In diesem Abschnitt finden Sie eine kurze Einführung in die Datenbankschnittstelle JDBC, über die Sie aus Java-Programmen heraus Zugriff auf beinahe beliebige Datenbanken haben.

JDBC ist keine Schnittstelle zu einer bestimmten Datenbank, sondern eine unabhängige, allgemeine API, die mit vielen unterschiedlichen Treibern zusammenarbeitet. Die meisten dieser Treiber stammen von den jeweiligen Datenbankanbietern selbst, andere werden von Drittanbietern geliefert. An dieser Stelle sollen zwei dieser Treiber explizit erwähnt werden:

- Die JDBC-ODBC-Bridge ist bereits von Haus aus in das Java SDK eingebaut und bietet Zugriff auf beliebige Datenbanken mit ODBC-Anbindung. ODBC (*Open Database Connectivity*)[4] ist eine von Microsoft entwickelte Technologie, die seit Langem in alle Windows-Versionen eingebaut ist und den Zugriff auf unzählige Datenbanken bereitstellt. Die JDBC-ODBC-Bridge war vor allem bei der Einführung von JDBC wichtig, weil dadurch indirekt eine Vielzahl von Datenbanktreibern zur Verfügung stand.

  Wenn Sie ODBC verwenden möchten, müssen Sie zunächst über die Windows-Systemsteuerung eine Datenbank als ODBC-Datenquelle einrichten.

- MySQL Connector/J stammt vom MySQL-Team, ist ein Open-Source-Projekt wie MySQL selbst und kann von der MySQL-Website heruntergeladen werden. Nachdem Sie das Archiv entpackt haben, finden Sie im äußersten Verzeichnis eine Datei namens *mysql-connector-java-8.0.25.tar.gz* (oder eine höhere Version als 8.0.25). Nach dem Entpacken müssen Sie den Pfad zum entsprechenden Verzeichnis zu Ihrem `CLASSPATH` hinzufügen (siehe dazu Kapitel 7, »Grundlagen der Programmierung«). Einfacher ist es, den Connector im Rahmen eines Maven-basierten Projekts als Dependency in die *pom.xml* einzufügen:

  ```
  <dependency>
    <groupId>mysql</groupId>
    <artifactId>mysql-connector-java</artifactId>
    <version>8.0.25</version>
  </dependency>
  ```

Um JDBC in Ihrem Java-Programm zu verwenden, importieren Sie zuerst die JDBC-Klassen:

```
import java.sql.*;
```

4 Das Entwicklungsteam von Java hat übrigens klargestellt, dass JDBC nicht für »Java Database Connectivity« steht, sondern für nichts Konkretes.

Sämtliche Datenbankoperationen müssen in einen `try/catch`-Block eingeschlossen werden und eine mögliche `SQLException` abfangen:

```
try {
    // datenbankbezogene Anweisungen
} catch(SQLException e) {
    System.out.println("SQL-Fehler: " + e.getMessage());
}
```

Der erste Schritt zur Verwendung der Datenbankschnittstelle besteht anschließend darin, eine Verbindung zur gewünschten Datenbank herzustellen. Dafür besitzt jeder JDBC-Treiber sein eigenes JDBC-URL-Schema, und anhand dieses Schemas erkennt JDBC üblicherweise automatisch, welchen Treiber es laden muss. Eine Verbindung über die JDBC-ODBC-Bridge, in diesem Beispiel zu einer Datenbank namens *supermarket*, funktioniert folgendermaßen:

```
Connection conn =
 DriverManager.getConnection("jdbc:odbc:supermarket", "user", "pass");
```

13

Anstelle von `user` und `pass` müssen Sie selbstverständlich Ihren Usernamen und Ihr Passwort eintragen, die Sie zum Zugriff auf die Datenbank berechtigen. Einige Datenbanksysteme besitzen keinen Passwortschutz; in dem Fall müssen Sie zwei leere Strings ("") übergeben.

MySQL-Connector/J-URLs sehen ein wenig anders aus. Hier müssen Sie den Hostnamen oder die IP-Adresse des Rechners angeben, auf dem die Datenbank läuft. Wenn der MySQL-Server auf Ihrem eigenen Rechner läuft, erfolgt ein Zugriff auf die Datenbank *supermarket* wie folgt (wobei Sie den Benutzernamen und das Passwort wieder durch passende Werte ersetzen müssen):

```
Connection conn = DriverManager.getConnection(
    "jdbc:mysql://localhost/supermarket", "user", "pass"
);
```

`localhost` ist die Netzwerkbezeichnung für den lokalen Rechner. Falls sie auf Ihrem Rechner nicht unterstützt wird, können Sie stattdessen die IPv4-Adresse `127.0.0.1` oder die IPv6-Adresse `::1` verwenden.

Nachdem die Verbindung hergestellt wurde, benötigen Sie ein `Statement`-Objekt, das dazu dient, SQL-Abfragen an die Datenbank weiterzugeben. Das Objekt wird folgendermaßen eingerichtet:

```
Statement queryStatement = conn.createStatement();
```

Über das `Statement`-Objekt (hier `queryStatement`) können Sie SQL-Abfragen ausführen. Es besitzt die Methoden `executeQuery()` für Auswahlabfragen und `execute()` für alle Abfragen, die Änderungen an der Datenbank vornehmen.

Die Methode executeQuery() liefert ein ResultSet-Objekt zurück, aus dem Sie die Ergebnisdatensätze auslesen können. Die folgende Auswahlabfrage liest alle Datensätze aus der Tabelle *articles*:

```
ResultSet result = queryStatement.executeQuery("SELECT * FROM articles");
```

Mit der ResultSet-Methode next() können Sie das Ergebnis nun Zeile für Zeile abarbeiten. Um die einzelnen Felder eines Datensatzes auszulesen, bietet ResultSet eine Reihe verschiedener get-Methoden an, die die unterschiedlichen SQL-Datentypen in passende Java-Datentypen umsetzen. Beispielsweise können Sie die Inhalte von *articles* aus dem soeben ermittelten ResultSet folgendermaßen auf der Konsole ausgeben:

```
while (result.next()) {
   System.out.print("Artikel: " + result.getString("art_name") + "\t");
   System.out.print("Preis: " + result.getInt("price") + "\t");
   System.out.println("MWSt-Satz: " + result.getString("vat"));
}
```

Tabelle 13.9 zeigt die wichtigsten SQL-Datentypen, die korrespondierenden Java-Datentypen und die zuständigen get-Methoden, um sie aus einem ResultSet zu lesen.

SQL-Datentyp	Java-Datentyp	»get«-Methode
CHAR	String	getString()
VARCHAR	String	getString()
INT	int	getInt()
FLOAT	double	getDouble()
DOUBLE	double	getDouble()
DATE	java.sql.Date	getDate()
TIME	java.sql.Time	getTime()
TIMESTAMP	java.sql.Timestamp	getTimestamp()
BLOB	java.sql.Blob	getBlob()

Tabelle 13.9 Wichtige SQL-Datentypen, ihre Java-Entsprechung und die passenden »ResultSet-get«-Methoden

Für Änderungsabfragen verwenden Sie besser ein PreparedStatement statt eines einfachen Statement-Objekts. Es hat den Vorteil, dass Sie beliebig oft den Platzhalter ? verwenden können, dessen Vorkommen vor der Ausführung durch konkrete Werte ersetzt werden. Diese

Werte werden automatisch »escaped«, um das gefährliche Ausführen eingeschleusten SQL-Codes (SQL-Injection, siehe Kapitel 21, »Computer- und Netzwerksicherheit«) zu verhindern.

Das folgende Beispiel erzeugt ein `PreparedStatement` zum Einfügen eines Datensatzes in *articles*:

```
PreparedStatement insertStatement = conn.prepareStatement(
    "INSERT INTO articles (art_name, price, vat) VALUES (?, ?, ?)"
);
```

Um nun einzelne Werte für die einzelnen Platzhalter einzufügen, werden diverse `set`-Methoden des `PreparedStatement` eingesetzt, die bezüglich ihrer verschiedenen Datentypnamen den `get`-Methoden von `ResultSet` ähneln. Die Syntax lautet `set`*`Typ`*`(`*`PlatzhalterNummer`*`, `*`Wert`*`)`, wobei die Nummerierung der Platzhalter etwas programmiersprachenuntypisch mit 1 beginnt. Hier ein Beispiel für drei mögliche Werte:

```
insertStatement.setString(1, "Tomaten");
insertStatement.setInt(2, 199);
insertStatement.setInt(3, 7);
```


Nun können Sie mithilfe des `PreparedStatement` einen Datensatz in die Tabelle *articles* einfügen:

```
insertStatement.execute();
```

Falls Sie die Datenbankressourcen in Ihrem Java-Programm nicht mehr benötigen (und nicht ohnehin das Programm beenden), sollten Sie sie nacheinander mithilfe ihrer `close()`-Methoden schließen, und zwar zuerst das `ResultSet`, dann die (`Prepared-`)`Statement`s und zum Schluss die Datenbankverbindung selbst:

```
result.close();
insertStatement.close();
queryStatement.close();
conn.close();
```

In Listing 13.1 sehen Sie das Ganze noch mal als komplettes Programm, das optional die Eingabe eines neuen Artikels (Name, Preis, Mehrwertsteuersatz) mithilfe von Kommandozeilenparametern erlaubt und in jedem Fall den Inhalt der Tabelle ausgibt:

```
import java.sql.*;

public class DatabaseExample1 {
    public static void main(String[] args) {
        try {
            // Username und Passwort ersetzen.
            Connection conn = DriverManager.getConnection(
```

```
                "jdbc:mysql://localhost/supermarket", "user", "pass"
            );
            if (args.length >= 3) {
                String articleName = args[0];
                int price = 0;
                int vat = 0;
                try {
                    price = Integer.parseInt(args[1]);
                    vat = Integer.parseInt(args[2]);
                } catch(NumberFormatException e) {
                    System.out.println("Preis/Mwst. müssen Zahlen sein");
                    System.exit(1);
                }
                PreparedStatement insertStatement = conn.prepareStatement(
                    "INSERT INTO articles (art_name, price, vat) VALUES (?, ?, ?)"
                );
                insertStatement.setString(1, articleName);
                insertStatement.setInt(2, price);
                insertStatement.setInt(3, vat);
                insertStatement.execute();
                insertStatement.close();
            }
            Statement queryStatement = conn.createStatement();
            ResultSet result = queryStatement.executeQuery("SELECT * FROM articles");
            while (result.next()) {
                System.out.print("Artikel: " + result.getString("art_name") + "\t");
                System.out.print("Preis: " + result.getInt("price") + "\t");
                System.out.println("MWSt-Satz: " + result.getString("vat"));
            }
            result.close();
            queryStatement.close();
            conn.close();
        } catch(SQLException e) {
            System.out.println("Fehler bei der Datenbankabfrage: " + e.getMessage());
            System.exit(4);
        }
    }
}
```

Listing 13.1 DatabaseExample1.java demonstriert die Kommunikation zwischen einem Java-Programm und einer Datenbank.

Eine Datenbankschnittstelle für eine weitere Programmiersprache lernen Sie in Kapitel 19, »Webserveranwendungen«, kennen, wo die MySQL-Datenbankanbindung der Webprogrammiersprache PHP erläutert wird.

13.6 CouchDB im Überblick

Einen ganz anderen Weg als relationale Datenbanken gehen die dokumentbasierten Datenbanken. Es gibt sie im Grunde seit vielen Jahren; ein bekanntes kommerzielles Beispiel ist etwa Lotus Notes. Erst in letzter Zeit beginnt sich dieses Paradigma jedoch auch im Bereich der Webanwendungen zu verbreiten. Hier kommt vor allem das Open-Source-Projekt *Apache CouchDB* zum Einsatz. Die Datenbank wurde 2005 veröffentlicht und kurz darauf von der Apache Software Foundation als Projekt aufgenommen. Die Software ist in der funktionalen Programmiersprache Erlang geschrieben.

13.6.1 Das Konzept von CouchDB

In einer dokumentenbasierten Datenbank wie CouchDB gibt es keine Datensätze, sondern nur einzelne Dokumente. Es handelt sich um eine Sammlung frei definierbarer Felder, die jeweils einen Namen und einen Wert mit einem bestimmten Datentyp enthalten. Selbstverständlich besteht die Möglichkeit, beliebig viele Dokumente mit identischer Struktur zu erstellen. Auf diese Weise lassen sich im Grunde auch relationale Abfragen abbilden, allerdings ohne die Flexibilität des dokumentenbasierten Ansatzes einzubüßen.

CouchDB kommuniziert als eigenständiger Webserver mit der Außenwelt; sein Standard-TCP-Port ist 5984. Anfragen werden im REST-Format gestellt, das heißt, es kommen je nach Anfragetyp verschiedene HTTP-Methoden zum Einsatz (Näheres zu REST erfahren Sie in Kapitel 19, »Webserveranwendungen«, und Kapitel 20, »JavaScript und Ajax«):

- `POST` zum Erzeugen von Datenbanken und Dokumenten
- `PUT` zum Ändern von Datenbanken und Dokumenten
- `DELETE` zum Löschen von Datenbanken und Dokumenten
- `GET` zum Lesen von Informationen, zum Beispiel für Abfragen

Alle Antworten von CouchDB erfolgen dabei im JSON-Format (*JavaScript Object Notation*). Aufgrund der HTTP-REST-JSON-Architektur wird CouchDB auch als *NoSQL-Datenbank* bezeichnet.

Obwohl praktisch alle wichtigen Programmiersprachen mit Bordmitteln HTTP-Anfragen stellen und JSON verarbeiten können, stellen die CouchDB-Entwickler Bibliotheken für eine Reihe wichtiger Sprachen bereit, zum Beispiel für JavaScript, Java, PHP, Python und Ruby. In Kapitel 20, »JavaScript und Ajax«, wird allgemein gezeigt, wie Sie mit einer REST-API kommunizieren können. Mit CouchDB funktioniert es genauso.

13.6.2 Praktischer Einstieg in CouchDB

Die meisten CouchDB-Installationen sind mit einer Administrationsoberfläche namens *Fauxton* (eine neuere Version von *Futon*) ausgestattet, die sich im Browser über den besagten Port 5984 und den Pfad *_utils* ansprechen lässt. Ansonsten kann Fauxton leicht nachinstalliert werden.

Innerhalb von Fauxton finden Sie ein Hauptmenü mit folgenden Punkten vor:

- DATABASES: Eine Liste der vorhandenen Datenbanken, aus denen Sie eine auswählen können, um damit zu arbeiten. Sie können auch eine neue erstellen.
- SETUP: Einrichtung Ihrer CouchDB-Instanz(en). Hier können Sie sich zwischen CLUSTER (Kombination mehrerer CouchDB-Server zur Steigerung von Performance und Ausfallsicherheit) und SINGLE NODE (einer einzelnen Instanz) entscheiden.
- ACTIVE TASKS: Zeigt eine filterbare Liste der auf dem Server ausgeführten Tasks an; als Administrator können Sie auf Wunsch einige von ihnen beenden, wenn sie zu viel Speicher oder Prozessorzeit verbrauchen.
- CONFIGURATION: Eine detaillierte Liste von Optionen, deren Werte Sie einsehen und bei Bedarf verändern können, um das Verhalten von CouchDB anzupassen.
- REPLICATION: Genau wie MySQL bietet auch CouchDB die Möglichkeit der Replikation an. Hier kann sie konfiguriert werden.
- DOCUMENTATION: Links zu verschiedenen Teilen der ausführlichen Onlinedokumentation von CouchDB.
- VERIFY: Unterzieht die vorliegende CouchDB-Installation einem Test auf Vollständigkeit und korrektes Funktionieren.
- ADMIN PARTY!: Ermöglicht das Einrichten von Administrations-Accounts mit Username und Passwort, um anonyme Schreibzugriffe auf die Datenbanken zu verhindern. Wird CouchDB im Rahmen einer verteilten Anwendung eingesetzt, ist dies erforderlich, um die Daten vor unberechtigten Änderungen zu schützen.

Klicken Sie im Bereich DATABASES zunächst auf CREATE DATABASE, um eine neue Datenbank zu erstellen; Sie brauchen nur den gewünschten Namen einzugeben. Anschließend befinden Sie sich automatisch innerhalb der neu erstellten Datenbank. Rechts neben dem Hauptmenü öffnet sich eine zweite Menüebene mit folgenden Einträgen:

- ALL DOCUMENTS: Eine Liste der in der Datenbank vorhandenen Dokumente. Mit einem Klick auf das +-Symbol können Sie ein neues Dokument hinzufügen.
- RUN A QUERY WITH MANGO: Unter diesem Punkt haben Sie die Möglichkeit, Datenbankabfragen zu erstellen. Mango ist eine neue und verbesserte Abfragesprache für CouchDB, die von MongoDB, einer anderen beliebten NoSQL-Datenbank, inspiriert ist. Das Format ist, genau wie bei den Dokumenten, JSON.

- PERMISSIONS: Standardmäßig sind CouchDB-Datenbanken für jeden anonymen Zugriff voll zugänglich. Im Produktiveinsatz ist das natürlich inakzeptabel, sodass Sie an dieser Stelle definierte Accounts, Rollen und Rechte konfigurieren sollten.
- CHANGES: Zeigt ein Protokoll der letzten Änderungen in der Datenbank an.
- DESIGN DOCUMENTS: Hier können Sie Vorlagen für bestimmte Dokumenttypen, Views (limitierte Ansichten von Dokumenten) und Indizes einrichten.

Um ein erstes Dokument hinzuzufügen, klicken Sie das + neben ALL DOCUMENTS an und wählen NEW DOC. Angezeigt wird der JSON-Code eines noch leeren Dokuments – das einzige vorhandene Feld ist `"_id"` mit einem MD5-Zufallswert. Dieser Wert dient der eindeutigen Identifikation des Dokuments in der gesamten Datenbank. Ein Beispiel sehen Sie hier:

```
{
  "_id": "8e31cf918831d547d77845b157003823"
}
```

Sie können das Ganze nun mit beliebigen weiteren durch Kommata getrennten `Name:Wert`-Paaren erweitern. Ergänzen Sie das Dokument beispielsweise folgendermaßen, um einige Daten über eine Person zu speichern:

```
{
  "_id": "8e31cf918831d547d77845b157003823",
  "lastname": "Müller",
  "firstname": "Angelika",
  "email": "angelika.mueller@example.org"
}
```

Geben Sie nach demselben Schema weitere Dokumente ein – zum Beispiel folgende:

```
{
  "_id": "8e31cf918831d547d77845b157000696",
  "lastname": "Schmitz",
  "firstname": "Peter",
  "email": "peterschmitz@example.com"
}

{
  "_id": "8e31cf918831d547d77845b157000b5b",
  "lastname": "Müller",
  "firstname": "Jürgen",
  "email": "jmuller@example.net"
}

{
```

```
  "_id": "8e31cf918831d547d77845b1570015bf",
  "lastname": "Schmitz",
  "firstname": "Jasmin",
  "email": "js@example.net"
}
```

Anschließend können Sie den Menüpunkt RUN A QUERY WITH MANGO auswählen, um eine Abfrage über die vorhandenen Dokumente der Datenbank zu erstellen. Die vorgegebene Beispielabfrage lautet:

```
{
  "selector": {
    "_id": {
      "$gt": null
    }
  }
}
```

Es sollen hier also alle Dokumente ausgewählt werden, bei denen die ID größer als (gt steht für *greater than*) null ist, das heißt alle gültigen Dokumente.

Ändern Sie die Abfrage wie folgt, um alle Dokumente auszuwählen, in denen das Feld namens lastname vorkommt und den Wert Schmitz hat:

```
{
  "selector": {
    "lastname": "Schmitz"
  }
}
```

Wenn Sie die obigen Beispieldokumente eingegeben haben, sollten Sie zwei Dokumente als Ergebnis erhalten. In der Ergebnisanzeige können Sie zwischen den Optionen JSON (internes Dokumentformat) und TABLE (lesefreundliche Tabellenansicht) umschalten. In der JSON-Ansicht werden Sie feststellen, dass die Dokumente ein weiteres automatisch hinzugefügtes Feld enthalten: _rev steht für *revision* und weist auf die Tatsache hin, dass CouchDB die gespeicherten Dokumente versioniert: Wenn Sie ein Dokument ändern, wird die geänderte Fassung als neue Revision gespeichert, aber die vorherigen bleiben ebenfalls erhalten.

Weitere Informationen über CouchDB und Mango-Abfragen erhalten Sie in der Dokumentation, die unter anderem lokal mitinstalliert wird und über das Hauptmenü von Fauxton im Browser aufgerufen werden kann.

13.7 Übungsaufgaben

13.7.1 Praktische Übungen

1. Erstellen Sie eine MySQL-Datenbank, in der Informationen über Musikalben gespeichert werden. Für jedes Album sollen der Titel, das Erscheinungsjahr, die vollständige Track-Liste mit Titeln und Spieldauern in Sekunden sowie der Name der Band erfasst werden. Auch einzelne Tracks können eine Bandinformation haben, wenn es sich um einen Sampler mit Tracks mehrerer Bands handelt. Überlegen Sie zunächst im Sinne der Normalisierung, auf wie viele Tabellen Sie die Informationen sinnvollerweise aufteilen sollten, und erzeugen Sie erst danach die konkreten Tabellen. Erfassen Sie darin einige Beispieldatensätze.
2. Schreiben Sie `JOIN`-Abfragen, um die kombinierten Informationen über die Alben aus der Datenbank herauslesen zu können.
3. Implementieren Sie eine Java-Anwendung, die die Informationen aus der Musikdatenbank auf der Konsole anzeigt, sortiert nach Bandnamen und anschließend nach Albentiteln. Über Kommandozeilenargumente soll ein optionaler Suchbegriff übergeben werden können, nach dem in den Alben- und Track-Titeln sowie Bandnamen gefiltert wird. Dabei soll der Suchbegriff automatisch mit %-Zeichen umgeben werden, falls noch keine vorhanden sind, und die jeweilige Suche soll mit `LIKE` erfolgen, um auch Teiltreffer zu finden.

13.7.2 Kontrollfragen

Im Folgenden ist jeweils genau eine Antwort richtig.

1. Welche Art von Daten gehört nicht zu denjenigen, die im Zusammenhang mit einer Datenbank unterschieden werden?
   - Rechendaten
   - Bewegungsdaten
   - Stammdaten
   - Messdaten
2. Welche Kombination von Datenarten ist der Einzelpreis eines Artikels?
   - Bewegungsdatum und Messdatum
   - Stammdatum und Messdatum
   - Stammdatum und Rechendatum
   - Bewegungsdatum und Rechendatum
3. Welche der folgenden Informationen ist Bewegungsdatum und Rechendatum?
   - Kalendertag
   - Stückzahl auf Lager
   - Skonto
   - Börsenkurs

4. Welche Information in einer Datenbanktabelle ist der Datensatz?
   - ein einzelnes Feld
   - eine Zeile
   - eine Spalte
   - zusammengehörende Felder
5. Welche Bedeutung hat der Primärschlüssel in einer relationalen Datenbank?
   - eindeutige Kennzeichnung einer Tabelle
   - Schutz der Datenbank durch Verschlüsselung
   - eindeutige Kennzeichnung eines Datensatzes
   - Vorlage für neue Datensätze
6. Welche Beziehung kann in einer relationalen Datenbank nur indirekt bestehen?
   - die m:n-Beziehung
   - die 1:n-Beziehung
   - die 1:1-Beziehung
   - Alle Beziehungen können direkt bestehen.
7. Welche Bedeutung hat die zweite Normalform (2NF) einer relationalen Datenbank?
   - Die Information innerhalb eines Feldes muss atomar sein.
   - Die Felder eines Datensatzes müssen funktional unabhängig sein.
   - Ein Datensatz darf nur direkte Informationen über denselben Sachverhalt enthalten.
   - Bei mehrteiligen Primärschlüsseln muss jeder Datensatz von allen Elementen dieses Schlüssels abhängen.
8. Welche Normalform enthält die Forderung, dass eine Tabelle nur triviale Join-Abhängigkeiten enthalten darf?
   - die dritte Normalform (3NF)
   - die Boyce-Codd-Normalform (BCNF)
   - die fünfte Normalform (5NF)
   - die vierte Normalform (4NF)
9. Was ist ein Vorteil der objektorientierten gegenüber der relationalen Datenbank?
   - Nur in einer OO-Datenbank können die Felder verschiedene Datentypen besitzen.
   - Die Beziehungen in einer OO-Datenbank sind nicht auf Schlüssel beschränkt und können freier gestaltet werden.
   - Nur die OO-Datenbank ist programmierbar.
   - In OO-Datenbanken funktioniert die Suche schneller.

10. Was benötigen Sie, um eine MySQL-Datenbank über phpMyAdmin zu verwalten?
    - einen Windows-Rechner mit PHP
    - einen Webserver und PHP
    - einen Browser und PHP
    - einen zweiten Rechner, auf dem die Serversoftware läuft
11. Welche Indexart besitzt die Einschränkung, dass jedes Feld einer Spalte einen individuellen Wert benötigt?
    - `INDEX`
    - `FULLTEXT`
    - `AUTO_INCREMENT`
    - `UNIQUE`
12. Welche der folgenden »Abfragen« gibt es in SQL nicht?
    - Auswahlabfrage
    - Einfügeabfrage
    - Erweiterungsabfrage
    - Löschabfrage
13. Welchen Fehler enthält folgende SQL-Anweisung zur Erstellung der Tabelle `TESTCREATE TABLE TEST (NR PRIMARYKEY, NAME CHAR(50) NOT NULL)`?
    - Die Felder müssen durch ein Semikolon anstelle eines Kommas getrennt werden.
    - `PRIMARYKEY` muss in zwei Wörtern geschrieben werden: `PRIMARY KEY`.
    - Die Angabe der Zeichenanzahl bei `CHAR` muss in eckigen Klammern stehen.
    - Bei `NOT NULL` fehlt der Unterstrich; es heißt `NOT_NULL`.
14. Welche Wortbreite besitzt der MySQL-Datentyp `MEDIUMINT`?
    - 16 Bit
    - 24 Bit
    - 32 Bit
    - 48 Bit
15. Welcher der folgenden SQL-Datentypen ist kein Fließkommatyp?
    - `FLOAT`
    - `REAL`
    - `DOUBLE`
    - `DECIMAL`

16. Was ist der Unterschied zwischen den SQL-Datentypen CHAR und VARCHAR?
    - VARCHAR kann beliebig viele Zeichen enthalten, CHAR nur eine bestimmte Anzahl.
    - VARCHAR belegt nur Speicherplatz für die tatsächlich verwendeten Zeichen, CHAR für alle Zeichen der vereinbarten Gesamtgröße.
    - VARCHAR kann mehr Zeichen enthalten als CHAR.
    - Die beiden Typen sind synonym.
17. Wie lassen sich alle Felder aller Datensätze der Tabelle INFO auswählen?
    - SELECT () FROM INFO
    - SELECT ALL FROM INFO
    - SELECT * FROM INFO
    - SELECT FROM INFO WHERE *
18. Was ist zu beachten, wenn Sie alle Elemente einer Tabelle mittels COUNT zählen möchten?
    - Sie müssen alle Felder auswählen.
    - Sie dürfen jedes Feld mit Ausnahme des Primärschlüssels auswählen.
    - Sie dürfen nur den Primärschlüssel auswählen.
    - Sie können jedes beliebige Feld auswählen, aber nur eines.
19. Wie lässt sich die folgende SQL-Join-Abfrage mittels WHERE darstellen?
    SELECT * FROM TEST, INFO INNER JOIN TEST.NR ON INFO.NR
    - SELECT * FROM TEST, INFO WHERE NR=NR
    - SELECT * FROM TEST, INFO WHERE NR
    - SELECT * FROM TEST, INFO WHERE NR.NR
    - SELECT * FROM TEST, INFO WHERE TEST.NR=INFO.NR
20. Welche der folgenden Angaben ist eine formal gültige MySQL-Connector/J-URL?
    - *jdbc.mysql://host/database*
    - *jdbc:mysql://host:database*
    - *jdbc.mysql://host.database*
    - *jdbc:mysql://host/database*
21. Was ist der Unterschied zwischen den Methoden st.execute() und st.executeQuery() eines JDBC-Statement-Objekts?
    - execute() funktioniert nur mit der JDBC-ODBC-Bridge.
    - executeQuery() wird für Einfügeabfragen verwendet, execute() für die anderen.
    - executeQuery() gibt ein ResultSet zurück und wird daher für Auswahlabfragen eingesetzt.
    - execute() ist veraltet.

Kapitel 14
Server für Webanwendungen

Missionare müssen Indianisch lernen –
mit Lateinisch bekehrt man keine Indianer.
– Kurt Tucholsky

Bereits in Kapitel 6, »Betriebssysteme«, haben Sie einige Netzwerkserverdienste kennengelernt. Dort ging es um Datei- und Druckserver, die vornehmlich im lokalen Netzwerk von Firmen und Organisationen eingesetzt werden. In diesem und dem nächsten Kapitel werden dagegen Internetserver behandelt, die für viele gleichzeitige, systemunabhängige und oft anonyme Fernzugriffe konzipiert wurden, aber ebenfalls häufig im lokalen Intranet eingesetzt werden.

In diesem Kapitel erfahren Sie, wie Sie eine Infrastruktur für datenbankgetriebene PHP-Webanwendungen einrichten – ein LAMP- oder WAMP-System aus Linux beziehungsweise Windows, Apache, MySQL und PHP.[1] Die Entwicklung der zugehörigen Anwendungen wird in Kapitel 19, »Webserveranwendungen«, beschrieben.

14.1 HTTP im Überblick

Wie bereits erwähnt, kommunizieren Webserver und Browser über das TCP/IP-Anwendungsprotokoll *HTTP* (*Hypertext Transfer Protocol*). Wie die meisten Internetprotokolle der Anwendungsebene ist es klartextbasiert und besteht aus einigen Clientbefehlen sowie Serverantworten in einem bestimmten Format. Es handelt sich also um ein *Request-Response-Verfahren* (Anfrage und Antwort).

Die aktuell verbreitete Version des Protokolls ist HTTP/1.1. Diese Version wurde erstmals 1999 in RFC 2616 beschrieben; ihre aktuelle Revision finden Sie in RFC 7230 bis 7235 von 2014. Im Mai 2015 wurde die neue Version HTTP/2 als RFC 7540 verabschiedet, die auf Googles HTTP-Erweiterung SPDY (»speedy«) basiert. Syntaktisch ist sie mit HTTP/1.1 identisch; die Verbesserungen liegen vor allem in den Bereichen der parallelen Verarbeitung von Anfragen, des Streamings und der Datenkomprimierung. Bisher unterstützen noch nicht alle Browser und Webserver die neue Protokollversion.

1 Wenn Sie ein BSD-Unix verwenden, müsste die Konstellation »BAMP« heißen, mit macOS »MAMP« etc. Deshalb heißt ein verbreitetes Entwicklungskompaktpaket aus all diesen Anwendungen XAMPP – X für das austauschbare Betriebssystem sowie Apache, MySQL, PHP und Perl.

14.1.1 Ablauf der HTTP-Kommunikation

Die HTTP-Kommunikation läuft von der Dokumentanforderung durch den Browser bis zur Darstellung oder Speicherung des empfangenen Dokuments wie folgt ab:

1. Der Browser zerlegt die URL in Schema, Hostname, gegebenenfalls Portnummer und Ressourcenteil (Pfad). Er ermittelt per DNS die IP-Adresse zum Hostnamen und stellt eine TCP-Verbindung zu ihr her. Falls keine Portnummer angegeben wurde, wird je nach Schema 80 (*http:*) oder 443 (*https:*, das heißt HTTP über eine gesicherte Verbindung) gewählt. Bei der URL *http://www.example.com/subdirectory/index.html* ist das Schema beispielsweise *http:*, woraus sich Port 80 ergibt; der Hostname ist *www.example.com* und der Pfad */subdirectory/index.html*.
2. Über die TCP-Verbindung sendet der Browser eine HTTP-Anfrage. Die erste Zeile besteht aus HTTP-Methode, Pfad und Protokollversion. Wenn Sie eine URL in den Browser eintippen, ist die Methode immer `GET`; das bedeutet, dass eine Ressource geliefert werden soll. Eine andere wichtige Methode ist `POST`; sie wird zum Versenden umfangreicherer Formulardaten oder gar für Datei-Uploads aus dem Browser verwendet. Tabelle 14.1 zeigt eine Übersicht über die verfügbaren Methoden.

HTTP-Methode	Seit HTTP-Version	Bedeutung
`GET`	0.9	Dokument anfordern
`HEAD`	1.0	nur Header anfordern
`POST`	1.0	Formulardaten oder Dateien senden; neue Datei auf dem Server speichern
`PUT`	1.0	auf dem Server gespeicherte Datei ändern
`DELETE`	1.0	Datei vom Server löschen
`LINK`	1.0	Verknüpfung erzeugen
`UNLINK`	1.0	Verknüpfung löschen
`TRACE`	1.1	Proxys anzeigen
`CONNECT`	1.1	Proxy-Zugriff auf gesicherte Server
`OPTIONS`	1.1	Liste verfügbarer Optionen anfordern

Tabelle 14.1 Alle HTTP-Methoden im Überblick

`POST` und `PUT` enthalten im Gegensatz zu anderen Anfragemethoden einen Body, der genau wie bei einer HTTP-Antwort durch eine Leerzeile von den Headern getrennt wird. Dazu sollte der Client auch die Header `Content-type` (Datentyp des Bodys) und `Content-length` (Länge des Bodys in Bytes) senden. `GET` kann ebenfalls Formulardaten transportieren; diese werden jedoch durch ein Fragezeichen getrennt an die URL angehängt und haben das Format `feld1=wert1&feld2=wert2` etc. Dieses Konstrukt wird als *Query-String* bezeichnet. Im vorliegenden Beispielfall lautet die Startzeile der Anfrage:

```
GET /subdirectory/index.html HTTP/1.1
```

Auf diese Anforderung folgen mehrere Header-Zeilen im Format `Header-Name: Wert`. Ab Version 1.1 muss stets der Header `Host` gesendet werden, da unter derselben IP-Adresse mehrere virtuelle Hosts betrieben werden können; andere Anfrage-Header sind freiwillig.

3. Der Server empfängt die Clientanfrage und reagiert darauf. Bei einer `GET`-Anfrage liefert er in den meisten Fällen einfach die angeforderte Datei aus. Falls es sich dagegen um ein serverseitiges Skript oder Programm im Rahmen einer Webanwendung handelt, wird dieses zunächst vom zuständigen Servermodul oder externen Interpreter ausgeführt, anschließend wird seine Ausgabe (meist ein HTML-Dokument, manchmal auch ein anderer Dateityp wie etwa ein dynamisch generiertes Bild) als Antwort an den Browser geschickt.

   Auch die Serverantwort besitzt einen Header-Bereich. Die erste Zeile besteht aus der Protokollversion sowie einer Statusinformation aus Codenummer und standardisiertem Text. Falls das angeforderte Dokument geliefert werden kann, lautet diese Zeile:

   ```
   HTTP/1.1 200 OK
   ```

   Ein weiterer häufig vorkommender Statuscode ist `404 Not Found`; er besagt, dass die angeforderte Ressource nicht gefunden wurde. Nach der Statuszeile folgen diverse Antwort-Header. Der wichtigste ist `Content-Type`; er gibt den MIME-Type des mitgelieferten Dokuments an. Eine Leerzeile trennt die Header vom Body, der die eigentliche Ressource enthält.[2]

Zum Schluss nimmt der Browser den Body der Serverantwort entgegen und zeigt ihn je nach Datentyp selbst an (zum Beispiel HTML-Dokumente und bestimmte Bild- oder Multimedia-Dateien) oder bietet ihn zum Speichern auf Datenträger an. Außerdem speichert er viele gelieferte Dokumente in seinem Cache, damit zuvor angeforderte Dateien nicht nochmals heruntergeladen werden müssen.

Hier ein Beispiel für eine komplette `GET`-Anfrage:

```
GET /subdirectory/index.html HTTP/1.1
Accept: */*
Accept-Language: de, en-US
Accept-Encoding: gzip, deflate
User-Agent: 5.0 (Macintosh; Intel Mac OS X 10_14_3) AppleWebKit/
605.1.15 (KHTML, like Gecko) Version/12.0.3 Safari/605.1.15
Host: www.example.com
Connection: Keep-Alive
```

2 Verwechseln Sie die Header und den Body der HTTP-Antwort nicht mit Head und Body eines HTML-Dokuments. Letztere sind Bestandteile eines HTML-Dokuments und damit des Antwort-Bodys.

Die Header dieser Anfrage haben folgende Bedeutung:

- `Accept: */*`

  Jeder beliebige MIME-Type (Typ/Untertyp) wird akzeptiert. Das heißt lediglich, dass der Browser keinen bestimmten Datentyp bevorzugt, aber nicht, dass er auch jeden verarbeiten könnte.

- `Accept-Language: de, en-US`

  Wenn der Server mehrere Sprachvarianten einer Ressource zur Wahl stellt, bevorzugt dieser Browser Deutsch und US-Englisch in der angegebenen Reihenfolge.

- `Accept-Encoding: gzip, deflate`

  Der Browser ist in der Lage, GNU-zip- oder ZIP-komprimierte Ressourcen anzunehmen und selbst zu entpacken; wenn ein Server dies unterstützt, spart das Netzwerkbandbreite.

- `User-Agent: 5.0 (Macintosh; Intel Mac OS X 10_14_3) AppleWebKit/605.1.15 (KHTML, like Gecko) Version/12.0.3 Safari/605.1.15`

  Dies ist die Angabe der Browserversion, die der Server zum Umgang mit Inkompatibilitäten auswerten kann und zu statistischen Zwecken in seine Log-Dateien schreibt. Dabei handelt es sich um den Browser Safari 12.0.3 unter macOS 10.14 Mojave.[3]

- `Host:` *www.example.com*

  Wie bereits erwähnt, ist dies ein Pflicht-Header, der bestimmt, welcher (virtuelle) Host angesprochen wurde.

- `Connection: Keep-Alive`

  Der Browser fordert an, dass der Server die TCP-Verbindung nach dem Versand der aktuellen Antwort offen halten soll. Dies beschleunigt den Seitenaufbau, weil beispielsweise für jedes eingebettete Bild eine weitere Anfrage erforderlich ist, die über eine bereits geöffnete Verbindung schneller bearbeitet werden kann.

  Bei einer erfolgreichen Anfrage könnte die Serverantwort beispielsweise so aussehen:

```
HTTP/1.1 200 OK
Date: Fri, 16 Apr 2021 12:18:57 GMT
Server: Apache/2.4.46 (Unix)
Last-Modified: Tue 22 Sep 2020 10:21:37 GMT
ETag: "1b380f2-1ba9-454723b1"
Accept-Ranges: bytes
Content-Length: 7081
Content-Type: text/html

<!DOCTYPE html>
```

3 Der interne Name vieler Browser lautet *Mozilla*, weil die gleichnamige Echse das Maskottchen des ersten grafischen Browsers NCSA Mosaic war, von dem sowohl der Internet Explorer als auch Netscape und die heutigen Mozilla-Browser abstammen.

```
<html>
<head>
[...]
```

Hier die Bedeutung der Antwort-Header:

- `Date: Fri, 16 Apr 2021 12:18:57 GMT`

  Datum und Uhrzeit des Servers.

- `Server: Apache/2.4.46 (Unix)`

  Versionsinformationen des Servers; die Ausführlichkeit kann mithilfe der im weiteren Verlauf des Kapitels vorgestellten Direktive `ServerTokens` geändert werden.

- `Last-Modified: Tue, 22 Sep 2020 10:21:37 GMT`

  Datum und Uhrzeit der letzten Änderung; wird vom Browser verwendet, um – zum Beispiel per `HEAD`-Anfrage – zu entscheiden, ob eine eventuell noch im Cache befindliche Version aktuell ist.

- `ETag: "1b380f2-1ba9-454723b1"`

  Ein Hash-Wert aus Metadaten wie Änderungsdatum und Dateigröße, der Aufschluss über die Identität einer Ressource gibt und so ebenfalls für Cache-Entscheidungen verwendet werden kann.

- `Accept-Ranges: bytes`

  Der Server kann auf Wunsch Teile eines Dokuments ausliefern, wenn der Browser in einem Range-Header die gewünschten Byte-Grenzen mitteilt – dies ist etwa praktisch, um abgebrochene Downloads später fortzusetzen.

- `Content-Length: 7081`

  Länge des gelieferten Bodys in Byte.

- `Connection: keep-alive`

  Der Server bestätigt die Bitte des Browsers, die Verbindung offen zu halten.

- `Content-Type: text/html`

  Der MIME-Type des Bodys, der wichtigste Antwort-Header. Im vorliegenden Beispiel handelt es sich um den Haupttyp *Text* und den Untertyp *HTML*.

14.1.2 HTTP-Statuscodes

Es wurde bereits erwähnt, dass jede HTTP-Antwort eine Statusmeldung enthält, bestehend aus Codenummer und Beschreibungstext. Die Codes werden anhand ihrer ersten Ziffer in folgende Gruppen unterteilt:

- `1xx` – Informationen
- `2xx` – Erfolgsmeldungen
- `3xx` – Umleitungsmeldungen

- 4xx – Clientfehler
- 5xx – Serverfehler

Zur ersten Gruppe, den informativen Meldungen, gehören nur die folgenden zwei Statuscodes: `100 Continue` besagt, dass der Server eine vorbereitende Anfrage erhalten hat und auf eine Fortsetzung wartet. `101 Switching Protocols` gibt an, dass der Server auf die im Header `Upgrade` angegebene HTTP-Version wechseln möchte. Beides kommt relativ selten vor.

Statuscodes, die mit `2` beginnen, zeigen eine erfolgreiche Verarbeitung der Anfrage an. Die häufigste dieser Antworten ist `200 OK`; sie wird bei fast allen erfolgreichen `GET`-, `HEAD`-, `POST`- und `DELETE`-Anfragen zurückgeliefert.

`3xx`-Statuscodes sind für Weiterleitungen zuständig. Diese werden unter anderem verwendet, wenn ein serverseitiges Skript zwar Formulardaten verarbeitet, aber keine eigene Ausgabe erzeugt. In diesem Fall kann es einen `Location`-Header mit einer Weiterleitungs-URL senden, zusammen mit einem der Statuscodes `301 Moved Permanently`, `302 Found`, `303 See Other` oder `307 Temporary Redirect`. Der Status `304 Not Modified` dient dagegen als Antwort auf `HEAD`-Anfragen, die es dem Browser erlaubt, ein Dokument aus seinem Cache anzuzeigen.

`4xx`-Statuscodes zeigen verschiedene Fehlerzustände an, die aufgrund einer fehlerhaften oder unvollständigen Clientanfrage zustande gekommen sind. Der am häufigsten vorkommende Header dieser Gruppe ist sicherlich `404 Not Found`; er kommt sowohl bei Tippfehlern im Ressourcenteil einer eingegebenen URL als auch bei fehlerhaften oder veralteten Links vor. `401 Unauthorized` wird gesendet, wenn der Server einen Log-in erwartet; dies wird im Abschnitt »Konfigurationsbeispiele« in Abschnitt 14.2.4, »Apache konfigurieren«, erläutert. Bei `403 Forbidden` ist der Zugriff dagegen grundsätzlich verboten; auch eine Authentifizierung würde nichts daran ändern.

`5xx`-Statuscodes schließlich bezeichnen Fehler, die aufgrund eines serverseitigen Problems entstanden sind. Der häufigste dieser Fehler, `500 Internal Server Error`, kommt unter anderem dann vor, wenn Sie bei der Programmierung eigener Webanwendungen Fehler machen. Einzelheiten über den Fehler stehen in diesem Fall in der Error-Log-Datei Ihres Webservers.

In Tabelle 14.2 sehen Sie noch einmal alle Statuscodes im Überblick.

Statuscode	Übliche Meldung	Beschreibung
Informationen (1xx)		
100	`Continue`	Anfrage erhalten. Der folgende Server erwartet Fortsetzung.
101	`Switching Protocol`	Der Server möchte auf die angegebene Protokollversion wechseln.

Tabelle 14.2 Übersicht über die HTTP-Statuscodes

Statuscode	Übliche Meldung	Beschreibung
Erfolgsmeldungen (2xx)		
200	`OK`	Die Anfrage war erfolgreich. Die angeforderte Ressource wird geliefert.
201	`Created`	Die `POST`-Anfrage zur Speicherung einer neuen Datei auf dem Server war erfolgreich.
202	`Accepted`	Die Anfrage wurde erfolgreich verarbeitet.
203	`Non-Authoritative`	Die gelieferten Informationen stammen von einem Proxy. Ihre Gültigkeit wurde nicht verifiziert.
204	`No Content`	Anfrage okay. Die Antwort enthält keinen Body.
205	`Reset Content`	Der Client soll ein Formular zurücksetzen.
206	`Partial Content`	Die Anfrage enthält nur einen Teil der Ressource; der Header `Content-Range` gibt den Bereich an.
Umleitungsmeldungen (3xx)		
300	`Multiple Choices`	Es sind mehrere Alternativen der gewünschten Ressource verfügbar. Der Body enthält eine Liste mit entsprechenden Links.
301	`Moved Permanently`	Die Ressource wurde dauerhaft an die im Header `Location` angegebene Stelle verschoben.
302	`Found`	vorübergehend verschoben
303	`See Other`	Die Ressource ist unter der angegebenen URL zu finden.
304	`Not Modified`	Die Ressource wurde nicht geändert.
305	`Use Proxy`	Der Client wird aufgefordert, die Anfrage an den angegebenen Proxy zu senden.
307	`Temporary Redirect`	vorübergehend verschoben

Tabelle 14.2 Übersicht über die HTTP-Statuscodes (Forts.)

Statuscode	Übliche Meldung	Beschreibung
Clientfehler (4xx)		
400	Bad Request	Syntaxfehler in der Anfrage
401	Unauthorized	Die Authentifizierung wird angefordert.
402	Payment Required	Micropayment (z. B. automatisierte Sammellastschrift über PayPal o. Ä.) wird benötigt (als Statuscode noch nicht implementiert).
403	Forbidden	Zugriff verweigert
404	Not Found	Die Ressource existiert nicht.
405	Method Not Allowed	unerlaubte HTTP-Methode (ein Allow-Header gibt die zulässigen Methoden an)
406	Not Acceptable	Der Datentyp der Ressource ist nicht akzeptabel.
407	Proxy Authentication Requested	Ein Proxyserver fordert eine Authentifizierung an.
408	Request Timeout	zulässige Wartezeit überschritten
409	Conflict	Ein Konflikt verhindert die Ausführung der Anfrage etwa beim Versuch, mithilfe von PUT eine ältere als die vorhandene Version zu speichern.
410	Gone	Die Ressource ist nicht mehr vorhanden.
411	Length Required	Für den Anfrage-Body wird ein Content-Length-Header benötigt.
412	Precondition Failed	Eine vom Client geforderte Vorbedingung konnte nicht erfüllt werden.
413	Request Entity Too Long	zu großer Anfrage-Body
414	Request-URI Too Long	Die Anfrage-URL selbst ist zu lang (kann bei GET-Anfragen mit angehängten Formulardaten vorkommen).

Tabelle 14.2 Übersicht über die HTTP-Statuscodes (Forts.)

Statuscode	Übliche Meldung	Beschreibung
415	`Unsupported Media Type`	Der Server akzeptiert den Datentyp des Anfrage-Bodys nicht.
416	`Request Range Not Satisfiable`	Im Range-Header wurde ein Bereich angefordert, der nicht existiert.
417	`Expectation Failed`	Eine Erwartung aus dem `Expect`-Header konnte nicht erfüllt werden.
426	`Upgrade Required`	Der Server verlangt vom Client, eine neuere Protokollversion zu verwenden; Details müssen im `Upgrade`-Header angegeben werden.
451	`Unavailable For Legal Reasons`	Die angeforderte Ressource darf aus rechtlichen Gründen nicht ausgeliefert werden (Copyright, fehlende Lizenz für den Ort des Aufrufs, Zensur).*
Serverfehler (5xx)		
500	`Internal Server Error`	Fehler in einem serverseitigen Programm
501	`Not Implemented`	Die Methode oder Funktionalität wird vom Server nicht unterstützt.
502	`Bad Gateway`	fehlerhafte Server- oder Proxy-Antwort
503	`Service Unavailable`	Ein Dienst steht zurzeit nicht zur Verfügung.
504	`Gateway Timeout`	Time-out einer Proxy-Anfrage
505	`HTTP Version Not Supported`	Der Server unterstützt die angegebene HTTP-Version nicht.
*) Die Nummer 451 wurde in Anlehnung an den dystopischen Science-Fiction-Roman »Fahrenheit 451« von Ray Bradbury gewählt, da es in der darin beschriebenen Gesellschaft streng verboten ist, Bücher zu besitzen. Diese werden von der »Feuerwehr« verbrannt und beginnen bei 451 °F (etwa 233 °C) zu brennen.		

Tabelle 14.2 Übersicht über die HTTP-Statuscodes (Forts.)

14.1.3 HTTP-Header

Wie bereits erwähnt, enthalten HTTP-Anfrage und -Antwort verschiedene Header im Format:

```
Header-Name: Wert[, Wert ...]
```

Die Namen der Header bestehen aus Buchstaben und Bindestrichen; Groß- und Kleinschreibung spielt keine Rolle. Falls ein Header mehrere Werte besitzt, werden diese jeweils durch ein Komma getrennt.

Neben den in RFCs definierten offiziellen HTTP-Headern können Server und Clients auch beliebige zusätzliche Header senden. Gemäß der Konvention sollten solche Erweiterungs-Header stets mit `X-` beginnen, also beispielsweise `X-My-Header` heißen.

Tabelle 14.3 zeigt alle offiziellen HTTP-Standard-Header. Die einzelnen Spalten der Tabelle haben folgende Bedeutung:

- *Header*
  Der Name des jeweiligen Headers.
- *Seit Version*
  Gibt die HTTP-Version an, in der der jeweilige Header eingeführt wurde: HTTP/1.0 gemäß RFC 1945 oder HTTP/1.1 (RFC 2616 beziehungsweise 7230-7235). Die nachträglich so benannte Vorabversion HTTP/0.9 besaß noch keine Header, sondern nur die Anfrage- beziehungsweise Statuszeile, und die neue Version HTTP/2 (RFC 7540) definiert gegenüber 1.1 keine neuen.
- *Anfr.* (Anfrage)
  Angekreuzt, wenn der Header in einer HTTP-Anfrage stehen kann.
- *Antw.* (Antwort)
  Angekreuzt für Header, die in einer HTTP-Antwort vorkommen können.
- *Ent.* (Entity)
  Angekreuzt für Header, die den Body der Anfrage beziehungsweise der Antwort beschreiben.
- *Bedeutung*
  Kurze Beschreibung der Aufgaben des Headers.

Header	Seit Version	Anfr.	Antw.	Ent.	Bedeutung
`Accept`	1.0	×			MIME-Types, die der Client akzeptiert
`Accept-Charset`	1.0	×			Zeichensätze, die der Client akzeptiert
`Accept-Encoding`	1.0	×			Komprimierungsformate, die der Client akzeptiert

Tabelle 14.3 Alle offiziellen HTTP-Header im Überblick

Header	Seit Version	Anfr.	Antw.	Ent.	Bedeutung
`Accept-Language`	1.0	×			Sprachen, die der Client akzeptiert
`Accept-Ranges`	1.1		×		Server kann Anfragen nach Dokumentteilen beantworten.
`Age`	1.1		×		Zeitspanne seit der letzten Änderung
`Allow`	1.0		×	×	erlaubte HTTP-Methoden (mit Status 405)
`Authorization`	1.0	×			Anmeldedaten für geschützte Bereiche (Antwort auf `WWW-Authenticate`)
`Cache-Control`	1.1	×	×		Einstellungen für das Caching der Ressource
`Connection`	1.0	×	×		Verbindung geöffnet halten (`keep-alive`) oder schließen (`close`).
`Content-Encoding`	1.0	×	×	×	Komprimierungsformat des Body-Inhalts
`Content-Language`	1.0	×	×	×	Sprache des Body-Inhalts
`Content-Length`	1.0	×	×	×	Länge des Body-Inhalts in Bytes
`Content-Location`	1.1		×	×	alternative URL der angeforderten Ressource
`Content-MD5`	1.1	×	×	×	MD5-Hash des Body-Inhalts zur Konsistenzprüfung
`Content-Range`	1.1	×	×	×	Start- und Endbyte des gelieferten Bereichs bei Teillieferungen
`Content-Type`	1.0	×	×	×	MIME-Type der gelieferten Ressource
`Cookie`	1.0	×			Lieferung eines Cookies, das der Browser zuvor von der angeforderten URL empfangen hatte

Tabelle 14.3 Alle offiziellen HTTP-Header im Überblick (Forts.)

Header	Seit Version	Anfr.	Antw.	Ent.	Bedeutung
Date	1.0	×	×		Serverdatum und -uhrzeit bei Auslieferung
ETag	1.1		×		eine aus diversen Metainformationen berechnete ID, zum Beispiel zur Aktualitätsprüfung
Expect	1.1	×			Ankündigung des Clients, dass vor einer Anfrage mit Body 100 Continue erwartet wird
Expires	1.0		×	×	»Verfallsdatum« der gelieferten Ressource (für das Caching)
From	1.0	×			E-Mail-Adresse der anfragenden Stelle (spielt in der Praxis keine Rolle)
Host	1.1	×			Hostname, an den die Anfrage gerichtet ist (Pflicht-Header wegen namensbasierter virtueller Hosts)
If-Match	1.1	×			Fordert eine Ressource unter der Bedingung an, dass das ETag (siehe oben) einem bestimmten Wert entspricht.
If-Modified-Since	1.0	×			Fordert die Ressource nur an, falls sie seit dem angegebenen Datum geändert wurde.
If-None-Match	1.1	×			Fordert die Ressource an, falls das ETag nicht dem angegebenen Wert entspricht.
If-Range	1.1	×			Fordert einen bestimmten Bereich unter einer Bedingung (ETag oder Änderungsdatum) an.

Tabelle 14.3 Alle offiziellen HTTP-Header im Überblick (Forts.)

Header	Seit Version	Anfr.	Antw.	Ent.	Bedeutung
If-Unmodified-Since	1.1	×			Fordert die Ressource an, falls sie seit dem angegebenen Datum nicht geändert wurde (sinnvoll z. B. für PUT: aktuelle Version nur hochladen, falls sie neuer ist als die vorhandene).
Last-Modified	1.0		×	×	Gibt Datum und Uhrzeit der letzten Änderung an.
Location	1.0		×		geänderte URL, unter der die Ressource erreichbar ist (Weiterleitung)
Max-Forwards	1.1	×			maximal erlaubte Anzahl von Proxy-Weiterleitungen (vor allem für TRACE-Anfragen)
Negotiate	1.1	×			Fordert eine Liste von Alternativdokumenten (300 Multiple Choices) an, die verschiedenen Sprach-, Zeichensatz- und Dateitypwünschen genügen.
Pragma	1.0	×	×		Veraltete Einstellung für Caching-Verbot (Wert: no-cache); wurde durch Cache-Control ersetzt.
Proxy-Authenticate	1.1		×		Proxy-Authentifizierungsanforderung
Proxy-Authorization	1.0	×			Proxy-Anmeldedaten (Antwort auf Proxy-Authenticate)
Range	1.1	×			Anforderung eines Teilbereichs einer Ressource (Start- und Endbyte)
Referer*	1.0	×			URL des Dokuments, das auf das aktuelle verwies (in der Regel ein Hyperlink)

Tabelle 14.3 Alle offiziellen HTTP-Header im Überblick (Forts.)

Header	Seit Version	Anfr.	Antw.	Ent.	Bedeutung
`Retry-After`	1.0		×		Information bei Ausfällen, wann der Server oder die gewünschte Ressource wieder verfügbar sein wird
`Server`	1.0		×		Selbstidentifikation der Serversoftware – etwa `Apache/2.4.46 (Unix)`
`Set-Cookie`	1.0		×		Cookie, das der Browser im Namen des Servers speichern soll
`TE`	1.1	×			Ein Client kann mithilfe von `TE: trailers` melden, dass er mehrteilige Antworten mit jeweils eigenen Headern akzeptiert.
`Trailer`	1.1	×	×		Liste der Header, die in einem späteren Block folgen
`Transfer-Encoding`	1.1	×	×		Der einzige übliche Wert, `chunked`, bedeutet, dass die Antwort mehrteilig ist.
`Upgrade`	1.1	×	×		Angabe der unterstützten HTTP-Version (1.1). Der Server kann dies per `101 Switching Protocols` akzeptieren.
`User-Agent`	1.0	×			Selbstidentifikation der Clientsoftware
`Vary`	1.1		×		Gibt an, welche Aspekte (MIME-Type, Zeichensatz etc.) an Clientvorlieben angepasst wurden (Content-Negotiation).
`Via`	1.1	×	×		Liste der Proxys, über die die Anfrage oder Antwort weitergeleitet wurde

Tabelle 14.3 Alle offiziellen HTTP-Header im Überblick (Forts.)

Header	Seit Version	Anfr.	Antw.	Ent.	Bedeutung
`Warning`	1.1	×	×		Warnungen über den Body-Inhalt, die das Caching betreffen (veraltet)
`WWW-Authenticate`	1.0		×		Authentifizierungsanforderung für geschützte Verzeichnisse
*) Das englische Wort heißt zwar *referrer*, aber der Name dieses Headers wird mit nur einem r geschrieben.					

Tabelle 14.3 Alle offiziellen HTTP-Header im Überblick (Forts.)

14.2 Der Webserver Apache

Der *Apache HTTP Server* (kurz *Apache*) ist die mit Abstand verbreitetste Webserversoftware mit einem Marktanteil von 60 bis 70 %. Er entstand 1995 zunächst als Weiterentwicklung des NCSA-Webservers durch Detailverbesserungen (Patches), sodass der Name oft mit »a patchy web server« erklärt wird. Um sein Entwicklungsteam bildete sich die Apache Software Foundation, die neben dem Webserver auch zahlreiche andere bekannte Open-Source-Programme begleitet, beispielsweise den Spam-Filter SpamAssassin, den Java Web Application Server Tomcat (nebenbei ebenfalls ein Webserver), das Java-Build-Tool Maven (siehe Kapitel 9, »Weitere Konzepte der Programmierung«) sowie verschiedene Tools zur XML-Verarbeitung (siehe Kapitel 16, »XML«).

Apache ist stabil, sicher und läuft auf den verschiedensten Plattformen. Ein Großteil seiner Funktionalität wird durch Module bereitgestellt. So kann er leicht durch Drittanbieter oder gar eigene Programmierung erweitert werden; außerdem können Sie nicht benötigte Teile deaktivieren, sodass Sie nicht unnötig Ressourcen verschwenden.

14.2.1 Apache im Überblick

Es gibt zurzeit nur noch einen aktiven Apache-Entwicklungszweig, nämlich den aktuell stabilen Zweig 2.4.x. Die früheren Versionen 1.3, 2.0 und 2.2 wurden inzwischen mit je einem finalen Bugfix-Release eingestellt.

Im Folgenden wird ausschließlich die aktuelle, stabile Version 2.4 behandelt. Die wichtigsten Eigenschaften von Apache 2 sind:

- *Abstraktionsbibliothek APR*

  Bis Version 1.3.x verwendete Apache die auf Unix-Systemen üblichen POSIX-Systemaufrufe zur Verwaltung von Netzwerkverbindungen, Speicher, Dateizugriffen etc. Auf Nicht-

Unix-Systemen kam deshalb eine POSIX-Emulationsschicht zum Einsatz, die Apache auf diesen Plattformen allerdings langsamer und weniger stabil machte. Deshalb wurden solche systemnahen Funktionen für die neue Version 2 in die Abstraktionsbibliothek *Apache Portable Runtime* (APR) ausgelagert, die sie für jedes System nach dessen besten Möglichkeiten bereitstellt. Inzwischen wird die APR daher auch als Grundlage anderer Software eingesetzt.

- *Unterschiedliche Laufzeitmodelle durch MPM*

  Ein Netzwerkserver muss in der Lage sein, mehrere Clientanfragen gleichzeitig zu beantworten. Dafür gibt es je nach System unterschiedliche Prozess- oder Thread-Verfahren. Apache 1.x verwendete ausschließlich ein Preforking-Modell, das heißt, er erzeugte einige Child-Prozesse auf Vorrat. Apache 2 ermöglicht dagegen die Auswahl verschiedener sogenannter *Multi-Processing-Module* (MPM), die auf Prozessen, Threads oder einer Mischung aus beiden basieren, sodass für jedes System die vorteilhafteste Auswahl getroffen werden kann.

  In der aktuellen Version 2.4 sind die MPM sogar erstmalig dynamisch zur Laufzeit ladbar – genau wie alle anderen Module. Bis einschließlich 2.2 musste man sich bei der Kompilierung oder Installation entscheiden.

- *Dynamische Module*

  Die bereits in der Einleitung erwähnten Apache-Module mussten früher statisch einkompiliert werden. Apache musste also für jeden Wechsel der Modulauswahl ganz neu kompiliert werden. In Apache 2 besteht dagegen die Möglichkeit, Module als *Dynamic Shared Objects* (DSO) zu kompilieren und über die Konfigurationsdatei ein- oder auszuschalten. Somit braucht der Server nur neu gestartet zu werden, wenn Sie neue Module hinzufügen oder vorhandene entfernen möchten.

- *Eingebaute SSL-Unterstützung*

  Sicherheitsbedürftige Webanwendungen wie E-Commerce oder gar Homebanking benötigen gesicherte Verbindungen, die die Identität des Servers und die Integrität der Daten garantieren und die Kommunikation verschlüsseln. Die Lösung für diese Anforderung ist das inzwischen allgegenwärtige HTTP über SSL, kurz HTTPS. Bis Apache 1.3 gab es dafür diverse Erweiterungen, die teilweise nicht vom Apache-Team selbst stammten. Apache 2 ist dagegen ab Werk mit dem Modul `mod_ssl` ausgestattet, das die SSL-Funktionalität nahtlos integriert.

14.2.2 Apache-Module

Zum Lieferumfang von Apache gehören gut 70 verschiedene Module. Daneben gibt es unzählige Erweiterungen aus unabhängigen Quellen – sowohl als Open Source als auch kommerziell. Einige dieser Zusatzmodule stehen online unter *httpd.apache.org/modules/* zur Verfügung.

Tabelle 14.4 enthält eine Übersicht über die wichtigsten mitgelieferten Module. Die Spalte *Aktiv* informiert darüber, ob das jeweilige Modul in einer Standardinstallation von Apache automatisch mitinstalliert und aktiviert wird oder nicht.

Modul	Aktiv	Beschreibung
mod_authz_host	ja	Zugriffsschutz anhand von Client-Hostnamen und/oder -IP-Adressen
mod_alias	ja	Einbinden externer Verzeichnisse in den URL-Namensraum der Website; interne und externe Weiterleitungen
mod_auth_basic	ja	Grundmodul zur Authentifizierung, das die Anmeldedaten vom Client (klartextbasiert) entgegennimmt und anschließend mithilfe verschiedener Providermodule auf ihre Gültigkeit überprüft
mod_auth_digest	nein	wie mod_auth_basic, allerdings MD5-verschlüsselt
mod_authn_dbd	nein	Authentifizierungsprovidermodul, das eine SQL-Abfrage an eine externe Datenbank sendet, um die Anmeldedaten zu überprüfen
mod_authn_dbm	nein	Authentifizierungsprovider; verwendet datenbankähnliche DBM-Dateien
mod_authn_file	ja	Authentifizierungsprovider; verwendet einfache Textdateien
mod_authnz_ldap	nein	Authentifizierungsprovider; befragt ein externes LDAP-Verzeichnis (siehe Kapitel 15, »Weitere Internet-Serverdienste«)
mod_authz_dbm	nein	Vergleicht Gruppenzugehörigkeiten mithilfe von DBM-Dateien.
mod_authz_groupfile	ja	Vergleicht Gruppenzugehörigkeiten mithilfe einfacher Textdateien.
mod_autoindex	ja	automatisch generierte Verzeichnisindizes für Verzeichnisse ohne Startseite
mod_cgi	ja	Unterstützung für CGI-Skripte, also externe Programme oder interpretierte Skripte als Webanwendungen
mod_dbd	nein	integrierte Datenbankschnittstelle; wird u. a. für mod_authn_dbd benötigt

Tabelle 14.4 Die wichtigsten Module in Apache 2.4

Modul	Aktiv	Beschreibung
mod_dir	ja	Definition des Startseitennamens sowie Verarbeitung von Anfragen, die ein Verzeichnis anstelle einer Datei anfordern
mod_env	ja	Setzen und Ändern von Serverumgebungsvariablen
mod_headers	nein	Manipulation der Anfrage- und Antwort-Header
mod_imagemap	ja	Unterstützung serverseitiger Image Maps (Bilder) mit verschiedenen anklickbaren Bereichen
mod_include	ja	Server Side Includes, eine der ältesten Technologien zum Einbinden dynamischer Daten in Webseiten
mod_ldap	nein	LDAP-Verbindung und erweiterte Optionen (zum Beispiel Caching) für LDAP-basierte Module wie `mod_authnz_ldap`
mod_log_config	ja	Formatierung von Server-Log-Dateien mithilfe zahlreicher Platzhalter
mod_mime	ja	Setzt Entity-Header wie `Content-Type` inklusive Zeichensatz anhand der Dateiendung(en) einer Ressource.
mod_mime_magic	nein	Ermittelt den MIME-Type aufgrund des Dateiinhalts, wie das Unix-Kommando `file`.
mod_negotiation	ja	Content-Negotiation, also Lieferung verschiedener Varianten einer Ressource anhand der `Accept*`-Anfrage-Header
mod_rewrite	nein	beliebige URL-Manipulationen auf der Basis regulärer Ausdrücke
mod_setenvif	ja	Setzen und Ändern von Serverumgebungsvariablen je nach den Werten bestimmter Anfrage-Header
mod_ssl	nein	gesicherte HTTPS-Verbindungen
mod_userdir	ja	Ermöglicht persönliche Websites für die Benutzerkonten des Servers unter *http://servername/~username*.

Tabelle 14.4 Die wichtigsten Module in Apache 2.4 (Forts.)

14.2.3 Apache installieren

Wenn Sie eine Unix-Variante verwenden, können Sie zunächst überprüfen, ob Apache zum Lieferumfang Ihrer Distribution gehört – dies wird meist der Fall sein. Falls Sie aber mehr

Kontrolle über den Installationsumfang ausüben möchten oder die aktuellste Version brauchen, sollten Sie Apache mithilfe des offiziellen Sourcecode-Pakets selbst kompilieren. Für Windows gab es früher offizielle Binär-Installer der Apache Software Foundation. Inzwischen werden diese nur noch aus Drittquellen angeboten – empfehlenswert sind etwa die Builds der Apache Lounge unter *www.apachelounge.com/download/*.

Apache auf Unix-Systemen manuell kompilieren

Laden Sie zunächst das neueste Release von Apache 2.4 (zurzeit 2.4.46 von August 2020) von *httpd.apache.org/* herunter. Falls bereits ein neueres Release verfügbar ist, wenn Sie dieses Buch lesen, wird Ihnen dieses angeboten. Die Download-Site wählt automatisch einen nahe gelegenen Mirror, sodass Sie nach dem Download die Integrität des Pakets überprüfen sollten. Dazu müssen Sie die MD5-Prüfsumme der heruntergeladenen Datei ermitteln und mit dem Wert auf der Apache-Website vergleichen. Geben Sie dazu beispielsweise dieses Kommando ein:

```
$ md5sum httpd-2.4.46.tar.gz
```

Unter macOS heißt das Kommando `md5` anstelle von `md5sum`.

Als Nächstes können Sie das Paket auspacken. Geben Sie für die *.tar.gz*-Variante das Folgende ein:

```
$ tar xzvf httpd-2.4.46.tar.gz
```

Haben Sie dagegen ein *.tar.bz2*-Archiv heruntergeladen, lautet die Eingabe:

```
$ tar xjvf httpd-2.4.46.tar.bz2
```

Nun müssen Sie in das neu erstellte Verzeichnis wechseln:

```
$ cd httpd-2.4.46
```

Der erste Schritt besteht darin, das Skript *configure* auszuführen, das die Makefiles an Ihr System und mithilfe von Kommandozeilenparametern an Ihre Wünsche anpasst. Eine vollständige Liste aller verfügbaren Optionen erhalten Sie durch Eingabe von:

```
$ ./configure --help |less
```

Hier einige der wichtigsten Optionen im Überblick:

- `--prefix=`*`/Verzeichnispfad`*

  Übergeordnetes Verzeichnis, in das Apache installiert wird (Standard */usr/local/apache2*).

- `--enable-layout=`*`Layoutname`*

  Auswahl eines benannten Verzeichnislayouts aus der Datei *layout.config*; kann als Ersatz für oder zusätzlich zu `--prefix` angegeben werden.

- `--with-mpm=`*`MPM-Modul`*

  Auswahl des passenden MPM – die wichtigsten sind `prefork` (rein prozessbasiert, Standard) und `worker` (gemischtes Prozess-/Thread-Modell). `worker` arbeitet auf Plattformen mit guter Thread-Unterstützung etwas speicherschonender, aber vor dem Einsatz zusammen mit externen Modulen wie PHP sollten Sie prüfen, ob die gewählte Version mit Threads zurechtkommt.

- `--enable-so`

  Aktiviert die grundsätzliche Unterstützung für Module als Dynamic Shared Objects; inzwischen ist diese Option Standard.

- `--enable-modules="`*`modul1 modul2`*` ..."`

  Kompiliert die angegebenen Module (ohne das Präfix `mod_`) statisch ein.

- `--enable-mods-shared="`*`modul1 modul2`*` ..."`

  Kompiliert die angegebenen Module als Shared Objects.

- `--enable-modules=most`

  Kompiliert fast alle Module (mit Ausnahme der experimentellen sowie derjenigen, die Schwierigkeiten bereiten würden) statisch ein.

- `--enable-mods-shared=most`

  Kompiliert fast alle Module als Shared Objects.

- `--disable-modules="`*`modul1 modul2`*` ..."`

  Lässt die angegebenen Module explizit weg.

Das folgende Kommando bereitet Apache zur Installation ins Standardverzeichnis */usr/local/apache2* sowie zur Kompilierung fast aller Module als DSOs vor:

```
$ ./configure --enable-layout=Apache \
 --enable-mods-shared=most
```

Danach müssen Sie die beiden folgenden Kommandos eingeben, um die eigentliche Kompilierung sowie die Installation in das Zielverzeichnis durchzuführen:

```
$ make
# make install
```

Mindestens den letzten Schritt müssen Sie als *root* ausführen, da ein normaler User-Account nicht in Verzeichnisse wie */usr/local* schreiben darf.

Nach der Installation können Sie Apache starten und anderweitig steuern. Dazu dient das Skript *apachectl* im Unterverzeichnis *bin*. Es besitzt unter anderem die folgenden Aufrufoptionen:

- `apachectl start`

  Apache starten.

- `apachectl stop`
  Apache beenden.
- `apachectl graceful-stop`
  Apache beenden, aber erst nach Bearbeitung aller laufenden Clientanfragen.
- `apachectl restart`
  Apache neu starten – wichtig nach Konfigurationsänderungen.
- `apachectl graceful`
  Apache nach Fertigstellung der aktuellen Anfragen neu starten; manche Änderungen benötigen allerdings einen »richtigen« Neustart.

Im Übrigen eignet sich *apachectl* auch als Startskript, das den automatischen Start von Apache beim Booten ermöglicht. Auf den meisten Linux-Systemen genügt es, einen Symlink auf *apachectl* in */etc/init.d* abzulegen und diesen anschließend per `chkconfig -a` zu aktivieren. Beispiel:

```
# ln -s /usr/local/apache2/bin/apachectl \
 /etc/init.d/apache2
# chkconfig -a apache2
```


Installation unter Windows

Die Apache Software Foundation selbst stellt seit Version 2.4 keine offiziellen Windows-Binaries mehr bereit. Sie können es entweder selbst kompilieren (Anleitung in der offiziellen Apache-Dokumentation) oder von Drittanbieter-Websites wie *www.apachelounge.com* erhalten; einige der wichtigsten Download-Sites sind unter DOWNLOADS auf der Apache-Website verlinkt.

Da es so viele verschiedene Download-Pakete gibt, kann hier keine allgemeine Installationsanleitung für Windows gegeben werden. Bitte folgen Sie der Installationsanleitung des jeweiligen Anbieters.

14.2.4 Apache konfigurieren

Einstellungen für den Apache-Webserver werden in diversen Konfigurationsdateien vorgenommen. Die Hauptkonfigurationsdatei *httpd.conf*, die standardmäßig unter */usr/local/apache2/conf* (Unix) oder *C:\Program Files\Apache Software Foundation\Apache2.4\conf* (Windows) liegt, bindet alle zusätzlichen Konfigurationsdateien ein. Diese liegen oft in einem Unterverzeichnis, das in der Standardkonfiguration *extra* heißt. Um sie zu aktivieren, müssen Sie das Kommentarzeichen (#) vor der jeweiligen `Include`-Direktive in der Konfigurationsdatei *httpd.conf* entfernen. Im Einzelnen handelt es sich um folgende Dateien:

- *httpd-mpm.conf* – Einstellungen für das jeweilige MPM, deren Änderung je nach Serverlast die Performance verbessern kann

- *httpd-multilang-errordoc.conf* – Fehlermeldungsseiten in unterschiedlichen Sprachen
- *httpd-autoindex.conf* – Einstellungen für automatisch generierte Verzeichnisseiten
- *httpd-languages.conf* – Zuordnung zusätzlicher Dateiendungen zu Inhaltssprachen für Content-Negotiation
- *httpd-userdir.conf* – benutzerspezifische Webverzeichnisse (*http://servername/~username*)
- *httpd-info.conf* – Veröffentlichung von Serverinformationen unter einer speziellen URL
- *httpd-vhosts.conf* – Konfiguration virtueller Hosts, das heißt verschiedener Websites für unterschiedliche Hostnamen oder IP-Adressen
- *httpd-manual.conf* – Veröffentlichung der Apache-Dokumentation unter dem URL-Pfad */manual*
- *httpd-dav.conf* – Einstellungen für *WebDAV* (*Web-based Distributed Authoring and Versioning*), ein HTTP-basiertes Repository
- *httpd-default.conf* – optionale Standardeinstellungen für den Server
- *httpd-ssl.conf* – SSL-Konfiguration

Der mit Ihrer Distribution gelieferte Apache verwendet oft eine andere Dateiaufteilung. Mitunter hilft es dann auch nicht, diese Dateien direkt zu editieren, da ihr Inhalt durch distributionseigene Tools oder Konfigurationsdateien bestimmt wird.

Jede Apache-Konfigurationseinstellung (Direktive) hat das folgende Format:

```
Direktive Wert [Wert ...]
```

Außerdem existieren Container-Direktiven wie etwa `<Directory> ... </Directory>`, die die Wirkung der enthaltenen Apache-Direktiven auf bestimmte Verzeichnisse, Dateien oder andere Spezialwerte beschränken.

Wichtige Konfigurationsdirektiven

Es folgt eine Beschreibung der wichtigsten Apache-Direktiven in Form einer alphabetischen Aufzählung. Für jede von ihnen wird das Modul mitgeteilt, das sie bereitstellt; `core` ist dabei kein Modul, sondern der immer verfügbare Funktionskern des Servers. Zudem erfahren Sie durch eine oder mehrere der folgenden Abkürzungen diejenigen Kontexte, in denen eine Direktive stehen darf:

- *S – Serverkontext*

  Diese Direktive gilt serverweit und darf somit außerhalb von Container-Direktiven in den Konfigurationsdateien stehen.

- *V – virtueller Host*

  Die Direktive kann in einem `<VirtualHost>`-Container stehen und gilt dann nur für den betreffenden virtuellen Host.

- *D – Verzeichniskontext*

  Die Direktive gilt für einen Verzeichnisbereich und darf sich in einem `<Directory>`-, `<Location>`- oder `<Files>`-Container befinden.

- *H – .htaccess-Dateien*

  Die Direktive darf in einer *.htaccess*-Datei stehen, über die Sie Konfigurationsdaten in die einzelnen Verzeichnisse der Website selbst auslagern können. *.htaccess*-Dateien werden nur benötigt, wenn Sie bei einem Hoster Webspace angemietet haben oder umgekehrt virtuelle Hosts für andere User zur Verfügung stellen. Auf Ihrem eigenen Server sollten Sie dagegen alle Direktiven in die Datei *httpd.conf* beziehungsweise in die mit ihr verknüpften Konfigurationsdateien schreiben.

Mit dem Zeichen → wird an manchen Stellen auf andere Direktiven in der Liste verwiesen. Ausführlichere Informationen zu den hier vorgestellten Direktiven sowie zu allen anderen finden Sie in der Apache-Originaldokumentation (*httpd.apache.org/docs/2.4*).

Die Werte mancher Direktiven sind Pfadangaben. Auch unter Windows müssen Sie in diesem Fall den Unix-Slash (/) als Pfadtrennzeichen verwenden. Falls Pfadangaben oder andere Werte Leerzeichen enthalten, müssen Sie sie in Anführungszeichen setzen.

- `Alias` *`URL-Pfad Verzeichnispfad`*

  Kontext: SV, Modul: `mod_alias`

  Ein Verzeichnispfad, der sich außerhalb der → `DocumentRoot` befindet, wird an der angegebenen Stelle in den URL-Pfad eingebunden. Beispiel:

  ```
  Alias /info /var/webdata/info
  ```

  Die Eingabe von `http://servername/info/...` liefert daraufhin die entsprechenden Inhalte aus dem Verzeichnis */var/webdata/info*.

  Wenn Sie möchten, dass eine echte Weiterleitung mitsamt Wechsel der URL im zugreifenden Browser stattfindet, und insbesondere wenn Sie zu einer externen URL weiterleiten möchten, kommt statt `Alias` die Direktive → `Redirect` zum Einsatz. Für besonders komplexe Fälle eignet sich dagegen `mod_rewrite`, dessen Beschreibung Sie in der Apache-Onlinedokumentation finden.

- `AllowOverride None|All|`*`Direktiventyp`* `[`*`Direktiventyp`* `...]`

  Kontext: D, Modul: `core`

  Legt fest, welche Direktiven im aktuellen Kontext und in seinen Unterverzeichnissen durch *.htaccess*-Dateien überschrieben werden dürfen. Diese Direktive ist nur in `<Directory>`-Abschnitten erlaubt, nicht in `<Location>` oder `<Files>`. Eine Voreinstellung für alle Verzeichnisse kann in einem Container für das Wurzelverzeichnis, also

  ```
  <Directory />
     ...
  </Directory>
  ```

  vorgenommen werden.

Die möglichen Werte sind:

- None: Apache wertet im angegebenen Kontext keine *.htaccess*-Dateien aus. Empfiehlt sich als Vorgabewert für /.
- FileInfo: Direktiven für Dateitypen und -inhalte
- Indexes: Direktiven für automatisch generierte Verzeichnisindizes
- Limit: Direktiven zur Zugriffskontrolle, insbesondere Require
- AuthConfig: Direktiven zur Authentifizierung
- Options: Direktiven für Verzeichnisoptionen, zum Beispiel Options
- All: alle bisher genannten sowie einige zusätzliche Direktiven

▶ AuthBasicProvider provider

Kontext: DH, Modul: mod_auth_basic

Gibt das Providermodul (mod_authn_*) an, das die Vergleichsdaten für die klartextbasierte Authentifizierung liefern soll. Als Bezeichnung muss üblicherweise der jeweilige Modulname ohne das Präfix mod_authn_ eingetragen werden. Hier ein Beispiel, das einfache Textdateien (Modul mod_authn_file) auswählt:

```
AuthBasicProvider file
```

▶ AuthDigestProvider provider

Kontext: DH, Modul: mod_auth_digest

Wie AuthBasicProvider, allerdings für die verschlüsselte Digest-Authentifizierung.

▶ AuthName Bereichsname

Kontext: DH, Modul: core

Bestimmt den Namen eines Authentifizierungsbereichs, den sogenannten *Realm*. Nach einmaliger erfolgreicher Anmeldung senden Browser die Anmeldedaten für denselben Realm innerhalb einer Sitzung automatisch. Außerdem zeigen Browser den Realm im Anmeldefenster an. Beispiel:

```
AuthName "Privater Bereich"
```

▶ AuthType Basic | Digest

Kontext: DH, Modul: core

Legt fest, auf welche Weise ein Browser die Anmeldedaten an den Server senden soll: Dabei steht Basic für Klartext, Digest dagegen für MD5-Verschlüsselung, bei der auch die inhaltliche Integrität eines übertragenen Dokumentinhalts garantiert wird, indem ein Schlüssel daraus berechnet wird (Document-Digest-Verfahren). Digest-Authentifizierung ist natürlich sicherer, funktioniert aber nicht mit allen Providermodulen.

▶ AuthUserFile *Dateipfad*

Kontext: DH, Modul: mod_authn_file

Gibt eine Textdatei an, in der sich Benutzerdaten zur Überprüfung bei der Anmeldung befinden. Für die Erzeugung solcher Dateien ist das im *bin*-Verzeichnis von Apache befindliche Kommandozeilentool *htpasswd* zuständig. Beispiel:

```
# htpasswd [-c] .htuser username
```

Nach dieser Eingabe wird zweimal nach dem neuen Passwort für den angegebenen Usernamen gefragt; daraufhin wird es verschlüsselt in der Datei *.htuser* im aktuellen Verzeichnis gespeichert. Die Option `-c` (*create*) muss zum Anlegen einer neuen Datei verwendet werden.

In der Direktive wird der Dateipfad relativ zur → `ServerRoot` interpretiert, es sei denn, Sie geben einen absoluten Pfad an. Hier ein Beispiel, das die Datei *.htuser* aus dem Verzeichnis *credentials* im Apache-Installationsverzeichnis auswählt:

```
AuthUserFile credentials/.htuser
```

Aus Sicherheitsgründen sollte sich die angegebene Datei auf keinen Fall innerhalb des Website-Verzeichnisses selbst befinden. Falls Sie gemieteten Webspace verwenden und daher keine andere Möglichkeit haben, müssen Sie den Zugriff auf die entsprechende Datei ganz verbieten. Dies funktioniert für den Dateinamen *.htuser* zum Beispiel so:

```
<Files .htuser>
  Require all denied
</Files>
```


- `<Directory` *`Verzeichnis`*`> ... </Directory>`

  Kontext: SV, Modul: `core`

  Umschließt Einstellungen für ein bestimmtes Verzeichnis der Website. Das folgende Beispiel verbietet *.htaccess*-Dateien auf dem gesamten Server (kann für einzelne Verzeichnisse aber wieder überschrieben werden):

```
<Directory />
   AllowOverride None
</Directory>
```

- `DirectoryIndex` *`Dateiname`* `[`*`Dateiname`*` ...]`

  Kontext: SVDH, Modul: `mod_dir`

  Gibt Namen für Startseiten an – also für Dateien, nach denen Apache in der angegebenen Reihenfolge suchen soll, wenn nur ein Verzeichnis ohne konkreten Dateinamen angefordert wurde. Der Vorgabewert ist *index.html*; das folgende Beispiel erlaubt zusätzlich *index.htm* und *index.php*:

```
DirectoryIndex index.html index.htm index.php
```

- `DocumentRoot` *`Verzeichnis`*

  Kontext: SV, Modul: `core`

Das Wurzelverzeichnis der Website, dem der URL-Pfad / zugeordnet ist. Die Voreinstellung ist */htdocs* im Apache-Verzeichnis.

Unix-Standard:

```
DocumentRoot /usr/local/apache2/htdocs
```

Windows-Standard:

```
DocumentRoot "C:/Program Files/Apache Software Foundation/Apache2.4/htdocs"
```

- `FallbackResource disabled|`*`Dateipfad`*

  Kontext: SVDH, Modul: `mod_dir`

  Die angegebene Datei (unterhalb der `DocumentRoot`) wird ausgeliefert, wenn die vom Client angefragte URL nicht existiert; es wird in diesem Fall also keine `404 Not Found`-Fehlermeldung ausgegeben. Der Standardwert `disabled` schaltet dieses Verhalten für den entsprechenden Kontext ab.

- `<IfModule` *`Modul`*`> ... </IfModule>`

  Kontext: SVDH, Modul: `core`

  Direktiven in diesem Container werden nur dann ausgeführt, wenn das betreffende Modul verfügbar ist. Der Modulname wird so angegeben wie das erste Argument von → `LoadModule`; für `mod_mime` wird beispielsweise `mime_module` geschrieben. Das folgende Beispiel, das so in der Original-Konfigurationsdatei steht, stellt nur dann die Startseite *index.html* ein, wenn `mod_dir` aktiv ist:

```
<IfModule dir_module>
    DirectoryIndex index.html
</IfModule>
```

- `Listen [`*`IP-Adresse`*`:]`*`Port`*

  Kontext: S, Modul: MPM-Module

  Bestimmt den TCP-Port, an dem Apache auf eingehende Clientverbindungen lauscht. Wenn eine IP-Adresse angegeben wird, gilt die Einstellung nur für die betreffende Netzwerkschnittstelle, ansonsten für alle. Standard:

```
Listen 80
```

  Falls Apache an mehreren Ports lauschen soll, müssen mehrere `Listen`-Direktiven angegeben werden, zum Beispiel 443 für SSL-verschlüsselte Verbindungen.

- `LoadModule` *`Modulname Dateipfad`*

  Kontext: S, Modul: `mod_so`

  Module, die als *Dynamic Shared Objects* (DSOs) kompiliert wurden (unter Windows ist das grundsätzlich der Fall), werden mithilfe dieser Direktive geladen und aktiviert. Der erste Parameter, der Modulname, entspricht dem Grundnamen mit angehängtem `_module` (zum Beispiel `rewrite_module` für `mod_rewrite`); der Dateipfad verweist meist auf eine *.so*-Datei im Verzeichnis *modules* relativ zur → `ServerRoot`.

Das folgende Beispiel lädt `mod_autoindex`:

```
LoadModule autoindex_module modules/mod_autoindex.so
```

- `<Location` *URL-Pfad*`> ... </Location>`

  Kontext: SV, Modul: `core`

  Umschließt die Konfiguration für einen bestimmten URL-Pfad. Hier ein Beispiel, das für alle Dateien in Verzeichnissen unter der URL *http://servername/info* die Startseite *start.html* einstellt:

```
<Location /info>
  DirectoryIndex start.html
</Location>
```

- `Options None|All|[+|-]`*Optionstyp* `[[+|-]`*Optionstyp* `...]`

  Kontext: SVDH, Modul: `core`

  Diese Direktive stellt Optionen für ein Verzeichnis ein. `None` deaktiviert alle Optionen, während `All` alle außer `MultiViews` einschaltet. Die verfügbaren Optionen sind:

  – `Indexes`: Wenn ein Verzeichnis angefordert wurde, wird die Startseite (`DirectoryIndex`) beziehungsweise der automatisch generierte Index geliefert.

  – `FollowSymLinks`: Falls die angeforderte URL ein symbolischer Link ist, wird deren Ziel geliefert.

  – `SymLinksIfOwnerMatch`: Verfolgt ebenfalls symbolische Links, aber nur, wenn der Symlink demselben User-Account gehört wie die Zieldatei.

  – `ExecCGI`: CGI-Skripte werden ausgeführt.

  – `Includes`: *Server Side Includes* (SSI) werden ausgeführt.

  – `IncludesNOEXEC`: Aktiviert ebenfalls SSI, allerdings mit Ausnahme von `#exec` (Programmausführung) und `#exec cgi` (CGI-Ausführung).

  – `MultiViews`: Content-Negotiation wird automatisch anhand bestimmter Dateiendungen durchgeführt.

  In untergeordneten Kontexten stehen die speziellen Schreibweisen `+`*Option* und `-`*Option* zur Verfügung, um Optionen zu den Einstellungen des übergeordneten Kontexts hinzuzufügen beziehungsweise daraus zu entfernen.

- `Redirect [Status] URL-Pfad URL`

  Kontext: SVDH, Modul: `mod_alias`

  Anfragen für den angegebenen URL-Pfad werden an die (externe) URL weitergeleitet. Anders als bei einem → `Alias` erfolgt also eine erneute HTTP-Anfrage. Das folgende Beispiel leitet alle Anfragen für *http://servername/extern* an entsprechende Ressourcen unter *http://externerserver* weiter:

```
Redirect /extern http://externerserver
```

Wesentlich leistungsfähiger als Alias und Redirect sind die Direktiven des `mod_rewrite`-Moduls, für das Sie ausführliche Beschreibungen und zahlreiche Beispiele in der Onlinedokumentation finden.

- `Require user` *`Username`* `| group` *`Groupname`* `| valid-user`
  `Require host` *`Hostname`* `[`*`Hostname`* `...] | ip` *`IP-Adresse`* `[`*`IP-Adresse`* `...]`
  `Require expr` *`Ausdruck`*
  `Require not ...`
  `Require all granted | all denied`

  Kontext: DH, Modul: `core`

  Gibt im Rahmen von Authentifizierungs- und Autorisierungsdirektiven an, unter welchen Umständen der Zugriff auf eine Ressource erlaubt oder verboten wird. Sie können zum Beispiel festlegen, welche User-Accounts (`user`) oder Gruppen (`group`) sich anmelden dürfen. `valid-user` steht für alle Accounts aus der aktuellen Datenquelle, zum Beispiel dem → `AuthUserFile`.

  `Require` wird auch verwendet, um Clients anhand ihrer IP-Adressen (`Require ip`) beziehungsweise Hostnamen (`Require host`) den Zugriff zu erlauben beziehungsweise zu verweigern. Mit `Require expr` können Sie sogar einen – zum Beispiel auf Server-Umgebungsvariablen basierenden – Ausdruck angeben, der erfüllt sein muss. Die komplexe Syntax solcher Ausdrücke würde hier zu weit führen; Näheres erfahren Sie in der Onlinedokumentation.

  Alle bisher beschriebenen Varianten können mit einem vorangestellten `not` verneint werden. `Require not ip 192.168.0.99` bedeutet beispielsweise, dass alle IP-Adressen außer der genannten zugreifen dürfen; mit `Require not group forbidden` können Sie Angehörige der Gruppe `forbidden` ausschließen.

  Mit `Require all granted` und `Require all denied` können Sie schließlich allen Hosts und Usern den Zugriff erlauben beziehungsweise verbieten.

  Im Übrigen stehen verschachtelbare `Require`-Container zur Verfügung, um zu bestimmen, wie mehrere `Require`-Direktiven zusammenwirken sollen:

  - `<RequireAll>...</RequireAll>` ist eine logische Und-Verknüpfung, legt also fest, dass alle enthaltenen `Require`-Direktiven erfüllt sein müssen. Besonders nützlich, um den allgemeinen Zugriff bis auf einige Ausnahmen zu erlauben (`Require all granted` kombiniert mit spezifischen Angaben von `Require not ...`).
  - `<RequireAny>...</RequireAny>` ist dagegen das logische Oder, das heißt, mindestens eine der enthaltenen `Require`-Direktiven muss erfüllt sein. Wird oft verwendet, um den

Zugriff bis auf bestimmte Ausnahmen grundsätzlich zu verweigern (`Require all denied` kombiniert mit genaueren `Require`-Angaben).

– `<RequireNone>...</RequireNone>` gilt nur als bestanden, wenn keine der enthaltenen `Require`-Direktiven zutrifft.

Diese Container können in beliebiger Kombination und Tiefe ineinander verschachtelt werden, um komplexe Anforderungen zu formulieren.

▶ `ScriptAlias` *URL-Pfad Verzeichnispfad*

Kontext: SV, Modul: `mod_alias`

Entspricht der Funktionsweise von → `Alias`, betrachtet aber zusätzlich die Dateien im angegebenen Verzeichnis als CGI-Skripte. In der Standardkonfiguration gibt es ein Verzeichnis *cgi-bin* unter der `ServerRoot` (nicht etwa unter der `DocumentRoot`!), das als ein solches CGI-Verzeichnis dient. Der betreffende Eintrag sieht unter Unix so aus:

```
ScriptAlias /cgi-bin /usr/local/apache2/cgi-bin
```

Die Windows-Variante lautet:

```
ScriptAlias /cgi-bin \
"C:/Program Files/Apache Software Foundation/Apache2.4/cgi-bin"
```

▶ `ServerAdmin` *E-Mail-Adresse*

Kontext: SV, Modul: `core`

Die E-Mail-Adresse der Server-Administration (Webmaster), an die Fehlermeldungen geschickt werden können. Beispiel:

```
ServerAdmin webmaster@test.local
```

▶ `ServerName` *Domainname*

Kontext: SV, Modul: `core`

Gibt den Domainnamen des Servers oder des virtuellen Hosts an. Beachten Sie, dass der Server in der Öffentlichkeit nur dann tatsächlich unter diesem Namen verfügbar ist, wenn entsprechende Nameserver-Einträge existieren. Die nötigen Einzelheiten zur Nameserver-Konfiguration werden im nächsten Kapitel erläutert. Beispiel:

```
ServerName www.test.local
```

▶ `ServerRoot` *Verzeichnispfad*

Kontext: S, Modul: `core`

Dies ist das Stammverzeichnis, in dem Apache installiert wurde. Verzeichnisangaben in vielen Direktiven werden relativ zu diesem Wert interpretiert. Unter Unix wird standardmäßig der folgende Wert verwendet:

```
ServerRoot /usr/local/apache2
```

Hier zum Vergleich die übliche Windows-Voreinstellung:

```
ServerRoot \
"C:/Program Files/Apache Software Foundation/Apache2.4"
```

- `ServerSignature On|Off|EMail`

  Kontext: SVDH, Modul: `core`

  Bestimmt die Fußzeile mit Informationen über den Server, den Hostnamen und eventuell die E-Mail-Adresse der Administration. Die drei möglichen Werte sind: `Off` – keine Fußzeile, `On` – Fußzeile ohne E-Mail-Adresse (Beispiel: `Apache/2.4.46 (Unix) Server at www.test.local Port 80`), `EMail` – wie `On`, aber als Link auf die `ServerAdmin`-E-Mail-Adresse.

- `ServerTokens Major|Minor|Minimal|ProductOnly|OS|Full`

  Kontext: S, Modul: `core`

  Bestimmt, wie ausführlich die Serversoftware im Server-Header und auf automatisch generierten Seiten genannt wird. Angenommen, es handelte sich um Apache 2.4.46 auf einem Unix-System, dann lautet `ProductOnly: Apache`, `Major: Apache/2`, `Minor: Apache/2.4`, `Minimal: Apache/2.4.46` und `OS: Apache/2.4.46 (Unix)`. `Full` hängt noch die Selbstbeschreibungen diverser Module an, zum Beispiel `Apache/2.4.46 (Unix) Dav/2 PHP/8.0.3`.

- `<VirtualHost Host[:Port]> ... </VirtualHost>`

  Kontext: S, Modul: `core`

  Umschließt die Konfiguration eines virtuellen Hosts, der durch eine IP-Adresse, einen Hostnamen und/oder einen TCP-Port angegeben wird. Die zugehörigen `Listen`-Direktiven müssen allerdings im Serverkontext stehen.

Konfigurationsbeispiele

Nachdem soeben diverse Apache-Direktiven vorgestellt wurden, ist es hilfreich, sich einige von ihnen im größeren Konfigurationszusammenhang anzuschauen.

Als Erstes sollten restriktive Voreinstellungen für das Wurzelverzeichnis – und damit für jedes beliebige Verzeichnis – vorgenommen werden:

```
<Directory />
    # Alle Optionen ausschalten.
    Options None
    # .htaccess ausschalten (f. Sicherheit und Performance).
    AllowOverride None
    # ALLE Zugriffe verbieten.
    Require all denied
</Directory>
```

Die `DocumentRoot` benötigt dagegen großzügigere Einstellungen, beispielsweise diese:

```
<Directory /usr/local/apache2/htdocs>
    # Einige Optionen aktivieren.
    Options Indexes FollowSymLinks
    # Alle Zugriffe gestatten.
    Require all granted
</Directory>
```

Wenn Sie Aliasse verwenden, müssen Sie für die betreffenden Verzeichnisse übrigens auch derartige Angaben machen.

Hier ein etwas umfangreicheres Beispiel, das zwei namensbasierte virtuelle Hosts für den Port 8080 bereitstellt:

```
# An Port 8080 lauschen.
Listen 8080

# Erster VHost, server1.test.local:8080
<VirtualHost *:8080>
    # Servername, mit dem der Host-Header
    # einer Anfrage verglichen wird.
    ServerName server1.test.local
    # Spezifische Webmaster-E-Mail-Adresse
    ServerAdmin webmaster@server1.test.local
    # Wurzelverzeichnis der Website
    DocumentRoot /var/www/vhosts/server1
    # Zugriffe auf dieses Verzeichnis erlauben.
    <Directory /var/www/vhosts/server1>
        Options All
        Require all granted
    </Directory>
    # Fehler-Log-Datei
    ErrorLog logs/server1.test.local-error_log
    # Zugriffs-Log-Datei

    CustomLog logs/server1.test.local-access_log common
</VirtualHost>

# Zweiter VHost, server2.test.local:8080
<VirtualHost *:8080>
    ServerName server2.test.local
    ServerAdmin webmaster@server1.test.local
    DocumentRoot /var/www/vhosts/server1
    <Directory /var/www/vhosts/server1>
        Options All
```

```
        Require all granted
    </Directory>
    ErrorLog logs/server1.test.local-error_log
    CustomLog logs/server1.test.local-access_log common
</VirtualHost>
```

Je nachdem, ob eine Adresse unter *http://server1.test.local:8080* oder unter *http://server2.test.local:8080* eingegeben wird, ist die Antwort die gewünschte Ressource aus der jeweiligen `DocumentRoot`.

Um eine solche Konfiguration auf Ihrem lokalen Rechner zu testen, müssen Sie die entsprechenden Hostnamen in Ihrer */etc/hosts*-Datei der lokalen IP-Adresse 127.0.0.1 zuweisen. Die entsprechende Zeile sieht dann beispielsweise wie folgt aus:

```
127.0.0.1 localhost server1.test.local server2.test.local
```

Als Nächstes sehen Sie ein vollständiges Beispiel für ein geschütztes Verzeichnis, dessen Inhalte nur nach Anmeldung mit Usernamen und Passwort sichtbar sind. Die gewünschten Zugriffsdaten müssen sich dabei in der *htpasswd*-Datei *.htuser* im Apache-*conf*-Verzeichnis befinden:

```
<Location /privat>
    # Klartextbasierte Übertragung der Anmeldedaten
    AuthType Basic
    # Anmeldedaten in einfacher htpasswd-Textdatei
    AuthBasicProvide file
    # Realm
    AuthName "Privater Bereich"
    # Pfad der htpasswd-Datei
    AuthUserFile conf/.htuser
    # Alle User aus der Datei haben Zutritt.
    Require valid-user
</Location>
```

Dies akzeptiert alle Username-Passwort-Kombinationen aus der Datei *.htuser*. Wenn jemand einen URL-Pfad aus diesem Verzeichnis anfordert, erhält sein Browser den Status `401 Unauthorized` als Antwort und zeigt einen Anmeldedialog an. Ist die Anmeldung innerhalb einer Sitzung einmal korrekt erfolgt, sendet der Browser bei weiteren Zugriffen auf denselben Bereich die Anmeldedaten automatisch.

Hier zu guter Letzt noch eine Standardkonfiguration für einen virtuellen Host unter dem SSL-Standardport 443. Anfragen, die an `https://servername` gesendet werden, erzeugen dadurch gesicherte Verbindungen und werden mit Dateien aus der `DocumentRoot` */var/www/secure* beantwortet:

```
# An Port 443 (SSL-Standard) lauschen.
Listen 443

# die wichtigsten allgemeinen SSL-Voreinstellungen
# Standardverhalten bei der SSL-Serialisierung
# (geordnete Verarbeitungsreihenfolge)
SSLMutex default
# Den eingebauten Startwertalgorithmus für
# den Zufallsgenerator verwenden.
SSLRandomSeed startup builtin
# kein Cache für SSL-Sitzungsdaten
SSLSessionCache none

# virtueller Host für Port 443
<VirtualHost *:443>
    # SSL-Funktionalität einschalten.
    SSLEngine On
    # Pfad zum Serverzertifikat
    SSLCertificateFile conf/ssl/test.cert
    # Pfad zum Public Key des Serverzertifikats
    SSLCertificateKeyFile conf/ssl/test.key
    # Pfad der gesicherten Website
    DocumentRoot /var/www/secure
</VirtualHost>
```

Das Zertifikat können Sie mithilfe von `openssl` erzeugen, müssen es für den Praxiseinsatz aber von einer anerkannten Zertifizierungsstelle durch eine digitale Signatur beglaubigen lassen, damit Browser es ohne Fehlermeldung akzeptieren. Eine solche Signatur kostet Geld; in der Regel ist es aber günstiger, sich dafür an Ihren Hoster zu wenden als direkt an eine Zertifizierungsstelle.

14.2.5 Andere Webserver im Überblick

Neben dem ausführlich vorgestellten Marktführer Apache gibt es zahlreiche weitere Webserver. Einige bekannte Modelle sind folgende:

- *Microsoft Internet Information Services (IIS)*

  Der Microsoft-Webserver gehört zum Lieferumfang aller Windows-Server seit Windows NT 4.0 Server. In Windows Server 2019 ist Version 10 enthalten. Für Windows 10 existiert IIS 10 als optionaler Download. Mit älteren IIS-Versionen war es unter den Vorgängerbetriebssystemen genauso.

  Der Leistungsumfang von IIS reicht an denjenigen von Apache heran; hinzu kommen eingebaute FTP-Server- und Mailserver-Funktionen. Die Konfiguration erfolgt nicht über eine textbasierte Konfigurationsdatei, sondern ausschließlich über die grafische Benutzeroberfläche.

IIS ist außerdem ein Web Application Server für ASP.NET, Microsofts eigene Technologie für Webanwendungen. Gemäß der .NET-Spezifikation können diese Anwendungen in allen Sprachen der Common Language Runtime geschrieben werden, zum Beispiel in VB.NET, C# oder C++.

- *Lighttpd*

  Dieser Webserver ist ein Open-Source-Produkt. Wie der Name vermuten lässt, handelt es sich um eine leichtgewichtige Alternative zu einem umfangreichen HTTP-Server wie Apache. Der »Lighty« wurde vor allem im Hinblick auf geringen Ressourcenverbrauch geschrieben. Dafür bietet er natürlich weniger Features als Apache, ist aber ebenfalls durch Module erweiterbar. Ein recht ähnliches Produkt, das auch gern als Webcache-Vorschaltproxy verwendet wird, ist *nginx*.

- *Apache Tomcat*

  Tomcat stammt ebenfalls von der Apache Software Foundation. Es handelt sich in erster Linie um einen Application Server für *Java Servlets* und *Java Server Pages* (JSP), der aber auch statische HTML-Seiten ausliefern kann. Dies erledigt er natürlich nicht ganz so performant und flexibel wie der Apache HTTP Server, aber für eine größtenteils Java-basierte Webapplikation mit nur wenigen statischen Seiten genügt er in dieser Rolle. Falls nötig, lässt er sich aber auch als Backend-Server mit einem Apache verknüpfen.

14.3 PHP installieren und einrichten

Die nächste Komponente Ihres LAMP/WAMP-Systems nach Apache ist der Datenbankserver MySQL, dessen Installation bereits in Kapitel 13, »Datenbanken«, erläutert wurde. Deshalb geht es an dieser Stelle mit der Installation und Konfiguration der Webprogrammiersprache PHP weiter. Die Grundlagen der PHP-Programmierung werden in Kapitel 19, »Webserveranwendungen«, beschrieben.

14.3.1 PHP installieren

Es gibt grundsätzlich zwei unterschiedliche PHP-Installationsvarianten: Sie können den Interpreter extern über die CGI-Schnittstelle aufrufen oder aber als Webservermodul installieren. Im Folgenden werden beide Methoden beschrieben, die Modulvariante natürlich am Beispiel von Apache 2.

Installation unter Unix

Als Erstes müssen Sie das aktuelle PHP-Sourcecode-Archiv herunterladen. Die Projekt-Website lautet *http://www.php.net/*. Das aktuelle Release im Mai 2021 ist 8.0.6. Genau wie bei

Apache sollten Sie den MD5-Hash der heruntergeladenen Datei mit dem auf der Website angegebenen Wert vergleichen. Danach können Sie das Archiv entpacken:

```
$ tar xzvf php-8.0.6.tar.gz
```

beziehungsweise

```
$ tar xjvf php-8.0.6.tar.bz2
```

Nun können Sie in das neu erzeugte Source-Verzeichnis wechseln:

```
# cd php-8.0.6
```

Als Nächstes wird das *configure*-Skript aufgerufen. Verschaffen Sie sich zunächst einen Überblick über die verfügbaren Optionen:

```
$ ./configure --help |less
```

Da Sie ein LAMP-System installieren möchten, muss mindestens eine der MySQL-Schnittstellen von PHP konfiguriert werden. Dazu muss MySQL bereits auf Ihrem Rechner installiert sein. Es gibt zwei verschiedene solcher Schnittstellen. Für die MySQL-spezifische Schnittstelle `mysqli` müssen Sie die Option `--with-mysqli=`*Pfad/zu/mysql_config* angeben, während die allgemeine PHP-Datenbankschnittstelle PDO mitsamt dem zugehörigen MySQL-Treiber mittels `--with-pdo --with-pdo-mysql=`*Pfad/zu/mysql_config* eingebunden wird (das mit MySQL gelieferte Skript *mysql_config* befindet sich dabei im *bin*-Verzeichnis Ihrer MySQL-Installation). Die praktische Arbeit mit `mysqli` wird in Kapitel 19, »Webserveranwendungen«, beschrieben.

Wenn PHP als Apache-2-Modul laufen soll, ist außerdem die Option `--with-apxs2[=`*Pfad/zu/apxs*`]` erforderlich. Das *APache eXtenSion tool* liegt im *bin*-Verzeichnis von Apache.

Hier sehen Sie einen `configure`-Aufruf, der die Makefiles zur Installation als Apache-2-Modul mit beiden MySQL-Schnittstellen in dem Basisverzeichnis */usr/local/php8* erstellt, wobei sich *apxs* unter */usr/local/apache2/bin* und MySQL unter */usr/local/mysql* befindet:

```
$ ./configure --prefix=/usr/local/php8 \
 --with-mysqli=/usr/local/mysql/bin/mysql_config \
 --with-pdo \
 --with-pdo-mysql=/usr/local/mysql/bin/mysql_config \
 --with-apxs2=/usr/local/apache2/bin/apxs
```

Nach einem erfolgreichen Durchlauf von `configure` werden der eigentliche Build-Vorgang und die Installation in das Zielverzeichnis durchgeführt (Letzteres als User *root*):

```
$ make
# make install
```

Falls Sie PHP mit der Option `--with-apxs2` konfiguriert haben, müsste Ihre *httpd.conf*-Datei nun automatisch folgende Zusatzzeile enthalten:

```
LoadModule php_module modules/libphp8.0.so
```

Zusätzlich müssen Sie dafür sorgen, dass Apache 2 Dateien mit der Endung *.php* als PHP-Skripte behandelt. Dazu wird (am besten im bereits vorhandenen Container mit dem Namen `<If-Module mime_module>`) die folgende Zeile hinzugefügt:

```
AddHandler application/x-httpd-php .php
```

Falls Sie PHP als CGI-Sprache kompiliert haben, fügen Sie dagegen folgende Zeilen hinzu:

```
ScriptAlias /php/ /usr/local/php8/bin/
AddType application/x-httpd-php .php
Action application/x-httpd-php "/php/php"
```

Nach der PHP-Installation muss Apache einmal ganz beendet und wieder gestartet werden; die Option `restart` genügt leider nicht. Danach können Sie testen, ob PHP funktioniert. Speichern Sie dazu die folgende kleine Datei unter dem Namen *info.php* in Ihrem Website-Verzeichnis:

```
<?php
phpinfo();
```

Öffnen Sie dann Ihren Browser und geben Sie die URL *http://localhost/info.php* ein. Wenn alles funktioniert hat, müssten Sie ausführliche Informationen über Ihre PHP-Installation erhalten, wie in Abbildung 14.1 gezeigt.

Installation unter Windows

Für Windows gibt es PHP als offizielles Binärpaket. Das jeweils aktuelle PHP-Release (zurzeit 8.0.6) wird in je zwei verschiedenen Varianten für 64- und 32-Bit-Prozessoren – Non Thread Safe und Thread Safe – angeboten; die Auswahl sollte je nach einzeln zu ermittelnder Thread-Kompatibilität der verwendeten PHP-Extensions erfolgen. Es handelt sich jeweils um ein ZIP-Archiv, das Sie entpacken müssen; anschließend sind einige Konfigurationsschritte erforderlich.

Führen Sie folgende Schritte aus, um PHP aus der ZIP-Datei zu installieren:

1. Laden Sie die aktuelle Version der zu Ihren Anforderungen passenden Datei herunter: *php-8.0.6-nts-Win32-vs16-x64.zip* (64 Bit Non Thread Safe), *php-8.0.6-Win32-vs16-x64.zip* (64 Bit Thread Safe) oder die entsprechenden 32-Bit-Varianten, die kaum noch eine Rolle spielen. Entpacken Sie sie mit den Bordmitteln des Betriebssystems, mit WinZip oder einem anderen ZIP-fähigen Programm. Als Verzeichnis empfiehlt sich beispielsweise *C:\php8*. Die Beschreibung der restlichen Schritte geht davon aus, dass Sie dieses Verzeichnis gewählt haben; andernfalls müssen Sie die Angaben entsprechend anpassen.

2. Das PHP-Verzeichnis enthält eine Datei namens *php.ini-dist*. Es handelt sich um die Standardversion der Konfigurationsdatei *php.ini*. Kopieren Sie sie nach `%SystemRoot%` (meist *C:\Windows*) und benennen Sie sie in *php.ini* um.
3. Nehmen Sie an Ihrer neuen *php.ini*-Datei folgende Änderungen vor (die entsprechenden Zeilen sind bereits enthalten, aber noch nicht mit Pfadangaben versehen):

   ```
   doc_root = "C:\Program Files\Apache Software
   Foundation\Apache2\htdocs"  ; Ihre DocumentRoot
   extension_dir = C:\php8\ext ; PHP-Extension-Verzeichnis
   ```

   Wie Sie sehen, wird in der Windows-Version dieser Datei der systemübliche Backslash (\) als Pfadtrennzeichen verwendet. Das Semikolon leitet einen Kommentar ein, der bis zum Zeilenende reicht. Wie die Kommentare schon andeuten, müssen Sie die Angaben an Ihr Apache- beziehungsweise PHP-Verzeichnis anpassen.
4. Fügen Sie das Verzeichnis *C:\php8* der Umgebungsvariablen `PATH` hinzu. Dies geschieht unter START • SYSTEMSTEUERUNG • SYSTEM • ERWEITERT • UMGEBUNGSVARIABLEN.
5. Falls es Startschwierigkeiten gibt, müssen Sie die Datei *php8ts.dll* aus Ihrem PHP-Verzeichnis nach *%SystemRoot%\System32* kopieren. Möglicherweise befindet sich dort nämlich eine ältere Version dieser Datei.
6. Nehmen Sie zum Schluss folgende Ergänzungen in Ihrer *httpd.conf*-Datei vor, um PHP als Apache-Modul zu betreiben:

   ```
   LoadModule php_module "C:/php8/ php8apache2_4.dll"
   AddHandler application/x-httpd-php .php
   ```

Für die CGI-Variante werden dagegen folgende Zeilen benötigt:

```
ScriptAlias /php/ "C:/php8/"
AddType application/x-httpd-php .php
Action application/x-httpd-php "/php/php.exe"
```

Beenden Sie Apache zum Schluss und starten Sie ihn wieder. Im Apache-Monitor müsste er sich nun mit einer Versionsangabe wie `Apache/2.4.46 (Win32) PHP/8.0.6` melden. Auch den zuvor bei der Unix-Installation beschriebenen Test mit `phpinfo()` können Sie durchführen; das Ergebnis sollte etwa so aussehen wie in Abbildung 14.1.

Apache und PHP unter macOS

Seit Mac OS X 10.6 (Snow Leopard) sowie unter macOS sind Apache 2 und PHP bereits ab Werk installiert. Um sie zu aktivieren, brauchen Sie nur das Terminal zu öffnen und Folgendes einzugeben:

```
# sudo apachectl start
```

In der Regel erhalten Sie so nicht die neuesten Versionen des Webservers und der Programmiersprache. Um eine aktuelle Version zu erhalten, können Sie für macOS (und auch andere Systeme) einen entsprechenden Docker-Container herunterladen und starten (siehe Abschnitt 14.4.3, »Container-Virtualisierung mit Docker«).

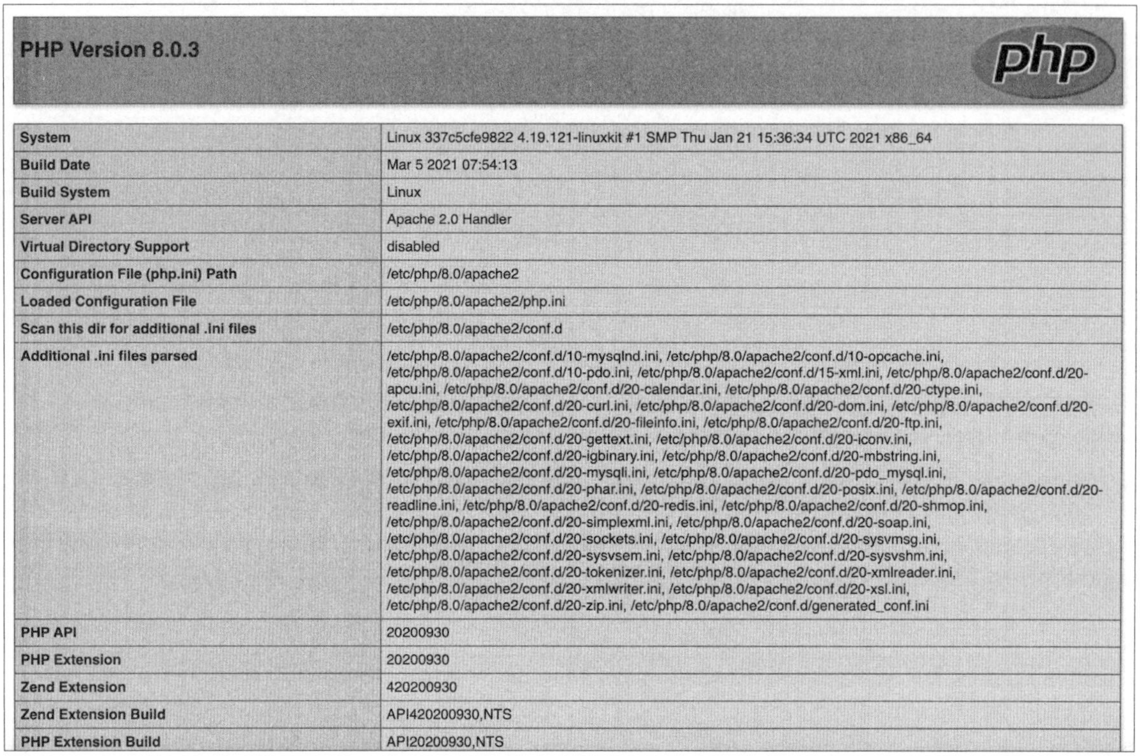

PHP Version 8.0.3

System	Linux 337c5cfe9822 4.19.121-linuxkit #1 SMP Thu Jan 21 15:36:34 UTC 2021 x86_64
Build Date	Mar 5 2021 07:54:13
Build System	Linux
Server API	Apache 2.0 Handler
Virtual Directory Support	disabled
Configuration File (php.ini) Path	/etc/php/8.0/apache2
Loaded Configuration File	/etc/php/8.0/apache2/php.ini
Scan this dir for additional .ini files	/etc/php/8.0/apache2/conf.d
Additional .ini files parsed	/etc/php/8.0/apache2/conf.d/10-mysqlnd.ini, /etc/php/8.0/apache2/conf.d/10-opcache.ini, /etc/php/8.0/apache2/conf.d/10-pdo.ini, /etc/php/8.0/apache2/conf.d/15-xml.ini, /etc/php/8.0/apache2/conf.d/20-apcu.ini, /etc/php/8.0/apache2/conf.d/20-calendar.ini, /etc/php/8.0/apache2/conf.d/20-ctype.ini, /etc/php/8.0/apache2/conf.d/20-curl.ini, /etc/php/8.0/apache2/conf.d/20-dom.ini, /etc/php/8.0/apache2/conf.d/20-exif.ini, /etc/php/8.0/apache2/conf.d/20-fileinfo.ini, /etc/php/8.0/apache2/conf.d/20-ftp.ini, /etc/php/8.0/apache2/conf.d/20-gettext.ini, /etc/php/8.0/apache2/conf.d/20-iconv.ini, /etc/php/8.0/apache2/conf.d/20-igbinary.ini, /etc/php/8.0/apache2/conf.d/20-mbstring.ini, /etc/php/8.0/apache2/conf.d/20-mysqli.ini, /etc/php/8.0/apache2/conf.d/20-pdo_mysql.ini, /etc/php/8.0/apache2/conf.d/20-phar.ini, /etc/php/8.0/apache2/conf.d/20-posix.ini, /etc/php/8.0/apache2/conf.d/20-readline.ini, /etc/php/8.0/apache2/conf.d/20-redis.ini, /etc/php/8.0/apache2/conf.d/20-shmop.ini, /etc/php/8.0/apache2/conf.d/20-simplexml.ini, /etc/php/8.0/apache2/conf.d/20-soap.ini, /etc/php/8.0/apache2/conf.d/20-sockets.ini, /etc/php/8.0/apache2/conf.d/20-sysvmsg.ini, /etc/php/8.0/apache2/conf.d/20-sysvsem.ini, /etc/php/8.0/apache2/conf.d/20-sysvshm.ini, /etc/php/8.0/apache2/conf.d/20-tokenizer.ini, /etc/php/8.0/apache2/conf.d/20-xmlreader.ini, /etc/php/8.0/apache2/conf.d/20-xmlwriter.ini, /etc/php/8.0/apache2/conf.d/20-xsl.ini, /etc/php/8.0/apache2/conf.d/20-zip.ini, /etc/php/8.0/apache2/conf.d/generated_conf.ini
PHP API	20200930
PHP Extension	20200930
Zend Extension	420200930
Zend Extension Build	API420200930,NTS
PHP Extension Build	API20200930,NTS

Abbildung 14.1 Die Ausgabe des PHP-Befehls phpinfo()

14.3.2 Die PHP-Konfigurationsdatei »php.ini«

Bereits im Zusammenhang mit der Installation wurde angesprochen, dass PHP seine eigene Konfigurationsdatei *php.ini* besitzt. Wie der Dateiname bereits vermuten lässt, wurde ihre Syntax (auch unter Unix) den klassischen Windows-INI-Dateien nachempfunden:

- Sie enthält verschiedene Abschnitte, die durch Schlüsselwörter in eckigen Klammern gekennzeichnet sind. Beispiel:

  ```
  [PHP]
  ```

- Jede Einstellung steht in einer eigenen Zeile und hat das Format `Name = Wert`.

  Beispiel:

  ```
  doc_root = /usr/local/apache2/htdocs
  ```

Unter Windows wird in Pfaden übrigens, wie bereits erwähnt, der plattformspezifische Backslash (\) verwendet.

- Ein Semikolon leitet einen Kommentar ein, der bis zum Ende der jeweiligen Zeile reicht. Beispiel:

```
; doc_root: Die DocumentRoot der Website
doc_root = "C:\Program Files\Apache Software Foundation\Apache2\htdocs" ; Windows
```

In Tabelle 14.5 sehen Sie die wichtigsten Optionen für die Datei. Beachten Sie, dass die Syntax meist toleranter ist, als es in der Tabelle scheint. Die Boolean-Alternativen `On|Off`, `"On"|"Off"` und `"1"|"0"` sind beispielsweise in der Regel synonym. Die Angaben stammen aber aus der Originaldokumentation, sodass Sie auf der sicheren Seite sind, wenn Sie sich an diese halten.

Einstellung	Standardwert	Erläuterungen
`short_open_tag = On|Off`	`On`	Bestimmt, ob `<? ... ?>` anstelle von `<?php ... ?>` erlaubt ist.
`asp_tags = On|Off`	`Off`	Bestimmt, ob die ASP-Syntax `<% ... %>` anstelle von `<?php ... ?>` zulässig ist.
`max_execution_time`	`30`	maximale Ausführungsdauer von PHP-Skripten in Sekunden, bevor sie abgebrochen werden
`precision = "`*`INT`*`"`	`"14"`	Genauigkeit von Fließkommazahlen als Ziffernanzahl
`expose_php = On|Off`	`On`	Bestimmt, ob die PHP-Existenz zum Beispiel in den Apache-`ServerTokens` veröffentlicht wird.
`memory_limit = "...M|K|B"`	`"8M"` (8 MiB)	Maximale Speichermenge, die ein Skript verbrauchen darf. Existiert nur, wenn PHP mit `enable-memory-limit` kompiliert wurde.
`track-vars = "On"|"Off"`	`"On"`	Anfrage- und Serverdaten werden in `$_ENV`, `$_GET`, `$_POST`, `$_COOKIE` und `$_SERVER` zur Verfügung gestellt.
`arg_separator.output = "`*`STRING`*`"`	`"&"`	Trennzeichen in Query-Strings, die von PHP erzeugt wurden
`arg_separator.input = "`*`STRING`*`"`	`"&"`	Trennzeichen für die Auswertung von Query-Strings (jedes Zeichen des Werts wird einzeln geprüft, zum Beispiel `"&;"`)

Tabelle 14.5 Die wichtigsten Optionen für die Datei »php.ini«

Einstellung	Standardwert	Erläuterungen
variables_order = "*STRING*"	"EGPCS"	Reihenfolge, in der Variablenarten für $_REQUEST ausgewertet werden: E = Umgebungsvariablen, G = GET-Felder, P = POST-Felder, C = Cookies, S = Servervariablen
register_argc_argv = "On"|"Off"	"On"	Stellt GET-Variablen und Kommandozeilenargumente als C-ähnliche argc/argv bereit.
register_long_arrays = "On"|"Off"	"On"	Definiert $HTTP_POST_VARS und $HTTP_GET_VARS zusätzlich zu $_POST und $_GET (seit Version 5.0 konfigurierbar, davor immer eingeschaltet).
post_max_size = "...M|K|B"	"8M"	maximale Größe von POST-Daten
auto_prepend_file = "*DATEIPFAD*"	""	Include-Datei, die automatisch am Kopf jeder Datei importiert wird
auto_append_file = "*DATEIPFAD*"	""	Include-Datei, die automatisch am Fuß jeder Datei importiert wird
default_mimetype = "*TYPE/SUBTYPE*"	"text/html"	Standardtyp für den Header Content-Type
default_charset = "*ZEICHENSATZ*"	"UTF-8"	Standardzeichensatz für den Header Content-Type
always_populate_raw_post_data = "0"|"1"	"0"	Bestimmt, ob $HTTP_RAW_POST_DATA (POST-Daten ohne Variablenaufteilung) immer erzeugt wird.
allow_webdav_methods = "0"|"1"	"0"	Bestimmt, ob WebDAV-HTTP-Methoden zulässig sind.
include_path = "*PFAD1*[:*PFAD2*:...]"	Umgebungsvariablen PHP_INCLUDE_PATH	Verzeichnisse, in denen nach Include-Dateien gesucht wird
doc_root = "*PFAD1*[:*PFAD2*:...]"	PHP_INCLUDE_PATH	Übergeordnetes Verzeichnis für PHP-Skripte (etwa Apache- DocumentRoot)

Tabelle 14.5 Die wichtigsten Optionen für die Datei »php.ini« (Forts.)

Einstellung	Standardwert	Erläuterungen
user_dir = "*VERZEICHNIS*"	NULL	Name des Benutzerverzeichnisses mit PHP-Dateien (entspricht dem Konzept des Apache-Moduls mod_userdir)
extension_dir = "*PFAD*"	Umgebungsvariablen PHP_EXTENSION_DIR	Verzeichnis mit Extension-Dateien, die beim PHP-Start geladen werden
extension = "*DATEI*"	–	Fügt die angegebene PHP-Erweiterung hinzu, zum Beispiel extension=php_mysqli.dll für mysqli.
cgi.rfc2616_headers = "0"|"1"	"0"	Ausgeschaltet Status:-Header, eingeschaltet RFC-2616-Header
file_uploads = "0"|"1"	"1"	Datei-Uploads zulässig
upload_tmp_dir = "*PFAD*"	NULL (Systemvorgabe)	Temp-Verzeichnis für Uploads
upload_max_filesize = "...M|K|B"	"2M"	maximale Größe für Upload-Datei
Date.timezone = "*Name der Zeitzone*"	-	wichtig: die korrekte Zeitzone gemäß der Liste unter *php.net/manual/en/timezones.php* setzen. In Deutschland z. B. "Europe/Berlin"

Tabelle 14.5 Die wichtigsten Optionen für die Datei »php.ini« (Forts.)

14.4 Virtualisierung und Container

Es mag seltsam klingen, aber viele Computer haben einen Großteil der Zeit nichts zu tun. Wenn Sie sich die in den meisten Betriebssystemen eingebauten grafischen Statistiken zu Prozessor- und Speicherauslastung anschauen, werden Sie feststellen, dass diese oft nur sehr niedrige Prozentwerte erreichen, außer zum Beispiel beim Starten von Programmen.

Diesen Umstand macht sich die *Virtualisierung* zunutze, die insbesondere im Bereich der Serversysteme, aber nicht selten auch auf Desktopbetriebssystemen eingesetzt wird. Ein Programm emuliert dabei entweder einen vollständigen Rechner, oder aber Zugriffe auf die reale Hardware werden so gesteuert, dass es innerhalb des Programms so wirkt, als stünde ein weiterer, unabhängiger Computer zur Verfügung. Auf dem virtuellen Computer kann dann ein weiteres Betriebssystem installiert werden, das womöglich aus einer völlig anderen Familie stammt als das System des echten Rechners. So lässt sich beispielsweise Linux auf einer virtuellen Maschine unter Windows ausführen und umgekehrt.

Bei Servern dient die Virtualisierung dazu, mehrere voneinander unabhängige Serversysteme zur Verfügung zu stellen. Auf dem Desktop ermöglicht sie dagegen unter anderem das risikolose Ausprobieren anderer Systeme oder die Zusammenarbeit zwischen zwei verschiedenen Systemen.

Bei einer Virtualisierungslösung wird das Betriebssystem des eigentlichen Rechners als *Wirts-* oder *Hostbetriebssystem* bezeichnet, während das auf der virtuellen Maschine ausgeführte *Gastbetriebssystem* heißt. Die Festplatte für das Gastbetriebssystem ist in der Regel eine einfache Datei im Dateisystem des Hostbetriebssystems; manche Virtualisierungsprogramme können allerdings auch reale Partitionen zur Verfügung stellen. Bei den meisten virtuellen Maschinen kann das Gastbetriebssystem sowohl auf echte Wechseldatenträger, etwa DVDs, zugreifen als auch ISO-Images solcher Datenträger mounten. So können Sie beispielsweise jede beliebige Linux-Distribution aus dem Internet herunterladen und aus der Image-Datei in einer virtuellen Maschine installieren, ohne eine CD oder DVD daraus zu brennen.

Einen anderen Weg als die Emulation vollständiger Computersysteme gehen *Softwarecontainer*. Sie stellen abgeschlossene Anwendungscontainer zur Verfügung, die sich in praktischer Hinsicht wie virtuelle Maschinen verhalten, aber wesentlich weniger Ressourcen benötigen, da sie einfach das Betriebssystem des Hosts verwenden und (bis auf eine minimale Virtualisierungsschicht auf Nicht-Linux-Systemen) kein eigenes installieren, geschweige denn einen eigenen virtuellen Computer bereitstellen. Die bekannteste Container-Verwaltungssoftware ist *Docker*.

14.4.1 Virtualisierungslösungen im Überblick

Es gibt zahlreiche verschiedene Angebote an Virtualisierungssoftware – sowohl kommerzielle als auch Open-Source-Lösungen. Hier die wichtigsten im Überblick:

- Die Firma *VMware* bietet verschiedenste Produkte an – angefangen bei der Desktoplösung *VMware Workstation* über den kostenlosen *VMware Server* bis hin zu High-End-Produkten wie *ESX Server*.
- *Xen* ist eine Linux-spezifische Open-Source-Lösung, die an der Universität Cambridge entwickelt wurde. Der Linux-Kernel des Hostsystems wird dabei von vornherein mit Xen-Unterstützung gebootet. Genauer gesagt, handelt es sich bei diesem ersten Kernel um die Domäne 0, die den sogenannten *Xen-Hypervisor* enthält (Hypervisor ist ein Fachausdruck für eine Managementsoftware für virtuelle Maschinen). Dieser steuert den Hardwarezugriff der verschiedenen gleichzeitig ausgeführten Betriebssysteme (*Domänen* genannt). Xen emuliert keine Hardware, sondern stellt den verschiedenen Systemen abwechselnd den Zugriff auf die reale Hardware des Hostrechners zur Verfügung – ähnlich wie der Scheduler eines einzelnen Systems den Prozessen ihre Rechenzeit zuteilt.
- Microsoft ist vor allem im Serverbereich vertreten und stellt hier *Hyper-V* bereit. Für den Desktop gibt es die Freeware Windows Virtual PC, die jedoch seit zehn Jahren nicht mehr weiterentwickelt wird.

- Speziell für macOS gibt es *Parallels Desktop*. Diese Software kann neben speziell auf virtuellen Festplattendateien installierten Systemen auch ein Windows-System parallel zu macOS booten, das mithilfe von Apples eingebautem Bootmanager Boot Camp in einer eigenen Partition installiert wurde.
- *VirtualBox* von Oracle ist eine Open-Source-Desktoplösung, die im Anschluss näher vorgestellt wird. Sie läuft auf den Hostbetriebssystemen Windows, macOS, Linux und Solaris.

Sehr hilfreich für die Verwendung virtueller Maschinen ist übrigens die Software *Vagrant*, die in der Lage ist, die Konfiguration bestimmter VMs mitsamt Betriebssystem und spezifischer Software zu speichern und auf andere Systeme oder sogar andere VM-Managementprogramme zu übertragen. Grundlage ist ein in der Programmiersprache Ruby geschriebenes Vagrant-File, das die Konfiguration angibt. Downloads, weitere Informationen und die ausführliche Dokumentation der Software finden Sie unter *www.vagrantup.com*.

14.4.2 VirtualBox als konkretes Beispiel

Ein einfacher und kostenloser Weg, Virtualisierung und virtuelle Maschinen auszuprobieren, aber auch produktiv damit zu arbeiten, besteht darin, VirtualBox herunterzuladen und zu installieren. Auf der Website *virtualbox.org* finden Sie Installer für Ihr jeweiliges Wirtsbetriebssystem. Wie bei modernen Installationsprogrammen üblich, werden Sie automatisch durch den Installationsprozess geführt, sodass dieser hier nicht näher beschrieben werden muss. Nach der Installation und dem Start der Software sehen Sie einen Verwaltungsbildschirm wie den in Abbildung 14.2.

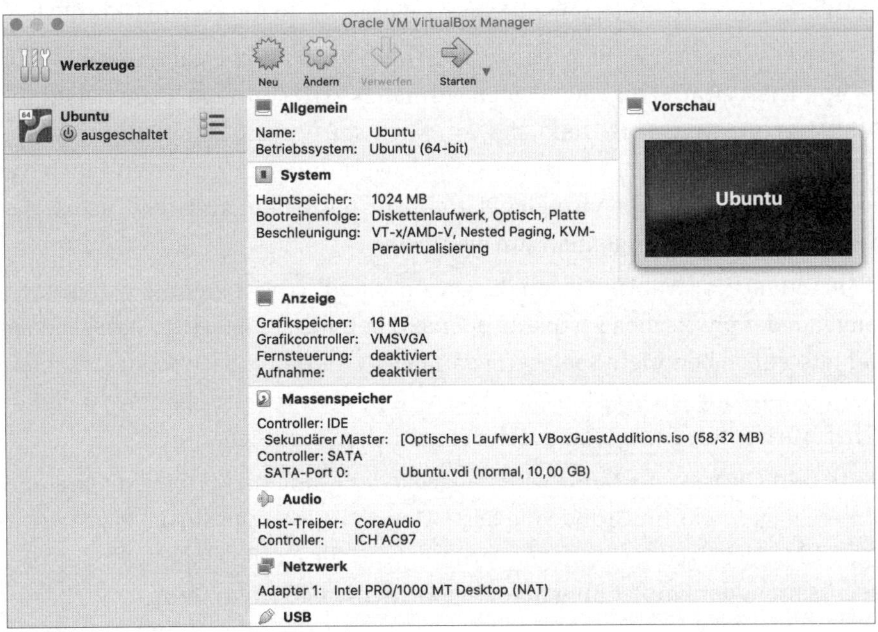

Abbildung 14.2 Der VirtualBox-Manager mit einer bereits installierten virtuellen Maschine

Wie Sie sehen, existiert in der gezeigten Installation bereits eine virtuelle Maschine. Klicken Sie in der Symbolleiste auf NEU, um eine weitere hinzuzufügen. Anschließend werden nacheinander folgende Dialogbildschirme angezeigt:

- NAME UND BETRIEBSSYSTEM: Geben Sie einen Namen für die Virtual Machine ein und wählen Sie den Betriebssystemtyp und die genaue Version aus, die Sie installieren möchten. Wenn der Name einem bestimmten Betriebssystem entspricht, wird die Auswahl sogar automatisch getroffen.

  Beachten Sie, dass Sie das gewählte System selbst bereitstellen und auf der VM installieren müssen. Die Auswahl dient lediglich dazu, die beste Konfiguration zu ermitteln und weitgehend automatisch zur Verfügung zu stellen.
- SPEICHERGRÖSSE: Wählen Sie aus, wie viel RAM Sie der VM zur Verfügung stellen möchten. Dies hängt natürlich zuerst einmal vom insgesamt verfügbaren RAM Ihres Computers ab und in zweiter Linie vom Mindestbedarf des zu installierenden Systems sowie davon, ob Sie gegebenenfalls mehrere virtuelle Maschinen parallel betreiben möchten oder nur eine.
- PLATTE: Als Nächstes wird die virtuelle Festplatte für das System eingerichtet. Sie haben die Auswahl zwischen KEINE FESTPLATTE (wenn Sie eine von CD bootfähige Betriebssystemversion ausprobieren möchten), FESTPLATTE ERZEUGEN (Standard) und VORHANDENE FESTPLATTE VERWENDEN, um eine bereits erzeugte virtuelle Platte zu benutzen. Im Folgenden wird von der Option FESTPLATTE ERZEUGEN ausgegangen. Eine empfohlene Größe wird bereits angezeigt, aber erst in einem späteren Schritt abgefragt. Klicken Sie auf ERZEUGEN, um die neue virtuelle HD einzurichten – Sie landen in folgendem Unterdialog:
  - DATEITYP DER FESTPLATTE: Wählen Sie zwischen dem VirtualBox-eigenen Format VDI (VIRTUAL BOX DISK IMAGE) und den beiden Formaten VHD (VIRTUAL HARD DISK) sowie VDMK (VIRTUAL MACHINE DISK), die von Microsoft Virtual PC beziehungsweise VMWare bereitgestellt werden. VDI ist der Vorgabewert und in den meisten Fällen die passende Wahl, solange Sie die virtuelle Platte nicht mit einem anderen Virtual-Machine-Manager als VirtualBox gemeinsam benutzen.
  - ART DER SPEICHERUNG: Wählen Sie, ob die gewünschte Festplattengröße von Anfang an komplett auf der physischen Festplatte oder SSD bereitgestellt (FESTE GRÖSSE) oder ob nur der tatsächlich benötigte Speicherbedarf belegt werden soll (DYNAMISCH ALLOZIERT). Die Verwendung einer festen Größe bietet eine etwas bessere Performance, belegt aber natürlich sofort mehr Platz auf der eigentlichen Festplatte.
  - DATEINAME UND GRÖSSE: Als Name wird zunächst der Name der virtuellen Maschine selbst vorgeschlagen, was im Grunde die beste Option ist, solange Sie die Platte nicht für mehrere VMs gleichzeitig einsetzen. Darunter wird die Größe eingestellt; der Vorgabewert entspricht der Empfehlung für das gewünschte Betriebssystem.

Nach diesen Schritten steht die neue virtuelle Maschine zur Verfügung. Wie Sie der linken Spalte der Übersicht entnehmen können, hat sie den Zustand AUSGESCHALTET. Rechts daneben, im Hauptbereich des Fensters, sehen Sie die Details zu der jeweils ausgewählten VM.

Um ein Betriebssystem zu installieren, können Sie eine physische CD/DVD oder ein ISO-Image mit der Installationssoftware verwenden. Klicken Sie dazu im Bereich MASSENSPEICHER auf den Eintrag neben SEKUNDÄRER MASTER, der zunächst [DVD] LEER lautet. Klicken Sie in dem Menü, das sich öffnet, auf ABBILD AUSWÄHLEN und suchen Sie das Laufwerk oder die Datei mit dem Installer.

Anschließend können Sie in der oberen Symbolleiste auf STARTEN klicken, um die virtuelle Maschine einzuschalten. Wenn Sie vorher alles richtig gemacht haben, bootet sie vom Installationsmedium; folgen Sie der darauf befindlichen Installationsanleitung, um das Betriebssystem Ihrer Wahl auf der VM zu installieren. Wird Ihnen im Rahmen dieser Installation angeboten, die gesamte Festplatte zu verwenden und sie zu diesem Zweck zu partitionieren, zu löschen oder zu formatieren, können Sie dies getrost tun. Es handelt sich natürlich nicht um die physische Festplatte Ihres Computers, sondern um die zuvor erstellte virtuelle Platte.

Die meisten modernen Wirtsbetriebssysteme bieten *Mouse Capturing* an. Das bedeutet, dass Sie nicht in das Fenster der VM hineinzuklicken brauchen, um diese mit der Maus zu benutzen (sofern sie überhaupt eine grafische Oberfläche hat), und dass Sie auch einfach wieder mit dem Mauszeiger hinausfahren können, um mit Ihrem eigentlichen Betriebssystem weiterzuarbeiten.

Falls Ihr Betriebssystem kein Mouse Capturing anbietet oder in der VM keine grafische Oberfläche läuft, muss eine (konfigurierbare) Taste gedrückt werden, um von der virtuellen Maschine zurück zur physischen zu wechseln. Standardmäßig wird die linke [Strg]-Taste (PC) beziehungsweise [Cmd]-Taste (Mac) verwendet.

Der einfachste Weg, eine VirtualBox-VM herunterzufahren, besteht übrigens darin, ihr Fenster zu schließen. Wenn Sie dies tun, haben Sie drei verschiedene Optionen zur Auswahl:

- SAVE THE MACHINE STATE (Standard): Der aktuelle Speicherinhalt der VM wird als Datei gespeichert, sodass Sie sie beim späteren Wiedereinschalten genau im selben Zustand weiterbenutzen können.
- SEND THE SHUTDOWN SIGNAL: Der Prozess des auf der VM installierten Betriebssystems zum ordnungsgemäßen Herunterfahren wird in Gang gesetzt.
- POWER OFF THE MACHINE: Die virtuelle Maschine wird ohne Rücksicht auf das laufende System einfach ausgeschaltet; dies entspricht dem Gedrückthalten des Ein-/Ausschaltknopfs eines Computers.

In ein fertig installiertes laufendes Betriebssystem sollten Sie schließlich die *VirtualBox Guest Additions* installieren. Es handelt sich um eine Sammlung zusätzlicher Treiber und Hilfsprogramme, mit denen die Ausführung verschiedener Betriebssysteme innerhalb der VM optimiert wird. Wählen Sie dazu den Menüpunkt DEVICES • INSERT GUEST ADDITIONS

CD IMAGE. Je nach Gastsystem wird das CD-Image daraufhin in einen bestimmten Pfad (Linux oder Unix) beziehungsweise den ersten freien Laufwerkbuchstaben (Windows) gemountet. Oft wird der Installer für die Guest Additions auch gleich automatisch gestartet. Ansonsten müssen Sie zum gemounteten Disk-Image navigieren und die Installation selbst starten.

Im Menü DEVICES finden Sie weitere interessante Optionen für eine virtuelle Maschine:

- SHARED FOLDERS: Hier können Sie Verzeichnisse konfigurieren, auf die sowohl der Host als auch der Gast zugreifen können, um so einfach Dateien miteinander auszutauschen.
- SHARED CLIPBOARD: Ermöglicht die gemeinsame Nutzung der Zwischenablagen von Host- und Gastsystem – je nach Einstellung nur in eine Richtung oder in beide.
- DRAG AND DROP: Erlaubt das einfache Ziehen von Objekten wie Datei- und Ordnersymbolen zwischen den Systemen. Auch hier können Sie wählen, ob dies nur in eine bestimmte Richtung oder bidirektional erfolgen soll.

Nützlich ist schließlich noch die Möglichkeit, sogenannte *Snapshots* oder *Sicherungspunkte* vom aktuellen Zustand der VM zu erstellen. Dabei werden, ähnlich wie bei der Option SAVE THE MACHINE STATE, alle aktuellen Speicher-, aber auch Festplatteninhalte gespeichert. So können Sie verschiedene Sicherungspunkte erstellen, um Experimente durchzuführen, die sich danach leicht wieder rückgängig machen lassen.

Wählen Sie den Menüpunkt MACHINE • TAKE SNAPSHOT, um einen Snapshot zu erstellen. Später können Sie im Hauptfenster von VirtualBox zum Register SNAPSHOTS oder SICHERUNGSPUNKTE wechseln, um eine Liste aller Snapshots zu sehen und gegebenenfalls zu diesen zurückzukehren.

14.4.3 Container-Virtualisierung mit Docker

Wie bereits erwähnt, kann es sinnvoll sein, keine ganzen Maschinen mit eigenen Betriebssystemen zu emulieren, sondern auf dem vorhandenen System verschiedene abgeschlossene Einheiten zu verwenden, die sich nach außen hin wie virtuelle Maschinen verhalten. Prozess- und Speichermanagement moderner Prozessoren machen dies möglich, unterstützt durch die entsprechenden Fähigkeiten heutiger Betriebssysteme.

Eine Vorstufe zum Container war die in Kapitel 21, »Computer- und Netzwerksicherheit«, beschriebene `chroot`-Umgebung, bei der lediglich die einer Software vorgegaukelte Dateisystemwurzel in ein vom Administrator definiertes Unterverzeichnis geändert wird. Beim Container geschieht dasselbe auch mit vermeintlichen System- und Netzwerkressourcen, sodass sich der Container bedienen lässt wie eine echte VM, aber erheblich ressourcenschonender ist. Der offensichtliche Nachteil ist natürlich, dass Sie das innerhalb des Containers ausgeführte Betriebssystem nicht frei wählen können. Bei Docker wird auf einem Linux-Host beispielsweise der Kernel des Hostbetriebssystems verwendet, während auf anderen Systemen eine minimale VM einen Linux-Kernel ausführt.

Die verbreitetste Software für Container-Virtualisierung ist *Docker*; sie wird in der Praxis auf verschiedene Arten eingesetzt:

- Es gibt zahlreiche vorgefertigte und per Konsolenbefehl installierbare Docker-Container mit gängiger Serversoftware, etwa Webservern oder Datenbanken.
- Entwicklungsteams können eigene Container erstellen, in denen bestimmte Software installiert ist, um Testumgebungen für die von ihnen entwickelten Programme bereitzustellen.
- Automatisierte Build-Prozesse in der Softwareentwicklung, die Tools wie Jenkins verwenden, können fertig kompilierte und erfolgreich automatisch getestete Programme selbstständig als Docker-Container erzeugen, die sich anschließend an den gewünschten Einsatzort kopieren und dort starten lassen. Das funktioniert vor allem deshalb so gut, weil es Docker für die verschiedensten Desktop- und Serverbetriebssysteme sowie für die beiden führenden Cloud-Computing-Architekturen, Amazon AWS und Microsoft Azure, gibt (Näheres zum Cloud Computing erfahren Sie am Ende dieses Kapitels).

Wenn Sie Docker auf Ihrem System installieren möchten, besuchen Sie die Website unter *docker.com* und laden sich die kostenlose Community Edition für Ihr Betriebssystem herunter. Folgen Sie der mitgelieferten Installationsanleitung, um das Programm zu installieren; beachten Sie, dass Sie auf dem Rechner, auf dem Sie das tun, *root*- oder Administratorrechte benötigen.

Nach der Installation können Sie Docker je nach den Gepflogenheiten Ihres Betriebssystems starten. Der sehr kleine GUI-Teil, der als Docker-Symbol an Orten wie der Menüleiste (Mac) oder dem Systray (Windows) residiert, ermöglicht Ihnen einige Voreinstellungen. Sie können hier beispielsweise festlegen, dass Docker beim Systemstart automatisch ausgeführt werden soll, was empfehlenswert ist. Auch das Dashboard können Sie mit diesem Tool starten. Hier haben Sie einen Überblick über die laufenden und beendeten Docker-Container, die Sie entsprechend beenden, neu starten oder ganz löschen können. Auch allgemeine Voreinstellungen für Docker können Sie hier vornehmen, indem Sie das Zahnradsymbol rechts oben anklicken.

Der Großteil der Docker-Funktionalität wird über den Konsolenbefehl `docker` zugänglich gemacht. Wenn Sie einfach `docker` ohne weitere Parameter eingeben, wird eine Liste der möglichen Befehle angezeigt, benötigen Sie Hilfe zu einem bestimmten Befehl, geben Sie `docker Befehlsname --help` ein, also zum Beispiel Folgendes für `docker run`:

```
$ docker run --help
```

Möchten Sie ausprobieren, ob die gesamte Funktionalität von Docker verfügbar ist, geben Sie als Nächstes den folgenden Befehl ein:

```
$ docker run hello-world
```

Dies lädt ein Docker-Image namens `hello-world` herunter, sofern es noch nicht installiert ist, und führt den entsprechenden Container aus. Wie der Name vermuten lässt, tut der Container nichts Produktives, sondern gibt nur einen Infotext aus und beendet sich wieder. Das bedeutet aber, dass Sie Zugriff auf die öffentlichen Docker-Image-Repositorys haben und Container starten und beenden können.

In den besagten Repositorys können Sie mit `docker search` *`String`* suchen; geben Sie etwa dieses ein, um nach *mysql* zu suchen:

```
$ docker search mysql
```

Es wird eine Liste öffentlich verfügbarer Images angezeigt, deren Name *mysql* enthält. Es gibt die verschiedensten MySQL-Installationen, entweder einen reinen MySQL-Server mit Hilfsprogrammen oder Installationen, die für bestimmte Einsatzzwecke optimiert sind.

Geben Sie Folgendes ein, um eines der Images herunterzuladen und als Container zu starten (hier ein Image mit dem einfachen Namen `mysql`, das offiziell von Oracle bereitgestellt wird und die aktuelle MySQL-Version enthält):

```
$ docker run mysql -p 3306:3306
```

Die Option `-p` ordnet dem Serverport innerhalb des Containers (Wert hinter dem Doppelpunkt) einen lokalen Port auf dem Host zu (vor dem Doppelpunkt), sodass Sie den im Container laufenden Server auf `localhost` verwenden und sogar über Ihre lokale Netzwerkverbindung freigeben können. Falls bei Ihnen also bereits MySQL auf dem Standardport läuft, Sie aber trotzdem einen weiteren MySQL-Server im Container betreiben möchten, können Sie einen anderen lokalen Port wählen, zum Beispiel `-p 3307:3306`. Sollte ein Server mehrere Ports benutzen, können Sie auch mehrmals die Option `-p` eingeben.

Die Option `-d` (*detach*) sorgt dafür, dass der gestartete Container im Hintergrund ausgeführt wird, statt die für seinen Start verwendete Konsole zu blockieren.

Eine weitere wichtige Option ist `-v` *`lokaler/pfad`*`:`*`container/pfad`*, um ein bestimmtes Verzeichnis innerhalb des Containers mit einem festen lokalen Verzeichnis zu verknüpfen. Auf diese Weise bleiben Inhalte im Container auch dann erhalten, wenn dieser beendet und später neu gestartet wird. Bei MySQL sollte natürlich das *Data*-Verzeichnis erhalten bleiben, in dem sich die Datenbanken befinden. Wenn Sie die Daten im lokalen Verzeichnis *databases* unterhalb Ihres Home-Verzeichnisses speichern möchten, geht dies beispielsweise mit der Option `-v ~/databases:/var/lib/mysql`.

Mit der Option `--restart` können Sie angeben, ob der Container bei einem Neustart der Docker-Engine – beispielsweise nach einem Versionsupdate oder dem Reboot des Hostbetriebssystems – automatisch gestartet werden soll. Mögliche Werte sind `no` (niemals automatisch neu starten; dies ist der Standardwert), `on-failure` (nur wenn der Container aufgrund eines Fehlers beendet wird), `always` (unter allen Umständen) und `unless-stopped` (nur dann, wenn er *nicht* explizit manuell gestoppt wurde). Letzteres ist für den Produktiveinsatz oft die vernünftigste Option.

Wenn Sie solche Optionen nicht auf der Konsole eingeben möchten, können Sie auch ein sogenanntes *Dockerfile* anlegen, das die Konfiguration für den Container enthält. Wie man Dockerfiles schreibt, wird ausführlich in der Onlinedokumentation unter *docs.docker.com* beschrieben.

Nachdem Sie sich für die gewünschten Optionen entschieden und den Download gestartet haben, gibt dieser an, dass die Version `mysql:latest` verwendet wird. Sie können optional auch eine bestimmte Version vorgeben, beispielsweise `mysql:8.0`.

Nach dem Download erhalten Sie im Fall von MySQL die Fehlermeldung, dass kein *root*-Passwort für den Datenbankserver gesetzt ist (siehe vorheriges Kapitel für eine detaillierte Betrachtung von MySQL-Benutzerrechten). Geben Sie stattdessen Folgendes ein, um einen MySQL-Container mit dem Containernamen *mysql-test*, dem (sehr schlechten!) *root*-Passwort *geheim* und der Software MySQL zu starten:

```
$ docker run --name mysql-test -e MYSQL_ROOT_PASSWORD=geheim -d mysql
```


Als Zeichen des erfolgreichen Starts wird eine hexadezimale Zufallszahl ausgegeben; es handelt sich um die automatisch generierte ID des neu gestarteten Containers.

Wenn Sie folgenden Befehl eingeben, wird eine Liste aller laufenden Container angezeigt:

```
$ docker ps
CONTAINER ID        IMAGE               COMMAND [...]
9183418f66b7        mysql               "docker-entrypoint..." [...]
```

Die in der Liste angezeigte ID ist eine Kurzfassung der langen Hexadezimalzahl. Um mit dem Container zu arbeiten, können Sie als Nächstes eine Shell in diesem öffnen:

```
$ docker exec -it 9183418f66b7 /bin/bash
```

Sollten Sie innerhalb des Containers nicht *root* sein (das variiert je nach konkretem Container), können Sie es mittels `sudo -i` ohne Passwort werden. Da innerhalb dieses spezifischen Containers MySQL läuft, können Sie wie folgt den Kommandozeilenclient starten und damit wie im vorherigen Kapitel beschrieben arbeiten:

```
# mysql-u root -p
[Geben Sie das Passwort aus Ihrer Konfiguration ein]
```

Drücken Sie nach getaner Arbeit zwei- bis dreimal [Strg] + [D], um zuerst den `mysql`-Client, dann optional den *root*-Account und zum Schluss den Container zu verlassen.

In einem professionellen Umfeld müssen Container natürlich mehr können als auf Ihrem lokalen Rechner. Dazu gehören unter anderem folgende Features:

- automatisiertes Deployment
- Eintrag in Nameserver
- verteilter Storage der Container-Verzeichnisse entweder im lokalen Netzwerk oder in Cloud-Diensten

Für solche Aufgaben, die zusammenfassend *Container-Orchestrierung* genannt werden, ist beispielsweise die Software *Kubernetes* geeignet, die Sie auf der Website *kubernetes.io* kennenlernen und auch herunterladen können.

14.4.4 Cloud Computing

Der Begriff *Cloud Computing* ist seit Jahren in aller Munde. Darunter versteht man die Möglichkeit, Server, Software und Datenspeicherplatz dynamisch zu mieten, oft auf stündlicher Basis. Im Einzelnen werden drei verschiedene Dienstleistungen unterschieden:

- *Infrastructure as a Service* (IaaS) stellt virtualisierte Hardware, also Serverrechner mit Betriebssystem, bereit. In der Regel können Sie zwischen diversen Linux- und Windows-Versionen wählen.
- *Platform as a Service* (PaaS) bietet gezielt bestimmte Serverdienste an, beispielsweise Datenbanken, Streaming-Server oder auch Storage.
- *Software as a Service* (SaaS) schließlich ermöglicht Interessierten, bestimmte oft sehr teure Software flexibel zu mieten anstatt zu kaufen. Dies ist unter Umständen billiger, als eigene Lizenzen zu erwerben, und zudem werden neue Versionen umgehend bereitgestellt, ohne dass mehr bezahlt werden muss.

Wichtige Unternehmen, die Cloud-Computing-Dienste anbieten, sind unter anderem:

- *Amazon Web Services* (AWS) mit Angeboten wie EC2 (IaaS und PaaS) und S3 (Storage).
- Microsoft mit der Cloud-Plattform *Azure*. Seit einigen Jahren bietet Microsoft hier aus Wettbewerbsgründen und aufgrund realistischer Überlegungen nicht mehr nur Windows-, sondern auch Linux-Server an.
- *Rackspace*, ursprünglich ein klassischer Hosting-Dienst, hat seit Jahren auch verschiedene Cloud-Dienste im Angebot. Eine Besonderheit ist die Möglichkeit, Cloud-Server gegen Aufpreis als Managed Service zu mieten, bei dem das Team von Rackspace die Administration weitgehend übernimmt.
- Einen besonderen Weg geht NewServers mit der *Bare Metal Cloud*: Hier können anstelle der üblichen virtuellen Serverinstanzen dedizierte Server auf Stundenbasis gemietet werden.

Bei Cloud-Server-Angeboten besteht die Auswahl zwischen verschiedenen Leistungsmerkmalen zu unterschiedlichen Preisen – da es sich außer bei NewServers um virtuelle Instanzen handelt, bezieht sich die Leistung auf den zugesicherten Anteil an CPU, RAM und Festplattenspeicher.

Ein ernst zu nehmendes Cloud-Angebot für Enterprise-Anwendungen ist komplett über eine API steuerbar. In aller Regel kommen dabei REST-basierte Web Services zum Einsatz. Serverinstanzen können über die API in Betrieb genommen oder freigegeben werden. Auch der Datenaustausch, das Starten und Beenden von Programmen oder die Speicherung von Daten in einem Cloud-Storage-Service sind über eine gute Cloud-Service-API möglich. Amazon, Microsoft und andere bieten dazu fertige Software Development Kits (SDK) für eine ganze Reihe verschiedener Programmiersprachen wie Java, Python, PHP oder C# an.

Cloud-Angebote garantieren in der Regel eine hohe Ausfallsicherheit; normalerweise werden 99 bis 100 % Uptime pro Jahr angeboten (geplante und angekündigte Unterbrechungen nicht mitgerechnet). Sollte das Unternehmen diese Quote nicht einhalten können, wird der Kundschaft die entsprechende Zeit beziehungsweise Kapazität meist zur späteren Verwendung gutgeschrieben.

Dass Cloud Computing nicht unfehlbar ist (und stets durch lokale Backups ergänzt werden sollte), zeigte sich jedoch beispielsweise, als Amazons Storage-Service Anfang 2011 ausfiel und zum Teil unwiederbringliche Datenverluste verursachte. Wer solche Dienste nutzt, sollte zudem auf die Sicherheit achten. Zwar erfolgt die Kommunikation mit den Cloud-Diensten in der Regel über eine gesicherte HTTPS-Verbindung, aber auf den Storage-Servern selbst werden die Daten oft unverschlüsselt gespeichert. Es ist daher wichtig, entsprechende Einstellungen vorzunehmen oder die Daten sogar selbst zu verschlüsseln und erst dann in der Cloud abzulegen.

Gute Cloud-Computing-Dienste verfügen über mehrere Rechenzentren an verschiedenen wichtigen Orten der Welt, mindestens aber in Nordamerika, Europa und Ostasien. Auf welche Rechenzentren die Last verteilt werden soll, ist dabei frei wählbar (beachten Sie aber die europäischen Datenschutzgesetze, die eine Speicherung von Daten außerhalb der EU unter Umständen einschränken).

Neben diesen Cloud-Computing-Diensten, die sich fast ausschließlich an Firmen richten, gibt es auch Cloud-Dienste für die Privatanwendung. Meistens handelt es sich um Storage-Lösungen. Ein bekanntes Beispiel ist etwa iCloud von Apple, das macOS- und iOS-Geräten in einer Basisvariante automatisch und kostenlos zur Verfügung steht.

14.5 Übungsaufgaben

14.5.1 Praktische Übungen

1. Installieren Sie Apache 2.4 und PHP 8 gemäß der Anleitung in diesem Kapitel für Ihr jeweiliges Betriebssystem. Stellen Sie sicher, dass die Apache-Startseite und eine PHP-Infoseite korrekt in einem Browser angezeigt werden.

2. Richten Sie mehrere virtuelle Hosts in Ihrem Webserver ein; Sie können sie entweder nach Port oder nach Hostnamen (mit entsprechenden Einträgen in */etc/hosts*) unterscheiden. Jeder der virtuellen Hosts soll eine andere `DocumentRoot` erhalten.
3. Installieren Sie VirtualBox und laden Sie sich das ISO-Image einer Linux-Distribution Ihrer Wahl herunter, um es wiederum innerhalb einer virtuellen Maschine zu installieren. Wenn Sie möchten, können Sie Apache und PHP dann auch innerhalb dieser VM statt auf Ihrem eigentlichen Betriebssystem installieren; informieren Sie sich dazu online, ob die Distribution die gewünschte Software auch in Form speziell für diese geeigneter Pakete enthält.
4. Installieren Sie Docker, suchen Sie sich ein paar interessante Container-Images aus und nehmen Sie sie mit verschiedenen Optionen in Betrieb. Probieren Sie aus, wie der Zugriff auf Serverdienste funktioniert und ob die Daten noch da sind, nachdem ein Container neu gestartet wurde.

14.5.2 Kontrollfragen

Im Folgenden ist jeweils genau eine Antwort richtig.

1. Welche Versionsnummer trägt die üblicherweise eingesetzte HTTP-Spezifikation?
   - HTTP/1.0
   - HTTP/1.1
   - HTTP/2.0.49
   - HTTP/4.01
2. Welche der folgenden HTTP-Anfragemethoden gibt es nicht?
   - `GET`
   - `POST`
   - `META`
   - `PUT`
3. Welches Zeichen in der URL einer GET-Anfrage leitet einen Query-String ein?
   - &
   - ;
   - ?
   - #
4. Welche Gruppe von HTTP-Statusnummern bezeichnet Clientfehler?
   - 1xx
   - 3xx
   - 4xx
   - 5xx

5. Wofür stehen HTTP-Statusnummern der Gruppe 2xx?
   - allgemeine Informationen
   - Erfolgsmeldungen
   - Umleitungen
   - Serverfehler
6. Welcher Meldungstext begleitet üblicherweise den HTTP-Statuscode 200?
   - Created
   - Not Found
   - No Content
   - OK
7. Mit welchem HTTP-Statuscode erfolgt die Aufforderung zur Authentifizierung?
   - 401
   - 403
   - 303
   - 202
8. Welcher HTTP-Header entscheidet darüber, ob eine Verbindung persistent sein soll?
   - `Cache-Control`
   - `Connection`
   - `Expires`
   - `Max-Forwards`
9. Was gibt der HTTP-Header `Content-Type` an?
   - den MIME-Type der gelieferten Ressource
   - die Bit-Breite des Zeichensatzes
   - die Sprachversion des Dokuments
   - die HTML-Version der Datei
10. Welchen Header benötigen HTTP/1.1-Anfragen unbedingt?
    - `Content-Type`
    - `If-Match`
    - `Host`
    - `Accept`
11. Wie geben HTTP-Weiterleitungen (Status 3xx) die URL des Weiterleitungsziels an?
    - durch HTML-Hyperlinks
    - durch einen Via-Header
    - durch ein `<meta>`-Tag
    - durch einen `Location`-Header

12. Welches Ziel verfolgt die Apache Portable Runtime (APR)?
    - Abstraktion von Betriebssystem- und Netzwerkfunktionen
    - POSIX-Emulation auf Nicht-Unix-Systemen
    - Export der Webserver-Kernfunktionen für externe Programme
    - verschiedene Modelle zur Nebenläufigkeit
13. Wie werden Apache-Direktiven gekennzeichnet, die nur für den URL-Pfad */test* gelten sollen?
    - `<Directory /test> ... </Directory>`
    - `<Location /test> ... </Location>`
    - `<Files /test/*> ... </Files>`
    - `<DirectoryMatch ^/test> ... </DirectoryMatch>`
14. Welche Apache-Direktive gibt das Stammverzeichnis der Website an?
    - `ServerRoot`
    - `DirectoryIndex`
    - `DocumentRoot`
    - `<Directory> ... </Directory>`
15. Mit welcher Apache-Direktive wird PHP 8 als Servermodul geladen?
    - `LoadPHP "8.0"`
    - `Options +PHP`
    - `LoadModule php_module modules/libphp8.0.so`
    - `AddHandler libphp8.0.so`
16. Was kann nicht in der Konfigurationsdatei *php.ini* eingestellt werden?
    - lokale Zeitzone
    - zu verwendende PHP-Version
    - maximale Größe von Datei-Uploads
    - Genauigkeit von Fließkommazahlen
17. Was ist ein Vorteil von Containern gegenüber virtuellen Maschinen?
    - VM-Software ist stets kommerziell, Container gibt es auch als Open Source.
    - Container können fix und fertig konfiguriert zum Download angeboten werden, virtuelle Maschinen nicht.
    - VMs laufen nur auf dem Betriebssystem, das in ihnen emuliert wird, Container laufen überall.
    - Container sind erheblich ressourcenschonender, weil kein ganzer Computer virtualisiert wird.

18. Mit welcher `docker`-Option weisen Sie dem Port 80 innerhalb des Containers den Port 8080 auf dem Host zu?
    - `-p 8080:80`
    - `--host-port 8080 --container-port 80`
    - `-p 80,8080`
    - Das ist nicht möglich; der Port muss auf dem Host und im Container stets identisch sein.

Kapitel 15
Weitere Internet-Serverdienste

Besser bedient werden als dienen.
– Deutsches Sprichwort

Nachdem im vorangegangenen Kapitel recht ausführlich die gängigsten Serverdienste für Webanwendungen vorgestellt wurden, geht es hier mit einigen anderen Servern weiter. Den Anfang machen die Namens- und Verzeichnisdienstserver, die am Beispiel von BIND beziehungsweise OpenLDAP vorgestellt werden. Danach folgt ein kurzer Überblick über den »Meta-Serverdienst« (x)`inetd`.

15.1 Namens- und Verzeichnisdienste

Bereits in Kapitel 5, »Netzwerkgrundlagen«, wurde die Theorie des *Domain Name System* (DNS) erläutert. Es sorgt dafür, dass die für Menschen bequemeren Internet-Hostnamen in die hinter den Kulissen verwendeten numerischen IP-Adressen umgewandelt werden. In diesem Abschnitt lernen Sie BIND als bekannteste Implementierung eines Nameservers kennen.

Noch einen Schritt weiter gehen Verzeichnisdienste: Sie enthalten hierarchisch organisierte Informationen über User-Accounts, Computer und andere Netzwerkressourcen. Die meisten modernen Verzeichnisse genügen einem Standard namens *LDAP*, beispielsweise auch Microsoft Active Directory. Im zweiten Abschnitt wird der Open-Source-Verzeichnisserver OpenLDAP vorgestellt.

15.1.1 Der DNS-Server BIND

Es gibt verschiedene Implementierungen von Serversoftware, die den DNS-Dienst versieht. Die wichtigste von ihnen ist *BIND* (*Berkeley Internet Naming Domain*). Es handelt sich um Open-Source-Software des *Internet Software Consortium* (ISC). Sie können BIND und entsprechende Informationen darüber von der Website *www.isc.org/download* und zahlreichen dort verzeichneten Mirror-Sites herunterladen. Die zurzeit aktuelle Version ist BIND 9.16.13.

Bitte installieren Sie in jedem Fall eine aktuelle Version von BIND. Dieser Hinweis gilt aus Sicherheitsgründen für jede Software, aber im Fall von Nameservern ist es besonders wichtig, sich daran zu halten: Eine 2008 entdeckte Schwachstelle in der DNS-Konzeption – nämlich die zu leicht vorhersagbare Abfolge der Sequenznummern von Zonendaten – führte dazu, dass sich der Cache von DNS-Servern mit gefälschten Informationen befüllen ließ. Da sich praktisch sämtliche Internetfunktionalität auf DNS verlässt, ist dies sehr gefährlich. Beispielsweise könnten Clients auf perfekt gefälschte Websites umgeleitet werden, die dann Viren und Trojaner verbreiten.

Eine andere weitverbreitete Nameserver-Software ist der Microsoft DNS Server. Er ist in die Windows-Server-Betriebssysteme (Windows Server 2019 und seine Vorgängerversionen) integriert. Selbstverständlich erfüllt er nach außen die gleiche Funktion wie BIND, da er mit dem globalen DNS kompatibel ist.

In aktuellen Unix- oder Linux-Distributionen ist BIND normalerweise bereits enthalten. Sie können den Server also problemlos über den Paketmanager Ihres Systems installieren. Wenn Sie nicht genau wissen, wie das funktioniert, konsultieren Sie die Dokumentation Ihres Systems.

Falls BIND nicht mit Ihrem System geliefert wird oder wenn Sie die neueste Version installieren möchten, sollten Sie BIND im Sourcecode herunterladen und selbst kompilieren. Das funktioniert, wie bei *autoconf/automake-Software* üblich, nach dem folgenden bewährten Schema:

- Entpacken Sie das BIND-Archiv und wechseln Sie in das dadurch angelegte Verzeichnis:

  ```
  $ tar -zxvf /tmp/bind-9.16.13.tar.gz
  $ cd bind-9.16.13
  ```

- Rufen Sie das Konfigurationsprogramm und anschließend `make` auf, um BIND mit den passenden Optionen für Ihr System zu kompilieren:

  ```
  $ ./configure
  $ make
  ```

- Rufen Sie zum Schluss den Installationsbefehl auf (spätestens dieser Schritt muss als *root* erfolgen):

  ```
  # make install
  ```

Normalerweise sollten Sie anschließend dafür sorgen, dass der Nameserver – das Programm *named* – beim Booten automatisch gestartet wird. Eine entsprechende Anleitung finden Sie in Kapitel 6, »Betriebssysteme«.

Die Konfigurationsdaten von BIND bestehen aus zwei verschiedenen Arten von Dateien: Die Datei */etc/named.conf* enthält die Konfigurationsinformationen über den Nameserver selbst, während sogenannte *Zonendatendateien* die eigentlichen Namensdaten in Form von *Resource Records* enthalten. Beide Dateiarten sind einfache Textdateien, die Sie mit Ihrem bevorzugten Editor bearbeiten können.

Die erste wichtige Angabe in der Datei *named.conf* beschreibt das Arbeitsverzeichnis, in dem sich die Zonendatendateien befinden. Da diese Anweisung global ist und keine bestimmte Zone betrifft, wird sie in einen `options`-Block gesetzt:

```
options {
   directory "/var/named";
};
```

Anschließend folgen ein oder mehrere `zone`-Blöcke. Sie enthalten die Konfiguration der Zonen, für die der Nameserver zuständig sein soll.

Falls Ihr Nameserver beispielsweise primärer Master-Nameserver für die Zone *example.com* sein soll, sieht der entsprechende *named.conf*-Eintrag so aus:

```
zone "example.com" {
   type master;
   file "db.example.com";
};
```

Der Dateiname *db.example.com* ist nicht vorgeschrieben. Sie können jeden beliebigen Namen wählen, aber *db.name-der-zone* ist üblich. Natürlich müssen Sie die entsprechende Datei auch anlegen.

Für jede Zone, für die Ihr Nameserver als primärer Master dient, benötigen Sie zusätzlich eine *Reverse-Lookup-Zone*. Dies ist eine Zone, die den umgekehrten Dienst leistet: die Umwandlung einer gegebenen IP-Adresse in einen Domainnamen. Der Name dieser Zone hängt von der Größe des Subnetzes ab, in dem sie sich befindet: Es handelt sich um den umgekehrten Netzwerkteil der IP-Adresse mit dem reservierten Domainnamen *inaddr.arpa*. Angenommen, *example.com* verwendete das Netz 196.23.17.0/24, dann wird die folgende Reverse-Lookup-Zone konfiguriert:

```
zone "17.23.196.in-addr-arpa" {
   type master;
   file "db.196.23.17";
};
```

Wenn Ihr Nameserver als Slave dienen soll, beispielsweise für die Zone *othernet.de*, sieht die entsprechende `zone`-Anweisung so aus:

```
zone "othernet.de" {
   type slave;
   masters { 138.19.47.3; };
   file "bak.othernet.de";
};
```

Unter `masters` wird eine Liste von Nameservern angegeben, von denen der Slave die Replikationsdaten erhält. Es brauchen keine primären Master-Nameserver zu sein; der Begriff *masters* bezieht sich auf übergeordnete Nameserver aus der Perspektive des Slaves.

Schließlich benötigen Sie auf jeden Fall noch einen Eintrag für die *Root-Hints-Datei*. Diese spezielle Datei enthält Informationen über die Server, die den Stamm des DNS bilden und auf die Root-Nameserver der verschiedenen TLDs verweisen. Die entsprechende Datei (zum Beispiel *named.root*) ist entweder in Ihrer BIND-Distribution enthalten, oder Sie müssen sie per FTP unter der Adresse *www.internic.net/domain/named.root* herunterladen. Der Eintrag in *named.conf* sieht so aus:

```
zone "." {
   type hint;
   file "named.root";
};
```

Die Konfiguration für einen Caching-only-Nameserver, der lediglich die Antworten externer Nameserver zwischenspeichert, lautet beispielsweise wie folgt:

```
forwarders {
   8.8.8.8;
   194.8.194.70;
   194.8.194.71
};
forward only;
```

Die Anweisung `forward only` verhindert, dass diese BIND-Installation selbst versucht, Namen aufzulösen. In den geschweiften Klammern stehen die Adressen der Nameserver, deren Daten der Caching-only-Server zwischenspeichern soll. Im vorliegenden Beispiel sind es diejenigen von Google und NetCologne; verwenden Sie am besten die Nameserver Ihres eigenen Providers.

Bitte beachten Sie, dass die Syntax der Datei *named.conf* ganz exakt eingehalten werden muss. (Aus eigener Erfahrung weiß ich: Wer häufig in Sprachen wie Java programmiert, vergisst besonders gern das Semikolon hinter der schließenden geschweiften Klammer.)

Falls Ihr Nameserver als primärer Master für eine Zone dient, müssen Sie nun die entsprechende Zonendatendatei anlegen. Sie enthält Resource Records für die einzelnen Hosts, Serverdienste und andere Elemente der Zone. Die erste Zeile einer Zonendatendatei ist eine `$TTL`-Anweisung (*Time To Live*). Sie gibt an, wie lange andere Nameserver die aus dieser Datei enthaltenen Informationen maximal im Cache halten dürfen. Sie können den Wert entweder komplett in Sekunden angeben oder mit den folgenden Maßeinheiten arbeiten: `w` (Wochen), `d` (Tage), `h` (Stunden), `m` (Minuten) und `s` (Sekunden). Soll der Wert 28 Stunden betragen, gibt es beispielsweise die folgenden drei Möglichkeiten:

```
$TTL 100800
$TTL 28h
$TTL 1d4h
```

Die nächste Information ist ein *SOA-Record* (*Start of Authority*). Er enthält die folgenden Konfigurationsinformationen über die Zone selbst:

- *MNAME*: Repräsentiert den Hostnamen des primären Master-Nameservers.
- *RNAME*: Die E-Mail-Adresse des Verantwortlichen; das @ wird durch einen Punkt ersetzt.
- *Die Seriennummer der Zone*: Sie sollte bei jeder Aktualisierung erhöht werden. Ein praktisches Format für manuell gepflegte Zonendaten ist JJJJMMDDVV (VV steht für eine zweistellige Versionsnummer, die bei 00 beginnt und wichtig ist, wenn mehrere Änderungen an einem Tag stattfinden).
- *Der Refresh-Wert*: Gibt das Intervall an, in dem die Slave-Nameserver anfragen sollen, ob die Zonendaten aktualisiert wurden.
- *Der Retry-Wert*: Bestimmt, wie lange ein Slave warten soll, bevor er nach einem Verbindungsfehler erneut nach Aktualisierungen fragt.
- *Der Expire-Wert*: Legt fest, wie lange die Slaves antworten sollen, wenn der primäre Master nicht erreichbar ist. Dieser Wert sollte recht hoch sein, weil er für Ausfallschutz sorgt.
- *Der Negative-Caching-Wert*: Gibt an, wie lange die Slaves negative Antworten (»nicht gefunden« etc.) im Cache speichern dürfen. Der Wert sollte recht klein sein, da es sich um einen vorübergehenden Ausfall handeln könnte.

Ein vollständiger SOA-Record für *example.com* sieht zum Beispiel so aus:

```
example.com.  IN  SOA  ns1.example.com.  (
              hostmaster.example.com.
              2006112501
              30m
              10m
              30d
              30m )
```

Die (runden) Klammern sind nur dann erforderlich, wenn Daten der Übersicht halber auf mehrere Zeilen verteilt werden.

Falls Sie einen Host einer Zonendatendatei hinzufügen möchten, benötigen Sie einen *A-Record* (*Address*). Für *pc1.example.com* mit der IP-Adresse 196.17.23.24 sieht ein solcher Eintrag wie folgt aus:

```
pc1.example.com.   IN   A   196.23.17.24
```

Außerdem benötigen Sie einen *PTR-Record* (*Pointer*) in der Zonendatendatei der Reverse-Lookup-Zone (in diesem Beispiel in `db.196.17.23`), für *pc1.example.com* beispielsweise so:

```
24.23.17.196.in-addr.arpa.  IN  PTR  pc1.example.com.
```

Zur Vereinfachung kann die Zonendatendatei für den Reverse Lookup einen `$ORIGIN`-Eintrag mit dem gemeinsamen Präfix aller IP-Adressen enthalten und dann für die einzelnen Adressen selbst nur den variablen Teil auflisten. Beispiel:

```
$ORIGIN 23.17.196.in-addr.arpa.
24   IN   PTR   pc1.example.com
25   IN   PTR   pc2.example.com
```

Auf diese Weise müssen Sie alle Rechner in Ihrer Domain, die öffentlich über Hostnamen verfügbar sein sollen, angeben – natürlich auch Ihre eigenen Nameserver, Webserver, Mailserver etc.

Für Webserverbetreibende ist es oft nützlich, wenn der reine Domainname (*example.com*) ebenso auf den Webserver verweist wie *www.example.com*. Oft wird der Zugriff ohne das Präfix *www* versucht, weil das von großen Sites wie *google.com* bekannt ist. Zu diesem Zweck brauchen Sie nur einen zusätzlichen A-Record einzurichten, der auf die IP-Adresse des Webservers verweist. Beide Möglichkeiten zusammen sehen also so aus:

```
www.example.com.   IN   A   196.23.17.3
example.com.       IN   A   196.23.17.3
```

Einen *CNAME-Record* (*Canonical Name*; ein Alias, der auf einen anderen Hostnamen verweist) dürfen Sie in diesem Zusammenhang nicht verwenden, denn ein A-Record und ein zugehöriger CNAME-Record müssen sich auf derselben Domain-Hierarchiestufe befinden. Nützlich ist der CNAME-Record aber beispielsweise dann, wenn Ihr Webserver intern anders heißt als *www*:

```
www   IN  CNAME  box.example.com.
```

Falls sich das Ziel des Alias-Records (der Hostname auf der rechten Seite) in einer anderen Zone befindet als der Alias, muss dieser Record in der Zone stehen, in die der Alias gehört.

Sie können über die Zonendaten eine triviale Form von *Load-Balancing* (einer Lastverteilung auf mehrere physikalische Server) betreiben, indem Sie für jeden Server einen A-Record schreiben:

```
www.example.com.   IN   A   196.23.17.3
www.example.com.   IN   A   196.23.17.4
www.example.com.   IN   A   196.23.17.5
```

Die IP-Adressen der Webserver werden dann im sogenannten *Round-Robin-Verfahren* (»reihum«) ausgegeben. Professionelles Load-Balancing benötigt allerdings eine komplexere Konfiguration, die nicht nur DNS betrifft, da eine gerechte Verteilung von Serverressourcen beispielsweise auch von der Dateigröße der ausgelieferten Dokumente abhängt und nicht nur von der reinen Anzahl der Namensanfragen.

Die spezielle Variante eines A-Records für IPv6 wird als AAAA-Record bezeichnet, um anzudeuten, dass die Adresse viermal so viele Bytes lang ist wie eine IPv4-Adresse. Solche Einträge sehen beispielsweise so aus:

```
example.com.        IN    AAAA     fdeb:2439:3691:a675::1
pc1.example.com.    IN    AAAA     fdeb:2439:3691:a675::18
pc2.example.com.    IN    AAAA     fdeb:2439:3691:a675::19
```

Der Reverse Lookup für IPv6 funktioniert schematisch ähnlich wie für IPv4, wobei hier der `$ORIGIN`-Eintrag noch wichtiger ist, um das Ganze einigermaßen übersichtlich zu halten:

```
$ORIGIN 5.7.6.a.1.9.6.3.9.3.4.2.b.e.d.f.IP6.ARPA
1.0.0.0.0.0.0.0.0.0.0.0.0.0.0.0     IN    PTR    example.com.
18.0.0.0.0.0.0.0.0.0.0.0.0.0.0.0    IN    PTR    pc1.example.com.
19.0.0.0.0.0.0.0.0.0.0.0.0.0.0.0    IN    PTR    pc2.example.com.
```

Ein weiterer wichtiger Typ von Resource Records sind die *NS-Records* (*Nameserver*). Sie geben sämtliche autoritativen (zuständigen) Nameserver für die Zone an. Wie bereits erwähnt, sollte mindestens einer dabei sein, der sich nicht innerhalb des eigenen Netzwerks befindet. Für die Domain *example.com* könnten die NS-Records also beispielsweise so aussehen:

```
example.com.    IN    NS    ns1.example.com.
example.com.    IN    NS    ns2.example.com.
example.com.    IN    NS    ns1.provider.de.
```

Mithilfe von NS-Records delegieren Sie übrigens auch untergeordnete Zonen: Für eine Subdomain geben Sie einfach einen anderen Nameserver an. Sofern sich dieser Nameserver innerhalb der Zone befindet, die in der aktuellen Zonendatendatei konfiguriert wird, muss zusätzlich ein A-Record für diesen Nameserver hinterlegt werden:

```
mail.example.com.       IN    NS    ns.mail.example.com.
mail.example.com.       IN    NS    ns2.provider.de.
ns.mail.example.com.    IN    A     196.23.17.9
```

Zu guter Letzt benötigen Sie noch *MX-Records* (*Mail Exchange*) für die Angabe von Mailzielen. Schließlich sollen E-Mails an Adressen wie *user@example.com* versandt werden können statt an *user@mail.example.com*. MX-Records enthalten eine Prioritätsangabe, die festlegt, welcher Mailserver bevorzugt werden soll. Ein Server mit einem höheren Wert wird nur dann gewählt, wenn derjenige mit dem nächstkleineren offline oder aus anderen Gründen nicht verfügbar ist:

```
example.com.    IN    MX     0 mail.example.com.
example.com.    IN    MX    10 snailmail.example.com.
example.com.    IN    MX    20 mail.provider.de.
```

Es gibt noch zahlreiche weitere Typen von Resource Records, von denen viele für den Betrieb eines Nameservers praxisrelevant sind. Wenn Sie selbst für die Verwaltung Ihrer DNS-Zonen verantwortlich sind und öffentliche Nameserver betreiben müssen, kommen Sie nicht umhin, sich entsprechende Literatur zu beschaffen.

15.1.2 Der Verzeichnisdienst OpenLDAP

Immer größer werdende Netzwerke und IT-Infrastrukturen erfordern neue Verwaltungsmöglichkeiten. Verzeichnisdienste bieten eine solche allgemeine Lösung für die Verwaltung von Rechnern und Ressourcen sowie für die zentralisierte Anmeldedatenpflege. Der Verzeichnisdienst stellt eine spezielle Art von Datenbank bereit, in der sämtliche Teilnetze, Computer, User-Accounts und Gruppen der Organisation gespeichert werden.

Es gibt unzählige konkrete Verzeichnisdienste. Ein Klassiker ist *NIS* von Sun/Oracle; inzwischen besitzt er einen Nachfolger namens *NIS+*. Die meisten anderen modernen Verzeichnisdienste basieren auf dem *Lightweight Directory Access Protocol* (LDAP). Es wurde zunächst als abgespeckte, leichter implementierbare und vor allem TCP-fähige Methode für den Zugriff auf Verzeichnisse der alten Spezifikation X.500 entworfen. LDAP setzte sich so flächendeckend durch, dass schließlich Verzeichnisse entwickelt wurden, die kein vollständiges X.500 mehr implementierten, sondern nur noch die für LDAP nötigen Features.

Wichtige Beispiele für LDAP-basierte Server sind *Novell Directory Services* (NDS) beziehungsweise *eDirectory*, *Microsoft Active Directory* und *OpenLDAP*. Die Open-Source-Implementierung OpenLDAP wird im Folgenden beschrieben.

LDAP-Grundwissen

In LDAP-Verzeichnissen werden die Daten hierarchisch gespeichert und bilden eine Baumstruktur, den *LDAP Directory Information Tree* (DIT). Für Dateneingabe, -ausgabe und -austausch kommt das textbasierte *LDAP Interchange Format* (LDIF) zum Einsatz. Jeder LDAP-Eintrag im LDIF-Format besitzt die Struktur `Name=Wert`. Die meisten dieser Knoten besitzen Unterobjekte sowie Attribute im Format `Attributname: Wert`.

Sowohl die Objekt- als auch die Attributnamen sind standardisiert im sogenannten *LDAP-Schema* festgelegt. Jeder Schema-Eintrag besitzt einen Namen und eine eindeutige Nummer, zudem bestimmt das Schema die Verschachtelungsstruktur. Das Schema der LDAP-Spezifikation lässt sich bei Bedarf um eigene Objekt- und Attributklassen erweitern.

Als Wurzel des LDAP-Baums werden `dc`-Einträge verwendet (*domain component*). Sie bilden die verschiedenen normalerweise durch Punkte getrennten Elemente eines Domainnamens ab. Der Wurzeleintrag für die Domain `example.com` wäre demzufolge `dc=example,dc=com`. Der Gesamt-Domainname bildet in diesem Fall den sogenannten *Distinguished Name* (DN) des LDAP-Knotens.

Unter der Wurzel wird der LDAP-Baum in eine oder mehrere Stufen von Organisationseinheiten (`ou` als Abkürzung für *organizational units*) unterteilt. Zu den bekanntesten gehören `ou=people` für Personen sowie `ou=devices` für Computer und andere Geräte.

Die Organisationseinheit `ou=people` könnte in einer Firma beispielsweise in die untergeordneten Organisationseinheiten `ou=sales`, `ou=marketing` und `ou=accounting` unterteilt werden, um die verschiedenen Abteilungen abzubilden.

Um Personendatensätze zu kennzeichnen, wird ein `cn`-Knoten verwendet (*common name*). Sein Inhalt besteht in der Regel aus dem Vor- und Nachnamen der betreffenden Person, kann aber bei Bedarf auch um weitere Unterscheidungsmerkmale ergänzt werden. Der gesamte DN eines User-Accounts in der Abteilung Entwicklung unter der Organisationseinheit `people` im Netzwerk *example.com* könnte beispielsweise wie folgt lauten:

```
cn=Sascha Kersken,ou=developers,ou=people,
dc=example,dc=com
```

Personendaten gehören zur Objektklasse `person` und können aus zahlreichen Attributen bestehen. Für moderne Netzwerke verwenden Sie besser zusätzlich die erweiterte Objektklasse `inetOrgPerson`, da `person` selbst beispielsweise keinen Standardeintrag für eine E-Mail-Adresse enthält (`inetOrgPerson` allein funktioniert übrigens nicht, da stets mindestens eine sogenannte ***strukturelle Objektklasse*** verwendet werden muss; `person` ist eine solche).

Zur Verwaltung von Log-in-Daten gibt es je nach Betriebssystem unterschiedliche Objektklassen. Für alle Unix-Systeme kann beispielsweise `posixAccount` verwendet werden. Diese Objektklasse bildet alle Felder eines */etc/passwd*-Eintrags ab; analog gibt es die Klasse namens `shadowAccount` für */etc/shadow*-Passwortdaten. Wenn Sie auch Windows-Log-ins verwalten möchten, bietet sich dafür `sambaAccount` an. Beachten Sie, dass diese Objektklassen im Gegensatz zu `person` ebenfalls nicht strukturell sind.

Wenn netzwerkweite User-Log-ins die wichtigste Aufgabe eines LDAP-Servers sind, bietet sich die Verwendung des Log-in-Namens `uid` anstelle von `cn` im DN an. Beispiel:

```
uid=sascha,ou=developers,ou=people,dc=example,dc=com
```

Denken Sie daran, dass jeder Knoten mehreren Objektklassen angehören kann. Dazu muss er allerdings die Pflichtattribute all dieser Klassen enthalten (die sich teilweise überschneiden, insbesondere bei voneinander abgeleiteten Objektklassen).

Dies ist ein komplettes Beispiel für den Eintrag eines Users, der den drei Objektklassen `person`, `inetOrgPerson` und `posixAccount` angehört:

```
dn: uid=sascha,ou=developers,ou=people,
    dc=example,dc=com
objectClass: person
objectClass: inetOrgPerson
objectClass: posixAccount
```

```
cn: Sascha Kersken
sn: Kersken
givenName: Sascha
l: Köln
o: Sascha Kersken
telephoneNumber: 0221-7654321
facsimileTelephoneNumber: 0221-7654322
mail: sascha.kersken@example.com
uid: sascha
uidNumber: 1001
gidNumber: 100
userPassword: {MD5}WY1MIARhuBUiozKFZcJffA==
homeDirectory: /home/sascha
loginShell: /bin/bash
```

Hier die Bedeutung der einzelnen Attribute:

- `dn` (*distinguished name*): der komplette Pfad des Eintrags im LDAP-Verzeichnisbaum
- `objectClass`: die Kategorie des Eintrags, die festlegt, welche Felder vorgeschrieben beziehungsweise zulässig sind; der Beispieleintrag gehört wie erwähnt zu drei verschiedenen Klassen
- `cn` (*common name*): der eindeutige Eigenname des Knotens; bei Personen werden meist Vor- und Nachname verwendet
- `sn` (*surname*): Nachname
- `givenName`: Vorname
- `l` (*location*): Wohnort
- `o` (*organization*): Firmen- oder Institutionsname
- `telephoneNumber`: Telefonnummer der Person
- `facsimileTelephoneNumber`: Faxnummer der Person
- `mail`: E-Mail-Adresse
- `uid`: User-ID für den Log-in
- `uidNumber`: die numerische User-ID
- `gidNumber`: die numerische ID der primären Gruppe dieses User-Accounts
- `userPassword`: zunächst in geschweiften Klammern der verwendete Verschlüsselungsalgorithmus, dahinter das entsprechend verschlüsselte Passwort (Im nächsten Abschnitt werden Tools genannt, mit denen Sie Ihr Passwort selbst verschlüsseln können.)
- `homeDirectory`: das Home-Verzeichnis des Users
- `loginShell`: die Shell, die dem User-Account nach der Anmeldung zur Verfügung steht

Jeder Knoten kann beliebig viele untergeordnete Knoten enthalten. Der DN wird dazu um den `cn` des übergeordneten Objekts ergänzt. Wenn Sie den `inetOrgPerson`-Eintrag beispielsweise lieber als einen Unterknoten des User-Accounts speichern möchten, lautet dessen DN wie folgt:

```
dn: cn=Sascha Kersken,uid=sascha,ou=people,
dc=example,dc=com
```

OpenLDAP verwenden

Die meisten Linux- und Unix-Versionen enthalten den OpenLDAP-Server bereits ab Werk. Falls nicht, müssen Sie ihn von *www.openldap.org* herunterladen und selbst kompilieren.

Für Windows gibt es einen binären Installer in der aktuell stabilen Version 2.4; Sie können ihn unter *www.maxcrc.de/download/* herunterladen. Wenn Sie den Installer mit Standardeinstellungen ausführen, wird OpenLDAP automatisch als Dienst installiert. Sie sollten das Installationsverzeichnis anschließend Ihrem `PATH` hinzufügen, damit Sie von überall Zugriff auf die LDAP-Kommandozeilentools haben.

Der OpenLDAP-Serverdienst trägt den Namen `slapd`. Seine Haupt-Konfigurationsdatei befindet sich standardmäßig unter */etc/openldap/slapd.conf*.

Damit ein Zugriff auf den LDAP-Server überhaupt möglich ist, müssen Sie die beiden Einträge `suffix` (die Wurzel des LDAP-Baums) und `rootdn` (DN des Verwaltungs-Accounts) editieren. Im Allgemeinen ist es üblich, dass der `rootdn` den Common Name `Manager` trägt; darauf folgen die gleichen Domainkomponenten wie beim `suffix`. Beispiel:

```
suffix      "dc=example,dc=com"
rootdn      "cn=Manager,dc=example,dc=com"
```

Zudem benötigt der `rootdn` ein Passwort. Standardmäßig lautet die betreffende Zeile:

```
rootpw      secret
```

Sie sollten das Passwort `secret` mindestens ändern; für den Produktiveinsatz empfiehlt sich zudem die Verwendung eines verschlüsselten Passworts. Dazu wird der Name des Verschlüsselungsalgorithmus in geschweiften Klammern angegeben, dahinter das Base64-codierte Passwort in der entsprechenden Verschlüsselung. Hier ein Beispiel für das MD5-verschlüsselte Passwort "`geheim`" (in der Praxis natürlich keine gute Wahl)[1]:

```
rootpw      {MD5}6GNuoBPmgvr2H1bOHLGrXA==
```

Sie können das Passwort mit den Konsolentools *ldappasswd* oder *slappasswd* verschlüsseln, die mit OpenLDAP geliefert werden.

1 MD5 selbst ist auch schon lange nicht mehr die beste Wahl für die Einwegverschlüsselung von Passwörtern. Konsultieren Sie für den Produktiveinsatz die OpenLDAP-Dokumentation für die sicherste verfügbare Wahl.

Nach einer solchen Konfigurationsänderung müssen Sie den OpenLDAP-Server mit der zu Ihrem Betriebssystem passenden Methode neu starten. Alternativ werten OpenLDAP-Versionen seit 2.3 die Konfigurationsdateien im Verzeichnis */etc/openldap/slapd.d* zur Laufzeit aus, erlauben also Konfigurationsänderungen ohne Neustart.

Sobald der Server läuft, können Sie Einträge erzeugen und ihn anderweitig nutzen. Die einfachste Methode besteht darin, die gewünschten Einträge im LDIF-Format in Textdateien zu schreiben und dann mithilfe der OpenLDAP-Kommandozeilentools einzulesen. Das folgende Beispiel legt die LDAP-Wurzel für *example.com*, die Organisationseinheiten `people` und `developers` sowie den Beispiel-User-Account `sascha` an:

```
dn: dc=example,dc=com
dc: example
objectClass: dcObject
objectClass: organizationalUnit
ou: example.com

dn: ou=people,dc=example,dc=com
ou: people
objectClass: organizationalUnit

dn: ou=developers,ou=people,dc=example,dc=com
ou: developers
objectClass: organizationalUnit

dn: uid=sascha,ou=developers,ou=people,dc=example,dc=com
objectClass: person
objectClass: posixAccount
uid: sascha
cn: Sascha Kersken
uidNumber: 1001
gidNumber: 100
gecos: Sascha Kersken
userPassword: {MD5}GzIxZVzrt6H3g+3fJ9JUyg==
homeDirectory: /home/sascha
loginShell: /bin/bash
```

Das noch nicht besprochene Attribut `gecos` steht für das gleichnamige */etc/passwd*-Feld, in dem optional ein ausführlicher Beschreibungstext zum entsprechenden Account steht.

Angenommen, die Datei hieße *data.ldif*. Dann können Sie Folgendes eingeben, um sie Ihrem LDAP-Verzeichnis hinzuzufügen:

```
# ldapadd -x -f data.ldif \
-D "cn=manager,dc=example,dc=com" -W
```

Die Option `-x` bedeutet, dass Klartextauthentifizierung verwendet werden soll; sie kann weggelassen werden, wenn Sie das `rootdn`-Passwort empfehlungsgemäß verschlüsselt haben. `-f Dateiname` gibt die Datei an, aus der `ldapadd` lesen soll. `-D` gibt den `rootdn` an, und `-W` fordert die Passworteingabeaufforderung in der nächsten Zeile an.

Weitere interessante LDAP-Kommandozeilentools sind *ldapmodify*, das einen existierenden Eintrag ändert (`ldapadd` ist eigentlich nur ein *ldapmodify*-Aufruf mit der Option `a`), sowie *ldapsearch*, das im LDAP-Verzeichnis nach Einträgen sucht.

Geben Sie beispielsweise Folgendes ein, um alle Einträge Ihres Verzeichnisses zu lesen (hier aus Platzgründen mit der Beispielausgabe vor Hinzufügen des User-Eintrags):

```
# ldapsearch -x -D "cn=Manager,dc=example,dc=com" \
-b "dc=example,dc=com" "(objectclass=*)"
Enter LDAP Password: # extended LDIF
#
# LDAPv3
# base <dc=example,dc=com> with scope sub
# filter: (objectClass=*)
# requesting: ALL
#

# example.com
dn: dc=example,dc=com
dc: example
objectClass: dcObject
objectClass: organizationalUnit
ou: example.com

# people, example.com
dn: ou=people,dc=example,dc=com
ou: people
objectClass: organizationalUnit

# developers, people, example.com
dn: ou=developers,ou=people,dc=example,dc=com
ou: developers
objectClass: organizationalUnit

# search result
search: 2
result: 0 Success

# numResponses: 4
# numEntries: 3
```

Die Optionen `-x` und `-D` wurden bereits erläutert. Die Option `-b` gibt den DN der Basis an, unter der gesucht werden soll. `"(objectclass=*)"` ist ein LDAP-Filter. Da jeder LDAP-Eintrag ein `objectClass`-Attribut besitzen muss, trifft dieser Filter auf jeden Knoten des Verzeichnisses zu.

In LDAP-Filtern steht jedes Suchkriterium in Klammern. Das Sternchen (*) kann als Platzhalter für ganze Werte oder Teile von ihnen eingesetzt werden. Neben der Vergleichsoperation `=` können beispielsweise auch `<=` für kleiner oder gleich beziehungsweise `>=` für größer oder gleich zum Einsatz kommen.

Möchten Sie mehrere Kriterien verknüpfen, funktioniert das so: `(|(`*`Kriterium 1`*`)(`*`Kriterium 2`*`))` kombiniert die beiden Kriterien über das logische Oder; es genügt also, wenn eines von ihnen zutrifft. `(&(`*`Kriterium 1`*`)(`*`Kriterium 2`*`))` zeigt dagegen das logische Und, das heißt, beide Kriterien müssen erfüllt sein.

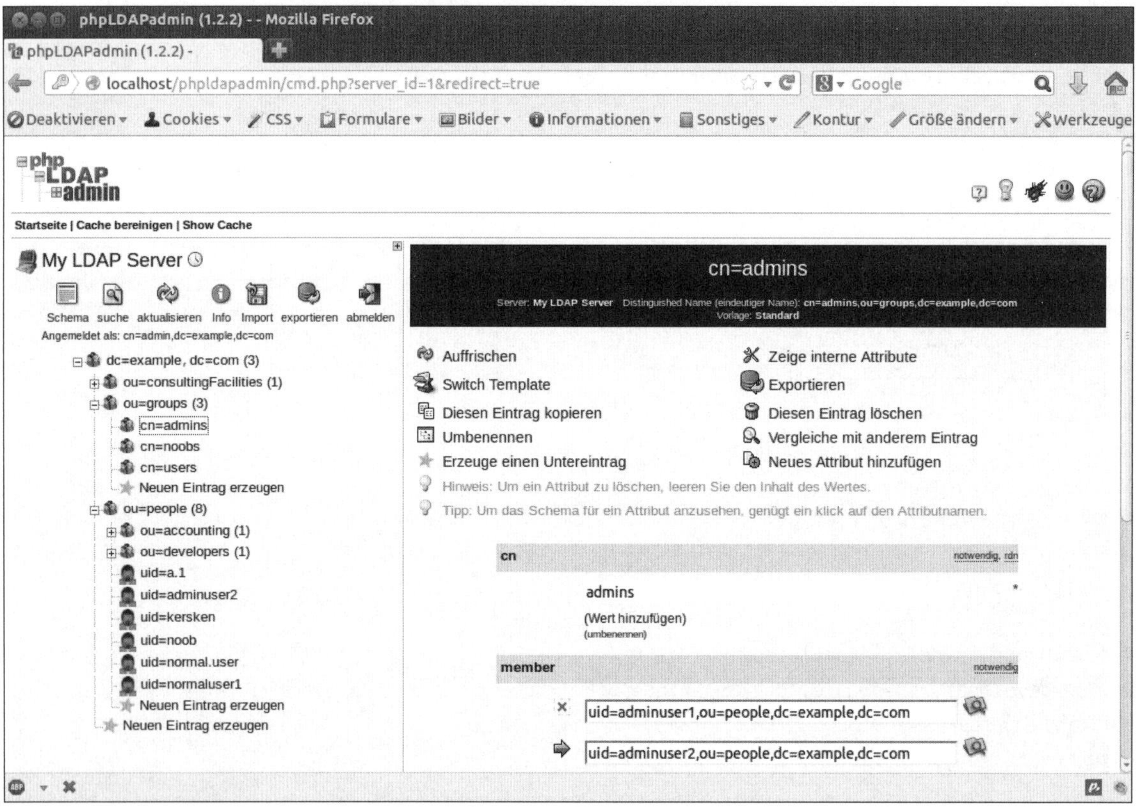

Abbildung 15.1 phpLDAPadmin im Einsatz

Mehr Komfort als diese Konsolenkommandos bieten grafische LDAP-Clients. Ein recht empfehlenswerter, wenn auch leider seit einigen Jahren nicht mehr weiterentwickelter Client ist *phpLDAPadmin*, der unter *phpldapadmin.sourceforge.net* zum Download bereitsteht. Er wird

– ähnlich wie das bekannte MySQL-Administrationstool phpMyAdmin – als PHP-Anwendung auf einem Webserver installiert. Sie brauchen das Paket nur in Ihr Webserververzeichnis zu kopieren, die Konfigurationsdatei *conf/config.php* anzupassen (wo Sie zum Beispiel die URL Ihres LDAP-Servers eintragen müssen) und die betreffende URL im Browser zu öffnen. Abbildung 15.1 zeigt einen LDAP-Beispieleintrag in phpLDAPadmin.

Einsatzbeispiele

LDAP-Verzeichnisse können für unzählige Verwaltungs- und Informationsaufgaben eingesetzt werden. An dieser Stelle lernen Sie zwei von ihnen im Schnellüberblick kennen: den LDAP-basierten System-Log-in unter Linux sowie die LDAP-basierte Authentifizierung gegenüber einem Apache-Webserver.

Die Systemanmeldung über LDAP funktioniert unter Linux über die *PAM*-Schnittstelle (*Pluggable Authentication Modules*). Als Erstes muss die Datei */etc/nsswitch.conf* editiert werden. Sie bestimmt, aus welchen Quellen überhaupt Anmeldedaten gelesen werden. Wichtig sind die folgenden drei Einträge:

```
passwd: files ldap
shadow: files ldap
group:  files ldap
```


Diese Zeilen bestimmen die Herkunft der */etc/passwd-*, */etc/shadow-* und */etc/group*-Daten. `files` sind die jeweiligen lokalen Originaldateien. Dieser Wert sollte niemals entfernt werden, da Sie sonst ausgesperrt sind, sobald der LDAP-Server ausfällt (insbesondere natürlich, wenn dieser auf `localhost` läuft). Vor allem das Verwalterkonto *root* muss stets lokal definiert bleiben.

Anschließend müssen Sie dafür sorgen, dass die Konfigurationsdatei */etc/pam.d/login* Zeilen wie diese enthält:

```
auth     sufficient /lib/security/pam_ldap.so
account  sufficient /lib/security/pam_ldap.so
password sufficient /lib/security/pam_ldap.so use_authtok
```

`auth` besagt, dass die Anmeldung anhand des LDAP-Verzeichnisses überprüft werden soll, `account` liest auch die Konteneinstellungen daraus. Die `password`-Zeile sorgt dafür, dass das eingegebene Passwort zum Vergleich an den LDAP-Server weitergereicht wird. Mit `sufficient` wird jeweils festgelegt, dass die LDAP-Überprüfung allein genügt und dass der Zugang nicht mehr von anderen Voraussetzungen abhängt.

Viele Betriebssysteme – besonders die meisten modernen Linux-Distributionen – enthalten eingebaute Hilfsmittel, mit denen Sie die LDAP-basierte Authentifizierung leichter einstellen können.

Falls Sie den Zugang zu Webverzeichnissen Ihres Apache-Servers über LDAP kontrollieren möchten, müssen Sie in der Datei *httpd.conf* zunächst überprüfen, ob die beiden zugehörigen Module geladen werden:

```
LoadModules ldap_module modules/mod_ldap.so
LoadModules authnz_ldap_module modules/mod_authnz_ldap.so
```

Anschließend können Sie eine Konfiguration nach dem folgenden Schema verwenden, um den Schutz eines Verzeichnisses mithilfe eines LDAP-Servers zu überprüfen:

```
<Directory /usr/local/apache2/htdocs/ldap-schutz>
    AuthType basic
    AuthBasicProvider ldap
    AuthName "LDAP-geschütztes Verzeichnis"
    AuthLDAPUrl \
        "ldap://localhost/dc=example,dc=com?uid?sub"
    AuthLDAPBindDN "cn=Manager,dc=example,dc=com"
    AuthLDAPBindPassword geheim
    Require valid-user
</Directory>
```

Starten Sie Apache neu, nachdem Sie eine solche Konfiguration erzeugt haben. Beim nächsten Zugriff auf das betreffende Verzeichnis zeigt der Browser einen Log-in-Dialog an. Hier müssen Sie eine gültige UID und das zugehörige Passwort eingeben.

Im Einzelnen bedeuten die verwendeten Konfigurationsdirektiven Folgendes (hier nur ganz kurz, da einige von ihnen bereits im vorangegangenen Kapitel erläutert wurden):

- `AuthType basic` – Datenübertragung vom Browser zum Server im Klartext. Leider arbeitet `mod_authnz_ldap` noch nicht mit `mod_auth_digest` zusammen.
- `AuthBasicProvider ldap` – Als Providermodul zur Überprüfung der Anmeldedaten wird `mod_authnz_ldap` ausgewählt.
- `AuthName` – Steht für den Realm, also den gemeinsamen Namen des Authentifizierungsbereichs.
- `AuthLDAPUrl` – Die URL des LDAP-Servers, sie besitzt diesen Aufbau:

  ldap[s]://*Host*[:*Port*] [*Host* ...]/*Basis-DN*?*Attribut*?*Tiefe*

  Die einzelnen Komponenten bedeuten Folgendes:

  - Protokoll, `ldap://` (Klartext) oder `ldaps://` (SSL-verschlüsselt, falls konfiguriert)
  - Hostname des LDAP-Servers; wenn er nicht auf Port 389 (`ldap`) beziehungsweise 636 (`ldaps`) läuft, müssen Sie hinter einem Doppelpunkt auch die Portnummer angeben; optional können Sie zur Ausfallsicherung mehrere Hosts durch Leerzeichen trennen
  - Basis-DN – der DN des LDAP-Knotens, unter dem gesucht werden soll

  - zu vergleichendes Attribut; meist uid (Standard) oder cn
  - Suchtiefe; one für den Basis-DN selbst oder sub für diesen und alle seine Unterbereiche

  Weitere Optionen sind möglich. Eine ausführliche Liste finden Sie beispielsweise in der Onlinedokumentation des Apache-Moduls mod_authnz_ldap unter *httpd.apache.org/docs/2.4/en/mod/mod_authnz_ldap.html.*

- AuthLDAPBindDN – Wenn Ihr LDAP-Server nicht für anonyme Lesezugriffe konfiguriert ist, müssen Sie mithilfe dieser Direktive den DN eines zugriffsberechtigten Accounts angeben.
- AuthLDAPBindPassword – Das Passwort des berechtigten LDAP-User-Accounts.
- Require – Gibt an, welche der im durchsuchten Teil des LDAP-Verzeichnisses vorgefundenen Accounts sich anmelden dürfen. Neben den allgemeinen Apache-Vorgaben user *Username*, group *Gruppenname* und valid-user (alle Accounts aus dem angegebenen Bereich) gibt es einige LDAP-spezifische Werte:
  - ldap-dn – der DN eines bestimmten Accounts, z. B. ldap-dn "uid=sascha, ou=developers, ou=people, dc=example, dc=com"
  - ldap-attribute – ein Attribut mit einem Vergleichswert, etwa ldap-attribute cell=* für alle User-Accounts, für die ein Mobiltelefon eingetragen ist
  - ldap-filter – ein LDAP-Filter; z. B. ldap-filter "(&(ou= developers)(sn=Schmitz))" akzeptiert nur User namens *Schmitz* aus der Abteilung developers

  Natürlich können mehrere Require-Direktiven mithilfe der Container <RequireAll> oder <RequireAny> kombiniert werden, wie im vorigen Kapitel gezeigt.

15.2 Die »Meta-Server« inetd und xinetd

Manche Internetserver werden nicht permanent benötigt, und es wäre deshalb eine gewisse Ressourcenvergeudung, sie permanent als Daemons laufen zu lassen. Die Alternative bietet ein Dienst, der bereits seit der »Internetsteinzeit« für Unix-Systeme zur Verfügung steht: der *Superdaemon* inetd. Er stellt die lauschenden Sockets für verschiedene TCP-Ports oder UDP-Dienste bereit und startet den jeweiligen Server, sobald eine Anfrage für diesen eintrifft. Einige ziemlich primitive Standarddienste kann er sogar selbst zur Verfügung stellen.

Früher war der Einsatz von inetd sehr verbreitet. Selbst alte Apache-Versionen besaßen eine Konfigurationsdirektive namens ServerType. Sie konnte die Werte stand-alone oder inetd annehmen, um den Webserver als Daemon zu betreiben beziehungsweise nur bei Bedarf zu starten.

Wegen diverser Designschwächen wurde der inetd inzwischen durch eine Neuimplementierung namens xinetd ersetzt. Da die Anleitungen vieler Server aber immer noch die Verhältnisse für inetd beschreiben, sollten Sie sich trotzdem beide Dienste anschauen.

15.2.1 »inetd«

Die Einstellungen für den inetd stehen in seiner Konfigurationsdatei */etc/inetd.conf*. Jeder Eintrag steht in einer einzelnen Zeile und besteht aus diversen durch Whitespace getrennten Feldern. Hier einige Beispiele:

```
echo stream tcp nowait root internal
echo dgram  udp wait   root internal
ftp  stream tcp nowait root /usr/sbin/tcpd in.ftpd -l -a
```

Die Felder haben folgende Bedeutung:

- *Dienstname* – Dies ist der Alias des Ports oder Dienstes gemäß */etc/services*.
- *Socket-Typ* – Wie Sie bereits aus Kapitel 9, »Weitere Konzepte der Programmierung«, wissen, sind Sockets die Endpunkte einer Netzwerkverbindung. Es gibt zwei wichtige Arten: stream stellt eine zuverlässige Punkt-zu-Punkt-Verbindung durch die sogenannten *Streaming-Sockets* zur Verfügung, während dgram die *Datagramm-Sockets* zum verbindungslosen Senden einfacher Nachrichten bereitstellt. stream-Sockets gehören in aller Regel zu TCP, dgram-Sockets dagegen zu UDP.
- *Protokoll* – Das Transportprotokoll; möglich sind die beiden Werte tcp und udp. Einige Dienste, zum Beispiel echo, können sowohl über TCP als auch über UDP verwendet werden.
- *Nebenläufigkeit* – Das nächste Feld enthält den Wert nowait, wenn der entsprechende Server mehrere Anfragen gleichzeitig verarbeiten kann, oder wait, wenn jeder Verbindungsversuch das Ende der vorherigen Verbindung abwarten muss. Da UDP einzelne Nachrichten sendet, genügt für dieses Protokoll stets wait, während die meisten TCP-Dienste nowait verwenden. Einzelheiten zum Thema TCP-Nebenläufigkeit erfahren Sie in den Abschnitten zur System- und Netzwerkprogrammierung in Kapitel 9, »Weitere Konzepte der Programmierung«, sowie im Rahmen der Diskussion über die Apache-MPMs im vorangegangenen Kapitel.
- *UID* – Die User-ID, unter der der Dienst ausgeführt wird. Die privilegierten Ports 0 bis 1023 dürfen nur von *root* geöffnet werden, weshalb dieser Name auch in den Beispielzeilen zu sehen ist.
- *Kommando* – Hier ist zu lesen, was passiert, wenn der inetd eine TCP-Verbindungsanfrage oder ein UDP-Datagramm für den jeweiligen Port oder Dienst empfängt. Der Wert internal bedeutet, dass inetd die Anfrage selbst verarbeitet. tcpd ist der TCP-Wrapper, ein weiterer Vermittlungsdienst, der dann seinerseits den eigentlichen Server startet. Die dritte Möglichkeit ist der Pfad eines Serverprogramms.

15.2.2 »xinetd«

Der xinetd wurde als Ersatz für den klassischen inetd geschrieben. Seine Konfigurationsdateien besitzen ein aufwendigeres Format, da er auch mehr Möglichkeiten bietet. Er verwendet zunächst eine Datei namens */etc/xinetd.conf* für allgemeine Voreinstellungen. Hier ein Beispiel für die Haupt-Konfigurationsdatei:

```
defaults
{
     log_type          = FILE /var/log/xinetd.log
     log_on_success    = HOST EXIT DURATION
     log_on_failure    = HOST ATTEMPT
#    only_from         = localhost
     instances         = 30
     cps               = 50 10

#    interface         = 127.0.0.1

}
includedir /etc/xinetd.d
```

Zeilen, die mit einem #-Zeichen beginnen, sind Kommentare. Zwei Einstellungen werden auf diese Weise standardmäßig auskommentiert: `only_from` zur Beschränkung von Zugriffen auf die angegebenen Client-Hosts beziehungsweise -Teilnetze sowie `interface` zur Verwendung bestimmter Netzwerkschnittstellen. Per Voreinstellung darf also jeder beliebige Host auf alle Netzwerkschnittstellen zugreifen.

`log_type` legt fest, ob Protokolldaten – wie hier gezeigt – in eine Datei oder ins Syslog geschrieben werden. `log_on_success` bestimmt, welche Daten bei erfolgreichen Zugriffen geloggt werden sollen, im vorliegenden Beispiel Hostname, Verbindungsende und Verbindungsdauer. `log_on_failure` legt fest, welche Daten bei fehlgeschlagenen Zugriffen protokolliert werden – hier der Hostname und der Zugriffsversuch selbst.

Die Einstellung `instances` beschränkt die Anzahl gleichzeitig aktiver Serverinstanzen. `cps` (*clients per second*) besitzt zwei Werte – die Höchstzahl der Zugriffe pro Sekunde sowie die Wartezeit in Sekunden, falls diese überschritten wird.

Die `includedir`-Zeile bindet alle Dateien unterhalb des Verzeichnisses */etc/xinetd.d* ein; diese enthalten die Einstellungen für die einzelnen Serverdienste. Das folgende Beispiel zeigt die Datei */etc/xinetd.d/daytime*. Es handelt sich um einen in RFC 867 definierten Internetstandarddienst, der jede TCP- oder UDP-Anfrage auf Port 13 mit Datum und Uhrzeit beantwortet. Die UDP-Version besitzt eine eigene Konfigurationsdatei namens */etc/xinetd.d/daytime-udp*. Hier der Inhalt der TCP-Datei:

```
service daytime
{
     type        = INTERNAL
     id          = daytime-stream
     socket_type = stream
```

```
    protocol     = tcp
    user         = root
    wait         = no
    disable      = yes
    FLAGS        = IPv6 IPv4
}
```

Die Zeilen haben folgende Bedeutung:

- `service` – Name des Dienstes gemäß */etc/services*
- `type` – Typ des Serverdienstes. `INTERNAL` bedeutet, dass der Dienst von `xinetd` selbst ausgeführt wird. Weitere wichtige Typen sind `RPC` für NFS und NIS, `TCPMUX` für TCP-Multiplexing nach RFC 1078 sowie `UNLISTED` für benutzerdefinierte Serverdienste, deren Portnummern nicht in */etc/services* stehen.
- `id` – ID des Dienstes, ein eindeutiger Wert. Bei Diensten wie *daytime*, die sowohl TCP als auch UDP unterstützen, wird deshalb wie hier `stream` beziehungsweise `dgram` zur Unterscheidung angehängt; bei allen anderen Servern genügt der einfache Dienstname.
- `socket_type` – Socket-Typ, `stream` oder `dgram`
- `protocol` – Transportprotokoll, `tcp` oder `udp`
- `user` – User-ID, unter der der Server ausgeführt wird
- `wait` – Nebenläufigkeitskonfiguration. Der Wert `no` entspricht dabei dem `inetd`-Parameter `nowait`, während `yes` der Einstellung `wait` entspricht.
- `disable` – Falls `yes` eingestellt wird, ist der Dienst standardmäßig deaktiviert. Kommentieren Sie die Zeile mithilfe von `#` aus, um diesen Server zu testen.
- `FLAGS` – Legt fest, mit welchen IP-Versionen der Server zusammenarbeitet; im vorliegenden Beispiel werden beide unterstützt. Der IPv6-Support ist eine der wichtigsten Neuerungen gegenüber `inetd`.

Außer *daytime* kann `xinetd` folgende Dienste selbst ausführen:

- *echo* (Port 7) liefert jede an den Server gesendete Nachricht wörtlich wieder zurück. Es handelt sich also um eine Art erweitertes *ping* über höhere Transportprotokolle.
- *time* (Port 37) ist ein weiterer Zeitserver. Im Gegensatz zu *daytime* sendet er die Zeitinformation nicht als String, sondern numerisch, sodass Sie dieses Protokoll nicht mit *telnet* testen können – die Zeichenumsetzung des gelieferten 32-Bit-Integers ist nicht im Klartext lesbar.
- *chargen* (Port 19) erzeugt einen Endlos-Zeichenstrom. In der Regel wird der von Menschen lesbare Bereich des ASCII-Zeichensatzes in einer Endlosschleife wiederholt. So lässt sich etwa die Zuverlässigkeit einer Netzwerkverbindung überprüfen.
- *discard* (Port 9) ist die Netzwerkentsprechung von */dev/null*: Was auch immer Sie an diesen Dienst senden, wird verworfen.

15.3 Übungsaufgaben

Im Folgenden ist jeweils genau eine Antwort richtig.

1. Wie wird ein BIND-Nameserver in einer Konfigurationsdatei als primärer Master gekennzeichnet?
   - `master = true;`
   - `type master;`
   - `primary-master;`
   - `type slave false;`
2. Wie kann ein Time-To-Live-Wert von 24 Stunden in einer BIND-Zonendatendatei nicht angegeben werden?
   - `$TTL 1d`
   - `$TTL 86400`
   - `$TTL 1.0days`
   - `$TTL 23h59m60s`
3. Welches der folgenden Felder gehört nicht zum SOA-Record in einer BIND-Zonendatendatei?
   - MNAME
   - Refresh
   - Retry
   - Ignore
4. Wie sieht ein A-Record für den Host *test.example.com* mit der IP-Adresse 192.168.1.18 in einer BIND-Zonendatendatei aus?
   - `test.example.com. IN A 18.1.168.192`
   - `192.168.1.18 IN A test.example.com.`
   - `test.example.com. IN A 192.168.1.18`
   - `192.168.1.18 test.example.com. IN A`
5. Was bedeutet der folgende CNAME-Record in einer BIND-Zonendatendatei?

   ```
   www IN CNAME webhost.example.com.
   ```

   - Der Webserver heißt intern *www.example.com*, soll aber unter *webhost.example.com* erreichbar sein.
   - Der Webserver heißt intern *webhost.example.com*, soll aber unter *www.example.com* erreichbar sein.
   - Der Server soll im internen Netzwerk über den Kurznamen *www* erreichbar sein; für das DNS-System hat der Eintrag keine Bewandtnis.
   - Der CNAME-Record enthält einen Syntaxfehler; der Nameserver startet mit diesen Zonendaten nicht.

15

6. Welche Aufgabe haben MX-Records in Zonendaten?
   - Sie geben die Adressen von Mailservern an (Mail Exchange).
   - Sie enthalten die Adressen alternativer Master-Nameserver (Master External).
   - Sie konfigurieren den Reverse Lookup (Hostname zu gegebener IP-Adresse).
   - Im DNS gibt es keine MX-Records; es handelt sich um lokale Einträge in */etc/hosts*.
7. Wie lautet der LDAP-DN für die Domain *testdomain.de*?
   - `dc=testdomain,tld=de`
   - `dn=testdomain,dc=de`
   - `dc=testdomain,dc=de`
   - `dc=testdomain.de`
8. Wofür steht der LDAP-Knotentyp `ou`?
   - externer Log-in (outbound user)
   - Abteilung (organizational unit)
   - lokale User-Accounts (office user)
   - sonstige Daten (other unit)
9. Wie lautet das LDAP-Attribut für den Nachnamen einer Person?
   - `ln` (last name)
   - `lastName`
   - `sn` (surname)
   - `familyName`
10. Welches LDAP-Attribut wird für die E-Mail-Adresse eines User-Accounts verwendet?
    - `email`
    - `mail`
    - `em`
    - `electronicMail`
11. Mit welchem OpenLDAP-Konsolenbefehl können Sie eine LDIF-Datei zum LDAP-Server hinzufügen?
    - `addldif`
    - `ldifadd`
    - `ldapadd`
    - `slapcreate`

12. Wie muss die Suchmaske für *ldapsearch* beschaffen sein, wenn Einträge gefunden werden sollen, die in einer der Abteilungen research oder development arbeiten, deren Nachname mit M beginnt und deren E-Mail-Adresse mit @t-online.de endet?
    - `((ou=development|ou=research)&(sn=M*)&(mail=*t-online.de))`
    - `(&(|(ou=development)(ou=research))(sn=M*)(mail=*t-online.de))`
    - `&(|(ou=development)(ou=research))(sn=M*)(mail=t-online.de))`
    - `(|(ou=development)(ou=research)&((sn=M*)(mail=*t-online.de)))`

Kapitel 16
XML

More matter, with less art.
– William Shakespeare

XML, die *Extensible Markup Language* (auf Deutsch: *erweiterbare Auszeichnungssprache*), ist kein bestimmtes Dokumentformat, sondern eine Metasprache zur Definition beliebiger Auszeichnungssprachen. Diese Sprachen können Textdokumente, Vektorgrafiken, multimediale Präsentationen, Datenbanken oder andere Arten von strukturierten Daten beschreiben. XML wurde vom *World Wide Web Consortium* (*W3C*) entworfen und standardisiert. Es handelt sich um eine schlanke, moderne und an Internetbedürfnisse angepasste Weiterentwicklung der klassischen Metasprache *SGML* (*Standard Generalized Markup Language*), die Ende der 60er-Jahre des letzten Jahrhunderts erfunden und in den 80er-Jahren entscheidend weiterentwickelt wurde.

Die XML-Spezifikation selbst enthält nur wenige formale Regeln für den Aufbau von Dokumenten. Wenn Sie sich an diese (im weiteren Verlauf näher erläuterten) Regeln halten, erzeugen Sie ein *wohlgeformtes* XML-Dokument. Darüber hinaus besteht die Möglichkeit, Standards für XML-Dokumentformate zu definieren und Dokumente von diesen Standards abhängig zu machen. Dokumente, die auf solchen Formatdefinitionen basieren, sind nicht nur wohlgeformt, sondern auch *gültig* (beziehungsweise *valide*). Die klassische bereits in SGML bekannte Form für solche Dokumentklassen ist die *Document Type Definition* (*DTD*). Moderne Alternativen, die zum einen leistungsfähiger sind und zum anderen selbst in reinem XML verfasst werden, sind *XML Schema* und *RELAX NG* (siehe *www.relaxng.org*).

Grundsätzlich bietet die Verwendung klartextbasierter Dokumentformate eine Reihe von Vorteilen gegenüber Binärdateien:

- Sämtliche Konfigurations- und Strukturinformationen sind für Menschen lesbar und können notfalls auch manuell geändert werden.
- Die Dokumente lassen sich auf jedem beliebigen Computersystem in einem einfachen Texteditor öffnen und eventuell bearbeiten. Der reine Textinhalt erschließt sich auch, wenn man die verwendeten Auszeichnungsbefehle nicht versteht.
- Der Austausch von Dokumenten mit anderen Anwendungen, neuen Versionen einer Anwendung oder Programmiersprachen ist erheblich einfacher als bei Binärformaten.

Es gibt nur einen entscheidenden Nachteil gegenüber Binärdateiformaten: Textbasierte Formate benötigen mehr Speicherplatz. Das ist aber in der heutigen Zeit kein so großes Problem mehr wie früher, und außerdem lassen sich Formate wie XML recht effizient komprimieren.

Die interessanteste Frage ist daher, was XML gegenüber anderen textbasierten Auszeichnungssprachen auszeichnet. Zunächst haben fast alle textbasierten Formate außer XML spezielle Aufgaben: Beispielsweise dient *LaTeX* dem Erstellen von Vorlagen für den professionellen Satz, *PostScript* beschreibt dagegen fertig formatierte Ausgabeseiten für High-End-Drucker und -Belichter. Diese beiden Formate werden in Kapitel 17, »Weitere Datei- und Datenformate«, angesprochen. Darüber hinaus besitzen Unix-Serveranwendungen und viele andere Programme jeweils ein eigenes ASCII-basiertes Konfigurationsdateiformat. In Kapitel 14, »Server für Webanwendungen«, werden zum Beispiel die Konfigurationsdateien des Webservers Apache erläutert.

XML ist dagegen eine *universelle* Sprache; es spielt keine Rolle, ob Sie Ihre Musik-CD-Sammlung, Ihre Doktorarbeit oder Ihre Geschäftsdaten in einem XML-Dokument speichern. Wichtig ist allerdings, zu verstehen, dass XML immer nur die Struktur und den Aufbau der Daten beschreibt. Das Layout der Druck- oder Webversion von Textinhalten muss durch eine externe Stil- oder Formatierungssprache beschrieben werden, beispielsweise durch das im weiteren Verlauf des Kapitels beschriebene *XSLT*. Auch die Aufbereitung und Darstellung von Datendokumenten sind nicht im XML-Format selbst festgelegt, sondern werden durch Programmierung oder durch ein spezielles Anwendungsprogramm durchgeführt.

Übrigens werden in der Praxis gar nicht so oft neue Dokumentformate für eigene Anwendungen entwickelt. Der überwiegende Anteil der Anwendungen von XML beruht auf dem Einsatz vorhandener XML-basierter Sprachen. Beispiele sind hier etwa die Webseiten-Auszeichnungssprache *XHTML*, das Vektorgrafikformat *SVG* (*Scalable Vector Graphics*) oder die beliebte Handbuch- und Dokumentationssprache *DocBook*. Sehr verbreitet sind auch die beiden XML-basierten *Newsfeed*-Formate *RSS* und *Atom*, die sich nicht nur als Listenformat für Nachrichten eignen, sondern auch als praktisch universell einsetzbares Austauschformat für strukturierte Daten. HTML und XHTML werden in Kapitel 18, »Webseitenerstellung mit HTML und CSS«, näher erläutert.

Eine wichtige Frage wurde bisher noch nicht angesprochen: Wie werden XML-Dokumente editiert und abgespeichert? Darauf gibt es keine allgemeingültige Antwort. Prinzipiell handelt es sich bei XML-Dokumenten um Textdateien, Sie können sie also mit Ihrem bevorzugten Texteditor bearbeiten. Wichtig ist nur, dass der gewählte Editor den Zeichensatz unterstützt, den das XML-Dokument verwendet.

Neben den einfachen Texteditoren werden inzwischen unzählige spezielle XML-Editoren angeboten, sowohl Open-Source-Lösungen als auch kommerzielle Programme. Bekannte kommerzielle Editoren sind beispielsweise *XMLSpy* für Windows von der österreichischen Firma Altova (*www.xmlspy.com*) oder der Java-basierte *Oxygen XML-Editor* (*www.oxygenxml.com*). Eine der wenigen noch aktiv weiterentwickelten Open-Source-Lösungen ist *BaseX* – hauptsächlich eine XML-Datenbank, die aber auch einen guten Editor enthält (*github.com/BaseXdb/basex*).

Ein guter XML-Editor bietet neben dem direkten Bearbeiten der XML-Codes die Möglichkeit, XML-Dokumente in einer Baumansicht oder anderweitig visuell zu editieren. Außerdem sollten zusätzliche Formate wie DTDs, XML Schema, XSLT etc. unterstützt werden.

Neben den reinen XML-Editoren bieten auch alle guten modernen Entwicklungsumgebungen das Erstellen und Bearbeiten von XML-Dokumenten, sowohl Open-Source-Produkte wie Netbeans oder Eclipse als auch kommerzielle wie IntelliJ IDEA.

Abgesehen davon verwenden viele Anwendungsprogramme XML-basierte Datenformate, beispielsweise LibreOffice/OpenOffice oder neuere Versionen der Microsoft-Office-Programme (bei beiden ist die Office-Arbeitsdatei ein ZIP-Archiv, in dem sich verschiedene XML-Dokumente und eventuell weitere Ressourcen wie Bilddateien befinden). Dennoch käme wohl kaum jemand auf die Idee, diese Dokumente von Hand mithilfe eines Text- oder XML-Editors zu bearbeiten.[1] Ebenso gibt es spezielle Editoren für besondere XML-Formate wie XHTML oder SVG. Letzteres lässt sich beispielsweise leicht aus Adobe Illustrator exportieren und ist das Standardformat des Open-Source-Zeichenprogramms Inkscape.

Gespeichert werden XML-Dokumente entweder als Datei mit der Endung *.xml*, wenn es sich um allgemeine XML-Dokumente handelt, oder mit einer speziellen Dateierweiterung, falls ein besonderes XML-Format verwendet wird. Zum Beispiel werden XHTML-Dokumente üblicherweise mit der Endung *.html* oder *.htm* gespeichert; SVG-Dateien besitzen dagegen die Erweiterung *.svg*.

Der für Webserver und E-Mail-Anwendungen wichtige MIME-Type allgemeiner XML-Dokumente ist `text/xml` oder `application/xml`, wobei Letzterer vor allem dann empfohlen wird, wenn das Dokument nicht ohne Weiteres von Menschen gelesen werden kann. Spezielle Formate haben entweder einen ganz eigenen Typ wie `text/html` oder eine Kombination wie `image/svg+xml`. Beachten Sie, dass ein SVG-Dokument zwar formal noch immer ein Textdokument ist, aber den Verwendungszweck eines Bildes erfüllt – deshalb der Haupttyp `image`.

16.1 Der Aufbau von XML-Dokumenten

Jedes XML-Dokument besteht aus einer Hierarchie ineinander verschachtelter Steueranweisungen, die als *Elemente* oder *Tags* bezeichnet werden, und kann zusätzlich einfachen Text enthalten. Die XML-Tags werden in spitze Klammern gesetzt, also zwischen ein <-Zeichen und ein >-Zeichen. Sie können ein oder mehrere Attribute in der Form `attribut="wert"` enthalten. Jedes Tag wird unter Angabe seiner Bezeichnung geöffnet (zum Beispiel `<test>`) und weiter unten im Dokument durch eine Wiederholung mit vorangestelltem Slash (/) wieder geschlossen (etwa `</test>`). Wahrscheinlich haben Sie eine solche Syntax schon einmal gesehen, wenn Sie sich den Quellcode von HTML-Dokumenten angeschaut haben, die ähnlich (oder im Fall von XHTML gleich) aufgebaut sind.

1 Ein unbestreitbarer Vorteil besteht aber natürlich darin, dass es relativ leicht ist, Programme zu schreiben, die diese Formate generieren.

16.1.1 Die grundlegenden Bestandteile von XML-Dokumenten

In Listing 16.1 sehen Sie ein einfaches XML-Dokument, in dem eine Übersicht über diverse Comics geboten wird:

```
<?xml version="1.0" encoding="utf-8"?>
<comics>
  <comic language="en-US">
    <publisher>Marvel</publisher>
    <series>The Amazing Spider-Man</series>
    <format>Comic Book</format>
    <issue>663</issue>
    <title>The Return Of Anti-Venom</title>
    <subtitle>Part One: The Ghost of Jean DeWolff</subtitle>
    <authors>
      <author role="Writer">Dan Slott</author>
      <author role="Pencils">Giuseppe Camuncoli</author>
    </authors>
    <price currency="USD">3.99</price>
  </comic>
  <comic language="en-US">
    <publisher>Marvel</publisher>
    <series>Ultimate Spider-Man</series>
    <format>Trade Paperback</format>
    <issue original="1-13">1</issue>
    <title>Ultimate Spider-Man</title>
    <subtitle>Ultimate Collection</subtitle>
    <authors>
      <author role="Writer">Brian Michael Bendis</author>
      <author role="Pencils">Mark Bagley</author>
    </authors>
    <price currency="USD">24.99</price>
  </comic>
  <comic language="en-US">
    <publisher>DC Comics</publisher>
    <series>Action Comics</series>
    <format>Comic Book</format>
    <issue>901</issue>
    <title>Reign Of The Doomsdays</title>
    <subtitle>Part 1</subtitle>
    <authors>
      <author role="Writer">Paul Cornell</author>
      <author role="Artist">Kenneth Rocafort</author>
      <author role="Artist">Jesus Merino</author>
```

```
    </authors>
    <price currency="USD">2.99</price>
  </comic>
  <comic language="en-US">
    <publisher>Bongo Comics</publisher>
    <series>Simpsons Comics</series>
    <format>Comic Book</format>
    <issue>178</issue>
    <title>The Thingama-Bob From Outer Space</title>
    <authors>
      <author role="Writer">Eric Rogers</author>
      <author role="Pencils">John Costanza</author>
    </authors>
    <price currency="USD">2.99</price>
  </comic>
</comics>
```

Listing 16.1 comics.xml ist ein Beispiel für ein XML-Dokument, in dem Daten über verschiedene Comics gesammelt werden.

Jedes XML-Dokument beginnt mit einer `xml`-Steueranweisung, die die verwendete XML-Version (1.0 oder – seit 2006 – auch 1.1) und den Zeichensatz des Dokuments angibt:

```
<?xml version="1.0" encoding="utf-8"?>
```

Die hier verwendete Zeichencodierung `utf-8` ist eine spezielle Schreibweise des Unicode-Zeichensatzes: Die ASCII-Zeichen 0 bis 127 benötigen nur ein Byte, alle anderen Unicode-Zeichen dagegen zwei bis vier. Selbstverständlich können Sie auch andere Zeichensätze angeben, zum Beispiel `iso-8859-1` für den traditionellen USA-/Westeuropa-Standardzeichensatz oder `gb2312` für Chinesisch (VR China). Dazu muss der verwendete Zeichensatz allerdings von Ihrem Text- oder XML-Editor unterstützt werden. Näheres über Zeichensätze erfahren Sie in Kapitel 17, »Weitere Datei- und Datenformate«.

Das optionale, im obigen Beispiel nicht verwendete Attribut `standalone` ergibt nur Sinn, wenn sich das Dokument auf ein externes Formatdokument wie eine DTD oder ein XML Schema bezieht. Der Wert `"yes"` besagt in diesem Fall, dass das XML-Dokument nicht durch Formatvorgaben dieser externen Datei modifiziert werden darf.

Ein Dokument wie das obige Beispiel, das nicht von einer DTD oder einem Schema abhängt, muss wohlgeformt sein, aber es kann nicht valide sein, da es keine Spezifikation gibt, gegen die seine Gültigkeit geprüft werden könnte.

Steueranweisungen (auch *PI, Processing Instructions*) können in XML-Dokumenten an beliebiger Stelle vorkommen. Es handelt sich um Anweisungen für interpretierende Geräte oder Programme, die mit dem Dokument selbst nichts zu tun haben.

XML-Elemente

Es ist wichtig, dass *genau ein* Tag, das Wurzelelement, das gesamte Dokument umschließt. Das Wurzelelement des vorliegenden Dokuments sieht folgendermaßen aus:

```
<comics>
  <!-- umschlossener Inhalt -->
</comics>
```

Innerhalb des Wurzelelements sind weitere Elemente mit ihren Unterelementen und Textinhalten verschachtelt. Das Wichtigste ist dabei, dass Sie auf die korrekte Reihenfolge bei der Verschachtelung achten müssen. Eine Schreibweise wie die folgende ist nicht gestattet:

```
<author><name>Bendis</author></name>
```

Richtig muss es folgendermaßen lauten:

```
<author><name>Bendis</name></author>
```

Die hierarchische Gliederung von XML-Dokumenten ergibt eine Art Baumdiagramm. Das Wurzelelement bildet logischerweise die Wurzel, die verschachtelten Elemente sind die Äste und Zweige und die Textinhalte die Blätter. Abbildung 16.1 zeigt einen Ausschnitt des Comic-Dokuments in Form eines solchen Diagramms.

Die *Namen* der Tags und der im weiteren Verlauf besprochenen Attribute dürfen aus Buchstaben und Ziffern sowie aus den folgenden Sonderzeichen bestehen: _ (Unterstrich), - (Bindestrich) und . (Punkt). Das erste Zeichen darf keine Ziffer sein. Es wird zwischen Groß- und Kleinschreibung unterschieden.

Jedes XML-Tag, das geöffnet wurde, muss auch wieder geschlossen werden. Erst das öffnende und das schließende Tag zusammen ergeben das eigentliche Element. Geschlossen wird ein Tag durch die Wiederholung seines Namens mit vorangestelltem Slash (/). In der Regel steht zwischen den beiden Tags Inhalt, der aus tiefer verschachtelten Tags oder aus einfachem Text bestehen kann. Mitunter kommt es jedoch vor, dass ein Element leer ist, also keinen weiteren Inhalt enthält.

Zum Beispiel könnte die Comic-Liste für jeden Comic ein zusätzliches Element enthalten, das auf den Dateinamen und den MIME-Type einer Abbildung des Covers verweist. Für diese Angaben würden sich Attribute (siehe nächster Abschnitt) besonders gut eignen:

```
...
<title>The Thingama-Bob From Outer Space</title>
<cover file="simpsons_178.png" type="image/png">
</cover>
...
```

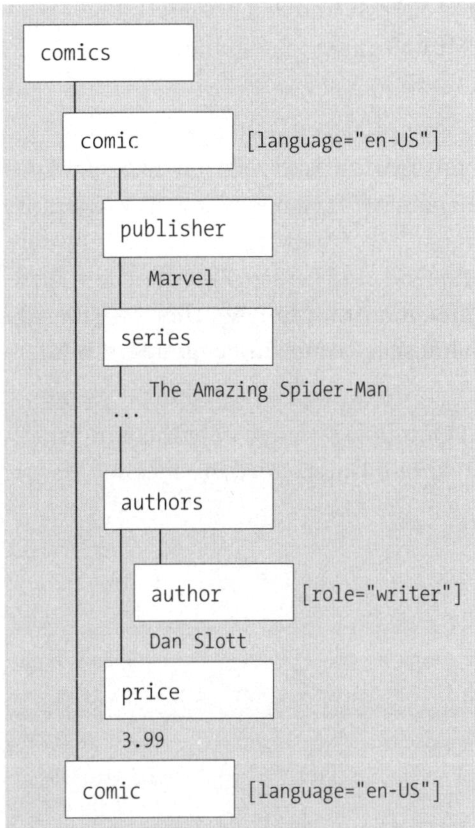

Abbildung 16.1 Darstellung eines XML-Dokuments in Form einer Baumstruktur

Da alle erforderlichen Informationen über das Cover-Bild bereits in den Attributen stehen, benötigt das Element `cover` keinen verschachtelten Inhalt. Falls Sie bereits Kenntnisse in HTML haben, könnten Ihnen die dort verwendeten »Einfach-Tags« wie der Zeilenumbruch `<br>` vertraut sein. In XML ist eine solche Ausnahme nicht zulässig, die Schreibweise stammt noch aus SGML. Als »Entschädigung« bietet XML allerdings eine kurz gefasste Schreibweise für leere Elemente an. Das `cover`-Element könnten Sie entsprechend dieser Syntax auch folgendermaßen schreiben:

```
<cover file="simpsons_178.png" type="image/png" />
```

Der Slash am Ende des Tags ersetzt also das vollständige schließende Tag. Das Leerzeichen vor dem End-Slash ist nach der eigentlichen XML-Syntax nicht erforderlich, aber aufgrund alter Zeiten, in denen Browser noch nicht unbedingt XHTML verstanden, weit verbreitet. Der zuvor erwähnte Zeilenumbruch wird in der voll kompatiblen Fassung also so geschrieben:

```
<br />
```

Genaueres über klassisches HTML im Unterschied zu XHTML und dem neuen HTML5 erfahren Sie in Kapitel 18, »Webseitenerstellung mit HTML und CSS«.

Attribute

Das Element `comic` enthält jeweils ein Attribut namens `language` und gegebenenfalls `isbn`. Attribute stehen nur beim öffnenden Tag und werden beim schließenden niemals wiederholt. Die Form ist stets `attributname="attributwert"` oder `attributname='attributwert'`. Die doppelten oder einfachen Anführungszeichen sind zwingend erforderlich. Zwischen dem Attributnamen, dem Gleichheitszeichen und dem öffnenden Anführungszeichen ist kein Abstand erlaubt, während mehrere Attribute durch Whitespace voneinander getrennt werden, genau wie Tag-Name und Attribut.

Allgemein werden Attribute häufig verwendet, um Ordnungskriterien oder Metainformationen für Elemente anzugeben. Allerdings ergäbe sich kein Unterschied im Informationsgehalt des Dokuments, wenn Sie anstelle von

```
<comic language="en-US">
   ...
</comic>
```

die folgende Schreibweise wählten:

```
<comic>
   <language>en-US</language>
   ...
</comic>
```

Beachten Sie jedoch, dass Attribute immer nur für Informationen geeignet sind, die lediglich einmal pro Element vorkommen. Es ist nämlich nicht zulässig, zwei Attribute gleichen Namens in ein und demselben Tag zu verwenden. Außerdem ist ein Attribut naturgemäß nicht für mehrgliedrige Angaben geeignet, die eigentlich verschachtelt werden müssen.

Das folgende Beispiel zeigt einen extrem schlechten Stil bei der Verwendung von Attributen, da es vor allem die erste Regel missachtet:

```
<comic language="en-US" author1="Brian Michael Bendis" author2="Mark Bagley">
   ...
</comic>
```

Was machen Sie aber, wenn ein Comic zehn Mitwirkende hat (bei Sammelbänden ist das keine Seltenheit)?

Noch übler ist die folgende Schreibweise, die beide Regeln ignoriert:

```
<comic language="en-US" author-lastname1="Bendis"
author-firstname1="Brian Michael" author-lastname2="Bagley"
author-firstname2="Mark">
  ...
</comic>
```

Diese beiden schlechten Beispiele sollten Sie so schnell wie möglich wieder vergessen; sie sind zwar formal zulässig, stilistisch aber vollkommen indiskutabel.

Entity-Referenzen

In Abschnitt 16.4, »Grundlagen der XML-Programmierung«, kommt ein XML-Dokument zum Einsatz, das verschiedene XML-Fachbücher beschreibt. Eines der Bücher hat die Verlagsangabe `O'Reilly` – `'` ersetzt in einem XML-Dokument den Apostroph.

Einige Zeichen sind in XML-Dokumenten nicht zulässig, sondern müssen durch spezielle Escape-Sequenzen ersetzt werden, die als *Entity-Referenzen* bezeichnet werden. Eine Entity-Referenz beginnt mit einem &-Zeichen, darauf folgen ein spezieller Code und am Ende ein Semikolon. Tabelle 16.1 zeigt die fünf Zeichen, die nicht gestattet sind, und die passenden Entity-Referenzen.

Zeichen	Entity-Referenz	Bedeutung
<	`<`	*less than* (kleiner als)
>	`>`	*greater than* (größer als)
&	`&`	Ampersand (»and per se and«, Kaufmanns-Und)
'	`'`	Apostroph
"	`"`	*quotation mark* (Anführungszeichen)

Tabelle 16.1 Die fünf Standard-Entity-Referenzen in XML

Alle diese Zeichen haben im XML-Code eine spezielle Bedeutung: < und > umschließen die Tags. Die Werte von Attributen stehen in Anführungszeichen oder wahlweise in einfachen Anführungszeichen (Apostrophen). Das &-Zeichen schließlich leitet eben die Entity-Referenzen ein.

Neben diesen vorgefertigten Entity-Referenzen können Sie in XML auch beliebige Unicode-Zeichen numerisch angeben. Die Syntax ist entweder `&#Dezimalcode;` oder `&#xHexadezimalcode;`. Beispielsweise erzeugen Sie ein Registered-Trademark-Zeichen ® durch die Zeichenfolge `®` (dezimal) oder `®` (hexadezimal).

Schließlich können Sie eigene Entitys definieren und in Ihren Dokumenten Referenzen darauf verwenden. Dies ermöglicht Ihnen den schnellen Zugriff auf häufig benötigte Sonderzeichen oder sogar XML-Codeblöcke. Die Definition von Entitys wird innerhalb von DTDs durchgeführt, die in Abschnitt 16.2, »DTDs und XML Schema«, behandelt werden.

CDATA-Abschnitte

Der normale Text in XML-Dokumenten besteht aus sogenannten *PCDATA*-Abschnitten. *PC-DATA* steht für *parsed character data*. Dies bedeutet, dass einige Sonderzeichen innerhalb des Textes gemäß ihrer speziellen XML-Bedeutung behandelt werden – es sei denn, Sie verwenden die im vorangegangenen Abschnitt vorgestellten Entity-Referenzen.

In einigen Fällen können Entity-Referenzen sehr störend sein. Stellen Sie sich zum Beispiel eine XML-Version des vorliegenden Kapitels vor. Diese müsste in normalen Textabschnitten die Entity-Referenzen verwenden.

Der folgende Code ist die XML-Entsprechung eines Ausschnitts aus dem letzten Abschnitt:

```
<para>
  Das <code>cover</code>-Element könnten Sie entsprechend dieser
  Syntax auch folgendermaßen schreiben:
</para>
<codeblock>
  &lt;cover file=&quot;simpsons_178.png&quot;
  type=&quot;image/png&quot; /&gt;
</codeblock>
<para>
  Der Slash am Ende des Tags ersetzt also das vollständige
  schließende Tag.
</para>
```

Das XML-Codebeispiel zwischen den Tags `<codeblock>` und `</codeblock>` ist durch die Häufung von Entity-Referenzen absolut unleserlich. Um derartige Probleme zu vermeiden, wurde ein spezielles Format für solche Textblöcke entwickelt, die sogenannten *CDATA*-Abschnitte, die Abkürzung bedeutet *character data*. Innerhalb dieser speziellen Bereiche sind alle Sonderzeichen erlaubt und werden nicht als XML interpretiert.

Ein CDATA-Abschnitt wird durch die Sequenz `<![CDATA[` eingeleitet und durch `]]>` abgeschlossen. Mithilfe eines CDATA-Abschnitts wird das Beispiel oben sofort viel lesbarer:

```
<para>
  Das <code>cover</code>-Element könnten Sie entsprechend dieser
  Syntax auch folgendermaßen schreiben:
</para>
<codeblock>
<![CDATA[
  <cover file="simpsons_178.png"
  type="image/png" />
```

```
]]>
</codeblock>
<para>
  Der Slash am Ende des Tags ersetzt also das vollständige
  schließende Tag.
</para>
```

Es versteht sich von selbst, dass die Zeichenfolge `]]>` innerhalb eines CDATA-Blocks unzulässig ist – schließlich beendet sie ebendiesen Block. Genau deshalb wurde eine so unwahrscheinliche Zeichensequenz gewählt.

Kommentare

Zu guter Letzt können XML-Dokumente auch noch *Kommentare* enthalten. Ein Kommentar wird naturgemäß ignoriert;[2] er dient Ihrer eigenen Übersicht im Dokument oder kann zusätzliche Erläuterungen enthalten. Ein Kommentar wird durch die Zeichenfolge `<!--` eingeleitet und endet mit `-->`. Er kann sich über beliebig viele Zeilen erstrecken. In den Beispielen zuvor wurden Kommentare bereits als Auslassungsmarkierung oder für Erläuterungen verwendet.

Hier ein Beispiel für einen XML-Block mit einem Kommentar:

```
<authors>
  <author role="Writer">Brian Michael Bendis</author>
  <author role="Pencils">Mark Bagley</author>
  <!-- An dieser Stelle fehlen Inks, Colors und Letters -->
</authors>
```


Wenn Sie Kommentare nutzen, um einen unerwünschten Bereich Ihres XML-Dokuments vorübergehend zu deaktivieren, müssen Sie darauf achten, dass der Block selbst keine Kommentare enthält, denn beim ersten Auftreten der Sequenz `-->` ist alles Weitere kein Kommentar mehr, und das nächste `-->` gilt wegen des allein stehenden, nicht als Entity-Sequenz geschriebenen `>` sogar als Fehler.

16.1.2 Wohlgeformtheit

Jedes XML-Dokument muss eine Reihe formaler Regeln erfüllen, um *wohlgeformt* zu sein. XML-Dateien, die diesen Regeln nicht genügen, werden von XML-Parsern in Anwendungen und Programmiersprachen nicht verarbeitet, sondern erzeugen Fehlermeldungen. In diesem Abschnitt werden die Regeln für die Wohlgeformtheit noch einmal explizit erläutert.

2 Die im letzten Abschnitt dieses Kapitels vorgestellten XML-Parser zur Programmierung XML-basierter Anwendungen können allerdings bei Bedarf auf Kommentare reagieren.

Zwar wurden sie bereits am Rande erwähnt, sind aber wichtig genug, um genauer erklärt zu werden.

Hier sehen Sie zunächst eine kurze Liste aller Regeln für die Wohlgeformtheit:

- Ein XML-Dokument benötigt genau ein *Wurzelelement*: Ein bestimmtes Element muss alle anderen Elemente und Textinhalte umschließen.
- Alle Elemente müssen korrekt ineinander verschachtelt werden; das zuletzt geöffnete Element wird als Erstes wieder geschlossen.
- Jedes Element besteht aus einem öffnenden und einem schließenden Tag; »Einfach-Tags« wie in klassischem HTML gibt es nicht. Für leere Tags existiert die spezielle Kurzfassung mit dem End-Slash.
- Attribute haben die Form `name="wert"`. Der Wert muss stets in Anführungszeichen stehen.
- Die Namen von Elementen und Attributen dürfen nur Buchstaben, Ziffern, Unterstriche, Bindestriche und Punkte enthalten. Es wird zwischen Groß- und Kleinschreibung unterschieden. Das erste Zeichen darf keine Ziffer sein.
- Bestimmte Zeichen sind in XML-Dokumenten nicht zulässig: `<`, `>`, `&`, `"` und `'` müssen durch die Entity-Referenzen `<`, `>`, `&`, `"` beziehungsweise `'` ersetzt werden. Die Definition weiterer Entity-Referenzen ist zulässig, aber sie dürfen nicht undefiniert verwendet werden.
- CDATA-Blöcke ermöglichen die beliebige Verwendung der Sonderzeichen, die normalerweise durch Entity-Referenzen ersetzt werden müssen. Ein CDATA-Abschnitt steht zwischen `<![CDATA[` und `]]>`.

Die meisten dieser Regeln wurden eingangs bereits ausführlich genug erläutert. Im Folgenden wird allerdings noch einmal die Bedeutung des Wurzelelements und der korrekten Verschachtelung von Tags hervorgehoben.

Wurzelelemente

Die Forderung nach einem Wurzelelement bedeutet, dass Code wie der folgende kein vollständiges XML-Dokument bildet:

```
<comic>
  <series>Fantastic Four</series>
</comic>

<comic>
  <series>Detective Comics</series>
</comics>
```

Dies ist bestenfalls ein Dokumentfragment. Manche XML-fähigen Anwendungen sind in der Lage, mit solchen Fragmenten umzugehen. Sie dürfen sich allerdings niemals darauf verlassen. Wenn Sie es mit einem Fragment zu tun haben, aber sicherstellen möchten, dass Ihr Parser es verarbeiten kann, können Sie das Fragment einfach komplett mit einem zusätzlichen Wurzelelement umschließen.

Korrekt als vollständiges XML-Element wäre folgende Fassung:

```
<comics>
  <comic>
    <series>Fantastic Four</series>
  </comic>
  <comic>
    <series>Detective Comics</series>
  </comic>
</comics>
```

Das Element `comics` ist das Wurzelelement des gesamten Dokuments: Die Tags `<comics>` und `</comics>` umschließen alle anderen Inhalte.

Bei vielen vordefinierten XML-basierten Dokumentformaten ist das Wurzelelement ein Hinweis auf das Format selbst. Beispielsweise lautet das Wurzelelement eines XHTML-Dokuments `html`. Der gesamte Inhalt von HTML-Dokumenten wird also von den Tags `<html>` und `</html>` umschlossen.

Korrekte Verschachtelung

Wie bereits erwähnt, muss die korrekte Verschachtelungsreihenfolge von XML-Elementen beachtet werden. Tags werden von außen nach innen geöffnet und in umgekehrter Reihenfolge wieder geschlossen. Das zuletzt geöffnete Tag wird demnach zuerst geschlossen.

Diese Regel ist im Grunde leicht zu merken und einzuhalten. Vielleicht verwirrt es Sie aber in dem Fall, dass zwei Tags unmittelbar hintereinander geöffnet werden, die Sie später auch wieder gleichzeitig schließen möchten.

Stellen Sie sich beispielsweise vor, Sie hätten für die Formatierung eines Textdokuments zwei Elemente namens `fett` und `kursiv` definiert und wollten nun einige Wörter fett *und* kursiv darstellen. In diesem Fall denken Sie: Diese Wörter sollen fett und kursiv sein. Wenig später denken Sie sich: Dieses Wort soll allerdings nicht mehr fett und nicht mehr kursiv sein. Dieser Sprachgebrauch würde die folgende Formulierung in XML nahelegen:

```
Dieser Text ist <fett><kursiv>fett und kursiv</fett></kursiv>
und dieser nicht mehr.
```

Allerdings ist dieses Konstrukt absolut verboten. Die richtige Syntax lautet natürlich folgendermaßen:

```
Dieser Text ist <fett><kursiv>fett und kursiv</kursiv></fett>
und dieser nicht mehr.
```

Gute XML- oder HTML-Editoren weisen im Übrigen schon während der Eingabe darauf hin, dass Sie eine falsche Verschachtelung verwendet haben, oder sie erstellen das schließende Tag automatisch, sobald Sie das öffnende hingeschrieben haben.

16.2 DTDs und XML Schema

Bereits in der Einleitung wurde erwähnt, dass XML-Dokumente neben der Wohlgeformtheit zusätzlich von einem Standard abhängen können. Ein solcher Standard enthält Regeln, die bestimmen, welche Elemente und Attribute erforderlich oder zulässig sind und in welcher Reihenfolge sie stehen müssen oder dürfen. Die traditionelle Methode, um einem XML-Dokument derartige Beschränkungen aufzuerlegen, ist die *Document Type Definition*. Dieses Format wurde bereits für SGML entworfen und mit einigen notwendigen Änderungen und Ergänzungen für XML übernommen. Eine neuere, rein XML-basierte Alternative, die obendrein mehr Möglichkeiten bietet, ist *XML Schema*. Beide Sprachen werden in diesem Abschnitt behandelt.

16.2.1 Document Type Definitions (DTDs)

Eine *Document Type Definition* (*DTD*), die einen bestimmten XML-Dateityp definiert, steht in der Regel in einer externen Datei mit der Endung *.dtd*. Um ein XML-Dokument an die Regeln dieser DTD zu binden, müssen Sie noch vor dem Wurzelelement eine `<!DOCTYPE>`-Deklaration hineinschreiben. Hier wird die URL – oder allgemeiner die ID – der verwendeten DTD angegeben. Es kann sich dabei um eine `SYSTEM`-ID handeln, die stets eine URL benötigt, oder um eine `PUBLIC`-ID, die sich auf eine öffentlich standardisierte DTD bezieht.

Angenommen, es existierte eine DTD für das XML-Dokument aus dem vorangegangenen Abschnitt, die sich im selben Verzeichnis befindet wie das Dokument. Die passende `<!DOCTYPE>`-Angabe verwendet in diesem Fall eine `SYSTEM`-ID und lautet folgendermaßen:

```
<!DOCTYPE comics SYSTEM "comics.dtd">
```

Genauso gut kann diese DTD in einem anderen Verzeichnis im Dateisystem oder sogar auf einem anderen Server im Internet liegen. Die DTD-Datei *comics.dtd* liegt unter anderem unter *http://buecher.lingoworld.de/fachinfo/listings/16/common/comics.dtd*. Wenn Sie sich auf diese URL beziehen möchten (immer mit der Gefahr, dass sie geändert oder entfernt werden könnte), funktioniert dies folgendermaßen:

```
<!DOCTYPE comics SYSTEM
 "http://buecher.lingoworld.de/fachinfo/listings/16/common/comics.dtd">
```

Eine `PUBLIC`-ID verwendet dagegen ein standardisiertes Format, um die DTD unabhängig von ihrer konkreten URL zu kennzeichnen. Eine Anwendung, die ein Dokument auf der Grundlage dieser DTD validiert (ihre Gültigkeit überprüft), muss allerdings eine eingebaute Version der DTD enthalten oder wissen, wie sie diese online finden kann. Deshalb werden in der Praxis nur wenige öffentliche DTDs häufig verwendet. Das folgende Beispiel zeigt einen Verweis auf die XHTML-DTD des W3C:

```
<!DOCTYPE html PUBLIC "-//W3C//DTD XHTML 1.0 Strict//EN">
```

Um sicherzustellen, dass die DTD auf jeden Fall gefunden wird, wenn der Validator sie benötigt, wird in der Praxis meist zusätzlich eine URL angegeben:

```
<!DOCTYPE html PUBLIC "-//W3C//DTD XHTML 1.0 Strict//EN"
    "http://www.w3.org/TR/xhtml1/DTD/xhtml1-strict.dtd">
```

Definition einer DTD

DTDs beschreiben, welche Elemente und Attribute in welcher Reihenfolge in einem Dokument zulässig sind und welche Daten sie jeweils enthalten dürfen.

Ein Element wird mithilfe einer <!ELEMENT>-Deklaration angegeben. Formal sieht diese Deklaration folgendermaßen aus:

```
<!ELEMENT elementname (elementinhalt)>
```


Der Elementinhalt kann aus einer Liste verschachtelter Elemente bestehen oder auf einfachen Textinhalt hinweisen. Enthält ein Element verschachtelte Tags, werden für diese wiederum <!ELEMENT>-Definitionen angegeben.

Die zulässigen Attribute für ein Element werden dagegen in eine <!ATTLIST>-Angabe geschrieben. Die formale Schreibweise ist folgende:

```
<!ATTLIST elementname attr1 TYP #REQUIRED
                      attr2 TYP #IMPLIED
                      ...>
```

Der häufigste TYP für Attribute ist CDATA, also die Angabe beliebiger Zeichen. #REQUIRED oder #IMPLIED geben an, ob das Attribut erforderlich ist oder nicht. Ein Attribut mit der Angabe #REQUIRED muss angegeben werden, #IMPLIED definiert dagegen ein optionales Attribut. Eine dritte zulässige Angabe ist #FIXED, was für ein vorgegebenes Attribut steht: Wird es nicht angegeben, ist es dennoch automatisch mit seinem Standardwert vertreten; wenn Sie es explizit angeben, muss es dagegen den vorgegebenen Wert besitzen.

Übrigens können Sie auch für jedes Attribut eine eigene <!ATTLIST>-Definition schreiben. In keinem der beiden Fälle ist die Reihenfolge der Attribute innerhalb des Elements verbindlich.

In Listing 16.2 sehen Sie die vollständige DTD *comics.dtd* für das eingangs vorgestellte Dokument *comics.xml*. Die zusätzlich erläuterte Erweiterung um ein `cover`-Element für eine Abbildung des Comic-Covers ist bereits enthalten:

```
<!ELEMENT comics (comic+)>
  <!ELEMENT comic (publisher, format, issue, title, subtitle?,
  cover?, authors, price)>
  <!ATTLIST comic language CDATA #REQUIRED
                  isbn CDATA #IMPLIED>
    <!ELEMENT publisher (#PCDATA)>
    <!ELEMENT format (#PCDATA)>
    <!ELEMENT issue (#PCDATA)>
    <!ATTLIST issue original CDATA #IMPLIED>
    <!ELEMENT title (#PCDATA)>
    <!ELEMENT subtitle (#PCDATA)>
    <!ELEMENT cover EMPTY>
    <!ATTLIST cover file CDATA #REQUIRED
                    type  CDATA #REQUIRED>
    <!ELEMENT authors (author+)>
      <!ELEMENT author (#PCDATA)>
      <!ATTLIST author role #REQUIRED>
    <!ELEMENT price (#PCDATA)>
    <!ATTLIST price currency CDATA #REQUIRED>
```

Listing 16.2 comics.dtd ist eine DTD für XML-Dateien über Comics.

Übrigens ist die Reihenfolge, in der Sie die Deklarationen in der DTD vornehmen, vollkommen gleichgültig. Allerdings kommen Sie leicht durcheinander, wenn Sie sich nicht dauerhaft an eine selbst gewählte Reihenfolge halten. Eine empfehlenswerte Reihenfolge, die auch im vorliegenden Beispiel verwendet wird und in vielen gut geschriebenen DTDs anzutreffen ist, funktioniert nach den folgenden Regeln:

- Als Erstes wird das Wurzelelement deklariert.
- Falls das Wurzelelement Attribute besitzt, folgt als Nächstes seine `<!ATTLIST>`-Deklaration.
- Anschließend werden nacheinander alle unterhalb des Wurzelelements zulässigen Elemente in der angegebenen Reihenfolge deklariert.
- Nach jedem Element folgt – falls vorhanden – seine `<!ATTLIST>`-Angabe; anschließend werden wiederum alle in diesem Element zulässigen Elemente durch ihre `<!ELEMENT>`-Angaben deklariert.

Auf diese Weise enthält die DTD ein genaues Abbild der Verschachtelung der durch sie beschriebenen XML-Dokumente. Dies können Sie zusätzlich durch Einrückungen verdeutlichen.

Die meisten Elemente in der gezeigten DTD enthalten im Übrigen keine weiter verschachtelten Elemente mehr, sondern das Inhaltsmodell (#PCDATA), also beliebigen Text. Das Element cover besitzt dagegen die spezielle Angabe EMPTY – es handelt sich um ein leeres Tag, das keine weiteren Inhalte aufweisen darf. Wie bereits erläutert, muss es später im Dokument nicht umständlich als <cover ...></cover> geschrieben, sondern kann durch <cover .../> abgekürzt werden.

Elemente deklarieren

Im letzten Abschnitt haben Sie die <!ELEMENT>-Deklaration schon grundsätzlich kennengelernt. Die häufigsten Formen dieser Deklaration sind die Aufzählung der zulässigen Elemente oder #PCDATA für einfachen Text.

Die umfangreichste Liste von Elementen in der Beispiel-DTD enthält die Angabe für das Element comic:

```
<!ELEMENT comic (publisher, format, issue, title, subtitle?,
  cover?, authors, price)>
```

In dieser Schreibweise bedeutet die Definition, dass innerhalb des Elements comic alle angegebenen Elemente in der vorgegebenen Reihenfolge vorkommen müssen. Wie hier noch genauer erläutert werden wird, bedeutet das ? hinter subtitle und cover, dass diese Elemente optional sind.

Anstelle einer festgelegten Reihenfolge können Sie auch eine Liste von Alternativen angeben. Das folgende Beispiel zeigt ein Element namens anschrift, das entweder das Element postfach oder das Element strasse enthalten kann:

```
<!ELEMENT anschrift (postfach | strasse)>
```

Die beiden folgenden Alternativen sind gültige Verwendungen des Elements anschrift:

```
<anschrift>
  <postfach>1234567</postfach>
</anschrift>

<anschrift>
  <strasse>Alte Straße 12</strasse>
</anschrift>
```

Solche Angaben lassen sich durch Klammern auch verschachteln. Diese verbesserte Version von anschrift verlangt entweder ein Postfach oder eine Straße und eine Hausnummer:

```
<!ELEMENT anschrift (postfach | (strasse, hausnr))>
```

Sie können sogar Alternativen und Pflichtangaben beliebig mischen, wie die folgende vollständige Fassung einer Anschrift zeigt:

```
<!ELEMENT anschrift (name, (postfach | (strasse, hausnr)), plz, ort)>
```

Eine Anschrift besteht also aus einem Namen, gefolgt von einem Postfach oder einer Straße mit Hausnummer, anschließend kommt die Postleitzahl und zum Schluss der Ort. Die beiden folgenden Anschriften haben dieses Format:

```
<anschrift>
  <name>Rheinwerk Verlag</name>
  <strasse>Rheinwerkallee</strasse>
  <hausnr>4</hausnr>
  <plz>53227</plz>
  <ort>Bonn</ort>
</anschrift>

<anschrift>
  <name>MICROGRAFX (Deutschland) GmbH</name>
  <postfach>14 18</postfach>
  <plz>85704</plz>
  <ort>Unterschleißheim</ort>
</anschrift>
```

Alternativen können auch helfen, wenn Ihnen die Reihenfolge bestimmter Elemente egal ist. Die folgende Variante der `comic`-Deklaration stellt es frei, die Reihenfolge von `format` und `issue` beliebig zu vertauschen:

```
<!ELEMENT comic (publisher, ((format, issue) | (issue, format)),
  title, subtitle?, cover?, authors, price)>
```

Zu viele verschiedene Reihenfolgen können Sie also nicht zulassen, weil die Liste sonst erheblich zu lang würde.

Sie können einer Liste von Alternativen ebenfalls `#PCDATA` voranstellen, um anstelle der möglichen Tags auch beliebigen Text zuzulassen. Beispielsweise könnte eine Anschrift neben einem Postfach oder einer Straße-Hausnummer-Folge auch einen anderen Zusatz enthalten, der als einfacher Text ausgedrückt wird:

```
<!ELEMENT anschrift (name, (#PCDATA | postfach | (strasse, hausnr)),
plz, ort)>
```

Auf diese Weise könnten Sie auch anders formulierte Anschriften, wie man sie manchmal in ländlichen Gegenden findet (zum Beispiel »Gutshof Erlenbach« oder Ähnliches), ohne Probleme angeben.

Des Weiteren kann jedes Element und jede Gruppe von Inhalten in einem XML-Dokument mehrmals vorkommen. Zu diesem Zweck bietet die DTD-Sprache verschiedene Modifikatoren an, die Sie hinter ein Element oder einen geklammerten Ausdruck setzen können, um seine Häufigkeit anzugeben:

- ? – Der Inhalt darf einmal oder keinmal vorkommen.
- + – Der Inhalt muss mindestens einmal vorkommen.
- * – Der Inhalt darf beliebig oft vorkommen.

Beispielsweise können Personen nicht nur einen Vornamen haben, sondern auch mehrere. Um diese Vornamen voneinander zu trennen, könnten Sie das Element `author` in der `comics`-DTD folgendermaßen verfeinern:

```
<!ELEMENT author (lastname, firstname+)>
```

Dadurch könnten Sie den Autor Brian Michael Bendis folgendermaßen angeben:

```
<author>
  <lastname>Bendis</lastname>
  <firstname>Brian</firstname>
  <firstname>Michael</firstname>
</author>
```


Auch die Angabe ? für ein- oder keinmal kann sehr nützlich sein. Bei dem `comic`-Beispiel ist es etwa angebracht, Cover-Bild und Untertitel optional zu setzen, weil sie für manche Comics vielleicht nicht verfügbar sind:

```
<!ELEMENT comic (publisher, ((format, issue) | (issue, format)),
  title, subtitle?, cover?, authors, price)>
```

Das Gleiche gilt für die Angabe von Postleitzahl oder Straße und Hausnummer bei Anschriften: Große Postempfänger besitzen manchmal ihre eigene Postleitzahl, die eine weitere Angabe überflüssig macht. Die ultimative Fassung des Elements `anschrift` sieht demnach so aus:

```
<!ELEMENT anschrift (name, (#PCDATA | postfach |
(strasse, hausnr))?, plz, ort)>
```

Der Modifikator * für beliebig oft (auch keinmal) kann beispielsweise nützlich sein, um Adels- oder akademische Titel einer Person anzugeben. Die folgende Definition berücksichtigt so gut wie alle Eventualitäten bei der Angabe von Personennamen:

```
<!ELEMENT person (anrede, titel*, vorname+, name, geburtsname?)>
```

Eine Person kann nach diesem Schema beliebig viele Titel tragen, einen oder mehrere Vornamen führen und einen vom aktuellen Namen abweichenden Geburtsnamen haben oder auch nicht. Die folgenden Beispiele genügen diesem Modell:

```
<person>
  <anrede>Herr</anrede>
  <titel>Dr.</titel>
  <vorname>Klaus</vorname>
  <vorname>Peter</vorname>
  <name>Schmitz</name>
</person>

<person>
  <anrede>Frau</anrede>
  <titel>Prof.</titel>
  <titel>Dr.</titel>
  <vorname>Annette</vorname>
  <name>Schmitz</name>
  <geburtsname>Müller</geburtsname>
</person>
```

Die folgende kleine DTD definiert ein Format für einfache Textdokumente mit wenigen Auszeichnungsmöglichkeiten:

```
<!ELEMENT dokument ((ueberschrift?, absatz+)+)>
  <!ELEMENT ueberschrift (#PCDATA)>
  <!ELEMENT absatz ((#PCDATA | fett | kursiv)+)>
    <!ELEMENT fett (#PCDATA)>
    <!ELEMENT kursiv (#PCDATA)>
```

Ein Dokument kann laut dieser DTD einen oder mehrere Blöcke enthalten, die aus einer oder keiner Überschrift und einem oder mehreren Absätzen bestehen. Eine Überschrift enthält nur einfachen Text. Ein Absatz dagegen kann einen oder mehrere Teile enthalten, die aus einfachem Text, einem fetten oder einem kursiven Bereich bestehen. Die fetten oder kursiven Bereiche enthalten wiederum einfachen Text.

Das folgende kurze Beispiel zeigt ein Dokument, das sich an diese DTD hält:

```
<dokument>
  <ueberschrift>XML</ueberschrift>
  <absatz>
    <fett>XML</fett> ist ein vom <kursiv>W3C</kursiv>
    definiertes Metaformat für die Definition von
    <kursiv>Auszeichnungssprachen</kursiv>.
  </absatz>
```

```
  <absatz>
    Inzwischen gibt es Unmengen von Formaten, die
    auf XML basieren, beispielsweise <fett>XHTML</fett>,
    <fett>SVG</fett> oder <fett>RSS</fett>.
  </absatz>
</dokument>
```

Wenn Sie das Dokument mit geeigneten Mitteln – die in diesem Kapitel noch vorgestellt werden – verarbeiten, könnte es in einem fertigen Layout zum Beispiel folgendermaßen aussehen:

> **XML**
>
> *XML* ist ein vom *W3C* definiertes Metaformat für die Definition von *Auszeichnungssprachen*.
>
> Inzwischen gibt es Unmengen von Formaten, die auf XML basieren, beispielsweise **XHTML**, **SVG** oder **RSS**.

Attribute definieren

Formal ein wenig einfacher, aber inhaltlich dafür komplexer als bei den Elementen sind die DTD-Regeln für die Definition von Attributen. Wie eingangs beschrieben, werden Attribute mithilfe einer `<!ATTLIST>`-Deklaration angegeben. Beispielsweise befindet sich in der `comics`-DTD die folgende Attributliste für das Element `cover`:

```
<!ATTLIST cover file CDATA #REQUIRED
                type CDATA #REQUIRED>
```

Jede Attributangabe besteht aus dem Attributnamen (hier `file` und `type`), dem Attributtyp (im Beispiel `CDATA` für einen beliebigen Textinhalt) und der Angabe, ob das Attribut erforderlich ist (in diesem Fall `#REQUIRED` für erforderlich).

Alternativ könnten Sie die beiden Attribute des Elements `cover` auch folgendermaßen angeben:

```
<!ATTLIST cover file CDATA #REQUIRED>
<!ATTLIST cover type CDATA #REQUIRED>
```

Es ist mit keiner der beiden Definitionsmethoden möglich, eine bestimmte Reihenfolge der Attribute eines Elements festzulegen. Wegen der besonderen Bedeutung der Attribute als nähere Bestimmungen eines Elements wäre dies auch gar nicht wünschenswert. Es spielt überhaupt keine Rolle, ob zuerst der Dateiname oder zuerst der MIME-Type einer Comic-Cover-Abbildung angegeben wird; beide sind erforderlich, um das Bild in einer eventuellen Anwendung korrekt darstellen zu können.

Was Attributangaben besonders komplex macht, ist die Tatsache, dass es zehn verschiedene Attributtypen gibt. Der häufigste von allen ist CDATA für einen beliebigen Text-String. Fast genauso häufig wird der spezielle Inhaltstyp *Aufzählung* verwendet. Für diesen Typ wird kein spezielles Schlüsselwort angegeben, sondern lediglich eine in Klammern stehende, durch |-Zeichen getrennte Liste von Alternativen.

Beispielsweise definiert die folgende <!ATTLIST> die Attribute eines Elements namens farbe, das die Intensität einer der drei RGB-Grundfarben rot, gruen oder blau angibt:

```
<!ATTLIST farbe ton          (rot|gruen|blau) #REQUIRED
                intensitaet CDATA             #REQUIRED>
```

Trotz der vielen verschiedenen Attributtypen gibt es keine vernünftige Möglichkeit, die Intensität auf eine ganze Zahl zwischen 0 und 255 einzuschränken – es sei denn, Sie haben Lust, anstelle von CDATA die vollständige Liste (0 | 1 | 2 | ... | 254 | 255) einzugeben. Absolut unmöglich ist im Übrigen die Beschränkung auf einen bestimmten Datentyp wie *ganze Zahl, Datum/Uhrzeit* oder Ähnliches. Für solche Feinheiten ist das im weiteren Verlauf des Kapitels vorgestellte XML Schema geeigneter.

Was die verschiedenen Attributtypen dagegen zu bieten haben, sehen Sie übersichtlich in Tabelle 16.2.

Die meisten dieser Attributtypen werden Sie in eigenen DTDs wahrscheinlich niemals verwenden. Die allermeisten Aufgaben können Sie mit CDATA und Aufzählungen erledigen. Falls Sie XML für datenbankähnliche Aufgaben einsetzen, werden Sie wahrscheinlich auch ID und IDREF beziehungsweise IDREFS nützlich finden.

Typ	Erläuterung	Beispiele
CDATA	Beliebiger Text.	"Hallo", "25"
(Aufzählung)	Liste möglicher Alternativen wie (rot | gruen | blau).	"kreuz" aus ("kreuz" | "pik" | "herz" | "karo")
NMTOKEN	Darf nur die Zeichen enthalten, die in XML-Tag-Namen erlaubt sind. Ermöglicht eine stärkere Inhaltskontrolle als CDATA.	"13.05.2021", "hallo", "funny-names"
NMTOKENS	Liste mehrerer NMTOKEN-Werte. XML-Parser behandeln Leerzeichen als Trennzeichen für mehrere Einzelwerte.	"kueche diele bad" (Parser bildet die Einzelwerte kueche, diele und bad)

Tabelle 16.2 Die zulässigen Attributtypen zur Verwendung in DTDs

Typ	Erläuterung	Beispiele
ID	Werte wie bei NMTOKEN; jeder Wert muss jedoch im gesamten XML-Dokument einmalig sein. Dies ist nützlich für eindeutige Schlüssel.	"isbn3898421376", "B12345" (Leider ist eine reine Zahl verboten, weil sie kein gültiger XML-Name ist.)
IDREF	Bezug auf ein Attribut vom Typ ID eines anderen Elements. Dient der Definition von Bezügen wie in relationalen Datenbanken.	(siehe ID)
IDREFS	Eine durch Leerzeichen getrennte Liste mehrerer IDs, auf die Bezug genommen wird.	"isbn3898421376 isbn3898423557"
ENTITY	Verweist auf ein innerhalb der DTD definiertes Entity (Standard-Entitys wie lt oder quot sind nicht zulässig).	(Entitys werden im nächsten Abschnitt »Entitys« noch genauer erläutert.)
ENTITIES	Eine durch Leerzeichen getrennte Liste mehrerer ENTITY-Werte.	
NOTATION	Der Wert eines speziellen DTD-Konstrukts vom Typ <!NOTATION>, das die Abkürzung von SYSTEM- oder PUBLIC-IDs ermöglicht.	"gif", bezogen auf: <!NOTATION gif SYSTEM "image/gif"> <!NOTATION jpg SYSTEM "image/jpeg"> <!NOTATION png SYSTEM "image/png"> <!ATTLIST bild typ NOTATION(gif | jpg | png)>

Tabelle 16.2 Die zulässigen Attributtypen zur Verwendung in DTDs (Forts.)

Die letzte Angabe innerhalb einer Attributdefinition gibt an, ob das Attribut erforderlich ist oder nicht, und besagt, ob es einen Standardwert für dieses Attribut gibt. Die vier möglichen Werte sind folgende:

- #REQUIRED – Das Attribut muss auf jeden Fall angegeben werden; es gibt keinen Standardwert.
- #IMPLIED – Das Attribut kann weggelassen werden; einen Standardwert gibt es auch hier nicht.
- #FIXED – Das Attribut hat stets den hinter #FIXED angegebenen Standardwert. Wird es nicht angegeben, dann wird es vom Parser trotzdem mit dem Standardwert ausgewertet. Falls es explizit angegeben wird, muss es dagegen genau den Standardwert aufweisen.

- Literal – Wenn Sie anstelle eines der drei Schlüsselwörter nur einen Standardwert in Anführungszeichen angeben, hat das Attribut diesen Standardwert, wenn Sie es weglassen. Geben Sie es dagegen explizit an, erhält es den entsprechenden Wert.

Die folgende kleine DTD definiert einen einfachen Farbverlauf aus zwei RGB-Farben. Das leere Element rgb besitzt verschiedene Attribute, um den Rot-/Grün-/Blau-Wert und die Deckkraft (alpha) zu definieren:

```
<!ELEMENT verlauf (rgb, rgb)>
<!ELEMENT rgb EMPTY>
<!ATTLIST rgb rot   CDATA "255"
              gruen CDATA "255"
              blau  CDATA "255"
              alpha CDATA "100">
```

Die Standard-RGB-Farbe ist demnach Weiß mit einer Deckkraft von 100 %. Einen Verlauf von Schwarz nach Weiß, beide mit 100 % Deckkraft, können Sie also mit minimalem Aufwand folgendermaßen definieren:

```
<verlauf>
  <rgb rot="0" gruen="0" blau="0" />
  <rgb />
</verlauf>
```

Ein XML-Parser, der die DTD verarbeitet und diese Elemente liest, ergänzt sie automatisch zu folgender Langform:

```
<verlauf>
  <rgb rot="0" gruen="0" blau="0" alpha="100" />
  <rgb rot="255" gruen="255" blau="255" alpha="100" />
</verlauf>
```

Entitys

Entitys bieten vor allem die Möglichkeit, häufig vorkommende XML-Blöcke abzukürzen und Zeichen darzustellen, die im aktuellen Zeichensatz des XML-Dokuments nicht vorhanden sind. Im XML-Dokument werden die in der DTD definierten Entitys durch *Entity-Referenzen* angegeben. Die fünf fest in XML eingebauten Entity-Referenzen wurden bereits in Abschnitt 16.1.1, »Die grundlegenden Bestandteile von XML-Dokumenten«, erläutert.

Weitere Entitys können Sie auf einfache Art und Weise innerhalb einer DTD definieren. Das folgende Entity definiert eine Copyright-Zeile:

```
<!ENTITY copymsg "Copyright 2021 by Rheinwerk Verlag">
```

Wenn Sie an irgendeiner Stelle eines XML-Dokuments, das von dieser DTD abhängt, die Entity-Referenz `&copymsg;` verwenden, wird sie automatisch durch den String `"Copyright 2021 by Rheinwerk Verlag"` ersetzt. Entitys können aber nicht nur reinen Text enthalten, sondern auch XML-Auszeichnungen. Das folgende Beispiel kürzt einen vollständigen Comic gemäß der bereits vorgestellten Comic-DTD auf das Entity `&comic;` herunter:

```
<!ENTITY comic '
  <comic language="en-US">
    <publisher>Marvel</publisher>
    <series>The Amazing Spider-Man</series>
    <format>Comic Book</format>
    <issue>663</issue>
    <title>The Return Of Anti-Venom</title>
    <subtitle>Part One: The Ghost of Jean DeWolff</subtitle>
    <authors>
      <author role="Writer">Dan Slott</author>
      <author role="Pencils">Giuseppe Camuncoli</author>
    </authors>
    <price currency="USD">3.99</price>
  </comic>
'>
```

Beachten Sie in diesem Beispiel die einfachen Anführungszeichen, in denen der Code für den Comic steht. Sie ermöglichen es, dass Sie die doppelten Anführungszeichen der enthaltenen Attributwerte einfach stehen lassen können.

Längere Entitys müssen Sie nicht innerhalb der DTD selbst definieren, sondern können sie in eine externe XML-Datei schreiben. Auf diese Datei wird dann in der Entity-Deklaration mithilfe einer `SYSTEM`-ID verwiesen:

```
<!ENTITY comic2 SYSTEM "comic2.xml">
```

Damit die Entity-Referenz `&comic2;` aufgelöst werden kann, muss im Verzeichnis, in dem sich die DTD befindet, eine formal korrekte XML-Datei namens *comic2.xml* vorliegen.

16.2.2 Namensräume

Eine besondere Eigenschaft von XML-Dokumenten besteht darin, dass Sie mehrere Dokumenttypen miteinander vermischen können. Zu diesem Zweck wurden die *Namensräume* (*Namespaces*) eingeführt, die die Unterscheidung von Elementen aus verschiedenen DTDs zulassen.

Der *Standardnamensraum* eines Dokuments zeichnet sich dadurch aus, dass Sie seine Elemente ohne spezielles Präfix verwenden können. Werden weitere Namensräume eingebunden, wird deren Elementen ein Namensraumpräfix vorangestellt, das durch einen Doppelpunkt vom eigentlichen Elementnamen getrennt wird.

Angenommen, Sie fügten in die Comic-Datei ein neues Element namens `summary` ein, das eine kurze Inhaltsangabe im HTML-Format enthält. Zu diesem Zweck können Sie den verwendeten HTML-Tags das Namensraumpräfix `html` voranstellen, um sie von den Elementen des Standardnamensraums zu unterscheiden. Hier ein kurzes Beispiel dazu:

```
<comic language="en-US">
  <publisher>Marvel</publisher>
  <series>Ultimate Spider-Man</series>
  <format>Trade Paperback</format>
  <issue original="1-13">1</issue>
  <title>Ultimate Spider-Man</title>
  <subtitle>Ultimate Collection</subtitle>
  <authors>
    <author role="Writer">Brian Michael Bendis</author>
    <author role="Pencils">Mark Bagley</author>
  </authors>
  <summary>
    <html:p>
      Der erste Band der Sammelausgabe von
      <html:i>Ultimate Spider-Man</html:i> beschreibt, wie
      der Schüler <html:b>Peter Parker</html:b> zum Superhelden
      <html:b>Spider-Man</html:b> wird und seine ersten Abenteuer
      erlebt.
    </html:p>
  </summary>
  <price currency="USD">24.99</price>
</comic>
```

Die im Element `summary` verwendeten HTML-Auszeichnungen definieren einen Absatz sowie Fett- und Kursivschrift. Sie werden in Kapitel 18, »Webseitenerstellung mit HTML und CSS«, genauer erläutert.

Namensräume werden mithilfe von `xmlns`-Angaben innerhalb eines Elements in das Dokument eingebunden. In der Regel stehen sie im Wurzelelement. Der Standardnamensraum wird einfach als `xmlns` bezeichnet, während zusätzliche Namensräume mit `xmlns:namensraum` angegeben werden. Das folgende Beispiel bindet das `comics`-Format als Standardnamensraum und das HTML-Format als Erweiterung ein:

```
<comics xmlns="http://example.com/fachinfo/listings/16/common/comics"
        xmlns:html="http://www.w3.org/1999/xhtml">
```

Unter den angegebenen URLs muss sich kein spezielles Dokument befinden, das den Namensraum definiert – allerdings ist es üblich, dort eine kurze Beschreibung des Namensraums im HTML-Format abzulegen. Wichtig ist nur, dass verschiedene Namensraumangaben auch unterschiedliche URLs verwenden.

16.2.3 XML Schema

XML Schema bietet eine alternative Möglichkeit, Standards für XML-Dokumente einzurichten. Gegenüber DTDs besitzt dieses Format vor allem zwei Vorteile:

- Die zulässigen Inhalte für Elemente und Attribute können wesentlich genauer angegeben werden.
- Das Format ist selbst XML-basiert, verwendet also keine separate Syntax wie DTDs, sondern besteht aus wohlgeformten XML-Dokumenten.

Eine Schema-Definition steht in einer Datei mit der Endung *.xsd*. Die meisten aktuellen XML-Parser unterstützen ein Schema als Alternative zu einer DTD für die Validierung von Dokumenten.

In Listing 16.3 finden Sie ein einfaches Schema für Adresslistendokumente auf der Basis des zuvor definierten Adressbeispiels:


```
<?xml version="1.0"?>
<xs:schema xmlns:xs="http://www.w3.org/2001/XMLSchema">
  <xs:element name="adressliste">
    <xs:complexType>
      <xs:element name="person" minOccurs="1"
      maxOccurs="unbounded">
        <xs:complexType>
          <xs:sequence>
            <xs:element name="anrede"
            type="xs:string" />
            <xs:element name="titel" type="xs:string"
            minOccurs="0" />
            <xs:element name="vorname" type="xs:string"
            maxOccurs="unbounded" />
            <xs:element name="name" type="xs:string" />
            <xs:element name="anschrift">
              <xs:complexType>
                <xs:choice>
                  <xs:element name="strasse"
                  type="xs:string" />
                  <xs:element name="plz"
                  type="xs:string" />
```

```
              </xs:choice>
            </xs:complexType>
          </xs:element>
        </xs:sequence>
      </xs:complexType>
    </xs:element>
  </xs:complexType>
</xs:element>
</xs:schema>
```

Listing 16.3 adressen.xsd ist ein einfaches XML Schema für Adressen.

Grundsätzlich wird jedes Element mithilfe einer `<xs:element>`-Deklaration angegeben. Elemente, die nur einfachen Textinhalt und keine verschachtelten Elemente oder Attribute besitzen, benötigen im Schema das Attribut `type`, das den zulässigen Typ des Inhalts angibt. Einige zulässige Typen sind `"xs:string"` für beliebigen Text, `"xs:integer"` für ganze Zahlen oder `"xs:language"` für eine ISO-Sprachangabe wie `en` (Englisch) oder `de` (Deutsch). Diese und andere Inhaltstypen können sowohl für Elemente als auch für Attribute verwendet werden.

Elemente, die verschachtelte Elemente, gemischten Inhalt oder Attribute enthalten dürfen, benötigen zur Angabe dieser Komponenten einen `<xs:complexType>`-Block. Für verschachtelte Elemente steht innerhalb dieses Blocks entweder ein einzelnes Element, eine durch einen `<xs:sequence>`-Abschnitt umschlossene Liste aufeinanderfolgender Elemente oder eine durch `<xs:choice>` umhüllte Aufzählung von Alternativen.

Attribute – die im zuvor gezeigten Beispiel nicht vorkommen – werden übrigens folgendermaßen deklariert:

```
<xs:attribute name="isbn" type="xs:integer" />
```

Angenommen, Sie wollten ein Element `buchtitel` deklarieren, dessen Inhalt einfacher Text ist und das ein Attribut namens `isbn` enthält. Da Elemente mit Attributen immer einen `<xs:complexType>`-Block benötigen, in dem ihr Inhalt definiert wird, können Sie nicht mehr einfach `type="xs:string"` schreiben. Stattdessen sieht die Definition nun so aus:

```
<xs:element name="buchtitel">
  <xs:complexType>
    <xs:simpleContent>
      <xs:extension base="xs:string">
        <xs:attribute name="isbn" type="xs:string" />
      </xs:extension>
    </xs:simpleContent>
  </xs:complexType>
</xs:element>
```

Der <xs:simpleContent>-Block gibt an, dass das Element trotz des <xs:complexType> nur einfachen Inhalt und keine verschachtelten Tags enthält. <xs:extension> gibt den Inhaltstyp des Elements selbst an (hier "xs:string"), während die hineinverschachtelten <xs:attribute>-Elemente die Attribute und ihre Datentypen definieren.

Interessant ist schließlich die Möglichkeit, über minOccurs und maxOccurs die minimale und die maximale Anzahl von Elementen eines Typs anzugeben. Beide haben den Standardwert 1; ein Element ohne weitere Angaben muss genau einmal vorkommen. Ein spezieller Wert für maxOccurs ist "unbounded". Das entsprechende Element darf unbegrenzt oft vorkommen.

Das folgende kurze Beispiel genügt dem in diesem Abschnitt definierten Schema und zeigt außerdem, wie Sie die Verwendung des Schemas im XML-Dokument angeben:[3]

```
<?xml version="1.0"?>
<adressliste xmlns:xsi="http://www.w3.org/2001/XMLSchema-
instance" xsi:noNamespaceSchemaLocation="adressen.xsd">
  <person>
    <anrede>Herr</anrede>
    <titel>Doktor</titel>
    <vorname>Dieter</vorname>
    <name>Heinze</name>
    <anschrift>
      <strasse>Alte Straße 34</strasse>
    </anschrift>
  </person>
  <person>
    <anrede>Frau</anrede>
    <vorname>Maria</vorname>
    <vorname>Theresia</vorname>
    <name>Huber</name>
    <anschrift>
      <postfach>1234567</postfach>
    </anschrift>
  </person>
</adressliste>
```

Über dieses Beispiel hinaus ist XML Schema eine umfangreiche Sprache, die sehr detaillierte Definitionen für Dokumentformate ermöglicht. Der in diesem Abschnitt gewährte Einblick hat hoffentlich gezeigt, dass die Möglichkeiten von Schema weit über DTDs hinausgehen.

3 Die hier sehr verkürzt behandelte Schema-Spezifikation wird noch erheblich komplexer, wenn Namensräume ins Spiel kommen. xsi:noNamespaceSchemaLocation bindet nur Schema-Definitionen ein, die keine speziellen Namensräume deklarieren.

16.3 XSLT

Wenn Sie dem Kapitel bis hierhin gefolgt sind, wird Ihnen aufgefallen sein, dass Sie zwar eine Reihe verschiedener XML-Dokumente und XML-Fragmente gesehen haben, aber noch keinen Screenshot oder eine andere Darstellung eines fertig verarbeiteten Dokuments. Das liegt daran, dass XML einzig und allein die Struktur eines Dokuments beschreibt. Für das Layout sind separate Formatierungsangaben zuständig, die meist in der *Extensible Stylesheet Language* (*XSL*) verfasst werden.

XSL besteht aus zwei verschiedenen Komponenten: Die in diesem Abschnitt behandelten *XSL-Transformations* (*XSLT*) beschreiben die Umwandlung (Transformation) beliebiger XML-Dokumente in andere Formate wie HTML oder PDF, während die *XSL Formatting Objects* (*XSL-FO*) eine eigene Sprache zur Definition von Formatierungen und Stilen bilden. Eine dritte Alternative für die Formatierung bieten die am häufigsten für HTML-Dokumente eingesetzten *Cascading Style Sheets* (*CSS*), die in Kapitel 18, »Webseitenerstellung mit HTML und CSS«, erläutert werden.

Ein XSLT-Dokument beschreibt, welche Elemente und Attribute eines XML-Eingabedokuments in welche Bestandteile eines Ausgabedokuments umgesetzt werden. Um die einzelnen Komponenten des Eingabedokuments zu identifizieren, verwendet XSLT eine Sprache namens *XPath*, die den Zugriff auf die Baumstruktur jedes XML-Dokuments ermöglicht. Der Namensbestandteil *Path* ist nicht ganz zufällig gewählt, denn die Ausdrücke zum Auffinden der verschiedenen Knoten des XML-Baums ähneln Pfaden im Dateisystem, einschließlich dem / zur Trennung übergeordneter von untergeordneten Knoten sowie Konstrukten wie `..`, um im Baum nach oben zu wandern.

Um XSLT einsetzen zu können, benötigen Sie eine spezielle Anwendung namens *XSLT-Prozessor*. Dieses Programm nimmt ein XSLT-Stylesheet und ein XML-Dokument entgegen und erzeugt gemäß den Regeln des Stylesheets das gewünschte Ausgabedokument.

Einer der bekanntesten XSLT-Prozessoren ist *Saxon*. Es gibt Versionen mit verschiedenen Lizenzen (kommerziell oder Open Source) für unterschiedliche Programmiersprachen. Die Open-Source-Variante heißt Saxon HE; Sie können ihre Java-Version unter *sourceforge.net/projects/saxon* herunterladen. Nach dem Entpacken der ZIP-Datei können Sie den Prozessor von der Kommandozeile aus folgendermaßen aufrufen (die XSLT-Datei *comics.xsl* wird im nächsten Unterabschnitt gezeigt):

```
$ java -jar saxon-he-10.5.jar -s:comics.xml -xsl:comics.xsl -o:comics.html
```

Der Kommandozeilenparameter `-s` gibt, wie Sie wahrscheinlich richtig vermutet haben, das Eingabedokument an, `-xsl` bezeichnet die XSLT-Stylesheet-Datei mit der Endung *.xsl* und `-o` die Ausgabedatei.

Sie können Saxon auch innerhalb Ihrer eigenen Java-Klassen verwenden, um Programme zu schreiben, die XSLT nutzen. Konsultieren Sie dazu die Onlinedokumentation unter *saxonica.com*.

In Python schreiben Sie am besten ein kurzes Skript, um XML-Dokumente mit XSLT zu transformieren. Voraussetzung ist das Modul `lxml` (nicht zu verwechseln mit dem ähnlichen, aber weniger umfangreichen Modul `xml.etree`, das am Ende des Kapitels vorgestellt wird), das Sie über `pip` installieren können, falls noch nicht vorhanden (siehe *lxml.de/installation.html* für Details). In Listing 16.4 sehen Sie das Skript:

```
import lxml.etree as ET
from sys import argv, exit

if len(argv) < 4:
    print(f"Verwendung: python3 {argv[0]} XML-Quelle XSL-Stylesheet Ausgabedatei")
    exit()
xml_filename = argv[1]
xsl_filename = argv[2]
out_filename = argv[3]
dom = ET.parse(xml_filename)
xslt = ET.parse(xsl_filename)
transform = ET.XSLT(xslt)
newdom = transform(dom)
output = ET.tostring(newdom, pretty_print=True)
outfile = open(out_filename, 'wb')
outfile.write(output)
```

Listing 16.4 xml-transform.py transformiert mithilfe des Moduls lxml eine XML-Eingabedatei mithilfe eines XSL-Stylesheets.

Das Beispiel dürfte bis auf die `lxml`-Funktionalität, die Sie sich näher anschauen sollten, selbsterklärend sein. Zunächst werden die beiden Dateien mithilfe der Funktion `parse()` eingelesen und in DOM-Bäume umgewandelt (siehe Kapitel 20, »JavaScript und Ajax«). Anschließend wird der XML-Baum mithilfe des XSLT-Baums und einer Instanz der `lxml`-Klasse `XSLT` in den Ausgabebaum transformiert, der schließlich mittels `tostring()` in einen String umgewandelt wird. Wichtig ist, dass Sie diesen fertig transformierten String im Modus `'wb'` (*write binary*) in die Ausgabedatei schreiben, weil die Rückgabe von `transform()` kein normaler String, sondern ein Byte-String ist.

Ein Beispielaufruf für die Transformation von *comics.xml* durch *comics.xsl* sieht so aus:

```
$ python3 xsl-transform.py comics.xml comics.xsl comics2.html
```

16.3.1 Ein einfaches Beispiel

In Listing 16.5 wird ein kurzes XSLT-Stylesheet gezeigt, das die zu Beginn dieses Kapitels vorgestellte Datei *comics.xml* in ein einfaches HTML-Dokument umwandelt:

```
<?xml version="1.0" encoding="utf-8"?>
<xsl:stylesheet version="1.0"
     xmlns:xsl="http://www.w3.org/1999/XSL/Transform">
  <xsl:template match="comics">
    <html>
      <head>
        <title>Comics</title>
      </head>
      <body>
        <h1>Comics</h1>
        <xsl:for-each select="./comic">
          <xsl:call-template name="output-comic">
            <xsl:with-param name="content" select="." />
          </xsl:call-template>
        </xsl:for-each>
      </body>
    </html>
  </xsl:template>

  <xsl:template name="output-comic">
    <xsl:param name="content" />
    <h2>
      <xsl:value-of select="$content/series/text()" />
      #<xsl:value-of select="$content/issue/text()" />
    </h2>
    <h3>
      <xsl:value-of select="$content/title/text()" />
      <xsl:if test="$content/subtitle">
        <br />
        <xsl:value-of select="$content/subtitle/text()" />
      </xsl:if>
      <xsl:if test="$content/issue/@original">
        <br />
        (sammelt Originalausgaben
        <xsl:value-of select="$content/issue/@original" />
        )
      </xsl:if>
    </h3>
```

```
    <p>
      <b>Verlag:</b>
      <xsl:value-of select="$content/publisher/text()" />
      <br />
      <b>Format:</b>
      <xsl:value-of select="$content/format/text()" />
      <br />
      <b>Mitwirkende:</b>
      <xsl:for-each select="$content/authors/author">
        <xsl:if test="position() > 1">, </xsl:if>
        <xsl:value-of select="./text()" />
        (<xsl:value-of select="./@role" />)
      </xsl:for-each>
      <br />
      <b>Preis:</b>
      <xsl:choose>
        <xsl:when test="$content/price/@currency = 'USD'">
          <xsl:variable name="rawprice" select="$content/price/text() div 1.1" />
          <xsl:value-of select="round($rawprice * 100) div 100" /> EUR
        </xsl:when>
        <xsl:otherwise>
          <xsl:value-of select="$content/price/text()" />
          <xsl:value-of select="$content/price/@currency" />
        </xsl:otherwise>
      </xsl:choose>
    </p>
  </xsl:template>
</xsl:stylesheet>
```

Listing 16.5 comics.xsl wandelt eine XML-Datei über Comics mithilfe diverser Regeln in HTML um.

Wenn Sie das Stylesheet über den zuvor gezeigten Saxon-Aufruf, das Python-Skript oder mithilfe eines anderen XSLT-Prozessors verwenden und die entstandene HTML-Datei im Browser öffnen, erhalten Sie ein Ergebnis wie das in Abbildung 16.2 gezeigte.

Falls Sie mit HTML-Code noch nichts anfangen können, lesen Sie zunächst Kapitel 18, »Webseitenerstellung mit HTML und CSS«. Ansonsten sollten Sie sich den Quellcode des XSLT-Beispiels genauer anschauen.

Wie Sie sehen, wird die gesamte Struktur des HTML-Dokuments einfach aufgeschrieben, umschlossen und unterbrochen von XSLT-Angaben, die die Inhalte bestimmter Elemente aus *comics.xml* an den passenden Stellen einfügen.

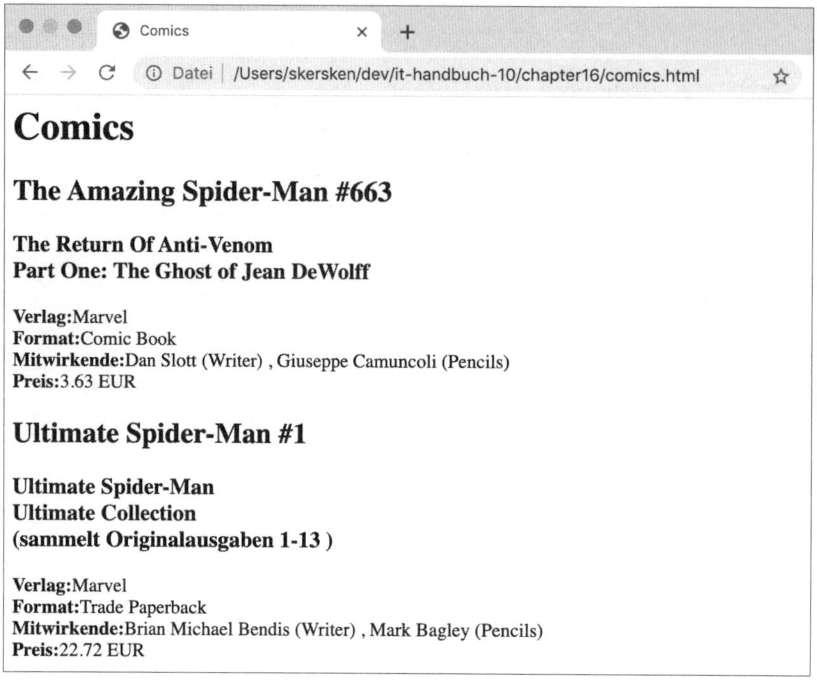

Abbildung 16.2 Das mithilfe von XSLT erzeugte HTML-Dokument im Browser

16.3.2 Wichtige XSLT- und XPath-Elemente

Hier eine Aufzählung besonders wichtiger XSLT-Elemente; einige von ihnen wurden im vorangegangenen Beispiel verwendet:

- `xsl:stylesheet` ist das Wurzelelement des gesamten XSLT-Stylesheets.
- `xsl:template` erwartet als Inhalt des Attributs `match` den Namen eines XML-Elements aus dem Dokument, dessen Inhalte verarbeitet werden sollen. Bevor Sie die erste Zeile des Ausgabedokuments schreiben, sollten Sie mithilfe von `xsl:template` das Wurzelelement des Eingabedokuments auswählen; zu diesem Zweck bietet XSLT die Kurzfassung `match="/"` an. Alternativ können Sie auch einen anderen XPath-Ausdruck benutzen, um nur die für Sie relevanten Teile des Ursprungsdokuments zu verarbeiten.

  Daneben existiert auch die Schreibweise `<xsl:template name="Name"> ... </template>`. So benannte Templates werden mithilfe der Anweisung `<xsl:call-template name="Name" />` aufgerufen. Dabei lassen sich sogar Parameter übergeben, beispielsweise XPath-Ausdrücke, um ein benanntes Template auf verschiedene Teile des XML-Baums anzuwenden. Dazu muss die Template-Definition gleich am Anfang ein oder mehrere Elemente in der Form `<xsl:param name="Parametername" />` enthalten. Optional kann mithilfe des Attributs `select="..."` oder als verschachtelter Inhalt ein Standardwert angegeben werden. In den `xsl:call-template`-Aufruf werden dann die zugehörigen Wertzuweisungen verschachtelt;

sie besitzen folgende Schreibweise: <xsl:with-param name="Parametername" select="XPath-Ausdruck" /> beziehungsweise <xsl:with-param name="Parametername">[PCDATA oder beliebiges XML/XSLT für den Wert]</xsl:with-param>. In XPath-Ausdrücken werden Parameter als $Parametername referenziert.

- xsl:for-each funktioniert ähnlich wie xsl:template match="...". Allerdings durchläuft es sämtliche Elemente des unter select angegebenen XPath-Ausdrucks in einer Schleife.
- xsl:value-of liest den Textinhalt eines Elements beziehungsweise eines beliebigen XPath-Ausdrucks, in dessen Ziel PCDATA oder CDATA enthalten ist; um ganz sicherzugehen, sollten Sie wie im Beispiel die Funktion text() verwenden, um den Inhalt der enthaltenen Textknoten auszuwählen. Um ein Attribut anstelle eines Elements auszuwählen, müssen Sie diesem innerhalb des XPath-Ausdrucks ein @ voranstellen.

  Falls ein Textinhalt als Wert eines Attributs übernommen werden soll, kann der betreffende XPath-Ausdruck auch in geschweiften Klammern in die Anführungszeichen dieses Attributwerts geschrieben werden. Angenommen, Sie möchten den Wert eines Attributs namens link in einen HTML-Hyperlink übernehmen, während das Attribut caption die Link-Beschriftung bilden soll, dann funktioniert das wie folgt:

```
<a href="{@link}"><xsl:value-of select="@caption"/></a>
```

  Alternativ lassen sich auch <xsl:attribute>-Knoten zur Konstruktion von Attributen verwenden; der folgende Code ist daher äquivalent:

```
<a>
  <xsl:attribute name="href">
    <xsl:value-of select="@link"/>
  </xsl:attribute>
  <xsl:value-of select="@caption"/>
</a>
```

- xsl:copy-of kopiert dagegen nicht nur reinen Text, sondern auch den XML-Teilbaum des Elements, das mithilfe von select ausgewählt wurde.
- xsl:if ermöglicht es, Teile Ihres XSLT-Codes von Bedingungen abhängig zu machen. Das Attribut test="..." prüft dabei einen beliebigen Ausdruck. Falls Sie lediglich einen XPath-Ausdruck ohne Vergleichsoperation angeben, wird dessen Existenz überprüft. Ansonsten können Sie auch mithilfe verschiedener Operatoren und Funktionen Werte vergleichen.

  Der gängigste Vergleichsoperator ist =, der Gleichheit überprüft; ansonsten stehen != (ungleich), < (kleiner als), > (größer als), <= (kleiner oder gleich) und >= (größer oder gleich) zur Verfügung – da < und > besondere Bedeutungen haben, müssen für die entsprechenden Operatoren die zugehörigen Entity-Referenzen verwendet werden. Das folgende Beispiel wählt den Textinhalt eines Elements namens artikel nur dann aus, wenn sein Attribut preis einen niedrigeren Wert als 100 hat:

```
<xsl:if test="artikel/@preis &lt; 100">
  <xsl:value-of select="artikel"/>
</xsl:if>
```

Beachten Sie, dass der Inhalt von `test` im `xsl:if`-Element die aktuelle XPath-Position nicht ändert; dies ist bei `match` in `xsl:template` und `select` in `xsl:for-each` anders. Deshalb muss innerhalb des `if`-Tags auch `artikel` und nicht etwa das aktuelle Element (abgekürzt `.`) ausgewählt werden.

- `xsl:choose` funktioniert ähnlich wie `xsl:if`. Es stellt jedoch eine Art `if/else`-Funktionalität zur Verfügung: Sie können mehrere aufeinanderfolgende `xsl:when`-Blöcke verwenden, die geprüft werden, bis einer der `test`-Ausdrücke zutrifft. Wenn keiner zutrifft, wird der Inhalt des optionalen `xsl:otherwise`-Blocks beachtet.
- `xsl:variable` speichert den Wert eines XPath-Ausdrucks zwischen. Trotz des Namens *Variable* kann ein einmal abgelegter Wert nachträglich nicht mehr geändert werden. Auf die definierte Variable wird in XPath-Ausdrücken, genau wie auf Parameter, mit vorangestelltem Dollarzeichen (`$Variablenname`) zugegriffen.

Einige XPath-Ausdrücke sollten Sie für die erfolgreiche Arbeit mit XSLT übrigens auch noch kennen. Hier die wichtigsten im Überblick:

- Das jeweils aktive Element (Kontextelement), das beispielsweise mithilfe von `xsl:template` oder `xsl:for-each` ausgewählt wurde, hat einen einfachen Punkt (`.`) als Namen.
- Direkte Kindelemente des Kontextelements können einfach mit ihrem Namen angesprochen werden. Angenommen, Sie hätten die Struktur `<author><name/></author>` und das Kontextelement ist `<author>`, dann genügt `name` für den Zugriff auf den Kindknoten `name`. `./name` ist allerdings auch zulässig.
- In verschachtelten Strukturen werden die Elemente durch / voneinander getrennt. Wird beispielsweise die Struktur `<book><author><name/></author></book>` verarbeitet und das Kontextelement ist `<book>`, können Sie mit `author/name` auf den Knoten `<name>` zugreifen.
- Auf das jeweils übergeordnete Element können Sie mit `..` zugreifen. Angenommen, das Kontextelement wäre `<name />` in dem Konstrukt `<author><name /><firstname /></author>`. Dann erreichen Sie das Elternelement `author` mit `..` und das Geschwisterelement `firstname` mit `../firstname`.
- Wenn Sie im gesamten Baum nach Elementen mit bestimmten Namen oder Eigenschaften suchen möchten, können Sie dem XPath-Ausdruck // voranstellen. `//author` liefert beispielsweise alle Elemente mit dem Namen `author`; das Ergebnis kann etwa mittels `xsl:for-each` durchlaufen werden.
- Ein * greift auf alle direkten Kinder des gewählten Knotens zu. Nützlich ist dies vor allem für `xsl:for-each`-Konstrukte. Mithilfe der XPath-Funktion `local-name(.)` können Sie dann innerhalb der Schleife herausfinden, um welche Art von Element es sich jeweils handelt. Auf diese Weise können Sie etwa mit `xsl:if` überprüfen, welches Element gerade verarbeitet wird.

- Attribute werden, wie bereits erwähnt, durch ein vorangestelltes @ von Elementen unterschieden. In der Struktur <book isbn="..."/> greift @isbn (oder book/@isbn, falls <book> nicht das Kontextelement ist) beispielsweise auf den Wert des Attributs isbn zu.
- Eckige Klammern innerhalb eines XPath-Ausdrucks ermöglichen das Setzen von Bedingungen. Betrachten Sie dazu die folgende Struktur:

```
<book>
  <translator language="de">...</translator>
  <translator language="fr">...</translator>
</book>
```

  Wenn das Kontextelement <book> ist und Sie nur die translator-Knoten für die Sprache Deutsch herausgreifen möchten, lautet der passende XPath-Ausdruck translator[@language = 'de'].

Neben den eigentlichen XPath-Ausdrücken kommen in dem Beispiel noch einige XSLT-Funktionen und -Operationen zum Einsatz:

- text() wurde bereits angesprochen – es handelt sich um den PCDATA- oder CDATA-Textinhalt des angesprochenen Knotens und seiner Unterknoten.
- position() liefert die aktuelle Position in einer xsl:for-each-Schleife. Beachten Sie, dass die Zählung bei 1 beginnt, nicht bei 0 wie in den meisten Programmiersprachen. Hier wird die Funktion verwendet, um vor jedem Personennamen außer dem ersten ein Komma einzufügen.
- round() rundet einen numerischen Wert auf eine Ganzzahl. Um zwei Nachkommastellen zu erhalten, wird der Betrag im vorliegenden Beispiel zunächst mit 100 multipliziert, dann gerundet und anschließend wieder durch 100 dividiert.
- div ist keine Funktion, sondern ein Operator – er wird für die Division verwendet, weil / bereits als XPath-Pfadtrennzeichen zum Einsatz kommt.

16.4 Grundlagen der XML-Programmierung

Da XML innerhalb weniger Jahre zu einem der wichtigsten Datenformate geworden ist, wird es von praktisch allen Programmiersprachen unterstützt. Das wichtigste Instrument der XML-Programmierung ist ein *XML-Parser*, der die einzelnen Komponenten von XML-Dokumenten voneinander trennt und ihre Wohlgeformtheit überprüft. Die Ausgabe eines solchen Parsers kann anschließend mithilfe einer geeigneten API (*Application Programming Interface*) durch ein selbst geschriebenes Programm verarbeitet werden.

Wie man einen XML-Parser selbst schreiben könnte, soll an dieser Stelle nicht erörtert werden. Da es für die meisten Programmiersprachen unzählige fertige Parser gibt, müssen Sie sich das nicht antun.

In diesem Abschnitt werden zunächst die verschiedenen Varianten von XML-Parsern und APIs erläutert. Anschließend lernen Sie mit dem Python-Modul `xml.etree` eine moderne sprachspezifische Implementierung eines XML-Prozessors kennen.

16.4.1 XML-Verarbeitungsmethoden im Überblick

Es gibt grundsätzlich drei verschiedene Verfahren zur XML-Verarbeitung durch Parser und Programmiersprachen, die im Folgenden allgemein beschrieben werden.

Ereignisbasierte Parser

Ereignisbasierte Parser, auch *Streaming-Parser* genannt, lesen das XML-Dokument als Eingabestrom ein und lösen je nach dem spezifischen XML-Bestandteil, den sie gerade antreffen (zum Beispiel öffnendes Tag, schließendes Tag, Attribut, einfacher Text) unterschiedliche Ereignisse aus. In einer typischen Implementierung besteht das Auslösen dieser Ereignisse im Aufruf von Callback-Methoden, denen die gefundenen Daten eines XML-Bestandteils als Argumente übergeben werden. Sie können eigene Versionen dieser Callback-Methoden bereitstellen, um die Daten auf die gewünschte Weise zu verarbeiten. Neben der Callback-Variante, die auch als Push-API bezeichnet wird, gibt es Pull-Varianten von Streaming-Parsern, die den Stream auf Anforderung aktiv durchsuchen.

Ein Nachteil von Streaming-Parsern ist, dass Sie selbst den aktuellen Verschachtelungsstatus im Auge behalten müssen, weil öffnendes und schließendes Tag keine Einheit bilden. Sie müssen mit anderen Worten über die individuellen Callback-Methoden hinausgehende Datenstrukturen zur Zwischenspeicherung des Zustands verwenden. Der wesentliche Vorteil dieses Verarbeitungsverfahrens ist, dass beliebig umfangreiche XML-Dokumente verarbeitet werden können, weil keine komplette Repräsentation des XML-Baums im Speicher gehalten werden muss.

Die bekannteste API für ereignisbasierte Parser heißt *SAX* (*Simple API for XML*). Informationen über diese klassische, nicht mehr weiterentwickelte Bibliothek finden Sie unter *www.saxproject.org*. Eine modernere Java-Implementierung ist *StAX* (*Streaming API for XML*), ein Tutorial befindet sich unter *www.oracle.com/java/technologies/jaxp-streaming-api.html*.

Baumbasierte Parser

Ein *baumbasierter XML-Parser* liest zunächst das gesamte XML-Dokument ein und wandelt es in ein Baummodell um. Spezielle Methoden, oder je nach Sprache und konkreter API sogar der Indexoperator, ermöglichen den Zugriff auf die einzelnen Bestandteile dieser verschachtelten Datenstruktur. Insbesondere das Iterieren über Geschwisterelemente oder alle Kinder eines Elements ist eine wichtige Funktion, die mit unterschiedlichem Komfortniveau zur Verfügung steht.

In der Handhabung sind baumbasierte Parser wesentlich einfacher als Streaming-Parser, allerdings können sehr umfangreiche XML-Dokumente (oder bei einer verteilten Anwendung sehr viele mittelgroße gleichzeitig) in diesem Zusammenhang Schwierigkeiten bereiten, weil der komplette Baum im Arbeitsspeicher vorgehalten werden muss.

Der Klassiker unter den baumbasierten Parsern ist der W3C-Standard *DOM* (*Document Object Model*). Es gibt DOM-Implementierungen für zahlreiche Programmiersprachen. Konkret lernen Sie in diesem Buch die wichtigste unter ihnen kennen, nämlich diejenige in JavaScript (siehe Kapitel 20, »JavaScript und Ajax«). Es gibt aber auch viele andere baumbasierte XML-APIs. Für Java ist etwa das spezieller auf die Sprache zugeschnittene *JDOM* empfehlenswert, und für Python gibt es das später in diesem Abschnitt vorgestellte Modul `xml.etree`.

XML Data Binding

Ein weiteres, besonders für objektorientierte Programmiersprachen geeignetes Verfahren wird als *XML Data Binding* bezeichnet. Es bildet XML-Strukturen und Klassen aufeinander ab. Für das sich durch dieses Kapitel ziehende Beispiel wäre also etwa eine Java-Klasse `Comic` mit folgender Grundstruktur denkbar, deren Instanzen automatisch aus dem entsprechenden XML-Dokument generiert und auch wieder in XML umgewandelt werden können:

```
public class Comic {
    private String language;
    private String publisher;
    private String series;
    private String format;
    private int issue;
    private String title;
    private String subtitle;
    private List<Author> authors;
    private String currency;
    private double price;

    // Getter, Setter, andere Methoden ...
}
```

Die Umwandlung von XML in die Objektstruktur und umgekehrt erfolgt beispielsweise mithilfe einer XML-Schema-Datei. Manche APIs können daraus automatisch die passenden Java-Klassen generieren.

Typische Serveranwendungen synchronisieren auch Tabellen einer relationalen Datenbank automatisch mit diesen Datenstrukturen. Mit etwas mehr Handarbeit wird eine solche Arbeitsweise in Kapitel 19, »Webserveranwendungen«, anhand einer in PHP geschriebenen REST-API gezeigt.

Der offensichtliche Vorteil von Data Binding ist, dass Sie mithilfe der nativen Arbeitsmittel Ihrer Programmiersprache auf XML-Strukturen zugreifen können. Ein Nachteil ist, dass sämtliche Eigennamen von XML-Elementen und -Attributen in der Programmiersprache nachgebildet werden, sodass Sie stets die Klassendefinition oder -dokumentation vor Augen haben müssen, um die korrekten Bezeichnungen verwenden zu können. Streaming- und Baum-APIs ermöglichen es dagegen, die Element- und Attributnamen dynamisch auszulesen.

Eine der bekanntesten Data-Binding-APIs ist *JAXB* (*Jakarta XML Binding*) aus dem Enterprise-Java-Umfeld.

16.4.2 Das Python-Modul »xml.etree«

In Python gibt es eine moderne Implementierung eines XML-Prozessors, die auf die Besonderheiten der Sprache Rücksicht nimmt, sodass Sie den XML-Baum leicht mit Bordmitteln von Python verarbeiten können. Beachten Sie, dass der gesamte XML-Baum in den Arbeitsspeicher geladen wird, sodass sich das Verfahren nur für XML-Dokumente bis zu einer bestimmten Größe eignet. Es handelt sich um die Klasse `ElementTree` aus dem Modul `xml.etree`, die Sie wie folgt importieren können:

```
>>> from xml.etree import ElementTree
```

Anschließend können Sie eine XML-Datei, um auf ihre Bestandteile zuzugreifen, so parsen:

```
>>> doc = ElementTree.parse(dateipfad)
```

Angenommen, Sie möchten das Einführungsbeispiel aus diesem Kapitel parsen, das in der Datei *comics.xml* im aktuellen Verzeichnis liegt. Dann lautet der Befehl:

```
>>> doc = ElementTree.parse('comics.xml')
```

Um den XML-Baum zu untersuchen, müssen Sie als Nächstes das Wurzelelement extrahieren; das funktioniert wie folgt:

```
>>> root = doc.getroot()
```

Alternativ zum Parsen einer externen Datei können Sie das XML auch aus einem String lesen. Dazu dient die statische `ElementTree`-Methode `fromstring()`. In diesem Fall erhalten Sie das Wurzelelement in einem Schritt. Dazu ein Beispiel:

```
>>> root = ElementTree.fromstring("""<?xml version="1.0" encoding="utf-8"?>
>>> <comics>...</comics>""")
```

In beiden Fällen sollte `root` nun das Wurzelelement des Comics-Dokuments enthalten:

```
>>> root
<Element 'comics' at 0x10073c458>
```

Die Kindelemente erhalten Sie, wenn Sie das Element als Liste benutzen, also beispielsweise mit dem Indexoperator darauf zugreifen:

```
>>> root[0]
<Element 'comic' at 0x1018b01d8>
```

Wie bei Listen üblich, erhalten Sie die Anzahl der direkten Kindknoten mithilfe der Funktion `len()`:

```
>>> len(root)
4
```

Jedes Element hat einige öffentliche Attribute, mit denen Sie auf seine anderen Bestandteile zugreifen können: `element.text` liefert den PCDATA-Inhalt des Elements (und nicht seiner Unterelemente). Mit `element.tag` erhalten Sie den Tag-Namen, und `element.attrib` ist ein Dictionary der XML-Attribute, in dem die Schlüssel die Attributnamen und die Werte ihre Inhalte darstellen. Hier einige Beispiele:

```
>>> root[0][1].text
'The Amazing Spider-Man'
>>> root[0][1].tag
'series'
>>> root[0].attrib
{'language': 'en-US'}
>>> root[0].attrib['language']
'en-US'
```

Wie jedes Dictionary können Sie `element.attrib` mithilfe des Operators `in` auf das Vorhandensein eines bestimmten Attributs überprüfen:

```
>>> 'foo' in root[0].attrib
False
>>> 'language' in root[0].attrib
True
```

Natürlich können Sie auch über die Kindelemente und Attribute eines Elements iterieren. Das folgende Beispielprogramm erledigt das rekursiv für das gesamte Comics-XML-Dokument:

```
from xml.etree import ElementTree
import re
```

```
def elementinfo(element, indent = ""):
    print("{}Tag: {}".format(indent, element.tag))
    if re.search("\S", element.text):
        print("{}Text: {}".format(indent, element.text))
    if len(element.attrib) > 0:
        for key in element.attrib:
            print("{}Attribute '{}': '{}'".format(indent, key, element.attrib[key]))
    print()
    if len(element) > 0:
        for child in element:
            elementinfo(child, indent + "    ")

doc = ElementTree.parse('comics.xml')
root = doc.getroot()
elementinfo(root)
```

Sofern Sie die Python-Einführung in Kapitel 7, »Grundlagen der Programmierung«, und die Erläuterungen in diesem Abschnitt gelesen haben, dürften Sie keine Schwierigkeiten haben, dieses Skript zu verstehen. Der Beginn der Ausgabe sieht so aus:

```
$ python3 xmlwalker.py

Tag: comics

    Tag: comic
    Attribute 'language': 'en-US'

        Tag: publisher
        Text: Marvel

        Tag: series
        Text: The Amazing Spider-Man
```

Wenn Sie nicht den gesamten XML-Baum durchwandern, sondern gezielt nach bestimmten Elementen suchen möchten, gibt es noch die Methoden `element.find()` und `element.findall()`. Das Argument ist jeweils ein String mit einem XPath-Ausdruck (siehe Abschnitt 16.3, »XSLT«). Mit `find()` erhalten Sie den ersten Treffer für den XPath-Ausdruck, während `findall()` eine Liste aller Treffer zurückliefert.

Das folgende Beispiel sucht im gesamten XML-Baum nach dem ersten Element mit dem Namen `author` und gibt dessen Text aus:

```
>>> root.find(".//author").text
'Dan Slott'
```

Beachten Sie den Punkt am Anfang des XPath-Ausdrucks: `ElementTree` unterstützt keine absoluten XPath-Ausdrücke wie `//author`, aber der vorangestellte Punkt (aktuelles Element) macht den Ausdruck formal relativ.

Hier noch ein Beispiel, das die Textinhalte aller `title`-Elemente in einer Schleife ausgibt:

```
>>> titles = root.findall(".//title")
>>> for title in titles:
...     print(title.text)
...
The Return Of Anti-Venom
Ultimate Spider-Man
Reign Of The Doomsdays
The Thingama-Bob From Outer Space
```

16.5 Übungsaufgaben

16.5.1 Praktische Übungen

1. Schreiben Sie eine XML-DTD oder ein XML Schema für die Verwaltung von Musikalben mit folgenden Elementen, Attributen und Textinhalten:
   - Wurzelelement `albums`
   - darunter beliebig viele Elemente vom Typ `album` mit dem Attribut `media` (mögliche Werte: `"CD"`, `"Vinyl"` oder `"Digital"`)
   - innerhalb von `album` genau ein Element `title` mit einem PCDATA-Wert, der den Titel des Albums enthält
   - innerhalb von `album` ein optionales Element `artist`, dessen PCDATA-Wert der Name der Band ist, falls es sich um ein ganzes Album derselben Band handelt
   - innerhalb von `album` genau ein Element `tracklist`
   - innerhalb von `tracklist` beliebig viele Elemente vom Typ `track` mit dem Attribut `duration` (Wert: Spieldauer in mm:ss – Minuten, Sekunden –, also ein beliebiger String) und einem PCDATA-Wert, der dem Titel des Tracks entspricht
   - innerhalb von `track` ein optionales Element `artist` mit derselben Spezifikation wie oben, falls es sich um ein Sampler- oder Compilation-Album mit Tracks verschiedener Bands handelt
2. Schreiben Sie ein XML-Dokument, das der DTD oder dem Schema aus Aufgabe 1 genügt.
3. Erstellen Sie ein XSLT-Skript, das die Albenliste sinnvoll als HTML ausgibt (Näheres zu HTML erfahren Sie im übernächsten Kapitel).
4. Implementieren Sie in Python ein Programm, das die Albenliste in lesbarer Form auf der Konsole ausgibt.

16.5.2 Kontrollfragen

Im Folgenden ist jeweils genau eine Antwort richtig.

1. Welche der folgenden Aussagen über XML-Dokumente ist falsch?
   - XML-Dokumente sind Textdateien.
   - Zur Bearbeitung von XML-Dateien ist ein spezieller XML-Editor erforderlich.
   - XML-Dokumente beschreiben die Struktur von Daten und Inhalten.
   - Es gibt zahlreiche Dateiformate wie SVG, XHTML oder DocBook, die spezielle XML-Dateien sind.
2. Warum ist das folgende Listing kein gültiges XML-Dokument?

```
<?xml version="1.0"?> <person> <vorname>Peter</vorname> <name>Schmitz</name>
</person> <person> <vorname>Lisa</vorname> <name>Müller</name> </person>
```

   - Die Elemente müssen durch Zeilenumbrüche voneinander getrennt werden.
   - `<person>` ist kein gültiges XML-Tag.
   - Es gibt kein Wurzelelement.
   - Die `xml`-Steueranweisung muss ein `encoding`-Attribut enthalten.
3. Welches der folgenden Zeichen ist in Namen von XML-Elementen und -Attributen nicht zulässig?
   - der Unterstrich (_)
   - das Und-Zeichen (&)
   - der Punkt (.)
   - das Minuszeichen (-)
4. Welche Abkürzung ist in XML für das leere Tag-Paar `<marke></marke>` zulässig?
   - `<marke />`
   - `<marke>`
   - `</marke/>`
   - `<\marke>`
5. Welches der Attribute im folgenden XML-Tag hat ein unzulässiges Format: `<pkw marke="VW" typ='Golf' farbe="grün metallic" kilometerstand=32768> ... </pkw>`?
   - `marke="VW"`
   - `typ='Golf'`
   - `farbe="grün metallic"`
   - `kilometerstand=32768`

6. Welche der folgenden Entity-Referenzen gehört nicht zum automatisch definierten Grundbestand von XML?
   - & für &
   - ? für ?
   - " für "
   - < für <
7. Wie wird in XML-Dokumenten ein CDATA-Abschnitt umschlossen?
   - <!CDATA ... >
   - <cdata> ... </cdata>
   - <![CDATA[...]]>
   - <?cdata value="..."?>
8. Welche Bedeutung hat ein CDATA-Abschnitt im XML-Dokument?
   - »Comment Data« – es handelt sich um einen Kommentar.
   - »Character Data« – beliebige Zeichenkette, in der potenzielle XML-Bestandteile nicht als solche ausgewertet werden.
   - »Composed Data« – zusammengesetzte Daten aus mehreren XML-Dokumenten.
   - »Code Data« – ausführbarer Code in einer Skriptsprache wie (je nach Plattform) JavaScript oder VBScript.
9. Wie wird ein XML-Dokument an die Regeln einer DTD gebunden?
   - per <!DOCTYPE>-Deklaration
   - durch ein <dtd>-Tag
   - durch ein xml-dtd-Attribut im Wurzelelement
   - Die DTD muss im gleichen Verzeichnis liegen und – abgesehen von der Dateiendung *.dtd* – so heißen wie das XML-Dokument.
10. Was ist der Unterschied zwischen einer SYSTEM-ID und einer PUBLIC-ID für DTDs?
    - Eine SYSTEM-ID ist ein lokaler Pfad, eine PUBLIC-ID eine öffentliche URL.
    - Eine SYSTEM-ID ist eine Pfadangabe, eine PUBLIC-ID nur eine eindeutige Kennzeichnung.
    - Eine SYSTEM-ID ist für alle XML-DTDs geeignet, eine PUBLIC-ID nur für HTML-DTDs.
    - Eine SYSTEM-ID ist für Editoren gedacht, eine PUBLIC-ID für Validatoren.
11. Wie wird in einer XML-DTD ein Element namens anschrift eingebettet, das nacheinander die Elemente name, str, hausnr, plz und ort enthält?
    - <!ELEMENT anschrift (name, str, hausnr, plz, ort)>
    - <element>anschrift _{name} _{str} _{hausnr} _{plz} _{ort} </element>
    - <!ELEMENT anschrift <!ELEMENT name str hausnr plz ort>>
    - <element>anschrift (name, str, hausnr, plz, ort)</element>

12. Welche Angabe in einer DTD besagt, dass ein Element Textdaten enthält, in denen Entity-Referenzen aufgelöst werden?
    - #CDATA
    - #DATA
    - #PCDATA
    - #TEXT
13. Wie wird in einer DTD angegeben, dass ein Element die Elemente `strasse` oder `postfach` enthalten kann?
    - `strasse OR postfach`
    - `strasse | postfach`
    - `strasse / postfach`
    - `<sub>strasse</sub> <altsub>postfach</altsub>`
14. Wie wird in einer DTD angegeben, dass das Element `author` mindestens einmal vorkommen soll?
    - `author{1}`
    - `author*`
    - `author?`
    - `author+`
15. Wie wird in einer DTD-Attributdefinition angegeben, dass ein Attribut erforderlich ist?
    - #IMPLIED
    - #REQUIRED
    - #FIXED
    - #MUSTHAVE
16. Wie wird der Bezug auf den Standardnamensraum (beispielsweise *http://myxml.com/mynamespace*) in einem XML-Dokument angegeben?
    - Attribut `xmlns="http://myxml.com/mynamespace"` im Wurzelelement
    - Element `<xmlns href="http://myxml.com/mynamespace" />` direkt unterhalb des Wurzelelements
    - Steueranweisung `<?namespace "http://myxml.com/mynamespace"?>`
    - Attribut `namespace="http://myxml.com/mynamespace"` in der `xml`-Steueranweisung
17. Was ist die korrekte XML-Syntax für die Verwendung des Tags `fax` aus dem externen Namensraum `xmlns:tele`?
    - `<tele name="fax"> ... </tele>`
    - `<tele:fax> ... </tele:fax>`
    - `<fax namespace="tele"> ... </fax>`
    - `<tele><fax> ... </fax></tele>`

18. Was ist keine Besonderheit von XML Schema gegenüber DTDs?
    - Die zulässigen Inhalte von Elementen und Attributen lassen sich in XML Schema genauer definieren.
    - XML-Schema-Dokumente sind selbst wohlgeformte XML-Dokumente.
    - In einem XML Schema lässt sich numerisch genau angeben, wie oft ein Element vorkommen soll.
    - In einem XML Schema können nicht nur Elemente, sondern auch Attribute definiert werden.
19. Mit welchem Element in einem XML Schema lassen sich die in ein XML-Element verschachtelten Attribute oder Elemente definieren?
    - `<xs:sequence> ... </xs:sequence>`
    - `<xs:complexType> ... </xs:complexType>`
    - `<xs:simpleContent> ... </xs:simpleContent>`
    - `<xs:attribute> ... </xs:attribute>`
20. Was definiert die Angabe `<xs:choice> ... </xs:choice>` in einem XML Schema?
    - einige unterschiedliche konstante Werte, die ein Attribut annehmen kann
    - ein Auswahlfeld in einem XML-Formular
    - eine Gruppe von Elementen, von denen eines an einer bestimmten Stelle im Dokument stehen kann
    - eine Auswahl verschiedener optionaler Attribute
21. Wie lässt sich in einem XML-Dokument das XML-Schema-Dokument *buchliste.xsd* einbinden, das keine zusätzlichen Namensräume definiert?
    - Attribute im Wurzelelement: `xmlns:xsi="http://www.w3.org/2001/XMLSchema-instance" xsi:noNamespaceSchemaLocation="buchliste.xsd"`
    - DOCTYPE-Header: `<!DOCTYPE XML SYSTEM "buchliste.xsd">`
    - Angabe `schema="buchliste.xsd"` in der `xml`-Steueranweisung
    - Schema-Steueranweisung:
      `<?schema xsi:noNamespaceSchemaLocation="buchliste.xsd"?>`
22. Welches der folgenden Formate dient nicht dazu, anzugeben, wie der Inhalt eines XML-Dokuments angezeigt werden soll?
    - CSS
    - XPath
    - XSL-FO
    - XSLT

23. Welches Element eines XSLT-Dokuments greift nur auf den Textinhalt eines XML-Elements zu?
    - `xsl:template`
    - `xsl:for-each`
    - `xsl:stylesheet`
    - `xsl:value-of`

Kapitel 17
Weitere Datei- und Datenformate

Wovon man nicht sprechen kann, darüber muss man schweigen.
– Ludwig Wittgenstein

XML ist eine hervorragende Erfindung, und so hat es sich zu einem der wichtigsten Datenaustauschformate entwickelt. Dennoch gibt es zahlreiche Anwendungsfälle, in denen es teils aus historischen, teils aus praktischen Gründen nicht die richtige Wahl ist. Deshalb werden in diesem Kapitel einige andere Formate vorgestellt.

Die Wahl des richtigen Dateiformats ist unerlässlich, um effizient mit bestimmten Anwendungen zu arbeiten und um jeweils kompatible Daten für den weiteren Workflow zu erzeugen. Deshalb werden in diesem Kapitel die wichtigsten Charakteristika verschiedener Formate für Text, formatierten Text, Grafiken, Bilder und Multimedia-Daten behandelt.

Beachten Sie, dass dieses Kapitel die Datei- und Datenformate überwiegend aus Sicht der Anwender*innen beschreibt. Sie erfahren hier also für die meisten – insbesondere binären – Formate nicht, wie Sie diese in der Programmierung lesen, schreiben und interpretieren können. Es ist aber ohnehin eine eher schlechte Idee, dies im Produktiveinsatz durch eigene Programme zu tun (zur Übung ist es dagegen ideal). Zu den meisten wichtigen Formaten gibt es aber ohnehin fertige Bibliotheken für die einzelnen Programmiersprachen.

17.1 Textdateien und Zeichensätze

Die einfachste Dateisorte sind einfache Textdateien, in denen jedes Zeichen sich selbst repräsentiert, in denen also keine binären Steuercodes vorkommen. Reine Textdateien werden trotzdem nicht nur zur Speicherung von Texten in menschlichen Sprachen verwendet. Es existieren auch viele textbasierte Formate, in denen Steuerungs-, Formatierungs- und Strukturbefehle im Klartext gespeichert werden, sodass sie von Menschen gelesen und geändert werden können. Wichtige Beispiele sind XML, HTML, die Satzsprache LaTeX, die Druckseitenbeschreibungssprache PostScript und nicht zuletzt die zahlreichen proprietären Konfigurationsdateien für Betriebssysteme und Anwendungen. Dies macht einen großen Teil der Bedeutung von Textdateien aus.

Sie haben in Kapitel 6, »Betriebssysteme«, erfahren, wie Textdateien mithilfe verschiedener Systemtools und Editoren verarbeitet werden können. In Kapitel 7, »Grundlagen der Programmierung«, wurde die programmierte Verarbeitung von Textdateien bereits kurz behandelt. Aber bisher wurde noch nicht genau darauf eingegangen, was wirklich in einer Textdatei gespeichert wird.

Formal betrachtet, handelt es sich bei einer Textdatei um eine Abfolge von Speicherblöcken, in denen verschiedene Bit-Muster für die unterschiedlichen Zeichen stehen. Wie breit der einzelne Speicherblock ist, hängt dabei vom verwendeten Zeichensatz ab. Beispielsweise wird der verbreitete ASCII-Zeichensatz mit seinen Erweiterungen in der Regel in Dateien und Datenstrukturen mit 8 Bit pro Zeichen gespeichert; für Unicode stehen Varianten mit 16 oder 32 Bit oder sogar mit variabler Bit-Breite zur Verfügung.

Der ursprüngliche *ASCII*-Zeichensatz (*American Standard Code for Information Interchange*) wurde in den 60er-Jahren des 20. Jahrhunderts entwickelt. Er entstand aus dem einfachen Durchnummerieren sämtlicher Zeichen und Funktionen, die eine US-amerikanische Schreibmaschine erzeugen kann. Es gibt also nicht nur ASCII-Codierungen für Buchstaben, Ziffern und einige Sonderzeichen, sondern auch für typische Schreibmaschinenfunktionen wie den Zeilenvorschub (*Line Feed*), den Wagenrücklauf (*Carriage Return*) und sogar die Glocke (*Bell*), deren Ton das baldige Zeilenende anzeigt. Diese Steuerzeichen werden von den verschiedenen Terminals, Shells oder Texteditoren unterschiedlich genutzt.

Der ASCII-Code selbst ist nur 7 Bit breit, enthält also 128 Zeichen. Da er in der Regel in 8 Bit großen Einheiten gespeichert wird, bleibt das erste Bit echter ASCII-Zeichen 0. Der verfügbare Platz von weiteren 128 Zeichen, die bei einer Speicherung in ganzen Bytes übrig bleibt, wurde zuerst von IBM als »erweiterter ASCII-Code« genutzt. In der Folge wurden die verschiedensten Zeichensätze entwickelt, die die ersten 128 Zeichen mit ASCII gemeinsam haben und die restlichen 128 für eigene Erweiterungen nutzen. Eine gängige standardisierte Fassung ist der *ANSI*-Zeichensatz, der beispielsweise in den Windows-Versionen der meisten lateinisch schreibenden europäischen Sprachen zum Einsatz kommt. Er enthält die wichtigsten west- und mitteleuropäischen Sonderzeichen wie etwa deutsche Umlaute oder französische Buchstaben mit Akzent. ANSI steht für *American National Standards Institute*, es handelt sich um das US-Pendant zum deutschen DIN oder zur internationalen ISO.

In der IT-Geschichte gab es darüber hinaus völlig andere, nicht zu ASCII abwärtskompatible Zeichensätze, beispielsweise das in den späten 60er-Jahren von IBM entwickelte *EBCDIC* (*Extended Binary Coded Decimal Interchange Code*, gesprochen »ebsidik«). Solche Zeichensätze waren jedoch meist auf bestimmte spezialisierte Computersysteme beschränkt und spielen heutzutage keine Rolle mehr.

17.1.1 Das Problem des Zeilenumbruchs

Das einzige Sonderzeichen, das in jeder Textdatei geduldet wird und eine universelle Bedeutung besitzt, ist der Zeilenumbruch. Er entsteht bei der manuellen Eingabe durch das Drücken der Eingabetaste [↵]. Ärgerlicherweise wird er selbst in ASCII-Textdateien für die verschiedenen Plattformen durch unterschiedliche Zeichen dargestellt:

- Unix-Varianten wie Linux, FreeBSD und Solaris verwenden ein einzelnes *Line Feed* (LF, ASCII-Code 10).
- Das klassische Mac OS bis Version 9 nutzte ein einzelnes *Carriage Return* (CR, ASCII-Code 13). Allerdings verwendet das moderne macOS standardmäßig das LF, da es sich um ein Unix handelt; einige Texteditoren bieten allerdings noch optionale Unterstützung für das veraltete Format.
- Windows und MS-DOS verwenden eine Kombination aus beiden Zeichen: ein CR, gefolgt von einem LF (in der Regel als CRLF bezeichnet). Diese Zeichenfolge wird übrigens auch in der Netzwerkkommunikation von vielen klartextbasierten Protokollen eingesetzt (siehe Kapitel 5, »Netzwerkgrundlagen«).

Die Verwendung unterschiedlicher Zeichen für Zeilenumbrüche führt immer wieder zu Problemen bei der Konvertierung oder beim Öffnen von Textdateien, die unter einem anderen Betriebssystem gespeichert wurden. Beispielsweise sehen Sie unter Windows nur kleine Quadrate anstelle der Zeilenumbrüche, wenn Sie eine Mac- oder Unix-Textdatei öffnen.

Dieses Problem lässt sich durch intelligente Editoren in den Griff bekommen, beispielsweise erkennt TextPad für Windows (Demoversion unter *www.textpad.com*) die Fremdformate automatisch und stellt die Dateien intern um. Auch der in macOS eingebaute GUI-Texteditor TextEdit kann sich auf Windows-Zeilenendungen einstellen.

Unter Linux sind spezielle Konverterprogramme für die Konsole verfügbar: `dos2unix` *`Dateiname`* konvertiert die angegebene Datei mit Windows-Zeilenumbrüchen auf Unix-Umbrüche; `unix2dos` *`Dateiname`* erledigt die umgekehrte Aufgabe. Auf dem Mac oder unter Windows ist zusätzlich das Programm ASCon-A nützlich, weil es nicht nur die Zeilenendungen in beide Richtungen konvertiert, sondern auch gleich die Umlaute und andere diakritische Zeichen dem jeweiligen Zeichensatz anpasst. Die Software kann für beide Plattformen kostenlos unter der URL *www.medienwerkstatt-online.de/products/ascona/ascona.html* heruntergeladen werden.

Wenn Sie innerhalb von Anwendungsprogrammen mit Text arbeiten, haben Sie übrigens kein Problem mit Zeilenumbrüchen: Textverarbeitungsprogramme wie Microsoft Word oder OpenOffice speichern auch die enthaltenen Texte in ihrem eigenen Format, in dem die Zeilenumbrüche speziell geschützt werden. Dabei spielt es ebenfalls keine Rolle, ob das jeweilige Programm ein binäres oder ein XML-basiertes Dateiformat verwendet.

Auch Programmiersprachen beschäftigen sich mit dem Problem der unterschiedlichen Zeilenumbrüche. Wenn Sie in den Sprachen, die in diesem Buch näher behandelt werden, also etwa Java und Python, die Escape-Sequenz `\n` ausgeben, gilt sie als logischer Zeilenumbruch, es wird folglich hinter den Kulissen das jeweils passende Zeichen oder die korrekte Zeichenfolge erzeugt. Dennoch steht `\n` eigentlich für das LF, also das Zeichen mit dem ASCII-Code 10, während `\r` das CR (ASCII-Code 13) repräsentiert.

17.1.2 Zeichensätze

In diesem Abschnitt werden die Grundlagen einiger Zeichensätze behandelt – vom einfachen ASCII- bis zum komplexen Unicode-Zeichensatz.

ASCII

Der *ASCII*-Zeichensatz (gesprochen »äskie«) ist der wichtigste und grundlegendste aller Computerzeichensätze. Viele klassische Konsolen- oder Netzwerkanwendungen verarbeiten keine Zeichen über reines ASCII hinaus; Bezeichner in traditionellen Programmiersprachen wie C dürfen ebenfalls nur aus ASCII-Zeichen bestehen.

Der ASCII-Zeichensatz geht auf einen ANSI-Vorschlag von 1963 zurück und wurde im Wesentlichen bei IBM ausgearbeitet, vor allem von *Robert Bemer*, der unter anderem auch einen entscheidenden Beitrag zur Entwicklung der Programmiersprache COBOL geleistet hat. 1968 wurde der ASCII-Code standardisiert.

Tabelle 17.1 zeigt zunächst den gesamten ASCII-Zeichensatz. Die Nummerierung ist hexadezimal; in der jeweiligen Zeile ist die hohe (16er-)Stelle eines Codes zu sehen, in der Spalte die niedrige (Einer-)Stelle. Das Zeichen `'A'` besitzt also zum Beispiel den Code 41 (dezimal 65).

	0	1	2	3	4	5	6	7	8	9	A	B	C	D	E	F
0	NUL	SOH	STX	ETX	EOT	ENQ	ACK	BEL	BS	HAT	LF	VT	FF	CR	SO	SI
1	DLE	DC1	DC2	DC3	DC4	NAK	SYN	ETB	CAN	EM	SUB	ESC	FS	GS	RS	US
2	SP	!	"	#	$	%	&	'	(	)	*	+	,	-	.	/
3	0	1	2	3	4	5	6	7	8	9	:	;	<	=	>	?
4	@	A	B	C	D	E	F	G	H	I	J	K	L	M	N	O
5	P	Q	R	S	T	U	V	W	X	Y	Z	[	\	]	^	_
6	'	a	b	c	D	e	F	g	h	I	j	k	l	m	n	o
7	p	q	r	s	T	u	V	w	x	Y	z	{	|	}	~	DEL

Tabelle 17.1 Der ASCII-Zeichensatz

Die Zeichen 0 bis 31 (hexadezimal 00 bis 1F) sind Steuerzeichen, die mit ihren traditionellen Kurznamen verzeichnet wurden. Beispielsweise ist 0A (dezimal 10) das bereits erwähnte Line Feed, 0D (13) ist das Carriage Return, und 00 (das Zeichen `'\0'`) wird vor allem als Abschlussmarkierung für C-Strings verwendet.

Wie Sie sehen, wurde darauf geachtet, bestimmte Zeichenklassen an charakteristischen Stellen unterzubringen. Außerdem kommen die Ziffern und die beiden Sätze von Buchstaben in ihrer natürlichen Reihenfolge vor: Die Ziffernzeichen `'0'` bis `'9'` befinden sich an den Positionen 48 bis 57 (hexadezimal 30 bis 39), die Großbuchstaben `'A'` bis `'Z'` an 65 bis 90 (hexadezimal 41 bis 5A) und die Kleinbuchstaben `'a'` bis `'z'` an 97 bis 122 (hexadezimal 61 bis 7A).

ASCII-Erweiterungen

In den 80er-Jahren war es so gut wie selbstverständlich, auf einem Home- oder Personal Computer keine deutschen Umlaute und sonstigen Sonderzeichen zur Verfügung zu haben: ASCII ist nur für englische Texte geeignet, alle anderen Sprachen mussten ihre Sonderzeichen umschreiben (`ae` für `ä` etc.) oder spezielle diakritische Kennzeichnungen einfach weglassen (zum Beispiel im Französischen die Akzente).

Da Computer jedoch ab einem bestimmten Zeitpunkt im großen Stil Einzug in Firmen und Behörden hielten und die Schreibmaschine als Korrespondenzwerkzeug zunehmend ablösten, war dieser Zustand irgendwann nicht mehr erträglich: Deutscher Text ohne Umlaute und ähnliche falsche Schreibweisen anderer Sprachen sind viel schlechter lesbar als richtig geschriebener Text. Da niemand seiner Kundschaft auf Dauer solche Notlösungen in Geschäftsbriefen zumuten wollte, mussten die fehlenden Zeichen integriert werden.

Erfreulicherweise verwenden alle heutigen Computer Bytes, die 8 Bit groß sind (das war in der Frühzeit der Computergeschichte nicht immer selbstverständlich; der eingangs genannte ASCII-Entwickler Bob Bemer war übrigens einer derjenigen, die sich dafür eingesetzt hatten). Aus diesem Grund war es weitverbreitete Praxis, jedes einzelne eigentlich nur 7 Bit breite ASCII-Zeichen in einem 8 Bit großen Block zu speichern. In einem Byte war also Platz für weitere 128 Zeichen, die man irgendwie ausnutzen konnte.

IBM war das erste Unternehmen, das einen solchen Zeichensatz einführte. Der sogenannte *erweiterte ASCII-Zeichensatz* enthielt die wichtigsten diakritischen Zeichen west- und mitteleuropäischer Sprachen sowie eine Reihe von geraden und gewinkelten Linien und anderen Grafikzeichen, um konsolenbasierte Benutzeroberflächen realisieren zu können. Dieser Zeichensatz wurde beispielsweise in leicht abgewandelter Form von MS-DOS verwendet.

Andere Hersteller erfanden ihre eigenen erweiterten Zeichensätze. Zum Beispiel entschied sich Apple für eine Eigenentwicklung, in der die 128 Zeichen über ASCII anders belegt wurden. Deswegen können Sie eine klassische deutschsprachige Mac-Textdatei nur mit Fehlern unter Windows lesen und umgekehrt.

Apropos Windows: Microsoft entschloss sich, für Windows nicht den erweiterten ASCII-Zeichensatz von IBM oder die MS-DOS-Variante davon zu verwenden, sondern den inzwischen standardisierten *ANSI-Zeichensatz*: Da Windows eine grafische Benutzeroberfläche war, wurden die verschiedenen Grafikzeichen nicht mehr gebraucht, um Fenster oder Menüs zu zeichnen. Den frei gewordenen Platz benutzt der ANSI-Zeichensatz für mehr internationale diakritische Zeichen. Das ist der Grund dafür, dass ein Konsolenprogramm, das Sie in einem Windows-Editor schreiben, anstelle deutscher Umlaute seltsame Sonderzeichen anzeigt: Die von DOS übernommene Windows-Konsole verwendet nach wie vor den alten MS-DOS-Zeichensatz!

Als Computer sich in immer mehr Ländern zu verbreiten begannen, fiel unangenehm auf, dass die ANSI-Zeichen noch nicht einmal für alle lateinisch geschriebenen Sprachen geeignet waren. Beispielsweise benutzen Sprachen wie Tschechisch oder Türkisch einige besondere Zeichen, um spezielle Laute zu kennzeichnen.

Die Betriebssystemhersteller begegneten diesem Problem, indem sie für jedes Land, in dem das entsprechende System verkauft wurde, einen angepassten Zeichensatz oder eine sogenannte *Codepage* erstellten, um die Besonderheiten der jeweiligen Sprache darstellen zu können. Neben den verschiedenen Varianten der lateinischen Schrift wurden so auch andere Buchstabenalphabete realisiert, beispielsweise Kyrillisch, Griechisch, Hebräisch oder Arabisch. Für die beiden Letztgenannten musste natürlich zusätzlich das Problem gelöst werden, dass sie von rechts nach links geschrieben werden. Für sich allein genommen ist das noch nicht einmal schwierig, vielmehr bereitet die Mischung mit Text in lateinischer Schrift (also der umgekehrten Schreibrichtung), der für die Programmierung und Ähnliches eingesetzt wird, Kopfzerbrechen.

Mit den betriebssystemabhängigen Lösungen waren einige Jahre lang fast alle recht zufrieden. Anwendungsprogramme, die für Mac OS und Windows verfügbar waren, verwendeten ohnehin ihre eigenen inneren Mechanismen für den Erhalt des korrekten Zeichensatzes. Zum Problem wurden diese Insellösungen erst, als sich das Internet immer schneller ausbreitete. Deshalb wurde für plattformübergreifende Kompatibilität ein international gültiger Standard für Zeichensätze geschaffen: ISO 8859. Die wichtigsten ISO-8859-Zeichensätze werden in Tabelle 17.2 gezeigt.

ISO-Zeichensatz	Alternativer Name	Beschreibung
ISO 8859-1	ISO Latin-1	Entspricht weitgehend dem ANSI-Zeichensatz. Unterstützt die Sprachen von USA und Westeuropa.
ISO 8859-2	ISO Latin-2	Unterstützt zusätzlich einige slawische Sprachen.
ISO 8859-3	ISO Latin-3	Unterstützt Esperanto, Maltesisch und Türkisch.
ISO 8859-4	ISO Latin-4	Dient der Unterstützung der baltischen Sprachen (Estnisch, Lettisch und Litauisch).
ISO 8859-5	–	Kyrillisch
ISO 8859-6	–	Arabisch
ISO 8859-7	–	Griechisch
ISO 8859-8	–	Hebräisch

Tabelle 17.2 Die wichtigsten standardisierten ASCII-Erweiterungszeichensätze

ISO-Zeichensatz	Alternativer Name	Beschreibung
ISO 8859-9	ISO Latin-5	Wie Latin-1; ersetzt aber isländische durch türkische Zeichen. Wird für Türkisch häufiger verwendet als Latin-3.
ISO 8859-10	ISO Latin-6	Unterstützt Grönländisch und Lappisch.
ISO 8859-15	ISO Latin-9	ISO Latin-1, um das Eurozeichen (€) erweitert.

Tabelle 17.2 Die wichtigsten standardisierten ASCII-Erweiterungszeichensätze (Forts.)

Beachten Sie, dass es noch weitaus mehr angepasste Zeichensätze gibt als die hier dargestellten. Nicht »totzukriegen« waren beispielsweise lange die traditionellen Mac-Zeichensätze.

Unicode

Um das ganze Problem der Schriften ein für alle Mal in den Griff zu bekommen, wurde schließlich das *Unicode*-System erfunden. Hier wurde von vornherein mehr Speicherplatz für das einzelne Zeichen eingeplant, um mehr unterschiedliche Zeichen darstellen zu können. Die ursprünglichen Unicode-Versionen verwendeten 16 Bit pro Zeichen, um bis zu 65.536 Zeichen darstellen zu können; seit Unicode 3.1 gibt es auch spezielle Varianten mit drei oder vier Byte, um noch erheblich mehr Zeichen in Unicode unterzubringen. Dazu gehören immer mehr Alphabete toter und selten gesprochener Sprachen, Spezialzeichen aus zahlreichen Wissenschaften und Branchen sowie die beliebten Emojis.

Das größte Problem, das Unicode mit sich bringt, ist, dass das System bisher noch immer nicht von allen Betriebssystemen, Programmiersprachen, APIs und Anwendungen verwendet wird. Um dieses Problem zu verringern, wurde Unicode so konstruiert, dass die untersten 128 Zeichen genau dem ASCII-Zeichensatz entsprechen.

Die spezielle Unicode-Codierung UTF-8 kann ASCII-Zeichen sogar einfach in einem Byte darstellen und verwendet spezielle Codes zur Darstellung höherer Zeichen. Auf diese Weise ist UTF-8 mit ASCII abwärtskompatibel. Auf den meisten Linux-Systemen ist UTF-8 inzwischen die Standardcodierung, und auch auf anderen Systemen verbreitet sie sich glücklicherweise immer weiter.

Die ursprüngliche Teilmenge von Unicode, die 16 Bit breite Zeichen verwendet, wird als *Basic Multilingual Plane* (*BMP*) bezeichnet. Hierbei handelt es sich um die wichtigsten Zeichen lebender Sprachen, mathematische Sonderzeichen sowie grundlegende Piktogramme, Schmuckelemente und andere Symbole (*Dingbats*). In Tabelle 17.3 sehen Sie eine Übersicht über einige wichtige Codebereiche des BMP-Bereichs von Unicode. Die Codes von Unicode-Zeichen werden üblicherweise im Hexadezimalcode mit vorangestelltem U+ geschrieben; im BMP-Bereich werden vier Hexadezimalstellen verwendet, ansonsten je nach Bedarf mehr.

Hexadezimal	Dezimal	Codebereich
U+0000–U+007F	0–127	ASCII
U+0080–U+00FF	128–255	ISO Latin-1
U+0100–U+017F	256–383	Latin Extended A (spezielle diakritische Zeichen)
U+0180–U+024F	384–591	Latin Extended B (spezielle eigentlich nicht lateinische Zeichen, die in einigen Sprachen verwendet werden)
U+0370–U+03FF	880–1023	Griechisch
U+0400–U+04FF	1024–1279	Kyrillisch
U+0590–U+05FF	1424–1535	Hebräisch
U+0600–U+06FF	1536–1791	Arabisch
U+0900–U+097F	2304–2431	Devanagari (Schrift der meisten indischen Sprachen)
U+2200–U+22FF	8704–8959	mathematische Symbole
U+3040–U+309F	12352–12447	Hiragana (japanische Silbenschrift)
U+30A0–U+30FF	12448–12543	Katakana (japanische Silbenschrift)
U+4E00–U+9FA5	19968–40869	CJK Unified Ideographs (chinesische Zeichen, die zum Teil auch für Japanisch und Koreanisch verwendet werden)

Tabelle 17.3 Einige wichtige Codebereiche im Unicode-Block BMP

Eine Übersicht über alle Zeichenbereiche von Unicode erhalten Sie auf der Website des Unicode-Konsortiums: *www.unicode.org*. Dort finden Sie außerdem PDF-Dokumente zum Download, in denen jedes einzelne Zeichen enthalten ist.

Unicode wird inzwischen von den meisten Betriebssystemen unterstützt. Den Anfang machte Windows NT 4.0, das 1996 auf den Markt kam und den damaligen 16-Bit-Unicode als festgelegtes Textformat verwendete (intern ist dies bei allen NT-Nachfolgern noch immer der Fall). Inzwischen sind auch alle Unix- und Linux-Versionen mit Unicode-Unterstützung ausgestattet und verwenden meist UTF-8 als Standard-Zeichencodierung.

Bei den Programmiersprachen machte Java den Anfang: Die Sprache verwendete von Anfang an Unicode in verschiedenen Codierungen. Der Java-Datentyp `char` (einzelnes Zeichen) besitzt eine Breite von 16 Bit und ist somit groß genug, um ein BMP-Unicode-Zeichen aufzunehmen. In C wurde dazu nachträglich der 16 Bit breite Datentyp `wchar_t` eingeführt. Volle Unicode-Unterstützung (UTF-8) war eines der entscheidenden neuen Merkmale von Python 3 gegenüber älteren Versionen.

Auch immer mehr Anwendungsprogramme unterstützen Unicode. Wichtig ist dies besonders für Layout- und Textverarbeitungsprogramme. Der Unicode-Einsatz in Anwendungsprogrammen geht oft einher mit der Unterstützung des *OpenType*-Schriftformats, einer moderneren Variante von TrueType.

Schrift- und Tastatureinstellungen

Die in den vorangegangenen Abschnitten besprochene theoretische Unterstützung verschiedener lokaler Zeichensätze oder des Unicode-Systems nutzt in der Praxis natürlich nur dann etwas, wenn auf dem verwendeten Rechner entsprechende Schriften installiert sind und die Tastaturbelegung so geändert werden kann, dass die speziellen Zeichen anderer Schriftsysteme über die Tastatur eingegeben werden können.

Die reine Anzeige fremder Schriften ist besonders für Webseiten wichtig. Folgerichtig bieten Webbrowser ein relativ einfaches System zum Umstellen der Zeichencodierung und zum Nachladen verschiedenster Zeichensätze an. Diese Darstellung anderer Zeichensätze ermöglicht aber noch lange nicht deren Eingabe!

Die meisten aktuellen Betriebssysteme bieten eine einfache Möglichkeit, das Tastaturlayout auf viele verschiedene Schriften umzustellen und entsprechende Zeichensätze zu installieren. Unter Windows 10 und seinen Vorgängerversionen seit XP nehmen Sie die Einstellung der auswählbaren Tastaturlayouts beispielsweise folgendermaßen vor:

1. Wählen Sie Start • Systemsteuerung • Regions- und Spracheinstellungen.
2. Wechseln Sie auf die Registerkarte Sprachen. Über den Button Details nehmen Sie die eigentlichen Einstellungen für die Tastatur-Eingabeschemata vor.
3. Mit Hinzufügen können Sie zahlreiche Sprachen und Eingabeschemata installieren.
4. Nachdem Sie die Auswahl bestätigt haben, steht Ihnen in der Taskleiste ein Umschalter zur Verfügung, mit dessen Hilfe Sie die verschiedenen Sprachen und Gebietsschemata nach den Länderkürzeln aussuchen können. Moderne Anwendungen wie Word oder InDesign suchen beim Umschalten in der Regel gleich eine Schrift aus, die die benötigten Zeichen darstellen kann. Auch das Umschalten der Schreibrichtung für verschiedene Sprachen funktioniert normalerweise problemlos.

Unter macOS steht Ihnen ein sehr ähnliches Verfahren zur Verfügung; hier finden Sie die erforderlichen Einstellungen unter Systemeinstellungen • Tastatur • Eingabequellen.

Nun müssen Sie nur noch herausfinden, mit welcher Taste welches Zeichen einer Sprache produziert wird. Bei lateinisch geschriebenen Sprachen kann die Belegung geringfügig (bei englischer Tastaturbelegung sind Z und Y sowie einige Satzzeichen vertauscht), aber auch erheblich von der deutschen abweichen (zum Beispiel AZERTY anstelle von QWERTZ beim französischen Tastaturlayout). Für nicht lateinische Schriften gelten dagegen völlig andere Regeln: Fremde Buchstabenschriften (Griechisch, Arabisch etc.) sind aus der Sicht Ihrer eigenen Tastaturbelegung natürlich »willkürlich« auf die Tasten der Tastatur verteilt. Hier helfen oft nur noch die Zeichentabelle (*charmap.exe*) unter Windows, die Systemeinstellung *Tastatur* unter macOS und vergleichbare Tools in diversen Linux-Distributionen.

Noch komplexer wird es bei den ostasiatischen Silbenschriften: In der Regel werden chinesische oder japanische Zeichen anhand einer Lateinumschrift eingegeben, Sie können sich das passende Zeichen daraufhin aus einer Liste aussuchen. Bestimmte Zeichen erkennt ein solches Eingabesystem sogar bereits aus dem Kontext richtig.

Ein Beispiel: Chinesisch schreiben auf lateinischen Tastaturen

In Abbildung 17.1 sehen Sie ein Beispiel für die Eingabe chinesischer Schriftzeichen unter Windows (in allen Versionen seit Windows XP). Die chinesische Sprache kennt viele Tausend Silbenzeichen, aber nur verhältnismäßig wenige unterschiedliche Sprechsilben. Erschwerend kommt hinzu, dass es vier verschieden gesprochene bedeutungsunterscheidende Betonungen gibt, die bei den üblichen Eingabesystemen nicht mit eingegeben werden.

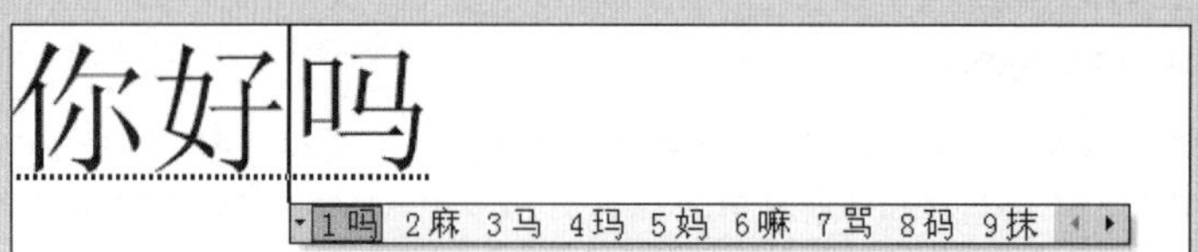

Abbildung 17.1 Eingabe chinesischer Zeichen unter Windows

In dem Beispiel sind die vereinfachten chinesischen Schriftzeichen zu sehen, die in der Volksrepublik aufgrund einer Schriftreform eingeführt wurden (Taiwan verwendet dagegen bis heute die noch komplexeren traditionellen Schriftzeichen). Die Lateinumschrift wurde ebenfalls vereinheitlicht; die chinesische Regierung hat vor Jahren ein verbindliches System namens *Hanyu Pinyin* eingeführt. Dies ersetzt die zum Teil abenteuerlichen Versuche portugiesischer Jesuitenpater und englischer Seefahrer; statt »Peking« heißt es beispielsweise korrekt »Beijing«.

Um die in Abbildung 17.1 gezeigten Zeichen zu produzieren, müssen Sie die folgenden Silben eingeben: »NI HAO MA« (das Leerzeichen schließt jeweils die Eingabe einer Silbe ab). Da dieser Satz »Wie geht es dir?« bedeutet und sehr häufig vorkommt, hat das System auf Anhieb die korrekten Zeichen ausgewählt. Wird ein Zeichen dagegen falsch erkannt, können Sie einmal auf die linke Pfeiltaste drücken, um die im Bild gezeigte Auswahlleiste aufzurufen. Bei den meisten Silben besteht sie aus mehreren Abschnitten, die Sie mithilfe der Pfeil-Buttons rechts erreichen können. Unter macOS ist der Mechanismus sehr ähnlich.

17.1.3 Textbasierte Dateiformate

Viele wichtige Dateiformate, die in reinem Text geschrieben werden, lernen Sie in anderen Kapiteln dieses Buchs kennen: Im vorangegangenen Kapitel wurde beispielsweise bereits ausführlich die allgemeine Auszeichnungssprache XML behandelt; in Kapitel 18, »Webseitenerstellung mit HTML und CSS«, kommt die Webseitenbeschreibungssprache HTML an die Reihe. Auch die verschiedenen Programmiersprachen und diverse Arten von Konfigurationsdateien lassen sich letzten Endes als Textdateiformate bezeichnen.

An dieser Stelle erhalten Sie einige weitere Beispiele für textbasierte Formate:

- das Tabellendaten-Austauschformat *CSV*
- das strukturierte Datenformat *JSON*
- die einfache Auszeichnungssprache *Markdown*
- die professionelle Satzsprache *LaTeX*
- die Druckseitenbeschreibungssprache *PostScript*

Ein weiteres Beispiel ist das von Microsoft definierte *Rich Text Format* (*RTF*), das als rudimentäres Austauschformat für formatierten Text zwischen verschiedenen Anwendungen eingesetzt werden kann – darauf wird hier jedoch nicht näher eingegangen, weil es zwar klartextbasiert, aber umständlich zu schreiben und zu lesen ist.

CSV

Die Abkürzung *CSV* steht für *Comma-Separated Values*, also durch Komma getrennte Werte. Das Format wird häufig als Austauschformat von Tabellenkalkulationsprogrammen und Statistiksoftware verwendet. Es kann leicht von Maschinen gelesen werden und ist für Menschen nicht ganz unleserlich. Tabellenzeilen werden üblicherweise durch Zeilenumbrüche voneinander getrennt, Zellen durch das namensgebende Komma oder ein anderes eindeutig festgelegtes Zeichen.

Vor dem Import einer CSV-Datei müssen Sie folgende Sachverhalte analysieren:

- Sind die Zeilen durch einen Zeilenumbruch voneinander getrennt (und, falls ja, welche systemspezifische Variante) oder durch eine nicht standardkonforme Zeichensequenz?
- Werden die Zellen durch Komma, Tabstopp `"\t"`, Semikolon `";"` oder ein anderes Zeichen voneinander abgegrenzt?
- Stehen einige oder alle Zellen in Anführungszeichen – und, falls ja, alle oder nur bestimmte (zum Beispiel String-Werte oder solche, die das Trennzeichen als Textinhalt enthalten)?
- Wie wird das Trennzeichen als Inhalt escapt (besonders wenn keine Anführungszeichen zum Einsatz kommen)?
- Enthält die Datei eine Kopfzeile mit Spaltentiteln oder nur einfache Daten?

Die CSV-Importdialoge von Tabellenkalkulationsprogrammen stellen genau solche Fragen, falls sie es nicht schaffen, die Datei selbst entsprechend zu analysieren.

Als Beispiel sollen im Folgenden zwei verschiedene CSV-Versionen der in Kapitel 10, »Datenanalyse, Machine Learning, künstliche Intelligenz« verwendeten Iris-Datenmenge gezeigt werden, und Sie erfahren, wie Sie sie in Python und Java importieren. Die erste Version hat den einfachsten denkbaren Aufbau: Trennzeichen ist das Komma, das nicht in einem Zellenwert vorkommt, und es kommen keine Anführungszeichen und keine Kopfzeile zum Einsatz. Hier die ersten fünf Zeilen dieser Datei (*iris.csv* in den Listings zu diesem Kapitel):

```
5.1,3.5,1.4,0.2,Iris-setosa
4.9,3.0,1.4,0.2,Iris-setosa
4.7,3.2,1.3,0.2,Iris-setosa
4.6,3.1,1.5,0.2,Iris-setosa
5.0,3.6,1.4,0.2,Iris-setosa
```

Für den Import in Python ist der Konstruktor `reader()` aus dem Modul `csv` zuständig. Sie können mit einer `for`-Schleife zeilenweise über die erhaltene Instanz iterieren. Der entsprechende Code sieht folgendermaßen aus:

```
import csv

irises = []
iris_file = open('iris.csv', 'r')
for line in csv.reader(iris_file):
    irises.append(line)
iris_file.close()
print(irises[0])
print(irises[50])
print(irises[100])
```

Und dies ist die Ausgabe:

```
['5.1', '3.5', '1.4', '0.2', 'Iris-setosa']
['7.0', '3.2', '4.7', '1.4', 'Iris-versicolor']
['6.3', '3.3', '6.0', '2.5', 'Iris-virginica']
```

Natürlich können Sie mit den importierten Daten Spannenderes anstellen, als die erste Zeile jeder Iris-Spezies auszugeben (siehe ebenfalls Kapitel 10, »Datenanalyse, Machine Learning, künstliche Intelligenz«). Der erste Schritt besteht natürlich darin, die numerischen Werte mittels `float()` von Strings in Fließkommawerte umzuwandeln.

Die zweite Version der Datei heißt *iris-tabs.csv*. Sie verwendet den Tabulator statt des Kommas als Zellentrennzeichen, setzt String-Werte in Anführungszeichen und enthält eine Kopfzeile mit Spaltenbeschriftungen. Hier der Anfang dieser Datei:

```
"Petal length"   "Petal width"   "Sepal length"   "Sepal width"   "Classification"
5.1    3.5    1.4    0.2    "Iris-setosa"
4.9    3.0    1.4    0.2    "Iris-setosa"
4.7    3.2    1.3    0.2    "Iris-setosa"
4.6    3.1    1.5    0.2    "Iris-setosa"
5.0    3.6    1.4    0.2    "Iris-setosa"
```

Der Code muss wie folgt angepasst werden, um diese Fassung zu importieren:

```
import csv

iris_file = open('iris-tabs.csv', 'r')
reader = csv.reader(iris_file, delimiter = "\t", quoting=csv.QUOTE_NONNUMERIC)
captions = next(reader, None)
irises = []
for line in reader:
    irises.append(line)
iris_file.close()
print(captions)
print(len(irises))
print(irises[0])
print(irises[50])
print(irises[100])
```


Die `reader`-Instanz wird in einer Variablen zwischengespeichert, denn ihre Methode `next()`liest die erste Zeile mit den Überschriften aus, bevor die Schleife beginnt. Außerdem wird der Konstruktor mit zwei benannten Argumenten aufgerufen: `delimiter` (Zellentrennzeichen) und `quoting`, den Anführungszeichenmodus, für den vier Konstanten definiert sind: `csv.QUOTE_ALL` (alle Felder in Anführungszeichen), `csv.QUOTE_MINIMAL` (nur Felder mit Trennzeichen), `csv.QUOTE_NONNUMERIC` (nur Felder ohne Zahlen) und `csv.QUOTE_NONE` (keine Anführungszeichen; dies ist der Standard).

Die Ausgabe des Beispiels sieht so aus:

```
['Petal length', 'Petal width', 'Sepal length', 'Sepal width', 'Classification']
150
[5.1, 3.5, 1.4, 0.2, 'Iris-setosa']
[7.0, 3.2, 4.7, 1.4, 'Iris-versicolor']
[6.3, 3.3, 6.0, 2.5, 'Iris-virginica']
```

Hier zeigt sich ein offensichtlicher Vorteil von CSV-Daten, in denen Strings in Anführungszeichen stehen und Zahlen nicht: Die Zahlen werden automatisch als solche interpretiert und brauchen nicht mehr aus Strings umgewandelt zu werden.

Für den CSV-Import in Java empfiehlt sich das Package *OpenCSV*, das Sie am einfachsten wie folgt als Maven-Dependency einbinden können:

```
<dependency>
  <groupId>com.opencsv</groupId>
  <artifactId>opencsv</artifactId>
  <version>5.3</version>
</dependency>
```

Listing 17.1 zeigt eine Klasse, die die beiden Versionen der Iris-Datenmenge importiert und dieselben Beispielzeilen ausgibt wie die Python-Beispiele:

```
package com.example.csv_import;

import com.opencsv.CSVReader;
import com.opencsv.CSVReaderBuilder;
import com.opencsv.CSVParser;
import com.opencsv.CSVParserBuilder;
import com.opencsv.exceptions.CsvException;
import java.io.FileReader;
import java.io.IOException;
import java.util.Arrays;
import java.util.List;

/**
 * CSV Import Example
 *
 */
public class CsvImport {
    public static void main(String[] args) {
        String fileName1 = "iris.csv";
        String fileName2 = "iris-tabs.csv";
        try (CSVReader reader = new CSVReader(new FileReader(fileName1))) {
            List<String[]> data1 = reader.readAll();
            System.out.println("CSV-DATEI 1:");
            System.out.println(Arrays.toString(data1.get(0)));
            System.out.println(Arrays.toString(data1.get(50)));
            System.out.println(Arrays.toString(data1.get(100)));
        } catch(CsvException e) {
            System.out.println("CSV-Fehler: " + e.getMessage());
        } catch(IOException e) {
            System.out.println("Dateifehler: " + e.getMessage());
        }
        CSVParser csvParser = new CSVParserBuilder().withSeparator('\t').build();
```

```
        try(CSVReader reader = new CSVReaderBuilder(
          new FileReader(fileName2))
          .withCSVParser(csvParser)
          .withSkipLines(1)
          .build()) {
            List<String[]> data2 = reader.readAll();
            System.out.println("CSV-DATEI 2:");
            System.out.println(Arrays.toString(data2.get(0)));
            System.out.println(Arrays.toString(data2.get(50)));
            System.out.println(Arrays.toString(data2.get(100)));
        } catch(CsvException e) {
            System.out.println("CSV-Fehler: " + e.getMessage());
        } catch(IOException e) {
            System.out.println("Dateifehler: " + e.getMessage());
        }
    }
}
```

Listing 17.1 CsvImport.java importiert die beiden CSV-Varianten der Iris-Datenmenge.

Für die einfache Datei *iris.csv* genügt die Standardvariante der Klasse `CSVReader`. Bei *iris-tabs.csv* wird dagegen zunächst eine `CSVParser`-Instanz erzeugt. Die Methode `withSeparator()` der Klasse `CSVParserBuilder` regelt das Trennzeichen. Das Überspringen der Kopfzeile erfolgt mithilfe der Methode `withSkipLines()` der Klasse `CSVReaderBuilder`, der außerdem über die Methode `withCSVParser()` der zuvor erzeugte Parser übergeben wird. Diese Builder-Instanz erzeugt anschließend den angepassten `CSVReader`. In beiden Fällen erzeugt die Methode `readAll()` der `CSVReader`-Instanz schließlich eine Liste von String-Arrays, die die einzelnen Zeilen repräsentieren.

Die Ausgabe sieht wie folgt aus:

```
CSV-DATEI 1:
[5.1, 3.5, 1.4, 0.2, Iris-setosa]
[7.0, 3.2, 4.7, 1.4, Iris-versicolor]
[6.3, 3.3, 6.0, 2.5, Iris-virginica]
CSV-DATEI 2:
[5.1, 3.5, 1.4, 0.2, Iris-setosa]
[7.0, 3.2, 4.7, 1.4, Iris-versicolor]
[6.3, 3.3, 6.0, 2.5, Iris-virginica]
```

JSON

JSON (*JavaScript Object Notation*) ist ebenfalls ein weitverbreitetes Datenaustauschformat, das besonders häufig für REST-APIs und sonstige Web Services zum Einsatz kommt (siehe

Kapitel 19, »Webserveranwendungen«, und Kapitel 20, »JavaScript und Ajax«; dort erfahren Sie auch, wie Sie in PHP beziehungsweise JavaScript selbst mit JSON-Daten umgehen). Auch zur Serialisierung von Objekten – etwa zur Speicherung in einer Datenbank – eignet sich JSON. Es handelt sich um JavaScript-Datenstrukturen, die als String gespeichert werden. Es gibt zwei Grundstrukturen, die beliebig tief ineinander verschachtelt werden können:

- *JavaScript-Objekte* bestehen aus Schlüssel-Wert-Paaren. Sie ähneln Python-Dictionarys und Java-Maps, wobei die Schlüssel immer Strings sein müssen, während die Werte ebenfalls Strings, aber auch Zahlen, Booleans, Objekte oder Arrays sein können. Beispiel:

  ```
  {"Key1": "String-Wert", "Key2": 0.25, "Key3:" [1, 2, 3], "Key4": {"Subkey": "Sub-
  Value"}}
  ```

- *JavaScript-Arrays* gleichen Listen in Python. Sie stehen in eckigen Klammern und sind durch Kommata getrennte Aufzählungen beliebiger Werte, die innerhalb von JavaScript mit einem bei 0 beginnenden numerischen Index angesprochen werden. Beispiel:

  ```
  [42, "Text", [1, 2, 3], {"Key": "Value"}]
  ```

Die Iris-Datenmenge lässt sich zum Beispiel so als JSON-Datei schreiben (die gesamte Liste als Array, die einzelnen Exemplare als Objekte):

```
[
  {
    "sepal_length": 5.1,
    "sepal_width": 3.5,
    "petal_length": 1.4,
    "petal_width": 0.2,
    "species": "Iris-setosa"
  },
  {
    "sepal_length": 4.9,
    "sepal_width": 3.0,
    "petal_length": 1.4,
    "petal_width": 0.2,
    "species": "Iris-setosa"
  },
  ...
]
```

In Python ist das Modul `json` für den Import von JSON-Daten zuständig. Die Methode `load()` lädt die Daten aus einem Stream, also etwa einer geöffneten Datei oder einem Socket, während `loads()` einen String als JSON interpretiert.

Die Datei *iris.json* (in den Listings zu diesem Kapitel zu finden) wird wie folgt importiert:

```
import json

json_file = open('iris.json', 'r')
try:
    irises = json.load(json_file)
    json_file.close()
    print(len(irises))
    print(irises[0])
    print(irises[50])
    print(irises[100])
except json.JSONDecodeError:
    print("Ungültiges JSON")
```

Sie sollten stets wie gezeigt einen `JSONDecodeError` abfangen, um auf mögliche defekte JSON-Daten zu reagieren.

Die Ausgabe des Beispiels sieht so aus:

```
150
{'sepal_length': 5.1, 'sepal_width': 3.5, 'petal_length': 1.4,
'petal_width': 0.2, 'species': 'Iris-setosa'}
{'sepal_length': 7.0, 'sepal_width': 3.2, 'petal_length': 4.7,
'petal_width': 1.4, 'species': 'Iris-versicolor'}
{'sepal_length': 6.3, 'sepal_width': 3.3, 'petal_length': 6.0,
'petal_width': 2.5, 'species': 'Iris-virginica'}
```


Falls Sie nicht jeden Datensatz als Dictionary benötigen, sondern wie in der CSV-Version als Array, können Sie die Daten bereits während des Imports entsprechend umwandeln. Dazu dient das benannte Argument `object_hook`, dem eine Funktion übergeben wird. Das folgende Beispiel verwendet eine einfache Lambda-Funktion für die besagte Umwandlung:

```
import json

json_file = open('iris.json', 'r')
try:
    irises = json.load(
        json_file,
        object_hook = lambda object: list(object.values())
    )
    json_file.close()
    print(len(irises))
    print(irises[0])
    print(irises[50])
```

```
    print(irises[100])
except json.JSONDecodeError:
    print("Ungültiges JSON")
```

Für Java gibt es verschiedene Packages, die JSON importieren können. Am einfachsten ist es, im Maven Central Repository nach »JSON« zu suchen, um die für Ihre Anwendung passende Bibliothek zu finden.

Markdown

Markdown ist eine einfache Auszeichnungssprache zur Formatierung von Text. Sie kommt unter anderem in der Beschreibungsdatei eines git-Repositorys und in Jupyter Notebooks (siehe Kapitel 10, »Datenanalyse, Machine Learning, künstliche Intelligenz«) zum Einsatz. Gegenüber der wesentlich umfangreicheren, im nächsten Kapitel behandelten Auszeichnungssprache HTML hat Markdown für einfache Einsatzzwecke den Vorteil, dass die Formatierung mithilfe einfacher ASCII-Sonderzeichen erfolgt, sodass auch der Quelltext sehr leicht für Menschen lesbar ist.

Hier ein Beispiel für einen Markdown-Block:

```
# Markdown
Markdown ist eine sehr einfache Auszeichnungssprache.

## Zeichenformatierungen
Zeichen können unter anderem **fett**, *kursiv* oder ***fett und kursiv***
dargestellt werden.

## Weitere Infos
Zwei nützliche Webressourcen zu Markdown:
- [Homepage des Markdown-Projekts](https://daringfireball.net/projects/markdown/)
- [Interaktives Markdown-Tutorial](https://commonmark.org/help/tutorial/)
```

In Tabelle 17.4 finden Sie die wichtigsten Markdown-Formatierungsmöglichkeiten im Überblick.

Formatierung	Bedeutung	Ausgabebeispiel

`Absatz 1`
 	
`Absatz 2`
	Zweimal ↵ erzeugt einen Absatz.	Absatz 1
		Absatz 2

`Zeile 1\` `Zeile 2`	\ gefolgt von ↵ erzeugt einen Zeilenumbruch.	Zeile 1 Zeile 2

Tabelle 17.4 Die wichtigsten Formatierungen der Auszeichnungssprache Markdown

Formatierung	Bedeutung	Ausgabebeispiel

`# Überschrift 1`
`## Überschrift 2`
`### Überschrift 3`
`#### Überschrift 4`
`##### Überschrift 5`
`###### Überschrift 6`
`Normaler Absatz`
	Überschriften 6 verschiedener Hierarchiestufen (wie <h1/> bis <h6/> in HTML).	**Überschrift 1**
		Überschrift 2
		Überschrift 3
		Überschrift 4
		Überschrift 5
		Überschrift 6
		Normaler Absatz

`*kursiv*\`
`**fett**\`
`***kursiv und fett***`
	Text in unterschiedliche Anzahlen von * einzuschließen, hebt die entsprechenden Zeichen auf unterschiedliche Weise hervor.	*kursiv*
		fett
		kursiv und fett

`* Punkt 1`
`* Punkt 2`
`* Punkt 3`
	Aufzählung	▸ Punkt 1
		▸ Punkt 2
		▸ Punkt 3

`1. Gegenstand 1`
`2. Gegenstand 2`
`3. Gegenstand 3`
	Nummerierte Liste (wird einfach intuitiv hingeschrieben)	1. Gegenstand 1
		2. Gegenstand 2
		3. Gegenstand 3

`- Hauptpunkt 1`
`    - Unterpunkt 1`
`    - Unterpunkt 2`
`- Hauptpunkt 2`
`    1. Unterpunkt 1`
`    2. Unterpunkt 2`
	Aufzählungen und Listen können ineinander verschachtelt werden, indem die untergeordneten Listenpunkte um je vier Leerzeichen pro Stufe eingerückt werden.	▸ Hauptpunkt 1
		– Unterpunkt 1
		– Unterpunkt 2
		▸ Hauptpunkt 2
		1. Unterpunkt 1
		2. Unterpunkt 2

`[Weitere Informationen](https://daringfireball.net/projects/markdown/syntax)`	Links werden angegeben, indem der Linktext in eckigen Klammern steht und die URL ohne Abstand in runden Klammern dahinter.	Weitere Informationen

Tabelle 17.4 Die wichtigsten Formatierungen der Auszeichnungssprache Markdown (Forts.)

Wenn Sie Markdown selbst in Ihren Programmen verarbeiten und darstellen möchten, bietet sich die Umwandlung in HTML an. Für Python gibt es zu diesem Zweck das externe

Modul *markdown*. Installieren Sie es wie üblich mithilfe von *pip* (wenn Sie die Anaconda-Distribution haben, ist es sogar bereits installiert):

```
$ pip3 install markdown
```

Anschließend können Sie eine Markdown-Datei folgendermaßen in HTML umwandeln:

```
import markdown

file = open('example.md', 'r')
text = file.read()
html = markdown.markdown(text)
print(html)
```

Wenn die Datei *example.md* das obige Beispiel enthält, sieht die Ausgabe auf der Konsole so aus:

```
<h1>Markdown</h1>
<p>Markdown ist eine sehr einfache Auszeichnungssprache.</p>
<h2>Zeichenformatierungen</h2>
<p>Zeichen können unter anderem <strong>fett</strong>, <em>kursiv</
em> oder <strong><em>fett und kursiv</em></strong> dargestellt werden.</p>
<h2>Weitere Infos</h2>
<p>Zwei nützliche Webressourcen zu Markdown:
- <a href="https://daringfireball.net/projects/markdown/">Homepage des Markdown-
Projekts</a>
- <a href="https://commonmark.org/help/tutorial/">Interaktives Markdown-Tutorial
</a></p>
```

In Abbildung 17.2 wird gezeigt, wie ein Webbrowser diesen HTML-Code interpretiert, wobei es eine korrekte HTML-Darstellung für Aufzählungen und Listen gibt, die von dem Python-Tool nicht automatisch umgesetzt wird (siehe nächstes Kapitel für Details).

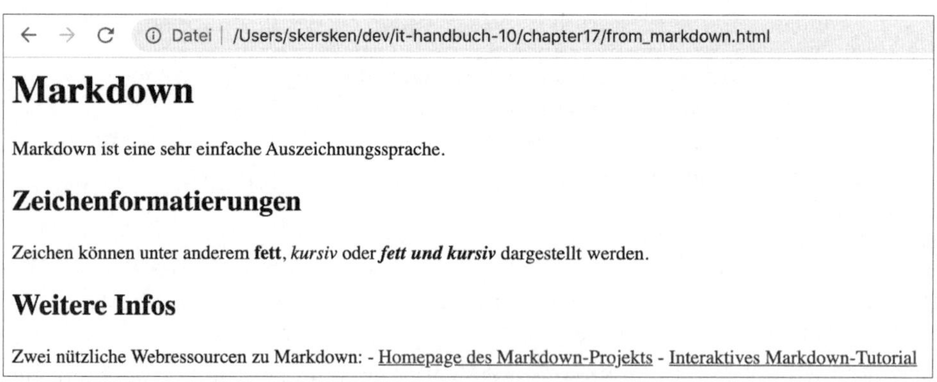

Abbildung 17.2 Ausgabe des in HTML umgewandelten Markdown-Codes im Webbrowser

LaTeX

Die WYSIWYG-Dokumentenverarbeitung im Bereich des Textsatzes war nicht zu allen Zeiten selbstverständlich. Fotosatzmaschinen und frühe computerbasierte Satz- und Layoutsysteme verwendeten angepasste Spezialsprachen, um das Layout und den Textinhalt von Druckdokumenten zu beschreiben.

Eine der bekanntesten Textsatzsprachen wurde in den 80er-Jahren von Donald E. Knuth[1] entworfen. Hauptberuflich war er ein sehr bekannter Informatikprofessor – sein Hauptwerk ist das bisher vierbändige, auf acht Bände ausgelegte »The Art of Computer Programming« (ursprünglich sollten es sieben Bände sein, aber der vierte wurde geteilt). 1982 gab er das Manuskript des ersten Bandes beim Verlag ab und war enttäuscht über den schlechten Satz, der dabei herauskam. Dies veranlasste ihn, mit der Arbeit an seinem eigenen Textsatzsystem zu beginnen, genannt TeX (gesprochen »Tech« – mit »ch« wie in »Blech«).

Zusammen mit TeX entwickelte Knuth ein weiteres Programm namens *METAFONT* zur Definition vektorbasierter elektronischer Schriften. Die wichtigsten Ideen von METAFONT führten später zur Entwicklung der Adobe-PostScript-Schriften. In TeX gesetzte Dokumente bestechen durch ihre hohe Qualität, die nicht einmal von professionellen Layoutprogrammen wie InDesign oder QuarkXPress erreicht wird, sondern höchstens von der Kunst des manuellen Bleisatzes. Außerdem ist kein anderes Programm in der Lage, in ähnlicher Perfektion mathematische Formeln zu setzen.

Andererseits ist TeX schwer zu benutzen; es müssen Unmengen von Konfigurationsanweisungen geschrieben werden, bevor das eigentliche Dokument gesetzt werden kann. Aus diesem Grund wurde von Dritten eine Makrosammlung namens *LaTeX* entwickelt, die viele der Konfigurationsarbeiten durch Zusammenfassung erleichtert, sodass Sie sich bei der Arbeit mit dem System mehr auf den eigentlichen Text konzentrieren können als auf die Satzsprache.

Eine richtige Einführung in LaTeX würde an dieser Stelle erheblich zu weit führen; deshalb soll ein kurzes Beispieldokument genügen:

```
\begin{document}
\textbf{\Large LaTeX}
LaTeX ist eine Makrosammlung, die auf der Satzsprache TeX von
\emph{D. E. Knuth} basiert.
LaTeX bietet eine Reihe von Vorteilen:
\begin{itemize}
\item
gestochen scharfen Textsatz
\item
mathematische Formeln in Perfektion
\item
```

1 Der Name wird »K-nooth« (englisch) ausgesprochen.

```
Listen, Tabellen und Abbildungen ohne Probleme
\end{itemize}
\end{document}
```

Wie Sie sehen, werden Formatierungsbefehle mit `\befehl` eingeleitet; die Inhalte, die ein Befehl umschließt, stehen in geschweiften Klammern. Der hier gezeigte Beispielcode würde etwa folgende Ausgabe erzeugen:

LaTeX

LaTeX ist eine Makrosammlung, die auf der Satzsprache TeX von *D. E. Knuth* basiert. LaTeX bietet eine Reihe von Vorteilen:

- gestochen scharfen Textsatz
- mathematische Formeln in Perfektion
- Listen, Tabellen und Abbildungen ohne Probleme

Ein solches Dokument erhält die Dateiendung *.tex* und wird vom eigentlichen LaTeX-Programm in eine DVI-Datei (*Device-Independent Print File*) umgewandelt, die über das Programm `dvips` in PostScript konvertiert werden kann. Die freie PostScript-Implementierung GhostScript ermöglicht schließlich die Vorschau und Ausgabe des Dokuments. Auf einem Unix-System geben Sie dazu beispielsweise folgende Befehle ein:

```
$ latex latexinfo.tex
$ dvips latexinfo.dvi
$ gs latexinfo.ps
```

Die meisten modernen LaTeX-Distributionen bieten sogar die Möglichkeit, direkt in einem Schritt aus LaTeX-Dokumenten das modernere PDF-Format zu generieren. Das funktioniert so:

```
$ pdflatex latexinfo.tex
```

PostScript

Die von Adobe eingeführte Druckseitenbeschreibungssprache *PostScript* wurde für die millimetergenaue Platzierung von Text, Vektorgrafik und Bildern erfunden, die für die Ausgabe auf Laserdruckern und Belichtern erforderlich ist. Die Sprache verfügt über eingebaute Funktionen zur Formatierung von Text und zur Anfertigung von Vektorzeichnungen; Pixelbilder werden dagegen mit der PostScript-Datei verknüpft. Heute wird statt PostScript übrigens oft das binäre, ebenfalls von Adobe stammende *PDF* (*Portable Document Format*) genutzt – insbesondere weil sich Bilder und Schriftarten einfach in die Datei mit einbetten lassen.

Es handelt sich zwar um ein textbasiertes Format, aber in aller Regel gibt es niemand von Hand ein. PostScript-Dokumente werden fast immer von entsprechenden Druckertreibern erzeugt. Eine *PPD* (*PostScript Printer Description*, Druckerbeschreibungsdatei) wird dabei verwendet, um die speziellen Fähigkeiten des verwendeten Druckers wie Auflösung, Farbfähigkeit und eingebaute Schriften zu bestimmen. Aus diesen Gründen würde es auch keinen Sinn ergeben, hier PostScript-Code darzustellen.

Wenn Sie ein PostScript-Dokument als Datei speichern möchten, müssen Sie Ihren Druckertreiber anweisen, die Druckdaten an die Datei statt an den Drucker selbst zu senden (der Druckdialog vieler Anwendungsprogramme ist dazu in der Lage).

Eine spezielle Variante von PostScript ist das *EPS*-Format (*Encapsulated PostScript*). Es wird eher zu den Bilddateiformaten gerechnet, da es von den meisten Grafik- und Bildbearbeitungsprogrammen exportiert und geöffnet werden kann. EPS-Dateien sind die bevorzugte Methode, um Vektorgrafiken oder gemischte Pixel-Vektor-Grafiken in Layoutdokumente zu importieren. Gegenüber dem klassischen PostScript-Format weist EPS die folgenden Besonderheiten auf:

- Die Konturen von Schriftarten können ähnlich wie bei PDF mit im Dokument verpackt werden.
- Pixelbilder werden nicht verknüpft, stattdessen wird ihr Datenbestand grundsätzlich in das EPS eingebettet.
- EPS-Dokumente sind auf eine einzige Seite beschränkt, während PostScript beliebig viele Seiten einnehmen kann.

17.2 Binäre Dateiformate

Einen grundsätzlich anderen Weg als die bisher besprochenen textbasierten Dateiformate gehen die *Binärformate*. Es handelt sich dabei um Dateien mit numerischen Inhalten, wobei ohne Kenntnis der Spezifikation des jeweiligen Dateiformats nicht erkennbar ist, ob die gespeicherten Zahlen an bestimmten Stellen für Befehle oder für Nutzdaten stehen. Viele Formate nehmen trotzdem eine klare Trennung vor: Sie schreiben die Verwaltungsinformationen zu Beginn der Datei in einen Header und hängen die Nutzdaten dahinter an. Auf diese Weise wird einem Programm, das eine solche Datei öffnet, zuerst mitgeteilt, wie es mit den Daten verfahren soll, bevor diese Daten selbst gelesen werden.

Falls Sie Binärdateien in einem Texteditor öffnen, bekommen Sie ein einziges Chaos seltsamer Sonderzeichen zu sehen, weil die Binärdaten irrtümlich als Zeichen eines Zeichensatzes interpretiert werden. Sollten Sie eine Binärdatei aus dem Texteditor heraus speichern, geht sie ziemlich sicher kaputt – der Editor wird versuchen, seine für Textdokumente gedachte Zeilenumbruchlogik auf die Binärdaten anzuwenden, wodurch sich die Bytes des Dokuments wahrscheinlich verschieben.

Wenn Sie eine Binärdatei überhaupt manuell und nicht mit dem zuständigen Programm öffnen möchten, können Sie das nur mit einem *Hexadezimal-Editor* (kurz Hex-Editor) tun, der die einzelnen Bytes des Dokuments als Hex-Werte und manchmal zusätzlich als Text anzeigt. Abbildung 17.3 zeigt den Anfang einer TIFF-Bilddatei im Hex-Modus des Windows-Editors TextPad.

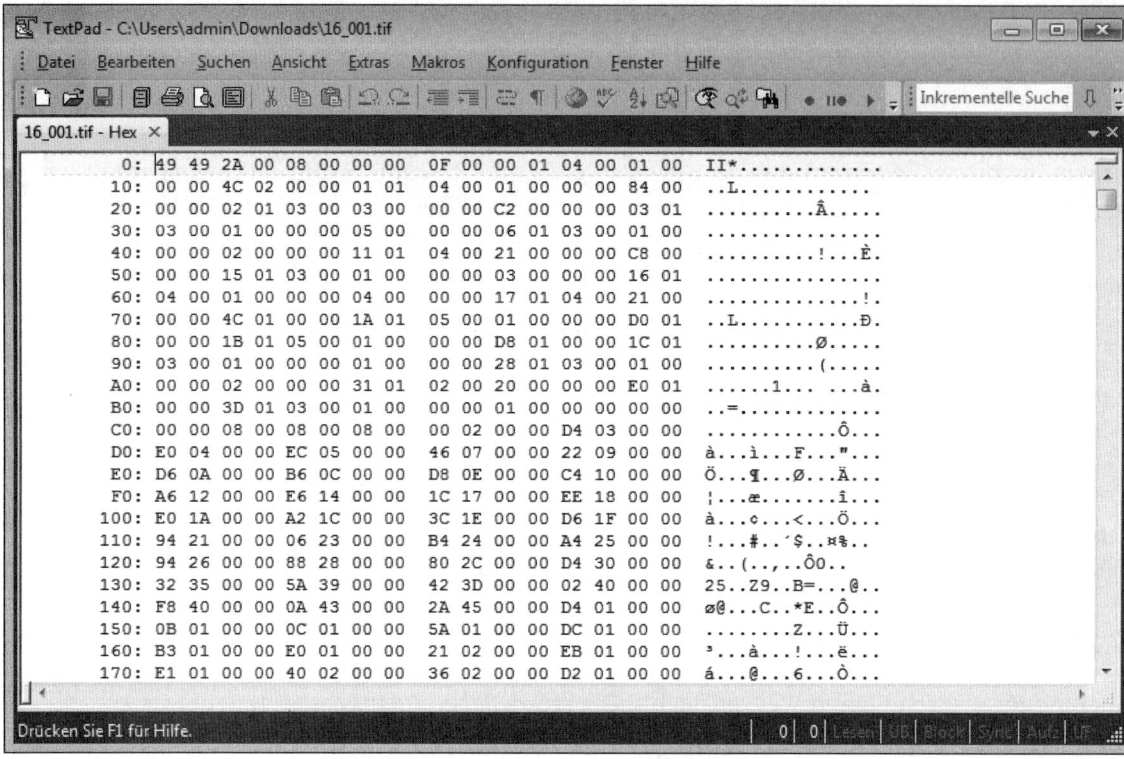

Abbildung 17.3 Der Beginn einer TIFF-Bilddatei in einem Hex-Editor

Dass die Zeichendarstellung der Binärwerte rechts neben den Hexadezimalkolonnen zum Teil lesbaren Text enthält, ist übrigens kein Widerspruch zu der Aussage, dass Binärdokumente nur numerische Werte enthalten: Zufälligerweise wird Text, der im Dokument selbst oder – wie hier – für Verwaltungszwecke eingesetzt wird, numerisch in einem bestimmten Zeichencode abgelegt. Dies ist eine von vielen Varianten zur Speicherung von Text innerhalb von Binärdokumenten, die eben auch vielerlei andere Arten von Daten enthalten können.

Beachten Sie, dass Binärdaten als solche plattformabhängig sind. Es bestehen zwei verschiedene große Probleme:

- Verschiedene Plattformen verwenden unterschiedliche Wortbreiten wie 16, 32 oder 64 Bit.
- Es gibt zwei verschiedene Reihenfolgen für die Darstellung von Werten, die mehrere Bytes breit sind: Sogenannte *Big Endian*-Architekturen wie Motorola 68K oder PowerPC spei-

chern das hochwertigste Byte vorn, während *Little Endian*[2]-Systeme wie Intel und hiermit kompatible Systeme oder die alten VAX-Maschinen das niederwertigste Byte nach vorn stellen.

Dies lässt sich einfacher an einem Beispiel erläutern: Angenommen, der Wert 2005 (dezimal) soll als 32-Bit-Integer ohne Vorzeichen abgespeichert werden. Bei einer Big-Endian-Architektur hätten die vier Bytes von links nach rechts die Werte 00, 00, 07, D5 (hexadezimal). Eine Little-Endian-Architektur würde dagegen nacheinander die Werte D5, 07, 00, 00 abspeichern. Stellen Sie sich die Missverständnisse vor, die sich daraus ergeben könnten!

Deshalb verwenden konkrete Binärdateiformate einfach ein bestimmtes festes Format und kümmern sich nicht um die zugrunde liegende Rechnerarchitektur. Von einem Programm, das ein solches Format lesen soll, muss also erwartet werden, dass es die Byte-Reihenfolge des Formats korrekt umsetzt.

Eine interessante Variante ergibt sich übrigens bei TIFF-Bildern: Hier können Sie selbst wählen, ob die Bilddaten im Big-Endian- oder im Little-Endian-Format gespeichert werden sollen; in Photoshop heißt die Auswahl *IBM PC* (Little Endian) beziehungsweise *Macintosh* (Big Endian) – und das, obwohl Apple-Rechner von 2005 bis 2020 Intel-Prozessoren mit Little-Endian-Architektur enthielten sowie auch der neue M1-Prozessor. Da das gewählte Format an einer festen Stelle im Dokument selbst vermerkt wird, kann jedes TIFF-fähige Programm mit beiden Varianten umgehen, sodass sich aus heutiger Sicht kein Unterschied ergibt.

17.2.1 Datenkomprimierung

Eine bei Binärdateien häufig verwendete Option ist die *Datenkomprimierung*. Es handelt sich um mathematische Verfahren, die für eine Verringerung der Datenmenge sorgen sollen. Dies ist nützlich, weil komprimierte Daten weniger Platz auf Datenträgern belegen und schneller über das Internet übertragen werden können. Grundsätzlich lassen sich zwei Kompressionsverfahren voneinander unterscheiden:

- Die *verlustfreie Komprimierung* rechnet die vorhandenen Daten durch geeignete mathematische Verfahren um, sodass sie weniger Speicherplatz beanspruchen, aber wieder genau in ihren ursprünglichen Zustand zurückgerechnet werden können.

  Verlustfreie Verfahren werden beispielsweise für Archivformate wie ZIP oder GZIP verwendet, aber auch für manche Bilddateien.

  Das einfachste verlustfreie Kompressionsverfahren ist *RLE* (*Run Length Encoding* oder auf Deutsch *Lauflängencodierung*). Bei dieser Methode werden aufeinanderfolgende identische Bytes durch deren Wert und die Anzahl ihres Vorkommens abgekürzt.

2 Die Bezeichnungen *Little Endian* und *Big Endian* stammen aus dem Roman »Gullivers Reisen« von Jonathan Swift. Mit diesen Begriffen parodiert er den jahrhundertelangen Zwist zwischen der katholischen und der anglikanischen Kirche in Großbritannien als blutigen Kampf zwischen Volksgruppen, die ihre Frühstückseier am spitzen beziehungsweise am runden Ende köpfen.

Eine Weiterentwicklung von RLE stellt das *LZW*-Verfahren dar, benannt nach seinen Entwicklern Lempel, Ziv und Welch. Es wird unter anderem zur Komprimierung der Bildformate GIF und TIFF verwendet und funktioniert folgendermaßen: In der Datei wird nach wiederkehrenden Datenmustern gesucht. Diese Muster werden durchnummeriert und nur einmal abgespeichert. An den entsprechenden Stellen, an denen sie eigentlich vorkommen sollten, steht lediglich ein Verweis auf die entsprechende Nummer und gegebenenfalls wiederum eine Anzahl.

Wie man sich leicht vorstellen kann, sind RLE und LZW besonders effizient, wenn ein Bild aus großen einfarbigen Flächen besteht.

- Eine grundsätzlich andere Methode ist die *verlustbehaftete Komprimierung*. Sie reduziert die Datenmenge, indem sie tatsächliche Daten aus der ursprünglichen Datei weglässt. Einfache verlustbehaftete Kompressionsmethoden wie die alte ADPCM-Komprimierung für Sound reduzieren die Datenmenge einfach ohne Unterschied durch Mittelwertbildung. Derartige Datenverluste fallen natürlich oft als extrem störend auf.

  Modernere verlustbehaftete Kompressionsverfahren sind dagegen aus der Fragestellung entstanden, auf welche Teile der Daten man am ehesten verzichten kann, ohne dass der Verlust allzu sehr ins Gewicht fällt. Dies führte zu Entwicklungen wie JPEG für die Komprimierung von Fotos, bei dem die meisten Farbtöne verworfen werden, weil Helligkeitsunterschiede stärker wahrgenommen werden. Ein anderes Beispiel ist MP3 für die Audiokomprimierung, das bevorzugt diejenigen Töne herausfiltert, die die meisten Menschen nicht oder nur unterschwellig hören.

17.2.2 Bilddateiformate

In diesem Abschnitt finden Sie knappe Beschreibungen der wichtigsten Bilddateiformate. Zu Beginn zeigt Tabelle 17.5 eine kurze Übersicht über die Fähigkeiten der Formate; im Anschluss daran werden sie im Text näher erläutert.

Die Bedeutung der einzelnen Begriffe in der Tabelle, wie *Farbtiefe* oder *Farbmodi*, können Sie in Kapitel 1, »Einführung«, nachlesen.

Format	Farbtiefe	Farbmodi	Komprimierung	Weitere Daten
Photoshop (*.psd*)	beliebig	alle	eigene, verlustfrei (optional)	alle, die Photoshop bietet
TIFF (*.tif*)	beliebig	alle	LZW, verlustfrei	Alphakanäle, Pfade
Encapsulated PostScript (*.eps*)	beliebig	alle	–	Vektordaten, Text, Schriften

Tabelle 17.5 Übersicht über wichtige Bilddateiformate

Format	Farbtiefe	Farbmodi	Komprimierung	Weitere Daten
JPEG (*.jpg*)	bis 24 Bit	RGB, CMYK, Graustufen	eigene, mit Verlust	Pfade
GIF (*.gif*)	8 Bit	indizierte Farben, Graustufen	LZW, verlustfrei	absolute Transparenz, Animation
PNG (*.png*)	8, 24 oder 32 Bit	indizierte Farben, RGB	eigene, verlustfrei	bei 32 Bit Alphakanal
BMP (*.bmp*)	beliebig	RGB, Graustufen, indizierte Farben	RLE (ähnlich LZW)	Alphakanäle

Tabelle 17.5 Übersicht über wichtige Bilddateiformate (Forts.)

Das Photoshop-Format

Der große Vorteil des Photoshop-Dateiformats *PSD* (für *Photoshop Document*) besteht darin, dass dieses Format sämtliche Daten des Adobe-Programms Photoshop speichern kann, schließlich handelt es sich um das eigene Format dieser Anwendung.

Wenn Sie mit Photoshop arbeiten, sollten Sie stets eine Arbeitskopie Ihrer bearbeiteten Bilder im Photoshop-Format behalten, weil kein anderes Dateiformat alle Bilddaten mitspeichert.

Der einzige Nachteil des PSD-Formats (neben seiner recht stolzen Dateigröße) ist die kaum vorhandene Unterstützung durch andere Programme. PSD-Dateien können daher weder als Teil von Layouts an Druckereien weitergegeben noch auf Webseiten dargestellt werden. Sie benötigen stets Dateien in anderen Formaten für diese Einsatzzwecke.

Die spezielle Variante Photoshop 2.0, die von einigen älteren Fremdanwendungen als Importformat eingesetzt werden kann, unterstützt nicht einmal die in Photoshop heutzutage fundamentalen Ebenen.

Das TIFF-Format

Das *Tagged Image File Format* (*TIFF*, Dateiendung *.tif*) ist das Standardformat für die Einbettung hochauflösender Pixelbilder in Layoutdokumente in der Druckvorstufe. Der Name bedeutet so viel wie »Bilddateiformat mit Marken«, wobei diese Marken (*Tags*) für spezielle Kennzeichnungen von Bildteilen und -inhalten stehen.

TIFF besitzt eine Reihe bedeutender Besonderheiten:

- Eine TIFF-Datei kann beliebig viele Farbkanäle enthalten. Diese können entweder für den Vierfarbdruck und zusätzliche Sonderfarben verwendet werden oder dienen in bestimmten Anwendungen als Alphakanäle, die die Transparenz bestimmen.

- In TIFF-Dateien können Sie neben den normalen Pixeldaten auch Vektorpfade speichern. Besonders wichtig sind in diesem Zusammenhang die Beschneidungspfade, die transparente Bereiche für Layoutprogramme definieren.
- Die LZW-Komprimierung ist optional. Sie muss nicht verwendet werden; einige ältere Programme sind damit inkompatibel. Normalerweise ist LZW auf 8 Bit (256 Farben) beschränkt. Da TIFF die Farbkanäle einzeln speichert, gilt diese Beschränkung hier nur pro Kanal, sodass Sie insgesamt eine beliebige Farbtiefe damit erreichen können.
- In neueren TIFF-Varianten können Sie anstelle der LZW-Komprimierung auch eine ZIP- oder JPEG-Komprimierung wählen; ZIP komprimiert etwas stärker als LZW, während die verlustbehaftete JPEG-Komprimierung speziell für Fotos geeignet ist.
- In neueren Photoshop-Versionen wird eine TIFF-Version unterstützt, die Photoshop-Ebenen speichern kann. Diese werden einfach als zusätzliche Kanäle mit entsprechenden erweiterten Informationen angelegt und können von den meisten anderen Programmen außer Photoshop nicht gelesen werden; allerdings steht die »flache« Sicht auf das gesamte Bild immer zur Verfügung.

Die »Internetformate« GIF, JPEG und PNG

Die drei Formate GIF, JPEG und PNG können für die Präsentation von Bildern auf Webseiten eingesetzt werden. In diesem Abschnitt finden Sie die wichtigsten Informationen darüber.

Das Dateiformat *GIF* (*Graphics Interchange Format*) wurde ab 1987 im Auftrag des Onlinedienstes CompuServe entwickelt. GIF-Bilder verwenden grundsätzlich die LZW-Komprimierung; sie ist nicht abschaltbar wie beim TIFF-Format. GIF besitzt die folgenden besonderen Eigenschaften:

- Die Farbtiefe beträgt höchstens 8 Bit; maximal können also 256 Farben dargestellt werden. Jedes GIF kann allerdings seine eigene Farbpalette besitzen, die entweder aus den Farben des ursprünglichen Bildes berechnet oder an eine Standardpalette angepasst werden kann.
- Seit der 1989 entwickelten erweiterten Fassung GIF 89a unterstützt das Format auch Transparenz, allerdings lediglich eine »Alles-oder-nichts-Variante« davon: Bestimmte Pixel können als unsichtbar definiert werden.
- Eine GIF-Datei ist eigentlich ein Container für beliebig viele Bilder. Der GIF-Header kann Anweisungen dazu enthalten, wie lange jedes dieser Bilder gezeigt werden soll, und ermöglicht auf diese Weise die GIF-Animation. Animierte GIFs sind das Standardformat für Werbebanner auf Webseiten.
- GIF-Bilder können *interlaced* abgespeichert werden. In diesem Fall werden sie stufen- statt zeilenweise aufgebaut.

Besonders gut geeignet ist GIF für flächige Grafiken mit wenigen Farben (Logos, Schmuckelemente, eigene Aufzählungszeichen etc.); nicht empfehlenswert ist das Format dagegen für Fotos.

Das Dateiformat *JPEG* ist nach der *Joint Photographic Expert Group* benannt, einem Branchenverband, der sich Anfang der 90er-Jahre über die effiziente Komprimierung von Fotos Gedanken machte. Das Dateiformat selbst heißt eigentlich *JFIF* (*JPEG File Interchange Format*), benutzt aber üblicherweise die Dateiendung *.jpg*.

Das JPEG-Kompressionsverfahren basiert auf der Erkenntnis, dass Helligkeitsunterschiede erheblich stärker wahrgenommen werden als Farbtondifferenzen. Deshalb wird in einem quadratischen Bereich die Helligkeit jedes Pixels gespeichert, allerdings nur der Durchschnittswert der Farbtöne dieser Pixel. Bei starker Vergrößerung ist daher eine Art »Schachbrettmuster« zu erkennen. Sie können bei JPEG-Bildern den Kompressionsfaktor frei wählen; je nach Anwendung werden 10 bis 100 verschiedene Stufen angeboten. Je stärker die Komprimierung, desto kleiner wird die resultierende Datei, aber es geht auch mehr Information verloren.

Besonders gut geeignet ist JPEG für die Komprimierung von Fotos und anderen Halbtonbildern. Aus diesem Grund ist JPEG beispielsweise das eingebaute Dateiformat der meisten Digitalkameras. Für flächige Grafiken ist es dagegen gar nicht geeignet, bei diesen kommt es an diagonalen oder kurvenförmigen Kontrastübergängen zu hässlichen Fehlern, den sogenannten *JPEG-Artefakten*.

Beachten Sie, dass Sie ein Bild nicht mehrmals hintereinander im JPEG-Format speichern dürfen, denn bei jeder Speicherung kommt es zu erneutem Verlust. Speichern Sie deshalb für eine zukünftige Nachbearbeitung stets eine Kopie in einem verlustfreien Format.

Das *PNG*-Format (*Portable Network Graphics*, gesprochen »ping«) wurde als möglicher Nachfolger von GIF entwickelt – besonders weil die freie Verwendung von GIF bis Juli 2004 durch ein Patent auf das LZW-Verfahren bedroht wurde. PNG vereint in gewisser Weise die besten Eigenschaften von GIF und JPEG: Wie GIF komprimiert es ohne Verlust (wenn auch etwas weniger effizient als LZW), aber mit bis zu 32 Bit Farbtiefe. Neben der vollen Fotofarbtiefe von JPEG unterstützt es zusätzlich echte Alphatransparenz, also den stufenlosen Übergang der Deckkraft.

Diverse JPEG-Weiterentwicklungen und das eigenständige Format *WebP* werden noch nicht von allen Browsern unterstützt. Einen ganz anderen Verwendungszweck verfolgt das *SVG*-Format (*Streaming Vector Graphics*), denn es speichert frei skalierbare Vektorgrafiken statt Pixelbilder.

17.2.3 Multimedia-Dateiformate

In diesem Abschnitt wird auf Audio- und Videodateiformate eingegangen. Einzelheiten zur Verwendung dieser Formate gehen über den Umfang dieses Buchs hinaus; daher werden hier nur ihre wichtigsten Eigenschaften und Unterschiede dargestellt.

Audiodateiformate

Die traditionellen Audiodateiformate sind das von Apple entworfene *AIFF* (*Audio Interchange File Format*) und Microsofts *WAV*-Format (steht einfach für *Wave*, also Schallwelle). Beide sind einander, abgesehen von ihrem etwas unterschiedlichen Header-Aufbau, sehr ähnlich. Die Dateiendungen sind *.aif* oder *.aiff* sowie *.wav*.

Beide Dateiformate sind letztlich Hüllformate für Audiodaten, die in unterschiedlichen komprimierten oder unkomprimierten Formaten abgespeichert wurden. Für die Beschreibung der Komprimierungen sind sogenannte *Codecs* erforderlich (Codec ist die Abkürzung für *Coder/Decoder*). Eine Sounddatei kann auf einem bestimmten Rechner nur dann abgespielt werden, wenn dort ein entsprechender Codec installiert ist. Sowohl der Apple QuickTime Player als auch der Microsoft Windows Media Player, die wichtigsten Abspielprogramme für solche Audiodateien, können viele Codecs bei Bedarf aus dem Internet nachladen, oftmals sogar automatisch.

Die grundlegende Speicherung der Audiodaten in den ursprünglichen Versionen dieser beiden Dateiformate erfolgte übrigens unkomprimiert in einem Audio-CD-kompatiblen Format; im Grunde wurde lediglich der Datei-Header vor die Daten eines CD-Audiotracks gesetzt.

Die ersten verfügbaren Kompressionsverfahren für Sound waren die *ADPCM*-Verfahren (*Adaptive Differential Pulse Code Modulation*). Die Qualität dieser Formate ließ allerdings zu wünschen übrig, weil sie im Wesentlichen nach einem starren mathematischen Modell Originalinformationen entfernten.

Das erste am Hören selbst orientierte Audiokompressionsformat war das von der Fraunhofer Gesellschaft entwickelte *MPEG 1 Audio Layer 3*, also eigentlich ein Format für Soundtracks in MPEG-Videodateien. Besser bekannt ist dieses Format unter seinem Kurznamen *MP3*. Die MP3-Komprimierung filtert vornehmlich diejenigen Tonbestandteile heraus, die das menschliche Ohr in der Regel nicht wahrnimmt. Bei einer Datenrate von 128 KBit/s gelingt eine Komprimierung auf etwa ein Zehntel der Audio-CD-Datenmenge ohne nennenswerten Verlust.

MP3 kann übrigens sowohl als Codec für WAV- oder AIFF-Dateien verwendet werden als auch – was erheblich häufiger vorkommt – als eigenständiges Dateiformat mit der Endung *.mp3*. Letzteres ist das Format, das beispielsweise von tragbaren MP3-Playern eingesetzt wird.

Nach dem Vorbild von MP3 wurden inzwischen einige modernere Audiokompressionsverfahren entwickelt, beispielsweise Ogg Vorbis oder MP4. Sie führen vor allem bei sehr starken Kompressionsraten, also bei Datenraten von 64 KBit/s oder weniger, zu besseren Ergebnissen als MP3.

Videodateiformate

Es gibt drei wichtige Videodateiformate: *Apple QuickTime*, *Microsoft AVI* und die unabhängigen *MPEG*-Formate. Genau wie bei den Audiodateien dienen QuickTime und AVI (*Video for Windows*) der Speicherung unterschiedlich codierter Video- und Audiospuren, für die wiederum die bereits genannten Codecs verwendet werden. Es gibt zahllose Video-Codecs, die natürlich vom jeweiligen Videoschnittprogramm sowie von der verwendeten Abspielsoftware unterstützt werden müssen. Beispiele sind etwa der Klassiker Cinepak von Radius Software oder Sorenson Video. Ein verbreiteter Codec, der häufig für die Bereitstellung von Videos im Internet eingesetzt wird, ist *DivX* (oder dessen Open-Source-Implementierung *Xvid*), das eine hohe Kompressionsrate bei guter Qualität erzielt.

Im Wesentlichen verwenden alle Video-Codecs eine Kombination aus zwei Kompressionsverfahren: Erstens werden die einzelnen Bilder (*Frames*) JPEG-komprimiert, und zwar umso stärker, je schneller die Bildwechsel innerhalb einer Sequenz sind. Zweitens werden zwischen zwei aufeinanderfolgenden Frames nur die Unterschiede gespeichert.

QuickTime-Filme (Dateiendung *.mov* oder *.qt*) werden vornehmlich mit dem QuickTime-Player von Apple abgespielt, der sowohl für macOS als auch für Windows verfügbar ist. *AVI*-Videos (Dateierweiterung *.avi*) werden dagegen meist mit dem Windows Media Player abgespielt. Inzwischen können beide Player aber auch mit dem jeweiligen Konkurrenzformat sowie mit diversen MPEG-Formaten etwas anfangen, und für Linux und andere Unix-Varianten steht ebenfalls entsprechende Software zur Verfügung. AVI kann mit mehr verschiedenen Codecs umgehen, während QuickTime neben Audio und Video zusätzliche Datenspuren unterstützt. Für alle genannten Betriebssystemvarianten gibt es außerdem den Open-Source-Videoplayer *VLC*, der mit zahlreichen verschiedenen Formaten umgehen kann.

Die *MPEG*-Formate der *Motion Picture Expert Group* wurden vor allem für Picture Discs und DVDs entwickelt und zunächst nicht für den Einsatz als Computerdateien. Verfügbar sind die Formate *MPEG-1*, *MPEG-2* und *MPEG-4*. MPEG-1 wurde früher für Picture Discs und manchmal für Videodateien eingesetzt, MPEG-2 ist die Basis für Video-DVDs. Erst MPEG-4 wurde ausdrücklich als Online- und Mobilgeräte-Videoformat entwickelt. Das zuvor erwähnte DivX basiert auf einer modifizierten MPEG-4-Version.

Alle MPEG-Versionen bestechen durch ihre vergleichsweise hohe Darstellungsqualität und effiziente Komprimierung. Sie können MPEG-Dateien übrigens leicht mit dem QuickTime-Player oder dem Windows Media Player abspielen; sämtliche innerhalb von MPEG-Filmen verwendeten Audio- und Video-Codecs werden von den aktuellen Versionen dieser Player unterstützt.

17.2.4 Archivdateien verwenden

Ein wichtiges Anwendungsgebiet der Datenkomprimierung sind die allgegenwärtigen *Archivdateien*. Diese begegnen Ihnen täglich beim Download von Software und anderen Inhalten. Es geht um eine Methode, mehrere Dateien in eine gemeinsame Container-Datei zu packen und nach Möglichkeit auch zu komprimieren.

Unter Windows dominiert das *PKZIP*-Format (meist kurz *ZIP* genannt), das Dateisammlungen in einem Arbeitsschritt archiviert und komprimiert; die Dateiendung ist *.zip*. Dafür stehen genügend intuitive grafische Tools wie WinZip sowie diverse Freewarealternativen zur Verfügung. Seit XP kann Windows diese Dateien als sogenannte *ZIP-komprimierte Ordner* auch ohne Drittanbietersoftware erstellen und öffnen.

Das ZIP-Format wird übrigens auch für viele andere Dateitypen verwendet. OpenOffice-Dateien und Microsoft-Office-Dateien sind intern beispielsweise gezippte Sammlungen von XML-Dateien. Auch JAR-Dateien, die zur Verbreitung von Java-Softwareprojekten und Java-Bibliotheken genutzt werden, sind ZIP-Dateien. Solche Formate verwenden zur Unterscheidung jeweils eigene Dateiendungen sowie spezielle Verzeichnisstrukturen; aber sobald Sie sie in *.zip* umbenennen, können Sie sie mit jedem handelsüblichen ZIP-Tool öffnen und in sie hineinschauen.

Auf Unix-artigen Systemen wird dagegen meist eine Kombination verwendet: das Archivprogramm `tar` und eines von mehreren externen Kompressionsprogrammen.

`tar` ist die Abkürzung für *tape archive*. Da klassische Magnetbänder nur sequenziell beschrieben und gelesen werden können, ist es nützlich, alle zu sichernden Dateien zunächst in eine einzige große Hülldatei zu schreiben.

Wenn Sie `tar` auf zwei kurze Textdateien anwenden und sich das Ergebnis anzeigen lassen, können Sie sehen, wie es intern funktioniert. Erstellen Sie zunächst die beiden Textdateien:

```
$ cat >text1
Ich bin Text 1.
[Strg] + [D]
$ cat >text2
Ich bin Text 2.
[Strg] + [D]
```

Als Nächstes sollen die beiden Dateien in einem TAR-Archiv gesammelt werden. Die Option zum Speichern heißt `-c` (Langform `--create`). Falls Sie Dateien an ein bestehendes Archiv anhängen möchten, wird stattdessen `-r` (`--append`) verwendet. Zusätzlich wird die Option `-f` *`Archivdatei`* benötigt, weil die Ausgabe in einer Datei und nicht auf einem Bandlaufwerk landen soll. Meistens wird auch noch `-v` (`--verbose`) angegeben; dieser Parameter listet die verarbeiteten Dateien auf. Das folgende Beispiel speichert die beiden Textdateien in einem Archiv namens *texte.tar*:

```
$ tar cvf texte.tar text1 text2
text1
text2
```

Nun können Sie sich das erzeugte Archiv anzeigen lassen. Da die einzelnen Felder innerhalb von TAR-Archiven durch Nullzeichen (ASCII 0 oder Escape-Sequenz `\0`) getrennt werden, sollten Sie geeignete Mittel verwenden, um diese durch Leerzeichen, Tabs, Zeilenumbrüche oder andere Zeichen Ihrer Wahl zu ersetzen. Das folgende kleine Python-Skript liest die Datei zeilenweise ein, ersetzt eine beliebig lange Folge von Null-Zeichen durch je einen Zeilenumbruch und gibt das Ergebnis aus:

```
import re

file = open("texte.tar", "r")
for line in file:
    print(re.sub("\0+", "\n", line))
```

Wenn Sie das Skript ausführen, erhalten Sie eine Ausgabe wie diese:

```
$ python tarprinter.py
text1
000644
000765
000024
00000000020 12552414067 014034
 0
ustar
00saschakersken
staff
000000
000000
Ich bin Text 1.


text2
000644
000765
000024
00000000020 12552414100 014021
 0
ustar
00saschakersken
staff
000000
000000
Ich bin Text 2.
```

Wie Sie sehen, enthält jeder Dateieintrag im Archiv vor dem eigentlichen Inhalt den Dateinamen, verschiedene Informationsfelder (unter anderem die Dateirechte, hier `0644`) sowie User-Account und Gruppe.

Wenn Sie ein solches Archiv wieder entpacken möchten, wird anstelle von `-c` die Option `-x` (`extract`) eingesetzt. Hier die dafür erforderliche Eingabe, um *texte.tar* wieder zu entpacken:

```
$ tar xvf texte.tar
texte1
texte2
```

Wenn Sie ein fertiges TAR-Archiv komprimieren möchten, haben Sie unter anderem die Wahl zwischen den Kompressionsformaten *GNU zip*, das weiter verbreitet und damit kompatibler ist, und *bzip2*, das effizienter komprimiert. Wenn Sie *texte.tar* `gzip`-komprimieren möchten, geben Sie Folgendes ein:

```
$ gzip texte.tar
```

Das Ergebnis ist eine Datei namens *texte.tar.gz*; die ursprüngliche TAR-Datei wird gelöscht. Zum Entpacken dient diese Eingabe:

```
$ gunzip texte.tar.gz
```

Das ersetzt umgekehrt die komprimierte Datei durch die entpackte Version *texte.tar*.

Für die `bzip2`-Komprimierung wird dagegen folgendes Kommando verwendet:

```
$ bzip2 texte.tar
```

Der entsprechende Befehl zum Entpacken lautet:

```
$ bunzip2 texte.tar.bz2
```

Die moderne GNU-Version von `tar`, die beispielsweise in allen aktuellen Linux-Distributionen enthalten ist, kann die `gzip`- oder `bzip2`-Komprimierung beziehungsweise -Dekomprimierung als zusätzlichen Arbeitsschritt gleich mit übernehmen. Auch die macOS-Version ist dazu in der Lage. Verwenden Sie die Option `-z` (GNU zip) beziehungsweise `-j` (bzip2), um diesen Schritt hinzuzufügen. Den Archivdateinamen sollten Sie in diesem Fall gleich mit der zusätzlichen Endung für das gewählte Kompressionsformat versehen. Das folgende Beispiel erstellt aus `texte1` und `texte2` das komprimierte GNU-ZIP-Archiv *texte.tar.gz*:

```
$ tar czvf texte.tar.gz text1 text2
text1
text2
```

Dekomprimiert und entpackt wird die neue Datei wie folgt:

```
$ tar xzvf texte.tar.gz
```

Falls Sie stattdessen eine `bz2`-Komprimierung wünschen, lauten die beiden Eingaben so:

```
$ tar cjvf texte.tar.bz2 text1 text2
$ tar xjvf texte.tar.bz2
```

Auch zum Komprimieren und Entpacken von ZIP-Dateien bieten moderne Unix-Varianten Kommandozeilentools.

```
zip Archivdatei Dateimuster ...
```

verpackt die angegebenen Dateien und Ordnerstrukturen in die gewünschte Archivdatei. Mit

```
unzip Archivdatei
```

können Sie sie wieder entpacken.

17.3 Übungsaufgaben

Im Folgenden ist jeweils genau eine Antwort richtig:

1. Welches Zeichen oder welche Zeichenfolge verwenden Unix-Textdateien als Zeilenumbruch?
   - CR (ASCII-Code 13)
   - LF+CR (ASCII-Codes 10+13)
   - LF (ASCII-Code 10)
   - CR+LF (ASCII-Codes 13+10)
2. Welchen ASCII-Code besitzt die Ziffer 0?
   - 48 (0x30)
   - 64 (0x40)
   - 32 (0x20)
   - 0 (0x00)
3. Wie viele Zeichen enthält der eigentliche ASCII-Code?
   - 256
   - 64
   - 128
   - 65.536
4. Was unterscheidet die beiden ASCII-Erweiterungen ISO-8859-1 und ISO-8859-15?
   - ISO-8859-15 enthält das Eurozeichen (€).
   - ISO-8859-15 ist Unicode-kompatibel, ISO-8859-1 nicht.
   - ISO-8859-1 ist für Deutsch (Deutschland) geeignet, ISO-8859-15 für Deutsch (Schweiz).
   - Es gibt keinen Unterschied; beide bezeichnen denselben Zeichensatz.

5. Wie nennt man die Teilmenge von Unicode, die 16 Bit breite Zeichen verwendet?
   - TIFF
   - BMP
   - PICT
   - GIF
6. Wie heißt die zu ASCII abwärtskompatible Unicode-Schreibweise?
   - ISO Latin-1
   - Latin Extended A
   - wchar_t
   - UTF-8
7. Welche Besonderheit hat die Unicode-Variante UTF-8?
   - Alle Zeichen können in 8 Bit untergebracht werden.
   - Es handelt sich nur um eine abgespeckte Auswahl des vollständigen Unicode-Zeichensatzes.
   - Reine ASCII-Zeichen belegen 8 Bit, sodass UTF-8 zu ASCII abwärtskompatibel ist.
   - UTF-8 ist eine 2008 eingeführte Neuimplementierung von Unicode.
8. Welches Betriebssystem war das erste, das Unicode unterstützte?
   - Windows 95
   - Windows NT 4.0
   - Linux
   - Sun Solaris
9. Welche verbreitete Programmiersprache verwendete als Erstes Unicode als Standard?
   - C++
   - C#
   - Java
   - Python
10. Welche LaTeX-Steueranweisung leitet ein Listenelement ein?
    - `\listitem`
    - `\begin{item}`
    - `\item`
    - `\itemize`
11. Was ist keine Besonderheit des EPS-Formats gegenüber normalem PostScript?
    - EPS ist auf eine einzelne Seite beschränkt.
    - Der Datenbestand von Bitmaps wird in das EPS-Dokument eingebettet.

- Die Konturen von Schriftarten lassen sich in das EPS-Dokument integrieren.
- Das EPS-Dokument kann Text, Bitmaps und Vektorgrafik enthalten.

12. Warum sollte eine Datei in einem Binärformat nicht aus einem Texteditor heraus gespeichert werden?
    - Die in der Binärdatei enthaltenen Text-Strings würden zerstört.
    - Durch die Zeilenumbruchlogik des Texteditors könnten die Bytes der Binärdatei verrutschen und ihre Bedeutung verlieren.
    - Die Zeichensätze könnten nicht übereinstimmen.
    - Ein Texteditor kann die Binärdatei gar nicht erst öffnen.
13. Welches der folgenden Datenkomprimierungsverfahren ist verlustfrei?
    - MPEG
    - JPEG
    - MP3
    - LZW
14. Welches der folgenden Bilddateiformate kann Alphakanäle speichern?
    - TIFF
    - JPEG
    - GIF
    - EPS
15. Welches der folgenden Bilddateiformate ist nicht für den Onlineeinsatz gedacht?
    - PNG
    - TIFF
    - GIF
    - JPEG
16. Was ist kein Merkmal der JPEG-Komprimierung?
    - Die Kompressionsstärke kann eingestellt werden.
    - Die Komprimierung erfolgt durch Weglassen von Farbinformationen.
    - Die Komprimierung erfolgt verlustfrei.
    - Die JPEG-Komprimierung eignet sich besonders gut für Farbfotos.
17. Welche der folgenden Aussagen über das WAV-Audioformat trifft zu?
    - Das Format wird nur unter Windows unterstützt.
    - WAV unterstützt keinerlei Komprimierung.
    - Eine WAV-Datei kann mit unterschiedlichen Codecs komprimierte Daten enthalten.
    - WAV-Dateien sind kleiner als MP3-Dateien.

18. Welche Audiokomprimierung klingt bei niedrigen Datenraten besser als MP3?
    - MPEG-7
    - Ogg Vorbis
    - ADPCM
    - AIFF
19. Welches der folgenden Formate ist kein Videodateiformat?
    - Sun AU
    - MPEG
    - QuickTime
    - AVI
20. Welches Videoformat wird auf Video-DVDs verwendet?
    - MPEG-4
    - MPEG-2
    - QuickTime
    - DivX

Kapitel 18
Webseitenerstellung mit HTML und CSS

Man muss die Gerüste wegnehmen, wenn das Haus gebaut ist.
– Friedrich Nietzsche

In den letzten Jahren wurden viele Anwendungsprogramme für einzelne Systemplattformen durch Netzwerkanwendungen ersetzt, deren Benutzeroberfläche in praktisch jedem beliebigen Webbrowser funktioniert. Die Vorteile liegen auf der Hand:

- Webanwendungen sind nicht auf ein bestimmtes Betriebssystem angewiesen.
- Sie können ohne spezifische Clientsoftware (bis auf den Browser) auf jedem Rechner im Internet oder Intranet ausgeführt werden.
- In letzter Zeit nimmt die Bedeutung von Smartphones und Tablets immer weiter zu. Während die typischen Apps für diese Geräte für jede Plattform – zum Beispiel iOS oder Android – einzeln erstellt werden müssen, funktionieren HTML-basierte Websites auf jeder dieser Plattformen. Viele Websites stellen inzwischen spezielle Layouts für Mobilgeräte bereit oder bieten sogenannte *Responsive Layouts*, die sich automatisch dem jeweiligen Client (und der aktuellen Fenstergröße) anpassen.

Die bedeutendsten Nachteile sind, dass Webanwendungen meistens langsamer sind als Desktopprogramme oder -clients und dass ihre Benutzung schwerfälliger ist. In der Regel werden die Daten aus Benutzeraktionen nämlich jedes Mal an den Server gesendet, wo ein völlig neues Dokument generiert wird. Der erste Nachteil wird durch die allmählich steigenden Netzwerkbandbreiten ausgeglichen. Zum Ausgleich des zweiten gibt es Lösungen wie Ajax, die das Nachladen und Austauschen von Teilinhalten erlauben.

In diesem Kapitel und den beiden folgenden lernen Sie vier zentrale Aspekte der Entwicklung von Webanwendungen kennen:

- Darstellung der Struktur von Webseiten mit HTML beziehungsweise XHTML. Zusammen mit CSS bildet diese Komponente die Benutzeroberfläche einer Webanwendung.
- Festlegung von Layout und Design mithilfe von Cascading Style Sheets (CSS). Somit hilft CSS bei einer klaren Trennung von Struktur und Gestaltung.

- Im nächsten Kapitel geht es um serverseitige Webanwendungen mit PHP und MySQL. Dynamische Inhalte und Interaktion werden möglich, wenn eine serverseitige Sprache Dokumente aus Vorlagen, Datenbankinhalten und Benutzereingaben verknüpft.
- Kapitel 20, »JavaScript und Ajax«, beschreibt clientseitige Dynamik mit der Skriptsprache JavaScript und der Ajax-Technik. Während serverseitige Anwendungen zwar dynamische Inhalte einbinden, aber zum Schluss statische Seiten daraus generieren, ermöglichen die hier vorgestellten Techniken auch nachträgliche interaktive Änderungen der Webseiten im Browser.

18.1 HTML und XHTML

Die Struktur von Webseiten wird durch die Auszeichnungssprache *HTML* dargestellt. Der Name steht für *Hypertext Markup Language* (Auszeichnungssprache für Hypertext, also Text mit integrierten Strukturinformationen und Querverweisen). HTML-Code sieht im Wesentlichen genauso aus wie das in Kapitel 16, »XML«, vorgestellte XML – die gemeinsame Wurzel von XML und HTML ist die Auszeichnungssprache SGML. Das klassische HTML ist eine bestimmte SGML-DTD; es sind also nur ganz bestimmte Tags in einer vorgegebenen Anordnung erlaubt.

Da in herkömmlichem HTML eine Reihe von Freiheiten gestattet ist, die in XML nicht mehr gelten, hat das *W3C* (*World Wide Web Consortium*) 1999 eine neuere HTML-Variante namens *XHTML* eingeführt, die von XML abgeleitet ist und für die dieselben Regeln gelten wie für alle anderen XML-Dokumente. Allerdings sind alle bisher verfügbaren Browser tolerant genug, die gelockerte Syntax der alten HTML-Versionen weiterhin zuzulassen.

Eine neuere Version, deren Entwicklung unter dem Namen XHTML 2.0 begonnen worden war, wird inzwischen zugunsten von HTML5 nicht mehr weiterentwickelt. HTML5 (*http://dev.w3.org/html5/spec/Overview.html*) bietet diverse Erweiterungen und kann sowohl in klassischer HTML- als auch in XHTML-Schreibweise notiert werden (in diesem Kapitel und an allen anderen Stellen in diesem Buch, an denen HTML vorkommt, kommt Letzteres zum Einsatz).

Webseiten erstellen und testen

Alle Webbrowser sind in der Lage, neben HTTP-URLs auch lokale HTML-Dokumente zu öffnen. Sie können die Dateien also in einem beliebigen Text- oder HTML-Editor schreiben und dann etwa in ein Browserfenster ziehen oder über den Befehl Datei • Öffnen des Browsers testen. Der Internet Explorer zeigt bei diesem Vorgehen allerdings eine Warnung vor »aktiven Inhalten« an, und auch sonst ist diese Vorgehensweise nicht empfehlenswert.

Spätestens wenn Sie serverseitige Technologien einsetzen, müssen Sie ohnehin einen Entwicklungswebserver aufsetzen und die Seiten über *http://localhost* testen. Deshalb sollten

Sie spätestens jetzt der Anleitung in Kapitel 14, »Server für Webanwendungen«, folgen und den Webserver Apache installieren.

Unabhängig davon, ob Sie Ihre Webseiten als lokale Dateien oder über einen eigenen Webserver ausprobieren, ist es in jedem Fall ratsam, sie in mehreren Browsern zu testen. Insbesondere fortgeschrittene CSS-Konzepte werden nämlich noch immer unterschiedlich interpretiert. Der Mindestsatz zu testender Browser besteht aus Microsoft Edge und Internet Explorer 11 sowie aktuellen Versionen von Mozilla Firefox und Google Chrome; wenn Sie zusätzlich Apple Safari und Opera zur Verfügung haben, sollten Sie auch diese in Betracht ziehen.

Da es in der Regel nicht möglich ist, mehrere Versionen desselben Browsers auf ein und demselben System zu testen, bietet sich die Verwendung virtueller Maschinen dafür an, etwa unter VMware oder VirtualBox.

Immer wichtiger werden auch die verschiedenen mobilen Browser wie die spezielle Safari-Version für iOS und der Android-Browser (eine Spezialversion von Google Chrome). Die IDEs Apple Xcode beziehungsweise Android Studio enthalten Emulatoren für verschiedene Geräte, auf denen Sie auch die Browser testen können.

18.1.1 Die Grundstruktur von HTML-Dokumenten

Im Wesentlichen besteht ein HTML-Dokument neben dem eigentlichen Text aus Elementen in Form von Tags. Ein Tag wird von spitzen Klammern (< und >) umschlossen. Jedes Element besteht aus einem öffnenden und einem schließenden Tag und kann weitere Inhalte umschließen – entweder weitere Tags oder einfachen Text. Das schließende Tag wird dabei durch einen / vor dem Tag-Namen gekennzeichnet. `<html>` und `</html>` umschließen beispielsweise das gesamte Dokument, während `<p>` und `</p>` einen Textabsatz enthalten.

18

Einige HTML-Tags besitzen darüber hinaus ein oder mehrere *Attribute*, die (nur beim öffnenden Tag) in der Form `Attribut="Wert"` angegeben werden und die Einzelheiten des Tags näher bestimmen. Hier ein Beispiel:

```
<p class="teaser"> ... </p>
```

Zwischen dem öffnenden und dem schließenden Tag befindet sich in diesem Beispiel ein Textabsatz, dem eine Klasse namens `teaser` zugewiesen wird. Klassennamen können frei gewählt werden. Sie dienen als zusätzliches Strukturelement, um Elemente mit unterschiedlichen inhaltlichen Aufgaben voneinander zu unterscheiden. Vor allem können Elemente, die einer bestimmten Klasse angehören, mit demselben CSS versehen werden, um ihre Formatierung festzulegen.

Genau wie bei XML gibt es für Elemente, die keinen weiteren Inhalt umschließen, eine Kurzschreibweise mit dem End-Slash. Ein Zeilenumbruch kann beispielsweise entweder als

</br> oder einfach als <br /> geschrieben werden.[1] Das klassische HTML kennt auch die »Einfach-Tag-Schreibweise«
, die jedoch nicht XML-konform ist und daher vermieden werden sollte; wenngleich HTML5 prinzipiell auch die klassische Variante zulässt, ist das kein Grund, sie zu benutzen – XML-kompatible Dokumente sind logischer aufgebaut und können einfacher von Software verarbeitet werden.

Grundsätzlich besteht eine HTML-Seite aus einem *Head* (Kopf), der den *Titel* der Seite und andere Metainformationen enthält, und dem *Body* (Körper), in dem der eigentliche Inhalt des Dokuments steht.

Daraus ergibt sich der folgende grundlegende Aufbau einer HTML-Seite:

```
<html>
  <head>
    <title>Titel des Dokuments</title>
  </head>
  <body>
    Der sichtbare Inhalt
  </body>
</html>
```

Einrückungen und Zeilenumbrüche sind nicht nötig, machen Ihren HTML-Code aber lesbarer. Im Einzelnen bedeuten die diversen Bestandteile des Dokuments Folgendes:

- <html> und </html> bilden das Wurzelelement des Dokuments und teilen dem Browser mit, dass es sich um HTML-Code handelt.
- <head> und </head> umschließen den Dokumentkopf.
- <title> und </title> enthalten den Dokumenttitel.
- <body> und </body> umschließen den eigentlichen sichtbaren Inhalt des Dokuments. Der Inhalt selbst besteht aus Text und weiteren ineinander verschachtelten HTML-Tags.

Im Head *muss* das Element <title> vorkommen, alle anderen Head-Angaben sind freiwillig. Der Titel des Dokuments ist ein wichtiges Strukturelement, das an folgenden Stellen angezeigt wird:

- In der Titelleiste eines Browserfensters erscheint er zusammen mit dem Namen des Browsers selbst.
- Er steht in der Liste der Favoriten oder Lesezeichen (Bookmarks) Ihres Browsers, wenn Sie die Seite dort ablegen.
- In den Ergebnislisten von Suchmaschinen wird der Titel als anklickbarer Link für eine Fundstelle verwendet.

---

1 Das Leerzeichen zwischen dem Tag-Namen und dem Slash ist keine XHTML-Vorschrift, sorgt aber dafür, dass auch sehr alte Browser diese Form akzeptieren.

Ein geeigneter Titel sollte den Namen der Website, Firma oder Organisation sowie den Namen der einzelnen Seite enthalten; die Reihenfolge können Sie sich aussuchen. Hier einige gute Beispiele:

- HTML-Kurs – die erste Webseite
- Daten- und Prozessanalyse für Fachinformatiker*innen | Rheinwerk Verlag
- Müller GmbH: Produkte

Ein vollwertiges HTML-Dokument benötigt eine `<!DOCTYPE>`-Steueranweisung (Steueranweisungen werden in Kapitel 16, »XML«, näher beschrieben). Ein HTML-Validator, der die formale Korrektheit Ihrer Dokumente prüfen kann, benötigt diese Angaben. Das gesamte Grundgerüst sieht daher so aus:

```
<!DOCTYPE html>
<html>
  <head>
    <title> Hier steht der Titel </title>
  </head>
  <body>
    Hier folgt der Inhalt
  </body>
</html>
```

Wie Sie sehen, lautet der Doctype für HTML5 ganz einfach:

```
<!DOCTYPE html>
```

Bei XHTML und anderen älteren HTML-Spezifikationen ist es dagegen komplizierter. Hier ein Beispiel für XHTML 1.0:

```
<!DOCTYPE html PUBLIC "-//W3C//DTD XHTML 1.0 Strict//EN"
    "http://www.w3.org/TR/xhtml1/DTD/xhtml1-strict.dtd">
```

XHTML benötigt noch eine XML-Namespace-Angabe beim Wurzelelement `<html>`:

```
<html xmlns="http://www.w3.org/1999/xhtml"> ... </html>
```

Zum Schluss sollten Sie noch beachten, dass die Tags und ihre Attribute in der XHTML-Schreibweise kleingeschrieben werden müssen, während die Groß- und Kleinschreibung im klassischen HTML keine Rolle spielt.

18.1.2 Textstrukturierung und Textformatierung

Bei der Textformatierung in HTML ist zu beachten, dass sich der Browser grundsätzlich nicht für Textformatierungen im Quelltext interessiert. Ob Sie ein Leerzeichen oder zehn setzen, ob Sie einen Zeilenumbruch erzeugen oder nicht: Der Browser setzt den gesamten Fließtext einfach hintereinander und ersetzt beliebig viel Whitespace durch genau ein Leerzeichen. Er erzeugt nur dann automatische Zeilenumbrüche, wenn der rechte Fensterrand erreicht wird.

Wollen Sie dagegen explizit einen Zeilenumbruch erzeugen, müssen Sie das folgende HTML-Tag verwenden:

```
<br />
```

Beachten Sie jedoch, dass Sie auf keinen Fall die Zeilenlänge von Fließtext bestimmen dürfen, indem Sie hinter jede Zeile ein `<br />` setzen. Sie riskieren sonst, dass sich bei einer anderen Browserfenstergröße erzwungene und automatische Zeilenumbrüche abwechseln und auf diese Weise den Zeilenfall völlig zerstören. Sie dürfen feste Zeilenumbrüche also nur an Stellen einsetzen, an denen tatsächlich eine neue Zeile beginnen soll, beispielsweise für einfache Aufzählungen, Sinnabschnitte oder Gedichtzeilen.

Sonderzeichen

Ein weiteres Problem ist die Darstellung der Umlaute und anderer Sonderzeichen: Um weltweit kompatibel zu sein, verwendete HTML zunächst nur reinen ASCII-Code, also die 128 international identischen Zeichen. Es gibt zwei Möglichkeiten, dies zu ändern.

Sie können zum einen im Head den Zeichensatz angeben, der im Dokument verwendet wird. Dazu dient ein sogenanntes `<meta>`-Tag, das Konfigurationsinformationen in Form von Name-Wert-Paaren enthält (mehr darüber erfahren Sie im weiteren Verlauf des Kapitels). Um beispielsweise `iso-latin-1` – den Standardzeichensatz für die USA und Westeuropa – einzustellen, lautet das entsprechende Tag folgendermaßen:

```
<meta http-equiv="content-type"
content="text/html;charset=iso-8859-1" />
```

Die bevorzugte Schreibweise in HTML5 ist kürzer, hier ein entsprechendes Beispiel für den Zeichensatz UTF-8:

```
<meta charset="utf-8"/>
```

In der Praxis bietet sich die Verwendung von UTF-8 gegenüber sprach- und/oder plattformspezifischen Zeichensätzen an. Beachten Sie aber, dass auch der von Ihnen verwendete Text- oder HTML-Editor diesen Zeichensatz unterstützen und darauf eingestellt werden muss, um alle Sonderzeichen so eingeben zu können, wie sie letztlich auf der fertigen Webseite erscheinen sollen.

Alternativ (oder zusätzlich) können Sie die deutschen Umlaute und viele andere Sonderzeichen durch *Entity-Referenzen* erzeugen. Dies sind spezielle Zeichenfolgen im HTML-Code, die durch den Browser automatisch ersetzt werden. Jede Sonderzeichendefinition beginnt mit einem &-Zeichen und endet mit einem Semikolon. Dazwischen befindet sich ein Kürzel, das jeweils das Sonderzeichen beschreibt. Diese Sonderzeichen müssen ohne Abstand in den Fließtext eingebunden werden, damit sie normal im Wort erscheinen.

Es gibt auch einige Zeichen, die Sie als Entity-Referenzen schreiben müssen, weil sie in HTML beziehungsweise XHTML eine spezielle Bedeutung haben. Es handelt sich um dieselben fünf Zeichen, die in Kapitel 16 bereits für XML genannt wurden.

Tabelle 18.1 zeigt einen Überblick über die gängigsten Sonderzeichencodierungen.

Zeichen	Codierung	Erläuterungen
Klassische SGML/XML-Entity-Referenzen (Pflicht)		
<	`<`	*less than* (kleiner als)
>	`>`	*greater than* (größer als)
"	`"`	*quotation mark* (Anführungszeichen)
'	`'`	Apostroph
&	`&`	Ampersand (*and per se and*)
Umlaute und andere diakritische Zeichen		
ä	`ä`	a-Umlaut
ö	`ö`	o-Umlaut
ü	`ü`	u-Umlaut
Ä	`Ä`	A-Umlaut
Ö	`Ö`	O-Umlaut
Ü	`Ü`	U-Umlaut
ß	`ß`	SZ-Ligatur
é	`é`	e mit Akut
è	`è`	e mit Gravis
ê	`ê`	e mit Zirkumflex
à	`à`	a mit Gravis
ç	`ç`	c mit Cedille

Tabelle 18.1 Die wichtigsten HTML-Umlaute und -Sonderzeichen

Zeichen	Codierung	Erläuterungen
ø	ø	o mit / (Slash)
œ	œ	o-e-Ligatur
æ	æ	a-e-Ligatur
ñ	ñ	n mit Tilde
Weitere Sonderzeichen		
€	€	Euro
£	£	Pfund Sterling
¥	¥	Yen
¡	¡	umgekehrtes Ausrufezeichen (*inverse exclamation mark*)
¿	¿	umgekehrtes Fragezeichen (*inverse question mark*)
©	©	Copyright
®	®	registriertes Warenzeichen
§	§	Abschnitt (*section*)
„	„	Anführungszeichen 99 unten (Deutsch Anfang)
“	“	Anführungszeichen 66 oben (Deutsch Ende, Englisch Anfang)
”	”	Anführungszeichen 99 oben (Englisch Ende)
«	«	Anführungszeichen links gewinkelt (*left angular quote* – Deutsch Ende, Französisch Anfang)
»	»	Anführungszeichen rechts gewinkelt (*right angular quote* – Deutsch Anfang, Französisch Ende)

Tabelle 18.1 Die wichtigsten HTML-Umlaute und -Sonderzeichen (Forts.)

Ein weiteres wichtiges Sonderzeichen konnte leider nicht in der Tabelle dargestellt werden, da es für sich allein vollkommen unsichtbar ist: Das Zeichen ` ` steht für *non-breaking space* (nicht umbrechendes Leerzeichen) und erfüllt zwei wichtige Aufgaben:

- Da der Browser Wörter und andere Elemente, die im HTML-Code durch beliebig viel Whitespace (Leerzeichen, Zeilenumbrüche, Tabulatoren) voneinander getrennt sind, stets durch genau ein Leerzeichen trennt, kann das ` ` zur Erzeugung mehrerer aufeinanderfolgender Leerzeichen verwendet werden. Beispiel: `Viel      Platz`.
- Wenn Sie Wörter oder andere Inhalte in derselben Zeile zusammenhalten möchten, können Sie mit diesem Zeichen den Abstand dazwischen erzeugen, da es – seinem Namen entsprechend – den Zeilenumbruch verhindert. Um etwa »Windows 10« zusammenzuhalten, müssten Sie im HTML-Code `Windows 10` schreiben.

Mit heutigen Betriebssystemen und Browsern ist es nicht länger erforderlich, Umlaute und andere gängige diakritische Zeichen und Sonderzeichen als Entity-Referenzen zu schreiben. Die Verwendung von UTF-8 und die Angabe dieses Zeichensatzes per Metatag genügen in der Regel.

Absätze und Überschriften

Zur Kennzeichnung von Absätzen wird das folgende HTML-Tag eingesetzt:

```
<p> ... </p>
```

Das `p` steht für *paragraph* (Absatz). Falls Sie sich entschließen, Ihren Text durch Absätze zu gliedern, sollten Sie das im gesamten Dokument tun – oder es ganz lassen; wie immer kann Inkonsistenz zu unvorhergesehenen Problemen führen.

Neben der Einteilung von Texten in Sinnabschnitte besitzen Absätze eine weitere Fähigkeit: Über das Attribut `align` können Sie die Textausrichtung bestimmen (obwohl dies in modernen HTML-Dokumenten häufiger mithilfe des im nächsten Abschnitt beschriebenen CSS geschieht).


```
<p align="left"> ... </p>
```

erzeugt einen linksbündigen Absatz; das ist allerdings Standard und wird deshalb in der Regel nicht angegeben. Anders sieht es aus, wenn Sie einen Zeichensatz mit der Laufrichtung von rechts nach links verwenden, beispielsweise für Arabisch. In diesem Fall wäre der Standard die rechtsbündige Ausrichtung.

```
<p align="center"> ... </p>
```

sorgt für einen zentrierten Absatz. Mit

```
<p align="right"> ... </p>
```

wird ein rechtsbündiger Absatz angelegt. Zu guter Letzt existiert noch folgende Einstellung:

```
<p align="justify"> ... </p>
```

Dies erzeugt einen Absatz mit Blocksatz. Für Bildschirmlayouts ist das in der Regel nicht ratsam, zumal Blocksatz ohne eine leistungsfähige automatische Silbentrennung nicht besonders ästhetisch wirkt.

Einen Sonderfall unter den Absätzen bilden die *Überschriften*. Sie können in HTML in sechs verschiedenen Hierarchiestufen verwendet werden:

```
<h1>...</h1>
<h2>...</h2>
   ...
<h6>...</h6>
```

Das h steht für *headline* (Überschrift). Browser stellen die verschiedenen Stufen in der Regel durch unterschiedliche Schriftgrößen dar. In einem Dokument wird normalerweise genau eine <h1>-Überschrift als Hauptüberschrift verwendet, die weitere Gliederung des Inhalts erfolgt meist durch <h2> bis <h4>. Noch weiter gehende Unterteilungen sind eher selten und können ein Zeichen dafür sein, dass Sie die Inhalte besser auf mehrere Einzeldokumente verteilen sollten.

Beachten Sie, dass Sie die <h...>-Tags auf keinen Fall für die allgemeine Einstellung der Schriftgröße verwenden dürfen: Zum einen sind Überschriften eigenständige Absätze, zum anderen werden sie standardmäßig fett dargestellt.

Auch Überschriften kennen das Attribut align mit denselben Werten wie Absätze.

Als Letztes gibt es noch die spezielle Formatierung <pre>. Sie erzeugt im engeren Sinne keine Absätze, sondern vorformatierten Text (pre steht für *preformatted*). Text zwischen diesen beiden Tags wird mitsamt allen Leerzeichen und Zeilenumbrüchen aus dem HTML-Code dargestellt – interessant ist das zum Beispiel, um Programmquelltexte auf Webseiten zu veröffentlichen, da diese auf eine sauber eingerückte Darstellung angewiesen sind. Hier ein kleines Beispiel:

```
<pre>
public class HelloWorld {
    public static void main(String args[]) {
        system.out.println ("Hello, World!");
    }
}
</pre>
```

Auch zur Darstellung von ASCII-Art – kleinen Zeichnungen, die nur aus ASCII-Zeichen bestehen – ist vorformatierter Text geeignet. Wunderschöne Beispiele finden Sie etwa unter *www.ascii-art.de*; hier folgt dagegen mein eigenes bescheidenes Werk:

```
<pre>
         o 0
        o  ___
       ||__|o| _________ _________ _________
       |     |-\__THE__/-\__WEB__/-\_TRAIN_/
       /00-00\   0   0     0   0     0   0
</pre>
```

Neue Dokumentstrukturelemente in HTML5

Zur besseren Strukturierung von Dokumenten führt HTML5 einige neue Tags ein. Da alte Browser, die diese nicht verstehen, sie einfach ignorieren, können Sie sie bedenkenlos einsetzen. Es handelt sich um folgende Elemente:

- `<section> ... </section>` umschließt einen Sinnabschnitt, der typischerweise aus einer Überschrift und einem oder mehreren Absätzen besteht.
- `<article> ... </article>` ist eine logische Informationseinheit, die sich klar von anderen solchen Einheiten abgrenzen lässt – beispielsweise einer von mehreren gleichzeitigen Blogeinträgen.
- `<aside> ... </aside>` beschreibt eine Nebeninformation, etwas, das man in einem Buch oder einer Zeitschrift beispielsweise in einem separaten Kasten darstellen würde.
- `<hgroup> ... </hgroup>` ist der Eröffnungstext (Header) eines Abschnitts.
- `<header> ... </header>` stellt den Kopf des Dokumentinhalts dar, der üblicherweise das Logo und den Namen der Organisation oder Website sowie die Hauptnavigation enthält.
- `<footer> ... </footer>` ist entsprechend der Dokumentfuß, typischerweise mit Copyright-Informationen und ein paar Service-Links (Impressum, FAQ, Kontakt etc.).
- `<nav> ... </nav>` ist für Navigationsbereiche gedacht.
- `<figure> ... </figure>` ist die strukturelle Auszeichnung für eine Abbildung, eine Grafik oder auch ein Video samt Beschriftung. Das Einbinden von Bildern wird in Abschnitt 18.1.5, »Bilder in Webseiten einbetten«, beschrieben. Die Beschriftung steht innerhalb des `figure`-Blocks zwischen `<figcaption>` und `</figcaption>`.

Zeichenformatierung

Innerhalb der Absätze können Sie auch einzelne Wörter, Zeichen oder beliebige Passagen besonders formatieren. Die Tags, die dafür zur Verfügung stehen, sind ausdrücklich nicht absatzbildend, sollten aber gerade deshalb auch nur innerhalb eines Absatzes und nicht über mehrere hinweg verwendet werden.

Aufgrund der Entwicklungsgeschichte von HTML gibt es zwei Arten von Tags zur Auszeichnung von Zeichen: die älteren *Struktur-Tags*, die die Bedeutung bestimmter Zeichen beschreiben, und die neueren *Layout-Tags*, die das Aussehen von Zeichen bestimmen. Beide werden immer seltener verwendet, weil sie mehr und mehr durch die konsequenter durchdachten Cascading Style Sheets ersetzt werden. Wenn überhaupt, spielen heute sogar eher die Struktur-Tags wieder eine größere Rolle; ihre konkrete Darstellung wird dabei durch CSS festgelegt.

Zeichenformatierungs-Tags können beliebig ineinander verschachtelt werden, wichtig ist natürlich die korrekte Reihenfolge: Wie überall in HTML und XML muss das zuletzt geöffnete Tag als Erstes wieder geschlossen werden. Beispielsweise können Sie Text folgendermaßen fett und kursiv setzen:

```
<b><i>fett und kursiv</i></b>
```

Tabelle 18.2 zeigt eine Übersicht über alle Zeichenformatierungs-Tags.

Tag	Wirkung	Beispiel
Layout-Tags		
<i>...</i>	kursiv (*italic*)	*kursiv*
<b>...</b>	fett (*bold*)	**fett**
<u>...</u>	unterstrichen (*underlined*)	unterstrichen
<strike>...</strike>	durchgestrichen (*strike through*)	~~durchgestrichen~~
^{...}	hochgestellt (*superscript*)	normal ^{hochgestellt}
_{...}	tiefgestellt (*subscript*)	normal $_{\text{tiefgestellt}}$
<tt>...</tt>	Festbreitenschrift (*teletype*)	Festbreitenschrift
Struktur-Tags		
<em>...</em>	betont (*emphasis*); wird meist kursiv dargestellt	*betont*
<strong>...</strong>	stark betont; wird meist fett dargestellt	**stark betont**
<code>...</code>	Quellcode – zur Darstellung von Programmierbeispielen etc.; meist durch Festbreitenschrift dargestellt	Code
<address>... </address>	Adressangaben; meist kursiv dargestellt	*Rheinwerkallee 4, 53227 Bonn*

Tabelle 18.2 Die wichtigsten Tags zur Zeichenformatierung

Die Auszeichnung <u>...</u> für unterstrichenen Text sollten Sie vermeiden – die meisten Menschen würden vermuten, dass es sich um einen Hyperlink handelt, und sich ärgern, wenn er sich nicht anklicken lässt.

Hoch- beziehungsweise tiefgestellter Text eignet sich besonders für mathematische und technische Belange. Beispielsweise können Sie mithilfe des folgenden HTML-Codes den »Satz des Pythagoras« darstellen:

```
a<sup>2</sup>+b<sup>2</sup>=c<sup>2</sup>
```

Dies ergibt die folgende Ausgabe im Browser:

$a^2 + b^2 = c^2$

18.1.3 Listen und Aufzählungen

Listen und Aufzählungen sind ein gutes Mittel zum Ordnen von Informationen. Da HTML ursprünglich für die wissenschaftliche Dokumentation erfunden wurde, ist es nicht weiter verwunderlich, dass einige Möglichkeiten zur Erstellung solcher Listen angeboten werden.

Nicht nummerierte Aufzählungen

Eine nicht nummerierte Aufzählung oder *bullet list* wird von folgenden Tags umschlossen:

```
<ul>...</ul>
```

`ul` steht dabei für *unordered list* (englisch für unsortierte Liste).

Innerhalb dieses Bereichs werden die einzelnen Listenpunkte durch `<li>`-Tags (*list item*, Listenpunkt) umschlossen:

```
<li>Einzelinformation</li>
```


Das Attribut `type` kann sowohl beim `<ul>`- als auch beim einzelnen `<li>`-Tag stehen und gibt den gewünschten Stil der Aufzählungszeichen an. Die folgenden Werte sind möglich:

- `disc` – ein gefüllter runder Punkt
- `circle` – ein Kreis, also ein innen hohler runder Punkt
- `square` – ein kleines Quadrat

Wenn Sie das Attribut weglassen, werden verschachtelte Listen je nach Ebene nacheinander mit den drei Arten von Aufzählungszeichen versehen.

Der folgende Codeabschnitt erzeugt eine Aufzählung mit vier Unterpunkten:

```
<h3>Bei XHTML zu beachten:</h3>
<ul>
  <li>XML-Header verwenden</li>
  <li>Jedes Tag schließen</li>
  <li>Alle Tags kleinschreiben</li>
  <li>Attributwerte immer in Anführungszeichen</li>
</ul>
```

Ein Beispiel, wie so etwas im Browser aussieht, finden Sie bei den verschachtelten Listen in Abbildung 18.1.

Es ist übrigens weitverbreitete Praxis, Aufzählungen für die Navigationsbereiche auf einer Webseite zu verwenden, da diese strukturell Listen von Hyperlinks sind. Mithilfe von CSS lässt sich dabei die übliche Listendarstellung im Browser modifizieren, um horizontale oder vertikale Navigationsleisten ohne Aufzählungszeichen darzustellen.

Nummerierte Listen

`<ol>...</ol>` bezeichnet eine nummerierte Liste (*ordered list*). Auch in dieser Liste wird ein Listenpunkt durch `<li>` angegeben.

Das `<ol>`-Tag kennt den Parameter `type`, der die Art der verwendeten Aufzählung angibt. Dabei sind folgende Werte möglich:

- `"1"` – arabische Ziffern (Standard)
- `"A"` – Großbuchstaben
- `"a"` – Kleinbuchstaben
- `"I"` – römische Zahlen
- `"i"` – kleingeschriebene römische Zahlen, also `i`, `ii`, `iii`, `iv` etc.

Das Attribut `start` bezeichnet den Wert, mit dem die Nummerierung beginnt. Unabhängig vom jeweiligen `type` muss der Wert numerisch angegeben werden.

Soll etwa eine alphabetische Liste mit `D.` beginnen, schreiben Sie den folgenden HTML-Code:

```
<ol type="A" start=4> ... </ol>
```

Verschachtelte Listen

Nummerierte und nicht nummerierte Listen können beliebig ineinander verschachtelt werden. Dabei wird die untergeordnete Liste jeweils in das übergeordnete `<li>` hineinverschachtelt. Der folgende Codeabschnitt erzeugt eine nummerierte Hauptliste, in die unter zwei der drei Hauptpunkte nicht nummerierte Aufzählungen verschachtelt sind:

```
<h3>Was Sie für das Surfen im Web benötigen</h3>
<ol>
  <li>Eine DFÜ-Verbindung
    <ul>
      <li>DSL</li>
      <li>ISDN</li>
      <li>Modem</li>
    </ul>
  </li>
  <li>Einen Account bei einem Provider</li>
```

```
  <li>Einen Browser
    <ul>
      <li>Firefox</li>
      <li>Internet Explorer</li>
      <li>sonstige ...</li>
    </ul>
  </li>
</ol>
```

Abbildung 18.1 zeigt, wie diese Liste im Browser dargestellt wird.

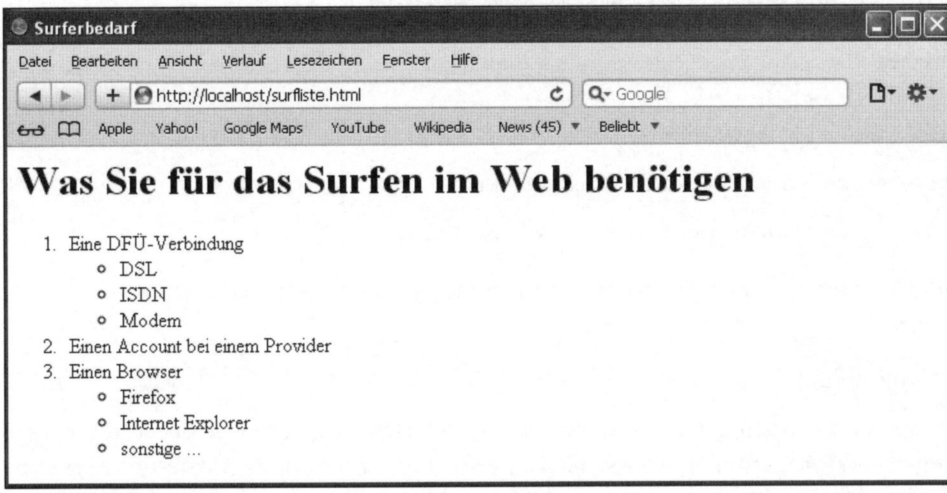

Abbildung 18.1 Darstellung der verschachtelten Liste im Browser, hier Apple Safari

Definitionslisten

`<dl> ... </dl>`bezeichnet eine sogenannte *Definitionsliste* (*definition list*), auch *Glossarliste* genannt. In einer solchen Liste wechseln sich ausgerückte Begriffe und ihre eingerückten Definitionen ab. Ein zu definierender Begriff steht zwischen den folgenden Tags:

```
<dt> ... </dt>
```

`dt` bedeutet *definition title*. Die anschließende Definition steht zwischen diesen Tags (Abkürzung für *definition data*):

```
<dd> ... </dd>
```

Der folgende Code zeigt ein Beispiel:

```
<h3>Websprachen</h3>
<dl>
  <dt>HTML</dt>
```

```
  <dd>Auszeichnungssprache für Webseiten</dd>
  <dt>CSS</dt>
  <dd>Sprache zur Definition des Layouts und Stils von Webseiten</dd>
  <dt>JavaScript</dt>
  <dd>Skriptsprache zur dynamischen Manipulation von Webseiten-Inhalten</dd>
</dl>
```

In Abbildung 18.2 ist die Umsetzung des Beispiels im Browser zu sehen.

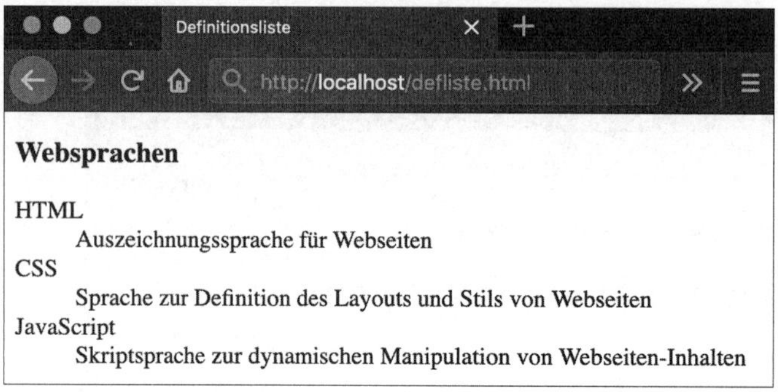

Abbildung 18.2 Darstellung der Definitionsliste im Browser (diesmal Firefox)

18.1.4 Hyperlinks

Hyperlinks sind die wichtigsten Elemente von HTML-Dokumenten. Erst durch diese Verknüpfungen entsteht echter *Hypertext*, also eine Struktur verknüpfter Dokumente. Sie können sowohl auf andere Dokumente innerhalb Ihrer eigenen Website als auch auf fremde Websites und andere Arten von Internetressourcen wie FTP-Download-Verzeichnisse, Newsgroups oder E-Mail-Adressen verweisen.

Grundsätzlich wird ein Hyperlink durch das folgende Tag gesetzt:

```
<a href="URL_des_neuen_Dokuments">Anklickbarer Bereich</a>
```

Die Abkürzung `a` steht dabei für *anchor*, also Anker, während das Attribut `href` eine Abkürzung für *hypertext reference* ist. Verschiedene Arten von URLs werden im Folgenden beschrieben. Der anklickbare Bereich kann ein Text, ein Bild oder eine Kombination aus beidem sein.

Lokale Hyperlinks

Innerhalb derselben Website werden meist *relative URLs* eingesetzt. Sie geben den Pfad der verknüpften Ressource relativ zum aktuellen Dokument an. Zwei Punkte als Verzeichnisname (`..`) bedeuten dabei, dass das jeweils übergeordnete Verzeichnis angesprochen werden soll. Näheres über die Logik von Unix-Verzeichnishierarchien enthält Kapitel 6, »Betriebssysteme«; das grundlegende Konzept der URL wurde bereits in Kapitel 5, »Netzwerkgrundlagen«, erläutert.

Hier sehen Sie ein Beispiel für Dokumente, die in einer Verzeichnishierarchie auf einem Webserver verteilt sind:

```
/     (Dokumentwurzel der Website)
|
+-- index.html
|
+-- about.html
|
+-- [contact]
|    |
|    +-- mail.html
|
+-- [new]
     |
     +-- news.html
```

Im obersten Verzeichnis befindet sich die Startseite, in diesem Fall heißt sie *index.html*. Welche Namen für Startseiten akzeptiert werden, müssen Sie im Webserver einstellen (siehe Kapitel 14, »Server für Webanwendungen«) oder mit Ihrem Hosting-Provider abklären. Eine definierte Startseite für eine Website wird benötigt, damit Besucher einfach den Domainnamen oder einen Verzeichnisnamen aufrufen können, ohne ein bestimmtes Dokument anzufordern.

Um zum Beispiel einen Hyperlink von der Datei *index.html* im Wurzelverzeichnis auf die Datei *about.html* im selben Verzeichnis zu erzeugen, gilt folgende Syntax (der Linktext sei hier »Über uns«):

```
<a href="about.html">Über uns</a>
```

Eine Datei in einem untergeordneten Verzeichnis wird wie folgt verlinkt (hier ein Link von *index.html* auf *mail.html* im Unterverzeichnis *contact* mit dem Linktext »E-Mail«):

```
<a href="contact/mail.html">E-Mail</a>
```

Ein Link von der Datei *mail.html* zurück zu *index.html* verwendet die Schreibweise `..` für das übergeordnete Verzeichnis (hier mit dem Linktext »Homepage«):

```
<a href="../index.html">Homepage</a>
```

Ein Link von *mail.html* auf *news.html* im Verzeichnis *new* (mit dem Linktext »Neueste Nachrichten«) lautet schließlich:

```
<a href="../new/news.html">Neueste Nachrichten</a>
```

Statt relativer Links innerhalb des Verzeichnisbaums können Sie auch absolute verwenden, die mit / als der Wurzel des jeweiligen Webauftritts beginnen. Der Vorteil ist, dass diese Links ohne Anpassung über die gesamte Website hinweg funktionieren. Hier sehen Sie als Beispiel alle obigen Links in dieser Schreibweise:

- `<a href="/about.html">Über uns</a>`
- `<a href="/contact/mail.html">E-Mail</a>`
- `<a href="/index.html">Homepage</a>`
- `<a href="/new/news.html">Neueste Nachrichten</a>`

Es gibt allerdings einen guten Grund dafür, dass solche absoluten Pfade nicht öfter eingesetzt werden: Manche Websites sind unter mehreren URLs erreichbar, die nicht unbedingt die gleiche Gesamt-Pfadstruktur aufweisen müssen. Stellen Sie sich beispielsweise eine mehrsprachige Website vor, bei der die deutschsprachigen Inhalte sowohl unter *http://www.my-international-website.com/de/...* als auch unter *http://de.my-international-website.com/...* aufgerufen werden können. Hier wäre der jeweilige absolute Pfad natürlich unterschiedlich, etwa */de/new/news.html* in der ersten und */new/news.html* in der zweiten URL-Struktur. Relative Pfade funktionieren dagegen in beiden Fällen identisch.

Beachten Sie in der Praxis, dass es für die (später in diesem Kapitel näher angesprochene) Suchmaschinenoptimierung nicht empfehlenswert ist, dieselbe Ressource unter mehreren möglichen URLs vorzuhalten. Wenn es mehrere Adressen gibt, sollte eine von ihnen als sogenannte *Canonical URL* gelten, und alle anderen Varianten sollten mit dem HTTP-Status *301 Moved Permanently* auf diese weiterleiten. So entsteht für jede mögliche Seite nur ein einziger Suchmaschineneintrag; andernfalls gäbe es mehrere, die sich dann gegenseitig Konkurrenz machten und die Relevanz minderten.

Hyperlinks auf andere Websites und Internetdienste

Bei Hyperlinks auf andere Server im Internet müssen Sie eine vollständige URL angeben. Als Beispiel sehen Sie hier einen Hyperlink auf die Website des Rheinwerk Verlags:

```
<a href="http://www.rheinwerk-verlag.de">Rheinwerk Verlag</a>
```

Natürlich kann ein Hyperlink nicht nur allgemein auf eine Website, sondern auch auf ein bestimmtes Dokument auf einem anderen Webserver verweisen, wenn Sie dessen URL kennen. Beispielsweise zeigt folgender Link auf die erste Seite der Präsentation von Christian Ullenbooms Klassiker »Java ist auch eine Insel« beim Rheinwerk Verlag:

```
<a href="https://www.rheinwerk-verlag.de/java-ist-auch-eine-insel/">
Java ist auch eine Insel</a>
```

Bedenken Sie, dass nicht alle Websites sorgfältig gepflegt werden, was die Adressen einzelner Dokumente angeht – sie können sich häufig ändern, sodass ein solcher Link plötzlich ins Leere zeigt und einen unangenehmen *Fehler 404 – Dokument nicht gefunden* produziert. Falls Sie auf Ihren Websites also Linklisten betreiben, sollten Sie diese regelmäßig überprüfen; hilfreich ist auch eine Feedback-Möglichkeit (»Defekten Link melden«). Umgekehrt sollten Sie die Adressen der einzelnen Dokumente Ihrer eigenen Sites auch dann nach Möglichkeit nicht ändern (oder unter den alten URLs zumindest Hinweise und Weiterleitungen speichern), wenn Sie wesentliche Änderungen an Design oder Inhalten vornehmen – es ist für andere genauso ärgerlich, wenn ein Link auf eines Ihrer Dokumente plötzlich nicht mehr funktioniert.

Bei einer Datei, die Sie über einen Hyperlink ansprechen, muss es sich nicht unbedingt um ein HTML-Dokument handeln. Sie können auch andere Arten von Dokumenten verlinken, mit denen Browser üblicherweise zurechtkommen, beispielsweise GIF- oder JPEG-Bilder, MP3-Audiodateien oder PDF-Dokumente. Falls der Browser mit einem Dateityp nichts anfangen kann, fragt er nach, ob er die Datei dem Betriebssystem zum Öffnen mit einem geeigneten Programm übergeben oder ob er sie auf die Festplatte speichern soll.

Genauso funktioniert übrigens ein einfacher Download-Link: Es handelt sich lediglich um einen Hyperlink auf eine Datei, die ein Browser nicht selbst anzeigen kann, etwa ein ausführbares Programm oder eine ZIP-komprimierte Datei.

Abgesehen davon können Sie nicht nur Links auf andere Websites einrichten, sondern auch auf Ressourcen, die über andere Protokolle angesprochen werden. Voraussetzung ist natürlich, dass es sich um Protokolle handelt, mit denen die meisten Browser umgehen können oder für die ein Protokollhilfsprogramm definiert ist, das Ressourcen dieses Typs verarbeitet. Eine Möglichkeit sind zum Beispiel Download-Links auf Anonymous-FTP-Server, die fast jeder Browser beherrscht. Sehen Sie sich zum Beispiel den folgenden Link an:

```
<a href=" ftp://ftp.gnu.org/gnu/emacs/">Emacs Editor</a>
```

Es handelt sich um das Verzeichnis des Unix-Editors Emacs auf dem FTP-Server des GNU-Projekts. Wenn Sie, wie in diesem Beispiel, ein Verzeichnis verlinken und nicht direkt eine Datei, kann es auch passieren, dass der Browser das Verzeichnis im Dateimanager Ihres Betriebssystems öffnet, von wo Sie es wie gewohnt per Drag-and-drop in ein lokales Verzeichnis kopieren können.

Downloads erzwingen

Wenn Sie Dokumente zum Download anbieten möchten, obwohl der Browser sie eigentlich selbst anzeigen kann – einschließlich Textdateien oder JPEG-Bildern –, können Sie sie in Archive (ZIP, GNU zip oder Ähnliche) verpacken. Eine Alternative besteht in einer Änderung der Webserverkonfiguration für das entsprechende Verzeichnis: Es geht darum, für die fraglichen Dokumente den MIME-Type `application/octet-stream` (allgemeine Binärdatei) zu erzwingen.

Kopieren Sie die gewünschten Dateien in ein separates Verzeichnis innerhalb der Website (im Beispiel *downloads* unterhalb der Apache-DocumentRoot). Anschließend müssen Sie in der Konfigurationsdatei *httpd.conf* einen <Directory>-Container wie diesen einrichten (Einzelheiten siehe Kapitel 14, »Server für Webanwendungen«):

```
<Directory /usr/local/apache2/htdocs/downloads>
    ForceType application/octet-stream
</Directory>
```

In gemietetem Webspace müssen Sie dagegen eine *.htaccess*-Datei in das Download-Verzeichnis selbst kopieren, die nur die ForceType-Direktive enthält. Für den entsprechenden Konfigurationskontext muss die AllowOverride-Option FileInfo gesetzt sein. Außerdem müssen Sie sicherstellen, dass sich in dem entsprechenden Verzeichnis und allen Unterverzeichnissen ausschließlich solche Download-Dateien befinden.

Ein Browser, der auf eine Datei aus diesem Verzeichnis stößt, zeigt diese nun nicht mehr an, sondern bietet sie wie beschrieben zum Download an. Schwierigkeiten macht nur noch der Microsoft Internet Explorer, der gern »schlauer als der MIME-Type« ist und versucht, den Dateityp selbst zu erkennen.

Eine andere Variante ist ein Hyperlink auf eine E-Mail-Adresse. Wenn dieser Link angeklickt wird, öffnet der Browser automatisch ein Mailfenster im Standard-E-Mail-Programm (welches das ist, kann im Clientbetriebssystem eingestellt werden), in dem die angegebene Empfängeradresse bereits eingetragen ist. Dazu dient das »Pseudoprotokoll« mailto:

```
<a href="mailto:ich@mein-provider.de">Senden Sie mir eine Mail</a>
```

Sie können sogar den Betreff der neu zu erzeugenden E-Mail angeben:

```
<a href="mailto:ich@mein-provider.de?subject=Feedback">Geben Sie mir Feedback!</a>
```

Dieser Link erzeugt wiederum ein Mailfenster für eine neue E-Mail, in das sowohl die Empfängeradresse als auch der Betreff bereits eingetragen sind.

Seiteninterne Hyperlinks

Bei sehr umfangreichen Seiten, deren Länge sich über mehrere Bildschirmhöhen erstreckt, bietet es sich an, einzelne Passagen der Seite per Hyperlink erreichbar zu machen. Zu diesem Zweck werden sogenannte *Anker* oder *Textmarken* gesetzt, die einen bestimmten Punkt im Dokument als Ziel für einen Hyperlink definieren. Beim Anklicken eines Links, der auf einen Anker verweist, wird der Inhalt des Browserfensters automatisch so gescrollt, dass sich die entsprechende Stelle am oberen Rand befindet.

Die Syntax für einen Ankerpunkt lautet folgendermaßen:

```
<a name="name_des_ankers"></a>
```

Gemäß HTML-Spezifikation ist dieses Tag leer. Dennoch werden in manchen HTML-Referenzen Inhalte wie Text oder Überschriften dazwischengesetzt, wovon dringend abzuraten ist. In jedem Fall sollten Sie das Tag *nicht* mit dem XML-End-Slash schließen, sondern das `</a>` gemäß HTML-Spezifikation explizit hinschreiben. Ein Hyperlink auf einen solchen Ankerpunkt erfolgt innerhalb derselben Datei mithilfe der folgenden Syntax:

```
<a href="#name_des_ankers">Zum Ankerpunkt</a>
```

Sie können auch aus einer anderen Datei heraus direkt auf die entsprechende Dokumentstelle zugreifen:

```
<a href="Dateiname#name_des_ankers">Zum Ankerpunkt</a>
```

Es versteht sich von selbst, dass Dateinamen in Websites aus diesem Grund kein #-Zeichen enthalten dürfen!

Auf sehr vielen Websites ist es gängige Praxis, ganz oben auf jede Seite unmittelbar nach dem `<body>`-Tag einen Anker zu setzen – beispielsweise folgendermaßen:

```
<a name="page_top"></a>
```

Am unteren Rand des Dokuments – oder auch nach jedem Abschnitt – befindet sich dann entsprechend ein Hyperlink, mit dem Sie wieder zum Anfang der Seite springen können:

```
<a href="#page_top">Nach oben</a>
```

Dies bietet sich insbesondere dann an, wenn sich die Hauptnavigation jeweils ganz oben in den Dokumenten befindet.

Statt zu einem Anker können Sie auch zu jedem beliebigen HTML-Element verlinken, dem Sie ein eindeutiges `id`-Attribut zugeordnet haben. Beispiel:

```
<p id="intro"> ... </p>
...
<a href="#intro">Zur Einleitung</a>
```

Es ist übrigens problemlos möglich, zu einem Anker auf einer anderen lokalen oder auch irgendwo im Internet befindlichen Webseite zu verlinken. Beispiele:

```
<a href="kapitel18.html#18_1_4_Hyperlinks">18.1.4 Hyperlinks</a>
<a href="https://de.wikipedia.org/wiki/Hypertext_Markup_Language#HTML5">
Wikipedia: HTML, Abschnitt HTML5</a>
```

18.1.5 Bilder in Webseiten einbetten

Ein Bild ist üblicherweise eine externe Datei, die erst zum Zeitpunkt des Ladens dynamisch vom Browser eingebettet wird. Bilder können in den komprimierten Dateiformaten GIF,

JPEG oder PNG vorliegen. Der genaue Unterschied zwischen ihnen wurde in Kapitel 17, »Weitere Datei- und Datenformate«, erläutert. Hier sei noch einmal erwähnt, dass JPEGs besser für Fotos und andere halbtonreiche Bilder geeignet sind, während sich die beiden anderen Formate eher für flächige Grafiken mit wenigen Farben eignen. Ein 24-Bit-PNG komprimiert zwar auch Fotos verlustfrei und mit allen Farben, benötigt aber mitunter deutlich mehr Speicherplatz als ein JPEG mit moderatem Komprimierungsfaktor.

Grundsätzlich wird ein Bild mithilfe des folgenden Tags in eine Webseite eingebettet:

```
<img src="URL_des_Bildes" />
```

Für die Angabe der URLs von lokalen oder auf anderen Servern liegenden Bildern gelten die Regeln, die zuvor bereits für Hyperlinks erläutert wurden.

Für Suchmaschinen, reine Textbrowser oder auch für Menschen mit Sehschwäche ist es praktisch, dass sich für jedes Bild ein Alternativtext angeben lässt:

```
<img src="URL" alt="Text" />
```

In manchen Browsern wird dieser Text auch als Tooltipp angezeigt, wenn Sie mit der Maus über das Bild fahren – dazu ist allerdings das Attribut `title` besser geeignet, das Sie für beliebige andere Tags zu diesem Zweck ebenfalls verwenden können.

Geben Sie im Tag stets die Originalgröße des Bildes an. Die Syntax für die entsprechenden Attribute sieht so aus:

```
<img src="URL" height="Höhe_in_Pixeln"
width="Breite_in_Pixeln" />
```

Der vorher geladene Text kann so bereits dargestellt werden, da klar ist, wie er positioniert werden soll. Eine Skalierung des Bildes über die Attribute `height` und `width` ist hingegen wegen der resultierenden Qualität nicht zu empfehlen – wenn auch grundsätzlich möglich. Stattdessen sollte das Bild in einem Bildbearbeitungsprogramm (oder dynamisch durch ein serverseitiges Skript) von vornherein auf die gewünschte Größe gebracht werden.

Über das `align`-Attribut können Bilder positioniert werden:

```
<img src="URL" align="left" />
```

setzt das Bild an den linken Rand des Fensters; der Text umfließt rechts den rechteckigen Umriss des Bildes.

```
<img src="URL" align="right" />
```

platziert das Bild am rechten Rand; der Text umfließt links den Umriss des Bildes.

Bei diesen beiden Formatierungen können Sie das Umfließen jederzeit beenden und weiteren Text unter dem Bild weiterführen, indem Sie ein <br /> mit dem speziellen Attribut clear einfügen:

- <br clear="left" /> beendet nur linksseitiges Umfließen,
- <br clear="right" /> hebt rechtsseitiges Umfließen auf, und
- <br clear="all" /> beendet beides.

Gängiger als das eigenständige clear-Attribut ist heute die entsprechende CSS-Formatangabe. Auch Breite, Höhe und Ausrichtung können alternativ oder zusätzlich mithilfe von CSS angegeben werden. Näheres dazu finden Sie in Abschnitt 18.2, »Cascading Style Sheets (CSS)«.

Die align-Attributwerte "top", "middle" und "bottom" setzen das Bild in den normalen Fluss einer Textzeile, wobei der Text entsprechend an die Oberkante des Bildes, auf die Mittellinie oder an die Unterkante gesetzt wird.

Mithilfe der Attribute hspace="*Anzahl_Pixel*" und vspace="*Anzahl_Pixel*" (*horizontal space* beziehungsweise *vertical space*) können Sie den Abstand des Bildes nach links und rechts beziehungsweise nach oben und unten festlegen. Dies lässt sich präziser mithilfe von CSS erledigen, denn damit können Sie jeden der vier Abstände einzeln modifizieren.

Im Einleitungssatz zu diesem Thema war die Rede davon, dass Bilder »üblicherweise« externe Dateien sind. Die Wortwahl entstand nicht zufällig, denn es gibt eine Möglichkeit, ihren Inhalt direkt in ein HTML-Dokument einzubetten. Statt eines Verweises auf eine externe Bilddatei wird in diesem Fall ein sogenannter *data-URI* verwendet, der erst das Pseudoprotokoll *data:* und anschließend MIME-Type, Codierung und Binärdaten des Bildes (oder der sonstigen eingebetteten Datei) enthält. Das folgende Beispiel ist die data-URI-Einbettung eines GIF-Bildes, das einen kleinen schwarzen Pfeil darstellt:

```
<img src="data:image/gif;
base64,R0lGODdhBAAHAIABAAAAAP///ywAAAAABAAHAAACCEQOFmnsq1QoADs=" />
```

Der Zeilenumbruch hinter dem MIME-Type steht hier nur aus satztechnischen Gründen, wird jedoch dankenswerterweise auch von den meisten Browsern ignoriert.

Sie sollten data-URIs nicht für umfangreiche Bilder verwenden, da sie mitsamt dem HTML-Dokument geladen werden und so das Laden der gesamten Seite verzögern würden, sondern etwa – wie im vorliegenden Beispiel – für kleine Icons. Besonders verbreitet ist das Verfahren auch in HTML-E-Mails, da auf diese Weise sichergestellt wird, dass die Bilder auf jeden Fall geladen werden (das Laden externer Bilder lässt sich nämlich in den meisten E-Mail-Clients ausschalten).

Wenn Sie ein Bild in einen data-URI umwandeln möchten, können Sie dies beispielsweise mithilfe des Onlinetools unter *https://dopiaza.org/tools/datauri/index.php* tun. Im nächsten Kapitel wird als Beispiel für PHP als Kommandozeilensprache alternativ ein kurzes Skript vorgestellt, das dieselbe Aufgabe lokal erledigt.

Bilder als Hyperlinks

Wenn Sie ein Bild als Hyperlink definieren möchten, erreichen Sie das folgendermaßen:

```
<a href="URL"><img src="Bild-URL" /></a>
```

Dabei wird in manchen Browsern standardmäßig ein rechteckiger Rahmen in der aktuellen Hyperlink-Farbe um das Bild gezogen. Durch die Angabe von

```
<img src="Bild-URL" border="0" />
```

lässt sich das vermeiden.

Image Maps

Anstatt ein ganzes Bild zu einem durchgehenden Hyperlink zu machen, besteht auch die Möglichkeit, einzelne Bereiche des Bildes anklickbar zu machen und individuell auf einen Klick in die jeweiligen Regionen zu reagieren. Grundsätzlich werden zwei Arten dieser sogenannten *Image Maps* (verweissensitiven Grafiken) unterschieden: die nur noch selten verwendeten *serverseitigen Image Maps* sowie die *clientseitigen Image Maps*.

Bei einer serverseitigen Image Map wird einfach das Attribut ismap="ismap"[2] in das <img>-Tag gesetzt. Das Bild wird als normaler Hyperlink auf ein serverseitiges Skript verwendet, das in der Lage ist, die übertragenen Mauskoordinaten des Bildes zu verarbeiten. Beispielsweise übergibt der folgende Link die Koordinaten an das PHP-Skript *coords.php* im aktuellen Verzeichnis:

```
<a href="coords.php"><img src="test.jpg" ismap="ismap" width="200" height="200" />
</a>
```

Die Koordinaten werden beim Aufruf einfach an die URL angehängt. Es wird also anstelle von */coords.php* die URL */coords.php?100,100* aufgerufen, wenn genau in die Bildmitte geklickt wird.

Das folgende kleine PHP-Skript gibt die übergebenen Koordinaten einfach aus:

```
<?php

list($x, $y) = explode(',', $_SERVER['QUERY_STRING']);
echo "Koordinaten: x=$x, y=$y";
```

Details über PHP erfahren Sie im nächsten Kapitel. Bessere Dienste als ein selbst geschriebenes Skript leistet übrigens das Apache-Standardmodul mod_imagemap. Genau wie die clientseitigen Image Maps ermöglicht es die Definition von Bereichen mit verschiedenen Formen.

2 XHTML-Attribute wie ismap="ismap", in denen Name und Wert identisch sind, bilden den XML-konformen Ersatz für klassische HTML-Attribute, die ganz ohne Wertangabe eine Bedeutung hatten.

Genauere Informationen dazu finden Sie unter *http://httpd.apache.org/docs/2.4/en/mod/mod_imagemap.html* (Beschreibung des Moduls in der Apache-Dokumentation).

Bei einer clientseitigen Image Map wird ein Bild mit beliebig vielen anklickbaren Bereichen, sogenannten *Hot Spots*, versehen, die jeweils getrennt als Hyperlinks angezeigt werden sollen. Eine solche Image Map wird durch die Angabe des Attributs `usemap="#Map-Name"` erzeugt. Mit diesem Map-Namen muss eine `<map>`-Definition übereinstimmen, die die einzelnen Hot Spots definiert. Das Bild selbst muss (und sollte) dabei kein Hyperlink sein. Eine solche Map-Definition sieht zum Beispiel folgendermaßen aus:

```
<img src="maptest.gif" width="400" height="400" alt="Map-Bild" usemap="#mymap" />
<map name="mymap">
  <area shape="rect" coords="10, 10, 100, 100"
  href="rectangle.html" alt="Rechteckiger Bereich" />
  <area shape="circle" coords="300, 300, 50"
  href="circle.html" alt="Kreisförmiger Bereich" />
  <area shape="poly" coords="150, 150, 200, 10, 250, 150"
  href="polygon.html" alt="Polygonförmiger Bereich" />
</map>
```

Die einzelnen `<area>`-Tags definieren die anklickbaren Bereiche. Das Attribut `shape` gibt die Form des jeweiligen Bereichs an:

- `shape="rect"` legt mithilfe des Attributs `coords` die linke obere und die rechte untere Ecke eines Rechtecks (in Pixeln) fest.
- `shape="circle"` (Kreis) verlangt als `coords` die Angabe des Mittelpunkts (x- und y-Koordinate) und den Radius in Pixeln.
- `shape="poly"` (Polygon) erwartet eine Reihe aufeinanderfolgender x- und y-Koordinaten.

`href` definiert wie bei einem Hyperlink die Adresse, auf die ein Mausklick in diesen Bereich verzweigen soll. `alt` erzeugt wie gehabt Alternativtexte und manchmal Tooltipps.

18.1.6 Tabellen

Eines der wichtigsten Gestaltungsmittel für Webseiten sind HTML-Tabellen. Sie wurden früher nicht nur für die tabellarische Anordnung von Informationen verwendet, sondern vor allem zur Verteilung beliebiger Inhalte im Dokument. Eine moderne Alternative, die sich inzwischen weitgehend durchgesetzt hat, bilden die im nächsten Abschnitt behandelten Layer.

Eine Tabelle steht im HTML-Dokument zwischen den beiden folgenden Tags:

```
<table> ... </table>
```

Tabellen bestehen aus mehreren Zeilen, die in einzelne Zellen aufgeteilt werden; der eigentliche Inhalt darf nur innerhalb der einzelnen Zellen stehen:

```
<table>
  <tr>
    <td>
      <!-- Hier steht der Zelleninhalt -->
    </td>
    <!-- eventuell weitere Zellen -->
  </tr>
  <!-- eventuell weitere Zeilen -->
</table>
```

Die Zeilen mit den `<!-- ... -->`-Bereichen sind übrigens HTML-Kommentare. Sie können sich über beliebig viele Zeilen erstrecken und werden vom Browser ignoriert, sind aber natürlich im HTML-Quellcode auch öffentlich sichtbar.

Zwischen `<tr>` und `</tr>` (Abkürzung für *table row*, Tabellenzeile) steht eine einzelne Zeile, die aus einer beliebigen Anzahl von Zellen bestehen kann. Natürlich sollten alle Zeilen einer Tabelle in der Regel gleich viele Zellen besitzen, denn sonst sind keine Spalten definiert. Dennoch sorgt der Browser dafür, dass untereinanderliegende Zellen mit der gleichen Breite gezeichnet werden.

Die einzelne Tabellenzelle steht innerhalb der Tags `<td> ... </td>` (`td` steht für *table data*). Nur zwischen diesen beiden Tags dürfen die eigentlichen Tabelleninhalte stehen. Für *Überschriftenzellen* mit Spalten- oder Zeilenüberschriften existiert auch das spezielle Tag `<th> ... </th>` (*table heading*), das an den entsprechenden Stellen anstelle der `<td>`-Tags gesetzt werden kann und den Text der Zelle in der Regel fett und zentriert setzt.

Zu guter Letzt gibt es noch das optionale Tag `<caption> ... </caption>`, das nicht in eine Zeile oder Zelle gesetzt wird, sondern unmittelbar hinter das öffnende `<table>`-Tag. Es handelt sich um ein Tag zur Beschriftung der Tabelle. Sein einziges Attribut `align` kann die Werte `"top"` (über der Tabelle, der Standardwert) oder `"bottom"` (unter der Tabelle) annehmen.

Der folgende Codeausschnitt zeigt ein vollständiges Beispiel:

```
<table border="2">
  <caption>Bestandteile von HTML-Tabellen</caption>
  <tr>
    <th>Element</th>
    <th>Erläuterung</th>
  </tr>
  <tr>
    <th>table</th>
    <td>Die eigentliche Tabelle</td>
  </tr>
```

```
  <tr>
    <th>tr</th>
    <td>Tabellenzeile</td>
  </tr>
  <tr>
    <th>td</th>
    <td>Tabellenzelle</td>
  </tr>
</table>
```

Abbildung 18.3 zeigt, wie diese Tabelle im Browser dargestellt wird.

Das im <table>-Tag verwendete Attribut border sorgt dafür, dass ein sichtbarer Tabellenrahmen gezeichnet wird – hier mit einer Breite von zwei Pixeln.

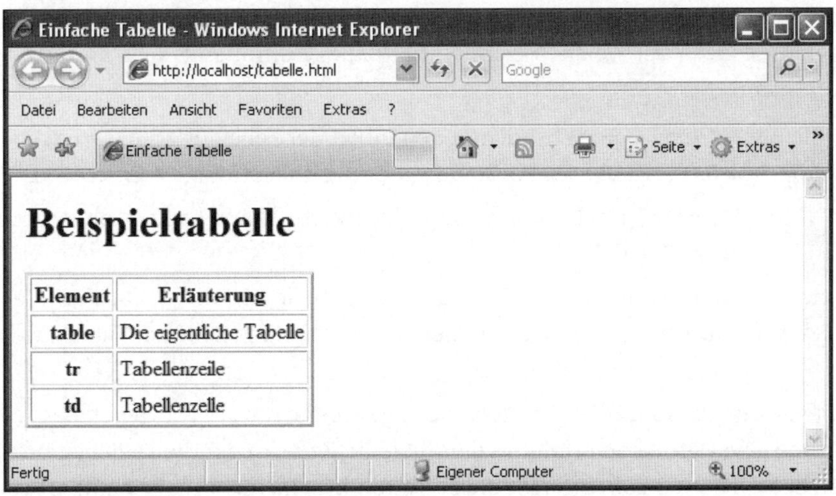

Abbildung 18.3 Ausgabe des Tabellenbeispiels, zur Abwechslung im Microsoft Internet Explorer

Tabellenattribute

Es gibt verschiedene Attribute, die die einzelnen Tabellenbestandteile auf unterschiedliche Art und Weise einrichten. Zunächst werden hier die Attribute des <table>-Tags behandelt:

- align="left"|"right"|"center" richtet die Tabelle im Fenster aus. Bei "left" und "right" wird sie wie ein entsprechend formatiertes Bild von Text umflossen; "center" setzt sie absatzbildend in die Fenstermitte. Wenn Sie gar kein align angeben, wird die Tabelle absatzbildend nach links gesetzt.
- width="..."|"...%" gibt die Breite der Tabelle in Pixeln beziehungsweise in Prozent der Fenster- beziehungsweise Umgebungsbreite an. Der Wert wird ignoriert, falls die Inhalte der Tabelle nicht in die angegebene Breite hineinpassen.

18

- `height="..."|"...%"` gibt die Höhe der Tabelle in Pixeln beziehungsweise in Prozent der Fensterhöhe an. Auch dieser Wert wird ignoriert, falls die Inhalte der Tabelle sonst nicht passen.
- `border="..."` setzt die Breite des Tabellenrahmens in Pixeln. Beachten Sie, dass in modernen Browsern ohne Angabe des `border`-Parameters eine Tabelle ohne Rand erzeugt wird. Da dies bei älteren Browsern jedoch nicht so sein muss, sollte für eine unsichtbare Layouttabelle immer ausdrücklich `border="0"` gesetzt werden.
- `cellpadding="..."` gibt die Entfernung des jeweiligen Zelleninhalts zum Zellenrand in Pixeln an.
- `cellspacing="..."` gibt die Breite der Zellenränder in Pixeln an.

Zellenparameter

Das `<td>`-Tag unterstützt eine ganze Reihe von Attributen, die hier zum großen Teil aufgelistet werden, wenngleich es sich bei vielen von ihnen heutzutage empfiehlt, sie stattdessen mithilfe von CSS zu setzen.

- `align="center"|"right"|"left"|"justify"` richtet den Inhalt der Zelle horizontal aus (zentriert, rechtsbündig, linksbündig, Blocksatz). Standard ist die linksbündige Ausrichtung.
- `valign="middle"|"top"|"bottom"` richtet den Zelleninhalt vertikal aus (mittig, oben, unten). Standard ist die mittige Ausrichtung.
- `colspan="..."` gibt an, dass sich diese Zelle über die angegebene Anzahl von Spalten der Tabelle erstrecken soll; natürlich gibt es dann in der entsprechenden Zeile der Tabelle weniger Zellen.
- `rowspan="..."` bestimmt, dass sich die Zelle über die angegebene Anzahl von Zeilen der Tabelle erstrecken soll. Die Definition erfolgt in der obersten Zeile, in der die Zelle beginnt; in allen anderen betroffenen Zeilen braucht die betreffende Zelle nicht mehr definiert zu werden.
- `width="..."|"...%"` setzt die Zellenbreite in Pixeln beziehungsweise relativ zur gesamten Tabelle. Wird die Breite jeder Zelle in Pixeln angegeben, sollte eine Angabe der Tabellenbreite unterbleiben. Es genügt übrigens, wenn Sie diese Angaben einmal in den Zellen der obersten Zeile vornehmen (alternativ verstehen neuere Browser auch die im nächsten Abschnitt vorgestellten `<colgroup>`-Tags).

  Generell muss zu `width`-Angaben noch gesagt werden, dass die Breitenangabe ignoriert wird, falls der Inhalt einer Zelle in der jeweiligen Spalte zu breit ist, um in der gewünschten Zellenbreite angezeigt zu werden.
- `height="..."|"...%"` stellt die Höhe der Zelle in Pixeln beziehungsweise in Prozent der Tabellenhöhe ein. Auch hier wird die vollständige Darstellung des Inhalts gegenüber der Höhenangabe bevorzugt.

- nowrap="nowrap" – außerhalb von XHTML auch ohne Wertangabe – verhindert Zeilenumbrüche innerhalb einer Zelle. Es funktioniert in fast jedem Browser, gilt aber als veraltet und wird durch eine entsprechende Stylesheet-Angabe ersetzt.

Inhalt einer Zelle können beliebige Elemente sein, die HTML unterstützt, also Texte, Bilder und Hyperlinks. Natürlich kann ein <td> ... </td> auch wieder eine weitere Tabelle enthalten.

Zusatz-Features

Eine weitere Möglichkeit der Tabellenformatierung ist die Aufteilung in Tabellenkopf, Tabellenkörper und Tabellenfuß. Diese Bereiche erfüllen zwei wichtige Zwecke: Erstens werden Kopf und Fuß beim Ausdrucken längerer Tabellen auf jeder Druckseite wiederholt, und zweitens können sie mit den im Folgenden gezeigten Anzeigeoptionen für die Gitternetzlinien kombiniert werden.

Der Kopf steht zwischen <thead> und </thead>, <tbody> und </tbody> umrahmen den Körper, und der Fuß wird zwischen <tfoot> und </tfoot> gesetzt. Jede dieser Gruppen kann im Prinzip beliebig viele Tabellenzeilen enthalten, in der Regel werden Kopf und Fuß jedoch recht kurz sein.

Im <table>-Tag können Sie über das neue Attribut rules steuern, welche Gitternetzlinien zwischen Zellen gezeichnet werden sollen und welche nicht. Grundvoraussetzung dafür, dass überhaupt sichtbare Linien angezeigt werden, ist die Anwesenheit des Attributs border mit einem Wert, der größer als 0 ist. Die möglichen Werte für rules sind folgende:

- rules="none" – Es sind keine Linien zu sehen (border zeigt nur noch den Außenrahmen an).
- rules="rows" – Es werden nur Zeilen-, aber keine Spaltentrennlinien gezeichnet.
- rules="cols" – Es werden Spalten-, aber keine Zeilentrennlinien gezeichnet.
- rules="groups" – Um die drei zuvor erläuterten Bereiche thead, tbody und tfoot wird jeweils ein eigener Rahmen gezeichnet.
- rules="all" – Alle Gitternetzlinien werden gezeichnet; dies ist der Standardfall.

Mithilfe des <table>-Attributs frame können Sie angeben, welche Teile des Außenrahmens angezeigt werden sollen:

- frame="none" – Es wird kein Außenrahmen gezeichnet; border zeigt nur noch die inneren Gitternetzlinien gemäß rules-Definition an.
- frame="above" – Es wird nur oben ein Rand gezeichnet.
- frame="below" – Der Rand wird nur unten gesetzt.
- frame="lhs" – Es wird nur ein linker Rand gezeichnet (lhs steht für *left hand side*).
- frame="rhs" – Nur rechts wird eine Rahmenlinie gesetzt (*right hand side*).

- frame="hsides" – Beide horizontalen Randlinien werden gezeichnet, das heißt oben und unten.
- frame="vsides" – Es werden nur die vertikalen Linien angezeigt, also links und rechts.
- frame="box" – Alle Randlinien werden gezeichnet; dies ist der Standardfall.

Wenn Sie die Breitenangaben für Tabellenzellen (und damit -spalten) übersichtlicher gestalten möchten, können Sie für neuere Browser zu Beginn der Tabellendefinition einen <colgroup>-Bereich (*column group*, steht für Spaltengruppe) einrichten.

Innerhalb des Containers <colgroup> ... </colgroup> wird für jede einzelne Spalte ein leeres <col>-Tag gesetzt, das die Breite der entsprechenden Spalte definiert. Diese Breitenangabe erfolgt wie gewohnt über das Attribut width und kann drei verschiedene Arten von Werten ausdrücken: Eine einfache Zahl (zum Beispiel width="200") bezeichnet den angegebenen Wert in Pixeln, eine Zahl mit Prozentzeichen (etwa "30%") ist der angegebene Prozentsatz der Tabellenbreite, und eine Zahl mit angehängtem Sternchen ("3*") gibt anteilige Breiten an, vergleichbar etwa mit einem Cocktailrezept (»1 Teil Rum, 3 Teile Cola«).

Das <colgroup>-Tag kann ebenfalls das optionale Attribut span enthalten, das die Anzahl der Spalten angibt. In diesem Fall steht auch die width-Angabe (in Pixeln) direkt in diesem Tag und gilt als Einheitsbreite für alle Spalten.

Hier ein kleines Beispiel:

```
<table border="2">
  <colgroup>
    <col width="300" />
    <col width="500" />
  </colgroup>
  <tr>
    <td>300 Pixel breit</td>
    <td>500 Pixel breit</td>
  </tr>
</table>
```

Die Tabelle besteht nur aus einer Zeile mit zwei Zellen; die linke ist 300 Pixel breit, die rechte 500 Pixel. Aus Sicherheitsgründen können Sie die entsprechenden Werte für ältere Browser auch noch einmal in die <td>-Tags schreiben.

Hier sehen Sie den Code für eine Tabelle, in der die drei Tabellenbereiche mit unterschiedlichen Rahmenoptionen definiert werden – ein Teil des Inhalts stammt aus der »guten alten Zeit« der Tabellenlayouts und ist nur noch von historischem Interesse, insbesondere für entsprechend antike Browser, denn Farbzuweisungen für Tabellenbereiche sollten grundsätzlich mithilfe von CSS erfolgen:

```
<!DOCTYPE html>
<html>
  <head>
    <title>HTML-Tabellen aus der Urzeit des WWW</title>
    <meta charset="utf-8" />
  </head>
  <body>
    <h1>HTML-Tabellen-Features aus alten Zeiten</h1>
    <table border="2" rules="groups" cellpadding="5">
      <thead>
        <tr>
          <th rowspan="2" valign="bottom">Tabellen-
          Feature</th>
          <th colspan="3">Unterstützt von:</th>
        </tr>
        <tr>
          <th>Internet Explorer ab 4.0</th>
          <th>Netscape 4.0</th>
          <th>Netscape ab 6.0</th>
        </tr>
      </thead>
      <tbody>
        <tr>
          <td>bordercolor</td>
          <td>ja</td>
          <td>ja</td>
          <td>ja</td>
        </tr>
        <tr>
          <td>bordercolorlight, bordercolordark</td>
          <td>ja</td>
          <td>nein</td>
          <td>nein</td>
        </tr>
        <tr>
          <td>thead, tbody, tfoot</td>
          <td>ja</td>
          <td>nein</td>
          <td>ja</td>
        </tr>
      </tbody>
      <tfoot>
        <tr>
```

```
        <td colspan="4" align="center">Alle Angaben ohne Gewähr.</td>
      </tr>
    </tfoot>
  </table>
<body>
</html>
```

18.1.7 Formulare

Suchmaschinen, Bestellseiten oder Webforen bestehen aus diversen Eingabeelementen wie Textfeldern oder Auswahlbuttons. Der übergeordnete Container für eine Gruppe solcher interaktiven Elemente ist das *HTML-Formular*. Seine Definition enthält eine URL, an die sämtliche eingegebenen Daten versandt werden. Formulare bilden also das Frontend webbasierter Anwendungen.

Jedes Formular steht zwischen den folgenden Tags:

```
<form action="URL" method="Versandmethode">
  <!-- beliebiges HTML mit Formularelementen -->
</form>
```

Als *Action-URL* wird meist die Adresse eines Serverskripts angegeben. Eine verbreitete Technik für solche Skripte, die Skriptsprache PHP, wird in Kapitel 19, »Webserveranwendungen«, beschrieben.

Theoretisch ist auch die Angabe einer E-Mail-Adresse möglich. Genau wie bei einem E-Mail-Hyperlink wird dazu eine Pseudo-URL nach dem Muster `"mailto:E-Mail-Adresse"` eingesetzt. Das Problem dieser Variante besteht jedoch darin, dass manche Browser diese Aufforderung falsch verstehen und ein leeres Mailfenster öffnen, wenn das Formular abgeschickt wird. Das führt zu der Konsequenz, dass auch der Versand per E-Mail nur dann wirklich zuverlässig klappt, wenn er durch ein Serverskript vorgenommen wird.

Das Attribut `method` gibt an, über welche HTTP-Methode die Daten versendet werden sollen (siehe auch Kapitel 14, »Server für Webanwendungen«): `"post"` versendet sie separat im Body der HTTP-Anfrage, `"get"` hingegen hängt die Formulardaten direkt an die URL an, und zwar in der Form *url?daten*. Beispielsweise verwenden Suchanfragen an Suchmaschinen oft diese Form, sodass etwa die URL einer Suche nach dem Begriff »xhtml« bei Google (in minimaler Form) folgendermaßen aussieht:

```
https://www.google.de/search?q=xhtml
```

Der Parameter `q=xhtml` wird also an das Programm `search` übermittelt. Hinter den Kulissen befragt dieses Programm daraufhin Googles Datenbank, nimmt die Ergebnisse entgegen und generiert wiederum eine HTML-Seite daraus, die es an den anfragenden Browser zurücksendet.

Ein Vorteil der Methode GET besteht darin, dass Sie die URL in der Bookmark-Verwaltung Ihres Browsers ablegen können. Allerdings ist sie nicht für größere Datenmengen geeignet, da die Maximallänge für URLs etwa 2.000 Zeichen beträgt.

Das schwerwiegendste Problem von GET-Anfragen besteht darin, dass Browser oder Proxyserver sie im Cache speichern können. Daher kann es vorkommen, dass die vermeintliche Bestätigung einer Serveraktion in Wirklichkeit aus einem Cache stammt. Formulare, die serverseitige Änderungen bewirken sollen (zum Beispiel Bestellungen oder Schreibzugriffe auf eine Datenbank), müssen daher immer POST verwenden.[3]

Ein weiteres (optionales) Attribut ist enctype, das den MIME-Type der übertragenen Formulardaten angibt. Der Standardwert ist "application/x-www-form-urlencoded"; dieses Format ersetzt in den Formulardaten alle Zeichen, die in URLs nicht gestattet sind oder in Formulardaten eine Sonderbedeutung haben, durch passende Escape-Sequenzen: Leerzeichen werden zu +-Zeichen; die meisten Satzzeichen und alle Nicht-ASCII-Zeichen werden durch ein %-Zeichen und ihren zweistelligen hexadezimalen Code im Zeichensatz ersetzt. Falls Sie den Datei-Upload über ein Formular ermöglichen möchten, müssen Sie den Typ "multipart/form-data" und die Versandmethode "post" wählen.

Formularelemente

Innerhalb des Containers <form> ... </form> können Sie eine Reihe unterschiedlicher Eingabeelemente definieren. Die meisten von ihnen verwenden das <input>-Tag:

```
<input type="Elementtyp" name="Elementname" value="Wert" />
```


type gibt an, um welche Art von Eingabeelement es sich überhaupt handelt – beispielsweise um ein Textfeld (type="text") oder einen Absenden-Button (type="submit"). name und value bilden ein Name-Wert-Paar, das als Name=Wert mit den Formulardaten versandt wird. Je nach konkretem Eingabeelement kommt das eine oder andere Spezialattribut hinzu.

- <input type="radio" name="..." value="..." /> definiert einen sogenannten *Radiobutton*. Der Name stammt daher, dass sich dieser Button verhält wie die Knöpfe an alten Radios: Wird einer von ihnen gedrückt, springt der zuvor ausgewählte automatisch heraus. Mit Radiobuttons können Sie die Auswahl einer einzigen Option aus mehreren Alternativen ermöglichen. name bezeichnet dabei den Namen der Gruppe, zu der der Radiobutton gehört. value ist der Inhalt, der als Auswahl für diese Gruppe in den Formulardaten erscheinen soll. Der Text, mit dem der Button beschriftet werden soll, wird einfach hinter das Tag gesetzt, oder es kommt das später beschriebene <label>-Tag zum Einsatz.

3 Falls es aus irgendeinem Grund unbedingt GET sein muss, besteht eine Notlösung darin, einen Parameter mit wechselndem Zufallswert oder Datum und Uhrzeit an die URL anzuhängen. Da ein Cache die gesamte URL betrachtet, kommt er in diesem Fall nicht auf die Idee, dass das gewünschte Dokument bereits vorliegen könnte.

- `<input type="checkbox" name="..." value="..." />` definiert eine *Checkbox*, mit der mehrere Optionen an- und wieder abgewählt werden können. Der optionale Parameter `checked="checked"` kann bei Checkboxen und Radiobuttons stehen und hat zur Folge, dass die entsprechende Option innerhalb ihrer Gruppe bereits ausgewählt ist.
- `<input type="text" name="..." size="..." maxlength="..." />` bietet ein Feld zur Texteingabe an; optional gibt `size` die Breite in Zeichen und `maxlength` die maximale Eingabelänge an. Der ebenfalls optionale Parameter `value="..."` sorgt dafür, dass der betreffende Text bereits voreingetragen im Textfeld steht.
- `<input type="password" name="..." size="..." maxlength="..." />` funktioniert im Prinzip genau wie ein Textfeld – mit dem Unterschied, dass die Eingabe als **** angezeigt wird.
- `<input type="submit" value="..." />` stellt einen Button zur Verfügung, der durch Mausklick den Inhalt des Formulars an die URL versendet, die im `<form>`-Tag angegeben wurde. `value` hat hier eine etwas andere Bedeutung: Es enthält den Text, mit dem der Button beschriftet wird.
- `<input type="reset" value="..." />` setzt alle Änderungen, die im Formular vorgenommen wurden, auf den Ursprungszustand zurück. `value` enthält wiederum die Beschriftung des Buttons.
- `<input type="button" value="..." />` stellt eine allgemeine Schaltfläche zur Verfügung, deren Aussehen einem Absenden- oder Löschen-Button entspricht. In Zusammenarbeit mit JavaScript (siehe Kapitel 20, »JavaScript und Ajax«) kann sie ein benutzerdefiniertes Ereignis auslösen.

  Eine alternative Schreibweise für Buttons ist `<button type="...">`*`Beschriftung`*`</button>`. Als `type` können Sie hier `"submit"`, `"reset"` oder das allgemeine `"button"` eintragen.
- `<input type="hidden" name="..." value="..." />` ist im engeren Sinne kein Eingabefeld, denn es wird vom Browser nicht angezeigt, und es können keine Eingaben vorgenommen werden. Es handelt sich um eine festgelegte Angabe, die zusammen mit den im Browser eingegebenen Formulardaten übertragen wird. Nützlich sind Hidden-Felder etwa für Ordnungszwecke (welches Formular wurde eigentlich versandt?) oder für Zwischenwerte, die von serverseitigen Programmen generiert wurden und wieder mit den Daten verschickt werden müssen, um vom nächsten Skript aus darauf zurückgreifen zu können.
- `<input type="file" name="..." />` bietet die Möglichkeit, den Pfad einer lokalen Datei einzutippen oder über einen mitgelieferten Button interaktiv auszuwählen. Wenn das Empfängerskript über eine entsprechende Einrichtung verfügt, wird die angegebene Datei zusammen mit den anderen Formulardaten hochgeladen. In Kapitel 19, »Webserveranwendungen«, finden Sie ein entsprechendes PHP-Skript mit weiteren Hinweisen. Beachten Sie, dass der Formulardatentyp über das `<form>`-Attribut `enctype` auf `"multipart/form-data"` gesetzt werden muss, damit es funktioniert.

Neben den diversen `<input>`-Varianten gibt es weitere Formularelemente, die über eigenständige Tags gebildet werden.

Ein Formular kann – neben Checkboxen und Radiobuttons – auch Menüs enthalten, aus denen ausgewählt werden kann. Diese Menüs haben in HTML folgende Syntax:

```
<select name="..." size="...">
  <option value="..."> 1. Auswahlmöglichkeit </option>
  <option value="..."> 2. Auswahlmöglichkeit </option>
  <!-- bei Bedarf weitere Optionen -->
</select>
```

Diese Struktur stellt ein Menü zur Verfügung, das die verschiedenen Auswahlmöglichkeiten enthält. Die zusätzliche Option `multiple="multiple"` bei `<select>` ermöglicht die Auswahl mehrerer Felder – allerdings muss dabei die Taste [Strg] beziehungsweise [Cmd] (Mac) festgehalten werden, worauf Sie auf der Webseite hinweisen sollten.

`name` enthält wiederum den Namen, mit dem der übertragene Wert in den Formulardaten versehen wird. `size` gibt die Anzahl der sichtbaren Zeilen an; überschreitet die Anzahl der Optionen diese, erscheint automatisch ein Rollbalken. Der sehr häufig eingesetzte Sonderfall `size="1"` erzeugt ein relativ elegantes Pull-down-Menü; dies ist in den meisten Browsern die Standardeinstellung, sollte jedoch im Bedarfsfall explizit angegeben werden.

Das `<option>`-Tag bestimmt durch das Attribut `value` wiederum den zu übertragenden Wert für die Formulardaten. Darüber hinaus kennt es den zusätzlichen Parameter `selected="selected"`, der innerhalb eines Auswahlmenüs nur auf ein einziges `<option>`-Tag angewandt werden sollte und dafür sorgt, dass die entsprechende Option vorausgewählt ist.

Die Texteingabe in ein Formular ist auch mehrzeilig möglich, und zwar über das folgende Tag:

```
<textarea name="..." rows="..." cols="..."></textarea>
```

Dieses Tag stellt ein Eingabefeld mit der durch `cols` angegebenen Breite und der mithilfe von `rows` eingestellten Höhe zur Verfügung. Sollte zwischen dem öffnenden und dem schließenden Tag Text stehen, erscheint dieser als vorgefertigter Eintrag im Feld. Auch wenn Sie keinen Text hineinschreiben, sollten Sie das Tag explizit schließen und nicht per XML-End-Slash, weil ältere Browser ihn nicht verstehen und in diesem Fall einfach den Rest des Dokuments in das Textfeld schreiben.

Der optionale Parameter `wrap` gibt die Art des Zeilenumbruchs an, der verwendet werden soll:

- `wrap="none"` setzt keine automatischen Zeilenumbrüche; in derselben Zeile kann beliebig lang weitergeschrieben werden (Standard bei älteren Browsern; funktioniert bei moderneren oft gar nicht mehr).
- `wrap="virtual"` bricht am rechten Feldrand um, jedoch nur in der Darstellung; der gespeicherte Text enthält keine Zeilenumbrüche (Standard bei den meisten aktuellen Browsern).

- `wrap="physical"` setzt dagegen Zeilenumbrüche in den eigentlichen Text, wenn er am rechten Feldrand umbrochen wird.

Die Beschriftungen der Elemente stehen traditionell einfach zusammenhanglos neben ihnen. Dies erschwert die Strukturierung der Seite und ihre Formatierung mit CSS und ist darüber hinaus nicht barrierefrei, also insbesondere für Menschen mit Sehschwäche kaum nutzbar. Abhilfe schafft das HTML-Tag `<label>`, das eine Beschriftung einem bestimmten Formularelement zuordnet. Dazu benötigt das Element ein eindeutiges `id`-Attribut, auf das sich das Attribut `for` des `<label>`-Tags bezieht. Das folgende Beispiel ordnet zwei Radiobuttons auf diese Weise eindeutig ihre Beschriftungen zu:

```
<p>Möchten Sie mehr über HTML-Formulare erfahren?</p>
<p>
<input type="radio" name="more_on_forms" value="yes" id="more_on_forms_yes" />
<label for="more_on_forms_yes">Ja</label><br />
<input type="radio" name="more_on_forms" value="no" id="more_on_forms_no" />
<label for="more_on_forms_no">Nein</label>
</p>
```

Ein Pizza-Bestellformular

Das Beispiel in Listing 18.1 beinhaltet fast alle zuvor gezeigten Formularelemente für *den* Klassiker – ein Pizza-Bestellformular:

```
<!DOCTYPE html>
<html>
  <head>
    <title>Pizza bestellen</title>
    <meta charset="utf-8" />
  </head>
  <body>
    <h1>Pizza-Service online</h1>
    <p>Konfigurieren Sie Ihre Pizza!</p>
    <form action="#" method="GET">
      <table border="0" cellpadding="4">
        <tr>
          <td colspan="3">Wählen Sie die
          Größe Ihrer Pizza:</td>
        </tr>
        <tr>
          <td><input type="radio" name="psize"
          value="s" />Mini (18 cm)<br />
          Grundpreis: 3,00 €</td>
          <td><input type="radio" name="psize"
```

```
      value="m" />Standard (24 cm)<br />
      Grundpreis: 5,00 €</td>
      <td><input type="radio" name="psize"
      value="l" />Family (32 cm)<br />
      Grundpreis: 7,00 €</td>
    </tr>
    <tr>
      <td colspan="3">Jede Pizza ist mit Käse
        und Tomaten belegt.<br />
      Wählen Sie hier weitere Beläge (je
      1,00 €):</td>
    </tr>
    <tr>
      <td><input type="checkbox" name="belag"
      value="spi" />Spinat</td>
      <td><input type="checkbox" name="belag"
      value="pil" />Pilze</td>
      <td><input type="checkbox" name="belag"
      value="pap" />Paprika</td>
    </tr>
    <tr>
      <td><input type="checkbox" name="belag"
      value="sal" />Salami</td>
      <td><input type="checkbox" name="belag"
      value="sch" />Schinken</td>
      <td><input type="checkbox" name="belag"
      value="thu" />Thunfisch</td>
    </tr>
    <tr>
      <td><input type="checkbox" name="belag"
      value="zwi" />Zwiebeln</td>
      <td><input type="checkbox" name="belag"
      value="xka" />Extra Käse</td>
      <td><input type="checkbox" name="belag"
      value="xto" />Extra Tomaten</td>
    </tr>
    <tr>
      <td colspan="3">Sind Sie bereits Kunde?</td>
    </tr>
    <tr>
      <td>Ihr Username:</td>
      <td colspan="2"><input type="text" name="kunde"
```

```
          size="20" maxlength="10" /></td>
        </tr>
        <tr>
          <td>Ihr Passwort:</td>
          <td colspan="2"><input type="password"
          name="pass" size="20" maxlength="8" /></td>
        </tr>
        <tr>
          <td colspan="3">Oder sind Sie neu?
          <a href="neukunde.html">Hier klicken</a></td>
        </tr>
        <tr>
          <td colspan="3">Weitere Sonderwünsche,
          Bemerkungen, Anregungen?<br />
          <textarea name="bemerk" cols="50" rows="7"
          wrap="virtual"></textarea></td>
        </tr>
        <tr>
          <td>Die Bestellung:</td>
          <td>
            <input type="submit" value="Abschicken" />
          </td>
          <td>
            <input type="reset" value="Verwerfen" />
          </td>
        </tr>
      </table>
    </form>
  </body>
</html>
```

Listing 18.1 pizza.html ist ein Onlinebestellformular für Pizza.

Neue Eingabetypen in HTML5

In HTML5 gibt es einige neue `type`-Werte für das `<input>`-Element. Sie stellen spezielle Eingabehilfen für bestimmte Inhaltstypen dar und können diese Inhalte auf Wunsch auch validieren. Auf Geräten mit Software-Touchscreen-Tastaturen wie dem iPhone sorgen sie gegebenenfalls auch dafür, dass spezielle Tastaturvarianten angezeigt werden. Im Einzelnen gibt es folgende neue Typen:

- `tel` – Eingabe einer Telefonnummer.

- search – ein Suchfeld. Sobald Sie anfangen zu tippen, wird innerhalb des Eingabefeldes ein kleiner Löschen-Button angezeigt, mit dem Sie die gesamte Eingabe wieder löschen können.
- url – Eingabe einer voll qualifizierten URL, die mit *http://* oder anderen Schemata beginnt.
- email – Eingabe einer E-Mail-Adresse.
- datetime – Eingabe von Datum und Uhrzeit. Die volle Funktionalität – nämlich die automatische Anzeige eines kleinen Datepickers – wird nicht von allen Browsern unterstützt. Das gilt auch für die Feldtypen date und datetime-local.
- date – Eingabe eines Datums.
- month – Eingabe eines Monats.
- week – Eingabe einer Kalenderwoche.
- time – Eingabe einer Uhrzeit.
- datetime-local – Eingabe von Datum und Uhrzeit im Sprachformat von Browser und Betriebssystem.
- number – Eingabe einer Zahl. Mit den zusätzlichen Attributen min, max und step lassen sich der kleinste und der größte zulässige Wert sowie die Schrittweite angeben. Browser, die das unterstützen, zeigen am rechten Rand des Eingabefeldes kleine Pfeil-Buttons an, mit denen sich die zulässigen Werte durchblättern lassen. Das bereits bekannte Attribut value gibt den anfänglichen Standardwert an.
- range – ebenfalls zur Eingabe einer Zahl. Browser, die range zur Verfügung stellen, zeigen einen Schieberegler an, dessen Wertebereich und Schrittweite über die bereits bei number genannten Attribute min, max und step gesteuert werden.
- color – Eingabe eines HTML-Farbwerts. Manche Browser zeigen in diesem Fall automatisch einen Farbwähler an – oft das entsprechende Standardelement des jeweiligen Betriebssystems.

Wenn Sie das Formular abschicken, validiert der Browser automatisch diejenigen speziellen Felder, die er kennt. Entspricht eine Eingabe nicht dem zulässigen Wertebereich, wird das Feld als fehlerhaft gekennzeichnet, und der Versand wird zurückgehalten.

Zusätzlich zu den neuen Typen stellt HTML5 für alle <input>-Elemente einige weitere Attribute zur Verfügung. Die wichtigsten sind:

- placeholder="*Wert*" – Solange nichts eingegeben wurde, wird der placeholder-Wert als abgeschwächter Text angezeigt. Sobald das Element den Eingabefokus erhält, verschwindet dieser Text.
- autofocus (ohne Wert; XHTML-Schreibweise autofocus="autofocus") setzt den Eingabefokus beim Laden des Dokuments automatisch auf das Element, für das dieses Attribut gesetzt ist.

- `required` (ohne Wert; XHTML: `required="required"`) besagt, dass eine Eingabe in das entsprechende Feld erforderlich ist. Dies wird bei der Validierung beachtet.

Da Browser Eingabeelemente, deren Typ sie nicht kennen, als einfache Texteingabefelder darstellen, können Sie alle diese Elemente gefahrlos verwenden. In denjenigen Browsern, die einen Teil der Spezifikation bereits unterstützen, bringen sie dann entsprechenden Zusatznutzen.

18.1.8 Einbetten von Multimedia-Dateien

Browser können verschiedene Zusatzkomponenten enthalten, sogenannte *Plug-ins* (Firefox und andere Mozilla-Derivate, Chrome, Edge und Safari) beziehungsweise *ActiveX Controls* (der im Aussterben begriffene Internet Explorer). Dadurch unterstützt der Browser zusätzlich zu den Standardelementen verschiedene andere Dateiformate. Sie können zum Beispiel Sounds oder Digitalvideos abspielen lassen. HTML5 hat für die Audio- und Videowiedergabe im Browser neue Standardelemente eingeführt; für andere Multimedia-Formate, deren Unterstützung nicht garantiert ist, gibt es das Tag `<embed>`.

Die HTML5-Tags <audio> und <video>

HTML5 stellt zwei neue Tags zur Wiedergabe von Audio und Video zur Verfügung, die einfach `<audio>` beziehungsweise `<video>` heißen. Das wichtigste Attribut ist `src`, es gibt die URL der einzubettenden Datei an. Zusätzlich können Sie das Attribut `controls` verwenden, wenn der Browser Steuerelemente wie Play, Pause etc. darstellen soll. In XHTML-Schreibweise heißt es entsprechend `controls="controls"`. Wenn Sie dieses Attribut weglassen, kann das Medienelement nur durch eigenes JavaScript gesteuert werden.

Das folgende Beispiel bettet das Video *html5.mp4* aus dem aktuellen Verzeichnis ein und stellt Browsersteuerelemente dar:

```
<video src="html5.mp4" controls="controls" />
```

Wenn Sie Videos von gängigen Plattformen wie YouTube oder Vimeo einbetten möchten, können Sie den entsprechenden HTML-Code auf der Seite des gewünschten Videos konfigurieren und anschließend einfach kopieren. Einige offene Musikdienste wie Soundcloud oder Bandcamp bieten ähnliche Mechanismen für Audioplayer.

Das <embed>-Tag

Mozilla-Browser verwenden zum Einbetten von Plug-in-Dateien traditionell das Tag `<embed>`; sofern ein entsprechender Player bereits installiert ist, versteht auch der Internet Explorer diese Schreibweise. Der folgende Code bettet die MP3-Sounddatei *musik.mp3* in das Dokument ein und spielt sie nach dem Laden automatisch ab:

```
<embed src="musik.mp3" width="200" height="100" autostart="true"
type="audio/mp3"></embed>
```

`width` und `height` bestimmen bei einem Sound die Anzeigegröße der verwendeten Player-Komponente; an dieser Stelle werden einige Buttons wie Play und Stopp oder die Lautstärkeregelung angezeigt. Das genaue Aussehen ist nicht vorhersagbar, es hängt vom verwendeten Player ab. Beispielsweise sehen der QuickTime Player und der Windows Media Player recht unterschiedlich aus. Alternativ können Sie mit `hidden="true"` dafür sorgen, dass gar keine Regler angezeigt werden. Das optionale Attribut `loop="true"` spielt den Sound in einer Schleife ab.

Für Digitalvideo (QuickTime, Video for Windows, MPEG etc.) stehen im Prinzip die gleichen Optionen zur Verfügung; naturgemäß sind die Attribute `width` und `height` hier wichtiger als bei Sound. Die MIME-Types für die wichtigsten Plug-in-Formate finden Sie in Tabelle 18.3.

Format	Dateiendung	MIME-Type
MP3-Sound	*.mp3*	`audio/mp3` oder `audio/mpeg`
WAVE-Sound	*.wav*	`audio/wav`
AIFF-Sound	*.aif, .aiff*	`audio/aiff`
Sun-AU-Sound	*.au*	`audio/au`
MPEG-Video	*.mpg, .mpeg*	`video/mpeg`
QuickTime-Video	*.mov, .qt*	`video/quicktime`
Video for Windows	*.avi*	`video/avi`

Tabelle 18.3 Die wichtigsten MIME-Types für Multimedia-Plug-in-Formate

18.1.9 Metatags und Suchmaschinen

Im Head eines HTML-Dokuments können Sie neben dem Titel – übrigens der wichtigsten Information für Suchmaschinen – eine Reihe zusätzlicher Informationen unterbringen, von denen einige für den Browser und andere für Suchmaschinen gedacht sind. Die meisten dieser Informationen stehen in sogenannten `<meta>`-Tags. Der Aufbau dieser Tags ist folgender:

```
<meta name="..." content="..." />
```

oder:

```
<meta http-equiv="..." content="..." />
```

Die Attribute `name` beziehungsweise `http-equiv` geben den Namen oder die Kategorie einer zu definierenden Information an, `content` enthält ihren Wert. Der Unterschied zwischen der name- und der http-equiv-Variante besteht darin, dass eine http-equiv-Information (*HTTP equivalent*) einem HTTP-Header-Feld entspricht. In der Regel handelt es sich um wichtige Verarbeitungsoptionen für den Browser. Eine der wichtigsten Informationen dieses Typs gibt den MIME-Type und den Zeichensatz der Webseite an und überschreibt den Standardwert, den der Webserver liefert – hier mit dem Standard-Westeuropa-Zeichensatz latin-1:

```
<meta http-equiv="content-type" content="text/html; charset=iso-8859-1" />
```

Andere Zeichensätze sind beispielsweise die mit ASCII abwärtskompatible Unicode-Variante utf-8, iso-8859-9 für türkischen Text oder iso-8859-7 für Griechisch. Näheres über Zeichensätze und verwandte Themen finden Sie in Kapitel 17, »Weitere Datei- und Datenformate«. HTML5 erlaubt für den Zeichensatz die folgende bereits mehrfach in diesem Kapitel verwendete Kurzfassung (hier mit dem Beispielzeichensatz UTF-8):

```
<meta charset="utf-8" />
```

Eine weitere häufig verwendete Variante ist das automatische erneute Laden der aktuellen Seite beziehungsweise die Weiterleitung auf eine andere. Dazu wird folgendes Tag gesetzt:

```
<meta http-equiv="refresh" content="10" />
```

Unter content wird die Anzahl der Sekunden angegeben, nach der die Seite erneut geladen werden soll. Nützlich kann dies bei Dokumenten sein, deren Inhalte häufig durch serverseitige Informationen aktualisiert werden, beispielsweise Sportergebnisse oder Börsenkurse. Besser ist es in diesem Fall allerdings, mithilfe der in Kapitel 20, »JavaScript und Ajax«, gezeigten Verfahren nur relevante Teile der Seite auszutauschen.

Die folgende Variante lädt anstelle der bisherigen Seite nach fünf Sekunden das Dokument *test.html*:

```
<meta http-equiv="refresh" content="5;url=test.html" />
```

Dies ist beispielsweise nützlich, wenn die eigene Website auf eine neue Adresse umgezogen ist, die bekannt gemacht werden soll.

Suchmaschineninformationen

Zunächst einmal müssen Sie wissen, welche Informationen Suchmaschinen überhaupt auswerten. Die wichtigste Angabe ist, wie bereits erwähnt, der zuvor beschriebene Dokumenttitel:

```
<title>...</title>
```

Außerdem sind einige Metatags sehr wichtig:

```
<meta name="description" content="Kurze Beschreibung der Website/einzelnen Seite" />
```

Der Text sollte jeweils einen kurzen Hinweis auf die gesamte Website und anschließend eine Beschreibung des jeweiligen Dokuments enthalten. Die meisten Suchmaschinen werten etwa 150 bis 200 Zeichen aus.

Mit dem folgenden Metatag können Sie eine Reihe relevanter Schlüsselwörter angeben, die vor allem als Suchbegriffe für die Website dienen sollen:

```
<meta name="keywords" content="..." />
```

Ein ungefährer Richtwert sind etwa 20 bis 50 Schlüsselwörter. Wichtig ist, dass die meisten Suchmaschinen keine Wiederholungen dulden. Ab der dritten Wiederholung werden Sie womöglich sogar aus der Datenbank einer Suchmaschine entfernt.

Die Begriffe *Kunst, Künstler, Künstlerin, Künstlerbedarf* stellen beispielsweise keine Wiederholung dar. Verboten wäre dagegen die Liste *Kunst, kunst, KUNST*. Wählen Sie am besten die Schreibweisen *Künstler* und *Künstlerin*, denn bei vielen Suchmaschinen funktioniert die Suchbegriffseingabe nach dem folgenden Schema: Kleinschreibung findet alle Varianten, gemischte Groß-/Kleinschreibung findet genau die eingegebene Variante; bei wieder anderen Suchmaschinen spielen Groß- und Kleinschreibung dagegen gar keine Rolle.

Sie sollten die folgenden Arten von Schlüsselwörtern verwenden:

- Angaben über das Tätigkeitsfeld, den Zweck oder das Interessengebiet der Website
- geografische Angaben wie Gemeinde oder Bundesland
- Namen wichtiger Personen

Vermeiden sollten Sie dagegen die folgenden Arten von Wörtern:

- allgemeine Wörter, Füll- und Flickwörter
- Wörter, die zwar viele Hits bringen, aber nichts mit der eigenen Website zu tun haben
- Markennamen, insbesondere der Konkurrenz – sie können zu rechtlichen Problemen führen (natürlich kann und sollte der eigene Markenname genannt werden!).

Der in älteren Dokumentationen oft empfohlene Text in Hintergrundfarbe ist für viele Suchmaschinen ebenfalls ein guter Grund zum Ignorieren. Auch die schnelle automatische Weiterleitung über mehrere Pseudo-Tunnelseiten hinweg, die vermeintlich das Unterbringen von mehr relevantem Text ermöglicht, wird oft nicht toleriert.

Das Metatag `robots` steuert den Zugriff von Suchmaschinen auf die aktuelle Seite sowie die Beachtung von Hyperlinks:

```
<meta name="robots" content="[no]index, [no]follow" />
```

`index` bedeutet, dass die aktuelle Seite indiziert werden soll, während `noindex` die Seite ignoriert. `follow` folgt automatisch den Hyperlinks auf der aktuellen Seite, `nofollow` folgt den Links nicht.

Bei normalen Websites sollte auf jeder öffentlichen Einzelseite `index, follow` verwendet werden. Dynamisch erzeugte Seiten, etwa für Suchergebnisse, werden idealerweise mit `noindex` ausgestattet.

Das `robots`-Metatag wird nicht von allen Suchmaschinen unterstützt. Zusätzlich sollte im obersten Verzeichnis der Site die Textdatei *robots.txt* liegen, die folgende Angaben enthalten kann:

- `User-agent` ist der Name, mit dem sich die Suchmaschinensoftware beim Server meldet. In der Regel wird `User-agent: *` verwendet, was für alle Suchmaschinen steht.
- `Disallow: /verzeichnis` bedeutet, dass alle Dateien und Unterverzeichnisse unterhalb von `/verzeichnis` für Suchmaschinen gesperrt sind.

Zu guter Letzt sollten Sie daran denken, dass selbst die besten Metatags nicht gegen inhaltsreichen und gut strukturierten Text ankommen. Bild- oder Multimedia-lastige Seiten haben es im Ranking der Suchmaschinen relativ schwer – bei Bildern sollten Sie in jedem Fall besonders streng darauf achten, sie mit aussagekräftigen Alternativtexten zu versehen.

Dies sind nur einige wenige von vielen Informationen zur Suchmaschinenoptimierung (*Search Engine Optimization*, kurz *SEO*), die in den letzten Jahren ein eigenes Betätigungsfeld von Firmen mit Fachwissen, aber leider auch ein Tummelplatz für Scharlatanerie oder gar Betrug geworden ist.

Anmeldung bei Suchmaschinen

Nachdem Sie die genannten Informationen eingetragen haben, müssen Sie sich bei den einzelnen Suchmaschinen anmelden. Dabei ist zwischen echten Suchmaschinen wie Google und redaktionell betreuten Katalogen wie Yahoo! oder web.de zu unterscheiden.

Bei den echten Suchmaschinen gibt es irgendwo einen Link wie SEITE ANMELDEN oder Ähnliches. Sie müssen hier lediglich die URL der Website und eventuell eine E-Mail-Adresse für Rückfragen eingeben. Einige Tage nach der Anmeldung besucht die Suchmaschine die Website und indiziert sie gemäß dem `robots`-Metatag und der Datei *robots.txt*.

Bei den Katalogen müssen Sie in der Regel ein umfangreiches Formular ausfüllen. Die Betreiberfirma entscheidet daraufhin selbst, ob die Site aufgenommen wird oder nicht.

18.2 Cascading Style Sheets (CSS)

Die *Cascading Style Sheets* (*CSS*) sind kein integraler Bestandteil von HTML, gehören aber zu den Neuerungen, die das W3C bereits seit der HTML-4.0-Spezifikation empfiehlt und fördert. Durch Stylesheets wird die Struktur eines HTML-Dokuments vollständig von seinem Layout getrennt. Dies macht die Dokumente einerseits erheblich übersichtlicher, weil die unzähligen layoutorientierten Tags entfallen, und ermöglicht zum anderen die saubere Definition des Layouts an zentraler Stelle.

Konkret geht es darum, Stilvorlagen für das Aussehen beliebiger HTML-Elemente zu definieren. Das bedeutet, dass Sie mithilfe von CSS sehr konkret in das Layout einer Webseite oder einer ganzen Website eingreifen können, indem Sie etwa festlegen, dass alle Überschriften vom Typ `<h1> ... </h1>` rot, zentriert und in kursiver 36-Punkt-Helvetica erscheinen sollen.

Die Arbeit mit Stylesheets hat folgende Vorteile:

- Die Erzeugung eines immer wiederkehrenden einheitlichen Layouts wird erheblich vereinfacht – einmal festgelegt, können bestimmte Formatierungen automatisch wiederholt werden.
- Es ist durch den Gebrauch von Stylesheets erstmals möglich, Elemente auf einer Webseite pixelgenau zu platzieren – im Extremfall sogar übereinander. Auf diese Weise können Sie etwa Text mit Schatten oder Text auf einem Bild realisieren.
- In Zusammenarbeit mit JavaScript können Elemente, die CSS zur Stilfestlegung verwenden, dynamisch in ihren Eigenschaften verändert werden. In diesem Zusammenhang spricht man traditionell von *DHTML* (*Dynamic HTML*). Das W3C empfiehlt dazu den Einsatz eines allgemeinen Objektmodells, das alle Elemente des Browsers und des HTML-Dokuments standardisiert (*Document Object Model*). Näheres dazu erfahren Sie in Kapitel 20, »JavaScript und Ajax«.

18.2.1 Stylesheets platzieren

Stylesheet-Angaben können an verschiedenen Stellen im Dokument oder in einer eigenen Datei stehen. Sie haben folgendes Schema:

```
selektor {
   attribut: wert;
   attribut: wert;
   [...]
}
```

Der *Selektor* gibt an, welches Objekt oder welche Gruppe von Objekten durch diese Stylesheet-Angabe formatiert werden soll. Traditionell werden vier Arten von Selektoren unterstützt (komplexere Selektoren neuerer CSS-Versionen kommen später zur Sprache):

- *Element*. Hier wird der Name eines HTML-Tags angegeben, und zwar ohne seine Klammern. Beispiele: `h1` oder `td`. Jedes Auftreten des Tags wird automatisch mit den angegebenen Formaten versehen.

  Möglich ist ebenfalls eine durch Kommata getrennte Liste mehrerer HTML-Tags, für die gemeinsame Einstellungen gelten sollen. Es ist auch kein Problem, differierende Einstellungen noch einmal separat für jedes dieser Tags vorzunehmen.
- *Klasse*. Der Name einer Klasse beginnt mit einem Punkt. Ein HTML-Tag kann mit dem speziellen Attribut `class="klassenname [klassenname ...]"` versehen werden, damit es zusätz-

lich zu seinem normalen Stil diese speziellen Einstellungen erhält. Sie können sowohl eine Klasse für ein bestimmtes HTML-Tag einrichten (etwa `h2.blau`), die entsprechend nur für diese Art von Elementen verwendet werden kann, als auch eine allgemeine Klasse wie `.zitat`, die Sie jedem beliebigen Tag zuweisen können.

Allgemeine CSS-Klassen werden häufig im Zusammenhang mit zwei besonderen Tags verwendet: `<div> ... </div>` ist ein absatzbildendes Element, genauer gesagt, sogar eine frei schwebende, beliebig positionierbare Ebene (*DHTML-Layer*). `<span> ... </span>` kann dagegen beliebige Elemente innerhalb eines Absatzes umfassen und ihnen auf diese Weise Stylesheet-Formate zuweisen.

- *Unabhängiger Stil*. Ein unabhängiger Stil wird einem einzelnen Element im Dokument zugewiesen. Sein Name beginnt mit einer Raute (#); das gewünschte Element erhält diesen Stil über das Universalattribut `id="`*`EindeutigerName`*`"` (hier ohne Raute), dessen andere Aufgaben im HTML-Dokument bereits angesprochen wurden. Eine solche `id`-Definition darf nur für ein einziges Element im Dokument verwendet werden.
- *Pseudoformate*. Diese Sonderform der Stylesheet-Angabe definiert die verschiedenen Stadien von Hyperlinks oder verschiedene Bereiche von Absätzen. Die Schreibweise für jeden der Hyperlink-Selektoren ist `a:`*`zustand`*, wobei der Zustand einen der folgenden Werte annehmen kann:
  - `a` legt die Voreinstellung für alle Zustände eines Hyperlinks fest. Hier sollten Sie zunächst diejenigen Aspekte vorgeben, die der Link über alle Zustände hinweg beibehält.
  - `a:link` ist der Zustand eines noch nie besuchten Hyperlinks.
  - `a:visited` beschreibt bereits besuchte Hyperlinks (gemäß Browser-History).
  - `a:hover` bezeichnet einen Hyperlink, der gerade vom Mauszeiger berührt wird; dieser Zustand ermöglicht einen Rollover-Effekt für Hyperlinks.
  - `a:active` ist der aktuell angeklickte Hyperlink.

Der CSS-Code kann an folgenden Stellen definiert werden:

- In einem `<style> ... </style>`-Bereich im Head des Dokuments. Konkret sieht eine solche Angabe folgendermaßen aus:

```
<style type="text/css">

   /* Konkrete CSS-Angaben */
</style>
```

Die Verschachtelung der eigentlichen Stylesheet-Angaben in einen HTML-Kommentar verhindert, dass alte CSS-unfähige Browser diese Angaben im Body der Seite ausgeben, wird aber nicht mehr häufig verwendet. Innerhalb solcher CSS-Blöcke und in externen CSS-Dateien können Sie Kommentare im C-Stil verwenden, wie zuvor gezeigt:

```
/* Kommentar */
```

- In einer externen Datei, einer Textdatei mit der Dateiendung *.css*. Eine solche Datei darf nur CSS und keinerlei HTML enthalten, auch keine `<style>`-Tags. Eingebunden wird sie im Head eines HTML-Dokuments, und zwar folgendermaßen (*format.css* ist natürlich nur ein Beispieldateiname):

  ```
  <link rel="stylesheet" href="format.css" />
  ```

  Auf diese Weise können beliebig viele CSS-Dateien eingebunden werden.

  Eine moderne Alternative für das Einbinden externer CSS-Dateien, die allerdings leider nicht von allen Browsern unterstützt wird, ist die Verwendung einer XML-Steueranweisung. Diese kann nicht nur in HTML-Dokumenten, sondern auch in beliebigen XML-Dokumenten stehen und ein Stylesheet einbinden, das das Aussehen der diversen XML-Elemente definiert:

  ```
  <?xml-stylesheet type="text/css" href="format.css"?>
  ```

  Die Verwendung externer Stylesheet-Dateien ist besonders vorteilhaft, um einer umfangreichen Website ein einheitliches Layout zuzuweisen, das darüber hinaus an einer zentralen Stelle geändert werden kann.

- Innerhalb eines einzelnen HTML-Tags. Dazu dient das spezielle HTML-Attribut `style="..."`. Beispiel:

  ```
  <p style="...">
  <!-- Absatz mit spezieller Formatierung -->
  </p>
  <p>
  <!-- Hier gilt wieder das normale Absatzformat -->
  </p>
  ```

  Besonders empfehlenswert ist diese Vorgehensweise nicht, da sie sehr unübersichtlich ist.

18.2.2 Stylesheet-Wertangaben

Bevor die einzelnen Attribute beschrieben werden, sollten Sie sich einen Überblick über die Arten von Werten verschaffen, die Attribute überhaupt annehmen können. Sie unterscheiden sich zum Teil erheblich von den Werten, die Sie traditionellen HTML-Attributen zuweisen können: Zum einen haben Sie oft viel mehr Auswahlmöglichkeiten, zum anderen sind die Angaben in der Regel konkreter und eindeutiger.

Wertangaben im Überblick

- *Festgelegte Werte.* Viele Attribute kennen eine Reihe unterschiedlicher konkreter Angaben. Beispielsweise erhält das Attribut `font-family` eine Liste bevorzugter Schriftarten. Ein anderes Beispiel ist die Eigenschaft `text-align`, die die Textausrichtung angibt. Sie kann die festgelegten Werte `left`, `right`, `center` oder `justify` annehmen.

- *Numerische Werte*. Die Angabe numerischer Werte erfordert eine Zahl und eine angehängte Maßeinheit ohne trennendes Leerzeichen. Tabelle 18.4 zeigt die möglichen Maßeinheiten.

Maßeinheit	Bedeutung	Hinweise
`px`	Pixel	Die am häufigsten vorkommende und wichtigste Maßeinheit.
`pt`	Punkt	Der DTP-Punkt, 1/72 Zoll. Wird gern für die Schriftgröße verwendet.
`mm`	Millimeter	Diese Angaben sind von der Bildschirmgröße und -auflösung abhängig. Gebrochene Werte werden mit einem Punkt (und nicht mit einem Komma) getrennt: `2.5cm` – nicht `2,5cm`.
`cm`	Zentimeter	
`in`	Inch/Zoll (1" = 2,54 cm)	
`em`	Breite des M	Entspricht dem Geviert, also der Höhe der aktuellen Schriftart. Praktisch als relative Angabe für die Schriftgröße – etwa `1.2em` für eine Schrift, die 1,2-mal so groß ist wie die Standardgröße.
`ex`	Breite des x	Wird manchmal als relative Angabe für Wort- oder Zeichenabstände verwendet.
`%`	Prozent	Im Allgemeinen relativ zum umgebenden Element (Tabellenzelle, Browserfenster). Bei Schriftangaben relativ zur Schriftgröße.

Tabelle 18.4 Maßeinheiten für numerische Stylesheet-Werte

Farben

Auch Farben werden in modernen Webseiten mithilfe von CSS angegeben. Da HTML den Aufbau von Dokumenten für die Bildschirmdarstellung beschreibt, werden Farben grundsätzlich im RGB-Format codiert. Jede Farbe kann hier als eine additive Mischung aus rotem, grünem und blauem Licht angesehen werden.

Eine HTML-Farbangabe enthält für jede der drei Primärfarben (Rot, Grün, Blau) einen eigenen Wert zwischen 0 und 255. Jeder dieser drei Werte wird als zweistellige Hexadezimalzahl angegeben. Vor dem hexadezimalen Farbcode steht grundsätzlich ein #-Zeichen. Tabelle 18.5 zeigt einige Beispiele.

Früher war es aus Kompatibilitätsgründen empfehlenswert, nicht alle 16,7 Millionen theoretisch möglichen Farben zu verwenden, sondern eine eingeschränkte Palette aus genau 216 Farben, die einst von Netscape als *Web-safe Colors* (websichere Farben) definiert wurden. Die Palette besteht aus denjenigen Farbcodes, bei denen alle drei Komponenten (Rot, Grün und

Blau) durch 51 dezimal beziehungsweise 33 hexadezimal teilbar sind, also einen der Werte 00, 33, 66, 99, CC oder FF aufweisen.

Rotwert	Grünwert	Blauwert	HTML-Farbcode	Farbe
0	0	0	#000000	Schwarz
255	0	0	#FF0000	Rot
0	255	0	#00FF00	Grün
0	0	255	#0000FF	Blau
255	255	0	#FFFF00	Gelb
255	0	255	#FF00FF	Magenta
0	255	255	#00FFFF	Cyan
255	255	255	#FFFFFF	Weiß

Tabelle 18.5 Beispiele für HTML-Farbcodes

Speziell für CSS ist auch eine Kurzfassung aus nur drei Hexadezimalziffern möglich, bei der automatisch derselbe Wert für die Sechzehner- und die Einerstelle der jeweiligen Teilfarbe eingesetzt wird. `#FF0` ist also beispielsweise eine Kurzfassung für `#FFFF00` (Gelb).

Eine andere Darstellungsmöglichkeit ist `rgb(rotwert, grünwert, blauwert)`. Die drei Werte können dabei dezimal zwischen 0 und 255 oder in Prozent angegeben werden.

18.2.3 Stylesheet-Eigenschaften

In diesem Abschnitt werden die wichtigsten Stylesheet-Attribute aufgelistet und erläutert. Wichtig ist, dass nicht alle Formatangaben bei jedem HTML-Tag zulässig sind. Bei den meisten Attributen ist es relativ offensichtlich, für welche Tags sie geeignet sind; bei anderen finden Sie entsprechende Hinweise.

Textformatierung und Typografie

Die folgenden Attribute beschreiben die verschiedenen Aspekte der typografischen Auszeichnung. Sie sind bei fast jedem beliebigen Tag zulässig.

- `font-family`
  Eine durch Kommata getrennte Liste von Schriftarten. Der Browser verwendet die erste Schrift aus der Liste, die im System verfügbar ist. Am Ende der Liste sollte deswegen stets eine der drei allgemeinen Angaben `serif` (Serifenschrift), `sans-serif` (serifenlos) oder `mono` (Festbreitenschrift) stehen. Beispiel:

```
font-family: Verdana, Arial, Helvetica, sans-serif
```

- `font-size`

  Die Angabe der Schriftgröße, meist in Punkt (`12pt`) oder Pixel (`20px`). Die Pixelangabe ist zu bevorzugen. Sie wird plattformübergreifend identisch interpretiert, während Windows und macOS unterschiedliche Vorstellungen von der Abbildung der Punktangabe auf dem Monitor haben.

  Alternativ können Sie Schriftgrößen auch in Prozent angeben. Dies macht sie relativ zueinander skalierbar und unterstützt auf diese Weise zum Beispiel Menschen mit Sehbeeinträchtigungen. Setzen Sie den Fließtext auf `100%` und Überschriften entsprechend größer. Äquivalent zu prozentualen Angaben können Sie auch `em` verwenden, etwa `0.8em` anstelle von `80%`.

- `font-style`

  Dient dazu, Schrift kursiv zu setzen. Die festgelegten Werte sind folgende: `normal`, `italic` (kursiv), `oblique` (elektronisch schräg gestellt, also kein separater Kursivschnitt).

- `font-weight`

  Gibt an, wie fett die Schrift dargestellt werden soll. Mögliche Werte sind entweder die festgelegten Angaben `normal`, `bold` (fett) und `extra-bold` (besonders fett) oder glatte numerische Hunderterschritte von `100` (*extra light*) bis `900` (*black*, also ultrafett). Die meisten verfügbaren Schriften definieren allerdings keineswegs neun verschiedene Stufen, sondern nur zwei bis drei.

- `text-decoration`

  Gibt an, dass der Text mit Linien versehen, das heißt unterstrichen werden soll und Ähnliches: `none` (keine Linie), `underline` (unterstrichen), `overline` (Linie darüber) oder `line-through` (durchgestrichen). Beachten Sie auch hier wieder, dass Text, der kein Link ist, nicht unterstrichen werden sollte.

- `letter-spacing`

  Gibt den Zeichenabstand oder die Laufweite des Textes an. Der Standardwert ist `0pt`; positive Werte erzeugen gesperrten Text, negative verengen die Laufweite.

Absatz- und Bereichsformatierung

Die folgenden CSS-Attribute sind zur Formatierung aller absatzbildenden Elemente geeignet, beispielsweise für `<p>`-Elemente, aber auch für Tabellenzellen und ähnliche Tags.

- `text-align`

  Gibt die Textausrichtung mit den möglichen Werten `left` (linksbündig), `right` (rechtsbündig), `center` (zentriert) oder `justify` (Blocksatz) an.

- `text-indent`

  Gibt den Einzug an, also die Einrückung der ersten Zeile eines Bereichs. Der Wert ist numerisch. Positive Werte erzeugen einen eingerückten Einzug, während negative für einen hängenden Einzug sorgen. Für Letzteres ist allerdings eine zusätzliche Verschiebung des linken Innenrands mithilfe von `margin-left` erforderlich.

- `line-height`
  Bestimmt die Zeilenhöhe durch einen numerischen Wert. Der Standardwert ist etwas größer als die aktuelle Schriftgröße; ein höherer Wert erzeugt einen größeren Zeilenabstand.
- `vertical-align`
  Dies ist die vertikale Ausrichtung des Elements; sie entspricht dem bekannten `valign` bei Tabellenzellen.
- `display`
  Diese spezielle Angabe ist bei HTML im Grunde überflüssig, da für HTML-Tags klar ist, ob sie absatzbildend sind oder nicht. Wenn Sie CSS dagegen für allgemeine XML-Dokumente einsetzen, ist dieses Format sehr wichtig. Mögliche Werte sind `block`, wenn ein Element absatzbildend sein soll (Vorbild: `<div>`), oder `inline` für ein innerhalb einer Zeile stehendes Element (wie `<span>`).

Rahmen und Linien

Die folgenden CSS-Attribute regeln die Abstände und Rahmeneinstellungen beliebiger Elemente. Beachten Sie, dass sich Inline-Elemente wie `<span>...</span>` oder `<em>...</em>` hier anders verhalten als Blockelemente wie `<p>...</p>` oder `<div>...</div>`, da Erstere im Fließtext platziert werden, während Letztere ihre eigenen Zeilen bilden.

- `margin-top`, `margin-bottom`, `margin-left`, `margin-right`
  Diese vier Attribute bestimmen den Abstand des Bereichs zur Umgebung nach oben, unten, links und rechts. Der Wert ist numerisch. Alternativ gibt `margin` einen identischen Abstand auf allen vier Seiten an, wenn Sie nur einen Wert verwenden, oder Sie können vier durch Leerzeichen getrennte Einzelwerte angeben, die im Uhrzeigersinn (oben, rechts, unten, links) interpretiert werden.
- `padding-top`, `padding-bottom`, `padding-left`, `padding-right`
  Diese Attribute geben den inneren Abstand eines Elements zu seinem Rand an. Auch hier ermöglicht ein einfaches `padding` eine einheitliche Angabe oder vier Einzelwerte für alle Seiten. Der Unterschied zu den `margin`-Einstellungen zeigt sich, wenn eine sichtbare Rahmenlinie verwendet wird: `padding` setzt den inneren Raum bis zu diesem Rahmen, während `margin` den Außenabstand des Rahmens zur Umgebung festlegt.
- `border-top`, `border-bottom`, `border-left`, `border-right`
  Die Werte für diese Attribute sind eine durch Leerzeichen getrennte Liste von Linienattributen für den äußeren Rand auf der angegebenen Seite eines beliebigen Elements. Stattdessen können Sie mit `border` auch einen einheitlichen Rahmen auf allen vier Seiten festlegen.

  Der erste Wert ist die Linienstärke mit den möglichen Werten `thin` (dünn), `medium` (mittel), `thick` (dick) oder einem beliebigen numerischen Wert. Alternativ kann dieser Wert in Stylesheets auch separat als `border-width` (beziehungsweise `border-top-width` etc.) angegeben werden.

Es folgt die Angabe des Linienstils. Möglich sind die folgenden Werte: `solid` (einfache durchgezogene Linie), `dotted` (gepunktet), `dashed` (gestrichelt), `double` (doppelter Rahmen) sowie die verschiedenen Reliefeffekte `groove`, `ridge`, `inset` und `outset`. Diese Angabe können Sie auch einzeln über das Attribut `border-style` setzen oder Angaben für die Rahmen auf den einzelnen Seiten machen, beispielsweise `border-left-style`.

Schließlich wird die Linienfarbe eingestellt. Hier ist jede beliebige HTML- oder CSS-Farbangabe möglich. Sie lässt sich auch als Einzelwert über `border-color` oder pro Seite durch Attribute wie `border-left-color` festlegen.

Hier zwei Beispiele, um das Ganze zu verdeutlichen:

```
border: medium solid #FF0000;
```

Auf allen vier Seiten sollen durchgezogene Randlinien mittlerer Dicke in Rot gesetzt werden.

```
border-top: 4 dashed #0000FF;
border-bottom: 4 dashed #0000FF;
border-left-width: 2;
border-left-style: dotted;
border-left-color: #009900
```

Diese verschiedenen Einstellungen sorgen (unter Nichtberücksichtigung des guten Geschmacks) dafür, dass oben und unten 4 Pixel dicke gestrichelte blaue Randlinien erscheinen, während sich links eine nur 2 Pixel starke gepunktete grüne Linie befindet.

Farben und Bilder

Fast jedem Tag, zumindest jedem mit Textinhalt, können mithilfe der folgenden Angaben Text- und Hintergrundfarbe oder ein Hintergrundbild zugewiesen werden.

- `color`
  Stellt die Vordergrund- beziehungsweise Textfarbe ein.
- `background-color`
  Definiert die Hintergrundfarbe. Jedes beliebige Element kann individuell eingefärbt werden, sowohl absatzbildende Tags als auch Textauszeichnungselemente.
- `background-image`
  Legt ein Hintergrundbild für das Element fest. Der Wert ist die URL des Bildes im Format `url('`*Pfadangabe*`')`.
- `background-attachment`
  Bestimmt, ob das Hintergrundbild fixiert oder mit der Seite gescrollt wird. Die entsprechenden Werte lauten `fixed` oder `scroll`, wobei Letzteres Standard ist.
- `background-repeat`
  Dieses Attribut bestimmt, ob und in welche Richtung ein Hintergrundbild gekachelt werden soll. Die zulässigen Werte sind `repeat` (in beide Richtungen kacheln), `repeat-x` (nur ho-

rizontal wiederholen), `repeat-y` (nur vertikal) oder `no-repeat` (keine Wiederholung, nur Einzelbild).

- `background`
  Mithilfe dieses Attributs können Sie alle bisher beschriebenen Angaben für den Hintergrund auf einfache Weise kombinieren – zum Beispiel `background: #f00 url('backgroundimage.png') no-repeat` für ein Hintergrundbild namens *backgroundimage.png*, das nicht wiederholt wird, und Rot für eventuelle Stellen des Hintergrunds, die nicht vom Bild bedeckt werden.

18.2.4 Layer erzeugen und positionieren

Eine zusätzliche Aufgabe von CSS besteht in der Definition von Eigenschaften für sogenannte *Dynamic-HTML-Layer*. Es handelt sich um unabhängige Ebenen, die frei über der eigentlichen Webseite »schweben« und beliebig positioniert werden können. Inzwischen werden sie auch so gut wie universell als Ersatz für Tabellen zur Erstellung des Layouts eingesetzt. Ist ein Layer erzeugt, können seine CSS-Eigenschaften wie Position oder Sichtbarkeit mithilfe der Skriptsprache JavaScript nachträglich geändert werden (siehe Kapitel 20, »JavaScript und Ajax«).

Technisch gesehen, wird ein Layer durch ein `<div>`-Tag gebildet, das dafür ein `id`-Attribut mit einem eindeutigen Namen und die CSS-Eigenschaft `position` benötigt. Praktischerweise kann das `id`-Attribut auch gleich zur Definition der Stylesheet-Formatierung für den Layer über eine unabhängige Stildefinition verwendet werden.

Für Layer werden die folgenden speziellen Formate definiert:

- `position`
  Abgesehen davon, dass ein `<div>` ohne diese Angabe kein Layer, sondern lediglich eine Art Container ist, legt das Attribut über seinen Wert die Art der Positionsangaben für den Layer fest: Der Wert `absolute` bedeutet, dass sich die Positionsangaben auf das Browserfenster beziehen, während `relative` ein Element von seiner »natürlichen« Position aus verschiebt. Zudem können Sie dafür sorgen, dass sich `absolute`-Positionsangaben auf ein übergeordnetes Element statt auf das Fenster beziehen, indem Sie diesem übergeordneten Element das Attribut `position: relative` ohne konkrete Positionswerte zuweisen. Schließlich existiert die Positionsangabe `position: fixed`, die ein Element auch dann an einer bestimmten Stelle »festklebt«, wenn die restlichen Inhalte des Browserfensters gescrollt werden.
- `left`
  Die x-Position des Layers, das heißt sein Abstand vom linken Seitenrand. Der Wert wird beispielsweise in Pixeln (`100px`) oder in Prozent (`30%`) angegeben.
- `top`
  Diese Eigenschaft gibt entsprechend die y-Position des Layers an, also den Abstand vom oberen Rand.

- Alternativ können auch `right` und `bottom` (der Abstand vom rechten beziehungsweise unteren Rand) verwendet werden.
- `z-index`
  Dieses Attribut gibt die »Stapelreihenfolge« von Layern an: Je höher der Wert, desto weiter liegt der Layer im Vordergrund. Falls `z-index` weggelassen wird, werden die Layer des Dokuments einfach in der Reihenfolge gestapelt, in der sie im HTML-Code definiert beziehungsweise ineinander verschachtelt werden.
- `float:left|right`
  `float` bestimmt, dass ein Element von Text oder anderen Elementen umflossen werden soll. `right` beziehungsweise `left` gibt dabei die Richtung an – `float:left` bedeutet, dass das Element links von anderen steht und am rechten Rand umflossen wird, bei `float:right` ist es umgekehrt. `float` dient als Grundlage moderner Weblayouts, weil es dafür sorgt, dass Elemente mit einer festgelegten Breite sauber nebeneinander angeordnet werden können.
- `clear:left|right|both`
  `clear` ist gewissermaßen das Gegenstück zu `float`: Es sorgt nämlich dafür, dass ein vorheriges Floating aufgehoben wird und das Element wieder seinen eigenen Absatz bildet. In der Regel wird ein leeres `<div>` mit der passenden `clear`-Eigenschaft verwendet, bevor weitere `float`-basierte Elemente eine neue Zeile bilden.

Layer-Beispiele

Auf dem Bild *test.jpg*, das sich 100 Pixel vom oberen und 100 Pixel vom linken Rand entfernt befindet, soll der Text *Hallo* erscheinen.

Dazu werden zunächst in einem `<style>`-Block im Head die folgenden unabhängigen Formate definiert:

```
#bild {
   position: absolute;
   top: 100px;
   left: 100px;
   z-index: 1
}
#text {
   position: absolute;
   top: 110px;
   left: 110px;
   z-index: 2;
   font-size: 18pt;
   color: #FFFF00
}
```

Anschließend werden im Body des HTML-Dokuments die beiden Layer definiert:

```
<div id="bild"><img src="test.jpg" width="200" height="200" alt="Bild mit
Text darauf" /></div>
<div id="text">Hallo</div>
```

Das nächste Beispiel versieht einen Text mit einem Schlagschatten; der Text wird einmal in Dunkelgrau und einmal in einer anderen Farbe leicht verschoben übereinandergesetzt.

Als Erstes erfolgt wieder die Stylesheet-Definition im Head:

```
#schrift {
   position: absolute;
   top: 10px;
   left: 10px;
   z-index: 2;
   color: #FF0000;
   font-family: Arial, Helvetica, sans-serif;
   font-size: 24pt;
   font-weight: bold
}

#schatten {
   position: absolute;
   top: 14px;
   left: 7px;
   z-index: 1;
   color: #333333;
   font-family: Arial, Helvetica, sans-serif;
   font-size: 24pt;
   font-weight: bold
}
```

Diese Definitionen können nun folgendermaßen für Layer verwendet werden:

```
<div id="schrift">Wenn wir über den Schatten streiten,<br />
übersehen wir das Wesentliche.<br />
-- Aesop</div>
<div id="schatten"> Wenn wir über den Schatten streiten,<br />
übersehen wir das Wesentliche.<br />
-- Aesop </div>
```

Abbildung 18.4 zeigt die Darstellung beider Layer-Beispiele im gleichen HTML-Dokument. Dazu wurden lediglich die `z-index`-Werte angepasst, um vier verschiedene »Stufen« zu erhalten.

18

Abbildung 18.4 Die beiden CSS-Layer-Beispiele in Aktion

Ein komplettes Webseitenlayout mit CSS

Wie bereits erwähnt, wird CSS seit Langem nicht mehr nur für das Styling der einzelnen Text- und sonstigen Inhaltselemente verwendet, sondern auch für das Layout der Seite selbst. Im Folgenden sehen Sie ein einfaches Beispiel für ein solches CSS-Seitenlayout. Schematisch ist es so aufgebaut, wie in Abbildung 18.5 gezeigt.

Sämtlicher Inhalt befindet sich in einem Layer mit der CSS-Klasse `contentHolder`. Die Klasse ist auf der Seite zentriert und besitzt eine Breite von 960 Pixeln, was im CSS-Code wie folgt erreicht wird:

```
.contentHolder {
  width: 960px;
  margin-left: auto;
  margin-right: auto;
  background-color: #fff;
}
```

Wie Sie sehen, kommt für die Hintergrundfarbe Weiß die CSS-Kurzschreibweise `#fff` anstelle von `#ffffff` zum Einsatz.

Innerhalb des Inhaltsbereichs befinden sich vier Unterelemente, alle ebenfalls vom Typ `div`: der Header, die Sidebar für die Hauptnavigation, der Hauptinhaltsbereich und der Footer.

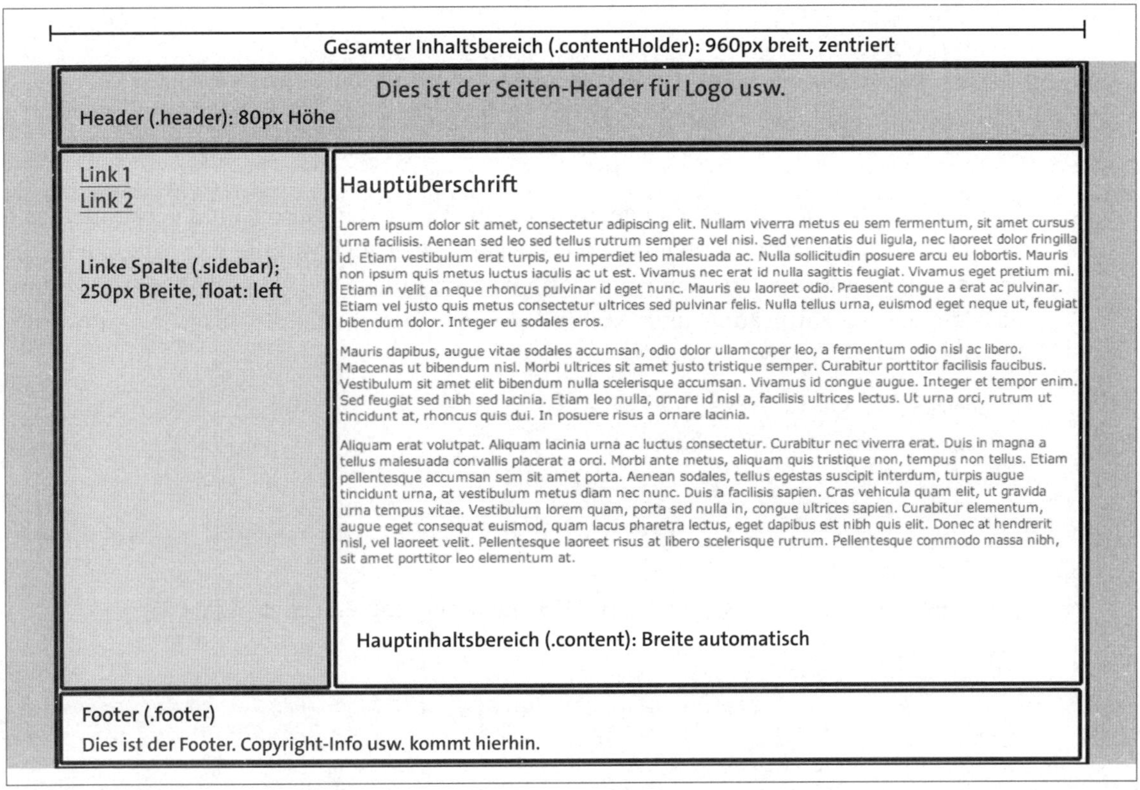

Abbildung 18.5 Schematischer Aufbau des Webseitenlayouts

Der Header besitzt eine Höhe von 80 Pixeln, der Inhalt wird darin zentriert, und die Schriftgröße beträgt das 1,5-Fache der Basisgröße:

```
.header {
  height: 80px;
  text-align: center;
  font-size: 1.5em;
  background-color: #66f;
}
```

Die Sidebar erhält die Angabe `float: left`, damit der Hauptinhaltsbereich rechts daneben angeordnet wird. Die Breite wird auf 250 Pixel festgelegt und die Höhe auf mindestens 500 Pixel, damit die Seite auch bei wenig Inhalt ihre Form behält:

```
.sidebar {
  width: 250px;
  min-height: 500px;
  height: auto;
  margin-right: 10px;
```

```
  padding-left: 5px;
  float: left;
  font-size: 1.5em;
  background-color: #ccc;
}
```

Innerhalb der Sidebar wird eine ungeordnete Liste für die Navigationslinks verwendet – die bevorzugte semantische Darstellung von Navigationsleisten.[4] Mithilfe von passendem CSS wird die Standardlistendarstellung unterdrückt; `margin` und `padding` mit dem Wert 0 verhindern die übliche Einrückung, und `list-style-type: none` schaltet die Ausgabe von Aufzählungszeichen aus:

```
.sidebar ul {
  margin: 0;
  padding: 0;
  list-style-type: none;
}
```

In Listing 18.2 sehen Sie das gesamte HTML5-Dokument mit eingebettetem CSS:

```
<!DOCTYPE html>
<html>
<head>
  <title>CSS-Beispiellayout</title>
  <meta charset="utf-8" />
  <style type="text/css">
  body {
    font-family: Verdana, Arial, Helvetica, sans-serif;
    font-size: 12px;
    background-color: #6f6;
  }
  .contentHolder {
    width: 960px;
    margin-left: auto;
    margin-right: auto;
    background-color: #fff;
  }
  .header {
    height: 80px;
    text-align: center;
    font-size: 1.5em;
    background-color: #66f;
```

4 Für horizontale Navigationsleisten können ebenfalls Listen zum Einsatz kommen – in diesem Fall werden die `li`-Elemente einfach mit `float`-Angaben formatiert.

```
  }
  .sidebar {
    width: 250px;
    min-height: 500px;
    height: auto;
    margin-right: 10px;
    padding-left: 5px;
    float: left;
    font-size: 1.5em;
    background-color: #ccc;
  }
  .sidebar ul {
    margin: 0;
    padding: 0;
    list-style-type: none;
  }
  .content {
    min-height: 500px;
    height: auto;
    padding-right: 10px;
  }
  .clear {
    clear: both;
  }
  </style>
</head>
<body>
  <div class="contentHolder">
    <div class="header">
      <div>Dies ist der Seiten-Header für Logo etc.</div>
    </div>
    <div class="sidebar">
      <ul>
        <li><a href="#">Link 1</a></li>
        <li><a href="#">Link 2</a></li>
    </div>
    <div class="content">
      <h1>Hauptüberschrift</h1>
      <p>Lorem ipsum ...</p>
      <!-- restlicher Inhalt -->
    </div>
    <div class="clear"> </div>
    <div class="footer">
```

18

```
      <p>Dies ist der Footer. Copyright-Info etc. kommt hier hin.</p>
    </div>
  </div>
</body>
</html>
```

Listing 18.2 layout.html enthält ein rein Layer-basiertes Webseitenlayout

Wenn Sie dieses oder ein ähnliches Layout für eine ganze Website verwenden möchten, sollten Sie den CSS-Code in eine externe CSS-Datei auslagern.

In der Praxis können Sie anstelle eines solchen Eigenbaus auch vorgefertigte CSS-Frameworks wie *YAML* (*Yet Another Multicolumn Layout, http://www.yaml.de*) oder *Twitter Bootstrap* (*http://getbootstrap.com*) herunterladen und Ihr Layout darauf aufbauen.

18.2.5 Die wichtigsten Neuerungen in CSS3

Im Zusammenhang mit HTML5 wurde auch eine neue CSS-Spezifikation namens *CSS3* eingeführt. Aktuelle Browser verarbeiten CSS3 im Großen und Ganzen korrekt.

Abgerundete Rahmen

Die während der Einfügung von CSS3 bekannteste Neuerung war die Möglichkeit, Box-Elemente mit abgerundeten Ecken zu erstellen. Zuständig ist dafür die Eigenschaft `border-radius`. Die folgende CSS-Definition versieht `div`-Elemente mit der Klasse `round` mit einem Eckenradius von 10 Pixeln:

```
div.round {
  border-radius: 10px;
  padding: 5px;
  background-color: #FF0000;
  color: #FFFFFF
}
```

Wie Sie diese Definition auf ein `div` anwenden können, dürfte klar sein:

```
<div class="round">Dies ist ein div mit runden Ecken.</div>
```

Web Fonts

Eine weitere interessante Möglichkeit ist die Verwendung von Web Fonts, also das Mitliefern von Schriftartdateien. Dies war bereits Bestandteil der CSS2-Spezifikation, ist jedoch mangels Browserunterstützung in Version 2.1 erst mal wieder entfernt worden. Zunächst muss die entsprechende True-Type- oder Open-Type-Schriftdatei mithilfe einer `@font-face`-Angabe eingebunden werden:

```
@font-face {font-family: Schriftname; src: url('Pfad-der-Schriftartdatei')}
```

Das folgende Beispiel bindet die Open-Type-Schrift Birch ein:

```
@font-face {font-family: Birch; src: url('BirchStd.otf')}
```

Wenn Sie Dateien für verschiedene Schnitte der Schrift – zum Beispiel fett oder kursiv – besitzen, können Sie diese unter Angabe der entsprechenden Eigenschaften separat laden. Das folgende Beispiel bindet die Bold-Variante ein:

```
@font-face {
  font-family: Birch;
  font-weight: bold;
  src: url('BirchBold.otf')
}
```

Anschließend kann die so definierte Schrift wie üblich über die Eigenschaft `font-family` verwendet werden. Das folgende Beispiel wendet sie auf Elemente mit der Klasse `specialtype` an:

```
.specialtype { font-family: Birch }
```

Da nicht alle Browser Web Fonts unterstützen, sollten Sie wie üblich eine oder mehrere Standardschriften als Ersatz angeben. Beispiel:

```
.specialtype { font-family: Birch, Times New Roman, Times, serif }
```


Beachten Sie, dass Schriften urheberrechtlich geschützt sein können; solange sie nicht mit Ihrem Betriebssystem oder mit gekaufter Anwendungssoftware geliefert wurden, sollten Sie auf jeden Fall prüfen, ob sie frei verwendet werden dürfen. Eine reichhaltige Quelle von Schriften, die Sie unter anderem im Web einsetzen können und die in der Regel lizenzfrei verwendet werden dürfen, ist *Google Fonts*, zu finden unter *fonts.google.com*.

Sonstige neue CSS3-Eigenschaften

Einige weitere interessante neue Eigenschaften sind beispielsweise:

- `border-image` und `border-corner-image` ermöglichen das Festlegen von Bildern, die als Rahmen beziehungsweise Ecken verwendet werden.
- `opacity` (mit einem Float-Wert zwischen 0.0 und 1.0) gibt die Deckkraft an, mit der Elemente angezeigt werden sollen, wobei 0.0 für unsichtbar und 1.0 für voll deckend steht.
- `column-count` und `column-width` ermöglichen mehrspaltige Layouts in Blockelementen, wobei `column-count` die Anzahl der Spalten und `column-width` deren Breite angibt.
- `box-shadow` ermöglicht es, Boxen einen Schlagschatten hinzuzufügen.

Für manche der neuen Eigenschaften gibt es – auch für etwas ältere Browserversionen – browserspezifische Varianten, die mit dem Präfix `-moz` für Mozilla-Browser (Firefox & Co.) beziehungsweise `-webkit` für Webkit-basierte Browser (Chrome, Safari und andere) beginnen. Möchten Sie beispielsweise ein Rahmenbild in möglichst vielen Browsern anzeigen, können Sie Folgendes schreiben:

```
.decoratedBorder {
  border-image: url('border.png');
  -moz-border-image: url('border.png');
  -webkit-border-image: url('border.png')
}
```

Neue Selektoren

Eine andere Neuerung in CSS3 betrifft Selektoren. Hier gibt es unter anderem die folgenden neuen Varianten:

- *`Element1 ~ Element2`* trifft nur auf Elemente vom Typ *`Element2`* zu, wenn diesen ein *`Element1`* vorausgeht. Beispielsweise könnten Sie mit `h1 ~ p` spezielle Einstellungen für den ersten Absatz nach der Hauptüberschrift vornehmen.
- *`Element1`* `>` *`Element2`* trifft zu, wenn *`Element2`* ein direktes Kindelement von *`Element1`* ist, während die schon länger verfügbare Schreibweise *`Element1 Element2`* nur besagt, dass *`Element1`* unter den Vorfahren von *`Element2`* vorkommen muss. `div > img` würde beispielsweise auf `<div><img/></div>` zutreffen, nicht aber auf `<div><p><img/> </p></div>`.
- *`Element`*`[`*`Attribut`*`]` findet alle Elemente des angegebenen Typs, bei denen das genannte Attribut gesetzt ist. Bei diesem und den folgenden Selektoren ist auch die Variante `[`*`Attribut`*`...]` ohne konkretes Element möglich, wodurch beliebige Elemente auf das gewünschte Attribut überprüft werden.
- *`Element`*`[`*`Attribut`*`=`*`String`*`]` wählt Elemente des entsprechenden Typs aus, bei denen das angegebene Attribut exakt den Wert *`String`* hat.
- *`Element`*`[`*`Attribut`*`^=`*`String`*`]` trifft nur auf Elemente des angegebenen Typs zu, die ein Attribut besitzen, dessen Wert mit dem angegebenen String beginnt. `div[class^=box]` würde beispielsweise auf `<div class="box_top" />` zutreffen, nicht aber auf `<div class="top_box" />`.
- `Element[Attribut$=String]` funktioniert ähnlich, hier muss jedoch das Ende des Attributwerts dem String entsprechen.
- `Element[Attribut*=String]` schließlich trifft zu, wenn der String an irgendeiner Stelle im Attributwert vorkommt.

Eine weitere Gruppe von Selektoren behandelt die Position eines Elements innerhalb seines Elternelements:

- `Element:first-child` wählt das erste Kindelement des angegebenen Elements aus.
- `Element:last-child` dient entsprechend der Auswahl des letzten Kindelements.

- `Element:nth-child(n)` ermöglicht den Zugriff auf ein bestimmtes Kindelement – beispielsweise `:nth-child(3)` für das dritte oder `:nth-child(3n)` für jedes dritte.

Die Möglichkeit, bei `:nth-child` dynamische Werte angeben zu können, ermöglicht unter anderem Layouts mit einer bestimmten Spaltenzahl. Das folgende Beispiel stellt je drei `<div>`-Elemente mit fester Breite nebeneinander dar und setzt das nächste in eine neue Zeile:

```
div {
  width: 250px;
  margin-right: 20px;
  float: left;
}
div:nth-child(3n+1) {
  clear: left;
}
```

Media Queries und Responsive Design

Mithilfe von *Media Queries* können Sie festlegen, dass bestimmte CSS-Angaben nur für bestimmte Ausgabemedien gelten sollen. Grundlegende Angaben über den Medientyp sind älter als CSS3; es war also schon recht lange möglich, etwa getrennte Stylesheets für die Bildschirm- und die Druckausgabe zu schreiben. Beispiel:

```
@media screen {
  /* CSS-Angaben für die Bildschirmausgabe */
}
@media print {
  /* CSS-Angaben für die Druckausgabe */
}
```

Neu in CSS3 sind dagegen komplexere Ausdrücke, die nicht nur die Angabe des Mediums ermöglichen, sondern auch Faktoren wie Farbe oder Schwarz-Weiß (insbesondere bei Druckern wichtig) sowie Display- beziehungsweise Fenstergröße. Letzteres ist Dreh- und Angelpunkt des sogenannten *Responsive Webdesigns*, bei dem keine separate Website für Mobilgeräte mehr erstellt wird. Stattdessen werden Media Queries für verschiedene Fensterbreiten verwendet, um Elemente ein- oder auszublenden und unterschiedlich zu formatieren.

Hier ein Beispiel, das `div`-Elemente innerhalb eines Bereichs mit der Klasse `main-content` je nach Displaybreite in einer oder zwei Spalten darstellt:

```
.content div {
  width: 250px;
}
```

```
@media screen and (min-width: 600px) {
  .content div {
    float: left;
    margin-right: 20px;
  }
  .content div:nth-child(2n+1) {
    clear: left;
  }
}
```

Wie Sie sehen, wird zunächst eine allgemeine Eigenschaft für `div`-Elemente innerhalb eines Elements mit der Klasse `content` festgelegt. Anschließend folgt eine Media Query, die nur gilt, wenn das Anzeigemedium der Bildschirm ist und die Mindestfensterbreite 600 Pixel beträgt. In diesem Fall wird jedes zweite `div`-Element mit einem `float` und einem `clear` versehen. Neben `min-width` können Sie beispielsweise auch die Eigenschaft `max-width` für eine Höchstbreite auswerten.

Wenn Sie entsprechendes HTML erzeugen und die Seite in den Browser laden, werden Sie schon beim Breiter- und Schmalerziehen des Browserfensters bemerken, wie das Layout zwischen ein- und zweispaltigem Layout hin- und herwechselt.

In der Praxis müssen Sie auf einem Mobilgerät natürlich noch andere Besonderheiten beachten, die sich durch die Bedienung über einen Touchscreen im Gegensatz zur Maus- oder Trackpad-Steuerung auf einem herkömmlichen Computer ergeben. Beispielsweise funktionieren Mouseover-Effekte bei der Touchscreen-Steuerung nicht.

18.3 Übungsaufgaben

Im Folgenden ist jeweils genau eine Antwort richtig.

1. Welche der folgenden Aussagen über den Head eines HTML-Dokuments ist zutreffend?
   - Der Head enthält die Überschrift des Dokuments.
   - Der Head enthält technische Informationen über das Dokument, aber nicht den sichtbaren Inhalt.
   - Der Head besteht nur aus dem Titel des Dokuments.
   - Der Head ist ein optionaler Bestandteil des Dokuments.
2. In welchem Teil des HTML-Dokuments können Bilder dargestellt werden?
   - nur im Head
   - im Head und im Body
   - nur im Body
   - bei klassischen HTML-Dokumenten nur im Body, bei XHTML auch im Head

3. Wo wird der Titel eines HTML-Dokuments normalerweise nicht angezeigt?
   - in der Favoritenliste
   - in der Titelleiste des Browserfensters
   - als anklickbarer Link auf das entsprechende Dokument in einer Suchmaschine
   - in der Statusleiste des Browserfensters, wenn ein Link auf dieses Dokument berührt wird
4. Welche der folgenden Regeln gilt für alle HTML-Dokumente, nicht nur für XHTML-Dokumente?
   - Alle Tags müssen kleingeschrieben werden.
   - Alle Attributwerte müssen einen Wert enthalten.
   - Bevor der Body beginnt, muss der Head geschlossen werden.
   - Jedes Tag, das geöffnet wird, muss auch wieder geschlossen werden.
5. Wie wird in einem HTML-Dokument ein Zeilenumbruch gesetzt?
   - durch die Entity-Referenz `&break;`
   - durch das Tag `<br />`
   - Zeilenumbrüche im HTML-Code werden vom Browser übernommen.
   - durch das Tag `<p>`
6. Welche Entity-Referenz steht in einem HTML-Dokument für das Zeichen `<`?
   - `&less;`
   - `<`
   - `&lessthan;`
   - `&ltn;`
7. Welches HTML-Attribut sorgt bei einem Absatz oder einer Überschrift für Blocksatz?
   - `justify="true"`
   - `justification="on"`
   - `align="justify"`
   - Blocksatz ist in HTML nicht möglich.
8. Welches Tag gibt die Hauptüberschrift eines HTML-Dokuments an?
   - `<htop> ... </htop>`
   - `<p type="head" level="top"> ... </p>`
   - `<h1> ... </h1>`
   - `<mainhead> ... </mainhead>`

18

9. Was bewirkt das HTML-Tag `<pre> ... </pre>`?
   - Es umfasst eine Definition in einer Definitionsliste.
   - Sämtliche Leerzeichen und Zeilenumbrüche aus dem HTML-Code werden im Browser angezeigt.
   - Es wird eine größere Schriftgröße verwendet.
   - Es stellt einen Link auf die zuvor besuchte Seite (*previous*) dar.
10. Welches der folgenden HTML-Tags dient nicht der visuellen, sondern der logischen Auszeichnung?
    - <em> ... </em>
    - <b> ... </b>
    - _{...}
    - <tt> ... </tt>
11. Welches Tag ermöglicht die Unterstreichung von Text?
    - <underline> ... </underline>
    - <font emphasis="underline"> ... </font>
    - <u> ... </u>
    - Nur Hyperlinks werden automatisch unterstrichen, ansonsten ist Unterstreichung nicht möglich.
12. Welches der folgenden HTML-Tags bezeichnet eine nicht nummerierte Aufzählung?
    - <ol> ... </ol>
    - <list> ... </list>
    - <ul> ... </ul>
    - <dl> ... </dl>
13. Welchen der folgenden Typen von Aufzählungszeichen gibt es für nicht nummerierte Listen nicht?
    - disc
    - circle
    - square
    - bullet
14. Wie werden bei einer nummerierten HTML-Liste römische Zahlen als Aufzählungstyp angegeben?
    - type="I"
    - numbers="roman"
    - type="I,II,III"
    - numbers="latin"

15. Welches Tag gibt in einer Definitionsliste den zu definierenden Begriff an?
    - `<dl> ... </dl>`
    - `<dt> ... </dt>`
    - `<dd> ... </dd>`
    - `<li> ... </li>`
16. Welche der folgenden HTML-Farbangaben ist Gelb?
    - `#FF00FF`
    - `#99FF00`
    - `#CC0066`
    - `#FFFF00`
17. Welche Farben gehören zur Webpalette?
    - nur reines Schwarz, Weiß, Rot, Grün, Blau, Cyan, Magenta und Gelb
    - Farben, bei denen alle drei Einzelkomponenten durch 51 teilbar sind
    - alle Farben der Windows-Systempalette
    - alle Farben der RGB-Palette
18. Wie lautet der korrekte Code für einen Hyperlink auf das Dokument *test.html* im aktuellen Verzeichnis mit dem Linktext *Test*?
    - `<link url="test.html" caption="Test" />`
    - `<a href="test.html">Test</a>`
    - `<a name="Test" link="test.html"></a>`
    - `<link target="test.html">Test</link>`
19. Die aktuelle Seite befindet sich im Verzeichnis *current*. Wie lautet die korrekte relative URL für einen Link auf *info.html* im Verzeichnis *demo*, das sich wie *current* im Wurzelverzeichnis der Site befindet?
    - */demo/info.html*
    - *../current/demo/info.html*
    - *current/demo/info.html*
    - *../demo/info.html*
20. Eine Webseite enthält einen Link auf die URL *www.google.de*. Warum funktioniert er nicht wie erwartet?
    - Da die Protokollangabe *http://* fehlt, fordert der Browser eine Datei namens *www.google.de* im aktuellen Verzeichnis an.
    - Links können nie auf die Homepage einer Website verweisen, sondern müssen ein konkretes Dokument anfordern – hier etwa *www.google.de/search*.
    - Ein Hyperlink kann nicht auf eine externe Website verweisen, dazu ist JavaScript erforderlich.
    - Externe Hyperlinks benötigen den Zusatz `external`.

21. Welche URL ermöglicht einen Hyperlink für eine Mail an *user@site.com*?
    - *mail://user@site.com*
    - *mailto:user@site.com*
    - *smtp://user@site.com*
    - *post:user@site.com*
22. Wie wird an einer bestimmten Stelle eines Dokuments ein Anker namens `middle` angelegt, der Ziel eines Hyperlinks sein kann?
    - `<a name="middle"></a>`
    - `<anchor>#middle</anchor>`
    - `<a href="middle"></a>`
    - `<mark name="#middle" />`
23. Welches der folgenden Bilddateiformate wird neben GIF und JPEG noch in Browsern angezeigt?
    - PSD
    - TIFF
    - PNG
    - EPS
24. Mit welchem der folgenden Befehle wird das Bild *foto.jpg*, das sich im selben Ordner befindet wie das HTML-Dokument, eingebettet?
    - `<image>foto.jpg</image>`
    - `<img src="foto.jpg" />`
    - `<embed src="foto.jpg" />`
    - `<object classid="clsid:BB2E617C-0920-11d1-9A0B-00C04FC2D6C1"><param name="image" value="foto.jpg"></object>`
25. Welches Attribut gibt einen Alternativtext an, der angezeigt wird, wenn das Bild nicht gezeigt werden kann?
    - `alt`
    - `text`
    - `caption`
    - `substitute`
26. Was bewirkt die Angabe `align="left"` bei einem Bild?
    - Das Bild steht für sich allein am linken Fensterrand; der Text geht erst darunter weiter.
    - Das Bild steht am linken Fensterrand, an seinem Fuß steht eine einzelne Textzeile.
    - Das Bild steht am linken Fensterrand; sein Begrenzungsrechteck wird vom Text umflossen.
    - Nur links neben dem Bild befindet sich Text.

27. Welches Tag beendet jegliches Umfließen von Bildern oder Tabellen?
    - `<stop />`
    - `<p float="stop">`
    - das schließende Tag `</float>`
    - `<br clear="all" />`
28. Wie wird ein Bild zur serverseitigen Image Map?
    - mit dem Tag `<map> ... </map>`
    - mit dem Attribut `ismap`
    - mit dem Attribut `usemap`
    - Da es sich um eine serverseitige Image Map handelt, sind im HTML-Dokument keine besonderen Angaben erforderlich.
29. Welchen Wert kann das Attribut `shape` bei einer Client-Side Image Map nicht annehmen?
    - `rect`
    - `poly`
    - `circle`
    - `oval`
30. Was ist der Unterschied zwischen `<th> ... </th>` und `<td> ... </td>`?
    - `<th> ... </th>` gibt es gar nicht.
    - `<td> ... </td>` ist eine Tabellenzelle, `<th> ... </th>` eine Tabellenzeile (die mehrere Zellen enthält).
    - `<th> ... </th>` ist eine spezielle Überschriftenzelle.
    - `<th> ... </th>` ist eine Zelle mit einer festgelegten Breite.
31. Mit welchem HTML-Tag lässt sich eine Tabellenbeschriftung erstellen?
    - `<caption> ... </caption>`
    - `<description />`
    - `<tinfo> ... </tinfo>`
    - `<subline />`
32. Welche vertikale Ausrichtung besitzt der Inhalt einer Tabellenzelle standardmäßig?
    - oben
    - mittig
    - unten
    - Es hängt von der Position der Zelle in der Tabelle ab.
33. Welches Tabellenattribut gibt den Abstand zwischen Zelleninhalt und Zellenrand an?
    - `cellpadding`
    - `border`
    - `cellspacing`
    - Dieser Abstand lässt sich nur über CSS einstellen.

34. Was bewirkt das Tabellenzellenattribut `colspan`?
    - Es stellt die Pixelbreite der Zelle ein.
    - Es gibt die Anzahl der Textspalten innerhalb der Zelle an.
    - Es verbindet mehrere nebeneinanderliegende Zellen.
    - Es stellt die prozentuale Breite der Zelle ein.
35. Welchen Tabellenabschnitt kennt HTML nicht?
    - `<thead> ... </thead>`
    - `<tmid> ... </tmid>`
    - `<tbody> ... </tbody>`
    - `<tfoot> ... </tfoot>`
36. Welche Angabe zur individuellen Anzeige von Trennlinien innerhalb der Tabelle gibt es nicht?
    - `rules="cols"`
    - `rules="groups"`
    - `rules="cells"`
    - `rules="all"`
37. Welches Attribut sorgt dafür, dass die Tabelle nur auf der linken Seite einen Rand hat?
    - `frame="left"`
    - `frame="lhs"`
    - `border="left"`
    - `noborder="top, right, bottom"`
38. Welche Bedeutung hat das Attribut `action` im `<form>`-Tag?
    - Es definiert die Beschriftung des Absenden-Buttons.
    - Es bestimmt die Formulorart.
    - Es ermöglicht das automatische Absenden des Formulars.
    - Es legt die URL fest, an die das Formular versandt wird.
39. Wie werden die Daten versandt, wenn ein Formular die Versandmethode `GET` verwendet?
    - als separater Datenblock im Body des HTTP-Requests
    - als Anhang an die URL hinter einem `?`
    - `GET` versendet keine Formulardaten, sondern empfängt sie.
    - Diese Versandmethode gibt es nicht; es gibt nur `POST` und `PUT`.

40. Welchen MIME-Type (Attribut `enctype`) benötigt ein Formular, das ein Datei-Upload-Feld enthält?
    - `multipart/form-data`
    - `application/x-www-form-urlencoded`
    - `text/upload`
    - `form/fileupload`
41. Welches der folgenden Formularelemente kann nicht per `<input>`-Tag erzeugt werden?
    - Passwortfeld
    - Radiobutton
    - Auswahlmenü
    - Absenden-Button
42. Welche Bedeutung hat das Attribut `value` bei einem Textfeld in einem Formular?
    - Beschriftung des Textfeldes
    - vorgegebener Inhalt des Textfeldes
    - Textfelder haben kein `value`-Attribut.
    - automatischer Inhalt, der durch einen Doppelklick eingefügt wird
43. Welches der folgenden Tags im Head gibt an, dass nach zehn Sekunden das Dokument *page2.html* geladen werden soll?
    - `<refresh wait="10000" href="page2.html" />`
    - `<reload wait="10" page="page2.html" />`
    - `<meta name="redirect" value="page2.html?wait=10000" />`
    - `<meta http-equiv="refresh" content="10;url=page2.html" />`
44. Welches der folgenden Metatags definiert keine Informationen, die primär für Suchmaschinen gedacht sind?
    - `keywords`
    - `content-type`
    - `description`
    - `robots`
45. Welche der folgenden CSS-Definitionen kann es nicht geben?
    - `h1 {...}`
    - `h1,h2 {...}`
    - `h2.box {...}`
    - `h1:info {...}`

46. Welches der folgenden Schlüsselwörter bezeichnet in CSS keinen Zustand eines Hyperlinks?
    - hover
    - clicked
    - visited
    - active
47. Wie wird in CSS ein Kommentar gesetzt?
    - #Kommentar
    - // Kommentar
    - /* Kommentar */
    - <!-- Kommentar -->
48. Wie wird die externe Stylesheet-Datei *center.css* eingebettet?
    - <style type="text/css" src="center.css" />
    - <a style="center.css"></a>
    - <css url="center.css"></css>
    - <link rel="stylesheet" href="center.css" />
49. Welche der folgenden Maßeinheiten ist in Stylesheets nicht zulässig?
    - dd (Didot)
    - px (Pixel)
    - em (Geviert)
    - in (Inch)
50. Welches CSS-Format gibt an, wie fett die Schrift sein soll?
    - font-style
    - text-decoration
    - font-weight
    - font-size
51. Welche CSS-Angabe definiert einen sichtbaren Rahmen um ein Element?
    - margin
    - border
    - padding
    - display
52. Welche Aufgabe hat das CSS-Format background-repeat?
    - Die Hintergrundfarbe der vorangegangenen Seite soll wiederverwendet werden.
    - Die Hintergrundfarbe des übergeordneten Elements soll übernommen werden.
    - Die Tabelle soll dasselbe Hintergrundbild erhalten wie das Dokument.
    - Es gibt an, ob und in welche Richtung(en) das Hintergrundbild gekachelt wird.

Kapitel 19
Webserveranwendungen

Der Geist einer Sprache offenbart sich am deutlichsten in ihren unübersetzbaren Worten.
– Marie von Ebner-Eschenbach

Das Grundprinzip von Webserveranwendungen ist immer dasselbe: Wenn eine bestimmte URL angefordert wird, die auf einen Teil einer solchen Anwendung verweist, liefert der Webserver nicht einfach ein fertiges Dokument aus. Stattdessen startet er irgendeine Art von Programm, das aus einer Vorlage und variablen Daten »on the Fly« eine Webseite erstellt, und liefert diese dynamisch erzeugte Seite an den Browser des Besuchers aus.

Bei dem Programm, das der Webserver aufruft, handelt es sich je nach verwendeter Serverlösung um ein externes Programm, das separat gestartet wird, oder aber um ein Modul des Webservers selbst. Letzteres ist erheblich effizienter – der Webserver kann die Anfrage selbst bearbeiten und muss kein separates Programm starten. Bedenken Sie, dass bei einem externen Programm für jeden Aufruf ein neuer Prozess (oder zumindest ein neuer Thread) gestartet wird, was bei starker Auslastung zu erheblichen Engpässen führen kann.

In diesem Kapitel wird zuerst die beliebte Webserver-Programmiersprache PHP vorgestellt, wobei Neuerungen der aktuellen Version PHP 8 jeweils als solche gekennzeichnet werden. Da größere Webanwendungen so gut wie immer auf einer Datenbank basieren, wird zusätzlich die Zusammenarbeit mit dem Datenbankserver MySQL beschrieben. Im zweiten Abschnitt wird – ebenfalls mit PHP – eine REST-API implementiert, also ein moderner Webservice.

19.1 PHP

Die Sprache *PHP* ist eines der beliebtesten Werkzeuge zur Erstellung dynamischer Webinhalte – oft für kleine und mittlere Websites, aber auch für »Giganten« wie Facebook, die ihre eigenen angepassten PHP-Erweiterungen und -Tools bauen und mitunter auch der Entwicklercommunity zur Verfügung stellen. Der Name dieser 1995 von Rasmus Lerdorf unter der ursprünglichen Bezeichnung *Personal Homepage Tools* entwickelten Serverskriptsprache steht inzwischen für das rekursive Akronym *PHP: Hypertext Preprocessor*.

Die Sprache ist für viele verschiedene Plattformen wie Windows und etliche Unix-Varianten verfügbar. Besonders verbreitet ist die Kombination aus dem Betriebssystem Linux, dem

Webserver Apache, der freien Datenbank MySQL und der Programmiersprache PHP (manchmal auch Perl oder Python) – kurz: das *LAMP-System*. Unter dem Betriebssystem Windows wird die gleiche Softwarekombination *WAMP* genannt. Wie Sie PHP in Ihrem Apache-Webserver installieren, wird in Kapitel 14, »Server für Webanwendungen«, beschrieben.

19.1.1 Sprachgrundlagen

Der PHP-Interpreter akzeptiert gewöhnliche HTML-Dateien, in denen speziell markierte PHP-Abschnitte verarbeitet und durch ihre Ausgabe ersetzt werden. Sie müssen also kein HTML ausgeben, sondern können PHP-Anweisungen an die passende Stelle des HTML-Dokuments schreiben. In größeren Anwendungen ist es allerdings sehr zu empfehlen, Logik und Ausgabe voneinander zu trennen. Solche Konstrukte sollten daher höchstens in reinen Ausgabedateien verwendet werden – wenn nicht ohnehin ein eigenständiges Template-System zum Einsatz kommt, das für die Ausgabe selbst kein PHP verwendet.

Der PHP-Code wird in einen Bereich hineingeschrieben, der folgendermaßen gekennzeichnet wird:

```
<?php
  // PHP-Anweisungen
?>
```

Ein solcher Bereich kann an einer beliebigen Stelle im HTML-Dokument stehen, sogar innerhalb von HTML-Tags oder ihren Attributwerten. Außerdem können sich HTML- und PHP-Blöcke an einer beliebigen Stelle und selbst innerhalb derselben Zeile abwechseln. Konstrukte wie das folgende sind ohne Weiteres möglich und in den besagten Ausgabedateien mitunter praktisch:

```
<?php if ($score > 100) { ?>
  <h2>Herzlichen Glückwunsch!</h2>
<?php } else { ?>
  <h2>Sie sollten noch üben!</h2>
<?php } ?>
```

Dieses Beispiel gibt die Überschrift »Herzlichen Glückwunsch!« aus, falls die Variable `$score` einen höheren Wert als 100 hat, ansonsten den Text »Sie sollten noch üben!«. Die folgende Schreibweise ist synonym, aber für eine reine Ausgabedatei unhandlicher:

```
<?php

  if ($score > 100) {
    echo "<h2>Herzlichen Glückwunsch!</h2>";
  } else {
```

```
    echo "<h2>Sie sollten noch üben!</h2>";
  }

?>
```

Das schließende PHP-Tag ?> können Sie übrigens beim letzten (oder einzigen) PHP-Block in einer Datei weglassen. Bei PHP-Dateien, die ausschließlich Programmlogik enthalten, ist dies sogar empfehlenswert. Whitespace hinter dem schließenden Tag könnte nämlich als Ausgabeinhalt interpretiert werden, sodass Mechanismen wie Weiterleitungen oder Cookies, die auf HTTP-Headern basieren, dann unter Umständen nicht mehr funktionieren.

Der Sprachkern von PHP ist stark inspiriert von Programmiersprachen wie C und Perl. PHP war ursprünglich eine prozedurale Sprache, wurde aber in neueren Versionen um objektorientierte Merkmale erweitert.

Wie die meisten anderen Skriptsprachen ist PHP nicht typisiert, eine Variable kann also nacheinander Werte beliebiger Datentypen annehmen. Grundlegende Kontrollstrukturen wie Fallunterscheidungen und Schleifen funktionieren genau wie in C und in allen davon abgeleiteten Sprachen, sodass Sie nähere Informationen dazu im Java-Abschnitt von Kapitel 7, »Grundlagen der Programmierung«, nachlesen können.

Eine Besonderheit in PHP 8 ist der Operator `match`, der ähnlich wie `switch/case` auf verschiedene Einzelwerte reagiert. Statt für jede Option beliebig viele Anweisungen auszuführen, wird jedoch der Wert eines Ausdrucks bestimmt. Das folgende Beispiel führt je nach dem in der Variablen `$operator` gespeicherten Zeichen unterschiedliche Rechenoperationen mit den Variablen `$a` und `$b` durch:


```
$result = match ($operator) {
  '+' => $a + $b,
  '-' => $a - $b,
  '*' => $a * $b,
  '/' => $a / $b,
  default => NULL
};
```

Genau wie bei `switch/case` passt das optionale `default` auf sämtliche nicht explizit aufgeführten Werte. Soll derselbe Ausdruck das Ergebnis für mehrere Eingabewerte sein, können Sie Letztere durch Kommata getrennt angeben. Das folgende Beispiel ergibt für allerlei Schreibweisen von »ja« `TRUE` und ansonsten `FALSE`:

```
$again = match ($input) {
  'j', 'J', 'ja', 'Ja', 'JA' => TRUE,
  default => FALSE
};
```

Variablenbezeichner beginnen grundsätzlich mit einem $-Zeichen. Anders als in Sprachen wie Perl gibt es keine besonderen Zeichen, die Arrays oder Hashes kennzeichnen (diese sind in PHP ohnehin dasselbe; ein Array kann sowohl Zahlen als auch andere Objekte als Indizes und Schlüssel verwenden). Hinter dem $ können Buchstaben, Ziffern und Unterstriche folgen; das erste Zeichen darf allerdings keine Ziffer sein. Es wird zwischen Groß- und Kleinschreibung unterschieden.

Funktions- und Klassennamen kommen dagegen ohne Dollarzeichen aus, darüber hinaus wird weder bei selbst definierten noch bei eingebauten Funktions- und Klassennamen zwischen Groß- und Kleinschreibung unterschieden. Allerdings wäre es sehr schlechter Programmierstil, dies auszunutzen. Üblicherweise sollten Sie Variablen- und Funktionsbezeichner mit kleinem und Klassennamen mit großem Anfangsbuchstaben schreiben. Bestehen die Bezeichner aus mehreren Wörtern, sollten Sie *CamelCase* (Binnenmajuskeln für jedes neue Wort) verwenden und keine Unterstriche (also beispielsweise `$myVariable` anstelle von `$my_variable`), obwohl PHP selbst in dieser Hinsicht bemerkenswert inkonsistent ist.

Variablen definieren und verwenden

Eine Variable wird in PHP durch die erste Wertzuweisung (Initialisierung) erzeugt. Wertzuweisungen sehen genauso aus wie in den meisten anderen Programmiersprachen:

```
$test = 9;
$text = "hallo";
```

In dem Moment, in dem einer Variablen zum ersten Mal ein Wert zugewiesen wird, existiert sie. Eine Deklaration im eigentlichen Sinn gibt es nur im weiter unten behandelten objektorientierten PHP, nicht in einfachen Skripten.

Variablen haben in PHP auch keinen festgelegten Datentyp. Sie können einer Variablen nacheinander verschiedene Arten von Werten zuweisen, zum Beispiel:

```
$a = 5;     // Ganzzahl
$a = 3.78;  // Fließkommazahl
$a = "hi";  // String
```

Mitunter werden die Werte von Variablen in einem neuen Zusammenhang automatisch anders interpretiert. Hier sehen Sie zwei Beispiele:

```
$b = "67";       // String, wegen Anführungszeichen
$c = $b + 9;     // Ergebnis: 76
$a = 22;         // Ganzzahl
$b = $a . "33"; // "2233"
```

Der Verkettungsoperator für Strings ist in PHP der Punkt (.) und nicht das in Java und JavaScript verwendete Pluszeichen, das häufig aufgrund einer Verwechslung mit der numerischen Addition Ärger bereitet. Die meisten anderen Operatoren entsprechen ihrer Verwendung in C, Java und ähnlichen Sprachen. Genaueres über deren Operatoren erfahren Sie in Kapitel 7, »Grundlagen der Programmierung«.

Variablen gelten in PHP ab dem Zeitpunkt ihrer Wertzuweisung im gesamten Dokument. Es gibt keine untergeordneten Gültigkeitsbereiche innerhalb von Blöcken wie Fallunterscheidungen oder Schleifen. Die Ausnahme bilden Variablen, die innerhalb der im weiteren Verlauf des Kapitels behandelten Funktionen definiert werden. Sie sind lokal und gelten nur innerhalb der jeweiligen Funktion.

Ein wertvoller Helfer bei der Entwicklung von PHP-Skripten ist die Funktion `var_dump($ausdruck, $ausdruck ...)`. Sie gibt die Datentypen und Inhalte von Variablen und anderen Ausdrücken in einer für Menschen lesbaren Form aus, selbst wenn es sich um boolesche Werte, Arrays oder sogar Objekte handelt. Hier ein Beispiel:

```
$a = "Hallo";   // String
$b = 42;        // Integer
$c = TRUE;      // boolescher Wert
$d = [1, 2, 3]; // Array - siehe nächsten Abschnitt
var_dump($a, $b, $c, $d);
```

Die Ausgabe lautet wie folgt:

```
string(5) "Hallo"
int(42)
bool(true)
array(3) {
  [0]=>
  int(1)
  [1]=>
  int(2)
  [2]=>
  int(3)
}
```

Arrays verwenden

Wie in den meisten anderen Programmiersprachen gibt es auch in PHP die Möglichkeit, *Arrays* zu bilden. Ein Array ist eine Variable, die eine Liste von Werten enthält, auf die über einen *Index* zugegriffen werden kann. PHP unterscheidet nicht grundsätzlich zwischen einem gewöhnlichen Array mit numerischen Indizes und einem Hash, bei dem die Indizes Strings (oder andere Objekte) sind. In jedem Array können beide Indexarten gleichzeitig existieren.

Um ein klassisches Array mit numerischen Indizes zu erzeugen, genügt es, einem einzelnen Element dieses Arrays einen Wert zuzuweisen:

```
$months[0] = "Januar";
```

Mithilfe der eingebauten Funktion `array()` können Sie auch gleich ein numerisches Array mit mehreren Elementen erzeugen:

```
$seasons = array(
  "Fruehling",
  "Sommer",
  "Herbst",
  "Winter"
);
```

Seit PHP 5.4 ist alternativ die folgende Schreibweise erlaubt, die heute bevorzugt eingesetzt werden sollte:

```
$seasons = [
  "Fruehling",
  "Sommer",
  "Herbst",
  "Winter"
];
```

Besonders interessant ist im Übrigen die Tatsache, dass Sie leere eckige Klammern anstelle eines konkreten Index verwenden können, um ein Element am Ende des Arrays anzufügen:

```
$weekdays[] = "Sonntag";
$weekdays[] = "Montag";
//etc.
```

Über die Funktion `array_push($array, $wert1, $wert2, ...)` können Sie aber auch eine Liste mehrerer Elemente am Ende des Arrays einfügen. Umgekehrt liefert die Funktion `array_pop($array)` das letzte Element des Arrays zurück und entfernt es aus dem Array.

Um einen Hash oder ein assoziatives Array zu erzeugen, können Sie ebenfalls mit der Zuweisung des Werts für ein einzelnes Element beginnen:

```
$months['jan'] = "Januar";
```

Möchten Sie die Werte mehrerer Elemente gleichzeitig zuweisen, funktioniert dies mithilfe der folgenden Form der Funktion `array()`:

```
$weekdays = array(
  'So' => "Sonntag",
  'Mo' => "Montag",
  'Di' => "Dienstag",
  'Mi' => "Mittwoch",
```

```
  'Do' => "Donnerstag",
  'Fr' => "Freitag",
  'Sa' => "Samstag"
);
```

Die modernere und kürzere Schreibweise wäre entsprechend:

```
$weekdays = [
  'So' => "Sonntag",
  'Mo' => "Montag",
  'Di' => "Dienstag",
  'Mi' => "Mittwoch",
  'Do' => "Donnerstag",
  'Fr' => "Freitag",
  'Sa' => "Samstag"
];
```

Die Verwendung einfacher Anführungszeichen für die Indizes und doppelter für die Werte ist nicht vorgeschrieben, aber eine gängige Konvention. Innerhalb doppelter Anführungszeichen werden Variablen und alle üblichen Escape-Sequenzen ausgewertet, innerhalb von einfachen aber nicht (lediglich \' für ein einzelnes Anführungszeichen als solches und \\ für einen Backslash werden erkannt):

```
$money = 100;
echo "Ich habe $money $.";
   // Ausgabe: Ich habe 100 $.
echo 'Ich habe auch $money $.';
   // Ausgabe: Ich habe auch $money $.
```


Die Funktion `count($array)` – ein gültiges Synonym ist `sizeof($array)` – liefert die Anzahl der Elemente im Array zurück. Auf diese Weise können Sie alle Elemente eines numerischen Arrays in einer Schleife ausgeben, zum Beispiel folgendermaßen:

```
$rooms = [
  "Wohnzimmer",
  "Schlafzimmer",
  "Kinderzimmer",
  "Arbeitszimmer"
];
$numberOfRooms = count($rooms);
for ($i = 0; $i < $numberOfRooms; $i++) {
   echo $rooms[$i]."<br />";
}
```

Dieses kleine Beispiel gibt untereinander die Bezeichnungen der vier Zimmer aus. Bei Hashes sollten Sie dagegen eine andere Methode verwenden, um die Elemente aufzuzählen: Die Funktion each($array) gibt bei jedem Aufruf das nächste Schlüssel-Wert-Paar zurück. Dieses Paar können Sie mithilfe von list() einer Liste aus zwei Variablen zuweisen. Das Ganze funktioniert so:

```
$computer = [
  'cpu' => "Intel Core i7",
  'ram' => "16384 MB DDR4 RAM",
  'hdd' => "Maxtor 1000 GB SSD",
  'dvd' => "16xDVD / 52xCD"
];
reset($computer);  // Sicherheitshalber auf Anfang
while (list($key, $value) = each($computer)) {
   echo "$key: <b>$value</b><br />";
}
```

Noch klarer und einfacher sind foreach-Schleifen, die für die beiden Arrays folgendermaßen aussehen:

```
foreach ($rooms as $room) {
  echo "$room<br />";
}
foreach ($computer as $key => $value) {
   echo "$key: <b>$value</b><br />";
}
```

Interessant ist, dass die Elemente eines PHP-Arrays stets eine von den Schlüsseln oder Indizes unabhängige, festgelegte Reihenfolge haben – nämlich diejenige, in der die Elemente hinzugefügt wurden. Betrachten Sie etwa folgendes Beispiel:

```
$a = [];
$a[3] = "Wert auf 3";
$a[1] = "Wert auf 1";
var_dump($a);
```

In den meisten Programmiersprachen ergäbe dies ein Array mit vier Elementen, bei dem die Indizes 0 und 2 leere Elemente (NULL oder dergleichen) enthalten, in der Reihenfolge [NULL, "Wert auf 1", NULL, "Wert auf 3"]. In PHP sieht das Ganze dagegen anders aus, wie die Ausgabe von var_dump() zeigt:

```
array(2) {
  [3]=>
  string(10) "Wert auf 3"
```

```
  [1]=>
  string(10) "Wert auf 1"
}
```

Für foreach() wird intern ein Zeiger oder Cursor verwendet, der auf das aktuelle Element in der inneren Reihenfolge zeigt. Sie können die entsprechenden Funktionen auch manuell von außen aufrufen, wie das folgende Beispiel zeigt:

```
<?php

$person = [
  'name' => "Schmitz",
  'vorname' => "Heinz",
  'stadt' => "Köln",
  'beruf' => "Sachbearbeiter"
];
reset($person);
do {
  printf("%s: %s\n", key($person), current($person));
} while (next($person));
```

Die Funktionen, die hier im Einzelnen zum Einsatz kommen, sind folgende:

- reset($array) setzt den Zeiger auf das erste Element zurück.
- key($array) liefert den Schlüssel an der aktuellen Position des Zeigers zurück.
- current($array) liefert den Wert an der aktuellen Position des Zeigers zurück.
- next($array) rückt den Zeiger um eine Position weiter und liefert den dortigen Schlüssel zurück oder FALSE, falls kein weiteres Element mehr vorhanden ist. Deshalb kann next() im Beispiel als Bedingung für die do/while-Schleife verwendet werden.

Die Ausgabe des Beispiels sieht so aus:

```
name: Schmitz
vorname: Heinz
stadt: Köln
beruf: Sachbearbeiter
```

Diese internen Details sind wichtig, wenn Sie eine eigene Klasse so aufbereiten möchten, dass ihre Objekte mit foreach() iterierbar sind. Wie das funktioniert, erfahren Sie im Unterabschnitt »Interfaces der Standard PHP Library (SPL)« in Abschnitt 19.1.2, »Klassen und Objekte«.

Interessant ist auch noch die Funktion explode(). Sie funktioniert nach folgendem Schema:

```
$array = explode($separator, $string);
```

Die Funktion zerlegt den String `$string` an den Stellen, an denen `$separator` vorkommt, in die einzelnen Elemente des Arrays `$array`, zum Beispiel:

```
$string = "a,b,c,d";
$array = explode(",", $string);
/* $array[0] ist "a"
   $array[1] ist "b"
   $array[2] ist "c"
   $array[3] ist "d" */
```

Wenn Sie anstelle eines einfachen Strings einen regulären Ausdruck als Trennzeichen angeben möchten, müssen Sie die Anweisung `preg_split($regexp, $array)` anstelle von `explode()` verwenden. Näheres zum Einsatz regulärer Ausdrücke in PHP lesen Sie im nächsten Abschnitt.

Die umgekehrte Aufgabe erledigt die Funktion `implode()`, die die Elemente eines Arrays – getrennt durch die angegebene Zeichenfolge – zu einem String zusammenfasst:

```
$string = implode($separator, $array);
```

Hier sehen Sie ein Beispiel:

```
$array = ["So", "Mo", "Di", "Mi", "Do", "Fr", "Sa"];
$string = implode(", ", $array);
// $string ist "So, Mo, Di, Mi, Do, Fr, Sa";
```

Auch mehrdimensionale Arrays sind kein Problem. Das folgende Beispiel definiert die Variable `$jahr` als Aufzählung der Jahreszeiten mit ihren Monaten:

```
$year = [
  'fruehling' => ["März", "April", "Mai"],
  'sommer' => ["Juni", "Juli", "August"],
  'herbst' => ["September", "Oktober", "November"],
  'winter' => ["Dezember", "Januar", "Februar"]
];
```

Wenn Sie nun beispielsweise auf den zweiten Monat im Sommer zugreifen möchten, können Sie die Schreibweise `$year['sommer'][1]` verwenden – die Rückgabe lautet natürlich »Juli«.

Da Arrays zu den wichtigsten Elementen von PHP gehören, gibt es zahllose Funktionen, um sie zu verarbeiten. Hier nur ein paar wichtige im Überblick (manche wurden bereits erwähnt):

- `array_push($array, $wert1, $wert2, ...)` hängt einen oder mehrere Werte an das Ende des Arrays an. Wenn Sie nur einen Wert anhängen möchten, ist die Schreibweise mit den leeren eckigen Klammern allerdings bequemer.

- array_pop($array) entfernt das letzte Element des Arrays und liefert es als Wert zurück.
- array_unshift($array, $wert1, $wert2, ...) fügt einen oder mehrere Werte am Anfang des Arrays ein.
- array_shift($array) entfernt das erste Element aus dem Array und liefert es als Wert zurück.
- sort($array) sortiert das Array. Dabei wird das Original-Array sortiert und nicht etwa eine sortierte Fassung zurückgegeben. Es gibt zahlreiche Varianten der Sortierfunktion wie rsort() für absteigendes Sortieren, ksort() für Sortieren nach Schlüsseln anstelle von Werten oder sogar usort(), das mithilfe einer benutzerdefinierten Funktion sortiert. Betrachten Sie für Letzteres das folgende Beispiel:

```
<?php

$persons = [
  ['name' => "Freeman", 'vorname' => "Morgan"],
  ['name' => "Freeman", 'vorname' => "Martin"],
  ['name' => "Cumberbatch", 'vorname' => "Benedict"],
  ['name' => "Dormer", 'vorname' => "Natalie"],
  ['name' => "Clarke", 'vorname' => "Emilia"],
  ['name' => "Jackman", 'vorname' => "Hugh"]
];
usort($persons, function($a, $b) {
  if ($a['name'] < $b['name']) {
    return -1;
  }
  if ($a['name'] > $b['name']) {
    return 1;
  }
  if ($a['vorname'] < $b['vorname']) {
    return -1;
  }
  if ($a['vorname'] > $b['vorname']) {
    return 1;
  }
  return 0;
});
foreach ($persons as $person) {
  printf("%s %s\n", $person['vorname'], $person['name']);
}
```

Wie Sie sehen, enthält das zu sortierende Array wiederum Arrays, die die Namen und Vornamen diverser Schauspielerinnen und Schauspieler enthalten, jeweils mit entsprechend benannten Schlüsseln. Das Array soll nun aufsteigend nach Nachnamen sortiert werden, und wenn die Nachnamen identisch sind, hilfsweise nach Vornamen. Dazu wird eine anonyme Funktion definiert, die zwei Argumente (zu vergleichende Werte) entgegennimmt, hier – wie meist üblich – als `$a` und `$b` bezeichnet. Sie soll –1 zurückgeben, wenn `$a` vor `$b` einsortiert werden soll, 1 für die umgekehrte Reihenfolge und 0, wenn die Werte identisch sind.

Die Schreibweise mit der verschachtelten anonymen Funktion ist erst seit PHP 5.3 zulässig, davor konnte man entweder den Namen einer Funktion als String angeben oder ein Array in der Form `array($objekt, "methodenname")` für die Verwendung in Klassen; beides ist alternativ immer noch möglich. Näheres über Funktionen sowie Klassen und Methoden erfahren Sie später in diesem Kapitel, und die Verwendung solcher Callbacks wird in Abschnitt 19.1.3, »Include-Dateien, Autoloader und Namespaces«, näher beschrieben.

Die Ausgabe des Beispiels sieht so aus:

```
Emilia Clarke
Benedict Cumberbatch
Natalie Dormer
Martin Freeman
Morgan Freeman
Hugh Jackman
```

- `shuffle($array)` erledigt das Gegenteil von `sort()` – das Array wird zufällig durchgemischt. Dazu hier ebenfalls ein kleines Beispiel, das ein 32er-Kartenspiel zunächst ungemischt und dann gemischt ausgibt:

```
<?php

$deckOfCards = [];
$suits = ['♣', '♠', '♥', '♦'];

$values = ['7', '8', '9', '10', 'B', 'D', 'K', 'A'];

foreach ($suits as $suit) {
  foreach ($values as $value) {
    $deckOfCards[] = "$suit$value";
  }
}

echo implode(" ", $deckOfCards);
echo "\n\n";
shuffle($deckOfCards);
echo implode(" ", $deckOfCards);
echo "\n";
```

Die Sonderzeichen für die Kartenfarben können Sie unter macOS in den meisten Programmen über den Menüpunkt BEARBEITEN • EMOJI & SYMBOLE einfügen; auf Windows-Systemen ist die Zeichentabelle (*charmap.exe*) zuständig.

Hier der Vollständigkeit halber noch eine mögliche Ausgabe des Beispiels (natürlich werden die Karten jedes Mal anders gemischt):

```
♣7 ♣8 ♣9 ♣10 ♣B ♣D ♣K ♣A ♠7 ♠8 ♠9 ♠10 ♠B ♠D ♠K ♠A
♥7 ♥8 ♥9 ♥10 ♥B ♥D ♥K ♥A ♦7 ♦8 ♦9 ♦10 ♦B ♦D ♦K ♦A

♠8 ♣B ♦9 ♠A ♣8 ♦8 ♦7 ♣10 ♥A ♣A ♥8 ♣9 ♥10 ♦A ♠10 ♣D
♥7 ♣7 ♠B ♦D ♦K ♣K ♥9 ♠K ♦10 ♥D ♠7 ♥K ♠9 ♥B ♦B ♠D
```

Perl-kompatible reguläre Ausdrücke

PHP besitzt traditionell mehrere Implementierungen regulärer Ausdrücke. Die leistungsfähigste von ihnen besteht aus Funktionen, deren Namen mit `preg_` beginnen – es handelt sich um Perl-kompatible reguläre Ausdrücke (PCRE), also eine weitgehende Übernahme der besonders umfangreichen Regex-Bibliothek der Programmiersprache Perl. Die anderen Implementierungen gelten inzwischen als veraltet und sollten nicht mehr verwendet werden.

Die Funktion `preg_match($regexp, $string)` überprüft, ob der reguläre Ausdruck `$regexp` auf den String `$string` passt. Das folgende Beispiel gibt eine Meldung aus, falls `$input` nicht komplett aus Ziffern besteht:

```
if (preg_match('/\D/', $input)) {
  echo "Dies ist keine natürliche Zahl!";
}
```

Innerhalb der String-Anführungszeichen steht der reguläre Ausdruck zwischen zwei // (Slashes) oder wahlweise zwischen anderen Trennzeichen wie ~~ oder Klammerpaaren. Runde Klammern haben den Vorteil, dass sie sich konsistent sowohl für den gesamten regulären Ausdruck als auch für Gruppierungen innerhalb desselben verwenden lassen. Hinter dem schließenden Trennzeichen können Modifikatoren stehen. Der wichtigste ist `i`, um Unterschiede zwischen Groß- und Kleinschreibung zu ignorieren. Das folgende Beispiel sucht nach »PHP« in beliebiger Schreibweise:

```
if (preg_match('(php)i', $input)) {
   echo("PHP gefunden!");
} else {
   echo("PHP nicht vorhanden!");
}
```

`preg_replace($regexp, $ersatz, $string[, $limit])` ersetzt den regulären Ausdruck `$regexp` in `$string` durch den Ersatztext `$ersatz`. Normalerweise wird jedes Vorkommen von `$regexp` ersetzt; der optionale Parameter `$limit` gibt die maximale Anzahl von Ersetzungen vor. Die folgende Anweisung ersetzt in `$eingabe` jedes Vorkommen von »Perl« in beliebiger Schreibweise durch »PHP«:

```
$input = preg_replace('(perl)i', 'PHP', $eingabe);
```

Mithilfe von `$n` (mit *n*-Werten zwischen 0 und 99) können Sie sich im Ersatztext auf geklammerte Ausdrücke aus dem regulären Ausdruck beziehen. Das folgende Beispiel fügt an üblichen Stellen einer alten zehnstelligen ISBN Bindestriche ein:

```
$isbn = preg_replace(
  '{(\d)(\d{5})(\d{3})(\d)}',
  "$1-$2-$3-$4",
  $isbn
);
```

Aus 3836214202 (einer unformatierten ISBN) würde so beispielsweise 3-83621-420-2.

Kommentare

PHP unterstützt vier Arten von Kommentaren, um es Menschen leicht zu machen, die verschiedene Sprachen beherrschen. Zum einen wird der einzeilige Kommentar im C++-Stil unterstützt:

```
// einzeiliger Kommentar
```

Dabei wird der Rest der Zeile ignoriert. Alternativ kann der einzeilige Kommentar auch wie in Unix-Shells, Python oder Perl mit einer Raute eingeleitet werden:

```
# Kommentar
```

Daneben ist der mehrzeilige Kommentar im C-Stil ebenfalls erlaubt:

```
/* mehr-
   zeiliger
   Kommentar */
```

Hier werden alle betroffenen Zeilen ignoriert. Eine spezielle Variante dieses Kommentars ist der sogenannte *Docblock-Kommentar*, der von einem Dokumentationsgenerator wie PHP-Documentor oder der empfehlenswerteren Neuentwicklung phpdox ausgewertet wird:

```
/**
* Dokumentation ...
* mehr Dokumentation ...
*/
```

Docblock-Kommentare werden vor Klassen, Methoden, Funktionen oder Attribute geschrieben, und für jedes dieser Elemente gibt es eine Reihe von Annotationen, die mit einem `@`-Zeichen beginnen und spezielle Aspekte des jeweiligen Elements beschreiben – hier zum Beispiel der Docblock-Header einer Methode oder Funktion mit einem Parameter und einem Rückgabewert:

```
/**
* Gibt das Quadrat des Arguments zurück.
*
* @param integer $value
* @return integer
*/
function square($value) {
  return $value * $value;
}
```

Funktionen

Eine PHP-Funktion ist ein benannter Codeblock, der mit seinem Namen aufgerufen wird. Ständig wiederkehrende Anweisungsfolgen in Funktionen zu verpacken, schafft Übersicht und schont Ressourcen, da eine Funktion innerhalb eines Skripts nur einmal kompiliert wird. Sie sollten Funktionen in einem PHP-Block zu Beginn Ihres Dokuments unterbringen oder sie in einer externen Include-Datei (wird in Abschnitt 19.1.3, »Include-Dateien, Autoloader und Namespaces«, beschrieben) speichern. Die allgemeine Syntax ist einfach:

```
function funktionsname() {
  // Anweisungen ...
}
```


Nach Ausführung der letzten Anweisung wird die Kontrolle an die aufrufende Stelle zurückgegeben. Wie bereits erwähnt, können Funktionen lokale Variablen enthalten: Jede Variable, die in einer Funktion verwendet wird, ist lokal – sogar dann, wenn im globalen Code eine gleichnamige Variable existiert. Betrachten Sie etwa den Wert der beiden Variablen namens `$a` im folgenden Beispiel:

```
function modifyA() {
  $a = 9;   // Lokales $a hat den Wert 9.
}

$a = 7;  // Globales $a hat den Wert 7.
modifyA();
// $a hat hier immer noch den Wert 7.
```

Möchten Sie innerhalb einer Funktion auf eine globale Variable zugreifen, müssen Sie am Anfang der Funktion ausdrücklich das Schlüsselwort `global` verwenden. Hier sehen Sie das zuvor gezeigte Beispiel noch einmal, allerdings wird innerhalb der Funktion auf die globale Variable `$a` zugegriffen:

```
function modifyA() {
  global $a;
  $a = 9;   // Globales $a hat nun den Wert 9.
}

$a = 7;  // Globales $a hat den Wert 7.
modifyA();
// $a hat jetzt den Wert 9.
```

Eine Funktion kann Parameter entgegennehmen. Zu diesem Zweck müssen Sie bei der Definition die Namen der gewünschten Parametervariablen in den Klammern des Funktionskopfs angeben:

```
function topCell($inhalt) {
  echo "<td valign=\"top\">$inhalt</td>";
}
```

Diese Funktion gibt den übergebenen Wert, der in der Parametervariablen `$inhalt` gespeichert wird, als Tabellenzelle mit der häufig verwendeten vertikalen Ausrichtung oben aus. Parametervariablen haben innerhalb der Funktion dieselbe Bedeutung wie lokale Variablen – der Standardfall beim Funktionsaufruf ist in PHP der *Call by Value*, das heißt die Übergabe eines Werts ohne Rückbezug auf die aufrufende Stelle. Betrachten Sie dazu das folgende Beispiel:

```
function halve($value) {
  $value /= 2;
}

$number = 9;  // $number hat den Wert 9.
halve($zahl);
// $number hat weiterhin den Wert 9.
```

Dies gilt jedoch nur für einfache Datentypen; beim Einsatz von objektorientiertem PHP sind die übergebenen Objekte stets Referenzen und keine Kopien. Das folgende kurze Beispiel definiert zunächst eine Klasse namens `Test` mit einem öffentlichen Attribut `$value`, das den Anfangswert 41 erhält. Anschließend wird außerhalb der Klasse eine globale Funktion namens `modifyValue()` definiert, die das Attribut `$value` eines übergebenen Objekts um 1 erhöht. Schließlich wird `Test` instanziiert, `modifyValue()` wird mit der neuen Instanz als Argument aufgerufen, und der Wert des Attributs wird ausgegeben:

```
<?php
class Test {
  public $value = 41;
}
```

```
function modifyValue($test) {
  $test->value++;
}

$test = new Test();
modifyValue($test);
echo $test->value."\n";
```

Sie brauchen das Beispiel nicht im Browser aufzurufen, sondern können es auch mit

```
> php Dateiname
```

auf der Konsole starten. Diese Verwendung von PHP wird als *CLI* (*Command Line Interface*) bezeichnet; beachten Sie, dass es dafür eigene Konfigurationsdateien gibt, die Sie gegebenenfalls zusätzlich zu denjenigen für PHP im Webserver ändern müssen.

In jedem Fall lautet die Ausgabe 42, da die Instanz `$test` als Referenz übergeben wird. Näheres zur objektorientierten Programmierung in PHP erfahren Sie in Abschnitt 19.1.2, »Klassen und Objekte«.

Sollten Sie für einfache Datentypen einen *Call by Reference* benötigen, also den Wert der Variablen verändern wollen, mit der die Funktion aufgerufen wird, müssen Sie der entsprechenden Parametervariablen bei der Funktionsdefinition ein &-Zeichen voranstellen. Wenn Sie die Funktion `halve()` folgendermaßen umschreiben, wird `$number` also tatsächlich halbiert:

```
function halve(&$value) {
   $value /= 2;
}

$number = 10;  // $number hat den Wert 10.
halve($number);
// $number hat nun selbst den Wert 5.
```

Beachten Sie bei einem Call by Reference, dass Sie der Funktion eine Variable übergeben müssen. Ein Literal ist als Wert nicht gestattet und erzeugt eine Fehlermeldung.

Sie können Funktionsparametern Standardwerte zuweisen, um sie optional zu machen. Beim Aufruf können diese dann rechts beginnend weggelassen werden. Hier eine Variante der Tabellenzellenausgabe, bei der Sie sich die vertikale Ausrichtung aussuchen können; `'top'` ist Standard:

```
function tableCell($inhalt, $valign = 'top') {
  echo ("<td valign=\"$valign\">$inhalt</td>");
}
```

Eine oben ausgerichtete Zelle können Sie ohne Angabe des zweiten Arguments erzeugen:

```
tableCell("Oben ausgerichtet");
```

Es schadet aber auch nichts, den Wert "top" dennoch anzugeben:

```
tableCell("Explizit oben ausgerichtet", "top");
```

Seit PHP 8 dienen Argumente mit Standardwert gleichzeitig als *benannte Argumente*, ähnlich wie in Python. Dadurch ist nicht mehr nur ihre Angabe beim Aufruf optional, auch ihre Reihenfolge ist egal. Die Syntax beim Funktionsaufruf verwendet den Namen des Arguments ohne führendes Dollarzeichen, gefolgt von einem Doppelpunkt und dem gewünschten Wert. Beispiel:

```
tableCell("Mittig ausgerichtet", valign: "middle");
```

Eine Funktion kann auch einen Wert zurückgeben, sodass Sie das Ergebnis an der aufrufenden Stelle in einem Ausdruck einsetzen können. Dafür ist die Anweisung `return` zuständig. Sie verlässt die Funktion sofort und gibt den entsprechenden Wert zurück. Hier ein Beispiel:

```
function double($value) {
   return $value * 2;
}
```

Wenn Sie diese Funktion aufrufen, wird der Wert des übergebenen Arguments verdoppelt. Der fertig berechnete Ausdruck wird anschließend zurückgegeben. Sie können einen Aufruf dieser Funktion in einem beliebigen Ausdruck verwenden. Bevor dieser Ausdruck ausgewertet wird, erfolgt die Ausführung der Funktion, und es wird mit dem zurückgegebenen Wert weitergerechnet. Beispiel:

```
echo double($number);
```

Diese Anweisung gibt den doppelten Wert der Variablen `$number` aus.

Die folgende Funktion zieht die *n*-te Wurzel aus einer Zahl, indem sie die Zahl mithilfe der eingebauten Funktion `pow()` mit dem Kehrwert von *n* potenziert. Wird der zweite Parameter weggelassen, wählt sie die Quadratwurzel (zweite Wurzel) als Standard:

```
function root($number, $n = 2) {
  return pow($number, 1 / $n);
}
```

Probieren Sie die Funktion aus, indem Sie zum Beispiel die zweite und die dritte Wurzel aus 64 ziehen:

```
$r2 = root(64);       // ergibt 8
$r3 = root(64, 3);    // ergibt 4
```

Beachten Sie, dass eine Funktion mehrere return-Anweisungen enthalten kann, die von Fallentscheidungen abhängen. Sie benötigen noch nicht einmal else-Blöcke für solche if-Anweisungen, weil return die Ausführung der Funktion unmittelbar beendet. Die folgende Funktion macht sich das zunutze, um einen übergebenen Ausdruck daraufhin zu überprüfen, ob er ein Integer zwischen 1 und 4 ist:[1]

```
function responseTest($response) {
  if (!is_int($response)) {
    return FALSE;
  }
  if ($response < 1 || $response > 4) {
    return FALSE;
  }
  // An dieser Stelle kann $response nur im erlaubten Rahmen sein.
  return TRUE;
}
```

In dem Beispiel wird als Erstes überprüft, ob $response überhaupt ein Integer ist – falls nicht, wird sofort FALSE zurückgegeben. Anschließend wird getestet, ob $response außerhalb des zulässigen Bereichs liegt – in diesem Fall erfolgt ebenfalls die Rückgabe von FALSE. Wenn keine der beiden if-Abfragen zutrifft, wird automatisch TRUE zurückgegeben.

Die verwendete eingebaute Funktion is_int() liefert übrigens TRUE zurück, wenn es sich bei dem übergebenen Wert um einen Integer handelt, andernfalls FALSE. In PHP steht eine Reihe solcher Funktionen zur Verfügung, um die Datentypen von Ausdrücken zu testen, beispielsweise is_string(), is_float(), is_numeric(), is_array(), is_object() oder is_null(), die das übergebene Argument daraufhin überprüfen, ob es ein String, eine Fließkommazahl, eine allgemeine Zahl, ein Array, ein Objekt (Instanz einer Klasse) oder NULL (leeres Element) ist.

Die verwandte Funktion empty() liefert TRUE zurück, wenn das untersuchte Element ein leerer String, die Zahl 0, ein leeres Array, FALSE oder NULL ist.

Eine ähnliche Aufgabe erfüllen die Funktionen isset() und isunset(), die überprüfen, ob eine Variable überhaupt jemals definiert wurde. Mithilfe der Anweisung unset() können Sie PHP sogar anweisen, eine Variable oder auch ein Element eines Arrays (anhand seines Index) vollständig zu vergessen.

Ob ein Objekt die Instanz einer bestimmten Klasse ist oder nicht, können Sie schließlich mithilfe des Operators instanceof herausfinden: $object instanceof Class ergibt TRUE, wenn das Objekt Instanz der angegebenen Klasse ist, und andernfalls FALSE.

1 Wichtig: Benutzereingaben aus Webformularen sind grundsätzlich Strings, und eine Prüfung mit is_int() liefert FALSE zurück. Allerdings können Sie mit is_numeric() überprüfen, ob die Eingabe Zahlen enthält.

19.1.2 Klassen und Objekte

Auch wenn PHP ursprünglich als prozedurale Skriptsprache entwickelt wurde, unterstützt sie seit Version 4 eine einfache Art der Objektorientierung, die in PHP 5 – und nochmals in Version 5.3 – erheblich erweitert wurde. Sie können Klassen mit Eigenschaften, Methoden und Konstruktoren definieren und voneinander ableiten. Wenn Sie mit diesen Grundbegriffen der Objektorientierung nichts anfangen können, lesen Sie bitte Kapitel 7, »Grundlagen der Programmierung«.

Das folgende Beispiel definiert eine Klasse namens Hyperlink, die einen HTML-Hyperlink kapselt, erzeugt zwei Objekte dieser Klasse und gibt deren Inhalt aus:

```
<?php

class Hyperlink {
  private $href = '';

  private $caption = '';

  public function __construct($href, $caption = '') {
    $this->href = $href;
    $this->caption = $caption;
  }

  public function __toString() {
    $caption = ($this->caption != '') ? $this->caption : $this->href;
    return sprintf(
      '<a href="%1$s" title="%2$s">%2$s</a>',
      $this->href,
      htmlspecialchars($caption)
    );
  }
}

$linkWithCaption = new Hyperlink(
  'http://www.rheinwerk-verlag.de',
  'Rheinwerk Verlag'
);

$linkWithoutCaption = new Hyperlink('http://www.heise.de');

printf("%s\n%s\n", $linkWithCaption, $linkWithoutCaption);
```

Das Beispiel erzeugt die folgende HTML-Ausgabe:

```
<a href="http://www.rheinwerk-verlag.de" title="Rheinwerk Verlag">Rheinwerk Verlag
</a>
<a href="http://www.heise.de" title="http://www.heise.de">http://www.heise.de</a>
```

Wie Sie sehen, wird eine Klasse mit dem Schlüsselwort `class` deklariert. Die Methoden sind einfache Funktionen, die in den Block der Klasse hineinverschachtelt werden; die Veröffentlichungsstufe `public` gibt dabei an, dass die Methoden von außen sichtbar sind. Ein Objekt einer Klasse wird über den Operator `new` erzeugt und ruft, falls vorhanden, den Konstruktor der Klasse auf (mehr darüber erfahren Sie im Folgenden). Der Zugriff auf Methoden und Attribute eines Objekts erfolgt mithilfe des Operators ->.

Eine erfreuliche Neuerung in PHP 8 ist die `NULL`-sichere Variante des Pfeiloperators: Wenn Sie ?-> statt -> schreiben, können Sie sich zusätzliche Prüfungen der Existenz von Attributen oder Methoden sparen, denn der Gesamtausdruck ist einfach `NULL`, sobald das erste Element in der entsprechenden Kette nicht existiert:

```
// Fehlermeldung, wenn attribute oder method() nicht existiert:
$object->attribute->method()
// NULL, wenn attribute oder method() nicht existiert (nur PHP 8):
$object?->attribute?->method();
```

Nicht nur Klassen funktionieren sehr ähnlich wie in Java, sondern auch *Interfaces*. Ein Interface wird wie folgt definiert:

```
interface InterfaceName {
  public function method1(...);
  public function method2(...);
  // weitere Methodensignaturen
}
```

Wenn eine Ihrer Klassen dieses Interface implementieren soll, klappt auch das wie in Java:

```
class ClassName implements InterfaceName { ... }
```

In diesem Fall müssen wie üblich alle im Interface vorgegebenen Methoden vorhanden sein – es sei denn, Sie schreiben mithilfe der Deklaration `abstract class` *`ClassName`* eine abstrakte Klasse, die nicht instanziiert werden kann, sondern nur als Elternklasse für die Vererbung an konkrete Klassen dient.

Eine Besonderheit in der gezeigten Klasse bildet die Methode `__toString()`. Es handelt sich um eine sogenannte *magische Methode*; sie wird automatisch aufgerufen, wenn die Instanz in einem String-Kontext verwendet wird – hier beispielsweise in der Ausgabe mithilfe von `printf()`. Der Konstruktor ist übrigens ebenfalls eine magische Methode; im Verlauf dieses Kapitels werden Sie noch weitere kennenlernen.

Beachten Sie in der Methode `__toString()` noch die beiden folgenden Besonderheiten:

- Es wird eine erweiterte Form von sprintf() verwendet, um die Ausgabe zu formatieren. Da die Link-Beschriftung $caption (explizite Beschriftung oder, falls sie leer ist, der Link selbst) zweimal benötigt wird – einmal für das Attribut title und einmal für die Textausgabe –, wird bei den jeweiligen Platzhaltern die Position angegeben: %1$s ist das erste Ersetzungselement (durch das s als String formatiert) und %2$s das zweite. Denken Sie daran, dass Sie das Dollarzeichen in doppelten Anführungszeichen escapen müssten – also beispielsweise %1\$s anstelle von %1$s.
- Die Link-Beschriftung wird mithilfe von htmlspecialchars() escapt – das heißt, eventuell enthaltene HTML-Sonderzeichen werden durch ungefährliche Entity-Referenzen ersetzt, konkret < durch <, > durch >, & durch & und " durch ". Natürlich bedeutet dies, dass die Link-Beschriftung hier kein verschachteltes HTML enthalten könnte. Wann immer Benutzereingaben oder andere dynamische Inhalte in einem HTML-Kontext ausgegeben werden, sollten Sie diese jedoch in jedem Fall escapen. Alternativ können Sie auch mithilfe von strip_tags($string) die enthaltenen HTML-Tags entfernen. Die Funktion nimmt einen optionalen zweiten Parameter an, der die erlaubten HTML-Tags enthält – als String in einem Format wie beispielsweise "<a><b><i>".

Als Attribute einer Klasse gelten automatisch alle Variablen, die in der Klasse, aber nicht innerhalb einer Methode definiert werden. Die Deklaration erfolgt entweder mit einer der Veröffentlichungsstufen public, protected oder private oder mit dem Schlüsselwort var (veraltet). Aus einer Methode heraus wird das Schlüsselwort $this verwendet, um auf Attribute zuzugreifen. Im zuvor gezeigten Beispiel sind $href und $caption die beiden privaten Attribute. Das folgende Beispiel zeigt den Umgang mit einem Attribut genauer:

```
class Test {
  private $value = 0;

  public function setValue($value) {
    $this->value = $value;
  }

  public function getValue() {
    return $this->value;
  }
}

$object = new Test();
$obj->setValue(2);
echo $obj->getValue();
```

Zunächst wird das private Attribut $value deklariert und mit dem Wert 0 initialisiert. Die öffentliche Methode setValue() ändert sie auf einen von außen angegebenen Wert. getValue()

gibt den Inhalt von $value dagegen zurück. Achten Sie darauf, dass Sie den Variablennamen hinter $this und dem Zugriffsoperator -> nicht mit einem weiteren Dollarzeichen versehen.

Falls Sie einen expliziten Konstruktor definieren möchten: Es handelt sich um eine Funktion mit dem speziellen Namen __construct() – mit zwei Unterstrichen. Innerhalb des Konstruktors werden typischerweise Initialisierungsarbeiten vorgenommen, die zu Beginn des Lebenszyklus eines Objekts erforderlich sind. Insbesondere können die übergebenen Parameter als Anfangswerte für die Attribute des Objekts gesetzt werden.

Eine Neuerung in PHP 8, die Ihnen Schreibarbeit erspart, ist in diesem Zusammenhang die implizite Deklaration der Attribute als Argumente des Konstruktors. Vergleichen Sie dazu die beiden folgenden Beispiele:

```
// PHP 5-7
class Test7 {
  // Attribut value deklarieren/initialisieren
  private $value = 0;

  public function __construct($value) {
    $this->value = $value;
  }
  // weiterer Code ...
}

// PHP 8
class Test8 {
  // Konstruktor inkl. Attributdeklaration
  public function __construct(private $value) {
    $this->value = $value;
  }
  // weiterer Code ...
}
```

Für die Geheimhaltungsstufen protected und public gilt sinngemäß dasselbe.

Das Beispiel in Listing 19.1 definiert drei Klassen namens Table, Row und Cell; sie definieren HTML-Tabellen sowie deren Zeilen und Zellen. Zwei der drei Klassen besitzen explizite Konstruktoren:

```
<?php

class Table {
  private static $allowedAttributes = [
    'id', 'title', 'style', 'border', 'cellpadding', 'cellspacing'
  ];
```

```
  private $attributes = [];

  private $rows = [];

  public function __construct($attributes = []) {
    if (!empty($attributes)) {
      foreach ($attributes as $name => $value) {
        $this->addAttribute($name, $value);
      }
    }
  }

  public function addAttribute($name, $value) {
    if (in_array($name, self::$allowedAttributes)) {
      $this->attributes[$name] = $value;
    }
  }

  public function addRow(Row $row) {
    $this->rows[] = $row;
  }

  public function __toString() {
    $result = '<table';
    foreach ($this->attributes as $name => $value) {
      $result .= sprintf(
        ' %s="%s"',
        $name,
        htmlspecialchars($value)
      );
    }
    $result .= ">\n";
    foreach ($this->rows as $row) {
      $result .= $row->__toString()."\n";
    }
    $result .= "</table>\n";
    return $result;
  }
}

class Row {
  private $cells = [];
```

```
  public function addCell(Cell $cell) {
    $this->cells[] = $cell;
  }

  public function __toString() {
    $result = "<tr>\n";
    foreach ($this->cells as $cell) {
      $result .= $cell->__toString()."\n";
    }
    $result .= "</tr>";
    return $result;
  }
}

class Cell {
  private static $allowedAttributes = [
    'id', 'title', 'style', 'align', 'valign'
  ];

  private $type = 'td';

  private $attributes = [];

  private $contents = '';

  public function __construct($contents, $type = 'td',
      $attributes = []) {
    $this->contents = $contents;
    if ($type == 'th') {
      $this->type = 'th';
    }

    if (!empty($attributes)) {
      foreach ($attributes as $name => $value) {
        $this->addAttribute($name, $value);
      }
    }
  }

  public function addAttribute($name, $value) {
    if (in_array($name, self::$allowedAttributes)) {
      $this->attributes[$name] = $value;
    }
  }
```

```
  public function __toString() {
    $result = '<'.$this->type;
    foreach ($this->attributes as $name => $value) {
      $result .= sprintf(
        ' %s="%s"',
        $name,
        htmlspecialchars($value)
      );
    }
    $result .= '>';
    $result .= $this->contents;
    $result .= sprintf("</%s>", $this->type);
    return $result;
  }
}

$table = new Table(['border' => 2, 'cellpadding' => 4]);
$row = new Row();
$row->addCell(new Cell('Zeile 1, Zelle 1'));
$row->addCell(new Cell('Zeile 1, Zelle 2'));
$table->addRow($row);
$row = new Row();
$row->addCell(new Cell('Zeile 2, Zelle 1'));
$row->addCell(new Cell('Zeile 2, Zelle 2'));
$table->addRow($row);
echo $table;
```

Listing 19.1 table_test.php enthält drei Klassen namens Table, Row und Cell und verwendet diese, um HTML-Tabellen aufzubauen und auszugeben.

Zum Testen können Sie alle Klassen und den globalen Code in eine einzelne Datei namens *table_test.php* schreiben. In realen Projekten empfiehlt es sich dagegen, jede Klasse in einer eigenen Datei zu speichern, die den Klassennamen trägt. In diesem Fall müssen die jeweils verwendeten Klassen mithilfe von Include-Anweisungen oder per Autoloader geladen werden (Näheres dazu erfahren Sie später).

Wie Sie sehen, beginnt das Beispiel mit der Klasse `Table`. Diese besitzt die Instanzattribute `$attributes` für die Attribute des `<table>`-Tags und `$rows` für die in der Tabelle enthaltenen Zeilen, also `<tr>`-Elemente.

Zusätzlich ist das statische Attribut `$allowedAttributes` enthalten, das die Liste der zulässigen Attribute enthält. Statische Attribute oder Klassenvariablen werden durch das Schlüsselwort `static` gekennzeichnet, und sie gehören nicht zu einzelnen Instanzen, sondern besitzen für die gesamte Klasse denselben Wert. Der Zugriff erfolgt innerhalb der Klasse mithilfe von `self::$attribut` und von außen – falls das Attribut `public` ist – mit `Klasse::$attribut`. Statische Methoden können übrigens auf dieselbe Weise definiert und angesprochen werden.

Der Konstruktor von `Table` nimmt optional ein assoziatives Array mit Attributen entgegen. Diese werden – falls vorhanden – mithilfe der öffentlichen Methode `addAttribute()` hinzugefügt. Diese wiederum überprüft zunächst anhand von `self::$allowedAttributes`, ob ein Attribut mit dem angegebenen Namen zulässig ist, und fügt es in diesem Fall der Liste der Attribute hinzu.

Die Methode `addRow()` wird verwendet, um eine Tabellenzeile hinzuzufügen. Interessant ist hier die Angabe des Klassennamens `Row` vor dem eigentlichen Parameter. Es handelt sich um einen sogenannten *Type-Hint*; wenn ein Argument übergeben wird, das keine Instanz von `Row` ist, führt dies zu einem Fatal Error. Type-Hints sind seit PHP 5.1 verfügbar, und zwar für Klassen und Arrays (Schlüsselwort `array`). Wird einem solchen Parameter der Standardwert `NULL` zugewiesen, ist dieser Wert zusätzlich erlaubt. In Version 5.4 wurden Type-Hints ebenfalls für primitive Datentypen wie Integer, String etc. sowie für einige Spezialtypen eingeführt. Tabelle 19.1 zeigt eine Übersicht:

Name	Datentyp
`int`	Integer
`float`	Fließkommazahl
`bool`	Boolean (`TRUE` oder `FALSE`)
`string`	String
`array`	Array
`iterable`	jedes iterierbare Objekt inkl. Array* (seit PHP 7.1)
`object`	beliebiges Objekt
`callable`	Callback
`self`	`instanceof` aktuelle Klasse (nur in Klassen)
`parent`	`instanceof` Elternklasse (nur in Klassen)
`mixed`	beliebiger Datentyp (seit PHP 8)
*) Welche Methoden Sie implementieren müssen, um Ihre Klassen iterierbar zu machen, wird noch gezeigt.	

Tabelle 19.1 Spezielle Datentypen (mit Ausnahme von eigenen Klassen), die als Type-Hints verwendet werden können

Ein Type-Hint kann auch für den Rückgabewert einer Funktion oder Methode angegeben werden. Setzen Sie dazu einen Doppelpunkt hinter die schließende Argumentklammer, gefolgt vom gewünschten Typ. Das folgende Beispiel erwartet ein Argument vom Typ String und gibt einen Boolean zurück:

```
function containsPhp(string someText): bool {
  if (preg_match('(php)i', someText)) {
    return TRUE;
  }
  return FALSE;
}
```

Wenn Sie einen Konstruktor mit impliziter Attributdeklaration in PHP-8-Syntax schreiben, steht der Datentyp zwischen Geheimhaltungsstufe und Datentyp. Beispiel:

```
public function __construct(private int $value) { ... }
```

Anders als in Python werden die Type-Hints zur Laufzeit ausgewertet: Wenn Sie den falschen Typ übergeben oder zurückgeben, wird ein TypeError ausgelöst.

Falls in PHP 8 mehrere mögliche Typen infrage kommen, können Sie diese als sogenannte *Union-Types* aufzählen, indem Sie sie durch den bitweisen Oder-Operator voneinander trennen:

```
function needsSomeNumber(int|float $number) { ... }
```

Auch in der Klasse Table wird die Methode __toString() verwendet, um die fertige Tabelle als String zurückzugeben. Bei der Ausgabe der Attribute wird nur der Wert escapt, der Name dagegen nicht, weil dieser bereits durch addAttribute() gefiltert wurde. Zum Hinzufügen der Zeilen wird wiederum deren __toString()-Methode aufgerufen.

Die Klasse Row ist wesentlich weniger umfangreich als Table, weil hier beispielsweise keine Attribute vorgehalten werden. Instanzen der Klasse enthalten ein Array von Zellen, die mithilfe von addCell() hinzugefügt werden können, und __toString() erledigt die Ausgabe unter Zuhilfenahme der gleichnamigen Methode in Cell.

Cell schließlich besitzt wieder Attribute, einen String mit dem Zelleninhalt und schließlich das Attribut $type, das den Zellentyp (<td> oder <th>) kapselt. Der Konstruktor nimmt den Inhalt, den Typ und ein Array mit Attributen entgegen. Die Parameter $type und $attributes sind optional und können von rechts beginnend weggelassen werden. Beachten Sie, dass Zellen in dieser Implementierung keinen verschachtelten HTML-Code enthalten können, da der Inhalt mithilfe von htmlspecialchars() escapt wird.

Zum Schluss wird eine Instanz der Klasse Table erzeugt, und es werden Zeilen und Zellen hinzugefügt. Die Ausgabe erfolgt durch ein einfaches echo $table, da __toString() in diesem Fall wieder automatisch aufgerufen wird. Die HTML-Ausgabe des Beispiels sieht folgendermaßen aus:

```
<table border="2" cellpadding="4">
<tr>
<td>Zeile 1, Zelle 1</td>
<td>Zeile 1, Zelle 2</td>
```

```
</tr>
<tr>
<td>Zeile 2, Zelle 1</td>
<td>Zeile 2, Zelle 2</td>
</tr>
</table>
```

Vererbung

Die Vererbung funktioniert in PHP, ähnlich wie in Java, mithilfe des Schlüsselworts `extends`. Das Beispiel in Listing 19.2 leitet die Klassen `Table`, `Row` und `Cell` von der neuen Klasse `HtmlTag` ab, die die gemeinsame Funktionalität wie beispielsweise die Verwaltung der Attribute bereitstellt:

```
<?php

class HtmlTag {
  protected static $allowedAttributes = ['id', 'class', 'title'];

  protected $tagName = '';

  protected $attributes = [];

  protected $content = '';

  public function __construct($tagName, $attributes = [],
      $content = '') {
    $this->tagName = $tagName;
    if (!empty($attributes)) {
      foreach ($attributes as $name => $value) {
        $this->addAttribute($name, $value);
      }
    }
    $this->content = $content;
  }

  public function addAttribute($name, $value) {
    if (in_array($name, self::$allowedAttributes)) {
      $this->attributes[$name] = $value;
    }
  }

  public function __toString() {
    $result = sprintf('<%s', htmlspecialchars($this->tagName));
```

```
    foreach ($this->attributes as $name => $value) {
      $result .= sprintf(
        ' %s="%s"',
        htmlspecialchars($name),
        htmlspecialchars($value)
      );
    }
    if (!empty($this->content)) {
      $result .= ">\n";
      $result .= $this->content;
      $result .= sprintf("</%s>\n", htmlspecialchars($this->tagName));
    } else {
      $result .= " />\n";
    }
    return $result;
  }
}

class Table extends HtmlTag {
  private $rows = [];

  public function __construct($attributes = []) {
    parent::__construct('table', $attributes);
    self::$allowedAttributes = [
      'id', 'class', 'title', 'style', 'border', 'cellpadding', 'cellspacing'
    ];
  }

  public function addRow(Row $row) {
    $this->rows[] = $row;
  }

  public function __toString() {
    foreach ($this->rows as $row) {
      $this->content .= $row->__toString();
    }
    return parent::__toString();
  }
}

class Row extends HtmlTag {
  private $cells = [];
```

```
  public function __construct($attributes = []) {
    parent::__construct('tr', $attributes);
  }

  public function addCell(Cell $cell) {
    $this->cells[] = $cell;
  }

  public function __toString() {
    foreach ($this->cells as $cell) {
      $this->content .= $cell->__toString();
    }
    return parent::__toString();
  }
}

class Cell extends HtmlTag {
  public function __construct($content, $type = 'td',
      $attributes = []) {
    if ($type != 'td' && $type != 'th') {
      $type = 'td';
    }
    parent::__construct($type, $attributes, $content);
    self::$allowedAttributes = [
      'id', 'class', 'title', 'style', 'align', 'valign'
    ];
  }
}

$table = new Table(['border' => 1, 'cellpadding' => 4]);
$table->addAttribute('style', 'background-color: #ff0;');
$row1 = new Row();
$row1->addCell(new Cell('Hello World!'));
$row1->addCell(new Cell('New Table'));
$table->addRow($row1);
$row2 = new Row();
$row2->addCell(new Cell('Top content', 'td', ['valign' => 'top']));

$row2->addCell(new Cell('Normal content'));
$table->addRow($row2);
echo $table;
```

Listing 19.2 html_test.php implementiert die Klassen Table, Row und Cell erneut, leitet sie jedoch von einer Elternklasse namens HtmlTag ab.

Die Attribute von HtmlTag sind als protected deklariert, damit der Zugriff von den abgeleiteten Klassen aus möglich bleibt. Das Überschreiben der Inhalte in den statischen Attributen ist übrigens nicht durch erneute Deklaration möglich, sondern muss – wie in den Klassen Table und Cell gezeigt – im Konstruktor erfolgen. Der Konstruktor der Elternklasse wird nicht automatisch aufgerufen, sondern muss implizit in der Form parent::__construct() aufgerufen werden, falls er benötigt wird. Entsprechend werden Methoden der Elternklasse mit parent::methode() angesprochen.

Die HTML-Ausgabe des Beispiels sieht so aus:

```
<table style="background-color: #ff0;">
<tr>
<td>
Hello World!</td>
<td>
New Table</td>
</tr>
<tr>
<td valign="top">
Top content</td>
<td>
Normal content</td>
</tr>
</table>
```

Magische Methoden

Zuvor wurde bereits die magische Methode __toString() gezeigt, die automatisch aufgerufen wird, wenn Sie eine Instanz im String-Kontext verwenden. PHP kennt noch andere magische Methoden. Hier die wichtigsten im Überblick:

- __get($name) wird aufgerufen, wenn ein Lesezugriff auf ein nicht vorhandenes öffentliches Attribut einer Instanz erfolgt, also $instanz->attribut. Innerhalb der Methode können Sie anhand des in $name stehenden Attributnamens entscheiden, was Sie zurückgeben möchten – sogar die nachträgliche Initialisierung von Attributen ist auf diese Weise möglich.
- __set($name, $value) kommt entsprechend beim Schreibzugriff auf ein nicht vorhandenes Attribut zum Tragen, das heißt bei einer Wertzuweisung der Form $instanz->attribut = $value. Dabei steht der Attributname in $name und der Wert in $value.
- __isset($name) wird aufgerufen, wenn Sie isset() auf ein nicht vorhandenes Attribut aufrufen, also isset($instanz->attribut).
- __unset($name) kommt bei einem unset()-Aufruf auf ein nicht definiertes Attribut zum Einsatz, das heißt bei unset($instanz->attribut).

- `__call($name, $arguments)` wird beim Zugriff auf eine nicht definierte Methode einer Instanz aufgerufen. Der Methodenname steht dabei in `$name`, während sämtliche Argumente im Array `$arguments` gesammelt werden.

Listing 19.3 zeigt eine kurze Beispielklasse, die alle diese magischen Methoden implementiert, und etwas Hauptprogrammcode, der die Methoden testet:

```
<?php

class Magics {
  private $data = [];

  public function __get($name) {
    printf("Attribut '%s' angefordert.\n", $name);
    return $this->data[$name];
  }

  public function __set($name, $value) {
    printf("Attribut '%s' wird auf Wert '%s' gesetzt.\n", $name, $value);
    $this->data[$name] = $value;
  }

  public function __isset($name) {
    printf("Ist Attribut '%s' gesetzt?\n", $name);
    return isset($this->data[$name]);
  }

  public function __unset($name) {
    printf("Attribut '%s' wird vergessen.\n", $name);
    unset($this->data[$name]);
  }

  public function __call($name, $arguments) {
    printf("Aufruf der Methode %s() mit folgenden Argumenten:\n", $name);
    foreach ($arguments as $argument) {
      printf("- %s\n", $argument);
    }
  }
}

$magics = new Magics();
// __get
```

```
$magics->testAttribute = 42;
// __set
printf("%d\n", $magics->testAttribute);
// __isset
var_dump(isset($magics->testAttribute));
// __unset
unset($magics->testAttribute);
// Noch einmal __isset
var_dump(isset($magics->testAttribute));
// __call
$magics->testMethod("Argument 1", "Argument 2", "Argument 3");
```

Listing 19.3 magics.php demonstriert die Implementierung wichtiger magischer Methoden.

Das Programm ist für die Ausführung auf der Kommandozeile konzipiert (siehe Abschnitt 19.1.7, »PHP als Kommandozeilensprache verwenden«) – ansonsten sollten Sie die Zeilenumbrüche durch `<br />` anstelle von `\n` darstellen – und gibt dort Folgendes aus:

```
Attribut 'testAttribute' wird auf Wert '42' gesetzt.
Attribut 'testAttribute' angefordert.
42
Ist Attribut 'testAttribute' gesetzt?
bool(true)
Attribut 'testAttribute' wird vergessen.
Ist Attribut 'testAttribute' gesetzt?
bool(false)
Aufruf der Methode testMethod() mit folgenden Argumenten:
- Argument 1
- Argument 2
- Argument 3
```

Wie Sie sehen, nutzt die Klasse `Magics` das Array-Attribut `$data`, um die durch `__set()` gesetzten Werte zu speichern, wobei die verwendeten Attributnamen als Schlüssel eingesetzt werden. Die anderen Attributmethoden greifen ebenfalls auf dieses Array zu, um den Wert zu einem Schlüssel zurückzuliefern (`__get`), einen bestimmten Schlüssel zu entfernen (`__unset`) oder zu überprüfen, ob der Schlüssel existiert (`__isset`). Alle magischen Methoden nehmen eine Debug-Ausgabe vor, damit Sie sehen, dass sie aufgerufen werden. `__call()` enthält sogar nur diese Debug-Ausgabe und erfüllt in dieser Implementierung keinen praktischen Nutzen.

Interfaces der Standard PHP Library (SPL)

Die *Standard PHP Library* (*SPL*) ist eine mit PHP 5 eingeführte und im Laufe der Unterversionen erweiterte Bibliothek zur Lösung alltäglicher Programmieraufgaben. Die SPL gehört zum automatisch vorhandenen Sprachkern von PHP und braucht nicht importiert zu werden. Sie definiert diverse Konstanten, Klassen, Interfaces und Funktionen, die Sie benutzen können. In diesem Unterabschnitt werden drei einfache Interfaces vorgestellt, die sogar schon vor der formalen Definition der SPL in PHP vorhanden waren, aber die Grundlage für viele SPL-Funktionen bilden:

- `ArrayAccess` ermöglicht Ihnen, Klassen so zu schreiben, dass man auf ihre Instanzen wie auf Arrays zugreifen kann, nämlich mit dem Indexoperator `[]`.
- `Iterator` liefert die nötigen Hilfsmittel, um die »Array-Elemente« einer Instanz der Klasse mit `foreach()` iterieren zu können.
- `Countable` schließlich dient dem Zählen der Array-Elemente mit `count()`.

Ein Interface funktioniert in PHP genauso wie in Java: Es deklariert eine Reihe von Methodensignaturen, und Klassen, die ein Interface implementieren, müssen die entsprechenden Methoden enthalten. Dafür wird – ebenfalls wie in Java – das Schlüsselwort `implements` verwendet.

Tabelle 19.2 enthält eine Übersicht über alle Methoden, die Sie für die einzelnen Interfaces implementieren müssen.

Interface	Methode	Aufgabe
`ArrayAccess`	`offsetSet($key, $value)`	den Wert `$value` für den Schlüssel `$key` setzen; wird bei Schreibzugriffen mit Indexoperator aufgerufen
	`offsetGet($key)`	den Wert für den Schlüssel `$key` zurückliefern; wird bei Lesezugriffen mit Indexoperator aufgerufen
	`offsetExists($key)`	`TRUE` zurückliefern, wenn der Schlüssel `$key` existiert, ansonsten `FALSE`; wird bei `isset()` auf Elemente mit Indexoperator aufgerufen
	`offsetUnset($key)`	den Wert für den Schlüssel `$key` löschen; wird bei `unset()` auf Elemente mit Indexoperator aufgerufen
`Countable`	`count()`	die Anzahl der Array-Elemente; wird bei `count()` auf das Objekt aufgerufen

Tabelle 19.2 Die Methoden der Interfaces »ArrayAccess«, »Countable« und »Iterator«

Interface	Methode	Aufgabe
Iterator	rewind()	den internen Array-Zeiger auf die Anfangsposition setzen; wird bei reset() oder am Anfang von foreach() aufgerufen
	current()	den Wert für die aktuelle Position des Zeigers zurückliefern
	key()	den Schlüssel an der Position des Zeigers zurückliefern
	next()	den Zeiger um eine Position vorrücken und den Wert für diese Position zurückliefern
	valid()	TRUE zurückliefern, wenn sich an der aktuellen Zeigerposition ein Wert befindet, ansonsten FALSE

Tabelle 19.2 Die Methoden der Interfaces »ArrayAccess«, »Countable« und »Iterator« (Forts.)

In Listing 19.4 sehen Sie ein Beispiel, das die drei Interfaces implementiert und ein privates Array-Attribut für die Datenhaltung verwendet:

```
<?php

class LikeAnArray implements ArrayAccess, Countable, Iterator {
  private $data = [];

  // ArrayAccess-Methoden

  public function offsetSet($offset, $value) {
    $this->data[$offset] = $value;
  }

  public function offsetGet($offset) {
    return $this->data[$offset];
  }

  public function offsetExists($offset) {
    return isset($this->data[$offset]);
  }

  public function offsetUnset($offset) {
```

```
    unset($this->data[$offset]);
  }

  // Countable-Methode

  public function count() {
    return count($this->data);
  }

  // Iterator-Methoden

  public function rewind() {
    reset($this->data);
  }

  public function current() {
    return current($this->data);
  }

  public function key() {
    return key($this->data);
  }

  public function next() {
    return next($this->data);
  }

  public function valid() {
    return $this->current() !== FALSE;
  }
}

$arr = new LikeAnArray();
$arr['beispielschluessel1'] = 'Wert 1';
$arr['beispielschluessel2'] = 'Wert 2';
printf("Es gibt %d Elemente:\n", count($arr));
foreach ($arr as $key => $value) {
  printf("- %s: %s\n", $key, $value);
}
```

Listing 19.4 array_test.php implementiert die Methoden der Interfaces »ArrayAccess«, »Countable« und »Iterable« in einer Klasse und probiert diese aus.

Nach den Erläuterungen der einzelnen Methoden in der Tabelle müsste der Code eigentlich selbsterklärend sein. Hinter der eigentlichen Klassendefinition steht wieder ein wenig Beispielcode, der die Verwendung der Klasse demonstriert. Seine Ausgabe lautet:

```
Es gibt 2 Elemente:
- beispielschluessel1: Wert 1
- beispielschluessel2: Wert 2
```

19.1.3 Include-Dateien, Autoloader und Namespaces

Damit die Objektorientierung ihren Hauptnutzen entfalten kann, nämlich den der einfachen Wiederverwendbarkeit von Code, sollten Sie die Klassendefinitionen in externe Dateien schreiben, die Sie zur Laufzeit importieren können. Eine externe Datei wird mithilfe der Anweisungen `require()` oder `include()` importiert. Der Unterschied besteht darin, dass `require()` für unkonditionale Includes am Dateibeginn eingesetzt wird, `include()` dagegen für konditionale innerhalb von Funktionen oder Methoden.

Bei größeren PHP-Projekten empfiehlt es sich, `include_once()` beziehungsweise `require_once()` anstelle des einfachen `include()` oder `require()` zu verwenden – diese Variante sorgt dafür, dass jede benötigte Datei nur einmal inkludiert wird, was Speicher und Rechenzeit spart.

Der Pfad wird durch die zuerst vom Interpreter aufgerufene Datei festgelegt; zusätzlich werden die Verzeichnisse des in der Konfigurationsdatei *php.ini* festgelegten `include_path` durchsucht. Es ist daher keineswegs sichergestellt, dass der Import ohne Pfadangabe funktioniert, nur weil sich zwei Dateien im selben Verzeichnis befinden. Deshalb sollten Sie dem Pfad in einem solchen Fall die Pseudokonstante `__DIR__` voranstellen, die für das Verzeichnis der aktuellen Datei steht.[2]

Das folgende Beispiel importiert die Datei *Table.php*, die sich im selben Verzeichnis befindet wie die aktuelle Datei:

```
require_once(__DIR__.'/Table.php');
```

Obwohl es in PHP anders als in Java keine Pflicht ist, sei es auch hier empfohlen, Klassen- und Dateinamen übereinstimmen zu lassen. Üblicherweise wird ein mehrgliedriger CamelCase-Klassenname dabei in entsprechenden Unterverzeichnissen gespeichert. Angenommen, die Klasse `Table` hieße `OutputHtmlTable`. Dann wäre es eine gute Idee, sie innerhalb des Projektverzeichnisses als *Output/Html/Table.php* zu speichern.

2 `__DIR__` wurde erst in der PHP-Version 5.3 neu eingeführt; in älteren Versionen können Sie stattdessen `dirname(__FILE__)` schreiben – die Funktion `dirname()` gibt den Verzeichnisteil eines Pfads zurück, und `__FILE__` ist der absolute Pfad der aktuellen Datei. Beachten Sie, dass `__DIR__` und `__FILE__` vorn und hinten mit je zwei Unterstrichen geschrieben werden.

Wenn Sie solche Namenskonventionen einhalten, können Sie einen *Autoloader* schreiben, der die benötigten Klassen automatisch lädt, sobald sie gebraucht werden. Es handelt sich dabei um eine magische Funktion[3] namens `__autoload()`; die Datei, in der sie steht, muss ihrerseits natürlich durch ein manuelles Include geladen werden. Für die hier behandelte Namenskonvention könnte die Funktion so aussehen, wenn sie im obersten Verzeichnis der Webanwendung steht, das heißt noch über dem Verzeichnis *Output*:

```
function __autoload($className) {
  $classPath = preg_replace('(([A-Z]))', '/$1', $className);
  require_once(__DIR__.$classPath.'.php');
}
```

Hier werden alle Großbuchstaben mithilfe von `preg_replace()` durch Slashes gefolgt von dem jeweiligen Großbuchstaben ersetzt.

Seit PHP 5.3 sind *Namespaces* verfügbar. Ein Namespace oder Namensraum dient der logischen Unterteilung von Klassenbezeichnern; das Konzept ähnelt beispielsweise den Packages in Java. Mit Namespaces könnten Sie die Klasse `Output\Html\Table` nennen, das heißt, sie läge im Unter-Namespace `Html` des Namespaces `Output`. Dazu muss der Namespace als erste Anweisung im Skript deklariert werden:

```
<?php
namespace Output\Html;

class Table {
  // ...
}
```

Der Autoloader müsste dann wie folgt angepasst werden:

```
function __autoload($className) {
  $classPath = str_replace('\\', '/', $className);
  require_once(__DIR__.$classPath.'.php');
}
```

Hier genügt das einfache `str_replace()` anstelle von `preg_replace()`, weil lediglich die Backslashes durch Slashes ersetzt werden.

Die SPL enthält eine Funktion namens `spl_autoload_register()`, mit der Sie beliebig viele Autoloader-Funktionen registrieren können. Diese werden als Callbacks angegeben, also in einer der folgenden Formen:

3 Im Unterschied zu `__get()` oder Ähnlichem handelt es sich nicht um eine magische Methode, weil `__autoload()` nicht innerhalb einer Klasse deklariert wird.

- `spl_autoload_register("funktionsname")` für eine allein stehende Funktion außerhalb einer Klasse,
- `spl_autoload_register($objekt, "funktionsname")` für eine Methode eines gegebenen Objekts (einschließlich `$this` für das aktuelle Objekt),
- `spl_autoload_register("klassenname", "funktionsname")` für eine statische Methode der angegebenen Klasse oder
- `spl_autoload_register(function($klassenname) { ... })` als eingebettete anonyme Funktion, verfügbar seit PHP 5.3.

Der Aufbau der Autoloader-Funktion entspricht dem von `__autoload()`, das heißt, es wird der angeforderte Klassenname als Argument übergeben, und die Funktion soll die passende Datei inkludieren.

Hinter dem Callback können zwei optionale Boolean-Argumente folgen, die standardmäßig `FALSE` sind:

- Wenn Sie das Argument `$throw` auf `TRUE` setzen, löst `spl_autoload_register()` eine Exception aus, die Sie mit `try/catch` abfangen können, falls die angegebene Funktion nicht registriert werden kann (dies funktioniert in PHP im Wesentlichen wie in Java; Details dazu finden Sie in Kapitel 7, »Grundlagen der Programmierung«).
- Das zweite Argument, `$prepend`, sorgt dafür, dass die neu registrierte Funktion Vorrang vor den bisher registrierten haben soll – standardmäßig ist dies umgekehrt, sodass PHP die Funktionen in der Reihenfolge ihrer Registrierung durchprobiert, bis die gewünschte Klasse gefunden wird.

19.1.4 Webspezifische Funktionen

Die Hauptaufgabe von PHP ist das Erstellen dynamischer Webanwendungen. Zu diesem Zweck wird eine Reihe spezieller Funktionen und Fähigkeiten angeboten. Dazu gehören das Auslesen von Formulardaten, das Erzeugen und Lesen von Cookies oder auch das Session-Tracking. Letzteres steuert eine Funktionalität bei, die HTTP von Haus aus nicht besitzt: Es ermöglicht das Verfolgen eines Website-Besuchs über mehrere besuchte Seiten hinweg. Dies ist wichtig für Warenkorbsysteme oder andere Anwendungen, bei denen eine Reihe aufeinanderfolgender Aktivitäten registriert werden muss.

Formulardaten auslesen

HTML-Formulare wurden im vorangegangenen Kapitel vorgestellt. In PHP stehen empfangene Formulardaten je nach Methode in einem der beiden Arrays `$_GET` oder `$_POST` zur Verfügung. Ein `name=wert`-Paar aus dem Formular wird dabei als `$_GET['name']` beziehungsweise `$_POST['name']` angesprochen.

Betrachten Sie als Beispiel das folgende kurze Formular:

```
<form action="evaluate.php" method="get">
  Name: <input type="text" name="user" /><br />
  E-Mail: <input type="text" name="mail" /><br />
  <input type="submit" value="Abschicken" />
</form>
```

Klickt jemand den Button ABSCHICKEN an, wird das PHP-Skript *evaluate.php* aufgerufen. Da die HTTP-Methode `GET` ausgewählt wurde, befinden sich die Formulardaten in dem Array `$_GET`. Der folgende Codeblock liest sie und gibt sie anschließend aus:

```
$user = $_GET['user'];
$mail = $_GET['mail'];
echo ("Hallo $user.<br />");
echo ("Bestätigung geht an $mail.");
```

Sicherer ist es, wenn Sie zuerst kontrollieren, ob die gewünschten Formularfelder überhaupt Daten enthalten. Prüfen Sie daher zunächst mit `isset()`, ob ein erwartetes Feld grundsätzlich gesetzt ist, und anschließend, ob es einen Wert besitzt. Dazu können Sie beispielsweise folgende praktische Funktion verwenden:

```
function readParam($field, $default = '') {
  // Variable zunächst auf Default-Wert setzen.
  $var = $default;
  if (isset($_POST[$field]) && $_POST[$field] != '') {
    $var = $_POST[$field];
  } elseif (isset($_GET[$field]) && $_GET[$field] != '') {
    $var = $_GET[$field];
  }
  // Ermittelten Wert zurückgeben.
  return $var;
}
```

Die Funktion erwartet als Parameter den Namen des auszulesenden Feldes sowie optional einen Default-Wert, der geliefert wird, falls das Feld nicht verfügbar oder leer ist. Die beiden Felder aus dem zuvor gezeigten Formularbeispiel lassen sich mithilfe dieser Funktion folgendermaßen lesen:

```
// Name auslesen, Standardwert "Anonymous".
$user = readParam("user", "Anonymous");
// E-Mail auslesen, Standardwert "" (automatisch).
$mail = readParam("mail");
```

Schreiben Sie diese Funktion einfach in einen PHP-Block am Beginn jeder Datei, die Formulardaten auslesen muss, oder speichern Sie sie besser in einer Include-Datei. Bei einer modernen objektorientierten Anwendung können Sie sie als Methode in eine der Basisklassen Ihres Frameworks einbauen.

Bei der HTTP-Methode POST und einigen anderen befinden sich die Formulardaten im Body der HTTP-Anfrage (siehe Kapitel 14, »Server für Webanwendungen«). Sie werden nur im Array $_POST bereitgestellt, wenn der Body einen der MIME-Types application/x-www-form-urlencoded (Standardformular) oder multipart/form-data (Formular mit eventuellen Datei-Uploads) hat. Andernfalls handelt es sich um Daten wie XML, reinen Text oder dergleichen, und solche Daten werden am einfachsten folgendermaßen eingelesen:

```
$data = file_get_contents("php://input");
```

Die Funktion file_get_contents() öffnet eine Ressource zum Lesen, liest ihren gesamten Inhalt in einem Durchgang ein und schließt die Ressource dann wieder. Als Ressource können Sie sowohl einen lokalen Dateipfad auf dem Server als auch eine lesbare URL verwenden; php://input ist dabei eine spezielle URL.

Dateien hochladen

Bereits im vorangegangenen Kapitel haben Sie das spezielle HTML-Formularfeld kennengelernt, das den Versand einer lokalen Datei mit dem Formular ermöglicht. Es handelt sich um ein <input>-Element mit dem Attribut type="file". Damit der Upload funktionieren kann, muss das Formular mit der HTTP-Methode POST und der speziellen MIME-Codierung multipart/form-data versandt werden. PHP verarbeitet optional ein zusätzliches Formularfeld mit der Bezeichnung MAX_FILE_SIZE, das die maximal zulässige Dateigröße in Bytes enthält und meist als Hidden-Formularfeld gesetzt wird. Sollte der angegebene Wert größer sein als die *php.ini*-Einstellung upload_max_filesize (siehe Kapitel 14, »Server für Webanwendungen«), wird er ignoriert.

Das folgende Beispiel definiert ein Formular für den Versand einer GIF-Bilddatei (ob es sich wirklich um ein GIF handelt, wird erst auf dem Server geklärt) von maximal 400 KiB Größe:

```
<form action="bildupload.php" method="post" enctype="multipart/form-data">
  <input type="hidden" name="MAX_FILE_SIZE" value="409600" />
  Bitte eine GIF-Bilddatei wählen:<br />
  <input type="file" name="gif" />
  <br />
  <input type="submit" value="Abschicken" />
</form>
```

Die Datei lässt sich in PHP über das globale Array $_FILES auslesen; der Index ist der Feldname. Das entsprechende Array-Element ist wiederum ein Array mit folgenden Elementen:

- tmp_name: der temporäre Dateiname, unter dem der Server die hochgeladene Datei gespeichert hat

- type: der MIME-Type der Datei (aus der Dateiendung oder aus dem Content-Type-Header des Formularabschnitts ermittelt)
- size: Größe der Datei oder 0 bei einem Fehler
- name: ursprünglicher Pfad und Dateiname der Datei auf dem Clientrechner
- error: Fehlercode bei einem Upload-Fehler; die symbolischen Konstanten entsprechen dabei den in Klammern angegebenen numerischen Werten:
  - UPLOAD_ERR_OK (0): Es ist kein Fehler aufgetreten.
  - UPLOAD_ERR_INI_SIZE (1): Die Datei ist größer als die in *php.ini* angegebene Höchstgrenze upload_max_filesize.
  - UPLOAD_ERR_FORM_SIZE (2): Die Datei ist größer als die mit dem Formular übertragene Höchstgrenze MAX_FILE_SIZE.
  - UPLOAD_ERR_PARTIAL (3): Die Datei wurde nur zum Teil hochgeladen.
  - UPLOAD_ERR_NO_FILE (4): Es wurde gar keine Datei hochgeladen.

Das folgende PHP-Fragment kopiert die hochgeladene Datei unter dem Namen *bild.gif* in das Verzeichnis des Skripts selbst, falls es sich um eine Bilddatei vom Typ GIF handelt:

```
if (is_uploaded_file($_FILES['gif']['tmp_name'])) {
  if ($_FILES['gif']['type'] == 'image/gif') {
    move_uploaded_file (
      $_FILES['gif']['tmp_name'],
      __DIR__.'/bild.gif'
    );
  } else {
      echo "Falscher Dateityp!<br />";
  }
} else {
  echo "Upload-Fehler (Datei zu groß)?<br />";
}
```

Beachten Sie, dass das Verzeichnis, in das Sie hochgeladene Dateien kopieren, für den User-Account des Webservers beschreibbar sein muss.

Sessions verwenden

Eines der interessantesten Web-Features von PHP ist das *Session-Tracking*. HTTP ist ein *zustandsloses* Protokoll (englisch: *stateless*), das heißt, jede Clientanfrage steht für sich allein. Für größere Webanwendungen, die sich über viele Seiten erstrecken, wird deshalb ein Verfahren zur Datenweitergabe an nachfolgende Anfragen benötigt. PHP stellt dafür sehr praktische Funktionen zur Verwaltung von Session-Daten bereit.

Beachten Sie, dass Sie Session-Befehle in einen PHP-Block zu Beginn Ihres Skripts setzen müssen: Session-Daten werden als Cookies übertragen, wenn der Client dies zulässt, ansonsten über eine Session-ID im Query-String. Beides erfolgt über HTTP-Header und erfordert daher, dass das eigentliche geparste Dokument noch nicht begonnen hat, sodass mit dem ersten Zeichen Ihres Skripts die Sequenz `<?php` einsetzen muss.

Jedes Skript, das auf Session-Daten zugreifen soll, muss zunächst folgende Anweisung enthalten:

```
session_start();
```

Anschließend können Sie das spezielle Array `$_SESSION` mit Name-Wert-Paaren bestücken oder Werte von einer zuvor besuchten Seite daraus lesen. Aus dem soeben erwähnten Grund muss das Lesen vor dem Schreibzugriff erfolgen:

```
// Stückzahl auslesen.
$stueckzahl = $_SESSION['stueck'];
// GET-Formularfeld zahlungsart auslesen.
$zahlungsart = $_GET['zahlungsart'];
// Zur zukünftigen Verwendung in Session speichern.
$_SESSION['zahlungsart'] = $zahlungsart;
```

Cookies einsetzen

Für die meisten Anwendungen sollten Sie den Einsatz von Session-Daten dem von Cookies vorziehen. Der einzige Nachteil von Sessions besteht darin, dass die Daten beim nächsten Besuch der Website nicht mehr zur Verfügung stehen. Dies lässt sich oft durch eine persönliche Anmeldung und die Speicherung der Daten in einer Datenbank beheben.

Dennoch gibt es Fälle, in denen Cookies praktischer sind. Es ist für Besucher*innen unter Umständen nützlich, Einstellungen, die sie auf einer Seite vorgenommen haben, beim nächsten Besuch wieder vorzufinden. Sie sollten allerdings niemals eine Webanwendung programmieren, die zwingend von Cookies abhängt: Aufgrund des Missbrauchs, der häufig zu Werbe- und User-Tracking-Zwecken mit Cookies getrieben wird, schalten viele Menschen Cookies generell ab. Zudem schreibt die EU-Datenschutzverordnung DSGVO vor, dass Sie das Ein- und Ausschalten interner Cookies und solcher von Drittfirmen (etwa Google) mitsamt detaillierten Informationen erlauben müssen.

In PHP wird ein Cookie mithilfe der folgenden Funktion gesetzt:

```
setcookie($name, $value[, $expires[, $path [, $domain[, $secure[, $httponly]]]]])
```

Hier eine Übersicht über die Parameter:

- `$name`: der Name des Cookies, über den es später wieder abgefragt werden kann.
- `$value`: der Wert, den Sie für den entsprechenden Namen festlegen möchten.

- `$expires`: der Verfallszeitpunkt für das Cookie in Sekunden seit EPOCH. Sie können einfach `time() + $seconds` verwenden, da die Funktion `time()` den aktuellen Zeitpunkt in diesem Format liefert. Lassen Sie diesen Wert weg, erzeugen Sie automatisch ein Session-Cookie, das nur während der aktuellen Clientsitzung gilt.
- `$path`: der URL-Pfad, unter dem das Cookie zur Verfügung steht. Wenn Sie den Wert nicht angeben, ist das Cookie nur in dem Verzeichnis verfügbar, in dem Sie es gesetzt haben (also das Verzeichnis der ersten PHP-Datei, die durch die HTTP-Anfrage aufgerufen wurde).
- `$domain`: die Domain, unter der das Cookie gültig ist. Standardwert ist der vollständige Hostname, von dem das Cookie gesetzt wurde. Haben Sie aber beispielsweise die Subdomains *www.example.com* und *cgi.example.com*, sollten Sie den Wert *.example.com* setzen, damit das Cookie für beide Domains gilt.
- `$secure`: Wenn Sie diesen Wert auf `TRUE` setzen, wird das Cookie nur über eine gesicherte HTTPS-Verbindung übertragen.
- `$httponly` (seit PHP 5.2.0): Der Wert `TRUE` sorgt dafür, dass das Cookie nur über eine HTTP(S)-Verbindung ausgelesen und verändert werden kann und beispielsweise nicht per JavaScript. Dies erschwert Cross-Site-Scripting-Attacken (XSS).

Wie bereits erwähnt, werden Cookies als HTTP-Header gesetzt. Deshalb muss dieser Befehl – genau wie die Session-Anweisungen – vor jeglichem HTML-Code in der PHP-Datei stehen. Die folgende Anweisung setzt ein sieben Tage gültiges Cookie namens `lastvisit`, dessen Wert die aktuelle Uhrzeit ist:

```
setcookie("lastvisit", time(), time() + 7 * 24 * 60 * 60);
```

19

Die Cookies, die der Client bei der Anfrage mitgeschickt hat, können Sie aus dem globalen Array `$_COOKIE` lesen. Dieses Beispiel liest das Cookie `lastvisit` und speichert seinen Wert in einer gleichnamigen Variablen:

```
$lastvisit = $_COOKIE['lastvisit'];
```

Diese Variable lässt sich im weiteren Verlauf des Skripts etwa so verwenden:

```
$lastvisitformat = date("d.m.Y, H:i", $lastvisit);
echo "Ihr letzter Besuch: $lastvisitformat <br />";
```

Die Funktion `date($format, $timestamp)` erzeugt formatierte Datumsangaben. Die Zeitangabe ist ein Unix-Timestamp, also ein Integer, der die Sekunden seit EPOCH (01.01.1970, 00:00 Uhr UTC) zählt. Im Format-String können unter anderem folgende Komponenten vorkommen:

- `j` ist der Tag im Monat.
- `d` steht ebenfalls für den Tag, gibt ihn aber zweistellig an (aus 9 wird etwa 09).

- w gibt den Wochentag als Zahlenwert an, wobei 0 für Sonntag steht, 1 für Montag etc. bis 6 für Samstag.
- n ist der numerisch angegebene Monat.
- m ist noch einmal die Nummer des Monats, aber zweistellig.
- y gibt das zweistellige Jahr an.
- Y bedeutet ebenfalls das Jahr, allerdings vierstellig.
- G ist die Stunde im 24-Stunden-Format.
- H ist ebenfalls die Stunde im 24-Stunden-Format, jedoch mit erzwungener Zweistelligkeit.
- i gibt die Minuten zweistellig an.
- s steht für die zweistelligen Sekunden.

19.1.5 Auf MySQL-Datenbanken zugreifen

Es gibt zwei verschiedene PHP-Schnittstellen für den Zugriff auf MySQL-Datenbanken: die MySQL-spezifische Schnittstelle `mysqli` und die Abstraktionsschicht *PHP Data Objects* (*PDO*). Eine ältere Schnittstelle namens `mysql` gilt seit PHP 7 als veraltet. `mysqli` und PDO existieren seit PHP 5 und arbeiten nur mit MySQL ab Version 4.1 zusammen. Diese Einführung beschränkt sich auf `mysqli`.

Eine Testdatenbank

Die folgenden einfachen MySQL-Beispiele beziehen sich alle auf eine kleine Datenbank namens *programming_languages*, in der eine einzige Tabelle mit dem Namen *languages* enthalten ist. Die Felder dieser Datenbanktabelle sehen Sie in Tabelle 19.3. Damit die Beispiele nicht allzu umfangreich werden, ist die Tabelle sehr einfach gehalten.

Feldbezeichnung	Datentyp
language_id	`int, auto_increment` (Primärschlüssel)
language_name	`varchar(30)`
language_architecture	`enum('imperative', 'oop', 'other')`
language_implementation	`enum('compiler', 'interpreter', 'VM', 'mixed')`
language_system	`set('Unix', 'Windows')`
language_description	`varchar(255)`
language_year	`year`

Tabelle 19.3 Struktur der Beispieldatenbanktabelle »programming_languages«

Sie können diese Tabelle mit phpMyAdmin oder einem anderen grafischen Datenbankverwaltungstool anlegen. Alternativ öffnen Sie die mysql-Konsole (siehe Kapitel 13, »Datenbanken«) und tippen nacheinander folgende SQL-Befehle ein (die Ausgabe des Clients wurde hier weggelassen):

```
mysql> create database programming_languages;
mysql> use programming_languages
mysql> create table languages (
    ->   language_id int auto_increment,
    ->   language_name varchar(30),
    ->   language_architecture enum('imperative', 'oop',
    ->   'other'),
    ->   language_implementation enum('compiler', 'interpreter',
    ->   'VM', 'other'),
    ->   language_system set('Unix', 'Windows', 'sonstige'),
    ->   language_description varchar(255),
    ->   language_year year,
    ->   primary key(language_id),
    ->   index(language_name)
    -> );
```

create database und create table sind SQL-Standardbefehle zum Erzeugen einer neuen Datenbank beziehungsweise Tabelle; use <Datenbank> ist dagegen ein interner Befehl des MySQL-Clients, der zur Auswahl der gewünschten Datenbank verwendet wird.

Als Nächstes benötigt die Datenbank einige Beispielinhalte. Sie können entweder die Werte aus Tabelle 19.4 übernehmen oder Ihre eigenen benutzen.

Name	Arch.	Impl.	System	Description	Year
C	imperative	compiler	Unix, Windows	älteste weitverbreitete Sprache; Syntax in vielen Sprachen verbreitet	1970
C++	oop	compiler	Unix, Windows	Weiterentwicklung von C mit OOP-Fähigkeiten	1983
Java	oop	VM	Unix, Windows	OOP-Sprache mit Multi-Plattform-VM	1995
C#	oop	mixed	Windows	Sprache für die CLR des .NET Framework	2000

Tabelle 19.4 Beispieldatensätze für die Datenbanktabelle »languages«

Name	Arch.	Impl.	System	Description	Year
Python	oop	interpreter	Unix, Windows	Multiparadigmen-Skriptsprache mit vielen bequemen Modulen	1991
Perl	imperative	interpreter	Unix, Windows	Skriptsprache für Admin- und Textbearbeitungsaufgaben; neuere Versionen bieten (umständliche) OOP	1987
Ruby	oop	interpreter	Unix, Windows	Skriptsprache mit fast allen Perl-Features sowie sauberer, moderner OOP-Implementierung	1993

Tabelle 19.4 Beispieldatensätze für die Datenbanktabelle »languages« (Forts.)

Verwenden Sie am besten einen grafischen Client, um die Beispielwerte einzugeben. Manuelle `INSERT`-Abfragen gemäß der Anleitung in Kapitel 13, »Datenbanken«, sind ebenfalls möglich, aber recht aufwendig und fehlerträchtig. Alternativ können Sie auch die Datei *mklanguages.sql* aus der Listing-Sammlung zu diesem Kapitel ausführen. Das funktioniert im MySQL-Kommandozeilenclient beispielsweise folgendermaßen:

```
mysql> source mklanguages.sql
```

Die »mysqli«-Schnittstelle

Die Datenbankschnittstelle `mysqli` kann sowohl prozedural als auch objektorientiert verwendet werden. Wenn Sie die prozedurale Schreibweise nutzen, entsprechen ihre Funktionen weitgehend der klassischen Schnittstelle `mysql`, die nicht mehr unterstützt wird. Nicht nur aus diesem Grund sollten Sie den objektorientierten Zugriff bevorzugen; hier wird für jede Verbindung ein eigenes `mysqli`-Objekt erzeugt, dessen Methoden und Eigenschaften Sie für die Datenbankoperationen einsetzen können.

Als Erstes muss eine Datenbankverbindung hergestellt und die Standarddatenbank ausgewählt werden. Dies funktioniert bei der objektorientierten `mysqli`-Schreibweise im Rahmen der Instanziierung:

```
$conn = new mysqli($host, $user, $password, $database);
```

Die vier Parameter sind also Hostname (oder IP-Adresse) des MySQL-Servers, Username, Passwort und Standarddatenbank. Hier ein Beispiel:

```
$conn = new mysqli(
  "localhost",
  "dbuser",
  "geheim",
  "programming_languages"
);
```

Nach dem Verbindungsversuch (und jeder anderen Datenbankoperation) ist es ratsam, zu überprüfen, ob ein Fehler aufgetreten ist. Dazu können Sie testen, ob das öffentliche Attribut `errno` des `mysqli`-Objekts einen anderen Wert als 0 hat. Ist das der Fall, steht im Attribut `error` eine Fehlermeldung im Textformat:

```
if ($conn->errno != 0) {
  printf("MySQL-Fehler %d: %s", $conn->errno, $conn->error);
}
```

Mithilfe der Methode `query()` können Sie SQL-Abfragen an die Datenbank senden. Hier als Beispiel eine Auswahlabfrage, die alle Programmiersprachen auswählt, deren Name mit C beginnt:

```
$result = $conn->query(
  "SELECT language_name, language_architecture,
          language_implementation,
          language_system, language_description,
          language_year
     FROM languages
    WHERE language_name LIKE 'C%'"
);
```


Der Rückgabewert der Methode `query()` ist ein Objekt der Klasse `mysqli_result`. Es stellt verschiedene Methoden bereit, um die Ergebnisse einer Auswahlabfrage – meist zeilenweise – zu ermitteln:

- `$result->fetch_row()` liefert einen Ergebnisdatensatz als numerisches Array zurück; intern wird ein Cursor vorgerückt, der auf das nächste Ergebnis zeigt.
- `$result->fetch_assoc()` liefert dagegen ein assoziatives Array, wobei die Spaltennamen aus der Abfrage als Schlüssel dienen.
- `$result->fetch_array()` liefert standardmäßig ein Array, in dem die Werte doppelt vorhanden sind, sowohl mit numerischen Indizes als auch mit assoziativen Schlüsseln. Optional können Sie eine der folgenden Konstanten als Argument angeben, um das Ergebnis zu beeinflussen: `MYSQLI_BOTH` (Standardverhalten), `MYSQLI_NUM` (nur numerisches Array) oder `MYSQLI_ASSOC` (nur assoziatives Array).

Wenn der Cursor nach dem letzten Datensatz im Ergebnis keine weitere Zeile mehr vorfindet, liefern diese Methoden FALSE zurück. Dadurch lassen sie sich hervorragend als Bedingung einer while-Schleife einsetzen. Das folgende Beispiel liest die Datensätze der obigen Abfrage mithilfe der Methode fetch_assoc() und gibt sie in einer HTML-Tabelle aus:

```
echo("<table border=\"2\">");
echo("<tr><th>Sprache</th>");
echo("<th>Architektur</th>");
echo("<th>Implementierung</th>");
echo("<th>Systeme</th>");
echo("<th>Kurzinfo</th>");
echo("<th>Erscheinungsjahr</th></tr>");

while ($row = $result->fetch_assoc()) {
  printf("<tr><td>%s</td>", $row['language_name']);
  printf("<td>%s</td>", $row['language_architecture']);
  printf("<td>%s</td>", $row['language_implementation']);
  printf("<td>%s</td>", $row['language_system']);
  printf("<td>%s</td>", $row['language_description']);
  printf("<td>%s</td></tr>", $row['language_year']);
}
echo("</table>");
```

Auch Änderungsabfragen werden mit der Methode query() durchgeführt, aber im Gegensatz zu Auswahlabfragen erhalten Sie hier kein brauchbares Ergebnis zurück. Stattdessen können Sie das öffentliche Attribut affected_rows des mysqli-Objekts untersuchen, um die Anzahl der betroffenen Datensätze zu ermitteln. Im Fall einer Einfügeabfrage mit auto_increment-Primärschlüssel können Sie auch das Attribut insert_id verwenden, um den zuletzt eingefügten auto_increment-Wert zu ermitteln. Das folgende Beispiel fügt einen neuen Datensatz in die Tabelle ein und überprüft, ob das Ganze funktioniert hat:

```
$name = "PHP";
$architecture = "oop";
$implementation = "Interpreter";
$system = "Unix,Windows";
$description = "Objektorientierte Web-Skriptsprache";
$year = 1995;
$conn->query
   ("INSERT INTO languages (language_name, language_architecture,
                            language_implementation,
                            language_system, language_description,
                            language_year)
```

```
                VALUES ('$name', '$architecture',
                        '$implementation', '$system', '$description',
                        '$year')");
// Hat es funktioniert?
if ($conn->affected_rows == 1) {
  echo ("Sprache erfolgreich hinzugefügt.<br />");
} else {
  echo ("Sprache konnte nicht eingefügt werden.<br />");
}
```

Wenn Sie eine `mysqli`-Verbindung nicht länger benötigen, sollten Sie sie zu guter Letzt folgendermaßen schließen:

```
$conn->close();
```

Eine Klasse für vereinfachte Datenbankzugriffe

Bisher wurde gezeigt, wie Sie jede Abfrage manuell durchführen. Für Projekte ab einer gewissen Größe ist das nicht mehr empfehlenswert. Stattdessen sollten Sie entweder eines der bestehenden PHP-Frameworks wie Zend oder Symfony nutzen oder aber eine eigene Klasse oder Klassenbibliothek für den Datenbankzugriff und andere wiederkehrende Aufgaben schreiben. Die Klasse in Listing 19.5 kapselt eine `mysqli`-Datenbankverbindung und stellt einige bequeme Methoden zur Verfügung:[4]

```
<?php
/*
* Database access class
*
* @package Database
*/

require_once(__DIR__.'/config.inc.php');

/**
* Database access class
*
* @package Database
*/
class Database {
  /**
  * mysqli database connection
```

4 Die Dokumentationskommentare sind hier in Englisch, da dies in größeren Programmierteams üblicher ist als Deutsch.

```
 * @var mysqli
 */
private $con = NULL;

/**
 * Set the mysqli database connection object to be used
 *
 * (Applying the Dependency Injection design pattern)
 *
 * @param mysqli $con
 */
public function setCon($con) {
  $this->con = $con;
}

/**
 * Get (and, if necessary, initialize) the mysqli connection object
 *
 * (Applying the Lazy Initialization design pattern)
 *
 * @throws RuntimeException
 * @return mysqli
 */
public function getCon() {
  if (!is_object($this->con)) {
    $this->con = new mysqli(HOST, USER, PASSWORD, DATABASE);
    if (!is_object($this->con)) {
      throw new RuntimeException("No database connection!!!");
    }
    if (defined("INIT_QUERY")) {
      $this->query(INIT_QUERY);
    }
  }
  return $this->con;
}

/**
 * Create a condition to be applied to a WHERE clause
 *
 * @param array $filter
 * @return string
 */
```

```
public function getCondition($filter) {
  $result = '';
  $con = $this->getCon();
  $fieldFirstRun = TRUE;
  foreach ($filter as $field => $value) {
    if (!$fieldFirstRun) {
      $result .= " AND";
    } else {
      $fieldFirstRun = FALSE;
    }
    $result .= sprintf(" %s", $con->real_escape_string($field));
    if (is_array($value)) {
      $result .= " IN (";
      $valFirstRun = TRUE;
      foreach ($value as $val) {
        if (!$valFirstRun) {
          $result .= ", ";
        } else {
          $valFirstRun = FALSE;
        }
        $result .= sprintf("'%s'", $con->real_escape_string($val));
      }
      $result .= ")";
    } elseif (strstr($value, '%') || strstr($value, '_')) {
      $result .= sprintf(
        " LIKE '%s'",
        $con->real_escape_string(
          str_replace('%', '%%', $value)
        )
      );
    } else {
      $result .= sprintf(" = '%s'", $con->real_escape_string($value));
    }
  }
  return $result;
}

/**
* Perform a database query
*
* @param string $sql sprintf()-style format string
* @param array $params parameters for the format string optional,
```

19

```
* default empty array
* @return mysqli_result
*/
public function query($sql, $params = []) {
  $con = $this->getCon();
  if (!is_array($params)) {
    $params = array($params);
  }
  foreach ($params as $key => $param) {
    $params[$key] = $con->real_escape_string($param);
  }    return $con->query(vsprintf($sql, $params));  }

/**
* Perform an insert query
*
* @param string $table
* @param array $values associative array ($field => $value)
* @return mixed last insert ID or affected rows
*/
public function insertQuery($table, $values) {
  $con = $this->getCon();
  $sql = "INSERT INTO %s (";
  $firstRun = TRUE;
  foreach (array_keys($values) as $field) {
    if (!$firstRun) {
      $sql .= ", ";
    } else {
      $firstRun = FALSE;
    }
    $sql .= $con->real_escape_string($field);
  }
  $sql .= ") VALUES (";
  $firstRun = TRUE;
  foreach ($values as $value) {
    if (!$firstRun) {
      $sql .= ", ";
    } else {
      $firstRun = FALSE;
    }
    $sql .= sprintf("'%s'", $con->real_escape_string($value));
  }
  $sql .= ")";
```

```
    $this->query($sql, [$table]);
    return $con->insert_id ? $con->insert_id : $con->affected_rows;
  }

  /**
  * Perform an update query
  *
  * @param string $table
  * @param array $values associative array (field => value)
  * @param string $condition sprintf()-style pattern
  * (to be appended to WHERE... if not empty)
  * @param array $params arguments for the sprintf()-style pattern
  * @throws InvalidArgumentException
  * @return integer number of affected rows
  */
  public function updateQuery($table, $values, $condition = '',
       $params = []) {
    if (empty($values) || !is_array($values)) {
      throw new InvalidArgumentException(
        "At least one value for update needed!"
      );
    }
    $con = $this->getCon();
    $sql = sprintf("UPDATE %s SET ", $con->real_escape_string($table));
    $firstRun = TRUE;
    foreach ($values as $field => $value) {
      if ($firstRun) {
        $firstRun = FALSE;
      } else {
        $sql .= ", ";
      }
      $sql .= sprintf(
       "%s = '%s'",
       $con->real_escape_string($field),
       $con->real_escape_string($value)
      );
    }
    if (trim($condition) != '') {
      if (!is_array($params)) {
        $params = [$params];
      }
      foreach ($params as $key => $param) {
```

```
        $params[$key] = $con->real_escape_string($param);
      }
      $sql .= sprintf(" WHERE %s", vsprintf($condition, $params));
    }
    $con->query($sql);
    return $con->affected_rows;
  }

  /**
  * Perform real_escape_string() on connection
  *
  * @param string $string
  * @return string
  */
  public function escape($string) {
    $con = $this->getCon();
    return $con->real_escape_string($string);
  }

  /**
  * Get the number of affected rows for previous query
  *
  * @return integer
  */
  public function getAffectedRows() {
    $con = $this->getCon();
    return $con->affected_rows;
  }

  /**
  * Get the last inserted auto_increment id
  *
  * @return integer
  */
  public function getLastInsertId() {
    $con = $this->getCon();
    return $con->insert_id;
  }
}
```

Listing 19.5 Database.php enthält eine Klasse für die Durchführung von MySQL-Datenbankabfragen.

Wie Sie sehen, wird zunächst eine Konfigurationsdatei inkludiert, die die Verbindungsparameter in Form von Konstanten definiert. Diese Datei sieht beispielsweise so aus:

```
<?php
define('HOST', 'localhost');
define('DATABASE', 'mydatabase');
define('USER', 'dbuser');
define('PASSWORD', 'dbpassword');
define('INIT_QUERY', 'SET NAMES utf8'); // sämtliche DB-Kommunikation in UTF-8
```

Lesen Sie sich den Quellcode der Klasse in Ruhe durch; in den Kommentaren wird vieles erläutert. Wenn Sie die Klasse in Ihrem Projekt verwenden möchten, stehen Ihnen folgende Methoden zur Verfügung:

- `getCondition(array $filter)` erzeugt eine durch `AND`-Verknüpfungen verbundene Abfolge von Prüfungen, die als `WHERE`-Bedingung verwendet werden können. In dem Array sind die Schlüssel Tabellenfelder, die auf die angegebenen Werte geprüft werden sollen. Dabei entscheidet die Methode selbst, ob `=`, `LIKE` oder `IN` verwendet wird – je nachdem, ob der Vergleichswert ein einfacher String ist, `LIKE`-Platzhalter enthält oder ein Array ist. Im Fall von `LIKE` werden einzelne Prozentzeichen mit `str_replace()` durch doppelte ersetzt, damit `vsprintf()` sie nicht als Formatplatzhalter missversteht.
- `query(string $sql, array $params)` führt eine Abfrage durch. Das erste Argument ist ein `sprintf()`-Platzhalter, das zweite ein optionales Array mit denjenigen Werten, die aus Sicherheitsgründen escapt werden sollten. Hier sind besonders Benutzereingaben betroffen.
- `insertQuery(string $sql, array $values)` versucht, einen neuen Datensatz einzufügen, wobei `$values` ein assoziatives Array ist, in dem die Schlüssel die Feldnamen und die Werte die einzufügenden Feldwerte sind.
- `updateQuery(string $table, array $values, string $condition, array $params)` führt eine `UPDATE`-Abfrage durch. `$table` ist die betroffene Tabelle, `$values` enthält die Namen und Werte der zu ändernden Spalten, und `$condition` und `$params` beschreiben die optionale Bedingung – diese Parameter funktionieren wie bei der Methode `query()`.
- `escape($string)` ruft die `mysqli`-Methode `real_escape_string()` auf den angegebenen String auf, die potenziell gefährliche Zeichen im String escapt, bevor dieser in einer Abfrage verwendet wird.
- `getAffectedRows()` liefert die Anzahl der bei der letzten Änderungsabfrage geänderten Datensätze zurück.
- `getLastInsertId()` gibt die zuletzt eingefügte Auto-Increment-ID zurück.

Beachten Sie die Art und Weise, wie das `mysqli`-Objekt von außen gesetzt werden kann und nur dann instanziiert wird, wenn es nicht zuvor gesetzt oder eben instanziiert wurde. Ein solches Getter-Setter-Paar implementiert die beiden Entwurfsmuster *Dependency Injection* und

Lazy Initialization. Sie werden verwendet, um die Implementierung einer Abhängigkeit jederzeit austauschen zu können, vor allem aber für Unit-Tests, um echte abhängige Objekte durch Simulationen zu ersetzen, die sogenannten *Mock-Objekte*.

19.1.6 Unit-Tests mit PHPUnit

In Kapitel 11, »Software-Engineering«, wurde bereits auf die Bedeutung und die allgemeinen Grundlagen des Unit-Testings hingewiesen. Für PHP steht dazu insbesondere das Test-Framework *PHPUnit* von Sebastian Bergmann zur Verfügung.

Installieren Sie PHPUnit zunächst anhand der Anleitung auf der Projektwebsite *www.phpunit.de*. Anschließend können Sie Tests schreiben, um das Funktionieren Ihrer Klassen und Methoden sicherzustellen. Unit-Tests werden von der Klasse `PHPUnit\Framework\TestCase` abgeleitet. Alle öffentlichen Methoden, deren Name mit `test` beginnt, werden beim Ausführen des Tests aufgerufen.

Innerhalb von Testmethoden werden *Assertions* verwendet. Dies sind spezielle Methoden, deren Name mit `assert` anfängt. Im Allgemeinen steht innerhalb der Assertion als erstes Argument der erwartete Wert, während weitere Argumente einen von der getesteten Methode zurückgegebenen Wert, ein Attribut oder Ähnliches enthalten. Schlägt eine Assertion fehl, gibt PHPUnit für die entsprechende Methode ein `F` (für *Failure*) und eine Fehlermeldung aus; tritt ein richtiger PHP-Fehler auf, ist die Ausgabe sogar `E` wie *Error*. Andernfalls wird ein Punkt (.) ausgegeben.

Betrachten Sie als Beispiel noch einmal die Klasse `HtmlTag`, die im Unterabschnitt »Vererbung« des Abschnitt 19.1.2, »Klassen und Objekte«, behandelt wurde. Zur Verwendung von Unit-Tests sollte ein PHP-Projekt mit folgender Verzeichnisstruktur erstellt werden:

```
+ [Wurzelverzeichnis der Anwendung]
|
+---+ [source]
|   |
|   +---+ [lib]
|       |
|       +---+ [Html]
|           |
|           +---+ Tag.php
|
+---+ [tests]
|   |
|   +---+ [lib]
|       |
|       +---+ [Html]
|           |
```

```
|           +---+ TagTest.php
|
+---+ index.php (und weitere Ausgabeseiten)
```

Wie Sie sehen, befindet sich unter *tests* die gleiche Verzeichnisstruktur wie unter *source*. Auf diese Weise ist stets völlig klar, welcher Unit-Test sich auf welche Klasse bezieht. In Listing 19.6 steht der Unit-Test für die Klasse `HtmlTag`:

```
<?php

require_once('/usr/lib/php/PHPUnit/Framework/TestCase.php');
require_once(__DIR__.'/../../../source/lib/Html/Tag.php');

use PHPUnit\Framework\TestCase;

class HtmlTagTest extends TestCase {
  /**
  * @covers HtmlTag::__construct
  */
  public function testConstruct() {
    $tag = new HtmlTag('p', ['title' => 'Test'], 'Test text');
    $this->assertAttributeEquals('p', 'tagName', $tag);
    $this->assertAttributeEquals(
      ['title' => 'Test'), 'attributes', $tag];
    $this->assertAttributeEquals('Test text', 'content', $tag);
  }

  /**
  * @covers HtmlTag::addAttribute
  */
  public function testAddAttribute() {
    $tag = new HtmlTag('p');
    $tag->addAttribute('title', 'Test Title');
    $this->assertAttributeEquals(
      ['title' => 'Test Title'), 'attributes', $tag];
  }

  /**
  * @covers HtmlTag::__toString
  */
  public function testToString() {
    $tag = new HtmlTag('p', ['title' => 'Test'], 'Test text');
    $expected = '<p title="Test">
Test text</p>
```

```
';
    $this->assertEquals($expected, $tag->__toString());
  }
}
```

Listing 19.6 HtmlTagTest.php enthält Unit-Tests für die in diesem Kapitel definierte Klasse HtmlTag.

Den Pfad von `PHPUnit\Framework\TestCase` müssen Sie auf Ihrem System eventuell anpassen. Je nach Installationsweise und Aufruf von `phpunit` können Sie die `require_once()`-Zeile gegebenenfalls auch weglassen; aktuelle Details finden Sie auf der PHPUnit-Website.

Sie können den Unit-Test ausführen, indem Sie Folgendes auf der Konsole eingeben:

```
> phpunit HtmlTest.php
```

Wenn Sie alles korrekt abgespeichert haben, müssten drei Punkte herauskommen, die besagen, dass alle drei Methoden erfolgreich getestet wurden.

In diesem Beispiel kommen zwei Assertions zur Anwendung: `assertEquals($expected, $actual)` gilt als erfüllt, wenn der erwartete Wert `$expected` und der tatsächliche `$actual` übereinstimmen. `assertAttributeEquals($expected, $attribute, $instance)` funktioniert im Prinzip genauso, vergleicht jedoch den erwarteten Wert mit dem angegebenen Attribut der Instanz. Durch Reflexion ist dabei sogar der Zugriff auf `private`- oder `protected`-Attribute möglich.

Die `@covers`-PHPDoc-Annotations über den Testmethoden werden übrigens für den sogenannten *Coverage-Report* verwendet: Wenn auf dem Entwicklungssystem die Debug-Erweiterung XDebug installiert ist, können Sie sich anzeigen lassen, welche Teile der Klassen von Unit-Tests abgedeckt sind und wie hoch der prozentuale Anteil ist. Das Ziel sollten 100 % sein, aber die sind nicht immer zu erreichen. Um einen Coverage-Report zu generieren, rufen Sie PHPUnit wie folgt auf:

```
$ phpunit --coverage-html reportDirectory FileOrDirectory
```

Dies führt die Unit-Tests in der Datei oder dem Verzeichnis `FileOrDirectory` aus und schreibt den Coverage-Report in das Verzeichnis `reportDirectory`, das bei Bedarf neu angelegt wird. Anschließend können Sie die in dem Verzeichnis enthaltene Datei *index.html* in einem Browser öffnen. Abbildung 19.1 zeigt einen Coverage-Report für die im nächsten Abschnitt getestete Klasse *Database.php*. Getestete Codezeilen werden darin grün angezeigt, ungetestete rot, und es wird eine Statistik für alle beteiligten Klassen, Methoden und Codezeilen angezeigt.

Beachten Sie, dass Sie in neueren PHP-Versionen eine Konfigurationsdatei namens *phpunit.xml* benötigen, um Coverage-Reports durchzuführen. Ihre Syntax und mögliche Optionen werden auf der PHPUnit-Website beschrieben.

	Code Coverage							
	Classes and Traits		Functions and Methods			Lines		
Total	0.00%	0 / 1	55.56%	5 / 9	CRAP		86.87%	86 / 99
Database	0.00%	0 / 1	55.56%	5 / 9	33.18		86.87%	86 / 99
setCon($con)			100.00%	1 / 1	1		100.00%	2 / 2
getCon()			0.00%	0 / 1	12		0.00%	0 / 7
getCondition($filter)			100.00%	1 / 1	8		100.00%	26 / 26
query($sql, $params = array())			0.00%	0 / 1	3.14		75.00%	6 / 8
insertQuery($table, $values)			100.00%	1 / 1	5		100.00%	22 / 22
updateQuery($table, $values, $condition = '', $params = array())			0.00%	0 / 1	8.02		92.86%	26 / 28
escape($string)			0.00%	0 / 1	2		0.00%	0 / 2
getAffectedRows()			100.00%	1 / 1	1		100.00%	2 / 2
getLastInsertId()			100.00%	1 / 1	1		100.00%	2 / 2

```
<?php
/*
* Database access class
*
* @package Database
*/

/**
* Database access class
*
* @package Database
*/
class Database {
  /**
  * mysqli database connection
  * @var mysqli
  */
  private $con = NULL;

  /**
  * Set the mysqli database connection object to be used
  *
  * (Applying the Dependency Injection design pattern)
  *
  * @param mysqli $con
  */
  public function setCon($con) {
    $this->con = $con;
  }

  /**
  * Get (and, if necessary, initialize) the mysqli connection object
```

Abbildung 19.1 Coverage-Report für den Unit-Test der Klasse Database

Mock-Objekte verwenden

Wenn eine Klasse andere Objekte als Abhängigkeiten enthält, sollten diese Objekte bei einem reinen Unit-Test nicht mitgetestet werden, denn Ziel des Unit-Tests ist das Testen möglichst kleiner, eigenständiger Codeeinheiten. Um diese Abhängigkeiten nicht mittesten zu müssen, werden sie, wenn möglich, durch eigene Objekte ersetzt, die sich ganz nach Wunsch verhalten – die sogenannten *Mock-Objekte*. Als Beispiel sehen Sie in Listing 19.7 einen Unit-Test für die Datenbankabstraktionsklasse `Database`, der ein Mock-Objekt für die eigentliche Datenbankverbindung verwendet:

```
<?php

require_once('/usr/lib/php/PHPUnit/Framework/TestCase.php');
require_once(__DIR__.'/../../source/lib/Database.php');

use PHPUnit\Framework\TestCase;

class DatabaseTest extends TestCase {
   /**
   * @covers Database::setCon
   */
   public function testSetCon() {
    $db = new Database();
    $con = $this->getMock('GenericDb');
    $db->setCon($con);
    $this->assertAttributeSame($con, 'con', $db);
  }

  /**
  * @covers Database::getCon
  */
  public function testGetCon() {
     $this->markTestSkipped('Real database connection cannot be tested.');
  }

  /**
  * @covers Database::getCondition
  */
  public function testGetCondition() {
    $db = new Database();
    $con = $this->getMock('GenericDb', ['real_escape_string']);
    $con
      ->expects($this->atLeastOnce())
      ->method('real_escape_string')
      ->will(
          $this->onConsecutiveCalls(
            $this->returnValue('field1'),
            $this->returnValue(1),
            $this->returnValue(2),
            $this->returnValue('field2'),
            $this->returnValue('test%'),
            $this->returnValue('field3'),
            $this->returnValue('test')
```

```
      )
    );
  $db->setCon($con);
  $expected = " field1 IN ('1', '2') AND field2 LIKE 'test%%' AND field3 = 'test'";
  $this->assertEquals(
    $expected,
    $db->getCondition(
      ['field1' => [1, 2], 'field2' => 'test%', 'field3' => 'test']
    )
  );
}

/**
* @covers Database::query
*/
public function testQuery() {
  $db = new Database();
  $con = $this->getMock('GenericDb', ['real_escape_string', 'query']);
  $result = $this->getMock('GenericDbResult');
  $con
    ->expects($this->atLeastOnce())
    ->method('real_escape_string')
    ->will(
        $this->onConsecutiveCalls(
          $this->returnValue('table'),
          $this->returnValue(1)
        )
      );
  $con
    ->expects($this->once())
    ->method('query')
    ->will($this->returnValue($result));
  $db->setCon($con);
  $this->assertEquals(
    $result,
    $db->query('SELECT test FROM %s WHERE field = %d', ['table', 1])
  );
}

/**
* @covers Database::insertQuery
*/
public function testInsertQuery() {
```

19

```
  $db = new Database();
  $con = $this->getMock('GenericDb', ['real_escape_string', 'query']);
  $con
    ->expects($this->atLeastOnce())
    ->method('real_escape_string')
    ->will(
        $this->onConsecutiveCalls(
          $this->returnValue('table'),
          $this->returnValue('name'),
          $this->returnValue('SampleName'),
          $this->returnValue('value'),
          $this->returnValue('SampleValue')
       )
     );
  $con->insert_id = 7;
  $db->setCon($con);
  $this->assertEquals(
    7,
    $db->insertQuery(
      'table',
      ['name' => 'SampleName', 'value' => 'SampleValue']
    )
  );
}

/**
* @covers Database::updateQuery
*/
public function testUpdateQuery() {
  $db = new Database();
  $con = $this->getMock('GenericDb', ['real_escape_string', 'query']);
  $con
    ->expects($this->atLeastOnce())
    ->method('real_escape_string')
    ->will(
        $this->onConsecutiveCalls(
          $this->returnValue('table'),
          $this->returnValue('name'),
          $this->returnValue('SampleName'),
          $this->returnValue('value'),
          $this->returnValue('SampleValue'),
          $this->returnValue(1)
       )
```

```
    );
  $con->affected_rows = 1;
  $db->setCon($con);
  $this->assertEquals(
    1,
    $db->updateQuery(
      'table',
      ['name' => 'SampleName', 'value' => 'SampleValue'],
      'id = %d',
      [1]
    )
  );
}

/**
* @covers Database::updateQuery
*/
public function testUpdateQueryExpectingException() {
  $db = new Database();
  try {
     $db->updateQuery('test', []);
     $this->fail('Expected InvalidArgumentException not thrown.');
  } catch (InvalidArgumentException $e) { }
}

/**
* @covers Database::getAffectedRows
*/
public function testGetAffectedRows() {
  $db = new Database();
  $con = $this->getMock('GenericDb');
  $con->affected_rows = 2;
  $db->setCon($con);
  $this->assertEquals(2, $db->getAffectedRows());
}

/**
* @covers Database::getLastInsertId
*/
public function testGetLastInsertId() {
  $db = new Database();
  $con = $this->getMock('GenericDb');
  $con->insert_id = 3;
```

```
    $db->setCon($con);
    $this->assertEquals(3, $db->getLastInsertId());
  }
}
```

Listing 19.7 DatabaseTest.php testet die Klasse Database und verwendet ein Mock-Objekt für die eigentliche mysqli-Verbindung.

Mock-Objekte werden mit der PHPUnit-Methode `getMock(string $classname, array $methods)` erstellt. Zusätzlich kann mit `expects()` festgelegt werden, was bei welchem Methodenaufruf auf das jeweilige Mock-Objekt herauskommen soll. Als Argument von `expects()` wird die erwartete Anzahl der Aufrufe der Methode angegeben:

- `$this->once()` erwartet genau einen Aufruf.
- `$this->atLeastOnce()` benötigt mindestens einen Aufruf.
- `$this->any()` erlaubt beliebig viele Aufrufe, einschließlich keinen.
- `$this->exactly($anzahl)` besteht auf genau `$anzahl` Aufrufen.

Mit `will($this->returnValue($value))` geben Sie an, dass die Methode beim Aufruf den Wert `$value` zurückgeben soll. Die Variante `will($this->onConsecutiveCalls())` wird verwendet, wenn mehrere aufeinanderfolgende Aufrufe unterschiedliche Werte zurückgeben sollen.

Beachten Sie, dass hier eine Fantasieklasse namens `GenericDb` als Vorlage für die Mock-Objekte verwendet wird und nicht `mysqli`. Das liegt daran, dass `getMock()` nur mit sehr großem Aufwand das Umgehen des Konstruktors der Originalklasse erlaubt.

In neuere PHPUnit-Versionen ist eine Klasse namens `MockBuilder` eingebaut, die in dieser Hinsicht erheblich flexibler ist. Sie können sie (schematisch) wie folgt verwenden:

```
$mockObject = $this
  ->getMockBuilder($className)
  ->setMethods([$method1, $method2...])
  ->disableOriginalConstructor()
  ->getMock();
```

Mit `setMethods()` legen Sie die Methoden fest, die das Mock-Objekt bereitstellen soll. Falls das Mock-Objekt nach einer lesbaren echten Klasse modelliert wird, können Sie diesen Aufruf weglassen. Die zusätzliche Methode `getOriginalConstructor()` ermöglicht Ihnen, einen Aufruf des Konstruktors der Originalklasse zu umgehen, wenn Sie dessen Abhängigkeiten nicht erfüllen können oder wollen. Natürlich kann auch diese Zeile weggelassen werden, wenn der Originalkonstruktor keine Argumente verlangt oder Sie einen Mock einer nicht existierenden Klasse erzeugen.

Mit der `MockBuilder`-Variante ist es übrigens kein Problem mehr, die echte Klasse `mysqli` als Vorlage für das Mock-Objekt zu verwenden, denn der Schwierigkeiten bereitende Konstruktor lässt sich nun leicht ausblenden. Dafür brauchen Sie in diesem Fall nicht mehr die Methoden anzugeben, die das Mock-Objekt bereitstellen soll. Der Aufruf für alle Datenbank-Mock-Objekte sieht dadurch also wie folgt aus:

```
$con = $this
  ->getMockBuilder('mysqli')
  ->disableOriginalConstructor()
  ->getMock();
```

Wie gerade dieses etwas längere Beispiel zeigt, sind Unit-Tests unter anderem auch Teil der Dokumentation – denn Sie sehen hier ganz genau, wie die Klasse verwendet wird.

19.1.7 PHP als Kommandozeilensprache verwenden

Eine interessante Anwendungsmöglichkeit für PHP abseits des Webs bietet das eingebaute *Command Line Interface* (*CLI*), mit dem Sie PHP als Skriptsprache für Konsolenanwendungen verwenden können, ähnlich wie Shell-Skripte oder Python.

Um ein solches Skript auf der Konsole auszuführen, geben Sie einfach `php Dateiname` ein, optional gefolgt von Kommandozeilenargumenten. Diese stehen innerhalb des Skripts als globales Array mit dem Namen `$argv` zur Verfügung, wobei `$argv[0]` den Namen des aufgerufenen Skripts enthält und die eigentlichen Parameter bei `$argv[1]` beginnen.

Ansonsten brauchen Sie nur noch darauf zu achten, dass Sie auf der Konsole kein HTML ausgeben sollten, sondern reinen Text, und dass Sie Zeilenumbrüche daher natürlich auch nicht mit `"<br />"` markieren, sondern einfach mit `"\n"`.

Hier als kleines Beispiel das im vorherigen Kapitel versprochene Skript, das eine eingelesene Datei in einen `data`-URI umwandelt und auf der Konsole wieder ausgibt:

```
<?php

// Wenn außer dem Dateinamen keine Argumente vorhanden sind,
// Verwendungsinfo anzeigen und beenden.
if (count($argv) < 2) {
  echo "Usage: php ".$argv[0]." file [mime type]\n";
  exit;
}
// MIME-Type: text/plain annehmen, optional aus 2. Argument lesen.
$mimeType = 'text/plain';
if (isset($argv[2])) {
  $mimeType = $argv[2];
}
// Data-URI zusammensetzen.
$result = 'data:';
```

```
$result .= $mimeType.';base64,';
$result .= base64_encode(file_get_contents($argv[1]));
// Ausgabe
echo $result."\n";
```

Wenn nicht mindestens ein explizites Kommandozeilenargument vorhanden ist (das als Dateiname der umzuwandelnden Datei interpretiert wird), gibt das Programm einen kurzen Hilfetext aus und beendet sich. Ist ein zweiter Parameter vorhanden, wird dieser als MIME-Type interpretiert, für den ansonsten `text/plain` als Vorgabewert gilt. Der eigentliche data-URI wird aus dem Präfix `data:`, dem MIME-Type, der Codierungsangabe `base64` und dem entsprechend codierten Inhalt der Datei gebildet. Die einzige neue Funktion in diesem Skript ist `base64_encode()` zum Umwandeln eines Strings ins base64-Format.

Hier ein kurzes Ein- und Ausgabebeispiel, in dem ein kleines PNG-Bild umgewandelt wird:

```
$ php data-uri.php arrow.png image/png
data:image/png;base64,
iVBORw0KGgoAAAANSUhEUgAAAAgAAAAICAIAAABLbSncAAAACXBIWXMAAC4jAAAuIwF4pT92AAAAB3RJTUUH4
wQNESkZZidD/QAAABlORVh0Q29tbWVudABDcmVhdGVkIHdpdGggR01NUFeBDhcAAAAuSURBVAjXY/z//
z8DNsAEoRgZGbFLYMoxIXOQ5ZjQTIDLoUvA3cKEVRRFAs3dAJ97DBDiLOyaAAAAAElFTkSuQmCC
```

19.2 Eine REST-API implementieren

Immer mehr Webanwendungen werden in Form von Webservices bereitgestellt. Der große Vorteil ist, dass diese alle Arten von Clients bedienen können – von klassischen Websites mit serverseitiger Programmiersprache und HTML über moderne JavaScript-Frameworks bis hin zu Mobile Apps für iOS, Android und Windows Phone.

Der überwiegende Teil dieser Webservices wird heutzutage nach dem *REST*-Schema erstellt. REST ist die Abkürzung für *REpresentational State Transfer*; es handelt sich um eine konsequente Nutzung der verschiedenen HTTP-Zugriffsmethoden. Dabei werden typischerweise die sogenannten *CRUD*-Funktionen für Ressourcen bereitgestellt (*Create*, *Read*, *Update*, *Delete*); auf der Serverseite werden diese Ressourcen oft als Datensätze in relationalen Datenbanken gespeichert. Die einzelnen HTTP-Methoden haben dabei folgende Aufgaben:

- `GET` wird zum Lesen verwendet, liefert also die auf dem Server gespeicherten Informationen über die gewünschten Ressourcen zurück.
- `POST` dient dem Neuanlegen von Ressourcen; der Body der Anfrage enthält die zu speichernden Daten.
- `PUT` wird zum Ändern bereits vorhandener Ressourcen genutzt; auch hier enthält der Body die entsprechenden Daten.
- `DELETE` schließlich löscht die angeforderte Ressource.

Anstelle von *Webservice* ist im Zusammenhang mit REST häufiger von einer *API* (*Application Programming Interface*) die Rede; diese Terminologie wird hier übernommen.

In diesem Abschnitt wird mit PHP eine REST-API entwickelt, die den CRUD-Zugriff auf die in Abschnitt 19.1.5, »Auf MySQL-Datenbanken zugreifen«, entwickelte Tabelle mit Informationen über Programmiersprachen ermöglicht. Im nächsten Kapitel erfahren Sie, wie Sie mit JavaScript auf die API zugreifen können.

19.2.1 Die API im Überblick

Jede vernünftige REST-API muss dokumentiert werden, damit Entwickler*innen von Clients wissen, welche Zugriffe möglich sind. Hier also zunächst die Entwicklerdokumentation für die neu zu erstellende API.

Die einzige unterstützte Ressource ist `language`, denn die API basiert nur auf einer Datenbanktabelle. Tabelle 19.5 enthält alle zulässigen Zugriffsmethoden und Pfade.

HTTP-Methode	Pfad	Erläuterung
`GET`	`/language/`	Liefert die Liste aller Programmiersprachen.
`GET`	`/language/?search=str`	Liefert eine Liste der Sprachen, in deren Namen der String `str` vorkommt.
`GET`	`/language/ID`	Liefert die Programmiersprache mit der angegebenen numerischen ID.
`POST`	`/language/`	Erzeugt eine neue Programmiersprache mit den im Body angegebenen Daten.
`PUT`	`/language/ID`	Ersetzt die Daten der Sprache mit der angegebenen ID durch diejenigen im Body.
`DELETE`	`/language/ID`	Löscht die Sprache mit der angegebenen ID.

Tabelle 19.5 Überblick über die Methoden der REST-API

Das Datenaustauschformat der API ist XML – die Ausgaben der `GET`-Anfragen erfolgen in dieser Sprache, und in den Bodys der `POST`- und `PUT`-Anfragen wird sie ebenfalls erwartet. XML ist eines der beiden am häufigsten verwendeten Datenaustauschformate für REST-APIs; das andere ist das in Kapitel 17, »Weitere Datei- und Datenformate«, vorgestellte JSON.

Eine Liste von Sprachen, wie sie von `GET /language/` zurückgegeben wird, sieht so aus:

```
<?xml version="1.0" encoding="utf-8" standalone="yes"?>
<languages>
  <language id="1">
```

```
    <id>1</id>
    <name>C</name>
    <architecture>imperative</architecture>
    <implementation>compiler</implementation>
    <system>Unix,Windows,other</system>
    <description>älteste weitverbreitete Sprache; Syntax in vielen
    Sprachen verbreitet</description>
    <year>1970</year>
  </language>
  <!-- Weitere Sprachen -->
</languages>
```

Eine einzelne Sprache, wie sie etwa von `GET /language/3` zurückgegeben wird, hat folgendes Format:

```
<?xml version="1.0" encoding="utf-8" standalone="yes"?>
<language>
  <id>3</id>
  <name>Python</name>
  <architecture>oop</architecture>
  <implementation>interpreter</implementation>
  <system>Unix,Windows,other</system>
  <description>Multiparadigmen-Skriptsprache</description>
  <year>1991</year>
</language>
```

Dasselbe Format wird auch bei `POST` und `PUT` erwartet, wobei Sie nur diejenigen Elemente angeben müssen, die Sie hinzufügen beziehungsweise ersetzen wollen. Falls Sie also beispielsweise nur die Beschreibung von Python ändern möchten, senden Sie eine `PUT`-Anfrage an den URL-Pfad `/language/3` und fügen folgendes XML-Dokument in den Body ein:

```
<?xml version="1.0" encoding="utf-8" standalone="yes"?>
<language>
  <description>Moderne Multiparadigmen-Skriptsprache mit objektorientierten
  und funktionalen Aspekten</description>
</language>
```

Alle Schreibzugriffe, also `PUT`, `POST` und `DELETE`, benötigen eine Autorisierung in Form der URL-Parameter `user` und `key`, deren Inhalte in der Konfigurationsdatei der API festgelegt werden. Beim Key wird dabei der MD5-Hash (einfache Einwegverschlüsselung) gespeichert – keine Software mit Netzwerkanbindung sollte Passwörter oder Schlüssel jemals im Klartext speichern, um Crackern auch bei einem eventuell erfolgreichen Angriff keine brauchbaren Daten an die Hand zu geben.

Eine DELETE-Anfrage für eine Sprache mit der ID 25 sieht also vollständig so aus (die Platzhalter USERNAME und KEY müssen natürlich durch die korrekten Werte ersetzt werden):

```
DELETE /language/25?user=USERNAME&key=KEY
```

In der Praxis erfolgt die Autorisierung oder Authentifizierung von REST-APIs über aufwendigere Verfahren wie *OAuth2*. Diese haben zwei Vorteile:

- Sie sind standardisiert, sodass die meisten Sprachen über Bibliotheken dafür verfügen.
- Der Inhalt der Anfrage selbst wird in die Berechnung des jeweiligen Schlüssels eingerechnet, sodass dieser Inhalt nicht durch Angriffe verfälscht werden kann.

Nach erfolgreichen Änderungsanfragen erhalten Sie den HTTP-Status 200 (OK) und eine kurze XML-Erfolgsmeldung, bei der soeben gezeigten PUT-Anfrage beispielsweise diese:

```
<?xml version="1.0" encoding="utf-8" standalone="yes"?>
<success>Language successfully modified.</success>
```

Fehlermeldungen haben Statuswerte wie 404 (Not found) oder 400 (Bad request) und einen XML-Body wie beispielsweise diesen:

```
<?xml version="1.0" encoding="utf-8" standalone="yes"?>
<error>The requested resource could not be found.</error>
```

19.2.2 Die Grundarchitektur der API

Die REST-API besteht aus verschiedenen Dateien mit folgenden Aufgaben (Ausgabe des Unix-Befehls tree -a mit zusätzlich eingefügten Erläuterungen):

```
.
+-- .htaccess           Apache-Konfiguration: immer index.php laden
+-- config.inc.php      Konfiguration für Database.php und Autorisierung
+-- index.php           Hauptprogrammdatei, lädt Autoloader und Application
+-- Autoloader.php      enthält die Autoloader-Methode für die API
+-- Application.php     Hauptanwendungsklasse; Methode run() bearbeitet Anfragen
+-- Api.php             Basisklasse für API-Ressourcen
+-- Language.php        API-Ressource "Language"
+-- Database.php        Datenbank-Basisklasse (bereits beschrieben)
+-- Dba.php             Helferklasse, die DB-Feldnamen auf lesefreundliche Art abbildet
+-- Language
|   +-- Dba.php         DB-Abfragen und lesefreundliche Felder für Language
+-- Xml.php             Helferklasse zur XML-Verarbeitung und -Erzeugung
```

Die Klassen sind so gestaltet, dass sich API-Anfragen für weitere Ressourcen leicht hinzufügen lassen. Im Prinzip brauchen Sie dafür nur eine Datei namens *Ressourcenname.php* mit einer von `Api` abgeleiteten Klasse, die die konkreten Anfragen verarbeitet, und eine von `Dba` abgeleitete Klasse, sinnvollerweise wie hier mit dem Pfad *Ressourcenname/Dba.php*, die konkrete Datenbankabfragen für Ihre Ressource enthält und die internen Feldnamen der Datenbanktabelle auf lese- und schreibfreundliche Art für die API abbildet.

Nach dem ersten Überblick hier eine ausführlichere Beschreibung der Aufgaben aller Dateien:

- *.htaccess* enthält nur eine einzige Apache-Direktive, die dafür sorgt, dass alle Anfragen – ungeachtet ihres konkreten Pfads – von *index.php* behandelt werden. Sie sollten die API in einem eigenen Virtual Host mit separatem Hostnamen oder separatem TCP-Port betreiben und können diese Zeile auch in den Konfigurationskontext dieses Virtual Hosts kopieren. Informationen über Einrichtung und Konfiguration von Apache erhalten Sie in Kapitel 14, »Server für Webanwendungen«.
- Falls Sie die API mit einem anderen Webserver als Apache ausführen möchten, müssen Sie eine adäquate Konfiguration für diesen verwenden.
- *config.inc.php* enthält die Konfiguration für die Datenbank-Basisklasse `Database`, die in diesem Kapitel bereits gezeigt wurde, sowie die Autorisierungsdaten für Schreibzugriffe.
- *index.php* ist die erste Datei, die beim Eintreffen einer Anfrage aufgerufen wird. Sie importiert die Konfigurationsdatei, initialisiert den Autoloader und ruft anschließend die Methode `run()` der Klasse `Application` auf, die die eigentliche Arbeit erledigt.
- *Autoloader.php* enthält die statische Methode `autoload()`, die in *index.php* mithilfe von `spl_autoload_register()` registriert wird. Die Methode ergänzt Großbuchstaben im Klassennamen durch einen / vor diesen Großbuchstaben und verwendet das Ergebnis mit der Endung *.php* als den zu importierenden Dateinamen.
- *Application.php* enthält die Methode `run()`, mit der die eigentliche Verarbeitung der Anfrage durchgeführt wird. Dazu wird der Anfragepfad an den /-Zeichen zerlegt; das erste Element wird als Klassenname instanziiert, und die restlichen werden an die zuständige Methode übergeben, die dem Namen der HTTP-Methode entspricht. Die Anfrage `GET /language/` würde also dazu führen, dass eine Instanz der Klasse `Language` erzeugt und die Methode `get()` dieser Instanz aufgerufen wird. Vorher wird überprüft, ob die Klasse und die Methode überhaupt verfügbar sind – ansonsten werden die Anfragen mit entsprechenden Fehlermeldungen beantwortet.
- *Api.php* ist die Basisklasse für API-Ressourcenklassen. Sie enthält Implementierungen der vier Anfragemethoden `get()`, `post()`, `put()` und `delete()`, die hier jedoch alle mit `501 Not implemented` antworten. Der Vorteil dieser Vorgehensweise ist, dass diese Methoden automatisch die passende Antwort geben, wenn eine Ressourcenklasse nicht alle vier Methoden benötigt. Daneben enthält die Klasse einige Methoden für gängige HTTP-Statusmeldungen wie `notFound()`. Diese sind als `protected` gekennzeichnet, damit eine abgeleitete

Klasse darauf zugreifen und sie bei Bedarf als Ergebnis ihrer öffentlichen Methoden zurückgeben kann.

- *Language.php* ist die konkrete API-Klasse für die Ressource `Language`; sie ist von `Api` abgeleitet, um die grundlegenden Funktionalitäten zu übernehmen. Hier sind alle vier Zugriffsmethoden implementiert, außerdem diverse Helfermethoden. Die Klasse verwendet eine Instanz von `LanguageDba` für die Zugriffe auf die Datenbanktabelle mit den Programmiersprachen.
- *Database.php* wurde bereits im vorangegangenen Abschnitt ausführlich beschrieben; es handelt sich um eine Klasse für bequemere MySQL-Datenbankabfragen.
- *Dba.php* ist die Basisklasse für konkrete Datenbankzugriffsklassen (DataBase Access) von Ressourcen. Sie enthält ein (hier leeres) Array namens `$fields`, das den internen Feldnamen der Tabellen, im Fall von Language etwa `language_description`, XML-freundlichere Namen wie `description` zuordnet. Die enthaltenen Methoden `recordToResult()` und `resultToRecord()` nehmen die entsprechenden Umwandlungen vor. Die Klasse ist von `Database` abgeleitet, um den DBA-Klassen der Ressourcen die grundlegende Datenbankfunktionalität zur Verfügung zu stellen.
- *Language/Dba.php* enthält die wiederum von `Dba` abgeleitete Klasse `LanguageDba`, die die konkreten Datenbankoperationen für die Programmiersprachentabelle bereitstellt. Dabei wandeln die lesenden Methoden die Feldnamen aus der Tabelle in die öffentlichen Kurznamen um, während `create()` und `update()` den umgekehrten Weg gehen.
- *Xml.php* stellt verschiedene Methoden zur Erzeugung und Verarbeitung von XML bereit. Zum Parsen von XML-Code aus Anfrage-Bodys verwendet die Klasse die PHP-XML-API `SimpleXML`, deren Ansatz dem in Kapitel 16, »XML«, vorgestellten Python-Zugriff auf XML-Dokumente ähnelt.

19.2.3 Der komplette Quellcode

In diesem Abschnitt finden Sie den Quellcode jeder Datei der API zusammen mit einigen Erläuterungen. Mit Ausnahme von *Language/Dba.php* liegen alle im selben Verzeichnis, das als DocumentRoot eines Virtual Hosts verwendet werden kann, um die API über den Webserver zugänglich zu machen.

Die Apache-Konfigurationsdatei ».htaccess«

Diese Datei enthält nur eine einzige Zeile:

```
FallbackResource /index.php
```

Die Direktive `FallbackResource` sorgt dafür, dass alle Anfragen für nicht existierende Dateien an die angegebene Ressource weitergeleitet werden. Der führende / bedeutet, dass sich die Datei in der DocumentRoot des aktuellen Virtual Hosts befindet.

Die Konfigurationsdatei »config.inc.php«

Der Datenbankteil dieser Datei wurde bereits im vorangegangenen Abschnitt gezeigt. Er enthält die Datenbankzugriffsparameter, die Sie natürlich an Ihre eigene Datenbank anpassen müssen. Die Konstante `INIT_QUERY` sollten Sie dagegen beibehalten, da sämtliche Kommunikation zwischen der API und ihren Clients den UTF-8-Zeichensatz verwendet, was auch die Datenbank tun sollte.

Die Konstanten `AUTH_USER` und `AUTH_KEY` sind die Werte, die bei Schreibanfragen in den Query-String-Parametern `user` beziehungsweise `key` mitgeliefert werden müssen. Der Key ist dabei, wie bereits erwähnt, ein MD5-Hash des eigentlichen Werts; im folgenden Beispiel handelt es sich um den Hash des Strings `"my-key"`. Wenn Sie die Werte aus dem Beispiel übernehmen, müssen Sie an `POST`-, `PUT`- und `DELETE`-Anfragen also den Query-String `?user=apiuser&key=my-key` anhängen.[5] In PHP stehen diese Parameter übrigens auch dann im Array `$_GET` zur Verfügung, wenn die Anfragemethode gar nicht `GET` ist, denn `$_GET` enthält grundsätzlich nur Query-String-Parameter.

Hier ein Beispiel für den Inhalt der Datei:

```
<?php
// Datenbank
define('HOST', 'localhost');
define('DATABASE', 'programming_languages');
define('USER', 'dbuser');
define('PASSWORD', 'geheim');
define('INIT_QUERY', 'SET NAMES UTF8');

// Autorisierung
define('AUTH_USER', 'apiuser');
define('AUTH_KEY', '515780610702189dabd912e9c9ef6f38');
```

Das »Hauptprogramm« »index.php«

Wie bereits erwähnt, sorgt die *.htaccess*-Datei dafür, dass bei jeder Anfrage diese Datei aufgerufen wird. Sie hat folgenden Inhalt:

```
<?php

require_once(__DIR__.'/config.inc.php');
require_once(__DIR__.'/Autoloader.php');

spl_autoload_register(['Autoloader', 'autoload']);
```

5 Falls Sie die API – oder Ihre eigene davon abgeleitete Version – auf einem öffentlich zugänglichen Webserver bereitstellen wollen, ist es natürlich ratsam, Ihre eigenen Werte zu verwenden, denn dieses Buch hat eine gewisse Verbreitung.

```
$application = new Application();
$application->run();
```

Zunächst werden also die Konfigurationsdatei und die Autoloader-Klasse inkludiert. Dass die Konfigurationsdatei nochmals in *Database.php* eingebunden wird, spielt keine Rolle, denn die verwendete Anweisung `require_once()` sorgt dafür, dass sie in jedem Fall nur einmal hinzugefügt wird.

Die Autoloader-Klasse »Autoloader.php«

Die Klasse `Autoloader` enthält lediglich die statische Methode `autoload()`; der Quellcode sieht so aus:

```
<?php

class Autoloader {
  public static function autoload($classname) {
    $filename = preg_replace('(([A-Z]))', '/\\1', $classname);
    if (substr($filename, 0, 1) != '/') {
      $filename = '/'.$filename;
    }
    $filename .= '.php';
    $path = __DIR__.$filename;
    if (file_exists($path)) {
      include_once($path);
    }
  }
}
```


Das Verfahren wurde im Prinzip bereits erläutert. Mithilfe von `preg_replace()` wird zunächst vor jedem Großbuchstaben ein / eingefügt, da Großbuchstaben in der Logik dieses Autoloaders Unterverzeichnisse einleiten. Wenn der Pfad danach nicht mit / beginnt (weil er nicht mit einem Großbuchstaben begann), wird dieses Zeichen davor eingefügt. Anschließend wird die Dateiendung *.php* angehängt, und falls die so gekennzeichnete Datei im aktuellen Verzeichnis `__DIR__` vorhanden ist – zu prüfen mittels `file_exists()` –, wird diese geladen.

Die Hauptanwendungsklasse »Application.php«

Diese Klasse definiert die Hauptmethode der Anwendung mit dem Namen `run()`. Sie wird von *index.php* auf einer neuen Instanz von `Application` aufgerufen. In Listing 19.8 finden Sie zunächst den Quellcode:

```
<?php

class Application {
  public function run() {
    $path = strtok($_SERVER['REQUEST_URI'], '?');
    $elements = preg_split('(/)', $path);
    while (empty($elements[0])) {
      array_shift($elements);
    }
    $classname = ucfirst(array_shift($elements));
    $method = strtolower($_SERVER['REQUEST_METHOD']);
    $headersOnly = FALSE;
    if ($method == 'head') {
      $method = 'get';
      $headersOnly = TRUE;
    }
    if (!class_exists($classname)) {
      $message = sprintf("<error>Unknown resource %s.</error>", $classname);
      header("HTTP/1.1 404 Not Found");
      header("Content-type: application/xml");
      header(sprintf("Content-length: %d", strlen($message)));
      if (!$headersOnly) {
        echo $message;
      }
      return;
    }
    $instance = new $classname();
    if (!method_exists($instance, $method)) {
      $message = sprintf("<error>Method %s not implemented.</error>", $method);
      header("HTTP/1.1 501 Not Implemented");
      header("Content-type: application/xml");
      header(sprintf("Content-length: %d", strlen($message)));
      echo $message;
      return;
    }
    $result = $instance->$method($elements);
    header(
      sprintf(
        "HTTP/1.1 %d %s",
        $instance->statusCode(),
        $instance->statusMessage()
      )
    );
```

```
    header(sprintf("Content-type: %s", $instance->contentType()));
    header(sprintf("Content-length: %d", strlen($result)));
    if (!$headersOnly) {
      echo $result;
    }
  }
}
```

Listing 19.8 Application.php ist die Hauptanwendungsklasse der REST-API.

Der echte Pfad der Anfrage wird aus der Servervariablen `REQUEST_URI` gelesen. Er wird mit `strtok()` vor einem eventuellen Fragezeichen, das einen Query-String einleitet, abgeschnitten und dann mithilfe von `preg_split()` an den /-Zeichen in ein Array zerlegt. Eventuell leere Elemente, die durch einen führenden / entstehen, werden mit `array_shift()` vom Anfang des Arrays entfernt.

Das erste Element des Arrays wird als Klassenname interpretiert. Es wird ebenfalls aus dem Array entfernt, und hier kommt `ucfirst()` zum Einsatz, um den ersten Buchstaben des Klassennamens großzuschreiben:

```
$classname = ucfirst(array_shift($elements));
```

Umfangreichere APIs interpretieren meist nicht einfach den Namen der angeforderten Ressource als Klassennamen, sondern führen anhand von Tabellen ein sogenanntes Routing durch, aber für diesen einfachen Anwendungsfall genügt das Verfahren.

Als Nächstes wird der Name der verwendeten HTTP-Anfragemethode ausgelesen und mit `strtolower()` in Kleinschreibung umgewandelt, um als Methode der API-Klasse zu dienen:

```
$method = strtolower($_SERVER['REQUEST_METHOD']);
```

Im Fall der HTTP-Methode `HEAD` wird der Methodenname in `get` umgewandelt, und in `$headersOnly` wird vermerkt, dass kein Body ausgeliefert werden soll, da `HEAD`-Anfragen eben `GET`-Anfragen sind, bei denen nur die Header an den Client gesendet werden.

Mit `class_exists()` wird als Nächstes überprüft, ob die angegebene Klasse existiert (dies ruft hinter den Kulissen den Autoloader auf) – falls nicht, endet die Ausführung mit `404 Not Found`.

Da nun sichergestellt ist, dass die gewünschte Klasse existiert, wird sie instanziiert:

```
$instance = new $classname();
```

Anschließend wird mithilfe von `method_exists()` überprüft, ob die angeforderte Methode existiert, wobei die im Anschluss gezeigte API-Basisklasse Default-Implementierungen der REST-Methoden `GET`, `POST`, `PUT` und `DELETE` enthält und der Sonderfall `HEAD` wie beschrieben in der vorliegenden Klasse behandelt wurde. Sollte ein Client dennoch eine Anfrage mit einer anderen Methode senden, wird mit `501 Not Implemented` geantwortet.

Andernfalls ist nun geklärt, dass auch die Methode existiert, die daraufhin aufgerufen wird; der Rest des Anfrage-Arrays wird als Argument übergeben. Das Ergebnis des Methodenaufrufs ist der Body der HTTP-Antwort:

```
$result = $instance->$method($elements);
```

Die Anfrage `GET /language/7` würde also beispielsweise in folgenden Code umgewandelt:

```
$instance = new Language();
$instance->get([7]);
```

Zum Schluss erfolgt die HTTP-Ausgabe: Der Status, der MIME-Type und die Länge des Bodys werden über die Funktion `header()` ausgegeben, und als Letztes folgt der Body mit `echo`, falls `$headersOnly` nicht gesetzt ist.

Die API-Basisklasse »Api.php«

Diese Klasse stellt die Grundfunktionalität bereit, die jede API-Ressourcenklasse erben sollte. Der Code steht in Listing 19.9:

```
<?php

class Api {
  protected $xml = NULL;
  protected $contentType = "text/xml";
  protected $statusCode = 200;
  protected $statusMessage = "OK";

  public function get($elements) {
    return $this->notImplemented();
  }

  public function post($elements) {
    return $this->notImplemented();
  }

  public function put($elements) {
    return $this->notImplemented();
  }

  public function delete($elements) {
    return $this->notImplemented();
  }

  public function contentType($type = NULL) {
```

```
  if ($type !== NULL) {
    $this->contentType = $type;
  }
  return $this->contentType;
}

public function statusCode($code = NULL) {
  if ($code !== NULL) {
    $this->statusCode = $code;
  }
  return $this->statusCode;
}

public function statusMessage($message = NULL) {
  if ($message !== NULL) {
    $this->statusMessage = $message;
  }
  return $this->statusMessage;
}

protected function notFound() {
  $this->statusCode(404);
  $this->statusMessage('Not found');
  return $this
    ->xml()
    ->getElement(
        'The requested resource could not be found.',
        'error'
      );
}

protected function badRequest($message = '') {
  $this->statusCode(400);
  $this->statusMessage('Bad request');
  return $this
    ->xml()
    ->getElement(
        empty($message) ? 'This request is formally incorrect.' : $message,
        'error'
      );
}

protected function notImplemented() {
```

```
    $this->statusCode(501);
    $this->statusMessage('Not implemented');
    return $this
      ->xml()
      ->getElement(
          'This request method is not implemented.',
          'error'
        );
  }

  protected function forbidden() {
    $this->statusCode(403);
    $this->statusMessage('Forbidden');
    return $this
      ->xml()
      ->getElement(
          'You are not allowed to access this resource.',
          'error'
        );
  }

  protected function checkAuthorization() {
    $result = FALSE;
    if (defined('AUTH_USER') && defined('AUTH_KEY')) {
      if (isset($_GET['user']) && $_GET['user'] == AUTH_USER &&
          isset($_GET['key']) && md5($_GET['key']) == AUTH_KEY) {
        $result = TRUE;
      }
    }
    return $result;
  }

  public function xml($xml = NULL) {
    if ($xml !== NULL) {
      $this->xml = $xml;
    } elseif ($this->xml === NULL) {
      $this->xml = new Xml();
    }
    return $this->xml;
  }
}
```

Listing 19.9 Api.php ist die Basisimplementierung für die eigentlichen API-Ressourcen.

Die Klasse beginnt mit der Deklaration einiger Attribute. Sie haben die Sichtbarkeitsstufe `protected`, damit sie auch in abgeleiteten Klassen zur Verfügung stehen. `$xml` ist eine Instanz der Helferklasse `Xml`, die jeweils bei Bedarf initialisiert wird. `$contentType`, `$statusCode` und `$statusMessage` sind Felder für die verschiedenen HTTP-Header, die über unterschiedliche Methoden gesetzt und ausgelesen werden können.

Es folgen die öffentlichen Methoden `get()`, `post()`, `put()` und `delete()` für die gleichnamigen HTTP-Anfragemethoden. In dieser Basisklasse liefern sie alle den Status `501 Not implemented` zurück; in abgeleiteten Ressourcenklassen brauchen Sie also nur diejenigen zu überschreiben, die Sie tatsächlich benötigen.

Die Methoden `contentType()`, `statusCode()` und `statusMessage()` sind kombinierte Getter und Setter für die entsprechenden Attribute: Wenn das optionale Argument gesetzt ist, werden die Attribute auf den angegebenen Wert gesetzt, und dieser wird in jedem Fall zurückgegeben. Die Methode `xml()` am Ende der Klasse funktioniert ähnlich, initialisiert die Instanz jedoch zusätzlich mit `new Xml()`, falls sie nicht übergeben wird und noch nicht existiert. Die Möglichkeit, das `Xml`-Objekt von außen zu setzen, ist vor allem für Unit-Tests interessant, denn so können Sie der `Api`-Instanz anstelle des Originals ein Mock-Objekt übergeben.

Die `protected`-Methoden `notFound()`, `badRequest()`, `notImplemented()` und `forbidden()` können Sie in Ihren Ressourcenklassen aufrufen, um die entsprechenden Fehlermeldungen an Clients zurückzuliefern. Die HTTP-Methoden in der vorliegenden Klasse zeigen am Beispiel von `notImplemented()`, wie das funktioniert. Alle vier Methoden erzeugen den Body mithilfe der `Xml`-Methode `getElement()`, die einen einzelnen String in das angegebene XML-Tag verschachtelt (hier jeweils `<error>...</error>`). Im Fall von `badRequest()` können Sie die Originalfehlermeldung optional überschreiben, um dem Client genauer mitzuteilen, was mit seiner Anfrage nicht stimmt. Neben der Rückgabe der jeweils passenden XML-Fehlermeldung setzen die Methoden auch Statuscode und -meldung entsprechend.

Die Methode `checkAuthorization()` prüft schließlich, ob die Berechtigung vorliegt, eine bestimmte Anfrage durchzuführen. Dazu müssen die Konstanten `AUTH_USER` und `AUTH_KEY` in der Konfigurationsdatei gesetzt sein. Sie werden mit den Werten der Query-String-Parameter `user` beziehungsweise `key` verglichen, wobei von Letzterem der MD5-Hash gebildet wird. Nur bei einer Übereinstimmung liefert die Methode das Ergebnis `TRUE` zurück, das heißt, die Anfrage ist autorisiert.

Wenn Sie `checkAuthorization()` in einer Methode einer von `Api` abgeleiteten Ressourcenklasse verwenden möchten, funktioniert das beispielsweise so:

```
public function post($elements) {
  if (!$this->checkAuthorization()) {
    return $this->forbidden();
  }
  // Hier ist der Client autorisiert: POST-Anfrage weiterverarbeiten.
}
```

Die API-Ressourcenklasse »Language.php«

Die Klasse `Language` wird von der soeben beschriebenen Klasse `Api` abgeleitet. Ihr PHP-Code ist in Listing 19.10 zu sehen:

```
<?php

class Language extends Api {
  private $dba = NULL;

  public function get($elements) {
    if (isset($elements[0]) && !empty($elements[0])) {
      return $this->getOne($elements[0]);
    }
    return $this->getAll();
  }

  public function post($elements) {
    if (!$this->checkAuthorization()) {
      return $this->forbidden();
    }
    $raw = file_get_contents('php://input');
    if (!empty($raw)) {
      $data = $this->dba()->parse($raw);
      $id = $this->dba()->create($data);
      if ($id) {
        return $this
          ->xml()
          ->getElement(
              sprintf('Created new language with ID %d.', $id),
              'success'
            );
      } else {
        return $this->badRequest("Could not create a new record; database error.");
      }
    }
    return $this->badRequest("You provided no data to insert.");
  }

  public function put($elements) {
    if (!$this->checkAuthorization()) {
      return $this->forbidden();
    }
    if (isset($elements[0])) {
```

```
      $id = $elements[0];
      $raw = file_get_contents('php://input');
      if (!empty($raw)) {
        $data = $this->dba()->parse($raw);
        $success = $this->dba()->update($id, $data);
        if ($success) {
          return $this
            ->xml()
            ->getElement(
                'Language successfully modified.',
                'success'
              );
        }
      }
    }
    return $this->badRequest();
  }

  public function delete($elements) {
    if (!$this->checkAuthorization()) {
      return $this->forbidden();
    }
    if (isset($elements[0])) {
      $id = $elements[0];
      $success = $this->dba()->delete($id);
      if ($success) {
        return $this
          ->xml()
          ->getElement(
              'Language successfully deleted.',
              'success'
            );
      }
    }
    return $this->badRequest();
  }

  protected function getOne($id) {
    $language = $this->dba()->getById($id);
    if (!empty($language)) {
      return $this->xml()->getRecord($language, 'language');
    }
    return $this->notFound();
```

```
  }

  protected function getAll() {
    if (isset($_GET['search'])) {
      $data = $this->dba()->getBySearch($_GET['search']);
    } else {
      $data = $this->dba()->getAll();
    }
    if (!empty($data)) {
      return $this->xml()->getRecords($data, 'languages', 'language');
    }
    return $this->notFound();
  }

  public function dba($dba = NULL) {
    if ($dba !== NULL) {
      $this->dba = $dba;
    } elseif ($this->dba === NULL) {
      $this->dba = new LanguageDba();
    }
    return $this->dba;
  }
}
```

Listing 19.10 Language.php stellt die API-Ressource »language« zur Verfügung.

Die Klasse deklariert zunächst ein privates Attribut namens `$dba`. Es handelt sich um eine Instanz der Klasse `LanguageDba` für die Datenbankzugriffe, die genau wie die `Xml`-Instanz in der Elternklasse über eine kombinierte Getter- und Setter-Methode namens `dba()` initialisiert wird.

Ansonsten werden im Wesentlichen die Methoden für die verschiedenen HTTP-Zugriffsarten definiert. `get()` überprüft dabei zunächst, ob der Pfad hinter `language/` ein weiteres Element enthält – dies wird als ID interpretiert und über die interne Helfermethode `getOne()` ausgelesen. Andernfalls wird der Rückgabewert von `getAll()` zurückgeliefert.

Die Methode `getOne()` ruft ihrerseits die Methode `getById()` der DBA-Klasse auf. Wenn diese ein Ergebnis zurückliefert, bedeutet das, dass der Datensatz gefunden wurde; er wird mithilfe der `Xml`-Methode `getRecord()` zu XML mit dem Wurzelelement `<language>...</language>` verarbeitet und zurückgegeben. Andernfalls wird `notFound()` aufgerufen, um dem Client den Fehlerstatus `404 Not found` zu präsentieren.

`getAll()` funktioniert ähnlich, prüft aber vor dem eigentlichen Datenbankzugriff, ob der URL-Parameter `search` gesetzt ist. Ist das der Fall, wird der Wert dieses Parameters an die

DBA-Methode getBySearch() übergeben, die nur Datensätze zurückliefert, in denen language_name den angegebenen String enthält. Andernfalls werden mit der DBA-Methode getAll() alle Datensätze ausgelesen. Wenn ein Ergebnis vorhanden ist, wird es mit getRecords() aus der Klasse Xml in das Ausgabeformat umgewandelt und zurückgegeben, ansonsten gibt es wieder eine 404-Fehlermeldung.

Die Methoden post(), put() und delete() überprüfen zunächst nach dem bereits gezeigten Schema, ob der Client ordnungsgemäß autorisiert ist. Ist dies nicht der Fall, wird 403 Forbidden zurückgeliefert. Wenn die Autorisierung erfolgreich war, lesen post() und put() den Inhalt von *php://input* aus, um den Body der Anfrage zu erhalten. Ist dieser leer, wird badRequest() mit einer spezifischen Fehlermeldung zurückgegeben. Ansonsten parst die Methode parse() der Klasse LanguageDba das übergebene XML, und es wird mit den Methoden create() beziehungsweise update() derselben Klasse in die Datenbank geschrieben. Im Erfolgsfall wird 200 OK mit einer spezifischen XML-Erfolgsmeldung zurückgegeben, ansonsten badRequest().

delete() funktioniert so ähnlich wie die beiden anderen Schreibmethoden, überprüft aber keinen Anfrage-Body, sondern nur die ID des zu löschenden Datensatzes aus dem Pfad.

Die grundlegende Datenbankklasse »Database.php«

Der Quellcode dieser Datei wurde in diesem Kapitel bereits abgedruckt, und zwar im Unterabschnitt »Eine Klasse für vereinfachte Datenbankzugriffe« des Abschnitt 19.1.5, »Auf MySQL-Datenbanken zugreifen«. Blättern Sie dorthin, falls Sie den Code noch nicht gelesen oder abgetippt haben.

Die allgemeine Datenbankzugriffsklasse »Dba.php«

Diese Klasse ist die Elternklasse für spezifische Datenbankzugriffsklassen der API-Ressourcen. Sie ist von Database abgeleitet und stellt die Umwandlung der internen Datenbank- in die öffentlichen API-Feldnamen und umgekehrt bereit. In Listing 19.11 steht der Inhalt:

```
<?php

class Dba extends Database {
  protected $fields = [];

  protected function recordToResult($record, $fields = NULL) {
    if ($fields === NULL) {
      $fields = $this->fields;
    }
    $result = [];
    if (is_array($record)) {
      foreach ($record as $field => $value) {
        if (isset($fields[$field])) {
```

```
          $result[$fields[$field]] = $value;
        } else {
          $result[$field] = $value;
        }
      }
    }
    return $result;
  }

  protected function resultToRecord($result) {
    return $this->recordToResult($result, array_flip($this->fields));
  }
}
```

Listing 19.11 Dba.php erleichtert Datenbankzugriffe auf Ressourcen, indem Tabellenfelder in Array-Schlüssel umgewandelt werden und umgekehrt.

Das in dieser Klasse zunächst leere Attribut `$fields` ordnet die Feldnamen der Datenbank den öffentlichen XML-Elementnamen der API zu; als Schlüssel werden die Datenbankfeldnamen erwartet und als Werte die XML-Elemente. Die Methode `recordToResult()` wandelt Datenbankdatensätze in Ergebnis-Arrays um; wenn ein Feld nicht vorhanden ist, wird der Originalfeldname beibehalten. Optional kann die Methode eine Liste von Feldern als Argument entgegennehmen – das macht sich die Umkehrfunktion `resultToRecord()` zunutze, indem sie Schlüssel und Werte mittels `array_flip()` umkehrt und wiederum `recordToResult()` aufruft.

Ausgewachsene Web-Frameworks verwenden oft mehr Automatisierung für Datenbankzugriffe bis hin zu sogenannten *ORM*-Schnittstellen (*Object-Relational Mapping*), die eine Datenbanktabelle mehr oder weniger automatisch einer Klasse zuordnen. Dies ist bequem, geht aber mitunter auf Kosten der Datenbankperformance.

Die Datenbankzugriffsklasse »Language/Dba.php«

Diese Klasse stellt die spezifischen Datenbankzugriffsmethoden für die Tabelle `languages` bereit. Sie ist von `Dba` abgeleitet und enthält das in Listing 19.12 gezeigte PHP:

```
<?php

class LanguageDba extends Dba {
  private $xml = NULL;

  protected $fields = [
    'language_id' => 'id',
    'language_name' => 'name',
```

```
  'language_architecture' => 'architecture',
  'language_implementation' => 'implementation',
  'language_system' => 'system',
  'language_description' => 'description',
  'language_year' => 'year'
];

public function getAll() {
  $sql = "SELECT language_id, language_name, language_architecture,
                 language_implementation, language_system,
                 language_description, language_year
            FROM languages
           ORDER BY language_name";
  $result = [];
  $query = $this->query($sql);
  while ($row = $query->fetch_assoc()) {
    $result[$row['language_id']] = $this->recordToResult($row);
  }
  return $result;
}

public function getById($id) {
  $sql = "SELECT language_id, language_name, language_architecture,
                 language_implementation, language_system,
                 language_description, language_year
            FROM languages
           WHERE language_id = %d";
  $query = $this->query($sql, $id);
  return $this->recordToResult($query->fetch_assoc());
}

public function getBySearch($search) {
  $condition = $this->getCondition(['language_name' => '%'.$search.'%']);
  $sql = "SELECT language_id, language_name, language_architecture,
                 language_implementation, language_system,
                 language_description, language_year
            FROM languages
           WHERE ".$condition;
  $result = [];
  $query = $this->query($sql);
  while ($row = $query->fetch_assoc()) {
    $result[$row['language_id']] = $this->recordToResult($row);
  }
```

```
    return $result;
  }

  public function create($data) {
    return $this->insertQuery('languages', $this->resultToRecord($data));
  }

  public function update($id, $data) {
    return $this->updateQuery(
      'languages',
      $this->resultToRecord($data),
      'language_id = %d',
      $id
    );
  }

  public function delete($id) {
    $sql = "DELETE FROM languages WHERE language_id = %d";
    $this->query($sql, $id);
    return $this->getAffectedRows();
  }

  public function parse($rawXml) {
    return $this->xml()->parse($rawXml, $this->fields);
  }

  public function xml($xml = NULL) {
    if ($xml !== NULL) {
      $this->xml = $xml;
    } else {
      $this->xml = new Xml();
    }
    return $this->xml;
  }
}
```

Listing 19.12 Language/Dba.php ist eine von Dba abgeleitete Klasse, die konkrete Hilfsmethoden für Datenbankzugriffe auf die Tabelle »languages« bereitstellt.

Auch diese Klasse verwendet eine Instanz der Klasse `Xml`, um einen Aufruf der Methode `parse()` an diese durchzureichen. Da die gleichnamige Methode von `Xml` eine Liste der Felder benötigt, ist es sinnvoll, diesen Umweg zu gehen.

Die Felderliste `$fields` lässt im Fall dieser Klasse bei den XML-Elementnamen das Präfix `language_` der Tabellenfelder weg.

Die Methoden `getAll()`, `getById()` und `getBySearch()` erzeugen SQL-`SELECT`-Anfragen, um die gewünschten Datensätze auszulesen. `getAll()` benötigt keine Parameter, da stets alle Datensätze ausgelesen werden. Bei `getById()` wird die übergebene ID als einfacher Parameter einer `WHERE`-Bedingung verwendet. `getBySearch()` konstruiert die Suchbedingung zunächst mithilfe der Database-Methode `getCondition()`, da diese die entsprechende Sonderbehandlung für `LIKE`-Platzhalter bietet.

Die Methoden `getAll()` und `getBySearch()` können mehrere Datensätze zurückliefern, sodass das Ergebnis von `query()` jeweils in einer Schleife aufgerufen wird; `getById()` gibt dagegen höchstens einen Datensatz zurück. In jedem Fall wird für alle Datensätze `recordToResult()` aufgerufen, um die Feldnamen zu ersetzen.

Die Schreibmethoden sind recht kurz. Insbesondere `create()` und `update()` reichen die Daten nach einem Aufruf von `resultToRecord()` einfach an die Database-Methoden `insertQuery()` beziehungsweise `updateQuery()` durch. `delete()` sendet eine spezifisch erzeugte Abfrage an die Datenbank und gibt die Anzahl der betroffenen Datensätze zurück.

Die XML-Helferklasse »Xml.php«

Diese Klasse enthält Methoden zum Erzeugen und Parsen von XML. Listing 19.13 zeigt ihren Quellcode:

```
<?php

class Xml {
  public function getRecords($records, $root = 'result', $line = 'record') {
    $result = '<?xml version="1.0" encoding="utf-8" standalone="yes"?>';
    $result .= sprintf('<%s>', $root);
    foreach ($records as $id => $record) {
      $result .= sprintf('<%s id="%d">', $line, $id);
      foreach ($record as $field => $value) {
        $result .= sprintf(
          '<%1$s>%2$s</%1$s>',
          htmlspecialchars($field),
          htmlspecialchars($value)
        );
      }
      $result .= sprintf('</%s>', $line);
    }
    $result .= sprintf('</%s>', $root);
    return $result;
  }
```

```
  public function getRecord($record, $line = 'record') {
    $result = '<?xml version="1.0" encoding="utf-8" standalone="yes"?>';
    $result .= sprintf('<%s>', $line);
    foreach ($record as $field => $value) {
      $result .= sprintf(
        '<%1$s>%2$s</%1$s>',
        htmlspecialchars($field),
        htmlspecialchars($value)
      );
    }
    $result .= sprintf('</%s>', $line);
    return $result;
  }

  public function getElement($text, $element = 'message') {
    $result = '<?xml version="1.0" encoding="utf-8" standalone="yes"?>';
    $result .= sprintf(
      '<%1$s>%2$s</%1$s>',
      htmlspecialchars($element),
      htmlspecialchars($text)
    );
    return $result;
  }

  public function parse($xml, $fields) {
    $result = [];
    $record = new SimpleXMLElement($xml);
    foreach ($fields as $field) {
      if ($record->{$field} != NULL && !empty((string)$record->{$field})) {
        $result[$field] = (string)$record->{$field};
      }
    }
    return $result;
  }
}
```

Listing 19.13 Xml.php enthält Methoden zur Erzeugung und Interpretation von XML.

Die Methoden `getRecords()`, `getRecord()` und `getElement()` wandeln ein verschachteltes Array, ein einfaches Array beziehungsweise einen String in XML-Code um. Bei `getRecords()` können optional der Name des Wurzelelements und des Elements für jeden einzelnen Datensatz angegeben werden. `getRecord()` und `getElement()` nehmen nur einen Elementnamen entgegen, jeweils für das Wurzelelement.

`parse()` dürfte die interessanteste Methode der Klasse sein: Sie verwendet die PHP-Schnittstelle SimpleXML, um das vom Client übergebene XML zu parsen. Neben dem XML-String erwartet sie eine Liste von Feldern, die als Elemente unterhalb des Wurzelelements gesucht werden. Zunächst wird mit `new SimpleXMLElement($xml)` ein SimpleXML-Baumobjekt erzeugt. Anschließend wird mit `foreach` über die Felderliste iteriert. Wenn ein XML-Element mit dem gesuchten Feldnamen vorhanden ist – es handelt sich bei SimpleXML um ein öffentliches Attribut dieses Namens –, wird der Textinhalt des Elements unter dem entsprechenden Schlüssel zum Ergebnis-Array hinzugefügt. Den Textinhalt erhalten Sie in SimpleXML, indem Sie das gewünschte Element mit `(string)$element` in einen String umwandeln.

19.2.4 Die API testen

Eine REST-API können Sie nicht testen wie eine gewöhnliche Webanwendung, die im Browser angezeigt und über Links und Formulare bedient wird. Am besten ist es, parallel zur API einen Client zu programmieren. Dieser ermöglicht zum einen das Testen der API und ist zum anderen eine Referenzimplementierung eines Clients, die Sie nach Fertigstellung der API an Entwickler*innen verteilen können, die Ihre API benutzen sollen.

In den nächsten beiden Kapiteln werden verschiedene Clients für diese API entwickelt, aber zunächst wird hier eine einfachere Möglichkeit vorgestellt. Es handelt sich um die Verwendung des generischen REST-Clients *Postman*, der früher als Erweiterung für den Browser Google Chrome verfügbar war und inzwischen als Stand-alone-Software für verschiedene Betriebssysteme vorliegt. Laden Sie einfach unter *www.getpostman.com* die passende Version herunter.

Klicken Sie auf dem Startbildschirm auf REQUEST – CREATE A BASIC REQUEST, um eine Anfrage an die API zu senden. Geben Sie im Dialog SAVE REQUEST als REQUEST NAME beispielsweise *All languages* ein. Klicken Sie bei der ersten Benutzung auf CREATE COLLECTION und vergeben Sie einen Namen für die Sammlung aller Anfragen an diese API, zum Beispiel *Programming Languages*. Schließlich können Sie unten auf SAVE klicken und gelangen so ins Hauptfenster von Postman. Hier haben Sie unter anderem folgende Möglichkeiten:

- Im Hauptbereich (rechts) können Sie links oben zunächst die HTTP-Methode wählen; neben den vier klassischen REST-Methoden stehen auch alle anderen Methoden zur Verfügung. Wählen Sie für dieses erste Beispiel GET.
- Rechts neben der Methode wird die URL eingegeben, an die die Anfrage geschickt werden soll. Geben Sie für die Liste aller Sprachen *http://localhost/language/* ein.
- Wenn Sie einen Query-String benötigen, können Sie ihn einfach durch ein Fragezeichen getrennt hinter die Basis-URL schreiben oder aber auf PARAMS klicken, um die Felder und Werte in eine bequeme Tabelle einzugeben.
- Für den Body einer POST- oder PUT-Anfrage wechseln Sie auf die Registerkarte BODY. Wählen Sie für das Format des Bodys den Radiobutton RAW; im Pull-down-Menü TEXT

rechts daneben können Sie auch den passenden Typ XML auswählen. Ob Sie den konkreten MIME-Type TEXT/XML oder APPLICATION/XML wählen, ist für die vorliegende API egal, aber andere REST-APIs bestehen möglicherweise auf einen der beiden.

- Wenn Ihre Anfrage fertig konfiguriert ist, klicken Sie auf SEND, um sie abzuschicken. Das Ergebnis wird im unteren Bereich angezeigt; eventuell müssen Sie vorher zurück auf die Registerkarte AUTHORIZATION wechseln.
- Die linke Spalte enthält die HISTORY aller bereits gesendeten Anfragen und auf einem weiteren Tab Ihre COLLECTIONS. Wenn Sie eine von ihnen anklicken, können Sie diese im rechten Bereich ganz nach Wunsch modifizieren und schließlich erneut abschicken.

Abbildung 19.2 zeigt den Postman bei der Anzeige der Anfrage `GET /language/`.

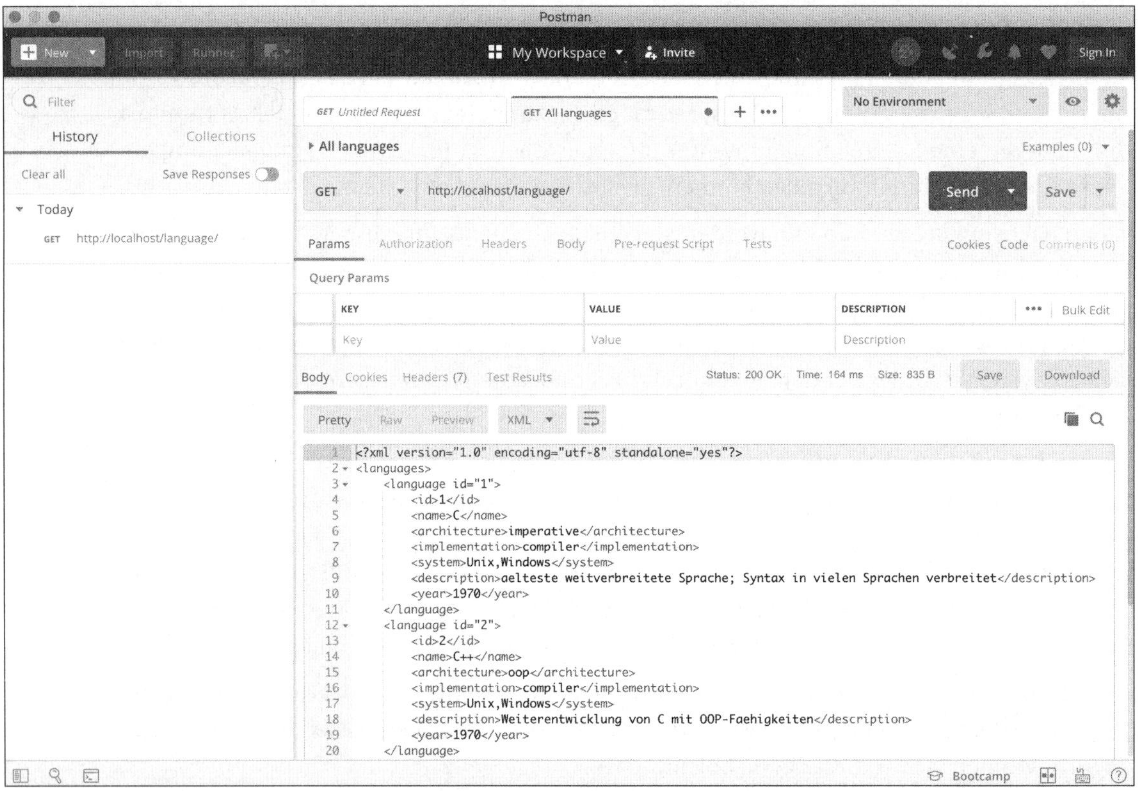

Abbildung 19.2 Der REST-Client Postman beim Ausführen der Anfrage »GET /language/«

19.3 Übungsaufgaben

1. Schreiben Sie ein PHP-Skript, das einen beliebigen String an den Stellen, an denen die Satzzeichen Punkt (`.`), Ausrufezeichen (`!`) oder Fragezeichen (`?`), gefolgt von einem Leerzeichen oder dem Zeilenende, vorkommen, in ein Array zerlegt, also einzelne Sätze daraus

macht. Anschließend sollen diese Sätze mittels `usort()` nach der Länge sortiert und ausgegeben werden (kürzester zuerst).

2. Finden Sie die Syntax- und Logikfehler in der folgenden PHP-Funktionsdefinition, möglichst ohne sie auszuführen:

```
function add($a = 5, $b) {
  $a += $b;
  return $a;
  if $b < 10 {
    return 0;
  }
}
```

3. Leiten Sie die Klassen `Html`, `Head`, `Title`, `Meta`, `Body`, `Hn` (`<h1>` bis `<h6>` mit zusätzlichem Parameter für die Hierarchiestufe) und `P` zur Ausgabe der gleichnamigen HTML-Tags von der Klasse `HtmlTag` in diesem Kapitel ab und geben Sie mithilfe dieser Klassen das folgende HTML-Dokument aus:

```
<html>
  <head>
    <title>HTML-Ausgabe durch PHP-Klassen</title>
    <meta http-equiv="Content-type" content="text/html; charset=utf-8" />
    <meta name="description" content="Von PHP generiertes HTML" />
  </head>
  <body>
    <h1>HTML-Ausgabe</h1>
    <p>Dieses Dokument wird mithilfe von PHP-Klassen ausgegeben.</p>
    <h2>HtmlTag</h2>
    <p>Dies ist die Elternklasse aller HTML-Tags.</p>
    <h2>Html, Head, Body, P etc.</h2>
    <p>Diese Klassen sind von HtmlTag oder voneinander abgeleitet.</p>
    <p align="right">Aus: "IT-Handbuch für Fachinformatiker*innen"</p>
  </body>
</html>
```


4. Schreiben Sie ein PHP-Skript, das das Pizzabestellformular aus dem vorangegangenen Kapitel ausgibt, dessen Daten nach dem Abschicken entgegennimmt und eine Meldung wie »Ihre Bestellung wurde entgegengenommen« zusammen mit dem Gesamtpreis der Bestellung ausgibt. Die Grundpreise für die Größen und der Preis pro Zutat (der Einfachheit immer derselbe) sollen im Skript als Variablen festgelegt werden, damit sie bei Bedarf geändert werden können.

5. Ergänzen Sie die Beispieldatenbank mit den Programmiersprachen um eine Tabelle `authors` mit den Feldern `author_id`, `author_firstname` und `author_lastname` sowie eine Tabelle `languages_authors`, mit der die m:n-Beziehung zwischen den Programmiersprachen

und den Personen, die sie erfunden haben, hergestellt wird (Felder `la_author_id` und `la_language_id`). Finden Sie (zum Beispiel aus der Wikipedia) heraus, wer die verschiedenen Sprachen erfunden hat, und fügen Sie diese Informationen in die Datenbank ein. Schreiben Sie anschließend ein PHP-Skript, das eine `JOIN`-Abfrage auf die Tabellen ausführt und die Sprachen sowie ihre Autoren in einer HTML-Tabelle ausgibt.

6. Fügen Sie PHPDoc-Kommentare zu allen Klassen der REST-API hinzu.
7. Schreiben Sie Unit-Tests für alle Klassen und Methoden der REST-API, soweit sie testbar sind; Mock-Objekte können Sie dabei über die kombinierten Getter/Setter-Methoden wie `dba()` oder `xml()` einfügen.
8. Erweitern Sie die REST-API um eine weitere Ressource namens `Author` (Klassendateien *Author.php* und *Author/Dba.php*). Diese soll Informationen über die Personen für die Tabelle aus Aufgabe 5 verwalten. Erweitern Sie die Language-Klassen anschließend so, dass sie diese Informationen als verschachteltes XML in folgendem Format ausgeben:

```
<authors>
  <author>
    <firstname>Vorname</firstname>
    <lastname>Nachname</lastname>
  </author>
  <!-- evtl. weitere Personen -->
</authors>
```

   Zusätzlich wird eine Ressource namens `LanguageAuthor` benötigt, mit der die Informationen für die Tabelle `language_authors` in numerischer Form jeweils einzeln eingesetzt und gelöscht, aber nicht geändert oder ausgelesen werden können (Sie brauchen hier also nur `post()` und `delete()` zu implementieren, während `get()` und `put()` von der Klasse `Api` geerbt werden und mit `501 Not implemented` antworten).

9. Wenn Sie das nächste Kapitel, »JavaScript und Ajax«, durchgearbeitet und JSON kennengelernt haben (oder bereits kennen), erweitern Sie die API so, dass sie zusätzlich dieses Datenaustauschformat beherrscht: Der `Accept`-Header der Clientanfrage soll `application/json` anfordern, wenn JSON als Ausgabeformat erwünscht ist; ansonsten wird wie bisher XML geliefert. Entsprechend soll der Body einer `POST`- oder `PUT`-Anfrage als JSON ausgewertet werden, wenn der Anfrage-Header `Content-type` den Wert `application/json` hat, und sonst XML.

   Was Sie für die Lösung wissen müssen: In PHP wird ein Array mithilfe der Funktion `json_encode()` in einen JSON-String umgewandelt und mit `json_decode()` wieder zurück in eine entsprechende PHP-Datenstruktur.

Kapitel 20
JavaScript und Ajax

Gott sei's gedankt, in der nächsten Welt wird es keinen Kaffee geben. Denn es gibt nichts Schlimmeres, als auf Kaffee zu warten, wenn er noch nicht da ist.
– Immanuel Kant

Im vorangegangenen Kapitel haben Sie Konzepte zur Entwicklung von Anwendungen auf der Webserverseite kennengelernt. Sie können aus beliebigen Datenquellen zusammengesetzt werden; meistens basieren sie heutzutage auf Datenbanken. Onlineeinkäufe, umfangreiche Enzyklopädien in Form von Wikis, die alle einfach im Browser ändern können, soziale Netzwerke oder Diskussionsforen zu beliebigen Themen sind auf diese Weise kein Problem.

Alle serverseitigen Webprogrammiersprachen und -Frameworks haben jedoch einen Schwachpunkt gemeinsam: Obwohl sie auf dynamische Daten zurückgreifen, erzeugen sie statische HTML-Dokumente, die vom Browser unveränderlich angezeigt werden. Das muss nicht sein: Die unter dem Schlagwort *Web 2.0* (zugegebenermaßen ein vor gut zehn Jahren aufgekommener schwammiger Marketingbegriff) zusammengefassten Anwendungen stellen lebendige, ohne Seiten-Reloads im Browser änderbare Seiten bereit.

In diesem Kapitel lernen Sie die wichtigste Technologie zum Erstellen solcher Anwendungen kennen: *JavaScript* zum Verändern des Browserinhalts mitsamt der *Ajax*-Technologie, die im Hintergrund Daten vom Server nachlädt. Anschließend wird Ihnen das JavaScript-basierte Anwendungs-Framework *React* vorgestellt und in diesem Zusammenhang auch die modernere Ajax-Alternative Fetch API. Dabei kommt ebenfalls kurz die Software *Node.js* zur Sprache, mit der sich auch serverseitige Anwendungen in JavaScript schreiben lassen.

Anders als die im letzten Kapitel behandelten Webanwendungen wird JavaScript traditionell clientseitig ausgeführt, genauer gesagt: im Webbrowser. Dies eröffnet neue Möglichkeiten, da Sie nicht mehr nur statische Seiten und Formulare anbieten können, sondern »lebendige« Websites mit direkter Interaktivität. Die Ajax-Technologie ermöglicht sogar die Durchführung zusätzlicher HTTP-Anfragen zur Änderung einzelner Seitenbereiche – auf diese Weise werden browserbasierte Anwendungen möglich, die sich wie Desktopprogramme bedienen lassen.

JavaScript wurde 1995 von Netscape unter dem ursprünglichen Namen *LiveScript* entwickelt. Mit Beginn der Sun-Netscape-Allianz wurde sie dann – angesichts des großen Erfolgs von Suns Programmiersprache *Java* – in JavaScript umbenannt.

Diese Namensähnlichkeit führt allerdings immer wieder zu Missverständnissen: JavaScript ist nicht Java und hat auch nicht allzu viel damit zu tun. Zwar entstammt bei JavaScript die grundlegende Syntax ebenfalls der C-Tradition, aber mehr Gemeinsamkeiten gibt es eben nicht. Während Java eine vollständige Programmiersprache zur Entwicklung eigenständiger Anwendungen ist, handelt es sich bei JavaScript um eine Skriptsprache, die nur in bestimmten Umgebungen läuft – insbesondere in Webbrowsern.

In den Anfangstagen von JavaScript waren die in verschiedene Browser integrierten Versionen der Sprache übrigens oft inkompatibel zueinander, weil die Hersteller jeweils unterschiedliche Wege gingen, um Erweiterungen zu implementieren. Doch allmählich gingen sie dazu über, JavaScript gemäß einer Spezifikation namens *ECMAScript* zu implementieren, die von der Organisation *Ecma International* (vormals ECMA, European Computer Manufacturers' Association) herausgegeben und regelmäßig aktualisiert wird. Neben JavaScript halten sich noch einige andere, seltener gewordene Programmiersprachen an die ECMAScript-Spezifikation, beispielsweise ActionScript, das in proprietären Webentwicklungsumgebungen der Adobe-Flash-Familie zum Einsatz kam.

20.1 Grundlagen

In diesem Abschnitt werden zunächst einige allgemeine Grundlagen von JavaScript erläutert: die Einbindung ins HTML-Dokument, diverse Sprachelemente, Datum und Uhrzeit, Formularverarbeitung und so weiter.

20.1.1 JavaScript im HTML-Dokument

JavaScript-Anweisungen werden in der Regel unmittelbar in HTML-Dokumente hineingeschrieben. Sie stehen zwischen den speziellen HTML-Tags `<script>` und `</script>`. Das HTML-Tag `<script>` muss für die Verwendung von JavaScript durch ein spezielles Attribut angepasst werden, das den MIME-Type der verwendeten Sprache angibt, weil es auch noch andere – allerdings selten genutzte – Browserskriptsprachen gibt:

```
<script type="text/javascript">
  // Hier steht JavaScript-Code.
</script>
```

Es ist erlaubt (aber nicht mehr sonderlich üblich), den eigentlichen JavaScript-Code folgendermaßen zwischen HTML-Kommentare zu setzen:

```
<script type="text/javascript">
<!--
   // Hier steht der eigentliche Code.
```

```
// -->
</script>
```

Dadurch wird verhindert, dass Clients, die keine Browser sind (etwa Crawler von Suchmaschinen) oder ganz alte Browser, die kein JavaScript verstehen, den Code als normalen Text interpretieren. Beachten Sie den einzeiligen JavaScript-Kommentar // vor dem Ende des HTML-Kommentars -->. Diese Schreibweise ist notwendig, weil sonst versucht würde, die Zeichenfolge --> als JavaScript zu interpretieren, was eine Fehlermeldung auslöst. Außerdem darf in der ersten Kommentarzeile <!-- kein JavaScript-Code stehen, da er sonst ignoriert würde. Heutzutage wird diese zusätzliche Einbettung in Kommentare wie gesagt meist weggelassen.

Ob ein solcher Skriptblock im Head oder im Body einer HTML-Seite steht, ist vom jeweiligen Einzelfall abhängig: Allgemeine Initialisierungen und Funktionsdefinitionen stehen im Head, dagegen steht Code, der etwas in das HTML-Dokument selbst ausgibt, an der entsprechenden Stelle im Body. Aus Performancegründen wird empfohlen, so viel JavaScript-Code wie möglich ans Ende des Dokuments zu setzen, also in einen oder mehrere <script>-Blöcke vor dem schließenden Body-Tag.

Wenn Sie eine bestimmte JavaScript-Funktionalität in mehreren Dateien benötigen oder einfach für mehr Übersicht sorgen möchten, können Sie den JavaScript-Code auch in externe Dateien auslagern und an der passenden Stelle im Dokument importieren. Eine solche Datei erhält die Dateiendung *.js* und darf nur JavaScript enthalten, kein HTML. Eingebunden werden diese Dateien mithilfe der folgenden Variante des <script>-Tags:

```
<script type="text/javascript" src="extern.js"></script>
```

Anstelle von `extern.js` müssen Sie die korrekte URL der verknüpften Datei angeben. Innerhalb dieses speziellen Skriptblocks selbst darf kein JavaScript-Code stehen. Dennoch wird das leere Tag in diesem Fall nicht durch den XML-End-Slash abgeschlossen, stattdessen muss </script> explizit hingeschrieben werden.

Erstes Beispiel: Ausgabe ins Dokument

Das folgende erste Beispiel in Listing 20.1 gibt an einer bestimmten Stelle im Dokument das unvermeidliche »Hallo Welt!« aus:

```
<html>
<head>
<title>Das erste JavaScript</title>
</head>
<body>
<h1>JavaScript spricht:</h1>
<script type="text/javascript">
```

```
  document.write("Hallo Welt!");
</script>
</body>
</html>
```

Listing 20.1 js-example1.html gibt mithilfe von JavaScript »Hallo Welt« im HTML-Dokument aus.

Natürlich ist dieses Beispiel vollkommen unnütz; die Ausgabe von statischem Text können Sie ebenfalls mit reinen HTML-Mitteln erledigen. Die Methode `document.write()` ist auch eher zur Ausgabe der Werte dynamischer Ausdrücke geeignet als für String-Literale. Beispielsweise führen die beiden folgenden Anweisungen zu unterschiedlichen Ausgaben:

```
document.write("3 + 5");  // Ausgabe: 3 + 5
document.write(3 + 5);    // Ausgabe: 8
```

Abgesehen davon ist das Textformat des Dokuments bekanntermaßen HTML. Deshalb kann `document.write()` nicht nur reinen Text ausgeben, sondern auch HTML-Tags enthalten, die einfach vom Browser interpretiert werden.

Beispielsweise ergibt die Anweisung

```
document.write("<h1>Hallo, Welt!</h1>");
```

die Ausgabe »Hallo, Welt!« als Hauptüberschrift.

Ein kleines Problem dabei ist, dass viele HTML-Tags Attribute besitzen, deren Werte in Anführungszeichen stehen. Mitten in einem String, der aufgrund der Logik von `document.write()` ohnehin in Anführungszeichen steht, funktioniert das nicht:

```
document.write("<span style="color: #FF0000">Rot</span>"); // FALSCH!
```

führt zu einem Fehler: Der erste String ist bei dem Anführungszeichen vor `color` zu Ende, was danach kommt, versteht JavaScript nicht (wie Sie die entsprechende Fehlermeldung zu Gesicht bekommen, steht in Abschnitt 20.1.2, »Fehler suchen mit der JavaScript-Konsole«). Wie in anderen Programmiersprachen schafft auch hier die Escape-Sequenz \" Abhilfe:

```
document.write("<span style=\"color: #FF0000\">Rot!</span>");
```

Eine andere Möglichkeit besteht darin, innerhalb doppelter Anführungszeichen einfache zu verwenden – oder umgekehrt, da die beiden Varianten in JavaScript keine unterschiedliche Bedeutung haben:

```
document.write('<span style="color: #FF0000">Rot!</span>');
```

oder

```
document.write("<span style='color: #FF0000'>Rot!</span>");
```

Einfache Interaktivität

Hier eine Erweiterung des ersten Beispiels: Der Browser soll zuerst nach dem Namen fragen und anschließend beispielsweise Folgendes ausgeben:

```
Hallo, Welt!
Hallo, Peter!
```

Zur Eingabe des Namens wird die Methode `prompt()` verwendet. Es handelt sich um eine Methode des aktuellen Browserfensterobjekts `window`, das in der Regel nicht explizit erwähnt wird. Seine Eigenschaften und Methoden sehen daher wie globale Elemente aus.

`prompt()` gibt ein Dialogfeld mit einer Eingabeaufforderung, einem Textfeld und einem OK- sowie einem ABBRECHEN-Button aus. Die Eingabe in das Textfeld ist der Rückgabewert dieser Methode – sie wartet, bis einer der Buttons OK oder ABBRECHEN gedrückt wurde, und gibt dann einen Wert zurück. Bei OK ist es die Eingabe, bei ABBRECHEN die leere Referenz `null`.

Beispiel:

```
var eingabe = prompt("Bitte etwas eingeben!", "");
```

Dies öffnet ein Dialogfeld mit dem Aufforderungstext »Bitte etwas eingeben!« und einem leeren Vorgabewert – das Texteingabefeld ist also »ab Werk« leer. (Wenn Sie das zweite Argument ganz weglassen, geben bestimmte Internet-Explorer-Versionen im Textfeld ein lästiges »Undefined« aus.)

Nachdem das Dialogfeld abgearbeitet ist, besitzt der Ausdruck

```
prompt("Bitte etwas eingeben!", "")
```

einen bestimmten Wert. Dieser Wert wird, wie zuvor zu sehen, der Variablen `input` zugewiesen. Diese Variable wiederum wird – erkennbar an dem Schlüsselwort `var` – gerade erst neu deklariert.

Das Skript zur persönlichen Begrüßung sieht so aus:

```
<script type="text/javascript">
  var input =
      prompt("Bitte Ihren Namen eingeben!", "");
  document.write("<h1>Hallo, Welt!<br>");
  document.write("Hallo, " + input + "!</h1>");
</script>
```

Neu ist hier die Zeile

```
document.write("Hallo, " + input + "!</h1>");
```

20.1.2 Fehler suchen mit der JavaScript-Konsole

Bei Fehlern in JavaScript-Code werden Fehlermeldungen üblicherweise nicht direkt im Browserfenster angezeigt – dort erhalten Sie je nach Ladereihenfolge entweder eine gänzlich weiße Seite oder aber die erwarteten Inhalte ohne die gewünschte Funktionalität als Ergebnis. Um Fehlermeldungen sehen zu können oder auch spezielle Debug-Ausgaben durchzuführen, bieten alle modernen Browser eine *JavaScript-Konsole*. Diese muss nicht in jedem Browser auch so heißen – Firefox bezeichnet sie beispielsweise als *Web-Konsole*. Die Konsole erscheint üblicherweise am unteren oder rechten Rand des Browserfensters, lässt sich aber durch Ziehen mit der Maus an jeden der Ränder andocken oder als eigenständiges Fenster ganz ablösen.

Im Fall einer Fehlermeldung steht diese in je einer Zeile der Konsole; im Fall des fehlerhaften Anführungszeichen-Beispiels lautet sie etwa: `Uncaught SyntaxError: missing ) after argument list`. Rechtsbündig in derselben Zeile stehen der Name der Quelldatei und die Nummer der Zeile, in der der Fehler aufgetreten ist.

Sie können die Konsole aber auch verwenden, um selbst Debug-Ausgaben dorthin zu tätigen und so beispielsweise Logikfehlern in Ihrem JavaScript-Code auf die Schliche zu kommen. Dazu dienen diverse Methoden des eingebauten Objekts `console`, insbesondere `console.log(Ausdruck[, Ausdruck ...])`. Das folgende Beispiel gibt zunächst den Text »3 + 5« und dann, durch einen Tabulator getrennt, den Wert einer Variablen aus, der aus dieser Berechnung entstanden ist:

```
let ergebnis = 3 + 5;
console.log("3 + 5", ergebnis);
```

Andere Varianten der Konsolenausgabe sind beispielsweise `console.warn(...)` oder `console.error(...)`; sie haben die gleiche Syntax und die gleiche grundlegende Funktionsweise wie `console.log(...)`, dienen aber eher dazu, eigene Warn- oder Fehlermeldungen auszugeben. Das ist nützlich, wenn Sie eigene Programmierbibliotheken schreiben und deren Nutzer auf die problematische beziehungsweise fehlerhafte Verwendung ihrer Bestandteile hinweisen möchten.

20.1.3 Ausdrücke und Operationen

Viele Aspekte im Umgang mit Ausdrücken, Operationen und Variablen in JavaScript sind den entsprechenden Konzepten in Java, Python oder PHP ähnlich. In diesem Abschnitt werden allerdings einige Besonderheiten vorgestellt.

Variablen und Konstanten deklarieren: var, let und const

Eine Alternative zur bereits gezeigten Deklaration von Variablen mit `var` stellt `let` dar; der Unterschied liegt im Gültigkeitsbereich der Variablen: Eine einmal mit `var` deklarierte Variable ist in der gesamten Funktion oder dem gesamten globalen Code gültig, in dem sie deklariert wurde, während let nur im aktuellen Codeblock (zum Beispiel innerhalb einer Schleife) gültig ist. Das folgende Beispiel demonstriert den Unterschied anhand zweier for-Schleifen, deren Syntax ansonsten mit derjenigen in Java identisch ist, und dem anschließenden Versuch, auf die unterschiedlich deklarierten Schleifenzähler zuzugreifen:

```
// var: bleibt gültig
for (var i = 1; i <= 10; i++) {
  console.log("Aktueller Wert von i: " + i);
}
console.log("Wert von i nach Ausführung der Schleife: " + i);
// let: nur innerhalb des jeweiligen Codeblocks gültig:
for (let j = 1; j <= 10; j++) {
  console.log("Aktueller Wert von j: " + j);
}
console.log("Wert von j nach Ausführung der Schleife: " + j); // Fehlermeldung
```

Die zweite Ausgabe findet gar nicht wie geplant statt, sondern es erscheint eine Fehlermeldung wie `ReferenceError: can't find variable: j`.

Neben den beiden Optionen zur Variablendeklaration kennt JavaScript auch *Konstanten*, die mit dem Schlüsselwort const eingeleitet werden. Diese lassen sich nach der ursprünglichen Wertzuweisung nicht mehr ändern; der Versuch führt zu einer Fehlermeldung:

```
const k = 1;
console.log("Aktueller Wert der Konstanten k: " + k);  // Ausgabe: 1
k++;  // Fehlermeldung "TypeError: Attempted to assign to readonly property."
```

20

Beachten Sie aber, dass eine Konstante keinen festgelegten Wert, sondern eine festgelegte Referenz bildet. Bei einfachen Datentypen wie den verschiedenen Zahlen oder einem String spielt das keine Rolle, da der entsprechende Wert an einer bestimmten Speicherstelle abgelegt wird und dort unveränderbar verbleibt, aber wenn Ihre Konstante auf ein Array verweist, kann dessen Inhalt durchaus nachträglich verändert werden, da nur der Verweis auf die Speicherstelle des Arrays, nicht jedoch dessen Inhalt konstant bleibt:

```
// Array mit den Werten 1, 2, 3 initialisieren:
const arrayConstant = [1, 2, 3];
// Den zusätzlichen Wert 4 am Ende einfügen:
arrayConstant.push(4);
console.log(arrayConstant);    // (meist formatierte) Ausgabe: [1, 2, 3, 4]
```

Was dagegen nicht geht und wieder zu der TypeError-Fehlermeldung führen würde, ist eine erneute Wertzuweisung an dieselbe Konstante:

```
arrayConstant = ['anderes', 'Array'];  // TypeError
```

Das Verhalten der verschiedenen Typen entspricht den in Kapitel 7, »Grundlagen der Programmierung«, behandelten veränderlichen und unveränderlichen Datentypen in Python (außer, dass es dort keine echten Konstanten gibt).

Arrays und Objekte

Echte Arrays haben in JavaScript immer numerische Indizes. Formal betrachtet, ist eine Sammlung mit String-Indizes kein Array, sondern ein (anonymes) Objekt. Ein solches können Sie wie folgt erzeugen:

```
var myObject = {
  'Feldname1': 'Wert1',
  'Feldname2': 'Wert2'
  ...
};
```

Auf die Felder können Sie anschließend mit `myObject['Feldname1']` oder `myObject.Feldname1` zugreifen; Letzteres funktioniert nur, wenn der gewählte Feldname ein gültiger Bezeichner ist, also nur Buchstaben, Ziffern und Unterstriche enthält und nicht mit einer Ziffer beginnt.

Sie können auf einzelne Felder auch den Wertzuweisungsoperator `=` anwenden, um ein neues Feld hinzuzufügen oder ein bestehendes zu ändern. Beispiele:

```
myObject['Feldname2'] = "Geänderter Wert";
myObject['Feldname3'] = "Neuer Wert";
```

Natürlich brauchen die Werte keine Strings zu sein, sondern können genauso gut Zahlen, boolesche Wahrheitswerte, Arrays, weitere Objekte oder sogar anonyme Funktionen sein.

JavaScript bietet übrigens einige Möglichkeiten, über die Elemente von Arrays oder die öffentlichen Attribute von Objekten zu iterieren. Dafür sind zwei spezielle Schreibweisen der `for`-Schleife zuständig, die zunächst einmal für Arrays gelten. Betrachten Sie dazu das folgende Array:

```
let fruitBowl = ['Apfel', 'Banane', 'Orange'];
```

In diesem Fall geht eine `for-in`-Schleife nacheinander alle Indizes des Arrays durch:

```
for (let i in fruitBowl) {
  // i hat nacheinander die Werte 0, 1, 2.
  // Zugriff auf die Elemente mit fruitBowl[i]
}
```

Die `for-of`-Schleife iteriert dagegen über die Werte statt über die Indizes:

```
for (let fruit of fruitBowl) {
  // fruit hat nacheinander die Werte 'Apfel', 'Banane', 'Orange'.
}
```

Bei Objekten ist das Ganze etwas komplexer: Lesen Sie zunächst mit der statischen Methode `Object.keys(`*`objekt`*`)` die Schlüssel aus. Anschließend können Sie mithilfe einer `for-of`-Schleife über diese Schlüssel iterieren und mit *`objekt`*`[key]` auf die einzelnen Attribute zugreifen. Beispiel:

```
let person = {
  "firstName": "Pran",
  "lastName": "Salan",
  "job": "Nachrichtensprecher"
};
for (let key of Object.keys(person)) {
  // key ist nacheinander firstName, 'lastName', 'job'.
  // Zugriff auf die Attribute mit person[key]
}
```

Besonderheiten der Typkonvertierung

Die Verkettung von Strings per +-Operator funktioniert genau wie in Java. Die Probleme mit der automatischen Typkonvertierung sind in JavaScript allerdings noch größer, weil Variablen standardmäßig nicht typisiert sind. Der folgende Addierer verdeutlicht das Problem:

In zwei `prompt()`-Felder werden zwei Zahlen eingegeben. Anschließend werden diese Zahlen addiert; das Ergebnis wird im Dokument in der Form `Zahl1 + Zahl2 = Ergebnis` ausgegeben.

Der naheliegende Ansatz

```
var z1 = prompt("Bitte die erste Zahl!", "");
var z2 = prompt("Bitte die zweite Zahl!", "");
document.write(z1 + " + " + z2 + " = " + z1 + z2);
```

funktioniert nicht: Da der Browser erst einmal angefangen hat, Strings zu verketten, macht er damit auch bei `z1 + z2` weiter – Sie erhalten ein Ergebnis wie `9 + 7 = 97`.

Auch die Formulierung

```
// ... Eingabe wie gehabt
document.write(z1 + " + " + z2 + " = " + (z1 + z2));
```

schlägt fehl. Und noch nicht einmal das hier funktioniert:

```
// ... Eingabe
var result = z1 + z2;
document.write(z1 + " + " + z2 + " = " + result);
```

Das Problem des zweiten und dritten Ansatzes ist, dass Benutzereingaben zunächst immer als Strings betrachtet werden. Deshalb nützen weder die Klammern noch die separate Variable; die Eingaben haben stets die Werte `"9"` und `"7"` anstelle von `9` und `7`.

Demzufolge müssen `z1` und `z2` zuerst explizit in Zahlen umgewandelt werden. Dies geschieht mithilfe der globalen Methode `parseInt()` oder `parseFloat()`.

`parseInt()` versucht, aus dem Parameterwert einen Integer zu ermitteln. Die Methode beginnt ganz links und arbeitet sich Zeichen für Zeichen vor. Bei der ersten Nichtziffer (abgesehen von einem eventuellen Vorzeichen) bricht sie ab:

```
parseInt("3")             // Ergebnis: 3
parseInt("-3")            // Ergebnis: -3
parseInt("4.99999")       // Ergebnis: 4
parseInt("5Freunde")      // Ergebnis: 5
parseInt("Pik7")          // Ergebnis: NaN
```

`NaN` steht für *Not a Number* – keine Zahl, wo eine erwartet wurde.

`parseFloat()` versucht dasselbe mit Fließkommazahlen. Hier ist neben den Ziffern und dem Vorzeichen genau ein Dezimalpunkt (`.`) zulässig:

```
parseFloat("2")           // Ergebnis: 2.0
parseFloat("-2.5")        // Ergebnis: -2.5
parseFloat("3.99999")     // Ergebnis: 3.99999
parseFloat("4.1.29")      // Ergebnis: 4.1
parseFloat("5.0Freunde")  // Ergebnis: 5.0
```

Die Lösung für die Addierer-Aufgabe lautet daher folgendermaßen:

```
var z1 = prompt("Bitte die erste Zahl!", "");
var z2 = prompt("Bitte die zweite Zahl!", "");
var result = parseFloat(z1) + parseFloat(z2);
document.write(z1 + " + " + z2 + " = " + result);

/* Alternative für die letzten beiden Zeilen:
   document.write(z1 + " + " + z2 + " = "
      + (parseFloat(z1) + parseFloat(z2)));     */
```

Falls Sie nicht addieren, sondern subtrahieren, multiplizieren oder dividieren möchten, brauchen Sie die explizite Typkonvertierung übrigens nicht durchzuführen. Da es diese Operationen nur für Zahlen gibt, werden die Eingaben automatisch umgewandelt.

Besonderheiten bei Vergleichen in JavaScript

Ein wichtiger Unterschied zu manchen anderen Programmiersprachen bezüglich der Operatoren besteht darin, dass Sie in JavaScript die Vergleichsoperatoren nicht nur auf numerische Werte, sondern auch auf Strings anwenden können. Die Frage ist natürlich, wann ein String beispielsweise »kleiner« als ein anderer ist.

Die Regeln dafür sind recht einfach: Verglichen wird das erste Zeichen zweier Strings, das sich voneinander unterscheidet – bei »Japan« und »JavaScript« also beispielsweise das dritte. »Kleiner« ist dabei derjenige String, bei dem das verglichene Zeichen weiter vorn im Zeichensatz steht; also gilt `"Japan" < "JavaScript"`. Bei ASCII und allen seinen Erweiterungen bis hin zu Unicode sind beispielsweise alle Großbuchstaben »kleiner als« jeder Kleinbuchstabe.

Außerdem ist ein kürzeres Wort immer »kleiner als« ein längeres, dessen Beginn das kürzere ist: `"Java" < "JavaScript"`.

Es gibt noch etwas, das Sie über Vergleichsoperationen in JavaScript wissen sollten: Neben `==` und `!=` zum Prüfen einfacher Gleichheit beziehungsweise Ungleichheit gibt es die sogenannten *typsicheren Vergleichsoperatoren* `===` und `!==`. Im Gegensatz zu den einfachen Operatoren führen sie keine implizite Typkonvertierung durch. Betrachten Sie als Beispiele die folgenden Ausdrücke:

```
3 == 2          // false
3 == 3          // true
3 == "3"        // true; implizite Typkonvertierung
3 === 3         // true
3 === "3"       // false; keine implizite Typkonvertierung
3 != 3          // false
3 != "3"        // false; implizite Typkonvertierung
3 !== 3         // false
3 !== "3"       // true; keine implizite Typkonvertierung
```

20.1.4 Funktionen

Die Syntax für *JavaScript-Funktionen* ist der im vorangegangenen Kapitel beschriebenen PHP-Funktionssyntax ähnlich: Auf das Schlüsselwort `function` folgt der Bezeichner der Funktion, anschließend steht in Klammern die (möglicherweise leere) Parameterliste; optionale Standardwerte dürfen in JavaScript allerdings nicht angegeben werden. Den Rumpf der Funktion bildet schließlich ein Block, also ein Bereich in geschweiften Klammern. Schematisch sieht das Ganze daher wie folgt aus:

```
function funktionsName(arg1, arg2, ...) {
    // Anweisung(en), optional mit return ausdruck für Wertrückgabe
}
```

Anders als in PHP können Sie allerdings keine Standardwerte für Parameter angeben. Stattdessen können Sie im Funktionsrumpf überprüfen, ob Argumente `null` sind – in diesem Fall wurden sie nämlich nicht angegeben (oder explizit als `null`), und Sie können ihnen dann den gewünschten Wert zuweisen. Beispiel:

```
function test1(number) {
    if (number == null) {
        number = 0; // Vorgabewert
    }
    // weitere Aufgaben der Funktion
}
```

Wenn Sie die Funktion als `test1()` oder `test1(null)` aufrufen, wird die Parametervariable `number` auf den Vorgabewert 0 gesetzt.

Funktionen als Objekte

Funktionen sind in JavaScript eine spezielle Form von Objekten. Sie können in einzelnen Variablen, Arrays oder Objekten gespeichert und sogar von anderen Funktionen als Rückgabewert geliefert werden. Im Grunde ist eine Funktionsdefinition wie

```
function test() {
  // ...
}
```

nur eine Kurzfassung für

```
var test = function() {
  //
};
```

Das Konstrukt `function(...) {...}` wird dabei als anonyme Funktion bezeichnet und spielt beispielsweise für die später gezeigten Event-Handler eine Rolle.

Lambda-Funktionen in JavaScript

JavaScript kennt eine ähnliche Syntax für Lambda-Funktionen, wie sie in Kapitel 7, »Grundlagen der Programmierung«, für Java beschrieben wurde. In JavaScript kann sie aufgrund der fehlenden Typisierung sogar noch flexibler eingesetzt werden.

Beachten Sie zunächst, dass in JavaScript der Doppelpfeil `=>` zwischen Argumentliste und Anweisung beziehungsweise einem eventuellen in geschweiften Klammern stehenden Methodenrumpf verwendet wird und nicht der in Java eingesetzte Einzelpfeil `->`. Lambda-Funktionen in dieser speziellen Schreibweise werden auch als *Arrow Functions* bezeichnet.

Natürlich können Sie solche Funktionen in anderen Zusammenhängen ebenfalls verwenden. Beispielsweise ist es möglich, sie Variablen zuzuweisen, um sie anschließend wie gewöhnliche benannte Funktionen aufzurufen. Das folgende Beispiel definiert eine solche Funktion namens `roundToNext10()`, die eine Zahl auf den nächstgelegenen glatten Zehner rundet:

```
let roundToNext10 = (n) => Math.round(n / 10) * 10;
```

Die eingebaute Klasse `Math` enthält eine Reihe statischer Methoden und Konstanten für mathematische Belange, etwa das hier verwendete `Math.round()` zum Runden auf die nächstgelegene Ganzzahl oder `Math.PI` als Konstante, die einen Näherungswert der Kreiszahl π definiert.

Was die neue Funktion `roundToNext10()` zurückliefert, dürfte klar sein, hier dennoch zwei Beispiele, die natürlich in irgendeinen Verarbeitungs- oder Ausgabezusammenhang eingebettet werden müssten, um sinnvoll zu sein:

```
roundToNext10(14)                  // Ergebnis: 10
roundToNext10(15)                  // Ergebnis: 20
```

Wenn eine Lambda-Funktion mehrere Anweisungen enthalten soll, stehen diese nach dem Pfeil in geschweiften Klammern; das Schlüsselwort `return` für den Rückgabewert muss in dem Fall explizit hingeschrieben werden. Das folgende Beispiel berechnet das kleinste gemeinsame Vielfache von zwei Werten:[1]

```
let leastCommonMultiple = (a, b) => {
  if (a == b) {
    return a;
  }
  let greater = (a > b) ? a : b;
  let smaller = (a < b) ? a : b;
  for (let i = greater; i < greater * smaller; i++) {
    if (i % greater == 0 && i % smaller == 0) {
      return i;
    }
  }
  return greater * smaller;
};
```

Aufrufbeispiele:

```
leastCommonMultiple(3, 3)          // Ergebnis: 3
leastCommonMultiple(9, 12)         // Ergebnis: 36
leastCommonMultiple(7, 3)          // Ergebnis: 21
```

Arrow Functions können auch als Wert an andere Funktionen übergeben oder von diesen zurückgegeben werden. Das folgende Beispiel definiert eine Lambda-Funktion namens `roundToNextFactory()`. Wird dieser ein numerischer Wert übergeben, liefert sie eine neue Lambda-Funktion zurück, die mit der Genauigkeit des angegebenen Werts rundet:

1 Die Berechnung hier ist ziemlich umständlich. In Kapitel 8, »Algorithmen und Datenstrukturen«, wird der Algorithmus von Euklid für den größten gemeinsamen Teiler (GGT) beschrieben. In den Aufgaben zu dem Kapitel steht, wie Sie mithilfe des GGT das KGV berechnen können. Das geht natürlich auch in JavaScript.

```
let roundToNextFactory = (precision) => {
  return (n) => Math.round(n / precision) * precision;
};
```

Das Ergebnis können Sie beispielsweise einer Variablen zuweisen und dann als gewöhnliche Funktion verwenden:

```
let roundTo100 = roundToNextFactory(100);
console.log(roundTo100(349));        // Ausgabe: 300
console.log(roundTo100(1350));       // Ausgabe: 1400
```

Sogar als anonyme Funktion lässt sich der Rückgabewert von `roundToNextFactory()` aufrufen:

```
roundToNextFactory(1000)(4123);    // Ausgabe: 4000
```

Lambda-Funktionen als erweiterte Iteratoren verwenden

Neben den bereits gezeigten einfachen Iteratoren für Arrays gibt es auch einige sehr mächtige Hilfsmethoden. Diese reichen nacheinander die Elemente des Arrays in eine als Parameter übergebene Funktion weiter und erledigen verschiedene Dinge damit. Die erste derartige Funktion ist `map()`: Das Element wird der übergebenen Funktion übergeben, kann beliebig bearbeitet werden und wird dann wieder nach außen zurückgegeben; der Gesamtrückgabewert ist erneut ein Array mit den modifizierten Werten. Das folgende Beispiel wendet die Funktion auf ein Array aufeinanderfolgender Zahlen an und liefert ein Array der Quadrate dieser Zahlen zurück. Als Funktion wird eine anonyme Arrow Function verwendet, was sich in einem so einfachen Fall anbietet:

```
let numbers = [1, 2, 3, 4, 5];
let squares = numbers.map(number => number * number);     // [1, 4, 9, 16, 25]
```

Die nächste Methode in dieser Gruppe ist `filter()`. Hier wird erwartet, dass die innere Funktion einen Boolean-Wert zurückgibt, und zwar `true`, wenn das jeweilige Element in ein neues übernommen werden soll, und andernfalls `false`. Das folgende Beispiel filtert aus dem ursprünglichen Array `zahlen` nur die geraden Zahlen heraus:

```
let even = numbers.filter(zahl => zahl % 2 == 0); // [2, 4]
```

Die Methode `some()` gibt lediglich einen Boolean-Wert zurück, und zwar `true`, wenn mindestens ein Element im Array dem in der übergebenen Funktion überprüften Kriterium entspricht, und ansonsten `false`:

```
// Gibt es gerade Zahlen?
let areThereEvenNumbers = numbers.some(number => number % 2 == 0); // true
// Gibt es Zahlen > 5?
let areThereNumbersAbove5 = numbers.some(number => number > 5);    // false
```

Schließlich existiert noch die Methode reduce(). Sie übergibt zwei Argumente an die innere Funktion: Das erste ist der Aggregator, der für jedes Element modifiziert und dann in seiner geänderten Form weitergegeben werden kann, das zweite ist wie gehabt das jeweilige Element. Der Rückgabewert ist der finale Wert des Aggregators. So können Sie beispielsweise leicht die Summe oder das Produkt aller Werte des Arrays bilden:

```
let sum = numbers.reduce((s, number) => s + number);       // 15
let product = numbers.reduce((p, number) => p * number);  // 120
```

Selbstverständlich ist keine dieser Funktionen auf Arrays mit numerischen Werten beschränkt; alle können mit beliebigen Werten umgehen. Optional können Sie übrigens als zusätzliches Argument jeweils den Index des aktuellen Durchlaufs an die Funktion übergeben. Das folgende Beispiel zerlegt zunächst einen String an Leerzeichen zu einem Array und fügt mittels map() den einzelnen Wörtern eine Nummerierung hinzu:

```
let words = "JavaScript kann viel".split(" ");
let nWords = words.map((word, i) => (i + 1) + ". " + word);
               // ["1. JavaScript", "2. kann", "3. viel"]
```

20.1.5 Objektorientiertes JavaScript

Wenn Sie selbst klassenähnliche Elemente bereitstellen möchten, die sich mithilfe des Operators new instanziieren lassen, definieren Sie die »Klasse« traditionellerweise als Funktion, in der die Attribute als this.attributname definiert werden, hier beispielsweise eine solche Funktion namens Car mit einem Attribut namens mileage (Kilometerstand):

```
var Car = function() {
  this.mileage = 0;
}
```


Eine Methode wird an das Attribut prototype der Klassenfunktion angehängt. Das folgende Beispiel definiert die Methode drive(), die den Kilometerstand um die übergebene Anzahl von Kilometern erhöht:

```
Car.prototype.drive = function(km) {
  this.mileage += km;
}
```

Anschließend können Sie Instanzen Ihrer Klasse erzeugen, ihre Methoden aufrufen und ihre (immer öffentlichen) Attribute abfragen:

```
var car = new Car();
car.drive(30);
car.drive(50);
console.log(car.mileage);        // Ergebnis: 80
```

Seit dem Standard ECMAScript 2015 unterstützt JavaScript auch eine Klassensyntax mit dem Schlüsselwort `class`, wie sie aus vielen anderen Sprachen bekannt ist; es handelt sich um syntaktischen Zucker[2], der keine Funktionalität zur Prototype-API hinzufügt, sondern diese nur durch kompaktere Formulierungen leichter benutzbar macht. JavaScript-Klassen können einen Konstruktor namens `constructor()` enthalten, der ebenso wie die beliebig benannten Methoden nicht mit dem Schlüsselwort `function` eingeleitet wird. Attribute werden mit `this.Variablenname` bezeichnet und innerhalb des Konstruktors[3] initialisiert. In dieser Syntax sieht das Auto-Beispiel wie folgt aus:

```
class Car {
  constructor() {
    this.mileage = 0;
  }

  drive(km) {
    this.mileage += km;
  }
}

let car = new Car();
car.drive(30);
car.drive(50);
console.log(car.mileage);           // Ergebnis: 80
```

Auch Vererbung ist mit der Klassenschreibweise leicht möglich (in Prototype-Syntax ebenfalls, aber das ist komplizierter). Wie in Java und anderen Sprachen wird das Schlüsselwort `extends` verwendet, um auf die Elternklasse zu verweisen, und im Konstruktor wird `super()` aufgerufen, um deren Konstruktor aufzurufen. Hier ein Beispiel, das von der obigen Klasse `Car` einen `Truck` ableitet, der neben dem Kilometerstand noch eine Ladung besitzt, die durch die Methoden `load()` und `unload()` modifiziert werden kann, und zwar bis zu einer bei der Instanziierung angegebenen maximalen Ladung. Wird diese überschritten (oder wird 0 unterschritten), schreibt die Klasse Fehlermeldungen auf die Konsole:

```
class Truck extends Car {
  constructor(t) {
    super();
```

2 Der Begriff *syntactic sugar* wurde 1964 von dem britischen Informatiker Peter J. Landin geprägt. Er bezeichnet allgemein die Bereitstellung bequemerer oder zu anderen Programmiersprachen kompatiblerer Schreibweisen, die jedoch die Funktionalität nicht erweitern.

3 Eine modernere, aber leider noch nicht zu allen moderneren Browsern kompatible Alternative besteht darin, die Attribute außerhalb des Konstruktors zu deklarieren, sodass sie leichter als solche erkennbar sind. Dies geschieht ohne das Präfix `this`, aber auch ohne Schlüsselwörter wie `var` oder `let`, also schematisch folgendermaßen: `class` *`Klasse`* `{` *`attribut`* `=` *`Initialwert`*`; [...] }`.

```
    this.totalLoad = 0;
    this.maxLoad = t;
  }

  load(t) {
    // Negativer Wert? Betrag an unload() übergeben.
    if (t < 0) {
      unload(Math.abs(t));
      return;
    }
    if (this.totalLoad + t <= this.maxLoad) {
      this.totalLoad += t;
    } else {
      console.error('Maximale Ladekapazität überschritten');
    }
  }

  unload(t) {
    // Negativer Wert? Betrag an load() übergeben.
    if (t < 0) {
      load(Math.abs(t));
    }
    if (this.totalLoad - t >= 0) {
      this.totalLoad -= t;
    } else {
      console.error('Versuch, nicht vorhandene Ladung zu entladen');
    }
  }
}

let truck = new Truck(7);
truck.load(4);
truck.load(2);
console.log("Aktuelle Ladung: " + truck.totalLoad);
// Zu viel aufladen, Fehlermeldung:
truck.load(2);
```

Übrigens können Sie mithilfe des Schlüsselworts `static` vor dem Methodennamen auch statische, also Klassenmethoden definieren, die über alle Instanzen hinweg identisch sind und auch entsprechend weniger Speicherplatz benötigen. Sie werden sowohl innerhalb als auch außerhalb der Klasse mit *`Klassenname.methodenname`*`()` angesprochen.

20.1.6 Formulare und Event-Handler

Die Ein- und Ausgabe über `prompt()`-Boxen und das Schreiben in das Dokument sind zwar zum Erlernen von Operatoren und Ausdrücken hilfreich, entsprechen aber ansonsten nicht der üblichen Arbeit mit JavaScript. Die eingangs eingeführte Funktion `prompt()` sollte nur für Test- und Debugging-Zwecke eingesetzt werden, genau wie die ähnlichen Funktionen `alert()` (nur Ausgabe in einer Box mit OK-Button) und `confirm()` (Ausgabe mit Auswahl zwischen OK- und ABBRECHEN-Button, die `true` beziehungsweise `false` zurückgeben). Im »richtigen Leben« werden in der Regel HTML-Formulare zur Ein- und Ausgabe verwendet.

Das einzige Problem besteht darin, dass Skripte aus Formularen heraus explizit aktiviert werden müssen. Die bisherigen Beispiele mit den `prompt()`-Boxen liefen automatisch beim Dokumentaufruf ab, ein Formular steht dagegen die ganze Zeit auf der Seite zur Verfügung, und typischerweise entscheidet ein Klick auf einen Button, wann das entsprechende Skript aufgerufen wird. Dazu werden sogenannte *Event-Handler* (etwa »Ereignisverarbeiter«) verwendet. In ihrer klassischen Form handelt es sich um HTML-Attribute, die jedoch den speziellen Zweck haben, JavaScript-Code auszuführen, der ihren Parameterwert bildet.

Erstes Beispiel

In Listing 20.2 sehen Sie zunächst ein kleines Beispieldokument, das beides verwendet:

```
<!DOCTYPE html>
<html>
  <head>
    <title>Erster Formulartest - Event-Handler im HTML-Attribut</title>
    <meta charset="utf-8"/>
  </head>
  <body>
    <h1>Der Gruß-o-Mat</h1>
    <form name="form1">
      Dein Name.:
      <input type="text" name="user" size="40" />
      <input type="button" value="OK"
      onclick="document.form1.greeting.value = 'Hallo '
      + document.form1.user.value + '!';" />
      <br />
      <input type="text" name="greeting" size="60"
      readonly="readonly" />
    </form>
  </body>
</html>
```

Listing 20.2 formtest1.html verwendet ein Formular für interaktives JavaScript.

Dazu sind einige Erläuterungen erforderlich:

- Diejenigen Formularelemente, auf die JavaScript zugreift, erhalten bequemerweise jeweils einen Namen (das Attribut `name`). Das Formular selbst heißt `form1`; die beiden Textfelder heißen `user` für die Eingabe (verwenden Sie bitte niemals `name`, da dieses Wort in JavaScript eine feste Bedeutung besitzt) und `greeting` für die Ausgabe.
- Das Ausgabefeld `greeting` besitzt die spezielle Eigenschaft *schreibgeschützt*, die durch das Attribut `readonly="readonly"` eingerichtet wird. Die klassische Schreibweise ist `readonly` ohne Parameterwert. Da das vorliegende HTML-Dokument jedoch in XHTML-Syntax geschrieben ist, wird formal ein Wert für das Attribut benötigt.
- Der Button (das `<input>`-Tag mit dem Attribut `type="button"`, also allgemeiner Button) besitzt einen Event-Handler. `onclick="..."` führt die als Wert übergebenen JavaScript-Anweisungen aus, sobald der Button angeklickt wird, in dem der Event-Handler steht. Formal gesehen, ist `onclick` (und jeder andere klassische Event-Handler) ein HTML-Attribut, deshalb gelten die entsprechenden Regeln: Zwischen `onclick`, dem Gleichheitszeichen und dem beginnenden Anführungszeichen darf kein Leerzeichen stehen. Innerhalb der Anführungszeichen des Attributwerts gilt dagegen die JavaScript-Syntax – mit einer Ausnahme: Es dürfen nur einfache Anführungszeichen (`'`) verwendet werden! Ein doppeltes Anführungszeichen würde sonst vom Browser als Ende des HTML-Attributs erkannt werden. Auch \" funktioniert nicht, weil HTML diese Schreibweise nicht kennt.
- Die eigentliche JavaScript-Anweisung, also der Wert des Attributs `onclick`, ist folgende:

  ```
  document.form1.greeting.value =
  'Hallo ' + document.form1.user.value + '!';
  ```

  Es wird auf das Unterobjekt `greeting` (das Textfeld) des Unterobjekts `form1` (des Formulars) des Dokumentobjekts zugegriffen, und zwar auf dessen Eigenschaft `value` – es handelt sich um den Wert oder – genauer – den Inhalt des Textfeldes. Auf dieselbe Weise erfolgt der Zugriff auf den Wert oder Inhalt des Textfeldes `user`, das heißt auf die Benutzereingabe. Durch die Wertzuweisung wird der passende Gruß in das Ausgabefeld geschrieben.

Die interessante Frage ist, ob sich so ein Event-Handler nicht auch mit reinem JavaScript schreiben ließe, statt den recht unleserlichen und im Code schwer aufzufindenden Umweg über ein HTML-Attribut zu gehen. Früher war dies nicht ohne Weiteres möglich, da der Internet Explorer eine andere Syntax für JavaScript-basierte Event-Handler verwendete als andere Browser. Dies gilt nun jedoch nur noch für historische, weitgehend irrelevante Versionen, sodass man statt des HTML-Attributs folgende Schreibweise einsetzen kann:

```
objekt.addEventListener(event, funktion);
```

Als `event` wird ein String mit dem gewünschten Event-Namen ohne das `on` des HTML-Attributs angegeben, also etwa `'click'` für einen Mausklick-Handler. Die Funktion kann beispielsweise als Referenz auf eine woanders mit Namen definierte Funktion verwendet werden:

```
objekt.addEventListener('click', clickHandler);
```

Listing 20.3 zeigt das gesamte HTML-Dokument mit einem Event-Handler in diesem Stil:

```
<!DOCTYPE html>
<html>
  <head>
    <title>Erster Formulartest - Event-Handler mit benannter Funktion</title>
    <meta charset="utf-8"/>
  </head>
  <body>
    <h1>Der Gruß-o-Mat</h1>
    <form name="form1">
      Dein Name:
      <input type="text" name="user" size="40" />
      <input type="button" name="okButton" value="OK"
      <br />
      <input type="text" name="greeting" size="60"
      readonly="readonly" />
    </form>
  </body>
  <script type="text/javascript">
    var clickHandler = function() {
      document.form1.greeting.value = 'Hallo '
        + document.form1.user.value + '!';
    };
    document.form1.okButton.addEventListener(
      'click',
      clickHandler
    );
  </script>
</html>
```

Listing 20.3 formtest2.html verwendet eine benannte Funktion als Event-Handler.

Eine weitere Möglichkeit besteht darin, die gewünschte Funktionalität an Ort und Stelle in eine anonyme Funktion zu schreiben. Dies ist immer dann eine gute Wahl, wenn Sie die in der Funktion gekapselten Aufgaben nicht mehrmals auf der Seite benötigen. Schematisch sieht dieser Ansatz wie folgt aus:

```
document.addEventListener(
  'click',
  function() {
    // durch das Event ausgelöste Anweisungen
  }
);
```

In Listing 20.4 sehen Sie das komplette HTML-Dokument noch ein drittes Mal mit einer anonymen Funktion als Event-Handler:

```
<!DOCTYPE html>
<html>
  <head>
    <title>Erster Formulartest - Event-Handler in anonymer Funktion</title>
    <meta charset="utf-8"/>
  </head>
  <body>
    <h1>Der Gruß-o-Mat</h1>
    <form name="form1">
      Dein Name:
      <input type="text" name="user" size="40" />
      <input type="button" name="okButton" value="OK" />
      <br />
      <input type="text" name="greeting" size="60"
      readonly="readonly" />
    </form>
  </body>
  <script type="text/javascript">
    document.form1.okButton.addEventListener(
      'click',
      function() {
        document.form1.greeting.value = 'Hallo '
          + document.form1.user.value + '!';
      }
    );
  </script>
</html>
```

Listing 20.4 formtest3.html nutzt eine anonyme Funktion als Event-Handler.

Noch etwas kompakter lässt sich das als Arrow Function schreiben. Betrachten Sie etwa die folgende Event-Handler-Deklaration:

```
document.myForm.element.addEventListener(
  'click',
  function() {
    console.log('Es wurde geklickt');
  }
}
```

Dies lässt sich kompakter so schreiben:

```
document.myForm.element.addEventListener(
  'click',
  () => console.log('Es wurde geklickt')
);
```

Zugriff auf Formulare und ihre Elemente

Grundsätzlich befinden sich alle Formulare einer Seite, das heißt alle <form>... </form>-Bereiche, in einem Objekt-Array namens document.forms[]: Das erste Formular auf einer Seite ist document.forms[0], das zweite document.forms[1] etc.

Wird einem Formular (wie im Beispiel zuvor) ein Name zugewiesen, erfolgt der Zugriff komfortabler: Das Formular kann entweder einfach als

```
document.Formularname
```

angesprochen werden – dazu muss der Formularname aber auf jeden Fall den formalen Regeln für JavaScript-Bezeichner entsprechen –, oder aber der Name (anstelle der Nummer) wird mithilfe von

```
document.forms["Formularname"]
```

als String-Index verwendet. Natürlich bleibt auch nach einer Namensvergabe der Zugriff über die Nummer möglich.

Auf dieselbe Weise werden alle Elemente eines Formulars als document.*Formular*.elements[] in einem Array zusammengefasst. Elemente sind alle Textfelder, Textbereiche, Auswahlfelder, Radiobutton-Gruppen, Checkbox-Gruppen, Buttons und Hidden-Felder in derjenigen Reihenfolge, in der sie im HTML-Dokument definiert wurden.

Falls ein Element einen Namen besitzt (das Attribut name), kann dieser wieder als Objektbezeichner (document.*Formular*.*Elementname*) oder als Index (document.*Formular*.elements ["*Elementname*"]) verwendet werden.

Nehmen Sie zum Beispiel an, das erste Formular in einem HTML-Dokument sähe folgendermaßen aus:

```
<form name="test">
  <input type="text" name="textInput" />
  <input type="button" value="OK" />
</form>
```

Dann kann der Zugriff auf das Textfeld `textInput` auf unterschiedliche Weise erfolgen:

```
document.forms[0].elements[0]
document.forms[0].elements["textInput"]
document.forms[0].textInput

document.forms["test"].elements[0]
document.forms["test"].elements["textInput"]
document.forms["test"].textInput

document.test.elements[0]
document.test.elements["textInput"]
document.test.textInput
```

Sie können also den numerischen Zugriff, die Objektnamen und die Hash-Indizes beliebig mischen.

Alternativ stehen Ihnen für Formulare und ihre Elemente, genau wie für den Rest des HTML-Dokuments, alle Zugriffsmöglichkeiten des im nächsten Abschnitt besprochenen Document Object Model zur Verfügung.

Kleiner Rechner mit einem Formular

Als ausführlicheres Beispiel wird im Folgenden ein kleiner formularbasierter Taschenrechner vorgestellt. Sie können zwei Zahlen eingeben und durch Anklicken der gewünschten Operation das Ergebnis ermitteln.

Für das Rechner-Beispiel wird zunächst in einem `<script>`-Block am Ende des Bodys das folgende Skript definiert:

```
<script type="text/javascript">
function calculate(op) {
  // Eingaben lesen.
  var z1 = document.calculator.z1.value;
  var z2 = document.calculator.z2.value;
  // Sind es keine Zahlen?
  if (z1 != parseFloat(z1) || z2 != parseFloat(z2)) {
    // Mindestens eine ist keine Zahl!
    document.calculator.result.value = "Keine Zahl!";
    // Rücksprung aus der Funktion heraus
    return;
```

```
  }
  // Wenn wir HIER sind, waren es Zahlen!
  var result;
  switch (op) {
  case "+":
    result = parseFloat(z1) + parseFloat(z2);
    break;
  case "-":
    result = z1 - z2;
    break;
  case "*":
    result = z1 * z2;
    break;
  case "/":
    if (z2 == 0) {
      result = "O VERBOTEN!";
    } else {
      result = z1 / z2;
    }
    break;
  default:
    result = "KANN NICHT SEIN!";
  }
  document.calculator.result.value = result;
}
document.calculator.plusButton.addEventListener(
  'click',
  () => calculate('+')
);
document.calculator.minusButton.addEventListener(
  'click',
  () => calculate('-')
);
document.calculator.multiplyButton.addEventListener(
  'click',
  () => calculate('*')
);
document.calculator.divideButton.addEventListener(
  'click',
  () => calculate('/')
);
</script>
```

Das Formular mit den Eingabefeldern und den Buttons zum Aufrufen dieser Funktion oberhalb des Skripts im Body sieht dann so aus:

```
<form name="calculator">
  1. Zahl:
  <input type="text" name="z1" size="20" />
  2. Zahl:
  <input type="text" name="z2" size="20" />
  <br />
  <input type="button" value=" + " name="plusButton" />
  <input type="button" value=" - " name="minusButton" />
  <input type="button" value=" * " name="multiplyButton" />
  <input type="button" value=" / " name="divideButton" />
  <br />
  <input type="text" name="result" size="40"
  readonly="true" />
</form>
```

Formulare auswerten

Es ist eine praktische Angelegenheit, HTML-Formulare schon vor dem Absenden direkt im Browser per JavaScript ein wenig auf Plausibilität zu überprüfen: Sind alle Pflichtfelder ausgefüllt? Haben bestimmte Felder Werte, die gewisse formale Kriterien erfüllen (zum Beispiel Postleitzahlen oder E-Mail-Adressen)? Die wichtigsten Möglichkeiten bieten die eingebauten String-Methoden sowie reguläre Ausdrücke. Beide werden im Folgenden vorgestellt.

Jeder String-Ausdruck kann in JavaScript als Objekt betrachtet werden, und eine Reihe von Eigenschaften und Methoden kann zum Zugriff auf dieses Objekt angewandt werden:

20

- Die Eigenschaft `*String*.length` gibt die Länge eines Strings in Zeichen an. Beispiele:

  ```
  "JavaScript".length  // liefert 10
  "".length            // liefert 0
  ```

- `*String*.charAt(*Position*)` liefert das Zeichen eines Strings an der nummerierten *Position*. Die erste Position ist 0, die letzte ist `String.length` – 1. Beispiel:

  ```
  "JavaScript".charAt(4)  // liefert "S"
  ```

- `*String*.substring(*AnfangsPosition*, *EndPosition*)` gibt den Teil-String eines Strings an, beginnend mit dem Zeichen an der Position *AnfangsPosition* (ab 0) bis vor das Zeichen *EndPosition*: Die optionale Angabe *EndPosition* gibt das erste Zeichen an, das nicht mehr vorkommen soll (»bis ausschließlich ...«); wird sie weggelassen, reicht das Ergebnis vom angegebenen Anfangszeichen bis zum Ende des ursprünglichen Strings. Beispiele:

  ```
  "JavaScript macht Spass".substring(11, 16)
     // liefert "macht"
  "JavaScript macht Spass".substring(18)
  ```

```
   // liefert "Spass"
"Java aber noch mehr!".substring(0, 5)
   // liefert "Java"
var text = "Hallo, liebe Welt!";
text.substring(text.length - 4, text.length)
   // liefert "Welt!"
text.substring(7, 999)
   // liefert "liebe Welt!" - zu große Endpositionen gehen bis zum Ende
text.substring(999)
   // liefert undefined, wie alle zu großen Anfangspositionen
```

- Etwas intuitiver ist die sehr ähnlich benannte neuere Methode *String*.substr(*AnfangsPosition*, *Laenge*): Das Ergebnis beginnt bei der angegebenen *AnfangsPosition* (ab 0) und hat so viele Zeichen, wie die *Laenge* angibt (oder reicht bis zum Ende des Strings, wenn die *Laenge* weggelassen wird oder größer ist als die Anzahl der übrigen Zeichen). Beispiele:

```
var text = "Ein paar Zeichen";
text.substr(0, 3)                  // liefert "Ein"
text.substr(4, 4)                  // liefert "paar"
text.substr(4)                     // liefert "paar Zeichen"
text.substr(9, 9999)               // liefert "Zeichen"
text.substr(9999)                  // liefert undefined
```

- String.indexOf(*TeilString*) gibt die erste Position (ab 0) an, an der *TeilString* in einem String beginnt, oder –1, wenn *TeilString* gar nicht im String vorkommt. Beispiele:

```
"javascript".indexOf("ja")         // liefert 0
"javascript".indexOf("nein")       // liefert -1
"in den Rhein hinein".indexOf("ein") // liefert 9
```

- *String*.lastIndexOf(*TeilString*) gibt die letzte Position (ab 0) an, an der *TeilString* im String beginnt, oder –1, wenn *TeilString* nicht im String vorkommt. Beispiele:

```
"in den Rhein hinein".lastIndexOf("in")  // 17
"javascript".lastIndexOf("no")           // -1
```

- *String*.split(*TeilString*) zerlegt einen String in Einzelteile und gibt diese als Array zurück, indem es im String nach Vorkommen von *TeilString* sucht, diese entfernt und die übrig gebliebenen Stücke zu Elementen des neuen Arrays macht. Beispiele:

```
"Wir wollen Wörter".split(" ")  // ["Wir", "wollen", "Wörter"]
"ABCDE".split("")               // ["A", "B", "C", "D", "E"]
```

Die Eigenschaft length sowie die Methoden indexOf() und lastIndexOf() stehen übrigens auch für Arrays zur Verfügung, wo sie sich auf Elemente statt auf Zeichen beziehen. Das Gegenstück zu *String*.split() ist *Array*.join(String) – die einzelnen Elemente des Arrays werden in einen String gepackt und durch den angegebenen String voneinander getrennt. Beispiel:

```
[1, 2, 3, 4].join(" - ")            // "1 - 2 - 3 - 4"
```

Hier zwei Beispiele zur Untersuchung von Eingaben mit diesen Methoden:

1. Untersuchung einer E-Mail-Adresse
   Die Variable `mail` sei der Inhalt eines Texteingabefeldes. Der Inhalt soll daraufhin überprüft werden, ob es sich formal um eine E-Mail-Adresse handeln kann. Der folgende Codeblock führt entsprechende Tests durch:

```
// Annahme: E-Mail ist gültig:
var mailOK = true;
// E-Mail-Adresse nicht vorhanden?
if (!mail) {
  mailOK = false;
}
// "@"-Zeichen überhaupt vorhanden?
if (mail.indexOf("@") == -1) {
  mailOK = false;
}
// "@"-Zeichen am ANFANG oder am ENDE?

if (mail.indexOf("@") == 0 ||
     mail.lastIndexOf("@") == mail.length - 1) {
  mailOK = false;
}
// MEHR als ein "@"-Zeichen?
if (mail.indexOf("@") != mail.lastIndexOf("@")) {
  mailOK = false;
}
if (!mailOK) {
  alert("E-Mail-Adresse ungültig!");
}
```

2. Untersuchung einer Postleitzahl
   Die Variable `zip` soll daraufhin untersucht werden, ob sie eine gültige deutsche Postleitzahl enthält (fünf Stellen, nur Ziffern):

```
// Annahme: PLZ gültig!
var zipOk = true;
// PLZ zu lang oder zu kurz?
if (zip.length != 5) {
  zipOk = false;
```

```
} else {
   for (i = 0; i < 5; i++) {
      if (zip.charAt(i) < "0" || zip.charAt(i) > "9") {
         zipOk = false;
      }
   }
}
if (!zipOk) {
   alert("Postleitzahl inakzeptabel!");
}
```

Eine benutzerfreundliche Erweiterung kann übrigens darin bestehen, den Cursor bei der Formularüberprüfung automatisch in das Textfeld zu setzen, in dem der erste Fehler gefunden wurde. Schematisch funktioniert das folgendermaßen:

```
document.Formular.Element.focus();
```

Hier die konkrete Schreibweise für ein Feld namens `customer` im Formular `order`:

```
document.order.customer.focus();
```

Die Syntax für reguläre Ausdrücke in JavaScript wurde – wie in manchen anderen Programmiersprachen – aus Perl übernommen (siehe Kapitel 9, »Weitere Konzepte der Programmierung« sowie speziell Kapitel 19, »Webserveranwendungen«, für Perl-kompatible reguläre Ausdrücke, dort am Beispiel von PHP). Allerdings funktioniert sie anders.

`RegExp`-Konstrukte stehen in JavaScript nicht in Anführungszeichen, sondern zwischen zwei /-Zeichen:

```
/RegExp/
```

Als Erstes sehen Sie hier die einfachste JavaScript-Form für den Einsatz regulärer Ausdrücke: Die Methode

```
String.match(/RegExp/)
```

gibt `true` zurück, wenn der String dem Muster *RegExp* entspricht, ansonsten `false`.

Auf diese Weise lässt sich zum Beispiel die Postleitzahl viel schneller und einfacher überprüfen:

```
var zip = document.order.zip.value;
if (!zip.match(/^\d{5}$/)  {
   alert("Dies ist keine gültige PLZ!");
}
```

Der reguläre Ausdruck `/^\d{5}$/` trifft auf genau fünf beliebige Ziffern zu, beschreibt also eine deutsche Postleitzahl.

Auch der Test der E-Mail-Adresse beschränkt sich nun auf die folgende Kurzfassung:

```
if (!mail.match(/^[^\@]+\@[^\@]+$/)) {
   alert("E-Mail-Adresse ungültig!");
}
```

Selbst für Namen ließe sich eine Art Plausibilitätskontrolle durchführen: Der Ausdruck `/[^\s]+\s+[^\s]+/` verlangt mindestens zwei Blöcke von Zeichen (»Nichtleerzeichen«), die durch mindestens ein Whitespace-Element voneinander getrennt sind.

Für die Auswertung einer Namenseingabe mit der Bezeichnung `customer` könnte folgender Code verwendet werden:

```
if (!customer.match(/[^\s]+\s+[^\s]+/)) {
   alert("Bitte VOR- und NACHNAMEN angeben!");
}
```

Um die Verwendung regulärer Ausdrücke in JavaScript zu verdeutlichen, folgen noch einige praktische Beispiele.

In Webforen, Gästebüchern oder ähnlichen Anwendungen besteht theoretisch die Möglichkeit, HTML-Code einzugeben und ihn damit anderen unterzuschieben. Im Extremfall schreibt jemand so etwas wie:

```
<script type="text/javascript">
window.location.href="http://meinewerbung.example.com";
</script>
```

Durch diesen Code erfolgt sofort ein Sprung zur angegebenen Seite (solche »automatischen Hyperlinks« werden später in diesem Kapitel erläutert); das Forum/Gästebuch ist damit ausgeschaltet!

20

Insofern ist es für solche Anwendungen wünschenswert, gar keine HTML-Tags zuzulassen oder sie zumindest auf harmlose Textformatierungs-Tags zu beschränken.

Finden lassen sich HTML-Tags in Strings relativ leicht durch den folgenden Ausdruck:

```
/<[^>]+>/
```

Das Problem ist, dass in einer Zeile mehrere HTML-Tags vorkommen können – dieser Ausdruck findet nur das erste von ihnen. Darüber hinaus genügt das Finden allein noch nicht, um den schädlichen Code durch harmlosen zu ersetzen.

Für Letzteres wird anstelle der Methode *String*.`match()` die Methode *String*.`replace()` verwendet, die einen regulären Ausdruck findet und an dessen Stelle einen beliebigen String setzt. Beispielsweise ersetzt

```
eingabe = eingabe.replace(/<[^>]+>/, "");
```

den ersten <...>-Ausdruck im String eingabe durch gar nichts.

Das zweite Problem – das Finden und Ersetzen aller derartigen Ausdrücke im String und nicht bloß des ersten – funktioniert mithilfe des Modifizierers /g (für *global*). Die korrekte Form der Anweisung lautet allgemein so:

```
String.replace(/RegExp1/g, String2);
```

Im HTML-Tag-Beispiel müssen Sie also Folgendes schreiben:

```
eingabe = eingabe.replace(/<[^>]+>/g, "");
```

Wie in anderen Sprachen können bestimmte Teile der durch reguläre Ausdrücke gefundenen Treffer im Ersetzungsstring verwendet werden: Jeder Teil eines regulären Ausdrucks, der in runde Klammern gesetzt ist, wird bei einem Treffer in einer automatischen Eigenschaft namens $1 bis $9 abgelegt – es sind mit anderen Worten neun Speicherplätze möglich.

Es handelt sich um Eigenschaften des globalen Objekts RegExp, sie werden also als RegExp.$1 bis RegExp.$9 angesprochen. Sie können im Ersetzungsstring durch das übliche + verkettet werden. Leider stehen sie ausgerechnet in der Methode replace() nicht zur Verfügung; stattdessen müssen Sie ein RegExp-Objekt konstruieren und dessen Methode exec() ausführen. Hier ein kleines Beispiel:

In der Variablen kunde stehen Vor- und Nachname eines Kunden in der Form »Larry Wall«. Diese beiden Bestandteile sollen vertauscht und somit in »Wall, Larry« geändert werden. Das funktioniert folgendermaßen:

```
var muster = /([^\s]+)\s+([^\s]+)/;
muster.exec(kunde);
kunde = RegExp.$2 + ", " + RegExp.$1;
```

([^\s]+) beschreibt ein oder mehrere Nichtleerzeichen, die durch die runden Klammern in RegExp.$1 gespeichert werden. \s+ steht für beliebig viel Whitespace; darauf folgt der zweite Klammerausdruck ([^\s]+), der wiederum ein oder mehrere Nichtleerzeichen beschreibt und in RegExp.$2 abgelegt wird.

20.1.7 Datum und Uhrzeit verwenden

Für viele Anwendungen ist es wichtig, mit Datum und Uhrzeit zu operieren. In JavaScript dient dazu die Klasse Date. Sie definiert die Eigenschaften und Methoden für *Datumsobjekte*. Ein Datumsobjekt kapselt eine Zeitangabe sowie eine Reihe von Methoden, um diverse Aspekte von Datum und Uhrzeit zu extrahieren. Wie Sie sich bei einer Sprache aus dem erweiterten Unix-Umfeld sicher denken können, werden Zeitangaben auch in JavaScript POSIX-konform als verstrichene Zeitspanne seit dem idealisierten Unix-Erfindungsdatum EPOCH (01.01.1970, 00:00 Uhr UTC) gespeichert.

Ein Datumsobjekt wird über den folgenden Konstruktoraufruf erstellt:

```
variable = new Date();
```

In *variable* wird ein Verweis auf ein neu erstelltes `Date`-Objekt gespeichert, das die aktuelle Systemzeit enthält.

Hier ein Beispiel:

```
var now = new Date();
// In 'now' befindet sich nun die aktuelle Systemzeit.
```

Alternativ können Sie dem Konstruktor auch explizit eine Datums- und Uhrzeitangabe übergeben, um einen bestimmten Zeitpunkt zu codieren. Die Syntax für diese Zeitangabe ist folgende:

```
variable = new Date("Monat Tag, Jahr Std:Min:Sek");
```

Hier ein Beispiel:

```
var yesterday = new Date("06 05, 2021 21:31:00");
```

Eine weitere mögliche Schreibweise verwendet anstelle des Strings die einzelnen Zeitangaben als Liste numerischer Argumente:

```
variable = new Date(Jahr, Monat, Tag, Stunden, Minuten, Sekunden);
```

Ein konkretes Beispiel:

```
var lastYear = new Date(2020, 6, 5, 21, 31, 0);
```


Wenn Sie keine konkrete Uhrzeit benötigen, können Sie die drei letzten Parameter auch weglassen; in diesem Fall wird einfach 00:00 Uhr eingetragen.

Datums- und Uhrzeitmethoden

Nachdem das Datumsobjekt erstellt wurde, besteht die Möglichkeit, mithilfe einer Reihe von Methoden die einzelnen Felder des Datums und der Uhrzeit zu extrahieren (im Folgenden wird wieder das Beispiel `now` für das Datumsobjekt verwendet):

- `now.getYear()` gibt das »kurze« (zweistellige) Jahr zurück. Der Einsatz dieser Methode ist nicht empfehlenswert: Beim Internet Explorer gibt sie für die Jahre bis 1999 die Werte 00 bis 99 zurück und für die Jahre danach die vierstellige Jahresangabe 2000 etc. Bei den meisten anderen Browsern geht es dagegen einfach weiter: 1999 ergibt 99, 2000 ergibt 100, 2001 führt zu dem Wert 101 etc.
- `now.getFullYear()` gibt das vierstellige (und überall identische) Jahr zurück.

- `now.getMonth()`ist der numerische Monat. Er zählt allerdings anders als im normalen Kalender ab 0 (Januar hat den Wert 0, Februar den Wert 1, und es geht weiter bis zum Dezember mit dem Wert 11). Auf diese Weise kann der Wert leicht auf ein Array mit Monatsnamen angewandt werden, aber um ihn numerisch auszugeben, müssen Sie 1 hinzuaddieren.
- `now.getDate()` liefert den Tag im Monat von 1 bis 31.
- `now.getDay()` gibt den Wochentag in numerischer Form zurück: 0 steht für Sonntag, 1 für Montag und schließlich 6 für Samstag.
- `now.getHours()` gibt die Stunde zwischen 0 und 23 zurück.
- `now.getMinutes()` liefert die Minute zwischen 0 und 59.
- `now.getSeconds()` gibt die Sekunde zwischen 0 und 59 zurück.

Jede dieser Methoden besitzt auch noch eine Variante mit eingeschobenem `UTC`, beispielsweise `getUTCHours()` oder `getUTCSeconds()`. Während die normalen Versionen die Bestandteile von Datum und Uhrzeit in der Ortszeit zurückgeben, liefern die `UTC`-Varianten die Bestandteile der ortsunabhängigen Universalzeit (GMT ohne Sommerzeit).

Zu jeder `get*`-Methode gibt es auch eine entsprechende `set*`-Methode[4], mit deren Hilfe Sie die einzelnen im `Date`-Objekt gespeicherten Werte nachträglich ändern können. Selbstverständlich ändert dies nicht die tatsächliche Systemzeit.

Einige weitere Methoden ermöglichen die Ausgabe von Datum und Uhrzeit als vollständigen String:

- `now.toString()` gibt Datum und Uhrzeit als String zurück.
- `now.toTimeString()` liefert nur die Uhrzeit als String.
- `now.toUTCString()` gibt UTC-Datum und UTC-Uhrzeit als String zurück.
- `now.toUTCTimeString()` gibt nur die UTC-Uhrzeit als String zurück.
- `now.toLocaleString()` gibt Datum und Uhrzeit in der Schreibweise als String zurück, die der aktuellen Ländereinstellung des Browsers/Betriebssystems entspricht.
- `now.toLocaleTimeString()` liefert nur die Uhrzeit in lokaler Schreibweise.

Time-out – die JavaScript-»Stoppuhr«

Die `window`-Methode `setTimeout()` ermöglicht es, einzustellen, dass bestimmte Anweisungen nach Ablauf einer festgelegten Zeitspanne ausgeführt werden sollen. Auf diese Weise lässt sich beispielsweise eine automatisch laufende Uhr in einem Textfeld realisieren.

Die allgemeine Form sieht so aus:

```
setTimeout(AnweisungsString, Millisekunden);
```

4 Aus naheliegenden Gründen gibt es keine `setDay()`-Methode, schließlich hängt der Wochentag vom Datum ab.

Der *AnweisungsString* enthält die auszuführenden Anweisungen in Form eines Strings. *Millisekunden* gibt die Wartezeit in Millisekunden an, nach deren Verstreichen die Anweisungen ausgeführt werden sollen.

setTimeout() gibt eine Referenz auf das Time-out zurück, das Sie einer Variablen zuweisen können. Auf diese Weise können Sie es mithilfe der Methode clearTimeout() bei Bedarf vorzeitig abschalten.

In diesem kleinen Beispiel wird ein Time-out gesetzt, das nach einer Sekunde die Funktion wakeUp() aufruft:

```
var stopWatch = setTimeout("wakeUp();", 1000);
```

Falls Sie es sich anders überlegen und den einprogrammierten Aufruf von wakeUp() wieder löschen möchten, geht das folgendermaßen:

```
clearTimeout(stopWatch);
```

Mit setTimeout() und clearTimeout() sind die Methoden setInterval() und clearInterval() eng verwandt. Die Methode setInterval() weist die gleiche Syntax auf wie setTimeout(). Allerdings ruft sie die Anweisungen im String nicht nur einmal nach Verstreichen der Wartezeit auf, sondern in regelmäßigen Abständen, die durch die Zeitangabe geregelt werden. Entsprechend ist clearInterval() für das Löschen einer solchen automatischen Wiederholung zuständig.

Eine Alternative zur Angabe des auszuführenden JavaScript-Codes als String stellt übrigens die Verwendung einer anonymen Funktion dar. Das sieht – demonstriert an einem setInterval()-Beispiel, das in der Konsole Sekunden zählt – wie folgt aus:


```
let seconds = 0;
let interval = setInterval(
  function() {
    console.log(seconds++);
  },
  1000
);
```

20.1.8 Bilder manipulieren

Ein Bildobjekt im HTML-Dokument kann mithilfe von klassischem JavaScript nicht geändert werden: Die Position, die Anzeigegröße auf der Seite und der visuelle Inhalt eines bestimmten Bildes sind vordefiniert. Es besteht jedoch die Möglichkeit, an der Position, an der ein Bild angezeigt wird, nachträglich ein anderes anzuzeigen. Für JavaScript ist ein Bildobjekt eine Anzeigeposition für Bilder im Dokument; die wichtigste Eigenschaft – die Quell-URL src – kann nachträglich geändert werden.

Alle Bilder im Dokument befinden sich in dem Array `document.images[]`. Jedes Bild kann entsprechend durch seine Position im Dokument angesprochen werden:

```
document.images[0]  // erstes Bild im Dokument
document.images[7]  // achtes Bild im Dokument etc.
```

Alternativ ist es möglich, einem Bild einen Namen zu geben. Dafür müssen Sie zu dem HTML-Tag `<img>` das Attribut `name="`*`Bildname`*`"` hinzufügen. Wie bei Formularen entstehen dadurch zwei weitere Zugriffsmöglichkeiten:

- der Bildname als Objektbezeichner: `document.`*`Bildname`*
- der Bildname als Hash-Index: `document.images["`*`Bildname`*`"]`

Die Eigenschaft eines Bildes, die geändert wird, um ein anderes Bild an die entsprechende Stelle zu setzen, ist *`Bildobjekt`*`.src` – der neue Wert muss eine gültige URL sein.

Beispiel: Austauschen eines Bildes auf Knopfdruck

Auf einer Seite wird das 100 · 40 Pixel große Bild *vorher.gif* angezeigt. Bei Klick auf einen danebenstehenden Link wird es durch das Bild *nachher.gif* ersetzt.

Angenommen, dem `<img>`-Tag wäre das `name`-Attribut mit dem Wert `"swapImage"` zugewiesen worden:

```
<img src="vorher.gif" name="swapImage" width="100" height="40" alt="Austauschbild"
border="0" />
```

Dann lautete der Event-Handler zum Austausch des Bildes per Mausklick wie folgt:

```
document.swapImage.addEventListener(
  'click',
  () => document.swapImage.src = "nachher.gif"
);
```

Um daraus ein einfaches Rollover (auch Hover genannt) zu basteln, müssen Sie statt `'click'` die Event-Handler `'mouseover'` und `'mouseout'` verwenden. Diese sorgen dafür, dass ein Objekt auf Mausberührungen reagiert. Um also bei Mausberührung zu *nachher.gif* und beim Wegbewegen des Mauszeigers zurück zu *vorher.gif* zu wechseln, wird folgender Code verwendet:

```
document.swapImage.addEventListener(
  'mouseover',
  () => document.swapImage.src = "nachher.gif"
);

document.swapImage.addEventListener(
```

```
  'mouseout',
  () => document.swapImage.src = "vorher.gif"
);
```

Bilder vorausladen

Ein großes Problem bei der bisherigen Rollover-Lösung – besonders bei vielen oder großen Bilddateien – besteht darin, dass das Austauschbild erst dann geladen wird, wenn der Mauszeiger das ursprüngliche Bild berührt, sodass sich eine zu große Verzögerung ergibt.

Die Lösung besteht darin, dass Bilder mithilfe von JavaScript vorausgeladen werden können. Sie können also geladen werden, obwohl sie nicht im HTML-Code eines Dokuments angefordert werden.

Zu diesem Zweck werden unabhängige Bildobjekte (`Image`-Objekte) eingesetzt. Wie Bilder auf einer Seite besitzen diese Objekte die Eigenschaft `src`, die Quell-URL. Sobald diese zugewiesen wird, beginnt der Browser im Hintergrund mit dem Laden des entsprechenden Bildes. Wird es dann später durch Rollover angefordert, befindet es sich bereits im Browser-Cache.

Ein `Image`-Objekt wird folgendermaßen erzeugt:

```
variable = new Image();
```

Anschließend wird eine Bilddatei in das Image-Objekt geladen:

```
variable.src = "Bild-URL";
```

Der gesamte JavaScript-Code, der am Ende des Bodys stehen sollte, sieht für diese Lösung wie folgt aus:

```
// loadImage zunächst global deklarieren.
var loadImage = new Image();

// Laden, sobald der Rest des Dokuments geladen ist.
document.addEventListener(
  'DOMContentLoaded',
  function() {
    loadImage.src = "nachher.gif";
  }
);

// die beiden Rollover-Event-Handler
document.swapImage.addEventListener(
  'mouseover',
  () => document.swapImage.src = loadImage.src
);
document.swapImage.addEventListener(
```

```
  'mouseout',
  () => document.swapImage.src = "vorher.gif"
);
```

Wichtig ist, wie hier gezeigt, dass die Variable `loadImage` zunächst außerhalb der Event-Handler-Funktionen deklariert wird, damit sie in ihnen zur Verfügung steht. Das eigentliche Vorausladen passiert allerdings innerhalb des Event-Handlers `'DOMContentLoaded'` des Objekts `document`, der aufgerufen wird, sobald das eigentliche HTML-Dokument fertig geladen ist. Beachten Sie schließlich die geänderte Anweisung im `'mouseover'`-Event-Handler, die dafür sorgt, dass die Quelle des vorausgeladenen Bild-Objekts verwendet wird:

```
document.swapImage.src = loadImage.src
```

20.1.9 Browser- und Fensteroptionen

Neben den bereits behandelten Aspekten des HTML-Dokuments sind auch Browserfenster mit verschiedenen Unterobjekten, Eigenschaften und Methoden ausgestattet. Außerdem existiert eine Reihe anderer Objekte, die beispielsweise den verwendeten Webbrowser oder die Bildschirmeigenschaften beschreiben. Diese Objekte werden in diesem Abschnitt behandelt.

Browsereigenschaften

Es ist in vielen Skripten erforderlich, verschiedene Varianten von Anweisungen für unterschiedliche Webbrowser, Versionen und Rechnerplattformen zu verwenden. Damit Sie solche sogenannten *Browserweichen* schreiben können, müssen Sie zunächst ermitteln, in welchem Browser das Skript gerade läuft.

Der Browser wird über das globale Objekt `navigator` angesprochen. Es besitzt drei Eigenschaften, die nur gelesen, aber nicht geändert werden können:

- `navigator.appName` ist der Name des Browsers. Mögliche Werte sind etwa `Microsoft Internet Explorer` oder `Mozilla`. In Google Chrome 89 lautet der Name aus traditionellen Kompatibilitätsgründen `Netscape`.
- `navigator.appVersion` liefert Informationen über die Version des Browsers (Versionsnummer, Plattform, Betriebssystem etc.). Der Wert beginnt grundsätzlich mit der Versionsnummer und kann deshalb mithilfe von `parseInt()` oder auch `parseFloat()` bearbeitet werden, um die Hauptversion beziehungsweise Unterversion zu ermitteln.

  Google Chrome 89 unter macOS liefert beispielsweise das Ergebnis `5.0 (Macintosh; Intel Mac OS X 10_14_6) AppleWebKit/537.36 (KHTML, like Gecko) Chrome/89.0.4389.90 Safari/537.36`, während Firefox 87 auf demselben System den viel kürzeren Wert `5.0 (Macintosh)` zurückgibt. Sie müssen also die Werte dieser Eigenschaften genauer untersuchen, um alle Informationen zu erhalten, und die angezeigte Versionsnummer (in beiden Fällen 5.0) hat nichts mit der tatsächlichen Versionsnummer des Browsers zu tun, sondern ist eher eine Art Generationsangabe. Bei einer 5 können Sie davon ausgehen, dass der Browser das im nächsten Abschnitt behandelte Document Object Model (DOM) beherrscht und Sie nicht (mehr) mit zueinander inkompatiblen Varianten des dynamischen HTML-Austauschs hantieren müssen. Das ist seit vielen Jahren in allen gängigen Browsern der Fall.

- `navigator.userAgent` gibt schließlich den Wert aus, den der Browser bei HTTP-Anfragen an Webserver in der Option `User-Agent` versendet. Dieser Wert ist erst recht mit Vorsicht zu genießen: Erstens »tarnen« sich viele seltener verwendete Browser wie Opera gern als gängigere, wie Firefox oder Internet Explorer, und zweitens kann der Inhalt selbst je nach Browser ziemlich seltsam sein: Microsoft Edge unter Windows 10 gibt beispielsweise den Wert `Mozilla/5.0 (Windows NT 10.0; Win64; x64) AppleWebKit/537.36 (KHTML, like Gecko) Chrome/42.0.2311.135 Safari/537.36 Edge/12.9600` an, während Google Chrome 89 sich unter macOS als `Mozilla/5.0 (Macintosh; Intel Mac OS X 10_14_6) AppleWebKit/537.36 (KHTML, like Gecko) Chrome/89.0.4389.90 Safari/537.36` meldet.

Dass viele Browser intern *Mozilla* heißen, hat historische Gründe: Der Drache Mozilla war das Maskottchen der ursprünglichen NCSA-Mosaic-Entwickler. Dieser Browser ist der gemeinsame Vorfahr von Netscape, Internet Explorer und dem heutigen Mozilla beziehungsweise Firefox.

Um nun beispielsweise in den Microsoft-Browsern Edge und Internet Explorer anderen Code auszuführen als in anderen, können Sie die folgende Browserweiche verwenden:

```
if (navigator.appName.indexOf("Microsoft") >= 0) {
  // Internet-Explorer-Anweisungen
} else {
  // Nicht-MSIE-Anweisungen
}
```

Das nächste Beispiel läuft nur in Browsern ab der Versionsnummer 5.0, die wie gesagt mindestens einfache DOM-Unterstützung garantiert:

```
if (parseInt(navigator.appVersion) >= 5) {
  // Anweisungen für 5er-Browser
} else {
  alert("Leider ist Ihr Browser zu alt!");
}
```

Schließlich können Sie folgendermaßen unterscheiden, ob das Skript unter Windows, auf dem Mac oder auf einer anderen Plattform läuft:

```
if (navigator.appVersion.match(/win/i)) {
  // Windows-Anweisungen
} else if (navigator.appVersion.match(/mac/i)) {
```

```
  // macOS-Anweisungen
} else {
  // Anweisungen für andere Systeme
}
```

Mitunter ist es weniger interessant, die aktuelle Browserversion selbst zu ermitteln, als zu überprüfen, ob der Browser ein bestimmtes Feature unterstützt.

Automatische Hyperlinks – History und Location

Das Browserfenster-Unterobjekt `history` enthält eine Liste der bisher besuchten Seiten, bildet also den Verlauf oder die History des Browsers ab.

Mithilfe der Methoden dieses Objekts können Sie die Funktionalität der Vorwärts- und Rückwärts-Buttons des Browsers nachbilden:

- `history.back()` springt zur vorher besuchten Seite zurück.
- `history.forward()` bewegt sich um eine Seite nach vorn.
- `history.go(`*`Seitenzahl`*`)` bewegt sich in der History um die angegebene Anzahl von Seiten vorwärts (positive Werte) oder rückwärts (negative Werte).

Noch interessanter ist das `window`-Unterobjekt `location`, dessen Eigenschaft `href` verwendet werden kann, um eine neue Seite in das Browserfenster zu laden. Das Verfahren dient mit anderen Worten als automatischer Hyperlink.

Beispielsweise lädt die folgende Anweisung die Website von Google in das aktuelle Fenster:

```
location.href = "http://www.google.de";
```

Für die URL, die der Eigenschaft zugewiesen wird, gelten natürlich dieselben Regeln wie bei gewöhnlichen HTML-Hyperlinks.

Neue Browserfenster öffnen

Sehr viele Websites öffnen bestimmte Inhalte in neuen, speziell angepassten Browserfenstern. Beispiele sind etwa die nervigen Werbe-Pop-ups, aber auch Spiele oder Präsentationen, die sich so den passenden Rahmen für ihre Wirkung schaffen.

Beachten Sie vor dem eventuellen Einsatz dieses Features, dass die meisten modernen Browser ab Werk einen Pop-up-Blocker enthalten, der das Öffnen solcher Fenster unterdrückt. Viele der nachfolgenden Beispiele bekommen Sie in manchen Versionen von Google Chrome gar nicht zum Laufen, während in anderen und beispielsweise auch in Firefox standardmäßig eine Warnung angezeigt wird, die Sie darauf hinweist, dass ein Pop-up-Fenster blockiert wurde, was Sie anschließend in den Einstellungen ändern können.

Allgemein wird ein neues Fenster mithilfe einer Anweisung der folgenden Form geöffnet:

```
variable = open(URL, TargetName, FeatureListe);
```

URL ist ein String, der die URL des Dokuments angibt, das in dieses neue Fenster hineingeladen werden soll. Es gelten dieselben Regeln wie für HTML-Hyperlinks. Falls Sie explizit ein leeres Browserfenster erzeugen möchten, dessen Inhalt dynamisch per JavaScript erstellt wird, ist die passende URL der leere String `""`.

TargetName, ebenfalls ein String, weist dem neuen Fenster einen Namen zu, der durch das `target`-Attribut eines Hyperlinks angesprochen werden kann. Beachten Sie, dass die Angabe eines solchen Target-Namens nicht im Zusammenhang mit der URL `""` für leere Fenster funktioniert. Falls Sie also die URL leer lassen, sollte auch der Target-Name der leere String sein.

Die *FeatureListe* ist ebenfalls ein String. Sie enthält eine durch Kommata getrennte Liste von *Eigenschaft*=*Wert*-Paaren, die bestimmte Einstellungen für das Fenster vornehmen. Beachten Sie dabei, dass die Liste keinerlei Whitespace enthalten darf.

Die wichtigsten einstellbaren Eigenschaften sind folgende:

- `menubar` – Menüleiste ein- oder ausblenden (mögliche Werte sind hier, wie auch bei den folgenden Eigenschaften bis einschließlich `resizable`, `1` oder `yes` für das Einschalten und `0` oder `no` zum Ausschalten)
- `toolbars` – Symbolleiste(n) ein- oder ausblenden
- `location` – Adressleiste ein- oder ausblenden
- `directories` – allgemeine Link-Leiste(n) ein- oder ausblenden
- `status` – die Statusleiste ein- oder ausblenden
- `scrollbars` – Rollbalken ein- oder ausblenden
- `resizable` – die Größe des Fensters kann geändert/nicht geändert werden
- `width` – Fensterbreite in Pixeln

  Beim Internet Explorer gibt diese Eigenschaft die nutzbare (innere) Fensterbreite an, bei anderen Browsern dagegen die Gesamtfensterbreite.
- `innerWidth` – innere Breite des Fensters (nicht im Internet Explorer)
- `height` – Höhe in Pixeln; zwischen den Browsern besteht derselbe Unterschied wie bei der Breite
- `innerHeight` – innere Höhe des Fensters (nicht im Internet Explorer)
- `screenX` – der linke Rand des Fensters soll den in Pixeln angegebenen Abstand vom linken Bildschirmrand haben
- `screenY` – der obere Rand des Fensters soll den angegebenen Abstand vom oberen Bildschirmrand haben

Leider ist die Angabe von `screenX` und `screenY` nicht sehr sicher. Besser ist es, das Fenster nachträglich mithilfe der Methode `moveTo(xPos, yPos)` an die gewünschte Position zu verschieben.

Hier sehen Sie einige Beispiele für spezielle Fenster:

- Das Dokument *test.html* soll in ein 300 · 300 Pixel großes Fenster geladen werden. Das Fenster soll völlig ohne Bedienleisten, aber mit Rollbalken nach Bedarf ausgestattet sein:

  ```
  var fenster=open("test.html", "",
  "menubar=0,toolbars=0,location=0,directories=0,
  status=0,width=300,height=300");
  ```

  Hier wird die scrollbars-Angabe ganz weggelassen, deshalb zeigt das Fenster das Standardverhalten: Rollbalken werden nur dann angezeigt, wenn sie benötigt werden.

- Ein neues leeres Browserfenster soll geöffnet werden. Seine innere Größe soll in jedem Browser 200 · 200 Pixel betragen, und es soll nie Rollbalken enthalten:

  ```
  // Internet Explorer?
  var msie = (navigator.appName.indexOf("Microsoft") >= 0) ? true : false;
  // Fenster-Feature-Liste basteln:
  var features=
       "menubar=0,toolbars=0,location=0,directories=0,
       status=0,scrollbars=0,";
  if (msie) {
     features += "width=200,height=200";
  } else {
     features += "innerWidth=200,innerHeight=200";
     var fenster = open("", "", features);
  }
  ```

- Es soll in ein neues leeres Fenster hineingeschrieben werden:

  ```
  fenster.document.open();
  fenster.document.write("Text und <i>HTML</i>!");
  ```

  Am Ende der Ausgabe sollte Folgendes stehen:

  ```
  fenster.document.close();
  ```

  document.open() und document.close() entsprechen etwa <body> und </body> in statischen HTML-Dokumenten.

  Nach document.open() können Sie auch noch einige Eigenschaften des neuen Dokumentobjekts einstellen, beispielsweise die Hintergrundfarbe:

  ```
  fenster.document.bgColor = "#FF0000";
  ```

  Beachten Sie, dass der Zugriff über document.open() und document.close() in einigen älteren Browsern nicht funktioniert. Eine allgemeinere und bessere Variante, die in allen Browsern läuft, verzichtet auf die document.open()- und document.close()-Anweisungen und übergibt dem neuen Fenster stattdessen ein vollständiges, neu erzeugtes HTML-Dokument:

```
  var username = document.frm.user.value;
  var fenster = open("", "",
      "menubar=0,toolbars=0,location=0,directories=0,
      status=0,width=320,height=240");

  fenster.document.write("<html><head><title>
      Das neue Fenster!</title></head>\n");
  fenster.document.write("<body bgcolor=\"#FF0000\" text=\"#FFFFFF\">");
  fenster.document.write("<h1>Hallo, " + username + "!</h1>");
  fenster.document.write("</body></html>");
```

Im Zusammenhang mit separaten Browserfenstern ist noch das globale Objekt `screen` interessant: Seine Eigenschaften `width` und `height` liefern die aktuelle Bildschirmbreite und -höhe in Pixeln, während `availWidth` und `availHeight` die Bildschirmmaße abzüglich fester Elemente wie der Windows-Taskleiste oder der Mac-Menüleiste angeben.

Die folgende Funktion nimmt eine URL sowie die gewünschte Höhe und Breite entgegen und öffnet die URL in einem Browserfenster ohne Bedienelemente, das genau in die Bildschirmmitte gesetzt wird:

```
function customWindow(url, width, height) {
  var screenWidth = screen.width;
  var screenHeight = screen.height;
  var xPosition = (screenWidth - width) / 2;
  var yPosition = (screenHeight - height) / 2;
  var myWindow = open(url, "",
    "menubar=0,toolbars=0,location=0,directories=0,
    status=0,width=" + width + ",height=" + height);
  myWindow.moveTo(xPosition, yPosition);
  return myWindow;
}
```

Die Funktion gibt eine Referenz auf das neu geöffnete Fenster zurück, damit die aufrufende Stelle weitere Methoden dieses Fensters aufrufen kann.

Der folgende Aufruf verwendet die Funktion, um die Datei *spiel.html* in einem 480 · 320 Pixel großen Fenster anzuzeigen:

```
var spielwin = customWindow("spiel.html", 480, 320);
```

Neben `open()` sollten Sie auch einige Methoden von Fensterobjekten kennen. Die wichtigsten sind folgende:

- `moveTo(x, y)` – verschiebt das Fenster an die angegebene Position auf dem Bildschirm (gemessen an seiner linken oberen Ecke).

- `moveBy(dx, dy)` – verschiebt das Fenster um die angegebene Anzahl von Pixeln. Positive Werte verschieben es nach rechts beziehungsweise unten, negative Werte nach links oder nach oben.
- `resizeTo(w, h)` – ändert die Fenstergröße nachträglich auf `w` Pixel Breite und `h` Pixel Höhe.
- `resizeBy(dw, dh)` – verändert die Breite und die Höhe des Fensters um die jeweils angegebene Pixelanzahl.
- `focus()` – stellt das angesprochene Fenster in den Vordergrund und aktiviert es.
- `close()` – schließt das Fenster.

Andere `window`-Methoden haben Sie im Verlauf dieses Kapitels bereits kennengelernt, beispielsweise `alert()` und `setTimeout()`.

20.2 Das Document Object Model (DOM)

Als 1998 die 4er-Versionen der beiden damals wichtigsten Browser Netscape und Internet Explorer eingeführt wurden, war das Schlagwort *Dynamic HTML* (DHTML) eine der Lieblingsvokabeln aller Webdesigner. Für einen Begriff, der gar keine einheitliche Technologie beschrieb, war das bemerkenswert: Die Bezeichnung *DHTML* entstand vor über 20 Jahren in den Marketingabteilungen der Browserhersteller. Es handelt sich um die Zusammenarbeit zwischen Stylesheets zur Formatierung von HTML-Inhalten und neueren JavaScript-Fähigkeiten.

Insbesondere wurden in den 4er-Browsern zum ersten Mal sogenannte *Objektmodelle* eingeführt, die es ermöglichen, einen Großteil der Elemente in HTML-Dokumenten anzusprechen und auch nach dem Laden des Dokuments noch dynamisch zu verändern. Die diversen proprietären Modelle sind glücklicherweise veraltet; praxisrelevant ist inzwischen nur noch das *Document Object Model* (DOM) des W3C. Es ermöglicht konsequent die nachträgliche Änderung jedes beliebigen Elements eines HTML-Dokuments, indem es das Dokument als hierarchisch verschachtelte Baumstruktur versteht. Das DOM ist nicht nur für JavaScript und HTML gedacht, sondern wurde in vielen verschiedenen Programmiersprachen für den Zugriff auf XML-Dokumente aller Art implementiert. In Kapitel 16, »XML«, wird beispielsweise die Verwendung des DOM in Java angesprochen.

DOM wird von folgenden Browsern interpretiert: Internet Explorer ab 5.0, Microsoft Edge, Firefox ab 1.0, Netscape ab 6.0, Mozilla und Opera ab 6.0, Safari ab 1.0 und Chrome in allen Versionen.

20.2.1 W3C-DOM im Überblick

Mithilfe des *DOM* können Sie auf jedes einzelne Element einer Webseite zugreifen. Dazu wird das Objekt als Baummodell aus verschiedenen Arten von *Knoten* betrachtet. Jeder Knoten kann beliebig viele *Kindknoten* haben und besitzt einen der in Tabelle 20.1 gezeigten Knotentypen, der über seine Eigenschaft `nodeType` abgefragt werden kann:

Knotentyp	Bedeutung
1	Element (HTML-Tag)
2	Attribut (funktioniert so nicht!)
3	einfacher Text
8	HTML-Kommentar
9	das Dokument selbst

Tabelle 20.1 DOM-Knotentypen für HTML-Dokumente

Es existieren verschiedene Möglichkeiten, um auf einen Knoten vom Typ HTML-Tag zuzugreifen:

- Die Methode

  ```
  document.getElementById(ID-String)
  ```

  liefert eine Referenz auf das Tag zurück, dem über das Attribut `id` eine spezielle ID zugewiesen wurde. Beispielsweise können Sie auf einen Absatz, der so definiert wurde:

  ```
  <p id="test">Spezieller Absatz, Marke test</p>
  ```

  mithilfe dieser DOM-Methode zugreifen:

  ```
  document.getElementById("test")
  ```

- Mit der Methode

  ```
  document.getElementsByTagName(Tag-String)
  ```

  erhalten Sie eine Referenz auf ein Array aller Elemente, die dem angegebenen HTML-Tag entsprechen. Beispielsweise entspricht der folgende Ausdruck dem dritten `<p>`-Tag einer Seite:

  ```
  document.getElementsByTagName("p")[2]
  ```

- Noch mehr können die neueren Methoden

  ```
  document.querySelector(CSS-Selektor)
  ```

  beziehungsweise

  ```
  document.querySelectorAll(CSS-Selektor)
  ```

  Hier können Sie einen beliebigen CSS-Selektor angeben (siehe Kapitel 18, »Webseitenerstellung mit HTML und CSS«), um Elemente anhand dieser flexiblen Konstrukte auszuwählen. Der Unterschied zwischen den beiden besteht darin, dass `querySelector()` das erste passende Element zurückliefert, während der Rückgabewert von querySelectorAll() ein Array aller passenden Elemente ist.

Hier einige Beispiele:

```
document.querySelector("p")                  // erstes Element vom Typ p
document.querySelector("p#intro")            // das p-Element mit id="intro"
document.querySelector("p.teaser")           // erstes p mit class="teaser"
document.querySelector("[align]")            // erstes Element mit
                                             // align-Attribut
document.querySelector("[align='center']")   // erstes Element mit
                                             // align="center"
document.querySelectorAll("p.teaser")        // alle p mit class="teaser"
document.querySelectorAll("p:firstchild")    // das erste Kind jedes p-Elements
```

Auf Text- und Kommentarknoten können Sie nicht direkt zugreifen. Sie sind stets Kindknoten der umschließenden HTML-Tags. Auf die Kindknoten eines Elements sowie auf seinen Elternknoten und seine »Geschwister« können Sie mithilfe der in Tabelle 20.2 gezeigten Eigenschaften zugreifen:

Eigenschaft	Bedeutung
Knoten.firstChild	Liefert das erste Kindelement von Knoten.
Knoten.childNodes[]	Ein Array aller Kindknoten von Knoten.
Knoten.lastChild	Liefert den letzten Kindknoten von Knoten.
Knoten.parentNode	Liefert den übergeordneten Knoten.
Knoten.nextSibling	Liefert den nächsten »Geschwisterknoten«, also den nachfolgenden Kindknoten desselben Elternknotens.
Knoten.previousSibling	Liefert den vorangegangenen »Geschwisterknoten«.
Knoten.hasChildNodes()	Diese Methode liefert true, wenn Knoten Kindelemente besitzt, ansonsten false.

Tabelle 20.2 Zugriff auf DOM-Kindknoten

HTML-Tag-Knoten besitzen die Eigenschaft nodeName, die den Namen des eigentlichen HTML-Tags enthält. Text- und Kommentarknoten weisen dagegen die Eigenschaft nodeValue auf, die den Textinhalt enthält. nodeValue liefert möglicherweise etwas anderes zurück, als Sie erwarten. Betrachten Sie beispielsweise den folgenden Auszug aus dem Body eines HTML-Dokuments:

```
<p id="test">Dies ist der <i>alte</i> Text.</p>
<script type="text/javascript">
<!--
   alert(document.getElementById("test")
         .firstChild.nodeValue);
//-->
</script>
```

Die `alert()`-Anweisung greift zunächst über die Methode `getElementById()` auf den Absatz mit der ID `test` zu. Anschließend liest sie per `nodeValue` den Textinhalt des ersten Kindknotens (`firstChild`) des aktuellen Elements. Vielleicht überrascht es Sie, zu hören, dass das Ergebnis *nicht* so lautet:

```
Dies ist der alte Text
```

Vielmehr bekommen Sie lediglich Folgendes zu sehen:

```
Dies ist der
```

Der Text »Dies ist der« bildet den ersten Kindknoten des Absatzes, das HTML-Tag `<i>...</i>` ist der zweite und der restliche »Text« der letzte. Das nächste Beispiel verwendet einige dieser Methoden und Eigenschaften zur Anzeige der aktuellen Uhrzeit im Fließtext eines Absatzes. Der Absatz selbst wird so definiert:

```
<p id="clock">Uhrzeit</p>
```

Im Head steht folgende Funktion, die durch den Event-Handler `DOMContentLoaded` aufgerufen werden sollte:

```
function displayTime() {
  var now = new Date();
  var hour = now.getHours();
  var minute = now.getMinutes();
  var second = now.getSeconds();
  var timeString = hour < 10 ? "0" : "";
  timeString += hour + ":";
  timeString += minute < 10 ? "0" : "";
  timeString += minute + ":";
  timeString += second < 10 ? "0" : "";
  timeString += second;
  document.getElementById("clock").firstChild.nodeValue = "Es ist " +
    timeString + " Uhr";
  setTimeout (
    () => displayTime(),
```

20

```
    1000
  );
}
```

Das Thema der Datums- und Uhrzeitanzeige wurde in diesem Kapitel bereits behandelt. Neu ist hier lediglich die Zeile

```
document.getElementById("clock").firstChild.
      nodeValue = "Es ist " + zeitangabe + " Uhr";
```

Über `getElementById()` wird der Absatz mit der ID `clock` angesprochen. Dessen erster Kindknoten `firstChild` ist der Absatztext, der mithilfe einer Wertzuweisung an seine Eigenschaft `nodeValue` geändert wird.

20.2.2 Eine DOM-Baum-Anzeige

Das folgende Beispiel durchwandert rekursiv den DOM-Baum des aktuellen Dokuments und gibt in einem separaten Fenster Informationen über alle Knoten aus, die es dabei findet. Wie bereits im Abschnitt über neue Browserfenster beschrieben, funktioniert dieses Beispiel nur, wenn Sie Pop-up-Fenster explizit erlauben. Abbildung 20.1 zeigt das Skript bei der Arbeit.

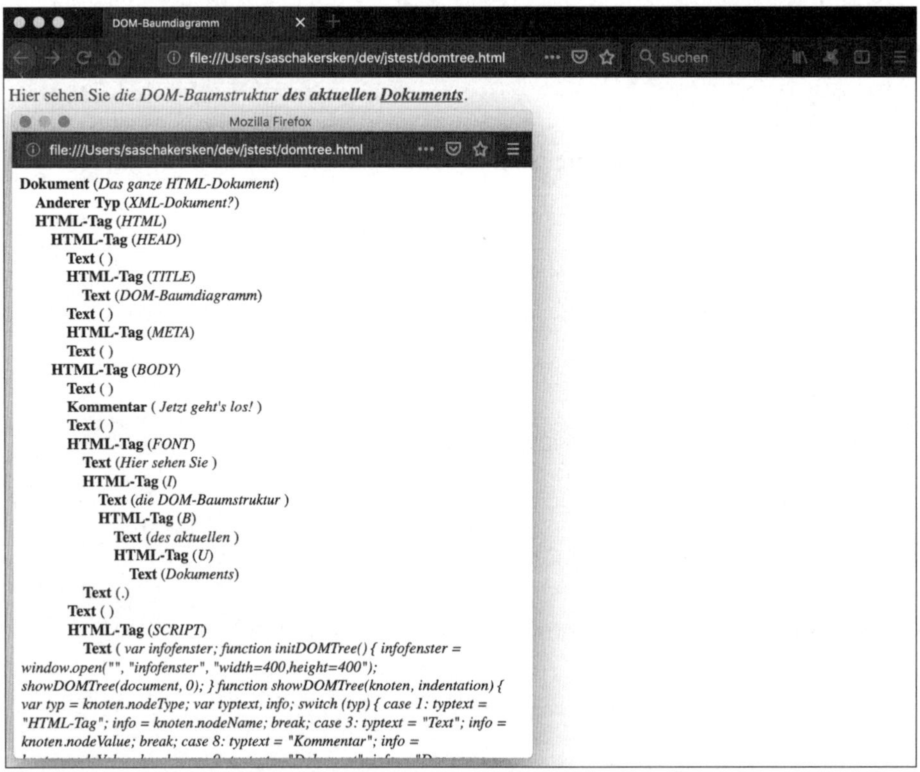

Abbildung 20.1 Die DOM-Baumstrukturanalyse in Aktion

In Listing 20.5 sehen Sie zunächst den Quellcode des gesamten HTML-Dokuments:

```
<html>
  <head>
    <title>DOM-Baumdiagramm</title>
    <meta charset="utf-8" />
    <body>
    <!-- Jetzt geht's los! -->
    <font size="4" color="#FF0000">Hier sehen Sie
    <i>die DOM-Baumstruktur <b>des aktuellen
    <u>Dokuments</u></b></i>.</font>
    <script type="text/javascript">
        var infoWindow;

        function initDOMTree() {
           infoWindow = window.open("", " infoWindow", "width=400,height=400");
           showDOMTree(document, 0);
        }

        function showDOMTree(currentNode, indentation) {
           var type = currentNode.nodeType;
           var typeText, info;
           switch (type) {
              case 1:
                 typeText = "HTML-Tag";
                 info = currentNode.nodeName;
                 break;
              case 3:
                 typeText = "Text";
                 info = currentNode.nodeValue;
                 break;
              case 8:
                 typeText = "Kommentar";
                 info = currentNode.nodeValue;
                 break;
              case 9:
                 typeText = "Dokument";
                 info = "Das ganze HTML-Dokument";
                 break;
              default:
                 typeText = "Anderer Typ";
                 info = "XML-Dokument?";
           }
           // Einrücken
```

```
            for (let i = 0; i < indentation; i++) {
               infoWindow.document.write("    ");
            }
            infoWindow.document.write("<b>" + typeText
                 + "</b> (<i>" + info + "</i>)<br />");
            // Kinder rekursiv bearbeiten.
            if (currentNode.hasChildNodes()) {
               for (let j = 0; j < currentNode.childNodes.length; j++) {
                  showDOMTree(currentNode.childNodes[j], indentation + 1);
               }
            }
         }

         document.addEventListener(
            'DOMContentLoaded',
            initDOMTree
         );
      </script>
   </head>

   </body>
</html>
```

Listing 20.5 domtree.html zeigt seine eigene DOM-Baumstruktur in einem neuen Fenster.

Im Grunde verwendet das Skript nur Funktionen, die bereits besprochen wurden, und benötigt deshalb nicht viele Erläuterungen.

Für die eigentliche Rekursion wird mithilfe der Methode `currentNode.hasChildNodes()` überprüft, ob überhaupt Kindknoten vorhanden sind. Ist das der Fall, werden sie in einer Schleife über alle Elemente des Arrays `currentNode.childNodes[]` durchlaufen.

Für jedes Kindelement wird wiederum die Funktion selbst aufgerufen; dabei wird der um 1 erhöhte Wert der Variablen `indentation` übergeben, um jeweils die korrekte Einrückung vorzunehmen.

Beachten Sie zuletzt, dass die explizite Deklaration der Schleifenzähler `i` und `j` mithilfe von `let` (oder auch `var`) hier absolut notwendig ist, weil sie ansonsten als globale Variablen betrachtet würden und so bei der Rekursion die falschen Werte hätten.

20.2.3 DOM in der Praxis anwenden

Eines der wichtigsten Anwendungsgebiete des DOM ist es, nachträglich Veränderungen an Struktur und Inhalt des Dokuments vorzunehmen. Am häufigsten wird es verwendet, um die Positionierung und andere per Stylesheet definierte Eigenschaften von *Layern* zu ändern. Die bereits in Kapitel 18, »Webseitenerstellung mit HTML und CSS«, vorgestellten Layer sind frei schwebende `<div>`-Elemente, die über das CSS-Attribut `position` an eine bestimmte Stelle gesetzt werden. Die festgelegte Position kann nachträglich geändert werden, um Animationen zu erzeugen. Abgesehen davon, können Sie auch jede andere CSS-Eigenschaft ändern, beispielsweise Farben, Schriftformatierungen, die generelle Sichtbarkeit oder die Stapelreihenfolge.

Über die DOM-Eigenschaft `style` können Sie auf die Stylesheet-Formatierungen von Layern (und beliebigen anderen HTML-Elementen) zugreifen und diese dynamisch ändern. Dabei besitzt `style` jeweils Untereigenschaften, deren Namen mit den Original-CSS-Attributen übereinstimmen. So können Sie etwa über `top` und `left` die Position eines absolut positionierten Layers ändern oder mithilfe von `color` die Schriftfarbe modifizieren. Die einzige Besonderheit gilt für diejenigen Attribute, deren CSS-Name einen Bindestrich enthält: Anstelle dieses Sonderzeichens wird in üblicher JavaScript-Bezeichner-Konvention der darauffolgende Buchstabe großgeschrieben – aus `background-color` wird beispielsweise `backgroundColor`; `text-align` wird zu `textAlign`.

Die Werte für die jeweiligen Stileigenschaften sind Strings, deren Inhalt auf dieselbe Weise festgelegt wird wie bei Stylesheet-Angaben. Betrachten Sie zum Beispiel den folgenden Absatz:

```
<p id="info">Der Hintergrund dieses Absatzes kann gelb werden!</p>
```

Mithilfe der folgenden JavaScript-Anweisung können Sie den Hintergrund wie versprochen gelb einfärben:

```
document.getElementById("info").style.backgroundColor = "#FFFF00";
```

Interessant ist in diesem Zusammenhang, dass neuere Browser Event-Handler wie `onmouseover` oder `onmouseout` für beinahe jedes Element unterstützen. So ist es zum Beispiel inzwischen weit verbreitet, in umfangreichen Tabellen die Zeile oder Zelle, in der sich der Cursor gerade befindet, durch Änderung der Hintergrundfarbe hervorzuheben. Die folgende Funktion kann durch einen solchen Handler aufgerufen werden, um die Farbänderung durchzuführen:

```
function betonen(id, farbe) {
   document.getElementById(id).style.backgroundColor = farbe;
}
```

Hier sehen Sie eine Tabellenzeile, die bei Mausberührung mithilfe dieser Funktion ihre eigene Hintergrundfarbe ändert:

```
<tr id="zeile" style="background-color: #FFFF00"
onmouseover="betonen('zeile', '#FFFF99');"
onmouseout="betonen('zeile', '#FFFF00');">
```

```
  <td>DOM</td>
  <td>IE-4.0-Objektmodell</td>
  <td>Netscape-Objektmodell</td>
</tr>
```

Alternativ können Sie die Event-Handler wieder direkt ins JavaScript schreiben, das heißt die onmouseover- und onmouseout-Attribute entfernen und stattdessen folgenden JavaScript-Code am Ende des Bodys verwenden:

```
document.getElementById('zeile').addEventListener(
  'mouseover',
  function() {
    this.style.backgroundColor = '#FFFF99';
  }
);
document.getElementById('zeile').addEventListener(
  'mouseout',
  function() {
    this.style.backgroundColor = '#FFFF00';
  }
);
```

Die Manipulation der Eigenschaften von Layer-Objekten funktioniert im Prinzip genauso. Denken Sie daran, dass ein <div>-Element nur dann zum echten Layer wird, wenn es durch das CSS-Attribut position auf eine feste Position gesetzt wird. Da sich HTML-Tag-Knoten am leichtesten über ihre ID ansprechen lassen, liegt es nahe, die CSS-Formatierung für den Layer in einer unabhängigen Stilangabe vorzunehmen, die dem Layer dann gleichzeitig mit seiner ID zugewiesen wird.

Das folgende Beispiel lässt nach einer Wartezeit von drei Sekunden nach dem Laden einen Layer mit einem Bild von links in den sichtbaren Bereich des Fensters fahren; anschließend bleibt er fünf Sekunden stehen und wird schließlich ausgeblendet. Auf immer mehr Websites ist heute Werbung nach diesem Schema zu sehen. In Listing 20.6 steht der Code:

```
<html>
  <head>
    <title>Aufdringliche Werbung</title>
    <style type="text/css">
    <!--
      #advertisement {
         position: absolute;
         top: 100px;
         left: -200px
      }
```

```
    -->
    </style>

  </head>
  <body>
    <div id="advertisement"><img src="ad.gif"
    width="198" height="198"></div>
    ... beliebiger Inhalt ...
    <script type="text/javascript">
        // aktuelle Position
        var x = -200;

        function showAd() {
           x += 5;
           document.getElementById("advertisement").style.left = x + "px";
           if (x >= 100)

              setTimeout("closeAd();", 5000);
           else
              setTimeout("showAd();", 50);
        }

        function closeAd() {
           document.getElementById("advertisement").style.visibility = "hidden";
        }

        setTimeout("showAd();", 3000);
    </script>
  </body>
</html>
```

Listing 20.6 advertisement.html zeigt nervige Werbung in einem Layer, der den Inhalt überdeckt.

20.2.4 Dokumentinhalte verändern und austauschen

Die Struktur des DOM-Baums, den ein HTML-Dokument bildet, kann beliebig manipuliert werden, um Inhalte vollständig durch andere auszutauschen. Zu diesem Zweck sind Knotenobjekte mit einer Reihe von Methoden ausgestattet, die entsprechende Manipulationen ermöglichen. Tabelle 20.3 zeigt dazu eine Übersicht.

Methode	Knotentyp(en)	Bedeutung
`createElement(Tagname)`	`document`	Erzeugt einen neuen HTML-Tag-Knoten vom angegebenen Typ.
`createTextNode (Text)`	`document`	Erzeugt einen neuen Textknoten mit dem angegebenen Inhalt.
`hasAttribute (Name)`	`element` (HTML-Tag)	Ist `true`, wenn das Tag das genannte Attribut besitzt.
`getAttribute (Name)`	`element`	Gibt das Attribut mit dem angegebenen Namen zurück.
`setAttribute (Name, Wert)`	`element`	Setzt das mit `Name` bezeichnete Attribut auf `Wert`.
`removeAttribute (Name)`	`element`	Entfernt das genannte Attribut.
`appendChild (Knoten)`	alle	Hängt `Knoten` als letztes neues Kind an.
`removeChild (Knoten)`	alle	Entfernt den angegebenen Kindknoten.
`replaceChild (neuKnoten, altKnoten)`	alle	Ersetzt `altKnoten` durch `neuKnoten`.

Tabelle 20.3 Die wichtigsten Methoden zur Manipulation von Knoten

Die Seite in Listing 20.7 tauscht den Inhalt eines vollständigen Absatzes aus, der aus mehreren Text- und Elementknoten besteht:

```
<!DOCTYPE html>
<html>
  <head>
    <title>Eine Geschichte in zwei Teilen</title>
    <meta charset="utf-8" />
  </head>
  <body>
    <div id="story"><p>Dies ist ein <i>kurzer</i>
    Text. Er besteht aus zwei Teilen. Den zweiten Teil
    können Sie durch Klick auf den Link "Weiter" lesen.</p></div>
    <p id="nextLinkParagraph"><a id="nextLink" href="#">Weiter</a></p>
    <script type="text/javascript">
```

```
    function next() {
      var child1 = document.createTextNode("Hier folgt der zweite Teil des ");
      var child2 = document.createElement("b");
      var child2a = document.createTextNode("kurzen");
      child2.appendChild(child2a);
      var child3 = document.createTextNode(" Textes.");
      document.getElementById("story").replaceChild(
        child1,
        document.getElementById("story").firstChild
      );
      document.getElementById("story").appendChild(child2);
      document.getElementById("story").appendChild(child3);
      // Den nun zwecklos gewordenen "Weiter"-Link entfernen.
      var linkParagraph = document.getElementById("nextLinkParagraph");
      linkParagraph.parentNode.removeChild(linkParagraph);
    }

    document.getElementById("nextLink").addEventListener(
      'click',
      () => next()
    );
    </script>
  </body>
</html>
```

Listing 20.7 story.html tauscht nach einem Klick den Inhalt eines Absatzes aus.

20

Da von Anfang an bekannt ist, dass der komplette Inhalt des <div>-Elements mit der ID story ausgetauscht werden soll, wurde dieser insgesamt zwischen die Tags <p> und </p> gepackt. Eine mögliche Alternative bestünde darin, sämtliche Kindknoten von story mithilfe einer Schleife zu entfernen:

```
while (document.getElementById("story").hasChildNodes()) {
  document.getElementById("story").removeChild(
    document.getElementById("story").firstChild
  );
}
```

In der vorliegenden Lösung werden zunächst die Knoten für den Ersatztext von Grund auf neu erzeugt: die beiden Textknoten child1 und child3 sowie der dazwischenliegende Elementknoten child2 vom Typ "b" (das HTML-Tag <b>) und sein Text (child2a). Anschließend wird der bisher einzige Kindknoten von story, das <p>-Element, mithilfe von replaceChild()

durch child1 ersetzt; die beiden folgenden Knoten child2 und child3 werden durch appendChild() angefügt.

Praktisch gesehen, wird in diesem Beispiel der Text »Dies ist ein *kurzer* Text. Er besteht aus zwei Teilen.« durch den neuen Inhalt »Hier folgt der zweite Teil des *kurzen* Textes.« ausgetauscht. Anschließend wird der Abschnitt mit dem WEITER-Link über die removeChild()-Methode seines Elternknotens (parentNode) entfernt.

20.2.5 »data«-Attribute verwenden

Eine moderne und beliebte Möglichkeit, DOM-Selektoren bereitzustellen und Daten aus dem HTML-Code an JavaScript zu übergeben, ist die Verwendung der mit HTML5 eingeführten data-Attribute. Es handelt sich um gewöhnliche HTML-Attribute, deren Name mit data- beginnt und beliebige weitere durch Bindestriche getrennte Wörter enthalten kann.

Ein wichtiger Vorteil dieser Vorgehensweise ist eine saubere Trennung des CSS-Stylings, das die üblichen id- und class-Attribute als Selektoren verwendet, von eigenen JavaScript-spezifischen Selektoren.

Hier ein Beispiel:

```
<p data-identifier="paragraph1" data-visible="true">...</p>
```

Um ein data-Attribut als Selektor zu verwenden, wird wie üblich document.querySelector() oder document.querySelectorAll() eingesetzt. Das folgende Beispiel wählt alle Elemente aus, bei denen das Attribut data-identifier vorhanden ist:

```
var identifiedParagraphs = document.querySelectorAll('[data-identifier]');
```

Genauso gut können Sie wie gehabt nach einem spezifischen Wert Ausschau halten – hier ein Beispiel für data-identifier mit dem Wert "paragraph1":

```
var p1 = document.querySelector('[data-identifier="paragraph1"]');
```

Für das Auslesen von Daten aus data-Attributen bietet sich neben der DOM-Funktion getAttribute() die spezielle Eigenschaft dataset an. Es handelt sich um ein Objekt, in dem die Namen der data-Attribute ohne das Präfix data die Schlüssel bilden. Beispielsweise können Sie wie folgt den Wert von data-visible aus der soeben definierten Variablen p1 auslesen:

```
var visible = p1.dataset.visible;    // Alternative: p1.dataset['visible']
```

Beachten Sie in diesem Zusammenhang, dass weitere Bindestriche (oder andere Sonderzeichen) im Namen des data-Attributs wegfallen, wenn Sie es als Schlüssel für dataset verwenden. Das data-Attribut data-further-information würde also mithilfe von dataset.furtherInformation ausgelesen.

Wenn Sie ein data-Attribut mit Konfigurationsdaten füllen möchten, können Sie dies im JSON-Format tun, das im nächsten Abschnitt genauer beschrieben wird. Es handelt sich um einen String, der verschachtelte JavaScript-Arrays oder -Objekte enthalten kann. Wichtig ist in diesem Zusammenhang, dass Sie den Attributwert mit einfachen Anführungszeichen umschließen müssen, da innerhalb des JSON-Codes nur doppelte erlaubt sind. Beispiel:

```
<div data-id="mainContent"
     data-config='{"fontSize": "14px", "color": "#ff0000"}'>...</div>
```

Verwenden können Sie diese Daten anschließend wie folgt:

```
var main = document.querySelector('[data-id = "mainContent"]');
var config = JSON.parse(main.dataset.config);
console.log(config.fontSize, config.color);
```

20.3 Ajax

Mithilfe der im vorangegangenen Abschnitt vorgestellten DOM-Technik können Sie Inhalte bestehender HTML-Seiten nach Belieben umbauen, ohne sie neu laden zu müssen. Die *Ajax-Technik* kombiniert dies mit Anfragen an Webserver, die keine ganze Seite neu laden, sondern textbasierte oder XML-basierte Inhalte anfordern. Diese können Sie dann mithilfe des DOM an beliebigen Stellen Ihrer Seite einfügen. Der Vorteil liegt auf der Hand: Anstatt bei jeder Serverinteraktion die komplette Seite neu laden zu müssen (obwohl sich oft nur ein sehr geringer Teil derselben ändert), können Sie einzelne Stellen gezielt mit aktualisierten Daten modifizieren. Das Ziel sind dabei Webanwendungen, die sich so geschmeidig wie Desktopanwendungen präsentieren, anstatt zwischendurch immer wieder leere Seiten und eine Warte-Uhr anzuzeigen.

Der Schöpfer des Begriffs *Ajax*, der Webdesigner *Jesse James Garret*, behauptet, der Name sei *kein* Akronym für *Asynchronous JavaScript And XML* – und doch beschreibt diese Langform recht genau, um was es dabei geht:

- *Asynchrone HTTP-Anfragen* – finden hinter den Kulissen statt, während die Besucher auf der Seite weiterlesen, ein Formular ausfüllen oder ähnliche Tätigkeiten durchführen. Eine Callback-Funktion liest die Serverantwort, sobald sie vorliegt.
- *JavaScript* – das benötigte HTTP-Anfrageobjekt gehört (unter verschiedenen Namen) zur JavaScript-Bibliothek aller aktuellen Browser.
- *XML* – die Antwort des Webservers kann (muss aber nicht) verschachteltes XML sein, das Sie ebenso per DOM verarbeiten können wie die Webseite selbst.

Modernes JavaScript kennt eine Alternative oder Ergänzung zum klassischen Ajax in Form der Fetch API. Diese wird in Abschnitt 20.4, »Die JavaScript-Bibliothek React.js«, vorgestellt, weil sie im Rahmen von React-Anwendungen besonders häufig zum Einsatz kommt.

20.3.1 Die erste Ajax-Anwendung

Als erste kleine Testanwendung soll jeder Klick auf einen Link ein zufälliges Zitat eines PHP-Skripts anfordern. Dieses Zitat wird an einer bestimmten Stelle der – ansonsten gleichbleibenden – Seite eingetragen.

Ein Ajax-Anfrageobjekt erzeugen

Damit Ihre JavaScript-Anwendungen eigenständige HTTP-Anfragen durchführen können, benötigen Sie zuerst ein Anfrageobjekt. Ist dieses Objekt erst einmal erstellt, sind seine Eigenschaften und Methoden immer dieselben. Zuvor gibt es aber zunächst das Problem, dass die zu instanziierende Klasse je nach Browser drei verschiedene Namen besitzen kann – einen für Firefox, Safari, Chrome etc. und zwei andere für unterschiedlich aktuelle Internet-Explorer-Versionen.

Der folgende Codeblock verwendet `try/catch`-Blöcke, um die jeweils passende Klasse automatisch zu wählen oder eine Fehlermeldung auszugeben, falls Ajax-Anwendungen im vorliegenden Browser gar nicht möglich sind:

```
var request = null;
try {
  request = new XMLHttpRequest();
} catch(err_ff) {
  try {
    request = new ActiveXObject("Msxml2.XMLHTTP");
  } catch(err_ms1) {
    try {
      request = new ActiveXObject("Microsoft.XMLHTTP");
    } catch(err_all) {
      request = null;
    }
  }
}
if (request == null) {
  alert("Sie verwenden einen nicht Ajax-fähigen Browser.");
}
```

In den meisten Fällen ist es am praktischsten, diesen Code statisch (außerhalb einer Funktion) in einen JavaScript-Block im Head der Seite zu setzen. Die Alternative wäre eine entsprechende Funktion in einer JS-Datei, die ein fertiges Anfrageobjekt zurückgibt.

Die Ajax-Anfrage vorbereiten und versenden

Um eine Ajax-Anfrage abzuschicken, werden die Methoden `open()` und `send()` des Anfrageobjekts verwendet. `open()` benötigt drei Argumente:

- Die Anfragemethode "POST" oder "GET" – beachten Sie für den Unterschied die Diskussion in Kapitel 18, »Webseitenerstellung mit HTML und CSS«.
- Die Anfrage-URL – in aller Regel die URL eines serverseitigen Skripts. Beachten Sie, dass das entsprechende Skript kein vollständiges HTML-Dokument als Antwort erzeugen soll, sondern lediglich den relevanten Datenanteil. Mögliche Formate sind einfacher Text, diverse XML-Formate oder JSON (siehe Abschnitt 20.3.2, »Datenaustauschformate: XML und JSON«).
- Asynchronität der Anfrage (true oder false) – wenn Sie diesen letzten Parameter auf true setzen, wird die Anfrage asynchron versandt, sodass Sie weiterarbeiten können, während der Browser auf die Antwort wartet. false versendet sie dagegen synchron, und Sie müssen auf die Antwort warten wie auf das Neuladen einer ganzen Seite. Letzteres scheint zwar dem Sinn von Ajax zu widersprechen, ist aber in manchen Fällen nützlich, etwa um ein Formular nach der vollständigen Eingabe komplett zu überprüfen.

Für das Zitate-Beispiel muss als Erstes die URL definiert werden, an die die Anfrage gesendet wird. Das PHP-Skript soll *zitat.php* heißen und im selben Webserververzeichnis liegen wie die HTML/JavaScript-Datei selbst. Ein zuvor bereits angesprochenes Problem ist, dass manche Browser die Antwort auf eine GET-Anfrage im Cache speichern, sodass der Inhalt ab dem zweiten Aufruf nicht mehr geändert wird. Die folgende Zeile hängt die aktuelle Zeit (in Sekunden seit EPOCH) als Dummy-Parameter an die eigentliche URL an, sodass, formaljuristisch gesehen, jedes Mal eine neue URL entsteht:

```
var url = "zitat.php?dummy=" + new Date().getTime();
```

Der open()-Aufruf selbst sieht daraufhin so aus:

```
request.open("GET", url, true);
```


Es wird also die Anfragemethode GET verwendet, und der Parameter true macht die Anfrage asynchron.

Als Nächstes müssen Sie die Eigenschaft onreadystatechange des Anfrageobjekts setzen. Ihr Wert ist der Name einer Callback-Funktion (siehe Kapitel 8, »Algorithmen und Datenstrukturen«), die bei jeder Änderung des Bereitschaftszustands (Eigenschaft readyState) Ihres Anfrageobjekts aufgerufen wird. Es gibt insgesamt fünf Bereitschaftszustände, die anzeigen, wie weit die Bearbeitung der Anfrage bereits fortgeschritten ist:

- 0 – Anfrage wird nicht bearbeitet.
- 1 – Verbindung wurde aufgebaut.
- 2 – Anfrage wurde vollständig versandt.
- 3 – Empfang der Antwort beginnt.
- 4 – Antwort liegt vollständig vor.

Bei etwa 99 % aller Ajax-Anwendungen kümmert sich die Callback-Funktion aus nachvollziehbaren Gründen nur um Zustand 4.

Die (als Nächstes besprochene) Callback-Funktion für das Zitate-Beispiel heißt `fetchQuote()`, sodass die betreffende Zeile so aussieht:

```
request.onreadystatechange = fetchQuote;
```

Beachten Sie, dass hinter dem Funktionsnamen des Callbacks an dieser Stelle keine Parameterklammern stehen dürfen.

Zum Schluss wird die Anfrage versendet. Die Methode `send()` besitzt ein Argument, das den Body der HTTP-Anfrage repräsentiert. Da `GET`-Anfragen im Gegensatz zu `POST` keinen Body haben, ist der Wert im vorliegenden Fall `null`:

```
anfrage.send(null);
```

Alle genannten Codezeilen stehen in einer Funktion namens `swapQuote()`, die per Klick auf den folgenden Hyperlink aufgerufen wird:

```
<a href="#" id="quoteSwapper">Zitat wechseln</a>
```

Die gesamte Funktion `swapQuote()` sieht somit wie folgt aus:

```
function swapQuote() {
  // URL mit Zeit als Cache-Schutz kombinieren.
  var url = "zitat.php?dummy=" + new Date().getTime();
  // Anfrage eröffnen: Methode GET, URL, asynchron.
  request.open("GET", url, true);
  // Callback-Funktion für Zustandswechsel festlegen.
  request.onreadystatechange = fetchQuote;
  // Anfrage senden (mit leerem Body, da GET).
  request.send(null);
}
```

Zusätzlich wird noch der Event-Handler für den Link benötigt:

```
document.getElementById('quoteSwapper').addEventListener(
  'click',
  () => swapQuote()
);
```

Die Serverantwort verarbeiten

Wie bereits erwähnt, wird die Callback-Funktion `fetchQuote()` bei jedem Wechsel des Bereitschaftszustands aufgerufen. Daher muss sie zuerst überprüfen, ob die Anfrage fertig bearbeitet wurde (`readyState 4`). Dies reicht allerdings nicht als Kriterium für eine qualifizierte Antwort – zusätzlich muss der HTTP-Statuscode (Eigenschaft status des Anfrageobjekts) anzeigen, dass sie brauchbar ist. Wie Sie bereits aus Kapitel 19, »Webserveranwendungen«, wissen, lautet der Statuscode für eine gültige Ressource 200. Das Auslesen der Antwort wird mit anderen Worten durch folgende Prüfung umschlossen:

```
if (request.readyState == 4) {
  if (request.status == 200) {
    // Antworttext auslesen und eintragen.
    // ...
  } else {
    alert("Fehlerhafte Serverantwort: " + request.status);
  }
}
```

Wie Sie sehen, wird für den Fall, dass der Status nicht 200 ist, eine Fehlermeldung ausgegeben. Bei einem anderen readyState als 4 geschieht dagegen gar nichts, weil alle anderen Bereitschaftszustände irrelevant sind.

Nun fehlen noch die Zeilen zum Auslesen der eigentlichen Serverantwort und zum Ändern des Zitatblocks auf der Webseite. Da die Antwort kein XML, sondern reiner Text ist, können Sie sie fix und fertig aus der Eigenschaft responseText des Anfrageobjekts auslesen:

```
var antwort = request.responseText;
```

Das Zitat steht im HTML-Dokument in einem <div> namens zitat; anfangs enthält es nur ein geschütztes Leerzeichen:

```
<div id="quote" style="color: #FF0000"> </div>
```

Um das aus dem PHP-Skript gelesene Zitat an dieser Stelle einzutragen, genügt es, den einzigen (und damit unter anderem ersten) Kindknoten dieses <div>-Elements auf den Wert der Variablenantwort zu setzen:

```
document.getElementById("quote").firstChild.nodeValue = antwort;
```

Hier noch einmal die gesamte Funktion fetchQuote():

```
function fetchQuote() {
  // Nur aktiv werden, wenn Bereitschaftszustand 4.
  if (request.readyState == 4) {
    // Gültige Antwort (Status 200)?
    if (request.status == 200) {
      // Text der Serverantwort auslesen.
      var antwort = request.responseText;
      // Zitat in das Dokument einfügen.
      document.getElementById("quote").firstChild.nodeValue = antwort;
```

```
    } else {
      // ungültige Antwort
      alert("Fehlerhafte Serverantwort: " + request.status);
    }
  }
}
```

Das PHP-Skript

Selbstverständlich können Sie jede beliebige serverseitige Technologie einsetzen, um die Skripte oder Programme zu schreiben, die die Antworten auf die Ajax-Anfragen liefern. In diesem Buch wird PHP verwendet, weil diese Sprache bereits im vorangegangenen Kapitel eingeführt wurde. Das folgende kurze Skript müssten Sie daher auch problemlos verstehen. Die einzige Besonderheit besteht darin, dass seine Ausgabe kein vollständiges HTML-Dokument ist, sondern nur das reine jeweils ausgewählte Zufallszitat:

```
<?php

// Array mit allen Zitaten erzeugen.
$zitate = array(
  "\"To be is to do.\" -- Socrates",
  "\"To do is to be.\" -- Sartre",
  "\"Do be do be do.\" -- Sinatra"
);

// Ein zufälliges Zitat auswählen.
$zitat = $zitate[array_rand($zitate)];

// Das Zitat ausgeben.
echo $zitat;
```

Speichern Sie dieses Skript unter dem Namen *zitat.php* in einem Site-Verzeichnis Ihres Webservers. Im selben Verzeichnis wird auch die im Folgenden vollständig abgedruckte HTML/JavaScript-Datei gespeichert.

Die vollständige Ajax-HTML-Datei

Der Vollständigkeit halber wird in Listing 20.8 noch einmal die gesamte HTML-Datei mit dem ausführlich kommentierten Ajax-JavaScript-Code abgedruckt. Speichern Sie diese Datei im selben Verzeichnis wie das PHP-Skript. Anschließend können Sie sie über Ihren lokalen Webserver im Browser aufrufen. Sobald Sie den Link ZITAT WECHSELN anklicken, wird ein anderes Zitat nachgeladen (da es nur drei verschiedene gibt, bemerken Sie das allerdings möglicherweise nicht jedes Mal; in der Praxis würde man besser ein Zufallszitat aus einer Datenbank laden).

```
<!DOCTYPE html>
<html>
<head>
<title>Kleiner Ajax-Test</title>
<meta charset="utf-8" />
</head>
<body>
Hier steht ein dynamisch austauschbares Zufallszitat:
<div id="quote" style="color: #FF0000"> </div>
<a href="#" id="quoteSwapper">Zitat wechseln</a>
<script type="text/javascript">
  // Ajax-Anfrageobjekt erzeugen.
  // Zunächst die Referenzvariable deklarieren.
  var request = null;
  try {
    // Klasse für Firefox, Opera & Co.
    request = new XMLHttpRequest();
  } catch(err_ff) {
    try {
      // Klasse für neuere IEs
      request = new ActiveXObject("Msxml2.XMLHTTP");
    } catch(err_ms1) {
      try {
        // Klasse für ältere IEs
        request = new ActiveXObject("Microsoft.XMLHTTP");
      } catch(err_all) {
        // Inkompatibler Browser -- keine Klasse passt.
        request = null;
      }
    }
  }
  if (request == null) {
    // Fehlermeldung, falls kein Anfrageobjekt erzeugt wurde.
    alert("Sie verwenden einen nicht Ajax-fähigen Browser.");
  }

  // swapQuote(): Wird bei Klick auf einen Link
  // aufgerufen; lädt neues Zitat per Ajax-Anfrage.
  function swapQuote() {
    // URL mit Zeit als Cache-Schutz kombinieren.
    var url = "zitat.php?dummy=" + new Date().getTime();
    // Anfrage eröffnen: Methode GET, URL, asynchron.
    request.open ("GET", url, true);
```

```
    // Callback-Funktion für Zustandswechsel festlegen.
    request.onreadystatechange = fetchQuote;
    // Anfrage senden (mit leerem Body, da GET).
    request.send(null);
  }

  // fetchQuote(): Callback-Funktion, die nach
  // Ajax-Anfrage die Serverantwort ausliest und anzeigt.
  function fetchQuote() {
    // Nur aktiv werden, wenn Bereitschaftszustand 4.
    if (request.readyState == 4) {
      // Gültige Antwort (Status 200)?
      if (request.status == 200) {
        // Text der Serverantwort auslesen.
        var antwort = request.responseText;
        // Zitat in das Dokument einfügen.
        document.getElementById("quote").firstChild.nodeValue = antwort;
      } else {
        // ungültige Antwort
        alert("Fehlerhafte Serverantwort: " + request.status);
      }
    }
  }

  // Event-Handler für den "Zitat tauschen"-Hyperlink
  document.getElementById('quoteSwapper').addEventListener(
    'click',
    () => swapQuote()
  );
</script>
</body>
</html>
```

Listing 20.8 ajax-test.html lädt wechselnde Zitate mithilfe von Ajax nach.

20.3.2 Datenaustauschformate: XML und JSON

Das Beispiel mit den Zitaten zeigte bereits den Ablauf einer asynchronen Anfrage und die Zusammenarbeit mit einem serverseitigen Skript, das kein komplettes Dokument zurückliefert, sondern nur Einzelinhalte zum Austauschen. Es handelte sich allerdings lediglich um einfachen Text – was übrigens trotz des x im Namen Ajax recht häufig vorkommt. Falls das Serverskript aber mehrere Daten liefern soll, brauchen Sie irgendein Format, um diese zu organisieren.

Natürlich steht es Ihnen frei, einen String mit beliebigen Trennzeichen zusammenzubasteln und dann per JavaScript »zu Fuß« zu parsen. Üblich ist das aber nicht und empfehlenswert auch nicht; die meisten Ajax-Skripte verwenden eines der folgenden beiden Formate:

- *XML* – Diese Auszeichnungssprache haben Sie bereits in Kapitel 16, »XML«, kennengelernt. Falls das Format der Daten XML ist, stehen sie in der Eigenschaft `responseXML` des Ajax-Anfrageobjekts bereit. Ihr Inhalt ist ein DOM-Baum, den Sie nach den bekannten Regeln zerlegen können.
- *JSON (JavaScript Object Notation)* – wurde bereits in Kapitel 17, »Weitere Datei- und Datenformate«, angesprochen. Die Daten werden als beliebig tief verschachteltes JavaScript-Array oder -Objekt geliefert. Da es sich nicht um XML handelt, werden sie aus der Eigenschaft `responseText` gelesen und anschließend per `JSON.parse()` von einem String in ein JavaScript-Objekt oder -Array umgewandelt. Für die meisten Serversprachen gibt es Bibliotheken, die JSON-Daten aus den nativen Datenformaten dieser Sprachen erzeugen.

Ob Sie sich letztlich für XML, für JSON oder doch für ein eigenes Format entscheiden, ist Geschmackssache.

20.4 Die JavaScript-Bibliothek React.js

Eine etwas andere Herangehensweise an die Erstellung JavaScript-basierter Webanwendungen bietet die von Facebook für eigene Belange entwickelte und für die Öffentlichkeit freigegebene Bibliothek *React.js*, oft auch nur kurz *React* genannt. Wie der Name bereits vermuten lässt, ist React *reaktiv*, das heißt, dass Anwendungen automatisch auf Zustandsänderungen reagieren. Dazu enthalten die Bausteine einer React-Anwendung, die sogenannten Komponenten, ein zentrales Objekt namens `state`, in dem dieser Zustand in Form verschiedener Felder mit Werten gespeichert ist. Wird `state` geändert, sorgt das für eine automatische Neuausgabe (Rendering) der Komponente.

Eine weitere Besonderheit von React ist ein Inhaltsformat namens *JSX*. Es bietet eine erweiterbare HTML/XML-ähnliche Baumstruktur und die Möglichkeit, auszuwertende Ausdrücke einzubetten.

20.4.1 Einführungsbeispiel

React und beliebige Erweiterungen werden mithilfe von *npm* (*Node Package Manager*) installiert. Installieren Sie die Software Node.js auf Ihrem Rechner, indem Sie die Website *nodejs.org* besuchen und den Anweisungen für Ihr jeweiliges Betriebssystem folgen.

Um eine React-Anwendung zu erstellen, wechseln Sie auf der Konsole in das Verzeichnis, unter dem Sie diese speichern möchten, und geben Folgendes ein:

```
$ npx create-react-app first-react-app
```

Statt `first-react-app` können Sie einen beliebigen Namen Ihrer Wahl einsetzen. Jedenfalls müssen Sie nun einige Minuten warten, während die erforderlichen Pakete für die React-App heruntergeladen und installiert werden. Anschließend können Sie in das neu erstellte Verzeichnis wechseln:

```
$ cd first-react-app
```

Für Entwicklungszwecke enthält die App einen eigenen Node-basierten Webserver. Diesen können Sie im nächsten Schritt starten (anschließend ist das entsprechende Konsolen- oder Terminalfenster reserviert, solange dieser Server läuft):

```
$ npm start
```

Nach einiger Zeit öffnet sich in Google Chrome (oder Ihrem Standardbrowser, falls Chrome bei Ihnen nicht installiert ist) ein neuer Tab mit der URL *http://localhost:3000/*, in dem ein Platzhalter für die App Sie auffordert, *src/App.js* zu editieren. Das Erfreulichste an diesem Entwicklungsserver ist übrigens, dass die Anwendung bei jeder Änderung des Quellcodes automatisch aktualisiert wird. In der Regel brauchen Sie im Browser noch nicht einmal den Reload-Button zu drücken, um Änderungen durchzuführen. Falls allerdings ein Fehler auftritt, kann es passieren, dass Sie den Server mit [Strg] + [C] beenden und anschließend mit `npm start` neu starten müssen.

Wenn Sie stattdessen – beispielsweise nach Abschluss der Entwicklungsarbeiten – eine vollständige HTML/JavaScript-Anwendung generieren möchten, die Sie mithilfe eines traditionellen Webservers veröffentlichen können, geben Sie Folgendes ein:

```
$ npm run build
```

Öffnen Sie also *App.js* aus dem Unterverzeichnis *src* Ihrer App in einem Editor oder einer IDE Ihrer Wahl, um mit dem Editieren Ihrer ersten React-Anwendung zu beginnen. Dieses Einführungsbeispiel demonstriert das `state`-Konzept anhand eines Klickzählers: Jedes Mal, wenn jemand auf einen Link klickt, wird der Zähler um 1 erhöht. Wie Sie sehen, enthält die App einige `import`-Anweisungen zum Einbinden externer Dateien, und anschließend wird die Klasse `App` als Erweiterung von `Component` definiert. Die Methode `render()` definiert darin die gewünschte Ausgabe als Rückgabewert im JSX-Format. Unter der Klassendefinition sorgt eine `export`-Anweisung dafür, dass die Komponente der React-Umgebung zur Verfügung gestellt wird. Modifizieren Sie den Quellcode von *App.js*, bis er so aussieht wie in Listing 20.9:

```
import React, { Component } from 'react';
import './App.css';

class App extends Component {
  constructor(props) {
    super(props);
    this.state = { clicks: 0 };
```

```
  }

  clickHandler(evt) {
    evt.preventDefault();
    const { clicks } = this.state;
    let increasedClicks = clicks + 1;
    this.setState( { clicks: increasedClicks } );
  }

  render() {
    const { clicks } = this.state;

    return (
      <div className="App">
        <p>Bisher {clicks} Klicks.</p>
        <p><a href="#" onClick = {evt => this.clickHandler(evt)}>Noch ein
           Klick</a></p>
      </div>
    );
  }
}

export default App;
```

Listing 20.9 App.js im ersten React-Beispiel

Der Konstruktor definiert einen Übergabeparameter namens `props` (für *properties*), der verwendet werden kann, um der Komponente von außen Werte zu übergeben; dies wird im nächsten Abschnitt gezeigt. Nach dem Aufruf des Konstruktors der Elternklasse `Component` wird das Zustandsobjekt `this.state` initialisiert; das einzige Feld `clicks` erhält den Anfangswert 0.

Die Hauptarbeitsmethode ist `render()`; sie wird einmal nach dem Laden der Komponente aufgerufen und anschließend jedes Mal, wenn sich der `state` ändert. Zuerst wird hier die aktuelle Anzahl der Klicks aus dem `state` gelesen und in einer gleichnamigen Konstanten gespeichert. Die Schreibweise

```
const { clicks } = this.state;
```

ist eine Kurzfassung, die besonders dann praktisch ist, wenn Sie mehrere – dann durch Kommata getrennte – Felder auslesen und als Konstanten oder Variablen verfügbar machen wollen.

Anschließend erfolgt die Ausgabe im JSX-Format, das große Ähnlichkeit mit HTML hat, aber keines ist, wie Sie an einigen Besonderheiten, die gleich erläutert werden, bemerken werden.

Wichtig ist, dass Sie nur ein korrekt verschachteltes Element zurückgeben dürfen und nicht mehrere (Ausnahme: ein Array solcher Elemente) – im vorliegenden Beispiel ist es ein einzelnes `<div />` mit korrekt verschachteltem Inhalt.

Eine Besonderheit gegenüber HTML ist, dass Sie Ausdrücke in den JSX-Code hinein verschachteln dürfen, die vor der Ausgabe ausgewertet werden: Statt `{clicks}` wird an der entsprechenden Stelle der aktuelle Wert ausgegeben. Die zweite Besonderheit sehen Sie im öffnenden `<a>`-Tag: `onClick = {...}` ist nicht identisch mit dem ähnlich benannten Event-Handler, sondern kann innerhalb des Ausdrucks wie gezeigt eine Arrow Function verschachteln.

```
evt => this.clickHandler(evt)
```

sorgt dafür, dass bei einem Klick die selbst definierte Methode `clickHandler()` aufgerufen wird und dass ihr das Lambda-Argument `evt` (in diesem Fall das `MouseEvent` vom Typ `'click'`) wiederum als Argument übergeben wird. Die besagte Methode ruft auf dem Ereignis zunächst `preventDefault()` auf, um zu verhindern, dass der Hyperlink die Seite neu lädt, liest dann wie gehabt den aktuellen Wert von `clicks` aus dem `state` und schreibt schließlich den um 1 erhöhten Wert mittels `setState()` wieder hinein. Dies löst automatisch einen Neuaufruf von `render()` aus, sodass der angezeigte Wert bei jedem Klick auf NOCH EIN KLICK um 1 erhöht wird.

Eine kleine Unschönheit besteht an dieser Stelle noch: Wenn Sie genau einmal klicken, lautet der angezeigte Text: BISHER 1 KLICKS. Hier soll eine sinnvolle Unterscheidung zwischen Singular und Plural in die Ausgabe eingebaut werden, außerdem soll der Text zu Anfang nicht wie gehabt BISHER 0 KLICKS lauten, sondern ES WURDE NOCH GAR NICHT GEKLICKT. An dieser Stelle kommt eine weitere Fähigkeit von JSX ins Spiel, das *konditionale Rendering*. Ändern Sie dazu die Methode `render()` wie folgt:

```
render() {
  const { clicks } = this.state;

  return (
    <div className="App">
      {clicks == 0 &&
      <p>Es wurde noch nicht geklickt.</p>}
      {clicks == 1 &&
      <p>Bisher 1 Klick.</p>}
      {clicks > 1 &&
      <p>Bisher {clicks} Klicks.</p>}
      <p><a href="#" onClick = {evt => this.clickHandler(evt)}>Noch ein Klick</a></p>
    </div>
  );
}
```

Wie Sie sehen, enthält das <div> über dem Abschnitt mit dem Hyperlink nun drei Ausdrücke in geschweiften Klammern. Diese machen sich die Short-Circuit-Logik des logischen Und zunutze: Ist der erste überprüfte Ausdruck false, wird der zweite gar nicht erst ausgewertet. Auf diese Weise wird je nach Wert von click genau einer der drei möglichen Absätze ausgegeben – der dritte wie gehabt mit einem verschachtelten Ausdruck, der den aktuellen Wert von clicks zurückgibt.

Im Fall eines einfachen Entweder-oder (statt drei verschiedener Fälle wie oben) können Sie auch folgende Form des konditionalen Renderings einsetzen:

```
{clicks == 1 ?
<p>Bisher 1 Klick.</p>
:
<p>Bisher {clicks} Klicks.</p>}
```

Node.js im Kurzüberblick

Die Software *Node.js*, die Sie gerade installiert haben, um React-Projekte zu erzeugen und zu starten, kann auch ohne React viel. Zunächst einmal können Sie sie als unabhängige JavaScript-Konsole verwenden, um ohne Browser und HTML-Dokument mit der Sprache zu arbeiten und so schnell etwas auszuprobieren. Schreiben Sie dazu einfach node in die Kommandozeile. Wenn Sie nun beliebige Ausdrücke eingeben, werden diese sofort ausgewertet, und das Ergebnis wird angezeigt. Beispiel:

```
> 3 + 5
8
```

Als Ausgabebefehle können Sie console.log() und seine Verwandten verwenden, nicht jedoch document.write(), da in diesem Zusammenhang kein document-Objekt existiert. Beispiel:

```
> let z = [1, 2, 3, 4];
> let g = z.filter(n => n % 2 == 0);
> console.log(g);
[2, 4]
```

Wenn Sie Blöcke einsetzen, um Funktionen, Klassen oder sonstige komplexere Elemente zu definieren, wird der Code automatisch eingerückt und ermöglicht Ihnen die komplette Eingabe über mehrere Zeilen hinweg:

```
> function test() {
... console.log('Dies ist ein Test.');
... }
undefined
> test();
Dies ist ein Test.
undefined
```

Die andere wichtige Aufgabe von Node.js besteht darin, als allein stehender Server zu fungieren – Sie können mithilfe dieser Software also serverseitiges JavaScript ausführen. Im Rahmen der ersten React-Anwendung haben Sie das implizit bereits gesehen, denn im Entwicklungsmodus wird sie im Rahmen dieses eigenständigen Servers bereitgestellt.

Node.js liefert Pakete für verschiedene Anwendungsprotokolle mit, und zahllose andere können als Drittanbietererweiterungen über `npm` installiert werden. Das wichtigste dieser Pakete ist `http` für Webserver. Hier ein ganz einfaches Beispiel, das im Anschluss erläutert wird:

```
// Das Paket http importieren.
var http = require('http');

// Den Server definieren.
var server = http.createServer(
  (request, response) => {
    // Steht in der Anfrage-URL etwas hinter dem "/"?
    // Dann den / entfernen und in name speichern.
    let name = request.url.length > 1 ? request.url.substr(1) : '';
    // Ausgabe generieren.
    let output = 'Hallo Welt!';
    if (name) {
      output += ' Hallo ' + name + '!';
    }
    // Header (hier nur Status) ausgeben.
    response.writeHead(200);
    // Body ausgeben.
    response.end(output);
  }
);

// Der Server soll an Port 3001 lauschen.
server.listen(3001);
```

Wie Sie sehen, wird der Methode `http.createServer()` eine Funktion übergeben, in der die Funktionalität des Servers definiert wird. Im vorliegenden Fall wird eine Arrow Function eingesetzt, aber Sie können auch die ausführliche Schreibweise verwenden. In jedem Fall nimmt die Funktion zwei Parameter entgegen: die Anfrage `request` und die Antwort `response` (wobei Sie die Namen natürlich beliebig wählen könnten).

Die Anfrage ist ein Objekt mit zahlreichen Attributen – die wichtigsten sind `request.url` mit dem URL-Pfad und `request.headers`, in dem die HTTP-Header der Anfrage als JavaScript-Objekt aufbereitet vorliegen. Die URL wird im vorliegenden Beispiel verwendet, um die Funktionalität des in diesem Buch über viele Programmiersprachen hinweg verwendeten Einführungsbeispiels nachzuahmen: Wird etwas Spezifischeres als / angefragt, interpretiert der

Server den Teil hinter dem / als Name und fügt zum allgemeinen Gruß »Hallo Welt!« noch eine persönliche Begrüßung hinzu.

Über die Methoden des Objekts `response()` erfolgt die Ausgabe. Die Methode `writeHead()` gibt HTTP-Header aus, in der vorliegenden Kurzfassung nur den Status `200 OK`. Zur Ausgabe des Bodys dient die Methode `end()`, die den angegebenen Text ausgibt und danach die Ausgabe abschließt.

Um den Server zu starten und auszuprobieren, speichern Sie ihn zum Beispiel als *webserver.js* und geben `node webserver.js` ein. Anschließend können Sie im Browser *http://localhost:3001/* aufrufen, um ein einfaches »Hallo Welt!« zu erhalten. Geben Sie dagegen etwa *http://localhost:3001/JavaScript* ein, lautet die Ausgabe: »Hallo Welt! Hallo JavaScript!«. Wenn Sie den Server wieder beenden möchten, drücken Sie im entsprechenden Terminalfenster [Strg] + [C].

20.4.2 Eigene React-Child-Komponenten definieren

Die wichtigste Stärke von JSX besteht darin, dass Sie eigene Komponenten definieren, in einer übergeordneten Komponente importieren und in deren Ausgabe hinein verschachteln können. Hier kommen die `props` aktiv zum Einsatz, denn sie dienen dazu, einer Komponente aus der Elternkomponente heraus Werte zu übergeben.

Das nachfolgende Beispiel soll hierarchisch folgende Elemente anzeigen:

- `Band`: eine benannte Gruppe mit mehreren Musizierenden
- `Musician`: ein einzelnes Bandmitglied
- `Instruments`: die Liste der von einem Mitglied gespielten Instrumente

20

In der übergeordneten Komponente `App` soll die Möglichkeit bestehen, durch Klick auf einen Link durch die verschiedenen Bands zu blättern. Erstellen Sie eine neue React-App und ändern Sie *src/App.js* ab, wie in Listing 20.10 gezeigt:

```
import React, { Component } from 'react';
import './App.css';
import Band from './Band';

class App extends Component {
  constructor(props) {
    super(props);

    this.bands = [
      {
        name: 'The Beatles',
        members: [
```

```
        { name: 'John Lennon', instruments: ['vocals', 'guitars'] },
        { name: 'Paul McCartney', instruments: ['vocals', 'bass'] },
        { name: 'George Harrison', instruments: ['guitars', 'vocals'] },
        { name: 'Ringo Starr', instruments: ['drums', 'vocals'] }
      ]
    },
    {
      name: 'Metallica',
      members: [
        { name: 'James Hetfield', instruments: ['vocals', 'guitars'] },
        { name: 'Kirk Hammett', instruments: ['guitars'] },
        { name: 'Robert Trujillo', instruments: ['bass'] },
        { name: 'Lars Ulrich', instruments: ['drums', 'percussion'] }
      ]
    },
    {
      name: 'Rush',
      members: [
        { name: 'Geddy Lee', instruments: ['vocals', 'bass', 'keyboards'] },
        { name: 'Alex Lifeson', instruments: ['guitars'] },
        { name: 'Neil Peart', instruments: ['drums'] }
      ]
    }
  ];
  this.state = { currentBand: 0 };
}

nextBand(evt) {
  evt.preventDefault();
  const { currentBand } = this.state;
  let nextBand = currentBand + 1;
  if (nextBand >= this.bands.length) {
    nextBand = 0;
  }
  this.setState( { currentBand: nextBand } );
}

render() {
  const { currentBand } = this.state;
  let band = this.bands[currentBand];

  return (
    <div>
```

```
        <Band name={band.name} members={band.members} />
        <br />
        <a href="#" onClick = { evt => this.nextBand(evt) }>Next band</a>
      </div>
    );
  }
}

export default App;
```

Listing 20.10 App.js, die Hauptdatei des Band-Beispiels

Der Code dürfte im Großen und Ganzen verständlich sein. Neu ist zunächst der Import der selbst geschriebenen Komponente `Band`, deren Definition sich in der im Anschluss gezeigten Datei *src/Band.js* befindet:

```
import Band from './Band';
```

Im `state` ist lediglich ein Feld namens `currentBand` definiert, das bei einem Klick auf den Link NEXT BAND um 1 erhöht wird, um die nächste Band anzuzeigen (und wieder auf 0 zurückgesetzt wird, wenn keine weitere Band vorhanden ist).

Den Kern der Ausgabe bildet die folgende Zeile:

```
<Band name={band.name} members={band.members} />
```

Hier werden die beiden Felder `name` und `members` der aktuellen aus `this.bands` ausgelesenen Band als `props` an die Komponente `Band` übergeben. Der Inhalt von *src/Band.js*, in dem sich ihre Definition befindet, sieht folgendermaßen aus (siehe Listing 20.11):


```
import React, { Component } from 'react';
import Musician from './Musician';

class Band extends Component {
  render() {
    const { name, members } = this.props;
    return (
      <div>
        <h1>{name}</h1>
        {members.map((data, index) =>
          <Musician key={'musician_' + index}
                    name={data['name']}
                    instruments={data['instruments']}
          />
        )}
```

```
      </div>
    );
  }
}

export default Band;
```

Listing 20.11 Band.js zeigt genau eine Band an.

Diese Komponente ist statisch und definiert daher keinen `state`. Deshalb gibt es auch keinen explizit definierten Konstruktor. In diesem Fall wird automatisch der Konstruktor der Elternklasse `Component` tätig; er kümmert sich unter anderem um die Initialisierung von `this.props`, wo sich die aus der übergeordneten Komponente übergebenen Felder `name` und `members` befinden. Diese werden in `render()` auf die gleiche Weise ausgelesen, die zuvor schon einmal für `this.state` gezeigt wurde.

Eine Besonderheit ist noch die Ausgabe der Bandmitglieder: Da es sich bei `members` um ein Array handelt, wird mithilfe der Methode `map()` über seine Elemente iteriert. In der Arrow Function wird das einzelne Mitglied mithilfe der ganz oben im Skript importierten Komponente `Musician` ausgegeben. Beachten Sie in diesem Zusammenhang das Attribut beziehungsweise die `prop` key, die mithilfe des Index einen jeweils eindeutigen Schlüssel für jedes Element des Ausgabe-Arrays erzeugt; dies ist bei einer solchen Listenausgabe Pflicht.

Die nächste Komponente ist in *src/Musician.js* definiert und hat den in Listing 20.12 gezeigten und – wenn Sie den Erläuterungen bisher gefolgt sind – selbsterklärenden Inhalt:

```
import React, { Component } from 'react';
import Instruments from './Instruments';

class Musician extends Component {
  render() {
    const { name, instruments } = this.props;
    return (
      <div>
        <h2>{name}</h2>
        <Instruments list={instruments} />
      </div>
    );
  }
}

export default Musician;
```

Listing 20.12 Musician.js zeigt die Daten eines einzelnen Bandmitglieds an.

Die letzte Komponente ist in *src/Instruments.js* definiert und gibt die Instrumente eines Bandmitglieds wieder mithilfe der Funktion `map()` als kommaseparierte Liste aus (siehe Listing 20.13):

```
import React, { Component } from 'react';

class Instruments extends Component {
  render() {
    const { list } = this.props;
    return (
      list.map(
        (instrument, index) => <span key={'instrument_' + index}>
          {(index > 0) ? ', ' : ''}{instrument}
        </span>
      )
    );
  }
}

export default Instruments;
```

Listing 20.13 Instruments.js gibt die von einem Bandmitglied gespielten Instrumente aus.

20.4.3 Einen API-Client mit React schreiben

In diesem Abschnitt lernen Sie einen sehr typischen Anwendungsfall für React kennen: Es wird ein Client für die REST-API aus dem vorigen Kapitel implementiert. In diesem Zusammenhang wird die Fetch API als Alternative zum bereits besprochenen klassischen Ajax vorgestellt. Sie kann nicht nur innerhalb von React-Anwendungen, sondern auch in allgemeinem JavaScript verwendet werden.

Cross-Origin Resource Sharing (CORS)

Bevor die Fetch API eingesetzt werden kann, ist eine kleine Erweiterung der REST-API erforderlich. Das Problem ist, dass der Node-Server zur React-Entwicklung auf dem TCP-Port 3000 lauscht, der Webserver mit der API aber vermutlich auf Port 80. Weiter oben wurde bereits erwähnt, dass Ajax-Anfragen standardmäßig nur funktionieren, wenn Client- und Server-URL denselben Ursprung haben – dies umfasst dasselbe Protokoll (für beide entweder *http* oder *https*), dieselbe Domain und denselben Port. Für alle anderen Fälle wird ein Sicherheitssystem namens *CORS* (*Cross-Origin Resource Sharing*) eingesetzt. Es verlangt, dass der Server eine Reihe spezieller HTTP-Header sendet, damit der Client auf den Inhalt der Antwort zugreifen darf:

- `Access-Control-Allow-Origin`: enthält den Clientursprung, der zugreifen darf, als volle Angabe aus Protokoll, Host und Port (zum Beispiel *http://localhost:3000*). Für Testzwecke wie hier kann stattdessen * als universeller Platzhalter verwendet werden, wobei einige Ajax/Fetch-Client-Implementierungen dies nicht zulassen und einen Fehler melden.
- `Access-Control-Allow-Methods`: die HTTP-Methode oder die kommaseparierte Liste von HTTP-Methoden, die Clients verwenden dürfen. Eine typische Liste für klassisches REST wäre `GET, POST, PUT, DELETE, HEAD`.
- `Access-Control-Allow-Headers`: eine Liste erlaubter HTTP-Header für Clientanfragen. Werden zusätzliche Header gesendet, wird die Anfrage zwar typischerweise zugelassen, aber die Inhalte dieser Header werden nicht weitergeleitet. Besonders wichtig ist der Header `Content-Type`, der daher oft als einziger angegeben wird.

Wenn Sie keine Kontrolle über den API-Server ausüben, weil Sie auf die API eines Drittanbieters zugreifen möchten, und dieser nicht die passenden CORS-Header sendet, müssen Sie eventuell auf einen Proxy zurückgreifen, der die Antworten des Originalservers entgegennimmt, die passenden Header zu dessen Antworten hinzufügt und diese weiterreicht. Apache und viele andere Webserver oder spezifische Proxyserver sind für diese Aufgabe geeignet.

Um die API aus dem vorigen Kapitel CORS-fähig zu machen, ändern Sie die Datei *Application.php* ab, wie in Listing 20.14 gezeigt:

```
<?php

class Application {
  public function run() {
    $path = strtok($_SERVER['REQUEST_URI'], '?');
    $elements = preg_split('(/)', $path);
    while (empty($elements[0])) {
      array_shift($elements);
    }
    $classname = ucfirst(array_shift($elements));
    $method = strtolower($_SERVER['REQUEST_METHOD']);
    $headersOnly = FALSE;
    if ($method == 'options') {
      header("HTTP/1.1 200 OK");
      $this->sendCorsHeaders();
      return;
    }

    if ($method == 'head') {
      $method = 'get';
      $headersOnly = TRUE;
    }
    if (!class_exists($classname)) {
```

```
      $message = sprintf("<error>Unknown resource %s.</error>", $classname);
      header("HTTP/1.1 404 Not Found");
      $this->sendCorsHeaders();
      header("Content-type: application/xml");
      header(sprintf("Content-length: %d", strlen($message)));
      if (!$headersOnly) {
        echo $message;
      }
      return;
    }
    $instance = new $classname();
    if (!method_exists($instance, $method)) {
      $message = sprintf("<error>Method %s not implemented.</error>", $method);
      header("HTTP/1.1 501 Not Implemented");
      $this->sendCorsHeaders();
      header("Content-type: application/xml");
      header(sprintf("Content-length: %d", strlen($message)));
      echo $message;
      return;
    }
    $result = $instance->$method($elements);
    header(
      sprintf(
        "HTTP/1.1 %d %s",
        $instance->statusCode(),
        $instance->statusMessage()
      )
    );
    $this->sendCorsHeaders();
    header(sprintf("Content-type: %s", $instance->contentType()));
    header(sprintf("Content-length: %d", strlen($result)));
    if (!$headersOnly) {
      echo $result;
    }
  }

  function sendCorsHeaders() {
    header("Access-Control-Allow-Origin: *");
    header("Access-Control-Allow-Methods: GET, POST, PUT, DELETE, HEAD");
    header("Access-Control-Allow-Headers: Content-Type");
  }
}
```

Listing 20.14 Erweiterte Fassung von Application.php aus dem vorigen Kapitel mit CORS-Headern

Wie Sie sehen, gibt es zwei wesentliche Erweiterungen. Zunächst einmal wird die zusätzliche HTTP-Methode `OPTIONS` verarbeitet, da manche Clients vor der eigentlichen Anfrage eine `OPTIONS`-Anfrage senden, um zu klären, ob die CORS-Regeln des Servers ihren Bedürfnissen entsprechen. Außerdem wird bei jeder Anfrage im Rahmen der bisher vorhandenen HTTP-Header die neue Methode `sendCorsHeaders()` aufgerufen, um mit jeder Antwort die oben erläuterten Header zu schicken. Damit ist die API bereit für die Fetch API – es sei denn, die Version in Ihrem Browser unterstützt das Wildcard-Zeichen * nicht; in diesem Fall müssen Sie es wie erläutert durch den konkreten Ursprung ersetzen.

Die Fetch API im Überblick

Die JavaScript-Implementierungen praktisch aller modernen Browser sind mit einer Version der *Fetch API* ausgestattet. Den Namen trägt diese API nach ihrer zentralen Methode `fetch()`. Die einfachste Einsatzmöglichkeit dieser Methode dient dem Senden einer einfachen `GET`-Anfrage und der Entgegennahme der Antwort. Das sieht im Kontext der REST-Anwendung *Languages* beispielsweise so aus:

```
fetch('http://localhost/language/')
  .then( /* Ergebnis verarbeiten */ );
```

Die Methode gibt nicht selbst einen Wert zurück, sondern begründet ein sogenanntes *Promise*. Dabei handelt es sich um eine Art Callback, das eleganter und einfacher zu verwenden ist: Wenn die durch das Promise ausgeführte Aufgabe erfolgreich beendet wurde, wird automatisch der Code innerhalb der Methode `then()` ausgeführt – üblicherweise eine Lambda-Funktion, der das Ergebnis des Promise zur Weiterverarbeitung als Parameter übergeben wird. Im Fall von `fetch()` handelt es sich bei diesem Ergebnis um ein Objekt vom Typ `Response` mit folgenden Feldern:

- `body`: die Nutzdaten der Antwort als `ReadableStream`-Objekt – die Beschreibung, wie es ausgelesen wird, folgt.
- `bodyUsed`: ein Boolean-Wert, der beschreibt, ob der Body bereits ausgelesen wurde.
- `headers`: ein Objekt der Klasse `Headers`, über das die Antwort-Header ausgelesen werden können. Die Methode `has("Header-Name")` überprüft beispielsweise, ob ein Header mit dem besagten Namen vorhanden ist; mit `get("Header-Name")` kann er ausgelesen werden.
- `ok`: dieser Boolean-Wert ist `true`, wenn die Anfrage erfolgreich war.
- `redirected`: ist `true`, wenn der Server mindestens eine Weiterleitung durchgeführt hat. Dabei geht der Body einer `POST`- oder `PUT`-Anfrage verloren, sodass Sie die kanonische URL des gewünschten API-Endpunkts aufrufen sollten, um Weiterleitungen zu vermeiden.
- `status`: der HTTP-Statuscode der Antwort, idealerweise 200.
- `statusText`: die Textentsprechung des Statuscodes, zum Beispiel `"OK"` bei 200.
- `type`: der Typ der Anfrage bezüglich des CORS-Systems. Die wichtigsten möglichen Werte sind `"cors"` im Fall korrekt gesetzter CORS-Header, `"basic"` für einen absolut identischen

Ursprung, bei dem CORS-Header ohne Belang sind, und "opaque", wenn bei einem fremden Ursprung keine CORS-Header gesetzt sind (in diesem Fall ist der Body in den meisten Implementierungen nicht lesbar).

- url: die URL der Anfrage.

In einer realen Anwendung sollten Sie die Felder status und ok auswerten, um zu überprüfen, ob alles in Ordnung ist. Um unabhängig davon den Inhalt des Bodys auszulesen, wird im Promise die Methode text() des Response-Objekts ausgelesen. Daraus entsteht automatisch ein weiteres Promise, in dem Sie den Textinhalt verarbeiten können. Im Fall eines XML-Bodys wie hier empfiehlt es sich, einen DOMParser darauf anzuwenden, um ein DOM-Objekt daraus zu erstellen. Das Ergebnis können Sie in einem weiteren Promise mit den üblichen DOM-Eigenschaften und -Methoden auswerten:

```
fetch('http://localhost/language/')
  .then(result => result.text())
  .then(str => (new window.DOMParser()).parseFromString(str, "text/xml"))
  .then(data => /* DOM-Baum auswerten */);
```

Das folgende Beispiel extrahiert die Namen aller Programmiersprachen und gibt sie auf der Konsole aus:

```
fetch('http://localhost/language/')
  .then(result => result.text())
  .then(str => (new window.DOMParser()).parseFromString(str, "text/xml"))
  .then(data => {
    let rawLanguages = data.querySelectorAll('language');
    for (let key = 0; key < rawLanguages.length; key++) {
      let language = rawLanguages[key];
      console.log(language.querySelector('name').textContent);
  });
```

Bei einem JSON-Body wird natürlich kein DOMParser verwendet; stattdessen wird das String-Ergebnis mit JSON.parse() direkt verarbeitet:

```
fetch('JSON-API-URL')
  .then(result => result.text())
  .then(str => {
    let data = JSON.parse(str);
    // data als normales JavaScript-Objekt oder -Array verarbeiten.
  });
```

Um mit der Fetch API einen Nicht-GET-Request zu senden, kommt als zweites Argument ein Objekt zum Einsatz. Seine drei wichtigsten Felder sind method mit der gewünschten HTTP-Methode, headers als Objekt mit HTTP-Anfrage-Headern, in dem die Header-Namen als

Schlüssel und die gewünschten Inhalte als Werte enthalten sind, und body als String mit dem Body der Anfrage. Hier ein Beispiel, das eine neue Programmiersprache hinzufügt und die Antwort einfach als String auf der Konsole ausgibt (der besseren Übersicht halber wurde der XML-Body mit dem Operator + aus Einzel-Strings für jede Zeile zusammengesetzt):

```
fetch(
  'http://localhost/language/?user=apiuser&key=my-key',
  {
    method: 'post',
    body: '<?xml version="1.0" encoding="utf-8" standalone="yes"?>' +
    '<language>' +
    '<name>Go</name>' +
    '<architecture>oop</architecture>' +
    '<implementation>compiler</implementation>' +
    '<system>Unix,Windows</system>' +
    '<description>Moderne Sprache mit Hauptfokus Nebenläufigkeit</description>' +
    '<year>2009</year>' +
    '</language>',
    headers: { "Content-Type": "text/xml" }
  }
).then(result => result.text())
 .then(str => { console.log(str); });
```

Die Ausgabe auf der Konsole sieht beispielsweise so aus, wenn alles korrekt funktioniert hat:

```
<?xml version="1.0" encoding="utf-8" standalone="yes"?>
<success>Created new language with ID 8.</success>
```

20.4.4 Der REST-Client im Detail

Ebenso wie die kleine Beispielanwendung mit den Bands besteht auch der REST-Client aus mehreren einzelnen Quelldateien. Im Folgenden wird der Code jeder einzelnen Datei abgedruckt und anschließend erläutert, denn es kommen einige bisher unbesprochene React-Konzepte zum Einsatz.

Die Hauptkomponente App.js

Als Erstes sehen Sie in Listing 20.15 das Hauptskript *src/App.js*, das eine Liste der vorhandenen Programmiersprachen als Links anzeigt. Werden diese angeklickt, erscheinen die Details der jeweiligen Sprache, während Sie über den Link ADD LANGUAGE eine weitere hinzufügen können:

```
import React, { Component } from 'react';
import './App.css';
import Api from './Api';
```

```
import Xml from './Xml';
import Language from './Language';
import LanguageEditor from './LanguageEditor';

class App extends Component {
  constructor(props) {
    super(props);

    this.state = {
      languages: [],
      languageId: 0,
      editMode: false
    };

    this.unsetEditMode = this.unsetEditMode.bind(this);
    this.loadList = this.loadList.bind(this);
  }

  componentDidMount() {
    this.loadList();
  }

  loadList() {
    Api.getList()
      .then(data => {
        let rawLanguages = data.querySelectorAll('language');
        let languages = Xml.extractList(rawLanguages);
        this.setState( { languages: languages } );
      });
  }

  showLanguage(evt, languageId) {
    evt.preventDefault();
    this.unsetEditMode(evt);
    this.setState( { languageId: languageId } );
  }

  setEditMode(evt, newLanguage) {
    evt.preventDefault();
    if (newLanguage) {
      this.setState( { languageId: 0 } );
    }
    this.setState( { editMode: true } );
```

```
  }

  unsetEditMode(evt) {
    evt.preventDefault();
    this.setState( { editMode: false } );
  }

  render() {
    const { languages, languageId, editMode } = this.state;

    return (
      <div>
        {languages.map((language, index) =>
          <div key={'language_' + index}>
            <a href="#" onClick = {evt => this.showLanguage(evt, language.id)}>
            {language.name}</a>
          </div>
        )}
        <br />
        <a href="#" onClick = { evt => this.setEditMode(evt, true) }>Add Language</a>
        {languageId > 0 &&
        !editMode &&
        <div>
          <Language id={languageId} />
          <a href="#" onClick={ evt => this.setEditMode(evt, false) }>Edit</a>
        </div>}
        {editMode &&
        <LanguageEditor id={languageId} unsetEditMode={this.unsetEditMode}
          loadList={this.loadList} />}
      </div>
    );
  }
}

export default App;
```

Listing 20.15 App.js ist die Hauptklasse des React-REST-Clients.

Die erste Auffälligkeit gegenüber früheren Beispielen sind die beiden `bind()`-Aufrufe im Konstruktor, zum Beispiel:

```
this.unsetEditMode = this.unsetEditMode.bind(this);
```

Diese Anweisungen dienen dazu, das Objekt `this` in den beiden Methoden verfügbar zu machen. Dies ist innerhalb der Klasse selbst nicht erforderlich, aber diese Methoden werden als `props` an Unterkomponenten übergeben, was Ihnen erlaubt, diese aufzurufen und so den `state` ihrer Elternkomponente zu ändern.

Auf den Konstruktor folgt die Methode `componentDidMount()`. Wie Sie sehen, wird sie nirgendwo explizit aufgerufen. Das liegt daran, dass es sich um eine überschriebene `Component`-Methode handelt, die zum *Lebenszyklus* einer React-Komponente gehört. Die wichtigsten Methoden in diesem Lebenszyklus, die – teilweise mehrmals – automatisch aufgerufen werden, sind folgende:

- Der `constructor()` wird einmalig bei der Erzeugung der Komponenteninstanz aufgerufen und erhält die `props` als Übergabewert. Hier wird typischerweise der `state` initialisiert, und auch andere Vorbereitungsarbeiten finden hier statt.
- Das bereits besprochene `render()` ist die Kernmethode der Komponente, weil sie deren darzustellenden Inhalt zurückgibt. Bei jeder Änderung des `state` wird die Methode erneut aufgerufen.
- Die Methode `componentDidMount()` wird unmittelbar nach dem Rendern aufgerufen. Sie ist der ideale Ort für asynchrone Aufrufe wie etwa API-Anfragen: Die Komponente wurde bereits das erste Mal gezeichnet (und kann auch zunächst mit irgendeiner Art von Wartesymbol oder -animation ausgestattet werden), sodass nun in Ruhe Daten nachgeladen werden können.
- `componentWillReceiveProps()` ermöglicht es, auf Änderungen des `state` in der übergeordneten Komponente zu reagieren: Zwar setzt `render()` auch die `props` der Kindkomponenten neu, aber diese beachten solche Änderungen nicht automatisch. Wenn Sie jedoch innerhalb von `componentWillReceiveProps()` auch den `state` der Kindkomponente aus den übergebenen neuen `props` ändern, wird diese Komponente ebenfalls mit aktualisierten Informationen neu gerendert.
- `componentWillUnmount()` wird aufgerufen, bevor die Komponente nicht länger angezeigt wird. Die typischste Anweisung in dieser Methode ist `document.removeEventListener()`, damit nach dem Verschwinden der Komponente nicht irrtümlich versucht wird, aufgrund von Ereignissen Code auszuführen, der sich auf nicht mehr existierende Elemente bezieht.

Im vorliegenden Beispiel wird `componentDidMount()` wie beschrieben verwendet, um die Liste der Sprachen aus der API zu lesen; die eigentliche Funktionalität wurde in zwei andere Klassen ausgelagert, die im Anschluss besprochen werden. Die Sprachenliste wird nach dem Laden aus dem API-XML geparst und im `state` gespeichert, wodurch `render()` automatisch die Ausgabe vornimmt. Die konkrete Funktionalität steht in der Methode `loadList()`, die später als `prop` an die Editorkomponente übergeben wird und die diese nach Änderungen erneut aufruft, um die Sprachenliste zu aktualisieren.

Der Rest des Codes enthält wenig Neues. In `render()` entscheidet das `state`-Feld `editMode` darüber, ob die Komponente `Language` (Ausgabe einer Programmiersprache, wenn auch `languageId` größer als 0 ist) oder `LanguageEditor` (Formular zum Bearbeiten einer Sprache) angezeigt wird. Sobald der Link ADD LANGUAGE unter der Liste angeklickt wird, wird die `languageId` explizit auf 0 zurückgesetzt, bevor der `editMode` eingeschaltet wird, denn andernfalls würde das Formular zum Ändern der aktuellen Sprache geöffnet werden, sofern gerade eine ausgewählt ist.

Wie bereits erwähnt, werden die beiden Methoden `unsetEditMode()` und `loadList()` als `props` an die Komponente `LanguageEditor` übergeben, um sie aus dem Editor heraus aufrufen zu können.

Mit der API kommunizieren und ihr XML verarbeiten

Die Funktionalitäten zur Kommunikation mit der API, zum Verarbeiten des empfangenen XML und zum Generieren von XML für Änderungsanfragen werden als statische Methoden von zwei Hilfsklassen geliefert. In Listing 20.16 sehen Sie zunächst *src/Api.xml* mit den diversen API-Calls:

```
import { Component } from 'react';

class Api extends Component {
  static url = 'http://localhost/language/';
  static apiUser = 'apiuser';
  static apiKey = 'my-key';

  static getList() {
    return fetch(Api.url)
      .then(result => result.text())
      .then(str => (new window.DOMParser()).parseFromString(str, "text/xml"));
  }

  static getById(id) {
    return fetch(Api.url + id)
      .then(result => result.text())
      .then(str => (new window.DOMParser()).parseFromString(str, "text/xml"));
  }

  static save(data, id) {
    if (id === 0) {
      return fetch(Api.url + '?user=' + Api.apiUser + '&key=' + Api.apiKey,
        { method: 'post', contentType: 'text/xml', body: data }
      ).then(result => result.text())
       .then(str => (new window.DOMParser()).parseFromString(str, "text/xml"));
```

```
    } else {
      return fetch(Api.url + id + '?user=' + Api.apiUser + '&key=' + Api.apiKey,
        { method: 'put', contentType: 'text/xml', body: data }
      ).then(result => result.text())
       .then(str => (new window.DOMParser()).parseFromString(str, "text/xml"));
    }
  }
}

export default Api;
```

Listing 20.16 Api.js ist eine Hilfsklasse mit statischen Methoden zur Kommunikation mit der REST-API.

Wie Sie am Anfang der Klassendefinition sehen, können React-Klassen neben statischen Methoden auch statische Attribute enthalten; in normalem JavaScript funktioniert das noch nicht in jedem Browser. Die drei Werte werden hier statisch definiert, da sie immer gleich bleiben; passen Sie sie gegebenenfalls an Ihre lokalen Gegebenheiten an.

Die erste Methode, `Api.getList()`, lädt die komplette Liste der Programmiersprachen. Der Rückgabewert ist das zweite Promise, mit dem das zu einem DOM-Baum geparste XML an anderer Stelle durch einen weiteren Aufruf von `then` verarbeitet werden kann. Auf dieselbe Weise liest `Api.getById()` eine einzelne Sprache aus und gibt das Promise zurück.

Die letzte Methode, `Api.save()`, entscheidet anhand der übergebenen ID, welche HTTP-Anfragemethode an die API gesendet wird: Ist die ID 0, handelt es sich um eine neue Programmiersprache, die per `POST`-Request angelegt wird, ansonsten kommt `PUT` zum Ändern einer vorhandenen Sprache zum Einsatz. Auch hier wird in beiden Fällen geparstes XML zurückgegeben.

Die zweite Hilfsklasse ist *src/Xml.js*. Sie enthält Methoden, die aus dem von der API empfangenen XML ein JavaScript-Array (Liste der Sprachen) beziehungsweise ein JavaScript-Objekt (Details einer Sprache) macht, sowie eine Methode für den umgekehrten Weg, um die Daten einer Sprache ändern zu können. Alle in diesem Beispiel verwendeten Konzepte wurden im Laufe dieses Kapitels bereits erläutert, insbesondere DOM und Objektiteration, sodass hier nur noch der Quellcode gezeigt wird (siehe Listing 20.17):

```
import { Component } from 'react';

class Xml extends Component {
  static extractList(rawLanguages) {
    let languages = [];
    for (let key = 0; key < rawLanguages.length; key++) {
      let language = rawLanguages[key];
      languages.push(
```

```
        {
          id: language.getAttribute('id'),
          name: language.querySelector('name').textContent
        }
      );
    }
    return languages;
  }

  static extractDetails(rawLanguage) {
    let language = {};
    let data = rawLanguage.firstChild.childNodes;
    for (let key = 0; key < data.length; key++) {
      let element = data[key];
      language[element.tagName] = element.textContent;
    }
    return language;
  }

  static buildXml(language) {
    let data = '<?xml version="1.0" encoding="utf-8" standalone="yes" ?>';
    data += '<language>';
    for (let key of Object.keys(language)) {
      data += '<' + key + '>' + language[key] + '</' + key + '>';
    }
    data += '</language>';
    return data;
  }
}

export default Xml;
```

Listing 20.17 Xml.js ist eine Hilfsklasse mit statischen Methoden zur XML-Interpretation und -Erzeugung.

Details einer Sprache ausgeben mit Language.js

Die Komponente `Language` dient dazu, alle Details einer Programmiersprache auszugeben. Ihr Quellcode ist in Listing 20.18 zu sehen:

```
import React, { Component } from 'react';
import Api from './Api';
import Xml from './Xml';
```

```
class Language extends Component {
  constructor(props) {
    super(props);

    this.state = {
      language: {},
      languageId: props.id ? props.id : 0
    };
  }

  componentWillReceiveProps(nextProps) {
    if (nextProps.id !== this.state.languageId) {
      this.setState( { languageId: nextProps.id } );
      this.loadLanguage(nextProps.id);
    }
  }

  componentDidMount() {
    this.loadLanguage(this.state.languageId);
  }

  loadLanguage(languageId) {
    if (languageId > 0) {
      Api.getById(languageId)
        .then(rawLanguage =>
          {
            this.setState( { language: Xml.extractDetails(rawLanguage) } );
          }
        );
    }
  }

  render() {
    const { language } = this.state;

    return (
      <div>
        <h2>{language.name} ({language.year})</h2>
        <p><b>Description:</b> {language.description}</p>
        <p><b>Implementation:</b> {language.implementation}</p>
        <p><b>Architecture:</b> {language.architecture}</p>
        <p><b>Supported Systems:</b> {language.system}</p>
      </div>
```

```
    );
  }
}

export default Language;
```

Listing 20.18 Language.js zeigt die Details einer Programmiersprache an.

Die wichtigste Besonderheit ist hier die bereits angesprochene Methode `componentWillReceiveProps()`, die bei einer Änderung der aus der übergeordneten Komponente übergebenen ID erneut `loadLanguage()` aufruft, um eine andere Sprache zu laden als zuvor. Der Rest dieser Klasse dürfte selbsterklärend sein, wenn Sie den Erläuterungen bis hierhin gefolgt sind.

Eine Sprache editieren mit LanguageEditor.js

Die letzte Quelldatei der Anwendung ist *src/LanguageEditor.js*. Sie zeigt vor allem, dass die typische Art des Umgangs mit Formularen in React etwas anders ist als in gewöhnlichem HTML und JavaScript. In Listing 20.19 sehen Sie zunächst den Code, Erläuterungen folgen:

```
import React, { Component } from 'react';
import Api from './Api';
import Xml from './Xml';

class LanguageEditor extends Component {
  static implementations = ['compiler', 'interpreter', 'VM', 'other'];
  static architectures = ['imperative', 'oop', 'other'];
  static systems = ['Unix', 'Windows', 'macOS', 'sonstige'];

  constructor(props) {
    super(props);

    this.state = {
      language: {},
      languageId: props.id ? props.id : 0,
      unsetEditMode: props.unsetEditMode,
      loadList: props.loadList,
      selectedSystems: []
    };
  }

  componentWillReceiveProps(nextProps) {
    if (nextProps.id !== this.state.languageId) {
      this.setState( { languageId: nextProps.id } );
```

```
      this.loadLanguage(nextProps.id);
    }
  }

  componentDidMount() {
    this.loadLanguage(this.state.languageId);
  }

  loadLanguage(languageId) {
    if (languageId > 0) {
      Api.getById(languageId)
        .then(rawLanguage =>
          {
            let language =  Xml.extractDetails(rawLanguage);
            this.setState({
              language: language,
              selectedSystems: language.system ? language.system.split(',') : []
            });
          }
        );
    }
  }

  renderSelector(options, field) {
    const { language } = this.state;
    return (
      <select onChange={evt => this.handleChange(field, evt)}>
        {options.map(
          (option, index) => <option key={field + '_' + index}
           selected={language[field] && language[field] === option}
           value={option}>{option}</option>
        )}
      </select>
    );
  }

  renderImplementationSelector() {
    return this.renderSelector(LanguageEditor.implementations, 'implementation');
  }

  renderArchitectureSelector() {
    return this.renderSelector(LanguageEditor.architectures, 'architecture');
  }
```

```
renderSystemCheckboxes() {
  const { selectedSystems } = this.state;
  return(
    LanguageEditor.systems.map(
      (system, index) =>
        <span key={'system_' + index}>
          <input type="checkbox" onChange={evt =>
            this.handleSystemChange(evt, system)} value={system}
            checked={selectedSystems.some(item => item === system) ?
              'checked' : ''} /> {system}
        </span>
    )
  );
}

handleSystemChange(evt, system) {
  const { language, selectedSystems } = this.state;
  if (evt.target.checked) {
    if (!selectedSystems.some(item => item === system)) {
      selectedSystems.push(system);
    }
  } else {
    let index = selectedSystems.indexOf(system);
    if (index > -1) {
      selectedSystems.splice(index, 1);
    }
  }
  language.system = selectedSystems.join(',');
  this.setState( { language: language, selectedSystems: selectedSystems } );
}

handleChange(field, evt) {
  const { language } = this.state;
  language[field] = evt.target.value;
  this.setState( { language: language });
}

saveLanguage(evt) {
  const { language, languageId, unsetEditMode, loadList } = this.state;
  evt.preventDefault();
  let data = Xml.buildXml(language);
  Api.save(data, languageId)
    .then(result => {loadList();});
```

```
    unsetEditMode(evt);
  }

  render() {
    const { language, unsetEditMode } = this.state;

    return (
      <form>
        <p><b>Name:</b> <input type="text"
          onChange={evt => this.handleChange('name', evt)}
          defaultValue={language.name ? language.name : ''} /></p>
        <p><b>Year of introduction:</b> <input type="text"
          onChange={evt => this.handleChange('year', evt)}
          defaultValue={language.year ? language.year : ''} /></p>
        <p><b>Description:</b>
          <textarea onChange={evt => this.handleChange('description', evt)}
          value={language.description ? language.description : ''}></textarea></p>
        <p><b>Implementation:</b> {this.renderImplementationSelector()}</p>
        <p><b>Architecture:</b> {this.renderArchitectureSelector()}</p>
        <p><b>Supported Systems:</b> {this.renderSystemCheckboxes()}</p>
        <p><input type="submit" value="Save"
          onClick={evt => this.saveLanguage(evt)} />
           <input type="reset" value="Cancel" onClick={evt => unsetEditMode(evt)} />
        </p>
      </form>
    );
  }
}
```

Listing 20.19 LanguageEditor.js ermöglicht das Erstellen einer neuen oder das Ändern einer vorhandenen Programmiersprache.

Zu Beginn der Klassendefinition werden zunächst drei statische Attribute deklariert; es handelt sich um die Inhalte zweier Auswahlfelder für Implementierungen beziehungsweise Architekturen sowie einer Checkbox-Gruppe für die Auswahl der Betriebssysteme, unter denen die jeweilige Programmiersprache verwendet werden kann.

Im Konstruktor werden im `state` neben den zu erwartenden Feldern `language` (Daten der aktuellen Sprache) und `languageId` (aktuelle Sprach-ID, falls eine vorhandene Sprache geändert wird, ansonsten 0) auch die beiden als `props` übergebenen Methoden `unsetEditMode()` und `loadList()` sowie die jeweils aktuelle Auswahl der Betriebssysteme (`selectedSystems`) gespeichert.

Die Methoden componentWillReceiveProps() und componentDidMount() lauten und funktionieren genau wie in der Komponente Language, aber loadLanguage() besitzt eine zusätzliche Zeile:

```
this.setState({ // ...
  selectedSystems: language.system ? language.system.split(',') : []
)};
```

Hier wird das state-Attribut selectedSystems initialisiert, indem der String mit der kommaseparierten Liste mit Systemen an eben diesem Komma getrennt und in ein Array umgewandelt wird.

Betrachten Sie als Nächstes die Methode render(), da alle restlichen entweder direkt oder per Event-Handler von dieser aufgerufen werden. Die Ausgabe sieht auf den ersten Blick aus wie ein gewöhnliches HTML-Formular, ist jedoch ein JSX-Formular mit einigen Besonderheiten, die hier nacheinander für die einzelnen Arten von Formularelementen erläutert werden.

Den Anfang machen zwei einfache Texteingabefelder für den Namen beziehungsweise das Erscheinungsjahr der Sprache; betrachten Sie als Beispiel Letzteres:

```
<input type="text" onChange={evt => this.handleChange('year', evt)}
          defaultValue={language.year ? language.year : ''} />
```

Gibt es einen Vorgabetext, wird dieser nicht in das Standard-HTML-Attribut value geschrieben, sondern in defaultValue. Wenn Sie value verwenden, bleibt dieser Text nämlich statisch; das Feld ist nicht editierbar. Des Weiteren besitzt das Feld, wie alle anderen Formularelemente, einen onChange-Handler, der bei jeder Inhaltsänderung aktiv wird. Im vorliegenden Fall ruft er die Methode handleChange() auf und übergibt ihr den Feldnamen sowie das Ereignisobjekt. Diese Methode liest den aktuellen Wert aus dem Event-Target und speichert ihn im state. Für die nähere Beschreibung einer Sprache kommt eine Textarea zum Einsatz. Die einzige Besonderheit ist, dass diese in ihrer JSX-Version das Attribut value und nicht, wie die einfachen Textfelder, defaultValue verwendet. Auch hier wird ansonsten handleChange() aufgerufen, um den Wert im state zu aktualisieren.

Etwas komplizierter ist die Ausgabe der beiden Auswahlfelder, die in eigene Methoden ausgelagert wurden. Diese rufen dann renderSelector() mit jeweils angepassten Parametern auf. Auch hier ruft der Event-Handler onChange wieder die bereits besprochene Methode handleChange() auf; die Ausgabe der Optionen erfolgt, wie bei Listen von Elementen üblich, mithilfe der Array-Methode map().

Schließlich gibt es noch die Checkbox-Gruppe für die Betriebssysteme mit den Methoden renderSystemCheckboxes() für die Ausgabe und handleSystemChange() für das Anklicken (An- oder Abwählen) einer der Checkboxen. Der zusätzliche Aufwand entsteht hier dadurch, dass die Liste der Systeme intern in einem Array, innerhalb von language jedoch als kommaseparierter String gespeichert wird.

20.5 Übungsaufgaben

1. Schreiben Sie ein Skript, das in einem `<div>` mit der ID `"timeDisplay"` die aktuelle Uhrzeit anzeigt und laufend aktualisiert. Sobald die Uhrzeit angeklickt wird, soll sie durch Wochentag und Datum ersetzt werden, beim nächsten Klick wieder durch die Uhrzeit etc.
2. Schreiben Sie das Ajax-Beispiel zum Wechseln von Zitaten mithilfe der Fetch API neu. Beachten Sie dabei die CORS-Header im PHP-Skript.
3. Schreiben Sie einen eigenen Client für die REST-API ohne React mit gewöhnlichem HTML und JavaScript. Ob Sie für die Kommunikation mit der API klassisches JSON oder die Fetch API verwenden, können Sie sich aussuchen. Die passenden Klassen für Letzteres gibt es natürlich bereits; sie funktionieren nicht nur mit React.
4. Nachdem Sie die REST-API im vorangegangenen Kapitel um optionales JSON anstelle von XML erweitert haben, schreiben Sie eine alternative Version des React-Clients, die JSON verwendet.
5. Im React-REST-Client wurde absichtlich die Möglichkeit zum Löschen einer Programmiersprache weggelassen. Fügen Sie diese hinzu – idealerweise mitsamt einem kleinen Formular, das vor dem eigentlichen Löschen eine Bestätigung anfordert.
6. Erstellen Sie eine erweiterte Version des React-REST-Clients, die auch die Erfinder*innen und deren Zuordnung zu den Programmiersprachen verarbeiten kann. Versuchen Sie dabei, so viel Code wie möglich wiederverwendbar zu machen, indem Sie ihn in benannte Funktionen mit sinnvollen Parametern auslagern.

Kapitel 21
Computer- und Netzwerksicherheit

Es macht Freude, in einem vom Sturm gepeitschten Schiff zu sein, wenn man sicher ist, dass es nicht untergehen wird.
– Blaise Pascal

Wer Computer einsetzt, besonders mit Verbindung zum Internet, ist vielfältigen und täglich wachsenden Bedrohungen ausgesetzt. Angriffe durch Viren oder E-Mail-Würmer, staatliche und privatwirtschaftliche Schnüffelei oder gar gezielte Angriffe durch Kriminelle können zu gravierenden Schäden bis hin zu völligem Datenverlust oder Diebstahl führen. Dieses Kapitel ergänzt die gezielten Sicherheitstipps zu einzelnen Themen, die Sie bisher an Ort und Stelle erhalten haben, und stellt allgemeinere Konzepte und Lösungen vor.

Beachten Sie jedoch zunächst Folgendes: Wenn Sie hundertprozentige Sicherheit möchten, müssen Sie auf jegliche Netzwerkteilnahme völlig verzichten und dürfen niemals fremde Datenträger benutzen! Eigentlich müssten Sie sogar Ihre gesamte Software, vom Betriebssystem über Compiler und Treiber bis hin zu den Anwendungen, selbst schreiben, da nie ganz auszuschließen ist, dass selbst Open-Source-Software vorsätzlich herbeigeführte Sicherheitsprobleme hat (von den unvermeidbaren versehentlich entstehenden ganz zu schweigen).[1] Mit anderen Worten: IT-Sicherheit kann in der realen Welt immer nur ein Kompromiss sein. Der Aufwand der Absicherung und die Wichtigkeit der zu schützenden Daten müssen in einem vernünftigen Verhältnis zueinander stehen.

Wichtig ist außerdem, dass Sie sich intensiv mit den technischen Grundlagen von Computersystemen und Netzwerken beschäftigen müssen, bevor Sie sich ernsthaft um die Sicherheit kümmern können. Und natürlich sollten Sie die hier gesammelten Sicherheitstipps auch (und gerade) umsetzen und sich zusätzliche Informationen zur Sicherheit beschaffen, wenn Sie noch nicht viel Erfahrung haben, aber Verantwortung für die Absicherung Dritter sollte nur übernehmen, wer sich wirklich auskennt.

Im Einzelnen werden in diesem Kapitel folgende Themen behandelt:

- *PC-Gefahren*. Hier geht es um die alltäglichen Bedrohungen von Desktoprechnern, Laptops und Netbooks durch *Malware* – Sammelbegriff für Viren, Würmer, Trojaner, Spyware etc. Zugleich werden wichtige Gegenmaßnahmen beschrieben.

1 Natürlich auch nur unter der Voraussetzung, dass Sie sich hervorragend mit Sicherheitsthemen auskennen. Hervorragend heißt hier: besser als die Verantwortlichen von Softwarefirmen und Open-Source-Projekten. Mit anderen Worten: nur sehr theoretisch eine gute Idee.

- *Netzwerk- und Serversicherheit.* Hier werden serverrelevante Themen wie Sicherheitslücken und Exploits, Rootkits, Cross-Site-Scripting (XSS) und SQL-Injection – und natürlich mögliche Gegenmaßnahmen – angesprochen. Daneben erhalten Sie eine Einführung in den Einsatz von Kryptografie.

Über das ganze Buch verteilt finden Sie weitere Sicherheitshinweise, die sich jeweils auf die einzelnen Themen beziehen.

21.1 PC-Gefahren

Sobald Sie eine Netzwerk- oder Internetverbindung herstellen, lauern zahlreiche potenzielle Gefahren für handelsübliche Desktoprechner, Laptops und sogar für Smartphones oder Tablets: Tag und Nacht durchforsten automatisierte Skripte die Netze der großen Provider und suchen nach Schwachstellen in Programmen und Sicherheitseinstellungen. E-Mails mit nervigem Inhalt oder gar gefährlichen Anhängen verbreiten sich exponentiell, indem sie sich aus den Adressbüchern bekannter E-Mail-Programme bedienen. Regierungen und Konzerne wollen (aus unterschiedlichen Gründen) möglichst lückenlos über Ihre Gewohnheiten Bescheid wissen. Und nicht zuletzt können alle heruntergeladenen Daten und jeder externe Datenträger Viren enthalten, die schlimmstenfalls Ihre eigenen gesammelten Daten vernichten, Ihre per Homebanking zugänglichen Konten leer räumen oder Ihre Onlineidentität stehlen.

Diese etwas drastische Einleitung soll Ihnen nicht etwa Angst machen, sondern Sie für viele verschiedene Gefahren auf einmal sensibilisieren. Es gibt zwar kein Allheilmittel gegen die hier angesprochenen Probleme, aber doch eine größere Palette vernünftiger und nicht zu aufwendiger oder einschränkender Maßnahmen. Die ärgsten Bedrohungen und mögliche Lösungsansätze werden im Folgenden vorgestellt.

21.1.1 Viren und Würmer

Ein *Computervirus* ist ein Programm oder Skript mit schädigender Wirkung. Die Bezeichnung *Virus* ist angebracht, weil diese Programme die Fähigkeit besitzen, sich selbst zu vervielfältigen. Inzwischen gibt es mehrere Hunderttausend solcher Schädlinge. Ein Virus im engeren Sinne manipuliert den Binärcode eines ausführbaren Programms. Seine Schadenswirkung und seine Weiterverbreitung entfalten sich durch die Ausführung dieser Programme. Noch ausufernder sind inzwischen *Würmer*, die sich per E-Mail, über Instant-Messaging-Dienste oder soziale Netzwerke und allgemein über offene Netzwerkverbindungen verbreiten.

Weitaus die meisten Viren und Würmer gibt es für Windows – kein Wunder, schließlich ist es das verbreitetste Betriebssystem. Das ist kein Grund, sich über diese Plattform lustig zu machen; inzwischen sind auch einige Viren für Linux und macOS bekannt geworden. Seltenere Unix-Varianten sind dagegen durch die exotische Plattform, die oft sogar auf Nicht-Standard-Hardware läuft, und durch ihren geringen Verbreitungsgrad relativ effektiv geschützt.

Klassische Viren

Echte Viren bestehen aus mehreren der folgenden Teile, manchmal auch aus allen:

- Der *Vermehrungsteil* enthält die Befehle für die Verbreitung des Virus.
- Der *Erkennungsteil* überprüft, ob der Computer bereits von demselben Virus befallen ist, und wirkt in diesem Fall nicht weiter.
- Der *Schadensteil* wird manchmal auch als *Payload* (auf Deutsch: *Nutzlast*) bezeichnet. Er kann beliebigen Schaden am befallenen System anrichten, von unerwünschten Meldungen und Tönen über gelöschte Dateien bis hin zu formatierten Datenträgern.
- Der *Bedingungsteil* kann dafür sorgen, dass der Virus nur unter bestimmten Umständen aktiv wird, etwa zu einem speziellen Datum oder nach Eingabe eines festgelegten Worts.
- Der *Tarnungsteil* schließlich versucht, den Virus vor Benutzer*innen oder sogar vor Antivirenprogrammen zu verbergen.

Der Begriff *Virus* wurde 1981 geprägt. Viren waren zunächst rein akademische Forschungsprojekte, die dem Studium von Sicherheitsproblemen dienten. Erst 1982 wurde der erste »In the wild«-Virus entdeckt; seitdem vervielfacht sich die Anzahl der bekannten Viren Jahr für Jahr. Verbreitungswege und Tarnmechanismen wurden dabei immer ausgefeilter. Im gleichen Maße mussten die Antivirenprogramme aufgerüstet werden. Inzwischen ist nur noch dann einigermaßen Verlass auf sie, wenn die enthaltenen Virendefinitionen regelmäßig aktualisiert werden und wenn heuristische Erkennungsmechanismen, das heißt wahrscheinlichkeitsbasierte Annäherungen, verwendet werden. Und selbst dann bleibt es wichtig, keine Wunderdinge von einem Antivirenprogramm zu erwarten, sondern trotz seines Vorhandenseins zum Beispiel vorsichtig mit allen externen Datenquellen umzugehen und regelmäßige Backups anzufertigen.

Hier zunächst ein Überblick über die wichtigsten Virentypen. Beachten Sie, dass viele Viren zu mehreren dieser Arten gleichzeitig gehören können:

- *Bootsektorviren*, bekannt seit 1986, befallen den *Master Boot Record* von Datenträgern. Bereits das einfache Lesen einer infizierten Diskette kann den Virus auslösen und die Festplatte befallen. Von nun an wird der Virus bei jedem Bootvorgang ausgeführt. Die meisten Bootsektorviren sind speicherresident; sie bleiben also aktiv, bis der Computer wieder heruntergefahren wird. In diesem Zeitraum infizieren sie jede eingelegte Diskette. Mit dem Aussterben der Disketten schien die Bedeutung dieser Viren zurückzugehen; inzwischen gibt es jedoch neue Wellen, die besonders die Bootsektoren von USB-Sticks befallen (siehe zum Beispiel *http://it.slashdot.org/article.pl?sid=08/04/03/1946228*).

- *Dateiviren* gibt es ebenfalls seit 1986. Sie befallen ausführbare Programme und werden beim Start dieser Programme ausgeführt. Sobald sie im Speicher sind, versuchen sie, weitere Programme zu infizieren.
- *Makroviren* benötigen nicht einmal ausführbare Programme, sondern befallen die Dateien bestimmter Anwendungsprogramme, die über eine Skript- oder Makrosprache programmierbar sind. Am häufigsten sind Microsoft-Office-Dokumente betroffen, weil sie sehr weit verbreitet sind und weil die Makrosprache *VBA* (*Visual Basic for Applications*) mächtige Befehle zur Steuerung von Windows und Office enthält. Zudem befallen die meisten Office-Makroviren sofort die Standardvorlagedateien und infizieren so jedes neu erstellte Dokument. Bis zum Aufkommen zahlreicher E-Mail-Würmer um 1999 war dies die am häufigsten vorkommende Virenart.
- *Stealth-Viren* (sogenannte *Tarnkappenviren*) verfügen über einen besonders wirkungsvollen Tarnungsteil. Sie manipulieren Verzeichniseinträge, ändern die Wirkung von Systembefehlen oder manipulieren sogar Antivirenprogramme, um ihre Existenz zu verbergen. Zahlreiche neuere Bootsektor- und Dateiviren gehören zu dieser Kategorie.
- *Polymorphe Viren* sind noch gefährlicher als Stealth-Viren. Eingebaute Algorithmen zur Verschlüsselung und Selbstmodifikation sorgen nämlich dafür, dass jede Kopie des Virus eine neue Gestalt annimmt. Klassische Virensuchverfahren sind gegen diese Bedrohung völlig machtlos.

Würmer

Im Gegensatz zu Viren hängen sich Würmer nicht an Dateien oder Bootsektoren an, sondern verbreiten sich über Netzwerke. Ein Großteil von ihnen wird über ausführbare E-Mail-Attachments in Gang gesetzt, andere nutzen schlecht geschützte oder fehlerhaft implementierte Netzwerkfreigaben zur Verbreitung. Der *Morris*-Wurm von 1988 ist zwar der bekannteste Klassiker, aber die zweifelhafte Ehre, der erste Wurm gewesen zu sein, gebührt dem 1987 entstandenen *Tannenbaum*-Wurm. Er zeichnete einen Tannenbaum auf den Bildschirm und versandte sich an sämtliche auf dem Rechner gefundenen E-Mail-Adressen.

Für die bekannten E-Mail-Würmer ist fast immer die Mitwirkung des Computerbenutzers erforderlich: Erst wenn dieser – von Neugier und Unkenntnis getrieben – den Dateianhang einer befallenen Mail öffnet, wird der Schädling in Gang gesetzt. Einmal gestartet, versendet sich ein solcher Mail-Wurm an alle im Adressbuch und in lokalen Dateien gefundenen E-Mail-Adressen. Die meisten E-Mail-Würmer enthalten zudem gefährliche Schadensroutinen. Ein bekannter Wurm, nach seiner Betreffzeile *ILOVEYOU* genannt, ersetzte beispielsweise sämtliche JPEG- und MP3-Dateien auf dem Rechner durch Kopien seiner selbst.

Die meisten E-Mail-Würmer benutzen eine doppelte Dateiendung für ihre gefährliche Fracht: Vor Endungen wie *.vbs* (*Visual Basic Script*), durch die sie ausführbar werden, wird eine Erweiterung wie *.jpg* oder *.txt* gesetzt. Da Windows und macOS die Endungen bekannter Dateitypen standardmäßig ausblenden, werden diese Dateien für harmlose Bilder oder Texte gehalten, sodass es leicht zu einem fatalen Doppelklick kommt.

Bisher haben es glücklicherweise nur wenige Mail-Würmer geschafft, durch bloßes Anzeigen der Nachricht aktiviert zu werden. Eine dieser unrühmlichen Ausnahmen war *Nimda* von 2001 – ein überaus aggressiver und gefährlicher Wurm, der sich nicht nur über E-Mails verbreitete, sondern auch über diverse Sicherheitslücken im Microsoft Internet Information Server und im Internet Explorer.

Überhaupt nutzen die meisten aktuellen Würmer akute Sicherheitsprobleme der Software von Microsoft beziehungsweise von Programmen für Windows aus. Neben Windows selbst sind besonders E-Mail-Programme, Browser und Media-Player betroffen. Bezeichnenderweise handelt es sich also um Programme, die tief in das System integriert sind, weil sie zu dessen automatisch vorinstalliertem Lieferumfang gehören, oder die besonders weit verbreitet sind.

Neben den E-Mail-Würmern gibt es solche, die Instant-Messaging-Dienste befallen. Auch Social-Media-Sites wie Facebook oder Twitter waren bereits Ziel spezieller Würmer (siehe beispielsweise *https://en.wikipedia.org/wiki/facebook_malware*).

Gegenmaßnahmen

Um sich vor Viren und Würmern zu schützen, sollten Sie eine Reihe kombinierter Sicherheitsmaßnahmen ergreifen. Nur eine sorgfältige Beachtung der folgenden Punkte kann Sie einigermaßen vor Schäden bewahren.

- *Verwenden Sie Antivirensoftware.* Es ist unabdingbar, dass auf jedem Computer – insbesondere solchen mit Netzwerk- oder Internetzugang – ein aktuelles Antivirenprogramm installiert wird. Geeignete Produkte sind etwa Norton Antivirus von Symantec sowie die Programme von McAfee, Kaspersky oder G-DATA. Der Hersteller ist dabei gar nicht so wichtig; viel bedeutender sind die folgenden vier Punkte:
  - Die Virendefinitionen müssen regelmäßig, am besten täglich, aktualisiert werden. Verantwortungsvolle Antivirenprogramme erledigen dies automatisch, sobald eine Internetverbindung hergestellt wird.
  - Das Programm sollte über eine Wächterkomponente verfügen, die ständig im Hintergrund aktiv ist und den Zugriff auf sämtliche Datenträger und Dateien überwacht.
  - Die Wächterfunktion sollte sich auch auf E-Mails ausweiten lassen. Da die meisten Antivirenprogramme dies durch einen lokalen Mail-Proxy realisieren, verlangsamt diese Maßnahme den E-Mail-Empfang. Die zusätzliche Sicherheit sollte Ihnen dieses kleine Opfer wert sein.
  - Verlassen Sie sich wie gesagt nicht blind auf die Software, sondern denken Sie trotzdem stets nach, bevor Sie Daten über Internet, E-Mail oder fremde Datenträger annehmen.
- *Installieren Sie regelmäßig alle Updates und Patches.* Fehlerfreie Software gibt es nicht. Vielmehr kommt es darauf an, dass bekannt gewordene Sicherheitslücken möglichst schnell geschlossen werden. Aufgrund der aktiven Communitys und des Viele-Augen-Prinzips klappt dies in der Welt der freien Software meist rascher und zuverlässiger als bei

kommerziellen Programmen, bei denen Sie den Launen der Herstellerfirma ausgeliefert sind – beispielsweise weil ein dringend erforderlicher Bugfix aus geschäftspolitischen Gründen manchmal erst mit der nächsten kostenpflichtigen Vollversion geliefert wird.

Umso wichtiger ist es, dass Sie zumindest jeden erhältlichen Sicherheitspatch sofort installieren. Zu diesem Zweck sollten Sie regelmäßig zuverlässige IT-News wie *heise.de* oder *golem.de* verfolgen. Automatische Upgrade-Funktionen sind dagegen eher mit Vorsicht zu genießen. Es ist bereits vorgekommen, dass gerade diese Schnittstellen zur Installation von Malware missbraucht wurden. Erst recht sollten Sie *niemals* ein angebliches Sicherheitsupdate installieren, das per E-Mail gesendet oder verlinkt wird. In vielen Fällen handelt es sich dabei um eine Phishing-Attacke (siehe »Phishing-Attacken« in Abschnitt 21.1.3, »Weitere Schädlinge«).

- *Verwenden Sie eine Firewall.* Da viele Bedrohungen von offenen Netzwerkschnittstellen ausgehen, lohnt es sich, diese zu kontrollieren und so weit wie möglich dicht zu machen. Windows 10 und einige seiner Vorgänger enthalten bereits eine einigermaßen zufriedenstellende Desktop-Firewall namens *Windows Defender*. Unter macOS schalten Sie die nicht näher bezeichnete eingebaute Firewall unter SYSTEMEINSTELLUNGEN • SICHERHEIT, Registerkarte FIREWALL ein und konfigurieren sie. Unter Linux können Sie das im nächsten Abschnitt beschriebene Tool *iptables* verwenden; die meisten Distributionen bieten zusätzlich eine grafische Oberfläche zu dessen Konfiguration oder eine separate Desktop-Firewall.
- *Sichern Sie wichtige Daten regelmäßig.* Irgendwann erfolgt möglicherweise ein besonders heftiger Angriff, der allen Vorsichtsmaßnahmen trotzt und tatsächlich Daten vernichtet. Deshalb ist es überaus wichtig, dass Sie regelmäßig – am besten täglich – alle wichtigen Daten sichern. Wenn Sie externe Festplatten, USB-Sticks, wiederbeschreibbare CDs oder DVDs dafür verwenden, verursacht das nicht einmal laufende Kosten. Bequemerweise lässt sich Brenn- oder andere Backup-Software zudem so einstellen, dass sie beim Abmelden alle Daten aus den angegebenen Ordnern auf einen externen Datenträger kopiert und anschließend den Rechner herunterfährt.

  Datensicherung ist nicht nur im unmittelbaren Hinblick auf die Sicherheit wichtig, sondern schützt auch vor Datenverlust aus anderen Gründen, beispielsweise durch Hardwareschäden.
- *Öffnen Sie niemals unerwartete E-Mail-Anhänge.* Neuere E-Mail-Würmer sind polymorph: Sie generieren bei jedem automatischen Versand neue Betreffzeilen und Texte. Zuweilen bedienen sie sich dabei sogar vorhandener Mails, sodass sie immer schlechter von harmlosen, absichtlich versandten Nachrichten zu unterscheiden sind. Wenn Ihnen jemand ein Attachment schickt, sollten Sie sich stets vergewissern, dass es bewusst und mit Absicht versandt wurde.
- *Arbeiten Sie im Alltag nicht mit Administratorrechten.* Bei der Installation von Unix-Systemen ist es sehr verbreitet, dass auf die besondere Bedeutung des Root-Benutzerkontos

hingewiesen wird (oder dass es standardmäßig gar nicht eingerichtet wird, wie etwa bei Ubuntu oder macOS). Gleichzeitig wird oft angeboten, einen ersten Standardbenutzer einzurichten. Unter Windows hat der automatisch beim Systemstart angemeldete Account dagegen uneingeschränkte Administratorrechte. Dies birgt gewisse Risiken, aber seit Windows Vista wurde die Sicherheit ein wenig verbessert: Wenn Aktionen tatsächlich Administratorrechte benötigen, werden Sie deutlich darauf hingewiesen und müssen es noch einmal ausdrücklich bestätigen, wobei die durch ein elektronisches Zertifikat ausgewiesene Herstellerfirma der Software genannt wird, die solche Rechte benötigt.

Sollten Programme unter Windows mit Standardbenutzerrechten nicht funktionieren, können Sie versuchen, die benötigten Rechte einzeln zu setzen; immerhin erlaubt Windows hier relativ feine Abstufungen. Wenn es gar nicht anders geht, sollten Sie sogar erwägen, auf eine andere Software auszuweichen. Außerdem ist es ratsam, diesen Punkt bei Ihrer nächsten Kauf- oder Einführungsentscheidung zu berücksichtigen.

- *Wechseln Sie Browser und E-Mail-Client.* Viele Angriffe betreffen nicht die gesamte Windows-Plattform, sondern nur die mitgelieferte Standardsoftware. Besonders häufig werden Sicherheitslücken im Browser Edge (noch häufiger im früheren Standardbrowser Internet Explorer) und in E-Mail-Clients wie Microsoft Mail oder Microsoft Outlook ausgenutzt, weil diese am häufigsten eingesetzt werden. Die einfache Antwort: Steigen Sie um! Es gibt genügend Alternativen. Relativ schnelle standardkonforme Browser sind beispielsweise Google Chrome oder Mozilla Firefox; aus derselben Open-Source-Gemeinde wie Letzterer stammt auch der Mailer Thunderbird. Sie alle importieren bequem Konten, Favoriten und Einstellungen der Microsoft-Tools.

  Der (kostenlose) Browsercheck unter *http://www.heise.de/security/dienste/browsercheck/* ermöglicht Ihnen die gezielte Überprüfung Ihres Browsers auf bekannte Schwachstellen.
- *Verwenden Sie Ad-Blocker und schränken Sie JavaScript ein.* Ein Ad-Blocker-Plug-in wie Adblock Edge verhindert nicht nur das Laden unerwünschter Werbung und schont so Netzwerkvolumen, sondern kann auch vor Malware schützen, die sich in Werbung von zweifelhafter Herkunft versteckt. Besonders effektiv ist auch das Browser-Plug-in *NoScript*, das zunächst sämtliches JavaScript auf jeder Webseite ausschaltet, bis Sie es nach Herkunfts-URLs geordnet einzeln oder dauerhaft explizit aktivieren.
- *Passen Sie die Sicherheitseinstellungen Ihres Browsers an.* Ob Sie nun bei den genannten Microsoft-Produkten bleiben oder die Software wechseln – setzen Sie sich stets genau mit den Einstellungsmöglichkeiten auseinander.
- *Blenden Sie die Dateiendungen ein.* Es ist vollkommen unverständlich, warum Microsoft die Erweiterungen bekannter Dateitypen seit Windows 95 ausblendet. Öffnen Sie EXTRAS • ORDNEROPTIONEN eines beliebigen Verzeichnisses und deaktivieren Sie die Option ERWEITERUNGEN BEI BEKANNTEN DATEITYPEN AUSBLENDEN (Windows 10 bis hinunter zu Vista). Bei noch älteren Windows-Versionen heißt der Eintrag anders und befindet sich unter dem Menüpunkt ANSICHT.

21.1.2 Trojaner und Backdoors

Eine weitere Bedrohung für Desktoprechner entsteht durch Programme, die im Geheimen unerwünschte Funktionen ausführen. Das reicht von der relativ harmlosen, meist anonymen Auswertung von Daten für die gezielte Einblendung von Werbebannern über den Missbrauch fremder PCs als Virenschleudern oder Spam-Relays bis hin zu ausgewachsenen Backdoors, über die Kriminelle auf Ihrem Rechner fast so arbeiten können, als säßen sie davor.

In vielen Fällen haben Sie es sogar selbst zu verantworten, wenn Sie so einen ungebetenen Gast auf Ihren Computer einladen. Oft erhalten Sie ihn nämlich durch Download und Installation eines angeblich nützlichen oder unterhaltsamen Programms. Daher stammt auch die Bezeichnung *Trojaner* – die Kurzform für trojanisches Pferd –, also eine harmlos wirkende Hülle mit schädlichen Inhalten.[2]

Seltener gelingt es Angreifenden, derartigen Code bereits durch den bloßen Besuch bestimmter Websites auszuführen, indem sie gezielt Sicherheitslücken in der Scripting- oder Plug-in-Engine des Browsers ausnutzen. Installieren Sie regelmäßig Updates und Patches und führen Sie von Zeit zu Zeit den zuvor erwähnten Browsercheck aus, um die Anfälligkeit Ihres Browsers gegenüber solchen Angriffen zu testen.

Backdoors sind die gefährlichsten Schädlinge, die durch Trojaner installiert werden können. Dabei können diese Programme selbst eigentlich recht nützlich sein: Bekannte Backdoors wie SubSeven, Back Orifice oder WinGate wurden als *Remote Administration Tools* geschrieben, die den damals unter Windows herrschenden Mangel an standardisierten Fernwartungsschnittstellen wie Telnet oder SSH wettmachen sollten. Die Administration kann diese Tools also ganz bewusst auf PCs in ihrem Netzwerk installieren, um die Rechner bequem und zeitsparend verwalten zu können.

Gefährlich wurden diese Programme erst, als verantwortungslose oder böswillige Menschen auf die Idee kamen, sie durch Trojaner zu verbreiten. Da die meisten Backdoors eine Komponente enthalten, die einen Rechner über die dynamisch zugewiesene IP-Adresse hinaus eindeutig kennzeichnet, kann die angreifende Stelle ab Installationszeitpunkt auf Ihrem Rechner beliebig ein- und ausgehen, sobald dieser mit dem Internet verbunden ist.

Für den Schutz vor Trojanern gelten ähnliche Regeln wie die eingangs bei den Viren und Würmern genannten. Aktuelle Antivirenprogramme enthalten unter anderem Erkennungsregeln für bekannte Trojaner und Backdoor-Installationsprogramme. Im Übrigen können die im weiteren Verlauf angesprochenen Firewalls Anhaltspunkte liefern, da sie verdächtige Netzwerkaktivitäten melden oder sogar unterbinden können.

Für Verunsicherung sorgte in den letzten Jahren der Begriff des sogenannten *Bundestrojaners*: Deutsche Politiker*innen haben beschlossen, dem Bundeskriminalamt und anderen Behörden die Erlaubnis zu erteilen, heimlich die Inhalte der PCs von Terror- oder Schwerver-

2 »Trojaner*in« sind eigentlich Sie selbst – schließlich holen Sie das Pferd in Ihr »digitales Troja«; anschließend schlüpfen die versteckten Krieger (hier: Schadensroutinen) heraus und greifen an.

brechensverdächtigen zu durchsuchen. Der verharmlosende Begriff *Onlinedurchsuchung* verschleiert dabei den wichtigsten Unterschied zu einer Hausdurchsuchung: Die »Durchsuchung« findet heimlich statt, ohne dass die Verdächtigen darüber in Kenntnis gesetzt werden. Das Problem ist jedenfalls, dass diese Maßnahme – wie auch immer sie nun genannt oder begründet wird – die Integrität von IT-Systemen kompromittiert, und dies betrifft eben nicht nur die des Terrors oder Verbrechens Verdächtigten, sondern fügt uns allen nachhaltigen Schaden zu.

Im Sommer 2013 wurde bekannt, dass die Geheimdienste von USA und Großbritannien (und wahrscheinlich auch anderen Ländern) das Internet und alle seine Nutzer umfassend überwachen, indem sie jegliche Kommunikation anzapfen, speichern und auswerten. Was viele IT-Expert*innen schon lange vermutet hatten, wurde dabei zur traurigen Gewissheit: Große Unternehmen wie Apple, Google, Microsoft, Facebook etc. gewähren den Diensten heimlich, aber ganz offiziell Zugriff auf ihre Systeme – oft, weil sie gesetzlich dazu gezwungen werden. Auch acht Jahre später hat sich so gut wie nichts an diesen Zuständen geändert – im Gegenteil: Die Politik versucht immer noch regelmäßig, mehr Überwachungsbefugnisse einzuführen – spätestens seit den Anschlägen vom 11. September 2001 eine so regelmäßige wie lästige Gewohnheit.

Ebenfalls sehr schädlich sind die relativ neuen *Erpressungstrojaner*: Durch einen Wurm oder eine andere Angriffsart schleusen Kriminelle Schadcode auf Ihren Rechner, der alle (oder bestimmte) Dateien mit einem hinreichend komplexen Algorithmus verschlüsselt und Sie anschließend auffordert, über irgendeinen anonymen Bezahldienst Geld (meist mehrere Hundert Dollar) zu bezahlen, um den Schlüssel zu erhalten, mit dem sich die Dateien wieder entschlüsseln lassen. Auch gegen diese Angriffe helfen am ehesten regelmäßige Backups: Sobald ein solcher Trojaner zuschlägt, können Sie dann die Datenträger formatieren, das Betriebssystem und die Programme neu installieren und Ihre Arbeitsdateien wieder aufspielen. Das ist ärgerlich und zeitraubend, aber vermutlich günstiger und zielführender, als zwielichtigen Gestalten Geld zukommen zu lassen.

21.1.3 Weitere Schädlinge

Neben den besonders gefährlichen Viren, Würmern und Trojanern existieren einige weitere Varianten von Malware mit unterschiedlichem Gefährdungspotenzial: Spam oder Hoaxes nerven vor allem, nehmen aber auch unnötig Zeit und Netzwerkbandbreite in Anspruch; Spy- und Adware spähen Ihre Surfgewohnheiten und andere Daten aus. Es folgt hier eine (nicht vollständige) Auflistung alltäglicher Plagegeister und möglicher Gegenmaßnahmen.

Spy- und Adware

Viele kostenlose Tools und Programme sind werbefinanzierte *Adware* – als Gegenleistung dafür, dass Sie nichts bezahlen, müssen Sie sich Werbeeinblendungen gefallen lassen. Das hört sich zunächst nach einem fairen Geschäft an; bei einigen seriösen Anbietern (wie etwa bei älteren Versionen des Browsers Opera) ist es dies auch in der Tat. Unfair wird es erst, wenn das Programm Ihr Surfverhalten oder Ihre lokalen Dateien durchsucht, um die Werbung anhand der vorgefundenen Informationen an Ihre Bedürfnisse und Ihren Geschmack anzupassen. Im Webbrowser lässt sich dieses erweiterte *User Tracking* einfach ausschalten, indem Sie die Annahme von Cookies verweigern – insbesondere von solchen, die nicht von der aktuellen Domain selbst stammen. Zudem muss es aufgrund der EU-Datenschutzverordnung DSGVO die Möglichkeit geben, Cookies und Tracking auf einer Website selbst weitgehend auszuschalten. Bei lokal installierter Software können Sie dagegen nicht wissen, auf welche Weise die Bespitzelung durchgeführt wird und wie weit sie geht.

Noch viel ärgerlicher sind Anwendungsprogramme, die regelmäßig »nach Hause telefonieren« – viele von ihnen suchen nämlich nicht nur nach Online-Updates, sondern informieren ihre Herstellerfirma auch gleich über diverse Aspekte Ihres Systems und der vorgefundenen Softwarebasis.

Eine Variante dieses Verfahrens ist die von Microsoft seit Windows XP eingeführte und von immer mehr Softwarefirmen übernommene Unart der *Aktivierung* – Sie können die Software nur noch nutzen, wenn Sie diese über Internet oder Telefon freischalten. Falls Sie Programme mit Aktivierungszwang benötigen (einige in diesem Buch behandelte gehören leider dazu), sollten Sie auf jeden Fall die telefonische Variante wählen. Bei der schnelleren und bequemeren Internetaktivierung können Sie sich über den Inhalt der verschlüsselten Daten, die das Aktivierungstool versendet, nicht sicher sein, über das Telefon sind es auf jeden Fall weniger Informationen.

Das empfehlenswerte kostenlose Windows-Programm *Spybot Search & Destroy* bekämpft recht zuverlässig viele verschiedene Arten von Spy- und Adware. Neben einschlägigen Softwarekomponenten werden beispielsweise auch bestimmte Registry-Einträge oder Tracking-Cookies entfernt. Sie können das Tool unter *http://www.safer-networking.org/de* herunterladen. Sie sollten es regelmäßig laufen lassen und seine Spyware-Definitionen stets aktualisieren.

Phishing-Attacken

Als *Phishing* wird das Erschleichen von Passwörtern und anderen Zugangsdaten durch Überlistung von Benutzern verstanden. Die bekannteste Variante sind *Phishing-Mails*: Eine pompös aufgemachte HTML-E-Mail mit gefälschter Adresse, die genau dem Corporate Design einer bekannten Website wie eBay, Amazon oder T-Online entspricht, fordert Sie auf, einen Link anzuklicken und Ihre Zugangsdaten einzugeben. Wird eine solche E-Mail über bekannte Spam-Kanäle versendet, ist es sehr wahrscheinlich, dass sie Hunderttausende von Menschen erreicht, die tatsächlich zur Kundschaft der betreffenden Unternehmen gehören.

Eine zweite Möglichkeit besteht darin, Websites mit unscheinbaren Änderungen am Domainnamen einzurichten und Menschen durch Links auf diese Seiten zu locken. Bei oberflächlicher Ansicht bemerkt man einen vertauschten Buchstaben (»voiksbank«) oder zusätzliche Anhänge (»www.ebay.com.a19837847586.com«) manchmal nicht.

Noch perfider ist ein Bild mit integrierter Image Map (siehe Kapitel 18, »Webseitenerstellung mit HTML und CSS«): Die Statuszeile des E-Mail-Programms zeigt die URL des äußeren Hyperlinks an, während ein rechteckiger Image-Map-Bereich, der das gesamte Bild abdeckt, auf eine ganz andere Adresse verweist. Am besten deaktivieren Sie die automatische Anzeige von Bildern im E-Mail-Client ganz, oder Sie verzichten sogar vollständig auf die Auswertung von HTML-Mails.

Einige Ratschläge können Ihnen helfen, nicht auf Phishing-Attacken hereinzufallen:

- Geben Sie persönliche Daten oder Anmeldeinformationen *niemals* in ein Formular ein, das per E-Mail versandt oder verlinkt wurde.
- Banken, Versicherungen, E-Commerce-Plattformen oder Behörden fragen Sie nie nach Ihren Zugangsdaten – es sei denn, Sie besuchen absichtlich deren Websites und möchten Transaktionen durchführen, für die eine Anmeldung erforderlich ist.
- Brechen Sie Vorgänge stets ab, wenn Sie sich unsicher fühlen, und fragen Sie gegebenenfalls telefonisch beim (vermeintlichen) Betreiber der entsprechenden Website nach – aber natürlich nicht über eine Telefonnummer, die in der Mail selbst steht! Besonders stutzig sollten Sie werden, wenn sensible Webtransaktionen über HTTP statt über verschlüsseltes HTTPS durchgeführt werden (auch ohne Phishing eine sehr schlechte Idee!). Auch wenn das Verschlüsselungszertifikat abgelaufen ist oder von einer unbekannten Ausstellungsautorität stammt (der Browser meldet beides), sollten Sie nicht fortfahren.

Spam & Co. – die Nervensägen

Wenn Sie E-Mail nutzen, erhalten wahrscheinlich auch Sie jeden Tag Angebote für »todsicher steigende« Kryptowährungen oder Aktien, Geschäftsbeziehungen mit nigerianischen Exilprinzen, Rolex-Uhren, die sicherlich gefälscht sind, Hypotheken mit niedrigen Zinsen, die Aufwertung diverser Körperteile, billige OEM-Software und natürlich Pornografie. Die Rede ist von *Spam-*, *Junk-* oder *Trash-Mail* oder auch *Unsolicited Commercial Email* (UCE).

Besonders niederträchtig ist eine recht neue Welle von Spam-Mails, die äußerlich Erpressungstrojanern ähneln: Die Kriminellen behaupten, Sie über Ihre Webcam beim Betrachten peinlicher Videos gefilmt zu haben, und drohen, die Kombination aus dem angeschauten Video und der Webcam-Aufnahme an alle Ihre Kontakte zu versenden, falls Sie nicht eine bestimmte Summe zahlen. Löschen Sie so etwas – anders als in der »Black Mirror«-Episode »Shut Up and Dance«[3] ist das Unsinn. Auch die Tatsache, dass die Absenderangabe oft Ihre eigene E-Mail-Adresse ist, gibt keinen Anlass zur Sorge. Die Behauptung der Kriminellen, sie hätten »volle Kontrolle über Ihren E-Mail-Account/Rechner«, ist praktisch immer gelogen. Wie in diesem Buch bereits erwähnt, kann man auf schlecht konfigurierten Mailservern jede

3 »Black Mirror« ist eine britische Anthologie-Fernsehserie (d. h., sie enthält nicht direkt miteinander in Beziehung stehende Einzelepisoden), in der vor allem die gefährlichen und absurden persönlichen und gesellschaftlichen Auswirkungen von heutiger oder leicht in die Zukunft weitergedachter Technik behandelt werden. In der besagten Episode sind die Behauptungen der Erpresser tatsächlich wahr.

beliebige Absenderadresse angeben, ohne etwas mit dem zugehörigen E-Mail-Account zu tun zu haben.

Direkten Schaden durch Spam-Mails verursachen vor allem die Verstopfung von Mailservern und die massenhafte Verschwendung von Netzwerkbandbreite. Indirekt (und für Firmen wie Privatleute viel gravierender) schaden solche unerwünschten Zusendungen vor allem durch den Zeitaufwand, den ihre Beseitigung verursacht. Ärgerlich ist zudem, dass der gesamte Nutzen von E-Mails durch diese Belästigung allgemein nachlässt. Inzwischen wird allgemein von 90 % Spam-Anteil im gesamten E-Mail-Aufkommen ausgegangen!

Zunächst einmal ist eines sehr wichtig: Folgen Sie *niemals* einem in der Spam-Mail enthaltenen Link! Es handelt sich entweder um den Versuch, Ihnen Viren und Trojaner unterzujubeln, oder jemand verdient durch die Einblendung einiger Hundert Pop-up-Werbebanner Geld an Ihnen.

Auch den in vielen Spam-Nachrichten enthaltenen angeblichen »Abbestell«- oder »Blacklist«-Link sollten Sie keinesfalls anklicken: Er dient ausschließlich als Hinweis darauf, dass Ihre E-Mail-Adresse tatsächlich aktiv ist – Sie haben die Mail offensichtlich erhalten und darauf reagiert. Solche Adressen sind besonders begehrt und werden auf dem Spam-Markt zu etwas höheren Preisen gehandelt als »unbestätigte« Adressen.[4]

Aus demselben Grund sollten Sie selbst im Zorn davon absehen, auf Spam zu antworten.[5] Häufig sind die Absenderadressen ohnehin gefälscht, und falls nicht, bestätigen Sie wieder einmal, dass Ihre Adresse existiert. Darüber hinaus verschlimmern Sie die Verschwendung von Netzwerkbandbreite, die durch Spam ohnehin entsteht.

Die allgemein gültige Regel lautet daher: *Löschen Sie Spam immer sofort!* Unternehmen Sie nichts anderes.

Natürlich ist es praktisch, wenn Ihnen ein Programm beim Aussortieren der Spam-Mails behilflich ist; ein Allheilmittel gibt es aber nicht. Die einzige Möglichkeit besteht darin, »lernende« Spam-Filter einzusetzen. Solchen Programmen können Sie anhand Ihres täglichen Mailaufkommens den Unterschied zwischen »Ham« (erwünschten Mails) und »Spam« beibringen; sie arbeiten heute oft mit gängigen Machine-Learning-Verfahren (siehe Kapitel 10, »Datenanalyse, Machine Learning, künstliche Intelligenz«). Manche E-Mail-Clients, zum Beispiel Thunderbird oder das mit macOS gelieferte Apple Mail, enthalten bereits ab Werk ein solches Modul. Ansonsten gibt es zahlreiche Zusatzlösungen von Drittanbietern.

Eines der vielversprechendsten Projekte ist die seit Version 3.0 unter dem Dach der Apache Software Foundation entwickelte Open-Source-Software *SpamAssassin*. Das umfangreiche,

4 Noch selbstverständlicher sollte es sein, dass Sie im Leben nicht daran denken, die angeblich angebotenen Produkte zu bestellen! Mit besonders hartnäckigem Spam gelingt es mitunter tatsächlich, einige Menschen zur Überweisung von Geld zu überreden.

5 Obwohl das Ergebnis äußerst unterhaltsam sein kann. Vgl. etwa *https://www.ted.com/talks/james_veitch_this_is_what_happens_when_you_reply_to_spam_email*.

durch verschiedene Module erweiterbare Perl-Programm verwendet eine Mischung aus Regeln und statistischen Methoden sowie der zuvor genannten Lernfähigkeit.

SpamAssassin lässt sich auf Unix-Systemen einfach als Filter verwenden, bevor Sie Ihre E-Mails mit Ihrem Standard-E-Mail-Client entgegennehmen. Als Spam erkannte Nachrichten werden nicht etwa gelöscht, sondern von SpamAssassin mit zusätzlichen Headern (`XSpam-*`) versehen. In den meisten Clients lassen sich Regeln festlegen, die die E-Mails nach diesen Headern sortieren oder gar automatisch löschen.

Noch praktischer ist es, SpamAssassin oder andere Anti-Spam-Software gleich vor den lokalen Mailserver zu schalten, um alle Nachrichten zu kennzeichnen, bevor sie an die Accounts verteilt werden. Entsprechende Lösungen lassen sich sehr flexibel gestalten, da SpamAssassin neben Anwendungsprogrammen auch einige Perl-Module enthält, die sich in eigenen Skripten nutzen lassen. Beachten Sie aber, dass gesetzliche Einschränkungen dieses Vorgehen bei öffentlich oder kommerziell genutzten Servern ohne ausdrückliche Zustimmung der Account-Inhaber*innen verbieten könnten. Diese nützliche Software können Sie sich unter *www.spamassassin.org* herunterladen. Eine ausführliche Dokumentation und einige Zusatztools finden Sie dort ebenfalls.

Inzwischen gibt es übrigens auch viele Provider, die optional einen Spam-Filter auf den Mailservern anbieten.

Fast ebenso nervig wie Spam sind die zahlreichen Hoaxes und Kettenbriefe, die von besorgten oder vermeintlich wohlmeinenden Menschen freiwillig an alle Bekannten oder Geschäftskontakte versandt werden. Inzwischen scheint die Häufigkeit dieses Phänomens zumindest per E-Mail glücklicherweise nachzulassen.

Ein *Hoax* (Scherz) warnt vor angeblich äußerst gefährlichen Viren oder Sicherheitsproblemen. Es werden haltlose Behauptungen aufgestellt, etwa dass der genannte Virus mehrere völlig verschiedene Betriebssysteme befallen oder gar Hardware zerstören könne. Oft werden solche »Nachrichten« mit großen Namen geschmückt: »Microsoft, IBM und AOL warnen vor einem neuen, überaus gefährlichen Virus ...«

Auch solche Nachrichten dürfen Sie ausschließlich löschen. Falls die versendende Person Ihnen persönlich bekannt ist, weisen Sie sie darauf hin, dass sie solche Mails in Zukunft nicht mehr weiterleiten, sondern ebenfalls kommentarlos vernichten sollte. Nicht zuletzt sind diese »manuellen Würmer« ein gefundenes Fressen für potenziellen Spam-Versand: Durch die zigfache Weiterleitung an möglichst viele Personen sind solche Mails oft randvoll mit aktuellen, funktionierenden E-Mail-Adressen.

Eine weitere Seuche sind die unsäglichen *Kettenmails*, eine moderne Form der früher populären – und schon damals nervtötenden – Kettenbriefe. Viele Kettenmails enthalten irrwitzige Versprechungen (»Wenn du diese Mail an fünf Bekannte verschickst, geht dein größter Wunsch in Erfüllung.«) oder Drohungen (»Wenn du sie nicht weiterschickst, wirst du nackt, allein und ohne Geld qualvoll an einer unendlich schmerzhaften Krankheit verenden.«). Geben Sie die einzige passende Antwort darauf: Löschen Sie diesen Unfug!

Weisen Sie Bekannte, die Ihnen solche Mails senden, darauf hin, dass sie sinnlos Bandbreite verschwenden und möglicherweise sogar mit den Gefühlen von Menschen spielen. Egal ob esoterischer Mumpitz, religiöse, finanzielle oder amouröse Heilsversprechungen oder die Hilfe durch einen Cent pro weitergeleitete E-Mail, die ein armes, unglückliches Kind in der Dritten Welt angeblich erhält: Sie *wissen* doch ganz genau, dass das alles gar nicht stimmen kann!

Inzwischen findet sich dergleichen häufig sogar in Facebook und anderen sozialen Netzwerken. Auch hier gilt: löschen, den Absender auf das eigene Desinteresse hinweisen und im Wiederholungsfall blockieren.

Gerade in sozialen Netzwerken geht das Ganze sogar immer stärker vom technischen in den politisch-sozialen Bereich über: *Fake News* sind in aller Munde und offenbar in der Lage, Wahlen zu beeinflussen; das Wort des Jahres 2016 war in Deutschland *postfaktisch* und im Vereinigten Königreich entsprechend *post-truth*. Die US-Regierungsvertreterin Kellyanne Conway sprach von *alternative facts*, als ihre Regierung beim Lügen ertappt wurde. Auch heißt es, dass die Regierungen mancher Länder bezahlte Trolle beschäftigen, die massenhaft die Kommentarbereiche zu bestimmten Meldungen stürmen. Zahlenmäßig noch größeren Schaden können *Social Bots* anrichten, also Software, die sich als User eines sozialen Netzwerks ausgibt und massenhaft Kommentare postet.

Wichtige Hilfe beim Aufdecken verbreiteter Internet-Falschmeldungen leisten Websites wie *www.mimikama.at* (Verein zur Aufklärung über Internetmissbrauch) und *hoaxmap.org*, wo die angeblichen Orte von Gerüchten und Falschmeldungen auf Google Maps markiert werden. In einem Zeitalter, in dem besonders rechtsradikale Parteien und ihre Fangemeinden (denen neben echten irregeleiteten oder schlicht charakterlosen Menschen auch zahllose Fake-Accounts, Trolle und Social Bots angehören) Unmengen an Falschmeldungen teilen, haben solche Faktencheck-Websites jedoch erschreckend viel zu tun und kommen kaum hinterher. Mit den seit 2020 aufkommenden Falschbehauptungen über COVID-19 – es existiere nicht oder sei harmlos, während die Impfungen gefährlich seien – nahm die Intensität noch zu.

21.2 Netzwerk- und Serversicherheit

Wie Sie bereits im ersten Abschnitt gesehen haben, birgt der Transport von Daten über öffentliche Netze vielfältige Gefahren. Hier werden einige Maßnahmen vorgestellt, die diese Gefahren vermindern; völlig abstellen lassen sie sich nie, solange Sie mit dem Netzwerk verbunden sind.

21.2.1 Servergefahren

Beachten Sie, dass die im ersten Abschnitt für Desktop-PCs genannten Gefahren prinzipiell auch Serverrechner treffen können. In diesem Abschnitt geht es jedoch um Gefahren, die es vornehmlich auf Serverdienste und -anwendungen sowie auf die darauf zugreifenden Clients abgesehen haben.

- *Exploits*. Die Basis der meisten Angriffe auf Server ist die Ausnutzung (Exploit) bekannter Sicherheitslücken in Programmen. Solche Anfälligkeiten, beispielsweise für Overflows oder für die illegale Eingabe von Programmcode, kommen immer wieder vor. Viele, die solche Lücken entdecken, nutzen diese glücklicherweise nicht aus, sondern informieren die Herstellerfirma der Software sowie bekannte Sicherheits-Mailinglisten wie *Bugtraq*. Bei Open-Source-Programmen steht oft innerhalb weniger Tage ein Patch zur Verfügung, der die Sicherheitslücke schließt; bei kommerzieller Software kann es mitunter einige Wochen dauern oder gar erst in der nächsten Hauptversion behoben werden. Wichtig ist, dass Sie verfügbare Patches oder Upgrades immer sofort installieren. Falls Sie für die Verwaltung von Servern verantwortlich sind, sollten Sie Bugtraq (*www.securityfocus.com*), den Heise-Sicherheits-Newsletter (*www.heisec.de*) und andere Sicherheitsinformationen abonnieren.
- *DoS-Attacken*. Zu den häufigsten Arten von Angriffen auf Server gehören die sogenannten *Denial-of-Service-Attacken* (DoS). Dabei wird der Serverdienst durch Überlastung zum Absturz gebracht. DoS benötigt nicht unbedingt Sicherheitslücken, sondern sendet oft technisch korrekte (aber viel zu viele) Anfragen an den Server. Gerade das macht es schwer, den Angriff abzuwehren. Viele prominente Websites wie Amazon, Yahoo! oder heise.de waren schon betroffen. Solange der Angriff aus einer einzigen Quelle stammt, lässt er sich bereits am Router herausfiltern. Häufiger verwenden DoS-Attacken aber *gespoofte* (gefälschte) Absender-IP-Adressen oder greifen gar von vielen Hunderten durch Trojaner gesteuerten PCs gleichzeitig an – dies wird als *Distributed Denial of Service* (DDoS) bezeichnet.
- *Cracker-Angriffe*. Einige Angriffe auf Server erfolgen mit dem Ziel, die Kontrolle zu übernehmen und den Server für eigene Zwecke zu missbrauchen, beispielsweise als Spam-Relay oder als Lagerstätte für illegale Inhalte. Beachten Sie, dass Sie technisch und vor allem rechtlich für Ihren Server verantwortlich sind. Die Entschuldigung, dass mehrere Hundert Hollywood-Blockbuster oder widerliche Nazi-Propaganda durch einen Angriff dort gelandet seien, zählt vor Gericht möglicherweise nicht. Wenn Sie also einen öffentlichen Server betreiben, sind Sie in der Pflicht, sich intensiv um dessen Sicherheit zu kümmern: regelmäßig Updates und Patches installieren, Passwörter ändern, Log-Dateien untersuchen etc.
- *Rootkits*. Bei der gefährlichsten Variante eines Cracker-Angriffs wird ein sogenanntes *Rootkit* installiert. Es ersetzt gezielt Systemdateien und Systemprogramme durch manipulierte Versionen, um den Angriff zu verschleiern. Beispielsweise könnte eine Rootkit-

Version von ps (siehe Kapitel 7, »Grundlagen der Programmierung«) einen laufenden Backdoor-Prozess ausblenden. Die beste Chance, Rootkits zu erkennen, besteht in der Installation eines *Intrusion Detection System*.

- *Webattacken*. Besonders verbreitet sind Angriffsversuche auf Webtransaktionen. Da sie im Klartext ablaufen, ist es relativ leicht, Session-IDs, Formulardaten oder Anmeldeinformationen auszuspionieren und einzusetzen. Ein Beispiel ist das sogenannte *Cross-Site-Scripting* (XSS). Es verwendet einfache Tricks wie zum Beispiel Forenbeiträge, zum Beispiel indem über Forenbeiträge mit JavaScript angereicherte Hyperlinks verbreitet werden, die nicht nur eine bestimmte URL anfordern, sondern dieser gleichzeitig spezielle Daten zusenden, die dazu führen, dass das angreifende Skript aus dem Besuch des Opfers auf der entsprechenden Website Informationen abgreifen kann.
- Eine Weiterentwicklung des XSS-Szenarios sind *Man-in-the-Middle-Attacken* wie etwa das *Session-Hijacking*. Sie machen sich einen gravierenden Sicherheitsmangel vieler Websites zunutze, die auf Verschlüsselung verzichten, nachdem eine Identifizierung gegenüber dem Webserver stattgefunden hat. Gelingt es den Angreifenden, die URL einer Clientanfrage aus einer solchen Session zu stehlen, können sie die nächste Anfrage unter der angeblichen Identität der ursprünglichen Anfrage senden und erhalten so möglicherweise private Informationen. Im schlimmsten Fall handelt es sich bei der angegriffenen Site um das Homebanking-Interface eines Geldinstituts.[6]
- Weit verbreitet sind Angriffe auf *CGI-Skripte* und *Webanwendungen*. Das liegt nahe, da diese manchmal schlampig und ohne Sicherheitsbewusstsein programmiert werden. Wenn es genügt, an eine Formulareingabe ein Semikolon und einen Shell-Befehl anzuhängen, um den Server anzugreifen, läuft etwas schief. Für Webanwendungen gilt daher noch mehr als für alle anderen Computerprogramme: Misstrauen Sie jeder Benutzereingabe und überprüfen Sie sie gründlich. Hinzu kommen natürlich auch hier Exploits; Webserver und Sprachen-Interpreter sind (wie jede Software) nicht fehlerfrei.
- *SQL-Injection*. Sehr viele Webanwendungen setzen auf eine relationale Datenbank auf – in Kapitel 19, »Webserveranwendungen«, wurde das beliebte Beispiel PHP/MySQL vorgestellt. Da Eingaben aus Webformularen besonders häufig für SQL-Abfragen eingesetzt werden, kann es leicht passieren, dass Angreifer versuchen, diese Abfragen ein wenig zu verlängern.

  Stellen Sie sich zum Beispiel vor, ein Formular enthielte das folgende Feld:

  ```
  Suche nach: <input type="text" name="search" />
  ```

  Ein PHP-Skript verwendet den Wert aus diesem Feld so:

6 Einer Bank, die solche hochsensiblen Transaktionen auf so unsichere Art und Weise handhabt, sollten Sie allerdings sofort den Rücken kehren. Schließlich würden Sie auch keinen Schuhkarton anstelle eines stählernen Schließfachs mieten.

```
$search = $_GET['search'];
$result = $mysqlConnection->query("select * from info where
    beschreibung like '%$search%';");
```

Jemand gibt in das Feld `search` Folgendes ein:

```
test%'; delete from info;--
```

Die SQL-Abfrage wird also wie folgt ergänzt:

```
select * from info
where beschreibung like '% test%';
delete from info;-- %';
```

Der Inhalt der Tabelle `info` wird vollständig gelöscht; der »Müll« hinter dem Semikolon nach `info` wird durch die Kommentarzeichen `--` ignoriert. Natürlich können Angreifende den Quellcode des PHP-Skripts nicht sehen und wissen daher zum Beispiel nicht, wie die Datenbanken und Tabellen heißen – außer natürlich dann, wenn auf dem Server standardisierte Software läuft (etwa bestimmte Content-Management-Systeme oder Webshops). In der Praxis werden solche Angriffsversuche aber auch nicht manuell in die Formulare eingetippt, sondern durch automatisierte Skripte ausgeführt.

Hier gilt erneut, dass Sie Formulareingaben dringend genau untersuchen und säubern müssen, bevor Sie Ihre Datenbank damit »füttern«. Auch das Escaping aller dynamischen Elemente von Datensätzen – im PHP/MySQL-Umfeld beispielsweise mithilfe von `$mysqli->real_escape_string($input)`, in Java durch Prepared Statements – ist hilfreich.

21.2.2 Wichtige Gegenmaßnahmen

Es ist essenziell, Serverrechner mithilfe diverser Schutzmaßnahmen gegen Angriffe abzusichern. Die folgende Liste enthält einige der wichtigsten dieser Maßnahmen.

- *Firewalls* wurden bereits zur Abwehr von PC-Gefahren empfohlen; für Server sind sie mindestens genauso wichtig. Selbstverständlich können Sie einen Server, dessen Aufgabe die Bereitstellung von Dienstleistungen über ein Netzwerk ist, nicht vollständig hinter einer Firewall verbergen. Vielmehr sollten Sie über eine intelligente Verteilung der betroffenen Rechner im Netzwerk nachdenken. Möglicherweise können Sie Proxy-Dienste nutzen, um eine Firewall zwischen dem eigentlichen Server und Backend-Servern, etwa für Anwendungen oder Datenbanken, zu überbrücken.

  Falls Sie Linux verwenden, ist die Firewall in Form des mächtigen Paketfilters *iptables* bereits im Kernel enthalten; für andere Systeme gibt es vergleichbare Lösungen. Beachten Sie aber, dass ein Paketfilter auf einem einzelnen Host gerade in einem Unternehmensnetzwerk kein hinreichender Ersatz für eine *Application Gateway Firewall* darstellt, die sämtlichen Netzwerk-Traffic filtern kann. Diese kann auf einem einzelnen Rechner (oder einer Gruppe derartiger Rechner) im Netzwerk installiert werden, über den der gesamte

Traffic umgeleitet wird. Ein solcher Rechner wird als *Bastion-Host* bezeichnet. Noch sicherer ist eine *DMZ* (demilitarisierte Zone). Es handelt sich um ein separates Netzwerk, das dem eigentlichen internen Firmennetzwerk vorgeschaltet wird und auf jeder Seite einen Paketfilter und eine Application Gateway Firewall enthält. Der Zugriff aus dem Firmennetzwerk erfolgt ausschließlich über autorisierte Proxys. Auch alle für das Internet relevanten Server wie Webserver, Mailserver oder VPN-Server befinden sich innerhalb der DMZ.

- *Intrusion Detection Systems* (IDS). Angriffe oder Angriffsversuche sind nicht immer leicht zu erkennen. Am besten ist es, Sie installieren eine Software, die unerwünschte Änderungen erkennt und Alarm schlägt. Eine gute Wahl für Linux ist beispielsweise das Open-Source-Programm *tripwire*. Sie können es unter *www.tripwire.com* herunterladen. Genau genommen ist *tripwire* kein »richtiges« IDS, sondern ein allgemeiner, frei konfigurierbarer Warndienst, der Sie bei Änderungen am System alarmiert.

  Ein anderes empfehlenswertes und weitverbreitetes Open-Source-IDS ist *Snort*. Es handelt sich um ein echtes *Network Intrusion Detection System* (NIDS). Download-Links und weitere Informationen für Linux und Windows finden Sie unter *www.snort.org*.

  Beachten Sie, dass Sie ein IDS unbedingt installieren müssen, bevor der betreffende Rechner erstmals an das Netzwerk oder ans Internet angeschlossen wird, denn Rootkits sind beispielsweise nur dann erkennbar, wenn die Änderung des betreffenden Binärprogramms *nachträglich* stattfindet.

- *chroot-Umgebung*. Auf Unix-Systemen gibt es eine interessante Sicherheitsmaßnahme für Serverdienste: Sie können Programme in einen `chroot`-»Käfig« sperren. Das bedeutet, dass der Software vorgegaukelt wird, ihr lokales Unterverzeichnis sei das Wurzelverzeichnis des Dateisystems. Beachten Sie allerdings, dass auch dies keine absolute Sicherheit gewährleistet – es gibt immer wieder Sicherheitslücken in den eingesperrten Programmen oder in den `chroot`-Implementierungen, die es einem Angriff ermöglichen, der `chroot`-Umgebung zu entkommen.

  Die Einrichtung einer solchen Umgebung ist vor allem deshalb nicht ganz einfach, weil Sie herausfinden müssen, welche Verzeichnisse und Dateien das Programm neben seinem eigenen Installationsumfang benötigt, um ausgeführt werden zu können. Die genaue Konfiguration hängt stark vom jeweiligen Serverdienst und von Ihrem konkreten System ab.

  Ein ähnlicher, wenn auch ebenfalls nicht absolut sicherer Schutz besteht darin, verschiedene Dienste in unterschiedlichen virtuellen Maschinen oder Containern (mit Docker oder ähnlicher Software) abgeschottet voneinander auszuführen.

- *Cracker-Tools*. Im ersten Moment hört es sich vielleicht merkwürdig an, aber eine der besten Schutzmaßnahmen vor Angriffen besteht darin, die Werkzeuge der potenziellen Angreifenden zu benutzen, um Sicherheitslücken zu erkennen und nach Möglichkeit zu schließen. Zu den wertvollsten Tools in dieser Sparte gehört *Nessus*. Dieses freie Programm funktioniert in zahlreichen Unix-Varianten und Windows. Sie können es unter *nessus.org* herunterladen.

Hier muss auf ein weiteres, allerdings zum Glück eher theoretisches politisches Problem hingewiesen werden: Seit August 2007 ist § 202c StGB in Kraft, der die Herstellung und Verbreitung solcher Tools unter Strafe stellt, wenn sie der Vorbereitung eines Einbruchs in EDV-Anlagen dienen. Auf dem LinuxTag in Berlin im Mai 2007 verteilte selbst das *Bundesamt für Sicherheit in der Informationstechnik* (BSI) CDs mit den zuvor genannten Tools. Eine Verfassungsbeschwerde gegen die Gesetzesänderung wurde 2009 vom Bundesverfassungsgericht nicht zugelassen, allerdings hieß es in der Begründung ausdrücklich, dass der Paragraph nur Programme betrifft, die ausschließlich kriminellen Zwecken dienen.

- *Geschulte Mitarbeiter*innen*. Die beste technische Sicherheitsmaßnahme nützt nichts, wenn niemand darüber Bescheid weiß. Menschliches Versagen ist oft die größte Sicherheitslücke. Einige der erfolgreichsten IT-Verbrechen haben nicht nur durch ausgeklügelte technische Maßnahmen Zugriff auf geschützte Systeme erlangt, sondern vor allem durch *Social Engineering* – siehe beispielsweise das Buch »Die Kunst der Täuschung« von Kevin Mitnick, einem verurteilten Cracker, der sich seit seiner Haftentlassung als Sicherheitsberater betätigt.

  Beispielsweise ist der vernünftige Umgang mit Passwörtern weithin unbekannt. Beachten Sie deshalb besonders die folgenden Punkte, und weisen Sie auch andere in Ihrem Umfeld darauf hin:

  - Passwörter dürfen niemals einzelne sinnvolle Wörter sein, sondern müssen möglichst wirre Kombinationen aus Groß- und Kleinbuchstaben, Ziffern und Sonderzeichen und/oder mehrere zufällig gewählte Wörter sein.
  - Passwörter müssen regelmäßig gewechselt werden. Wenn Ihr Betriebssystem oder Ihre sonstige Software eine Möglichkeit bietet, die User-Accounts nach einer bestimmten Zeit zur Änderung zu zwingen, sollten Sie diese Möglichkeit nutzen.
  - Ein Passwort wird niemals aufgeschrieben! Ein sicheres Passwort, das man sich dennoch leicht merken kann, ergibt sich am einfachsten aus den Anfangsbuchstaben eines möglichst sinnlosen Satzes; einige Zeichen sollten allerdings keine Buchstaben sein.
  - Die IT-Abteilung Ihrer Firma, Internetprovider und Website-Betreibende fragen außerhalb der entsprechenden Log-in-Formulare niemals nach dem Passwort, die Polizei und andere Behörden bisher auch nicht (und schon gar nicht telefonisch).[7] Wer auch immer Sie also danach fragt, möchte Sie betrügen.
  - Passwörter sind erst der Anfang – die vorgestellten Maßnahmen zur Passwortsicherheit sind wichtig. Für sich allein sind sie aber noch lange keine ausreichende Absicherung. Das sollten sowohl Sie als auch alle anderen in Ihrer Familie, Firma oder Institution wissen.

7 Es gab Pläne der vorherigen US-Regierung, Einreisende nach ihren Social-Media-Passwörtern zu fragen (Status unklar), und im Vereinigten Königreich ist es strafbar, Passwörter und Schlüssel nicht an Sicherheitsbehörden herauszugeben. Letzteres wurde auch schon vom deutschen Bundesinnenministerium vorgeschlagen, aber bisher existiert keine konkrete Gesetzesvorlage.

Praxisbeispiel Netfilter/iptables – die Linux-Kernel-Firewall

Das Programm *netfilter* ist ein unmittelbar in den Linux-Kernel eingebauter Netzwerkpaketfilter. Konfiguriert wird er über das Tool *iptables*, das seit dem Linux-Kernel 2.4 verfügbar ist. Die Software netfilter analysiert IP-Datagramme, bevor sie an die Empfängeranwendungen ausgeliefert werden; falls nötig, werden die Pakete umgeleitet, modifiziert oder sogar gelöscht.

Es gibt eine spezielle Variante für IPv6 namens *ip6tables* und noch einige weitere Varianten für spezielle Anwendungszwecke.

Die `iptables`-Regeln modifizieren eine oder mehrere der folgenden fünf vordefinierten *Chains* (Ketten):

- `PREROUTING` – Pakete, die soeben von der Netzwerkschnittstelle in Empfang genommen wurden
- `INPUT` – eingehende Pakete, bevor sie an die Empfängeranwendung ausgeliefert werden
- `OUTPUT` – ausgehende Pakete, die soeben von einer Netzwerkanwendung erzeugt wurden
- `POSTROUTING` – Pakete, die gerade über die Netzwerkschnittstelle gesendet werden sollen
- `FORWARD` – Pakete, die nicht für den lokalen Rechner bestimmt sind, sondern die dieser per IP-Forwarding (Routing) weiterleitet

Die Filterregeln werden in verschiedene Tabellen geschrieben. Drei sind automatisch vorkonfiguriert:

- `nat` (*network address translation*) – Diese Tabelle ermöglicht die Änderung von IP-Adressen und/oder Ports, um Pakete aus dem internen in ein externes Netzwerk umzuleiten oder umgekehrt. Die zulässigen Chains sind `OUTPUT`, `POSTROUTING` und `PREROUTING`.
- `filter` – Diese Tabelle bestimmt die Regeln für erlaubte und verbotene Datenpakete. Bei eingehenden Paketen dient sie dem Schutz vor möglichen Angriffen oder Spionage, bei ausgehenden schützt sie vor Trojanern und anderer Spyware sowie vor Anwendungen, die »nach Hause telefonieren« möchten (Letzteres kommt bei Open-Source-Programmen natürlich seltener vor als bei kommerziellen). Auch auf Routing-Pakete, die der Rechner nur durchreicht, können `filter`-Regeln angewendet werden. Die Tabelle kann demzufolge für die Chains `INPUT`, `OUTPUT` und `FORWARD` eingesetzt werden und stellt die eigentliche Firewall-Funktionalität bereit.
- `mangle` – Über diese Tabelle können Sie Datenpaket-Header beliebig modifizieren. Sie kann mit allen fünf Chains zusammenarbeiten.

Jede Regel kann ein *Match* (Kriterium) besitzen, um ihre Gültigkeit auf bestimmte Pakete zu beschränken.

Zuletzt besitzen alle Regeln ein *Target* (Ziel). Fünf von ihnen sind vordefiniert:

- `ACCEPT` – Das Datenpaket wird akzeptiert, also an den nächsten Verarbeitungsschritt weitergereicht (dort könnte es gegebenenfalls durch eine weitere Regel modifiziert werden).

- DROP – Das Paket wird ersatzlos verworfen.
- REJECT – Auch dieses Target verwirft das Paket, versendet aber zusätzlich eine Ablehnungsmitteilung an die absendende Stelle.
- QUEUE – Das Paket wird aus dem Kernel in den Userspace weitergereicht, wo es von einer spezialisierten Anwendung weiterverarbeitet werden kann.
- RETURN – Das Paket wird in der ursprünglichen aufrufenden Chain weiterverarbeitet; dieses Target entspricht einem Rücksprung aus einem Unterprogramm und eignet sich somit für benutzerdefinierte Regeln, die an bestimmten Stellen eingeschoben werden.

Hier einige der wichtigsten Kommandozeilenparameter des Tools `iptables`:

- `-t table` oder `--table table` – Auswahl der Tabelle. `-t filter` verwendet zum Beispiel die Tabelle `filter`.
- `-A chain` oder `--append chain` – die Regel wird an die angegebene Chain angehängt, Beispiel: `-A PREROUTING`.
- `-I chain [`*Regelnummer*`]` oder `--insert chain [`*Regelnummer*`]` – fügt eine neue Regel vor der angegebenen ein oder setzt sie an den Anfang der Chain, wenn keine Nummer angegeben wird. Dies ist wichtig, da manche Regeln eine bestimmte Reihenfolge benötigen.
- `-R chain` *Regelnummer* oder `--replace chain` *Regelnummer* – ersetzt die angegebene Regel durch die mitgelieferte neue Regel.
- `-D chain` *Regelnummer* oder `--delete chain` *Regelnummer* – löscht die Regel mit der betreffenden Nummer aus der Chain.
- `-j Target` – hier wird das Target angegeben, entweder eines der zuvor genannten Standardziele oder ein benutzerdefiniertes. Dieser Parameter legt also fest, was mit Paketen geschieht, auf die die Regel zutrifft. `-j DROP` beispielsweise verwirft die betreffenden Pakete.
- `-s [!]`*Quelladresse*`[/`*Maske*`]`, alternativ `--src` oder `--source` – Quelladresse oder Quelladressbereich eines Pakets. Ein Ausrufezeichen steht für alle Pakete, die *nicht* aus der angegebenen Quelle stammen. `-s 192.168.1.0/24` legt zum Beispiel eine Regel für Pakete fest, die aus dem angegebenen Netz stammen; `-s !192.168.1.0/24` gilt dagegen für alle Pakete außer denjenigen aus dem genannten Netz.
- `-d [!]`*Zieladresse*`[/`*Maske*`]`, alternativ `--dst` oder `--destination` – Regeln für Datenpakete mit einer bestimmten Zieladresse oder einem Zieladressbereich. Ein Ausrufezeichen negiert die Angabe auch bei dieser Option. `-d 192.168.1.18` gilt beispielsweise für alle Pakete, die an diese IP-Adresse gesendet werden sollen.
- `-p [!]`*Protokoll* oder `--protocol [!]`*Protokoll* – Regeln für Pakete, die das angegebene Transportprotokoll verwenden beziehungsweise (mit Ausrufezeichen) nicht verwenden. Zulässig sind alle Werte aus der Datei */etc/protocols*, entweder numerisch oder anhand ihres Namens. Wichtige Protokolle sind zum Beispiel `tcp`, `udp` und `icmp` (*ping*).

- `--source-port` *Portnummer* oder `--sport` *Portnummer* – Quellport (TCP) oder Quelldienstnummer (UDP) von Paketen, zum Beispiel `--sport 25` oder `--sport smtp` für Pakete, die von einem SMTP-Server mit Standardkonfiguration stammen; je nach Chain ist ein lokaler oder ein Remote-Mailserver gemeint. Alle Dienstnummern von 0 bis 65.535 und alle Namen aus */etc/services* sind zulässig.
- `--destination-port` *Portnummer* oder `--dport` *Portnummer* – Zielport des Pakets; `dport 22` oder `--dport ssh` gilt zum Beispiel für Pakete, die an einen SSH-Server gesendet werden.
- `-i` *Schnittstelle* – Regel für eingehende Pakete, die über die angegebene Netzwerkschnittstelle ankommen. Beispiel: `-i eth0` gilt für die erste Ethernet-Karte.
- `-o` *Schnittstelle* – Regel für Pakete, die über eine bestimmte ausgehende Schnittstelle gesendet werden. Beispiel: `-o ippp0` betrifft nur Pakete für die erste (und meist einzige) ISDN-Schnittstelle.
- `-L` [*chain*] oder `--list` [*chain*] – gibt eine Liste aller Regeln für die angegebene Chain aus. Wird keine Chain genannt, erhalten Sie eine vollständige Liste aller netfilter-Regeln.
- `-h` oder `--help` – Ausgabe der Hilfe mit den hier genannten und allen anderen Optionen.

Zum Schluss sehen Sie hier noch einige Beispiele für konkrete Filterregeln:

- `# `**`iptables -t filter -I INPUT -p tcp \`**
  `-s 196.12.21.0/24 -j DROP`
  Eingehende Pakete aus dem Netzwerk 196.12.21.0/24 sollen verworfen werden. Auf diese Weise lassen sich beispielsweise die Adressen bekannter Verbreiter von Malware komplett sperren. Es ist wichtig, diese Regel mithilfe von `-I` an den Anfang der `INPUT`-Chain zu stellen, um Regeln zuvorzukommen, die einfach sämtliche eingehenden TCP-Pakete durchlassen.
- `# `**`iptables -t filter -I INPUT -p ICMP -j DROP`**
  Verhindert alle ICMP-Zugriffe, das heißt die Überprüfung Ihres Rechners mit *ping*. Es gibt ein DoS-Angriffsszenario mit fehlerhaft formatierten ICMP-Paketen, den sogenannten *Ping of Death*, deshalb wird diese Regel manchmal verwendet. Der Nachteil ist natürlich, dass Sie Ihre eigenen Rechner dann auch nicht mehr mit *ping* testen können. Nutzen Sie in der Praxis also so etwas wie

  ```
  # iptables -t filter -I INPUT -s!192.168.1.0/24 \
  -p ICMP DROP
  ```

  um *ping*-Pakete zu verwerfen, die nicht aus Ihrem Netz stammen.
- `# `**`iptables -t filter -O OUTPUT -d 192.168.0.22 -j DROP`**
  Diese Regel lehnt alle Pakete ab, die an eine bestimmte Zieladresse gesendet werden. Auf diese Weise könnten Sie beispielsweise ein Programm daran hindern, Verbindung zum Server oder zum Netzwerk seiner Herstellerfirma aufzunehmen.

- `# iptables -t nat -A POSTROUTING -o eth0 -j SNAT \`
  `--to 196.23.17.41`
  Source-NAT: Die IP-Adresse aller Pakete, die über die Schnittstelle *eth0* gesendet werden, erhält einen anderen (externen) Wert.
- `# iptables -t nat -A POSTROUTING -o dsl0 -j MASQUERADE`
  IP-Masquerading, eine besondere Form des Source-NAT, überschreibt die lokale IP-Adresse mit der dynamisch zugewiesenen. Dies ermöglicht zum Beispiel die gemeinsame Nutzung eines nur mit einem einzelnen Computer verbundenen DSL-Anschlusses durch mehrere Rechner im lokalen Netzwerk.
- `# iptables -t nat -A PREROUTING -i eth0 -j DNAT \`
  `--to 192.168.1.22`
  Destination-NAT, das Gegenteil von Source-NAT, ändert die IP-Adresse eingehender Pakete in einen lokalen Wert.

21.2.3 Kryptografie

Die Verschlüsselung von Nachrichten als Strategie zum Überleben in einer oft feindlichen Umwelt ist jahrtausendealt. Politische, wirtschaftliche oder militärische Informationen mussten geheim gehalten werden. Da das Internet ein allgemein nutzbares Kommunikationsnetz ist, wurde die Kryptografie auch für die allgemeine Öffentlichkeit interessant.

Die Codes früherer Zeiten waren eher einfach: Bekannt ist zum Beispiel der *Cäsar-Code*, bei dem jeder Buchstabe im Alphabet durch lineare Verschiebung durch einen anderen ersetzt wird. Der »Schlüssel« ist hier die Anzahl der Stellen, um die die Buchstaben verschoben werden. Tabelle 21.1 zeigt das bekannte Beispiel *ROT13*, das Buchstaben um 13 Stellen verschiebt.

A	B	C	D	E	F	G	H	I	J	K	L	M	N	O	P	Q	R	S	T	U	V	W	X	Y	Z
N	O	P	Q	R	S	T	U	V	W	X	Y	Z	A	B	C	D	E	F	G	H	I	J	K	L	M

Tabelle 21.1 Cäsar-Code oder ROTn: Verschiebung der Buchstaben um n Stellen, hier das Beispiel ROT13

Mithilfe der Tabelle dürfte es Ihnen keine Schwierigkeiten bereiten, den folgenden Satz zu lesen: »Irefpuyhrffryhat ybuag fvpu, qraa avpug nyyrf trug nyyr rgjnf na.« Das Praktische an den 13 Stellen ist, dass das Alphabet genau halbiert wird, sodass Verschlüsselung und Entschlüsselung derselbe Vorgang sind. Das folgende sehr kurze Python-Skript leistet entsprechend beides:

```
import codecs

message = input("Nachricht: ")
print(codecs.encode(message, "rot-13"))
```

Natürlich ist ROT13 in den Augen der Kryptoanalyse (der Wissenschaft von der Entschlüsselung) kein sicheres Verfahren. Der schnellste Ansatz ist eine Häufigkeitsanalyse (welcher Buchstabe kommt in einer Sprache am häufigsten vor?) – je länger der Text, desto schneller führt sie zum Ziel.

Durch die moderne Mathematik und vor allem die Einführung der Computertechnik wurden erheblich komplexere Verschlüsselungsverfahren geschaffen, die sich nicht mehr ohne Weiteres – zum Teil sogar gar nicht – knacken lassen. Das wichtigste Merkmal für eine gute Verschlüsselung ist allerdings eine ausreichende Schlüssellänge. Das ausgeklügeltste Verfahren nützt nichts, wenn sich der Schlüsselraum, also die Gesamtheit aller möglichen Schlüssel, in wenigen Minuten durch einen Brute-Force-Angriff durchprobieren lässt.

Zunächst sollten Sie einige Grundbegriffe kennen, die im Zusammenhang mit der modernen Kryptografie im IT-Bereich häufig verwendet werden:

- *Symmetrische Verschlüsselung.* Bei dieser klassischen Form der Verschlüsselung wird zu Verschlüsselung und Entschlüsselung derselbe Schlüssel verwendet. Damit das sicher ist, muss der Schlüssel selbst vor Außenstehenden verborgen werden. Für Internetverbindungen ist dieses Verfahren deshalb nicht geeignet.
- *Asymmetrische Verschlüsselung.* Diese Form der Kryptografie wird auch als *Public-Key-Verfahren* bezeichnet. Für die Verschlüsselung wird ein anderer Schlüssel verwendet als zur Entschlüsselung. Einer der beiden Schlüssel ist öffentlich (*Public Key*), der andere geheim (*Private Key*). Alle, die an einem solchen Verschlüsselungsverfahren teilnehmen möchten, können ihre öffentlichen Schlüssel verteilen. Wer jemandem dann eine Nachricht senden möchte, kann sie mit dessen öffentlichem Schlüssel verschlüsseln. Die andere Person kann sie daraufhin mit ihrem privaten Schlüssel dechiffrieren. Genau dieses Verfahren liegt Internet-Kryptografielösungen wie SSL oder PGP zugrunde.
- *Einwegverschlüsselung.* Bei dieser besonderen Form der Verschlüsselung ist die Dechiffrierung nicht vorgesehen und (sofern der Algorithmus korrekt arbeitet) auch nicht möglich. Einwegverschlüsselung wird beispielsweise für Passwörter verwendet: Anstatt das Passwort für den Vergleich mit der Benutzereingabe zu entschlüsseln (was ein erhebliches Sicherheitsrisiko darstellen würde), wird die Eingabe nach demselben Verfahren chiffriert wie das verschlüsselt gespeicherte Passwort.
- *Digitale Signatur.* Eine Signatur wird benutzt, um die Identität der absendenden Stelle zu gewährleisten. Damit dies wirklich sichergestellt ist, muss die Signatur von einer vertrauenswürdigen Zertifizierungsstelle beglaubigt werden. Anschließend können Inhalte vor dem Versand mit dem jeweiligen privaten Schlüssel signiert werden; auf der Empfangsseite kann die Identität dann mit dem zugehörigen öffentlichen Schlüssel überprüft werden.

- *Message-Digest*. Ein *Message-Digest-Algorithmus* (auch *Message Authentication Code* oder kurz *MAC* genannt) berechnet aus einem recht langen Inhalt eine möglichst kurze Zeichenfolge, die die Eindeutigkeit des ursprünglichen Inhalts gewährleistet. Eine Änderung des Inhalts sollte zuverlässig auch den Digest-Wert verändern. Dies gewährleistet die Integrität von Inhalten wie E-Mails, Webseiten oder Downloads.

Es gibt im Computer- und Netzwerkbereich zahlreiche Einsatzmöglichkeiten für Kryptografie. Hier nur einige der wichtigsten:

- *E-Mail-Verschlüsselung*. Die Verschlüsselung von E-Mail-Nachrichten mithilfe von *PGP* (*Pretty Good Privacy*) oder dessen Open-Source-Variante *GnuPG* ist ein verbreitetes Einsatzgebiet für Kryptografie. Es handelt sich um ein Public-Key-Verfahren. Wenn ich einer Person eine verschlüsselte Nachricht senden möchte, kann ich sie mit ihrem öffentlichen Schlüssel verschlüsseln, der allgemein verfügbar sein darf. Diese Person kann die Mail dann ausschließlich mit ihrem privaten Schlüssel entschlüsseln. In moderne E-Mail-Clients lässt sich PGP oder GnuPG leicht integrieren, sodass es auf Knopfdruck zur Verfügung steht.
- *SSL/TLS für Webseiten*. Sicherheitsrelevante Webtransaktionen sollten nicht im Klartext durchgeführt werden, sondern ebenfalls verschlüsselt ablaufen. Dazu wird *gesichertes HTTP* (HTTPS) *über SSL* oder das modernere *TLS* verwendet. Neben der Verschlüsselung wird die Identität des Anbieters garantiert. Er muss ein digitales Zertifikat verwenden, das idealerweise von einer anerkannten *Zertifizierungsstelle* (englisch: *Certification Authority*, kurz *CA*) beglaubigt wurde. Diese Verfahren kommen auch für zahlreiche andere Internetanwendungsprotokolle zum Einsatz, etwa für die Kommunikation mit Mail-, FTP- oder Verzeichnisdienstservern.
- *SSH* (*Secure Shell*). Die Fernadministration von Unix-Servern ist eine angenehme und oft zeitsparende Angelegenheit. Dazu wurde traditionell das Protokoll und Programm *telnet* verwendet. Dieses ist allerdings extrem unsicher, weil sämtliche Daten im Klartext übertragen werden. SSH ist eine verschlüsselte Lösung für dieses Problem. Um mit einem SSH-Server zu kommunizieren, benötigen Sie ein entsprechendes Client-Terminal. Auf Unix-Rechnern ist dafür in der Regel das Programm *ssh* vorinstalliert. Für Windows gibt es etwa das Programm *PuTTY* (Download beispielsweise unter *www.putty.org*).
- *VPN* (*Virtual Private Networks*). Verteilte IT-Infrastrukturen mit mehreren weit voneinander entfernten Standorten sind ein Problem: Eine dedizierte Standleitung zwischen ihnen ist oft zu teuer, und das Internet ist dagegen zu unsicher und verlangt lästige Einschränkungen durch die mangelnden Fähigkeiten der verfügbaren Protokolle. Die Lösung heißt VPN: Ein voll ausgestattetes, frei konfigurierbares Netzwerk wird über das Internet »getunnelt«. Verschlüsselung ist übrigens kein integrierter Bestandteil eines VPN, sondern muss von den verwendeten Protokollen selbst geleistet werden.

21.3 Übungsaufgaben

Im Folgenden ist jeweils genau eine Antwort richtig.

1. Was ist kein Computervirentyp?
   - Bootsektorvirus
   - Makrovirus
   - Retrovirus
   - Stealth-Virus
2. Über welchen der folgenden Kanäle werden Würmer (bisher) im Allgemeinen nicht verbreitet?
   - E-Mail
   - Bluetooth
   - soziale Netzwerke
   - Instant Messenger
3. Was ist ein trojanisches Pferd?
   - ein besonders heimtückischer Virus
   - ein Simulationsspiel, in dem antike Schlachten nachgestellt werden
   - eine Software, die heimlich etwas anderes tut, als sie öffentlich behauptet
   - ein Schadprogramm, das ausschließlich per E-Mail verbreitet wird
4. Wie nennt man gefälschte E-Mails, die Menschen dazu bringen sollen, persönliche Daten für bekannte Portale auf betrügerischen Websites einzugeben?
   - Phishing
   - Phreaking
   - Phoning
   - Pharming
5. Was sollten Sie mit Spam-Mails auf jeden Fall tun?
   - höflich antworten, dass Sie keine weitere Belästigung wünschen
   - den »Unsubscribe«-Link in der Spam-Mail anklicken
   - die Spam-Mail löschen
   - eine Beschwerde bei der Bundesnetzagentur einreichen

6. Was ist eine DoS-Attacke?
   - ein nur noch historisches Szenario, bei dem das Betriebssystem MS-DOS angegriffen wird
   - das Stilllegen oder Ausbremsen eines Internetdienstes durch konzentrierte, massenhafte Anfragen
   - das Abfangen von E-Mails, die für jemand anderen bestimmt sind
   - die heimliche Installation eines Trojaners
7. Was kann recht effektiv durch die regelmäßige Installation von Updates eingedämmt werden?
   - Exploits
   - Viren
   - Cross-Site-Scripting
   - SQL-Injection
8. Was ist ein Rootkit?
   - eine Sammlung von Tools für die Unix-Administration
   - die Wurzel des Unix-Dateisystems
   - heimtückische Ersatzprogramme für Systemtools
   - eine Entwicklungsumgebung für Schadsoftware
9. Was ist keine Aufgabe einer Firewall?
   - unerwünschte Datenpakete abzuweisen
   - bestimmte Datenpakete durchzulassen
   - Brandschutz im Rechenzentrum
   - das lokale Netzwerk und das Internet teilweise voneinander zu trennen
10. Welche der folgenden ist keine iptables-Chain?
    - PREROUTING
    - OUTPUT
    - POSTROUTING
    - MIDROUTING

Anhang A
Glossar

Wer Geist hat, hat sicher auch das rechte Wort, aber wer Worte hat, hat darum noch nicht notwendig Geist.
– Konfuzius

Damit es nicht zu riesig wird, enthält das Glossar keine allgemeinen, sondern nur unbekanntere Fachbegriffe, die so knapp wie möglich erläutert werden.

Access Point. Zentraler Verteilerknoten in einem → Wireless LAN.

Active Directory. LDAP-basierter → Verzeichnisdienst; wichtiger Bestandteil der Microsoft-Betriebssysteme Windows Server und 2019 sowie seiner Vorgänger.

ADSL. → DSL

Adware. Kostenlose Software, die durch die Einblendung von Werbebannern finanziert wird. Kann zum Problem werden, wenn durch Ausspionieren ermittelt wird, welche Banner geeignet sind (→ Spyware).

AGP. Accelerated Graphics Port; spezieller Steckplatz für die Grafikkarte auf dem Mainboard. Wurde weitgehend durch PCI Express ersetzt.

Algorithmus. Schritt-für-Schritt-Beschreibung einer Problemlösung aus der Mathematik oder Informatik.

ALU. Arithmetic-Logical Unit; die Recheneinheit eines Mikroprozessors.

Android. Linux-basiertes Betriebssystem für Smartphones, Tablets und andere Mobilgeräte von Google.

ANSI. American National Standards Institute, legt Normen und Industriestandards in den USA fest und entspricht somit der DIN in Deutschland. Im Computerbereich sind beispielsweise der ANSI-C-Standard und der ANSI-Zeichensatz, die erste standardisierte 8-Bit-Erweiterung von ASCII, relevant.

Anwendungsserver. → Application Server

APFS. Apple File System; Standarddateisystem für macOS.

API. Application Programming Interface; Schnittstelle, die bei der Programmierung den Zugriff auf die Funktionen eines Betriebssystems oder einer Anwendung ermöglicht. Auch → Webservices werden als API bezeichnet, da sie webbasierte Programmierschnittstellen sind.

App. Kurzform von Application; Anwendungsprogramm für ein Mobilgerät. Unter macOS und Windows werden auch mitgelieferte und nachinstallierbare Programme als Apps bezeichnet, da sie über einen Webstore installiert werden können.

Application Server. Serversoftware, die eine Umgebung für verteilte Anwendungen bereitstellt.

ARP. Address Resolution Protocol; Protokoll der TCP/IP-Familie zur Umsetzung der IP-Adressen in die Hardwareadressen von Ethernet-Karten.

ARPA. Auch *DARPA*, Defense Advanced Research Projects Agency; Agentur des US-Verteidigungsministeriums, die Forschungsprojekte koordiniert und finanziert. Das 1969 von dieser Institution ins Leben gerufene ARPANET war der Vorläufer des Internets.

Array. Variable, die mehrere über einen Index ansprechbare Werte enthalten kann. Üblicherweise ist der Index numerisch; bei String- oder Objekt-Indizes spricht man von einem *assoziativen Array* oder einem *Hash*.

ASCII. Erster weitverbreiteter, standardisierter Computerzeichensatz mit 7 Bit Datenbreite (128 Zeichen), ausreichend für alle Buchstaben der englischen

Sprache sowie Ziffern, Satzzeichen, einige Sonderzeichen und Spezialfunktionen.

ASCII-/Binärmodus. Unterschiedliche Datenübertragungsverfahren: Beim ASCII-Modus werden Zeilenumbrüche in das passende Format für die jeweilige Plattform umgewandelt, beim Binärmodus bleiben die Daten absolut intakt.

ASP.NET. Microsoft-Technologie für vorlagenbasierte Websites mit dynamischen Inhalten; Teil des .NET Framework.

Assembler. Die Maschinensprache des jeweiligen Prozessors, dargestellt in Form von Kürzeln (Mnemonics), die von Menschen gelesen werden können. Außerdem die Bezeichnung für ein Programm, das diese Schreibweise in die eigentliche Maschinensprache umwandelt.

Ausdruck. Beliebige Verknüpfung aus Konstanten, Variablen und Operatoren in einer Programmiersprache, die letztlich einen konkreten Wert ergibt.

Aussage. Logischer Satz, der entweder wahr oder falsch sein kann. In der Mathematik eine Gleichung oder Ungleichung.

Autonomes System (AS). Begriff aus der Routing-Technik: zusammengesetzte Einheit aus Netzwerken, für die derselbe Betreiber verantwortlich ist. Innerhalb eines AS werden interne Routing-Protokolle eingesetzt, über mehrere AS hinweg externe.

AWT. Abstract Windowing Toolkit; Klassenbibliothek zur Programmierung von Grafik- und GUI-Anwendungen in Java. Wird inzwischen durch die Swing- und Java2D-APIs ergänzt.

Backdoor. Unerwünschte Schnittstelle, über die ein Angreifer auf einem fremden Rechner Operationen durchführen kann. Meist durch → Trojaner installiert.

Baum. Eine → Datenstruktur aus Knoten, die jeweils maximal einen Vorgänger und beliebig viele (beim *Binärbaum* maximal zwei) Nachfolger haben. Kann als eingeschränkter → Graph betrachtet werden.

Bedingungserfüllungsproblem. Problem, bei dem verschiedenen Variablen Werte aus einer Domäne (Wertebereich) zugeordnet werden, wobei sie mehreren potenziell widersprüchlichen Bedingungen genügen müssen. Der gängige → Algorithmus weist die Werte nacheinander zu und überprüft die Bedingungen, bis eine Lösung gefunden wird oder klar ist, dass es keine gibt. Wird für viele verschiedene konkrete Probleme eingesetzt, zum Beispiel das Einfärben von Landkarten, oder auch für Kreuzworträtsel, Sudokus.

Berechenbarkeit. Kriterium eines Problems, für das eine Lösung gesucht wird: Nur zur Lösung berechenbarer Probleme kann ein Algorithmus erstellt werden.

Berkeley Socket API. Programmierumgebung für TCP/IP-Netzwerkanwendungen. Ursprünglich eine C-Bibliothek unter BSD-Unix, inzwischen aber unter vielen Betriebssystemen und Programmiersprachen verfügbar.

Bezeichner. Name einer Variablen, Funktion, Klasse oder Methode. Je nach Programmiersprache gelten unterschiedliche Konventionen für Bezeichner.

BGP. Border Gateway Protocol; sehr häufig verwendetes externes Routing-Protokoll.

Big-Endian-Architektur. Spezielle Hardwarearchitektur: Bei Zahlen, die mehrere Bytes breit sind, wird das höchstwertige Byte am Ende gespeichert. Gegenteil: → Little-Endian-Architektur.

Binärbaum. → Baum

Binäre Suche. Schnelle → Suche in einer bereits sortierten Datenmenge durch fortgesetztes Halbieren.

Binary Coded Decimals (BCD). Speicherung von Dezimalzahlen im binären Format: Je 4 Bit werden für die Zahlen von 0 bis 9 verwendet.

BIOS. Basic Input/Output System; ROM-Baustein mit der Firmware des Personal Computers, die die wichtigsten Hardwarekomponenten überprüft und den Start des Betriebssystems einleitet.

Blue Book. Erweiterter Standard für die Mixed-Mode-CD (CD mit Audio- und Daten-Tracks).

Bluetooth. Standard für Funkverbindungen von Rechnern und Mobilgeräten zu Peripheriegeräten wie Tastaturen, Mäusen, Headsets etc.

Boolesche Algebra. Von George Boole entwickelte Algebra der binären Logik, die die verschiedenen logischen Operationen formal beschreibt.

BPMN. Business Process Model and Notation; diagrammbasierter Dokumentations- und Modellierungsstandard für → Geschäftsprozesse.

Breitensuche. → Suche in nicht linearen Datenstrukturen, die jeden möglichen Weg zunächst einen Schritt weit, dann zwei Schritte weit und so weiter durchsucht, bis sie am Ziel ist.

Bridge. Erweiterung eines Netzwerk-Hubs, die eine Verbindung zwischen zwei verschiedenen Verkabelungsstandards bereitstellt. Beispiel: ein 10/100-Base-T-Hub mit zusätzlichem BNC-Anschluss für 10 Base 2.

Brute-Force-Attacke. Wörtlich ein Angriff mit roher Gewalt; der Versuch, ein Passwort oder einen sonstigen Code durch einfaches Durchprobieren aller Kombinationsmöglichkeiten zu knacken.

BSD. Berkeley System Distribution; eine der beiden grundsätzlichen Unix-Entwicklungslinien. Entstand durch die Weiterentwicklung des ursprünglichen Unix an der University of California, Berkeley.

Bus Mastering. Moderne Technologie für den direkten Austausch von Daten zwischen Arbeitsspeicher und Peripherie; entlastet die CPU.

C. Imperative Programmiersprache, die 1971 geschaffen wurde, um das Betriebssystem Unix plattformübergreifend zu implementieren.

C++. In den 80er-Jahren entwickelte objektorientierte Erweiterung von C.

C#. Programmiersprache von Microsoft für die Entwicklung von .NET-Anwendungen; ähnelt in vielerlei Hinsicht → Java.

C-Standardbibliothek. Plattformübergreifend standardisierte Bibliothek von C-Funktionen. Da fast alle Betriebssysteme in C programmiert wurden, ist die Standardbibliothek der Grund dafür, dass vieles unter verschiedenen Systemen sehr ähnlich funktioniert.

Callback-Methode. Methode, die geschrieben wird, weil bekannt ist, dass sie ein externes Programm oder ein Objekt einer API aufrufen wird.

CAPTCHA. Completely Automated Public Turing test to tell Computers and Humans Apart; praktische Nutzanwendung eines → Turing-Tests, bei dem Benutzer*innen zum Beispiel eine verzerrt in einem Bild dargestellte Zeichenfolge eingeben oder Bilder mit bestimmten Elementen auswählen sollen, um zu beweisen, dass sie Menschen sind. Wird häufig zur Vermeidung von Spam in Webforen oder ähnlichen Sites eingesetzt. Für Sehbehinderte gibt es als Alternative Audio-Captchas, bei denen die Zeichenfolge akustisch vorgetragen wird.

CGI. Common Gateway Interface; Standard für den Datenaustausch zwischen einem Programm, das Webseiten aus dynamischen Daten generiert, und einem Browser. Insbesondere Konventionen für die Verarbeitung von Formulardaten, heute meist durch FastCGI ersetzt, bei dem die Verarbeitungsprozesse auf Vorrat erzeugt werden.

Child-Prozess. Ein Prozess, der durch den Unix-Systemaufruf `fork()` von einem anderen abgeleitet wurde.

CIDR-Adressierung. Classless Inter-Domain Routing; Standard für die IP-Adressierung, die die Trennung zwischen Netzwerk- und Host-Teil der Adresse an einer beliebigen Stelle ermöglicht.

Cloud Computing. Moderner Service von Hostern, der die flexible, oft stundenweise Anmietung von Storage, Anwendungsservern, Datenbanken etc. ermöglicht, oft mit einer API zur automatisierten Einrichtung und Kommunikation. Daneben gibt es Consumer-Cloud-Lösungen, die über Websites gesteuert werden und ins Betriebssystem integriert sind.

Clustering. Statistisches Verfahren, das Datensätze aufgrund der Nähe ihrer Werte zueinander in mehrere Gruppen unterteilt; wird oft als unüberwachtes → Machine Learning ausgeführt.

Cocoa. API für die Entwicklung grafischer macOS-Anwendungen, genauer gesagt, für die moderne grafische Oberfläche Aqua.

Cookies. Informationen im Textformat, die ein Browser im Auftrag eines Webservers speichert und ihm beim nächsten Besuch wieder zurückgibt. Dienen der Speicherung von Konfigurationsdaten über eine Sitzung hinweg.

Container. Auch *Softwarecontainer*; schlankere Alternative zu einer → virtuellen Maschine, die Software in einer vom Betriebs- und Dateisystem getrennten Einheit ausführt. Die bekannteste Lösung ist Docker.

CSMA/CA. Carrier Sense Multiple Access with Collision Avoidance; Netzzugangsverfahren, bei dem mehrere Stationen auf dasselbe Übertragungsmedium zugreifen. Vor dem eigentlichen Senden erfolgt eine Sendeankündigung, um Datenkollisionen zu vermeiden. Wird zum Beispiel für Wireless LAN verwendet.

CSMA/CD. Carrier Sense Multiple Access with Collision Detection; Netzzugangsverfahren, vor allem für Ethernet. Vergleichbar mit CSMA/CA. Allerdings kann es zu Datenkollisionen kommen, weil eine Station einfach sendet, sobald das Medium frei ist.

CSS. Cascading Style Sheets; spezielle Sprache für die Formatierung von Inhalten auf Webseiten.

CUPS. Common Unix Printing System; Druckumgebung für den standardisierten Druckerzugriff unter verschiedenen Unix-Systemen.

Daemon. Im Hintergrund laufender Unix-Prozess, der eine beliebige Dienstleistung zur Verfügung stellt, meist einen Serverdienst.

DARPA. → ARPA.

Datagramm. IP-Datenpaket.

Datenstruktur. Organisationsform der zu einem → Algorithmus gehörenden Daten. Zum Beispiel Liste, → Baum oder → Graph.

Deadlock. Unauflösbare Verklemmung zweier Prozesse, die beim Wettstreit (Race Condition) um eine Ressource in einen Zustand geraten, in dem sie sich gegenseitig am Weiterkommen hindern.

Default Gateway. Router, der nicht für die Verbindung zu einem speziellen Netzwerk verantwortlich ist, sondern für alle diejenigen Verbindungen, für die kein anderer Router konfiguriert ist.

Defragmentierung. Aufräumen der Fragmentierung einer Festplatte. Im Laufe der Zeit liegen immer weniger Dateien als geschlossene Einheit auf dem Datenträger, sondern werden auf freie Zuordnungseinheiten verteilt. Dies verlangsamt den Plattenzugriff beträchtlich.

Deklaration. Formale Definition einer Variablen oder Funktion; in manchen Programmiersprachen erforderlich.

De-Morgan-Theorem. Sagt aus, dass die Verneinung des logischen Und der Verneinung und Oder-Verknüpfung der einzelnen Operanden entspricht und umgekehrt. Also $\neg(A \land B) = \neg A \lor \neg B$ beziehungsweise $\neg(A \lor B) = \neg A \land \neg B$.

Denial-of-Service-Angriff. Attacke auf einen Server, die diesen so stark mit (oft fehlerhaften) Anfragen überlastet, dass er nicht mehr in der Lage ist, seinen eigentlichen Dienst zu versehen.

Deployment. Inbetriebnahme einer Enterprise-Anwendung, eines Webservice oder anderer verteilter Dienste.

DHCP. Dynamic Host Configuration Protocol; ermöglicht Hosts, ihre IP-Konfiguration beim Booten von einem zentralen Server zu laden.

DHTML. Dynamic HTML; Kombination aus HTML, CSS und JavaScript, die die dynamische Änderung von Elementen einer Webseite ermöglicht.

DIN. Deutsches Institut für Normung; zentrale Autorität für Normen und Industriestandards in Deutschland. Bekannt sind beispielsweise die DIN-Papierformate oder das DIN-66001-Flussdiagramm.

Disc-at-once. Technik, bei der der gesamte Brennvorgang einer Audio-CD ohne Unterbrechung durchgeführt wird. Einige ältere Audio-CD-Player bestehen auf solche CDs. Gegenbegriff: → Track-at-once.

DMA-Kanal. Direct Memory Access; eine ältere Technik für den direkten Datenaustausch zwischen RAM und Peripherie (→ Bus Mastering).

DNS. Domain Name System; hierarchisches Namenssystem für Internethosts. Definiert Namen wie *www.rheinwerk-verlag.de.*

DOM. Document Object Model; API für den Zugriff auf die Baumstruktur eines XML- oder HTML-Dokuments. Definiert vom W3C und in vielen Programmiersprachen realisiert.

DoubleWord (DWord). Allgemeine Bezeichnung für 32 Bit (4 Byte oder 2 Words).

DSL. Digital Subscriber Line; Internetzugang über serielle Leitungen mit hoher Geschwindigkeit dank hochfrequenter Signale. ADSL (Asymmetric DSL) bietet eine hohe Download-, aber eine niedrige Upload-Datenrate (eher für Privatkunden geeignet), während bei SDSL (Symmetric DSL) beide Geschwindigkeiten gleich sind.

DTD. Document Type Definition; eine Vorlage für ein spezielles SGML- oder XML-Dokumentformat.

Eclipse. Freie, integrierte → Entwicklungsumgebung (IDE). Ursprünglich für Java entworfen, aber durch Plug-ins für beliebige Sprachen und Umgebungen erweiterbar.

ECMA. European Computer Manufacturers Association; Gremium zur Standardisierung von Sprachen, Formaten oder Schnittstellen im IT-Bereich. Bekannt ist etwa ECMA-262 oder ECMAScript, der standardisierte Sprachkern von JavaScript und ActionScript.

EIDE. Enhanced Integrated Device Electronics; klassischer Standardanschluss für interne Laufwerke. Heute meist in Form von → SATA verwendet.

Eingabeaufforderung. Auch *Prompt*; Zeichen zur Eingabebereitschaft in einer Konsole. Je nach Betriebssystem und konkreter Shell unterschiedlich aufgebaut. Die Windows-Shell als solche wird ebenfalls Eingabeaufforderung genannt.

Endlicher Automat. → Turing-Maschine.

Enterprise-Anwendung. Verteilte Client-Server-Anwendung zur Ausführung verschiedener Geschäftsprozesse.

Enterprise Java Beans. Verteiltes Komponentenmodell für die Zusammenarbeit mit entfernten Java-Anwendungen.

Entwicklungsumgebung. Auch *IDE*; Programm zur komfortablen Softwareentwicklung mit Autovervollständigung, Syntax-Highlighting, automatischem Refactoring etc.

Escape-Sequenz. Spezielle Schreibweise eines nicht darstellbaren Zeichens in einem String. In C und verwandten Sprachen zum Beispiel durch einen Backslash realisiert: `\n` ist ein Zeilenumbruch, `\"` ein Anführungszeichen innerhalb normaler Anführungszeichen etc.

Ethernet. Standard für lokale Netzwerke, der das CSMA/CD-Verfahren verwendet. Hardwaretechnisch über verschiedene Kabeltypen realisiert, vor allem Twisted-Pair- oder Koaxialkabel.

ext4, ext3. ext4 ist das Standarddateisystem unter Linux, ext3 ist sein Vorgänger.

Ereignisgesteuerte Prozessketten (EPK). Diagrammbasierter Dokumentationsstandard für → Geschäftsprozesse.

Extreme Programming (XP). Agiler Softwareentwicklungsprozess, bei dem die Tätigkeit des Programmierens im Mittelpunkt steht. Typische Merkmale sind das Programmieren in Paaren, der Verzicht auf umfangreiche Entwürfe sowie sehr kurze Release-Zyklen.

FAT. File Allocation Table, Dateizuordnungstabelle; Sammelname für verschiedene Windows-Dateisysteme (FAT 16, FAT 32).

FIFO. First In, First Out; Speichermodell der Queue (Warteschlange). Daten werden am einen Ende hineingeschoben und am anderen herausgeholt.

Firewall. Hard- oder Softwarefilter, der zwischen zwei Netzwerken (zum Beispiel einem lokalen Netzwerk und dem Internet) arbeitet, um Datenpakete nach einstellbaren Kriterien wie Adressen, Ports oder Inhalten auszufiltern.

FireWire. Auch *IEEE 1394*; schnelle serielle Leitung (400 MBit/s). Wird für den digitalen Videoschnitt, aber auch immer häufiger für den Anschluss externer Laufwerke verwendet.

Fließkommazahl. Auch *Gleitkommazahl*; im wissenschaftlichen Format (Exponentialschreibweise) gespeicherte Zahl, bei der der Exponent die (variable) Position des Kommas bestimmt.

Framework. Eine Klassenbibliothek oder Sammlung von Klassenbibliotheken zur Programmierung bestimmter Anwendungen, etwa → .NET für Windows oder → Ruby on Rails für Ruby-basierte Webanwendungen.

FTP. File Transfer Protocol; Protokoll für die Übertragung von Dateien über ein TCP/IP-Netzwerk.

Funktion. In der Mathematik eine Vorschrift, die für einen Eingabewert x einen bestimmten Ausgabewert f(x) berechnet. In einem Computerprogramm ein in sich geschlossener Block von Anweisungen, der mit seinem Namen und eventuellen Parametern aufgerufen wird und einen Wert zurückgeben kann.

GAN. Global Area Network; Netzwerk, das über Kontinente hinwegreicht. Das größte GAN ist das Internet.

Geschäftsprozess. Wiederkehrender betriebsorientierter Arbeitsablauf. Gegenstand des Geschäftsprozessmanagements und speziell der Geschäftsprozessanalyse.

Grafische Benutzeroberfläche. Auch *GUI* (Graphical User Interface); mit der Maus bedienbare Benutzerschnittstelle eines Betriebssystems, bei der Befehle durch Anklicken von Symbolen oder per Drag-and-drop erteilt werden.

Graph. Eine → Datenstruktur aus vernetzten Knoten, das heißt, jeder Knoten kann beliebig viele Vorgänger und Nachfolger haben.

Green Book. Standard für die CDi (CD interactive), einen frühen Multimedia-Versuch von Philips.

Halteproblem. Die von Alan Turing bewiesene Tatsache, dass sich nicht für jeden Algorithmus durch Berechnung ermitteln lässt, ob er seine Aufgabe in endlicher Zeit erledigen kann.

HTTP. Hypertext Transfer Protocol; TCP/IP-Anwendungsprotokoll zur Übertragung von Webseiten vom Server an den Browser.

Hybrid-CD. CD-ROM mit einer Datenpartition für Windows (ISO 9660) und einer weiteren für macOS (HFS).

Hypertext. Text mit eingebauten automatischen Querverweisen, die durch Anklicken ein anderes Dokument öffnen oder an eine andere Stelle blättern.

I/O-Basisadresse. Systemressource; die Speicheradresse, über die die CPU mit einem bestimmten Gerät kommuniziert.

IANA. Internet Assigned Numbers Association; zentrale Autorität für die Vergabe von IP-Adressen.

ICMP. Internet Control Message Protocol; einfaches Protokoll, das IP-Datagramme zu Testzwecken an entfernte Rechner versendet, um Verbindungen zu überprüfen. Mit diesem Protokoll arbeitet das Dienstprogramm *ping*.

IDE. Integrated Development Environment; → Entwicklungsumgebung.

IEEE. Institute of Electrical and Electronics Engineers; internationale Vereinigung von Elektroingenieuren, die bestimmte Standards beschließt. Bekannt sind etwa IEEE 802, eine Sammlung von Netzwerkstandards, oder IEEE 1394, der FireWire-Anschluss.

IMAP. Internet Message Access Protocol; modernes Protokoll für den Betrieb von E-Mail-Postfächern. In einem IMAP-Postfach können die Nachrichten beliebig in Ordner sortiert und gelagert werden.

Informierte Suche. → Suche in nicht linearen Datenstrukturen, die Vorwissen über den Aufbau der Struktur und das Ziel nutzt, um einen möglichst effizienten Weg zum Ziel zu finden.

Integer. Ganze Zahl.

Intrusion Detection System. Software zur Erkennung böswilliger Angriffe oder Angriffsversuche.

iOS. Apples Betriebssystem für iPhones und iPads.

IP (Internet Protocol). Das Vermittlungsprotokoll der TCP/IP-Familie. Übernimmt die Adressierung der Hosts und die Übertragung der Daten über verschiedene Netzwerke hinweg. Die klassische Version, IPv4, verwendet 32 Bit lange Adressen; da diese knapp zu werden drohen, wird inzwischen auch IPv6 mit 128-Bit-Adressen eingesetzt.

IrDA. InfraRed Data Association; Standard für die Infrarotdatenübertragung zwischen dem Computer und externen Peripheriegeräten.

IRQ. Interrupt Request; Systemressource. Nummer eines Kommunikationskanals zur Ansteuerung von Peripheriegeräten.

ISA. Industry Standard Architecture; historischer Steckplatz für Erweiterungskarten auf dem Mainboard. Nur 16 Bit breit und mit 8,33 MHz Taktrate ausgestattet.

ISDN. Integrated Services Digital Network; europäischer Standard für digitale Telefonie. Ein ISDN-Anschluss bietet zwei separate Kanäle für Telefongespräche, Faxe oder Datenübertragung mit je 64 KBit/s (B-Kanäle) sowie einen separaten Kanal für Verwaltungsdaten (D-Kanal).

ISO. International Organization for Standardization; erlässt internationale Normen und Industriestandards. Im IT-Bereich sind etwa die ISO-8859-Zeichensätze oder das CD-ROM-Dateiformat ISO 9660 relevant.

Java. Objektorientierte Programmiersprache von Sun Microsystems mit dem Vorteil, dass einmal kompilierte Programme dank einer leicht portierbaren Ausführungseinheit, der virtuellen Java-Maschine (JVM), auf vielen verschiedenen Plattformen laufen.

JavaScript. Skriptsprache, die die dynamische, interaktive Modifikation von Webseiten im Browser ermöglicht.

JDBC. Java-Schnittstelle für die Datenbankprogrammierung; es sind Treiber für viele verschiedene Datenbanksysteme verfügbar.

JFC. Java Foundation Classes; Klassenbibliothek zur Programmierung von Grafik- und GUI-Anwendungen.

Joliet. Erweiterung des ISO-9660-Dateiformats für die Verwendung langer Windows-Dateinamen.

JSON. JavaScript Object Notation; verbreitetes Datenaustauschformat für Webservices u. Ä.

JUnit. Ein → Framework für → Unit-Tests in Java.

KDE. K Desktop Environment; Desktoparbeitsumgebung für Unix-Systeme.

Koaxialkabel. Kabeltyp, bei dem eine innere leitende Schicht von einer Isolationsschicht und einer weiteren leitenden Schicht umgeben ist. Bekannt als Antennenkabel; wird auch in der Netzwerktechnik eingesetzt.

Kommandozeile. Benutzerschnittstelle im Dialogbetrieb: Befehle werden in Textform eingegeben und sofort ausgeführt.

Komplexität. Angabe der Größenordnung für die Laufzeit eines Algorithmus.

Konsole. → Kommandozeile

Kostenfunktion. Auch Verlustfunktion. Im Bereich der Regressionsprobleme (→ Machine Learning) eine Funktion, die die Abweichung zwischen Soll- und Ist-Werten berechnet. Der Wert dieser Funktion muss minimiert werden, um das Machine-Learning-Modell optimal zu trainieren.

Künstliche Intelligenz. Kurz KI; im weitesten Sinn die Lösung von Aufgaben, für die ein Mensch Intelligenz einsetzt, durch Computerprogramme. Starke KI: vollständige Nachbildung menschlicher Intelligenz (unerreicht und fraglich, ob erreichbar); schwache KI: spezifische Aufgaben (wird in der Praxis eingesetzt). → Machine Learning.

Künstliches neuronales Netzwerk. Kurz KNN; in Schichten angeordneter Verbund aus künstlichen Neuronen (die beliebig viele Eingabewerte zu einem Ausgabewert für die nächste Schicht verrechnen). Besonders leistungsfähiges Konstrukt für → Machine Learning.

LAMP-System. Webserversystem, auf dem eine Kombination aus dem Betriebssystem Linux, dem Webserver Apache, der Datenbank MySQL und der Skriptsprache PHP beziehungsweise Perl oder Python läuft.

LAN. Local Area Network; lokales Netzwerk.

LaTeX. System für den professionellen Textsatz, besonders für wissenschaftliche Publikationen. Basiert auf dem Satzprogramm TeX von Donald E. Knuth.

LCD. Liquid Crystal Display; elektronisches Anzeigesystem auf der Basis von Flüssigkristallen.

LDAP. Lightweight Directory Access Protocol; verbreiteter Standard für → Verzeichnisdienste.

LED-Drucker. Vereinfachte Form des Laserdruckers, bei der die Belichtung durch eine Reihe von Leuchtdioden durchgeführt wird.

LIFO. Last In, First Out; Speichermodell des Stacks (Stapel). Daten werden »oben« auf den Stapel gelegt und davon wieder heruntergenommen.

Lineare Suche. → Suche, die in einer unsortierten Liste ein Element nach dem anderen mit dem gesuchten Wert vergleicht.

Literal. »Wörtlich« gemeinte Konstante in einem Computerprogramm.

Little-Endian-Architektur. Spezielle Hardwarearchitektur: Bei Zahlen, die mehrere Bytes breit sind, wird das höchstwertige Byte am Anfang gespeichert. Gegenteil: → Big-Endian-Architektur.

Log-in. Benutzeranmeldung, zum Beispiel an einem Unix-System.

MAC-Adresse. Hardwareadresse einer Ethernet-Karte und anderer Netzwerkgeräte.

Machine Learning. Klasse von → Algorithmen, die selbstständig die Verarbeitung großer Datenmengen erlernen. Wichtige Problemfelder: Regression (möglichst genaue Schätzung gesuchter Werte anhand gegebener) und Klassifizierung (Einordnung von Datensätzen in verschiedene Kategorien). Überwachtes Lernen trainiert den Algorithmus mit Trainingsdaten, unüberwachtes arbeitet sofort mit den echten Daten.

MAN. Metropolitan Area Network; Netzwerk, das ein komplettes Stadtgebiet umfasst.

MIDI. Musical Instruments' Digital Interface; Standard für die Kommunikation mit digitalen Musikinstrumenten (Synthesizern).

MIME. Multipurpose Internet Mail Extension; Standard für die Angabe von Datentypen, der ursprünglich für E-Mail-Attachments entwickelt wurde, aber auch im Web eine wichtige Rolle spielt.

MMU. Memory Management Unit; Teil der CPU, der für die Speicherverwaltung zuständig ist.

Mounten. Einbinden eines Datenträgers in das Dateisystem beziehungsweise einen Verzeichnisbaum.

MP3. MPEG 1 Audio Layer 3; Format für die Audiokomprimierung, das auf hörphysiologischen Messungen basiert und so vornehmlich Bereiche weglässt, die von den meisten Menschen nicht gehört werden.

MPEG. Motion Picture Expert Group; diverse Formate zur effizienten Speicherung von Digitalvideo mit hoher Qualität.

MTU. Maximum Transmission Unit; maximale Größe für IP-Datenpakete über eine bestimmte Leitung.

Multiparadigmensprache. Programmiersprache, die verschiedene Programmiermodelle unterstützt (zum Beispiel objektorientiert, funktional und imperativ).

NAT. Network Address Translation; Umsetzung privater IP-Adressen in öffentliche zum Übergang in öffentliche Netze.

.NET. Ein → Framework von Microsoft, das zahlreiche Schnittstellen zur Anwendungs- und Webentwicklung bereitstellt. Die Laufzeitbibliothek CLR (Common Language Runtime) erlaubt die .NET-Programmierung in zahlreichen Sprachen wie C#, Visual Basic, C++, aber auch in Python oder Ruby.

Netbeans. → Entwicklungsumgebung für Java und andere Programmiersprachen; Open Source.

Neuronales Netzwerk. → Künstliches neuronales Netzwerk

NFS. Network File System; bevorzugtes Netzwerkdateisystem unter Unix.

NNTP. Network News Transport Protocol; Protokoll für die Übertragung von Newsgroup-Daten.

Normalisierung. Herstellung der Normalform einer relationalen Datenbank, in der es keine Redundanzen und Inkonsistenzen gibt.

NoSQL-Datenbank. Meist nicht relationale, dokumentenbasierte Datenbank, die auf SQL verzichtet und stattdessen oft als → Webservice angelegt ist. Eines der bekanntesten Beispiele ist CouchDB.

NTFS. Standarddateisystem der Microsoft-Windows-NT-Familie.

Nyquist-Theorem. Auch *Shannon-Theorem*; besagt, dass für die Darstellung von Daten einer bestimmten Frequenz mindestens die doppelte Trägerfrequenz (Sampling-Rate) erforderlich ist.

O-Notation. Gesprochen oft »big O notation«. Darstellungsform für die Komplexität von Algorithmen: Eine Funktion f(N) besitzt die Komplexitätsklasse O(g(N)), wenn sich f(N) für große N der Funktion g(N) annähert.

Objektorientierung. Modernes Programmierverfahren, bei dem Datenstrukturen und Funktionen eine Einheit bilden (Kapselung).

ODBC. Open Database Connectivity; Microsoft-Datenbankschnittstelle, die in die Windows-Betriebssysteme integriert ist.

Orange Book. Standard für die beschreibbare und die wiederbeschreibbare CD (CD-R beziehungsweise CD-RW).

OSI-Referenzmodell. Standardmodell für die Netzwerkkommunikation mit sieben Schichten (Funktionsebenen).

OSPF. Open Shortest Path First; Routing-Protokoll.

Parent-Prozess. Unix-Prozess, aus dem ein anderer durch den Systemaufruf `fork()` abgeleitet wird.

Partitionierung. Unterteilung der Festplatte in mehrere Abteilungen, die sich wie separate Datenträger verhalten.

PCI. Peripheral Component Interface; aktueller Anschluss für Einsteckkarten auf dem Mainboard mit 32 Bit und 33 MHz.

PCMCIA. Personal Computer Memory Card International Association; historischer Anschluss für Memory-Cards und Erweiterungsmodule an Notebooks.

PDF. Portable Document Format; Dateiformat von Adobe, das in der Druckvorstufe immer häufiger als PostScript-Ersatz verwendet wird. Auch im Web werden oft PDFs zum Download angeboten. Wichtigster Vorteil: Alle im Dokument verwendeten Schriften werden mit in die Datei gepackt.

Perl. Practical Extraction and Report Language; Skriptsprache aus dem Unix-Bereich, die vor allem von Systemadministrator*innen und für die CGI-Programmierung verwendet wird.

PGP. Pretty Good Privacy; beliebtes Tool zur Verschlüsselung und digitalen Signatur von E-Mails.

Phishing. Diebstahl von persönlichen Daten, Anmeldeinformationen und Passwörtern mithilfe gefälschter E-Mails oder Websites.

PHP. Rekursives Akronym für PHP Hypertext Preprocessor; verbreitete Sprache für serverseitige Webanwendungen.

PHPUnit. Ein → Framework für → Unit-Tests in PHP.

Pipe. Verknüpfung der Ausgabe eines Programms mit der Eingabe eines anderen.

Plug-and-play. Automatische Konfiguration von Hardware: Geräte werden beim Anschließen automatisch erkannt.

POP3. Post Office Protocol, Version 3; häufigstes Protokoll für E-Mail-Postfächer.

POSIX. Standardisierung der Eigenschaften, die ein Unix-System besitzen muss.

PostScript. Druckseitenbeschreibungssprache von Adobe; wird von hochwertigen Druckern und Belichtern direkt verstanden.

PPP. Point-to-Point Protocol; Verfahren für den Netzwerkzugriff über eine serielle Stand- oder Wählleitung.

Prädikatenlogik. Mathematisch-formale Schreibweise der Aussagenlogik; begründet 1879 von Gottlob Frege.

Primärschlüssel. Eindeutiges Identifikationsmerkmal eines Datensatzes in einer relationalen Datenbank.

Prompt. → Eingabeaufforderung.

Prozess. Aufgabe, die von einem Betriebssystem gleichzeitig mit anderen Aufgaben durchgeführt wird. Jedem Prozess stehen aus seiner eigenen Sicht die vollständigen, ungeteilten Systemressourcen zur Verfügung; das System betreibt Prozessmanagement, um zwischen ihnen umzuschalten. Auch kurz für → Geschäftsprozess.

Punkt (Point). Maßeinheit für die Schriftgröße. Heute ist in der Regel der DTP-Punkt (1/72 Inch) gemeint, obwohl es eine Reihe leicht abweichender Einheiten gibt, die ebenfalls Punkt heißen.

Python. → Multiparadigmen-Skriptsprache mit sparsamer Syntax.

Queue. → FIFO.

QuickSort. Schnelles Sortierverfahren, das durch rekursive »Teile-und-herrsche«-Aufrufe funktioniert.

Race Condition. Wettstreit mehrerer Prozesse um eine Systemressource.

RAID. Redundant Array of Independent (oder Inexpensive) Disks; logischer Zusammenschluss mehrerer Festplatten zur Steigerung der Geschwindigkeit oder der Sicherheit.

Rails. → Ruby on Rails.

Rainbow Books. Zu Deutsch auch »bunte Bücher« genannt; Standards für verschiedene CD-Formate (→ Blue Book, → Green Book etc.).

RDBMS. Relational Database Management System; Programm zur Verwaltung relationaler Datenbanken.

Register. Rechenzelle der CPU.

Registermaschine. Automaten- oder Rechnersimulation, die das Von-Neumann-Modell realisiert.

Regression. → Machine Learning

Reguläre Ausdrücke. In verschiedenen Programmiersprachen und Anwendungen verfügbares Verfahren für Mustervergleiche zum Suchen und Ersetzen.

Rekursion. Problemlösung durch ineinander verschachtelte Aufrufe derselben Funktion.

Relationale Datenbank. Datenbank, die aus mehreren miteinander verknüpften Tabellen besteht.

REST. REpresentional State Transfer; moderne Lösung für → Webservices, bei der Aktionen jeweils durch die passenden HTTP-Methoden ausgelöst werden (zum Beispiel GET zum Lesen und DELETE zum Löschen).

RFC. Request For Comments; Dokument zur öffentlichen Darstellung von Internetprotokollen und -standards.

RIP. Routing Information Protocol; wichtiges internes Routing-Protokoll unter Unix.

RISC. Reduced Instruction Set Computing; CPU-Architektur, die durch einen stark verkleinerten Befehlssatz effizienter arbeitet.

RMI. Remote Method Invocation; Aufruf von Methoden entfernter Java-Klassen für Enterprise-Anwendungen.

Router. Rechner, der eine Verbindung zwischen zwei verschiedenen Netzwerken vermittelt.

Ruby. Konsequent objektorientierte Skriptsprache.

Ruby on Rails. Ruby-basiertes → Framework für Webanwendungen.

SATA. Serial ATA; serieller Nachfolger von → EIDE.

Samba. SMB-Server für Unix-Systeme; gewissermaßen eine freie Windows-Server-Implementierung.

Sampling. Digitalisierung von Audio durch regelmäßige Messungen pro Sekunde.

SAS. Serial Attached SCSI; serielle Variante von → SCSI.

SAX. Simple API for XML; ereignisbasierte Parsing-API für XML-Dokumente in verschiedenen Programmiersprachen.

Schaltalgebra. → Boolesche Algebra.

Schichtenmodell. Modell der Netzwerkkommunikation oder sonstigen Datenübertragung, das verschiedene Funktionsebenen unterscheidet – beim OSI-Referenzmodell zum Beispiel sieben.

SCSI. Small Computer System Interface; ein paralleler Anschluss für interne und externe Peripherie, besonders wichtig für Festplatten in Serversystemen. Heute meist als → SAS verwendet.

Scrum. Softwareentwicklungs- und Projektmanagementprozess, der besonderen Wert auf die Selbstorganisation des Entwicklungsteams legt.

SDSL. → DSL.

SGML. Standard Generalized Markup Language; klassische Metasprache zur Formulierung beliebiger Auszeichnungssprachen wie etwa das herkömmliche HTML.

Shannon-Theorem. → Nyquist-Theorem.

Shell. → Kommandozeile.

Signal. Unix-Mechanismus zur Benachrichtigung von Prozessen. Wird über den Systemaufruf `kill()` übermittelt.

SOAP. Simple Object Access Protocol; Kommunikationsprotokoll für Webservices.

Socket. Ein Endpunkt der TCP/IP-Datenkommunikation.

Softwarecontainer. → Container.

Solaris. Unix-kompatibles Betriebssystem von Sun Microsystems.

Spyware. Software, die Informationen über den Rechner, das System und die installierte Software an ihren Hersteller oder an Angreifer weitergibt. Wird manchmal für zielgruppengerechte Werbung eingesetzt (→ Adware).

SQL. Structured Query Language; Standardabfragesprache für relationale Datenbanken.

SSD. Solid State Disk; mechanikfreier Festplattenersatz. Nach außen besitzt das Gerät einen Festplattenanschluss (zum Beispiel → SATA für internen oder → USB für externen Gebrauch), im Inneren arbeitet Flash-EPROM-Speicher, wie er für USB-Sticks oder Digitalkamera-Speicherkarten eingesetzt wird.

SSH. Secure Shell; sichere Variante von → Telnet, deren Daten über eine verschlüsselte Verbindung übertragen werden.

Stack. → LIFO.

Stack Overflow. Programmabsturz durch Überfüllung des System-Stacks, also des Stapelspeichers für Rücksprungadressen.

String. Zeichenkette, also ein Textblock in einem Computerprogramm.

Suche. Sammelbezeichnung für verschiedene → Algorithmen, die in Datenstrukturen nach dem Vorkommen bestimmter Elemente oder nach Wegen suchen.

Subnet Mask. Bit-Maske, die angibt, welche Bits einer IP-Adresse das Netzwerk und welche den Host darstellen.

Subnetting. Unterteilung eines IP-Netzes einer herkömmlichen Klasse in mehrere Teilnetze.

Supernetting. Verbindung mehrerer IP-Netze einer herkömmlichen Klasse zu einem Gesamtnetz.

SVG. Streaming Vector Graphics; XML-basiertes Format für animierte, interaktive Vektorgrafik im Web.

Swift. Programmiersprache von Apple zur Entwicklung von iOS- und macOS-Anwendungen in → Xcode.

Symbolische Konstante. Platzhalter in einem Computerprogramm, der für einen konstanten Wert steht, beispielsweise für einen Umrechnungsfaktor.

Syslog. Einrichtung des Betriebssystems Unix für die automatische Protokollierung von Fehlern und sonstigen Ereignissen.

System V. Das klassische AT&T-Unix.

Systemaufruf. Aufruf einer Funktion, die der Kernel des Betriebssystems bereitstellt.

Systemvariable. Auch *Umgebungsvariable*; eine systemweit gültige Variable, in der eine Einstellung des Betriebssystems gespeichert ist.

Task Scheduler. Prozess im Kernel eines Betriebssystems, der die Rechenzeit an die unterschiedlichen Prozesse verteilt.

TCP. Transmission Control Protocol; zuverlässiges Transportprotokoll der Internetprotokollfamilie.

TCP/IP. Transmission Control Protocol/Internet Protocol; die Internetprotokollfamilie, benannt nach ihrem wichtigsten Transportprotokoll und ihrem Vermittlungsprotokoll.

Telnet. Terminalemulation in einem TCP/IP-Netzwerk. In zweiter Linie auch der Name eines Programms, das die interaktive Konsolenkommunikation mit dem Telnet-Protokoll und anderen textbasierten TCP-Anwendungsprotokollen ermöglicht.

Terminal. Endgerät eines Rechners seit den 60er-Jahren: Ein- und Ausgabeeinheit; zunächst umgebauter Fernschreiber, später mit Monitor ausgestattet. Heute gibt es fast nur noch virtuelle Terminals, also

Programme, die eine Terminalumgebung bereitstellen.

Terminator. Abschlusswiderstand, beispielsweise bei SCSI oder bei koaxialbasiertem Ethernet.

Test-driven Development. Softwareentwicklungsmethode, bei der stets zuerst ein automatischer Test (→ Unit-Test) geschrieben wird; neuer Code wird nur hinzugefügt, wenn der Test scheitert.

TFT. Thin Flat Transistor; hochwertigstes Verfahren zur Steuerung von LCD-Displays. Jedes einzelne Flüssigkristall wird durch einen eigenen Transistor angesteuert.

Thread. Leichtgewichtige Alternative zu einem → Prozess; meist laufen innerhalb eines Prozesses mehrere Threads. Besonderheit: Ein Thread teilt sich einen Speicherbereich und alle Ressourcen mit den anderen Threads seiner Gruppe.

Tiefensuche. → Suche in nicht linearen Datenstrukturen, die jeden möglichen Weg ganz zu Ende geht, bis sie schließlich das Ziel findet.

Timesharing. Verfahren für den gleichzeitigen Betrieb mehrerer Terminals an einem Computer.

Token-Passing. Netzzugangsverfahren, bei dem ein »Rederecht« in Form eines speziellen Datenmusters herumgereicht wird.

Token-Ring-Netzwerk. LAN-Standard von IBM; ringförmiges Netzwerk, das nach dem Token-Passing-Verfahren arbeitet.

Top-Level-Domain. Oberste Ordnungseinheit von Domainnamen im Internet. Man unterscheidet Länder-Top-Level-Domains (ccTLDs) wie *.de* für Deutschland oder *.uk* für Großbritannien und generische TLDs wie *.com* oder *.org*.

Track-at-once. Technik, bei der der Brennvorgang einer Audio-CD Track für Track einzeln durchgeführt wird. Gegenbegriff: → Disc-at-once.

Trojaner. Eigentlich »trojanisches Pferd«; angeblich nützliches Programm, das hinter den Kulissen Schaden anrichtet, indem es zum Beispiel eine → Backdoor oder → Spyware installiert.

TrueType. Vektorbasiertes Format für Schriften, entwickelt von Microsoft und Apple. TrueType-Fonts können gleichermaßen auf Bildschirm und Drucker ausgegeben werden.

TTL. Time-to-Live; Anzahl der Router, die ein IP-Datagramm passieren kann: Jeder Router zieht 1 von diesem Wert ab, bei 0 wird das Paket verworfen. Dies verhindert, dass unzustellbare Datagramme ewig im Netz kreisen.

Turing-Maschine. Auch *endlicher Automat*; Automatenmodell nach Alan Turing: eine Maschine aus einem Endlosband mit Feldern, die je ein Zeichen eines bestimmten Zeichenvorrats aufnehmen können. Jeder Arbeitsschritt liest das Zeichen unter dem Schreib-/Lesekopf, kann ein neues schreiben und das Band um einen Schritt bewegen. Je nach gelesenem Zeichen und vorherigem Zustand wechselt die Maschine in einen anderen ihrer endlich vielen Zustände.

Turing-Test. Von Alan Turing ersonnener Test: Ein Mensch kommuniziert über die Tastatur mit zwei Gesprächspartnern, von denen der eine ein Mensch und der andere ein Computer ist. Wenn er sie nicht voneinander unterscheiden kann, gilt der Computer als künstliche Intelligenz. Nutzanwendung eines ähnlichen Verfahrens ist das → CAPTCHA.

Turing-Vollständigkeit. Eigenschaft einer Programmiersprache oder einer Maschine, die sämtliche von einer → Turing-Maschine lösbaren Probleme (und damit sämtliche berechenbaren Probleme überhaupt) lösen kann.

Überwachtes Machine Learning. → Machine Learning

UDDI. Universal Description, Discovery and Integration; Registrierungsdienst für → SOAP-Webservices.

UDP. User Datagram Protocol; schnelles, verbindungsloses Transportprotokoll der Internetprotokollfamilie.

UML. Unified Modeling Language; Technologie zur Modellierung von Enterprise-Anwendungen durch Diagramme, die nicht nur Programmabläufe, sondern auch Geschäftsprozesse abbilden.

Unicode. Neu entwickelter Computerzeichensatz mit dem Ziel, die Zeichen sämtlicher Schriftsysteme der Welt zu standardisieren. Die Zeichenbreite beträgt je nach Bereich 1 bis 4 Byte.

Unified Process. Softwareentwicklungsprozess, der im Zusammenhang mit der → UML entstand. Iterativer Prozess (mehrere Release-Zyklen bis zum fertigen Produkt), der sich ausgehend von Anwendungsfällen (Use Cases) vor allem auf die Architektur der Software konzentriert.

Unit-Test. Auch *Klassentest*; automatisierter Softwaretest, mit dem sich die ordnungsgemäße Funktionalität von Klassen und Programmen leicht überprüfen lässt. Inzwischen existiert für fast jede Sprache ein xUnit-Framework (zum Beispiel JUnit für Java, rUnit für Ruby und PHPUnit für PHP).

Unüberwachtes Machine Learning. → Machine Learning

URL. Uniform Resource Locator; eindeutige Adresse eines Dokuments im Internet. Besteht aus dem Zugriffsverfahren (Protokoll), dem Hostnamen und dem Dateipfad.

USB. Universal Serial Bus; moderne serielle Schnittstelle für externe Peripheriegeräte.

Usenet. Die klassische Hierarchie der Internet-Newsgroups.

UTF-8. Spezielle Schreibweise für Unicode-Zeichen, in der ASCII-Zeichen mit einem Byte auskommen, während alle anderen Zeichen 2 bis 4 Byte belegen.

Vererbung. Fachbegriff der Objektorientierung; Weitergabe der Eigenschaften einer Klasse an eine abgeleitete Klasse.

Verlustfunktion. → Kostenfunktion.

Verteilte Anwendung. → Enterprise-Anwendung.

Verzeichnisdienst. Verteilter Informationsdienst, der der Verbreitung von Informationen über Ressourcen und der zentralen Verwaltung von Zugriffsrechten dient. Beispiele: OpenLDAP, Active Directory, NIS (Network Information Service).

Virtuelle Maschine. Software, die auf einem physischen Rechner (Wirtssystem) einen virtuellen Computer (Gastsystem) bereitstellt. Eignet sich für den Betrieb mehrerer verschiedener Betriebssysteme und für die effiziente Nutzung von Serverhardware. Zwischenschichten, in denen kompilierte Programme als Bytecode ausgeführt werden, heißen ebenfalls virtuelle Maschinen; am bekanntesten ist in diesem Zusammenhang die Java Virtual Machine.

Virus. Selbstreproduzierender Code, der sich zum Beispiel an Dateien (Dateivirus) oder Anwendungsskripte (Makrovirus) anhängt; enthält oft gefährliche Schadensroutinen.

VLSM. Variable Length Subnet Mask; asymmetrische Aufteilung eines IP-Netzes in Teilnetze unterschiedlicher Größe.

Von-Neumann-Rechner. Rechnermodell nach John von Neumann, dem im Wesentlichen alle heutigen Computer genügen.

VPN. Virtual Private Network; Tunnelung eines privaten Netzwerks über das Internet, um die Kosten für eine dedizierte Standleitung zu sparen.

W3C. World Wide Web Consortium; Zusammenschluss von Herstellern und Einzelpersonen, die die Standards für World Wide Web, HTML und verwandte Technologien festlegen.

WAN. Wide Area Network; Netzwerk, dessen Bereich ein größeres, überregionales Gebiet umfasst. Manchmal auch einfach der allgemeine Gegenbegriff zum → LAN (lokales Netzwerk).

Webservice. Verteilte Anwendung, die World-Wide-Web-Technologien zur Kommunikation verwendet. Zur Kommunikation werden u. a. → REST oder → SOAP eingesetzt; die Nutzdaten sind oft → XML oder → JSON.

White Book. Standard für die Video-CD (nicht DVD).

Win32. Sammelbezeichnung für alle 32-Bit-Windows-Betriebssysteme von Microsoft: Windows 95, 98 und Me sowie die NT-Familie mit Windows NT bis Windows 10 und Server 2003 bis 2016.

Win32 API. Systemschnittstelle zur Programmierung von Windows-Anwendungen.

Wireless LAN (WLAN). Standard für drahtlose Funknetze nach IEEE 802.11.

Wohlgeformtheit. Eigenschaft von XML-Dokumenten, in denen die Elemente korrekt verschachtelt sind und andere Standards eingehalten werden.

Word. Allgemeine Bezeichnung für 16 Bit (2 Byte).

Wortbreite. Eigenschaft eines Prozessors oder einer Datenleitung; gibt an, wie viele Bits parallel verarbeitet oder transportiert werden können.

WSDL. Web Service Definition Language; XML-basierte Sprache zur Beschreibung von Webservices.

Wurm. Schädlicher Code, der sich über diverse Netzwerkprotokolle verbreitet; am häufigsten per E-Mail.

WYSIWYG. What You See Is What You Get; Arbeitsweise des Desktop-Publishings: Ein Dokument wird am Bildschirm so erstellt, wie es später im Druck aussehen wird.

X Window. Der X Window Server oder X-Server stellt die grundlegende Funktionalität für den Betrieb grafischer Benutzeroberflächen unter Unix bereit.

Xcode. Von Apple kostenlos herausgegebene → Entwicklungsumgebung zur Entwicklung von Apps für macOS und iOS.

XHTML. XML-basierte Neudefinition von HTML.

XML. eXtensible Markup Language; auf → SGML aufbauende Metasprache für die Definition beliebiger Auszeichnungssprachen mit spezieller Optimierung für den Netzwerk- und Internetgebrauch.

XML Schema. XML-basierte Sprache für die Definition von Dokumentformaten; mächtiger als DTDs.

XPath. XML-Technologie zur Angabe von Pfaden, die dem Auffinden von Objekten in XML-Dokumenten dienen. Wird beispielsweise für → XSLT verwendet.

XSL-FO. eXtensible Stylesheet Language, Formatting Objects; Definition spezieller Layoutanweisungen für die visuelle Darstellung von XML-Dokumenten.

XSLT. eXtensible Stylesheet Language Transformation; Satz spezieller Anweisungen für die Umwandlung von XML-Dokumenten in andere Formate wie HTML oder PDF.

Zeiger. Referenz auf eine Variable oder Funktion oder allgemein auf eine Speicheradresse.

Anhang B
Zweisprachige Wortliste

Das Englische ist eine einfache, aber schwere Sprache.
Es besteht aus lauter Fremdwörtern, die falsch ausgesprochen werden.
– Kurt Tucholsky

B.1 Englisch – Deutsch

Englisch	Deutsch
accessor	Akzessor
artificial intelligence (AI)	künstliche Intelligenz (KI)
artificial general intelligence	starke KI
artificial neural network (ANN)	künstliches neuronales Netzwerk (KNN)
attribute	Attribut
batch processing	Stapelverarbeitung
binary tree	Binärbaum
breadth-first search	Breitensuche
buffer	Puffer
business process	Geschäftsprozess
cache	Zwischenspeicher
class	Klasse
class variable	Klassenvariable
color depth	Farbtiefe
combined head	Schreib-/Lesekopf
complexity	Komplexität
computability	Berechenbarkeit

Englisch	Deutsch
concurrency	Nebenläufigkeit
constraint satisfaction problem	Bedingungserfüllungsproblem
constant	Konstante
coredump	Hauptspeicherauszug
cost function	Kostenfunktion
CPU (central processing unit)	Prozessor, auch Hauptprozessor
data	Daten
data packet	Datenpaket
database	Datenbank
depth-first search	Tiefensuche
design pattern	Entwurfsmuster
edge	Kante
equation	Gleichung
Event-driven Process Chains	ereignisgesteuerte Prozessketten
expression	Ausdruck
field	Datenfeld
floppy disk	Diskette
floppy disk drive	Diskettenlaufwerk
gate	Gatter
gradient descent	Gradientenabstieg
halting problem	Halteproblem
hard disk	Festplatte
inequation	Ungleichung
inheritance	Vererbung
inkjet printer	Tintenstrahldrucker
input	Eingabe

Englisch	Deutsch
instance	Instanz
instance variable	Instanzvariable
instruction	Befehl
interface	Schnittstelle
internal memory	Arbeitsspeicher
kernel	Systemkern
literal	Literal (wörtliche Konstante)
loss function	Verlustfunktion
many-to-many relationship	Viele-zu-viele-Beziehung
memory	Speicher
method	Methode
neural network	neuronales Netzwerk
node	Knoten
object	Objekt
one-to-many relationship	Eins-zu-viele-Beziehung
one-to-one relationship	Eins-zu-eins-Beziehung
operating system	Betriebssystem
operation	Operation
output	Ausgabe
packet switching	Paketvermittlung
primary storage	Arbeitsspeicher
printer	Drucker
property	Eigenschaft
protocol	Protokoll
queue	Warteschlange
race condition	Wettkampfsituation

Englisch	Deutsch
random access memory (RAM)	Speicher mit wahlfreiem Zugriff
record	Datensatz
relational operator	Vergleichsoperator
resolution	Auflösung
rule of three	Dreisatz
search	Suche
set	Menge
stack	Stapel
stack overflow	Stapelüberlauf
standard input	Standardeingabe
standard output	Standardausgabe
statement	Anweisung
static variable	statische Variable
strong AI	starke KI
supervised machine learning	überwachtes Machine Learning
tree	Baum
unsupervised machine learning	unüberwachtes Machine Learning
vertex	Knoten (Graph)
weak AI	schwache KI
WiFi	WLAN
wireless	drahtlos
word length	Wortbreite
write-read head	Schreib-/Lesekopf

B.2 Deutsch – Englisch

Deutsch	Englisch
Akzessor	accessor
Anweisung	statement
Arbeitsspeicher	internal memory
	primary storage
Attribut	attribute
Auflösung	resolution
Ausdruck	expression
Ausgabe	output
Baum	tree
Bedingungserfüllungsproblem	constraint satisfaction problem
Befehl	instruction
Berechenbarkeit	computability
Betriebssystem	operating system
Binärbaum	binary tree
Breitensuche	breadth-first search
Daten	data
Datenbank	database
Datenfeld	field
Datenpaket	data packet
Datensatz	record
Diskette	floppy disk
Diskettenlaufwerk	floppy disk drive
drahtlos	wireless
Dreisatz	rule of three
Drucker	printer

Deutsch	Englisch
Eigenschaft	property
Eingabe	input
Eins-zu-eins-Beziehung	one-to-one relationship
Eins-zu-viele-Beziehung	one-to-many relationship
Entwurfsmuster	design pattern
ereignisgesteuerte Prozessketten	Event-driven Process Chains
Farbtiefe	color depth
Festplatte	hard disk
Gatter	gate
Geschäftsprozess	business process
Gleichung	equation
Gradientenabstieg	gradient descent
Halteproblem	halting problem
Hauptprozessor	CPU (central processing unit)
Hauptspeicherauszug	coredump
Instanz	instance
Instanzvariable	instance variable
Interface	interface
Kante	edge
Klasse	class
Klassenvariable	class variable
Knoten	node
	vertex (Graph)
Komplexität	complexity
Konstante	constant
Kostenfunktion	cost function

Deutsch	Englisch
künstliche Intelligenz (KI)	artificial intelligence (AI)
künstliches neuronales Netzwerk (KNN)	artificial neural network (ANN)
Literal	literal
Menge	set
Methode	method
Nebenläufigkeit	concurrency
neuronales Netzwerk	neural network
Objekt	object
Operation	operation
Paketvermittlung	packet switching
Protokoll	protocol
Prozessor	CPU (central processing unit)
Puffer	buffer
Schnittstelle	interface
Schreib-/Lesekopf	combined head
	write-read head
schwache KI	weak AI
Speicher	memory
Standardausgabe	standard output
Standardeingabe	standard input
Stapel	stack
Stapelüberlauf	stack overflow
Stapelverarbeitung	batch processing
starke KI	artificial general intelligence
	strong AI
statische Variable	static variable

Deutsch	Englisch
Suche	search
Systemkern	kernel
Tiefensuche	depth-first search
Tintenstrahldrucker	inkjet printer
überwachtes Machine Learning	supervised machine learning
Ungleichung	inequation
unüberwachtes Machine Learning	unsupervised machine learning
Vererbung	inheritance
Vergleichsoperator	relational operator
Verlustfunktion	loss function
Viele-zu-viele-Beziehung	many-to-many relationship
Warteschlange	queue
Wettkampfsituation	race condition
WLAN	WiFi
Wortbreite	word length
Zwischenspeicher	cache

Anhang C
Kommentiertes Literatur- und Linkverzeichnis

Auch eine Fülle von Büchern ersetzt den guten Lehrer nicht.
– Chinesisches Sprichwort

In dieser Aufzählung finden Sie einige ausgewählte weiterführende Bücher und Webressourcen zu jedem Thema dieses Buchs. Ich habe überwiegend nur solche Quellen aufgenommen, die ich selbst gelesen habe oder als Nachschlagewerk verwende. Die Liste ist zunächst einmal nach den Kapiteln dieses Buchs gegliedert; die Reihenfolge innerhalb dieser Abschnitte entspricht weitgehend der Themenanordnung in den Kapiteln selbst.

C.1 Allgemeine Einführungen und Überblicke

- Gumm, Heinz-Peter; Sommer, Manfred et al.: *Grundlagen der Informatik* (in drei Bänden). München 2019, De Gruyter Oldenbourg.

  Eine gründliche Einführung in eine Vielzahl von Themen der modernen Informatik, die stets mit gutem Praxisbezug präsentiert werden.
- Sedgewick, Robert; Wayne, Kevin: *Computer Science: An Interdisciplinary Approach*. Reading 2016, Addison-Wesley.

  Gutes, modernes Informatiklehrbuch mit dem Schwerpunkt Programmierung; die Implementierung aller Beispiele erfolgt in Java.
- Hübscher, Heinrich et al.: *IT-Handbuch IT-Systemelektroniker/-in, Fachinformatiker/-in*, 11. Auflage. Braunschweig 2020, Westermann.

  Sammlung von Kurzinformationen und Tabellen zu den wichtigsten Ausbildungsinhalten der IT-Berufe.
- Eschbach, Andreas: *NSA – Nationales Sicherheits-Amt*. Köln 2018, Bastei-Lübbe Verlag.

  Ausnahmsweise kein Sachbuch, sondern ein Roman. Der spannende Alternate-History-Thriller geht davon aus, dass es Lord Charles Babbage gelungen ist, die Analytical Engine fertigzubauen – dementsprechend beginnt die Computergeschichte etwa 100 Jahre früher als in unserer Welt, während die sonstige Weltgeschichte zunächst parallel verläuft. So kommt es, dass Computer und das Internet (hier »Komputer« und »Weltnetz« genannt) ab 1933 den Nazis in die Hände fallen, die diese Technologien für eine noch entsetzlichere Perfektion ihrer Gewaltherrschaft benutzen, als aus unseren Geschichtsbüchern bekannt. So dient der Roman vor allem als abschreckendes Beispiel dafür, dass der grenzenlose

Ausbau von Überwachungsinfrastruktur und -befugnissen auch in einer Demokratie gefährlich ist (vor allem kann das Ganze inklusive bereits gesammelter Daten einer später errichteten Diktatur in die Hände fallen), ist aber auch – wie bei Eschbach üblich – bezüglich der realen Geschichte brillant recherchiert und mitreißend geschrieben.

Webressourcen

- IT-Berufe-Podcast

  http://it-berufe-podcast.de

  Der sehr engagierte Ausbilder Stefan Macke betreibt unter dieser URL einen Podcast und ein Blog für alle, die gerade eine IT-Ausbildung absolvieren. Unter anderem gab es dort im Podcast einen Buchclub, in dem jedes Kapitel einer früheren Auflage des vorliegenden Buchs durchgearbeitet wurde.

C.2 Mathematische Grundlagen

- Detel, Wolfgang: *Grundkurs Philosophie – Band 1: Logik*. Stuttgart 2007, Reclam.

  Eine kompakte und vielseitige Einführung in die Logik. Die gesamte siebenbändige Einführung in die Philosophie ist im Paket übrigens günstiger als die Einzelbände, und Themen wie Erkenntnistheorie, Wissenschaftstheorie, Geist und Wahrnehmung sind auch in der Informatik interessant, besonders für die KI-Forschung.

- Teschl, Gerald; Teschl, Susanne: *Mathematik für Informatiker* (in zwei Bänden), 4. Auflage. München 2013, Springer.

  Sehr stark praxisorientierte und gut verständliche Lehrbücher, die die für Informatiker relevanten Themen der Mathematik an Beispielen aus der Welt der Computer darstellen.

- Weitz, Edmund: *Konkrete Mathematik (nicht nur) für Informatiker*, 2. Auflage. Heidelberg 2021, Springer Spektrum.

  Sehr ausführliches Mathematik-Lehrbuch mit vielen Schwerpunkten, die für die Informatik relevant sind. Besonders praktisch ist die Umsetzung fast aller Beispiele in Python. Außerdem wird im Buch per QR-Code auf zahlreiche YouTube-Erklärvideos des Autors verwiesen (siehe Webressourcen).

Webressourcen

- Grundwissen Mathematik

  https://www.grund-wissen.de/mathematik/index.html

  Kompaktes, aber sehr gut verständliches Skript zu praktisch allen wichtigen Aspekten der Mathematik. Kann online gelesen oder heruntergeladen werden. Auf derselben Website bietet der Autor Bernhard Grotz noch einige andere gut geschriebene Tutorials an, zum Beispiel über Physik, Elektronik und diverse IT-Themen.

- Lehrvideos (und mehr) von Edmund Weitz

  http://weitz.de/KMFI/

  Die Website zum oben erwähnten Buch *Konkrete Mathematik (nicht nur) für Informatiker* mit Code-Downloads und vor allem einer YouTube-Playlist mit über 400 Videos, in denen die Themen aus dem Buch verständlich und noch ausführlicher erklärt werden.

- 3Blue1Brown

  https://www.3blue1brown.com/

  Mein Lieblings-YouTube-Kanal zum Thema Mathematik von Grant Sanderson. Spannende Themenauswahl, sehr gut und verständlich erklärt und exzellent visualisiert.

C.3 Elektronische und technische Grundlagen

- Höwing, Marika: *Einführung in die Elektrotechnik*. Bonn 2021, Rheinwerk Verlag.

  Gelungene Mischung aus physikalischen und mathematischen Grundlagen auf der einen Seite und praktischer Einführung in Elektrizität, Elektrotechnik und Elektronik auf der anderen.

- Neubert, Stephan: *Grundkurs Theoretische Informatik*. Bonn 2021, Rheinwerk Verlag.

  Gut verständlicher Überblick über die theoretische Informatik, insbesondere zu den Themen formale Sprachen, Algorithmen, Berechenbarkeit und Komplexität.

- Nagel, Ernest; Newman, James R.: *Gödel's Proof*. New York 2001, NYU Press.

  Eine ohne Hochschulstudium der Mathematik verständliche Darstellung der gödelschen Unvollständigkeitssätze und ihres Beweises, den Kurt Gödel 1931 erbrachte.

C.4 Hardware

- Tanenbaum, Andrew S.; Austin, Todd: *Rechnerarchitektur*, 6. Auflage. München 2014, Pearson Studium.

  Dieser Band behandelt ausführlich und fundiert die theoretische Seite der Hardware und der Rechnerarchitektur, indem er nacheinander die verschiedenen Ebenen dieses Aufbaus betrachtet.

Webressourcen

- Tom's Hardware Guide

  https://www.tomshardware.com

  Einkaufsberatung, Praxistests, Tipps und Lexikon zu aktueller PC-Hardware.

C.5 Netzwerkgrundlagen

- Tanenbaum, Andrew S.; Wetherall, David J.: *Computernetzwerke*, 5. Auflage. München 2012, Pearson Studium.

  Eine wissenschaftlich orientierte umfassende Übersicht über verschiedenste Aspekte der Netzwerktechnik und -theorie.

- Schemberg, Axel; Linten, Martin; Surendorf, Kai: *PC-Netzwerke*, 8. Auflage. Bonn 2019, Rheinwerk Verlag.

  Das Buch beschreibt alle wesentlichen Aspekte der praktischen Vernetzung von Personal Computern und ihrer Anwendung. Einen Schwerpunkt bildet zum Beispiel die Einrichtung des freien Linux-Routers fli4l.

Webressourcen

- RFC Index

  http://www.ietf.org/rfc.html

  RFC-Dokumente sind die autoritative Quelle für alle Internet- und TCP/IP-Standards.

C.6 Betriebssysteme

- Tanenbaum, Andrew S.; Bos, Herbert: *Moderne Betriebssysteme*, 4. Auflage. München 2016, Pearson Studium.

  In diesem Buch wird zunächst in zahlreichen interessanten Kapiteln die gesamte Theorie der Betriebssystemtechnik geschildert: Prozess- und Speichermanagement, Gerätetreiber, Dateisysteme etc. Anschließend werden die beiden konkreten Beispiele Linux und Windows genauer untersucht. Hinweis: Viele Leser*innen raten von der deutschen Übersetzung ab; leider ist das englische Original, *Modern Operating Systems*, meist noch teurer.

- Heiting, Mareile: *Windows 10 Pro – Das umfassende Handbuch*. Bonn 2021, Rheinwerk Verlag.

  Ein sehr ausführliches Handbuch zu Windows 10.

- Kloep, Peter et al.: *Windows Server – Das umfassende Handbuch*. Bonn 2021, Rheinwerk Verlag.

  Ein ebenso ausführliches Handbuch zur neuesten Serverversion von Microsoft Windows, das alle Serverrollen und Administrationswerkzeuge behandelt.

- Frisch, Æleen; Klein, Helge; Engelke, Olaf: *Windows Befehle für Server 2012 & Windows 8 – kurz und gut*, 3. Auflage. Köln 2013, O'Reilly Verlag.

  Eine praktische Kurzreferenz aller wichtigen Windows-Konsolenbefehle.

- Kofler, Michael: *Linux. Das umfassende Handbuch*, 16. Auflage. Bonn 2019, Rheinwerk Verlag.

  Michael Kofler, einer der vielseitigsten deutschsprachigen EDV-Buchautoren, widmet sich auch in der neuen Auflage seines bekannten Standardwerks allen relevanten Themen zur erfolgreichen Inbetriebnahme und Anwendung eines Linux-Systems.

- Kofler, Michael: *Linux Kommandoreferenz*, 5. Auflage. Bonn 2020, Rheinwerk Verlag.

  Kompakte Referenz zu allen wichtigen Befehlen und Tools des Betriebssystems Linux.

Webressourcen

- WinTotal

  http://www.wintotal.de

  Portal mit Praxisinformationen zu Microsoft Windows.

- Windows Server 2012 R2 – Das umfassende Handbuch.

  http://openbook.rheinwerk-verlag.de/windows_server_2012r2/

  Der HTML-Volltext des Buchs *Windows Server 2012 R2* von Ulrich B. Boddenberg, 4. Auflage. Bonn 2014, Rheinwerk Verlag. Wie alle Rheinwerk-Openbooks kann das Buch online gelesen oder vollständig heruntergeladen werden. Der Band beschreibt die Einrichtung eines Windows-Server-2012-R2-basierten Windows-Netzwerks mit Active Directory, Exchange Server, Office und mehr.

- Ubuntu GNU/Linux

  http://openbook.rheinwerk-verlag.de/ubuntu

  Volltext des Buchs *Ubuntu GNU/Linux* von Marcus Fischer, 7. Auflage. Bonn 2012, Rheinwerk Verlag (vormals Galileo Press). Das Buch beschreibt den Einsatz der beliebten Linux-Distribution Ubuntu.

C.7 Grundlagen der Programmierung

- Ullenboom, Christian: *Java ist auch eine Insel*, 15. Auflage. Bonn 2020, Rheinwerk Verlag.

  Umfassender, methodischer und praxisorientierter Überblick über fast alle Aspekte der Programmierung mit dem Java SDK.

- Ernesti, Johannes; Kaiser, Peter: *Python 3 – Das umfassende Handbuch*, 6. Auflage. Bonn 2020, Rheinwerk Verlag.

  Sehr gründliche Einführung und Referenz zu allen wichtigen Aspekten der Skriptsprache Python.

Webressourcen

- Stack Overflow

  http://www.stackoverflow.com

  Die Ressource für die Programmierung schlechthin: Praktisch jede Frage, die Entwickler*innen aller Sprachen und Technologien haben könnten, wurde hier bereits beantwortet. Ein Voting-System sorgt dafür, dass gute und sinnvolle Antworten zuerst angezeigt werden.

- Python-Kurs

  https://www.python-kurs.eu/

  Website des Informatikers und Buchautors Bernd Klein mit verschiedenen sehr ausführlichen Python-Tutorials, aus denen verschiedene Bücher aus dem Hanser Verlag entstanden sind (etwa *Numerisches Python*, siehe übernächsten Abschnitt, »Weitere Konzepte der Programmierung«).

C.8 Algorithmen und Datenstrukturen

- Sedgewick, Robert; Wayne, Kevin: *Algorithmen*, 4. Auflage. München 2014, Pearson Studium.

  Sehr umfassendes Handbuch, das zahlreiche gängige Algorithmen ausführlich erklärt und in Java implementiert.

- Kopec, David: *Algorithmen in Python*. Bonn 2020, Rheinwerk Verlag.

  Ein sehr praxisorientiertes und unterhaltsames Buch, das verschiedenste klassische und moderne Algorithmen verständlich erklärt und in Python implementiert. Ich hatte die Ehre und das Vergnügen, es aus dem Englischen übersetzen zu dürfen.

- Kopec, David: *Algorithmen in Java*. Bonn 2021, Rheinwerk Verlag.

  Dieselben Algorithmen und Erläuterungen, aber in Java implementiert.

C.9 Weitere Konzepte der Programmierung

- Friedl, Jeffrey E. F.: *Reguläre Ausdrücke*, 3. Auflage. Köln 2009, O'Reilly Verlag.

  Eine ausführliche Referenz zur Anwendung regulärer Ausdrücke in verschiedenen Programmiersprachen mit zahlreichen Praxisbeispielen.

- Wolf, Jürgen; Wolf, Klaus-Jürgen: *Linux-Unix-Programmierung*, 4. Auflage. Bonn 2016, Rheinwerk Verlag.

  Dieses Buch enthält fast alles über die System- und Anwendungsprogrammierung auf Linux- und Unix-Systemen.

- Klein, Bernd: *Numerisches Python*. München 2019, Hanser Verlag.

  Handbuch zu NumPy und verwandten mathematischen Python-Bibliotheken mit vielen Beispielen und Erläuterungen mathematischer Hintergründe. Die bereits genannte Website des Autors, *https://www.python-kurs.eu/*, lohnt ebenfalls einen Besuch.

C.10 Datenanalyse, Machine Learning, künstliche Intelligenz

- Turing, Alan: *Computing Machinery And Intelligence/Können Maschinen denken?*. Stuttgart 2021, Reclam.

  Turings berühmter Aufsatz von 1950 in zweisprachiger Ausgabe (Deutsch/Englisch) mit zahlreichen Zusatzmaterialien. Ein Meilenstein der KI-Forschung; hier wurde unter anderem der berühmte Turing-Test konzipiert.

- Hofstadter, Douglas: *Gödel, Escher, Bach – An Eternal Golden Braid*. New York 1979, Basic Books.

  Was haben die Unvollständigkeitssätze von Kurt Gödel, die geometrisch unmöglichen Zeichnungen von M. C. Escher und die Fugen von Johann Sebastian Bach miteinander zu tun? Und wie hängt all das mit natürlicher und künstlicher Intelligenz zusammen? Das alles wird in diesem unterhaltsamen und geistreichen Buch aus verschiedensten Blickwinkeln wie Logik, Zahlentheorie, formalen und natürlichen Sprachen sowie weiteren Aspekten der Philosophie untersucht. Zwischen den Kapiteln befinden sich platonische Dialoge zwischen Achilles und der Schildkröte, die ursprünglich von Lewis Carroll erdacht wurden (in Anlehnung an ein antikes mathematisches Paradoxon), und einigen anderen Beteiligten. Ein Klassiker der Kognitions- und KI-Literatur, der mit dem Pulitzer-Preis ausgezeichnet wurde.

  Die deutsche Ausgabe erschien bei Klett-Cotta. Da ich sie nicht gelesen habe, kann ich nicht beurteilen, wie gut die hintergründigen Wortspiele des Originals übertragen wurden.

- McKinney, Wes: *Datenanalyse mit Python*, 2. Auflage. Heidelberg 2018, O'Reilly.

  Vermittelt praxisnah die Arbeit mit Python-Bibliotheken zur Datenanalyse.

- Wilmott, Paul: *Grundkurs Machine Learning*. Bonn 2020, Rheinwerk Verlag.

  Dieses Buch enthält keinen Code, sondern erläutert auf verständliche Weise die mathematischen Grundlagen aller gängigen Machine-Learning-Algorithmen.

- Müller, Andreas C.; Guido, Sarah: *Einführung in Machine Learning mit Python*. Heidelberg 2017, O'Reilly.

  In diesem Buch werden die wichtigsten Algorithmen und Python-Module für Machine Learning eingeführt.

- Albon, Chris: *Machine Learning Kochbuch*. Heidelberg 2019, O'Reilly.

  Die O'Reilly-Kochbücher sind im wahrsten Sinne des Wortes Rezeptsammlungen: Für verschiedene Bereiche eines Themas werden typische Problemstellungen gesammelt, zu denen jeweils Lösungen mit ausführlicher Diskussion angeboten werden. Das vorliegende Buch kümmert sich um typische Probleme des Machine Learning, die mit gängigen Python-Modulen gelöst werden.

- Steinwendner, Joachim; Schwaiger, Roland: *Neuronale Netzwerke programmieren mit Python*, 2. Auflage. Bonn 2020, Rheinwerk Verlag.

  Grundlagen und Praxis künstlicher neuronaler Netzwerke werden in diesem Lehrbuch anschaulich mit vielen Beispielen erläutert.

- Shane, Janelle: *You Look Like A Thing and I Love You*. Boston 2019, Little, Brown and Company.

  Ein sehr unterhaltsames Buch darüber, wie sich künstliche Intelligenz irren kann und schräge, überraschende oder lustige Ergebnisse liefert. Das Buch hat jedoch durchaus einen praktischen Nutzen: Wer die Fallstricke kennt, kann sie vermeiden und bessere KI-Modelle programmieren.

- Misselhorn, Catrin: *Grundfragen der Maschinenethik*. Stuttgart 2018, Reclam.

  Je mehr Entscheidungs- und Gestaltungsfreiheit künstliche Intelligenzen und Roboter haben, desto wichtiger ist es, dass ethische Maßstäbe für sie – oder vielmehr für die Menschen, die sie in die Welt setzen – gelten. Das Buch bietet eine kompakte Einführung in verschiedene Aspekte dieser Problematik.

- Kersken, Sascha: *Daten- und Prozessanalyse für Fachinformatiker*innen*. Bonn 2021, Rheinwerk Verlag.

  Dieses demnächst erscheinende Buch geht spezifisch auf die Ausbildungsinhalte des neuen IT-Ausbildungsgangs Daten- und Prozessanalyse (FIDP) ein. Die Themen Datenanalyse, Machine Learning und künstliche Intelligenz bilden dabei einen besonderen Schwerpunkt und werden wesentlich ausführlicher behandelt als im vorliegenden Buch möglich.

C.11 Software-Engineering

- Kecher, Christoph; Salvanos, Alexander: *UML 2.5 – Das umfassende Handbuch*, 6. Auflage. Bonn 2017, Rheinwerk Verlag.

  Sehr gründlich und kompetent erläutert dieses Handbuch sämtliche Diagrammtypen der Unified Modeling Language anhand praktischer Beispiele.

- Beck, Kent: *Extreme Programming – das Manifest*. München 2003, Addison-Wesley.

  Dieser schmale Band bietet einen kompakten Überblick über die Motivation und die Arbeitsmethoden des Extreme Programming.

- Gamma, Erich; Helm, Richard; Johnson, Ralph E.; Vlissides, John: *Design Patterns*. Reading 1997, Addison-Wesley.

  Der Klassiker zum Thema Entwurfsmuster – nach einem verständlichen Einstieg in den Umgang mit Entwurfsmustern wird ein Katalog von 23 zeitlosen und überaus nützlichen Mustern präsentiert, die wohl alle Entwickler*innen eines Tages benötigen werden.

- Freeman, Elizabeth; Freeman, Eric; Sierra, Kathy: *Entwurfsmuster von Kopf bis Fuß*, 2. Auflage. Köln 2015, O'Reilly Verlag.

  Dieses Buch beschäftigt sich nach dem Schema der modernen »Von-Kopf-bis-Fuß«-Reihe mit Design Patterns.

- Geirhos, Matthias: *Entwurfsmuster – Das umfassende Handbuch*. Bonn 2015, Rheinwerk Verlag.

  Die ausgewählten Entwurfsmuster werden praxisorientiert und gründlich erläutert; die Erkenntnisse sind für praktisch jede objektorientierte Programmiersprache geeignet.

- Fowler, Martin: *Refactoring*. Reading 1999, Addison-Wesley.

  Dieses Buch lehrt die Kunst der Umstrukturierung in vorhandenem Code. Auf diese Weise können Sie Schritt für Schritt schlechtes Codedesign verbessern und historischen Ballast aus Programmen abwerfen.

- Beck, Kent: *Test Driven Development by Example*. Reading 2002, Addison-Wesley.

  An durchgehenden, praxisnahen Beispielen demonstriert Kent Beck die Vorteile der »Test first«-Strategie mit xUnit-Frameworks. Nach dem Schema »Red – Green – Refactor« wird zuerst ein Unit-Test geschrieben, der fehlschlagen muss. Anschließend wird Code hinzugefügt, der den Test erfüllt. Schließlich werden durch Refactoring Duplikate und Ungenauigkeiten entfernt. Das Ergebnis: Sie gelangen in überschaubaren Schritten zu stabilen, funktionierenden Programmen.

- Spinellis, Diomidis: *Code Reading*. Reading 2003, Addison-Wesley.

  Das wichtigste Kommunikationsmittel der Open-Source-Entwicklung ist der Quellcode selbst. Wer Open-Source-Projekte verstehen und möglicherweise etwas dazu beitragen möchte, muss den Code lesen können, das heißt in Tausenden oder gar Millionen Zeilen das Wesentliche finden können. Anhand realer Beispiele wie NetBSD oder Apache werden verschiedene Strategien vermittelt, die möglichst schnell und sicher zum Ziel führen.

- Silverman, Richard E.: *git Pocket Guide*. Sebastopol 2013, O'Reilly & Associates.

  Versionskontrolle ist eine wichtige Aufgabe des Software-Engineerings, die insbesondere für die Zusammenarbeit in Entwicklungsteams unerlässlich ist. Dies ist ein kompaktes Büchlein zu den wichtigsten Anweisungen und Anwendungsfällen des inzwischen bedeutendsten Versionskontrollsystems git.

Webressourcen

- Version Control with Subversion

  http://svnbook.red-bean.com

  Subversion ist zwar nicht mehr so verbreitet wie git, aber auf dieser Website finden Sie das offizielle Handbuch seines Entwicklungsteams, das auch als gedrucktes Buch bei O'Reilly erschienen ist – auf Deutsch, Englisch und in einigen anderen Sprachen.

C.12 Geschäftsprozessanalyse

- Staud, Josef L.: *Geschäftsprozessanalyse*, 3. Auflage. Heidelberg 2006, Springer.

  Ein sehr ausführlicher Lehrgang zum Thema Geschäftsprozessanalyse, allerdings nicht mithilfe der BPMN, sondern mit ereignisgesteuerten Prozessketten und UML.

- Gadatsch, Andreas: *Grundkurs Geschäftsprozessmanagement*, 9. Auflage. Heidelberg 2020, Springer Vieweg.

  Ein wesentlich kompakteres Lehrbuch, das jedoch moderner ist als der Staud. Beispielsweise setzt es auf BPMN 2.0 und behandelt auch aktuelle Ansätze der Digitalisierung wie Cloud Computing und Big Data.

- Allweyer, Thomas: *BPMN 2.0*, 4. Auflage. 2020, Selfpublishing.

  Verständliche Einführung und Referenz zu allen wichtigen Themen der Prozessmodellierung mit BPMN 2.0.

C.13 Datenbanken

- Kemper, Alfons; Eickler, Andre: *Datenbanksysteme. Eine Einführung*, 10. Auflage. München 2015, De Gruyter Oldenbourg.

  Eine komplette Übersicht über die theoretischen Grundlagen verschiedener Datenbanksysteme. Neben den üblichen relationalen Datenbanken werden beispielsweise auch objektorientierte und XML-Datenbanken ausführlich behandelt.

- Pröll, Stefan; Zangerle, Eva; Brinkmann, Jan: *MySQL – Das umfassende Handbuch*, 4. Auflage. Bonn 2019, Rheinwerk Verlag.

  Umfangreiches Handbuch zu Administration, Datenbankdesign, SQL-Abfragen, Sicherheit und weiteren Aspekten von MySQL 8.

C.14 Server für Webanwendungen

- Kersken, Sascha: *Apache 2.4*, 4. Auflage. Bonn 2012, Rheinwerk Verlag (vormals Galileo Press).

  Umfassende Anleitung zur Installation, Konfiguration, Programmierung und praktischen Anwendung des Apache-Webservers in der immer noch aktuellen Version 2.4. Inzwischen nur noch als E-Book erhältlich.
- Ford, Andrew; Kersken, Sascha: *Apache 2 – kurz & gut*, 2. Auflage. Köln 2007, O'Reilly Verlag.

  Eine praktische Kompaktreferenz zum Apache-Webserver.
- Liebel, Oliver: *Skalierbare Container-Infrastrukturen*, 3. Auflage. Bonn 2020, Rheinwerk Verlag.

  Softwarecontainer sind innerhalb kurzer Zeit zum unverzichtbaren Bestandteil von IT-Infrastrukturen geworden. Das Buch stellt verschiedene Lösungen für den Umgang mit Containern und ihrer automatisierten Verwaltung vor.
- Öggl, Bernd; Kofler, Michael: *Docker – Das Praxisbuch für Entwickler und DevOps-Teams*, 2. Auflage. Bonn 2020, Rheinwerk Verlag.

  Dieses Buch beschäftigt sich konkret mit Docker aus der Sicht der Programmierung und der Administration.

C.15 XML

- Vonhoegen, Helmut: *XML – Einstieg, Praxis Referenz*, 9. Auflage. Bonn 2018, Rheinwerk Verlag.

  Eine gute und methodische Einführung in das XML-Format und die praktische Arbeit mit XML-Dokumenten.

C.16 Webseitenerstellung mit HTML und CSS

- Wolf, Jürgen: *HTML und CSS – Das umfassende Handbuch*, 4. Auflage. Bonn 2021, Rheinwerk Verlag.

  Äußerst umfangreiches Handbuch zu allen wichtigen Aspekten von HTML und CSS, einschließlich JavaScript und jQuery.
- Laborenz, Kai: *CSS – Das umfassende Handbuch*, 3. Auflage. Bonn 2016, Rheinwerk Verlag.

  Eine gelungene Einführung und Übersicht über die Gestaltung von Webseiten mit Cascading Style Sheets.

Webressourcen

- SelfHTML

  http://de.selfhtml.org

  SelfHTML ist eine ausführliche Anleitung und Referenz zu HTML, CSS, JavaScript und weiteren Webthemen. Die Site wurde vor vielen Jahren von Stefan Münz begonnen und wird mittlerweile von einer mehrköpfigen Redaktion als Wiki gepflegt.

C.17 Webserveranwendungen

- Wenz, Christian; Hauser, Tobias: *PHP 8 und MySQL – Das umfassende Handbuch*, 4. Auflage. Bonn 2021, Rheinwerk Verlag.

  Das bewährte Autorenteam Wenz und Hauser beschreibt in diesem Buch alles Wissenswerte zur Entwicklung leistungsfähiger Webanwendungen mit der aktuellen PHP-Version. Ich hatte das große Vergnügen, eine frühere Auflage des Buchs als Fachgutachter zu begleiten.

Webressourcen

- Classic Computer Science Problems – PHP-Portierung

  https://github.com/SaschaKersken/ClassicComputerScienceProblemsInPhp

  Nachdem ich im Jahr 2020 das Buch *Algorithmen in Python* (Originaltitel *Classic Computer Science Problems in Python*) übersetzt hatte, habe ich alle Codebeispiele nach PHP und JavaScript portiert. Hier finden Sie die PHP-Version.

C.18 JavaScript und Ajax

- Ackermann, Philip: *JavaScript – Das umfassende Handbuch*, 2. Auflage. Bonn 2018, Rheinwerk Verlag.

  Das Buch beschreibt sehr gründlich alle Aspekte der Entwicklung mit aktuellen JavaScript-Techniken. Genau wie bei *PHP 8 und MySQL* war ich als Gutachter beteiligt (in diesem Fall an beiden Auflagen).

- Ackermann, Philip: *Professionell entwickeln mit JavaScript: Design, Patterns, Praxistipps*, 2. Auflage. Bonn 2018, Rheinwerk Verlag.

  Dieses Buch betrachtet JavaScript unter dem Aspekt der modernen Softwareentwicklung, was zu robusteren und sichereren Webanwendungen führt.

- Springer, Sebastian: *Node.js – Das umfassende Handbuch*, 3. Auflage. Bonn 2018, Rheinwerk Verlag.

  Node.js ist ein Framework für serverseitiges JavaScript, das zur Implementierung sehr performanter Webservices und anderer Netzwerkdienste genutzt werden kann. Das Buch erläutert die Funktionsweise von Node.js sehr anschaulich.

- Springer, Sebastian: *React – Das umfassende Handbuch*. Bonn 2019, Rheinwerk Verlag.

  Ausführlich und praxisorientiert alles Wichtige über das JavaScript-Framework React.

- Bieh, Manuel: *React – lernen und verstehen*. Selfpublishing, 2019.

  Ein gründlicher Überblick über die wichtigsten Möglichkeiten von React.js mit vielen Beispielen. Unter *lernen.react-js.dev* können Sie das Buch kostenlos online lesen, und bei Gefallen können Sie den Autor durch den Kauf des E-Books unterstützen.

Webressourcen

- Classic Computer Science Problems – JavaScript-Portierung

  https://github.com/SaschaKersken/ClassicComputerScienceProblemsInJavaScript

  Nachdem ich im Jahr 2020 das Buch *Algorithmen in Python* (Originaltitel *Classic Computer Science Problems in Python*) übersetzt hatte, habe ich alle Codebeispiele nach PHP und JavaScript portiert. Hier finden Sie die JavaScript-Version.

C.19 Computer- und Netzwerksicherheit

- Eckert, Claudia: *IT-Sicherheit*, 10. Auflage. München 2018, De Gruyter Oldenbourg.

  Umfangreiches, eher akademisch orientiertes Lehrbuch zu vielen wichtigen Themen der Computer- und Netzwerksicherheit. Hier geht es mehr darum, die Thematik von Grund auf zu verstehen, als um praktische Anleitungen, die schnell veralten.

- Kofler, Michael et al.: *Hacking & Security – Das umfassende Handbuch*, 2. Auflage. Bonn 2020, Rheinwerk Verlag

  Praxisorientiertes Handbuch, das zunächst erläutert, wie Hacker und Cracker arbeiten, um anschließend beim Aufbau von Sicherheitsmaßnahmen dagegen behilflich zu sein.

- Paar, Christoph; Pelzl, Jan: *Kryptografie verständlich*. Heidelberg 2016, Springer Vieweg.

  Gutes Lehrbuch über alle wichtigen Aspekte der Kryptografie, von den mathematischen Grundlagen mitsamt anschaulicher Beschreibung der Algorithmen bis zum Praxiseinsatz.

Index

A

B

C

D

F

H

J

K

M

O

P

S

T

U

V

W

X

Y

Z